MICHELIN

EUROPE

ATLAS ROUTIER *et* TOURISTIQUE
TOURIST *and* MOTORING ATLAS
STRASSEN- *und* REISEATLAS
TOERISTISCHE WEGENATLAS
ATLANTE STRADALE *e* TURISTICO
ATLAS DE CARRETERAS *y* TURÍSTICO
ATLAS RODOVIÁRIO *e* TURÍSTICO

Sommaire

Europe des 25 IV
Espace Schengen - Zone Euro V
Informations générales VI
Climat VIII
Conduire en Europe IX
Grands axes routiers XIV
Tableau des distances XVIII
Europe .... 2 - 139
Index 140
Légende 231

Contents

25 EU Member States IV
Schengen area - Euro zone V
General information VI
Climate VIII
Driving in Europe IX
Main road map XIV
Distances XVIII
Europe .... 2 - 139
Index 140
Key to maps 231

Inhaltsübersicht

Europa der 25 IV
Schengenstaaten - Eurozone V
Allgemeine Informationen VI
Klima VIII
Autofahren in Europa IX
Durchgangsstraßen XIV
Entfernungstabelle XVIII
Europa .... 2 - 139
Register 140
Zeichenerklärung 231

Inhoud

Het Europa van de 25 IV
Schengenterritoir - Eurozone V
Algemene inlichtingen VI
Klimaat VIII
Autorijden in Europa IX
Grote verbindingswegen XIV
Afstandstabel XVIII
Europa .... 2 - 139
Register 140
Verklaring van de tekens 231

Sommario

Europa dei 25 IV
Area Schengen - Eurozona V
Informazioni generali VI
Clima VIII
Guidare in Europa IX
Grandi arterie stradali XIV
Tabella delle distanze XVIII
Europa ..... 2 - 139
Indice completo 140
Legenda 231

Sumario

Europa de los 25 IV
Espacio Schengen - Eurozona V
Informaciones generales VI
Climatología VIII
Conducir en Europa IX
Carreteras principales XIV
Cuadro de distancias XVIII
Europa ..... 2 - 139
Índice 140
Signos convencionales 231

Sumário

Europa dos 25 IV
Espaço Schengen - Zona Euro V
Informações gerais VI
Clima VIII
Conduzir na Europa IX
Grandes eixos rodoviários XIV
Quadro de distâncias XVIII
Europa ..... 2 - 139
Índice 140
Legenda 231

Plans de villes — **Towns plans** — **Stadtpläne**

Stadsplattegronden — **Piante di Città** — **Planos de Ciudades** — **Plantas de Cidade**

141 Amsterdam
143 Antwerpen
144 Athína
145 Barcelona
146 Basel
146 Belfast
147 Berlin
148 Bern
149 Birmingham
150 Bologna
150 Bonn
151 Bordeaux
152 Bratislava
153 Bremen
153 Brugge
154 Bruxelles
155 Budapest
158 Dijon
159 Dresden
160 Dublin
159 Dubrovnik
161 Düsseldorf
162 Edinburgh
163 Essen
162 Firenze
164 Frankfurt am Main
165 Genève
166 Genova
166 Gent
167 Glasgow
168 Göteborg
169 Den Haag
170 Hamburg
171 Hannover
172 Helsinki
173 Istanbul
175 Köln
176 København
177 Lausanne
178 Leipzig
179 Liège
180 Lille
181 Lisboa
184 Liverpool
182 London
184 Luxembourg
185 Lyon
186 Madrid
187 Manchester
188 Marseille
189 Milano
190 Monaco
191 München
192 Nantes
193 Napoli
194 Nice
196 Nürnberg
197 Oslo
199 Palermo
200 Paris
205 Porto
207 Praha
208 Roma
209 Rotterdam
211 Salzburg
212 Sevilla
213 Stockholm
214 Strasbourg
215 Stuttgart
219 Torino
220 Toulouse
221 València
222 Valletta
223 Venezia
225 Warszawa
226 Wien
227 Zagreb
228 Zürich

25 EU Member States

Europe des 25

Europa der 25

Het Europa van de 25

Europa dei 25

Europa de los 25

Europa dos 25

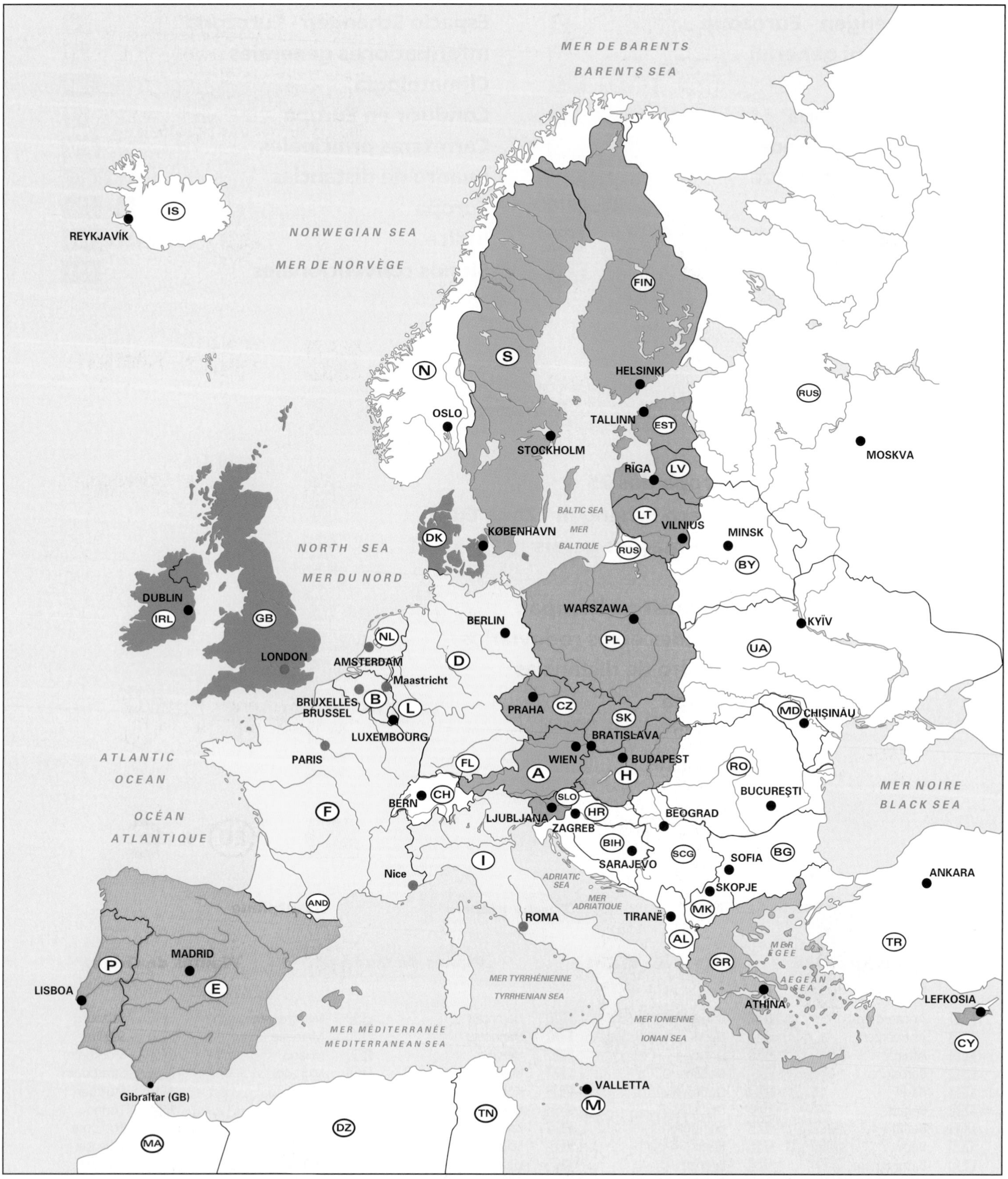
MER DE BARENTS
BARENTS SEA
NORWEGIAN SEA
MER DE NORVÈGE
NORTH SEA
MER DU NORD
ATLANTIC OCEAN
OCÉAN ATLANTIQUE
BALTIC SEA
MER BALTIQUE
MER NOIRE
BLACK SEA
ADRIATIC SEA
MER ADRIATIQUE
MER TYRRHÉNIENNE
TYRRHENIAN SEA
MER MÉDITERRANÉE
MEDITERRANEAN SEA
MER IONIENNE
IONAN SEA
MER EGEE
AEGEAN SEA
IS
REYKJAVÍK
N
OSLO
S
STOCKHOLM
FIN
HELSINKI
EST
TALLINN
LV
RĪGA
LT
VILNIUS
RUS
MOSKVA
BY
MINSK
UA
KYÏV
MD
CHIŞINAU
DK
KØBENHAVN
IRL
DUBLIN
GB
LONDON
NL
AMSTERDAM
Maastricht
B
BRUXELLES BRUSSEL
L
LUXEMBOURG
D
BERLIN
PL
WARSZAWA
CZ
PRAHA
SK
BRATISLAVA
A
WIEN
H
BUDAPEST
F
PARIS
FL
CH
BERN
SLO
LJUBLJANA
HR
ZAGREB
BIH
SARAJEVO
SCG
BEOGRAD
RO
BUCUREŞTI
BG
SOFIA
MK
SKOPJE
AL
TIRANË
GR
ATHINA
TR
ANKARA
CY
LEFKOSIA
I
ROMA
Nice
AND
E
MADRID
P
LISBOA
Gibraltar (GB)
M
VALLETTA
MA
DZ
TN

	1957		1981		1995
	1973		1986		2004

● Lieu de signature d'un traité
Sites of European treaties
Ort der Unterzeichnung des Abkommens
Plaats van ondertekening van het EG-Verdrag
Luogo di firma di trattato
Lugar donde se firmó un tratado
Lugar onde se assinou o tratado

Schengen

Espace de libre circulation des personnes
Area of free movement between member states
Abschaffung der Binnengrenzkontrollen
Ruimte voor vrij verkeer van personen
Area di libera circolazione delle persone
Espacio de libre circulación de personas
Espaço de livre circulação de pessoas

EU + Schengen

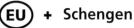

EU + ~~Schengen~~

~~EU~~ + Schengen

Euro : €

EU + €

EU + ~~€~~

EU

Pays de l'UE
EU states
EU-Staaten
EU-lidstaten
Paesi dell'UE
Países de la UE
Países da UE

	F	NOM FRANÇAIS	NOM LOCAL	x 1000	km²	h/km²	
	D	ALLEMAGNE	Deutschland	82 536,7	357 020	231	**Berlin**
	A	AUTRICHE	Österreich	8 067,3	83 859	96	**Wien (Vienne)**
	B	BELGIQUE	België, Belgique	10 355,8	30 518	339	**Brussel/Bruxelles**
	CY	CHYPRE	Kýpros, Kibris	715,1	9 251	77	**Lefkosia (Nicosie)**
	DK	DANEMARK	Danmark	5 383,5	43 094	125	**København (Copenhague)**
	E	ESPAGNE	España	40 683,0	504 790	81	**Madrid**
	EST	ESTONIE	Eesti	1 356,0	45 215	30	**Tallin**
	FIN	FINLANDE	Suomi, Finland	5 206,3	304 530	17	**Helsinki/Helsingfors**
	F	FRANCE	France	59 630,1	543 965	110	**Paris**
	GR	GRÈCE	Ellada	11 018,4	131 626	84	**Athína (Athènes)**
	H	HONGRIE	Magyarország	10 142,4	93 032	109	**Budapest**
	IRL	IRLANDE	Ireland, Éire	3 963,6	70 273	56	**Dublin**
	I	ITALIE	Italia	57 321,1	301 316	190	**Roma (Rome)**
	LV	LETTONIE	Latvija	2 331,5	64 589	36	**Riga**
	LT	LITUANIE	Lietuva	3 462,6	65 200	53	**Vilnius**
	L	LUXEMBOURG	Luxembourg, Lëtzebuerg	448,3	2 586	173	**Luxembourg**
	M	MALTE	Malta	397,3	316	1 257	**Valletta (La Valette)**
	NL	PAYS-BAS	Nederland	16 192,6	33 882	478	**Amsterdam**
	PL	POLOGNE	Polska	38 218,5	312 677	122	**Warszawa (Varsovie)**
	P	PORTUGAL	Portugal	10 407,5	91 906	113	**Lisboa (Lisbonne)**
	GB	ROYAUME-UNI	United Kingdom of Great Britain & Northern Ireland	59 328,9	243 820	243	**London (Londres)**
	SK	SLOVAQUE, RÉPUBLIQUE	Slovenská Republika	5 379,2	49 012	110	**Bratislava**
	SLO	SLOVÉNIE	Slovenija	1 995,0	20 256	98	**Ljubljana**
	S	SUÈDE	Sverige	8 940,8	449 964	20	**Stockholm**
	CZ	TCHÈQUE, RÉPUBLIQUE	Česká Republika	10 203,3	78 864	129	**Praha (Prague)**

Source : Eurostat 2004

		(1 000 000 000 €)	(en €)	(GMT)		
25 mars 1957	€	2 129	25 795	✳ + 1 ☼ + 2	République fédérale	3/10
1 janvier 1995	€	224	27 766	✳ + 1 ☼ + 2	République fédérale	26/10
25 mars 1957	€	267	25 783	✳ + 1 ☼ + 2	Monarchie constitutionnelle et parlementaire	21/7
1 mai 2004	Livre chypriote (CYP)	11	15 802	✳ + 2 ☼ + 3	République	1/10
1 janvier 1973	Danske Krone (DKK)	188	34 922	✳ + 1 ☼ + 2	Monarchie parlementaire	16/4
1 janvier 1986	€	743	18 263	✳ + 1 ☼ + 2	Royaume (Monarchie parlementaire)	12/10
1 mai 2004	Eesti Kroon (EEK)	8	5 900	✳ + 2 ☼ + 3	République	24/2
1 janvier 1995	€	143	27 467	✳ + 2 ☼ + 3	République	6/12
25 mars 1957	€	1 557	26 111	✳ + 1 ☼ + 2	République	14/7
1 janvier 1981	€	153	13 886	✳ + 2 ☼ + 3	République	25/3
1 mai 2004	Forint (HUF)	73	7 198	✳ + 1 ☼ + 2	République	20/8
1 janvier 1973	€	132	33 303	✳ GMT ☼ + 1	République	17/3
25 mars 1957	€	1 300	22 679	✳ + 1 ☼ + 2	République	2/6
1 mai 2004	Lats (LVL)	10	4 246	✳ + 2 ☼ + 3	République	18/11
1 mai 2004	Litas (LTL)	16	4 650	✳ + 2 ☼ + 3	République	16/2
25 mars 1957	€	23	52 197	✳ + 1 ☼ + 2	Monarchie constitutionnelle	23/6
1 mai 2004	Maltese Lira (MTL)	4	10 068	✳ + 1 ☼ + 2	République	21/9
25 mars 1957	€	454	28 037	✳ + 1 ☼ + 2	Monarchie constitutionnelle et parlementaire	30/4
1 mai 2004	Złoty (PLN)	185	4 841	✳ + 1 ☼ + 2	République	3/5
1 janvier 1986	€	130	12 491	✳ + 1 ☼ + 2	République	10/6
1 janvier 1973	Pound Sterling (GBP)	1 589	26 783	✳ GMT ☼ + 1	Monarchie constitutionnelle	13/6
1 mai 2004	Slovenská Koruna (SKK)	29	5 354	✳ + 1 ☼ + 2	République	1/9
1 mai 2004	Tolar (SIT)	24	12 030	✳ + 1 ☼ + 2	République	1/7
1 janvier 1995	Svensk Krona (SEK)	267	29 863	✳ + 1 ☼ + 2	Monarchie parlementaire	6/6
1 mai 2004	Koruna Česká (CZK)	76	7 449	✳ + 1 ☼ + 2	République	28/10

Climat

Températures (Moyenne mensuelle)

16 max. quotidien
8 min. quotidien

Précipitations (Moyenne mensuelle)

0-20mm · 20-50mm · 50-100mm · + 100mm

Climate

Average daily temperature

16 maximum
8 minimum

Average monthly rainfall

Klima

Temperaturen (Monatlicher Durchschnitt)

16 maximale Tagestemperatur
8 minimale Tagestemperatur

Nierderschlagsmengen (Monatlicher Durchschnitt)

Klimaat

Temperaturen (Maandgemiddelde)

16 maximum
8 minimum

Gemiddelde maandelijkse neerslag

0-20mm

Clima

Temperature (Medie mensili)

16 max. giornaliera
8 min. giornaliera

Precipitazioni (Medie mensili)

20-50mm

Climatología

Media mensual de temperaturas

16 máx. diária
8 mín. diária

Media mensual de precipitaciones

50-100mm

Clima

Média mensal de temperaturas

16 máx. diária
8 mín. diária

Média mensal de precipitações

+ 100mm

		1	2	3	4	5	6	7	8	9	10	11	12
Amsterdam	NL	5 / 1	4 / 0	7 / 2	10 / 5	14 / 8	18 / 11	20 / 13	20 / 14	18 / 12	14 / 8	9 / 5	6 / 2
Andorra la Vella	AND	6 / -1	7 / -1	12 / 2	14 / 4	17 / 6	23 / 10	26 / 12	24 / 12	22 / 10	16 / 6	10 / 2	6 / -1
Athína	GR	13 / 6	14 / 7	16 / 8	20 / 11	25 / 16	30 / 20	33 / 23	33 / 23	29 / 19	24 / 15	19 / 12	15 / 8
Beograd	SCG	3 / -3	5 / -2	11 / 2	18 / 7	23 / 12	26 / 15	28 / 17	28 / 17	24 / 13	18 / 8	11 / 4	5 / 0
Bergen	N	3 / -1	3 / -1	6 / 0	9 / 3	14 / 7	16 / 10	19 / 12	19 / 12	15 / 10	11 / 6	8 / 3	5 / 1
Berlin	D	2 / -3	3 / -3	8 / 0	13 / 4	19 / 8	22 / 12	24 / 14	23 / 13	20 / 10	13 / 6	7 / 2	3 / -1
Bern	CH	2 / -4	4 / -3	9 / 1	14 / 4	18 / 8	21 / 11	23 / 13	22 / 13	19 / 10	13 / 5	7 / 1	3 / -2
Bordeaux	F	9 / 2	11 / 2	15 / 4	17 / 6	20 / 9	24 / 12	25 / 14	26 / 14	23 / 12	18 / 8	13 / 5	9 / 3
Bratislava	SK	2 / -3	4 / -2	10 / 1	16 / 6	21 / 11	24 / 14	26 / 16	26 / 16	22 / 12	15 / 7	8 / 3	4 / 0
Bremen	D	3 / -2	4 / -2	8 / 0	13 / 4	18 / 7	21 / 11	22 / 13	22 / 12	19 / 10	13 / 6	8 / 3	4 / 0
Brno	CZ	1 / -5	3 / -5	8 / -1	15 / 4	20 / 9	23 / 12	25 / 14	25 / 13	21 / 9	14 / 4	7 / 2	3 / -1
Bruxelles Brussel	B	4 / -1	7 / 0	10 / 2	14 / 5	18 / 8	22 / 11	23 / 12	22 / 12	21 / 11	16 / 7	9 / 3	6 / 0
Bucureşti	RO	1 / -7	4 / -5	10 / -1	18 / 5	23 / 10	27 / 14	30 / 16	30 / 15	25 / 11	18 / 6	10 / 2	4 / -3
Budapest	H	1 / -4	4 / -2	10 / 2	17 / 7	22 / 11	26 / 15	28 / 16	27 / 16	23 / 12	16 / 7	8 / 3	4 / -1
Cagliari	I	14 / 7	15 / 7	17 / 9	19 / 11	23 / 14	27 / 18	30 / 21	30 / 21	27 / 19	23 / 15	19 / 11	16 / 9
Chişinău	MD	-1 / -8	1 / -5	6 / -2	16 / 6	23 / 11	26 / 14	27 / 16	27 / 15	23 / 11	17 / 7	10 / 3	2 / -4
Cork	IRL	9 / 2	9 / 3	11 / 4	13 / 5	16 / 7	19 / 10	20 / 12	20 / 12	18 / 10	14 / 7	11 / 4	9 / 3
Dresden	D	2 / -4	3 / -3	8 / 0	14 / 4	19 / 8	22 / 11	24 / 13	23 / 13	20 / 10	13 / 5	8 / 2	3 / -2
Dublin	IRL	7 / 2	8 / 2	10 / 3	12 / 5	14 / 7	18 / 10	19 / 11	19 / 11	17 / 10	14 / 7	10 / 4	8 / 3
Dubrovnik	HR	12 / 6	13 / 6	14 / 8	17 / 11	21 / 14	25 / 18	29 / 21	28 / 21	25 / 18	21 / 14	17 / 10	14 / 8
Edinburgh	GB	6 / 1	6 / 1	8 / 2	11 / 4	14 / 6	17 / 9	18 / 11	18 / 11	16 / 9	12 / 7	9 / 4	7 / 2
Gibraltar	GB	16 / 9	16 / 9	18 / 11	21 / 11	23 / 14	27 / 17	28 / 19	29 / 20	27 / 19	23 / 15	18 / 12	17 / 9
Göteborg	S	1 / -3	1 / -4	4 / -2	9 / 3	16 / 7	19 / 12	21 / 14	20 / 13	16 / 10	11 / 6	6 / 3	4 / 0
Graz	A	1 / -5	4 / -4	9 / 0	15 / 5	19 / 9	23 / 13	25 / 14	24 / 14	20 / 11	14 / 6	7 / 1	2 / -2
Helsinki	FIN	-3 / -9	-4 / -9	0 / -7	6 / -1	14 / 4	19 / 9	22 / 13	20 / 12	15 / 8	8 / 3	3 / -1	-1 / -5
Iráklio	GR	16 / 9	16 / 9	17 / 10	20 / 12	23 / 15	27 / 19	29 / 22	29 / 22	27 / 19	24 / 17	21 / 14	18 / 11
Istanbul	TR	8 / 3	9 / 2	11 / 3	16 / 7	21 / 12	25 / 16	28 / 18	28 / 19	24 / 16	20 / 13	15 / 9	11 / 5
Kérkira	GR	14 / 6	15 / 6	16 / 8	19 / 10	23 / 13	28 / 17	31 / 19	32 / 19	28 / 17	23 / 14	19 / 11	16 / 8
København	DK	2 / -2	2 / -3	5 / -1	10 / 3	16 / 8	19 / 11	22 / 14	21 / 14	18 / 11	12 / 7	7 / 3	4 / 1
Kyïv	UA	-4 / -10	-2 / -8	3 / -4	14 / 5	21 / 11	24 / 14	25 / 15	24 / 14	20 / 10	13 / 6	6 / 0	-1 / -6
Lisboa	P	14 / 8	15 / 8	17 / 10	20 / 12	21 / 13	25 / 15	27 / 17	28 / 17	24 / 17	23 / 14	17 / 11	15 / 9
Ljubljana	SLO	2 / -4	5 / -4	10 / 0	15 / 4	20 / 9	24 / 12	27 / 14	26 / 14	22 / 11	15 / 6	8 / 2	4 / -1
London	GB	6 / 2	7 / 2	10 / 3	13 / 6	17 / 8	20 / 12	22 / 14	21 / 13	19 / 11	14 / 8	10 / 5	7 / 4
Luxembourg	L	3 / -1	4 / -1	10 / 1	14 / 4	18 / 8	21 / 11	23 / 13	22 / 12	19 / 10	13 / 6	7 / 3	4 / 0
Lyon	F	5 / -1	7 / 0	13 / 3	16 / 6	20 / 9	24 / 13	27 / 15	26 / 14	23 / 12	16 / 7	10 / 4	6 / 0
Madrid	E	9 / 2	11 / 2	15 / 5	18 / 7	21 / 10	27 / 15	31 / 17	30 / 17	25 / 14	19 / 10	13 / 5	9 / 2
Marseille	F	10 / 2	12 / 2	15 / 5	18 / 8	22 / 11	26 / 15	29 / 17	28 / 17	25 / 15	20 / 10	15 / 6	11 / 3
Milano	I	5 / 0	8 / 2	13 / 6	18 / 10	23 / 14	27 / 17	29 / 20	28 / 19	24 / 16	17 / 11	10 / 6	6 / 2
Minsk	BY	-7 / -13	-4 / -11	1 / -7	11 / 2	18 / 8	22 / 11	23 / 12	22 / 12	17 / 8	11 / 4	3 / -1	-3 / -8
Monaco Monte-Carlo	MC	12 / 8	13 / 8	14 / 10	16 / 12	19 / 15	23 / 19	26 / 22	26 / 22	24 / 20	20 / 16	16 / 12	14 / 10
Moskva	RUS	-9 / -16	-6 / -14	0 / -8	10 / 1	19 / 8	21 / 11	23 / 13	22 / 12	16 / 7	9 / 3	2 / -3	-5 / -10
Napoli	I	12 / 4	13 / 5	15 / 6	18 / 9	22 / 12	26 / 16	29 / 18	29 / 18	26 / 16	22 / 12	17 / 9	14 / 6
Odense	DK	2 / -2	2 / -3	5 / -1	11 / 2	16 / 6	19 / 9	21 / 12	21 / 12	17 / 9	12 / 5	7 / 3	4 / 1
Oslo	N	-2 / -7	-1 / -7	4 / -4	10 / 1	16 / 6	20 / 10	22 / 13	21 / 12	16 / 8	9 / 3	3 / -1	0 / -4
Oulu	FIN	-6 / -13	-6 / -14	-2 / -11	4 / -4	11 / 2	17 / 8	21 / 12	19 / 10	13 / 6	5 / 0	0 / -5	-3 / -9
Palermo	I	16 / 8	16 / 8	17 / 9	20 / 11	24 / 14	27 / 18	30 / 21	30 / 21	28 / 19	25 / 16	21 / 12	18 / 10
Paris	F	6 / 1	7 / 1	12 / 4	16 / 6	20 / 10	23 / 13	25 / 15	24 / 14	21 / 12	16 / 8	10 / 5	7 / 2
Plymouth	GB	8 / 4	8 / 4	10 / 5	12 / 6	15 / 8	18 / 11	19 / 13	19 / 13	18 / 12	15 / 9	11 / 7	9 / 5
Porto	P	13 / 5	14 / 5	16 / 8	18 / 9	20 / 11	23 / 13	25 / 15	25 / 15	24 / 14	21 / 11	17 / 8	14 / 5
Praha	CZ	0 / -5	3 / -4	8 / -1	13 / 2	18 / 7	21 / 10	23 / 12	23 / 12	19 / 9	13 / 4	6 / 0	2 / -3
Rennes	F	8 / 2	9 / 2	13 / 4	15 / 5	18 / 8	22 / 11	23 / 13	23 / 13	21 / 11	16 / 8	11 / 5	8 / 3
Reykjavík	IS	2 / -2	3 / -2	4 / -1	6 / 1	10 / 4	12 / 7	14 / 9	14 / 8	11 / 6	7 / 3	4 / 0	2 / -2
Riga	LV	-4 / -10	-3 / -10	2 / -7	10 / 1	16 / 6	21 / 9	22 / 11	21 / 11	17 / 8	11 / 4	4 / -1	-2 / -7
Roma	I	11 / 5	13 / 5	15 / 7	20 / 10	23 / 13	28 / 17	30 / 20	30 / 19	26 / 17	22 / 13	16 / 9	13 / 6
Salzburg	A	2 / -6	4 / -5	9 / -1	14 / 4	19 / 8	22 / 11	24 / 13	23 / 13	20 / 10	14 / 5	8 / 0	3 / -4
Sarajevo	BIH	3 / -4	5 / -3	10 / 0	15 / 5	20 / 8	24 / 12	26 / 13	27 / 13	23 / 10	16 / 6	10 / 3	6 / -1
Sevilla	E	15 / 6	17 / 7	20 / 9	24 / 11	27 / 13	32 / 17	36 / 20	36 / 20	32 / 18	26 / 14	20 / 10	16 / 7
Skopje	MK	5 / -3	8 / -3	12 / 1	19 / 5	23 / 10	28 / 13	31 / 15	31 / 14	26 / 11	19 / 6	12 / 3	7 / -1
Sofia	BG	2 / -4	4 / -3	10 / 1	16 / 5	21 / 10	24 / 14	27 / 16	26 / 15	22 / 11	17 / 8	9 / 3	4 / -2
Stockholm	S	-1 / -5	-1 / -5	3 / -4	8 / 1	14 / 6	19 / 11	22 / 14	20 / 13	15 / 9	9 / 5	5 / 1	2 / -2
Strasbourg	F	3 / -2	5 / -2	11 / 1	16 / 5	20 / 8	23 / 12	25 / 13	24 / 13	21 / 10	14 / 6	8 / 2	4 / -1
Stuttgart	D	3 / -3	5 / -2	10 / 1	14 / 5	19 / 8	22 / 12	24 / 14	24 / 13	20 / 10	14 / 6	8 / 2	4 / -2
Szczecin	PL	2 / -3	2 / -5	7 / -1	12 / 2	18 / 7	22 / 11	23 / 13	23 / 13	19 / 9	13 / 6	7 / 2	3 / -1
Tallin	EST	-4 / -10	-4 / -11	0 / -7	8 / 0	14 / 5	19 / 10	20 / 12	20 / 11	15 / 9	10 / 4	3 / -1	-1 / -7
Thessaloníki	GR	9 / 2	12 / 3	14 / 5	20 / 10	25 / 14	29 / 18	32 / 21	32 / 21	28 / 17	22 / 13	16 / 9	11 / 4
Tiranë	AL	12 / 2	12 / 2	15 / 5	18 / 8	23 / 12	28 / 16	31 / 17	31 / 17	27 / 14	23 / 10	17 / 8	14 / 5
Tromsø	N	-2 / -6	-2 / -6	0 / -5	3 / -2	7 / 1	12 / 6	16 / 9	14 / 8	10 / 5	5 / 1	2 / -2	0 / -4
Umeå	S	-4 / -12	-4 / -12	0 / -9	5 / -3	12 / 2	17 / 7	20 / 11	19 / 10	13 / 5	7 / 0	2 / -4	-2 / -8
Vaasa	FIN	-4 / -11	-4 / -11	-1 / -10	6 / -3	13 / 2	18 / 8	21 / 11	19 / 10	13 / 5	7 / 1	2 / -3	-1 / -7
València	E	15 / 6	16 / 6	18 / 8	20 / 10	23 / 13	26 / 17	29 / 20	29 / 20	27 / 18	23 / 13	19 / 10	16 / 7
Valladolid	E	8 / 0	10 / 0	14 / 3	17 / 5	20 / 8	26 / 12	29 / 14	29 / 13	25 / 11	19 / 7	12 / 3	8 / 1
Valletta	M	14 / 10	15 / 10	16 / 11	18 / 13	22 / 16	26 / 19	29 / 22	29 / 23	27 / 22	24 / 19	20 / 16	16 / 12
Venezia	I	6 / 1	8 / 2	12 / 5	17 / 10	21 / 14	25 / 17	27 / 19	27 / 18	24 / 16	19 / 11	12 / 7	8 / 3
Vilnius	LT	-5 / -11	-3 / -10	1 / -7	12 / 2	18 / 7	21 / 11	23 / 12	22 / 12	17 / 8	11 / 4	4 / -1	-3 / -7
Warszawa	PL	0 / -6	0 / -6	6 / -2	12 / 3	20 / 9	23 / 12	24 / 15	23 / 14	19 / 10	13 / 5	6 / 1	2 / -3
Wien	A	1 / -4	3 / -3	8 / 1	15 / 6	19 / 10	23 / 14	25 / 15	24 / 15	20 / 11	14 / 7	7 / 3	3 / -1
Zagreb	HR	3 / -2	6 / -1	11 / 3	17 / 8	21 / 12	25 / 15	27 / 17	27 / 16	23 / 13	15 / 8	9 / 4	5 / 0
Zürich	CH	2 / -3	5 / -2	10 / 1	15 / 4	19 / 8	23 / 12	25 / 14	24 / 13	20 / 11	14 / 6	7 / 2	3 / -2

Conduire en Europe

Les tableaux d'information suivants indiquent les principaux règlements routiers communiqués au moment de la rédaction de cet atlas (18.05.05) ; la signification des symboles est indiquée ci-dessous, ainsi que quelques notes supplémentaires.

FIA AIT Organisations routières nationales :

Ces initiales désignent un membre des associations internationales de tourisme - Fédération Internationale de l'Automobile et Alliance Internationale de Tourisme.

Limitations de vitesse en kilomètres/heure s'appliquant aux :

- autoroutes
- routes à chaussées séparées
- routes à une seule chaussée
- agglomérations urbaines

Péage sur les autoroutes ou toute autre partie du réseau routier

Taux maximum d'alcool toléré dans le sang. On ne doit pas considérer ceci comme acceptable ; il n'est JAMAIS raisonnable de boire et de conduire.

Age minimum des enfants admis à l'avant.

Gilet de sécurité

Triangle de présignalisation

Trousse de premiers secours

Extincteur

Jeu d'ampoules de rechange

Age minimum du conducteur

Port de la ceinture de sécurité à l'avant

Port de la ceinture de sécurité à l'avant et à l'arrière

Câble de remorquage

Port du casque pour les motocyclistes et les passagers

Allumage des codes jour et nuit

Pneus cloutés

Documents nécessaires obligatoires à tous les pays :
certificat d'immatriculation du véhicule ou certificat de location, assurance responsabilité civile, plaque d'identification nationale.
Il est vivement conseillé de se renseigner auprès de l'Automobile Club.

Driving in Europe

The information panels which follow give the principal motoring regulations in force when this atlas was prepared for press (18.05.05). An explanation of the symbols is given below, together with some additional notes.

FIA AIT National motoring organisations:

These symbols indicate membership of the international touring associations Fédération Internationale de l'Automobile and Alliance Internationale de Tourisme.

Speed restrictions in kilometres per hour applying to:

- motorways
- dual carriageways
- single carriageways
- urban areas

Whether tolls are payable on motorways and/or other parts of the road network.

Maximum permitted level of alcohol in the bloodstream. This should not be taken as an acceptable level - it is NEVER sensible to drink and drive.

Minimum age for children to sit in the front passenger seat.

Reflective jacket

Whether a warning triangle must be carried.

Whether a first aid kit must be carried

Whether a fire extinguisher must be carried

Whether a spare bulb set must be carried

Minimum age for drivers

Whether seatbelts must be worn by the driver and front seat passenger

Whether seatbelts are compulsory for the driver and all passengers in both front and back seats

Tow rope

Whether crash helmets are compulsory for both motorcyclists and their passengers

Whether headlights must be on at all time

Whether studded tyres are required

Documents required for all countries:
vehicle registration document or vehicle on hire certificate, third party insurance cover, national vehicle indentification plate.
You are strongly advised to contact the national Automobile Club for full details of local regulations.

Autofahren in Europa

Die nachfolgenden Tabellen geben Auskunft über die wichtigsten Verkehrsbestimmungen in den einzelnen Ländern dieses Atlasses (Stand 18.05.05); die Erklärung der Symbole sowie einige ergänzende Anmerkungen finden Sie im Anschluß an diesen Text.

FIA AIT Nationale Automobilclubs:

Diese Abkürzungen verweisen auf die Mitgliedschaft bei den internationalen Touring-Organisationen, Fédération Internationale de l'Automobile und Alliance Internationale de Tourisme.

Geschwindigkeitsbegrenzungen in km/h bezogen auf:

- Autobahnen
- Schnellstraßen mit getrennten Fahrbahnen
- Straßen mit einer Fahrbahn
- geschlossene Ortschaften

Autobahn-, Straßen- oder Brückenbenutzungsgebühren

Promillegrenze: Es sei darauf hingewiesen, daß auch die kleinste Menge Alkohol am Steuer das Fahrvermögen beeinträchtigt

Mindestalter, ab welchem Kinder vorne sitzen dürfen.

Sicherheitsweste

Mitführen eines Warndreiecks

Mitführen eines Verbandkastens

Mitführen eines Feuerlöschers

Mitführen eines Satzes von Glühbirnen als Reserve

Mindestalter für Kfz-Führer

Anschnallpflicht vorne

Anschnallpficht vorne und hinten

Abschleppseil

Helmpflicht für Motorradfahrer und Beifahrer

Abblendlicht vorgeschrieben (Tag und Nacht)

Spikereifen

Notwendige und vorgeschriebene Dokumente in allen Staaten:
Fahrzeugschein oder Mietwagenbescheinigun, Internationale grüne Versicherungskarte, Nationlitätskennzeichen.
Es empfiehlt sich, genauere Infomationen bei den jeweiligen Automobilclubs einzuholen.

Autorijden in Europa

In de tabellen hierna staan de voornaamste verkeersregels medegedeeld bij het opstellen van deze Atlas (18.05.05); de betekenis van de symbolen is hieronder beschreven met enkele toelichtingen.

FIA AIT Nationale automobielclubs:

Deze initialen geven aan dat het om een lid van een internationale toeristische federatie gaat, nl. de Fédération Internationale de l'Automobile en de Alliance Internationale de Tourisme.

Snelheidsbeperkingen in km/uur op:

- autosnelwegen
- wegen met gescheiden rijbanen
- wegen met één rijbaan
- binnen de bebouwde kom

Tol op de autosnelwegen of op een ander gedeelte van het wegennet

Maximum toegestaan alcoholgehalte in het bloed. Dit dient niet beschouwd te worden als een aanvaardbaar gehalte; het is NOOIT verstandig om te rijden na gebruik van alcohol.

Minimum leeftijd voor kinderen voorin het voertuig.

Reflecterend vest

Gevarendriehoek verplicht

EHBO-pakket verplicht

Brandblusapparaat

Reservelampen verplicht

Minimumleeftijd bestuurder

Autogordel verplicht voor bestuurder en passagier voorin

Autogordel, verplicht voor- en achterin

Sleepkabel

Valhelm verplicht voor motorrijders en passagiers

Dimlichten verplicht zowel 's nachts als overdag

Spijkerbanden

Vereiste documenten in alle landen:
kentekenbewijs van het voertuig of huurcertificaat, verzekering burgerlijke aansprakelijkheid, plaat land van herkomst.
Het verdient aanbeveling informatie in te winnen bij de automobielclub.

Conduire en Europe

Les tableaux d'information suivants indiquent les principaux règlements routiers communiqués au moment de la rédaction de cet atlas (18.05.05) ; la signification des symboles est indiquée ci-dessous, ainsi que quelques notes supplémentaires.

FIA AIT Organisations routières nationales :

Ces initiales désignent un membre des associations internationales de tourisme - Fédération Internationale de l'Automobile et Alliance Internationale de Tourisme.

Limitations de vitesse en kilomètres/heure s'appliquant aux :

autoroutes	routes à une seule chaussée
routes à chaussées séparées	agglomérations urbaines
Péage sur les autoroutes ou toute autre partie du réseau routier	Jeu d'ampoules de rechange
Taux maximum d'alcool toléré dans le sang. On ne doit pas considérer ceci comme acceptable ; il n'est JAMAIS raisonnable de boire et de conduire.	Age minimum du conducteur
	Port de la ceinture de sécurité à l'avant
Age minimum des enfants admis à l'avant.	Port de la ceinture de sécurité à l'avant et à l'arrière
Gilet de sécurité	Câble de remorquage
Triangle de présignalisation	Port du casque pour les motocyclistes et les passagers
Trousse de premiers secours	Allumage des codes jour et nuit
Extincteur	Pneus cloutés

Documents nécessaires obligatoires à tous les pays :
certificat d'immatriculation du véhicule ou certificat de location, assurance responsabilité civile, plaque d'identification nationale.
Il est vivement conseillé de se renseigner auprès de l'Automobile Club.

Guidare in Europa

I riquadri informativi che seguono forniscono le principali norme di circolazione, in vigore al momento della redazione di questo atlante (18.05.05); la spiegazione dei simboli viene data di seguito, insieme ad alcune annotazioni supplementari.

FIA AIT Organizzazioni stradali nazionali:

Queste sigle indicano che l'organizzazione è membro delle associazioni turistiche internazionali - Fédération Internationale de l'Automobile ed Alliance Internationale de Tourisme.

Limiti di velocità in chilometri/ora riferiti a:

autostrade	strade a carreggiata unica
strade a carreggiata doppia	aree urbane
Pedaggio sulle autostrade o sulle strade	Assortimento di lampadine di ricambio
Tasso massimo di alcol tollerato nel sangue. Tale tasso non dovrebbe essere considerato come accettabile; non è MAI sensato guidare dopo aver bevuto.	Età minima del guidatore
	Uso delle cinture di sicurezza per i sedili anteriori
Età minima richiesta, affinché i bambini possano sedere davanti	Uso delle cinture di sicurezza per i sedili anteriori e posteriori
Giubbotto di sicurezza	Cavo di traino
Triangolo di presegnalazione	Uso del casco per i motociclisti ed i passeggeri
Cassetta di pronto soccorso	Si devono tenere gli anabbaglianti sempre accesi
Estintore	Pneumatici chiodati

Documenti obbligatori in tutti i paesi:
carta di circolazione del veicolo oppure certificato di autonoleggio, assicurazione e carta verde, targa d'identificazione nazionale.
E' vivamente consigliato rivolgersi all' Automobile Club.

Conducir en Europa

Los siguientes cuadros informativos recogen las principales reglamentaciones automovilisticas que nos han sido comunicadas en el momento de la redacción de este atlas (18.05.05); el significato de los símbolos, junto con algunas notas complementarias, se indica más abajo.

FIA AIT Organismos nacionales relacionados con el automovilismo:

Estas iniciales indican la afiliación a las asociaciones internacionales de turismo - Federación Internacional del Automóvil y Alianza Internacional del Turismo.

Límites de velocidad en kilómetros/hora que se aplican en:

autopistas	carreteras con calzada única
carreteras con calzadas separadas	zona urbanas
Peaje en autopistas o en otro lugar de la red de carreteras	Juego de lámparas de recambio
Máximo permisible de alcohol en sangre. Este máximo no debe considerarse como un nivel aceptable; NUNCA es aconsejable beber si se conduce.	Edad mínima del conductor
	Cinturón de seguridad delante
Edad mínima de los niños para viajar en los asientos delanteros.	Cinturón de seguridad delante y detrás
Chaleco reflectante	Cable de remolque
Triángulo de señalización de peligro	Casco protector para motociclistas y pasajeros
Botiquín de primeros auxilios	Luces encendidas día y noche
Extintor	Neumáticos con clavos

Documentación obligatoria en todos países:
certificado de matriculación del vehículo o certificado de aquiler, seguro de responsabilidad civil, placa de identificación del pais.
Recomendamos informarse en el Automóvil Club.

Conduzir na Europa

Os quadros de informação seguintes indicam as principais regras rodoviárias em vigor no momento da redacção deste Atlas (18.05.05); o significado dos simbolos está indicado abaixo assim como algumas notas suplementares.

FIA AIT Organizações rodoviárias nacionais:

Estas inicials designam um membro das associações internacionals de turismo - Federação Internacional do Automóvel e Aliança Internacional de Turismo.

Limites de velocidade em km/h que se aplicam em:

auto-estradas	estradas com uma única faixa de rodagem
estradas com faixas de rodagem separadas	aglomerações urbanas
Portagem nas auto-estradas ou outras partes da rede rodoviária	Jogo de lâmpadas sobressalentes
Taxa máxima de alcoolémia tolerada no sangue. Não é considerada au tável; nunca é razoável beber e conduzir.	Idade mínima do condutor
	Uso do cinto de segurança à frente
Idade mínima das crianças admitidas à frente	Uso do cinto de segurança à frente e atrás
Colete reflector	Cabo de reboque
Triângulo de pré-sinalização	Uso do capacete para os motociclistas e acompanhantes
Estojo de primeiros socorros	Acender luzes médias dia e noite
Extintor	Uso de pneus com pregos

Documentos obrigatórios em todos os países:
certificado de registo de propriedade ou certificado de aluguer - seguro de responsabilidade civil - Placa de identificação nacional.
Aconselha se pedir informações junto do automóvel clube.

A	ÖSTERREICH	130		100	50	0,05	●	●		12	●	●				18	●		1/10-1/5	●
AL	SHQIPËRIA					0,00					○	○	○							
AND	ANDORRA			90	50	0,05			●	10	●	○	○	●		18	●		1/11-15/5	
B	BELGIQUE, BELGIË	120	120	90	50	0,05		●		12	●	●	●			18	●		1/11-31/3	
BG	BALGARIJA	120		90	50	0,05	●	●		10	●	●	●			18	●		●	
BIH	BOSNA I HERCEGOVINA	120	100	80	60	0,05			●	12	●	●	○	●	●	18	●	●	●	
BY	BELARUS'			90	60	0,00	●		●	12	●	●	●	●	●	18	●		1/1-31/12	
CH	SCHWEIZ, SUISSE, SVIZZERA	120	100	80	50	0,05	●	●			●	○	○			18	●		24/10-30/4	
CY	KÝPROS, KIBRIS	100		80	50	0,09		●		5	●	○	○			18	●			
CZ	CESKÁ REPUBLIKA	130		90	50	0,00	●	●		12	●	●	○			18	●	31/10-31/3	●	
D	DEUTSCHLAND			100	50	0,05		●		12	●	●	○			18	●		●	
DK	DANMARK	130		80	50	0,05		●			●	○	○			18	●	●	1/11-15/4	
E	ESPAÑA	120		90	50	0,05	●	●		12	● x 2	○	○	●		18	●		1/1-31/12	●
EST	EESTI	110		90	50	0,00		●			●	●	●			17	●	●	16/10-15/4	
F	FRANCE	130	110	90	50	0,05	●	●		10	●	○	○			18	●		15/11-31/3	
FIN	SUOMI, FINLAND	120		80	50	0,05		●			●	○	○			18	●	●	1/11-17/4	
FL	LIECHTENSTEIN			80	50	0,08		●			●	●	○			18	●	●	1/11-30/4	
GB	UNITED KINGDOM	112	112	96	48	0,08		●			○	○	○			17	●		1/1-31/12	
GR	ELLÁDA	120		90	50	0,05	●	●		12	●	●	●			18	●		1/1-31/12	
H	MAGYARORSZÁG	130	110	90	50	0,00	●	●		12	●	●	○	●		18	●	●	●	
HR	HRVATSKA	130	110	90	50	0,00	●	●		12	●	●	○	●	●	18	●	●	●	
I	ITALIA	130		90	50	0,05	●	●		12	●	●	○			18	●	●	15/11-15/3	●
IRL	IRELAND	120		80	50	0,08		●			○	○	○			17	●		1/1-31/12	
IS	ÍSLAND			90	50	0,05		●			●	○	○			17	●	●	15/11-15/4	
L	LUXEMBOURG	130		90	50	0,08		●		11	●	○	○			18	●		1/12-31/3	
LT	LIETUVA	100		90	60	0,04		●		12	●	●	●			16	●		1/11-1/4	
LV	LATVIJA	110		90	50	0,05		●			●	●	●			18	●	●	1/10-1/5	
M	MALTA			40	25	0,08			●	11	○	○	○			18	●			
MC	MONACO			70	50	0,05				10						18	●			
MD	MOLDOVA			90	60	0,00		●			●	●	●			18	●		1/1-31/12	
MK	MAKEDONIJA	120	100	80	50	0,05		●		12	●	●	○			18	●	●	●	
N	NORGE	90		80	50	0,02	●	●			●	○	○			18	●	●	1/11-17/4	
NL	NEDERLAND	120	100	80	50	0,05		●		12	●	○	○			18	●		●	
P	PORTUGAL	120	100	90	50	0,05	●	●		12	●	○	○			18	●		●	●
PL	POLSKA	130	120	90	50	0,02	●	●		12	●	●	●			18	●	1/10-28/2	●	
RO	ROMÂNIA	120		90	50	0,00	●	●		12	●	●	○			18	●		●	
RSM	SAN MARINO			70	50	0,08		●		12	○	○	○			18	●		1/1-31/12	
RUS	ROSSIJA	110		90	60	0,00		●		12	●	●	●			18	●			
S	SVERIGE	110		70	50	0,02		●			●	○	○			18	●	●	1/10-30/4	
SCG	SRBIJA I CRNA GORA	120	100	80	60	0,05		●		12	●	●	●			18	●	●	●	
SK	SLOVENSKÁ RÉPUBLIKA	130		90	60	0,00	●	●		12	●	●	○	●		18	●	15/10-15/3	●	
SLO	SLOVENIJA	130	100	90	50	0,05		●		12	●	●	●	●	●	18	●	●	●	
TR	TÜRKIYE	120		90	50	0,05		●		12	●	●	●	●		18	●		●	
UA	UKRAÏNA	130		90	60	0,00		●		12	●	●	●			18	●			

Obligatoire ● Obbligatorio
Compulsory Obligatorio
Vorgeschrieben Obrigatório
Verplicht

Recommandé ○ Raccomandato
Recommanded Recomendato
Empfohlen Recomendato
Aanbevolen

Interdit ● Vietato
Prohibited Prohibido
Verboten Proibido
Verboden

Période d'autorisation 1/11-30/4 Periodo d'autorizzazione
Periode of regulation enforcement Periodo de autorización
Genehmigungsdauer Período de autorização
Toegelaten periode

Renseignement non communiqué ✱ Informazione non disponibile
No information currently available Información no communicada
Keine Auskunft erhalten Informacão não comunicada
Informatie niet meegedeeld

(A) Österreich

ÖAMTC AIT FIA
Schubertring 1-3, 1010 WIEN
☎ : +43 1 711 990
Fax : +43 1 713 18 07
http://www.oeamtc.at
e-mail : office@oeamtc.at

ARBÖ
Mariahilfer Straße 180, 1150 WIEN
☎ : +43 1 891 217
Fax : +43 1 891 21 236
http://www.arboe.or.at/
e-mail : id@arboe.or.at

(AND) Andorra

Automòbil Club d'Andorra (ACA) AIT FIA
Carrer Babot Camp 13,
ANDORRA la VELLA
☎ : +376 803 400
Fax : +376 822 560
http://www.aca.ad
e-mail : aca.premsa@andorra.ad

(B) Belgique, België

R.A.C.B FIA
Rue d'Arlon 53 bte 3 /
Aarlenstraat 53 bus 3
1040 BRUXELLES / BRUSSEL
☎ : +32 2 287 09 11
Fax : +32 2 230 75 84
http://www.racb.com
e-mail : autoclub@racb.com

Touring Club Belgium (TCB) AIT
Rue de la Loi 44 / Wetstraat 44,
1040 BRUXELLES / BRUSSEL
☎ : +32 2 233 22 02
Fax : +32 2 286 33 23
http://www.touring.be
e-mail :presid@touring.be

(BG) Balgarija

Union des Automobilistes Bulgares (UAB) AIT FIA
3, Place Pozitano, B.P. 257
1000 SOFIA
☎ : +359 2 989 52 42
Fax : +359 2 987 26 22
http://www.uab.org
e-mail : uab@mobikom.com

(BIH) Bosna Hercegovina

BIHAMK AIT FIA
Skenderija 23
71000 SARAJEVO
☎ : +387 33 212 772
Fax : +387 33 213 668
http://www.bihamk.ba
e-mail : info@bihamk.ba

(BY) Belarus'

Fédération de l'automobile de Bélarus FIA
Postbox 50 220090 MINSK 90
☎ : +375 172 45 60 11
Fax : +375 172 45 60 21
http://www.ecopress.org.by
e-mail : letbox@ecopress.org.by/baf

The Byelarusian Club of General Assistance and Automobile Service AIT
Romanovskaya Sloboda Str. 24,
220 004 MINSK
☎ : +375 17 223 1055
Fax : +375 17 223 48 68

(CH) Schweiz, Suisse, Svizzera

Touring Club Suisse / Schweiz / Svizzero (TCS) AIT FIA
Case postale 820
1214 VERNIER
☎ : +41 22 417 27 27
Fax : +41 22 417 20 20
http://www.tcs.ch
e-mail : irtge@tcs.ch

Automobil Club der Schweiz / Automobile Club de Suisse (ACS) FIA
Wasserwerkgasse 39 - 3000 BERN 13
☎ : +41 31 328 31 11
Fax : +41 31 311 03 10
http://www.acs.ch
e-mail : acszv@acs.ch

(CY) Kýpros, Kibris

Cyprus Automobile Association (CAA) AIT
PO Box 22279
1519 LEFKOSIA
☎ : +357 22 313 323
Fax : +357 22 313 482
http://www.cyprusaa.org
e-mail : office@cyprusaa.org

(CZ) Ceská Republika

Ústrední automotoklub Ceské republiky (UAMK) AIT FIA
Na Strzi 9, 14002 PRAHA 4
☎ : +420 2 611 04 242
Fax : +420 2 611 04 235
http://www.uamk-cr.cz
e-mail : secreteriat@uamk.cz

Autoklub Ceské Republiky (ACCR) FIA
Opletalova 29, 11000 PRAHA 1
☎ : +420 2 24 21 02 66
Fax : +420 2 22 24 62 75
http://www.autoklub.cz
e-mail : inet@autoklub.cz

(D) Deutschland

ADAC AIT FIA
Am Westpark 8, 81373 MÜNCHEN
☎ : +49 89 76 76 0
Fax : +49 89 76 76 25 00
http://www.adac.de
e-mail : adac@adac.de

Automobilclub von Deutschland (AVD) AIT FIA
Lyoner Str. 16
60528 FRANKFURT am MAIN
☎ : +49 69 660 60
Fax : +49 69 660 67 89
http://www.avd.de
e-mail : avd@avd.de

(DK) Danmark

Forenede Danske Motorejere (FDM) AIT
Postboks 500
2800 KGS. LYNGBY
☎ : +45 4527 0707
Fax : +45 4527 0993
http://www.fdm.dk
e-mail : fdm@fdm.dk

(E) España

Real Autmóvil Club de España (RACE) AIT FIA
c/ Issac Newton S/N
28760 - Tres Cantos MADRID
☎ : +34 91 594 72 75
Fax : +34 91 594 75 36
http://www.race.es
e-mail : presidencia@race.es

Real Federación Española de Automovilismo (RFE de A) FIA
c/ Escultor Peresejo, 68bis
28023 MADRID
☎ : +34 91 729 94 30
Fax : +34 91 357 02 03
http://www.rfeda.es
e-mail : rfeda@rfeda.es

(EST) Eesti

Estonian Auto Sport Union (EASU) FIA
1/5 Regati Avenue, Suite 305
11911 TALLINN
☎ : +372 6 398 666
Fax : +372 6 398 553
http://www.auto.ee
e-mail : www@auto.ee

Eesti Autoklubi (AEK) AIT
Laki 11, 129 15 TALLINN
☎ : +372 697 9100
Fax : +372 697 9110
http://www.autoclub.ee
e-mail : eak@autoclub.ee

(F) France

Automobile Club de France (ACF) FIA
6, Place de la Concorde
75008 PARIS
☎ : +33 01 43 12 43 12
Fax : +33 01 43 12 43 43

Fédération Française des Automobiles Clubs et Usagers de la Route (FFAC) AIT FIA
76 Avenue Marceau
75008 PARIS
☎ : +33 01 56 89 20 70
Fax : +33 01 47 20 37 23
http://www.automobileclub.org
e-mail : ffac@wanadoo.fr

(FIN) Suomi, Finlande

Autoliitto (AL) AIT FIA
Hämeentie 105 A
00550 HELSINKI
☎ : +358 9 7258 4400
Fax : +358 9 7258 4460
http://www.autoliitto.fi
e-mail : autoliitto@autoliitto.fi

Autourheilun Kansallinen Keskusliitto (AKK-Motorsport) FIA
PL 54, 00551 HELSINKI
☎ : +358 97 258 22 00
Fax : +358 97 258 22 40
http://www.akk-motorsport.fi
e-mail : akk-motorsport@akk-motorsport.fi

(FL) Liechtenstein

Automobilclub des Fürstentums Liechtenstein (ACFL) FIA
Pflugstrasse 20, Post Fach 934,
9490 VADUZ
☎ : +423 237 67 67
Fax : +423 233 30 50

(GB) United Kingdom

Royal Automobile Club (RAC) AIT FIA
89 Pall Mall, SW1Y 5HS LONDON
☎ : +44 207 930 23 45
Fax : +44 207 976 10 86
http://www.royalautomobileclub.co.uk
e-mail : secretary@royalautomobileclub.co.uk

Automobile Association (AA) AIT FIA
William Armstrong Drive
NE4 7YA - NEWCASTLE-upon-TYNE
☎ : +44 870 600 0371
Fax : + 44 191 235 5111
http://www.theaa.com
e-mail : customer.services@theaa.com

(GR) Elláda

Automobile and Touring Club of Greece (ELPA) AIT FIA
L. Messogion 395
153 43 - ATHINA
☎ : +30 210 606 88 00
Fax : +30 210 606 89 81
http://www.elpa.gr
e-mail : info@elpa.gr

(H) Magyarország

Magyar Autóklub (MAK) AIT FIA
Rómer Flóris u 4/a
1024 BUDAPEST
☎ : +36 1 345 18 00
Fax : +36 1 345 18 01
http://www.autoklub.hu
e-mail : info@autoklub.hu

Magyar Nemzeti Autósport Szövetség (MNASZ) FIA
Istvánmezei út 1-3
1146 BUDAPEST
☎ : +36 1 460 68 75
Fax : +36 1 460 69 30
http://www. mnasz.hu
e-mail : mnasz@ mnasz.hu

(HR) Hrvatska

Hrvatski Autoklub (HAK) AIT FIA
P.O. Box 240, 10010 ZAGREB
☎ : +385 1 661 1999
Fax : +385 1 662 3111
http://www.hak.hr
e-mail : borse@hak.hr

(I) Italia

Automobile Club d'Italia (ACI) AIT FIA
B.P 2839, 00185 ROMA
☎ : +39 6 49 981
Fax : +39 6 445 2702
http://www.aci.it
e-mail : info@aci.it

Touring Club Italiano (TCI) AIT
Corso Italia 10, 20122 MILANO
☎ : +39 2 85 261
Fax : +39 2 852 6320
http://www.touringclub.it
e-mail : ufficio.comunicazione@touringclub.it

(IRL) Ireland

Royal Irish Automobile Club (RIAC) FIA
34 Dawson Street, DUBLIN 2
☎ : +353 1 677 5141
Fax : +353 1 671 5551
http://www.motorsportireland.com
e-mail : info@motorsportireland.com

The Automobile Association Ireland Limited (AA Ireland) AIT
23 Suffolk Street, DUBLIN 2
☎ : +353 1 617 99 99
Fax : +353 1 617 94 00
http://www.aaireland.ie
e-mail : aa@aaireland.ie

(IS) Ísland

Félag Islenskra Bifreidaeigenda (FIB) AIT
Borgartúni 33, 105 REYKJAVIK
☎ : +354 562 99 99
Fax : +354 552 90 71
http://www.fib.is
e-mail : fib@fib.is

Icelandic Motorsport Association (IMA) FIA
Engjavegur 6, 130 REYKJAVIK
☎ : +354 58 89 100
Fax : +354 58 89 102
http://www.centrum.is/lia
e-mail : lia@centrum.is

(L) Luxembourg

Automobile Club du Grand-Duché de Luxembourg (ACL) AIT FIA
54 Route de Longwy, 8007 BERTRANGE
☎ : +352 45 00 45
Fax : +352 45 04 55
http://www.acl.lu
e-mail : acl@acl.lu

(LT) Lietuvia

Lietuvos Automobilininku Sajunga (LAS) AIT FIA
Antakalnio 28, 2055 VILNIUS
☎ : +370 5 210 4433
Fax : +370 5 270 9592
http://www.las.lt
e-mail : info@las.lt

Lietuvos Automobiliu Sporto Federacija (LASF) FIA
Draugystes 19-344, 3031 KAUNAS
✆ : +370 37 350 106
Fax : +370 37 350 106
http://www.lasf.lt
e-mail : lasf@lasf.lt

Lithuanian Automobile Club (LAC) FIA
J. Tumo-Vaizgants Str. 9/1,
2001 VILNIUS
✆ : +370 5 212 77 43
Fax : +370 5 231 31 12
e-mail : mail@cva.lt

(LV) Latvija

Latvijas Automoto Biedriba LAMB) AIT
Raunas 16b, 1039 RIGA
✆ : +371 756 62 22
Fax : +371 751 36 78
http://www.lamb.lv
e-mail : lamb@lamb.lv

Latvijas Automobilu Federacija (LAF) FIA
Brivibas Gatve 266-107, 1006 RIGA
✆ : +371 701 22 09
Fax : +371 755 14 65
http://www.laf.lv
e-mail : laf@latnet.lv

(M) Malte

Touring Club (TCM) AIT
P.O. Box 16
MSD 01 – MSIDA
✆ : +356 7900 0116
Fax : +356 2123 8226

(MC) Monaco

Automobile Club de Monaco (ACM) FIA
23 Boulevard Albert 1er, BP 464
98012 MONACO
✆ : +377 93 15 26 00
Fax : +377 93 25 80 08
http://www.acm.mc
e-mail : info@acm.mc

(MD) Moldava

Automobil Club din moldova (ACM) FIA
str. Petru Rares, 57
2005 CHISINAU
✆ : +373 2 229 27 03
Fax : +373 2 222 71 06
http://www.acm.md
e-mail : office@acm.md

(MK) Makedonija

Avto Moto Sojuz na Makedonija (FYROM) AIT FIA
Ivo Ribar Lola br. 51
1000 SKOPJE
✆ : +389 2 318 11 81
Fax : +389 2 318 11 89
http://www.amsm.com.mk
e-mail : amsm@amsm.com.mk

(N) Norge

Kongelig Norsk Automobilklub (KNA) FIA
Postboks 2425 Solli
0201 OSLO
✆ : +47 21 60 49 00
Fax : +47 21 60 49 01
http://www.kna.no
e-mail : kna@kna.no

Norges Automobil-Forbund (NAF) AIT
Postboks 6682 Etterstad
0609 OSLO
✆ : +47 22 34 14 00
Fax : +47 22 33 13 72
http://www.naf.no
e-mail : medlemsservice@naf.no

(NL) Nederland

Koninklijke Nederlandse Toeristenbond (ANWB) AIT FIA
Wasse naarseweg 220
2509 BA - DEN HAAG
✆ : +31 70 3 147 147
Fax : +31 70 3 146 969
http://www.anwb.nl
e-mail : info@anwb.nl

Koninklijke Nederlandse Automobiel Club (KNAC) FIA
Postbus 93114
2509 AC - DEN HAAG
✆ : +31 70 3 831 612
Fax : +31 70 3 831 906
http://www.knac.nl
e-mail : ledenservice@knac.nl

(P) Portugal

Automóvel Club de Portugal (ACP) AIT FIA
Rua Rosa Araujo 24-26,
1250-195 LISBOA
✆ : +351 21 318 02 02
Fax : +351 21 318 02 27
http://www.acp.pt
e-mail : info@acp.pt

(PL) Polska

Polski Zwiazek Motorowy (PZM) AIT FIA
Ul. Kazimierzowska 66
02518 WARSZAWA
✆ : +48 22 849 93 61
Fax : +48 22 848 19 51
http://www.pzm.pl
e-mail : office@pzm.pl

Polskie Towarzystwo Turystyczno-Krajoznawcze (PTTK)
u1. Senatorska 11
00075 VARSOVIE
✆ : +48 22 826 57 35
Fax : +48 22 826 25 05
http://www.pttk.pl
e-mail : poczta@pttk.pl

(RO) România

Automobil Clubul Român (ACR) AIT FIA
str. Tache Ionescu
010353 BUCURESTI 22
✆ : +40 21 222 22 22
Fax : +40 21 222 15 52
http://www.acr.ro
e-mail : acr@acr.ro

(ROS) Rossija

Russia Automobile Society (VOA) AIT
Leotjevskij per., 23
125009 MOSKVA
✆ : +7 95 229 75 40
Fax : +7 95 299 75 40
http://www.voa.ru
e-mail : voa@voa.ru

Avtoclub assistance Rus (ACAR) FIA
Krasnogo Mayaka 26
117570 - MOSCOU
✆: +7 095 105 50 00
Fax : +7 095 105 50 96
e-mail : rkulik.sv@umail.ru

(RSM) San Marino

Automobile Club San Marino (ACS)
Via A. Giangi, 66
47 891 DOGANA
✆ : +378 549 90 88 60
Fax : +378 549 97 29 26
http://www.automobileclub.sm
e-mail : info@automobileclub.sm

(SCG) Srbija i Crna Gora

Auto-Moto Savez Srbije i Crne Gore (AMS SCG) AIT FIA
Ruzveltova 18
11000 BEOGRAD
✆ : +381 11 98 00
http://www.amsj.co.yu
e-mail : info@amsj.co.yu

(S) Sverige

Svenska Bilsportförbundet (SBF) FIA
Bergkällavägen 31 A
19279 SOLLENTUNA
✆ : +46 8 626 33 00
Fax : +46 8 626 33 22
http://www.sbf.se
e-mail : mailbox@sbf.net

Motormännens Riksförbund (M) AIT
Box 23142
10435 STOCKHOLM
✆ : +46 8 690 38 00
Fax : +46 8 690 38 24
http://www.motormannen.se
e-mail : service@motormannen.se

(SK) Slovenská Republika

Narodny Automotoklub Slovenskej Republiky (NAMK) AIT FIA
U1. Druzby 222
976 98 - LOPEJ
Fax : +421 48 414 66 37
http://www.namk.sk
e-mail : info@namk.sk

Slovensky Autoturist Klub (SATC) AIT FIA
P.O. Box 91
83008 BRATISLAVA 38
✆ : +421 2 4445 6860
Fax : +421 2 4445 6864
http://www. autoklub.sk
e-mail : satc@autoklub.sk

(SLO) Slovenija

Avto-Moto Zveza Slovenije (AMZS) AIT FIA
Dunajska 128a
1000 LJUBLJANA
✆ : +386 1 530 53 00
Fax : 386 1 530 54 10
http://www.amzs.si
e-mail : info.center@amzs.si

(TR) Türkiye

Türkiye Otomobil ve Motorsporlari Federasyonu (TOMSFED) FIA
Göksuevleri Kartopu Cad. B168/A
Anadoluhisari - Beykoz
ISTANBUL
✆ : +90 216 465 11 55
Fax : +90 216 465 11 57
http://www.tomsfed.org.tr
e-mail : tr@tomsfed.org.tr

Turkiye Turing ve Otomobil Kurumu (TTOK) AIT FIA
1. Otosanayi Sitesi yani - 4. Levent
ISTANBUL
✆ : +90 212 282 81 40
Fax : +90 212 282 80 42
http://www.turing.org.tr
e-mail : turing@turing.org.tr

(UA) Ukraïna

Fédération Automobile d'Ukraine (FAU) AIT FIA
P.O. Box 10697, 79000 LVIV
✆ : +380 322 97 06 41
Fax : +380 322 97 06 41
e-mail : office@fau.ua

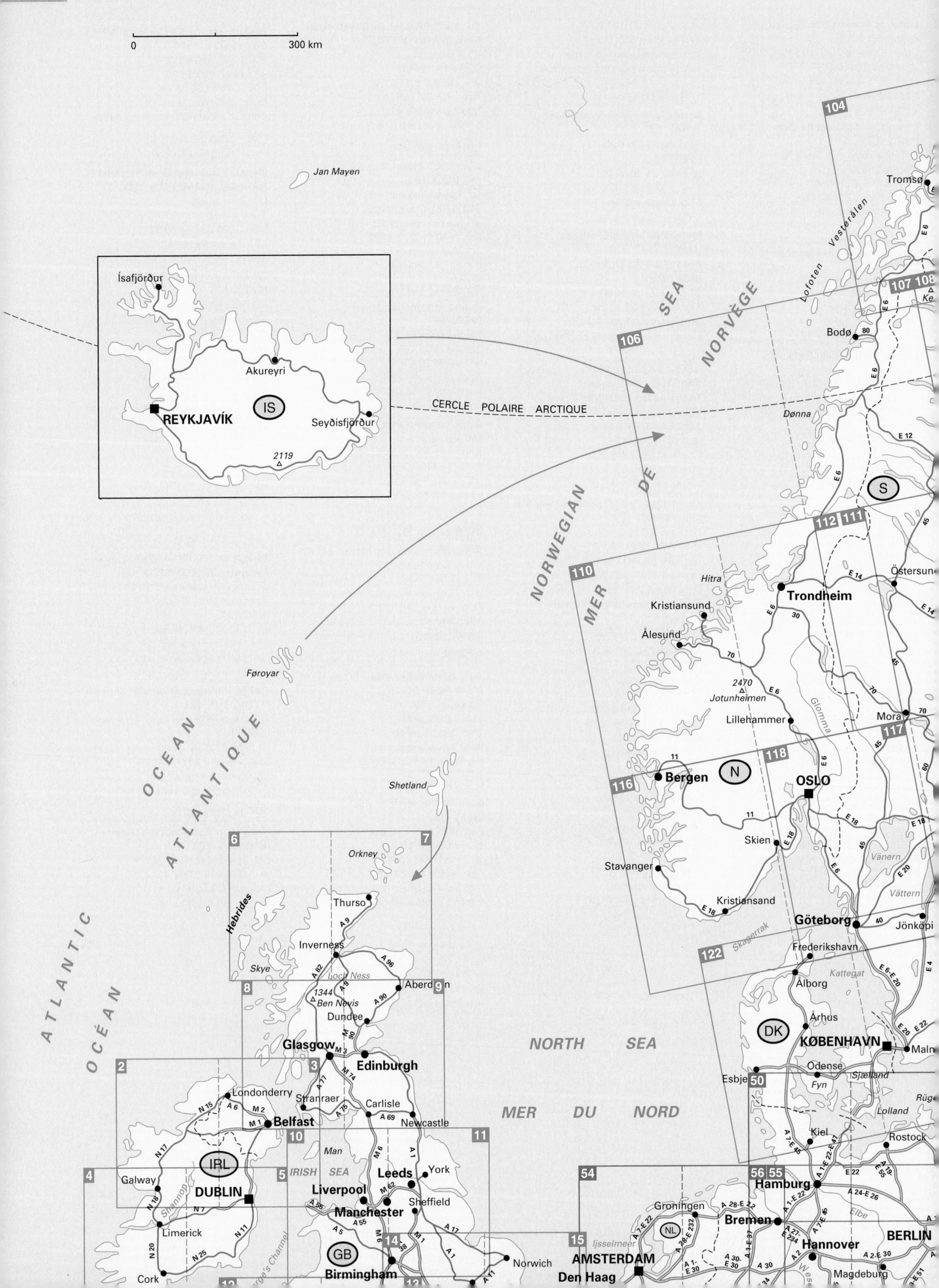

0 300 km

REYKJAVÍK
Ísafjörður
Akureyri
IS
Seyðisfjörður
2119

Jan Mayen

SEA
NORVÈGE
DE
NORWEGIAN
MER

106
104
Tromsø
107 108
Bodø 80
Dønna
E 12
E 6
CERCLE POLAIRE ARCTIQUE
Vesterålen
Lofoten

S
112 111
Östersun
110
Hitra
Kristiansund
E 14
Trondheim
Ålesund
30
E 14
70
E 6
2470
Jotunheimen
E 6
Lillehammer
Mora
117
45
70
116
11
N
118
OSLO
Glomma
E 6
118
Bergen
45
60
11
Skien
E 18
E 18
Stavanger
E 6
Vänern
Kristiansand
E 20
Vättern
E 18
122
Skagerrak
Göteborg
40
Jönköpi
Frederikshavn
E 6-E 20
E 4
Ålborg
Kattegat
Århus
DK
KØBENHAVN
Odense
Maln
Esbje 50
Sjælland
Fyn
Rüg
Kiel
Lolland
Rostock

OCEAN
ATLANTIQUE
Føroyar
Shetland
ATLANTIC
OCÉAN

6 7
Orkney
Thurso
Hebrides
A 9
Inverness
A 96
Skye
Loch Ness
A 82
8 1344 9
Ben Nevis
Aberd n
A 90
Dundee
Glasgow
M 3
Edinburgh
M 74
A 77
2 3
Londonderry
Stranraer
Carlisle
N 15 A 6 M 2
A 74
M 1 **Belfast**
A 69
Newcastle
10 11
N 17
Man
M 6
A 1
IRL
M 62
York
4 5 IRISH SEA
Leeds
Galway
DUBLIN
Liverpool
Sheffield
N 19 N 7
A 5
A 55
Limerick
N 11
Manchester
A 17
N 20 N 25
M 6 14 M 1
GB
15
Cork
Birmingham Norwich

NORTH SEA
MER DU NORD

54
56 55
Hamburg
Groningen
NL
Bremen
BERLIN
AMSTERDAM
Hannover
Den Haag
Magdeburg
Elbe
Ijsselmeer

MER DE BARENTS
BARENTS SEA
Nordkapp
105
109
114
113
115
121
120
119
124
123
125
126
127
53
59
Kirkenes
Murmansk
Koľskij Poluostrov
ARCTIC CIRCLE
Mezen'
Mezen'
Usogorsk
Inarijärvi
Ivalo
LAPLAND
Kousomen'
MER BLANCHE
WHITE SEA
Archangeľsk
Kiruna
Malmberget
Kem'
Kuusamo
Rovaniemi
Torneälven
Tornionjoki
Kemi
Severnaja Dvina
Kotlôs
Luleå
Oulu
Oulujärvi
BOTHNIA
BOTNIE
Pielinen
Suchona
Petrozavodsk
Onežkoje Oz.
FIN
Umeå
Kuopio
Joensuu
Vaasa
Saimaa
Ładozskoje Oz.
Vologda
Čerepovec
Päijänne
Tampere
Lahti
St. Peterburg
Rybinskoje Vdchr.
Rybinsk
Nižnij Novgorod
HELSINKI
Turku
GULF OF FINLAND
GOLFE DE FINLANDE
GULF OF BOTHNIA
GOLFE DE BOTNIE
Novgorod
Gävle
Uppsala
Åland
TALLINN
Čudskoje Oz.
Tver'
Volga
Oka
EST
MOSKVA
STOCKHOLM
Saaremaa
Pskov
Rižskij Zaliv
LV
Gotland
RĪGA
RUS
BALTIC SEA
Daugava
Vicebsk
Smolensk
Don
LT
Öland
Klaipėda
VILNIUS
Or'ol
Br'ansk
Mahilëŭ
Kaunas
MINSK
Desna
Kaliningrad
MER BALTIQUE
Nemunas
Dnepr
BY
Homel'
Gdańsk
Charkiv
Černihiv
Szczecin
WARSZAWA
Brest
KYÏV
Poltava
Vista
Poznań
Kremenčuc'ke Vodoschovyšče
PL
Łódź
Lublin
Žytomir
Dnipropetrovs'k
Odra
UA
E 6
E 75 - 4
E 8 - 21
E 10 - 45
E 63 - 5
E 63 - 9
E 12 - 3
E 75 - 24
E 18 - 1
E 12
E 4
M 10 - E 18
M 18
M 10 - E 95
M 11 - E 20
M 20
M 8
M 7
M 5
M 1
M 2 - E 95
M 2
M 1 - E 30
M 12
M 3
M 19 - E 40
M 17
M 17 - E 40
A 142 - 693
A 1
A 2
A 6
A 7
A 8
A 10
A 12
A 13
A 116
A 212
A 229
A 253
A 257
A 276
E 28
E 30
E 65
E 67
E 75
E 77
E 261
E 15
A 15

1:1 000 000	A	Österreich	1:3 000 000	BY	Belarus'	1:1 500 000	DK	Danmark	1:1 000 000	GB	United Kingdom
1:1 000 000	AL	Shqipëria	1:1 000 000	CH	Schweiz, Suisse, Svizzera	1:1 000 000	E	España	1:700 000	GR	Elláda
1:1 000 000	AND	Andorra				1:3 000 000	EST	Eesti	1:3 000 000	H	Magyarország
1:1 000 000	B	Belgique, België	1:600 000	CY	Kýpros, Kibris	1:1 000 000	F	France	1:1 000 000	HR	Hrvatska
1:3 000 000	BG	Bălgarija	1:1 000 000	CZ	Česká Republika	1:1 500 000	FIN	Suomi, Finland	1:1 000 000	I	Italia
1:1 000 000	BIH	Bosna i Hercegovina	1:1 000 000	D	Deutschland	1:1 000 000	FL	Liechtenstein	1:1 000 000	IRL	Ireland

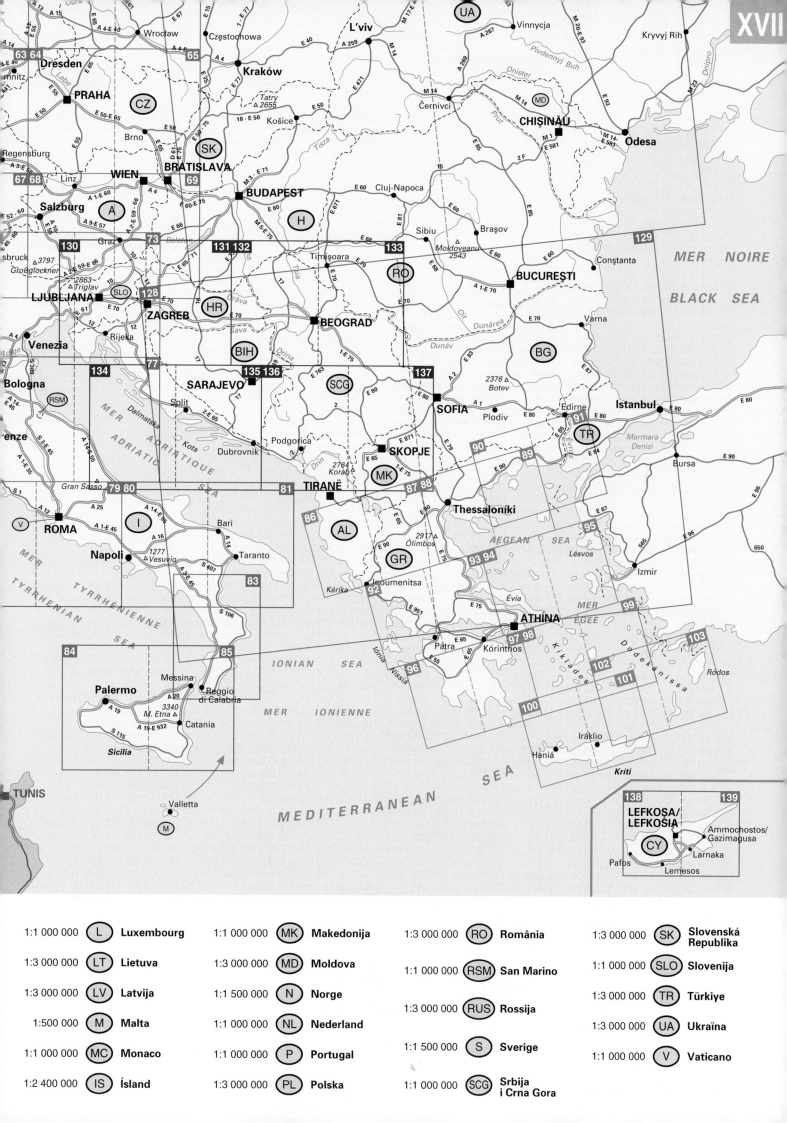

1:1 000 000	L	Luxembourg	
1:3 000 000	LT	Lietuva	
1:3 000 000	LV	Latvija	
1:500 000	M	Malta	
1:1 000 000	MC	Monaco	
1:2 400 000	IS	Ísland	
1:1 000 000	MK	Makedonija	
1:3 000 000	MD	Moldova	
1:1 500 000	N	Norge	
1:1 000 000	NL	Nederland	
1:1 000 000	P	Portugal	
1:3 000 000	PL	Polska	
1:3 000 000	RO	România	
1:1 000 000	RSM	San Marino	
1:3 000 000	RUS	Rossija	
1:1 500 000	S	Sverige	
1:1 000 000	SCG	Srbija i Crna Gora	
1:3 000 000	SK	Slovenská Republika	
1:1 000 000	SLO	Slovenija	
1:3 000 000	TR	Türkiye	
1:3 000 000	UA	Ukraïna	
1:1 000 000	V	Vaticano	

Distances

Les distances sont comptées à partir du centre-ville et par la route la plus pratique, c'est-à-dire celle qui offre les meilleures conditions de roulage, mais qui n'est pas nécessairement la plus courte.

Distances

Distances are calculated from town-centres and using the best roads from a motoring point of view - not necessarily the shortest.

Entfernungen

Die Entfernungen gelten ab Stadtmitte unter Berücksichtigung der günstigsten (nicht immer kürzesten) Strecke.

Afstandstabel

De afstanden zijn in km berekend van centrum tot centrum langs de geschicktste, dus niet noodzakelijkerwijze de kortste route.

	Amsterdam	Athína	Barcelona	Basel	Beograd	Bergen	Berlin	Bilbao	Bordeaux	Bratislava	Bruxelles/Brussel	Bucureşti	Budapest	Calais	Cherbourg	Clermont-Ferrand	Dublin	Dubrovnik	Firenze	Frankfurt-am-Main	Genève	Genova	Göteborg	Hamburg	Helsinki	İstanbul	København	Köln	Kraków	Kyïv	Lille	Lisboa	Ljubljana	London
Athína	2845																																	
Barcelona	1540	3101																																
Basel	704	2442	1042																															
Beograd	1735	1113	1990	1356																														
Bergen	1402	3598	2708	1755	2489																													
Berlin	664	2367	1866	865	1258	1219																												
Bilbao	1420	3437	607	1192	2328	2746	1967																											
Bordeaux	1085	3124	571	857	2015	2412	1633	333																										
Bratislava	1233	1695	1844	903	586	1908	676	2108	1774																									
Bruxelles/Brussel	207	2795	1340	540	1686	1526	776	1221	887	1184																								
Bucureşti	2201	1227	2610	1883	625	2899	1667	2947	2646	996	2154																							
Budapest	1412	1495	1943	1094	386	2110	878	2280	1979	207	1365	797																						
Calais	367	2995	1324	682	1886	1686	930	1205	871	1384	198	2352	1563																					
Cherbourg	788	3258	1217	869	2149	2115	1336	988	653	1677	589	2646	1857	461																				
Clermont-Ferrand	927	2760	622	516	1651	2172	1334	702	368	1420	728	2272	1566	711	734																			
Dublin	931	3578	1907	1337	2450	660	1494	1788	1453	1948	762	2916	2127	569	529	1294																		
Dubrovnik	1914	1096	1985	1351	474	2799	1656	2321	2020	884	1867	986	767	2067	2219	1644	2650																	
Firenze	1372	2125	1088	646	1016	2334	1239	1424	1229	871	1187	1637	931	1328	1498	889	1892	1012																
Frankfurt-am-Main	448	2406	1329	329	1297	1434	546	1484	1150	794	400	1763	974	601	936	796	1164	1476	973															
Genève	921	2443	790	251	1334	2003	1113	1036	701	1096	723	1955	1275	755	896	325	1319	1330	610	577														
Genova	1182	2266	857	478	1158	2193	1178	1193	998	1011	1045	1778	1072	1192	1267	659	1775	1153	238	804	379													
Göteborg	1083	3077	2429	1425	1968	792	692	2425	2091	1387	1212	2378	1589	1377	1794	1892	1952	2307	1890	1103	1673	1859												
Hamburg	471	2660	1777	817	1551	941	291	1814	1480	970	596	1961	1172	766	1183	1241	1341	1853	1397	495	1065	1249	620											
Helsinki	675	3116	2021	1017	2032	1273	238	2017	1683	1699	804	2004	1682	969	1386	1484	1544	2448	1437	695	1265	1374	645	212										
İstanbul	2706	1162	2961	2327	976	3459	2227	3297	2996	1557	2659	670	1358	2859	3149	2620	3441	1293	1987	2267	2307	2122	2853	2520	2682									
København	777	2772	2083	1120	1663	1104	386	2120	1786	1082	902	2073	1284	1072	1489	1547	1647	1991	1585	798	1368	1552	313	315	916	2634								
Köln	269	2588	1358	484	1479	1356	577	1401	1067	977	213	1945	1156	413	771	822	996	1658	1128	191	733	956	1037	425	614	2450	733							
Kraków	1229	1878	2255	1255	769	1838	602	2453	2119	402	1300	1081	385	1501	1858	1722	2059	1151	1270	975	1503	1405	1321	911	1295	1740	1016	1087						
Kyïv	2017	2151	3037	2153	1282	2417	1391	3374	2984	1272	2126	916	1094	2284	2687	2621	2867	1755	2064	1874	2381	2199	1796	1672	1278	1595	1564	1930	899					
Lille	287	2889	1254	631	1780	1605	849	1135	801	1296	112	2265	1475	113	505	641	695	1897	1278	510	683	1122	1287	675	864	2751	982	323	1410	2203				
Lisboa	2273	4290	1258	2045	3181	3599	2820	866	1186	3035	2074	3802	3096	2057	1841	1556	2374	3177	2277	2337	1877	2047	3281	2669	2857	4152	2976	2255	3304	4189	1988			
Ljubljana	1238	1645	1457	805	536	2123	992	1794	1493	428	1187	1156	444	1387	1618	1117	1973	655	484	799	803	619	1793	1184	2145	1507	1488	984	800	1537	1287	2628		
London	480	3108	1437	795	1999	637	1042	1318	983	1496	311	2465	1676	118	126	824	443	2149	1442	710	865	1304	1480	868	2000	2970	1175	524	1610	2396	225	2152	1492	
Luxembourg	412	2586	1153	328	1477	1542	762	1282	948	1018	214	1986	1197	413	734	617	977	1593	975	232	510	803	1224	611	800	2448	919	193	1191	2091	304	2117	937	525
Lyon	927	2567	640	400	1458	2100	1233	900	566	1257	730	2079	1412	751	821	179	1345	1454	700	697	150	469	1793	1183	2313	2429	1488	750	1622	2506	693	1735	927	874
Madrid	1785	3710	629	1650	2601	3112	2333	397	698	2481	1586	3222	2555	1570	1378	1068	2152	2597	1697	1850	1400	1467	2793	2181	3313	3572	2488	1768	2817	3649	1500	632	2069	1682
Málaga	2344	4065	975	2005	2956	3670	2831	937	1257	2810	2145	3577	2871	2128	1912	1589	2711	2952	2053	2294	1755	1822	3352	2739	4186	3927	3047	2321	3219	3964	2059	604	2425	2240
Marseille	1239	2626	507	669	1517	2382	1543	843	648	1371	1042	2138	1432	1063	1132	477	1637	1512	613	1007	419	383	2064	1452	2896	2488	1759	1033	1729	2525	1005	1677	985	1186
Milano	1066	2138	979	340	1029	2053	1040	1315	1009	909	880	1650	944	1021	1208	633	1604	1025	305	665	319	140	1724	1114	2517	2000	1419	819	1281	2037	970	2150	498	1133
Minsk	1769	2474	2976	1971	1390	1903	1143	3070	2736	1242	1879	1362	1161	2037	2440	2438	2619	1864	2131	1653	2220	2282	1357	1424	792	2040	505	1682	814	546	1955	3905	1604	2149
Moskva	2477	3019	3684	2679	2098	2203	1851	3778	3444	1949	2586	1784	1869	2744	3147	3146	3327	2571	2838	2360	2927	2990	1656	2132	1107	2462	1197	2390	1522	868	2663	4612	2312	2856
München	831	2053	1375	392	944	1716	586	1583	1248	514	733	1483	694	932	1193	910	1495	1061	651	393	585	631	1247	777	793	1915	942	578	872	1786	823	2417	404	1044
Nantes	888	3283	886	854	2165	2214	1435	657	322	1693	689	2662	1873	595	325	498	839	2089	1370	952	767	1139	1895	1283	1472	3136	1590	870	1919	2789	603	1491	1625	453
Napoli	1842	588	1557	1116	1486	2804	1708	1893	1698	1340	1656	2106	1401	1798	1968	1359	2361	1481	473	1441	1079	707	2369	1865	3061	2457	2064	1595	1698	2494	1746	2728	954	1910
Oslo	1033	3370	2339	1387	2261	498	985	2376	2042	1681	1158	2672	1883	1328	613	1803	504	2590	2184	1065	1635	1819	296	572	778	3232	607	988	1605	1920	1246	3210	1937	520
Palermo	2546	924	2262	1820	2190	3508	2413	2598	2403	2044	2361	2811	2105	2502	2672	2063	3085	2186	1178	2146	1784	1411	3179	2569	3761	3161	2874	2300	2402	3198	2451	3432	1659	2614
Paris	511	2906	1038	512	1788	1837	1058	919	585	1317	312	2285	1496	295	357	425	878	1864	1144	576	541	914	1519	907	2039	2759	1214	493	1542	2412	226	1753	1252	407
Porto	2136	4154	1174	1908	3045	3463	2684	730	1049	2811	1937	3665	2960	1921	1705	1419	2237	3040	2141	2201	1741	1911	3144	2532	2721	4016	2839	2119	3168	4054	1852	314	2513	2033
Praha	885	2019	1736	731	910	1582	350	1889	1555	330	920	1321	532	1120	1410	1198	1703	1248	1036	529	980	1013	976	643	1624	1881	928	713	526	1437	1030	2723	660	1232
Riga	1860	2802	3085	2079	1718	1433	1185	3161	2827	1385	1970	1689	1368	2128	2531	2547	2710	2133	2292	1761	2328	2391	886	1454	321	2368	315	1773	983	1023	2046	3995	1824	2240
Roma	1644	759	1360	918	1288	2606	1511	1696	1501	1142	1459	1909	1203	1600	1770	1161	2163	1284	276	1244	882	509	2172	1667	2781	2259	1867	1398	1500	2296	1549	2530	757	1712
Rotterdam	79	2857	1481	678	1748	1434	696	1362	1028	1246	148	2214	1425	311	732	868	893	1927	1325	460	861	1153	1116	504	1636	2719	811	267	1263	2050	229	2197	1243	423
Salzburg	978	1922	1515	533	813	1863	733	1723	1389	379	890	1347	558	1089	1350	1050	1652	930	671	539	726	701	1393	924	2018	1784	1088	724	737	1651	980	2557	273	1201
Sarajevo	1757	1211	2011	1378	306	2642	1307	2348	2047	637	1709	853	512	1910	2200	1671	2492	277	1038	1318	1357	1173	2312	1703	2193	1175	2007	1503	896	1587	1819	3182	558	2022
Sevilla	2271	4102	1012	2042	2993	3597	2818	864	1184	2847	2072	3613	2908	2055	1839	1554	2638	2988	2089	2331	1792	1859	3279	2667	2855	3964	2974	2253	3256	4001	1986	393	2461	2167
Skopje	2161	717	2416	1782	431	2914	1683	2752	2452	1012	2114	629	813	2314	2605	2075	2897	493	1443	1723	1762	1578	2308	1975	2463	802	2260	1907	1195	1553	2224	3587	962	2426
Sofia	2118	820	2372	1738	387	2871	1639	2709	2408	968	2070	398	769	2270	2561	2032	2853	691	1399	1679	1718	1534	2265	1932	2410	587	2217	1864	1152	1323	2180	3543	918	2382
St. Peterburg	1938	3363	3611	2606	2197	1528	1765	3280	2946	1885	2067	2128	1868	2232	2649	3073	2807	2670	2793	2287	2854	2917	981	1475	393	2807	1168	1892	1484	1212	2150	4114	2325	2337
Stockholm	1427	3421	2774	1769	2312	1027	1036	2769	2435	1732	1556	2105	1934	1721	2139	2236	2297	2651	2235	1447	2017	2204	470	965	176	3283	657	1381	1656	1407	1639	3604	1988	1826
Strasbourg	602	2432	1127	138	1323	1645	758	1270	935	850	433	1819	1030	621	849	594	1185	1440	785	220	389	612	1316	706	892	2294	1011	355	1149	2049	523	2104	783	733
Tallinn	675	3108	2022	1017	2024	1154	1493	2017	1683	1691	804	1996	1674	969	1387	1484	1544	2440	2599	695	1265	1374	607	212	6	2674	794	629	1290	1272	887	2851	2130	1074
Thessaloníki	2359	515	2613	1980	628	3112	1880	2950	2649	1210	2311	713	1010	2512	2802	2273	3094	723	1640	1920	1959	1775	2506	2173	2725	648	2458	2105	1393	1637	2421	3784	1160	2624
Toulouse	1180	3000	328	940	1891	2506	1727	444	245	1745	981	2512	1806	964	893	373	1528	1886	987	1229	690	757	2188	1576	2791	2862	1883	1162	2154	2899	895	1279	1359	1076
Tromsø	3018	5012	4365	3360	3903	1814	2627	4360	4026	3323	3147	3813	3524	3312	3730	3827	3888	4242	3826	3038	3608	3795	1933	2555	1362	4491	2248	2972	3247	2897	3230	5195	3579	3417
València	1881	3442	352	1382	2333	3047	2208	629	798	2187	1682	2954	2248	1665	1453	966	2248	2329	1430	1671	1132	1199	2729	2116	3563	3304	2424	1698	2596	3341	1596	982	1802	1777
Venezia	1317	1885	1236	603	776	2232	1136	1572	1272	630	1143	1397	691	1359	1471	896	1867	772	260	906	582	398	1797	1292	2326	1747	1492	1063	988	1784	1261	2407	245	1471
Vilnius	1684	2510	2891	1886	1426	1718	1058	2985	2651	1165	1793	1398	1197	1951	2354	2353	2534	1900	2073	1567	2134	2197	1172	1338	607	2076	320	1597	764	731	1870	3819	1604	2063
Warszawa	1218	2174	2375	1374	1065	1800	592	2519	2184	640	1323	1163	681	1485	1888	1841	2048	1446	1508	1101	1622	1683	949	872	1001	1842	978	1131	296	800	1403	3353	1066	1597
Wien	1156	1735	1801	826	626	1874	642	2016	1682	68	1109	1037	248	1309	1600	1343	1872	955	827	718	1019	962	1268	935	1772	1597	1220	902	426	1341	1219	2851	385	1421
Zagreb	1336	1504	1595	962	395	2221	1078	1932	1631	360	1289	1015	348	1489	1780	1255	2072	590	622	898	941	757	1892	1282	2030	1366	1587	1082	733	1442	1399	2766	142	1601
Zürich	812	2372	1068	86	1263	1809	847	1276	942	833	626	1801	1012	768	955	603	1350	1301	597	405	279	425	1479	870	1999	2234	1174	565	1236	2105	716	2110	723	880

Distanze

Le distanze sono calcolate a partire dal centro delle città e seguendo la strada che, pur non essendo necessariamente la più breve, offre le migliori condizioni di viaggio.

Distancias

El kilometraje está calculado desde el centro de la ciudad y por la carretera más práctica para el automovilista, que no tiene porqué ser la más corta.

Distâncias

As distâncias entre as principais cidades são contadas a partir do centro da cidade e pela estrada mais prática, ou seja, a que oferece melhores condições de acesso, mas que não é necessáriamente a mais curta.

Iles Britanniques
British Isles

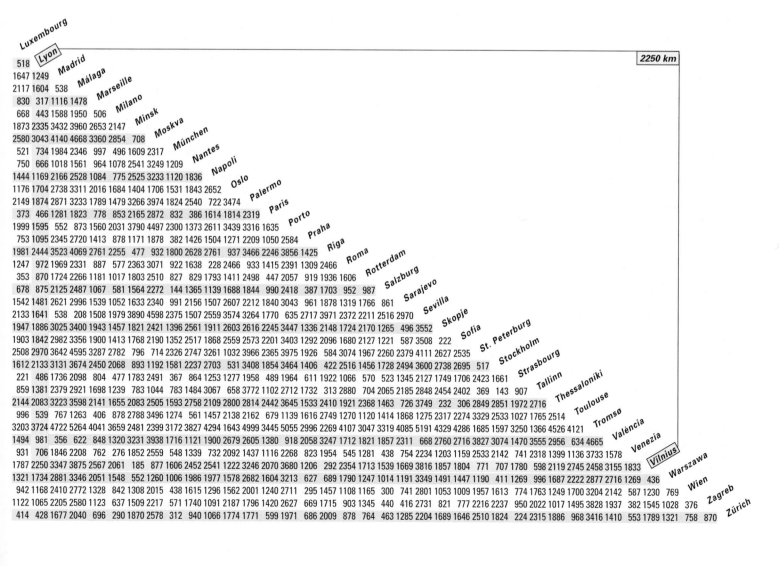

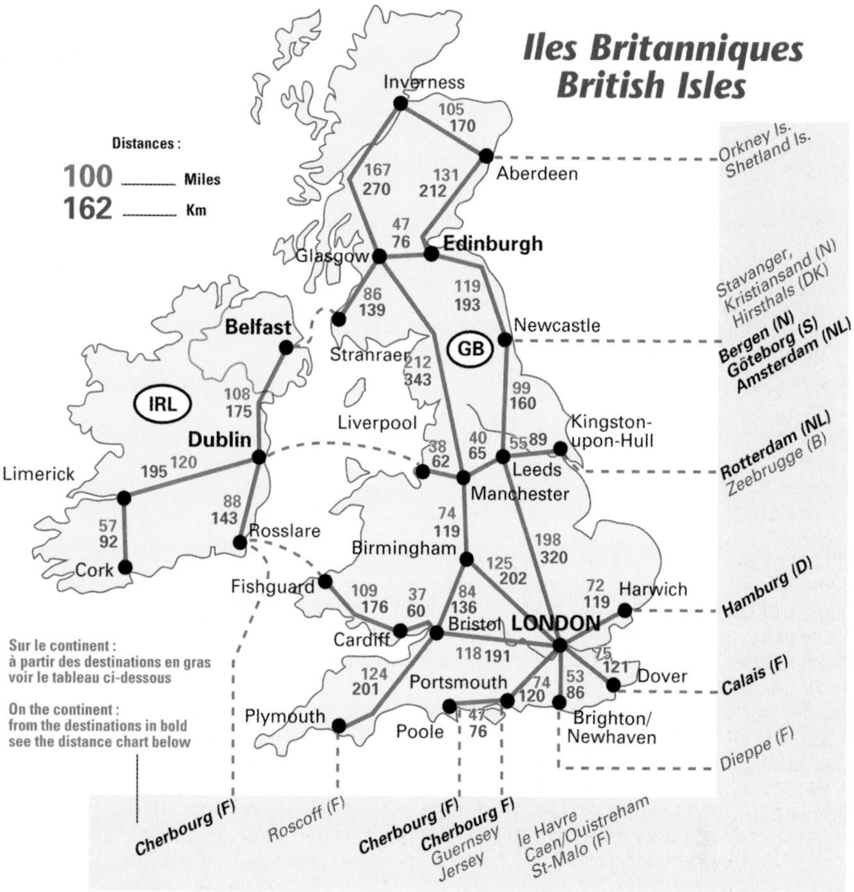

2250 km

	Luxembourg	Lyon	Madrid	Málaga	Marseille	Milano	Minsk	Moskva	München	Nantes	Napoli	Oslo	Palermo	Paris	Porto	Praha	Riga	Roma	Rotterdam	Salzburg	Sarajevo	Sevilla	Skopje	Sofia	St. Peterburg	Stockholm	Strasbourg	Tallinn	Thessaloníki	Toulouse	Tromsø	València	Venezia	Vilnius	Warszawa	Wien	Zagreb
Luxembourg																																					
Lyon	518																																				
Madrid	1647	1249																																			
Málaga	2117	1604	538																																		
Marseille	830	317	1116	1478																																	
Milano	668	443	1588	1950	506																																
Minsk	1873	2335	3432	3960	2653	2147																															
Moskva	2580	3043	4140	4668	3360	2854	708																														
München	521	734	1984	2346	997	496	1609	2317																													
Nantes	750	666	1018	1561	964	1078	2541	3249	1209																												
Napoli	1444	1169	2166	2528	1084	775	2525	3233	1120	1836																											
Oslo	1176	1704	2738	3311	2016	1684	1404	1706	1531	1843	2652																										
Palermo	2149	1874	2871	3233	1789	1479	3266	3974	1824	2540	722	3474																									
Paris	373	466	1281	1823	778	853	2165	2872	832	386	1614	1814	2319																								
Porto	1999	1595	552	873	1560	2031	3790	4497	2300	1373	2611	3439	3316	1635																							
Praha	753	1095	2345	2720	1413	878	1171	1878	382	1426	1504	1271	2209	1050	2584																						
Riga	1981	2444	3523	4069	2761	2255	477	932	1800	2628	2761	937	3466	2246	3856	1425																					
Roma	1247	972	1969	2331	887	577	2363	3071	922	1638	228	2466	933	1415	2391	1309	2466																				
Rotterdam	353	870	1724	2266	1181	1017	1803	2510	827	829	1793	1411	2498	447	2057	919	1936	1606																			
Salzburg	678	875	2125	2487	1067	581	1564	2272	144	1365	1139	1688	1844	990	2418	387	1703	952	987																		
Sarajevo	1542	1481	2621	2996	1539	1052	1633	2340	991	2156	1507	2607	2212	1840	3043	961	1878	1319	1766	861																	
Sevilla	2133	1641	538	208	1508	1979	3890	4598	2375	1507	2559	3574	3264	1770	635	2717	3971	2372	2211	2516	2970																
Skopje	1947	1886	3025	3400	1943	1457	1821	2421	1396	2561	1911	2603	2616	2245	3447	1336	2148	1724	2170	1265	496	3552															
Sofia	1903	1842	2982	3356	1900	1413	1768	2190	1352	2517	1868	2559	2573	2201	3403	1292	2096	1680	2127	1221	587	3508	222														
St. Peterburg	2508	2970	3642	4595	3287	2782	796	714	2326	2747	3261	1032	3966	2365	3975	1926	584	3074	1967	2260	2379	4111	2627	2535													
Stockholm	1612	2133	3131	3674	2450	2068	893	1192	1581	2237	2703	531	3408	1854	3464	1406	422	2516	1456	1728	2494	3600	2738	2695	517												
Strasbourg	221	486	1736	2098	804	477	1783	2491	367	864	1253	1277	1958	489	1964	611	1922	1066	570	523	1345	2127	1749	1706	2423	1661											
Tallinn	859	1381	2379	2921	1698	1239	783	1044	783	1484	3067	658	3772	1102	2712	1732	313	2880	704	2065	2185	2848	2454	2402	369	143	907										
Thessaloníki	2144	2083	3223	3598	2141	1655	2083	2505	1593	2758	2109	2800	2814	2442	3645	1533	2410	1921	2368	1463	726	3749	232	306	2849	2851	1972	2716									
Toulouse	996	539	767	1263	406	878	2788	3496	1274	561	1457	2138	2162	679	1139	1616	2749	1270	1120	1414	1868	1275	2317	2274	3329	2533	1027	1765	2514								
Tromsø	3203	3724	4722	5264	4041	3659	2481	2399	3172	3827	4294	1643	4999	3445	5055	2996	2269	4107	3047	3319	4085	5191	4329	4286	1685	1597	3250	1366	4526	4121							
València	1494	981	356	622	848	1320	3231	3938	1716	1121	1900	2679	2605	1380	918	2058	3247	1712	1821	1857	2311	668	2760	2716	3827	3074	1470	3555	2956	634	4665						
Venezia	931	706	1846	2208	762	276	1852	2559	548	1339	732	2092	1437	1116	2268	823	1954	545	1281	438	754	2234	1203	1159	2533	2142	741	2318	1399	1136	3733	1578					
Vilnius	1787	2250	3347	3875	2567	2061	185	877	1606	2452	2541	1222	3246	2070	3680	1206	292	2354	1713	1539	1669	3816	1857	1804	771	707	1780	598	2119	2745	2458	3155	1833				
Warszawa	1321	1734	2881	3346	2051	1548	552	1260	1006	1986	1977	1578	2682	1604	3213	627	689	1790	1247	1014	1191	3349	1491	1447	1190	411	1269	996	1687	2222	2877	2716	1269	436			
Wien	942	1168	2410	2772	1328	842	1308	2015	438	1615	1296	1562	2001	1240	2711	295	1457	1108	1165	300	741	2801	1053	1009	1957	1613	774	1763	1249	1700	3204	2142	587	1230	769		
Zagreb	1122	1065	2205	2580	1123	637	1509	2217	571	1740	1091	2187	1796	1420	2627	669	1715	903	1345	440	416	2731	821	777	2216	2237	950	2022	1017	1495	3828	1937	382	1545	1028	376	
Zürich	414	428	1677	2040	696	290	1870	2578	312	940	1066	1774	1771	599	1971	686	2009	878	764	463	1285	2204	1689	1646	2510	1824	224	2315	1886	968	3416	1410	553	1789	1321	758	870

Europe
Europa

Lille
Liège
Bonn
Frankfurt a. Main
BRUXELLES
BRUSSEL
LUXEMBOURG
Nürnberg
PARIS
Nancy
Stuttgart
Strasbourg
Orléans
München
Dijon
Basel
Zürich
Innsbruck
Lausanne
BERN
Clermont-Ferrand
Genève
Lyon
Venezia
Milano
Grenoble
Torino
Genova
Nice
Monaco
21
22
23
25
26
27
29
30
31
66
67
70
71
72
74
75
76
METZ
Wissembourg
KARLSRUHE
Pforzheim
Haguenau
Baden-Baden
Sindelfingen
Böblingen
NANCY
Saverne
STRASBOURG
Tübingen
Lunéville
Molsheim
Obernai
Offenburg
Freudenstadt
Sélestat
St-Dié-des-Vosges
Ribeauvillé
Epinal
COLMAR
FREIBURG
Villingen
Schwenningen
Tuttlingen
Gérardmer
Remiremont
Guebwiller
Donaueschingen
Plombières
Luxeuil
Thann
Schaffhausen
Singen
MULHOUSE
Lörrach
Waldshut-Tiengen
Belfort
Bad Säckingen
Vesoul
BASEL
Winterthur
Montbéliard
Baden
Delémont
ZÜRICH
Solothurn
Zug
Biel/Bienne
Einsiedeln
BESANÇON

A
B
C
65 km
1
2
3
4
Tory I.
Sheep Haven
Fanad Head
Dunfanaghy
Bloody Foreland Head
Creeslough
Carrigart
Errigal Mt.
Derryveagh Mountains
Aran Island
Crolly
Millford
Dunglow
Rathmelton
Letterkenny / Leitir Ceanainn
Gweebarra Bay
Fintown
DONEGAL
Glenties
Stranorlar
Ballybofey
Rossan Point
Glencolumbkille
Ardara
Blue Stack Mts.
Killybegs
Castlederg
Donegal / Dún na nGall
Lough Derg
Donegal Bay
Bundoran / Bun Dobhráin
Ballyshannon
Pettigoe
Kesh
Belleek
Lower Lough Erne
Irvinestown
Inishmurray
L. Melvin
Erris Head
Broad Haven
Belmullet
Glenamoy
Ballycastle
Killala Bay
Easky
Rosses Point
Sligo Bay
Strandhill
Sligo / Sligeach
Manorhamilton
Enniskillen
Inishkea
MAYO
Bangor
Inishcrone
The Ox Mountains
Ballysadare
L. Gill
Belcoo
Blacksod Bay
Ballina / Béal an Átha
Crossmolina
SLIGO
Dowra
Upper Lough Erne
Keel
Ballycroy
Nephin Beg Range
L. Conn
Drumkeeran
Lough Allen
Swanlinbar
Achill Island
Nephin
Tobercurry
Ballymote
L. Arrow
Corraun
Mulrany
Pontoon
Foxford
Moy
Keadew
Drumshanbo
Ballyconnell
Belturbet
Clare Island
Newport
Castlebar / Caisleán an Bharraigh
Swinford
Charlestown
Gorteen
Boyle / Mainistir na Búille
L. Key
Ballinamore
LEITRIM
Clew Bay
L. Gara
Carrick-on-Shannon / Cora Droma Rúisc
Killashandra
Kiltamagh
Ballaghaderreen
Louisburgh
Westport / Cathair na Mart
Inishturk
Croagh Patrick
Frenchpark
Mohill
Ballintober
Elphin
Inishbofin
Murrisk
Mweelrea Mts.
Partry Mountains
ROSCOMMON
Inishshark
Killary Harbour
Claremorris
Ballyhaunis
Castlerea
Tulsk
Strokestown
LONGFORD
Rinvyle Pt.
Lough Mask
Ballymoe
Granard
Letterfrack
Leenane
Longford / An Longfort
The Twelve Pins
Maumturk Mts.
Ballinrobe
Kilmaine
Lanesborough
Edgeworthstown / Meathas Troim
Clifden / An Clochán
Connemara
Clonbur
Cong
Dunmore
Glennamaddy
Roscommon / Ros Comáin
L. Derravaragh
Slyne Head
Roundstone
Lough Corrib
Maam Cross
Tuam / Tuaim
IRELAND
Headford
Royal Canal
Ballymahon
L. Owel
Gortmore
Oughterard
Mount Bellew
Lough Ree
Ballyforan
Carna
Ballymore
Kilkieran Bay
GALWAY
Athlone / Baile Átha Luain
L. Ennell
Lettermullan
Gorumna Island
Galway / Gaillimh
Spiddal
Athenry
Ballinasloe / Béal Átha na Sluaighe
Moate
Kilbeggan
Barna
Oranmore
Aran Islands
Inishmore
Galway Bay
Craughwell
River Shannon
Clonmacnoise
Clara
Kilronan
Black Head
Ferbane
Tullamore / Tulach Mhór
Inishmaan
Ardrahan
Loughrea
Clonfert
Grand Canal
Ballyvaughan
Kinvarra
Cloghan
OFFALY
Inisheer
Banagher
Kilcormac
Gort
Portumna
Lisdoonvarna
Kilfenora
Birr
Kinnitty
Cliffs of Moher
Slieve Bloom Mts.
Mountmellick
Lahinch
Ennistimon
4
16

D
E
F
3
8
ISLAY
Port Askaig
Feolin Ferry
Craighouse
Port Charlotte
Bridgend
Portnahaven
Beinn Bheigeir
Rinns Point
Ardbeg
Port Ellen
Mull of Oa
Tarbert
Tighnabruaich
Portavadie
Kennacraig
Claonaig
Gigha I.
Tayinloan
Carradale
Kintyre
Kilbrannan Sound
Machrihanish
Campbeltown
Southend
Mull of Kintyre
Lochranza
Goat Fell
ARRAN
Brodick
Lamlash
Blackwaterfoot
Bute
Rothesay
Gourock
Greenock
Wemyss Bay
Largs
Millport
Kilbirnie
Dalry
Beith
Johnstone
Paisley
Barrhead
GLASGOW
East Kilbride
Stewarton
Kilwinning
W. Kilbride
Ardrossan
Saltcoats
Irvine
Kilmarnock
Galston
Troon
Prestwick
Ayr
Firth of Clyde
Cumnock
New Cumnock
Maybole
Dalmellington
Turnberry
Ailsa Craig
Girvan
AYR
Galloway
Forest Park
Merrick
DUMF
New Galloway
Ballantrae
Barrhill
Cairnryan
Kirkcolm
Stranraer
Portpatrick
Glenluce
Newton Stewart
Wigtown
Gatehouse of Fleet
Luce Bay
Wigtown Bay
Port William
Whithorn
Drummore
Isle of Whithorn
Mull of Galloway
Burrow Head
Inishtrahull
Malin Head
Culdaff
Carndonagh
Inishowen
Slieve Snaght
Inishowen Head
Moville
Buncrana
Quigley's Point
Muff
Lough Foyle
Antrim Coast
Rathlin Island
Giant's Causeway
Fair Head
Murlough Bay
Portrush
Portstewart
Castlerock
Coleraine
Bushmills
Ballycastle
Cushendun
Cushendall
Red Bay
Trostan
Glenariff or Waterfoot
Antrim Mountains
Ballymoney
Eglinton
Limavady
Londonderry
Garvagh
Kilrea
Claudy
Dungiven
Dunnamanagh
Strabane
Sperrin Mountains
Sawel Mountain
Plumbridge
Gortin
Maghera
Portglenone
Clogh Mills
Carnlough
Glenarm
Broughshane
Ballymena
Larne
Tobermore
Castledawson
Randalstown
Magherafelt
Moneymore
Ballyclare
Whitehead
Carrickfergus
Island Magee
Antrim
NORTH CHANNEL
Belfast Lough
Newtownabbey
Bangor
Cookstown
Lough Neagh
Crumlin
BELFAST
Holywood
Donaghadee
Newtownards
Coalisland
Dungannon
Lisburn
Comber
Greyabbey
Ards Peninsula
Fintona
Ballygawley
Aughnacloy
Fivemiletown
Lurgan
Craigavon
Portadown
Armagh
Gilford
Dromore
Saintfield
Strangford Lough
Portavogie
Ballynahinch
Killyleagh
Portaferry
Strangford
Tandragee
Banbridge
Monaghan/Muineachán
Rossiea
Keady
Markethill
Downpatrick
Clones
Newtownhamilton
Rathfriland
Castlewellan
Ardglass
St John's Point
Dundrum Bay
MONAGHAN
Ballybay
Castleblayney
Newry
Newcastle
Slieve Donard
Mourne Mts
Warrenpoint
Rostrevor
Cootehill
Crossmaglen
Carlingford Lough
An Cabhán
Shercock
Carrickmacross
Carlingford
Kilkeel
Bailieborough
Dundalk/Dun Dealgan
Dundalk Bay
LOUTH
Kingscourt
Castlebellingham
Virginia
Ardee
Oldcastle
Clogherhead
Kells
Monasterboice
Old Mellifont
Slane
Drogheda/Droichead Átha
Newgrange
Navan/An Uaimh
Duleek
Delvin
Athboy
MEATH
Trim
Balbriggan
IRISH SEA
FINGAL
Naul
Skerries
Lusk
Rush
Dunshaughlin
Ashbourne
Swords
Innfield
Kilcock
Maynooth
Malahide
Portmarnock
Howth
Lucan
KILDARE
Clondalkin
DUBLIN/BAILE ÁTHA CLIATH
Dún Laoghaire
Dalkey
Newbridge (An Droichead Nua)
Naas
S. DUBLIN
Kildare
Russborough
Enniskerry
Kippure
Bray
Holyhead
Holy
Caergybi
Llanerchymedd
Amlwch
ANGLESEY
Great Ormes Head
Beaumaris
Conwy
ISLE OF MAN
Point of Ayre
Ballaugh
Ramsey
Snaefell
Peel
Douglas
Port Erin
Port St. Mary
Castletown
Ronaldsway
Liverpool
Douglas (I. of Man)
Heysham
Mostyn
Dublin
Belfast
10
5
1
2
4

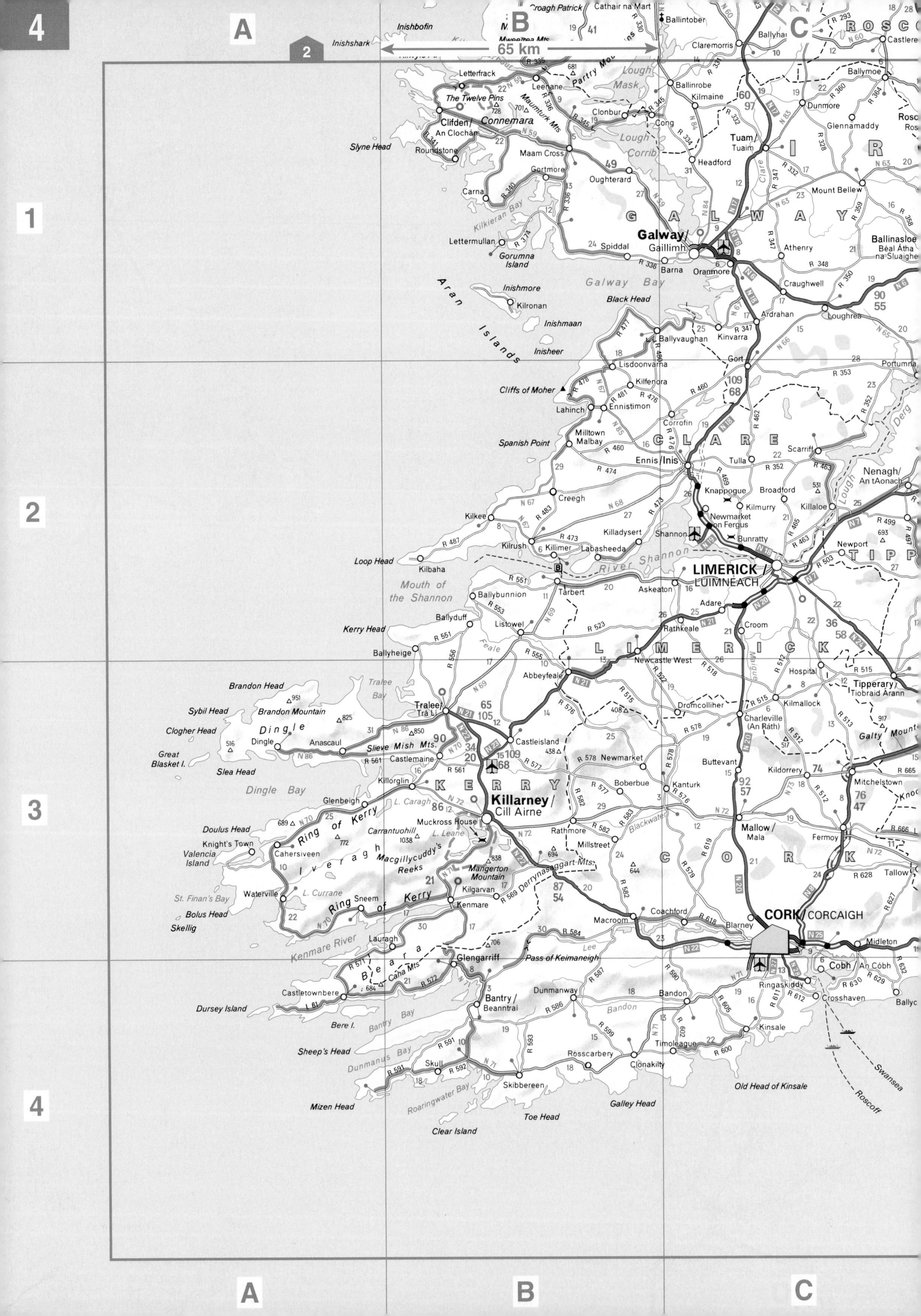

A
B
C
1
2
3
4
65 km
Inishbofin
Inishshark
Croagh Patrick
Cathair na Mart
Ballintober
Claremorris
Ballyhaunis
Castlerea
Letterfrack
Leenane
Partry Mountains
Lough Mask
Ballinrobe
Kilmaine
Ballymoe
The Twelve Pins
Maumturk Mts
Clifden / An Clochán
Connemara
Clonbur
Cong
Dunmore
Glennamaddy
Slyne Head
Roundstone
Maam Cross
Lough Corrib
Headford
Tuam / Tuaim
Gortmore
Oughterard
Carna
Kilkieran Bay
Mount Bellew
Lettermullan
Gorumna Island
Spiddal
Galway / Gaillimh
Barna
Oranmore
Athenry
Ballinasloe
Béal Átha na Sluaighe
Aran Islands
Inishmore
Kilronan
Inishmaan
Inisheer
Galway Bay
Black Head
Craughwell
Loughrea
Ardrahan
Ballyvaughan
Kinvarra
Gort
Portumna
Lisdoonvarna
Kilfenora
Cliffs of Moher
Lahinch
Ennistimon
Corrofin
Milltown Malbay
Spanish Point
C L A R E
G A L W A Y
Ennis / Inis
Tulla
Scarriff
Lough Derg
Nenagh / An tAonach
Creegh
Knappogue
Broadford
Kilmurry
Killaloe
Kilkee
Newmarket on Fergus
Shannon
Bunratty
Kilrush
Killimer
Killadysert
Labasheeda
Loop Head
Kilbaha
River Shannon
LIMERICK / LUIMNEACH
Newport
T I P P
Mouth of the Shannon
Tarbert
Askeaton
Adare
Ballybunnion
Ballyduff
Listowel
Rathkeale
Croom
Kerry Head
Ballyheige
Feale
L I M E R I C K
Newcastle West
Hospital
Tipperary / Tiobraid Árann
Abbeyfeale
Kilmallock
Brandon Head
Brandon Mountain
Tralee Bay
Tralee / Trá Lí
Dromcolliher
Charleville (An Ráth)
Sybil Head
Clogher Head
Dingle
Anascaul
Slieve Mish Mts.
Castleisland
Galty Mountains
Great Blasket I.
Slea Head
Castlemaine
Newmarket
Buttevant
Kildorrery
Mitchelstown
Dingle Bay
Killorglin
K E R R Y
Boberbue
Kanturk
Glenbeigh
L. Caragh
Killarney / Cill Airne
Ring of Kerry
Doulus Head
Knight's Town
Valencia Island
Cahersiveen
Carrantuohill
Muckross House
L. Leane
Rathmore
Millstreet
Blackwater
Mallow / Mala
Fermoy
Iveragh
Macgillycuddy's Reeks
Mangerton Mountain
Derrynasaggart Mts.
C O R K
Tallow
St. Finan's Bay
Waterville
L. Currane
Sneem
Kilgarvan
Kenmare
Bolus Head
Skellig
Macroom
Coachford
Blarney
CORK / CORCAIGH
Midleton
Kenmare River
Lauragh
Beara
Caha Mts
Glengarriff
Pass of Keimaneigh
Lee
Cobh / An Cóbh
Ringaskiddy
Crosshaven
Castletownbere
Dursey Island
Bere I.
Bantry / Beanntraí
Dunmanway
Bandon
Bantry Bay
Kinsale
Sheep's Head
Dunmanus Bay
Rosscarbery
Clonakilty
Timoleague
Skull
Skibbereen
Old Head of Kinsale
Swansea
Roscoff
Mizen Head
Roaringwater Bay
Galley Head
Toe Head
Clear Island

D
E
F
1
2
3
4
LONGFORD
LOUTH
MEATH
FINGAL
KILDARE
OFFALY
S. DUBLIN
WICKLOW
LAOIS
CARLOW
KILKENNY
WEXFORD
WATERFORD
PEMBROKESHIRE
Dundalk / Dun Dealgan
Dundalk Bay
Castlebellingham
Carrickmacross
Bailieborough
Ballyjamesduff
Kingscourt
Ardee
Strokestown
Elphin
Longford / An Longfort
Granard
Lanesborough
Edgeworthstown / Meathas Troim
Castlepollard
Oldcastle
Virginia
Kells
Monasterboice
Old Mellifont
Slane
Newgrange
Clogherhead
Drogheda / Droichead Átha
Duleek
Navan / An Uaimh
Delvin
Athboy
Trim
Balbriggan
Skerries
Naul
Ashbourne
Lusk
Rush
Swords
Malahide
Portmarnock
Howth
Ballymahon
Ballymore
Mullingar / An Muileann gCearr
Athlone / Áth Luain
Lough Ree
Moate
Kilbeggan
Kinnegad
Innfield
Dunshaughlin
Kilcock
Maynooth
Lucan
Clondalkin
Clonmacnoise
Clara
Ferbane
Tullamore / Tulach Mhór
Edenderry
DUBLIN / BAILE ÁTHA CLIATH
Dún Laoghaire
Dalkey
Bray
Greystones
Douglas (I. of Man)
Liverpool
Banagher
Cloghan
Kilcormac
Birr
Kinnitty
Portarlington
Newbridge (An Droichead Nua)
Kildare
Naas
Monasterevin
Mountmellick
Slieve Bloom Mts.
Russborough
Kippure
Enniskerry
Powerscourt
Kilcullen
Poulaphouca Resr.
Hollywood
Portlaoise
Mountrath
Roscrea
Athy
Wicklow Mountains
Glendalough
Laragh
Rathnew
Wicklow / Cill Mhantáin
Wicklow Head
Lugnaquillia Mountain
Baltinglass
Abbeyleix
Rathdowney
Durrow
Templemore
Castledermot
Rathdrum
Castlecomer
Carlow / Ceatharlach
Aughrim
Thurles / Durlas
Freshford
Urlingford
Tullow
Tinahely
Arklow / An tInbhear Mór
Cross
Kilkenny / Cill Chainnigh
Bagenalstown (Muine Bheag)
Carnew
Ballingarry
Killenaule
Borris
Bunclody
Gorey
Courtown
Callan
Thomastown
Kiltealy
Blackstairs Mts.
Fethard
Graiguenamanagh
Jerpoint
Enniscorthy / Inis Córthaidh
Cahore Point
Slievenamon
Cahir
Clonmel / Cluain Meala
Carrick-on-Suir / Carraig na Siúire
New Ross
Blackwater
Comeragh Mts.
Waterford / Port Láirge
Wexford / Loch Garman
Rosslare
Rosslare Harbour / Calafort Ros Láir
Arthurstown
Wellington Bridge
Kilmore Quay
Carnsore Point
Saltee Islands
Hook Head
Dunmore East
Tramore
Bunmahon
Dungarvan / Dún Garbhán
Dungarvan Harbour
Helvick Head
Waterford Harbour
Ardmore
Youghal Bay
Cappoquin
Pembroke
Roscoff
Cherbourg-Octeville
ST. GEORGE'S CHANNEL
Isle
Cardigan / Aberteifi
Newport
Strumble Head
Pembrokeshire Coast National Park
Fishguard / Abergwaun
St. David's Head
St. David's
St. Bride's Bay
Haverfordwest / Hwlffordd
Narberth
Milford Haven / Aberdaugleddau
Neyland
Pembroke Dock / Doc Penfro
Pembroke
Tenby / Dinbych
St. Govan's Head
Rosslare
3
10
12
12

D E F

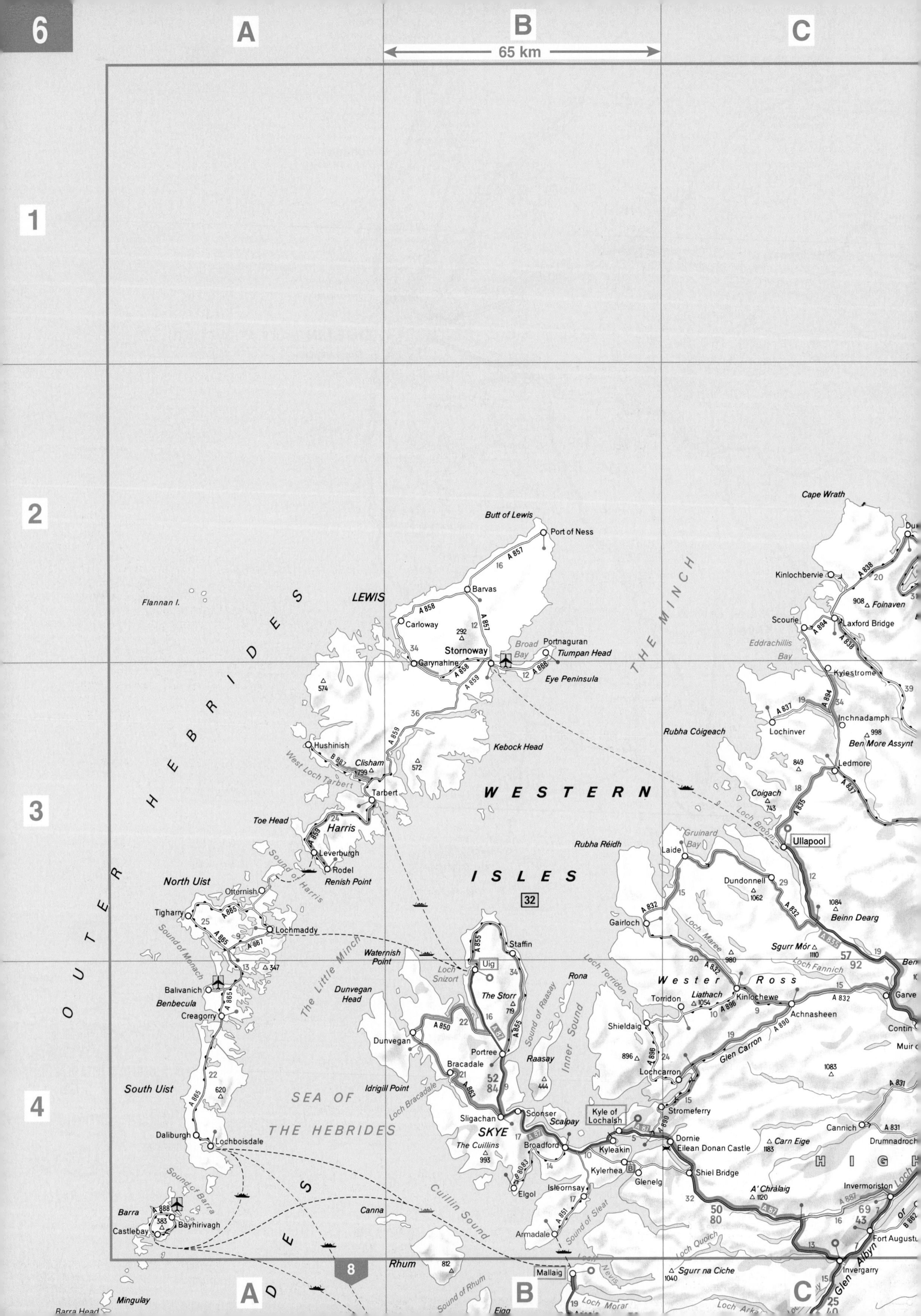
A
B
C
65 km
1
2
3
4
OUTER HEBRIDES
LEWIS
Flannan I.
Butt of Lewis
Port of Ness
A 857
16
Barvas
A 858
Carloway
292
12
34
Stornoway
Garynahine
A 858
A 859
Broad Bay
Portnaguran
Tiumpan Head
A 866
Eye Peninsula
574
36
Hushinish
B 887
Clisham
799
572
Kebock Head
West Loch Tarbert
Tarbert
24
Toe Head
Harris
A 859
Leverburgh
Rodel
Renish Point
Sound of Harris
North Uist
Otternish
Tigharry
25
A 865
Lochmaddy
A 867
Sound of Monach
13
347
Balivanich
Benbecula
A 865
Creagorry
22
South Uist
620
Daliburgh
Lochboisdale
Sound of Barra
Barra
A 888
383
Castlebay
Bayhirivagh
Mingulay
Barra Head
THE MINCH
WESTERN ISLES
32
Rubha Còigeach
Rubha Réidh
The Little Minch
Waternish Point
Loch Snizort
Uig
A 855
Staffin
34
Dunvegan Head
The Storr
719
A 850
22
16
Dunvegan
A 87
A 855
Sound of Raasay
Inner Sound
Rona
Raasay
Portree
Bracadale
21
52
84
9
444
A 863
Idrigill Point
Loch Bracadale
SEA OF THE HEBRIDES
Sligachan
Sconser
Scalpay
SKYE
17
The Cuillins
993
Broadford
14
B 8083
Elgol
Kyle of Lochalsh
Kyleakin
Kylerhea
Glenelg
Isleornsay
17
A 851
Sound of Sleat
Armadale
Canna
Cuillin Sound
Rhum
812
Sound of Rhum
Eigg
Mallaig
Loch Nevis
Loch Morar
19
Loch Quoich
Sgurr na Ciche
1040
Loch Arkaig
8
Cape Wrath
Kinlochbervie
A 838
20
908
Foinaven
Scourie
A 894
Laxford Bridge
A 838
Eddrachillis Bay
Kylestrome
39
A 837
19
A 894
34
Lochinver
Inchnadamph
998
Ben More Assynt
849
Ledmore
Coigach
743
18
A 835
A 837
Loch Broom
Ullapool
Gruinard Bay
Laide
Dundonnell
29
1062
12
A 832
15
1084
Beinn Dearg
Gairloch
A 832
Loch Maree
980
Sgurr Mór
1110
A 835
57
92
19
Loch Fannich
20
A 832
Wester Ross
Loch Torridon
Torridon
Liathach
1054
A 896
Kinlochewe
Achnasheen
A 832
Garve
Contin
Shieldaig
10
9
A 890
19
Glen Carron
A 896
896
24
Lochcarron
1083
15
A 831
Stromeferry
A 890
5
A 87
Dornie
Eilean Donan Castle
Carn Eige
1183
Cannich
A 831
Drumnadrochit
Shiel Bridge
HIGH
32
A' Chràlaig
1120
Invermoriston
A 887
Loch Ness
50
80
A 87
69
43
16
7
B 862
Fort Augustus
13
7
Invergarry
15
Glen Albyn
25
40

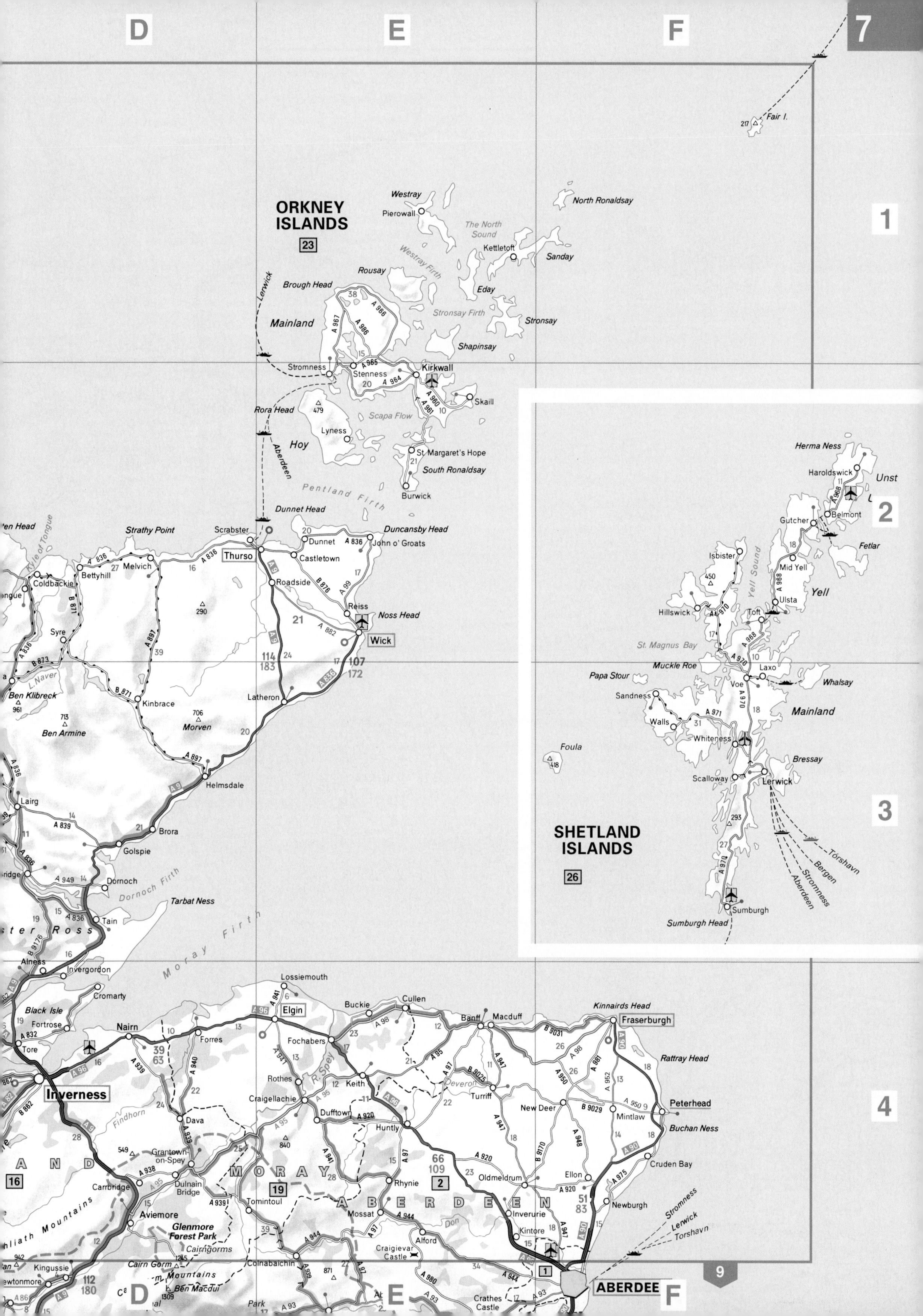
D
E
F
1
2
3
4
Fair I.
ORKNEY ISLANDS
23
Westray
Pierowall
North Ronaldsay
The North Sound
Westray Firth
Kettletoft
Sanday
Rousay
Brough Head
Lerwick
Eday
Stronsay Firth
Mainland
Stronsay
Shapinsay
Stromness
Stenness
Kirkwall
Skaill
Rora Head
Scapa Flow
Lyness
Hoy
Aberdeen
St Margaret's Hope
South Ronaldsay
Burwick
Pentland Firth
Dunnet Head
Strathy Point
Scrabster
Duncansby Head
Dunnet
John o' Groats
Thurso
Castletown
Coldbackie
Bettyhill
Melvich
Roadside
Reiss
Noss Head
Wick
Syre
L. Naver
Ben Klibreck
Kinbrace
Latheron
Ben Armine
Morven
Helmsdale
Lairg
Brora
Golspie
Dornoch
Dornoch Firth
Tarbat Ness
Tain
Ross
Moray Firth
Alness
Invergordon
Cromarty
Black Isle
Fortrose
Nairn
Tore
Inverness
Forres
Lossiemouth
Elgin
Buckie
Cullen
Banff
Macduff
Kinnairds Head
Fraserburgh
Fochabers
Rothes
R. Spey
Keith
Deveron
Turriff
Rattray Head
Craigellachie
Dufftown
New Deer
Mintlaw
Peterhead
Buchan Ness
Findhorn
Dava
Huntly
Grantown-on-Spey
Carrbridge
Dulnain Bridge
MORAY
19
Rhynie
ABERDEEN
Oldmeldrum
Ellon
Cruden Bay
Newburgh
Tomintoul
Mossat
Inverurie
Aviemore
Glenmore Forest Park
Cairngorms
Kintore
Alford
Craigievar Castle
Kingussie
Cairn Gorm
Mountains
Ben Macdui
Colnabaichin
Crathes Castle
ABERDEEN
Stromness
Lerwick
Torshavn
SHETLAND ISLANDS
26
Herma Ness
Haroldswick
Unst
Belmont
Gutcher
Fetlar
Isbister
Mid Yell
Yell
Yell Sound
Hillswick
Ulsta
Toft
St. Magnus Bay
Muckle Roe
Laxo
Papa Stour
Whalsay
Voe
Sandness
Mainland
Walls
Whiteness
Foula
Bressay
Scalloway
Lerwick
Tórshavn
Bergen
Stromness
Aberdeen
Sumburgh
Sumburgh Head

A
B
C
65 km
1
2
3
4
INNER HEBRIDES
Mingulay
Canna
Rhum
Eigg
Muck
Coll
Arinagour
Tiree
Scarinish
Mallaig
Armadale
Sound of Sleat
Sgurr na Ciche
Loch Morar
Arisaig
Sound of Arisaig
Glenfinnan
Loch Arkaig
Loch Lochy
Invergarry
Fort Augustus
Whitebridge
Glen Albyn
Caledonian Canal
Spean Bridge
Creag Meagaidh
Monadhliath Mountains
Carn Ban
Kingussie
Newtonmore
Laggan
Loch Laggan
Dalwhinnie
Pass of Drumochter
Loch Ericht
Ben Alder
Fort William
Ben Nevis
Loch Shiel
Kilchoan
Salen
Strontian
Corran
Inchree
Onich
Loch Sunart
Ballachulish
Glen Coe
Kentallen
Bidean nam Bian
Blackwater Resr.
SCOTLAND
GRAMPIAN
Kinloch Rannoch
Loch Rannoch
Schiehallion
PERTHSHIRE
Tobermory
Dervaig
Sound of Mull
Lochaline
Loch Linnhe
Portnacroish
Achnacroish
Lismore
L. Tuath
Ulva
Staffa
L. na Keal
MULL
Ben More
Craignure
Connel
Oban
Kerrera
Taynuilt
Ben Cruachan
Pass of Brander
Loch Etive
Iona
Fionnphort
Bunessan
L. Scridain
Firth of Lorn
Kilninver
Seil
Luing
Dalmally
Tyndrum
Crianlarich
Killin
Loch Tay
Ben Lawers
Ben Heasgarnich
Ben More
Lochearnhead
Ben Vorlich
ARGYLL
Argyll
Loch Awe
Arduaine
Toberonochy
Scarba
Inveraray
Furnace
Kilmartin
Crinan
Lochgilphead
Ardrishaig
Loch Fyne
AND BUTE
STIRLING
Loch Lomond
The Trossachs
Ben Lomond
Loch Lomond and The Trossachs National Park
Tarbet
Arrochar
Aberfoyle
Callander
Doune
Forth
Stirling
Drymen
Colonsay
Scalasaig
Ardlussa
JURA
Sound of Jura
Rubha a' Mhail
Beinn an Oir
Port Askaig
Feolin Ferry
Craighouse
ISLAY
Port Charlotte
Bridgend
Portnahaven
Rinns Point
Beinn Bheigeir
Ardbeg
Port Ellen
Mull of Oa
Knapdale
Tarbert
Otter Ferry
Colintraive
Tighnabruaich
Portavadie
Ardentinny
Kilcreggan
Dunoon
Innellan
Helensburgh
Alexandria
Dumbarton
Port Glasgow
Gourock
Greenock
Erskine Bridge
Clydebank
Kirkintilloch
Kilsyth
Denny
Rothesay
Wemyss Bay
Kennacraig
Claonaig
Gigha I.
Kintyre
Tayinloan
Carradale
Kilbrannan Sound
Lochranza
Goat Fell
ARRAN
Brodick
Lamlash
Blackwaterfoot
Bute
Millport
Largs
Johnstone
Paisley
Barrhead
GLASGOW
Coatbridge
Airdrie
Motherwell
Hamilton
East Kilbride
Kilbirnie
Beith
Dalry
W. Kilbride
Ardrossan
Saltcoats
Stewarton
Kilwinning
Irvine
Kilmarnock
Strathaven
Troon
Galston
Prestwick
Ayr
Mauchline
Muirkirk
Douglas
Cumnock
New Cumnock
Sanquhar
Nith
Machrihanish
Campbeltown
Southend
Mull of Kintyre
Firth of Clyde
Ailsa Craig
Maybole
Dalmellington
Turnberry
Girvan
AYRSHIRE
Galloway Forest Park
Merrick
Ballantrae
Barrhill
DUMFRIES
New Galloway
Newton Stewart
Castle Douglas
Gatehouse of Fleet
Ringford
Kirkcudbright
Auchencairn
Kirkcolm
Cairnryan
Stranraer
Glenluce
Wigtown
Portpatrick
Luce Bay
Wigtown Bay
Port William
Whithorn
Isle of Whithorn
Burrow Head
Drummore
Mull of Galloway
NORTH CHANNEL
Culdaff
Carndonagh
Moville
Inishowen Head
Lough Foyle
Antrim Coast
Rathlin Island
Giant's Causeway
Portrush
Portstewart
Bushmills
Fair Head
Murlough Bay
Ballycastle
Castlerock
Coleraine
Cushendun
Cushendall
Trostan
Red Bay
Glenariff or Waterfoot
Antrim Mountains
Ballymoney
Limavady
Eglinton
Londonderry
Garvagh
Dungiven
Claudy
Sperrin Mountains
Kilrea
Clogh Mills
Carnlough
Glenarm
Antrim Coast
Maghera
Portglenone
Broughshane
Ballymena
Larne
Island Magee
Tobermore
Castledawson
Magherafelt
Randalstown
Ballyclare
Whitehead
Carrickfergus
Belfast Lough
Moneymore
Antrim
Newtownabbey
Bangor
Liverpool
Douglas (I. of Man)
Heysham
Cookstown
Lough Neagh
Crumlin
BELFAST
Holywood
Donaghadee
Newtownards
Dungannon
Coalisland
Lisburn
Comber
Greyabbey
Aughnacloy
Lurgan
Strangford
NORTHERN IRELAND

6
3
3
10

ABERDEEN
Aviemore
Glenmore Forest Park
Cairngorms
Cairn Gorm
Cairngorm Mountains
Ben Macdui
National Park
Tomintoul
Mossat
Inverurie
Kintore
Newburgh
Alford
Craigievar Castle
Colnabaichin
Braemar
Balmoral Castle
Ballater
Aboyne
Crathes Castle
Banchory
Stonehaven
Don
Dee
Stromness
Lerwick
Torshavn
Devil's Elbow
Glas Maol
Beinn a' Ghlò
Blair Atholl
Pitlochry
Laurencekirk
Inverbervie
Marikirk
Brechin
Montrose
Kirriemuir
Alyth
Glamis Castle
Forfar
Rattray
Blairgowrie
Dunkeld
Meigle
Coupar Angus
Sidlaw Hills
Arbroath
Monifieth
Carnoustie
Buddon Ness
Dundee
Perth
Newport-on-Tay
Tayport
Leuchars
St. Andrews
Newburgh
Auchtermuchty
Auchterarder
Ochil Hills
Cupar
Fife Ness
Crail
Anstruther
Pittenweem
St. Monans
Elie
Falkland
Kinross
Glenrothes
Leven
Methil
Buckhaven
Lochgelly
Cowdenbeath
Dollar
Alloa
Dunfermline
Kirkcaldy
Burntisland
Firth of Forth
Culross
Grangemouth
Inverkeithing
Hopetoun House
Bo-Ness
Forth Bridge
S. Queensferry
Leith
North Berwick
Aberlady
East Linton
Dunbar
Prestonpans
Musselburgh
Linlithgow
Bathgate
Livingston
EDINBURGH
Tranent
Haddington
Dalkeith
Loanhead
Cockburnspath
St. Abb's Head
Eyemouth
Lammermuir Hills
Penicuik
Pentland Hills
West Linton
Moorfoot Hills
Berwick-upon-Tweed
Carnwath
Duns
Greenlaw
Lauder
Peebles
SCOTTISH UPLANDS
Innerleithen
Galashiels
Earlston
Mellerstain
Coldstream
Holy Island
Biggar
Melrose
Dryburgh
Kelso
Tweed
Abington
Newtown St. Boswells
Selkirk
Belford
Bamburgh
Wooler
Broad Law
BORDERS
Jedburgh
The Cheviot
Hawick
Moffat
Alnwick
Teviot
Beattock
Cheviot Hills
Northumberland National Park
Carter Bar
Rothbury
Warkworth
Amble
Felton
DUMFRIES AND GALLOWAY
NORTHUMBERLAND
The Border Forest Park
Otterburn
Kielder Resr.
North Tyne
Lochmaben
Lockerbie
Langholm
Ashington
Newbiggin-by-the-Sea
Morpeth
Blyth
Canonbie
Liddel Water
Belsay
Bedlington
Seaton Delaval
Whitley Bay
Bergen
Stavanger
Hirtshals
Amsterdam
Göteborg
NEWCASTLE UPON TYNE
Chollerford
Hadrian's Wall
Greenhead
Longtown
Annan
Bowness-on-Solway
Brampton
Tynemouth
South Shields
Jarrow
Hexham
Corbridge
Prudhoe
Gateshead
SUNDERLAND
Carlisle
Silloth
Abbey Town
Wigton
Thursby
Stanley
Washington
Seaham
Consett
Chester-le-Street
Lanchester
Houghton-le-Spring
Aspatria
Derwent
Eden
Durham
Horden
Maryport
CUMBRIA
Wolsingham
Cross Fell
Cockermouth
Penrith
Crook
Spennymoor
Peterlee
Wear
Keswick
DURHAM
Sedgefield
Hartlepool
D
E
F
1
2
3
4
7
10
11

A
B
C
65 km
3
8
12
13
1
2
3
4
5
CUMBRIA
LANCASHIRE
SHROPSHIRE
GWYNEDD
POWYS
CEREDIGION
ANGLESEY
WREKIN
CHESHIRE
IRISH SEA
ISLE OF MAN
Lake District National Park
Cumbrian Mountains
Snowdonia National Park
CAMBRIAN MOUNTAINS
Cardigan Bay
Caernarfon Bay
Liverpool Bay
Morecambe Bay
Solway
Strangford Lough
Ards Peninsula
Lleyn Peninsula
Isle of Anglesey
Holy Island
Mull of Galloway
Point of Ayre
St. Bees Head
Great Ormes Head
St John's Point
Douglas (I. of Man)
Heysham
Port William
Whithorn
Isle of Whithorn
Newtownards
Comber
Greyabbey
Portavogie
Portaferry
Strangford
Downpatrick
Ardglass
Donaghadee
Ballaugh
Ramsey
Snaefell 621
Peel
Douglas
Port Erin
Port St. Mary
Castletown
Ronaldsway
Belfast
Dublin
Liverpool
Mostyn
Workington
Whitehaven
Cockermouth
Keswick
Skiddaw 931
Derwent water
Frizington
Buttermere
Rosthwaite
Egremont
Gosforth
Scafell Pikes 977
Grasmere
Ambleside
Ullswater
Patterdale
Shap
Orton
Tebay
Penrith
Cross Fell 893
Aspatria
Bothel
Thursby
Windermere
Coniston
Bowness
Kendal
Broughton-in-Furness
Greenodd
Ulverston
Millom
Dalton
Grange-Over-Sands
Sedbergh
Whernside
Kirkby Lonsdale
Carnforth
Ingleton
Barrow-in-Furness
Morecambe
Heysham
Lancaster
Fleetwood
Cleveleys
BLACKPOOL
Kirkham
Lytham St. Anne's
Preston
Blackburn
Clitheroe
Long Preston
Southport
Leylan
Chorley
Darwen
Bury
Bolton
Ainsdale
Formby
Ormskirk
Skelmersdale
Wigan
LIVERPOOL
Bootle
Wallasey
Hoylake
Birkenhead
Bebington
St. Helens
Warrington
Leigh
Widnes
Runcorn
Ellesmere Port
Frodsham
Northwich
Knutsford
Altrincham
Macclesfield
Congleton
Winsford
Middlewich
Sandbach
Tarporley
Crewe
Nantwich
Chester
Queensferry
Flint/Fflint
Holywell
Prestatyn
Rhyl
Mold/Yr Wyddgrug
Denbigh/Dinbych
St. Asaph
Abergele
Colwyn Bay/Bae Colwyn
Llandudno
Conwy
Penmaenmawr
Llanfairfechan
Bangor
Beaumaris
Menai Bridge
Llangefni
Llanerchymedd
Amlwch
Holyhead/Caergybi
Rhosneigr
Newborough
Caernarfon
Llanberis
Bethesda
Carnedd Llewelyn 1062
Capel Curig
Llanrwst
Betws-y-Coed
Snowdon 1085
Snowdonia
Beddgelert
Blaenau Ffestiniog
Ffestiniog
Penrhyndeudraeth
Porthmadog
Criccieth
Pwllheli
Nefyn
Abersoch
Aberdaron
Harlech
Pentrefoelas
Cerrigydrudion
Ruthin/Rhuthun
Corwen
Llangollen
Wrexham/Wrecsam
Ruabon
Whitchurch
Ellesmere
Oswestry
Berwyn 827
Bala
Llanfyllin
Llynclys
Barmouth
Dolgellau
Cader Idris 893
Mallwyd
Tywyn
Aberdovey
Machynlleth
Welshpool/Y Trallwng
Shrewsbury
Minsterley
Montgomery
Caersws
Newtown/Drenewydd
Llanidloes
Llangurig
Bishop's Castle
Clun
Church Stretton
Much Wenlock
Craven Arms
Ludlow
Knighton
Aberystwyth
Devil's Bridge
Llanrhystud
Aberaeron
New Quay
Tregaron
Rhayader/Rhaeadr
Llandrindod Wells
Builth Wells/Llanfair-ym-Muallt
Presteigne
Kington
Leominster
Tenbury Wells
Worcester
Aberporth
Cardigan/Aberteifi
Synod Inn
Lampeter
Newcastle-under-Lyme
Audlem
Market Drayton
Wem
Hodnet
Eccleshall
Grudgington
Newport
Telford
Iron-Bridge
Bridgnorth
WOLVERHAMPTON
Dudley
BIRMINGHAM
Stourbridge
Kidderminster
Bewdley
Stourport
Bromsgrove

SUNDERLAND
Seaham
Houghton-le-Spring
Consett
Durham
Horden
Peterlee
Hartlepool
Crook
Spennymoor
Sedgefield
D U R H A M
Middleton-in-Teesdale
W. Auckland
Bishop Auckland
Newton-Aycliffe
Billingham
Redcar
Marske-by-the-Sea
Saltburn-by-the-Sea
Barnard Castle
Stockton-on-Tees
Brotton
Guisborough
Loftus
Darlington
Bowes
Middlesbrough
Eaglescliffe
Whitby
Scotch Corner
Reeth
Richmond
Cleveland Hills
North York Moors
National Park
Northallerton
Leyburn
Bedale
Yorkshire
Dales
Scalby
Scarborough
Thirsk
Helmsley
Pickering
N O R T H   Y O R K S H I R E
Filey
Ripon
Easingwold
Malton
Norton
Flamborough Head
Threshfield
Pateley Bridge
Fountains Abbey
Boroughbridge
E. R I D I N G
Bridlington
Park
Knaresborough
YORK
Wetwang
Harrogate
O F
Gt. Driffield
Skipton
Ilkley
Otley
Y O R K S H I R E
Beeford
Harewood
Wetherby
Tadcaster
Market Weighton
Leven
Hornsea
Keighley
Bingley
Nelson
Burnley
BRADFORD
LEEDS
Beverley
Selby
Barlby
Howden
KINGSTON-UPON-HULL
Halifax
Garforth
Castleford
Todmorden
Brighouse
Snaith
Goole
Hedon
Withernsea
Dewsbury
Pontefract
Humber Bridge
Barton-upon-Humber
Patrington
Huddersfield
Wakefield
N. L I N C S
Immingham Dock
Immingham
Kilnsea
Oldham
Holmfirth
Thorne
Crowle
Scunthorpe
Barnsley
Bentley
N.E.
Grimsby
Spurn Head
MANCHESTER
Ashton-under-Lyne
Conisbrough
Doncaster
Brigg
Humberside
Cleethorpes
Glossop
Stocksbridge
Epworth
Caistor
L I N C S
Hyde
Peak District
Rotherham
Rotterdam
Zeebrugge
Stockport
High Peak
SHEFFIELD
Maltby
Bawtry
Castleton
Gainsborough
Market Rasen
Louth
Whaley Bridge
Chapel-en-le-Frith
Dronfield
Worksop
East Retford
Mablethorpe
National
Buxton
Staveley
Wragby
Sutton-on-Sea
Baslow
Chesterfield
N O T T S.
Chatsworth House
Bakewell
Park
Tuxford
Lincoln
Alford
Clay Cross
Hardwick Hall
Horncastle
Partney
Ollerton
Woodhall Spa
Spilsby
Skegness
Leek
Matlock
Mansfield
Alfreton
Newark-on-Trent
D E R B Y
Sutton-in-Ashfield
L I N C O L N
Ripley
Southwell
Ashbourne
Heanor
Leadenham
STOKE-ON-TRENT
Belper
Hucknall
Sleaford
NOTTINGHAM
Ilkeston
Bingham
Boston
Derby
Uttoxeter
Grantham
Hunstanton
Wells-next-the-Sea
Blakeney
Sudbury
West Bridgford
The Wash
Long Eaton
Donington
Sutterton
Sandringham House
Fakenham
Stafford
Abbots Bromley
Burton-upon-Trent
Rempstone
Holbeach
Rugeley
Swadlincote
Shepshed
Long Sutton
Guist
Loughborough
Melton Mowbray
Bourne
Spalding
King's Lynn
Cannock
Ashby de la Zouch
Brownhills
Lichfield
Coalville
L E I C E S T E R
RUTLAND
N O R F O L K
Oakham
Stamford
Crowland
East Dereham
Walsall
Tamworth
Sutton Coldfield
LEICESTER
Wisbech
Swaffham
Eye
Outwell
Oadby
Guyhirn
Stradsett
Atherstone
Hinckley
Uppingham
Peterborough
Wymondham
Downham Market
Watton
Nuneaton
E N G L A N D
Whittlesey
Market Harborough
Corby
March
Mundford
Attleborough
Lutterworth
Bedworth
Weldon
Halesowen
Solihull
Oundle
Husbands Bosworth
Desborough
Ramsey
Chatteris
Littleport
Brandon
COVENTRY
Rugby
Kettering
Rothwell
Thetford
Kenilworth
C A M B R I D G E
Thrapston
Ely
W A R W I C K
NORTHAMPTON
Huntingdon
Soham
Royal Leamington Spa
Wellingborough
Higham Ferrers
St. Ives
Henley
Rushden
Daventry
Godmanchester
Alcester
Ixworth
Bury St. Edmunds
St. Neots
NORTHAMPTON

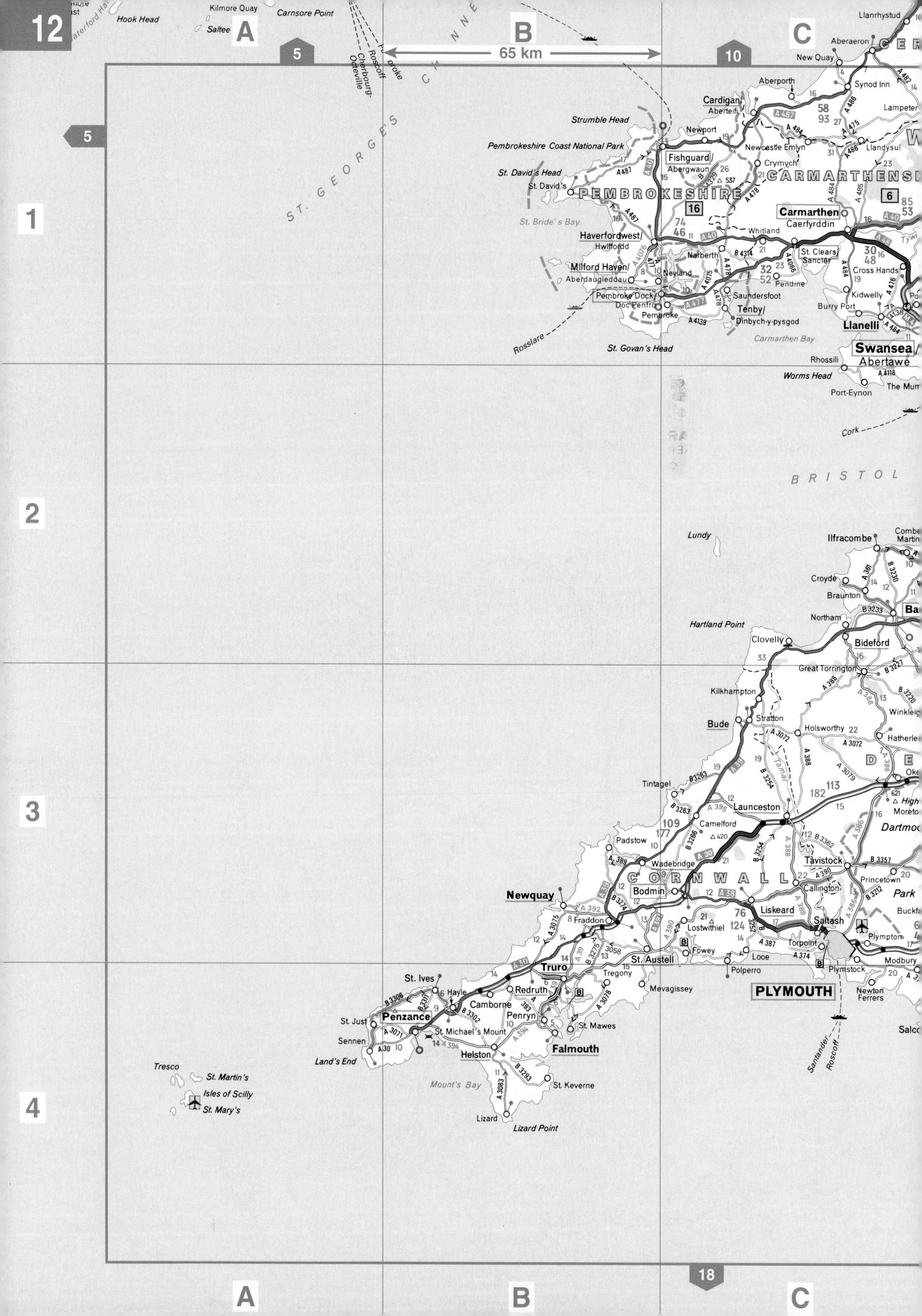
A
B
C
1
2
3
4
5
10
18
65 km
Hook Head
Kilmore Quay
Saltee
Carnsore Point
Cherbourg-Octeville
Roscoff
ST. GEORGE'S CHANNEL
Strumble Head
Pembrokeshire Coast National Park
St. David's Head
St. David's
PEMBROKESHIRE
St. Bride's Bay
Haverfordwest/
Hwlffordd
Milford Haven/
Aberdaugleddau
Neyland
Narberth
Pembroke Dock/
Doc Penfro
Pembroke
Rosslare
St. Govan's Head
Tenby/
Dinbych-y-pysgod
Saundersfoot
Pendine
Carmarthen Bay
Fishguard/
Abergwaun
Newport
Cardigan/
Aberteifi
Aberporth
New Quay
Aberaeron
Llanrhystud
Synod Inn
Lampeter
Newcastle Emlyn
Crymych
Llandysul
CARMARTHENSHIRE
Carmarthen
Caerfyrddin
Whitland
St. Clears/
Sanclêr
Cross Hands
Kidwelly
Burry Port
Llanelli
Swansea/
Abertawe
Rhossili
Worms Head
Port-Eynon
The Mumbles
Cork
BRISTOL
Lundy
Ilfracombe
Croyde
Braunton
Northam
Hartland Point
Clovelly
Bideford
Great Torrington
Kilkhampton
Bude
Stratton
Holsworthy
Tamar
Tintagel
Launceston
Camelford
Padstow
Wadebridge
CORNWALL
Bodmin
Newquay
Fraddon
Liskeard
Saltash
Lostwithiel
Fowey
Looe
Polperro
Torpoint
Plymstock
PLYMOUTH
Tavistock
Callington
Princetown
Dartmoor
Park
Plympton
Modbury
Newton Ferrers
Santander
Roscoff
St. Austell
Tregony
Mevagissey
Truro
St. Ives
Hayle
Redruth
Camborne
Penryn
St. Mawes
Falmouth
Penzance
St. Just
Sennen
Land's End
St. Michael's Mount
Helston
Mount's Bay
St. Keverne
Lizard
Lizard Point
Tresco
St. Martin's
Isles of Scilly
St. Mary's

D
E
F
POWYS
WALES
HEREFORD
WORCESTER
WARWICK
NORTHAMPTON
GLOUCESTER
OXFORD
BUCKINGHAM
WILTSHIRE
SOMERSET
DORSET
HAMPSHIRE
Ludlow
Bewdley
Kidderminster
Stourport
Bromsgrove
Redditch
Coventry
Rugby
Kenilworth
Royal Leamington Spa
Warwick
Wellingborough
Daventry
Southam
Rhayader / Rhaeadr
Knighton
Llandrindod Wells
Builth Wells / Llanfair-ym-Muallt
Llanwrtyd Wells
Kington
Leominster
Tenbury Wells
Worcester
Droitwich
Henley
Alcester
Stratford-upon-Avon
Ettington
Shipston-on-Stour
Banbury
Towcester
Wolverton
Bromyard
Newtown
Great Malvern
Upton
Pershore
Evesham
Chipping Campden
Hay-on-Wye
Hereford
Ledbury
Tewkesbury
Winchcombe
Broadway
Moreton
Chipping Norton
Stow-on-the-Wold
Brackley
Buckingham
Bletchley
Brecon / Aberhonddu
Talgarth
Llangadog
Sennybridge
Brecon Beacons National Park
Black Mountains
Pontrilas
Ross-on-Wye
Gloucester
Cheltenham
Crickhowell
Abergavenny / Y Fenni
Monmouth / Trefynwy
Newnham
Coleford
Lydney
Painswick
Stroud
Northleach
Burford
Woodstock
Blenheim Palace
Bicester
Kidlington
Aylesbury
Merthyr Tydfil
Ebbw Vale / Glyn Ebwy
Brynmawr
Hirwaun
Tredegar
Blaenavon
Abertillery
Raglan
Pontardawe
Aberdare / Aberdar
Mountain Ash / Aberpennar
Neath / Castell-nedd
Rhondda
Bargoed
Pontypool
Usk
Cwmbran
Chepstow / Cas-gwent
Severn Bridge
Dursley
Nailsworth
Tetbury
Cirencester
Bibury
Fairford
Lechlade
Cricklade
Faringdon
Witney
Oxford
Abingdon
Thame
High Wycombe
Maesteg
Pontypridd
Bedwas
Risca
Caerphilly
Newport / Casnewydd
Cardiff / Caerdydd
Porthcawl
Bridgend / Pen-y-bont
Cowbridge
Penarth
Barry / Barri
Avonmouth
Portishead
Clevedon
Chipping Sodbury
Malmesbury
Swindon
Wantage
Wallingford
Henley-on-Thames
Marlow
Reading
Streatley
Pangbourne
Wroughton
Chippenham
Calne
Marlborough
Hungerford
Newbury
Woking
Camberley
Keynsham
Bristol
Bath
Corsham
Bradford-on-Avon
Melksham
Devizes
Avebury
Pewsey
Congresbury
Weston-super-Mare
Severn Estuary
Cheddar gorge
Radstock
Trowbridge
Westbury
Warminster
Frome
Beckington
Wells
Shepton Mallet
Glastonbury
Street
Bruton
Longleat House
Upavon
Shrewton
Stonehenge
Amesbury
Andover
Weyhill
Basingstoke
Aldershot
Farnham
Alton
Lynmouth
Porlock
Minehead
Dunster
Watchet
Exmoor
Williton
Burnham
Bridgwater
Simonsbath
Taunton
Othery
Langport
Wincanton
Mere
Wilton
Salisbury
Lopcombe Corner
Stockbridge
Winchester
New Alresford
Hindhead
South Molton
Bampton
Wellington
Ilchester
Gillingham
Shaftesbury
Romsey
Eastleigh
Petersfield
Midhurst
Tiverton
Cullompton
Ilminster
Yeovil
Sherborne
Henstridge
Sturminster Newton
Fordingbridge
Cranborne
Ringwood
New Forest
Lyndhurst
Southampton
Botley
Havant
Chichester
Crediton
Exeter
Honiton
Chard
Crewkerne
Axminster
Beaminster
Blandford Forum
Wimborne Minster
Ottery St. Mary
Seaton
Lyme Regis
Bridport
Dorchester
Bere Regis
Poole
Bournemouth
Christchurch
Lymington
Beaulieu
Fawley
Fareham
Gosport
Cosham
Portsmouth
Cowes
Fishbourne
Ryde
Yarmouth
Southsea
Selsey
Selsey Bill
Sidmouth
Budleigh Salterton
Exmouth
Bovey Tracey
Dawlish
Teignmouth
Newton Abbot
Abbotsbury
Weymouth
Wareham
Corfe Castle
Swanage
The Needles
Freshwater
Newport
Brading
Sandown
Shanklin
Ventnor
Niton
Foreland
Isle of Wight
St. Catherine's Point
Lyme Bay
Isle of Portland
Fortuneswell
Bill of Portland
St. Alban's Head
Torquay
Torbay
Paignton
Brixham
Kingswear
Dartmouth
Kingsbridge
Start Point
St. Malo
Jersey
Guernsey
Cherbourg-Octeville
Le Havre
Caen
MANCHE
Rosslare
Poole
Portsmouth
Cap de la Hague
Alderney
10
14
19
20
1
2
3
4

A
B
C
1
2
3
4
65 km
11
13
16
DERBY
LINCOLN
STAFFORD
LEICESTER
RUTLAND
ENGLAND
WARWICK
NORTHAMPTON
BEDFORD
CAMBRIDGE
WORCESTER
OXFORD
BUCKINGHAM
HERTFORD
GLOUCESTER
ESSEX
WILTSHIRE
HAMPSHIRE
SURREY
W. SUSSEX
E. SUSSEX
North Downs
South Downs
Chiltern Hills
New Forest National Park
ISLE OF WIGHT
The Wash
Stoke-on-Trent
Nottingham
Derby
Grantham
Boston
Skegness
Stafford
Loughborough
Melton Mowbray
Spalding
King's Lynn
Wolverhampton
Walsall
Leicester
Peterborough
Wisbech
Dudley
Birmingham
Hinckley
Nuneaton
Kidderminster
Coventry
Rugby
Kettering
Huntingdon
Worcester
Wellingborough
Northampton
Stratford-upon-Avon
Cambridge
Bedford
Milton Keynes
Gloucester
Cheltenham
Luton
Stevenage
Aylesbury
Oxford
Harlow
Chelmsford
St. Albans
High Wycombe
Watford
Swindon
Brentwood
Basildon
London
Reading
Windsor
Bath
Newbury
Rochester
Basingstoke
Guildford
Maidstone
Crawley
Royal Tunbridge Wells
Salisbury
Winchester
Southampton
Chichester
Brighton
Portsmouth
Fareham
Gosport
Bournemouth
Poole
Worthing
Hove
Eastbourne
Bognor Regis
Weymouth
Bexhill
Le Havre
Caen
St. Malo
Cherbourg-Octeville
Dieppe
Jersey
Guernsey

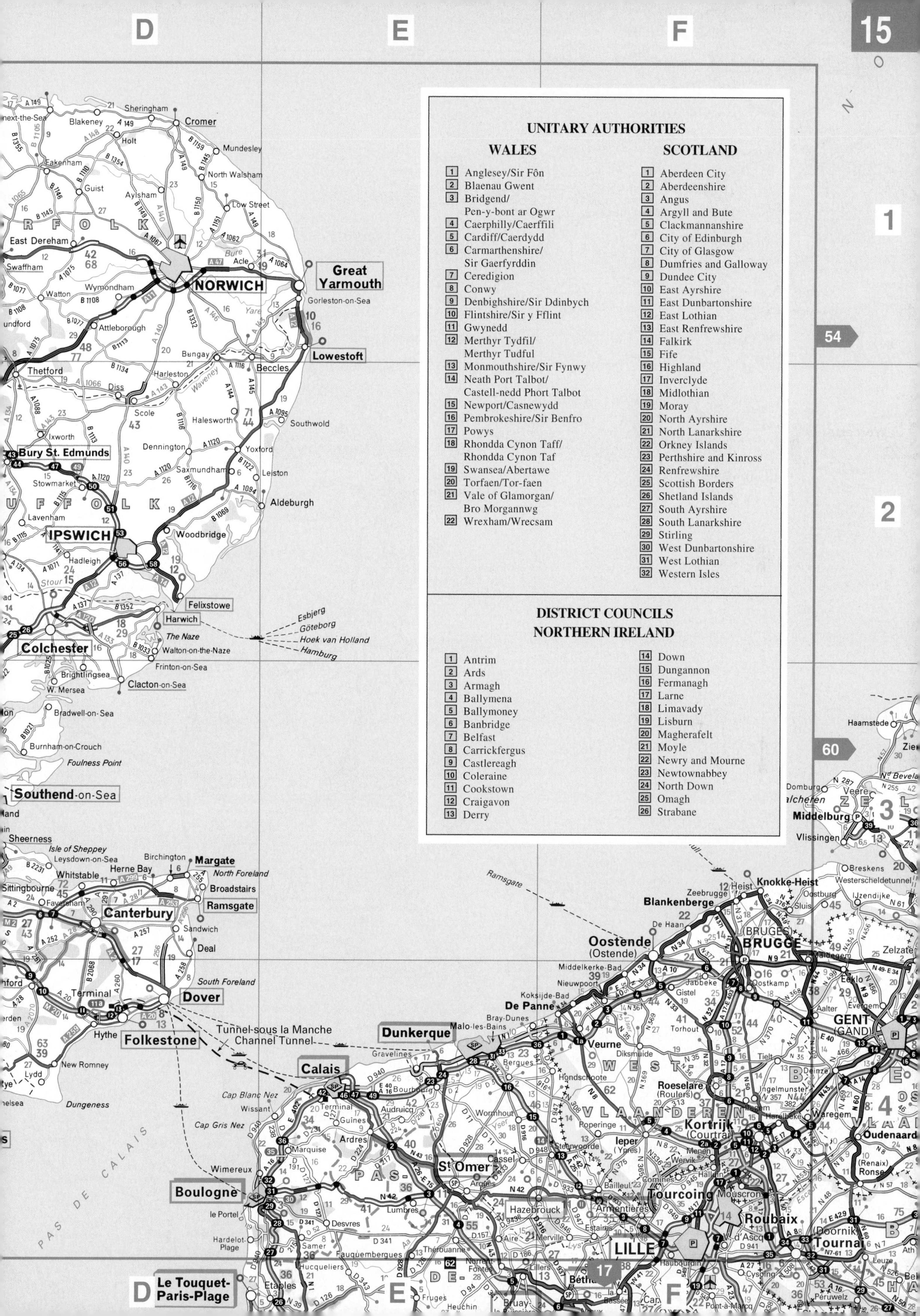

UNITARY AUTHORITIES

WALES

1 Anglesey/Sir Fôn
2 Blaenau Gwent
3 Bridgend/Pen-y-bont ar Ogwr
4 Caerphilly/Caerffili
5 Cardiff/Caerdydd
6 Carmarthenshire/Sir Gaerfyrddin
7 Ceredigion
8 Conwy
9 Denbighshire/Sir Ddinbych
10 Flintshire/Sir y Fflint
11 Gwynedd
12 Merthyr Tydfil/Merthyr Tudful
13 Monmouthshire/Sir Fynwy
14 Neath Port Talbot/Castell-nedd Phort Talbot
15 Newport/Casnewydd
16 Pembrokeshire/Sir Benfro
17 Powys
18 Rhondda Cynon Taff/Rhondda Cynon Taf
19 Swansea/Abertawe
20 Torfaen/Tor-faen
21 Vale of Glamorgan/Bro Morgannwg
22 Wrexham/Wrecsam

SCOTLAND

1 Aberdeen City
2 Aberdeenshire
3 Angus
4 Argyll and Bute
5 Clackmannanshire
6 City of Edinburgh
7 City of Glasgow
8 Dumfries and Galloway
9 Dundee City
10 East Ayrshire
11 East Dunbartonshire
12 East Lothian
13 East Renfrewshire
14 Falkirk
15 Fife
16 Highland
17 Inverclyde
18 Midlothian
19 Moray
20 North Ayrshire
21 North Lanarkshire
22 Orkney Islands
23 Perthshire and Kinross
24 Renfrewshire
25 Scottish Borders
26 Shetland Islands
27 South Ayrshire
28 South Lanarkshire
29 Stirling
30 West Dunbartonshire
31 West Lothian
32 Western Isles

DISTRICT COUNCILS NORTHERN IRELAND

1 Antrim
2 Ards
3 Armagh
4 Ballymena
5 Ballymoney
6 Banbridge
7 Belfast
8 Carrickfergus
9 Castlereagh
10 Coleraine
11 Cookstown
12 Craigavon
13 Derry
14 Down
15 Dungannon
16 Fermanagh
17 Larne
18 Limavady
19 Lisburn
20 Magherafelt
21 Moyle
22 Newry and Mourne
23 Newtownabbey
24 North Down
25 Omagh
26 Strabane

A
B
C
65 km
15
14
21
1
2
3
4
LONDON
Brentwood
Billericay
Maldon
Bradwell-on-Sea
Burnham-on-
Wickford
Rayleigh
Basildon
Dagenham
Benfleet
Southend-on-Sea
Grays Thurrock
Canvey Island
Dartford
Tilbury
R. Thames
Grain
Gravesend
Rochester
Sheerness
Isle of Sheppey
Leysdown-on-Sea
Orpington
Swanley
Gillingham
Chatham
Birchington
Margate
North Foreland
Whitstable
Herne Bay
Broadstairs
Croydon
Sittingbourne
Faversham
Ramsgate
Canterbury
Sandwich
Sevenoaks
Knole
Maidstone
Deal
Redhill
Tonbridge
KENT
Southborough
Ashford
South Foreland
East Grinstead
Royal Tunbridge Wells
Biddenden
Terminal
Dover
Crowborough
Tenterden
Hythe
Folkestone
Haywards Heath
Hawkhurst
Tunnel-sous la Manche
Channel Tunnel
Heathfield
Uckfield
New Romney
Burgess Hill
E. SUSSEX
Lydd
Rye
Winchelsea
Dungeness
Lewes
Hailsham
Battle
Polegate
Bexhill
Hastings
Newhaven
Seaford
Eastbourne
Beachy Head
Dieppe
Ramsgate
Oostende (Ostende)
Middelkerke-Bad
Nieuwpoort
Koksijde-Bad
De Panne
Bray-Dunes
Malo-les-Bains
Veurne
Diksmuide
Dunkerque
Gravelines
Bergues
Calais
Hondschoote
Cap Blanc Nez
Wissant
Terminal
Guines
Audruicq
Bourbourg
Wormhout
Poperinge
Ieper (Ypres)
Steenvoorde
Cap Gris Nez
Marquise
Ardres
Cassel
St Omer
Arques
Wimereux
Boulogne
PAS-DE-CALAIS
Lumbres
Bailleul
Hazebrouck
Armentières
le Portel
Desvres
Aire
Merville
Estaires
Hardelot-Plage
Samer
Fauquembergues
Thérouanne
LILLE
Hucqueliers
Norrent-Fontes
Lillers
Béthune
Le Touquet-Paris-Plage
Étaples
Fruges
Heuchin
Bruay-la-Buissière
Montreuil
Houdain
Liévin
Lens
Berck-Plage
Campagne-lès-H.
Hesdin
St Pol-s-T.
Aubigny
Fort-Mahon-Plage
Frévent
Avesnes-le-Cte
Arras
Rue
Crécy-en-P.
Auxi-le-Chau
Beaumetz-lès-L.
le Crotoy
Nouvion
Cayeux
St Valery
Pas-en-Artois
St Riquier
Bernaville
Doullens
Ault
Mers
Abbeville
Ailly-le-Ht Clocher
Bapaume
le Tréport
Moyenneville
Domart-en-P.
Acheux
Criel
Hallencourt
Villers-Bocage
Albert
Gamaches
Airaines
Fixecourt
Picquigny
Dieppe
Envermeu
Oisemont
Blangy
Corbie
Bray
Veules-les-Roses
Varengeville
Molliens-Dreuil
Villers-Bretonneux
St Valery-en-Caux
Veulettes
St Nicolas-d'A.
Offranville
AMIENS
Cany-Barville
Arques
Fontaine-le-Dun
Londinières
Hornoy
Boves
Rosières
Fécamp
Bacqueville
Longueville-s-S.
Aumale
Chaulnes
Yport
Étretat
Bellencombre
Neufchâtel-en-B.
Poix
Ailly-s-N.
Moreuil
Valmont
Ourville
Doudeville
Conty
SEINE-MARITIME
Yerville
Tôtes
St Saëns
Criquetot-l'Esneval
Goderville
Fauville
Grandvilliers
Montdidier
Roye
Formerie
LE HAVRE
Montivilliers
Bolbec
Yvetot
Pavilly
Clères
Forges-les-Eaux
Crèvecœur-le-Gd
Breteuil
Maignelay-Montigny
Lassigny
Ste Adresse
Caudebec
Barentin
Buchy
Ressons
St Romain-de-C.
Lillebonne
St Wandrille
Songeons
Marseille-en-B.
Froissy
Quillebeuf
Duclair
Argueil
St Just-en-Chaussée
Tancarville
Honfleur
ROUEN
Gournay-en-B.
Beauvais
OISE
Estrées-St Denis
Jumièges
Boos
Lyons-la-F.
Bresles
Clermont
Beuzeville
Grd Couronne
Fleury-s-A.
Auneuil
Arsy
Pont-Audemer
Bourg-Achard
Bourgtheroulde
Noailles
Mouy
Pont-Ste Maxence
Verberie
Montfort-s-R.
Elbeuf
Pt de l'Arche
Gisors
Chaumont-en-V.
Creil
Crépy-en-Valois
Pont-l'Évêque
Cormeilles
Le Bec-Hellouin
Val de Reuil
Étrépagny
Méru
Neuilly-en-T.
Dozulé
Lieurey
Brionne
Louviers
les Andelys
Senlis
Cambremer
Thiberville
Le Neubourg
Gaillon
Chambly
Chantilly
Lisieux
la Rivière-Thibouville
EURE
Écos
Magny-en-V.
Marines
l'Isle-Adam
Beaumont-s-Oise
Luzarches
Ermenonville
Nanteuil-le-H.
Bernay
Beaumont-le-Roger
Vernon
la Roche-Guyon
Pontoise

54

D
E
F
NOORD-BRABANT
ZEELAND
ANTWERPEN
VLAAMS
OOST-VLAANDEREN
BRABANT
LIMBURG
BRABANT WALLON
BELGIQUE
HAINAUT
NAMUR
LIÈGE
LUXEMBOURG
NORD
AISNE
ARDENNES
MEUSE
Middelburg
Vlissingen
Goes
Bergen op Zoom
Breda
Roosendaal
Tilburg
Eindhoven
Helmond
Weert
Roermond
Turnhout
Knokke-Heist
(BRUGES) BRUGGE
GENT (GAND)
(ANVERS) ANTWERPEN
St-Niklaas
Lier
Mechelen
Aalst
BRUXELLES
BRUSSEL
Leuven (Louvain)
Hasselt
Genk
Maastricht
AACHEN
Tongeren
St-Truiden
Kortrijk
Mouscron
Roubaix
Tournai
Mons (Bergen)
Valenciennes
Maubeuge
Charleroi
Namur
Huy
LIÈGE (LUIK)
Verviers
Spa
Dinant
Cambrai
St Quentin
Laon
Soissons
REIMS
Rethel
Charleville-Mézières
Sedan
Bouillon
Arlon (Aarlen)
Longwy
Verdun
Bastogne
Chimay
Philippeville
Givet
Hirson
Vervins
Chauny
Vouziers

61

22

A
B
C
12
65 km
1
2
3
4
Rosslare
Cork
Plymouth
Batz
Roscoff
St Pol-de-Léon
Carantec
Brignogan-Plages
Plouescat
l'Aber-Wrac'h
Lannilis
Lesneven
Ploudalmézeau
le Folgoët
Plouzévédé
Landivisiau
Plabennec
Lampaul
Ile d'Ouessant
Molène
St Renan
BREST
le Conquet
Pnte de St Mathieu
Guipavas
Landerneau
Plougastel-Daoulas
Daoulas
Sizun
Monts d'Arrée
Thégonnec
Guimiliau
Taulé
Morlaix
Plouigneau
Plougonver
Brennilis
Huelgoat
Rumengol
Landévennec
le Faou
Camaret
Crozon
Pnte de Penhir
Morgat
Cap de la Chèvre
Ménez-Hom
Châteaulin
FINISTÈRE
Pleyben
Douarnenez
Tréboul
Locronan
I. de Sein
Pnte du Raz
Pont-Croix
Audierne
Quimper
Briec
Coray
Châteauneuf-du-Faou
Montagnes Noires
Carhaix-Plouguer
Plouénour-Lanvern
Pont-l'Abbé
St Guénolé
Pnte de Penmarch
Guilvinec
Loctudy
Fouesnant
Bénodet
Beg-Meil
Concarneau
Rosporden
Scaër
Bannalec
Pont-Aven
Riec
Quimperlé
Port-Manech
Moëlan
le Pouldu
Iles de Glénan
Ploumanach
Trégastel
Perros-Guirec
Pleumeur-Bodou
Trébeurden
Primel-Trégastel
Plougasnou
Locquirec
Lanmeur
Plestin
St Michel-en-G.
Lannion
Tréguier
Lézardrieux
I. de Bréhat
Pnte de l'Arcouest
Paimpol
la Roche-Derrien
Pontrieux
Bégard
Plouaret
Belle-Isle-en-Terre
Guingamp
Lanvollon
Plouha
Etables
Châtelaudren
Plouagat
Bourbriac
CÔTES D'ARMOR
Callac
Quintin
St Nicolas-du-Pélem
Corlay
Maël-Carhaix
Rostrenen
Gouarec
Mûr-de-Bretagne
Uzel
L. de Guerlédan
Gourin
le Faouët
Guémené
Pontivy
Cléguérec
Kernascléden
Arzano
Plouay
Bubry
Pont-Scorff
Hennebont
Baud
Locminé
MORBIHAN
Pluvigner
Ploemeur
Lorient
Larmor
Port-Louis
Groix
I. de Groix
Etel
Belz
Ste Anne d'A.
Auray
Mégalithes
Carnac
la Trinité
Locmariaquer
Port-Navalo
St Pierre
Quiberon
St Gildas-de-Rhuys
Houat
Hœdic
Sauzon
le Palais
Belle-Ile
N 12-E 50
N 164
N 165-E 60
N 24

D
E
F
13
20
24
1
2
3
4
Alderney
Cap de la Hague
Cherbourg-Octeville
Cap Lévy
Pnte de Barfleur
Nez de Jobourg
Beaumont-Hague
St. Pierre-Eglise
Barfleur
Quettehou
St Vaast-la-Hougue
les Pieux
Valognes
Montebourg
Guernsey
St. Peter Port
Sark
Bricquebec
Barneville-Carteret
Carteret
Ste Mère-Eglise
St Sauveur-le-V.
Portbail
la Haye-du-Puits
Carentan
Isigny
Grandcamp-Maisy
St Laurent
Port-en-Bessin
Arromanches
St Aubin
Langrune
Luc
Courseulles
Ouistreham
Houlgate
Cabourg
Dives
Deauville
Trouville
Villers
Blonville
LE HAVRE
Ste Adresse
Montivilliers
Étretat
Criquetot-l'Es
Jersey
St-Hélier
Gorey
Weymouth
Poole
Portsmouth
Trévières
Bayeux
Creully
Douvres-la-D.
Merville
Dozulé
Troarn
Cambremer
St Jean-de-Daye
Lessay
Périers
St Clair-s-l'E.
Tilly-s-S.
Balleroy
Villers-Bocage
CAEN
Évrecy
Mézidon-Canon
St Lô
Marigny
St Sauveur-Lendelin
Caumont-l'Éventé
St Malo-de-la-Lande
Agon-Coutainville
Coutances
Canisy
Torigni
Cerisy-la-S.
Aunay-s-O
Thury-Harcourt
St Pierre-s-Dives
Livarot
Montmartin
Tessy
le Bény-Bocage
Potigny
Vimoutiers
MANCHE
CALVADOS
Hambye
Gavray
Percy
Bréhal
I. Chausey
Granville
Villedieu-les-Poêles
Vire
Vassy
Condé-s-Noireau
Clécy
Falaise
St Pair
la Haye-Pesnel
St Sever
Pont-d'Ouilly
Jullouville
Sartilly
Tinchebray
Trun
Carolles
Brécey
St Pois
Flers
Exmes
Argentan
Cap Fréhel
Pnte du Grouin
Cancale
Avranches
Sourdeval
Putanges
Écouché
Nonant-le-Pin
Dinard
St Malo
Paramé
Rothéneuf
Sables-d'Or
Erquy
St Cast
St Lunaire
St Briac
St Jacut
le Mont-St Michel
le Vivier
Pontaubault
Juvigny-le-T.
Mortain
Messei
Briouze
Val-André
Matignon
St Servan
Châteauneuf
Ducey
St Hilaire-du-Harcouët
Barenton
Domfront
la Ferté-Macé
Mortrée
Brieuc
Pléneuf
Ploubalay
Dol-de-B.
Pleine-Fougères
Pontorson
St James
le Teilleul
Bagnoles-de-l'Orne
Carrouges
Lamballe
Plancoët
Dinan
Antrain
Louvigné-du-Désert
Landivy
Passais
Juvigny-s-A.
Couptrain
Plétan-le-Pit
Jugon
St Brice-en-Coglès
Ambrières-les-Vallées
Lassay
Pré-en-Pail
Mt des Avaloirs
Alençon
Moncontour
Combourg
Évran
Gorron
Collinée
Broons
Tinténiac
Hédé
Fougères
Javron
Caulnes
Bécherel
St Aubin-d'Aubigné
Ernée
Villaines-la-Juhel
St Aubin-du-Cormier
Mayenne
Fresnay-s-S.
Merdrignac
Montauban-de-Bretagne
Liffré
Chailland
Bais
Beaumont
St Méen-le-Grd
La Chèze
la Trinité-Porhoët
Montfort
RENNES
Champeaux
MAYENNE
Montsûrs
Sillé-le-Guillaume
Châteaubourg
Vitré
Evron
Mauron
Mordelles
Ste Suzanne
Conlie
St Jacques
Châteaugiron
Argentré-du-Plessis
Loiron
Laval
St Denis-d'Orques
Plélan-le-Gd
ILLE-ET-VILAINE
Vaiges
Josselin
Ploërmel
Guichen
Janzé
Cossé-le-Vivien
Meslay
LE MANS
Loué
Brûlon
Retiers
Guer
La Guerche-de-B.
Maure-de-Bretagne
Malestroit
Pipriac
Bain-de-Bretagne
St Aignan-s-Roë
Craon
Château-Gontier
Grez-en-Bouère
Sablé
Solesmes
la Suze
Renazé
Bierné
Martigné-Ferchaud
Malicorne
Écommoy
la Gacilly
Rougé
Grd Fougeray
Rochefort-en-T.
Châteaubriant
Pouancé
Pontvallain
Questembert
Allaire
Redon
Derval
Segré
Châteauneuf-s-S.
St Julien-de-Vouvantes
la Flèche
Durtal
le Lude
Guémené-Penfao
Moisdon
le Lion-d'A.
Tiercé
Muzillac
Damgan
Nozay
Candé
LOIRE-ATLANTIQUE
MAINE-ET-LOIRE
SARTHE
Pénestin
la Roche-Bernard
St Gildas-des-B.
St Mars-la-Jaille
le Louroux-Béconnais
Seiches
Baugé
Herbignac
Pontchâteau
Blain
Riaillé
Noyant
Nort
ANGERS
Beaufort-en-V.
Guérande
la Baule
Donges
Savenay
Ancenis
Varades
Ingrandes
St Georges
les Ponts-de-Cé
Batz
Pouliguen
Pornichet
St Nazaire
Paimbœuf
Carquefou
Champtoceaux
St Florent
Montjean
Chalonnes
Brissac-Quincé
les Rosiers
Longué
Gennes
Allonnes
Bourgueil
Mindin
St Étienne-de-Montluc
le Loroux-Bottereau
Montrevault
Chênehutte-Trèves-Cunault
Saumur
St Brévin
St Père-en-R.
le Pellerin
St Herblain
NANTES
Vallet
Beaupréau
Chemillé
Thouarcé
Doué-la-Fontaine
Candes-St Martin
Pnte de St Gildas

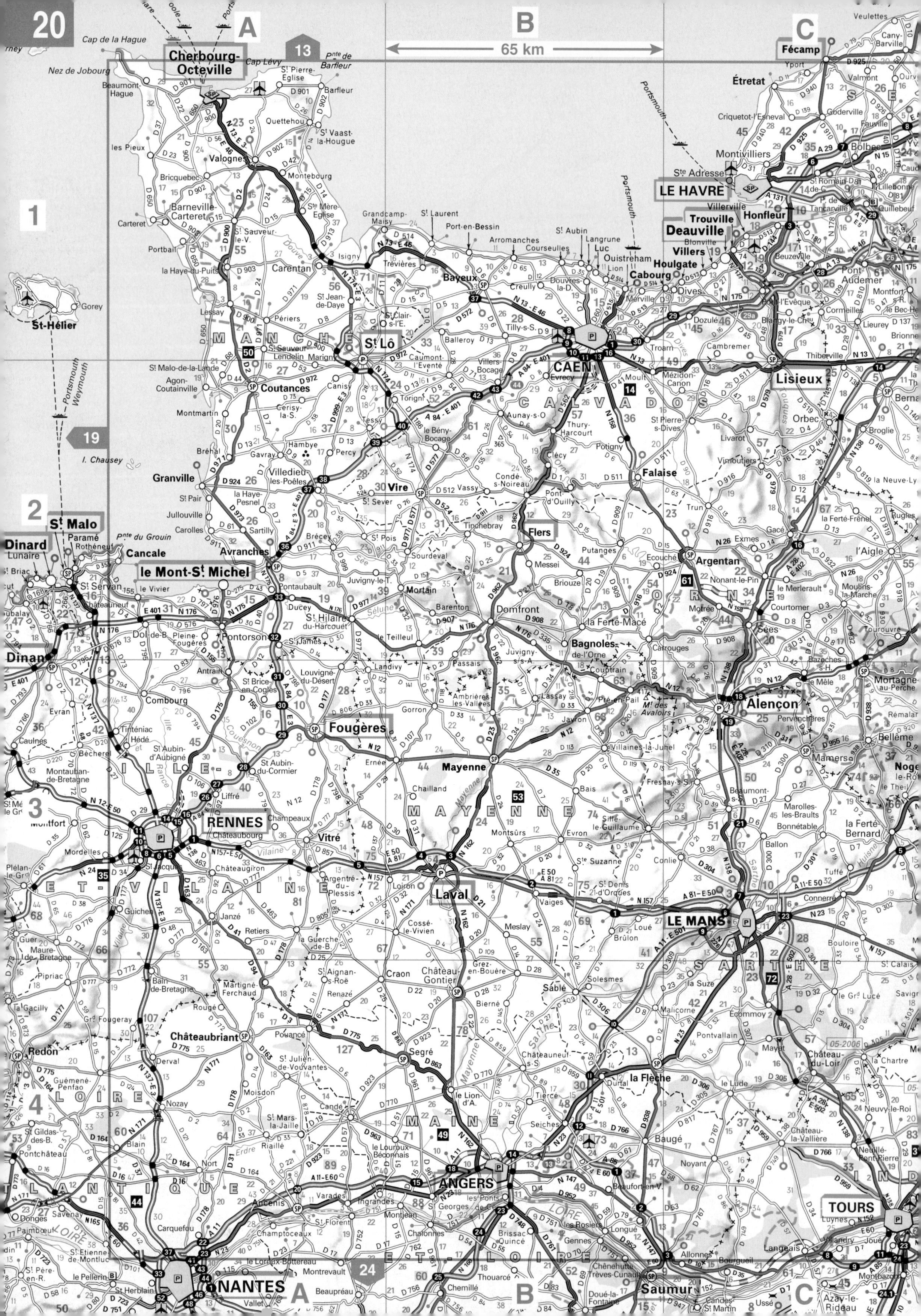

A
B
C
65 km
13
1
2
3
4
19
24
Cap de la Hague
Nez de Jobourg
Cherbourg-Octeville
Cap Lévy
Pte de Barfleur
Barfleur
St Vaast-la-Hougue
Valognes
Montebourg
Ste Mère-Église
Les Pieux
Bricquebec
Barneville-Carteret
Carteret
St Sauveur-le-V.
Portbail
la Haye-du-Puits
Carentan
Isigny
Grandcamp-Maisy
St Laurent
Port-en-Bessin
Arromanches
Courseulles
St Aubin
Langrune
Luc
Ouistreham
Cabourg
Houlgate
Dives
Villers
Deauville
Trouville
Honfleur
Blonville
Villerville
LE HAVRE
Ste Adresse
Montivilliers
Étretat
Fécamp
Yport
Veulettes
Cany-Barville
Valmont
Goderville
Fauville
Bolbec
Lillebonne
Quillebeuf
Criquetot-l'Esneval
St Romain-de-C.
Pont-Audemer
Beuzeville
Cormeilles
Lieurey
Brionne
Bernay
Broglie
Orbec
Lisieux
Thiberville
Pont-l'Évêque
Dozulé
Cambremer
Mézidon-Canon
Troarn
St Pierre-s-Dives
Livarot
Vimoutiers
Bayeux
Trévières
Creully
Douvres-la-D.
Merville
Tilly-s-S.
Balleroy
Villers-Bocage
CAEN
Évrecy
Moult
St Lô
Périers
Lessay
St Jean-de-Daye
St Clair-s-l'E.
Marigny
St Sauveur-Lendelin
Coutances
Agon-Coutainville
St Malo-de-la-Lande
Canisy
Cerisy-la-S.
Torigni
Caumont-l'Éventé
Aunay-s-O
Thury-Harcourt
Potigny
Falaise
Montmartin
Bréhal
Hambye
Gavray
Percy
Tessy
le Bény-Bocage
Granville
I. Chausey
St Pair
Jullouville
Carolles
Villedieu-les-Poêles
la Haye-Pesnel
Sartilly
Avranches
Vire
St Sever
Vassy
Condé-s-Noireau
Clécy
Pont-d'Ouilly
Tinchebray
Flers
Brécey
St Pois
Sourdeval
Trun
Exmes
Gacé
Argentan
Écouché
Putanges
Messei
Briouze
Nonant-le-Pin
le Merlerault
l'Aigle
Rugles
la Ferté-Frênel
La Neuve-Lyre
Moulins-la-Marche
Courtomer
Sées
Mortrée
Tourouvre
St Malo
Paramé
Rothéneuf
Pte du Grouin
Cancale
Dinard
Lunaire
St Briac
St Servan
Châteauneuf
Dinan
le Mont-St Michel
le Vivier
Pontaubault
Ducey
Juvigny-le-T.
Mortain
Barenton
St Hilaire-du-Harcouët
Domfront
la Ferté-Macé
Bagnoles-de-l'Orne
Juvigny-s-S.
Passais
le Teilleul
Dol-de-B.
Pleine-Fougères
Pontorson
St James
Antrain
Combourg
Evran
St Brice-en-Coglès
Louvigné-du-Désert
Landivy
Gorron
Ambrières-les-Vallées
Lassay
Couptrain
Pré-en-Pail
Mt des Avaloirs
Carrouges
Alençon
Mortagne-au-Perche
le Mêle
Bazoches-s-H.
Pervenchères
Rémalard
Bellême
Mamers
Nogent-le-Rotrou
le Theil
Tinténiac
Hédé
Bécherel
Caulnes
Montauban-de-Bretagne
St Aubin-d'Aubigné
St Aubin-du-Cormier
Fougères
Ernée
Javron
Villaines-la-Juhel
Fresnay-s-S.
Mayenne
Chailland
Bais
Liffré
RENNES
Montfort
Mordelles
Plélan-le-Gd
Châteaugiron
Châteaubourg
Champeaux
Vitré
Montsûrs
Evron
Sillé-le-Guillaume
Beaumont-s-S.
Marolles-les-Braults
Bonnétable
la Ferté-Bernard
Ballon
Conlie
Ste Suzanne
St Denis-d'Orques
Vaiges
Laval
Loiron
Argentré-du-Plessis
Guichen
Janzé
Retiers
la Guerche-de-B.
Cossé-le-Vivien
Meslay
Loué
Brûlon
LE MANS
Connerré
Tuffé
Bouloire
St Calais
Guer
Maure-de-Bretagne
Pipriac
Bain-de-Bretagne
Martigné-Ferchaud
Rougé
Craon
St Aignan-s-Roë
Renazé
Château-Gontier
Grez-en-Bouère
Sablé
Solesmes
la Suze
Malicorne
Écommoy
Le Grd Lucé
Savigné
Redon
Grd Fougeray
Châteaubriant
Pouancé
Derval
Segré
Bierné
Château-du-Loir
Mayet
Pontvallain
Châteauneuf-s-S.
la Flèche
Durtal
le Lude
la Chartre
Guémené-Penfao
Nozay
Moisdon
St Julien-de-Vouvantes
Candé
le Lion-d'A.
Tiercé
Seiches
Baugé
Château-la-Vallière
Neuvy-le-Roi
St Gildas-des-B.
Pontchâteau
Blain
St Mars-la-Jaille
Riaillé
le Louroux-Béconnais
Noyant
Neuillé-Pont-Pierre
Nort
ANGERS
Beaufort-en-V.
Donges
Savenay
Paimbœuf
Carquefou
Ancenis
Varades
Ingrandes
Montjean
St Georges
les Ponts
Chalonnes
St Florent
Champtoceaux
Brissac-Quincé
les Rosiers
Gennes
Longué
Allonnes
Bourgueil
Langeais
Villandry
Joué
Luynes
TOURS
St Étienne-de-Montluc
St Père-en-R.
le Pellerin
St Herblain
NANTES
le Loroux-Bottereau
Montrevault
Beaupréau
Vallet
Chemillé
Thouarcé
Doué-la-Fontaine
Chênehutte-Trèves-Cunault
Saumur
Candes-St Martin
Montbazon
Azay-le-Rideau
MANCHE
CALVADOS
ORNE
MAYENNE
SARTHE
ILLE-ET-VILAINE
LOIRE-ATLANTIQUE
MAINE-ET-LOIRE
Portsmouth
Weymouth
St-Hélier
Gorey

ROUEN
AMIENS
St Quentin
Beauvais
Compiègne
Soissons
Laon
Evreux
Mantes-la-Jolie
Pontoise
St Denis
PARIS
VERSAILLES
Créteil
Meaux
Château-Thierry
Chartres
Dreux
Rambouillet
Evry
Melun
Fontainebleau
Provins
Etampes
Sens
ORLÉANS
Montargis
Auxerre
Blois
Vendôme
Romorantin-Lanthenay
Amboise
Gien
Cosne-Cours-s-Loire
Vézelay
Châteaudun
Nemours
Elbeuf
Vernon
Chauny
Noyon
Senlis
Creil
Chantilly
Sarcelles
Nanterre
Bobigny
Torcy
Coulommiers
Pithiviers
Joigny
OISE
AISNE
EURE
SEINE-ET-MARNE
LOIRET
LOIR-ET-CHER
YONNE
EURE-ET-LOIR
17
22
25
26

65 km
A
B
C
1
2
3
4
17
21
26
LUXEMB
AISNE
ARDENNES
MARNE
MEUSE
MEURTHE
AUBE
HAUTE-MARNE
YONNE
CÔTE-D'OR
02
08
51
55
54
10
52
89
21
Quentin
Guise
Laon
Soissons
Château-Thierry
Epernay
REIMS
Rethel
Mézières
Sedan
Vouziers
Verdun
Longwy
Arlon / Aarlen
Châlons-en-Champagne
Bar-le-Duc
Pont-à-Mousson
Toul
St Mihiel
Commercy
Vitry-le-François
St Dizier
Provins
Nogent-s-S.
TROYES
Sens
Joigny
Auxerre
Avallon
Vézelay
Clamecy
Chaumont
Langres
Neufchâteau
Contrexéville
Châtillon-s-S.
Montbard
Semur-en-Auxois
DIJON
Gray
Sézanne
Romilly
Bar-s-Aube
Bar-s-Seine
Tonnerre
Joinville
Vaucouleurs
Sainte-Menehould
Stenay
Montmédy
Carignan
Florenville
Etain
Briey
Hayange
Jarny
Vitteaux
Saulieu
Pouilly-en-Auxois
Sombernon
Is-s-Tille
Til-Châtel
Mirebeau-s-Beze
Pontailler-s-Saône
Auxonne
Genlis
Gevrey-Chambertin
Chablis
Vermenton
Avize
Montmirail
Esternay
Fère-Champenoise
Arcis
Méry
Piney
Brienne-le-Château
Wassy
Montier-en-Der
Lac de Der Chantecoq
Lac du Temple
Lac d'Orient
Vendeuvre
Lusigny
Estissac
St Florentin
Ervy
les Riceys
Mussy
Essoyes
Châteauvillain
Recey
Aignay-le-Duc
Baigneux-les-Juifs
Alise Ste Reine
Précy-s-Thil
Quarré-les-Tombes
Coulanges
Varzy
Donzy
Corbigny
Brinon
Lormes
Bourbonne-les-Bains
Fayl-Billot
Champlitte
Dampierre-s-Salon
Pesmes
Marnay
Vitrey
Jussey
Lamarche
Bulgnéville
Montigny-le-Roi
Nogent
Clefmont
Andelot
Vignory
Doulaincourt
Colombey-les-2-Eglises
Juzennecourt
Soulaines-Dhuys
Doulevant-le-Château
Ligny-en-Barrois
Void
Gondrecourt
Colombey-les-Belles
Revigny
Sermaize-les-Bains
Thiéblemont-Farémont
Givry-en-A.
Suippes
Mourmelon-le-Grd
Ville-en-Tardenois
Fismes
Braine
Craonne
Sissonne
Marle
Montcornet
Rozoy
Signy-l'Abbaye
Poix-Terron
Mouzon
Le Chesne
Buzancy
Grandpré
Dun
Damvillers
Spincourt
Longuyon
Fresnes-en-W.
Vigneulles
Thiaucourt-Regniéville
Pierrefitte
Triaucourt
Clermont-en-Argonne
Varennes-en-A.
Montfaucon-d'Argonne

Echternach
Idar-Oberstein
Alzey
Worms
Bensheim
Michelstadt
Kaiserslautern
Ludwigshafen
MANNHEIM
HEIDELBERG
Bad Dürkheim
Neustadt-a-d-W
Speyer
Saarlouis
Völklingen
SAARBRÜCKEN
Zweibrücken
Pirmasens
Homburg
Landau
Heilbronn
Bruchsal
Sarreguemines
Wissembourg
KARLSRUHE
Pforzheim
METZ
Haguenau
Baden-Baden
Sindelfingen
NANCY
Lunéville
Saverne
STRASBOURG
Tübingen
Offenburg
Freudenstadt
Sélestat
Epinal
COLMAR
FREIBURG
Villingen
Schwenningen
Gérardmer
Remiremont
Plombières
Guebwiller
Luxeuil
Thann
MULHOUSE
Schaffhausen
Singen
Vesoul
Belfort
Lörrach
BASEL
Winterthur
Montbéliard
ZÜRICH
Baden
Delémont
Aarau
Olten
Solothurn
Zug
BESANÇON
Biel/Bienne
Einsiedeln
SAARLAND
MOSELLE
BAS-RHIN
HT-RHIN
VOSGES
HAUTE-SAÔNE
DOUBS
JURA
AARGAU
SCHWARZWALD

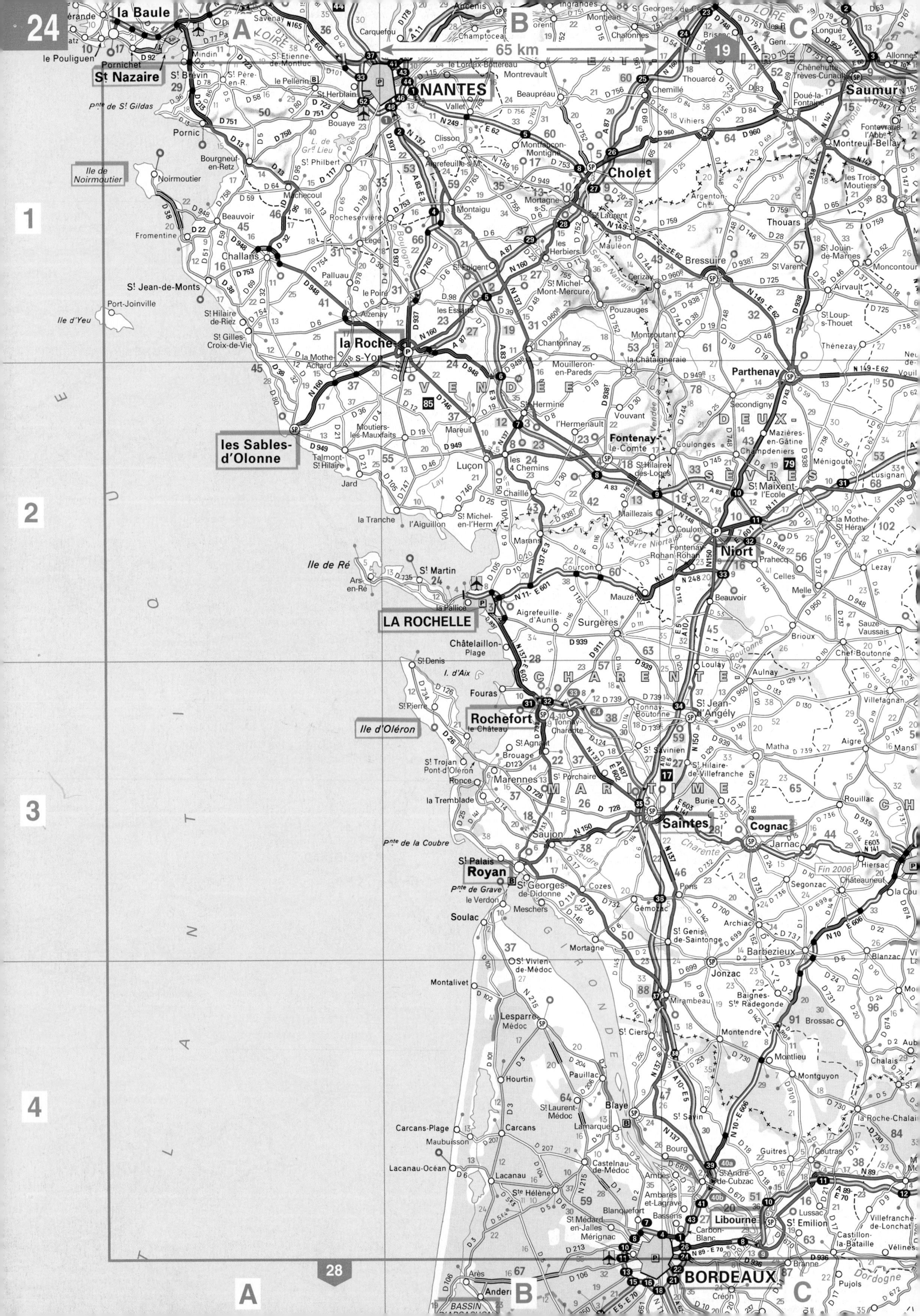
A
B
C
1
2
3
4
65 km
la Baule
St Nazaire
NANTES
Saumur
Cholet
Noirmoutier
Ile de Noirmoutier
Challans
St Jean-de-Monts
Ile d'Yeu
la Roche-s-Yon
VENDÉE
les Sables-d'Olonne
Luçon
Fontenay-le-Comte
Bressuire
Thouars
Parthenay
DEUX-SÈVRES
Niort
Ile de Ré
LA ROCHELLE
Surgères
Rochefort
Ile d'Oléron
CHARENTE-MARITIME
St Jean-d'Angély
Saintes
Cognac
Royan
Jonzac
Barbezieux
Blaye
Libourne
BORDEAUX
St Emilion
Lesparre-Médoc
Lacanau
Arcachon
GIRONDE
ATLANTIQUE
Fin 2006
28

D
E
F
21
26
29
1
2
3
4
Tours
Amboise
Romorantin-Lanthenay
Montrichard
Chenonceaux
Salbris
Sancerre
Langeais
Montbazon
Chinon
Azay-le-Rideau
Loches
St Aignan
Selles-s-Cher
Valençay
Vierzon
Mehun
Bourges
Graçay
Vatan
Issoudun
Châteauroux
Buzançais
Levroux
Châtillon-s-I.
Ste Maure-de-T.
L'Île-Bouchard
Richelieu
Descartes
Dangé
Châtellerault
La Roche-Posay
Preuilly
Mézières-en-Brenne
Tournon-St Martin
Poitiers
Chauvigny
le Blanc
St Savin
St Gaultier
Argenton-s-C.
La Châtre
Ardentes
Lignières
St Amand-Montrond
Dun-s-Auron
St Florent
Charenton-du-C.
Baugy
Avord
Nérondes
Sancoins
Lurcy-Lévis
Châteaumeillant
Culan
Le Châtelet
Montluçon
Huriel
Néris-les-Bs
Commentry
Montmarault
Vallon-en-Sully
Cérilly
Bourbon-l'Archambault
Hérisson
Cosne-d'A.
Ste Sévère
Boussac
Aigurande
Éguzon-Chantôme
Crozant
Dun-le-Palestel
Bonnat
Châtelus-Malvaleix
Montmorillon
Lussac-les-Châteaux
la Trimouille
Bélâbre
St Benoît-du-Sault
Gençay
Civray
Charroux
Availles-Limouzine
L'Isle-Jourdain
le Dorat
Magnac-Laval
St Sulpice-les-Feuilles
la Souterraine
St Vaury
le Grand-Bourg
Guéret
Jarnages
Chambon-s-V.
Gouzon
Evaux-les-Bs
Montaigut
Pionsat
Chénérailles
Ahun
Bénévent-l'Abbaye
Châteauponsac
Bellac
Mézières
Confolens
Bessines
Laurière
Nantiat
Ambazac
Bourganeuf
Pontarion
Aubusson
Bellegarde-en-Marche
Auzances
St Gervais-d'Auvergne
Châteauneuf-les-Bs
Combronde
Châtelguyon
Volvic
Pontaumur
Felletin
Crocq
Giat
Herment
Rochefort-Montagne
Royat
Puy de Dôme
Oradour-s-Glane
St Junien
Chabanais
Rochechouart
Chasseneuil
La Rochefoucauld
Limoges
Aixe
St Léonard-de-Noblat
Peyrat-le-Château
Royère-de-Vassivière
Eymoutiers
Lac de Vassivière
Gentioux-Pigerolles
Plateau de Millevaches
Châteauneuf-la-Forêt
Nexon
Pierre-Buffière
Solignac
Châlus
St Mathieu
Oradour-s-Vayres
Montbron
Angoulême
Marthon
Nontron
St Pardoux-la-Rivière
Jumilhac-le-Grd
St Germain-les-Belles
St Yrieix-la-Perche
Treignac
Bugeat
Meymac
Ussel
Eygurande
Bourg-Lastic
la Courtine
La Bourboule
le Mont-Dore
Besse-et-St Anastaise
Super-Besse
Puy de Sancy
la Tour-d'Auvergne
Tauves
Champs-s-T.-Marchal
Bort-les-Orgues
Egletons
Neuvic
Lapleau
Condat
Riom-ès-Mgnes
Allanche
Uzerche
Lubersac
Arnac-Pompadour
Vigeois
Seilhac
Corrèze
Tulle
Donzenac
Brive-la-Gaillarde
Argentat
Beynat
Collonges-la-Rouge
Objat
Juillac
Hautefort
Excideuil
Thiviers
Lanouaille
Brantôme
Mareuil
Verteillac
Ribérac
Montagrier
Périgueux
St Astier
Neuvic
Mussidan
Vergt
Bergerac
le Bugue
les Eyzies-de-T.
Montignac
Grotte de Lascaux
Terrasson-Lavilledieu
Salignac-Eyvigues
Sarlat-la-Canéda
Souillac
Martel
Vayrac
Beaulieu
Bretenoux
Gouffre de Padirac
St Céré
Rocamadour
Gramat
Payrac
Domme
la Roque-Gageac
Beynac
Belvès
Cadouin
le Buisson-de-Cadouin
Monbazillac
Beaumont-du-Périgord
Mauriac
Salers
Pleaux
St Privat
Puy Mary
Pas de Peyrol
Le Lioran
Plomb du Cantal
Murat
St Flour
Vic-s-Cère
Pierrefort
Aurillac
Laroquebrou
St Mamet-la-Salvetat
Latronquière
Mur-de-Barrez
Sousceyrac
Mercœur
INDRE
CHER
LOIRE
VIENNE
CREUSE
HAUTE-VIENNE
CORRÈZE
DORDOGNE
CANTAL
ALLIER
PUY-DE-DÔME
A 89: 2-2006
01-2006
11-5

A
B
C
65 km
22
25
30
Cosne-Cours-s-Loire
Sancerre
Pouilly
la Charité-s-Loire
BOURGES
Nevers
NIÈVRE
Château-Chinon
Autun
le Creusot
Montceau-les-Mines
Chalon-s-S.
Beaune
Nuits-St Georges
DIJON
Saulieu
Decize
Moulins
Bourbon-Lancy
Digoin
Paray-le-Monial
Charolles
Tournus
Mâcon
Cluny
SAÔNE-ET-LOIRE
Montluçon
Commentry
St Pourçain
Lapalisse
VICHY
Cusset
Gannat
Riom
Thiers
CLERMONT-FERRAND
Royat
Puy de Dôme
Issoire
Ambert
Brioude
la Chaise-Dieu
le Puy-en-Velay
Yssingeaux
St Flour
Murat
Roanne
Tarare
Villefranche-s-Saône
Bourg-en-Bresse
LYON
Vienne
St Etienne
Firminy
Annonay
Tournon-s-R.
Romans
Valence
Montbrison
Feurs
Charlieu
ALLIER
PUY-DE-DÔME
LOIRE
RHÔNE
AIN
HTE-LOIRE
CANTAL
ARDÈCHE
AUTOROUTE DU SOLEIL

D
E
F
1
2
3
4
23
25
31
70
74
BESANÇON
Dole
Pontarlier
Lons-le-Saunier
St Claude
Oyonnax
Nantua
Bellegarde-s-V.
Belley
Aix-les-Bains
Chambéry
Voiron
GRENOBLE
Villard-de-Lans
Vizille
Alpe-d'Huez
les Deux-Alpes
Briançon
ANNECY
Évian
Thonon
GENÈVE
Annemasse
Bonneville
Cluses
Sallanches
Megève
St Gervais
Chamonix-Mont-Blanc
la Clusaz
Albertville
Moûtiers
Val d'Isère
Courchevel
St Jean-de-Maurienne
Modane
Valloire
Morzine
LAUSANNE
Montreux
Vevey
Neuchâtel
Fribourg
BERN
Biel/Bienne
Solothurn
Thun
Interlaken
Spiez
Gstaad
Crans
Montana
Sion
Sierre
Brig
Zermatt
Martigny
Courmayeur
Aosta/Aoste
Biella
Ivrea
Susa
Sestriere
Pinerolo
TORINO
Moncalieri
Carmagnola
LUZERN
JURA
DOUBS
SUISSE
VAUD
VALAIS
HAUTE-SAVOIE
SAVOIE
VALLE D'AOSTA
PIEMONTE
LAC LÉMAN
MONTE BIANCO
MONT BLANC
CERVINO
MATTERHORN
MONTE ROSA
Col du Galibier
Col du Lautaret
Col du Mt Cenis
Col de l'Iseran
Col du Pt St Bernard
Col du Gd St Bernard
Tunnel du Gd St Bernard
Traforo d. Gran S. Bernardo
T. du Mt Blanc
T. d. Fréjus
Massif de la Vanoise
Massif des Ecrins
Jungfrau
Lötschbergtunnel

A
B
C
1
2
3
4
24
37
65 km
BORDEAUX
Libourne
Blanquefort
St Médard-en-Jalles
Mérignac
Bassens
Carbon-Blanc
Villefranche-de-Lonchat
Castillon-la-Bataille
Vélines
Branne
Pujols
Dordogne
Créon
Targon
Pellegrue
Sauveterre-de-Guyenne
Podensac
Cadillac
Ste Croix-du-Mont
St Macaire
Monségur
La Réole
Marmande
Langon
GARONNE
Auros
Villandraut
Bazas
St Symphorien
Grignols
Casteljaloux
Captieux
Houeillès
Arès
Andernos
BASSIN D'ARCACHON
Arcachon
Cap-Ferret
Audenge
Gujan-Mestras
Facture
Pyla
Pilat-Plage
la Teste
la Brède
AUTOROUTE
GIRONDE
Cazaux
Sanguinet
Biscarrosse-Plage
Biscarrosse
Belin-Béliet
Parentis-en-Born
Pissos
Sore
Mimizan-Plage
Mimizan
Labouheyre
Sabres
Labrit
LANDES
Lit-et-Mixe
Onesse-et-Laharie
Morcenx
Roquefort
St Justin
Barbotan
Gabarret
Cazaubon
Montréal
St Girons-Plage
Léon
Castets
Mont-de-Marsan
Villeneuve-de-M.
Tartas
Vieux-Boucau
Soustons
Eauze
Grenade
Nogaro
Hossegor
Dax
St Sever
Mugron
Aire-s-l'Adour
Eugénie-les-Bains
Capbreton
St Vincent-de-Tyrosse
Montfort-en-Chalosse
Hagetmau
Aignan
Riscle
Plaisance
Amou
Geaune
Tarnos
Boucau
St Martin-de-Seignanx
Peyrehorade
Garlin
Castelnau-Rivière-Basse
Arzacq-Arraziguet
GOLFE DE GASCOGNE
BIARRITZ
Anglet
Bayonne
Bidart
Guéthary
St Jean-de-Luz
Hendaye
Bidache
la Bastide-Clairence
Hasparren
Ustaritz
Grtes d'Isturits et d'Oxocelhaya
Orthez
Salies-de-Béarn
Sauveterre-de-B.
Thèze
Lembeye
Maubourguet
DONOSTIA-S. SEBASTIÁN
Hondarribia
Pasaia
Irun
Behobia
Zarautz
Zumaia
Deba
Ascain
St Pée
Cambo-les-Bains
Espelette
Ainhoa
la Rhune
Lacq
Mourenx
Navarrenx
Monein
Lescar
PAU
Morlaàs
Vic-en-Bigorre
Rabastens-de-Bigorre
Oiartzun
Hernani
Andoain
Zestoa
Azpeitia
Lasarte-Oria
Bera/Vera de Bidasoa
St Palais
PYRÉNÉES
Mauléon-Licharre
Oloron-Ste Marie
Tarbes
Pouyastruc
Sant Ignacio de Loiola
Villabona
Tolosa
Bergara
Zumarraga
Elizondo
Erratzu
St Étienne-de-Baigorry
St Jean-Pied-de-Port
Tardets-Sorholus
Aramits
Lurbe-St Christau
Arudy
Nay
Pontacq
Ossun
Lestelle-Bétharram
St Pé-de-B.
Grtes de Bétharram
LOURDES
Bagnères-de-Bigorre
Capvern
Ordizia
Beasain
Oñati
Donezebe/Santesteban
Leitza
Velate
Lekunberri
Betelu
Arantzazu
Aizkorri
Urepel
Luzaire/Valcarlos
Pto Ibañeta
Orreaga/Roncesvalles
Auritz/Burguete
Pic d'Orhy
Pico d'Orhi
ATLANTIQUES
P. de Pibeste
Argelès-Gazost
Col d'Aubisque
Campan
Altsasu/Alsasua
Etxarri-Aranatz
Irurtzun
COMUNIDAD
C. de la Pierre St Martin
Pto de Larrau
Aribe
Ochagavia
Alto Laza
Lescun
Accous
Laruns
Eaux-Bonnes
Arrens-Marsous
Cauterets
Pierrefitte-Nestalas
P. du Midi de Bigorre
Barèges
C. du Tourmalet
Olazti/Olazagutia
Sierra de Urbasa
Pto de Urbasa
PAMPLONA
Oricáin
Egüés
Ezcároz
Isaba
Roncal
Urdos
Pic du Midi d'Ossau
Col du Somport
Puerto de Somport
Visaurin
Candanchu
Parc National des Pyrénées
Pont-d'Espagne
C. du Pourtalet
Pto del Portalet
El Formigal
Sallent de Gállego
Luz-St Sauveur
Pic de Néouvielle
Vielle
St Lary-Soulan
FORAL DE
Noáin
Autovia en obras
Embalse de Itoiz
Aoiz
Acedo
Estella
Navascués
Burgui
Ansó
Hecho
Tunnel du Somport
Túnel de Somport
Canfranc-Estación
Vignemale
Balneario de Panticosa
Garganta del Escalar
Cirque de Gavarnie
Gavarnie
Héas
Monte Perdido
Puente la Reina
Campanas
Artajona
Lumbier
Leyre
Yesa
Embalse de Yesa
Puente la Reina de Jaca
Río Aragón
Jaca
Biescas
Torla
Broto
Parque Nacional de Ordesa y Monte Perdido
Bielsa
Torres del Rio
Los Arcos
Allo
Larraga
Tafalla
Sangüesa
Sos del Rey Católico
S. Juan de la Peña
Oroel
Sabiñánigo
Sierra de la Peña
Mendavia
Sesma
Lerín
Olite
Lodosa
NAVARRA
Andosilla
Falces
Ebro
Peralta
Carcastillo
La Oliva
Boltaña
Laguarta
Ainsa
El Villar de Arnedo
Calahorra
Marcilla
Caparroso
Uncastillo
Castillo de Loarre
Pto de Monrepós
Embalse Mediano
Arnedo
Rincón de Soto
Milagro
Villafranca
Sádaba
Asín
Arguis
Ayerbe
Arcusa

D
E
F
Bergerac
Sarlat-la-Canéda
Souillac
Aurillac
25
Rocamadour
Gramat
Gourdon
Figeac
Decazeville
Conques
Villeneuve-s-Lot
Cahors
St Cirq-Lapopie
Villefranche-de Rouergue
Rodez
Agen
Moissac
Castelsarrasin
Montauban
Carmaux
Albi
Gaillac
Auch
TOULOUSE
Castres
Mazamet
Carcassonne
Narbonne
Castelnaudary
Pamiers
Foix
St Girons
St Gaudens
Bagnères-de-Luchon
Limoux
Quillan
Perpignan
Andorra la Vella
Font-Romeu
Prades
Céret
La Seu d'Urgell
Pico de Aneto
MALADETA
LOT
TARN
AVEYRON
AUDE
ARIÈGE
TARN-ET-GARONNE
HAUTE-GARONNE
PYRÉNÉES-ORIENTALES
1
2
3
4
30
38
39

65 km
A
B
C
1
2
3
4
26
29
39
Valence
Privas
Aubenas
Montélimar
Orange
AVIGNON
Arles
Salon-de-P.
Istres
Martigues
Fos
NÎMES
Alès
Uzès
Bagnols-s-C.
Pont-St Esprit
Bollène
Tarascon
Beaucaire
les Baux
St Rémy-de-P.
Aigues-Mortes
le Grau-du-Roi
Stes Maries-de-la-Mer
Port-St-Louis
MONTPELLIER
Sète
Frontignan
Palavas
Lunel
Sommières
Ganges
le Vigan
Lodève
Clermont-l'Hérault
Pézenas
Agde
le Cap d'Agde
Béziers
Narbonne
Narbonne-Plage
Gruissan
Port-la-Nouvelle
Sigean
Leucate
Port-Barcarès
Rivesaltes
PERPIGNAN
Canet-Plage
St Cyprien-Plage
Argelès
Collioure
Port-Vendres
Banyuls
Cerbère
Portbou
Céret
le Boulou
le Perthus
La Jonquera
Prats-de-Mollo
Prades
Millau
Rodez
St Affrique
Lacaune
Bédarieux
Lamalou
Mende
Marvejols
Florac
Meyrueis
Langogne
Chaudes-Aigues
Espalion
Laguiole
St Chély-d'Apcher
Villefort
les Vans
Largentière
Vallon-Pont-d'Arc
LOZÈRE
ARDÈCHE
GARD
HÉRAULT
AVEYRON
BOUCHES-DU-RHÔNE
GOLFE DU LION
MÉDITERRANÉE

D
E
F
27
74
78
1
2
3
4
Briançon
Gap
Sisteron
Digne-les-Bains
Draguignan
Grasse
NICE
Antibes
CANNES
Menton
Monte-Carlo-Monaco
San Remo
Bordighera
Ventimiglia
Cuneo
Saluzzo
Savigliano
Fossano
Mondovì
Pinerolo
AIX-EN-PROVENCE
TOULON
Hyères
la Ciotat
Bandol
St Tropez
St Raphaël
Fréjus
Ste Maxime
Manosque
Forcalquier
Apt
Pertuis
Brignoles
Aubagne
Cassis
Barcelonnette
Embrun
Guillestre
Castellane
Vence
Juan-les-Pins
Beaulieu
Villefranche-s-Mer
Cavalaire
le Lavandou
Porquerolles
Port-Cros
I. du Levant
Iles d'Hyères
Cap Sicié
Cap Camarat
Massif des Maures
Esterel
Gr. Canyon du Verdon
Mercantour
Ecrins
M. Viso
ALPES-DE-HTE-PROVENCE
HTES-ALPES
ALPES-MMES
VAR
R R A N É E
GENOVA
NICE
MER LIGURE
LIVORNO
BASTIA
CORSE
AJACCIO
D
E
F

A
B
C
65 km
1
2
3
4
Cabo Ortegal
Estaca de Bares
Cariño
Porto do Barqueiro
Cedeira
Ortigueira
Campo del Hospital
Atios
Cabo Prior
Viveiro
Cervo
Burela
Foz
Ferrol
Gandara
Xubia
St Sadurniño
Fene
Neda
Ares
As Pontes de García Rodríguez
E. de la Ribeira
Xistral
Ferreira
Ourol
S. Martín de Mondoñedo
San Cosme
Mondoñedo
Vilanova
Cabo de S. Adrián
A CORUÑA
Malpica
Caión
A Baiuca
Oleiros
Sada
Pontedeume
Cambre
Carral
Betanzos
Cabreiros
Puerto da Xesta
Laxe
Ponte-Ceso
Carballo
Laracha
Cabo Vilán
Camariñas
Baio
Vimianzo
San Roque
Antemil (Cerceda)
Irixoa
Villalba
A Pontenova
Muxía
Cabo Touriñán
Mesón do Vento
Teixeiro
Curtis
Guitiriz
Baamonde
Meira
Parajes
Dumbria
Sta Comba
Ordes
Sobrado dos Monxes
Rábade
Outerio de Rei
Castro
Sierra de Meira
Corcubión
E. de Fervenza
Río Xallas
Tambre
Portomouro
Corredoiras
Friol
Pradairo
Fisterra
Cabo Fisterra/ Cabo Finisterre
Negreira
E. Barrié de la Maza
Lavacolla
Arzúa
Lugo
Castroverde
Carnota
Serra de Outes
Bertamiráns
SANTIAGO DE COMPOSTELA
Melide
O Cádabo (Baleira)
Nadela
Muros
Noia
E. de Portodemouros
Palas de Rei
Guntín de Pallares
Corgo
Porto do Son
Padrón
Ramallosa
Oca
Vila de Cruces
Baralla
Becerreá
Enfesta
Catoira
Golada
Monterroso
Portomarín
A Pobra do Caramiñal
Boiro
Rianxo
A Estrada
Silleda
Taboada
Sarriá
Vilagarcía de Arousa
Cuntis
Lalín
Rodeiro
Embalse de Belesar
Samos
Sta Eugenia
I. de Arousa
Vilanova de A.
Caldas de Reis
Forcarei
Pto de Pedrafita do Cebreiro
Pedrafita do Cebreiro
Cambados
Mosteiro
G A L I C I A
Chantada
Escairón
Bóveda
O Grove
Cachafeiro
I. de Sálvora
Cerdedo
Soutelo
Sta María la Real de Oseira
Poio
Combarro
Pontevedra
La Barrela
E. de los Peares
Pico Piapaxaro
Sanxenxo
Beariz
Brués
Cea
Isla de Ons
Portonovo
Marín
Ponte-Caldelas
Monforte de Lemos
Quiroga
Mirador de Coto Redondo
Carballiño
Gargantas del Sil
Ribas de Sil
Bueu
Rial
Avión
Leiro
Nogueira de Ramuín
Moaña
S. Amaro
Cangas
Islas Cíes
Redondela
Ourense
Castro Caldelas
A Rúa
VIGO
Mondariz
Ribadavia
Alto del Couso
Alto del Rodicio
Freixido
Baiona
Ponteareas
A Cañiza
Outomuro
Maceda
A Pobra de Trives
O Bolo
Cabo Silleiro
Gondomar
Porriño
Cortegada
Baños de Molgas
Manzaneda
E. de Prada
A Ramallosa
Salvatierra de Miño
As Neves
Río Miño
S. Gregório
Celanova
A Merca
Allariz
Xunqueira de Ambía
Seixo
Embalse de Bao
A Veiga
Tui
Melgaço
Vilar de Barrio
Alto de Covelo
Viana do Bolo
Arrabal
Valença do Minho
Monção
Tominõ
Sto Pedro da Torre
Castro Laboreiro
Bande
Xinzo de Limia
Embalse de Las Portas
E. de S. Sebastián
A Guarda
Vila Nova de Cerveira
Parque Nacional
Sa da Peneda
E. de las Conchas
Laza
Peña Nofre
A Gudiña
Citania de Sta Tegra
Paredes de Coura
Mugueimes
Cualedro
Alto de Estivadas
Alto de Fumaces
Alto do Cañizo
Pillo de la Canda
Moledo do Minho
Caminha
Bgem do Alto Lindoso
Baltar
Mezquita
Arcos de Valdevez
Fondevila
Vila Praia de Âncora
Verín
Ponte de Lima
Ponte da Barca
Lindoso
Larouco
Moimenta
Bravães
Montalegre
Sa do Gerês
Feces
Viana do Castelo
M I N H O
Terras de Bouro
Peneda-Gerês
Paradela
Parque Natural
34

D
E
F
1
2
3
4
36
35
C o s t a   V e r d e
C o s t a   V e r d e
Tapia de Casariego
Navia
Coaña
Luarca
Cadavedo
Soto de Luiña
Cabo Vidio
Cudillero
San Esteban
Salinas
Cabo de Peñas
Luanco
Candás
Avilés
Gijón
Soto del Barco
Pravia
Boal
Embalse de Arbón
Autovía en obras
10-2006
9-2006
2006
Embalse de Doiras
La Espina
Salas
Tineo
Cornellana
Grado
Lugones
Noreña
Pola de Siero
Tazones
Lastres
Colunga
Villaviciosa
Valdediós
Mirador del Fito
Ribadesella
Nueva
Llanes
S. Vicente de la Barquera
Comillas
P^to del Palo
Pola de Allande
Soto de los Infantes
Trubia
OVIEDO
Langreo
Nava
Fuensanta
Infiesto
Arriondas
Cangas de Onís
Sierra de Cuera
Colombres
Unquera
Embalse de la Barca
Belmonte de Miranda
Embalse de Grandas de Salime
Corias
Cangas del Narcea
Proaza
Sotrondio
Pola de Laviana
Covadonga
Carreña
Panes
Lago Enol
Lago de la Ercina
Las Arenas
Cabezón de la Sal
Mieres
Desfiladero del Teverga
La Plaza
Pola de Lena
Río Nalón
Desfiladero de los Beyos
PICOS DE EUROPA
Desfiladero de la Hermida
La Hermida
A S T U R I A S
Parque natural de Somiedo
Venta Nueva
Río Ibias
St^a Cristina de Lena
Cabañaquinta
Campo de Caso
Puentenansa
Cabuérniga
P^to Ventana
Campomanes
Puente de los Fierros
Oseja de Sajambre
Soto de Sajambre
St^a Marina de V.
Fuente Dé
Camaleño
Potes
Peña Sagra
P^to de Leitariegos
P^to de Somiedo
Peña Ubiña
P^to de San Isidro
P^to de Tarna
P^to del Pontón
Espinama
Mir^dor de Llesba
Degaña
Villager de L.
Villablino
Piedrafita
S. Emiliano
P^to de Pajares
Braña Caballo
Mampodre
Puebla de Lillo
Portilla de la Reina
P^to de San Glorio
P^to de Piedrasluengas
Alto Campoo
Miravalles
Palacios del Sil
E. de Matalavilla
P^to de la Magdalena
E. de los Barrios de Luna
Rodiezmo de la T.
Cuevas de Valporquero
Embalse de Porma
Embalse de Riaño
Riaño
Peña Prieta
Espigüete
Pico de Tres Mares
Espinilla
Fontibre
Reinosa
S. Salvador de Cantamuda
Valdecebollas
Brañosera
Barruelo de Santullán
Fabero
Páramo del Sil
Catoute
Murias de Paredes
La Pola de Gordón
Matallana de Torío
Boñar
P^to de Monteviejo
Besande
E. de Camporredondo
Cervera de Pisuerga
Vegarienza
E. de Omañas
Canales-la Magdalena
La Robla
La Vecilla de Curueño
Sabero
Cistierna
Velilla del Río Carrión
Cantoral
Toreno
Boeza
E. de Villameca
Rioseco de Tapia
Garrafe de Torío
Guardo
Santibáñez de la Peña
Dehesa de Montejo
E. de Aguilar de Campóo
Cacabelos
E. de Bárcena
Albares
Folgoso de la Ribera
Ambasagas de C.
Vegas del Condado
Bembibre
Torre del Bierzo
Suero de Cepeda
Carrizo de la Ribera
S. Andrés del Rabanedo
Villaquilambre
Villalba de Guardo
Congosto de Valdavia
Aguilar de Campóo
Ponferrada
Puerto del Manzanal
La Virgen del Camino
LEÓN
Gradefes
Almanza
Montes de León
Benavides
St^a Marina del Rey
S. Miguel de Escalada
Buenavista de Valdavia
Alar del Rey
Amaya
Fuente de Domingo Flórez
St^a Colomba de Somoza
Astorga
Hospital de Órbigo
Villarente
Mansilla de las Mulas
Herrera de Pisuerga
Veguellina de Órbigo
Saldaña
Riego de la Vega
Valdevimbre
Santas Martas
El Burgo Ranero
Castrillo de Villavega
Osorno la Mayor
Teleno
Destriana
St^a María del Páramo
Villamañán
Castrotierra
Sahagún
Villasarracino
Peña Trevinca
Encinedo
Truchas
La Bañeza
Valencia de Don Juan
Sierra de la Cabrera
Roperuelos del Páramo
Carrión de los Condes
Villalcázar de Sirga
Villasandino
Castrocontrigo
Lago de Sanabria
Castrocalbón
Justel
Villada
Cervatos de la Cueza
Frómista
Puebla de Sanabria
Espadañedo
Melgar de Abajo
Cisneros
Villoldo
Villaquejida
Palacios de Sanabria
Mayorga
Piña de C.
Támara
Ungilde
Mombuey
Santibáñez de Vidriales
La Torre del Valle
Becilla de Valderaduey
Frechilla
Paredes de Nava
Amusco
Astudillo
Morales de Rey
Valderas
Ribas de Campos
Calabor
E. de Valparaíso
S. Cristobal de Entreviñas
Villalón de Campos
Fuentes de Nava
Monzón de Campos
Fuentes de Valdepero
Peña Mira
Camarzana de T.
Benavente
Fuentes de Ropel
Villarramiel
Torquemada
Montesinho
St^a María de V.
Ferreras
Quintana del Puente

A
B
C
32
40
1
2
3
4
65 km
Cabo Touriñán
Muxía
Corcubión
Fisterra
Cabo Fisterra/
Cabo Finisterre
Carnota
Muros
Noia
Porto do Son
A Pobra do Caramiñal
Sta Eugenia
I. de Arousa
Cambados
O Grove
I. de Sálvora
Sanxenxo
Isla de Ons
Portonovo
Marín
Mirador de
Coto Redondo
Bueu
Moaña
Cangas
Islas Cíes
VIGO
Baiona
Cabo Silleiro
A Ramallosa
Gondomar
Porriño
Arrabal
Tui
Tomiño
A Guarda
Citania de Sta Tegra
Moledo do Minho
Caminha
Vila Praia de Âncora
Viana do Castelo
Darque
Esposende
Ofir
Póvoa de Varzim
Vila do Conde
Matosinhos
PORTO
Vila Nova de Gaia
Valadares
Miramar
Espinho
Esmoriz
Furadouro
Ovar
Estarreja
Torreira
Murtosa
Ria de Aveiro
S. Jacinto
Aveiro
Praia da Barra
Ílhavo
Vagos
Praia de Mira
Mamarrosa
Negreira
Bertamiráns
SANTIAGO DE COMPOSTELA
Lavacolla
Arzúa
Melide
Palas de Rei
Padrón
Ramallosa
Rianxo
Boiro
Vilagarcía de Arousa
Vilanova de A.
Caldas de Reis
Catoira
Cuntis
A Estrada
Silleda
Lalín
Rodeiro
Forcarei
Cachafeiro
Soutelo
Cerdedo
Pontevedra
Combarro
Poio
Ponte-Caldelas
Redondela
Rial
Mondariz
Ponteareas
A Cañiza
Ribadavia
Salvatierra de Miño
As Neves
Monção
Valença do Minho
São Gregório
Melgaço
Celanova
Cortegada
Ourense
Carballiño
Leiro
S. Amaro
Avión
Chantada
Sta María la Real de Oseira
Cea
Brués
Beariz
GALICIA
Mesón do Vento
Curtis
Sobrado dos Monxes
Corredoiras
Friol
Guitiriz
Baamonde
Monterroso
Golada
Vila de Cruces
Taboada
La Barrela
Nogueira de Ramuín
Maceda
Baños
Xunqueira de Ambía
Allariz
A Merca
Xinzo de Limia
Bande
Cualedro
Baltar
Alto de Estivadas
Mugueimes
Castro Laboreiro
Parque Nacional
Sa da Peneda
Vila Nova de Cerveira
Rubiães
Paredes de Coura
Arcos de Valdevez
Ponte de Lima
Ponte da Barca
Lindoso
Montalegre
Larouco
Sa do Gerês
Peneda-Gerês
Gerês
Paradela
Terras de Bouro
Caldelas
MINHO
Vila Verde
Amares
Braga
Barcelos
Bom Jesus
Mte Sameiro
Póvoa de Lanhoso
Vieira do Minho
Pinheiro
Venda Nova
Salto
Boticas
Sa da Cabreira
Cabeceiras
Ribeira de Pena
Arco de Baúlhe
Caldas das Taipas
Guimarães
Fafe
Vila Nova de Famalicão
Rates
Trofa
Sto Tirso
Caldas de Vizela
Felgueiras
Celorico
Mondim
Vila Pouca de Aguiar
Pedras Salgadas
Vidago
Vila Real
Mateus
Sabrosa
DOURO
Lousada
Amarante
Paços de Ferreira
Paredes
Maia
Valongo
Gondomar
Penafiel
Marco de Canaveses
Baião
Paço de Sousa
Entre-os-Rios
Sto Marta de Penaguião
Peso da Régua
Pinhão
Mesão Frio
Sande
Lamego
Armamar
Tabuaço
S. João da Pesqueira
Cinfães
Resende
Oliveira do Douro
Castelo de Paiva
Sta Maria da Feira
S. João da Madeira
Arouca
Tarouca
S. João de Tarouca
Moimenta da Beira
Penedono
Sernancelhe
Vale de Cambra
Oliveira de Azeméis
Castro Daire
Sa do Montemuro
Chãs de Arada
BEIRA
Vila Nova de Paiva
Aguiar da Beira
Sever do Vouga
Albergaria-a-Velha
S. Pedro do Sul
Oliveira de Frades
Vouzela
Sátão
Penalva do Castelo
Trancoso
Águeda
Caramulo
Viseu
Campo de Besteiros
Mangua
Fornos de Algodres
Nelas
Canas de Senhorim
Tondela
Anadia
Bairro

D
E
F
1
2
3
4
33
36
41
ASTURIAS
OVIEDO
Langreo
Mieres
Pola de Laviana
Pola de Lena
Cangas del Narcea
Grandas de Salime
Pola de Allande
Belmonte de Miranda
Parque natural de Somiedo
Pto de Somiedo
Pto de Leitariegos
Pto de Ventana
Pto de Pajares
Pto de Tarna
Pto de San Isidro
Pto de Pedrafita do Cebreiro
Pedrafita do Cebreiro
Sarriá
Becerreá
Castroverde
Navia de Suarna
Villablino
Villager de L.
Degaña
Palacios del Sil
Piedrafita
Pto de la Magdalena
Páramo del Sil
Fabero
Toreno
Villafranca del Bierzo
Cacabelos
Ponferrada
Bembibre
Torre del Bierzo
Puerto del Manzanal
Montes de León
Astorga
Hospital de Órbigo
Benavides
La Bañeza
LEÓN
La Robla
La Pola de Gordón
Cuevas de Valporquero
Boñar
Cistierna
Mansilla de las Mulas
Valencia de Don Juan
Sahagún
Mayorga
Valderas
Benavente
Villalón de Campos
Medina de Rioseco
Monforte de Lemos
Quiroga
O Barco
A Rúa
A Pobra de Trives
Manzaneda
Viana do Bolo
A Gudiña
Peña Trevinca
Sierra de la Cabrera
Lago de Sanabria
Puebla de Sanabria
Teleno
Bragança
Vinhais
Parque Natural de Montesinho
Macedo de Cavaleiros
Mirandela
Vimioso
Miranda do Douro
Mogadouro
Alcañices
Sa de Culebra
Tábara
Zamora
Toro
Tordesillas
Simancas
Villalpando
Fermoselle
RIO DUERO
Torre de Moncorvo
Vila Nova de Foz Côa
Freixo de Espada à Cinta
Figueira de Castelo Rodrigo
Barca de Alva
Vitigudino
Ledesma
Lumbrales
Rio Tormes
SALAMANCA
Alba de Tormes
Peñaranda de Bracamonte
Medina del Campo
Arévalo
Madrigal de las Altas Torres
Cantalapiedra
Fuentesaúco
Almeida
Pinhel
Castillejo Martín Viejo
Vilar Formoso
Picos de Europa
Covadonga
Arriondas
Riaño
Embalse de Riaño
Mampodre
Puebla de Lillo
Oseja de Sajambre
Pto del Pontón

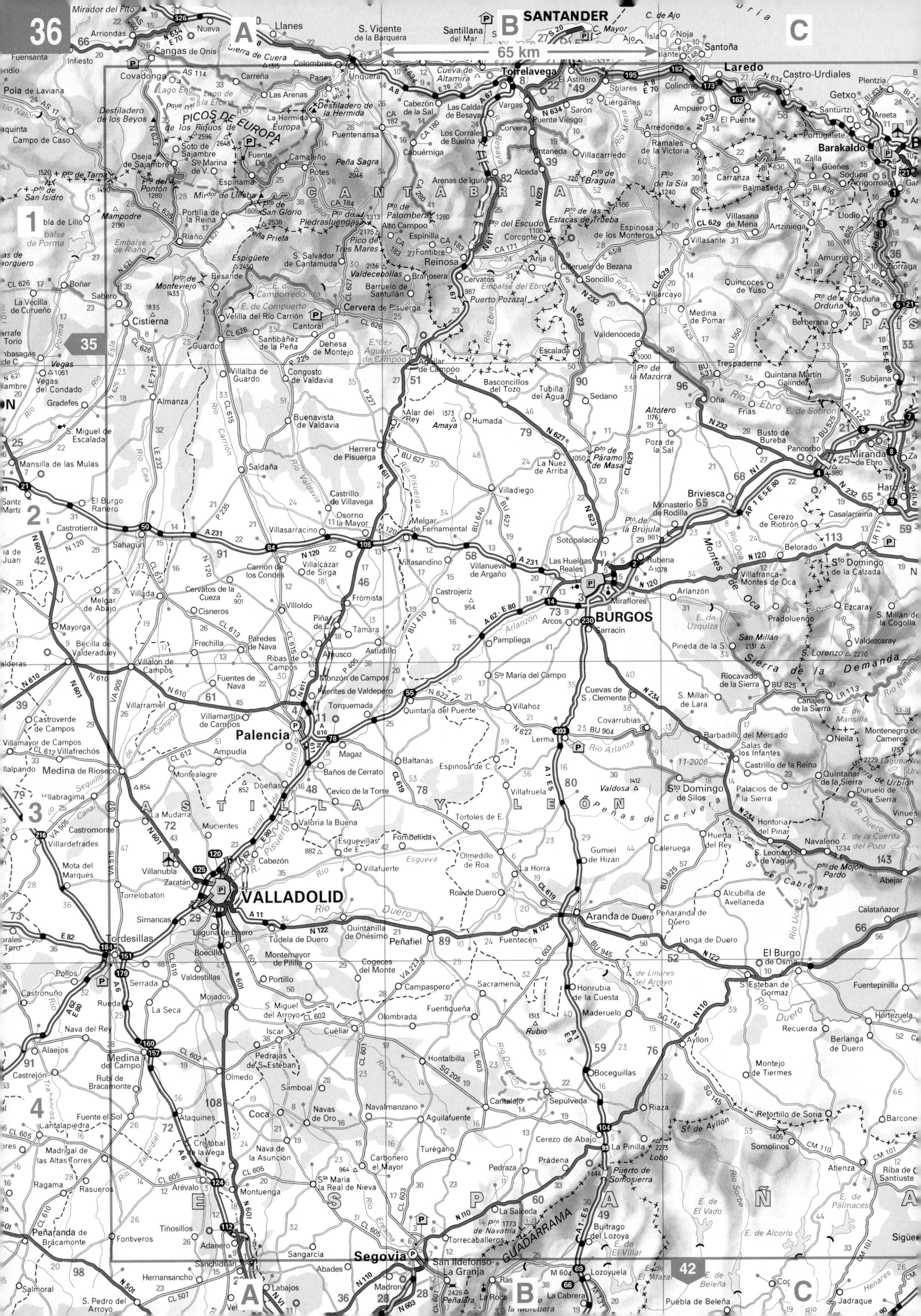
SANTANDER
65 km
Santillana del Mar
S. Vicente de la Barquera
Llanes
Nueva
Arriondas
Cangas de Onís
Covadonga
Infiesto
Pola de Laviana
Colombres
Unquera
Panes
Carreña
Las Arenas
PICOS DE EUROPA
Desfiladero de los Beyos
Desfiladero de la Hermida
Potes
Camaleño
Fuente Dé
Espinama
Soto de Sajambre
Oseja de Sajambre
Sta Marina de V.
Pto de Tarna
Pto de San Isidro
Pto del Pontón
Mirdor de Llesba
Pto de San Glorio
Portilla de la Reina
Riaño
Embalse de Riaño
Mampodre
Peña Prieta
Peña Sagra
Puentenansa
Cabezón de la Sal
Torrelavega
Cueva de Altamira
Las Caldas de Besaya
Los Corrales de Buelna
Cabuérniga
Arenas de Iguña
Vargas
Puente Viesgo
Corvera
Ontaneda
Villacarriedo
Alceda
El Astillero
Solares
Liérganes
Sarón
Noja
Santoña
Laredo
Castro-Urdiales
Colindres
Ampuero
El Puente
Arredondo
Ramales de la Victoria
Pto de Braguia
Pto de la Sía
Pto de las Estacas de Trueba
Espinosa de los Monteros
Villasante
Villasana de Mena
Balmaseda
Carranza
Zalla
Güeñes
Sodupe
Arrigorriaga
Barakaldo
Portugalete
Santurtzi
Getxo
Plentzia
Areeta
Artziniega
Llodio
Amurrio
Orduña
Pto de Orduña
Quincoces de Yuso
Medina de Pomar
Berberana
CANTABRIA
PAÍS
Pto de Palombera
Alto Campoo
Espinilla
Fontibre
Reinosa
Pto del Escudo
Corconte
Arija
Cilleruelo de Bezana
Soncillo
Villarcayo
Cervatos
Embalse del Ebro
Puerto Pozazal
Pto de Piedrasluengas
Pico de Tres Mares
S. Salvador de Cantamuda
Valdecebollas
Brañosera
Barruelo de Santullán
Espigüete
Besande
Pto de Monteviejo
E. de Camporredondo
E. de Compuerto
Velilla del Río Carrión
Cervera de Pisuerga
Cantoral
Santibáñez de la Peña
Dehesa de Montejo
E. de Aguilar de Campóo
Aguilar de Campóo
Guardo
Cistierna
Boñar
Sabero
La Vecilla de Curueño
Vegas del Condado
Gradefes
Valdenoceda
Escalada
Pto de la Mazorra
Trespaderne
Quintana Martín Galíndez
Subijana
Oña
Frías
Río Ebro
E. de Sobrón
Basconcillos del Tozo
Tubilla del Agua
Sedano
Altotero
Villalba de Guardo
Congosto de Valdavia
Almanza
Buenavista de Valdavia
Alar del Rey
Amaya
Humada
Herrera de Pisuerga
Poza de la Sal
Pto de Páramo de Masa
La Nuez de Arriba
Busto de Bureba
Pancorbo
Miranda de Ebro
Haro
S. Miguel de Escalada
Mansilla de las Mulas
Saldaña
Castrillo de Villavega
Osorno la Mayor
Villadiego
El Burgo Ranero
Sahagún
Villasarracino
Melgar de Fernamental
Monasterio de Rodilla
Briviesca
Cerezo de Riotirón
Casalarreina
Pto de la Brújula
Sotopalacio
Rubena
Belorado
Sto Domingo de la Calzada
Villafranca-Montes de Oca
Montes de Oca
Castrotierra
Villalcázar de Sirga
Carrión de los Condes
Villasandino
Villanueva de Argaño
Las Huelgas Reales
BURGOS
Miraflores
Arlanzón
Ezcaray
S. Millán de la Cogolla
Cervatos de la Cueza
Melgar de Abajo
Villada
Cisneros
Villoldo
Frómista
Castrojeriz
Arcos
Sarracín
Pradoluengo
E. de Uzquiza
Valdezcaray
Mayorga
Becilla de Valderaduey
Frechilla
Paredes de Nava
Piña de C.
Támara
Amusco
Astudillo
Pampliega
Pineda de la S.
San Millán
S. Lorenzo
Sierra de la Demanda
Villalón de Campos
Ribas de Campos
Fuentes de Nava
Monzón de Campos
Fuentes de Valdepero
Sta María del Campo
Cuevas de S. Clemente
Riocavado de la Sierra
S. Millán de Lara
Canales de la Sierra
E. de Mansilla
Villarramiel
Castroverde de Campos
Villamartín de Campos
Torquemada
Quintana del Puente
Villahoz
Covarrubias
Palencia
Magaz
Lerma
Río Arlanza
Barbadillo del Mercado
Salas de los Infantes
Neila
Montenegro de Cameros
Villamayor de Campos
Villafrechós
Ampudia
Baltanás
Espinosa de C.
Castrillo de la Reina
Medina de Rioseco
Montealegre
Baños de Cerrato
Dueñas
Cevico de la Torre
Villafruela
Valdosa
Sto Domingo de Silos
Palacios de la Sierra
Quintanar de la Sierra
Duruelo de la Sierra
Sierra de Urbión
Villabrágima
CASTILLA Y LEÓN
Peñas de Cervera
Canal de Castilla
Tórtoles de E.
La Mudarra
Castromonte
Villardefrades
Mucientes
Valoria la Buena
Fombellida
Esguevillas de E.
Huerta del Rey
Hontoria del Pinar
Navaleno
E. de la Cuerda del Pozo
Vinuesa
Mota del Marqués
Villanubla
Cabezón
Villafuerte
Olmedillo de Roa
La Horra
Gumiel de Hizán
Caleruega
S. Leonardo de Yagüe
Pto de Mojón Pardo
Abejar
Zaratán
VALLADOLID
Roa de Duero
Aranda de Duero
Peñaranda de Duero
Alcubilla de Avellaneda
Torrelobatón
Simancas
Laguna de Duero
Tudela de Duero
Quintanilla de Onésimo
Peñafiel
Fuentecén
Langa de Duero
El Burgo de Osma
Calatañazor
Tordesillas
Boecillo
Montemayor de Pililla
Cogeces del Monte
E. de Linares del Arroyo
S. Esteban de Gormaz
Fuentepinilla
Pollos
Serrada
Valdestillas
Portillo
Campaspero
Sacramenia
Honrubia de la Cuesta
Castronuño
Rueda
La Seca
Mojados
S. Miguel del Arroyo
Olombrada
Fuentidueña
Maderuelo
Recuerda
Hortezuela
Nava del Rey
Iscar
Cuéllar
Rubio
Ayllón
Berlanga de Duero
Alaejos
Medina del Campo
Pedrajas de S. Esteban
Hontalbilla
Montejo de Tiermes
Castrejón
Rubí de Bracamonte
Olmedo
Samboal
Boceguillas
Fuente el Sol
Cantalapiedra
Ataquines
Coca
Navas de Oro
Navalmanzano
Aguilafuente
Cantalejo
Sepúlveda
Riaza
Retortillo de Soria
Barcones
Madrigal de las Altas Torres
S. Cristóbal de la Vega
Nava de la Asunción
Carbonero el Mayor
Turégano
Cerezo de Abajo
La Pinilla
Sa de Ayllón
Somolinos
Ragama
Rasueros
Arévalo
Montuenga
Sta María la Real de Nieva
Pedraza
Prádena
Puerto de Somosierra
Atienza
Riba de Santiuste
Peñaranda de Bracamonte
Fontiveros
Tiñosillos
Adanero
Sangarcia
La Salceda
Pto de Navafría
Torrecaballeros
GUADARRAMA
Buitrago del Lozoya
E. de El Villar
E. de El Vado
E. de Alcorlo
E. de Pálmaces
Sigüenza
ESPAÑA
Sanchidrián
Abades
Segovia
San Ildefonso-La Granja
Lozoyuela
E. de Beleña
Salmoral
Hernansancho
Labajos
Madrona
Peñalara
La Roca
La Cabrera
Puebla de Beleña
Jadraque
S. Pedro del Arroyo
35
42
36
A
B
C
1
2
3
4

D
E
F
28
38
43
BIARRITZ
Bayonne
Anglet
St Jean-de-Luz
Hendaye
DONOSTIA-
S. SEBASTIÁN
Hondarribia
Pasaia
Irun
Zarautz
Zumaia
Deba
Ondarroa
Lekeitio
Bermeo
Gernika-Lumo
Eibar
Durango
Azpeitia
Tolosa
Beasain
Oñati
Arrasate/Mondragón
Costa Vasca
PAU
LOURDES
Orthez
Oloron-Ste Marie
St-Jean-Pied-de-Port
Mauléon-Licharre
Cambo-les-Bains
Hasparren
Salies-de-Béarn
Peyrehorade
Argelès-Gazost
Cauterets
P Y R É N É E S
A T L A N T I Q U E S
C O M U N I D A D
F O R A L
D E
N A V A R R A
U S K A D I
V A S C O
LA RIOJA
A R A G Ó N
PAMPLONA
VITORIA-GASTEIZ
Estella
Tafalla
Sangüesa
Olite
Logroño
Calahorra
Tudela
Jaca
Sabiñánigo
Huesca
Col du Somport
Puerto de Somport
Tunnel du Somport
Túnel de Somport
Ejea de los Caballeros
ZARAGOZA
Tarazona
Borja
Soria
Almazán
Calatayud
Daroca
Caspe
Alcañiz
Medinaceli
Monasterio de Piedra
Embalse de Yesa
Río Ebro
Sierra de Urbasa
Sierra de la Peña
Sa de Guara
Sa de Moncayo
Sa de Alcubierre

65 km
28
29
37
44
A
B
C
1
2
3
4
PAU
Tarbes
LOURDES
Bagnères-de-Bigorre
Argelès-Gazost
Cauterets
Luz-St Sauveur
Barèges
la Mongie
C. du Tourmalet
Pic de Néouvielle
Lannemezan
Montréjeau
St Bertrand-de-Comminges
St Gaudens
Bagnères-de-Luchon
St Girons
Foix
Pamiers
Muret
TOULOUSE
Plaisance
Marciac
Mirande
Maubourguet
Vic-en-Bigorre
Rabastens-de-Bigorre
Trie
Castelnau-Magnoac
Boulogne
Aurignac
Samatan
Lombez
Rieumes
Carbonne
Rieux
Montesquieu-Volvestre
Cazères
Salies-du-Salat
le Mas-d'Azil
la Bastide-de-Sérou
Saverdun
Mazères
Varilhes
Mirepoix
Villefranche-de-Lauragais
Nailloux
Auterive
Cintegabelle
Castillon-en-Couserans
Massat
Tarascon
Ax-les-Thermes
Vicdessos
Aulus-les-Bains
Guzet-Neige
Lavelanet
Oloron
Laruns
Eaux-Bonnes
Pic du Midi d'Ossau
Col du Somport
Candanchú
Canfranc-Estación
Sallent de Gállego
Balneario de Panticosa
Gavarnie
Cirque de Gavarnie
Monte Perdido
Parque Nacional de Ordesa y Monte Perdido
Torla
Broto
Biescas
Sabiñánigo
Jaca
Bielsa
Tunnel d'Aragnouet-Bielsa
St Lary-Soulan
Vielle Aure
Arreau
Col d'Aspin
Pico Posets
Benasque
Cerler
Pico de Aneto
MALADETA
Vielha
Vall d'Aran
Les
Bossòst
Salardú
Baqueira
Port de la Bonaigua
Esterri d'Àneu
Parc Nacional d'Aigüestortes i Estany de Sant Maurici
Caldes de Boí
Vilaller
Pont de Suert
Castejón de Sos
Campo
Aínsa
Boltaña
Sort
Llavorsí
Espot
Pic d'Estats
Andorra la Vella
Ordino
Encamp
Pas de la Casa
Escaldes-Engordany
Sant Julià de Lòria
La Seu d'Urgell
Puigcerdà
Bellver de Cerdanya
Serra del Cadí
Organyà
Coll de Nargó
Oliana
Solsona
Berga
Cardona
Súria
Manresa
Tremp
La Pobla de Segur
Gerri de la Sal
Sierra del Montsec
Àger
Balaguer
Artesa de Segre
Ponts
Agramunt
Guissona
Cervera
Tàrrega
Bellpuig
Mollerussa
Lleida / Lérida
Alcarràs
Fraga
Mequinenza
Caspe
Alcañiz
Monzón
Binéfar
Tamarite de Litera
Barbastro
Graus
Benabarre
Huesca
Sariñena
Lanaja
Castejón de Monegros
Bujaraloz
Candasnos
Sástago
Escatrón
Híjar
Maella
Flix
Mora d'Ebre
Gandesa
Falset
Reus
Tarragona
Salou
Cambrils
Valls
Montblanc
Poblet
Les Borges Blanques
Juneda
Igualada
El Vendrell
Vilafranca del Penedès
Sant Sadurní d'Anoia
Martorell
Terrassa
Sitges
Vilanova i la Geltrú
Calafell
Torredembarra
EBRO
Embalse de Mequinenza
ARAGÓN
CATALUNYA
PYRÉNÉES
HAUTE-GARONNE
ARIÈGE
HTES-PYRÉNÉES

MONTPELLIER
HÉRAULT
Castres
Mazamet
Montagne Noire
Béziers
Sète
Frontignan
Agde
le Cap d'Agde
CARCASSONNE
Narbonne
Valras-Plage
Narbonne-Plage
Gruissan
Port-la-Nouvelle
Limoux
AUDE
Quillan
Port-Leucate
Port-Barcarès
PERPIGNAN
Canet-Plage
St Cyprien-Plage
PYRÉNÉES-ORIENTALES
Argelès
Collioure
Port-Vendres
Banyuls
Cerbère
Portbou
Prades
Céret
Pic du Canigou
Amélie-les-Bs-Palalda
Prats-de-Mollo
Figueres
Roses
Cadaqués
Golf de Roses
L'Escala
Olot
Banyoles
Girona/ Gerona
Palafrugell
Palamós
Platja d'Aro
S. Feliu de Guíxols
Tossa de Mar
Lloret de Mar
Blanes
Costa Brava
Vic
Granollers
Mataró
Badalona
BARCELONA
Genova
GOLFE DU LION
Aigues-Mortes
Stes Maries-de-la-Mer
BOUCHES-DU-RHÔNE
Palavas
Pézenas
Autovía en obras

A
B
C
1
2
3
4
34
46
65 km
Viseu
Oliveira de Frades
Vouzela
Sátão
Penalva do Castelo
Praia da Barra
Ílhavo
Vagos
Caramulo
Campo de Besteiros
Mangualde
Oliveira do Bairro
Praia de Mira
Mira
Mamarrosa
Anadia
Curia
Tondela
Canas de Senhorim
Nelas
Mealhada
Luso
Sta Comba Dão
Praia de Tocha
Tocha
Cantanhede
Mortágua
Buçaco
Carregal do Sal
Seia
Gouveia
Manteigas
Pampilhosa
Arazede
Tábua
Oliveira do Hospital
S. Romão
Cabo Mondego
Montemor-o-Velho
Penacova
Loriga
Torre
Covilhã
Buarcos
Figueira da Foz
COIMBRA
Vila Nova de Poiares
Arganil
SERRA
S. Pedro de Açor
Unhais da Serra
Tortosendo
Condeixa-a-Nova
Miranda do Corvo
Góis
Soure
Lousã
Paúl
Fundão
Louriçal
Degracias
Penela
Castanheira de Pêra
Pampilhosa da Serra
Silvares
Pedrógão
Praia da Vieira
Vieira
Monte Redondo
Pombal
Sicó
Ansião
Pontão
Pedrógão Grande
Cambas
Orvalho
S. Vicente da Beira
Foz Giraldo
Monte Real
Figueiró dos Vinhos
Bgem do Cabril
Oleiros
S. Pedro de Moel
Marinha Grande
Pinhal de Leiria
Alvaiázere
Barqueiro
Cernache de Bonjardim
Salgueiro do Campo
Leiria
Martingança
Batalha
Sertã
Sobreira Formosa
Sarzedas
Castelo Branco
Nazaré
Cruz da Légua
Ourém
Proença-a-Nova
Porto de Mós
Fátima
Ferreira do Zêzere
Vila de Rei
S. Martinho do Porto
Alcobaça
Mira de Aire
Tomar
Bgem do Castelo de Bode
Alfeizerão
Foz del Arelho
Ilha Berlenga
Caldas da Rainha
Serra de Aire
Torres Novas
Sardoal
Mação
Fratel
Vila Velha de Ródão
Cedillo
Montalvão
Bgem de Cedillo
Cabo Carvoeiro
Baleal
Peniche
Óbidos
Alcanena
Alcanede
Entroncamento
Constância
Abrantes
Almourol
Vila Nova da Barquinha
Tramagal
Gavião
Nisa
Arez
Atouguia da Baleia
Rio Maior
Golegã
Rossio
Bgem da Póvoa
Bombarral
Chamusca
Castelo de Vide
Lourinhã
Cadaval
Bemposta
Tolosa
Alpalhão
Marvão
Praia de Sta Cruz
Cercal
Santarém
Alcanhoes
Alpiarça
Chouto
Mte da Pedra
Flor da Rosa
Torres Vedras
Aldeia Gavinha
Sa de Montejunto
Almeirim
Cartaxo
Ponte de Sor
Crato
Portalegre
Aveiras de Cima
Azambuja
Muge
Alenquer
Sobral de Mte Agraço
Galveias
Alter do Chão
Ericeira
Mafra
Sapataria
Arruda dos V.
Carregado
Salvaterra de Magos
Benavente
São José da Lamarosa
Montargil
Bgem de Montargil
Cabeço de Vide
Malveira
Bucelas
Vila Franca de Xira
Coruche
Bgem do Maranhão
Avis
Fronteira
Cabo da Roca
Colares
Sintra
Lousa
Loures
Alverca do Ribatejo
Porto Alto
Couço
Monforte
Amadora
Sto Estêvão
Rio Sorraia
Mora
Casa Branca
Sousel
Cabo Raso
Malveira
Queluz
Sacavém
LISBOA
Alcochete
Pavia
Veiros
Cascais
Estoril
Oeiras
Trafaria
Montijo
Canha
Brotas
Vila Fernando
Almada
Barreiro
Moita
Taipadas
Lavre
Vimieiro
Estremoz
Costa da Caparica
Seixal
Coina
Pinhal Novo
Cruzamento de Pegões
Arraiolos
Évoramonte
Borba
Vila Viçosa
Bgem do Divor
Azaruja
Vendas Novas
Montemor-o-Novo
Juromenha
Vila Nogueira de Azeitão
Palmela
Marateca
Alandroal
Santana
Sa da Arrábida
Setúbal
Santiago do Escoural
Évora
S. Miguel de Machede
Redondo
Terena
Cabo Espichel
Sesimbra
Portinho
Península de Tróia
S. Cristóvão
RIO GUADIANA
Bgem de Pego do Altar
Comporta
Montoito
Alcácer do Sal
Alcáçovas
Aguiar
S. Manços
Monsaraz
Casa Branca
Viana do Alentejo
Reguengos de Monsaraz
São Marcos do Campo
Mourão
Torrão
Bgem do Alvito
Portel
Melides
Grândola
Alvito
Costa de Sto André
Bgem de Odivelas
Vidigueira
Alqueva
Granja
Vila Nova de Sto André
Sta Margarida do Sado
Odivelas
Cuba
Bgem d'Alqueva
Amareleja
Santiago do Cacém
Azinheira dos Barros
S. Matias
Sines
Cabo de Sines
Beringel
Pedrógão
Ferreira
BEIRA LITORAL
BEIRA BAIXA
ESTREMADURA
RIBATEJO
ALENTEJO
PORTUGAL
RIO TEJO
Rio Mondego
Rio Zêzere
Rio Sado
Rio Xarrama
Rio Sorraia
Rib.a de Sor
Rib.a de Seda
Rib.a da Raia
Rib.a de Divor
Rio Alva
Rio Ceira
R. Degebe

41
D
E
F
SALAMANCA
Ciudad Rodrigo
Guarda
Sa de Peña de Francia
Peña de Francia
La Alberca
Sierra de Ávila
Béjar
Sierra de Candelario
Piedrahita
El Barco de Ávila
SIERRA DE
Pico Almanzor
Arenas de S. Pedro
Plasencia
Coria
Navalmoral de la Mata
Embalse de Alcántara
RÍO TAJO
Alcántara
Cáceres
Trujillo
Sierra de Guadalupe
Guadalupe
Badajoz
Mérida
Don Benito
Almendralejo
Zafra
Almadén
Llerena
E X T R E M A D U R A
Embalse de la Serena
Embalse de Orellana
Embalse de García de Sola
Embalse de Cijara
Jerez de los Caballeros
Olivenza
Miajadas
Montijo
Villanueva de la Serena
Castuera
Cabeza del Buey
Pozoblanco
Peñarroya-Pueblonuevo
Fuente Obejuna
Fregenal de la Sierra
Navalvillar de Pela
Jaraíz
Jarandilla de la Vera
Hervás
Valencia de Alcántara
Campo Maior
Elvas
Castelo Branco
1
2
3
4
35
42
47

65 km
A
B
C
1
2
3
4
36
41
48
62
Peñaranda de Bracamonte
Fontiveros
Adanero
Sangarcía
Segovia
San Ildefonso-La Granja
La Salceda
Pto de Navafria
Buitrago del Lozoya
E. de El Villar
E. de Alcorlo
Lozoyuela
E. de El Atazar
E. de Beleña
Cogolludo
Macotera
Hernansancho
Sanchidrián
Abades
Madrona
Rascafría
La Cabrera
Puebla de Beleña
Valdecarros
Salmoral
S. Pedro del Arroyo
Labajos
Velayos
Peñalara
La Roca
Pto de la Morcuera
Torrelaguna
Alaraz
Mirueña
Mingorria
Villacastín
Miraflores de la Sierra
Humanes
Diego Alvaro
Muñico
Pto de Navacerrada
Cercedilla
Navacerrada
COMUNIDAD DE MADRID
Viñuelas
Yunquera de Henares
Trijueque
S. Juan del Olmo
El Espinar
E. de Serones
Guadarrama
Manzanares el Real
S. Agustín del Guadalix
El Molar
El Casar
Torija
Sierra de Ávila
Muñogalindo
Valdihuela
S. Rafael
Pto de Guadarrama
Las Navas del Marqués
Valle de los Caídos
Collado Villalba
Colmenar Viejo
Ávila
Muñana
Pto de Villatoro
El Escorial
Galapagar
Torrelodones
Marchamalo
Guadalajara
Serrota
Solosancho
Pto de Paramera
Navalperal de P.
Piedrahita
Mengamuñoz
Pto de Menga
Barraco
El Hoyo de Pinares
Robledo de Chavela
Las Rozas de M.
Alcobendas
Cobeña
Azuqueca de Henares
Tendilla
Navarredonda de Gredos
Navatalgordo
Burgohondo
Cebreros
SIERRA
Valdemorillo
El Pardo
Horche
Pozuelo de Alarcón
Barajas
Alcalá de Henares
Pozo de Guadalajara
Navacepeda de T.
Gredos
Pto del Pico
R. Alberche
Navaluenga
E. del Burguillo
El Tiemblo
Brunete
MADRID
Torrejón de Ardoz
SIERRA DE GREDOS
Pico Almanzor
Cuevas del Valle
S. Esteban del Valle
Casavieja
Piedralaves
La Adrada
S. Martín de Valdeiglesias
Chapinería
Villaviciosa de Odón
Coslada
Loeches
Nuevo Baztán
Pastrana
Sayatón
Mombeltrán
Arenas de S. Pedro
Pedro Bernardo
Sotillo de la Adrada
Cadalso de los Vidrios
Villa del Prado
Aldea del Fresno
Navalcarnero
Móstoles
Leganés
Getafe
Fuenlabrada
Arganda del Rey
Yebra
Mondéjar
Orusco de T.
Candeleda
Cuevas del Águila
Lanzahíta
Río Tiétar
Méntrida
Almorox
Valmojado
Griñón
Pinto
Parla
Perales de Tajuña
Driebes
Almoguera
E. de Rosarito
Navalcán
Navamorcuende
El Real de S. Vicente
Escalona
Sta Cruz del Retamar
Torrejón de la Calzada
S. Martín de la Vega
Morata de Tajuña
Villarejo de Salvanés
Río Alberche
Camarena
Illescas
Valdemoro
Ciempozuelos
Chinchón
Illana
Velada
Maqueda
Yuncos
Seseña
Esquivias
Colmenar de Oreja
Fuentidueña de Tajo
Barajas de Melo
Oropesa
Talavera de la Reina
Sta Olalla
Fuensalida
Cebolla
Torrijos
Añover de Tajo
Aranjuez
Villarrubia de Santiago
Sta Cruz de la Zarza
Tarancón
La Calzada de Oropesa
Lagartera
Calera y Chozas
La Pueblanueva
El Carpio de Tajo
Escalonilla
Bargas
Mocejón
Ocaña
Noblejas
S. Bartolomé de las Abiertas
El Puente del Arzobispo
La Puebla de Montalbán
TOLEDO
Yepes
Villasequilla de Yepes
Villatobas
Fuente de Pedro Naharro
Villarrubio
Embalse de Azután
Alcaudete de la Jara
Belvis de la Jara
Polán
Embalse de Castrejón
Layos
E. de Guajaraz
Huerta de Valdecarábanos
Dosbarrios
Horcajo de Santiago
Valdelacasa de Tajo
Los Navalmorales
Gálvez
S. Martín de Montalbán
Almonacid de Toledo
La Guardia
La Nava de Ricomalillo
Los Navalucillos
Sonseca
Villanueva de Bogas
Mora
Tembleque
Lillo
Corral de Almaguer
Cumbre Alta
Navahermosa
Menasalbas
Cuerva
Orgaz
El Romeral
Villamayor de Santiago
Sevilleja de la Jara
MONTES DE TOLEDO
Corral de Cantos
Las Ventas con Peña Aguilera
Los Yébenes
E. de Finisterre
La Villa de Don Fadrique
Villacañas
Villanueva de Alcardete
Quintanar de la Orden
Puerto de S. Vicente
Guadalupe
Anchuras
La Puebla de Almoradiel
Alía
Retuerta del Bullaque
El Molinillo
Consuegra
Madridejos
Quero
Miguel Esteban
El Toboso
Mota del Cuervo
Horcado de los Montes
E. de Torre de Abraham
Machero
Urda
Camuñas
Villafranca de los Caballeros
Alcázar de S. Juan
Castilblanco
Embalse de Cijara
Embalse de García de Sola
Alcoba de los Montes
Los Cortijos
Calderina
Puerto Lápice
Herencia
Campo de Criptana
Pedro Muñoz
Herrera del Duque
Río Bullaque
Río Záncara
Fuenlabrada de los Montes
Arroba de los Montes
El Robledo
Fuente el Fresno
Villarrubia de los Ojos
Villarta de S. Juan
Socuéllamos
Pto de los Carneros
Puebla de D. Rodrigo
Río Guadiana
Porzuna
Malagón
Pto de la Peralosa
Fernán Caballero
Arenas de S. Juan
CASTILLA-LA MANCHA
Tomelloso
Puebla de Alcocer
Siruela
Agudo
Piedrabuena
E. de El Vicario
Daimiel
Argamasilla de Alba
Luciana
Carrión de Calatrava
Torralba de Calatrava
Río Azuer
Saceruela
Ciudad Real
Miguelturra
Manzanares
Membrilla
E. de Peñarroya
Abenójar
Pozuelo de Calatrava
La Solana
Ruidera
Ossa de Montiel
Almadén
Caracuel
Almagro
Bolaños de Calatrava
Villanueva de Franco
Alhambra
Moral de Calatrava
S. Carlos del Valle
Bolos
Almadenejos
Argamasilla de Calatrava
Aldea del Rey
E. Vega del Jabalón
Río Jabalón
Alamillo
Río Valdeazogues
Almodóvar del Campo
Puertollano
Calzada de Calatrava
Valdepeñas
Villahermosa
Convento de Calatrava
Brazatortas
Sta Eufemia
Río Guadalmez
Judío
Pto de Niefla
Villanueva de S. Carlos
Atalaya de la Calzada
Sta Cruz de Mudela
Torrenueva
E. de la Cabezuela
Villanueva de los Infantes
Montiel
Mestanza
E. de Montoro
Albaladejo
El Viso
Torrecampo
Pto de Valderrepisa
Viso del Marqués
Castellar de Santiago
Torre de Juan Abad
Villanueva del Duque
Alcaracejos
Bañuela
Solana del Pino
Almuradiel
Villamanrique
Pozoblanco
Conquista
Fuencaliente
Sierra Madrona
S. Lorenzo de Calatrava
Estrella
Villanueva de Córdoba
Pueblonuevo
Desfiladero de Despeñaperros

D
E
F
37
44
49
1
2
3
4
Sigüenza
Medinaceli
Alcolea del Pinar
Maranchón
Pto de Maranchón
Mazarete
Algora
Embalse de la Tajera
Riba de Saelices
Cifuentes
Huertahernando
Trillo
Zaorejas
Villanueva de Alcorón
Poveda
Mantiel
Pareja
Salmerón
Hoz de Beteta
Beteta
Aldocer
Priego
Mar de Castilla
Embalse de Buendía
Villalba del Rey
La Frontera
Albalate de las Nogueras
Cañaveras
Serranía de Cuenca
Villalba de la Sierra
Gargantas
Villar de Dº García
Ciudad Encantada
Valdecabras
Huete
Cuenca
Autovía en obras
Torrejoncillo del Rey
Puerto de Cabrejas
Palomares del Campo
Montalbo
Entredichos
Villares del Saz
S. Lorenzo de la Parrilla
Valeria
Villar de Cañas
Olivares
Valverde de Júcar
Villalgordo del Marquesado
La Almarcha
Buenache de Alarcón
Honrubia
Embalse de Alarcón
Sta María del Campo Rus
La Alberca de Záncara
Alarcón
S. Clemente
El Picazo
Sisante
Casas de Fernando Alonso
Casasimarro
Quintanar del Rey
Villarrobledo
Minaya
La Roda
Munera
Barrax
Los Barreros
Lezuza
Balazote
Viveros
Robledo
S. Pedro
Pozuelo
Peñas de S. Pedro
Alcaraz
Peñascosa
Alcadozo
Bogarra
Ayna
Fábricas de Riópar
Liétor
Elche
Campillo de Aragón
Milmarcos
Cubel
Sta Cruz
Daroca
Turmiel
Embid
Cillas
Rillo de Gallo
Molina de Aragón
Corduente
Castellar de la Muela
Laguna de Gallocanta
Bello
Calamocha
El Pobo de Dueñas
Ojos Negros
Tordesilos
Alustante
Terzaga
Peralejos de Las Truchas
Orea
Orihuela del Tremedal
Sa de Albarracín
Bronchales
Noguera
Montes Universales
Guadalaviar
Albarracín
Frías de Albarracín
Tragacete
Huélamo
Valdemeca
Collado Bajo
El Cañigral
Javalón
Salvacañete
Huérguina
Cañete
El Cubillo
Carboneras de Guadazaón
Almodóvar del Pinar
Cardenete
Enguídanos
Campillo de Altobuey
Motilla del Palancar
Minglanilla
Iniesta
Villanueva de la Jara
Ledaña
Villagarcía del Llano
Casas Ibáñez
Tarazona de la Mancha
Mahora
La Gineta
Albacete
Chinchilla de Monte Aragón
Valdeganga
Casas de Juan Núñez
Alatoz
Higueruela
Molatón
Alpera
Bonete
Almansa
El Salobral
Pozo Cañada
Pétrola
Pozohondo
Montealegre del Castillo
Fuente-Álamo
Tobarra
Albatana
Ontur
Hellín
Badules
Herrera
Moyuela
Ferreruela de Huerva
Burbáguena
Fonfría
Sa de Cucalón
Segura de los Baños
Barrachina
Caminreal
Monreal del Campo
Torre la Cárcel
Sta Eulalia
Pozondón
Cella
Villarquemado
Teruel
Villel
Ademuz
Torrebaja
Sta Cruz de Moya
Landete
Talayuelas
Garaballa
Mira
Aliaguilla
Camporrobles
Villargordo del Cabriel
Utiel
Requena
Villatoya
Alborea
Alcalá del Júcar
Cofrentes
Jarafuel
Ayora
Cueva de la Vieja
Caudete
Yecla
Villena
Sax
Muniesa
Oliete
Ariño
Cortes de Aragón
Alloza
Andorra
Obón
Vivel del Río Martín
Utrillas
Montalbán
Alcorisa
Calanda
Mas de las Matas
Castellote
Ejulve
Molinos
Aliaga
Camarillas
Argente
Rillo
Mezquita de Jarque
Perales del Alfambra
Alfambra
Escorihuela
Aguilar del Alfambra
Villarroya de los Pinares
Cantavieja
Allepuz
Cedrillas
Sa de Gúdar
Alcalá de la Selva
Peñarroya
Valdelinares
Mosqueruela
Linares de Mora
Mora de Rubielos
La Puebla de Valverde
Rubielos de Mora
Sarrión
Javalambre
Manzanera
Torrijas
Aras de los Olmos
Abejuela
Titaguas
La Yesa
Alcublas
Chelva
Villar del Arzobispo
Sinarcas
Casinos
COMUNIDAD VALENCIANA
Llíria
Chera
Hierbas
Chiva
Cheste
Buñol
Turís
Montserrat
Millares
Caroch
Navarrés
Enguera
L'Alcúdia de Crespins
Moixent
Ontinyent
La Font de la Figuera
Bocairent
Banyeres de Mariola
Alcoi / Alcoy
Cocentaina
Biar
Segorbe
Jérica
Altura
Onda
Montanejos
Zucaina
Port del Remolcador
Penyagolosa
La Vall d'Uixó
Sagunt
Serra
Bétera
Manises
VALENCIA
El Grau de V.
Torrent
Silla
L'Albufera
El Saler
Sollana
Algemesí
Alzira
Sueca
Cullera
Carcaixent
Xàtiva
Albaida
Castelló de Rugat
Pego
Muro de Alcoy
Hijar
Albalate del Arzobispo
Puerto de Cabrejas

A
B
C
65 km
38
43
49
1
2
3
4
Hijar
Samper de Calanda
Albalate del Arzobispo
Alcañiz
Nonaspe
Fabara
Maella
Batea
Calaceite
Gandesa
Móra d'Ebre
Móra la Nova
Flix
Ascó
Falset
Reus
La Selva del Camp
El Vendrell
Calafell
Coma-ruga
Torredembarra
Tarragona
Salou
Port Aventura
Vila-seca
Cambrils de Mar
Cap de Salou
Mont-roig del Camp
Vandellòs
L'Hospitalet de l'Infant
Tivissa
Rasquera
El Pinell de Brai
Prat de Compte
Valderrobres
Castelserás
Andorra
Alcorisa
Calanda
Valjunquera
Arnes
L'Espina
Xerta
Tivenys
El Perelló
L'Ametlla de Mar
Tortosa
L'Ampolla
Golf de Sant Jordi
L'Aldea
Amposta
Deltebre
Ríumar
Cap de Tortosa
I. de Buda
S. Carles de la Ràpita
Alcanar
Vinaròs
Benicarló
Peníscola
Ulldecona
La Sénia
Rossell
Bel
La Pobla de Benifassà
Mas de Barberans
Sta Bàrbara
Beceite
Monroyo
Aguaviva
Mas de las Matas
Castellote
Molinos
Ejulve
Muniesa
Oliete
Ariño
Alloza
Montalbán
Obón
Aliaga
Camarillas
Villarroya de los Pinares
Cañada de Benatanduz
Cantavieja
Olocau del Rey
Forcall
Morella
Torre Miró
Cinctorres
Pto de Las Cabrillas
La Iglesuela del Cid
Mole d'Ares
Xert
Traiguera
La Jana
Sant Mateu
Tírig
Càlig
Vilafranca
Allepuz
Pto de Villarroya
Tarayuela
Valdelinares
Peñarroya
Mosqueruela
Linares de Mora
Benassal
Vistabella del Maestrat
Albocàsser
Les Coves de Vinromà
Alcalà de Xivert
Sta Magdalena de Polpís
La Torre d'en Besora
Vilanova d'Alcolea
Alcossebre
Torreblanca
Rubielos de Mora
Penyagolosa
Port del Remolcador
Atzeneta del Maestrat
Vall d'Alba
Les Useres
Luicena
Cabanes
Zucaina
Ludiente
L'Alcora
Vilafamés
La Pobla Tornesa
Orpesa
Benicàssim/Benicasim
Borriol
Montanejos
Fuentes de Ayódar
Castelló de la Plana / Castellón de la Plana
El Grau de C.
Almassora
Vila-real
Onda
Caudiel
Jérica
Altura
Segorbe
Borriana
Nules
La Vall d'Uixó
Moncofa
Algar de Palància
Almenara
els Columbrets
Costa del Azahar
Casinos
Serra
Sagunt/Sagunto
El Port de Sagunt
Llíria
La Pobla de Vallbona
Bétera
Benaguasil
Puçol
Massamagrell
Burjassot
Manises
VALÈNCIA
El Grau de V.
Torrent
Turís
Picassent
Silla
El Saler
L'Albufera
Montserrat
Benifaio
Sollana
El Perelló
Alginet
Carlet
L'Alcúdia
Sueca
Guadassuar
Algemesí
Cullera
Alzira
Favara
Alberic
Carcaixent
La Pobla Llarga
Tavernes de la Valldigna
Xàtiva
Xeresa
Gandia
Platja i Grau de Gandia
Daimús
Piles
Oliva
Canals
L'Olleria
Villalonga
Albaida
Castelló de Rugat
Pego
Dénia
Ondara
El Montgó
Xàbia/Jávea
Cap de Sant Antoni
Orba
Gata de Gorgos
Cap de la Nau
Benissa
Moraira
Punta de Moraira
Muro de Alcoy
Cocentaina
Alcoi / Alcoy
Puerto d'Albaida
El Castell de Guadalest
Callosa d'en Sarrià
Aitana
Calp
Penyal d'Ifac
Port de la Carrasqueta
Coves dels
Ibi
GOLF DE VALÈNCIA
IBIZA
Cala de Portinatx
Sant Joan de Labritja
Sant Miquel de Balansat
Furnás
Sant Antoni de Portmany
Sta Eulària des Riu
Sant Josep de sa Talaia
Talaiassa
Eivissa/Ibiza
I. Vedrá
Formentera
Sant Francesc de Formentera
es Caló
Pta Rotja
Cap de Barbaria

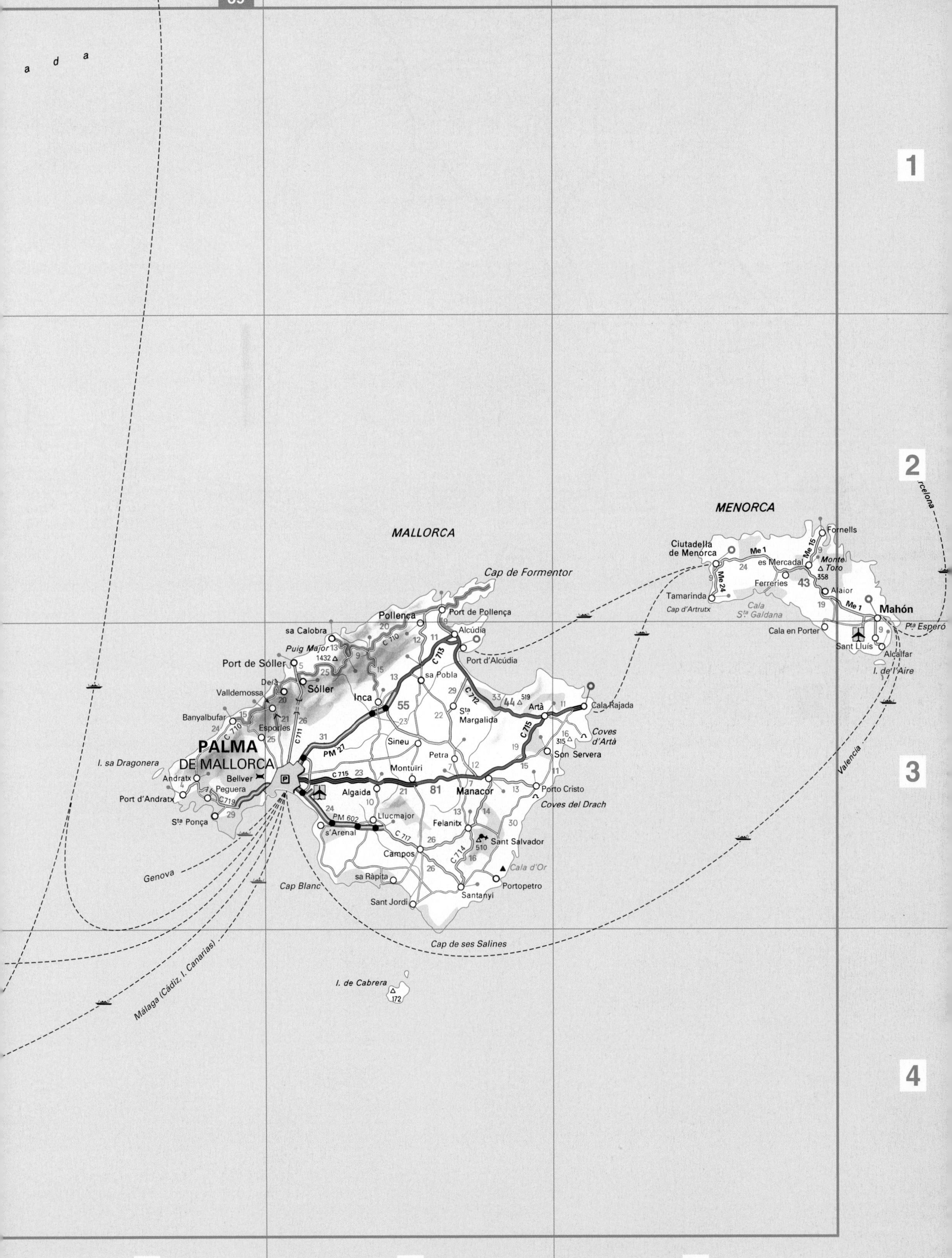
Castelldefels
D
E
F
39
1
2
3
4
MALLORCA
MENORCA
Cap de Formentor
Pollença
Port de Pollença
Alcúdia
Port d'Alcúdia
sa Calobra
Puig Major
1432
Port de Sóller
Sóller
Deià
Valldemossa
Banyalbufar
Esporles
Inca
sa Pobla
Sta Margalida
Artà
Cala Rajada
Coves d'Artà
Son Servera
PALMA
DE MALLORCA
I. sa Dragonera
Andratx
Port d'Andratx
Peguera
Sta Ponça
Bellver
Sineu
Petra
Montuïri
Algaida
Manacor
Porto Cristo
Coves del Drach
Llucmajor
s'Arenal
Felanitx
Sant Salvador
510
Campos
Cala d'Or
Portopetro
sa Ràpita
Santanyí
Sant Jordi
Cap Blanc
Cap de ses Salines
I. de Cabrera
172
Genova
Málaga (Cádiz, I. Canarias)
Valencia
Ciutadella de Menorca
Tamarinda
Cap d'Artrutx
es Mercadal
Ferreries
Monte Toro
358
Fornells
Alaior
Cala Sta Galdana
Cala en Porter
Mahón
Sant Lluís
Alcalfar
Pta Esperó
I. de l'Aire
C 710
C 711
C 713
C 712
C 715
C 714
C 717
C 719
PM 27
PM 602
Me 1
Me 15
Me 24

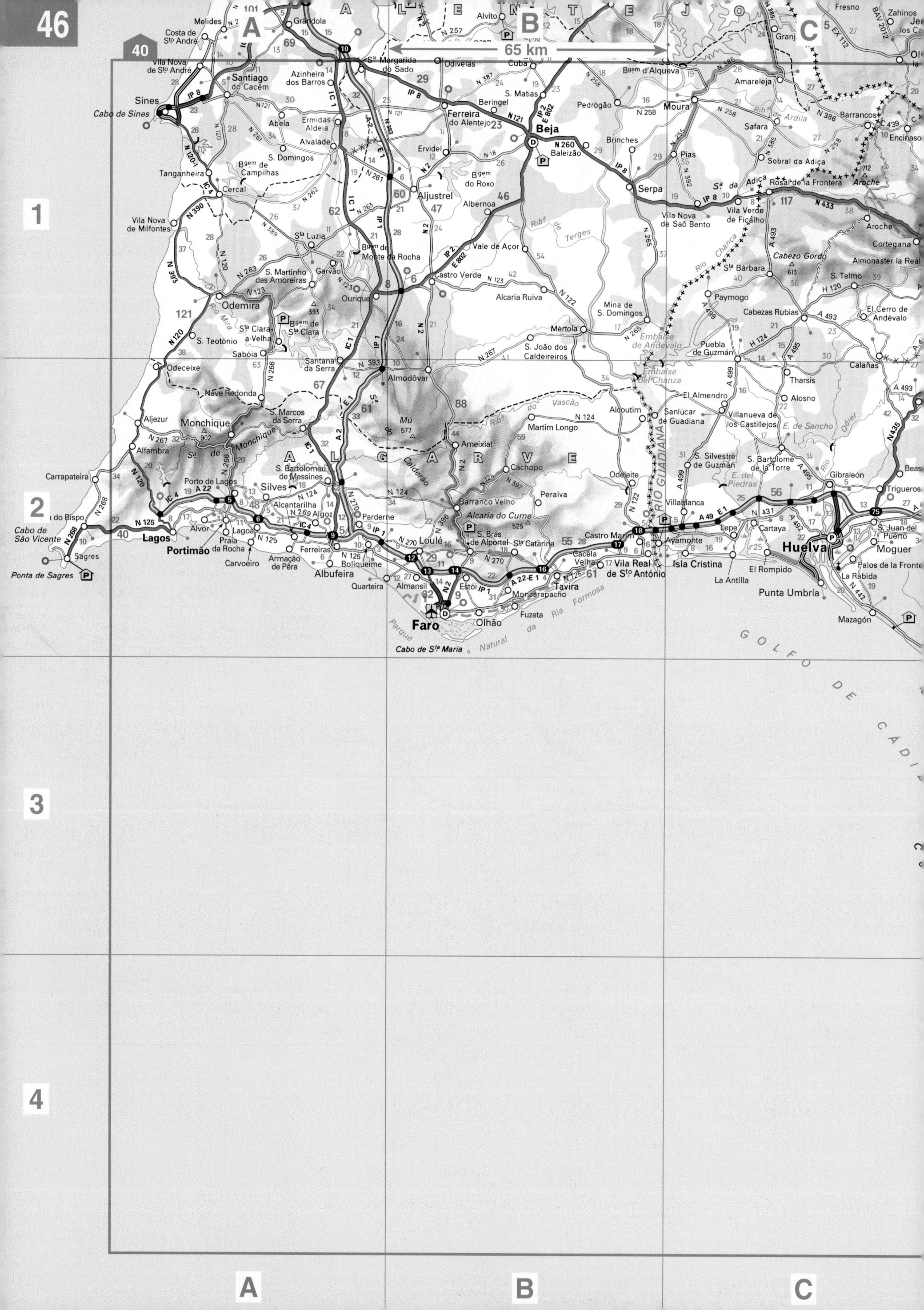
40
65 km
A
B
C
1
2
3
4
Melides
Grândola
Costa de Sto André
Vila Nova de Sto André
Santiago do Cacém
Sines
Cabo de Sines
Sta Margarida do Sado
Azinheira dos Barros
Odivelas
Alvito
Cuba
S. Matias
Bgem d'Alqueva
Amareleja
Granja
Fresno
Zahinos
Abela
Ermidas-Aldeia
Alvalade
Ferreira do Alentejo
Beringel
Beja
Pedrógão
Moura
Safara
Barrancos
Encinasola
S. Domingos
Bgem de Campilhas
Tanganheira
Cercal
Ervidel
Baleizão
Brinches
Pias
Sobral da Adiça
Aljustrel
Bgem do Roxo
Albernoa
Serpa
Rosal de la Frontera
Aroche
Vila Nova de Milfontes
Sta Luzia
Bgem de Monte da Rocha
Vale de Açor
Vila Nova de São Bento
Vila Verde de Ficalho
Cortegana
S. Martinho das Amoreiras
Garvão
Castro Verde
Alcaria Ruiva
Cabezo Gordo
Almonaster la Real
Sta Bárbara
S. Telmo
Odemira
Ourique
Paymogo
Mina de S. Domingos
Cabezas Rubias
El Cerro de Andévalo
Bgem de Sta Clara
Sta Clara-a-Velha
S. Teotónio
Saboia
Mértola
Embalse de Andévalo
Puebla de Guzmán
Santana da Serra
S. João dos Caldeireiros
Calañas
Odeceixe
Almodôvar
Embalse del Chanza
Tharsis
Nave Redonda
El Almendro
Alosno
Aljezur
Monchique
S. Marcos da Serra
Alcoutim
Sanlúcar de Guadiana
Villanueva de los Castillejos
Martim Longo
Alfambra
Sa de Monchique
Mú
Ameixial
S. Silvestre de Guzmán
S. Bartolomé de la Torre
Gibraleón
Carrapateira
S. Bartolomeu de Messines
Cachopo
Odeleite
E. del Piedras
Trigueros
Porto de Lagos
Silves
Peralva
Barranco Velho
Villablanca
Alcantarilha
Algoz
Alcaria do Cume
Lepe
Cartaya
Vila do Bispo
Cabo de São Vicente
Lagos
Alvor
Lagoa
Portimão
Praia da Rocha
Parderne
Loulé
S. Brás de Alportel
Sta Catarina
Castro Marim
Ayamonte
Huelva
Sagres
Ponta de Sagres
Carvoeiro
Armação de Pêra
Ferreiras
Boliqueime
Albufeira
Quarteira
Almansil
Estói
Cacela Velha
Tavira
Vila Real de Sto António
Isla Cristina
El Rompido
La Antilla
Punta Umbría
S. Juan del Puerto
Moguer
Palos de la Frontera
La Rábida
Moncarapacho
Faro
Olhão
Fuzeta
Mazagón
Cabo de Sta Maria
Parque Natural da Ria Formosa
ALGARVE
RIO GUADIANA
GOLFO DE CÁDIZ

D
E
F
41
48
1
2
3
4
Valencia de las Torres
Usagre
Bienvenida
Valencia del Ventoso
Pto de la Granja
Fregenal de la Sierra
Segura de León
Higuera la Real
Calera de León
Fuente de Cantos
Llerena
Monesterio
Tentudía
Fuentes de León
Arroyomolinos de León
Cañaveral de León
Pto Cañada
Pto de las Marismas
Embalse de Aracena
Sta Olalla del Cala
El Real de la Jara
Aracena
Higuera de la Sierra
Zufre
Almadén de la Plata
Nerva
El Castillo de las Guardas
El Madroño
El Ronquillo
Castilblanco de los Arroyos
Villanueva del Río y Minas
Cantillana
Villaverde del Río
Alcolea del Río
Tocina
Lora del Río
Peñaflor
Palma del Río
Las Pajanosas
Guillena
Gerena
Aznalcóllar
Brenes
Alcalá del Río
La Rinconada
La Algaba
Santiponce
Camas
SEVILLA
La Palma del Condado
Castilleja del Campo
Sanlúcar la Mayor
Bollullos Par del Condado
Bollullos de la M.
Mairena del Alcor
El Viso del Alcor
Carmona
Fuentes de Andalucía
La Campana
La Luisiana
Écija
Almonte
Pilas
Aznalcázar
Coria del Río
La Puebla del Río
Villamanrique de la Condesa
Colinas
Alcalá de Guadaira
Dos Hermanas
Paradas
Arahal
Marchena
La Lantejuela
El Rubio
El Rocío
Villafranco del Guadalquivir
Los Palacios y Villafranca
Utrera
La Puebla de Cazalla
Osuna
Matalascañas
Parque nacional de Doñana
Isla Mayor
El Coronil
Morón de la Frontera
Pto de la Encina
Martín de la Jara
El Saucejo
Las Cabezas de S. Juan
Lebrija
Montellano
Coripe
Puerto Serrano
Pruna
Olvera
Almargen
Trebujena
El Cuervo
Espera
Bornos
Villamartín
Algodonales
Sanlúcar de Barrameda
Chipiona
Rota
Jerez de la Frontera
Arcos de la Frontera
Prado del Rey
El Bosque
Grazalema
La Barca de la Florida
El Puerto de Sta María
Bahía de Cádiz
CÁDIZ
San Fernando
Puerto Real
Paterna de Rivera
Pto de Galis
Ubrique
Benaoján
Cueva de la Pileta
Cortes de la Frontera
Algar
Chiclana de la Frontera
Sancti Petri
Medina-Sidonia
Naveros
Alcalá de los Gazules
Jimena de la Frontera
Parque natural de los Alcornocales
Conil de la Frontera
Vejer de la Frontera
Cabo de Trafalgar
Barbate
Zahara de los Atunes
Facinas
Los Barrios
San Roque
Algeciras
La Línea de la Concepción
Gibraltar
Punta de Europa
Tarifa
Punta Marroquí o de Tarifa
ESTRECHO DE GIBRALTAR
Pto del Bujeo
Alto El Cabrito
Jbel Musa
Mte Hacho
TANGER
Ceuta
Cabo Spartel
Hinojosa del Duque
Peraleda Zaucejo
Viso
Torrecampo
La Granjuela
Villanueva del Duque
Alcaracejos
Pozoblanco
Conquista
Fuencaliente
Granja de Torrehermosa
Berlanga
Azuaga
Fuente Obejuna
Peñarroya-Pueblonuevo
Bélmez
Villanueva de Córdoba
Azuel
Cardeña
E. de Sierra Boyera
Ojuelos Altos
Espiel
Chimorra
Villanueva del Rey
Erillas
Villaharta
Obejo
Guadalcanal
Alanís
S. Nicolás del Puerto
Cazalla de la Sierra
Las Navas de la Concepción
Sa Norte de Sevilla
Constantina
El Pedroso
Villaviciosa de Córdoba
Embalse de Bembézar
Sa de Hornachuelos
Hornachuelos
Medina Azahara
Almodóvar del Río
Posadas
La Puebla de los Infantes
CÓRDOBA
Alcolea
E. del Guadalmellato
Adamuz
Montoro
Pedro Abad
El Carpio
Villa del Río
Bujalance
Cañete de las Torres
Fuente Palmera
Aldea Quintana
La Carlota
Fernán Núñez
Montemayor
Espejo
Castro del Río
La Rambla
Santaella
Montilla
Nueva Carteya
Baena
Doña Mencía
Aguilar de la Frontera
Cabra
Puente Genil
Lucena
Carcabuey
Herrera
E. de Cordobilla
Badolatosa
Rute
Estepa
Casariche
Benamejí
Aguadulce
Pedrera
Alameda
Iznájar
Cuevas de S. Marcos
Sierra de Yeguas
La Roda de A.
Villanueva de Algaidas
Fuente de Piedra
Mollina
Archidona
Campillos
Antequera
Teba
Cañete la Real
Setenil
Valle de Abdalajís
El Torcal
Villanueva de la Concepción
Desfiladero de los Gaitanes
Cuevas del Becerro
Ardales
Villanueva del Trabuco
Pto de las Pedrizas
Riogordo
Casabermeja
Colmenar
Pto del León
Ronda
El Burgo
Casarabonela
Alora
Almogía
Pizarra
Finca de la Concepción
Almáchar
Benamargosa
Rincón de la Victoria
Yunquera
Alozaina
Torrecilla
Tolox
Monda
Coín
Cártama
MÁLAGA
Alhaurín el Grande
Torremolinos
Benalmádena
Benalmádena Costa
Mijas
Fuengirola
Istán
Ojén
Marbella
S. Pedro de Alcántara
Algatocín
Gaucín
Sa Bermeja
Reales
Casares
Estepona
Manilva
S. Luis de Sabinillas
Guadiaro
Sotogrande
Costa del Sol
Costa de la Luz
ANDALUCÍA
RÍO GUADALQUIVIR

A
B
C
65 km
42
47
1
2
3
4
Pozoblanco
Conquista
Villanueva de Córdoba
Fuencaliente
Solana del Pino
Mestanza
S. Lorenzo de Calatrava
Estrella
Almuradiel
Desfiladero de Despeñaperros
Castellar de Santiago
Torre de Juan Abad
Villamanrique
Albaladejo
Alcaraz
Azuel
Cardeña
Sª de Cardeña y Montoro
Sª de Andújar
E. del Jándula
Virgen de la Cabeza
El Centenillo
Sta Elena
La Carolina
Santisteban del Puerto
Castellar de Santisteban
Navas de S. Juan
Arquillos
Vilches
E. de Guadalmena
Puente de Génave
Arroyo del Ojanco
La Puerta de Segura
Orcera
Siles
Segura de la Sierra
Yelmo
Beas de Segura
Cortijos Nuevos
Hornos
Casicas del Río Segura
Montoro
Marmolejo
Andújar
Bailén
Baños de la Encina
Guarromán
Linares
Villanueva del Arzobispo
Villacarrillo
Sabiote
Torreperogil
Úbeda
Baeza
Alcolea
Pedro Abad
Villa del Río
Villanueva de la Reina
Lopera
El Carpio
Bujalance
CÓRDOBA
Cañete de las Torres
Porcuna
Arjona
Lahiguera
Mengíbar
Fuerte del Rey
Guadalquivir
Pontones
Santiago de la Espada
Sª de Cazorla
Pto de las Palomas
Peal de Becerro
Cazorla
Quesada
Pto de Tíscar
Huesa
Hinojares
Pozo Alcón
Cabañas
Puebla de Don Fadrique
La Losa
Sª de la Sagra
Huéscar
Castril
Castilléjar
Galera
Orce
Torredonjimeno
Torre del Campo
Jaén
Martos
Jimena
Bedmar
Jódar
Mancha Real
Pegalajar
La Guardia de Jaén
Sª Mágina
Cabra del Sto Cristo
Fernán Núñez
Espejo
Castro del Río
Montemayor
Nueva Carteya
Baena
Montilla
Doña Mencía
Alcaudete
Fuensanta de Martos
Los Villares
Valdepeñas de Jaén
Cambil
Huelma
Luque
Castillo de Locubín
Campillo de Arenas
Montejícar
Alicún de Ortega
Cuevas del Campo
Cortes de Baza
Benamaurel
Cúllar Baza
Cabra
Priego de Córdoba
Alcalá la Real
Pto del Castillo
Guadahortuna
Villanueva de las Torres
Carcabuey
Lucena
Almedinilla
Frailes
Benalúa de las Villas
Moreda
Mencal
Zújar
Baza
Las Vertientes
Rute
Montefrío
Colomera
Iznalloz
Huélago
Benalúa de Guadix
Caniles
Lúcar
Sta Bárbara
Sierra de Baza
Benamejí
Algarinejo
Iznájar
Embalse de Iznájar
Parapanda
Moclín
Illora
Diezma
Pto de la Mora
Purullena
Guadix
Gor
Tíjola
Serón
Purchena
Cuevas de S. Marcos
Villanueva de Algaidas
Huétor-Tájar
Pinos Puente
Albolote
Huétor-Santillán
Mollina
Archidona
Loja
Salar
Moraleda de Zafayona
Sta Fé
GRANADA
Alcudia de Guadix
Tetica
Sierra de los Filabres
Estación de Salinas
Ventas de Huelma
Armilla
Pto del Suspiro del Moro
La Calahorra
Horcajo de Trevélez
Pto de la Ragua
Fiñana
Escúllar
Abrucena
Doña María Ocaña
Gérgal
Alhama de Granada
Sierra Nevada (Pradollano)
Mulhacén
Pico Veleta
SIERRA NEVADA
Padul
Dúrcal
Laroles
Laujar de Andarax
Ohanes
Canjáyar
Alboloduy
Tabernas
Zafarraya
Riogordo
Periana
Colmenar
E. Bermejales
Sª de Tejeda
Sª de Almijara
Lanjarón
Béznar
Capileira
Trevélez
Cádiar
Ugíjar
Las Alpujarras
Illar
Alhama de Almería
Gádor
Casabermeja
Pto del León
Benamargosa
Vélez-Málaga
Cómpeta
Navachica
Frigiliana
Órgiva
Vélez de Benaudalla
Pto Haza del Lino
Sª de la Contraviesa
Albuñol
Berja
Morrón
Sierra de Gádor
Benahadux
Almogía
Finca de la Concepción
Almáchar
Rincón de la Victoria
Torrox
Cueva de Nerja
Otívar
Motril
Dalías
El Ejido
ALMERÍA
Aguadulce
Punta del Río
El Alquián
MÁLAGA
Torre del Mar
Nerja
La Herradura
Almuñécar
Salobreña
Cabo Sacratif
Calahonda
Castell de Ferro
La Rábita
Adra
Balanegra
Balerma
Guardias Viejas
Almerimar
Roquetas de Mar
Golfo de Almería
Cabo de Gata
Torremolinos
Benalmádena
Benalmádena Costa
Fuengirola
Antequera
El Torcal
Melilla
Palma
Costa del Sol
MAR MEDI

D
E
F
43
1
2
3
4
Fuente-Álamo
Caudete
Cocentaina
Alcoi / Alcoy
Alcadozo
Tobarra
Albatana
Ontur
Yecla
Villena
Biar
Banyeres de Mariola
Ibi
Aitana
El Castell de Guadalest
Callosa d'en Sarrià
Altea
Calp
Penyal d'Ifac
Alfàs del Pi
Benidorm
La Vila Joiosa
Ayna
Liétor
Hellín
Elche de la Sierra
Pto de Jumilla
Jumilla
Carche
Casas del Puerto
Castalla
Sax
Petrer
Elda
Xixona
Coves dels Canelobres
Port de la Carrasqueta
Letur
Socovos
Cancárix
Las Minas
Pinoso
Monòver
Agost
S. Vicent del Raspeig
El Campello
S. Joan d'Alacant
Novelda
Aspe
ALACANT / ALICANTE
Hondón de las Nieves
Calasparra
Cieza
Sa de la Pila
Abanilla
Crevillent
Elx/Elche
Torrellano
Sta Pola
Illa de Tabarca
Moratalla
Caravaca de la Cruz
Cehegín
Blanca
Fortuna
E. de Santomera
Albatera
Callosa de S.
Catral
Dolores
Archena
Almoradí
Guardamar del Segura
Rojales
Barranda
El Moral
Bullas
Mula
Ceutí
Molina de Segura
Orihuela
REGIÓN DE MURCIA
Pliego
Alcantarilla
MURCIA
Cresta del Gallo
S. Miguel de Salinas
Torrevieja
La Paca
Zarcilla de Ramos
Sa de España
Alhama de Murcia
Librilla
Pto de la Cadena
Carrascoy
Sucina
Balsicas
S. Javier
S. Pedro del Pinatar
Santiago de la Ribera
Casas Nuevas
Aledo
Gañuelas
Corvera
Totana
Fuente Álamo
Albujón
Torre-Pacheco
Los Alcázares
Mar Menor
la Manga del Mar Menor
El Algar
La Manga del Mar Menor
Cabo de Palos
Baños de la Fuensanta
Vélez Rubio
Lorca
Sa de la Almenara
Mazarrón
Tallante
Los Dolores
Cartagena
La Unión
Portman
Escombreras
La Azohía
Puerto de Mazarrón
Cabo Tiñoso
Golfo de Mazarrón
Puerto Lumbreras
Sta María de Nieva
Pozo Higuera
Pulpí
Cope
Cabo Cope
Águilas
Albox
Huércal-Overa
S. Juan de los Terreros
Cuevas del Almanzora
Los Lobos
Albánchez
Antas
Vera
Villaricos
Lubrín
Los Gallardos
Garrucha
Turre
Mojácar
Carboneras
La Mesa Roldán
S. Isidro
Parque natural
Las Negras
de Cabo de Gata-Níjar
Pta de la Polacra
S. José
Gata
Costa Blanca
MAR MEDITERRÁNEO
Oran
D
E
F

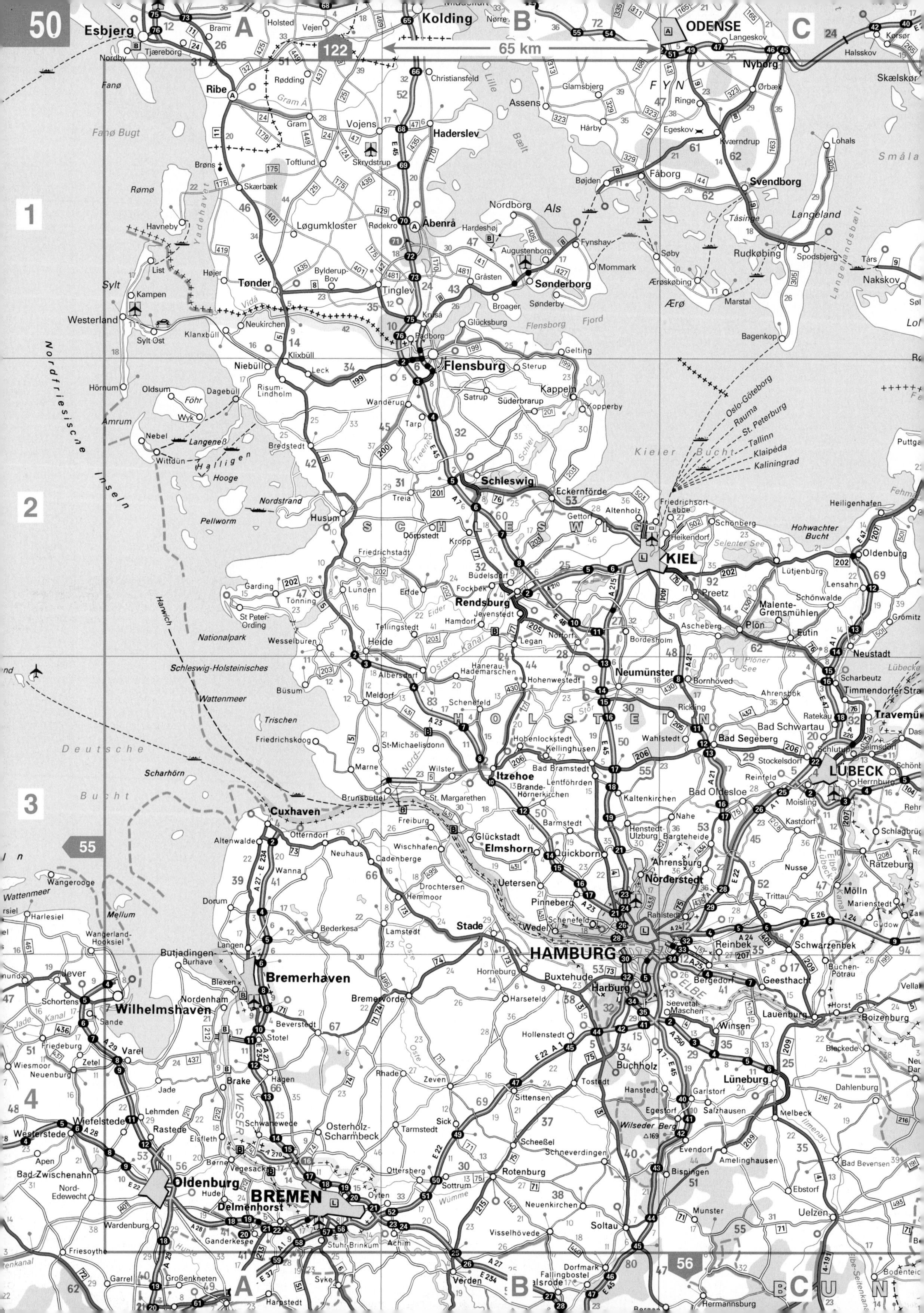

65 km
Esbjerg
Kolding
ODENSE
Fanø
Ribe
Rødding
Christiansfeld
Gram
Vojens
Haderslev
Toftlund
Skrydstrup
Assens
Glamsbjerg
Hårby
FYN
Ringe
Nyborg
Ørbæk
Egeskov
Kværndrup
Fåborg
Bøjden
Svendborg
Lohals
Langeland
Tåsinge
Rudkøbing
Spodsbjerg
Tårs
Nakskov
Ærø
Ærøskøbing
Marstal
Bagenkop
Søby
Fynshav
Mommark
Als
Nordborg
Augustenborg
Sønderborg
Gråsten
Broager
Aabenraa
Rødekro
Hardeshøj
Løgumkloster
Bylderup-Bov
Tinglev
Kruså
Padborg
Tønder
Højer
Skærbæk
Brøns
Rømø
Havneby
List
Sylt
Kampen
Westerland
Sylt Ost
Klanxbüll
Neukirchen
Niebüll
Klixbüll
Leck
Flensburg
Glücksburg
Flensburger Fjord
Gelting
Sterup
Kappeln
Satrup
Süderbrarup
Kopperby
Risum-Lindholm
Dagebüll
Föhr
Wyk
Oldsum
Hörnum
Amrum
Nebel
Wittdün
Langeneß
Halligen
Hooge
Nordfriesische Inseln
Bredstedt
Wanderup
Tarp
Schleswig
Eckernförde
Nordstrand
Pellworm
Husum
Treia
SCHLESWIG
HOLSTEIN
Dörpstedt
Kropp
Friedrichstadt
Garding
Tönning
St Peter-Ording
Lunden
Erfde
Fockbek
Büdelsdorf
Rendsburg
Jevenstedt
Hamdorf
Tellingstedt
Heide
Wesselburen
Nationalpark
Schleswig-Holsteinisches Wattenmeer
Büsum
Albersdorf
Meldorf
Trischen
Friedrichskoog
St-Michaelisdonn
Marne
Brunsbüttel
Wilster
St. Margarethen
Scharhörn
Deutsche Bucht
Harwich
Kieler Bucht
Oslo-Göteborg
Rauma
St. Peterburg
Tallinn
Klaipėda
Kaliningrad
Friedrichsort
Laboe
Altenholz
Gettorf
Schönberg
Heikendorf
KIEL
Selenter See
Hohwachter Bucht
Heiligenhafen
Oldenburg
Lütjenburg
Preetz
Lensahn
Schönwalde
Malente-Gremsmühlen
Plön
Eutin
Ascheberg
Grömitz
Neustadt
Bordesholm
Nortorf
Legan
Hanerau-Hademarschen
Hohenwestedt
Neumünster
Bornhöved
Großer Plöner See
Scharbeutz
Timmendorfer Strand
Travemünde
Ahrensbök
Ratekau
Bad Schwartau
Schenefeld
Hohenlockstedt
Kellinghusen
Wahlstedt
Rickling
Bad Segeberg
Itzehoe
Bad Bramstedt
Lentföhrden
Brande-Hörnerkirchen
Kaltenkirchen
Stockelsdorf
Reinfeld
LÜBECK
Schlutup
Selmsdorf
Herrnburg
Moisling
Bad Oldesloe
Nahe
Henstedt-Ulzburg
Bargteheide
Kastdorf
Schlagbrügge
Ratzeburg
Barmstedt
Glückstadt
Elmshorn
Quickborn
Ahrensburg
Norderstedt
Nusse
Mölln
Marienstedt
Trittau
Gudow
Cuxhaven
Otterndorf
Altenwalde
Neuhaus
Cadenberge
Wischhafen
Freiburg
Wanna
Uetersen
Pinneberg
Schenefeld
Wedel
Rahlstedt
Reinbek
Schwarzenbek
Büchen-Pötrau
Drochtersen
Hemmoor
Dorum
Bederkesa
Lamstedt
Stade
HAMBURG
Buxtehude
Harburg
Bergedorf
Geesthacht
Wangerooge
Harlesiel
Mellum
Wangerland-Hooksiel
Jever
Schortens
Sande
Wilhelmshaven
Butjadingen-Burhave
Langen
Bremerhaven
Blexen
Nordenham
Beverstedt
Stotel
Bremervörde
Horneburg
Harsefeld
Seevetal-Maschen
Winsen
Lauenburg
Boizenburg
Friedeburg
Varel
Zetel
Wiesmoor
Neuenburg
Jade
Brake
Hagen
Hollenstedt
Buchholz
Lüneburg
Bleckede
Dahlenburg
Tostedt
Rhade
Zeven
Sittensen
Hanstedt
Garlstorf
Salzhausen
Egestorf
Wilseder Berg
Melbeck
Wiefelstede
Westerstede
Lehmden
Rastede
Schwanewede
Osterholz-Scharmbeck
Tarmstedt
Sick
Scheeßel
Schneverdingen
Elsfleth
Vegesack
Evendorf
Amelinghausen
Bad Bevensen
Apen
Bad Zwischenahn
Oldenburg
Nord-Edewecht
Hude
BREMEN
Delmenhorst
Ottersberg
Sottrum
Rotenburg
Bispingen
Ebstorf
Oyten
Wümme
Neuenkirchen
Munster
Uelzen
Wardenburg
Ganderkesee
Stuhr-Brinkum
Achim
Visselhövede
Soltau
Friesoythe
Verden
Dorfmark
Fallingbostel
Walsrode
Garrel
Großenkneten
Syke
Harpstedt
Hermannsburg
Bodenteich

D
E
F
1
2
3
4
123
52
57
Næstved
Fakse
Rødvig
Stevns
Stevns Klint
Rønnede
Fakse Ladeplads
Fakse Bugt
Præstø
Køng
Møn
Vordingborg
Kalvehave
Stege
Møns Klint
Storstrømmen
Fanefjord
Nørre Alslev
Stubbekøbing
Grønsund
Guldborg Sund
Kragenæs
Sakskøbing
FALSTER
Nykøbing F
Maribo
Væggerløse
Nysted
Gedser
ÖSTERSJÖN (MER BALTIQUE)
Travemünde
Rostock
Trelleborg
Kap Arkona
Putgarten
Wittow
Altenkirchen
Dranske
Wiek
Stubbenkammer
Jasmund
Sagard
Saßnitz
Vitte
Hiddensee
Neuendorf
Schaprode
Gingst
Bergen
Binz
Sellin
Göhren
Kubitzer Bodden
RÜGEN
Samtens
Putbus
Garz
Thiessow
Zudar
Greitswalder Bodden
Zingst
Prerow
Darß
Born
Barth
Stralsund
Wustrow
Saaler Bodden
Löbnitz
Richtenberg
Reinberg
Graal-Müritz
Ribnitz-Damgarten
Franzburg
Grimmen
Griebenow
Greifswald
Peenemünde
Lubmin
Wolgast
Usedom
Zinnowitz
Koserow
Bansin
Heringsdorf
Ahlbeck
Swinoujscie
Warszów
Zirchow
Pommersche Bucht
Mecklenburger Bucht
Warnemünde
ROSTOCK
Kühlungsborn
Bad Doberan
Rerik
Wustrow
Malmö
Trelleborg
Helsinki
Tallinn
København
Ystad
Marlow
Bad Sülze
Tribsees
Sanitz
Tessin
Recknitz
Loitz
Peene
Jarmen
Gützkow
Karlsburg
Lassan
Anklam
Usedom
Stettiner Haff
Kröpelin
Neubukow
Satow
Schwaan
Laage
Gnoien
Demmin
Dargun
Boltenhagen
Poel
Wismar
MECKLENBURG-VORPOMMERN
Neukloster
Bützow
Warin
Bad Kleinen
Güstrow
Teterow
Malchin
Neukalen
Kummerower See
Tollense
Stavenhagen Reuterstadt
Altentreptow
Friedland
Ducherow
Mönkebude
Ueckermünde
Eggesin
Ferdinandshof
Torgelow
Hintersee
Pasewalk
Löcknitz
Mühlen Eichsen
Schweriner See
Brüel
Sternberg
Warnow
Krakow
Gadebusch
Schwerin
Mestlin
Goldberg
Karow
Crivitz
Malchiner See
Neubrandenburg
Burg Stargard
Penzlin
Waren
Müritz
Malchow
Plauer See
Strasburg
Helpter Berge
Woldegk
Brüssow
Uecker
Fürstenwerder
Feldberg
Prenzlau
Schmölln
Penkun
Gramzow
Wittenburg
Hagenow
Lübz
Plau
Parchim
Spornitz
Röbel
Neustrelitz
Wesenberg
Mirow
Lychen
Boitzenberg
Gerswalde
Pritzier
Wöbbelin
Neustadt Glewe
Ludwigslust
Marnitz
Meyenburg
Freyenstein
Ruhner Berge
Zierzow
Putlitz
Fürstenberg
Ravensbrück
Templin
Milmersdorf
Hohen-Landin
Greiffenberg
Angermünde
Felchow
Lübtheen
Sude
Grabow
Elde
Eldena
Wittstock
Pritzwalk
Rheinsberg
Karstädt
Dömitz
Perleberg
Herzsprung
Zehdenick
Joachimsthal
Oderberg
Werbellinsee
Dannenberg
Lenzen
Gartow
Schnackenburg
Wittenberge
Kyritz
Dosse
Alt Ruppin
Lindow
Gransee
Groß-Schönebeck
Havel
Löwenberg
Neuruppin
Ruppiner See
Liebenwalde
Finowfurt
Finow
Eberswalde
Bad Freienwalde
Lüchow
Jeetze
Bömenzien
Aland
Bad Wilsnack
Wusterhausen
BRANDENBURG
Biesenthal
Lanke
Wandlitz
Lemgow
Lübbow
Seehausen
Arendsee
Seebenau
Salzwedel
Werben
Havelberg
Neustadt
Bückwitz
Fehrbellin
Kremmen
Oranienburg
Bernau
Tiefensee
Prötzel
Sandau
Rhinow
Friesack
Börnicke
Velten
Birkenwerder
Hennigsdorf
Pankow
Werneuchen
Strausberg
Blumberg
Altlandsberg
Osterburg
Biese
Meßdorf
Nauen
BERLIN
DEUTSCHE REPUBLIK

A
B
C
1
2
3
4
65 km
123
51
58
Rønne
Åkirkeby
Neksø
Pedersker
B A L T I Q U E)
M O R Z E B A Ł T Y C K I E
Pommersche Bucht
København
Malmö
Ystad
Słowiński Pa
Rowy
Ustka
Objazda
Jarosławiec
J. Wicko
Słupsk
J. Kopań
Dębnic
Darłowo
Sławno
J. Bukowo
Malechowo
Kępice
Łazy
J. Jamno
Mielno
Sarbinowo
Sianów
Ustronie Morskie
Koszalin
Polanów
Kołobrzeg
Mostowo
Miastko
Mrzeżyno
Dźwirzyno
Parsęta
Radew
Niechorze
Gościno
Karlino
Białogard
Bobolice
Biały Bór
Rewal
Trzebiatów
Pobierowo
Cerkwica
Tychowo
J. Wierzchowo
Dziwnów
Zalew Kamieński
Świerzno
Rega
Rymań
Sławoborze
Gryfice
Kamień Pomorski
Kołczewo
Wolin
Bansin
Heringsdorf
Ahlbeck
Międzyzdroje
Woliński Park Narodowy
Wołczenica
Golczewo
Płoty
Resko
Świdwin
Połczyn-Zdrój
Barwice
Szczecinek
Silnowo
Peenemünde
Zinnowitz
Koserow
Usedom
Lassan
Swinoujscie
Warszów
Zirchow
Anklam
Stettiner Haff
Zalew Szczeciński
Przybiernów
Kluczewo
J. Drawsko
J. Pile
Okonek
Łobez
Monkebude
Ueckermünde
Nowe Warpno
Nowogard
Czaplinek
Jastrowie
cherow
Trzebież
Stepnica
Dobra
J. Woświn
Złocieniec
Ferdinandshof
Eggesin
Węgorzyno
Drawsko Pomorskie
Machliny
Piława
Torgelow
Hintersee
Dobieszczyn
Goleniów
Gowienica
J. Lubie
Racza
Police
Jezioro Dąbie
Maszewo
Chociwel
Ińsko
Randow
Strasburg
Pasewalk
Lubieszyn
Löcknitz
Linken
SZCZECIN
Dąbie
Dobrzany
Mirosławiec
J. Betyń
Wałcz
Woldegk
Uecker
Brüssow
Morzyczyn
Stargard Szcz.
Kalisz Pomorski
Pomellen
Kołbacz
Jezioro Miedwie
Ina
Suchań
Recz
Drawno
Tuczno
Fürstenwerder
Schmölln
Kołbaskowo
Str. Czarnowo
Penkun
Mescherin
Gartz
Gryfino
Drawieński Park Narodowy
Drawa
Choszczno
Człopa
Ujście
Trzcianka
Prenzlau
Gramzow
J. Płoń
Pyrzyce
Boitzenburg
Gerswalde
Banie
Pełczyce
Dobiegniew
Czarnków
Milmersdorf
Vierraden
Hohen-Landin
Schwedt
Krajnik Dln
Greiffenberg
Lipiany
Barlinek
J. Osiek
Wieleń
Lubasz
Krzyż
Angermünde
Felchow
ODER
Trzcińsko-Zdrój
Chojna
J. Myśliborskie
Myślibórz
Strzelce Krajeńskie
Drezdenko
Piłka
Puszcza Notecka
Wronki
Obrzycko
Ostroróg
himsthal
Parsteiner See
Moryń
Noteć
WARTA
Werbellinsee
Oderberg
Cedynia
Mysla
Santok
Lipki Wlk.
Sieraków
Eberswalde
Finowfurt
Finow
Bad Freienwalde
Oderbruch
Mieszkowice
Gozdowice
Dębno
Gorzów Wlkp.
Wiejce
Międzychód
Pniewy
J. Bytyń
Biesenthal
Wriezen
Alte Oder
Boleszkowice
Witnica
Bogdaniec
Skwierzyna
Gorzyń
Lanke
Tiefensee
Sarbinowo
Obra
Pszczew
Bernau
Prötzel
Neuhardenberg
Kostrzyn
Krzeszyce
Lubniewice
Lwówek
BERLIN
Werneuchen
Strausberg
Manschnow
Küstrin-Kietz
J. Lubniewsko
Międzyrzecz
J. Wielkie
Pankow
Blumberg
Altlandsberg
Buckow
Seelow
Ośno Lubuskie
Pieski
Trzciel
Nowy Tomyśl
Opaleni
Sulęcin
P
O

D
E
F
124
Zatoka Gdańska
Zatoka Pucka
Łeba
Puck
Jastarnia
Jurata
Hel
Karlskrona
Helsinki
Oxelösund
Kaliningradzkij
Mamonovo
Kornevo
Toprzyny
Rewa
Reda
Rumia
Wejherowo
GDYNIA
Orłowo
Sopot
Westerplatte
GDAŃSK
Sobieszewo
Stegna
Krynica Morska
Piaski
Braniewo
Frombork
Tolkmicko
Pogrodzie
Milejewo
Elbląg
Nowy Dwór Gdański
Pruszcz Gd.
Żukowo
Kartuzy
Lębork
Wicko
Główczyce
Darżyno
Sierakowice
Czarna Dąbrówka
Unichowo
Klukowa Huta
Wieżyca
Egiertowo
Kościerzyna
Bytów
Nw. Karczma
Godziszewo
Skarszewy
Tczew
Czarlin
Malbork
Nowy Staw
Starogard Gd.
Zblewo
Pelplin
Gniew
Sztum
Dzierzgoń
Stary Dzierzgoń
Jerzwałd
Zalewo
Prabuty
Brachlewo
Susz
Siemiany
Kwidzyn
Liczе
Skórcz
Czarna Woda
Karsin
Brusy
Czersk
Bory Tucholskie Park Narodowy
Chojnice
Człuchów
Przechlewo
Tuchola
Kamień Krajeński
Debrzno
Sępólno Krajeńskie
Więcbork
Koronowo
Złotów
Łobżenica
Mrocza
Wyrzysk
Nakło n. Notecią
Wysoka
BYDGOSZCZ
Fordon
Trzeciewiec
Solec Kujawski
Chełmno
Stolno
Unisław
Chełmża
Lisewo
Świecie
Osie
Warlubie
Nowe
Lniano
Gardeja
Grudziądz
Radzyń Chełmiński
Mełno
Łasin
Biskupiec
Kisielice
Iława
Lubawa
Nowe Miasto Lubawskie
Jabłonowo Pomorskie
Zbiczno
Wąbrzeźno
Brodnica
Grążawy
Lidzbark
Działdowo
Żuromin
Rypin
Ostrowite
Golub-Dobrzyń
Kowalewo Pomorskie
Lipnica
Zbójno
TORUŃ
Lubicz
Kikół
Lipno
Sierpc
Ciechocinek
Aleksandrów Kujawski
Nieszawa
Gniewkowo
Inowrocław
Zakrzewo
Włocławek
Dobrzyń n. Wisłą
PŁOCK
Szubin
Kcynia
Szamocin
Chodzież
Margonin
Gołańcz
Wapno
Żnin
Barcin
Łabiszyn
Pakość
Janikowo
Kruszwica
Radziejów
Brześć Kujawski
Kowal
Lubraniec
Strzelno
Mogilno
Rogowo
Wągrowiec
Janowiec Wlkp.
Budzyń
Rogozno
Skoki
Kłecko
Trzemeszno
Gniezno
Orchowo
Piotrków Kujawski
Izbica Kujawska
Chodecz
Lubień Kujawski
Gostynin
Łąck
Gąbin
Żychlin
Kutno
Krośniewice
Kłodawa
Przedecz
Sompolno
Ślesin
Kleczew
Witkowo
Powidz
Oborniki
Murowana Goślina
Kiszkowo
Lednogóra
Pobiedziska
Czerniejewo
Kostrzyn
Swarzędz
POZNAŃ
Luboń
Puszczykowo
Września
Słupca
Golina
Gosławice
Konin
Kramsk
Koło
Kościelec
Grabów
Łęczyca
Dąbie
Piątek
Głowno
Stryków
Giecz
Lad
Pyzdry
Miłosław
Środa Wlkp.
Tuliszkow
Zagórów
Olsztynek
Ostróda
Olsztyn
Gutkowo
Łukta
Morąg
Miłomłyn
Podlejki
Rychnowo
Frygnowo
Rybno
Uzdowo
Lidzbark Warmiński
Dobre Miasto
Miłakowo
Orneta
Pieniężno
Babiak
Górowo Iławeckie
Głębock
Nowica
Młynary
Pasłęk
Rychliki
Str. Pole
Bieżuń
Radzanów
Drobin
Bielsk
Tłuchowo
Nowe
Wisła
Noteć
Brda
Wda
Drwęca
Osa
J. Żarnowieckie
J. Koronowskie
J. Wdzydze
J. Charzykowskie
J. Gopło
Bzura
Warta
L
S
K
A
1
2
3
4
126
59

A
B
C
65 km
1
2
3
4
15
17
N O O R D Z E E
M E R D U N O R D
Waddeneilanden
Newcastle
Harwich
Kingston upon Hull
Ameland
Nes
Buren
Hollum
Schiermonnikoog
Holwerd
Oosterend
Terschelling
West-Terschelling
Oost-Vlieland
Vlieland
Texel
De Koog
Den Burg
Den Helder
Den Oever
Afsluitdijk
Harlingen
Leeuwarden
Franeker
Burgum
Drachten
FRYSLÂN
Bolsward
Sneek
Workum
Heerenveen
Sloten
Stavoren
Lemmer
Wolvega
IJsselmeer
Noord-Oost-Polder
Emmeloord
Urk
Medemblik
Schagen
NOORD-HOLLAND
NEDERLAND
Enkhuizen
Bergen
Bergen aan Zee
Egmond aan Zee
Alkmaar
Hoorn
Markermeer
IJsselmuiden
Kampen
Dronten
Lelystad
Lelystad Haven
Edam
Volendam
Purmerend
Wormerveer
Monnickendam
Marken
Beverwijk
IJmuiden
Zaandam
Bloemendaal
AMSTERDAM
Haarlem
Zandvoort
Heemstede
Amstelveen
Hillegom
Keukenhof
Lisse
Sassenheim
Aalsmeer
Almere
FLEVOLAND
Zuidelijk-Flevoland
Oostelijk-Flevoland
Elburg
Oldebroek
Nunspeet
Harderwijk
Huizen
Bussum
Abcoude
Spakenburg
GELDERLAND
Putten
Nijkerk
Apeldoorn
Vaassen
Epe
Noordwijk aan Zee
Katwijk aan Zee
Uithoorn
Hilversum
Laren
Baarn
Soest
Amersfoort
Voorthuizen
Barneveld
Otterlo
Kröller-Müller Museum
Ede
Arnhem
Wassenaar
Leiden
UTRECHT
De Bilt
Zeist
Alphen a/d Rijn
Woerden
Voorschoten
Scheveningen
DEN HAAG
('S-GRAVENHAGE)
Zoetermeer
Bodegraven
Boskoop
Driebergen
Doorn
Veenendaal
Amerongen
Rhenen
Renkum
Oosterbeek
Wageningen
Hoek van Holland
Delft
Gouda
ZUID-HOLLAND
Europoort
Schiedam
Schoonhoven
Vianen
Culemborg
Maassluis
Krimpen
Lek
Leerdam
Tiel
Druten
NIJMEGEN
Brielle
Vlaardingen
ROTTERDAM
Haringvlietdam
Goeree
Spijkenisse
Oud Beijerland
Zwijndrecht
Gorinchem
Zaltbommel
Waal
Maas
Ouddorp
Hellevoetsluis
Sliedrecht
Biesbosch
Oss
Grave
Middelharnis
s-Gravendeel
Dordrecht
Geertruidenberg
Waalwijk
Kaatsheuvel
s-Hertogenbosch
Uden
Boxmeer
Overflakkee
Haamstede
Schouwen Duiveland
Willemstad
Oosterhout
Zierikzee
NOORD-BRABANT
Dongen
Tilburg
Veghel
Oudenbosch
Etten-Leur
Breda
Oisterwijk
Boxtel
Gemert
Sint-Oedenrode
Stavenisse
Tholen
Steenbergen
Nd Beveland
Domburg
Veere
Walcheren
ZEELAND
Halsteren
Roosendaal
Gilze
Goirle
Oirschot
Kanaal
Helmond
Deurne
Middelburg
Goes
Bergen op Zoom
Wilhelmina
Vlissingen
Zd Beveland
Baarle-Nassau
Hilvarenbeek
Veldhoven
EINDHOVEN
Geldrop

D
E
F
Bucht
50
Cuxhaven
Brunsbüttel
Ostfriesische Inseln
Spiekeroog
Wangerooge
Wattenmeer
Langeoog
Baltrum
Norderney
Niedersächsisches
Neuharlingersiel
Harlesiel
Mellum
Juist
Borkum
Nationalpark
Norddeich
Norden
Bensersiel
Dornum
Esens
Wangerland-Hooksiel
Jever
Wittmund
Westerholt
Schortens
Wilhelmshaven
Sande
Aurich
Moordorf
Friedeburg
Wiesmoor
Zetel
Neuenburg
Varel
Emden
Krummhörn
Eemshaven
Uithuizen
Delfzijl
Appingedam
Winsum
Bedum
Zoutkamp
GRONINGEN
Groningen
Haren
Hoogezand
Eelde
Roden
Veendam
Zuidlaren
Winschoten
Nieuweschans
Bunde
Leer
Weener
Papenburg
Rhede
Oude-Pekela
Vlagtwedde
Stadskanaal
Musselkanaal
Ter Apel
Norg
Assen
Smilde
Borger
DRENTHE
Beilen
Emmen
Hoogeveen
Klazienaveen
Coevorden
Twist
Emlichheim
Dedemsvaart
Hardenberg
Neuenhaus
Ommen
Zwolle
OVERIJSSEL
Nordhorn
Hellendoorn
Almelo
Nijverdal
Rijssen
Raalte
Wijhe
Olst
Deventer
Oldenzaal
Hengelo
Enschede
Goor
Delden
Zutphen
Lochem
Neede
Haaksbergen
Vorden
Ruurlo
Groenlo
Lichtenvoorde
Doetinchem
Doesburg
Winterswijk
Aalten
Bocholt
Rhede
Borken
Emmerich
Kleve
Rees
Kalkar
Goch
Xanten
Wesel
Sonsbeck
Kevelaer
Geldern
Rheinberg
Moers
Kamp-Lintfort
Dinslaken
Voerde
Walsum
DUISBURG
Oberhsn
Mülheim
Bottrop
Gladbeck
Gelsenkchn
ESSEN
Bochum
Herne
Castrop-Rauxel
Recklinghsn
Marl
Herten
Dorsten
Haltern
Dülmen
Coesfeld
Gescher
Stadtlohn
Vreden
Ahaus
Heek
Gronau
Ochtrup
Bad Bentheim
Schüttorf
Rheine
Steinfurt
Borghorst
Emsdetten
Greven
Horstmar
Billerbeck
Altenberge
Münster
Telgte
Lüdinghausen
Selm
Datteln
Waltrop
Lünen
Kamen
Unna
DORTMUND
Witten
Hattingen
Schwerte
Iserlohn
Hemer
Menden
Arnsberg
Sundern
Neheim-Hüsten
Werl
Soest
Hamm
Bockum-Hövel
Ahlen
Beckum
Oelde
Warendorf
Freckenhorst
Sassenberg
Versmold
Gütersloh
Rheda-Wiedenbrück
Rietberg
Lippstadt
Erwitte
Geseke
Salzkotten
Paderborn
Bad Lippspringe
Bad Driburg
Büren
Wünnenberg
Rüthen
Warstein
Belecke
Brilon
Marsberg
Olsberg
Willingen
Korbach
Bielefeld
Halle
Werther
Borgholzhausen
Herford
Bad Salzuflen
Lemgo
Lage
Detmold
Bad Oeynhausen
Löhne
Vlotho
Exter
Minden
Porta Westfalica
Lübbecke
Espelkamp
Rahden
Lemförde
Diepholz
Wagenfeld
Uchte
Stolzenau
Osnabrück
Melle
Bad Iburg
Dissen
Bad Rothenfelde
Lengerich
Tecklenburg
Ibbenbüren
Mettingen
Recke
Bramsche
Ladbergen
Lingen
Freren
Fürstenau
Beesten
Ankum
Bersenbrück
Quakenbrück
Haselünne
Meppen
Haren
Lathen
Sögel
Werlte
Lindern
Löningen
Lastrup
Essen
Dinklage
Lohne
Vechta
Damme
Holdorf
Steinfeld
Cloppenburg
Friesoythe
Garrel
Börger
Küstenkanal
Bad Zwischenahn
Westerstede
Apen
Nord-Edewecht
Wiefelstede
Rastede
Oldenburg
Wardenburg
Hude
Delmenhorst
BREMEN
Ganderkesee
Großenkneten
Ahlhorn
Wildeshausen
Harpstedt
Twistringen
Goldenstedt
Barnstorf
Bassum
Sulingen
Syke
Stuhr
Brinkum
Achim
Oyten
Ottersberg
Sottrum
Hoya
Elsfleth
Berne
Vegesack
Schwanewede
Osterholz-Scharmbeck
Brake
Hagen
Stotel
Beverstedt
Bremerhaven
Bremervörde
Nordenham
Blexen
Butjadingen-Burhave
Langen
Bederkesa
Dorum
Wanna
Altenwalde
Otterndorf
Neuhaus
Cadenberge
Wischhafen
Hemmoor
Drochtersen
Lamstedt
Zeven
Tarmstedt
Sick
Rhade
Jade
Lehmden
Hesel
Neermoor
Wolthusen
Mittellandkanal
Dortmund-Ems-Kanal
Kirchlengern
Bünde
Enger
Spenge
Brackwede
Sennestadt
Heiligenkirchen
Berlebeck
Horn
Bad Meinberg
Verl
Neubeckum
Rhynern
Werne
Wolbeck
Haltern
Recke
Groß Reken
Raesfeld
Schermbeck
Wulfen
Stolzenau
Leese
Loccum
Rehburg
Petershagen
Lavelsloh
Bohmte
Bad Essen
Rinteln
Blomberg
Barntrup
NIEDERSACHSEN
NORDRHEIN-WESTFALEN
Hunte
Hase
Ems
Vechte
Weser
Lippe
Möhne
Ruhr
Rhein
IJssel
Aue
Wümme
Oste
56
61
62
1
2
3
4

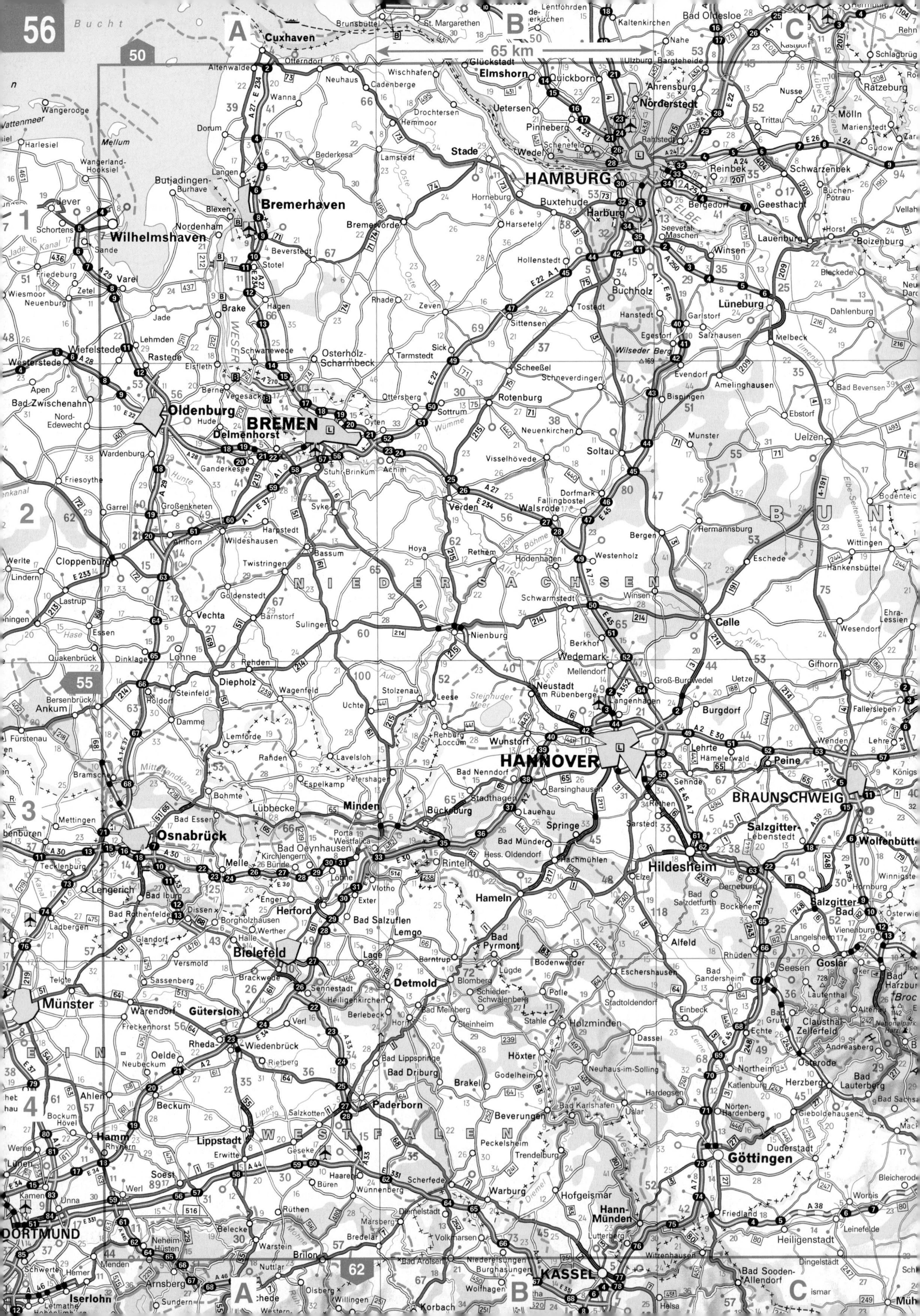

65 km
Cuxhaven
Bremerhaven
Wilhelmshaven
Oldenburg
BREMEN
Delmenhorst
HAMBURG
Norderstedt
Harburg
Elmshorn
Stade
Lüneburg
Uelzen
Celle
Soltau
Rotenburg
Verden
Walsrode
Nienburg
HANNOVER
BRAUNSCHWEIG
Wolfenbüttel
Salzgitter-Lebenstedt
Hildesheim
Hameln
Goslar
Göttingen
KASSEL
Paderborn
Detmold
Bielefeld
Herford
Minden
Osnabrück
Münster
Gütersloh
Hamm
Lippstadt
Soest
DORTMUND
Iserlohn
Vechta
Cloppenburg
Diepholz
Höxter
Holzminden
Hann.-Münden
N I E D E R S A C H S E N
W E S T F A L E N

D
E
F
V O R P O M M E R N
B R A N D E N B U R G
E S R E P U B L I K
S A C H S E N - A N H A L T
Schwerin
Gadebusch
Brüel
Sternberg
Krakow
Goldberg
Mestlin
Crivitz
Karow
Malchow
Waren
Penzlin
Neubrandenburg
Burg Stargard
Strasburg
Helpter Berge
Woldegk
Pasewalk
Brüssow
Fürstenwerder
Feldberg
Prenzlau
Schmölln
Gramzow
Boitzenburg
Gerswalde
Neustrelitz
Wesenberg
Mirow
Lychen
Ravensbrück
Fürstenberg
Templin
Milmersdorf
Greiffenberg
Angermünde
Joachimsthal
Zehdenick
Gransee
Rheinsberg
Lindow
Löwenberg
Neuruppin
Alt Ruppin
Groß-Schönebeck
Werbellinsee
Parsteiner See
Oderberg
Eberswalde
Finowfurt
Finow
Biesenthal
Wandlitz
Lanke
Bernau
Tiefensee
Liebenwalde
Oranienburg
Kremmen
Velten
Hennigsdorf
Birkenwerder
BERLIN
Spandau
Pankow
Tegel
Köpenick
Erkner
Tempelhof
Strausberg
Werneuchen
Blumberg
Altlandsberg
Vogelsdorf
Rüdersdorf
Fürstenwalde
Falkensee
Nauen
Börnicke
Ketzin
POTSDAM
Babelsberg
Teltow
Werder
Michendorf
Ludwigsfelde
Mittenwalde
Rangsdorf
Königs-Wusterhausen
Friedersdorf
Zossen
Wünsdorf
Teupitz
Märkisch Buchholz
Halbe
Trebbin
Beelitz
Lehnin
Brandenburg
Plaue
Premnitz
Rathenow
Pritzerbe
Wachow
Friesack
Rhinow
Fehrbellin
Neustadt
Bückwitz
Wusterhausen
Kyritz
Havelberg
Sandau
Werben
Wittstock
Herzsprung
Pritzwalk
Putlitz
Meyenburg
Freyenstein
Röbel
Müritz
Plauer See
Plau
Lübz
Parchim
Spornitz
Hagenow
Wöbbelin
Neustadt-Glewe
Ludwigslust
Marnitz
Ruhner Berge
Zierzow
Grabow
Eldena
Lübtheen
Wittenburg
Mühlen Eichsen
Pritzier
Dömitz
Karstädt
Perleberg
Lenzen
Gartow
Schnackenburg
Wittenberge
Dannenberg
Lüchow
Bömenzien
Bad Wilsnack
Lemgow
Lübbow
Seebenau
Salzwedel
Arendsee
Seehausen
Osterburg
Meßdorf
Bismark
Kalbe
Beetzendorf
Klötze
Mellin
Stendal
Tangermünde
Fischbeck
Jerichow
Gardelegen
Jävenitz
Letzlingen
Tangerhütte
Dolle
Genthin
Wusterwitz
Oebisfelde
Calvörde
Wolfsburg
Weferlingen
Grasleben
Haldensleben
Rogatz
Burg
Hohenseeden
Ziesar
Wollin
Golzow
Brück
Belzig
Görzke
Wolmirstedt
Uhrsleben
Morsleben
Helmstedt
Schöningen
Eilsleben
MAGDEBURG
Seehausen
Wanzleben
Möckern
Loburg
Leitzkau
Gommern
Schönebeck
Barby
Zerbst
Oschersleben
Schwanebeck
Dardesheim
Hadmersleben
Gröningen
Egeln
Förderstedt
Staßfurt
Kroppenstedt
Calbe
Halberstadt
Wegeleben
Derenburg
Wernigerode
Blankenburg
Quedlinburg
Thale
Gernrode
Hasselfelde
Ballenstedt
Hoym
Aschersleben
Ermsleben
Hecklingen
Güsten
Nienburg
Bernburg
Aken
Roßlau
Dessau
Köthen
Wörlitz
Oranienbaum
Coswig
Wittenberg
Zahna
Seyda
Jessen
Schweinitz
Kemberg
Gräfenhainichen
Raguhn
Jeßnitz
Wolfen
Bitterfeld
Pretzsch
Bad Schmiedeberg
Prettin
Dommitzsch
Annaburg
Bad Düben
Delitzsch
Eilenburg
Torgau
Falkenberg
Herzberg
Uebigau
Schlieben
Schönewalde
Bad Liebenwerda
Mühlberg
Belgern
Wiederitzsch
Wittenberg
Treuenbrietzen
Niemegk
Wiesenburg
Jüterbog
Luckenwalde
Baruth
Golßen
Dahme
Luckau
Duben
Lübben
Sonnewalde
Finsterwalde
Doberlug-Kirchhain
Schwarzheide
Lauchhammer
Elsterwerda
Gröditz
Strehla
Riesa
Großenhain
Oschatz
Dahlen
Schildau
Wurzen
Brandis
Trebsen
Mutzschen
Wermsdorf
Mügeln
Naunhof
Grimma
Colditz
Leisnig
Hartha
Döbeln
Roßwein
Waldheim
Nossen
Meißen
Coswig
Radeburg
Moritzburg
DRESDEN
Lommatzsch
Wilsdruff
Tharandt
Freital
Siebenlehn
Geithain
Bad Lausick
Borna
Rötha
Böhlen
Groitzsch
Pegau
Zwenkau
Markkleeberg
LEIPZIG
Taucha
Schkeuditz
Markranstädt
Lützen
Weißenfels
Hohenmölsen
Naumburg
Bad Kösen
Freyburg
Lucka
Merseburg
Leuna
Bad Dürrenberg
Braunsbedra
Mücheln
Bad Lauchstädt
Schafstädt
Querfurt
Nebra
HALLE
Halle-Neustadt
Landsberg
Brehna
Zörbig
Löbejün
Könnern
Wettin
Alsleben
Hettstedt
Gerbstedt
Mansfeld
Eisleben
Harzgerode
Stolberg
Sangerhausen
Riestedt
Allstedt
Artern
Heldrungen
Wiehe
Bad Bibra
Rastenberg
Eckartsberga
Kölleda
Kindelbrück
Weißensee
Greußen
Bad Tennstedt
Sömmerda
Bad Frankenhausen
Kelbra
Berga
Nordhausen
Sondershausen
Helme
Unstrut
Saale
Elbe
Havel
Spree
Dahme
Elster
Mulde
Bode
Ohre
Aland
Jeetze
Biese
Dosse
Nuthe
Uecker
Malchiner See
Schweriner See
Ruppiner See
Plauer See
Mittellandkanal
Sude
Elde
Wipper
Freiberger Mulde
Schwarze Elster
E 26
E 55
E 51
E 30
E 49
E 28
A 2
A 9
A 10
A 11
A 13
A 14
A 19
A 20
A 24
A 38
11-2006
12-2006
6-2006
11/2006
51
58
63
1
2
3
4

A
B
C
1
2
3
4
65 km
52
57
64
SZCZECIN
Pasewalk
Löcknitz
Lubieszyn
Linken
Dabie
Maszewo
Chociwel
Mirosławiec
Wałcz
Kalisz Pomorski
Stargard Szcz.
Morzyczyn
Kołbacz
Suchań
Recz
Drawno
Tuczno
Drawieński Park Narodowy
Człopa
Trzcianka
Ujście
Brüssow
Pomellen
Kołbaskowo
Schmölln
Penkun
Prenzlau
Gryfino
Mescherin
Gartz
Gramzow
Choszczno
Pyrzyce
Banie
Pełczyce
Barlinek
Dobiegniew
Krzyż
Wieleń
Czarnków
Lubasz
Gerswalde
Milmersdorf
Hohen-Landin
Vierraden
Schwedt
Krajnik Dln
Trzcińsko-Zdrój
Greiffenberg
Angermünde
Felchow
Chojna
Myślibórz
Lipiany
Strzelce Krajeńskie
Drezdenko
Piłka
Joachimsthal
Werbellinsee
Parsteiner See
Oderberg
Cedynia
Moryń
Santok
Lipki Wlk.
Wiejce
Sieraków
Wronki
Obrzycko
Ostroróg
Puszcza Notecka
Noteć
Warta
Finowfurt
Eberswalde
Finow
Bad Freienwalde
Gozdowice
Mieszkowice
Dębno
Gorzów Wlkp.
Bogdaniec
Skwierzyna
Międzychód
Gorzyń
Pniewy
Biesenthal
Lanke
Wriezen
Boleszkowice
Sarbinowo
Witnica
Bernau
Tiefensee
Prötzel
Neuhardenberg
Kostrzyn
Krzeszyce
Lubniewice
Pszczew
Lwówek
Werneuchen
Strausberg
Blumberg
Altlandsberg
Vogelsdorf
Buckow
Manschnow
Küstrin-Kietz
Seelow
Ośno Lubuskie
Sulęcin
Pieski
Międzyrzecz
Trzciel
Nowy Tomyśl
Opalenica
Müncheberg
Lebus
Łagów
Zbąszynek
Zbąszyń
Grodzisk Wlkp.
BERLIN
Rüdersdorf
Köpenick
Erkner
Fürstenwalde
Frankfurt (Oder)
Słubice
Rzepin
Torzym
Świebodzin
Rakoniewice
Wielichowo
Tempelhof
Świecko
Babimost
Wolsztyn
Bad Saarow-Pieskow
Friedersdorf
Königs-Wusterhausen
Rangsdorf
Mittenwalde
Storkow
Müllrose
Cybinka
Sulechów
Kargowa
Eisenhüttenstadt
Beeskow
Zossen
Krosno Odrzańskie
Bojadła
Zabór
Sława
Wünsdorf
Teupitz
Halbe
Märkisch Buchholz
Neu Lübbenau
Schwielochsee
Guben
Gubin
Zielona Góra
Świdnica
Wschowa
Baruth
Lieberose
Nowa Sól
Szlichtyngowa
Golßen
Lübben
Straupitz
Peitz
Nowogród Bobrzański
Kożuchów
Bytom Odrz.
Głogów
Lübbenau
Duben
Luckau
Dahme
Boblitz
Brody
Jasień
Lubsko
Nowe Miasteczko
Vetschau
Cottbus
Forst
Zasieki
Radwanice
Calau
Roggosen
Żary
Żagań
Szprotawa
Przemków
Małomice
Polkowice
Schlieben
Drebkau
Döbern
Trzebiel
Niwica
Rudawica
Sonnewalde
Altdöbern
Finsterwalde
Großräschen
Welzow
Spremberg
Bad Muskau
Łęknica
Iłowa
Chocianów
Lubin
Herzberg
Doberlug-Kirchhain
Weißwasser
Uebigau
Senftenberg
Schwarzheide
Gozdnica
Chojnów
Lauchhammer
Bad Liebenwerda
Ruhland
Lauta
Hoyerswerda
Klitten
Rothenburg
Bolesławiec
Elsterwerda
Bernsdorf
Wittichenau
Niesky
Węgliniec
Gröditz
Ortrand
Pieńsk
Nowogrodziec
Złotoryja
Strehla
Großenhain
Riesa
Thiendorf
Königsbrück
Kamenz
SACHSEN
Görlitz
Zgorzelec
Lubań
Lwówek Śląski
Pulsnitz
Ohorn
Bautzen
Weißenberg
Reichenbach
Olszyna
Świerzawa
Radeburg
Moritzburg
Lommatzsch
Bischofswerda
Burkau
Löbau
Leśna
Gryfów Śląski
Wleń
Lubomierz
Meißen
Coswig
Radeberg
Großröhrsdorf
Neukirch
Oppach
Ostritz
Zawidów
Mirsk
Wojcieszów
Bolków
DRESDEN
Stolpen
Ebersbach
Herrnhut
Habartice
Jelenia Góra
Cieplice-Śląskie-Zdrój
Radebeul
Neustadt
Neugersdorf
Frýdlant
Świeradów-Zdrój
Mysłakowice
Döbeln
Roßwein
Nossen
Wilsdruff
Freital
Tharandt
Siebenlehn
Heidenau
Pirna
Stadt Wehlen
Sebnitz
Rumburk
Dol. Poustevna
Seifhennersdorf
Krásná Lipa
Bad Schandau
Schmilka
Varnsdorf
Großschönau
Bogatynia
Sieniawka
Hrádek nad Nisou
Chrastava
Piechowice
Jakuszyce
Szklarska Poręba
Harrachov
Sobieszów
Kowary
Bogusz
Ogorzelec
Lubawka
Kamienna Góra

BYDGOSZCZ
TORUŃ
Łobżenica
Mrocza
J. Sławianowskie
Wyrzysk
Nakło n. Notecią
Solec Kujawski
Lubicz
Zbójn
Sierpc
Wysoka
Kikół
Lipno
Drobin
Noteć
Szubin
Aleksandrów Kujawski
Ciechocinek
Nieszawa
Tłuchowo
Szamocin
Kcynia
Łabiszyn
Gniewkowo
Bielsk
Chodzież
Margonin
Gołańcz
Wapno
Żnin
Barcin
Inowrocław
Zakrzewo
Dobrzyń n. Wisłą
PŁOCK
Pakość
Janikowo
J. Pakoskie
Włocławek
Budzyń
Kruszwica
Brześć Kujawski
Wągrowiec
Janowiec Wlkp.
Rogowo
J. Gopło
Radziejów
Kowal
Łąck
Wełna
Mogilno
Strzelno
Lubraniec
Gąbin
Rogozno
Gostynin
Skoki
J. Ostrowskie
Piotrków Kujawski
Trzemeszno
Lubień Kujawski
Sanniki
Kłecko
Izbica Kujawska
Chodecz
Oborniki
Kiszkowo
Gniezno
Orchowo
Murowana Goślina
Lednogóra
Witkowo
Sompolno
Przedecz
Żychlin
Kleczew
Ślesin
Kutno
Krośniewice
Pobiedziska
J. Powidzkie
Kłodawa
Bzura
Czerniejewo
Gosławice
Kramsk
Kostrzyn
Września
Koło
Swarzędz
POZNAŃ
Słupca
Golina
Konin
Grabów
Piątek
Giecz
Kościelec
Luboń
Wielkopolski Park Narodowy
Lad
Dąbie
Łęczyca
Głowno
Puszczykowo
Kórnik
Środa Wlkp.
Miłosław
Warta
Zagórów
Rogalin
Mosina
Pyzdry
Tuliszków
Turek
Stryków
Rychwał
Uniejów
Str. Gostków
Zgierz
Czempiń
Nowe Miasto n. Warta
Żerków
Giżalki
Dobra
Poddębice
Aleksandrów Łódzki
ŁÓDŹ
Śrem
Chocz
Książ Wlkp.
Porczyny
Kościan
Prosna
Stawiszyn
Jezioro Jeziorsko
Konstantynów Łódzki
Dolsk
Jarocin
Lisków
Pleszew
Gołuchów
Pabianice
Krzywiń
Borek Wlkp.
Szadek
Warta
Gostyń
Kalisz
Tuszyn
Koźmin
Kolumna
Osieczna
Błaszki
Pogorzela
Nowe Skalmierzyce
Zduńska Wola
Łask
Wadlew
Raszków
Sieradz
Krobia
Krotoszyn
Zelów
Rydzyna
Kobylin
Poniec
Ostrów Wlkp
Zduny
Bojanowo
Sulmierzyce
Widawa
Jutrosin
Czajków
Miejska Górka
Odolanów
Mikstat
Sarnowa
Grabów n. Prosną
Góra
Antonin
Złoczew
Rawicz
Szczerców
Barycz
Milicz
Widawka
Wąsosz
Ostrzeszów
Kamieńsk
Wieruszów
Żmigród
Międzybórz
Wińsko
Twardogóra
Syców
Kępno
Wieluń
Pajęczno
Nw. Brzeźnica
Radomsko
Działoszyn
Trzebnica
Oborniki Śląskie
Prosna
Wołów
Brzeg Dolny
Byczyna
Praszka
Oleśnica
Prochowice
ODRA
Bierutów
Namysłów
Gorzów Śl.
Krzepice
Głoska
Widawa
Malczyce
Wołczyn
Kłobuck
CZĘSTOCHOWA
WROCŁAW
Bodzanowice
Środa Śląska
Kluczbork
Minkowice Oławskie
Katy Wrocł.
Olesno
Wręczyka Wlk.
Pokój
Blachownia
Gniechowice
Oława
Bystrzyca
Bierdzany
Liswarta
Brzeg
Dobrodzień
Żarów
Sobótka
Ślęża
Popielów
J. Turawskie
Jaworzyna Śląska
Lublinec
Koziegłowy
Lewin Brzeski
Wiązów
Strzelin
Oława
Opole
Ozimek
Kolonowskie
Zawadzkie
Mała Panew
Woźniki
Świdnica
Kalety
Grodków
Nysa Kł.
Wałbrzych
Dzierżoniów
Niemcza
Niemodlin
Siewierz
Pieszyce
Piława Grn.
Strzelce Opolskie
Toszek
Tarnowskie Góry
Walim
Gogolin
Ziębice
Bytom
Gluszyca
L
S
K
A
D
E
F
1
2
3
4
53
65
126

A
B
C
1
2
3
4
65 km
15
16
54
21
22
Kingston upon Hull
Ramsgate
ZEELAND
Walcheren
Middelburg
Vlissingen
Goes
Zd Beveland
Bergen op Zoom
Tholen
Zierikzee
Roosendaal
Breda
Breskens
Terneuzen
Hulst
Knokke-Heist
Heist
Zeebrugge
Blankenberge
Sluis
Oostburg
De Haan
Oostende
(Ostende)
Middelkerke-Bad
Nieuwpoort
Koksijde-Bad
De Panne
Bray-Dunes
Malo-les-Bains
Dunkerque
Gravelines
Calais
Veurne
Diksmuide
Bergues
Hondschoote
WEST VLAANDEREN
BRUGGE
(BRUGES)
Jabbeke
Gistel
Torhout
Oostkamp
Eeklo
Maldegem
Aalter
Tielt
Roeselare
(Roulers)
Ingelmunster
Ieper
(Ypres)
Poperinge
Kortrijk
(Courtrai)
Menen
Wervik
Harelbeke
Waregem
Deinze
GENT
(GAND)
Evergem
Zelzate
Lokeren
St.-Niklaas
Temse
Zele
Wetteren
Dendermonde
Aalst
(Alost)
OOST-VLAANDEREN
Oudenaarde
Ronse
(Renaix)
Geraardsbergen
Ninove
Lessines
Enghien
Halle
(ANVERS)
ANTWERPEN
Mechelen
(Malines)
Lier
Vilvoorde
BRUXELLES
BRUSSEL
Tervuren
Overijse
Wavre
Waterloo
Leuven
Aarschot
Heist-o.d.B.
Herentals
Turnhout
Brasschaat
Brecht
Hoogstraten
Zundert
ANTWERPEN
VLAAMS
BRABANT
WALLON
Nivelles
Genappe
Gembloux
Namur
Fleurus
Gosselies
Charleroi
Châtelet
Fosses
Profondeville
Dinant
Philippeville
Florennes
Hastière
Givet
BELGIQUE
HAINAUT
Tournai
(Doornik)
Leuze
Ath
Beloeil
Péruwelz
Soignies
Braine-le-Comte
Mons
(Bergen)
la Louvière
Binche
Anderlues
Thuin
Beaumont
Chimay
Couvin
Maubeuge
Jeumont
Bavay
Hautmont
Quiévrain
Condé
St-Amand-les-Eaux
Valenciennes
Denain
le Quesnoy
Aulnoye-Aymeries
Berlaimont
Avesnes
Sars-Poteries
Solre-le-Château
Trélon
Fourmies
Hirson
St-Michel
Revin
Fumay
Rocroi
Vireux-Wallerand
Montcornet
Rozoy
Signy-l'Abbé
Charleville-Mézières
Rethel
Attigny
Vouziers
Asfeld
Juniville
Machault
Pontfaverger-Moronvilliers
Suippes
Mourmelon-le-Grand
REIMS
Épernay
Châlons
ARDENNES
AISNE
Laon
Sissonne
Crécy
Marle
Vervins
Guise
Wassigny
le Nouvion-en-T.
la Capelle
Bohain-en-V.
St-Quentin
Origny-Ste-Benoite
Ribemont
la Fère
Tergnier
Chauny
St-Gobain
Noyon
Ham
Nesle
Roye
Soissons
Vailly
Craonne
Braine
Fismes
Fère-en-T.
Neufchâtel
Villers-Cotterêts
Pierrefonds
la Ferté-Milon
Oulchy-le-Château
Château-Thierry
Compiègne
Ressons
Lassigny
Montdidier
Maignelay-Montigny
St-Just-en-Chaussée
Breteuil
Froissy
Crèvecoeur-le-Gd
Clermont
Estrées-St-Denis
Pont-Ste-Maxence
Senlis
Crépy-en-Valois
Nanteuil-le-Haudouin
Chantilly
Creil
Beaumont
L'Isle-Adam
Pontoise
Luzarches
Sarcelles
OISE
Beauvais
Noailles
Méru
Chaumont-en-V.
Marseille-en-B.
Grandvilliers
Poix
Conty
AMIENS
Ailly-s-N.
Moreuil
Rosières
Villers-Bretonneux
Corbie
Albert
Bray
Péronne
Chaulnes
Roisel
le Catelet
SOMME
Bapaume
Acheux
Doullens
Bernaville
Domart-en-P.
Ailly-le-Ht Clocher
St-Riquier
Picquigny
Flixecourt
Airaines
Villers-Bocage
Cambrai
Caudry
le Cateau
Solesmes
Landrecies
Marquion
Bouchain
Douai
Arras
Beaumetz-lès-L.
Avesnes-le-Cte
Pas-en-Artois
Aubigny
St-Pol-s-T.
Frévent
Auxi-le-Château
Hesdin
Fruges
Heuchin
Lens
Liévin
Hénin-Beaumont
Carvin
Seclin
Orchies
Marchiennes
Vitry-en-A.
Aniche
NORD
PAS-DE-CALAIS
Béthune
Bruay-la-Buissière
Nœux
Houdain
Lillers
Norrent-Fontes
Aire
Merville
Estaires
Hazebrouck
Cassel
St-Omer
Arques
Lumbres
Thérouanne
Audruicq
Wormhout
Steenvoorde
Bailleul
Armentières
Comines
Halluin
Tourcoing
Mouscron
Roubaix
Villeneuve-d'Ascq
LILLE
Haubourdin
Cysoing
Pont-à-Marcq
La Bassée

D
E
F
55
62
22
23
1
2
3
4
EINDHOVEN
DORTMUND
ESSEN
Bochum
Gelsenkchn
Oberhsn
DUISBURG
Mülheim
Krefeld
WUPPERTAL
Hagen
Iserlohn
DÜSSELDORF
Mönchengladbach
Remscheid
Solingen
Leverkusen
KÖLN
BONN
Bad Godesberg
Koblenz
AACHEN
Maastricht
LIÈGE
(LUIK)
Verviers
Spa
Malmedy
Bastogne
LUXEMBOURG
Trier
Bad Kreuznach
Kaiserslautern
Saarlouis
Völklingen
SAARBRÜCKEN
Sarreguemines
Zweibrücken
Pirmasens
METZ
Thionville
Verdun
Longwy
Arlon
Bouillon
Sedan
Hasselt
Genk
Tilburg
Helmond
Venlo
Roermond
Sittard
Heerlen
Düren
Euskirchen
Neuwied
Montabaur
Wittlich
Idar-Oberstein
Homburg
Neunkirchen
Forbach
St. Avold
LIMBURG
LIMBURG
LIÈGE
NAMUR
LUXEMBOURG
RHEINLAND-PFALZ
SAARLAND
MOSELLE
MEUSE

A
B
C
65 km
56
61
66
1
2
3
4
KASSEL
Hann. Münden
Iserlohn
Meschede
Brilon
Arnsberg
Korbach
Bad Wildungen
Frankenberg
Fritzlar
Melsungen
Eschwege
Eisenach
Bad Hersfeld
Siegen
Olpe
Marburg
Alsfeld
Dillenburg
Herborn
Gießen
Wetzlar
Fulda
Limburg
Koblenz
Montabaur
Bad Ems
Lauterbach
Schotten
Vogelsberg
Bad Nauheim
Friedberg
Bad Homburg
FRANKFURT A. M.
Offenbach
Hanau
WIESBADEN
MAINZ
Darmstadt
Aschaffenburg
Würzburg
Bad Kissingen
Schweinfurt
Bingen
Bad Kreuznach
Alzey
Worms
Miltenberg
Wertheim
Tauberbischofsheim
Bad Mergentheim
Ludwigshafen
MANNHEIM
HEIDELBERG
Bad Dürkheim
Kaiserslautern
Neustadt a. d. W.
Speyer
Mosbach
Heilbronn
Schwäbisch Hall
Zweibrücken
Pirmasens
Landau
Bruchsal
KARLSRUHE
Pforzheim
Ludwigsburg
Wissembourg
Rothenburg ob der Tauber
Crailsheim
Backnang
Schwäbisch Gmünd
Öhringen
Künzelsau
Sinsheim
Weinheim
Bensheim
Heppenheim
Rüsselsheim
Bad Neustadt
Meiningen
Bad Salzungen
Bebra
Rotenburg
Schlüchtern
Gelnhausen
Büdingen
Rhein
Main
Neckar

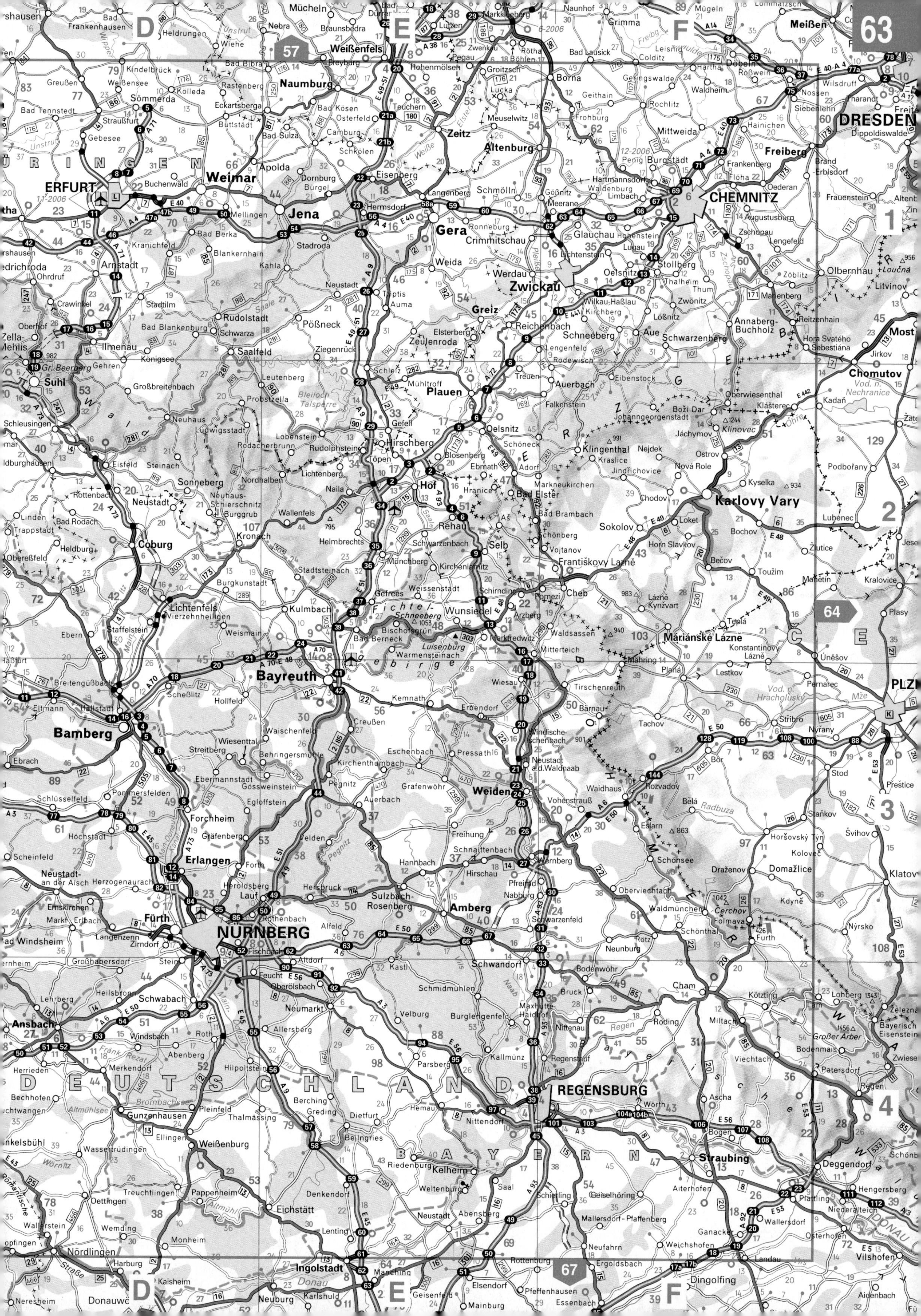
D
E
F
57
64
67
1
2
3
4
DEUTSCHLAND
BAYERN
DRESDEN
CHEMNITZ
ERFURT
Weimar
Jena
Gera
Zwickau
Plauen
Hof
Bayreuth
Bamberg
Coburg
Erlangen
Fürth
NÜRNBERG
Amberg
Weiden
Schwandorf
REGENSBURG
Straubing
Deggendorf
Ingolstadt
Ansbach
Nördlingen
Karlovy Vary
Chomutov
Most
Cheb
Mariánské Lázně
Domažlice
Klatovy
Sokolov
Meißen
Freiberg
Naumburg
Weißenfels
Zeitz
Altenburg
Apolda
Arnstadt
Suhl
Ilmenau
Rudolstadt
Saalfeld
Pößneck
Greiz
Reichenbach
Kronach
Lichtenfels
Kulmbach
Selb
Rehau
Wunsiedel
Marktredwitz
Tirschenreuth
Forchheim
Lauf
Neumarkt
Kelheim
Cham
Eichstätt
Weißenburg
Gunzenhausen
Schwabach
Roth
Mühlhausen
Sömmerda
Bad Kösen
Mittweida
Burgstädt
Glauchau
Crimmitschau
Werdau
Aue
Schneeberg
Annaberg-Buchholz
Marienberg
Oelsnitz
Auerbach
Klingenthal
Waldsassen
Vohenstrauß
Sulzbach-Rosenberg
Hersbruck
Landau
Dingolfing
Vilshofen
Plattling
Bogen
Pegnitz
Münchberg
Helmbrechts
Naila
Lobenstein
Schleiz
Sonneberg
Neustadt
Hildburghausen
Eisfeld
Schleusingen
Rochlitz
Borna
Grimma
Döbeln
Nossen
Frankenberg
Flöha
Stollberg
Thalheim
Zwönitz
Loket
Ostrov
Jáchymov
Kadaň
Klášterec
Františkovy Lázně
Tachov
Stříbro
Nýřany
Rozvadov
Bor
Horšovský Týn
Staňkov
Kdyně
Nýrsko
Furth
Bodenmais
Zwiesel
Regen
Viechtach
Kötzting
Roding
Nittenau
Burglengenfeld
Kallmünz
Parsberg
Velburg
Dietfurt
Beilngries
Riedenburg
Neustadt
Abensberg
Mainburg
Rottenburg
Ergoldsbach
Neufahrn
Mallersdorf-Pfaffenberg
Geiselhöring
Schierling
Wörth
Ascha
Neunburg
Bodenwöhr
Waldmünchen
Schönsee
Oberviechtach
Pfreimd
Nabburg
Wernberg
Hirschau
Schnaittenbach
Freihung
Grafenwöhr
Eschenbach
Pressath
Kemnath
Erbendorf
Wiesau
Mitterteich
Arzberg
Schirnding
Kirchenlamitz
Weissenstadt
Gefrees
Bad Berneck
Bischofsgrün
Creußen
Auerbach
Hollfeld
Scheßlitz
Staffelstein
Ebern
Hallstadt
Eltmann
Ebrach
Höchstadt
Herzogenaurach
Emskirchen
Neustadt an der Aisch
Bad Windsheim
Langenzenn
Zirndorf
Stein
Heilsbronn
Windsbach
Abenberg
Hilpoltstein
Greding
Berching
Thalmässing
Pleinfeld
Ellingen
Treuchtlingen
Pappenheim
Monheim
Wemding
Oettingen
Wallerstein
Harburg
Kaisheim
Donauwörth
Neuburg
Karlshuld
Manching
Geisenfeld
Wolnzach
Lenting
Denkendorf
Kipfenberg
Herrieden
Bechhofen
Feuchtwangen
Dinkelsbühl
Wassertrüdingen
Altmühlsee
Brombachsee
Großer Arber
Klínovec
Fichtelgebirge
Schneeberg
Ochsenkopf
Bleiloch Talsperre
Erzgebirge
Thüringer Wald
Oberwiesenthal
Johanngeorgenstadt
Boží Dar
Kraslice
Aš
Bad Elster
Bad Brambach
Markneukirchen
Adorf
Schöneck
Falkenstein
Treuen
Lengenfeld
Rodewisch
Eibenstock
Schwarzenberg
Hora Svatého Šebestiána
Reitzenhain
Olbernhau
Zöblitz
Zschopau
Augustusburg
Oederan
Hainichen
Siebenlehn
Wilsdruff
Tharandt
Dippoldiswalde
Frauenstein
Brand-Erbisdorf
Lichtenstein
Hohenstein
Limbach
Waldenburg
Meerane
Schmölln
Ronneburg
Weida
Triptis
Auma
Zeulenroda
Elsterberg
Mühltroff
Hirschberg
Gefell
Töpen
Tanna
Lichtenberg
Bad Steben
Nordhalben
Ludwigsstadt
Probstzella
Leutenberg
Lehesten
Neuhaus
Großbreitenbach
Königsee
Gehren
Schwarza
Bad Blankenburg
Stadtilm
Kranichfeld
Blankenhain
Bad Berka
Kahla
Stadtroda
Hermsdorf
Eisenberg
Camburg
Dornburg
Bürgel
Bad Sulza
Eckartsberga
Buttstädt
Kölleda
Kindelbrück
Weißensee
Greußen
Bad Tennstedt
Gebesee
Ohrdruf
Crawinkel
Oberhof
Zella-Mehlis
Gräfenroda
Heldrungen
Wiehe
Nebra
Bad Bibra
Freyburg
Mücheln
Braunsbedra
Lützen
Markkleeberg
Zwenkau
Pegau
Groitzsch
Böhlen
Rötha
Naunhof
Bad Lausick
Colditz
Leisnig
Hartha
Waldheim
Roßwein
Geringswalde
Geithain
Frohburg
Penig
Lunzenau
Meuselwitz
Lucka
Teuchern
Hohenmölsen
Osterfeld
Schkölen
Bad Kösen

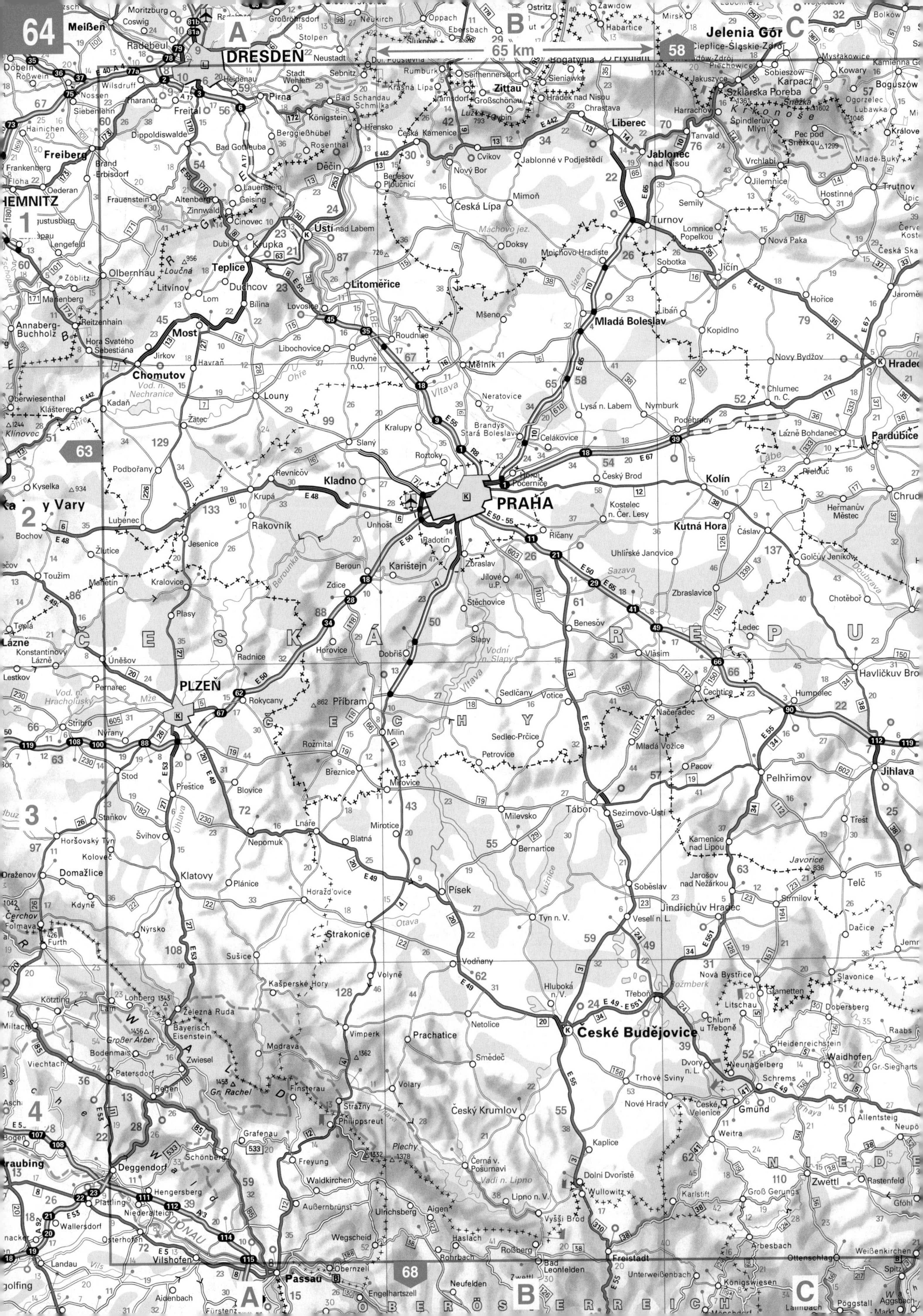
65 km
58
63
68
A
B
C
1
2
3
4
DRESDEN
Meißen
Radebeul
Freital
Pirna
Heidenau
Sebnitz
Bad Schandau
Königstein
Dippoldiswalde
Freiberg
CHEMNITZ
Zittau
Liberec
Jablonec nad Nisou
Jelenia Góra
Szklarska Poręba
Karpacz
Krkonoše
Sněžka
Děčín
Ústí nad Labem
Teplice
Most
Chomutov
Litoměřice
Česká Lípa
Mladá Boleslav
Turnov
Jičín
Hradec
Louny
Žatec
Kadaň
Slaný
Kladno
Mělník
Kralupy
PRAHA
Beroun
Rakovník
Kolín
Kutná Hora
Čáslav
Pardubice
Poděbrady
Nymburk
Benešov
Příbram
Rokycany
PLZEŇ
Klatovy
Domažlice
Strakonice
Písek
Tábor
Pelhřimov
Jihlava
Havlíčkův Brod
Jindřichův Hradec
Telč
České Budějovice
Český Krumlov
Prachatice
Vimperk
Třeboň
Passau
Deggendorf
Vilshofen
Zwettl
Gmünd
Freistadt
Č E S K Á   R E P U B L I K A
Č E C H Y
N I E D
O B E R Ö S T E R R E I C H
Labe
Vltava
Otava
Lužnice
Sázava
DONAU

Świdnica
Wałbrzych
Dzierżoniów
Bielawa
Ząbkowice Śląskie
Nowa Ruda
Kłodzko
Kudowa-Zdrój
Náchod
Polanica-Zdrój
Duszniki-Zdrój
Bystrzyca Kłodzka
Orlické Hory
Nové Město nad Metují
Rychnov n. Kněžnou
Kostelec n. O.
Žamberk
Choceň
Ústí
Vysoké Mýto
Česká Třebová
Litomyšl
Lanškroun
Moravská Třebová
Svitavy
Polička
Skuteč
Strzelin
Niemcza
Ziębice
Kamieniec Ząbkowicki
Złoty Stok
Paczków
Otmuchów
Nysa
Grodków
Niemodlin
Korfantów
Opole
Krapkowice
Gogolin
Strzelce Opolskie
Toszek
Pyskowice
Gliwice
Zabrze
Bytom
Sosnowiec
Katowice
Tarnowskie Góry
Kalety
Kolonowskie
Zdzieszowice
Kędzierzyn-Koźle
Ujazd
Biała
Głogówek
Prudnik
Osobłaha
Głuchołazy
Zlaté Hory
Javorník
Vidnava
Mikulovice
Jeseník
Lipová Lázně
Stronie Śląskie
Lądek-Zdrój
Międzygórze
Międzylesie
Bělá p. Pradědem
Město Albrechtice
Vrbno p. Pradědem
Krnov
Hrubý Jeseník
Praděd 1491
Karlova Studánka
Bruntál
Rýmařov
Šumperk
Hanušovice
Červená Voda
Dolní Lipka
Głubczyce
Baborów
Kietrz
Branice
Racibórz
Kuźnia Raciborska
Rybnik
Rydułtowy
Wodzisław Śl.
Jastrzębie Zdrój
Żory
Pszczyna
Mikołów
Orzesze
Knurów
Czerwionka-Leszczyny
Bielsko-Biała
Czechowice-Dziedzice
Strumień
Skoczów
Ustroń
Cieszyn
Český Těšín
Třinec
Karviná
Bohumín
Orlová
Havířov
Hlučín
Kravaře
Opava
Poruba
OSTRAVA
Hor. Benešov
Hor. Kunčice
Vítkov
Bílovec
Studénka
Fulnek
Odry
Frýdek-Místek
Příbor
Štramberk
Frýdlant n. Ostravicí
Frenštát p. Radhoštěm
Nový Jičín
Jablunkov
Morávka
Moravskoslezské Beskydy
Čadca
Krásno n. Kysucou
Turzovka
Kysucké Nové Mesto
Žilina
Bytča
Zábřeh
Mohelnice
Uničov
Litovel
Šternberk
Mor. Beroun
Hlubočky
Vel. Bystřice
Olomouc
Hranice
Lipník n. Beč.
Přerov
Valašské Meziříčí
Rožnov p. Radhoštěm
Karolinka
Vsetín
Bystřice p. Host.
Holešov
Fryšták
Vizovice
Zlín
Otrokovice
Kroměříž
Hulín
Kojetín
Prostějov
Konice
Jevíčko
Boskovice
Sloup
Macocha
Blansko
Vyškov
Tišnov
Kuřim
Křižanov
Pernštejn
Bystřice n. Pernštejnem
Nové Město n. M.
Velké Meziříčí
Velká Bíteš
Náměšť n. O.
Rosice
BRNO
Šlapanice
Slavkov u Brna
Bučovice
Buchlovice
Uherské Hradiště
Uherský Brod
Hluk
Luhačovice
Bojkovice
Slavičín
Horní Lideč
Brumov-Bylnice
Púchov
Považská Bystrica
Rajec
Ilava
Dubnica n. Váhom
Trenčianske Teplice
Trenčín
Prievidza
Bánovce n. Bebravou
Nováky
Ivančice
Židlochovice
Pohořelice
Moravský Krumlov
Jaroměřice n. Rokytnou
Moravské Budějovice
Jevišovice
Znojmo
Hrušovany n. Jevišovkou
Drnholec
Mikulov
Břeclav
Hustopeče
Vn. Nové Mlýny
Kyjov
Čejč
Dubňany
Hodonín
Veselí n. Moravou
Strážnice
Velká n. Veličkou
Skalica
Holíč
Senica
Myjava
Stará Turá
Nové Mesto n. Váhom
Piešťany
Vrbové
Brezová p. Bradlom
Jablonica
Kúty
Borský Mikuláš
Trstín
Smolenice
Hlohovec
Trnava
Rohožník
Malacky
Pernek
Modra
Pezinok
Stupava
Svätý Jur
Senec
Sered
Šoporňa
Sládkovičovo
Galanta
Šaľa
Sládečkovce
Nitra
Vráble
Zlaté Moravce
Topoľčany
Partizánske
Veľké Ripňany
Radošina
Drahovce
Veľké Úľany
Ivanka p. Dunaji
BRATISLAVA
Zlaté Klasy
Surany
Nové Zámky
Tvrdošovce
SLOVENSKÁ REP.
MORAVA
LIKA
ÖSTERREICH
Hardegg
Retz
Pulkau
Horn
Eggenburg
Maissau
Hollabrunn
Ziersdorf
Kirchberg
Stockerau
Korneuburg
Klosterneuburg
Tulln
WIEN
Schwechat
Laa an der Thaya
Hevlín
Drasenhofen
Kleinhaugsdorf
Jetzelsdorf
Mistelbach
Wilfersdorf
Zistersdorf
Poysdorf
Hohenau
Dürnkrut
Angern
Wolkersdorf
Gänserndorf
Marchegg
Deutsch-Wagram
Leopoldsdorf
Großenzersdorf
Orth
Traismauer
Judenau
D
E
F
1
2
3
4
59
69
126

65 km
KARLSRUHE
Pforzheim
Ludwigsburg
STUTTGART
Esslingen
Göppingen
Schwäbisch Gmünd
Aalen
Ellwangen
Haguenau
Baden-Baden
Sindelfingen
Böblingen
Calw
Bad Wildbad
Kirchheim u. Teck
Nürtingen
Geislingen
STRASBOURG
Kehl
Tübingen
Reutlingen
Ulm
Neu-Ulm
Offenburg
Freudenstadt
Nagold
Hechingen
Balingen
Rottweil
Schramberg
Sélestat
Triberg
Biberach a.d. Riß
Ehingen
Riedlingen
COLMAR
FREIBURG
Emmendingen
Villingen-Schwenningen
Tuttlingen
Sigmaringen
Donaueschingen
Titisee
Neustadt
Singen
Konstanz
Ravensburg
Friedrichshafen
Lindau
Bregenz
Wangen
MULHOUSE
Lörrach
BASEL
Schaffhausen
Frauenfeld
St.Gallen
Winterthur
ZÜRICH
Baden
Aarau
Olten
Solothurn
Biel/Bienne
BERN
Fribourg
Thun
Interlaken
Luzern
Zug
Schwyz
Einsiedeln
Glarus
Chur
Davos
Arosa
St-Moritz
Dornbirn
Feldkirch
Vaduz
LIECHTENSTEIN
Bludenz
Appenzell
Herisau
Grindelwald
Wengen
Gstaad
Andermatt
Altdorf
Stans
Sarnen
Engelberg
Göschenen
Airolo
Spiez
BADEN-WÜRTTEMBERG
SCHWEIZ
SVIZZERA
AARGAU
JURA
VORARLBERG
RHIN
SCHWARZWALD
Bodensee
Rhein
Donau
Neckar
Feldberg
Säntis
Jungfrau
Finsteraarhorn
Pilatus
Rigi
Titlis
Sustenpass
Furkapass
Grimselpass
Oberalppass
Klausenpass
Splügenpass
Julierpass
Nufenenpass
Pso d. S. Gottardo
62
23
70
71

Nördlingen
Donauwörth
Ingolstadt
Neuburg
Eichstätt
Landshut
Dingolfing
Freising
Moosburg
Pfaffenhofen
Schrobenhausen
Dillingen
Günzburg
AUGSBURG
Dachau
Fürstenfeldbruck
MÜNCHEN
Erding
Mühldorf
Altötting
Burghausen
Braunau
Landsberg
Memmingen
Kaufbeuren
Kempten
Schongau
Weilheim
Starnberg
Rosenheim
Wasserburg
Traunstein
SALZBURG
Bad Tölz
Garmisch
Partenkirchen
Füssen
Reutte
Kufstein
Kitzbühel
Wörgl
INNSBRUCK
Seefeld
Schwaz
Imst
Landeck
St. Anton
Mayrhofen
Zell am See
Lienz
Brenner
Vipiteno / Sterzing
Brunico / Bruneck
Bressanone / Brixen
Merano / Meran
Bolzano / Bozen
Cortina d'Ampezzo
Ortisei / St. Ulrich
Bormio
Zugspitze 2962
Großvenediger 3674
Großglockner
Wildspitze 3774
O S T T I R O L
H O H E T A U E R N
63
68
71
72
1
2
3
4
D
E
F

68
A
B
C
64
65 km
1
2
3
4
67
72
73
OBERÖSTERREICH
ÖSTERREICH
SALZBURG
STEIERMARK
KÄRNTEN
HOHE TAUERN
FRIULI
SLOVENIJA
TIROL
DONAU
Passau
Schärding
Braunau
Burghausen
Altötting
Neuötting
Simbach
Pfarrkirchen
Eggenfelden
Vilshofen
Osterhofen
Landau
Pocking
Bad Griesbach
Fürstenzell
Aidenbach
Ried
Mattighofen
Uttendorf
Mauerkirchen
Altheim
Obernberg
Haag am Hausruck
Grieskirchen
Gallspach
Bad Schallerbach
Eferding
Peuerbach
Waizenkirchen
Raab
Zell
Münzkirchen
Engelhartszell
Obernzell
Wegscheid
Neufelden
Aschach
Ottensheim
Urfahr
Wilhering
LINZ
Bad Leonfelden
Zwettl
Freistadt
Unterweißenbach
Gallneukirchen
Pregarten
Königswiesen
Mönchdorf
Arbesbach
Ottenschlag
Weißenkirchen
Spitz
Aggsbach-Markt
Dorf
Pöggstall
Laimbach
Pöchlarn
Maria Taferl
Melk
Persenbeug
Ybbs
Grein
Perg
Mauthausen
Asten
Enns
Markt St Florian
Valentin
Strengberg
Haag
Aschbach Markt
Amstetten
Euratsfeld
Wieselburg
Purgstall
Scheibbs
Mank
St. Leonhard
Seitenstetten
St. Peter in der Au
Neuhofen an der Krems
Wels
Traun
Sattledt
Kremsmünster
Steyr
Sierninghofen
Bad Hall
Waidhofen
Gresten
Gaming
Lunz
Gr. Ötscher
Lambach
Ottnang
Schwanenstadt
Attnang
Vöcklabruck
Frankenburg
Frankenmarkt
Straßwalchen
Vorchdorf
Steyrermühl
Pettenbach
Viechtwang
Grünburg
Losenstein
Großraming
Weyer-Markt
Göstling
Zellerrain
Kirchdorf
Micheldorf
Gmunden
Altmünster
Seewalchen
Attersee
St. Georgen
Weyregg
Traunkirchen
Traunsee
Ebensee
Grünau
Almsee
Gr. Priel
Mondsee
Thalgau
Unterach
Neumarkt
Mattsee
Oberndorf
Laufen
Freilassing
Teisendorf
Traunstein
Waging
Traunreut
Altenmarkt
Tittmoning
Garching
Chieming
Grabenstätt
Siegsdorf
Inzell
Ruhpolding
Reit im Winkl
Bad Reichenhall
Berchtesgaden
Bischofswiesen
Ramsau
Königssee
Watzmann
Lofer
Waidring
Paß Strub
St. Johann in Tirol
Fieberbrunn
Kitzbühel
Leogang
Saalfelden
Saalbach
Zell am See
Kaprun
Bruck
Taxenbach
Mittersill
Uttendorf
Felbertauerntunnel
Großglockner
Hochtor
Heiligenblut
Franz-Josephs-Höhe
Nationalpark Hohe Tauern
Kals
Matrei
Virgen
Döllach
Winklern
Iselsbergpaß
Lienz
Sillian
Hochgrabe
SALZBURG
Fuschl
St. Gilgen
Strobl
Schafberg
St. Wolfgang
Bad Ischl
Hallein
Kuchl
Golling
Abtenau
Werfen
Bischofshofen
St. Johann im Pongau
Schwarzach
Lend
Rauris
Fusch
Bad Hofgastein
Bad Gastein
Böckstein
Sonnblick
Ankogel
Tauerntunnel
Mallnitz
Obervellach
Gosau
Hallstatt
Obertraun
Bad Goisern
Bad Aussee
Altaussee
Grundlsee
Gößl
Totes Gebirge
Tauplitz
Bad Mitterndorf
Pötschenhöhe
Paß Gschütt
Dachsteingruppe
Eisriesenwelt-Höhle
Radstadt
Eben im P.
Altenmarkt
Schladming
Haus
Ramsau am D.
Gröbming
Wagrain
Hüttschlag
Obertauern
Radstädter Tauernpaß
Hochgolling
Mauterndorf
St. Michael
Katschberg
Tamsweg
Murau
Oberwölz
Sölkerpaß
Irdning
Donnersbachwald
Liezen
Spital
Windischgarsten
Hinterstoder
Pyhrnpaß
Hengstpaß
St. Gallen
Altenmarkt
Wildalpen
Hieflau
Admont
Gesäuse
Hochtor
Rottenmann
Trieben
Hohentauern
Schoberpaß
Eisenerz
Präbichl
Erzberg
Vordernberg
Trofaiach
Leoben
Mautern
Kapfenberg
Aflenzer Seeberg
Aflenz Kurort
Hochschwab
Mariazell
St. Michael
Gaaldorf
Seckau
Knittelfeld
Zeltweg
Fohnsdorf
Judenburg
Obdach
Weißkirchen
Gaberl
Köflach
Piber
Packsattel
Obdacher Sattel
Zirbitzkogel
Neumarkt
Scheifling
St. Lambrecht
Bad St. Leonhard
Twimberg
Wolfsberg
Deutschlandsberg
Klippitztörl
Hüttenberg
Friesach
Metnitz
Flattnitz
Turracher Höhe
Straßburg
Gurk
Althofen
Eberstein
St. Georgen am Längsee
St. Veit
Brückl
Griffen
St. Paul
St. Andrä
Lavamünd
Völkermarkt
Bleiburg
Klagenfurt
Maria Saal
Krumpendorf
Pörtschach
Velden
Wörther See
Feldkirchen
Gerlitzen
Ossiach
Villach
Arnoldstein
Faak
Rosegg
St. Jakob im Rosental
Ferlach
Loibltunnel
Eisenkappel
Seebergsattel
Bad Kleinkirchheim
Radenthein
Millstatt
Seeboden
Spittal
Möllbrücke
Gmünd
Rennweg
Malta
Dobratsch
Paternion
Weißensee
Weißbriach
Hermagor
Kötschach-Mauthen
Gailberg Sattel
Oberdrauburg
Greifenburg
Steinfeld
Techendorf
Döbriach
Feld
Plöckenpaß
Naßfeld-Paß
Tarvisio
Pontebba
Paularo
Paluzza
Arta Terme
Tolmezzo
Ampezzo
Villa Santina
Comeglians
Forni Avoltri
Sappada
Forni di Sopra
Sauris di Sopra
S. Stefano di C.
Auronzo di C.
Misurina
Cortina d'Ampezzo
Pieve di C.
Longarone
Claut
Meduno
Maniago
Montereale
Barcis
Piancavallo
Spilimbergo
Pinzano al T.
S. Daniele d. Fr.
Martignacco
Udine
Tricesimo
Tarcento
Gemona d. Friuli
Osoppo
Cavazzo
Carnia
Chiusaforte
Sella Nevea
Cividale d. Friuli
Kranjska Gora
Rateče
Mojstrana
Jesenice
Bled
Bohinjska Bistrica
Triglav
Trenta
Bovec
Kobarid
Tolmin
Most na Soči
Cerkno
Železniki
Radovljica
Lesce
Tržič
Ljubelj
Kranj
Golnik
Preddvor
Škofja Loka
Medvode
Kamnik
Domžale
LJUBLJANA
Vrhnika
Idrija
Grosuplje
Litija
Logarska Dolina
Solčava
Mozirje
Ljubno
Gornji Grad
Vransko
Zg. Jezersko
Peca
Mežica
Poljana
Holmec

D
E
F
65
128
131
73
1
2
3
4
B
WIEN
Stockerau
Korneuburg
Klosterneuburg
Tulln
Schwechat
Purkersdorf
Pressbaum
Neulengbach
St. Christophen
Mödling
Baden
Bad Vöslau
Traiskirchen
Wiener-Neudorf
Ebreichsdorf
Wiener Neustadt
Eisenstadt
Rust
Mattersburg
Neunkirchen
Ternitz
Gloggnitz
Semmering-Kurort
Mürzzuschlag
Krieglach
Langenwang
Kindberg
Hartberg
Oberwart
Pinkafeld
Bernstein
Friedberg
Birkfeld
Weiz
Gleisdorf
Fürstenfeld
Riegersburg
Feldbach
Kirchbach
Bad Gleichenberg
Wildon
Leibnitz
Ehrenhausen
Spielfeld
Mureck
Bad Radkersburg
Jennersdorf
Heiligenkreuz
Güssing
Stegersbach
Großpetersdorf
BURGENLAND
Wienerwald
Schneeberg
Wechsel
Hainburg
Bruck
Neusiedl
Parndorf
Neusiedler See (Fertő)
Illmitz
Pamhagen
Mörbisch
Sopron
Deutschkreutz
Oberpullendorf
Lutzmannsburg
Lockenhaus
Kőszeg
Szombathely
Körmend
Rábafüzes
Szentgotthárd
BRATISLAVA
Pezinok
Senec
Stupava
Šamorín
Dunajská Streda
Gabčíkovo
Komárno
Komárom
Tata
Hurbanovo
Nové Zámky
Šaľa
Galanta
Mosonmagyaróvár
GYŐR
GYŐR-MOSON-SOPRON
Csorna
Kapuvár
Fertőd
Pápa
Zirc
Várpalota
Veszprém
Ajka
Devecser
Sümeg
Tapolca
Balatonfüred
Siófok
Keszthely
Hévíz
Zalaegerszeg
Celldömölk
Sárvár
Vasvár
Marcali
Kaposvár
Nagykanizsa
Letenye
Lenti
ZALA
VESZPRÉM
VAS
SOMOGY
KOMÁROM-ESZTERGOM
Murska Sobota
Lendava
Ljutomer
Maribor
Ptuj
Čakovec
Varaždin
Koprivnica
Križevci
Bjelovar
Virovitica
Barcs
Szigetvár
Nagyatád
Đurđevac
Rogaška Slatina
Celje
Krapina
Zabok
Laško
Sevnica
Krško
ZAGREB
Samobor
Zaprešić
Sesvete
Dugo Selo
Vrbovec
Čazma
DRAVA
DUNAJ
Duna
Balaton

A
B
C
65 km
23
1
2
3
4
Mulhouse
Basel
Zürich
Vesoul
Belfort
Montbéliard
Besançon
Pontarlier
Lausanne
Genève
Annecy
Chambéry
Aix-les-Bains
Albertville
Thonon
Évian
Montreux
Vevey
Neuchâtel
Biel/Bienne
Bern
Fribourg
Solothurn
Luzern
Winterthur
Zug
Thun
Interlaken
Grindelwald
Wengen
Mürren
Gstaad
Sion
Sierre
Crans
Montana
Brig
Visp
Zermatt
Saas-Fee
Chamonix-Mont-Blanc
Megève
St Gervais
Courmayeur
Aosta/Aoste
Biella
Vercelli
Ivrea
Domodossola
Val d'Isère
Courchevel
Lörrach
Aarau
Olten
Schaffhausen
HTE-SAÔNE
DOUBS
JURA
AARGAU
VAUD
SUISSE
SCHWEIZ
VALAIS
HAUTE-SAVOIE
SAVOIE
VALLE D'AOSTA
UNTERWALDEN
CERVINO
MATTERHORN
MONTE ROSA
MONTE BIANCO
MONT BLANC
Gran Paradiso
Jungfrau
Finsteraarhorn
Simplonpass
Grimselpass
Furkapass
Sustenpass
Brünigpass
Col du Gd St Bernard
Col du Pt St Bernard
Col de l'Iseran
Lötschbergtunnel
LAC LÉMAN
74

Stockach
Überlingen
Ravensburg
Kempten
Marktoberdorf
Konstanz
Friedrichshafen
Wangen
Lindau
Bregenz
Garmisch
Partenkirchen
Mittenwald
Zugspitze
Reutte
Füssen
Oberammergau
Frauenfeld
St. Gallen
Herisau
Appenzell
Säntis
Dornbirn
Oberstdorf
Seefeld
INNSBRUCK
Imst
Landeck
St. Anton
Arlbergpaß
VORARLBERG
Feldkirch
Bludenz
Vaduz
LIECHTENSTEIN
Rapperswil
Glarus
Chur
Davos
Klosters
Scuol
Arosa
GRAUBÜNDEN
SVIZZERA
St-Moritz
Pontresina
Piz Bernina
Sölden
Brenner
Merano / Meran
Bolzano / Bozen
Trento
Rovereto
TICINO
Bellinzona
LUGANO
Locarno
Como
Lecco
Bergamo
Monza
MILANO
Novara
Vigevano
Lodi
BRESCIA
Cremona
Mantova
VERONA
Sirmione
Riva del Garda
Sondrio
Tirano
Bormio
Ortlergruppe
LOMBARDIA
TRENTINO
Adamello
Lago di Garda
Lago di Como
Bodensee

A
B
C
65 km
1
2
3
4
Partenkirchen
Mittenwald
INNSBRUCK
Hall in Tirol
Schwaz
Kufstein
Wörgl
Rattenberg
Kitzbühel
Saalfelden
Zell am See
St. Johann im Pongau
Bischofshofen
Radstadt
Schladming
Bad Gastein
Bad Hofgastein
Mittersill
Mayrhofen
Gerlospaß
Krimml
HOHE TAUERN
SALZBURG
Großglockner
Großvenediger
Felbertauerntunnel
Heiligenblut
Mallnitz
Obervellach
Spittal
Millstatt
KÄRNTEN
Katschberg
Matrei
Steinach
Brenner
Vipiteno / Sterzing
Brunico / Bruneck
Dobbiaco / Toblach
OSTTIROL
Lienz
Sillian
Kötschach-Mauthen
Hermagor
Tarvisio
Arnoldstein
Merano / Meran
Bolzano / Bozen
Bressanone / Brixen
Ortisei / St. Ulrich
Cortina d'Ampezzo
Marmolada
Canazei
Cavalese
Trento
Rovereto
Riva
Arco
Malcesine
Belluno
Feltre
Longarone
Tolmezzo
Udine
Cividale d. Friuli
Pordenone
Vittorio Veneto
Conegliano
Treviso
Castelfranco Veneto
Bassano d. Grappa
Asiago
Schio
Vicenza
VERONA
PADOVA
Mestre
VENEZIA
Lido di Venezia
Chioggia
GOLFO DI VENEZIA
Jesolo
Lido di Jesolo
Caorle
Portogruaro
Latisana
Lignano Sabbiadoro
Grado
Palmanova
Monfalcone
Golfo di Trieste
Este
Monselice
Legnago
Rovigo
Adria
Rosolina Mare
FRIULI
VENEZIA GIULIA
VENETO
TRENTINO

67
68
71
76

D
E
F
68
69
131
134
1
2
3
4
GRAZ
Maribor
Klagenfurt
LJUBLJANA
ZAGREB
RIJEKA
Celje
Kranj
Postojna
Opatija
Karlovac
Varaždin
Ptuj
Velenje
Trbovlje
Novo Mesto
Kočevje
Delnice
Crikvenica
Senj
Otočac
Ogulin
Slunj
Bihač
Sisak
Koper / Capodistria
Pula / Pola
Labin / Albona
Pazin / Pisino
Krk
Cres
Rab
Jesenice
Bled
Velden
Villach
Feldkirchen
Wolfsberg
Deutschlandsberg
Leibnitz
Judenburg
Knittelfeld
Köflach
Voitsberg
Fürstenfeld
Güssing
Körmend
Szentgotthárd
Murska Sobota
Lendava / Lendva
Čakovec
Krapina
Samobor
Velika Gorica
Rogaška Slatina
Slovenj Gradec
Ravne na K.
Dravograd
Bleibung
Škofja Loka
Domžale
Kamnik
Vrhnika
Logatec
Idrija
Ajdovščina
Sežana
Ilirska Bistrica
Jastrebarsko
Metlika
Črnomelj
Vrbovsko
Plitvička Jezera
Kutina
Glina
Petrinja
Vodnjan / Dignano
Rovinj
Poreč
Buzet / Pinguente
Mošćenička Draga
Rabac
Baška
Omišalj
Malinska
Njivice
Novi Vinodolski
Karawanken
Drava
Mura
Sava
Kupa
Korana
KRK
Vrh Kapele
Velika Kapela
Mala Kapela
Pohorje
Medvednica
Sljeme
Zagorje ob Savi
Žalec
Laško
Hrastnik
Sevnica
Krško
Brežice
Trebnje
Grosuplje
Ribnica
Cerknica
Snežnik
Risnjak
Učka

A
B
C
65 km
70
1
2
3
4
27
31
GRENOBLE
TORINO
Vercelli
Chivasso
Asti
Alba
Cuneo
Mondovì
Saluzzo
Savigliano
Fossano
Carmagnola
Pinerolo
Ivrea
Susa
Sestriere
Briançon
Modane
Gap
Sisteron
Digne-les-Bains
Barcelonnette
Embrun
Guillestre
Castellane
Grasse
Vence
NICE
Antibes
Juan-les-Pins
CANNES
Menton
Monte-Carlo-Monaco
Beaulieu
Villefranche-s-Mer
Ventimiglia
Bordighera
San Remo
Imperia (Porto-Maurizio)
Alassio
Draguignan
Fréjus
St Raphaël
Ste Maxime
St Tropez
Hyères
TOULON
Bandol
le Lavandou
Manosque
Brignoles
Courchevel
St Jean-de-Maurienne
Alpe-d'Huez
les Deux-Alpes
Col du Galibier
Col du Lautaret
Col du Mt Cenis
Massif des Ecrins
PIEMONTE
ALPES-DE-HTE-PROVENCE
HTES-ALPES
SAVOIE
VAR
ALPES-MARITIMES
Iles d'Hyères

D
E
F
71
76
78
1
2
3
4
Novara
Vigevano
Abbiategrasso
Melegnano
Lodi
Crema
Manerbio
Goito
Mantova
Isola d. Scala
Ostiglia
Sermide
Mortara
Pavia
Bereguardo
Certosa di Pavia
Garlasco
Gropello Cairoli
Lomello
Mede
Sannazzaro de' Burgondi
Pieve del Cairo
Torre Beretti
Valenza
Casei Gerola
Castelnuovo Scrivia
Sale
Voghera
Broni
Stradella
Casteggio
Castel S. Giovanni
Piacenza
Codogno
Cremona
Casalbuttano
Soresina
Pizzighettone
Castiglione d'A.
Casalpusterlengo
S. Colombano al Lambro
S. Angelo Lodigiano
Corteolona
Caorso
Castelnuovo Bocca d'A.
Cortemaggiore
Busseto
Fiorenzuola d'Arda
Fidenza
Salsomaggiore Terme
Soragna
Colorno
Sissa
Casalmaggiore
Sabbioneta
Viadana
Guastalla
Suzzara
Luzzara
Reggiolo
Piadena
Bozzolo
Gazzuolo
S. Daniele Po
S. Benedetto Po
Pegognaga
Moglia
Concordia s. Sec.
Mirandola
S. Felice s. Pan.
Novi di Mod.
Cavezzo
Carpi
Correggio
Novellara
Cadelbosco di Sopra
Campogalliano
PARMA
Reggio nell' Emilia
MODENA
Rubiera
Scandiano
Sassuolo
Formigine
Maranello
Vignola
Bazzano
Casalecchio di Reno
Sasso Marconi
Pavullo nel Frignano
Castelfranco Emilia
Crevalcore
Alessandria
Tortona
Novi Ligure
Serravalle Scr.
Gavi
Ovada
Acqui-Terme
Vignole Borbera
Salice Terme
Zavattarello
Varzi
S. Sebastiano Curone
Brallo di Pregola
Pso del Penice
Bobbio
Marsaglia
Perino
Bettola
Carpaneto Piacentino
Castell' Arquato
Lugagnano Val d'Arda
S. Giorgio Piac.
Agazzano
Borgonovo Val Tidone
S. Maria d. Versa
Farini
Morfasso
Bore
Pellegrino Parmense
Varano de' Melegari
Fornovo di T.
Collecchio
Noceto
Langhirano
S. Polo d'E.
Casina
Carpineti
Castelnovo ne' Monti
Villa Minozzo
Vitriola
Ferriere
Bardi
Pione
Cabella Lig.
M. Lesima
Vobbia
Fontanigorda
Torriglia
Busalla
Montoggio
Pso d. Giovi
Campo Lig.
Pontedecimo
S. Stefano d'Aveto
Rezzoaglio
Bedonia
Borgo Val di Taro
Ponteceno
Pso della Cisa
Berceto
Corniglio
Pso Cento Croci
Pso di Lagastrello
Pontremoli
Pso del Cerreto
Pso di Pradarena
Pso d. Radici
M. Cusna
Piandelagotti
Sestola
M. Cimone
Pievepelago
Abetone
Fiumalbo
Lizzano in Belvedere
Porretta Terme
Castiglione dei Pepoli
Pso d. M. Citerna
Pso d. Collina
Varese Lig.
Sesta Godano
Zeri
Villafranca in Lunigiana
Licciana Nardi
Fivizzano
Aulla
Pso Carpinelli
Casola in Lunig.
Piazza al Serchio
Castelnuovo di Garfagnana
Fornaci di Barga
Bagni di Lucca
Arni
Alpi Apuane
Borzonasca
Gattorna
Urbe
Pegli
Voltri
Arenzano
Varazze
Celle Lig.
Albissola Marina
Savona
Vado Lig.
GENOVA
Nervi
Recco
Camogli
Rapallo
S. Margherita Ligure
Portofino
Chiavari
Lavagna
Sestri Levante
Pso del Bracco
Deiva Marina
Bonassola
Levanto
Monterosso al Mare
Cinque Terre
Riomaggiore
La Spezia
Portovenere
Lerici
Sarzana
Carrara
Massa
Marina di Carrara
Marina di Massa
Forte dei Marmi
Seravezza
Pietrasanta
Camaiore
Marina di Pietrasanta
Lido di Camaiore
Viareggio
Massarosa
Lucca
Porcari
Altopascio
Collodi
Pescia
Montecatini-Terme
Monsummano Terme
Chiesina Uzz.
Pistoia
S. Marcello Pist.
Prunetta
Campi Bisenzio
Vinci
Empoli
Montelupo Fior.
Fucecchio
S. Miniato
Pisa
S. Giuliano Terme
Bientina
Cascina
Pontedera
Ponsacco
Marina di Pisa
Tirrenia
LIVORNO
Collesalvetti
Palaia
Montaione
Peccioli
Casciana Terme
la Sterza
Certaldo
Castelfiorentino
Poggibonsi
S. Gimignano
Volterra
Rosignano Marittimo
Castiglioncello
Solvay
Riparbella
Cecina
Pomarance
Larderello
Canneto
Marina di Castagneto-Donoratico
Sassetta
Suvereto
Monterotondo Maritt.
Massa Maritt.
S. Vincenzo
Campiglia Maritt.
Venturina
Montioni
Follonica
Piombino
Punta Ala
Castiglione della Pescaia
Marina di Grosseto
Portoferraio
Marciana Marina
Marina di Campo
Rio Marina
Cavo
Porto Azzurro
Isola d'Elba
I. di Gorgona
I. di Capraia
Arcipelago
Cap Corse
CORSE
Rogliano
Pino
Luri
Nonza
Erbalunga
Golfo di Genova
Mare Ligure
Ajaccio
I. Canarias
Barcelona,Palma
Tunis
Cagliari
Porto-Torres
Olbia-Arbatax
Palermo
Bastia
Ile-Rousse
Olbia
Olbia, Golfo Aranci
Toulon
Savona
Piombino
Marseille
Nice
Genova
Livorno
La Spezia
L I G U R I A
E M I L I A
R O M A G N A
T O S C A N A
Po
Trebbia
Taro
Enza
Secchia
Panaro
Arno
Cecina
Adda
Oglio
Mincio
Scrivia
Tanaro
Bormida
(VIA AURELIA)
(FI-PI-LI)

A
B
C
65 km
72
75
79
1
2
3
4
Mantova
Legnago
Minerbio
Montagnana
Este
Rosolina Mare
Rovigo
Adria
Badia Polesine
Lendinara
Ostiglia
Castelmassa
Sermide
Ficarolo
Occhiobello
Bondeno
Polesella
Crespino
Copparo
Berra
Ariano nel Polesine
Mesola
Goro
Porto Tolle
Scardovari
Contarina
Taglio di Po
Pomposa
Codigoro
Massa Fiscaglia
Migliarino
FERRARA
Concordia s. Sec.
Mirandola
S. Felice s. Pan.
Finale Emilia
Poggio Renatico
Cento
Crevalcore
Carpi
Correggio
Novellara
Guastalla
Reggiolo
Novi di Mod.
Cavezzo
Campogalliano
MODENA
Rubiera
Sassuolo
Maranello
Formigine
Castelfranco Emilia
S. Giovanni in Persiceto
S. Pietro in Casale
Malalbergo
Altedo
Minerbio
Molinella
Budrio
Argenta
Portomaggiore
Comacchio
Valli di Comacchio
Lido d. Nazioni
Porto Garibaldi
Lido d. Estensi
Lido di Spina
Alfonsine
Marina di Ravenna
RAVENNA
BOLOGNA
Casalecchio di Reno
Bazzano
Vignola
S. Lazzaro di Savena
Castel S. Pietro Terme
Medicina
Conselice
Fusignano
Bagnacavallo
Lugo
Russi
Imola
Faenza
Forlì
Forlimpopoli
Cesena
Cesenatico
Bellaria
Cervia
Milano Maritt.
Lido di Classe
Lido di Savio
Rimini
Viserba
Miramare
Riccione
Cattolica
Gabicce Mare
Pesaro
Fano
S. Marino
Santarcangelo di Rom.
Savignano sul Rubicone
Bertinoro
Meldola
Predappio
Rocca S. Casciano
Castrocaro Terme
Modigliana
Brisighella
Riolo Terme
Sassoleone
Monterenzio
Pianoro
Sasso Marconi
Vergato
Loiano
Rioveggio
Pian d. Voglio
Roncobilaccio
Firenzuola
Marradi
Tredozio
Palazzuolo sul Senio
Castel di Rio
Pavullo nel Frignano
Sestola
M. Cimone
Lizzano in Belvedere
Abetone
Porretta Terme
Castiglione dei Pepoli
S. Marcello Pist.
Pistoia
Montecatini-Terme
Prato
Vaiano
Barberino di Mugello
Borgo S. Lorenzo
S. Piero a Sieve
Dicomano
FIRENZE
Fiesole
Sesto fior.
Pontassieve
Consuma
Vallombrosa
Reggello
Poppi
Bibbiena
Stia
Camaldoli
La Verna
Pieve S. Stefano
Bagno di Romagna
Sarsina
Mercato Saraceno
Novafeltria
San Leo
Pratomagno
Empoli
Vinci
Fucecchio
Pontedera
S. Miniato
Castelfiorentino
Certaldo
Poggibonsi
S. Gimignano
Volterra
Colle di Val d'Elsa
Monteriggioni
Siena
Greve
Impruneta
Incisa in Val d'A.
Figline Vald.
S. Giovanni Valdarno
Montevarchi
Bucine
Terranuova Bracc.
Castelnuovo Berardenga
Arezzo
Castiglion Fiorentino
Cortona
Monte S. Savino
Foiano d. Chiana
Sansepolcro
Anghiari
Città di Castello
Umbertide
Gubbio
Urbino
Fossombrone
Cagli
Acqualagna
Fabriano
Sassoferrato
Perugia
Assisi
Foligno
Spoleto
Terni
Todi
Orvieto
Montepulciano
Chianciano Terme
Chiusi
Pienza
Montalcino
Buonconvento
Sinalunga
Castiglione d. Lago
Lago Trasimeno
Magione
Passignano s.T.
Tuoro sul T.
Marsciano
Deruta
Bevagna
Montefalco
Trevi
Spello
Gualdo Tadino
Nocera Umbra
Massa Martana
Acquasparta
Amelia
Narni
Bolsena
L. di Bolsena
Bagnoregio
Montefiascone
Acquapendente
Piancastagnaio
Abbadia S. Salvatore
M. Amiata
Arcidosso
Sarteano
Radicondoli
Larderello
Pomarance
Massa Maritt.
Monterotondo Maritt.
Follonica
Piombino
Grosseto
Castiglione della Pescaia
Marina di Grosseto
Scansano
Pitigliano
Manciano
Roccastrada
Paganico
Cinigiano
Cecina
Rosignano Marittimo
Riparbella
Collesalvetti
Cascina
Ponsacco
Palaia
Bientina
Altopascio
Collodi
Pescia
Bagni di Lucca
Vitriola
T O S C A N A
U M B R I A
M A R C H E
Tevere
Arno
Reno
Po
Ombrone
Metauro
Esino
Portoferraio
Cavo
Rio Marina
Porto Azzurro
d'Elba

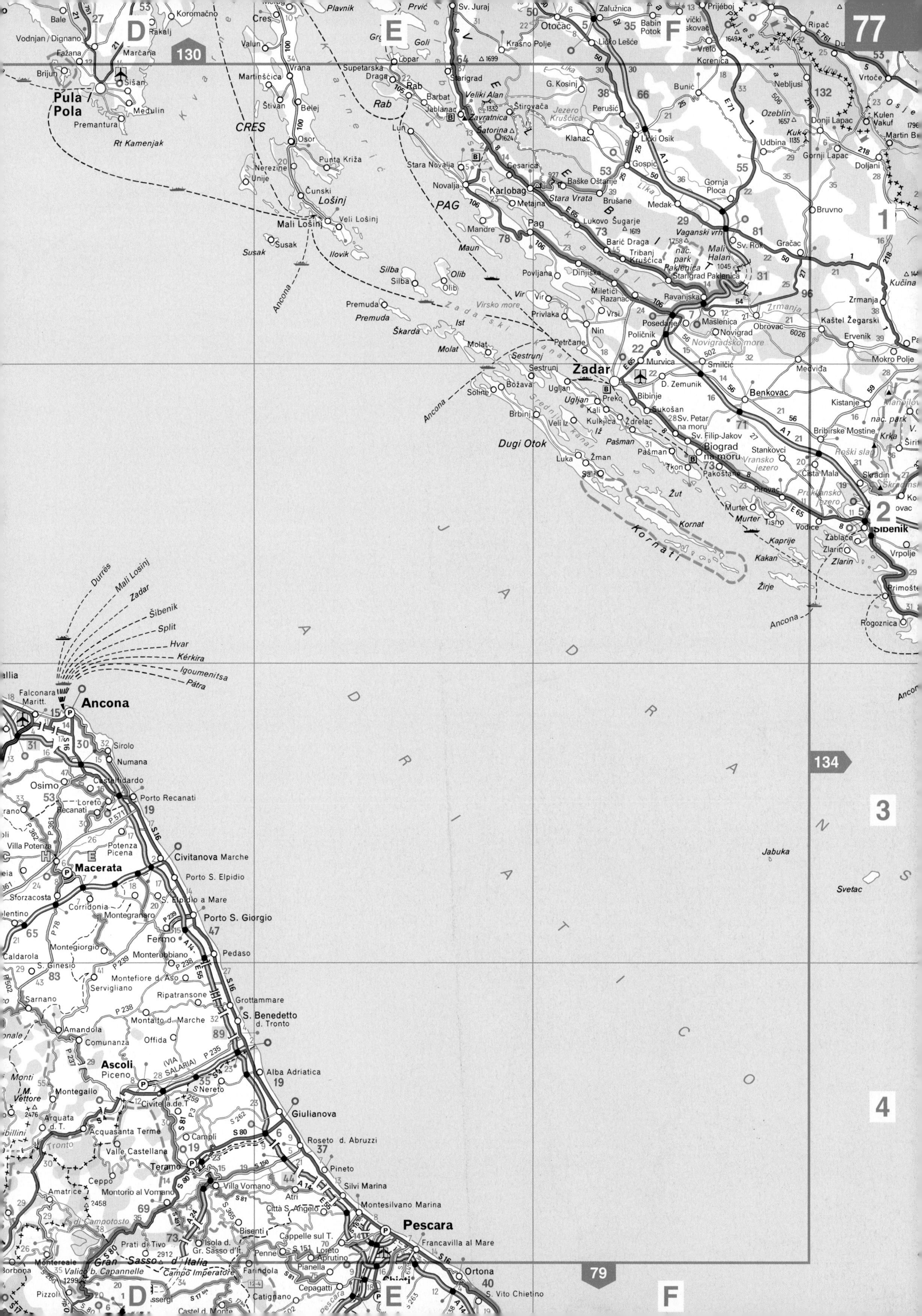

Pula
Pola
Vodnjan / Dignano
Fažana
Brijuni
Medulin
Premantura
Rt Kamenjak
Koromačno
Rakalj
Marčana
Šišan
Cres
Valun
Martinšćica
Vrana
Štivan
Belej
Osor
CRES
Punta Križa
Nerezine
Unije
Čunski
Lošinj
Mali Lošinj
Veli Lošinj
Susak
Ilovik
Silba
Olib
Premuda
Škarda
Ist
Molat
Sestrunj
Božava
Soline
Brbinj
Dugi Otok
Veli Iž
Iž
Luka
Žman
Sali
Rab
Lopar
Supetarska Draga
Barbat
Lun
Stara Novalja
Novalja
PAG
Pag
Mandre
Maun
Povljana
Dinjiška
Vir
Privlaka
Nin
Vrsi
Petrčane
Zadar
Preko
Ugljan
Kali
Kukljica
Pašman
Tkon
Biograd na moru
Sv. Filip-Jakov
Sv. Petar na moru
Sukošan
Bibinje
D. Zemunik
Murvica
Poličnik
Posedarje
Maslenica
Novigrad
Novigradsko more
Obrovac
Benkovac
Smilčić
Pakoštane
Vransko jezero
Pirovac
Murter
Tisno
Vodice
Šibenik
Zablaće
Zlarin
Kaprije
Kakan
Žirje
Kornat
Kornati
Žut
Primošten
Rogoznica
Sv. Juraj
Otočac
Zalužnica
Babin Potok
Krasno Polje
Lički Lešće
Starigrad
Jablanac
Zavratnica
Štirovača
Jezero Kruščica
Perušić
G. Kosinj
Klanac
Lički Osik
Gospić
Karlobag
Cesarica
Baške Oštarije
Metajna
Stara Vrata
Lukovo Šugarje
Brušane
Medak
Baric Draga
Tribanj Kruščica
Starigrad Paklenica
nac. park Paklenica
Ravanjska
Razanac
Miletići
Vaganski vrh
Mali Halan
Sv. Rok
Gračac
Gornja Ploca
Udbina
Bunić
Korenica
Nebljusi
Ozeblin
Donji Lapac
Gornji Lapac
Kulen Vakuf
Martin Brod
Doljani
Bruvno
Zrmanja
Kaštel Žegarski
Ervenik
Medviđa
Mokro Polje
Kistanje
Bribirske Mostine
Stankovci
Čista Mala
Skradin
Krka
Roški slap
Kučina
Vrtoče
Ripač
Prijeboj
Vrelo
Kuk
Ličko
Velebit
Virsko more
Zadarski kanal
Srednji kanal
Ancona
Durrës
Mali Losinj
Zadar
Šibenik
Split
Hvar
Kérkira
Igoumenitsa
Pátra
Falconara Maritt.
Ancona
Sirolo
Numana
Castelfidardo
Osimo
Porto Recanati
Loreto
Recanati
Potenza Picena
Villa Potenza
Civitanova Marche
Macerata
Porto S. Elpidio
S. Elpidio a Mare
Sforzacosta
Corridonia
Montegranaro
Porto S. Giorgio
Fermo
Montegiorgio
Pedaso
Monterubbiano
Caldarola
S. Ginesio
Montefiore d. Aso
Servigliano
Ripatransone
Grottammare
Sarnano
Montalto d. Marche
S. Benedetto d. Tronto
Amandola
Comunanza
Offida
Ascoli Piceno
Alba Adriatica
Montegallo
Civitella d. T.
Nereto
Giulianova
M. Vettore
Arquata d. T.
Acquasanta Terme
Campli
Roseto d. Abruzzi
Valle Castellana
Teramo
Pineto
Ceppo
Villa Vomano
Silvi Marina
Amatrice
Montorio al Vomano
Atri
Montesilvano Marina
Città S. Angelo
Pescara
Bisenti
Cappelle sul T.
Francavilla al Mare
Prati di Tivo
Isola d. Gr. Sasso d'It.
Penne
Loreto Aprutino
Gran Sasso d'Italia
Montereale
Campo Imperatore
Farindola
Pianella
Ortona
Valico b. Capannelle
Cepagatti
Chieti
S. Vito Chietino
Pizzoli
Catignano
Castel d. Monte
Jabuka
Svetac
J A D R A N S K O M O R E
A D R I A T I C O
D
E
F
1
2
3
4
130
134
79

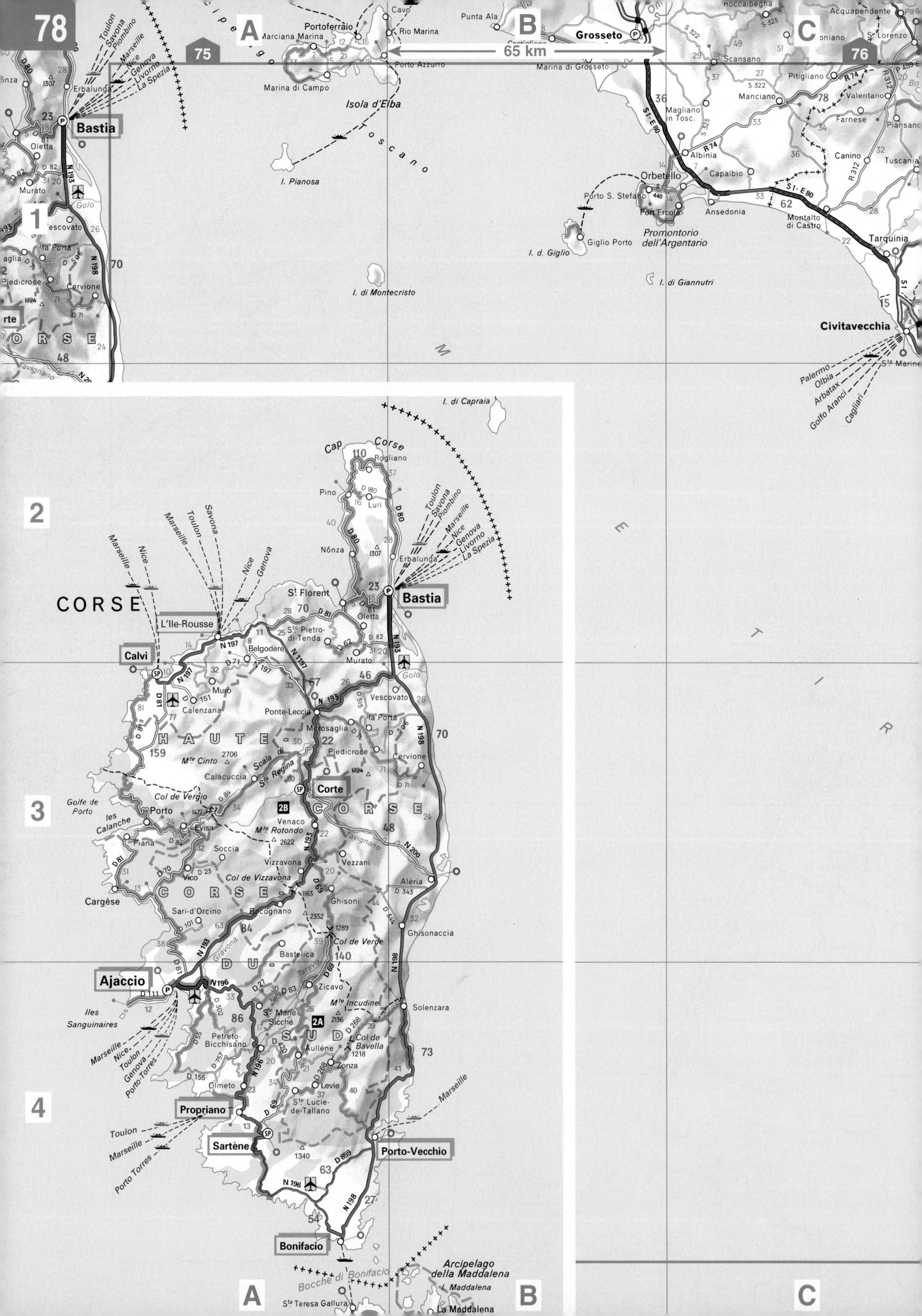

75
76
A
B
C
1
2
3
4
65 km
Isola d'Elba
Portoferraio
Marciana Marina
Marina di Campo
Porto Azzurro
Rio Marina
Cavo
Punta Ala
Toscano
I. Pianosa
I. di Montecristo
Grosseto
Marina di Grosseto
Roccalbegna
Scansano
Magliano in Tosc.
Manciano
Pitigliano
Valentano
Farnese
Piansano
Canino
Tuscania
Albinia
Orbetello
Porto S. Stefano
Port'Ercole
Capalbio
Ansedonia
Montalto di Castro
Tarquinia
Civitavecchia
Sta Marinella
Acquapendente
S. Lorenzo
Promontorio dell'Argentario
Giglio Porto
I. d. Giglio
I. di Giannutri
Palermo
Olbia
Arbatax
Golfo Aranci
Cagliari
I. di Capraia
M
E
T
I
R
CORSE
Cap Corse
Rogliano
Pino
Luri
Nonza
Erbalunga
Bastia
St Florent
Oletta
Sto Pietro-di-Tenda
Murato
L'Ile-Rousse
Calvi
Belgodère
Muro
Calenzana
Golo
Vescovato
Ponte-Leccia
la Porta
Morosaglia
Piedicroce
Cervione
HAUTE-CORSE
Mte Cinto
2706
Calacuccia
Scala di Sta Regina
Col de Vergio
Golfe de Porto
Porto
les Calanche
Piana
Evisa
Corte
2B
Venaco
Mte Rotondo
2622
Soccia
Vico
Col de Vizzavona
Vizzavona
Vezzani
Tavignano
Alèria
Cargèse
CORSE-DU-SUD
Ghisoni
Ghisonaccia
Sari-d'Orcino
Bocognano
Col de Verde
Bastelica
Gravona
Taravo
Ajaccio
Iles Sanguinaires
Zicavo
Mte Incudine
Solenzara
Ste Marie-Sicché
2A
Petreto-Bicchisano
Aullène
Col de Bavella
Zonza
Levie
Olmeto
Propriano
Ste Lucie-de-Tallano
Sartène
Porto-Vecchio
Bonifacio
Bocche di Bonifacio
Arcipelago della Maddalena
I. Maddalena
La Maddalena
Sta Teresa Gallura
Marseille
Nice
Toulon
Savona
Genova
Piombino
Livorno
La Spezia
Porto-Torres
Porto Torres

D
E
F
76
77
80
1
2
3
4
Pescara
Montesilvano Marina
Francavilla al
Ortona
Chieti
Terni
Narni
Rieti
L'Aquila
Gran Sasso d'Italia
Campo Imperatore
M. Terminillo
Leonessa
Cittareale
Montereale
Antrodoco
Cittaducale
Assergi
Barisciano
Capestrano
Navelli
Popoli
Sulmona
Pratola Peligna
Scafa
Manoppello
Caramanico
la Maiella
Lanciano
Guardiagrele
Casoli
Castel di Sangro
Roccaraso
Rivisondoli
Pescocostanzo
Scanno
Pescasseroli
Villetta Barrea
Barrea
Alfedena
Isernia
Venafro
Cassino
Abbazia di Montecassino
Atina
Sora
Isola d. Liri
Abbazia di Casamari
Frosinone
Veroli
Alatri
Anagni
Fiuggi
Ferentino
Ceccano
Ceprano
Pontecorvo
Pico
Fondi
Itri
Formia
Gaeta
Golfo di Gaeta
Sperlonga
Terracina
Sabaudia
S. Felice Circeo
Latina
Priverno
Abbazia di Fossanova
Pontinia
Foce Verde
Nettuno
Anzio
Lavinio Lido di Enea
Aprilia
Cisterna di L.
Sermoneta
Sezze
Velletri
Cori
Segni
Colleferro
Artena
Valmontone
Palestrina
Subiaco
Tivoli
Villa Adriana
Guidonia
Monterotondo
Mentana
Palombara S.
ROMA
Frascati
Marino
Rocca di Papa
M. Cavo
Castel Gandolfo
Albano Laziale
Genzano di Roma
Pomezia
Lido di Ostia
Ostia Antica
Fiumicino
Fregene
Ladispoli
Palidoro
Cerveteri
Sasso
Bracciano
Manziana
L. di Bracciano
Trevignano R.
Sutri
Civita Castellana
Ronciglione
Vignanello
Soriano nel Cimino
L. di Vico
Viterbo
Montefiascone
Bagnoregio
Baschi
Amelia
Attigliano
Orte
Magliano Sabina
Poggio Mirteto
Fiano R.
Rignano Fl.
Castelnuovo di Porto
Avezzano
Celano
Pescina
Tagliacozzo
Carsoli
Magliano de' Marsi
M. Velino
Ovindoli
Rocca di Mezzo
Capistrello
Civitella Roveto
Balsorano
Monti Simbruini
Parco Nazionale d'Abruzzo
Forca d'Acero
Forca Caruso
Valico d. Forchetta
Campo di Giove
Palena
M. Miletto
Sessa Aurunca
Roccamonfina
Teano
Carinola
Mondragone
Castel Volturno
Capua
Caserta
Aversa
Casoria
NAPOLI
Pozzuoli
Bacoli
Procida
Ischia
Forio
Casamicciola Terme
I. d'Ischia
Golfo di Napoli
Capri
Ercolano
I. Ponziane
I. Zannone
I. di Ponza
I. Ventotene
Palau
Cagliari
Palermo
I. Stromboli
Porto Vecchio

D E F

65 km
Pescara
Francavilla al Mare
Chieti
Ortona
S. Vito Chietino
Bucchianico
Fossacesia
Lanciano
Manoppello
Orsogna
Guardiagrele
Porto di Vasto
Casalbordino
Vasto
Cupello
Gissi
S. Salvo
Termoli
Campomarino
I. Tremiti
Rodi Garganico
Peschici
Manacore
Vieste
Vico d. Gargano
Torre Mileto
L. di Varano
L. di Lesina
Lesina
Poggio Imperiale
Sannicandro Garganico
Cagnano Varano
Promontorio del Gargano
S. Giovanni Rotondo
Apricena
Mattinata
Monte S. Angelo
Manfredonia
Golfo di Manfredonia
S. Marco in Lamis
S. Severo
Torremaggiore
Serracapriola
Montenero di Bacascia
Guglionesi
Palata
Ururi
Larino
Montefalcone
Castelmauro
Casacalenda
Castiglione Messer Marino
Villa Sta Maria
Palena
Lama d. Peligni
Campo di Giove
Cansano
Valico d. Forchetta
Pescocostanzo
Roccaraso
Capracotta
Agnone
Trivento
Lucito
Castel di Sangro
Villetta Barrea
Barrea
Alfedena
Forlì d. Sannio
Pescolanciano
Bagnoli d. Trigno
Torella d. Sannio
Frosolone
Carpinone
Isernia
Colli a V.
MOLISE
Bonefro
Sta Croce di Magliano
S. Elia a Pianisi
L. di Occhito
Castelnuovo d. Daunia
Lucera
Foggia
Campobasso
Jelsi
Riccia
Volturara Appula
Vinchiaturo
Bojano
Campitello M.
Monti del Matese
M. Miletto
Sepino
Letino
Pratella
Capriati a V.
Colle Sannita
Morcone
Piedimonte Matese
Cusano Mutri
Cerreto Sannita
Guardia Sanframondi
Alife
Pontelandolfo
S. Bartolomeo in Galdo
Faeto
Troia
Castelfranco in Miscano
Montefalcone di Val Fortore
S. Marco d. Cavoti
Buonalbergo
Savignano Irpino
S. Agata di Puglia
Deliceto
Ascoli Satriano
Orta Nova
Cerignola
Trinitapoli
Zapponeta
Margherita di Savoia
Barletta
S. Ferdinando di Puglia
Canosa di Puglia
Andria
Corato
Castel d. Monte
Minervino Murge
Candela
Rocchetta S. Antonio
Lacedonia
Anzano di Puglia
Ariano Irpino
Grottaminarda
Castello d. Lago
Benevento
Telese
Caiazzo
Dragoni
Caianello
Teano
Sessa Aurunca
Carinola
Capua
Grazzanise
Mondragone
Castel Volturno
S. Agata de' Goti
Montesarchio
Caserta
Maddaloni
Sta Maria Capua Vetere
Marcianise
Cervinara
S. Felice a Cancello
Cicciano
Baiano
Aversa
Villa Literno
Casoria
Acerra
Pomigliano d'A.
Nola
Avellino
Marano di N.
NAPOLI
Pozzuoli
Bacoli
Procida
Ischia
Forio
I. d'Ischia
Portici
VESUVIO
Ercolano
Torre d. Greco
Torre Annunziata
Pompei
Scafati
Castellammare di Stabia
Vico Equense
Sorrento
Golfo di Napoli
Capri
I. di Capri
Gragnano
Positano
Amalfi
Ravello
Maiori
Cava de' Tirreni
Vietri sul Mare
Nocera
Sarno
Ottaviano
Mercato S. Severino
Solofra
Salerno
Golfo di Salerno
Battipaglia
Pontecagnano
Eboli
Montecorvino Rovella
Acerno
Campagna
M. Cervialto
Montella
Lioni
Gesualdo
Paternopoli
S. Angelo de Lombardi
Andretta
Vallata
Bisaccia
Calitri
Pescopagano
Laviano
Muro Lucano
Contursi
S. Fele
Pso di Crocelle
Avigliano
Potenza
Picerno
Tito
Vietri di P.
Auletta
Sicignano d. Alburni
M. Alburno
Grotte di Pertosa
Petina
Polla
S. Rufo
Sala Consilina
Brienza
Marsico Nuovo
M. Volturino
Viggiano
Roccadaspide
Capaccio
Paestum
Agropoli
Castel S. Lorenzo
Parco Nazionale del Cilento
Teggiano
Ogliastro Cilento
M. Cervati
Sanza
Buonabitacolo
Montesano s. Marcellana
Moliterno
Castellabate
Acciaroli
Vallo d. Lucania
Caselle in Pittari
M. Sirino
Lagonegro
Latronico
Pisciotta
Palinuro
Marina di Camerota
S. Giovanni a Piro
Torre Orsaia
Policastro
Golfo di Policastro
Sapri
Maratea
Lauria
Rotonda
Praia a Mare
Mormanno
Papasidero
Morano Cal.
del Pollino
Scalea
Verbicaro
Belvedere Marittimo
Melfi
Rapolla
M. Vulture
Rionero in Vulture
Atella
Lavello
Venosa
Spinazzola
Palazzo S. Gervasio
Genzano di Lucania
Forenza
Oppido Luc.
Irsina
Tolve
Grassano
Tricarico
Albano di Luc.
Pso Croce d. Scrivano
Accettura
Laurenzana
Corleto Perticara
Ofanto
Campania
Basil
Golfo di
A
B
C
1
2
3
4
77
79

D E F

Dubrovnik
Bar
Durrës
Molfetta
Giovinazzo
BARI
Mola di Bari
Bitonto
Modugno
Capurso
Rutigliano
Polignano a Mare
Monopoli
Palo d. Colle
Bitetto
Sannicandro di Bari
Adelfia
Conversano
Casamassima
Turi
Castellana Grotte
Fasano
Torre Canne
Acquaviva d. Fonti
Sammichele
Putignano
Alberobello
Cassano d. Murge
Locorotondo
Cisternino
Ostuni
Carovigno
Altamura
Santeramo in Colle
Gioia d. Colle
Noci
Martina Franca
S. Vito d. Normanni
Kérkira
Igoumenitsa
Pátra
Brindisi
Tuturano
Ceglie Messapica
Mesagne
Torchiarolo
Latiano
S. Pietro Vernotico
Francavilla Fontana
Grottaglie
Mottola
Massafra
Matera
Castellaneta
Laterza
Palagiano
Ginosa
Montescaglioso
TARANTO
S. Giorgio Ionico
Sava
Manduria
Oria
S. Donaci
Squinzano
Trepuzzi
Surbo
S. Cataldo
S. Pancrazio Salentino
Campi Salentina
Lecce
Avetrana
Lido Silvana
Porto Cesareo
Leverano
Monteroni di Lecce
Melendugno
Copertino
Martano
Nardò
Galatina
Otranto
Galatone
Maglie
Sta Cesarea Terme
Gallipoli
Parabita
Casarano
Tricase
Ugento
Gagliano d. Capo
Marina di Leuca
Capo S. Maria di Leuca
Migliónico
Bernalda
Pisticci
Lido di Metaponto
Craco
Scanzano
Tursi
Policoro
Colobraro
Rotondella
Nova Siri Stazione
Oriolo
Trebisacce
Cerchiara di Cal.
Frascineto
Cassano allo Ionio
Sibari
Spezzano Albanese
Tarsia
Rossano
Cariati
S. Demetrio Co.
GOLFO
DI TARANTO
Ancona
Bari
Basento
Bradano
Sinni
Crati
S 16 - E 55
S 379 - E 55
S 7 - E 843
S 106 - E 90
A 14 - E 843
S 534 - E 844
APPIA

1 2 3 4

D E F

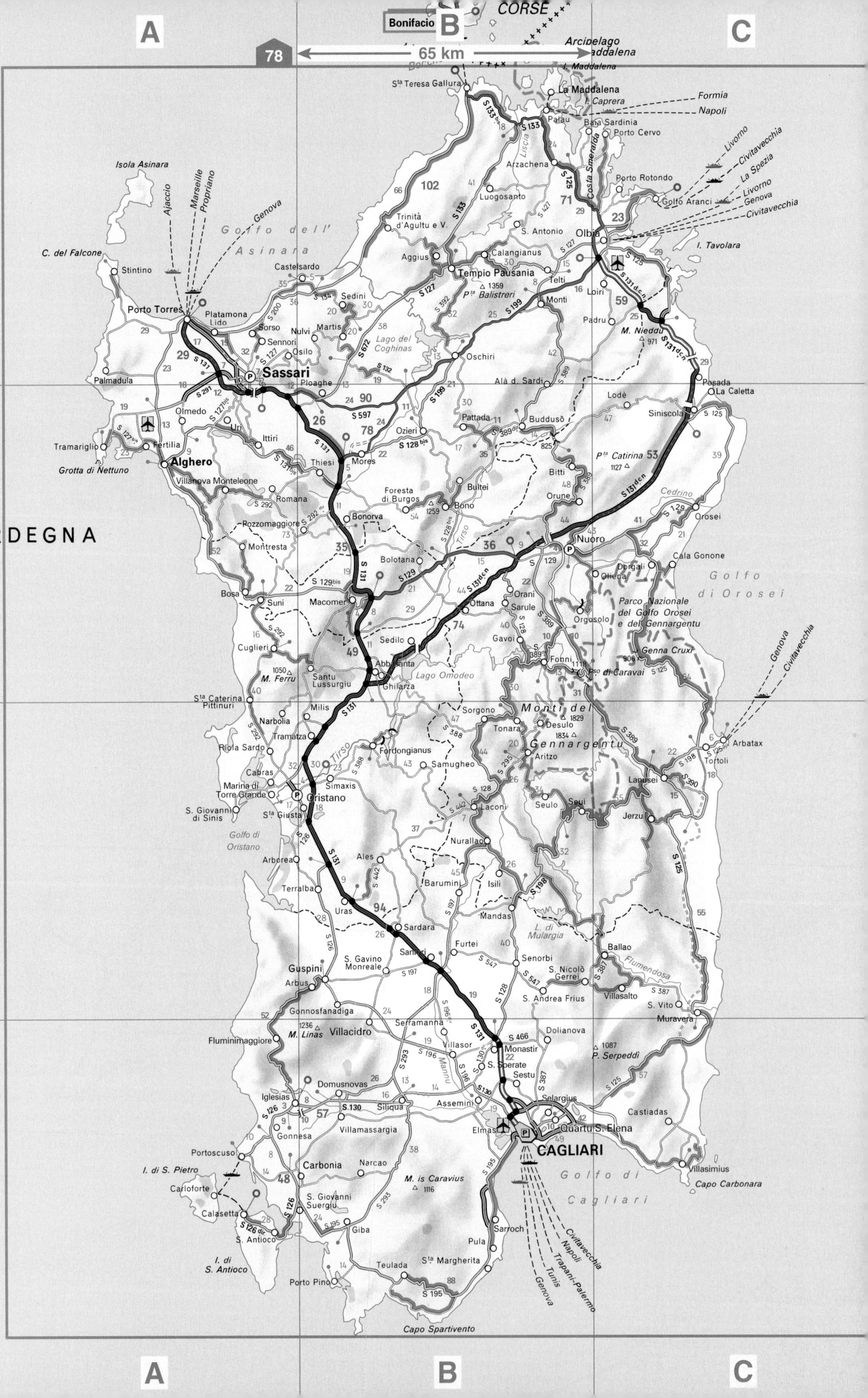
A
B
C
1
2
3
4
78
65 km
CORSE
Bonifacio
Arcipelago Maddalena
I. Maddalena
La Maddalena
I. Caprera
Formia
Napoli
Palau
Baia Sardinia
Porto Cervo
Sta Teresa Gallura
Arzachena
Costa Smeralda
Livorno
Civitavecchia
La Spezia
Genova
Porto Rotondo
Golfo Aranci
Luogosanto
Trinità d'Agultu e V.
S. Antonio
Olbia
I. Tavolara
Isola Asinara
Ajaccio
Marseille
Propriano
Golfo dell' Asinara
C. del Falcone
Stintino
Castelsardo
Aggius
Calangianus
Tempio Pausania
Pta Balistreri
Telti
Loiri
Monti
Padru
M. Nieddu
Porto Torres
Platamona Lido
Sorso
Sennori
Sedini
Nulvi
Martis
Osilo
Lago del Coghinas
Oschiri
Palmadula
Sassari
Ploaghe
Alà d. Sardi
Posada
La Caletta
Lodè
Siniscola
Olmedo
Uri
Ittiri
Fertilia
Tramariglio
Alghero
Grotta di Nettuno
Thiesi
Mores
Ozieri
Pattada
Buddusò
Pta Catirina
Villanova Monteleone
Romana
Foresta di Burgos
Bultei
Bono
Bitti
Orune
Cedrino
Orosei
SARDEGNA
Pozzomaggiore
Bonorva
Montresta
Tirso
Nuoro
Cala Gonone
Golfo di Orosei
Bolotana
Dorgali
Oliena
Orani
Parco Nazionale del Golfo Orosei e del Gennargentu
Bosa
Suni
Macomer
Ottana
Sarule
Orgosolo
Sedilo
Gavoi
Cuglieri
M. Ferru
Santu Lussurgiu
Abbasanta
Fonni
Genna Cruxi
Lago Omodeo
Pso di Caravai
Ghilarza
Sta Caterina Pittinuri
Narbolia
Milis
Sorgono
Monti del Gennargentu
Tonara
Desulo
Tramatza
Riola Sardo
Fordongianus
Aritzo
Arbatax
Tortolì
Samugheo
Cabras
Simaxis
Lanusei
Marina di Torre Grande
Oristano
Laconi
Seulo
Seui
Jerzu
S. Giovanni di Sinis
Sta Giusta
Golfo di Oristano
Nurallao
Arborea
Ales
Isili
Barumini
Terralba
Uras
Mandas
L. di Mulargia
Sardara
Furtei
Senorbì
Ballao
Flumendosa
S. Gavino Monreale
Sanluri
S. Nicolò Gerrei
Guspini
Arbus
Villasalto
S. Andrea Frius
S. Vito
Gonnosfanadiga
Muravera
M. Linas
Villacidro
Serramanna
Dolianova
Fluminimaggiore
Villasor
Monastir
P. Serpeddì
S. Sperate
Mannu
Domusnovas
Sestu
Iglesias
Siliqua
Assemini
Selargius
Castiadas
Gonnesa
Villamassargia
Elmas
Quartu S. Elena
CAGLIARI
Portoscuso
I. di S. Pietro
Carbonia
Narcao
Golfo di Cagliari
Villasimius
Capo Carbonara
Carloforte
M. is Caravius
S. Giovanni Suergiu
Calasetta
S. Antioco
Giba
Sarroch
Trapani-Palermo
Tunis
I. di S. Antioco
Pula
Teulada
Sta Margherita
Porto Pino
Capo Spartivento

D
E
F
1
2
3
4
81
85
Gallipoli
GOLFO
DI TARANTO
Golfo di Policastro
Golfo di S. Eufemia
Golfo di Squillace
MARE
Polla
Sala Consilina
Marsico Nuovo
M. Volturino
Corleto Perticara
Craco
Scanzano
Viggiano
Moliterno
Tursi
Policoro
Colobraro
Rotondella
Nova Siri Stazione
Buonabitacolo
Montesano s. Marcellana
Sanza
Senise
Casalle in Pittari
M. Sirino
Lagonegro
Latronico
Oriolo
Torre Orsaia
Policastro
Sapri
Lauria
Francavilla in Sinni
Terranova di Pollino
S. Giovanni a Piro
Maratea
Rotonda
Parco Nazionale
del Pollino
M. Pollino
Cerchiara di Calabria
Trebisacce
Frascineto
Praia a Mare
Mormanno
Papasidero
Morano Cal.
Castrovillari
Cassano allo Ionio
Sibari
Scalea
Lungro
Firmo
Spezzano Albanese
Verbicaro
Diamante
Belvedere Marittimo
Roggiano Gravina
Tarsia
Corigliano Calabro
Rossano
Cariati
S. Demetrio Corone
Sta Sofia d'Epiro
Bisignano
S. Marco Argentano
Cetraro
Torano Cast.
Acri
Longobucco
Campana
Cirò
Cirò Marina
Terme Luigiane
Luzzi
CALABRIA
Fuscaldo
Montalto Uffugo
Rose
L. di Cecita
Camigliatello Silano
Savelli
Strongoli
Paola
Spezzano d. Sila
M. Botte Donato
Rende
Cosenza
Lorica
S. Giovanni in Fiore
S. Lucido
C. d'Ascione
Neto
Crotone
LA SILA
Lago
Rogliano
M. Gariglione
Petilia Policastro
Mesoraca
Cutro
Amantea
Grimaldi
Colosimi
Villaggio Mancuso
Sersale
Isola di Capo Rizzuto
Campora S. Giovanni
Soveria Mannelli
Taverna
Nocera Terinese
Falerna
Sambiase
Nicastro
Tiriolo
Catanzaro
S. Eufemia Lamezia
Maida
Catanzaro Lido
Borgia
Girifalco
Filadelfia
S. Vito sullo Ionio
Soverato
Pizzo
Chiaravalle Centrale
S. Onofrio
I. Stromboli
Napoli
Tropea
Vibo Valentia
Mileto
Badolato
Serra S. Bruno
Nicotera
Pso di Pietra Spada
Dinami
Stilo
Monasterace Marina
Rosarno
Laureana di Borrello
Caulonia
Gioia Tauro
Polistena
Mammola
Grotteria
Cittanova
Rocella Ionica
Palmi
Taurianova
Pso di Mercante
Marina di Gioiosa Ionica
Seminara
Gerace
Siderno
Oppido Mamertina
Locri
Bagnara Calabra
Torre Faro
Scilla
Sinopoli
Delianuova
Villafranca Tirrena
Villa S. Giovanni
Aspromonte
Bovalino Marina
Milazzo
MESSINA
Gambarie
Bianco
Castroreale Terme
Sta Lucia d. Mela
Tremestieri
Reggio di Calabria
Falcone
Barcellona Pozzo di Gotto
Castroreale
M. Peloritani
Montebello Ionico
Brancaleone Marina
Bova Marina
Ali Terme
Roccalumera
Capo Spartivento
Novara di Sicilia
Pzo di Verna
Melito di Porto Salvo
Sta Teresa di Riva
Francavilla di Sicilia
Taormina

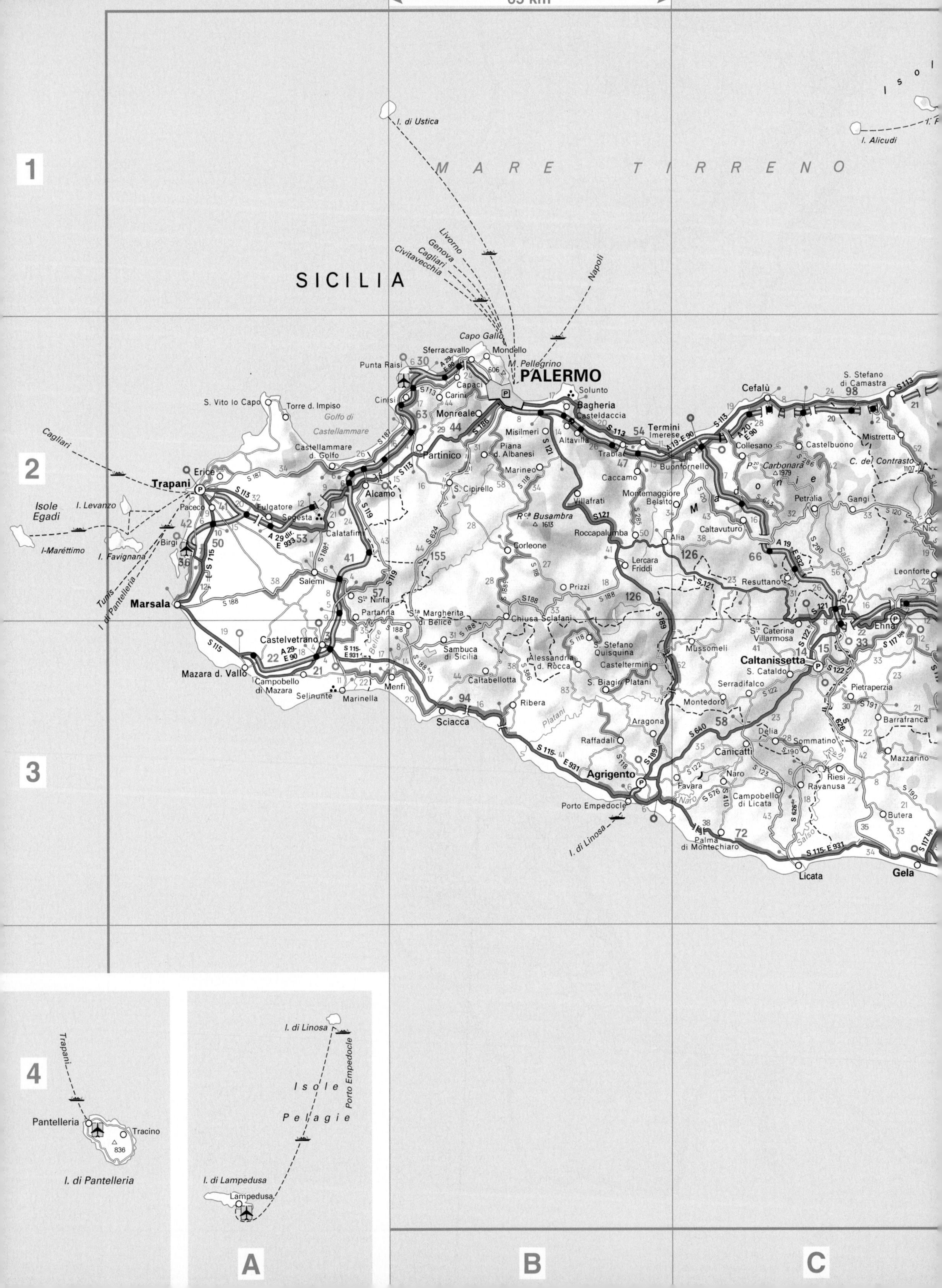

A
B
C
65 km
1
2
3
4
MARE TIRRENO
SICILIA
I. di Ustica
I. Alicudi
Livorno
Genova
Cagliari
Civitavecchia
Napoli
Capo Gallo
Sferracavallo
Mondello
M. Pellegrino
PALERMO
Punta Raisi
Capaci
Carini
Cinisi
Monreale
Solunto
Bagheria
Casteldaccia
Misilmeri
Altavilla
Trabia
Termini Imerese
Caccamo
Cefalù
S. Stefano di Camastra
Collesano
Castelbuono
Mistretta
C. del Contrasto
P.zo Carbonara
Petralia
Gangi
Buonfornello
Montemaggiore Belsito
Alia
Caltavuturo
Resuttano
Leonforte
Enna
S. Vito lo Capo
Torre d. Impiso
Golfo di Castellammare
Castellammare d. Golfo
Partinico
Piana d. Albanesi
Marineo
S. Cipirello
Villafrati
R.ca Busambra
Roccapalumba
Corleone
Lercara Friddi
Prizzi
Cagliari
Erice
Trapani
Isole Egadi
I. Levanzo
I-Marèttimo
I. Favignana
Paceco
Fulgatore
Segesta
Calatafimi
Alcamo
Birgi
Salemi
Tunis
I. di Pantelleria
Marsala
S.ta Ninfa
Partanna
S.ta Margherita di Belice
Chiusa Sclafani
Castelvetrano
Mazara d. Vallo
Campobello di Mazara
Selinunte
Marinella
Menfi
Sambuca di Sicilia
Caltabellotta
Sciacca
Ribera
Alessandria d. Rocca
S. Stefano Quisquina
Casteltermini
S. Biagio Platani
Platani
Mussomeli
S.ta Caterina Villarmosa
Caltanissetta
S. Cataldo
Serradifalco
Montedoro
Raffadali
Aragona
Agrigento
Porto Empedocle
I. di Linosa
Canicattì
Favara
Naro
Campobello di Licata
Delia
Sommatino
Riesi
Ravanusa
Pietraperzia
Barrafranca
Mazzarino
Butera
Palma di Montechiaro
Licata
Gela
Salso
Trapani
Pantelleria
Tracino
836
I. di Pantelleria
I. di Linosa
Porto Empedocle
Isole Pelagie
I. di Lampedusa
Lampedusa

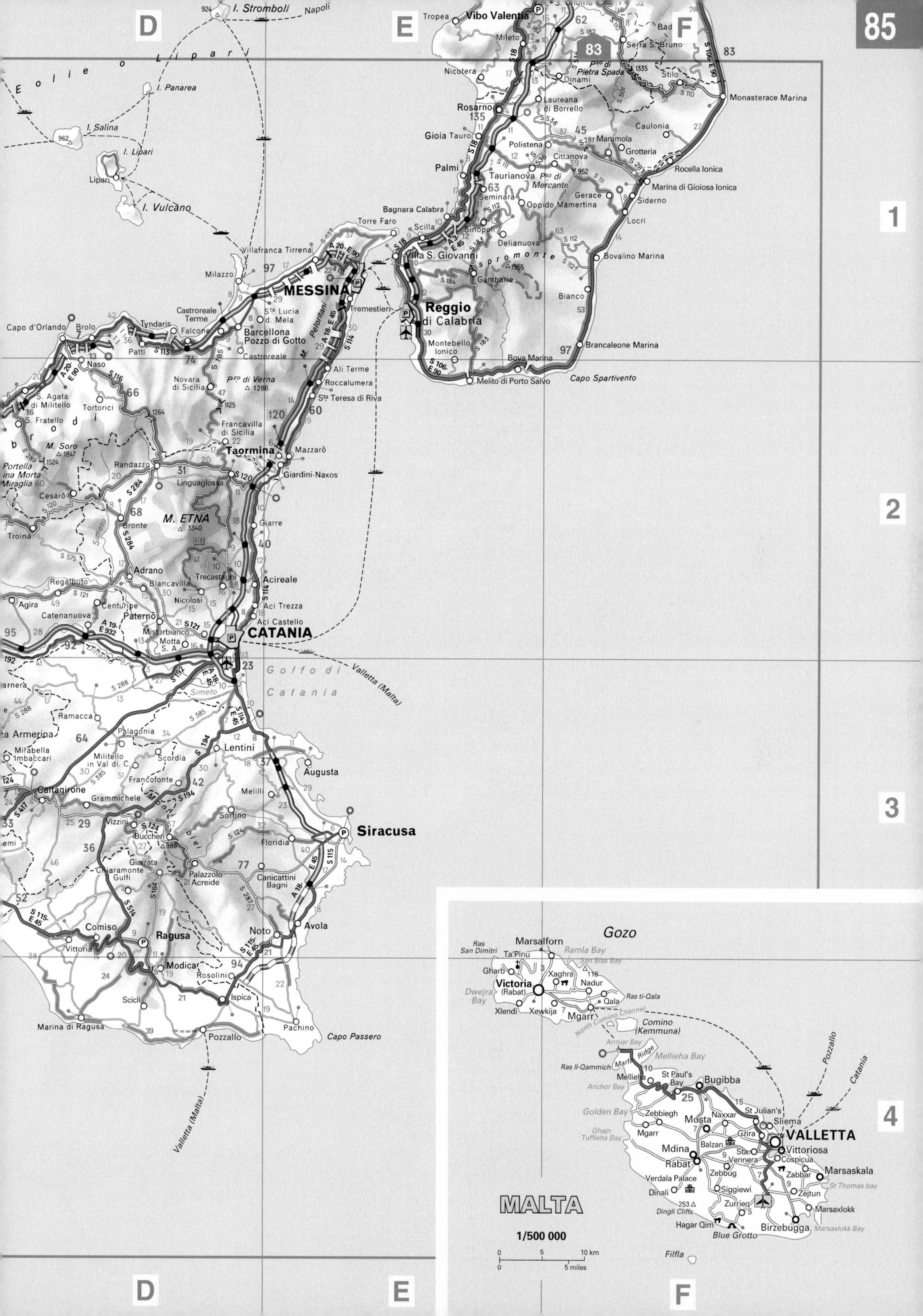

D
E
F
1
2
3
4
I. Stromboli
Napoli
Eolie o Lipari
I. Panarea
I. Salina
I. Lipari
Lipari
I. Vulcano
Tropea
Vibo Valentia
Mileto
Serra S. Bruno
Pso di Pietra Spada
Stilo
Nicotera
Dinami
Monasterace Marina
Rosarno
Laureana di Borrello
Caulonia
Gioia Tauro
Polistena
Mammola
Grotteria
Cittanova
Palmi
Taurianova
Pso di Mercante
Rocella Ionica
Marina di Gioiosa Ionica
Seminara
Gerace
Siderno
Oppido Mamertina
Bagnara Calabra
Torre Faro
Scilla
Sinopoli
Locri
Delianuova
Villafranca Tirrena
Villa S. Giovanni
Aspromonte
Bovalino Marina
Milazzo
Gambarie
MESSINA
Bianco
Reggio di Calabria
Tremestieri
Castroreale Terme
Sta Lucia d. Mela
M. Peloritani
Capo d'Orlando
Brolo
Tyndaris
Falcone
Barcellona Pozzo di Gotto
Patti
Castroreale
Montebello Ionico
Brancaleone Marina
Naso
Bova Marina
Ali Terme
Melito di Porto Salvo
Capo Spartivento
Novara di Sicilia
Pzo di Verna
Roccalumera
Sta Teresa di Riva
S. Agata di Militello
Tortorici
S. Fratello
Francavilla di Sicilia
M. Soro
Taormina
Mazzarò
Portella ina Morta
Miraglia
Randazzo
Giardini-Naxos
Linguaglossa
Cesarò
M. ETNA
Bronte
Giarre
Troina
Simeto
Adrano
Acireale
Trecastagni
Regalbuto
Biancavilla
Agira
Centuripe
Nicolosi
Aci Trezza
Catenanuova
Paternò
Aci Castello
Misterbianco
CATANIA
Motta S. A.
Golfo di Catania
Valletta (Malta)
Ramacca
Palagonia
Mirabella Imbaccari
Militello in Val di C.
Scordia
Lentini
Augusta
Caltagirone
Francofonte
Grammichele
Melilli
Vizzini
Sortino
Siracusa
Buccheri
Floridia
Giarrata
Chiaramonte Gulfi
Palazzolo Acreide
Canicattini Bagni
Comiso
Ragusa
Avola
Vittoria
Noto
Modica
Rosolini
Scicli
Ispica
Marina di Ragusa
Pozzallo
Pachino
Capo Passero
Valletta (Malta)
Gozo
Ras San Dimitri
Marsalforn
Ta' Pinu
Ramla Bay
San Blas Bay
Gharb
Xaghra
Nadur
Dwejra Bay
Victoria (Rabat)
Ras ti-Qala
Qala
Xlendi
Xewkija
Mgarr
North Comino Channel
Comino (Kemmuna)
Armier Bay
Mellieha Bay
Pozzallo
Catania
Ras Il-Qammieh
Marfa Ridge
Mellieha
St Paul's Bay
Bugibba
Anchor Bay
Golden Bay
Zebbiegh
Naxxar
St Julian's
Sliema
Mosta
Gzira
VALLETTA
Ghajn Tuffieha Bay
Mgarr
Mdina
Balzan
Vittoriosa
Rabat
Sta. Venera
Cospicua
Marsaskala
Zabbar
Verdala Palace
Zebbug
St Thomas bay
Dinali
Siggiewi
Zejtun
253
Dingli Cliffs
Zurrieq
Marsaxlokk
Hagar Qim
Birzebugga
Marsaxlokk Bay
Blue Grotto
MALTA
1/500 000
0 5 10 km
0 5 miles
Filfla

A
B
C
1
2
3
4
136
45km
92
Durrës
TIRANE
Gjiri i Durrës
Kavajë
Rrogozhinë
K. e Thanes
Elbasan
Bradashesh
Labinot Fushë
Librazhd
Çermenikë
Mal i Shebenik
M. Poiis
Qukës
Shkumbin
Peqin
Cërrik
Divjakë
Gjiri i Karavastasë
Laguna e Karavastasë
Lushnjë
Belsh
Mali Shpat
ELBASAN-BERAT
Guri i Zi
Gramsh
Verce
Devoll
Libofshë
Myzeqe
Seman
Kuçovë
Poshnjë
Kodovjat
M. Valamare
Mali Tomorr
Fier
Roskovec
Berat
Çuka Partizane
Moglicë
Vjosë
Patos
M. Shpirag
Novoselë
Cakran
Ballish
Mallakastër
Osum
M. Ostrovice
Kepi i Treporteve
Laguna e Nartës
Selenicë
Sazan
SHQIPËRIA
Vlorë
Gjiri i Vlorës
Çorovodë
M. Rungaje
Kepi i Gjuhezës
Karaburun
M. Lungarë
Mavrove
Çepan
Qesarat
M. e Qelqës
Vajze
M. Trebeshine
Orikum
Gjorm
Mali Gribë
Memaliaj
Këlcyrë
M. e Bratajt
Tepelenë
Rreza e Kanalit
Dukati i Ri
Drino
Zagori
Përmet
Q. e Llogarasë
M. e Çikës
Kurvelesh
Dhermi
M. e Papingut
VLORË
Borsh
M. Luce
Gjirokastër
M. Bureto
Otranto, Venezia
Ancona
Brindisi
Lukove
Pogoniani
Πωγωνιανή
Kefalóvryso
Κεφαλόβρυσο
Dropull
Delvinë
Delvináki
Δελβινάκι
Vissani
N. Ereikoússa
N. Ερεικούσσα
Muzine
Kakavia
Κακαβιά
Doliana
Δολιανά
N. Othonoí
Οθωνοί
Sarandë
Bistricë
Ktísmata
Κτίσματα
Parakálamos
Παρακάλαμος
Vóreio Stenó Kérkyras
Βόρειο Στενό Κέρκυρας
Vurg
Akr. Ag. Aikaterini
Ακρ. Αγ. Αικατερίνη
Sidári
Σιδάρι
Róda
Ρόδα
Livadhe
N. Mathráki
N. Μαθράκι
Avliótes
Αυλιώτες
Kassiópi
Κασσιόπη
Liq. i Butrintit
Tsamantás
Τσαμαντάς
Pantokrátor
Παντοκράτωρ
Buthrotum
Aetópetra
Αετόπετρα
Afiónas
Αφιώνας
Pyrgí
Πυργί
N. B. Vrine
Lákones
Λάκωνες
Ýpsos
Ύψος
Nisáki
Νησάκι
Palaiokastrítsa
Παλαιοκαστρίτσα
Konispol
Ág. Nikólaos
Αγ. Νικόλαος
Keramítsa
Κεραμίτσα
Soulópoulo
Σουλόπουλο
Gouviá
Γουβιά
Giannádes
Γιαννάδες
KÉRKYRA
ΚΕΡΚΥΡΑ
Sagiáda
Σαγιάδα
Vrosina
Βροσίνα
Pélekas
Πέλεκας
Achílleio
Αχίλλειο
Pérama
Πέραμα
Filiátes
Φιλιάτες
Sinarádes
Σιναράδες
Benítses
Μπενίτσες
N. KÉRKYRA
N. ΚΕΡΚΥΡΑ
Ág. Górdis
Άγ. Γόρδης
Parapótamos
Παραπόταμος
Ág. Matthaíos
Άγ. Ματθαίος
Moraïtika
Μοραΐτικα
Mesongí
Μεσογγή
Akr. Lefkímmi
Ακρ. Λευκίμμη
Igoumenitsa
Ηγουμενίτσα
Paramythía
Παραμυθιά
E 853
E 90
Thýamis

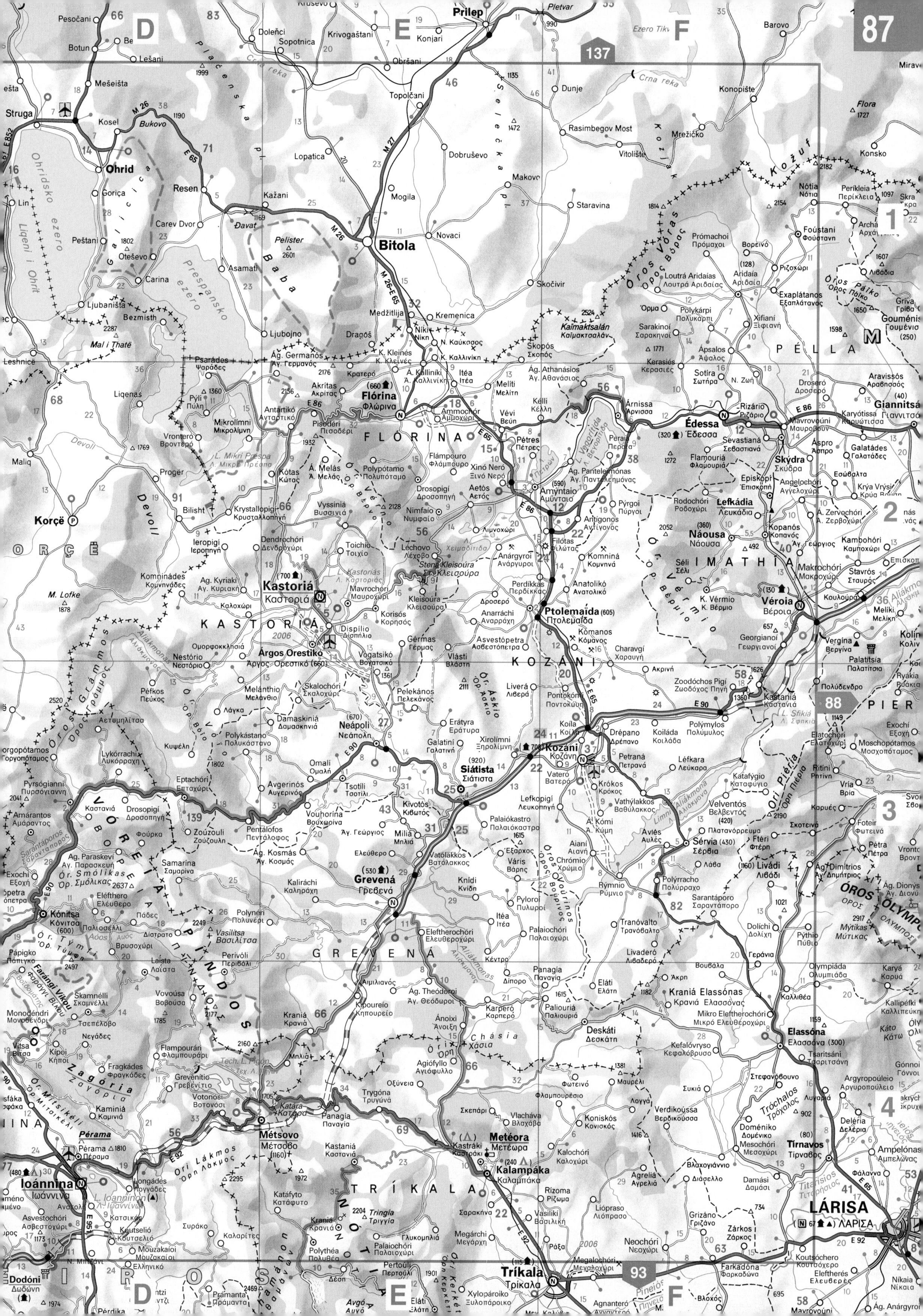
D
E
F
137
Prilep
Bitola
Ohrid
Struga
Resen
Prespansko ezero
Ohridsko ezero
Korçë
Flórina
Φλώρινα
FLÓRINA
Kastoriá
Καστοριά
KASTORIÁ
Édessa
Έδεσσα
Náousa
Νάουσα
IMATHÍA
Véroia
Βέροια
PÉLLA
Giannitsá
Ptolemaïda
Πτολεμαΐδα
KOZÁNI
Kozáni
Κοζάνη
Siátista
Σιάτιστα
Neápoli
Νεάπολη
Grevená
Γρεβενά
GREVENÁ
Sérvia
Σέρβια
Elassóna
Ελασσόνα
LÁRISA
ΛΑΡΙΣΑ
Tírnavos
Τύρναβος
Métsovo
Μέτσοβο
Meteóra
Μετέωρα
Kalampáka
Καλαμπάκα
TRÍKALA
Tríkala
Τρίκαλα
Ioánnina
Ιωάννινα
Kónitsa
Κόνιτσα
Dodóni
Δωδώνη
ÓROS OLYMPOS
Amýntaio
Αμύνταιο
Skýdra
Σκύδρα
Lefkádia
Λευκάδια
Árgos Orestikó
Άργος Ορεστικό
Deskáti
Δεσκάτη
VÓREIA PÍNDOS
Zagória
88
93
1
2
3
4

A
B
C
131
45 km
87
93
1
2
3
4
MAKEDONÍA
PÉLLA
KILKIS
THESSALONÍKI
SÉRRES
PIERIÁ
CHALKIDIKÍ
THESSALONÍKI
ΘΕΣΣΑΛΟΝΙΚΗ
LÁRISA
ΛΑΡΙΣΑ
Kilkís
Κιλκίς
Sérres
Σέρρες
Sidirókastro
Σιδηρόκαστρο
Gevgelija
Polýkastro
Πολύκαστρο
Axioúpoli
Αξιούπολη
Gouménissa
Γουμένισσα
Giannitsá
Γιαννιτσά
Skýdra
Σκύδρα
Véroia
Βέροια
Alexándreia
Αλεξάνδρεια
Lagkadás
Λαγκαδάς
Nigríta
Νιγρίτα
Kateríni
Κατερίνη
Litóchoro
Λιτόχωρο
Elassóna
Ελασσόνα
Týrnavos
Τύρναβος
Polýgyros
Πολύγυρος
N. Moudaniá
Ν. Μουδανιά
Kassándreia
Κασσάνδρεια
Kassándra
Κασσάνδρα
Thermaïkós Kólpos
Θερμαϊκός Κόλπος
Kólpos Kassándras
Κόλπος Κασσάνδρας
AIGAÍ
ÓROS OLYMPOS
ΟΡΟΣ ΟΛΥΜΠΟΣ
Mýtikas 2917
Óros Óssa
Όρος Όσσα
L. Dojranis
L. Kerkínis
L. Koróneia
L. Vólvi
Axiós
Aliákmonas
Pineiós
Akr. Kassándras
Akr. Epanomís
Akr. Dermatás
Kými
Chaniá
Irákleio
Mytilíni
E 75
E 79
E 86
E 90
E 92
E 65

DRAMA
Drama
Δράμα
Kavála
Καβάλα
KAVÁLA
XÁNTHI
Xánthi
Ξάνθη
THRÁK
Komotiní
Κομοτηνή
Anatolikí Rodópi
Ανατολική Ροδόπη
RODÓPI
Oros Falakró
Όρος Φαλακρό
Fílippoi
Φίλιπποι
Eleftheroúpoli
Ελευθερούπολη
Chrysoúpoli
Χρυσούπολη
Stavroúpoli
Σταυρούπολη
Thásos
Θάσος
N. THÁSOS
N. ΘΑΣΟΣ
Limenária
Λιμενάρια
Theológos
Θεολόγος
Potós
Ποτός
Pefkári
Πευκάρι
Alykí
Αλυκή
Akr. Stavrós
Ακρ. Σταυρός
Akr. Kefálas
Ακρ. Κεφάλας
Kólpos Kaválas
Κόλπος Καβάλας
Strymonikós Kólpos
Στρυμονικός Κόλπος
THRAKIKÓ PÉLAGOS
ΘΡΑΚΙΚΟ ΠΕΛΑΓΟΣ
Samothráki
Σαμοθράκη
Kamariótissa
Καμαριώτισσα
Akr. Makrývrachos
Ακρ. Μακρύβραχος
Ágio Oros
Karyés
Καρυές
Ouranópoli
Ουρανόπολη
Megístis Lávras
Μεγίστης Λαύρας
Athos
Άθως
Akr. Ákrathos
Ακρ. Άκραθος
Kólpos Agíou Órous
Κόλπος Αγίου Όρους
Sárti
Σάρτη
Kalamítsi
Καλαμίτσι
Akr. Drépano
Ακρ. Δρέπανο
N. LÍMNOS
N. ΛΗΜΝΟΣ
Mýrina
Μύρινα
Moúdros
Μούδρος
Poliόchni
Πολιόχνη
Kaveírio-Chlói
Καβείριο-Χλόι
Ifaistía
Ηφαιστία
Akr. Pláka
Ακρ. Πλάκα
Akr. Kalamáki
Ακρ. Καλαμάκι
Άγ. Ευστράτιος
Maróneia
Μαρώνεια
Akr. Maroneías
Ακρ. Μαρωνείας
L. Vistonída
Λ. Βιστονίδα
Fanári
Φανάρι
Keramotí
Κεραμωτή
E90
90
91
94
D
E
F
1
2
3
4

A
B
C
129
45 km
88
89
1
2
3
4
B Â L G A R I J A
Rodopi
Sárnica
Devin
Beden
Cepelar
Manastir
Stremci
Zagraždeń
Dolno Prahovo
Kovačevica
Borino
Prespa
Davidkovo
Jaz. Kârdžali
Kârdžali
Dospat
Goljam Perelik
Satovča
Ognenovo
Kočan
Čavdarica
Bujnovo
Smoljan
Ustovo
Ardino
Kobiljane
Delčev
Dăbnica
Kesten
Srednogorci
Bjal Izvor
Momčilgrad
Koprivlen
Mesta
Smiljan
Madan
Rudozem
Džebel
Diti̇kí Rodópi
Δυτική Ροδόπη
Arda
Čepinci
Žălti djal
Nedelino
Skalotí
Σκαλωτή
D R Á M A
Lefkógeia
Λευκόγεια
Mikromiliá
Μικρομηλιά
Mikrokleisoúra
Μικροκλεισούρα
Exochí
Εξοχή
Potamoí
Ποταμοί
Podkova
Dobromirci
Zlatograd
Várbica
K. Nevrokópi
Κ. Νευροκόπι
Vólakas
Βώλακας
Pérasma
Πέρασμα
Sidiróneró
Σιδηρόνερο
Dipótama
Διπόταμα
Koúla
Κούλα
Thérmes
Θέρμες
Perithório
Περιθώριο
Ochyró
Οχυρό
Granítis
Γρανίτης
Oros Falakró
Όρος Φαλακρό
Falakró
Φαλακρό
Néstos
Νέστος
Mikróchori
Μικρόχωρι
Leivadítis
Λειβαδίτης
Melívoia
Μελίβοια
Médousa
Μέδουσα
Páchni
Πάχνη
Echínos
Εχίνος
Makaza
K. Vrontoú
Κ. Βροντού
Pýrgoi
Πύργοι
Livaderó
Λιβαδερό
Paranésti
Παρανέστι
Stérna
Στέρνα
Kalýva
Καλύβα
A. Karyófyto
Α. Καρυόφυτο
Oraío
Ωραίο
Sátres
Σάτρες
Papíkio
Παπίκιο
Anatolikí Rodópi
Ανατολική Ροδόπη
Panórama
Πανόραμα
Angítis
Αγγίτης
Vathýlakkos
Βαθύλακκος
Makryplágio
Μακρυπλάγιο
Mavrokordátos
Μαυροκορδάτος
Dafnónas
Δαφνώνας
Prosílio
Προσήλιο
Mýki
Μύκη
Grammení
Γραμμένη
Petroússa
Πετρούσσα
Xiropótamos
Ξηροπόταμος
Ypsilí Ráchi
Υψηλή Ράχη
Ptéleá
Πτελέα
Stavroúpoli
Σταυρούπολη
X Á N T H I
Mikrópoli
Μικρόπολη
Charitoméni
Χαριτωμένη
Prosotsáni
Προσοτσάνη
Dráma
Δράμα
Kallífytos
Καλλίφυτος
Platania
Πλατανιά
Kechrókampos
Κεχρόκαμπος
Kimméria
Κιμμέρια
Séléro
Σέλερο
Íasmos
Ίασμος
Sóstis
Σώστης
Komotiní
T H R
Óros Menoíkio
Όρος Μενοίκιο
Nikifóros
Νικηφόρος
Óri Lekánis
Komniná
Κομνηνά
Xánthi
Ξάνθη
Týmpano
Τύμπανο
Pnévma
Πνεύμα
Kalithéa
Καλλιθέα
Mikrókampos
Μικρόκαμπος
Lykóstomo
Λυκόστομο
Platamónas
Πλαταμώνας
Ág. Kosmás
Αγ. Κοσμάς
Parádeisos
Παράδεισος
Polýsito
Πολύσιτο
Ambrosía
Αμβροσία
Emm. Pappás
Εμμ. Παππάς
Ayrianí
Koudoúnia
Κουδούνια
Fteliá
Φτελιά
Doxáto
Δοξάτο
Agorá
Αγορά
Mavroléfki
Μαυρολεύκη
Limniá
Λιμνιά
Avramyliá
Αβραμυλιά
Vafaiká
Βαφαίικα
Diakamí
Palládio
Παλλάδιο
Kósmio
Κόσμιο
Alistráti
Αλιστράτη
Fotolivos
Φωτολίβος
Ag. Athanásios
Αγ. Αθανάσιος
K A V Á L A
Makrychóri
Μακρυχώρι
Thalassiá
Θαλασσιά
Genisséa
Γενισέα
Sélino
Σέλινο
Pagoúria
Παγούρια
Néa Zíchni
Ν. Ζίχνη
Kalampáki
Καλαμπάκι
Fílippoi
Φίλιπποι
Exochí
Εξοχή
Koutsó
Κουτσό
L. Vistonída
Λ. Βιστωνίδα
Tholós
Θολός
Stathm. Angístis
Σταθμ. Αγγίστης
Ag. Paraskeví
Αγ. Παρασκευή
Pal. Kavála
Παλ. Καβάλα
Zygós
Ζυγός
Lefkí
Λευκή
Gravoúna
Γραβούνα
Pezoúla
Πεζούλα
Lágos
Λάγος
Pórpi
Πόρπη
N. Sidirochóri
Ν. Σιδηροχώρι
Krinídes
Κρηνίδες
Chalkeró
Χαλκερό
Mélissa
Μέλισσα
Mándra
Μάνδρα
Xylagání
Ξυλαγανή
Strymónas
Στρυμόνας
Kormísta
Κορμίστα
Próti
Πρώτη
Amygdaleónas
Αμυγδαλεώνας
Chrysoúpoli
Χρυσούπολη
Évlalo
Εύλαλο
Ávdira
Άβδηρα
Órmos Vistonías
Όρμος Βιστωνίας
Arogí
Αρωγή
Mési
Μέση
Íveira
Ίβηρα
Nikisiani
Νικήσιανη
Eleftheroúpoli
Ελευθερούπολη
N. Karváli
Ν. Καρβάλη
Erateinó
Ερατεινό
Mángana
Μάγγανα
Fanári
Φανάρι
Par. Arogís
Παρ. Αρωγής
Ímeros
Ίμερος
Drabískos
Δραβήσκος
Rodolívos
Ροδολίβος
Ór. Pangaío
Όρ. Παγγαίο
Akrovoúni
Ακροβούνι
Kavála
Καβάλα
N. Karyá
Ν. Καρυά
N. Erasmio
Ν. Εράσμιο
Par. Avdíron
Παρ. Αβδήρων
Alkyón
Αλκυών
Mavrothálassa
Μαυροθάλασσα
Palaiokómi
Παλαιοκώμη
Mesorópi
Μεσορόπη
Avlí
Αυλή
Agíasma
Αγίασμα
Dasochóri
Δασοχώρι
Ág. Charálampos
Efkarpía
Ευκαρπία
Amfípoli
Αμφίπολη
Podochóri
Ποδοχώρι
Eleftherés
Ελευθερές
N. Iraklítsa
Ν. Ηρακλίτσα
Keramotí
Κεραμωτή
Kólpos Kavalas
Κόλπος Καβάλας
N. Thasopoúla
Ν. Θασοπούλα
Sidirochóri
Σιδηροχώρι
N. Péramos
Ν. Πέραμος
Díavlos Thásou
Δίαυλος Θάσου
Galipsós
Γαληψός
N. Kerdýlia
Ν. Κερδύλια
Foleá
Φωλεά
Elaiochóri
Ελαιοχώρι
Akr. Pachys
Ακρ. Παχύς
Skála Rachoníou
Σκάλα Ραχωνίου
Thásos
Θάσος
Akropótamos
Ακροπόταμος
Kariani
Καριανή
Rachóni
Ραχώνι
Makrýammos
Μακρύαμμος
Akrogiáli
Ακρογιάλι
Órmos Prínou
Όρμος Πρίνου
Panagía
Παναγία
Chrysí Ammoudiá
Χρυσή Αμμουδιά
Asproválta
Ασπροβάλτα
Loutrá Eleftherón
Λουτρά Ελευθερών
Kalývés
Καλύβες
Prínos
Πρίνος
Chrysí Aktí
Χρυσή Ακτή
Stavrós
Σταυρός
Skála Kallirachis
Σκάλα Καλλιράχης
Psári
Potamiá
N. THÁSOS
Ν. ΘΑΣΟΣ
Strymonikós Kólpos
Στρυμονικός Κόλπος
Maries
Μαριές
Koínyra
Κοίνυρα
N. Koínyra
Ν. Κοίνυρα
Kallirachi
Καλλιράχη
Limenária
Λιμενάρια
Theológos
Θεολόγος
Σκάλα Μαριών
Akr. Kefálas
Ακρ. Κεφάλας
Pefkári
Πευκάρι
Potós
Ποτός
Akr. Stavrós
Ακρ. Σταυρός
Olympiáda
Ολυμπιάδα
Alykí
Αλυκή
N. Panagía
Stratoníki
Στρατονίκη
THRAKIKÓ PÉLAGOS
ΘΡΑΚΙΚΟ ΠΕΛΑΓΟΣ
Stágira
Στάγιρα
Stratóni
Στρατώνι
Kamariótissa
Akr. Makrývrachos
Ακρ. Μακρύβραχος
Kólpos Ierissoú
Akr. Arápis
Ακρ. Αράπης
Meg. Panagía
Μεγ. Παναγία
Ierissós
Ιερισσός
Gomáti
Γομάτι
N. Róda
Ν. Ρόδα
Trypití
Τρυπητή
Pyrgadíkia
Πυργαδίκια
Amoliani
Αμολιανή
Ouranópoli
Ουρανούπολη
Ágion Óros
Chiliandaríou
Χιλιανδαρίου
Vatopedíou
Βατοπεδίου
N. Amoliani
Ν. Αμολιανή
Ág. Nikólaos
Αγ. Νικόλαος
Karyés
Καρυές
Iviron
Ιβήρων
Órmos Panagías
Όρμος Παναγίας
N. Diáporos
Ν. Διάπορος
Kólpos Agíou Órous
Κόλπος Αγίου Όρους
Dáfni
Δάφνη
Vourvouroú
Βουρβουρού
Símonos Pétras
Σίμωνος Πέτρας
Megístis Lávras
Μεγίστης Λαύρας
Ag. Dionysíou
Αγ. Διονυσίου
Áthos
Άθως
Akr. Ákrathos
Ακρ. Άκραθος
Sithonía
Σιθωνία
Akr. Pínnes
Ακρ. Πίννες
N. Marmarás
Ν. Μαρμαράς
Sárti
Σάρτη
N. Kélyfos
Ν. Κέλυφος
N. Seryítai
Kólpos Pourniás
Κόλπος Πουρνιάς
Pórto Carrás
Πόρτο Καρράς
Sykiá
Συκιά
Akr. Moúrtzeflos
Ακρ. Μούρτζεφλος
Kaveírio-Chlói
Καβείριο-Χλόη
Kalamítsi
Καλαμίτσι
Katálakko
Καταλάκκο
Atsikí
Ατσική
Ifaistía
Ηφαιστία
Toróni
Τορώνη
Koúfos
Κουφός
Káspakas
Κάσπακας
Kontopoúli
Κοντοπούλι
Palioúri
Παλιούρι
Akr. Paliouri
Ακρ. Παλιούρι
Akr. Drépano
Ακρ. Δρέπανο
Dáfni
Δάφνη
Livad.
Λιβαδοχώρι
Mýrina

D
E
F
129
128
1
2
3
4
Kırklareli
Edirne
Kapıkule
Gradište
Ormenio
Ορμένιο
Petrotá
Πετρωτά
Dikaia
Δίκαια
Marásia
Μαράσια
Kastaniés
Καστανιές
Spílaio
Σπήλαιο
Árzos
Άρζος
Pentálofos
Πεντάλοφος
Pláti
Πλάτη
Rízia
Ρίζια
Kómara
Κόμαρα
Miliá
Μηλιά
Fylákio
Φυλάκιο
N. Vyssa
N. Βύσσα
Stérna
Στέρνα
Kavýli
Καβύλη
Mikr. Doxipára
Μικρ. Δοξιπάρα
Váltos
Βάλτος
Neochóri
Νεοχώρι
Orestiáda
Ορεστιάδα
Zóni
Ζώνη
Ládi
Λάδη
Elafochóri
Ελαφοχώρι
Ampelákia
Αμπελάκια
Máni
Μάνη
Thoúrio
Θούριο
Metaxádes
Μεταξάδες
Vrysiká
Βρυσικά
Ellinochóri
Ελληνοχώρι
Pythio
Πύθιο
Prangío
Πραγγίο
Kyaní
Κυανή
Kórymvos
Κόρυμβος
Mavrokklísi
Μαυροκκλήσι
Asvestádes
Ασβεστάδες
Didymóteicho
Διδυμότειχο
Mikr. Déreio
Μικρ. Δέρειο
Kyriakí
Κυριακή
Protokklísi
Πρωτοκκλήσι
Amório
Αμόριο
Roússa
Ρούσσα
Lávara
Λάβαρα
Sidiró
Σιδηρώ
Mándra
Μάνδρα
Méga Déreio
Μέγα Δέρειο
Giannoúli
Γιαννούλη
Souflí
Σουφλί
Kéchros
Κέχρος
Kornofoléa
Κορνοφωλέα
Kotroniá
Κοτρωνιά
Dadiá
Δαδιά
Lykófos
Λυκόφως
Lagyná
Λαγυνά
Pessáni
Πεσσάνη
Provatónas
Προβατώνας
Tycheró
Τυχερό
Lefkímmi
Λευκίμμη
Thymariá
Θυμαριά
Trifylli
Τριφύλλι
Mélía
Μελία
Péplos
Πέπλος
Kípoi
Κήποι
Pylaía
Πυλαία
Ardánio
Αρδάνιο
Féres
Φέρες
Monastiráki
Μοναστηράκι
Alexandroúpoli
Αλεξανδρούπολη
Makri
Μάκρη
N. Chili
N. Χιλή
Loutrós
Λουτρός
Ántheia
Άνθεια
Palagía
Παλαγία
Aisými
Αισύμη
Avántas
Άβαντας
Nípsa
Νίψα
Dorikó
Δορικό
Kírki
Κίρκη
Sykorráchi
Συκορράχη
Sápes
Σάπες
Kizári
Κιζάριο
Leptokaryá
Λεπτοκαρυά
Néda
Νέδα
N. Sánta
N. Σάντα
Tréis Vrýses
Τρεις Βρύσες
Síllo
Σίλο
Plagiá
Πλαγιά
Fillýra
Φιλλύρα
Arrianá
Αρριανά
Arisvi
Αρίσβη
Lofário
Λοφάριο
Organi
Οργάνη
Smigáda
Σμιγάδα
Drosini
Δροσινή
Gratini
Γρατινή
Ástros
Mési
Μέση
Ávra
Αύρα
Pláka
Πλάκα
Mesimvría
Μεσημβρία
Dikella
Δίκελλα
Maróneia
Μαρώνεια
Akr. Maroneías
Akr. Μαρωνείας
ÉVROS
Évros
Έβρος
Diavolórema
Διαβολόρεμα
Megálo Réma
Μεγάλο Ρέμα
Erythropótamos
Ερυθροπόταμος
Ardas
Άρδας
Dolni Glavanak
Gorata
Dǎbovec
Čukata
Potočnica
Madžarovo
Jaz. Ivajlovgrad
Orešari
Kamilski dol
Krumovica
Popsko
Ivajlovgrad
Perunika
Krumovgrad
Rodopi
Gogutka
Mandrica
Mâglenik
Cerničevo
Avren
Roussa
ODÓPI
Hasköy
İnece
Havsa
Karakasım
Karacaoğlan
Babaeski
Lüleburgaz
Alpullu
Kircasalih
Pehlivanköy
Süloğlu D.
Ergene N.
Hayrabolu D.
Şeytan D.
Uzunköprü
Meriç N.
Çöpköy
Hayrabolu
Dambaslar
Meriç
Altınyazı brj.
Hamidiye
Karababa
Süsuzmüsellim
Küplü
Ergene N.
İbriktepe
Şahin
Karamurat
Yürük
İneci
Karademir brj.
İpsala
Malkara
Keşan
Ballı
Yerlisu
Karahisar
Kurudağı
Ganosdağ
Pamuklu G.
Gala G.
Enez
Suluca
Kadıköy
Mürefte
Mecidiye
Tuzla G.
İbrice
Kavak
Şarköy
Bolayır
Saros Körfezi
Karaburgaz
Gelibolu
Fındıklı
Tayfur
Bayırköy
Lâpseki
Karabiga
Balıkliçeşme
Gelibolu Yarımadası
Bü. Kemikli Br.
Kokaçimen T.
Kemalyeri
Ariburnu
Umurbey
Beyçayırı
Gündoğdu
Biga
Çanakkale Boğazı
Yapıldak
Eceabat
Çanakkale
Bakacak
Balcılar
Kilitbahir
Dardonos
Abide
İlyas Br.
Kumkale
İntepe
Kirazlı
Çan
Etili
Truva
Tavşan Adaları
Yenice
Hamdibey
Yiğitler
Kaleköy
Kuzu Limanı
Çınarlı
Kefaloz
Kefalo Br.
Dereköy
Ayagalip
GÖKÇE ADASI
N. SAMOTHRÁKI
Ν. ΣΑΜΟΘΡΑΚΗ
Thérma
Θέρμα
Samothráki
Σαμοθράκη
Akr. Kípos
Ακρ. Κήπος
Fengári
GOS
LÍMNOS
E 80
E 84
E 85
E 87
E 90
E 90-E 85
Ince Br.

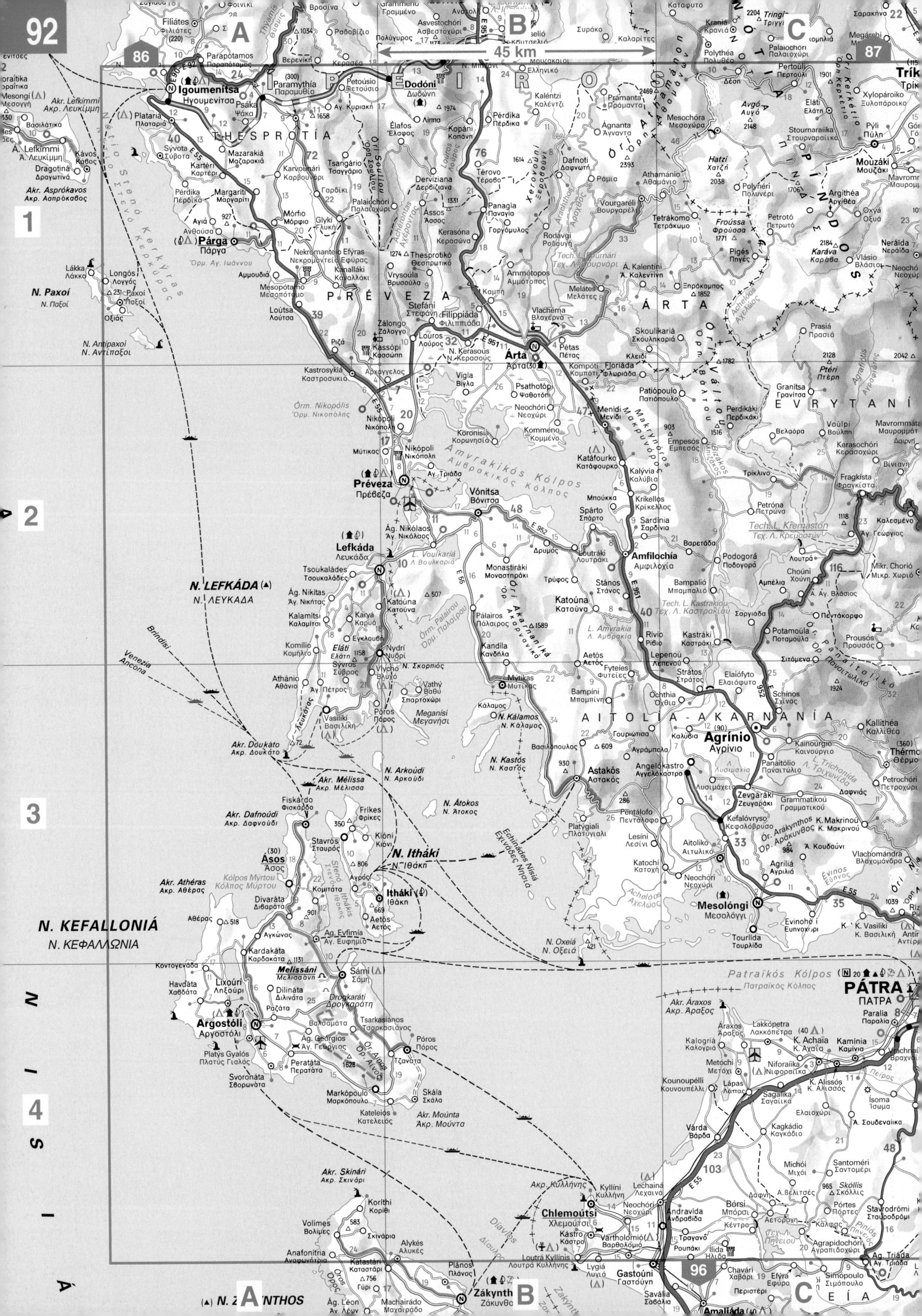
86
87
96
A
B
C
1
2
3
4
45 km
Í P E I R O S
THESPROTÍA
PRÉVEZA
ÁRTA
EVRYTANÍA
AITOLÍA-AKARNANÍA
Igoumenítsa
Ηγουμενίτσα
Filiátes
Φιλιάτες
Parapótamos
Παραπόταμος
Paramythía
Παραμυθιά
Petoúsio
Πετούσιο
Dodóni
Δωδώνη
Plataria
Πλαταριά
Psáka
Ψάκα
Sývota
Σύβοτα
Mazarakiá
Μαζαρακιά
Kartéri
Καρτέρι
Pérdika
Πέρδικα
Margaríti
Μαργαρίτι
Mórfio
Μόρφιο
Glykí
Γλυκή
Párga
Πάργα
Nekromanteío Efýras
Νεκρομαντείο Εφύρας
Kanallaki
Καναλλάκι
Ammoudiá
Αμμουδιά
Mesopótamo
Μεσοπόταμο
Loútsa
Λούτσα
Zálongo
Ζάλογγο
Kassópi
Κασσώπη
Stefáni
Στεφάνη
Filippiáda
Φιλιππιάδα
Loúros
Λούρος
Kastrosykiá
Καστροσυκιά
Árta
Άρτα
Pétas
Πέτας
Kompóti
Κομπότι
Vígla
Βίγλα
Psathotópi
Ψαθοτόπι
Neochóri
Νεοχώρι
Kommeno
Κομμένο
Koronisía
Κορωνησία
Nikópoli
Νικόπολη
Préveza
Πρέβεζα
Amvrakikós Kólpos
Αμβρακικός Κόλπος
Vónitsa
Βόνιτσα
Menídi
Μενίδι
Katáfourko
Κατάφουρκο
Kalývia
Καλύβια
Spárto
Σπάρτο
Amfilochía
Αμφιλοχία
Loutráki
Λουτράκι
Stános
Στάνος
Katoúna
Κατούνα
Monastiráki
Μοναστηράκι
Pálairos
Πάλαιρος
Kandíla
Κανδήλα
Mýtikas
Μύτικας
Aetós
Αετός
Fyteíes
Φυτείες
Bampíni
Μπαμπίνη
Astakós
Αστακός
Agrínio
Αγρίνιο
Angelókastro
Αγγελόκαστρο
Stratos
Στράτος
Thérmo
Θέρμο
Mesolóngi
Μεσολόγγι
Aitolikó
Αιτωλικό
Tourlída
Τουρλίδα
Kefalóvryso
Κεφαλόβρυσο
Panaitólio
Παναιτώλιο
Lefkáda
Λευκάδα
N. LEFKÁDA
Ν. ΛΕΥΚΑΔΑ
Nydrí
Νυδρί
Vasilikí
Βασιλική
Akr. Doukáto
Ακρ. Δουκάτο
Meganísi
Μεγανήσι
N. Kálamos
Ν. Κάλαμος
N. Kastós
Ν. Καστός
N. Arkoúdi
Ν. Αρκούδι
N. Átokos
Ν. Άτοκος
N. Itháki
Ν. Ιθάκη
Itháki
Ιθάκη
Stavrós
Σταυρός
Kióni
Κιόνι
Fiskárdo
Φισκάρδο
Ásos
Άσος
N. KEFALLONIÁ
Ν. ΚΕΦΑΛΛΩΝΙΑ
Sámi
Σάμη
Argostóli
Αργοστόλι
Lixoúri
Ληξούρι
Póros
Πόρος
Skála
Σκάλα
Markópoulo
Μαρκόπουλο
Kateleiós
Κατελειός
Akr. Moúnta
Ακρ. Μούντα
N. Paxoí
Ν. Παξοί
N. Antípaxoi
Ν. Αντίπαξοι
Gáios
Lákka
Λάκκα
Longós
Λογγός
Akr. Lefkímmi
Ακρ. Λευκίμμη
Kávos
Κάβος
Akr. Asprókavos
Ακρ. Ασπρόκαβος
Kérkyra Stenó
Brindisi
Venezia
Ancona
Echinádes Nisiá
Εχινάδες Νησιά
N. Oxeiá
Ν. Οξειά
Patraïkós Kólpos
Πατραϊκός Κόλπος
PÁTRA
ΠΑΤΡΑ
Akr. Áraxos
Ακρ. Άραξος
Kyllíni
Κυλλήνη
Chlemoútsi
Χλεμούτσι
Gastoúni
Γαστούνη
Lechainá
Λεχαινά
Andravída
Ανδραβίδα
Amaliáda
Zákynthos
Ζάκυνθος
N. ZÁKYNTHOS
Akr. Skinári
Ακρ. Σκινάρι
Volímes
Βολίμες
Tríkala
Mouzáki
Μουζάκι
Pýli
Πύλη
Ptéri
Πτέρη
Tech. L. Kremastón
Τεχ. Λ. Κρεμαστών
Tech. L. Kastrakíou
Τεχ. Λ. Καστρακίου
L. Trichonída
Λ. Τριχωνίδα
L. Lysimachía
Λ. Λυσιμαχία
I O N I A

D
E
F
88
94
97
1
2
3
4
LARISA
ΛΑΡΙΣΑ
THESSALÍA
KARDÍTSA
LÁRISA
MAGNISÍA
FTHIÓTIDA
STEREÁ ELLÁDA
FOKÍDA
VOIOTÍA
ACHAÏA
KORINTHIA
Kardítsa
Καρδίτσα
Fársala
Φάρσαλα
VÓLOS
ΒΟΛΟΣ
Lamía
Λαμία
Ámfissa
Άμφισσα
Delfoí
Δελφοί
Leivadeiá
Λιβαδειά
Thíva
Θήβα
Kórinthos
Κόρινθος
Mégara
Μέγαρα
Salamína
Σαλαμίνα
Aígio
Αίγιο
Kalávryta
Καλάβρυτα
Xylókastro
Ξυλόκαστρο
Kiáto
Κιάτο
Loutráki
Λουτράκι
Almyrós
Αλμυρός
Atalánti
Αταλάντη
Kaména Voúrla
Καμένα Βούρλα
Loutrá Aidipsoú
Λουτρά Αιδηψού
Skíathos
Σκίαθος
N. Skíathos
Ν. Σκίαθος
N. Salamína
Ν. Σαλαμίνα
Pagasitikós Kólpos
Παγασητικός Κόλπος
Korinthiakós Kólpos
Κορινθιακός Κόλπος
Vóreios Evvoïkós Kólpos
Βόρειος Ευβοϊκός Κόλπος
Óros Parnassós
Óros Óthrys
Óros Pílio
E 65
E 75
E 92
E 952
E 94
E 962

A
B
C
45 km
89
93
98
1
2
3
4
AIGAÍO PÉLAGOS
VÓREIES SPORÁDES
ΒΟΡΕΙΕΣ ΣΠΟΡΑΔΕΣ
N. Skíathos
N. Σκίαθος
Skíathos
Σκίαθος
Kástro
Κάστρο
Koukounariés
Κουκουναριές
N. Tsougkriá
Ν. Τσουγκριά
N. Alónnisos
Ν. Αλόννησος
Alónnisos
Αλόννησος
Patitíri
Πατητήρι
N. Skópelos
Ν. Σκόπελος
Skópelos
Σκόπελος
Glóssa
Γλώσσα
Loutráki
Λουτράκι
Agnóntas
Αγνώντας
Akr. Gérakas
Ακρ. Γέρακας
N. Kyrá Panagiá
Ν. Κυρά Παναγιά
N. Gioúra
Ν. Γιούρα
N. Psathoúra
Ν. Ψαθούρα
N. Pipéri
Ν. Πιπέρι
N. Prásso
Ν. Πράσσο
N. Peristéra
Ν. Περιστέρα
N. Adelfoí
Ν. Αδελφοί
N. Skantzoúra
Ν. Σκαντζούρα
Diavlos Pelagonisou
Δίαυλος Πελαγονήσου
Diavlos Skiáthou
Diavlos Skopélou
Diavlos Alonnisou
N. SKÝROS
Ν. ΣΚΥΡΟΣ
Skýros
Σκύρος
Mólos
Μώλος
Atsítsa
Ατσίτσα
Linariá
Λιναριά
Kalamítsa
Καλαμίτσα
Akr. Kártsino
Ακρ. Κάρτσινο
Akr. Lithári
Ακρ. Λιθάρι
N. Skyropoúla
Ν. Σκυροπούλα
N. Valáxa
Ν. Βαλάξα
N. Sarakinó
Ν. Σαρακηνό
N. ÉVVOIA
Ν. ΕΥΒΟΙΑ
Thessaloníki
Vólos
Akr. Artemísio
Ακρ. Αρτεμίσιο
Agriovótano
Αγριοβότανο
Pefkí
Πευκί
Artemísio
Vasiliká
Βασιλικά
Pappádes
Παππάδες
Paralia Kotsikiás
Παραλία Κοτσικιάς
Voutás
Βουτάς
Kastaniótissa
Καστανιώτισσα
Kerasiá
Κερασιά
Xiró
Ξηρό
Ag. Ánna
Αγ. Άννα
Agkáli
Αγκάλη
Kourkouloi
Κουρκουλοί
Krýa Vrýsi
Κρύα Βρύση
Kymási
Κυμάσι
Strofyliá
Στροφυλιά
Rovies
Ροβιές
Mantoúdi
Μαντούδι
Prokópi
Προκόπι
Límni
Λίμνη
Galatáki
Γαλατάκη
Plíio
Πλήιο
Sarakiniko
Σαρακήνικο
Kandíli
Κανδήλι
Pagóntas
Παγώντας
Ag. Sofía
Αγ. Σοφία
Ágios
Άγιος
Nerotrivia
Νεροτριβιά
Stavrós
Σταυρός
Áttali
Άτταλη
Óros Dírfys
Όρος Δίρφυς
Glyfáda
Γλυφάδα
Kými
Κύμη
Paralía Kýmis
Παραλία Κύμης
Akr. Kýmis
Ακρ. Κύμης
Órmos Kýmis
Vitala
Βίταλα
Metóchi
Μετόχι
Psachná
Ψαχνά
Politiká
Πολιτικά
Kastélla
Καστέλλα
Steni
Στενή
Katheni
Καθενή
Konístres
Κονίστρες
Oxýlithos
Οξύλιθος
Ochthoniá
Οχθονιά
Akr. Ochthoniá
Ακρ. Οχθονιά
Monódryo
Μονόδρυο
Manikia
Μανίκια
N. Artáki
Ν. Αρτάκη
Pissónas
Πισσώνας
Séta
Σέτα
Mistros
Μίστρος
Trachili
Τραχήλι
Avlonári
Αυλωνάρι
Achladerí
Αχλαδερή
Chalkída
Χαλκίδα
Afráti
Αφράτι
Vasilikó
Βασιλικό
Óros Ólympos
Όρος Όλυμπος
Gymnó
Γυμνό
Ág. Loukás
Άγ. Λουκάς
Neochóri
Νεοχώρι
Alivéri
Αλιβέρι
Lépoura
Λέπουρα
Eretria
Ερέτρια
Akr. Poúnta
Ακρ. Πούντα
Krieza
Κριεζά
Ag. Apóstoli
Αγ. Απόστολοι
Vélos
Βέλος
Dýstos
Δύστος
Amárynthos
Αμάρυνθος
Lefkantí
Λευκαντί
Kóskina
Κόσκινα
Zárakes
Ζάρακες
Argyró
Αργυρό
Pórto Boúfalo
Πόρτο Μπούφαλο
Almyropótamos
Αλμυροπόταμος
Tsakaioi
Τσακαίοι
Polypótamos
Πολυπόταμος
N. Styra
Ν. Στύρα
Stýra
Στύρα
Akr. Kafiréas
Ακρ. Καφηρέας
Kalérgo
Καλέργο
Varellaioi
Βαρελλαίοι
Giannitsi
Γιαννίτσι
Kallianós
Καλλιανός
Kapsoúri
Καψούρι
Ág. Dimítrios
Αγ. Δημήτριος
Óros Óchi
Όρος Όχη
Kómito
Κόμιτο
Platanistós
Πλατανιστός
Marmári
Μαρμάρι
Kálývia
Καλύβια
Metóchi
Μετόχι
Potámi
Ποτάμι
Kárystos
Κάρυστος
Órm. Karýstou
Όρμ. Καρύστου
Nísoi Petalioí
Νήσοι Πεταλιοί
Kólpos Petalión
Κόλπος Πεταλιών
Stenó Kafiréa
Στενό Καφηρέα
N. Mandiloú
Ν. Μανδηλού
Akr. Kampanós
Ακρ. Καμπανός
Kalyvári
Καλυβάρι
Épano Fellós
Επάνω Φελλός
Gávrio
Γαύριο
Batsí
Μπατσί
Vóreios Evvoïkós Kólpos
Βόρειος Ευβοϊκός Κόλπος
Nótios Evvoïkós Kólpos
Νότιος Ευβοϊκός Κόλπος
Akr. Kérata
Ακρ. Κέρατα
Theológos
Θεολόγος
Malesína
Μαλεσίνα
Lárymna
Λάρυμνα
Akr. Gátza
Ακρ. Γάτζα
Akr. Gáidaros
Ακρ. Γάιδαρος
Loukísia
Λουκίσια
Gla
Γλα
Drosiá
Δροσιά
Paralímni
Παραλίμνη
Ylíki
Υλίκη
Mouríki
Μουρίκι
Ritsóna
Ριτσώνα
Vathý
Βαθύ
Dílesi
Δήλεσι
Thíva
Θήβα
Vágia
Βάγια
Neochoráki
Νεοχωράκι
Tanágra
Τανάγρα
Oinói
Οινόη
Asopía
Ασωπία
Skála Oropoú
Σκάλα Ωρωπού
Sykámino
Συκάμινο
Markópoulo
Μαρκόπουλο
Ag. Apóstoloi
Αγ. Απόστολοι
Amfiaráeio
Αμφιαράειο
Kálamos
Κάλαμος
Ag. Thomás
Αγ. Θωμάς
Melissochóri
Μελισσοχώρι
Dafnoúla
Δαφνούλα
Avlóna
Αυλώνα
Malakása
Μαλακάσα
Polydéndri
Πολυδένδρι
Ág. Dimítrios
Αγ. Δημήτριος
N. Kavalliani
Ν. Καβαλλιανή
Ramnoús
Ραμνούς
Erythres
Ερυθρές
Pýli
Πύλη
Skoúrta
Σκούρτα
Eleftheres
Ελευθερές
Plataiés
Πλαταιές
Óros Párnitha
Όρος Πάρνηθα
Kapandríti
Καπανδρίτι
Grammatikó
Γραμματικό
Marathónas
Μαραθώνας
Ag. Marína
Αγ. Μαρίνα
Stefáni
Στεφάνη
Oivón
Vília
Βίλια
Aigósthena
Αιγόσθενα
ATTIKI - PEIRAIÁS
Ag. Sotíra
Αγ. Σωτήρα
Óros Pateras
Όρος Πατέρας
Ag. Triáda
Αγ. Τριάδα
Varympómpi
Βαρυμπόμπη
Ag. Stéfanos
Αγ. Στέφανος
Schiniás
Σχινιάς
Akr. Strongylo
N. Stýra
Akr. Výgla
Ακρ. Βίγλα
Asprópyrgos
Ασπρόπυργος
Fylí
Φυλή
Acharnés
Αχαρνές
Dionysos
Διόνυσος
N. Mákri
Ν. Μάκρη
Mándra
Μάνδρα
Magoúla
Μαγούλα
Kifisiá
Κηφισιά
Pentéli
Πεντέλη
Máti
Μάτι
Loutrópyrgos
Λουτρόπυργος
Elefsína
Ελευσίνα
ATHÍNA
ΑΘΗΝΑ
Megara
Μέγαρα
Spárta
Σπάρτα
N. Péramos
Ν. Πέραμος
Skaramagkás
Σκαραμαγκάς
Dafní
Δαφνί
Rafína
Ραφήνα
Pikérmi
Πικέρμι
Loútsa
Λούτσα
Paianía
Παιανία
Kaisariani
Καισαριανή
Spáta
Σπάτα
Vravróna
Βραυρώνα
Kinéta
Κινέτα
Páchi
Πάχη
Salamína
Σαλαμίνα
Pérama
Πέραμα
Ymittós
Υμηττός
Ág. Theódoroi
Αγ. Θεόδωροι
Aiánteio
Αιάντειο
Selínia
Σελίνια
PEIRAIÁS
ΠΕΙΡΑΙΑΣ
Koropí
Κορωπί
Pórto Ráfti
Πόρτο Ράφτη
N. Salamína
Ν. Σαλαμίνα
Kakí Vígla
Κακή Βίγλα
Glyfáda
Γλυφάδα
Voúla
Βούλα
Vári
Markópoulo
Μαρκόπουλο
Avláki
Αυλάκι
Kaki Thálassa
Diápora Nisiá
Διάπορα Νησιά
Saronikós
Vouliagméni
Kalývia
Καλύβια
Choreftó
Χορευτό
Ág. Ioánnis
Άγ. Ιωάννης
Kalamáki
Καλαμάκι
Neochóri
Νεοχώρι
Sykí
Συκή
Metóchi
Μετόχι
Promýri
Μηλίνα
Lafkos
Λαύκος
Plataniá
Πλατανιά
Kástro

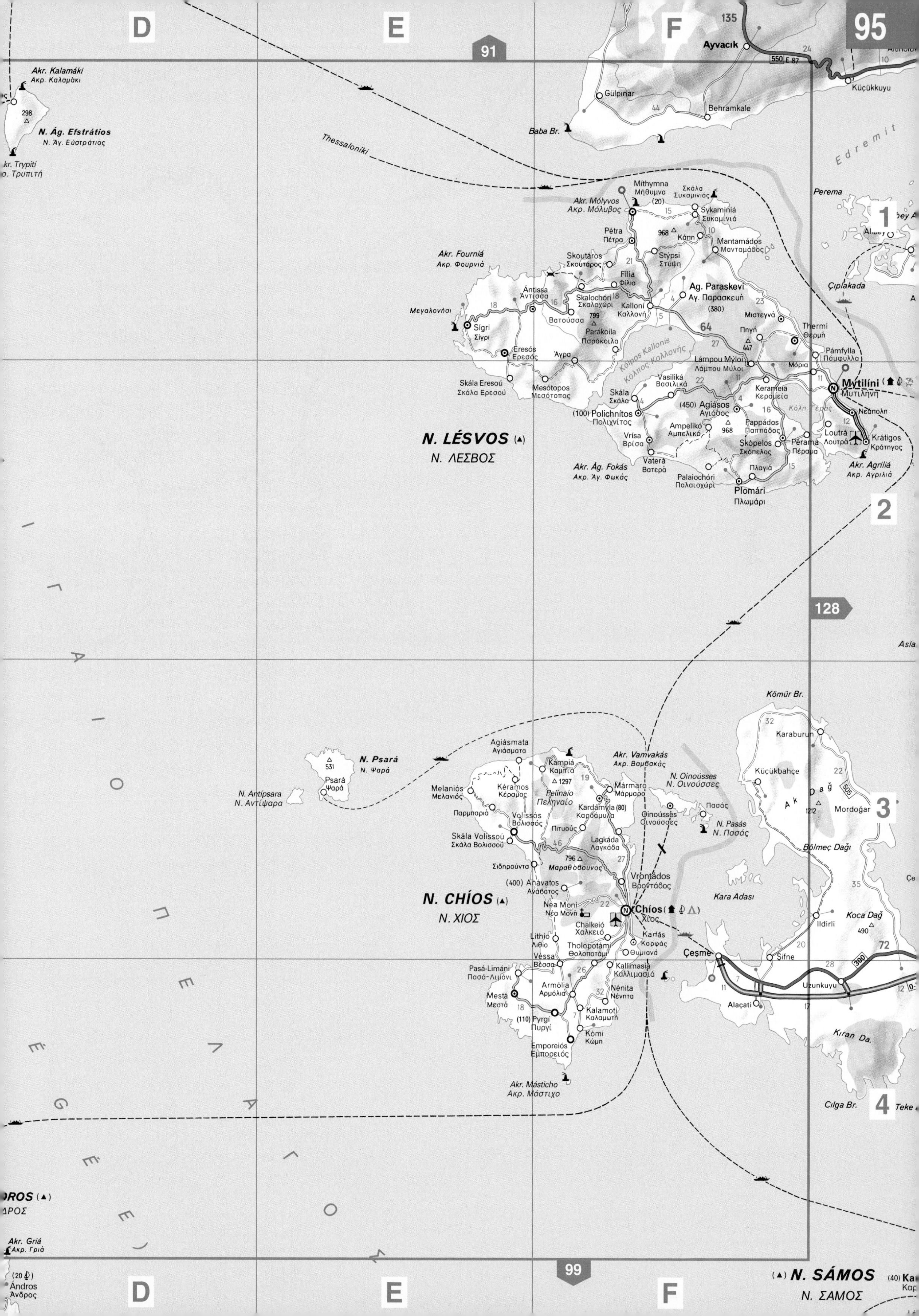
D
E
F
91
99
128
1
2
3
4
Akr. Kalamáki
Ακρ. Καλαμάκι
N. Ág. Efstrátios
Ν. Άγ. Ευστράτιος
Thessaloniki
Ayvacık
Gülpınar
Behramkale
Baba Br.
Küçükkuyu
Edremit
Perema
Çıplakada
Mithymna
Μήθυμνα
Σκάλα Συκαμινιάς
Akr. Mólyvos
Ακρ. Μόλυβος
Sykaminiá
Συκαμινιά
Pétra
Πέτρα
Kápη
Mantamádos
Μανταμάδος
Akr. Fourniá
Ακρ. Φουρνιά
Skoutáros
Σκουτάρος
Stýpsi
Στύψη
Fília
Φίλια
Ántissa
Άντισσα
Skalochóri
Σκαλοχώρι
Kalloní
Καλλονή
Ag. Paraskeví
Αγ. Παρασκευή
Μεγαλονήσι
Sígri
Σίγρι
Βατούσσα
Parákoila
Παράκοιλα
Μιστεγνά
Thermí
Θερμή
Πηγή
Eresós
Ερεσός
Άγρα
Kólpos Kallonís
Κόλπος Καλλονής
Lámpou Mýloi
Λάμπου Μύλοι
Pámfylla
Πάμφυλλα
Μόρια
Skála Eresoú
Σκάλα Ερεσού
Mesótopos
Μεσότοπος
Vasiliká
Βασιλικά
Skála
Σκάλα
Kerameia
Κεραμεία
Mytilíni
Μυτιλήνη
Νεάπολη
(100) Polichnítos
Πολιχνίτος
(450) Agiásos
Αγιάσος
Pappádos
Παππάδος
Loutrá
Λουτρά
Krátigos
Κράτηγος
N. LÉSVOS
Ν. ΛΕΣΒΟΣ
Ampelikó
Αμπελικό
Vrísa
Βρίσα
Skópelos
Σκόπελος
Pérama
Πέραμα
Akr. Agriliá
Ακρ. Αγριλιά
Akr. Ág. Fokás
Ακρ. Άγ. Φωκάς
Vaterá
Βατερά
Palaiochóri
Παλαιοχώρι
Πλαγιά
Plomári
Πλωμάρι
Kömür Br.
Karaburun
Küçükbahçe
Ak Dağ
Mordoğar
Bölmeç Dağı
Agiásmata
Αγιάσματα
N. Psará
Ν. Ψαρά
Psará
Ψαρά
Akr. Vamvakás
Ακρ. Βαμβακάς
N. Oinoússes
Ν. Οινούσσες
Kampiá
Καμπιά
N. Antípsara
Ν. Αντίψαρα
Melaniós
Μελανιός
Kéramos
Κέραμος
Pelinaio
Πελιναίο
Mármaro
Μάρμαρο
Πασάς
Παρμπαριά
Volissós
Βολισσός
Kardámyla
Καρδάμυλα
Oinoússes
Οινούσσες
N. Pasás
Ν. Πασάς
Skála Volissoú
Σκάλα Βολισσού
Πιτυούς
Lagkáda
Λαγκάδα
Σιδηρούντα
Μαραθόβουνος
(400) Anávatos
Ανάβατος
Vrontádos
Βροντάδος
Kara Adası
N. CHÍOS
Ν. ΧΙΟΣ
Néa Moní
Νέα Μονή
Chíos
Χίος
Chalkeió
Χαλκειό
Ildirli
Koca Dağ
Lithió
Λιθιό
Tholopotámi
Θολοποτάμι
Karfás
Καρφάς
Θυμιανά
Vessa
Βέσσα
Çeşme
Şifne
Pasá-Limáni
Πασά-Λιμάνι
Kallimasiá
Καλλιμασιά
Uzunkuyu
Armólia
Αρμόλια
Nénita
Νένιτα
Mestá
Μεστά
Alaçati
Kalamotí
Καλαμωτή
(110) Pyrgí
Πυργί
Kómi
Κώμη
Emporeiós
Εμπορειός
Kıran Da.
Akr. Másticho
Ακρ. Μάστιχο
Cılga Br.
Teke
ROS
ΡΟΣ
Akr. Griá
Ακρ. Γριά
Ándros
Άνδρος
N. SÁMOS
Ν. ΣΑΜΟΣ
ΑΙΓΑΙΟ ΠΕΛΑΓΟΣ

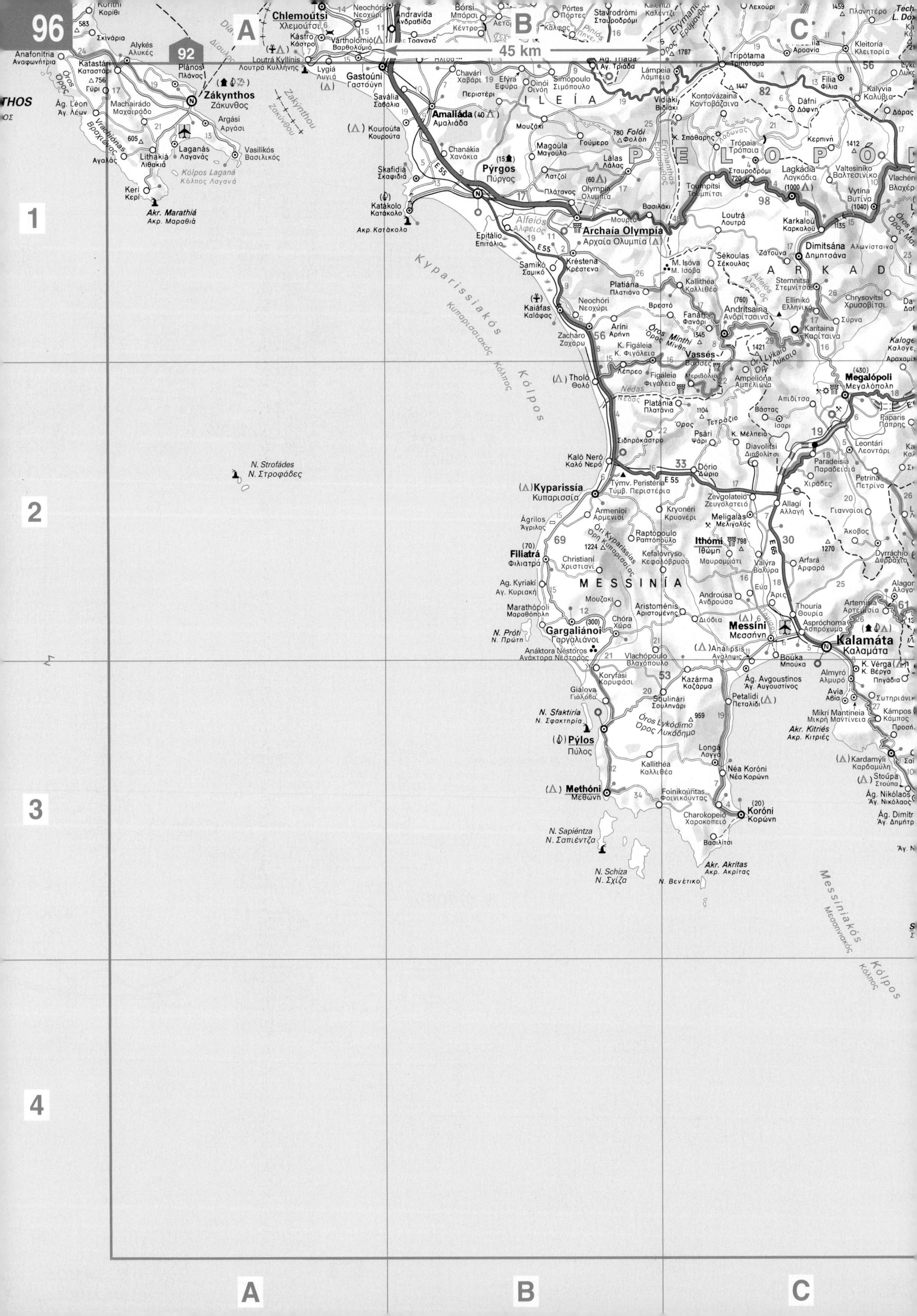
92
45 km
Zákynthos
Ζάκυνθος
Chlemoútsi
Χλεμούτσι
Gastoúni
Γαστούνη
Amaliáda
Αμαλιάδα
Pýrgos
Πύργος
Katákolo
Κατάκολο
Akr. Katákolo
Archaía Olympía
Αρχαία Ολυμπία
ILEÍA
PELOPÓNNISOS
ARKADÍA
MESSINÍA
Kyparissiakós Kólpos
Κυπαρισσιακός Κόλπος
Messiniakós Kólpos
Μεσσηνιακός Κόλπος
N. Strofádes
Ν. Στροφάδες
Zacháro
Ζαχάρω
Kaiáfas
Καϊάφας
Vassés
Βάσσες
Andrítsaina
Ανδρίτσαινα
Megalópoli
Μεγαλόπολη
Dimitsána
Δημητσάνα
Kyparissía
Κυπαρισσία
Filiatrá
Φιλιατρά
Gargaliánoi
Γαργαλιάνοι
Ithómi
Ιθώμη
Messíni
Μεσσήνη
Kalamáta
Καλαμάτα
Pýlos
Πύλος
N. Sfaktiría
Ν. Σφακτηρία
Methóni
Μεθώνη
Koróni
Κορώνη
N. Sapiéntza
Ν. Σαπιέντζα
N. Schíza
Ν. Σχίζα
Akr. Akrítas
Ακρ. Ακρίτας
Kérí
Κερί
Akr. Marathiá
Ακρ. Μαραθιά
Laganás
Λαγανάς
Kólpos Laganá
Κόλπος Λαγανά
Óros Lykódimo
Όρος Λυκόδημο
Óros Mínthi
Όρος Μίνθη
E 55
E 65
A
B
C
1
2
3
4

D
E
F
93
94
98
100
1
2
3
4
KORINTHIA
Κόρινθος
Isthmia
Kinéta
Κινέτα
Páchi
Πάχη
Salamína
Σαλαμίνα
Ág. Theódoroi
Άγ. Θεόδωροι
Selinia
Σελήνια
Aiánteio
Αιάντειο
PEIRAIÁS
ΠΕΙΡΑΙΑΣ
ATHÍNA
Archaia Kórinthos
Αρχαία Κόρινθος
Dióryga Korinthou
Διώρυγα Κορίνθου
N. Salamína
Ν. Σαλαμίνα
Kaki Vigla
Κακή Βίγλα
Glyfáda
Γλυφάδα
Vouliagméni
Βουλιαγμένη
Voúla
Βούλα
Markópoulo
Μαρκόπουλο
Kalývia
Καλύβια
Keratéa
Κερατέα
Lagonísi
Λαγονήσι
Anávyssos
Ανάβυσσος
Saronida
Σαρωνίδα
Várkiza
Βάρκιζα
N. Fléves
Ν. Φλέβες
Aktí Apóllona
N. Patróklou
Ν. Πατρόκλου
Akr. Sounio
Nemea
Νεμέα
Arch. Kleonés
Αρχ. Κλεωνές
Arch. Neméa
Αρχ. Νεμέα
Almyrí
Αλμυρή
Loutró Elénis
Λ. Ελένης
Chiliomódi
Χιλιομόδι
Sofikó
Σοφικό
Ág. Ioánnis
Άγ. Ιωάννης
Kórfos
Κόρφος
Agionóri
Αγιονόρι
Diápora Nisiá
Διάπορα Νησιά
Sarωnikós Kólpos
Souvála
Σουβάλα
Afaía
Αφαία
Aígina
Αίγινα
Ag. Marína
Αγ. Μαρίνα
Palaiochóra
Παλαιοχώρα
Pórtes
Πόρτες
Pérdika
Πέρδικα
N. Aígina
Ν. Αίγινα
N. Agkístri
Ν. Αγκίστρι
Agkístri
Αγκίστρι
N. Moní
Ν. Μονή
Ág. Nikólaos
Άγ. Νικόλαος
Mykínes
Μυκήνες
Fíchtio
Φίχτιο
N. Iraío
Ν. Ηραίο
Iraío
Ηραίο
Angelókastro
Αγγελόκαστρο
Dimaina
Δήμαινα
Límnes
Λίμνες
Arachnaío
Αραχναίο
Óros Arachnaío
M. Agnoúntos
Μ. Αγνούντος
Akr. Trachíli
Néa Epídavros
Νέα Επίδαυρος
ARGOLÍDA
Árgos
Άργος
Tíryntha
Τίρυνθα
Metóchi
Μετόχι
Ligourió
Λυγουριό
Palaiá Epídavros
Παλαιά Επίδαυρος
Kólpos Epidávrou
Kampénо Chóra
Chers. Methánon
Χερσ. Μεθάνων
Méthana
Μέθανα
Akr. Achérdo
Taktikoúpoli
Τακτικούπολη
N. Póros
Ν. Πόρος
Nestáni
Νεστάνη
Mantineia
Μαντίνεια
Artemísio
Αρτεμίσιο
Kefalári
Κεφαλάρι
N. Klos
Mýloi
Μύλοι
Náfplio
Ναύπλιο
Arch. Epídavros
Αρχ. Επίδαυρος
Kántia
Κάντια
Tracheiá
Τραχειά
Fanári
Φανάρι
Asíni
Ασίνη
Lérni
Λέρνη
Kivéri
Κιβέρι
Drépano
Δρέπανο
Karnezaíika
Καρνεζαίικα
Tolo
Τολό
N. Rómvi
N. Plateia
Íria
Ίρια
Óros
Όρος
Didymo
Δίδυμο
Kalloní
Καλλονή
Troizína
Τροιζήνα
Galatás
Γαλατάς
Póros
Πόρος
Zoodóchos Pigí
Ζωοδόχος Πηγή
Lemonodásos
Λεμονοδάσος
Adéres
Αδέρες
Akr. Spathí
Ακρ. Σπαθί
Tegéa
Τεγέα
Stadio
Στάδιο
Stenó
Στενό
Achladókampos
Αχλαδόκαμπος
Párthéni
Elaiochóri
Ελαιοχώρι
K. Doliána
Κ. Δολιανά
Parálio Ástros
Παράλιο Άστρος
N. Psilí
Ν. Ψιλή
Saláni
Σαλάντι
Dídyma
Δίδυμα
Iliókastro
Ηλιόκαστρο
Thermisía
Θερμησία
Koiláda
Κοιλάδα
Foúrnoi
Φούρνοι
Kranídi
Κρανίδι
Ermióni
Ερμιόνη
Plépi
Πλέπι
Ýdras Kólpos
Ag. Sofía
Αγ. Σοφία
Ástros
Άστρος
Kastri
Καστρί
Ág. Pétros
Άγ. Πέτρος
Ág. Andréas
Άγ. Ανδρέας
Akr. Thynní
Ακρ. Θυννί
Argolikós Kólpos
Αργολικός Κόλπος
Portochéli
Πορτοχέλι
Petrothálassa
Πετροθάλασσα
Kósta
Κόστα
N. Dokós
Ν. Δοκός
Ýdra
Ύδρα
N. Ýdra
Ν. Ύδρα
Episkopí
Επισκοπή
Akr. Zoúrvas
Ακρ. Ζούρβας
Alepochóri
Αλεποχώρι
Voúrvoura
Βούρβουρα
Plátanos
Πλάτανος
Karyés
Καρυές
Kollínes
Κολλίνες
Vamvakoú
Βαμβακού
Óros Párnonas
Πάρνωνας
Paralía Tyroú
Παραλία Τυρού
Tyrós
Τυρός
Spétses
Σπέτσες
N. Spétses
Ν. Σπέτσες
N. Spetsopoúla
Ν. Σπετσοπούλα
N. Tríkeri
Stavronísi
Vréstheno
Βρέσθενα
Sellasía
Σελλασία
Vasarás
Βασαράς
Palaiochóri
Παλαιοχώρι
Leonídio
Λεωνίδιο
Sampatikí
Σαμπατική
Órmos Ág. Georgíou
Pláka
Πλάκα
Elóna
Ελώνα
Akr. Bourniá
Ακρ. Μπουρνιά
MYRTÓO PÉLAGO
ΜΥΡΤΩΟ ΠΕΛΑΓ
Vourvoura
Sparti
Σπάρτη
Mystrás
Μυστράς
Chrysafa
Χρύσαφα
Kosmás
Κοσμάς
Poúlithra
Πούλιθρα
Peletá
Πελετά
Skoura
Σκούρα
Goritsá
Γκορίτσα
Ag. Anárgyroi
Αγ. Ανάργυροι
Geráki
Γεράκι
Mário
Anógeia
Ανώγεια
Xirokámpi
Ξηροκάμπι
Vrontamás
Βροντάμας
Kremasti
Κρεμαστή
Paralia
Παράλια
Kyparíssi
Κυπαρίσσι
LAKONÍA
M. Zermpítsis
Μ. Ζερμπίτσης
Potamiá
Ποταμιά
Dáfnio
Δάφνιο
Ág. Dimítrios
Άγ. Δημήτριος
Niáta
Νιάτα
Lampókampos
Λαμπόκαμπος
N. Velopoúla
Ν. Βελοπούλα
Árna
Άρνα
Chánia
Χάνια
Krokeés
Κροκεές
Vlachiótis
Βλαχιώτης
Skála
Σκάλα
Apidiá
Απιδιά
Ág. Nikólaos
Άγ. Νικόλαος
Élos
Έλος
Glykóvrysi
Γλυκόβρυση
Moláoi
Μολάοι
Reichéa
Ρειχέα
N. Falkonéra
Ν. Φαλκονέρα
Aigíai
Αιγίαι
Plátanos
Πλάτανος
Gytheio
Γύθειο
Mavrovoúni
Μαυροβούνι
Metamórfosi
Μεταμόρφωση
Gérakas
Γέρακας
Limáni Géraka
Λιμάνι Γέρακα
Sykiá
Συκιά
Ag. Ioánnis
Αγ. Ιωάννης
Eliá
Ελιά
N. Karávi
Ν. Καράβι
Myrsíni
Μυρσίνη
Kelefá
Κελεφά
Pasavás
Πασαβάς
Ageranós
Αγερανός
Asopós
Ασωπός
Akr. Kremmýdi
Ακρ. Κρεμμύδι
Plýtra
Πλύτρα
Veliés
Βελιές
Géfyra
Γέφυρα
Monemvasía
Μονεμβασία
Tálanta
Τάλαντα
Skoutári
Σκουτάρι
Akr. Xylís
Ακρ. Ξυλής
Daimonia
Δαιμονιά
Nómia
Νόμια
Flomochóri
Φλομοχώρι
Kótronas
Κότρωνας
Lakonikós Kólpos
Λακωνικός Κόλπος
Pantánassa
Παντάνασσα
Kólpos Epidávrou Limirás
Óros Krithina
Mina
Μίνα
Kokkála
Κοκκάλα
Ag. Apóstoloi
Αγ. Απόστολοι
Á. Kastaniá
Ág. Andréas
Αγ. Ανδρέας
Mani
Μάνη
Álika
Άλικα
Lágia
Λάγια
Elafónisos
Ελαφόνησος
Elafonísi
Ελαφονήσι
Neápoli
Νεάπολη
Velanídia
Βελανίδια
Vátheia
Βάθεια
Pórto Kágio
Πόρτο Κάγιο
Porthmós Elafonísou
Πορθμός Ελαφονήσου
Akr. Maléas
Ακρ. Μαλέας
Akr. Taínaro
Ακρ. Ταίναρο
Akr. Spathi
Ακρ. Σπαθί
Karavás
Καραβάς
Ag. Pelagía
Αγ. Πελαγία
Potamós
Ποταμός
Aroniádika
Αρωνιάδικα
Diakófti
Διακόφτι
Friligkiánika
Φριλιγκιάνικα
Mylopótamos
Μυλοπόταμος
Avlémonas
Αβλέμονας
Livádi
Λιβάδι
N. KÝTHIRA
Ν. ΚΥΘΗΡΑ
Kýthira
Κύθηρα
Kapsáli
Καψάλι
KRITIK
Chaniá
Irakleio
Al Iskandarīyah
Haifa
Lemesós/Limassol
N. Ág. Geórgios
Ν. Άγ. Γεώργιος

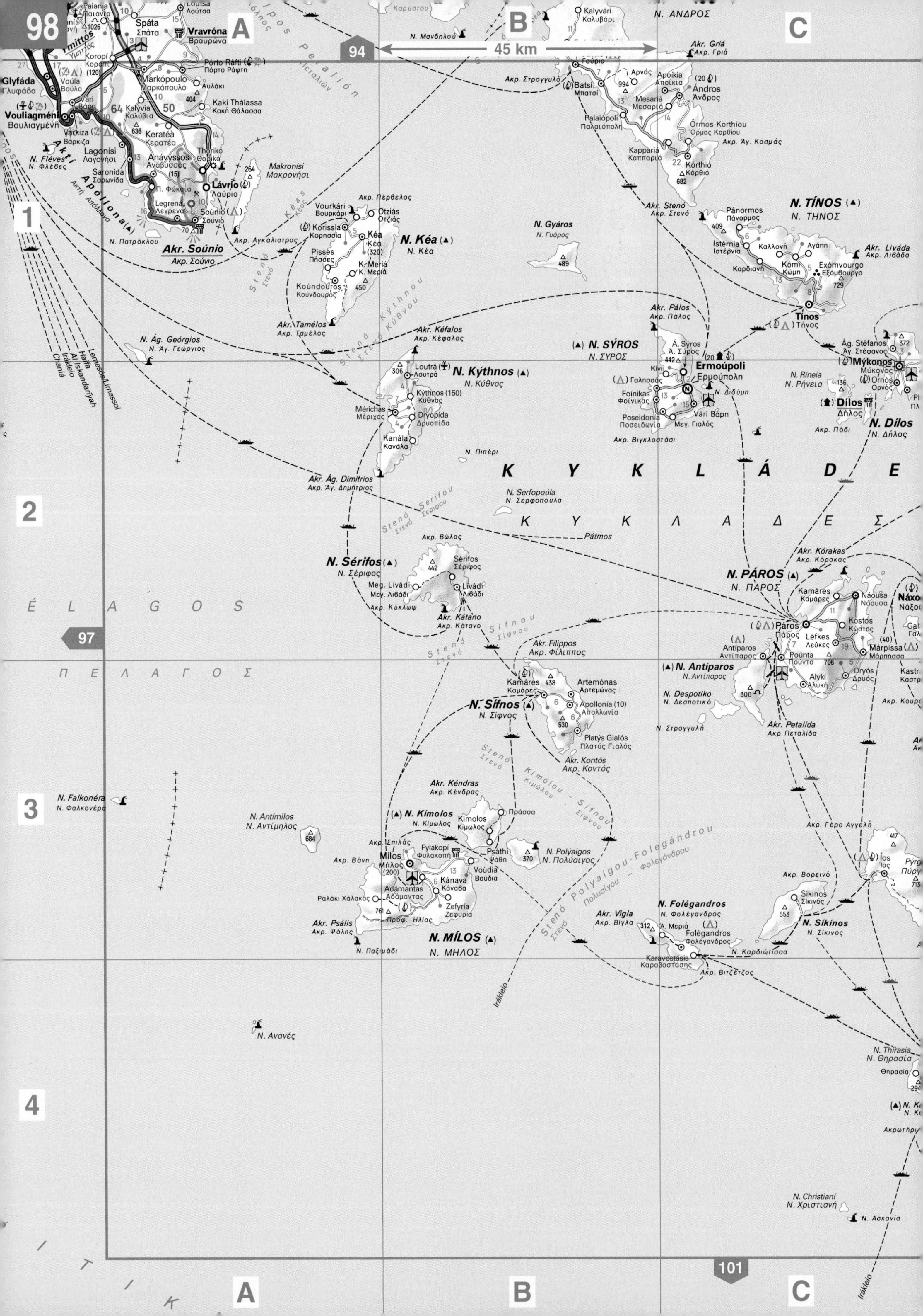

A
B
C
94
45 km
Spáta
Σπάτα
Vravróna
Βραυρώνα
Koropí
Κορωπί
Glyfáda
Γλυφάδα
Voúla
Βούλα
Vouliagméni
Βουλιαγμένη
Markópoulo
Μαρκόπουλο
Pórto Ráfti
Πόρτο Ράφτη
Kaki Thálassa
Κακή Θάλασσα
Kalývia
Καλύβια
Keratéa
Κερατέα
Várkiza
Βάρκιζα
Lagonísi
Λαγονήσι
Anávyssos
Ανάβυσσος
Saronída
Σαρωνίδα
Thorikó
Θορικό
Lávrio
Λαύριο
Legrená
Λεγρενά
Soúnio
Σούνιο
Akr. Soúnio
Ακρ. Σούνιο
N. Patróklou
N. Fléves
Ν. Φλέβες
Makronísi
Μακρονήσι
Akr. Griá
Ακρ. Γριά
N. ANDROS
Ν. ΑΝΔΡΟΣ
Kalyvári
Καλυβάρι
Gávrio
Γαύριο
Akr. Strongylo
Batsí
Μπατσί
Apoíkia
Αποίκια
Ándros
Άνδρος
Mesariá
Μεσαριά
Palaiópoli
Παλαιόπολη
Órmos Korthíou
Όρμος Κορθίου
Akr. Ág. Kosmás
Ακρ. Άγ. Κοσμάς
Kapparia
Καππαριά
Kórthio
Κόρθιο
Akr. Stenó
Ακρ. Στενό
N. TÍNOS
Ν. ΤΗΝΟΣ
Pánormos
Πάνορμος
Istérnia
Ιστέρνια
Kalloní
Καλλονή
Agápi
Αγάπη
Kómi
Κώμη
Kardianí
Καρδιανή
Exómvourgo
Εξώμβουργο
Akr. Livada
Ακρ. Λιβάδα
Tínos
Τήνος
N. Gyáros
Ν. Γυάρος
Akr. Pérvelos
Ακρ. Πέρβελος
Vourkári
Βουρκάρι
Otziás
Οτζιάς
Korissía
Κορησσία
Kéa
Κέα
N. Kéa
Ν. Κέα
Pisses
Πίσσες
K. Meriá
Κ. Μεριά
Koúndouros
Κούνδουρος
Akr. Tamélos
Ακρ. Ταμέλος
Stenó Kéas
Stenó Kýthnou
Στενό Κύθνου
N. Ág. Geórgios
Ν. Άγ. Γεώργιος
Akr. Kéfalos
Ακρ. Κέφαλος
Loutrá
Λουτρά
N. Kýthnos
Ν. Κύθνος
Kýthnos (150)
Κύθνος
Mérichas
Μέριχας
Dryopída
Δρυοπίδα
Kanála
Κανάλα
Akr. Ág. Dimítrios
Ακρ. Άγ. Δημήτριος
N. Pipéri
Ν. Πιπέρι
Akr. Pálos
Ακρ. Πάλος
N. SÝROS
Ν. ΣΥΡΟΣ
Á. Sýros
Α. Σύρος
Kíni
Ermoúpoli
Ερμούπολη
Galissás
Γαλησσάς
Foínikas
Φοίνικας
Poseidonía
Ποσειδωνία
Vári
Βάρη
Meg. Gialós
Μεγ. Γιαλός
N. Didými
Akr. Vigklostási
Ακρ. Βιγκλοστάσι
Ág. Stéfanos
Άγ. Στέφανος
Mýkonos
Μύκονος
Ornós
Ορνός
N. Rineia
Ν. Ρήνεια
Dílos
Δήλος
N. Dílos
Ν. Δήλος
Akr. Pódi
KYKLÁDES
ΚΥΚΛΑΔΕΣ
N. Serfopoúla
Ν. Σερφοπούλα
Pátmos
Stenó Serifou
Στενό Σερίφου
Akr. Vólos
Ακρ. Βώλος
N. Sérifos
Ν. Σέριφος
Sérifos
Σέριφος
Meg. Livádi
Μεγ. Λιβάδι
Livádi
Λιβάδι
Akr. Kýklops
Ακρ. Κύκλωψ
Akr. Kátano
Ακρ. Κάτανο
Stenó Sífnou
Στενό Σίφνου
ÉLAGOS
ΠΕΛΑΓΟΣ
97
Akr. Kórakas
Ακρ. Κόρακας
N. PÁROS
Ν. ΠΑΡΟΣ
Kamáres
Καμάρες
Náousa
Νάουσα
Páros
Πάρος
Kostos
Κώστος
Léfkes
Λεύκες
Márpissa
Μάρπισσα
Antíparos
Αντίπαρος
Poúnta
Πούντα
Dryós
Δρυός
Alykí
Αλυκή
N. Antíparos
Ν. Αντίπαρος
N. Despotikó
Ν. Δεσποτικό
N. Strongylí
Ν. Στρογγυλή
Akr. Petalída
Ακρ. Πεταλίδα
Akr. Filippos
Ακρ. Φίλιππος
Kamáres
Καμάρες
Artemónas
Αρτεμώνας
Apollonía (10)
Απολλωνία
N. Sífnos
Ν. Σίφνος
Platýs Gialós
Πλατύς Γιαλός
Akr. Kontós
Ακρ. Κοντός
Stenó Kimólou - Sífnou
Akr. Kéndras
Ακρ. Κένδρας
N. Kímolos
Ν. Κίμωλος
Kímolos
Κίμωλος
Prássa
Πράσσα
Psáthi
Ψάθη
N. Polýaigos
Ν. Πολύαιγος
N. Falkonéra
Ν. Φαλκονέρα
N. Antímilos
Ν. Αντίμηλος
Akr. Spilás
Fylakopí
Φυλακοπή
Mílos
Μήλος
Akr. Vani
Adámantas
Αδάμαντας
Kánava
Κάναβα
Voúdia
Βούδια
Zefyría
Ζεφυρία
Paláki Chálakas
Akr. Psális
Ακρ. Ψάλης
N. Paximádi
N. MÍLOS
Ν. ΜΗΛΟΣ
Stenó Polyaígou-Folegándrou
Akr. Vígla
Ακρ. Βίγλα
N. Folégandros
Ν. Φολέγανδρος
Á. Meriá
Folégandros
Φολέγανδρος
Karavostásis
Καραβοστάσης
Akr. Vitzétzos
N. Kardiótissa
Akr. Vorinó
Sikinos
Σίκινος
N. Síkinos
Ν. Σίκινος
Akr. Gero Angeli
Íos
Ίος
N. Thirasía
Ν. Θηρασία
Thirasía
Θηρασία
Akrotíri
N. Ananés
N. Christianí
Ν. Χριστιανή
N. Askania
Iráklio
Lemesós/Limassol
Haifa
Al Iskandarīyah
Chaniá
1
2
3
4
101

D
E
F
95
N. SÁMOS
Ν. ΣΑΜΟΣ
Karlovási
Καρλοβάσι
Sámos
Σάμος
Pythagóreio
Πυθαγόρειο
N. IKARÍA
Ν. ΙΚΑΡΙΑ
Armenistis
Évdilos
Ág. Kírykos
Akr. Fanári
Akr. Pápas
N. Thýmaina
N. Foúrnoi
Agathonísi
N. Arkoí
N. Leipsoí
N. Pátmos
Ν. Πάτμος
Skála
Pátmos
N. Léros
Ν. Λέρος
Lakki
Parthéni
Ag. Marína
Xirókampos
Farmakonísi
N. Télendos
N. Kálymnos
Kálymnos
N. KOS
Ν. ΚΩΣ
Kéfalos
Mastichári
Antimácheia
Akr. Kríkelos
Ág. Ioánnis
MÝKONOS
N. NÁXOS
Ν. ΝΑΞΟΣ
Apóllonas
Koronída
Kóronos
Apeiranthos
Chalkí
Sagkrí
Náxos Días
N. Donoúsa
Ν. Δονούσα
Koufonísi
N. Kéros
N. Schoinoússa
N. Irákleia
N. AMORGÓS
Ν. ΑΜΟΡΓΟΣ
Katápola
Amorgós
Aigiáli
Chozoviótissa
Arkesíni
Akr. Kalotási
Akr. Xódoto
N. Levítha
N. Kínaros
N. Astypálaia
Ν. Αστυπάλαια
Astypálaia
Análipsi
Vathý
Akr. Floúda
Akr. Poúlari
Akr. Cheiloús
N. Sýrna
Tría Nisiá
N. THÍRA
Ν. ΘΗΡΑ
(N. SANTORÍNI)
Thíra
Kamári
Arch. Thíra
Perissa
N. Anáfi
Anáfi
Kalamiótissa
Katelimátsa
Akr. Drépano
N. Pacheiá
N. Makrá
Peiraiás
Siteia
Bodrum
DODEKÁNISA
ΔΩΔΕΚΑΝΗΣΑ
1
2
3
4
102

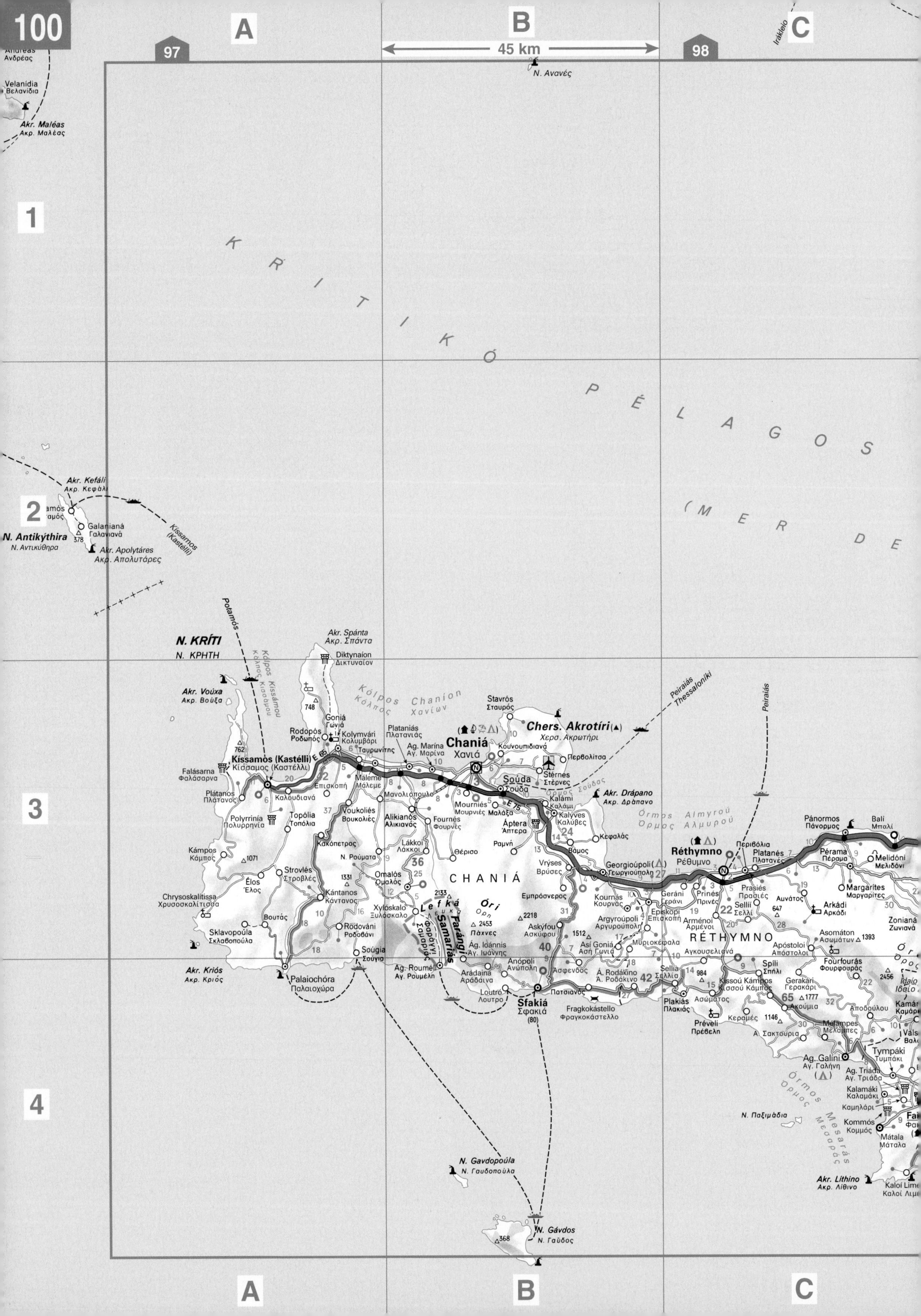
A
B
C
97
98
45 km
1
2
3
4
N. Ananés
Ν. Ανανές
Velanídia
Βελανίδια
Akr. Maléas
Ακρ. Μαλέας
Irákleio
K R I T I K Ó P É L A G O S
(M E R D E
Akr. Kefáli
Ακρ. Κεφάλι
Galanianá
Γαλανιανά
N. Antikýthira
Ν. Αντικύθηρα
Akr. Apolytáres
Ακρ. Απολυτάρες
Kíssamos (Kastélli)
Potamós
N. KRÍTI
Ν. ΚΡΗΤΗ
Kólpos Kissámou
Κόλπος Κισσάμου
Akr. Spánta
Ακρ. Σπάντα
Diktynaíon
Δικτυναίον
Kólpos Chaníon
Κόλπος Χανίων
Stavrós
Σταυρός
Chers. Akrotíri
Χερσ. Ακρωτήρι
Peiraiás
Thessaloníki
Akr. Voúxa
Ακρ. Βούξα
Goniá
Γωνιά
Rodopós
Ροδωπός
Kolymvári
Κολυμβάρι
Plataniás
Πλατανιάς
Ag. Marína
Αγ. Μαρίνα
Chaniá
Χανιά
Kounoupidianá
Κουνουπιδιανά
Perbolítsa
Περβολίτσα
Kíssamos (Kastélli)
Κίσσαμος (Καστέλλι)
Falásarna
Φαλάσαρνα
Tavronítis
Ταυρωνίτης
Stérnes
Στέρνες
Soúda
Σούδα
Órmos Soúdas
Όρμος Σούδας
Akr. Drápano
Ακρ. Δρέπανο
Plátanos
Πλάτανος
Kaloudianá
Καλουδιανά
Episkopí
Επισκοπή
Máleme
Μάλεμε
Manolióπoulo
Mourniés
Μουρνιές
Malaxa
Μαλάξα
Kalámi
Καλάμι
Kalyves
Καλύβες
Órmos Almyroú
Όρμος Αλμυρού
Pánormos
Πάνορμος
Balí
Μπαλί
Polyrrinía
Πολυρρηνία
Topólia
Τοπόλια
Voukoliés
Βουκολιές
Alikianós
Αλικιανός
Fournés
Φουρνές
Áptera
Άπτερα
Rethymno
Ρέθυμνο
Perivólia
Περιβόλια
Platanés
Πλατανές
Pérama
Πέραμα
Melidóni
Μελιδόνι
Kakópetros
Κακόπετρος
Lákkoi
Λάκκοι
Ramní
Ραμνή
Vámos
Βάμος
Kefalás
Κεφαλάς
Kámpos
Κάμπος
N. Roúmata
Θέρισο
Vrýses
Βρύσες
Georgioúpoli
Γεωργιούπολη
CHANIÁ
Strovlés
Στροβλές
Omalós
Ομαλός
Élos
Έλος
Kántanos
Κάντανος
Chrysoskalítissa
Χρυσοσκαλίτισσα
Xylóskalo
Ξυλόσκαλο
Lefká Óri
Όρη
Pachnes
Πάχνες
Emprosneros
Εμπρόσνερος
Kournás
Κουρνάς
Geráni
Γεράνι
Prinés
Πρινές
Prasiés
Πρασιές
Sellí
Σελλί
Arkádi
Αρκάδι
Margarítes
Μαργαρίτες
Zonianá
Ζωνιανά
Episkopí
Επισκοπή
Argyroúpoli
Αργυρούπολη
Arménoi
Αρμένοι
Asómaton
Ασωμάτων
Sklavopoúla
Σκλαβοπούλα
Voutás
Βουτάς
Rodováni
Ροδοβάνι
Farángi Samariás
Φαράγγι Σαμαριάς
Askýfou
Ασκύφου
Así Goniá
Ασή Γωνιά
Myriokéfala
Μυριοκέφαλα
RÉTHYMNO
Apóstoloi
Απόστολοι
Fourfourás
Φουρφουράς
Soúgia
Σούγια
Ág. Ioánnis
Άγ. Ιωάννης
Akr. Kriós
Ακρ. Κριός
Palaiochóra
Παλαιοχώρα
Ag. Roumélí
Αγ. Ρουμέλη
Arádaina
Αράδαινα
Anópoli
Ανώπολη
Asfendos
Ασφένδος
Á. Rodákino
Α. Ροδάκινο
Sellia
Σελλιά
Kissoú Kámpos
Κισσού Κάμπος
Spíli
Σπήλι
Gerakári
Γερακάρι
Loutró
Λουτρό
Sfakiá
Σφακιά
Patsianós
Πατσιανός
Fragkokástello
Φραγκοκάστελλο
Plakiás
Πλακιάς
Asómatos
Ασώματος
Akoúmia
Ακούμια
Apodoúlou
Αποδούλου
Préveli
Πρέβελη
Kerámes
Κεραμές
Á. Saktouria
Melampes
Μέλαμπες
Ag. Galíni
Αγ. Γαλήνη
Tympáki
Τυμπάκι
Ag. Triáda
Αγ. Τριάδα
Kalamáki
Καλαμάκι
Kamilári
Καμηλάρι
Kommós
Κομμός
Mátala
Μάταλα
Órmos Mesarás
Όρμος Μεσαράς
N. Paximádia
Ν. Παξιμάδια
Akr. Líthino
Ακρ. Λίθινο
Kaloí Liménes
N. Gavdopoúla
Ν. Γαυδοπούλα
N. Gávdos
Ν. Γαύδος
Ideo Ántro

D
E
F
99
102
1
2
3
4
N. THÍRA
N. ΘΗΡΑ
(N. SANTORÍNI)
Oía
Οία
Ακρ. Μαυρόπετρα
N. Thirasía
N. Θηρασία
Θηρασία
294
(260)
Thíra
Θήρα
124
(▲) N. Kaméni
N. Καμένη
Μεσαριά
566
Kamári
Καμάρι
Arch. Thíra
Αρχ. Θήρα
Ακρωτήρι
Akrotíri
Ακρωτήρι
Perissa
Περίσσα
Ακρ. Εξωμύτης
Akr. Drépano
Ακρ. Δρέπανο
N. Anáfi
N. Ανάφη
582
Kalamiótissa
Καλαμιώτισσα
Anáfi
Ανάφη
Katelimátsa
Κατελιμάτσα
N. Μακρά
N. Παχειά
Siteía
N. Christianí
N. Χριστιανή
N. Ασκανία
Irákleio
Analipsi
Ανάληψι
482
Astypálaia
Αστυπάλαια
Λιβάδιο
N. Οφιδούσα
Akr. Cheilоús
Ακρ. Χειλούς
Nᵒⁱ Zafóra
Nᵒⁱ Ζαφόρα
Karavónisia
Καραβόνησια
Κ Ρ Η Τ Ι Κ Ο Π Ε Λ Α Γ Ο Σ
C R È T E)
N. Chamilí
N. Χαμηλή
Nᵒⁱ Divoúnia
Nᵒⁱ Διβούνια
N. KRÍTI
N. ΚΡΗΤΗ
Αυγό
Thessaloníki
Peiraiás
Thíra
Sífnos
N. Día
N. Δία
263
Stavrós
Σταυρός
Ag. Pelagía
Αγ. Πελαγία
Kárpathos
Ródos
Lemessós (Kipros)
Haifa
Peiraiás
IRÁKLEIO
ΗΡΑΚΛΕΙΟ
N. Alikarnassós
N. Αλικαρνασσός
Fódele
Φόδελε
Ροδιά
Ammoudára
Αμμουδάρα
Goniés
Γωνιές
Týlisos
Τύλισος
Knosós
Κνωσός
Karterós
Καρτερός
Goúrnes
Γούρνες
Goúves
Γούβες
Limáni Chersonísou
Λιμάνι Χερσονήσου
Stalída
Σταλίδα
Mália
Μάλια
Σίσι
Mílatos
Μίλατος
Neápoli
Νεάπολη
Μοχός
Potamiés
Ποταμιές
Episkopí
Επισκοπή
Krousónas
Κρουσώνας
Gioúchtas
Γιούχτας
811
Ag. Mýronas
Αγ. Μύρωνας
Archánes
Αρχάνες
Ag. Paraskiés
Αγ. Παρασκιές
Kastélli
Καστέλλι
Tzermiádo
Τζερμιάδο
1559
(840) Psyró
Ψυχρό
Lasíthi
Ag. Geórgios
Αγ. Γεώργιος
Diktaío Ántro
Δικταίο Άντρο
Kathapó
Καθαρό
Óros Díkti
Δίκτη
2148
1485
Vathýpetro
Βαθύπετρο
777
Arkalochóri
Αρκαλοχώρι
107
Vrontisí
Βροντισί
Ágr Thomás
Άγ. Θωμάς
Ag. Varvára
Αγ. Βαρβάρα
Zarós
Ζαρός
IRÁKLEIO
498
Téféli
Τέφελι
Gariпа
Γαρίπα
Παναγιά
Λιγόρτυνος
Górtys
Γόρτυς
Gkagkáles
Γκαγκάλες
118
Ag. Déka
Αγ. Δέκα
Στόλοι
Χάρακας
Pýrgos
Πύργος
Skiniás
Σκινιάς
Á. Viánnos
Α. Βιάννος
1783
Πεύκος
K. Καστελιανά
785
Vagionía
Βαγιονιά
Αστερούσια
Achentriás
Αχεντριάς
Μεσοχώρι
Kρότος
Καπετανιανά
1231
Tsoútsouros
Τσούτσουρος
Κερατόκαμπος
Árvi
Άρβη
Trypití
Τρυπητή
Treis Ekklisíes
Τρεις Εκκλησίες
M. Koudoumá
Μ. Κουδουμά
Loutrá
Λουτρά
(200)
Vrouchás
Βρουχάς
Akr. Ág. Ioánnis
Ακρ. Αγ. Ιωάννης
Σκινιάς
760
Foúrni
Φουρνή
Spinalógka
Σπιναλόγκα
Chers. Spinalógka
Χερσ. Σπιναλόγκα
Eloúnta
Ελούντα
Kólpos Mirampéllou
Κόλπος Μιραμπέλλου
N. Ψείρα
Ag. Nikólaos
Άγ. Νικόλαος
Lató
Λατώ
Kritsá
Κριτσά
Kaló Chorió
Καλό Χωριό
Gourniá
Γουρνιά
Pacheiá Ámmos
Παχειά Άμμος
Καλαμαύκα
Μεσελέροι
Επισκοπή
Máles
Μάλες
Anatolí
Ανατολή
Ammoudára
Αμμουδάρα
Mýrtos
Μύρτος
Ierápetra
Ιεράπετρα
Όρη Θρυπτής
Kavoúsi
Καβούσι
Móchlos
Μόχλος
Sfáka
Σφάκα
LASÍTHI
428
Skopí
Σκοπή
1476
Stavrochóri
Σταυροχώρι
Ορεινό
Ag. Fotiá
Αγ. Φωτιά
Κουτσουράς
Makrygialós
Μακρυγιαλός
Πεύκοι
Lithínes
Λιθίνες
Siteía
Σητεία
Piskokéfalo
Πισκοκέφαλο
539
Mitáto
Πητάτο
Καρύδι
Chandrás
Χανδράς
Zákros
Ζάκρος
(260)
Zíros
Ζίρος
819
Καλό Χωριό
Γούδουρας
Xerókampos
Ξερόκαμπος
K. Zákros
K. Ζάκρος
Palaikastro
Παλαίκαστρο
Αδραβάστοι
Toplou
Τοπλού
Itanós
Ιτανός
Váï
Βάι
Akr. Síderos
Ακρ. Σίδερος
N. Ελάσα
N. Γιανυσάδα
N. Δραγονάδα
N. Παξιμάδα
Thíra
Anáfi
Kárpathos
Koufonísi
Κουφονήσι
N. Chrysí
N. Χρυσή
D
E
F

A
B
C
45 km
99
98
1
2
3
4
N. Levítha
N. Λεβίθα
N. Kínaros
N. Κίναρος
N. Kálymnos
N. Κάλυμνος
Κουφονήσι
Akr. Katoméri
Ακρ. Κατομέρι
Κέρος
N. Kéros
N. Κέρος
N. Nikouría
Aigiáli
Αιγιάλη
Akr. Xódoto
Ακρ. Ξόδοτο
Chozoviótissa
Χοζοβιώτισσα
N. Schoinoússa
N. Σχοινούσσα
Katápola
Κατάπολα
Amorgós
Αμοργός
N. Irákleia
N. Ηράκλεια
Akr. Kalotási
Ακρ. Καλοτάσι
Arkesíni
Αρκεσίνη
N. AMORGÓS
N. ΑΜΟΡΓΟΣ
DODEKÁNISA
ΔΩΔΕΚΑΝΗΣΑ
N. Íos
N. Ίος
Íos
Ίος
Pýrgos
Πύργος
Akr. Πούντας
Manganári
Μαγγανάρι
Akr. Achládes
Ακρ. Αχλάδες
N. Άνυδρος
Akr. Floúda
Ακρ. Φλούδα
Vathý
Βαθύ
N. Astypálaia
N. Αστυπάλαια
Akr. Poúlari
Ακρ. Πούλαρι
Análipsi
Ανάληψη
Astypálaia
Αστυπάλαια
Λιβάδιο
N Οφιδούσσα
Akr. Cheiloús
Ακρ. Χειλούς
Oía
Οία
Ακρ. Μαυρόπετρα
N. Thirasía
N. Θηρασία
Θηρασία
N. THÍRA
N. ΘΗΡΑ
(N. SANTORÍNI)
Thíra
Θήρα
N. Kaméni
N. Καμένη
Μεσαριά
Kamári
Καμάρι
Arch. Thíra
Αρχ. Θήρα
Ακρωτήρι
Akrotíri
Ακρωτήρι
Perissa
Περίσσα
Akr. Εξωμύτης
Akr. Drépano
Ακρ. Δρέπανο
N. Anáfi
N. Ανάφη
Kalamiótissa
Καλαμιώτισσα
Anáfi
Ανάφη
Katelimátsa
Κατελιμάτσα
Σύρνα
N. Sýrna
N. Σύρνα
Tría Nisiá
Τρία Νησιά
N. Μακρά
N. Παχειά
N. Ασκανία
Siteía
Irákleio
Nª Zafóra
Nª Ζαφόρα
Karavónisia
Καραβόνησια
ΗΤΙΚΟ ΠΕΛΑΓΟΣ
N. Chamilí
N. Χαμηλή
N. Asta
N. Αστα
Nª Divoúnia
Nª Διβούνια
N. KRÍTI
N. ΚΡΗΤΗ
Αυγό
N. Día
N. Δία
Kárpathos
Ródos
Lemessós (Kipros)
Haifa
Peiraías
N. Παξιμάδα
N. Δραγονάδα
N. Γιανυσάδα
Thíra
Anáfi
Kárpathos
Akr. Síderos
Ακρ. Σίδερος
N. Ελάσα
N. Kásos
N. Κάσος
N. Alikarnassós
N. Αλικαρνασσός
Goúrnes
Γούρνες
Limáni Chersonísou
Λιμάνι Χερσονήσου
Akr. Ág. Ioánnis
Ακρ. Αγ. Ιωάννης
Vrouchás
Βρουχάς
Stalída
Σταλίδα
Σίσι
Mílatos
Μίλατος
Σκινιάς
Spinalógka
Σπιναλόγκα
Kartерós
Καρτερός
Goúves
Γούβες
Fourní
Φουρνή
Chers. Spinalógka
Χερσ. Σπιναλόγκα
Kólpos Mirampéllou
Κόλπος Μιραμπέλλου
Itanós
Ιτανός
Episkopí
Επισκοπή
Mália
Μάλια
Neápoli
Νεάπολη
Eloúnta
Ελούντα
Toploú
Τοπλού
Vái
Βάι
Archánes
Αρχάνες
Potamiés
Ποταμιές
Μοχός
Siteía
Σητεία
Ag. Paraskiés
Αγ. Παρασκιές
Kastélli
Καστέλλι
Tzermiádo
Τζερμιάδο
Ag. Nikólaos
Άγ. Νικόλαος
N. Ψείρα
Móchlos
Μόχλος
Skopí
Σκοπή
Piskokéfalo
Πισκοκέφαλο
Palaikastro
Παλαίκαστρο
Arkalochóri
Αρκαλοχώρι
Psychró
Ψυχρό
Ag. Geórgios
Αγ. Γεώργιος
Lasíthi
Kritsá
Mitáto
Μητάτο
Sfáka
LASÍTHI
Diktaío Antro
Katharó
107

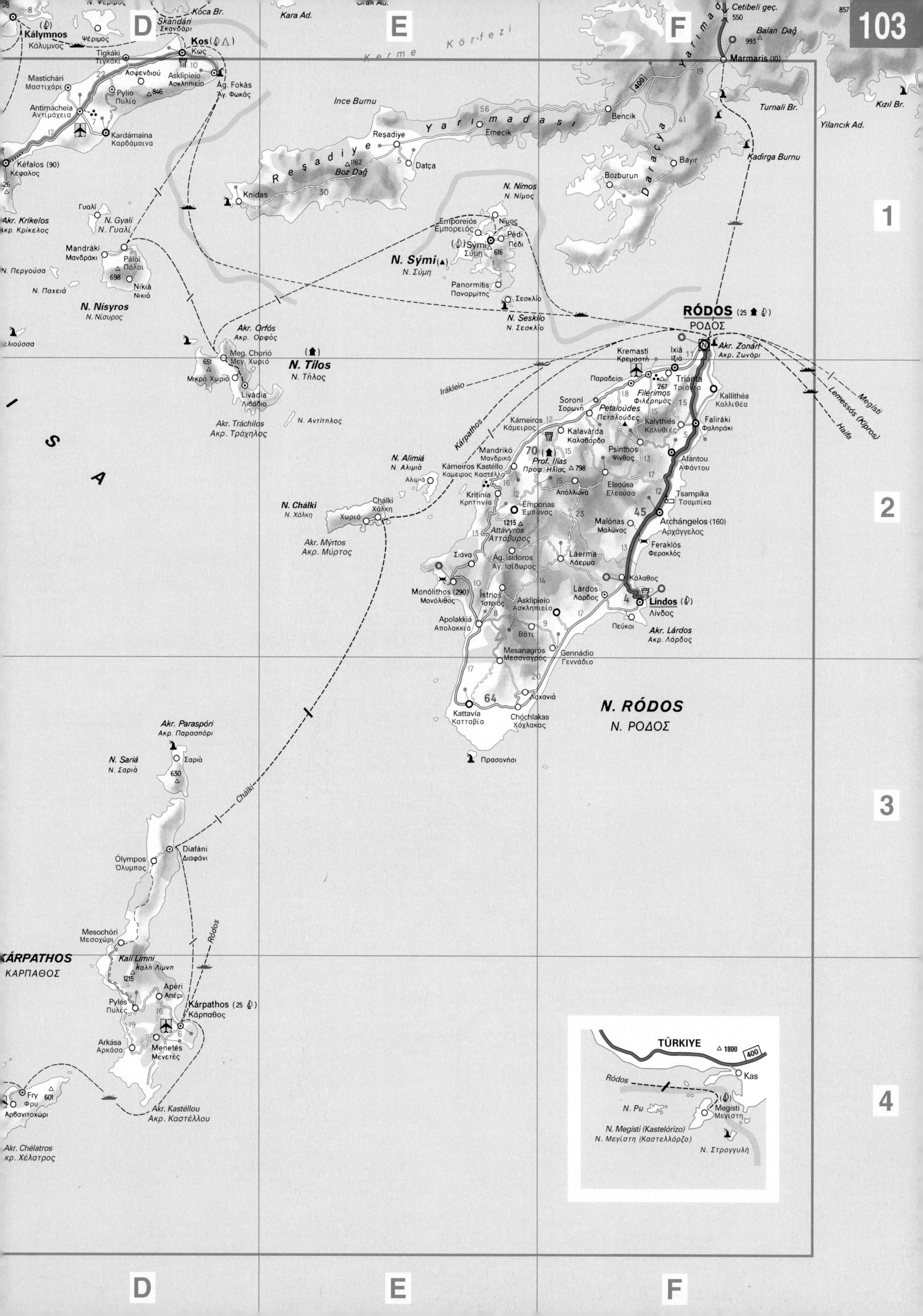
D
E
F
1
2
3
4
Kálymnos
Κάλυμνος
Ψέριμος
Kos
Κως
Skandári
Σκανδάρι
Koca Br.
Kara Ad.
Kerme Körfezi
Cetibeli geç.
550
Balan Dağ
993
Marmaris (10)
Tigkáki
Τιγκάκι
Ασφενδιού
Asklipieío
Ασκληπιείο
Ag. Fokás
Αγ. Φωκάς
Mastichári
Μαστιχάρι
Pylío
Πυλίο
846
Antimácheia
Αντιμάχεια
Kardámaina
Καρδάμαινα
Kéfalos (90)
Κέφαλος
Ince Burnu
Reşadiye Yarımadası
Reşadiye
1162
Boz Dağ
Datça
Emecik
Bencik
Turnali Br.
Kızıl Br.
Yilancık Ad.
Daraçya
Bayır
Bozburun
Kadirga Burnu
Knidas
N. Nímos
Ν. Νίμος
Γυαλί
N. Gyalí
Ν. Γυαλί
Akr. Kríkelos
Ακρ. Κρίκελος
Mandráki
Μανδράκι
Páloi
Πάλοι
698
Nikiá
Νικιά
Ν. Περγούσα
Ν. Παχειά
N. Nísyros
Ν. Νίσυρος
Emporeiós
Εμπορειός
Νίμος
Pédi
Πέδι
Sými
Σύμη
616
N. Sými
Ν. Σύμη
Panormítis
Πανορμίτης
Σεσκλίο
N. Seskliό
Ν. Σεσκλίο
RÓDOS
ΡΟΔΟΣ
Akr. Orfós
Ακρ. Ορφός
Meg. Chorió
Μεγ. Χωριό
651
Μικρό Χωριό
N. Tílos
Ν. Τήλος
Livádia
Λιβάδιο
Akr. Tráchilos
Ακρ. Τράχηλος
Ν. Αντίτηλος
Irákleio
Kremastí
Κρεμαστή
Ixiá
Ιξιά
Akr. Zonári
Ακρ. Ζωνάρι
Megísti
Lemessós (Kípros)
Haifa
Παραδείσι
267
Triánta
Τριάντα
Filérimos
Φιλέρημος
Kallithéa
Καλλιθέα
Soroní
Σορωνή
Petaloúdes
Πεταλούδες
Kalythiés
Καλυθιές
Faliráki
Φαληράκι
Kámeiros
Κάμειρος
Kalavárda
Καλαβάρδα
Kárpathos
Mandrikó
Μανδρικό
Prof. Ilías
Προφ. Ηλίας
798
Psinthos
Ψίνθος
Afántou
Αφάντου
N. Alimiá
Ν. Αλιμιά
Αλιμιά
Kámeiros Kastéllo
Καμειρος Καστέλλο
Kritinía
Κρητηνία
Απόλλωνα
Eleoúsa
Ελεούσα
Tsampíka
Τσαμπίκα
N. Chálki
Ν. Χάλκη
Chálki
Χάλκη
Χωριό
Émponas
Έμπωνας
1215
Attávyros
Αττάβυρος
Malónas
Μαλώνας
Archángelos (160)
Αρχάγγελος
Akr. Mýrtos
Ακρ. Μύρτος
Σιάνα
Ag. Isídoros
Αγ. Ισίδωρος
Láerma
Λάερμα
Feraklós
Φεράκλός
Κάλαθος
Monólithos (290)
Μονόλιθος
Ístrios
Ίστριος
Asklipieío
Ασκληπιείο
Lárdos
Λάρδος
Líndos
Λίνδος
Apolakkiá
Απολακκιά
Βάτι
Πεύκοι
Akr. Lárdos
Ακρ. Λάρδος
Mesanagrós
Μεσαναγρός
Gennádio
Γεννάδιο
Λαχανιά
N. RÓDOS
Ν. ΡΟΔΟΣ
Kattavía
Κατταβία
Chóchlakas
Χόχλακας
Πρασονήσι
Akr. Paraspóri
Ακρ. Παρασπόρι
N. Sariá
Ν. Σαριά
Σαριά
630
Chálki
Diafáni
Διαφάνι
Ólympos
Όλυμπος
Mesochóri
Μεσοχώρι
Ródos
KÁRPATHOS
ΚΑΡΠΑΘΟΣ
Kalí Límni
Καλή Λίμνη
1215
Apéri
Απέρι
Pylés
Πυλές
Kárpathos (25)
Κάρπαθος
Arkása
Αρκάσα
Menetés
Μενετές
Fry
Φρυ
601
Αρβανιτοχώρι
Akr. Kastéllou
Ακρ. Καστέλλου
Akr. Chélatros
Ακρ. Χέλατρος
TÜRKIYE
1800
400
Kas
Ródos
Ν. Ρω
Megísti
Μεγίστη
N. Megísti (Kastelórizo)
Ν. Μεγίστη (Καστελλόρζο)
Ν. Στρογγυλή

A
B
C
98 km
1
2
3
4
NORDISHAVET
Sørvær
Hasvik
Loppa
Øksfjord
Øksfjordjøkelen
Langfjordjøkelen
Langfjord
Nordkvaløy
Vanna
Vannavålen
Årviksand
Slettfjellet
Arnøy
Lauksundskaret
Skjervøy
Rebbenesøy
Mikkelvik
Skåningsbukt
Karlsøy
Hurtigruten
Storsteinen
Kågen
Hansnes
Ringvassøy
Reinøy
Nord-Lenangen
Burfjord
Kvænangen
Sørkjosen
Storslett (Nordreisa)
Djupvik
Oldervik
Lyngen
TROMSØ
Breivikeidet
Svensby
Olderdalen
Sommarøy
Eidkjosen
Tromsdalen
Hillesøy
Kvaløy
Larseng
Fagernes
Lyngseidet
Bæccegæhal'di
Bilto
Mefjordvær
Mefjordbotn
Vikran
Malangen
Jiekkevarre
Isfjellet
Skaland (Berg)
Furuflaten
Skibotn
Raisduoddarhal'di
Halti-Haldi
Gryllefjord (Torsken)
Gibostad
Senja
Målsnes
Tennes
Oteren
Andenes
Andørdalen
Finnsnes
Storsteinnes
Nordkjosbotn
Bleik
Andfjorden
Andøya
Moen (Målselv)
Sørreisa
Vangsvik
Tranøy
Heia
Mallax
Kilpisjärvi
Raittijärvi
Stonglandet
Solbergfjorden
Bardufoss
Skrolsvik
Dverberg
Brøstadbotn
TROMS
Andselv
Dyrøya
Tierbmesvarri
Åse
Mikkelbostad
Øverbygd
Risøyhamn
Bjarkøy
Grytøya
Sjøvegan (Salangen)
Istindan
Kummavuopio
Myre (Øksnes)
Vågsfjorden
Setermoen (Bardu)
VESTERÅLEN
Harstad
Andørja
Saarikoski
Ropi
Langøya
Borkenes (Kvæfjord)
Rolla
Sørvik
Frihetsli
Straumsjøen
Sørrollnes
Ibestad
Kirkestinden
Rostujaure
Sortland
Kilbotn
Lavangen
Njunis
Ropinsalmi
Flesnes
Astafjorden
Bø
Sigerfjord
Refsnes
Fossbakken
Øvre Dividalen
Stokmarknes
Hinnøya
Grovfjord
Gratangen
Innset
Melbu
Kaljord
Evenskjær (Skånland)
Ishavsleden
Hadselfjorden
Hanøy
Ramsund
Bogen
Bjerkvik
Vadvetjåkka
Fiskebøl
Tjeldøya
Evenes
Liland
Austvågøy
Lødingen
Ofotfjorden
Narvik
Riksgränsen
Björkliden
Abisko
Torneträsk
Vuoskojaure
Ballangen
Beisfjord
Laimoluokta
Digermulen
Kuortovare
Svolvær
Leiknes
Skarberget
Abisko
Bognes
Kungsleden
Kjøpsvik
Rensjön
Øvre S
Skutvik
Hamarøy
Tysfjorden
Engeløya
Drag
Bjørntoppen
Vistasvaggi
Rautas
Steigen
Sagfjorden
Innhavet
Sliddasjávri
Kebnekaise
Nikkaluokta
Sautusjärvi
Vittangiälven
Kebnekaise
Kiruna
Jukkasjärvi
Paittasjärvi
Nordfold
Hellemofjorden
Torneälven
Vittang
Folda
Vaisaluokta
Kallaktjåkkå
Kårsatjå
Svappa
Stora
107
108

D E F

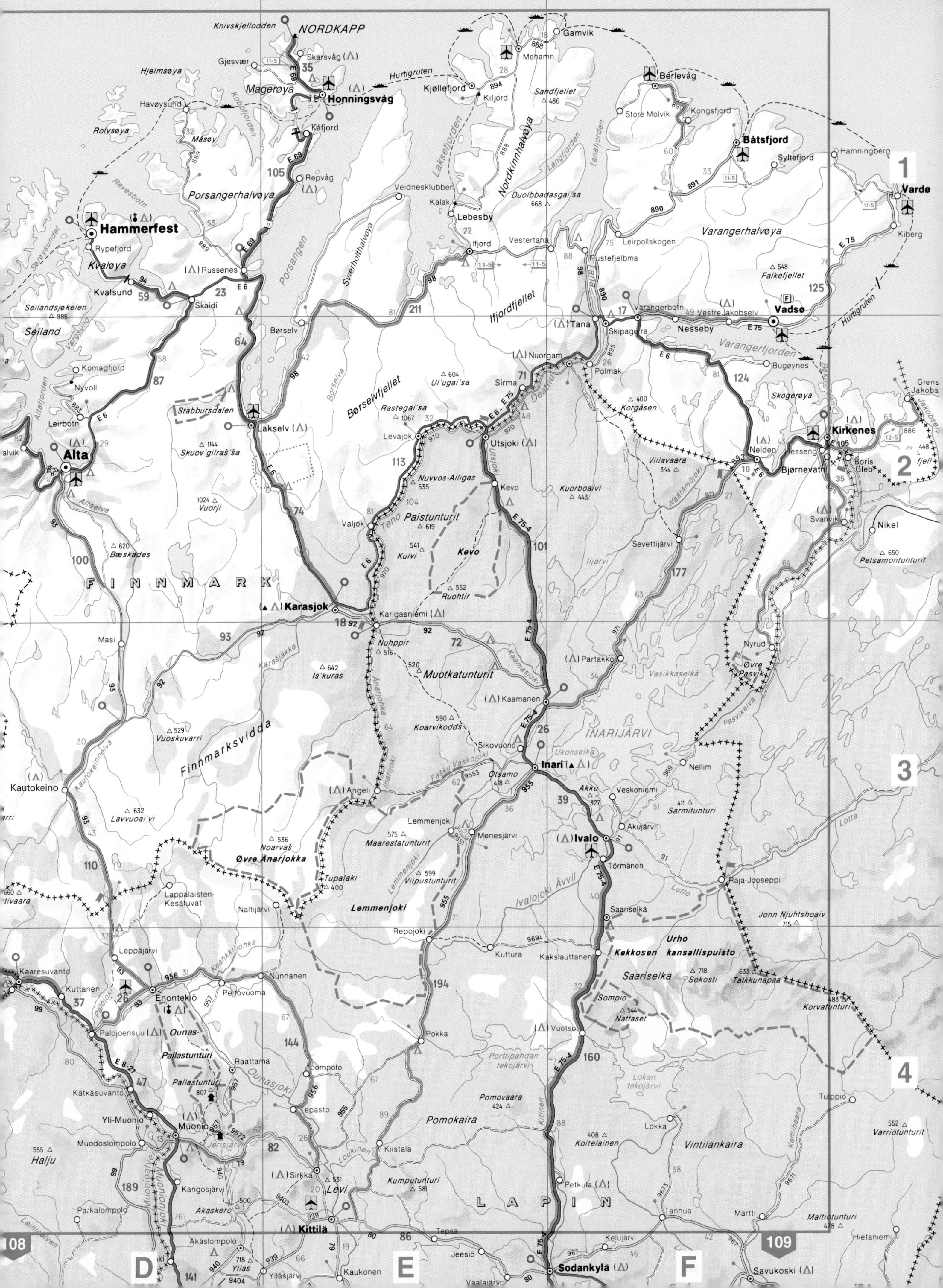
NORDKAPP
Knivskjellodden
Skarsvåg
Gjesvær
Hjelmsøya
Magerøya
Honningsvåg
Havøysund
Kåfjord
Rolvsøya
Måsøy
Repvåg
Porsangerhalvøya
Hammerfest
Rypefjord
Kvaløya
Kvalsund
Russenes
Skaidi
Seilandsjøkelen
985
Seiland
Komagfjord
Nyvoll
Leirbotn
Alta
Stabbursdalen
Lakselv
Skuov'gilraš'ša
1144
Vuorji
1024
Bæskades
620
FINNMARK
Karasjok
Masi
Vuoskuvarri
529
Finnmarksvidda
Kautokeino
Lavvuoai'vi
632
Noarvaš
536
Øvre Anarjokka
Lappalaisten-Kesatuvat
Naltijärvi
Leppäjärvi
Kaaresuvanto
Kuttanen
Enontekiö
Palojoensuu
Ounas-Pallastunturi
Pallastunturi
807
Raattama
Kätkäsuvanto
Yli-Muonio
Muonio
Muodoslompolo
Halju
555
Kangosjärvi
Akaskero
Paikalompolo
Äkäslompolo
Ylläs
Yllasjärvi
Kittilä
Levi
Sirkka
Tepasto
Lompolo
Nunnanen
Peltovuoma
Kiistala
Kumputunturi
581
Pokka
Repojoki
Kuttura
Lemmenjoki
Viipustunturit
599
Maarestatunturit
575
Tupalaki
400
Menesjärvi
Angeli
Otsamo
418
Sikovuono
Kaamanen
Koarvikodds
590
Muotkatunturit
520
Nuhppir
516
Is'kuras
642
Karigasniemi
Valjok
Paistunturit
619
Kuivi
541
Kevo
Ruohtir
552
Nuvvos-Ailigas
535
Levajok
Rastegai'sa
1067
Børselvfjellet
Ul'ugai'sa
604
Sirma
Utsjoki
Nuorgam
Børselv
Veidnesklubben
Sværholthalvøya
Porsangen
Kjøllefjord
Kifjord
Mehamn
Gamvik
Nordkinnhalvøya
Sandfjellet
486
Kalak
Lebesby
Ifjord
Duolbbadasgai'sa
668
Vestertana
Ifjordfjellet
Laksefjorden
Tanafjorden
Berlevåg
Store Molvik
Kongsfjord
Båtsfjord
Syltefjord
Hamningberg
Vardø
Kiberg
Varangerhalvøya
Leirpollskogen
Rustefjelbma
Falkefjellet
548
Vadsø
Vestre Jakobselv
Varangerbotn
Tana
Skipagurra
Nesseby
Varangerfjorden
Bugøynes
Polmak
Korgåsen
400
Skogerøya
Grense Jakobselv
Kirkenes
Neiden
Hesseng
Bjørnevatn
Boris Gleb
Villavaara
344
Kuorboaivi
443
Svanvik
Nikel
Petsamontunturit
650
Sevettijärvi
Nyrud
Øvre Pasvik
Partakko
Vasikkaselkä
INARIJÄRVI
Inari
Nellim
Veskoniemi
Sarmitunturi
411
Akujärvi
Ivalo
Törmänen
Raja-Jooseppi
Saariselkä
Jonn Njuhtshoaiv
715
Urho Kekkosen kansallispuisto
Kakslauttanen
Saariselka
Sokosti
718
Talkkunapaa
633
Korvatunturi
483
Sompio
Nattaset
544
Vuotso
Porttipahdan tekojärvi
Lokan tekojärvi
Pomovaara
424
Pomokaira
Koitelainen
408
Lokka
Vintilankaira
Tulppio
Varriotunturit
552
Petkula
LAPIN
Tanhua
Martti
Maltiotunturi
478
Hietaniemi
Kelujärvi
Tepsa
Jeesiö
Kaukonen
Vaalajärvi
Sodankylä
Savukoski
1
2
3
4
108
109

D E F

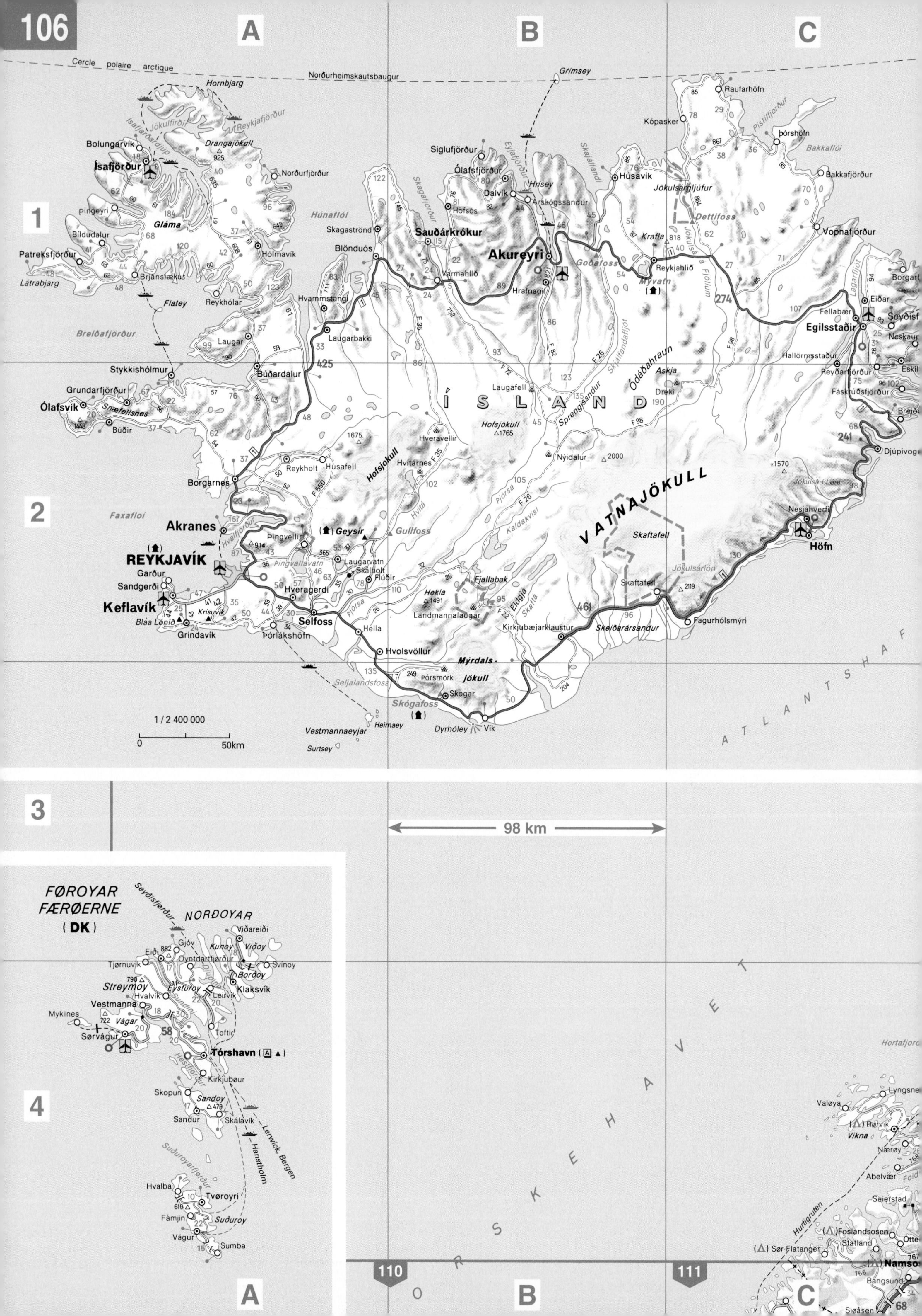
A
B
C
1
2
3
4
Cercle polaire arctique
Norðurheimskautsbaugur
Grímsey
Hornbjarg
Reykjafjörður
Jökulfirðir
Ísafjarðardjúp
Drangajökull
925
Bolungarvík
Ísafjörður
Norðurfjörður
Þingeyri
Gláma
Bíldudalur
Patreksfjörður
Hólmavík
Brjánslækur
Látrabjarg
Flatey
Reykhólar
Breiðafjörður
Hvammstangi
Laugarbakki
Laugar
Stykkishólmur
Búðardalur
Grundarfjörður
Ólafsvík
Snæfellsnes
1446
Búðir
Húnaflói
Skagaströnd
Blönduós
Skagafjörður
Sauðárkrókur
Varmahlíð
Siglufjörður
Ólafsfjörður
Hofsós
Dalvík
Hrísey
Árskógssandur
Eyjafjörður
Akureyri
Hrafnagil
Goðafoss
Skjálfandi
Húsavík
Kópasker
Rauðarhöfn
Þórshöfn
Þistilfjörður
Bakkaflói
Bakkafjörður
Jökulsárgljúfur
Dettifoss
Krafla
Reykjahlíð
Mývatn
Jökulsá á Fjöllum
Vopnafjörður
Borgarf
Eiðar
Fellabær
Egilsstaðir
Seyðisf
Neskaup
Eskif
Hallormsstaður
Reyðarfjörður
Fáskrúðsfjörður
Breiðd
Djúpivog
Lagarfljót
Skjálfandafljót
Ódáðahraun
Askja
Dreki
Sprengisandur
Laugafell
ÍSLAND
Hofsjökull
1765
Hveravellir
1675
Hvítárnes
Hofsjökull
Nýidalur
2000
1570
Jökulsá í Lóni
Húsafell
Reykholt
Borgarnes
Faxaflói
Akranes
Hvalfjörður
REYKJAVÍK
Garður
Sandgerði
Keflavík
Bláa Lónið
Krísuvík
Grindavík
Þingvellir
914
Þingvallavatn
Geysir
Gullfoss
Laugarvatn
Skálholt
Flúðir
Hveragerði
Selfoss
Þorlákshöfn
Hvítá
Þjórsá
Kaldakvísl
Hella
Hvolsvöllur
Hekla
1491
Landmannalaugar
Fjallabak
Eldgjá
Skaftá
VATNAJÖKULL
Skaftafell
Jökulsárlón
2119
Nesjahverfi
Höfn
Fagurhólsmýri
Skeiðarársandur
Kirkjubæjarklaustur
Mýrdalsjökull
Þórsmörk
Skógar
Skógafoss
Seljalandsfoss
Dyrhóley
Vík
Heimaey
Vestmannaeyjar
Surtsey
1 / 2 400 000
0
50km
ATLANTSHAF
98 km
FØROYAR
FÆRØERNE
(DK)
Seyðisfjørður
NORÐOYAR
Viðareiði
Kunoy
Viðoy
Gjógv
Eiði
882
Oyndarfjørður
Svínoy
Tjørnuvík
Borðoy
790
Streymoy
Eysturoy
Klaksvík
Hvalvík
Leirvík
Vestmanna
Mykines
722
Vágar
Sørvágur
Toftir
Tórshavn
Hestfjørður
Kirkjubøur
Skopun
Sandoy
479
Sandur
Skálavík
Lerwick, Bergen
Hanstholm
Suðuroyarfjørður
Hvalba
Tvøroyri
610
Fámjin
Suðuroy
Vágur
Sumba
NORSKEHAVET
Hortafjord
Lyngsne
Valøya
Rørvik
Vikna
Nærøy
Abelvær
Foldf
Seierstad
Hurtigruten
Foslandsosen
Statland
Sør-Flatanger
Otte
Namso
Bangsund
Sjøåsen
68

110
111

D
E
F
1
2
3
4
104
108
112
Narvik
Lødingen
Austvågøy
Eggum
Vestvågøy
LOFOTEN
Leknes
Svolvær
Digermulen
Skarberget
Bogneså
Kjøpsvik
Hamarøy
Skutvik
Stamsund
Hurtigruten
Ramberg
Gravdal
Ballstad
Moskenesøya
Reine
Sørvågen
Moskenstraumen
VESTFJORDEN
Engeløya
Steigen
Drag
Bjørntoppen
Innhavet
Sørværøy
Røstlandet
Nordfold
Folda
Vaisaluokta
Kallaktjåkkå
Stora
Akkajaure
Sjöfallet
Kjerringøy
Bonnåsjøen
Festvåg
Røsvik
Rago
Padjelanta
Arasluokta
Saltoluokta
BODØ
Løding
Vågan
Straumsnes
Straumen
Fauske
Saltfjorden
Skjerstad
Blåmannsisen
Sulitjelma
Sarek
Sørarnøy
Misvær
Rognan
Inndyr
Skjelvik
Beiarn
Storfjellet
Tarrekaise
Kvikkjokk
Røkland
Ørnes
NORDLAND
Meløy
Glomfjord
Forøy
Ågskaret
Vågaholmen
Tjong
Jektvik
Snøtinden
Lønsdal
Silvervägen
Svartisen
Saltfjellet
POLARSIRKELEN
POLCIRK
Trænfjorden
Kilboghamn
Lovund
Lurøy
Stenudden
Dunderlandsdalen
MO I RANA
Storforshei
Jakkvik
Norra Bergnäs
Tomma
Dønnes
Nesna
Hemnesberget
Blåvägen
Junkeren
Pieljekaise
Hornavan
Dønna
Leirvik
Finneidfjord
Umbukta
Adolfström
Selløy
Leland
Sandnessjøen
Silvalen
Korgen
Okstindan
Ammarfjället
Laisvall
Alstahaug
Mosjøen
Artfjället
Vindelfjällens N. R.
Ammarnäs
Arjeplog
Tjøtta
Klippen
Norra Storfjället
Uddjaure
Vega
Hemavan
Røssvatnet
Oversjuktan
Gladstad
Forvik
Sagavägen
Tärnaby
Horn
Anndalsvågen
Storvindeln
Brønnøysund
Trofors
Hattfjelldal
Ajaureforsen
Slagnäs
Sorsele
Hommelstø
Berg
Tosbotn
Gardiken
Gardjonas
Storjuktan
Sømna
Vik
Børgefjellet
Umeälven
Blattniksele
Gargnäs
Vennesund
Holm
Børgefjell
Dikanäs
Stor uman
Leka
Terråk
Foldereid
Fatmomakke
Marsfjällen
Kultsjön
Storuman
Gunnarn
Bjorksele
Klimpfjäll
Borgafjällen
Saxnäs
Vojmsjön
Salsbruket
Namsskogan
Røyrvik
Brekkvasselv
Jengejetneme
Norrby
Stora Blåsjön
Borgafjäll
VÄSTERBOTTEN
Malgomaj
Jormlien
Limingen
Uredakke
Høylandet
Tunnsjøen
Risbäck
Skorovatn
Bastunasfjället
Overhalla
Havdalsfjellet
Sjoutnäset
Latikberg
Storsjouten
Vilhelmina
Grong
Gäddede
Nordli
LÄN
Kroksjö

A
B
C
98 km
104
105
107
113
1
2
3
4
Narvik
Riksgränsen
Björkliden
Abisko
Torneträsk
Vuoskojaure
Laimoluokta
Palojoensuu
Ounas-
Pallastunturi
Raattama
Kebnekaise
Nikkaluokta
Kiruna
Jukkasjärvi
Sautusjärvi
Torneälven
Vittangi
Övre Soppero
Halju
Katkasuvanto
Yli-Muonio
Muonio
Muodoslompolo
Kangosjärvi
Äkäskero
Parkalompolo
Äkäslompolo
Kihlanki
Yllas
Äkäsjokisuu
Kolari
Kurtakko
Vaisaluokta
Kallaktjåkkå
Kårsatjåkka
Akkajaure
Stora Sjöfallet
Nieras
Vietas
Saltoluokta
Sarek
Svappavaara
Fjällåsen
Kalixälven
Skaulo
Junosuando
Ishavsleden
Tärendöälven
NORRBOTTENS
LÄN
Ruokto
Stora Lulevatten
Malmberget
Gällivare
Nilivaara
Pajala
Lappea
Sieppijärvi
Tarendo
Tarrekaise
Kungsleden
Tjaktjajaure
Kvikkjokk
Porjus
Muddus
Harsprånget
Hakkas
Korpilombolo
Naamijoki
Pello
Skalka
Nattavaara
Svanstein
Turtola
Juoksengi
Randijaure
Karats
Jokkmokk
Jockfall
Tjieggelvas
POLCIRKELN
Stenudden
St. Luleälven
L. Luleälven
Murjek
Vuollerim
Råneälven
Kalixälven
Övertorneå
Aavasaksa
Ylitornio
Jakkvik
Norra Bergnäs
Vuolvojaure
Pålkem
Överkalix
Hedenäset
Hornavan
Gittun
Laisvall
Kåbdalis
Harads
Gunnarsbyn
Morjärv
Karungi
Lappträsk
Niemisel
Arjeplog
Uddjaure
Silvervägen
Piteälven
Tore
Kalix
Haparanda
Sangis
Suddesjaur
Moskosel
Storforsen
Vidsel
Boden
Råneå
Luleälven
Storavan
Älvsbyn
Klöverträsk
Harafjärden
Gunnarsfjärden
Visttheden
Gammelstaden
LULEÅ
Bergnäset
Avaviken
Slagnäs
Arvidsjaur
Antnäs
Sorsele
Abborrträsk
Rosvik
Långträsk
Öjebyn
Blattniksele
Gargnäs
Adak
Piteå
Bergsviken
Glommersträsk
Byskeälven
Malå
Jävre
Fällfors
Jörn
Silvervägen
Skellefteälven
BOTTENVIKEN
PERÄMERI
Kristineberg
Gunnarn
Björksele
Tåme
Byske
Norrby
Blå vägen
Norsjö
Kåge
Umeälven
Boliden
VÄSTERBOTTENS
Rusksele
Bastuträsk
Skellefteå
Skelleftehamn
Latikberg
Kalvträsk
Bureå
Lycksele
Saga vägen
Kroksjö
Burträsk
Åmsele
Maakalla

D
E
F
118
119
1
2
3
4
124
51
52
Kungälv
Borås
JÖNKÖPING
Tranås
Gränna
Mullsjö
Habo
Bankeryd
Kisa
Överum
Lerum
Partille
Härryda
Mölnlycke
Bollebygd
Ulricehamn
Dalsjöfors
Huskvarna
Hakarp
Aneby
Österbymo
Norra Kvill
Gamleby
Västervik
Forserum
Taberg
Nässjö
Eksjö
Vimmerby
Ankarsrum
Kungsbacka
Kinna
Fritsla
Svenljunga
Tranemo
Vaggeryd
Tomtabacken
Bodafors
Mariannelund
Storebro
Hultsfred
Skillingaryd
JÖNKÖPINGS
Åsa
Mjöbäck
Gnosjö
Sävsjö
Vetlanda
Kristdala
Fårbo
Väro
Gislaved
Anderstorp
Store Mosse
LÄN
Korsberga
Virserum
Byxelkrok
Rolfstorp
Reftele
Värnamo
Oskarshamn
Böda
Varberg
Ullared
Ätran
Smålandsstenar
Lammhult
Åseda
Fågelfors
Högsby
Blå Jungfrun
Löttorp
Hyltebruk
Torup
Unnaryd
Rottne
Lenhovda
Grönskåra
KALMAR
Mönsterås
HALLANDS
Falkenberg
Lagan
Alvesta
Växjö
Helgasjön
Bolmen
Oknö
Lidhult
Ljungby
KRONOBERGS
Öland
Harplinge
Oskarström
Bäckebo
Orrefors
Borgholm
Köpingsvik
Hovmantorp
Nybro
Lindsda
Gärdslösa
Halmstad
Simlångsdalen
Lessebo
Eriksmåla
Kalmar
Färjestaden
Smedby
Veinge
Laholmsbukten
Knäred
Åsnen
Emmaboda
Laholm
Strömsnäsbruk
Almhult
Tingsryd
Gårdby
Norrviken
Båstad
Växtorp
Markaryd
Urshult
Ryd
Karlevi
Resmo
Mörbylånga
Skälderviken
Osby
Lönsboda
Söderåkra
Stora Alvaret
Arild
Ängelholm
Örkelljunga
Vittsjö
BLEKINGE LÄN
Torsås
Höganäs
SKÅNE
Broby
Sibbhult
Olofström
Rödeby
Gilleleje
Ödåkra
Tyringe
Klippan
Åstorp
Bräkne-Hoby
Kallinge
Karlskrona
Grönhögen
Sofiero
Perstorp
Finja
Hässleholm
Mörrum
Ronneby
Nättraby
Jämjö
Helsingør
Helsingborg
Gunnarstorp
Vrams
Bjuv
Mörarp
Ljungbyhed
Bäckaskog
Karlshamn
Bjärketorp
Fredensborg
Frostavallen
Kristianstad
Bromölla
Sölvesborg
Hillerød
Hørsholm
Svalöv
Landskrona
Höör
Vä
Tollarp
Rinkaby
Birkerød
Eslöv
Bosjökloster
Everöd
Åhus
Ballerup
Kävlinge
Hörby
Hanöbukten
Gdynia
ÖRESUND
Fjelie
Lund
Söderskog
Dalby
Kristinehov
Brösarp
Lomma
Ovedskloster
Greve Strand
Dragør
Staffanstorp
Veberöd
Sjöbo
Vitaby
Solrød
Tryde
St Olof
Køge Bugt
Køge
MALMÖ
Oxie
Sturup
Sövdeborg
Simrishamn
Vallø
Svedala
Skurup
Tomelilla
Vellinge
Skanör Falsterbo
Valleberga
Store Heddinge
Ystad
Trelleborg
Smygehamn
Stevns Klint
Rødvig
Christiansø
Allinge-Sandvig
Hammershus
BORNHOLM (DK)
Gudhjem
Hasle
Svaneke
Åkirkeby
Rønne
Nexø
Pedersker
Swinoujscie
Travemünde
Rostock
Faxe Ladeplads
Fakse Bugt
Møn
Møns Klint
Stege
ÖSTERSJÖN (MER BALTIQUE)
Kap Arkona
Dranske
Altenkirchen
Neuendorf
Sagard
Rügen
Saßnitz
Prerow
Zingst
Gingst
Bergen
Barth
Kubitzer Bodden
Samtens
Binz
Stralsund
Göhren
Putbus
København Malmö
Ystad
Garz
Löbnitz
Zudar
Thiessow
Ribnitz-Damgarten
Richtenberg
Greifswalder Bodden
Reinberg
Pommersche Bucht
Bad Sülze
Grimmen
Greifswald
Lubmin
Peenemünde
Tessin
Wolgast
Zinnowitz
Ustronie Morskie
Mielno
Kołobrzeg
Dzwirzyno
Mrzezyno
Koszalin
Sianow
Malechowo
Kępice
Kołczygłowy
Sucharze
Sławno
Darłowo
J. Bukowo
Łazy
Jarosławiec
Ustka
Objazda
Rowy
Słupsk
Debnica Kaszubska

A
B
C
120
121
119
123
126
53
195 km
1
2
3
4
Turku
Naantali
Loimaa
Salo
Lohja
Espoo
HELSINKI
Järvenpää
Loviisa
Kotka
Pargas
Ekenäs
Hanko
Åland (FIN)
Mariehamn
Eckerö
Gräsö
Östhammar
Björkö
Norrtälje
Kapellskär
STOCKHOLM
Kappelskär Stockholm
Stockholm Travemünde Gdańsk
Travemünde Stockholm
164
TALLINN
Paldiski
Rakvere
Kohtla-Järve
359
Narva
Kingisepp
Sosnovyj Bor
Lomonosov
Slancy
Tapa
Rapla
EST
Paide
Türi
Mustvee
Jõgeva
Põltsamaa
Gdov
Čudskoje Ozero
Hiiumaa
Kärdla
Vormsi
Haapsalu
Muhu
Virtsu
308
Pärnu
Viljandi
Tartu
Põlva
Saaremaa
Orissaare
Kuressaare
Kilingi-Nõmme
Võrtsjärv
Pskovskoje Ozero
Võru
Psk
Valga
Rūjiena
Salacgrīva
Valmiera
Smiltene
Cēsis
566
Gulbene
Sigulda
LV
Kolkasrags
Kolka
Rīgas Jūras Licis
Irbes Šaurums
Ventspils
Talsi
RĪGA
Jūrmala
Tukums
Ogre
Madona
Kārsava
Ostrov
Rēzekne
Jēkabpils
Aizkraukle
Kuldīga
Jelgava
Saldus
Dobele
Bauska
Daugava
Liepāja
Mažeikiai
Joniškis
Biržai
Rokiškis
Daugavpils
Krāslava
Braslaŭ
Skuodas
Kuršėnai
Šiauliai
Panevėžys
Telšiai
Plungė
Radviliškis
Palanga
283
Utena
Klaipėda
LT
Raseiniai
Pastavy
Ukmergė
Kėdainiai
Šilutė
Tauragė
314
Mjadzel
Jurbarkas
Nemunas
Kaunas
VILNIUS
Trakai
Smarhon'
Vilejka
Tilsit
Neman
Kuršskij Zaliv
Svetlogorsk
(ROSSIJA)
Polessk
Kaliningrad
Černʼachovsk
Gusev
349
Vilkaviškis
Prienai
Marijampolė
Alytus
185
Maladzečna
Valožyn
Władysławowo
Baltijsk
Gvardejsk
Pravdinsk
Eišiškės
Wejherowo
Gdynia
GDAŃSK
Sopot
Zatoka Gdańska
Mamonovo
Bagrationovsk
Braniewo
Zalew Wiślany
Węgorzewo
Suwałki
Druskininkai
Lida
Dzjaržynsk
Kartuzy
Elbląg
Lidzbark Warmiński
Kętrzyn
Giżycko
Augustów
Kościerzyna
Tczew
Malbork
324
Mrągowo
Ełk
Hrodna
Ščučyn
Navahrudak
Stoŭbcy
347
Ostróda
Olsztyn
Mazury
Grajewo
Masty
547
Njasviž
Starogard Gdański
Kwidzyn
Czersk
Chojnice
Człuchów
Iława
Szczytno
525
Vaŭkavysk
Slonim
Baranavičy
Świecie
Grudziądz
Łomża
Białystok
Ostrołęka
Ivacevičy
B A L T I Q U E
B A L T I C S E A
havet
Gotska Sandön (S)
Fårö
Fårösund
Slite
Visby
Klintehamn
Ljugarn
Gotland (S)
Burgsvik
Lębork

D
E
F
ST. PETERBURG
Kirovsk
Kolpino
Puškin
Tosno
Gatčina
Tichvin
Pikal'ovo
Kiriši
Čudovo
Malaja Višera
Novgorod
Luga
Ozero Il'men
Staraja Russa
Sol'cy
Dno
Porchov
Cholm
Novoržev
Lokn'a
Opočka
Velikije Luki
Pustoška
Nevel
Toropec
Zapadnaja Dvina
Nelidovo
Belyj
Krestcy
Valdaj
Okulovka
Boroviči
Bologoje
Vyšnij Voloček
Pestovo
Ust'užna
Vesjegonsk
Rybinskoje Vodochranilišče
Pošechonje-Volodarsk
Danilov
Rybinsk
Tutajev
JAROSLAVL'
Krasnyj Cholm
Bežeck
Uglič
Rostov
Kašin
Kal'azin
Pereslavl'-Zalesskij
Kimry
Taldom
Dubna
Konakovo
Lichoslavl'
Toržok
Tver'
Kuvšinovo
Ostaškov
Valdajskaja Vozvyšennost'
RUS
Starica
Klin
Solnečnogorsk
Dmitrov
Sergiev Posad
Aleksandrov
Orechovo-Zujevo
Noginsk
Mytišči
MOSKVA
Ľubercy
Domodedovo
Podol'sk
Volokolamsk
Ržev
Zubcov
Sy čovka
Gagarin
Možajsk
Naro-Fominsk
Čechov
Serpuchov
Stupino
Kašira
Borovsk
Obninsk
Malojaroslavec
Medyn'
V'az'ma
Safonovo
Duchovščina
Jarcevo
Dorogobuž
Juchnov
Kaluga
Aleksin
TUL
Veliž
Demidov
Haradok
Polack
Vicebsk
Rudn'a
Smolensk
Jel'n'a
Spas-Demensk
Počinok
Suchiniči
Kozel'sk
Kirov
Belev
Plavsk
L'udinovo
Žizdra
Bolchov
Mcensk
Roslavl'
D'at'kovo
Žukovka
Br'ansk
Karačev
Or'ol
Lepel'
Orša
Horki
Škloŭ
Mscislaŭ
Barysaŭ
Mahilëŭ
Čavusy
Kryčaŭ
Klimavičy
MINSK
Smaljavičy
Berazino
Červen'
Bychaŭ
Slaŭharad
Surаž
Klincy
Uneča
Počep
Navl'a
Maloarchangel'sk
Mar'ina Horka
Asipovičy
Babrujsk
Rahačoŭ
Doŭsk
Žlobin
Starodub
Trubčevsk
Železnogorsk
Fatež
Novozybkov
Sevsk
Kursk
Sluck
BY
Svetlahorsk
Homel'
Dobruš
Novhorod-Sivers'kyj
Šostka
L'gov
Salihorsk
Rečyca
Ryl'sk
Obojan'
Horodnja
Ščors
127
M 10
M 20
M 8
M 1
M 2
M 4
M 5
M 7
E 30
A 142
E 381
M 3
Volga
Moskva
Dnepr
Oka
Ugra
Desna
Dvina

195 km
124
59
65
69
128
PL
SK
H
RO
Starogard Gdański
Kwidzyn
Olsztyn
Szczytno
Iława
Chojnice
Grudziądz
Chełmno
Brodnica
Mława
Ostrołęka
Łomża
Białystok
Vawkavysk
Slonim
Baranavičy
Ivacevičy
Bielsk Podlaski
Hajnówka
Puszcza Białowieska
Pružany
Bjaroza
Toruń
Bydgoszcz
Ciechocinek
Sierpc
Ciechanów
Przasnysz
Ostrów Mazowiecka
Pułtusk
Płońsk
Inowrocław
Włocławek
Płock
Kobryn
Pinsk
Brest
Terespol
Gniezno
Września
WARSZAWA
Sochaczew
Mińsk Mazowiecki
Siedlce
Sokołów Podlaski
Międzyrzec Podlaski
Biała Podlaska
Konin
Koło
Kutno
Łowicz
Żyrardów
Skierniewice
Radzyń Podlaski
Włodawa
Jarocin
Kalisz
Pabianice
ŁÓDŹ
Tomaszów Mazowiecki
Dęblin
Puławy
Kovel'
Ljuboml'
Krotoszyn
Ostrów Wielkopolski
Sieradz
Zduńska Wola
Bełchatów
Piotrków Trybunalski
Radom
Kazimierz Dolny
Lublin
Chełm
Luc'k
Krasnystaw
Volodymyr-Volyns'kyj
Novovolyns'k
Oleśnica
Wieluń
Radomsko
Skarżysko-Kamienna
Starachowice
Ostrowiec Świętokrzyski
Kraśnik
Zamość
Dubno
WROCŁAW
Kluczbork
Częstochowa
Kielce
Sandomierz
Stalowa Wola
Tarnobrzeg
Biłgoraj
Tomaszów Lubelski
Červonohrad
Radechiv
Brody
Kremenec
Brzeg
Opole
Lubliniec
Jędrzejów
Busko-Zdrój
Mielec
Zawiercie
Nysa
Kędzierzyn-Koźle
Bytom
Sosnowiec
Gliwice
Katowice
KRAKÓW
Dębica
Rzeszów
Jarosław
Javoriv
Horodok
L'VIV
Zoločiv
Ternopil'
Głuchołazy
Jeseník
Krnov
Racibórz
Rybnik
Tychy
Oświęcim
Wieliczka
Tarnów
Przemyśl
Mostys'ka
Mykolaïv
Bruntál
Šumperk
Opava
Karviná
Ostrava
Bielsko-Biała
Żywiec
Cieszyn
Jasło
Krosno
Gorlice
Sanok
Sambir
Rohatyn
Frýdek-Místek
Třinec
Wisła
Rabka
Nowy Sącz
Drohobyč
Stryj
Olomouc
Nový Jičín
Nowy Targ
Krynica
Przełęcz Dukielska
Svidník
Kaluš
Bučač
Prostějov
Hranice
Čadca
Zakopane
Bardejov
Nízke Beskydy
Dolyna
Ivano-Frankivs'k
Přerov
Valašské Meziříčí
Kežmarok
Užocʼkyj Pereval
Kroměříž
Žilina
Liptovský Mikuláš
Tatry
Starý Smokovec
Levoča
Prešov
Humenné
Ubl'a
Vorivs'kyj Pereval
Kolomyja
Nadvirna
Zlín
Poprad
Spišská Nová Ves
Považská Bystrica
Martin
Ružomberok
Dobšiná
Michalovce
Užhorod
Svaljava
Mižhir"ja
Uherské Hradiště
Luhačovice
Brezno
Trebišov
Mukačeve
Jablons'kyj Pereval
Vyžnycja
Trenčín
Prievidza
Banská Bystrica
Rožňava
Košice
Čop
Hoverlja
Břeclav
Nové Mesto nad Váhom
Kremnica
Baradla
Sátoraljaújhely
Záhony
Chust
Rachiv
Piešťany
Zvolen
Rimavská Sobota
Sárospatak
Kisvárda
Berehove
Topoľčany
Edelény
Vásárosnamény
Sighetu Marmației
Banská Štiavnica
Lučenec
Kazincbarcika
Tokaj
Mátészalka
Pezinok
Trnava
Nitra
Levice
Salgótarján
Ózd
Miskolc
Nyíregyháza
Nagykálló
Borșa
Prislop
Szécsény
Tiszavasvári
Nyírbátor
Satu Mare
Carei
Maramureș
Baia Mare
BRATISLAVA
Galanta
Nové Zámky
Balassagyarmat
Pásztó
Mátra
Eger
Gyöngyös
Mezőkövesd
Hajdúböszörmény
Esztergom
Mosonmagyaróvár
Komárno
Vác
Szentendre
Hatvan
Tiszafüred
Hajdúszoboszló
Debrecen
Năsăud
Tihuța
Sopron
Győr
Dorog
Tata
Gödöllő
Jászberény
Püspökladány
Dej
Bistrița
Csorna
Tatabánya
BUDAPEST
Karcag
Berettyóújfalu
Zalău
Kapuvár
Mór
Monor
Abony
Kisújszállás
Törökszentmiklós
Aleșd
Oradea
Huedin
Cluj-Napoca
Reghin
Pápa
Várpalota
Érd
Cegléd
Szolnok
Mezőtúr
Székesfehérvár
Nagykőrös
Munții Bihorului
Transilvania
Târgu Mureș
Sárvár
Ajka
Veszprém
Bakony
Dunaújváros
Kecskemét
Szarvas
Mezőberény
Békés
Salonta
Turda
Balatonfüred
Sárbogárd
Kunszentmárton
Körmend
Sümeg
Siófok
Balaton
Kiskunfélegyháza
Békéscsaba
Gyula
Chișineu-Criș
Beiuș
Sighișoara
Keszthely
Dunaföldvár
Csongrád
Szentes
Zalaegerszeg
Balatonlelle
Cece
Kiskőrös
Orosháza
Câmpeni
Aiud
Mediaș
Paks
Tamási
Kalocsa
Kiskunhalas
Hódmezővásárhely
Alba Iulia
Lenti
Nagykanizsa
Dombóvár
Szekszárd
Szeged
Makó
Nădlac
Arad
Brad
Sebeș
Sibiu
Făgăraș
Letenye
Kaposvár
Deva
Orăștie
Lipova
Sânnicolau Mare
Komló
Baja
Subotica
Kanjiža
Hunedoara
Negoiu
Nagyatád
Pécs
Mohács
Senta
Kikinda
Jimbolia
Timișoara
Hațeg
Turnu Roșu
Koprivnica
Đurđevac
Barcs
Szigetvár
KARPATY
Roztocze
Góry Świętokrzyskie
Slovenské Rudohorie
Dunaj
Wisła
Warta
Bug
Tisza
Maros
Dnister
Prut
San
Dunajec

BY
UA
D
E
F
1
2
3
4
125
129
Sluck
Salihorsk
Svetlahorsk
Homel
Dobruš
Rečyca
Kalinkavičy
Žytkavičy
Mazyr
Chojniki
Novhorod-Sivers'kyj
Šostka
L'gov
Ryl'sk
Hluchiv
Obojan'
Sudža
Horodnja
Ščors
Krolevec'
Putyvl'
Bilopillja
Sumy
Černihiv
Mena
Borzna
Bachmač
Konotop
Ovruč
Čornobyl'
Nižyn
Nosivka
Ičnja
Romny
Lebedyn
Trostjanec'
Bohoduchiv
Ochtyrka
Hadjač
Zin'kiv
Oster
Kyïvs'ke Vodoschovyšče
Olevs'k
Bobrovycja
Pryluky
Lochvycja
Korosten'
Malyn
KYÏV
Boryspil'
Jahotyn
Pyrjatyn
Lubny
Myrhorod
Radomyšl'
Perejaslav-Chmel'nyc'kyj
Chorol
Poltava
Karlivka
Krasnohrad
Novohrad-Volyns'kyj
Korostyšiv
Vasyl'kiv
Žytomyr
Fastiv
Kaharlyk
Kaniv
Zolotonoša
Hlobyne
Kobeljaky
Slavuta
Polonne
Šepetivka
Bila Cerkva
Uzyn
Myronivka
Berdyčiv
Kozjatyn
Skvyra
Bohuslav
Korsun'-Ševčenkivs'kyj
Čerkasy
Kremenčuk
Tarašča
Smila
Kremenčuc'ke Vodoschovyšče
Svitlovods'k
Horodyšče
Starokostjantyniv
DNIPROPETROVS'K
Verchn'odniprovs'k
Dniprodzeržyns'k
Dniprodzeržyns'ke Vodoschovyšče
Chmil'nyk
Pivdennyj Buh
Tetiiv
Žaškiv
Kam''janka
Zvenyhorodka
Špola
Oleksandrija
Znam''janka
Vil'nohirs'k
Vinnycja
Novomyrhorod
Mala Vyska
P''jatychatky
Žovti Vody
Chmel'nyc'kyj
Tal'ne
Kirovohrad
Bar
Žmerynka
Nemyriv
Hajsyn
Uman'
Novoukrainka
KRYVYJ RIH
Ordžonikidze
Nikopol'
Apostolove
Vysočyna
Tul'čyn
Bobrynec'
Dunaïvci
Inhulec'
Kam''janec'-Podil's'kyj
Beršad'
Hajvoron
Ul'janovka
Pervomajs'k
Mohyliv-Podil's'kyj
Novyj Buh
Chotyn
Dnister
Kachovs'ke Vodoschovyšče
Velyka Lepetycha
Balta
Ljubašivka
Soroca
Edineţ
Drokija
Floreşti
Ananïv
Kotovs'k
Voznesens'k
Novoselycja
Rîbniţa
MOLDOVA
Dorohoi
Bălţi
Berezivka
Snihurivka
Beryslav
Kachovka
Nova Kachovka
Siret
Botoşani
Mykolaïv
Bucovina
Suceava
Orhei
Dubăsari
Cherson
Cjurupyns'k
Călăraşi
Fălticeni
Voroneţ
Iaşi
Ungheni
CHIŞINĂU
Očakiv
Dniprovs'kyj Lyman
Hola Prystan'
Tîrgu-Neamţ
Târgu Frumos
Tiraspol
Benderi (Tighina)
ODESA
Hînceşti
Căuşani
Skadovs'k
Krasnoperekops'k
Karkinits'ka Zatoka
Piatra-Neamţ
Roman
Bicaz
Vaslui
Huşi
Cimişlia
Leova
Illičivs'k
Dnistrovs'kyj Lyman
Bilhorod-Dnistrovs'kyj
Gheorgheni
Bacău
Comrat
KRYM
Comăneşti
Bârlad
Miercurea-Ciuc
Ceadâr-Lunga
Arcyz
Čornomors'ke
Oneşti
Adjud
Tatarbunary
Jevpatorija
Băile Tuşnad
Oituz
Cahul
Ozero Sasyk
Tecuci
Bolhrad
Târgu Secuiesc
Sfântu Gheorghe
Focşani
Kilija
Vylkove
Galaţi
Reni
Izmaïl
Delta Dunării
Sulina
Întorsura Buzăului
Braşov
Râmnicu Sărat
Brăila
Isaccea
Tulcea
Poiana Braşov
Predeal
Sinaia
Buzău
Razelm
Babadag
Prut
Siret
Dnipro
Desna
Prypjac'
Sula
Psel
Inhulec'
Inhul
M 20
M 3
M 17
M 19
M 14
M 23
E 40
E 50
E 581
E 583
E 85
A 253
A 267
A 269

A
B
C
195 km
126
131
134
80
83
92
1
2
3
4
HR
BIH
SCG
AL
MK
Murska Sobota
Lenti
Nagykanizsa
Böhönye
Kaposvár
Dombóvár
Hódmezővásárhely
Szeged
Makó
Nădlac
Arad
Lipova
Deva
Brad
Ptuj
Čakovec
Letenye
Varaždin
Nagyatád
Pécs
Komló
Mohács
Baja
Subotica
Kanjiža
Sânnicolau Mare
Hunedoara
Celje
Rogaška Slatina
Koprivnica
Đurđevac
Barcs
Szigetvár
Senta
Kikinda
Jimbolia
Timişoara
Lugoj
Hateg
Poarta de Fier
LJUBLJANA
ZAGREB
Bjelovar
Virovitica
Beli Manastir
Sombor
Bečej
Caransebeş
D. Miholjac
Vrbas
Srbobran
Deta
Reşita
Novo mesto
Metlika
Daruvar
Našice
Osijek
Temerin
Zrenjanin
Novi Sad
Karlovac
Sisak
Kutina
Požega
Vukovar
Vinkovci
Đakovo
Alibunar
Vršac
Oraviţa
Băile Herculane
CARPAŢI
Novska
Nova Gradiška
Slavonski Brod
Šid
Ruma
Pančevo
Portile de Fier
Drobeta Turnu Severin
Orşova
Moldova Nouă
Glina
Ogulin
Slunj
Bosanska Dubica
Bosanski Novi
Prijedor
Bosanska Krupa
Derventa
Brčko
Bijeljina
Sremska Mitrovica
BEOGRAD
Obrenovac
Sabac
Smederevo
Požarevac
Kladovo
Plitvička Jezera
Plitvice
Otočac
Bihać
Sanski Most
Banja Luka
Doboj
Teslić
Maglaj
Tuzla
Lukavac
Loznica
Mladenovac
Petrovac
Majdanpek
Negotin
Gospić
Karlobag
Pag
Starigrad Paklenica
Zadar
Bosanski Petrovac
Ključ
Drvar
Jajce
Travnik
Zenica
Kladanj
Zvornik
Vlasenica
Valjevo
Aranđelovac
Kragujevac
Svetozarevo
Ćuprija
Bor
Zaječar
Vidin
Kula
Bosansko Grahovo
Donji Vakuf
Bugojno
SARAJEVO
Trebević
Rogatica
Višegrad
Užice
Čačak
Kraljevo
Kruševac
Soko Banja
Knjaževac
Belogradčik
Obrovac
Knin
Biograd
Livno
Konjic
Foča
Ivanjica
Studenica
Vrnjačka Banja
Aleksinac
Niš
Šibenik
Trogir
Sinj
Split
Omiš
Imotski
Jablanica
Pljevlja
Prijepolje
Kopaonik
Prokuplje
Bela Palanka
Dimitrovgrad
Mostar
Makarska
Žabljak
Bijelo Polje
Novi Pazar
Leskovac
Šolta
Brač
Hvar
Kornati
Dalmatinska
CRNA GORA
Mitrovica
Priština
Gračanica
Surdulica
Vranje
Vis
Korčula
Pelješac
Mljet
Bileća
Nikšić
Berane
Andrijevica
Peć
Dečani
KOSOVO
Gnjilane
Lastovo
Dubrovnik
Trebinje
Cavtat
Herceg Novi
Kotor
Cetinje
Podgorica
Prokletije
Đakovica
Prizren
Kriva Palanka
Kumanovo
Boka Kotorska
Budva
Skadarsko Jezero
Shkodër
Bar
Ulcinj
Kukës
Šar Planina
SKOPJE
Tetovo
Štip
Obala
ADRIATIC SEA
Vasto
Termoli
Tremiti
Promontorio del Gargano
Vieste
S. Severo
Lucera
Manfredonia
Foggia
Campobasso
Barletta
Trani
Molfetta
Cerignola
Canosa
Andria
Bitonto
Bari
Ariano Irpino
Benevento
Melfi
Altamura
Gioia d. Colle
Fasano
Brindisi
Martina Franca
Avellino
Pompei
Salerno
Amalfi
Potenza
Matera
Taranto
Manduria
Lecce
Otranto
Battipaglia
Paestum
Scanzano
Gallipoli
Golfo di Taranto
C. Sta Maria di Leuca
Sapri
M. Pollino
Castrovillari
Sibari
Rossano
Paola
Cosenza
S. Giovanni in Fiore
La Sila
Crotone
Nicastro
Catanzaro
Vibo Valentia
Lipari
Shëngjin
Lezhë
Pukë
Peshkopi
Mavrovo
Kičevo
Titov Veles
Prilep
Burrel
Debar
Zerqan
Krujë
Tiranë
Durrës
Shijak
Kavajë
Struga
Ohrid
Ohridsko Ezero
Prespansko Ezero
Resen
Bitola
Édessa
Elbasan
Rrogozhinë
Cërrik
Lushnjë
Pogradec
Flórina
Fier
Berat
Korçë
Kastoriá
Náousa
Ptolemaída
Vlorë
Argos Orestikó
Kozáni
Kepi i Gjuhezës
Kelcyrë
Përmet
Tepelenë
Grevená
Gjirokastër
Igoumenitsa
Elassón
Sarandë
Buthrotum
Métsovo
Metéora
Kalampáka
Tríkala
Palaiokastrítsa
Kérkyra
Ioánnina
Karditsa
Ionia
Pindos
Párga
Paxoi
Árta
Préveza
Amfilochía
Karpenísi
Lefkáda
Vónitsa
Agrínio
Mesolóngi
Náfpaktos

D
E
F
1
2
3
4
RO
BG
TR
Alba Iulia
Sibiu
Braşov
Poiana Braşov
Predeal
Sinaia
Moldoveanu 2543
Negoiu 2535
M. Făgăraşului
Turnu Roşu
MERIDIONALI
Câmpulung
Câmpina
Prahova
Întorsura Buzăului
Râmnicu Sărat
Galaţi
Brăila
Reni
Izmail
Isaccea
Tulcea
Delta Dunării
Buzău
Babadag
Ploieşti
Târgovişte
Curtea de Argeş
Râmnicu Vîlcea
Călimăneşti
Horezu
Olteniţa
Piteşti
Găeşti
Urziceni
Slobozia
Hârşova
Histria
MER NOIRE
Mamaia
Constanţa
Cernavodă
BUCUREŞTI
Călăraşi
Eforie
Adamclisi
Drăgăşani
Slatina
Craiova
Caracal
Roşiori de Vede
Alexandria
Giurgiu
Ruse
Olteniţa
Tutrakan
Silistra
Ostrov
Negru Vodă
Mangalia
General-Toševo
Dulovo
Dobrič
Kavarna
Balčik
Albena
Zlatni Pjasăci
Varna
Devnja
Novi Pazar
Šumen
Madara
Razgrad
Turnu Măgurele
Zimnicea
Corabia
Bechet
Nikopol
Svištov
Lom
Orjahovo
Pleven
Popovo
Bjala
Tărgovište
Veliki Preslav
Kneža
Montana
Vraca
Mezdra
Lukovit
Loveč
Sevlievo
Gorna Orjahovica
Veliko Tărnovo
Elena
Kotel
Vărbica
Obzor
Slănčev Brjag
Nesebăr
Pomorie
Ajtos
Karnobat
Burgas
Sozopol
Sliven
Jambol
Gabrovo
Trojan
Botevgrad
Šipka
Kazanlăk
Karlovo
Botev 2376
Zlatica
STARA PLANINA
Rosova dolina
Nova Zagora
Stara Zagora
Sredna Gora
Hisarja
Panagjurište
SOFIA
Dragoman
Vitoša 2290
Pernik
Samokov
Ihtiman
Kostenec
Plovdiv
Čirpan
Dimitrovgrad
Harmanli
Haskovo
Elhovo
Malko Tărnovo
Carevo
Ahtopol
Dereköy
Yıldız Dağları
Kırklareli
BLACK SEA
Dupnica
Borovec
Musala 2925
Rila
Pazardžik
Asenovgrad
Bačkovo
Velingrad
Batak
Blagoevgrad
Predela
Razlog
Rila
Rodopi
Kărdžali
Ivajlovgrad
Svilengrad
Edirne
Orestiáda
Didymóteicho
Pamporovo
Goljam Perelik 2191
Smoljan
Goce Delčev
Sandanski
Petrič
Uzunköprü
Lüleburgaz
Çorlu
Saray
Kıyıköy
Karadeniz Boğazı
Şile
Kandıra
Silivri
Üsküdar
Kartal
İSTANBUL
Gebze
İzmit
Adapazarı
Sapanca
Yalova
İznik
İznik Gölü
Gemlik
Mudanya
Marmara Denizi
Tekirdağ
Soufli
Komotiní
Xánthi
Néstos
Dráma
Kavála
Sidirókastro
Sérres
Eleftheroúpoli
Thásos
Kilkís
Nigríta
Strymónas
Thrakikó Pélagos
Samothráki (GR)
(TR) Gökçe
Alexandroúpoli
Évros
Ipsala
Keşan
Gelibolu
Çanakkale Boğazı
Eceabat
Çanakkale
Truva
Ezine
Ayvacık
Erdek
Bandırma
Karabiga
Biga
Gönen
Susurluk
Bursa
Uludağ 2543
Bozüyük
Tavşanlı
Kütahya
Balıkesir
Edremit
Burhaniye
Emet
Çavdarhisar
Simav
Gediz
Sındırgı
Demirci
Uşak
THESSALONÍKI
Polýgyros
Chalkidikí
Ágio Óros
Thermaïkós Kólpos
Litochóro
Mýrina
Límnos (GR)
Agiá
Lárisa
Vólos
Fársala
Almyrós
Skiathos
Skópelos
Skýros
Vóreies Sporádes
AEGEAN SEA
Lésvos
Míthymna
Mytilíni
Plomári
Ayvalık
Bergama
Soma
Kırkağaç
Akhisar
Kula
Salihli
Alaşehir
Manisa
Turgutlu
Foça
Karaburun
İzmir
Ödemiş
Bayındır
Tire
Çeşme
Urla
Chíos
Sultanhisar
Nazilli
Aydın
Selçuk
Efes
Kuşadası
Söke
Menderes
Bozdoğan
Pamukkale
Buldan
Sarayköy
Denizli
Aphrodisias
Çal
Çivril
Lamía
Loutrá Aidipsoú
Kaména Voúrla
Évvoia
Kými
Chalkída
Parnassós 2457
Delfoí
Livadeiá
Itéa
Thíva
Dafní
Kárystos
ATHÍNA
Elefsína
Aígio
Ándros
Karlovási
Sámos
Ikaría
Oltenia
Jiu
Olt
Dunav
Dunărea
Vâlcea
Marica
Tundža
Kamčija
Jantra
Osăm
Iskăr
Struma
Mesta
Arda
Gediz
Pineiós

A
B
C
1
2
3
4
65 km
73
72
77
134
Bad Gastein
Spittal
Villach
Klagenfurt
Feldkirchen
Velden
St. Veit
Wolfsberg
Deutschlandsberg
Leibnitz
GRAZ
Voitsberg
Maribor
Celje
Velenje
Jesenice
Bled
Kranj
LJUBLJANA
Novo Mesto
Kočevje
Postojna
Nova Gorica
Gorizia
Udine
Monfalcone
TRIESTE
Koper / Capodistria
Piran / Pirano
Poreč / Parenzo
Rovinj / Rovigno
Pula / Pola
Pazin / Pisino
Labin / Albona
Opatija
RIJEKA
Delnice
Crikvenica
Senj
Otočac
KRK
CRES
Rab
PAG
Mali Lošinj
Karlobag
S L O V E N I J A
Golfo di Trieste
Grado
Lignano Sabbiadoro
Latisana
Cividale d. Friuli
Tolmezzo
Tarvisio
Kranjska Gora
Triglav
Bohinjska Bistrica
Idrija
Trbovlje
Krško
Brežice
Metlika
Ogulin
Risnjak
Učka
Istarske Toplice
Umag / Umago
Buje / Buie
Motovun
Vodnjan / Dignano
Medulin
Premantura
Rt Kamenjak
Katschberg
Turracher Höhe
Gerlitzen
Dobratsch
Seebergsattel / Jezerski vrh
Loibltunnel
Predel
Vršič
Mangart
Velika Kapela
Mala Kapela

D
E
F
69
132
134
1
2
3
4
Zalaegerszeg
Keszthely
Hévíz
Nagykanizsa
Kaposvár
Pécs
Szekszárd
Dombóvár
Szigetvár
Siklós
Mohács
Z A L A
S O M O G Y
T O L N A
B A R A N Y A
Murska Sobota
Čakovec
Varaždin
Koprivnica
Đurđevac
Bjelovar
Križevci
ZAGREB
Sesvete
Velika Gorica
Virovitica
Slatina
Našice
Đakovo
Daruvar
Kutina
Sisak
Petrinja
Glina
Novska
Nova Gradiška
Požega
Slavonski Brod
H R V A T S K A
Bilogora
Papuk
Psunj
Moslavačka gora
DRAVA
Sava
Kupa
Una
Prijedor
Novi Grad / Bosanski Novi
Kosarska Dubica / Bosanska Dubica
Gradiška / Bosanska Gradiška
Srpski Brod / Bosanski Brod
Derventa
Banja Luka
Bihać
Bosanska Krupa
Sanski Most
Ključ
Jajce
Doboj
Zenica
Travnik
Drvar
Teslić
Laktaši
Prnjavor
Mrkonjić Grad
REPUBLIKA SRPSKA
B O S N A
Kozara
Grmeč
Plitvička Jezera
Nemzeti Park
Balatonlelle
Balatonboglár
Fonyód
Marcali
Nagyatád
Barcs
Harkány
Tamási
Komló
Beli Manastir
Valpovo

A
B
C
65 km
126
131
135
1
2
3
4
T O L N A
B Á C S - K I S K U N
C S O N G R Á D
B A R A N Y A
V O J V O D I N A
B O S N A
FEDERACIJA
BOSNE I HERCEGOVINE
DUNA
DUNAV
DRAVA
SAVA
TISA
MAROS
Fruška gora
Cer
Majevica
Konjuh
Javor
Vlašić
Ravan
Borja
Maljen
Povlen
Kolubara
Drina
Bosna
Spreča
Veliki kanal
Mali kanal
Bosut
Vuka
Krivaja
Zvorničko jezero
Modračko jez.
Obedska bara
Belo jezero
Paks
Gerjen
Fadd
Kalocsa
Kiskunhalas
Szeged
Hódmezővásárhely
Makó
Nădlac
Mezőhegyes
Kistelek
Soltvadkert
Tázlár
Kömpöc
Ópusztaszer
Forráskút
Üllés
Kiskundorozsma
Algyő
Maroslele
Földeák
Pitvaros
Rákos
Csanádpalota
Apátfalva
Nagylak
Deszk
Kiszombor
Cenad
Tiszasziget
Röszke
Mórahalom
Öttömös
Ásotthalom
Kelebia
Tompa
Mélykút
Jánoshalma
Császártöltés
Hajós
Dusnok
Sükösd
Baja
Csávoly
Tataháza
Csikéria
Bácsalmás
Bácsbokod
Madaras
Gara
Nagybaracska
Dunaszekcső
Bátaszék
Véménd
Szekszárd
Tolna
Zomba
Kölesd
Högyész
Gyönk
Tamási
Nagykónyi
Pincehely
Kocsola
Szakály
Kurd
Tevel
Bonyhád
Nagymányok
Várdomb
Decs
Mágocs
Dombóvár
Sásd
Oroszló
Komló
Magyarszék
Mánfa
Abaliget
Pécs
Pécsvárad
Somberek
Mohács
Pellérd
Szederkény
Bóly
Görcsöny
Udvar
Túrony
Villány
Siklós
Nagyharsány
Harkány
Bogádmindszent
Drávaszabolcs
Kémes
Vajszló
Beli Manastir
Baranjsko Petrovo Selo
Kneževo
Batina
Bezdan
Bački Breg
Hercegszántó
Ridica
Aleksa Šantić
Stanišić
Gakovo
Svetozar Miletić
Čonoplja
Sombor
Kljajićevo
Bački Monoštor
Apatin
Stapar
Bački Brestovac
Sonta
Srpski Miletić
Bogojevo
Odžaci
Ratkovo
Deronje
Karavukovo
Subotica
Palić
Kanjiža
Horgoš
Male Pijace
Tavankut
Mala Bosna
Žednik
Čantavir
Orom
Bajmok
Stara Moravica
Bačka Topola
Bajša
Mali Iđoš
Lipar
Feketić
Sivac
Crvenka
Kula
Vrbas
Ruski Krstur
Savino Selo
Pivnice
Despotovo
Silbaš
Bački Petrovac
Gajdobra
Tovariševo
Bač
Bođani
Vajska
Bačka Palanka
Čelarevo
Gložan
Rumenka
Novi Sad
Kisač
Zmajevo
Sirig
Temerin
Srbobran
Turija
Mileševo
Obornjača
Tornjoš
Senta
Ada
Mol
Padej
Čoka
Crna Bara
Novi Kneževac
Banatsko Aranđelovo
Kikinda
Iđoš
Rusko Selo
Bečej
Bačko Petrovo Selo
Bačko Gradište
Čurug
Taraš
Žabalj
Gospođinci
Kać
Šajkaš
Titel
Perlez
Zrenjanin
Ečka
Elemir
Melenci
Kumane
Novi Bečej
Banatski Dvor
Novo Miloševo
Banatska Topola
Banatsko Karađorđevo
Srpska Crnja
Nova Crnja
Lazarevo
Orlovat
Čenta
Farkaždin
Sakule
Petrovaradin
Sremska Kamenica
Sremski Karlovci
Kovilj
Čortanovci
Beočin
Futog
Iriški venac
Novo Hopovo
Vrdnik
Irig
Krušedol
Beška
Novi Slankamen
Novi Karlovci
Inđija
Beleģiš
Stara Pazova
Nova Pazova
Vojka
Putinci
Ruma
Batajnica
Zemun
Surčin
Dobanovci
Petrovčić
Boljevci
Šimanovci
Pećinci
Subotište
Obrenovac
Kupinovo
Sremska Mitrovica
Mačvanska Mitrovica
Jarak
Hrtkovci
Lačarak
Kuzmin
Šid
Erdevik
Kukujevci
Sremska Rača
Morović
Adaševci
Lipovac
Tovarnik
Ilok
Šarengrad
Opatovac
Sotin
Vukovar
Borovo
Dalj
Erdut
Bijelo Brdo
Tenja
Osijek
Čepin
Bilje
Darda
Kozarac
Jagodnjak
Kneževi Vinogradi
Belišće
Valpovo
Petrijevci
Bizovac
Josipovac
Čepinski Martinci
Koška
Našice
Feričanci
Podgorač
Široko Polje
Bračevci
Đakovo
Semeljci
Ernestinovo
Trpinja
Markušica
Vinkovci
Nuštar
Ivankovo
Stari Jankovci
Orolik
Nijemci
Otok
Privlaka
Rokovci
Cerna
Stari Mikanovci
Kondrić
Piškorevci
Vrpolje
Levanjska Varoš
Breznica Đakovačka
Gradište
Čaglin
Kutjevo
Ruševo
Pleternica
Sibinj
Slavonski Brod
Selna
Vel. Kopanica
Babina Greda
Županja
Slav. Šamac
Bošnjaci
Vrbanja
Drenovci
Račinovci
Podgajci Posavski
Gunja
Brčko
Orašje
Obudovac
Šamac
Bosanski Šamac
Odžak
Bebrina
Novi Grad
Srpski Brod
Bosanski Brod
Slavonski Kobaš
Novo Selo
Derventa
Modrica
Modran
Vukosavlje
Podnovlje
Gradačac
Koprivna
Kotorsko
Johovac
Doboj
Lukavica
Srnice Donje
Dubrave
Gračanica
Srebrenik
Špionica Donja
Lisovići
Dokanj
Tuzla
Lukavac
Živinice
Banovići
Kladanj
Stupari
Šekovići
Vlasenica
Milići
Han Pijesak
Olovo
Vareš
Kakanj
Zenica
Travnik
Vitez
Busovača
Kaonik
Lašva
Žepče
Zavidovići
Begov Han
Maglaj
Tešanj
Teslić
Banja Vrućica
Jelah
Kozluk
Zvornik
Mali Zvornik
Bijeljina
Janja
Loznica
Banja Koviljača
Bratunac
Srebrenica
Ljubovija
Bajina Bašta
Rogačica
Krupanj
Valjevo
Šabac
Bogatić
Ub
Lajkovac
Kosjerić
Karan
Požega
Sevojno
Kratovska Stena
Divčibare
Ražana
Dušanovo/Nova Kasaba
Čude
Žep
Zenica
Sutjeska
Novi Travnik
Donji Vakuf

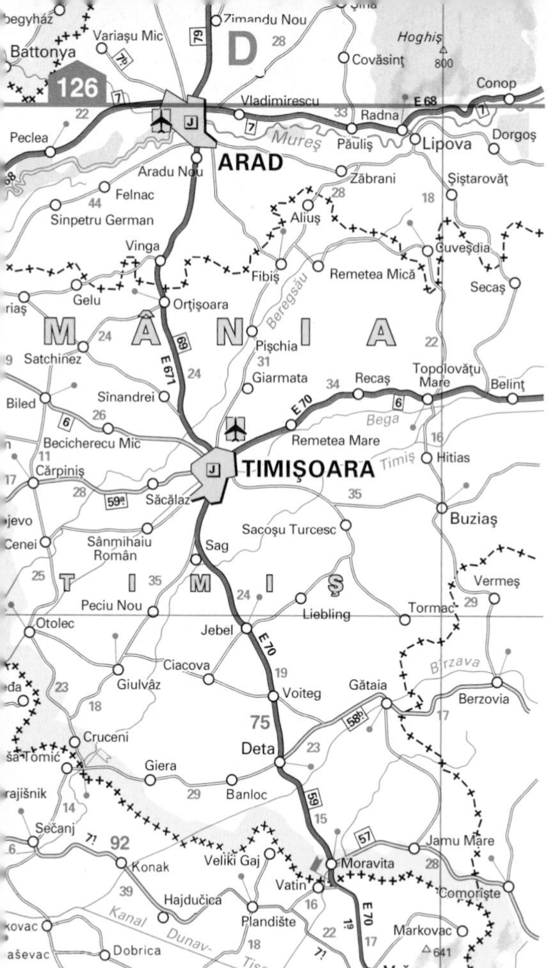
ARAD
TIMIŞOARA
Vršac
126
D

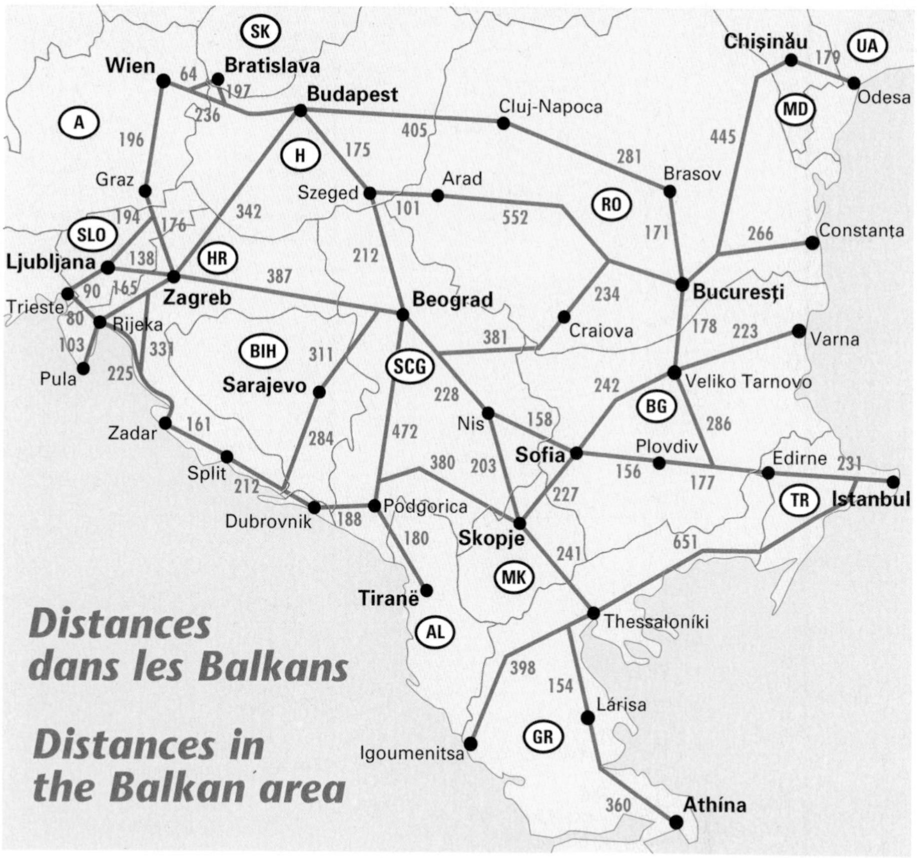
Distances dans les Balkans
Distances in the Balkan area
Wien
Bratislava
Budapest
Cluj-Napoca
Chişinău
Odesa
Graz
Szeged
Arad
Brasov
Ljubljana
Zagreb
Trieste
Rijeka
Pula
Beograd
Bucureşti
Constanţa
Craiova
Varna
Sarajevo
Veliko Tarnovo
Zadar
Split
Nis
Sofia
Plovdiv
Edirne
Istanbul
Dubrovnik
Podgorica
Skopje
Tiranë
Thessaloníki
Igoumenitsa
Lárisa
Athína
SK
UA
MD
A
H
RO
SLO
HR
BIH
SCG
BG
TR
MK
AL
GR

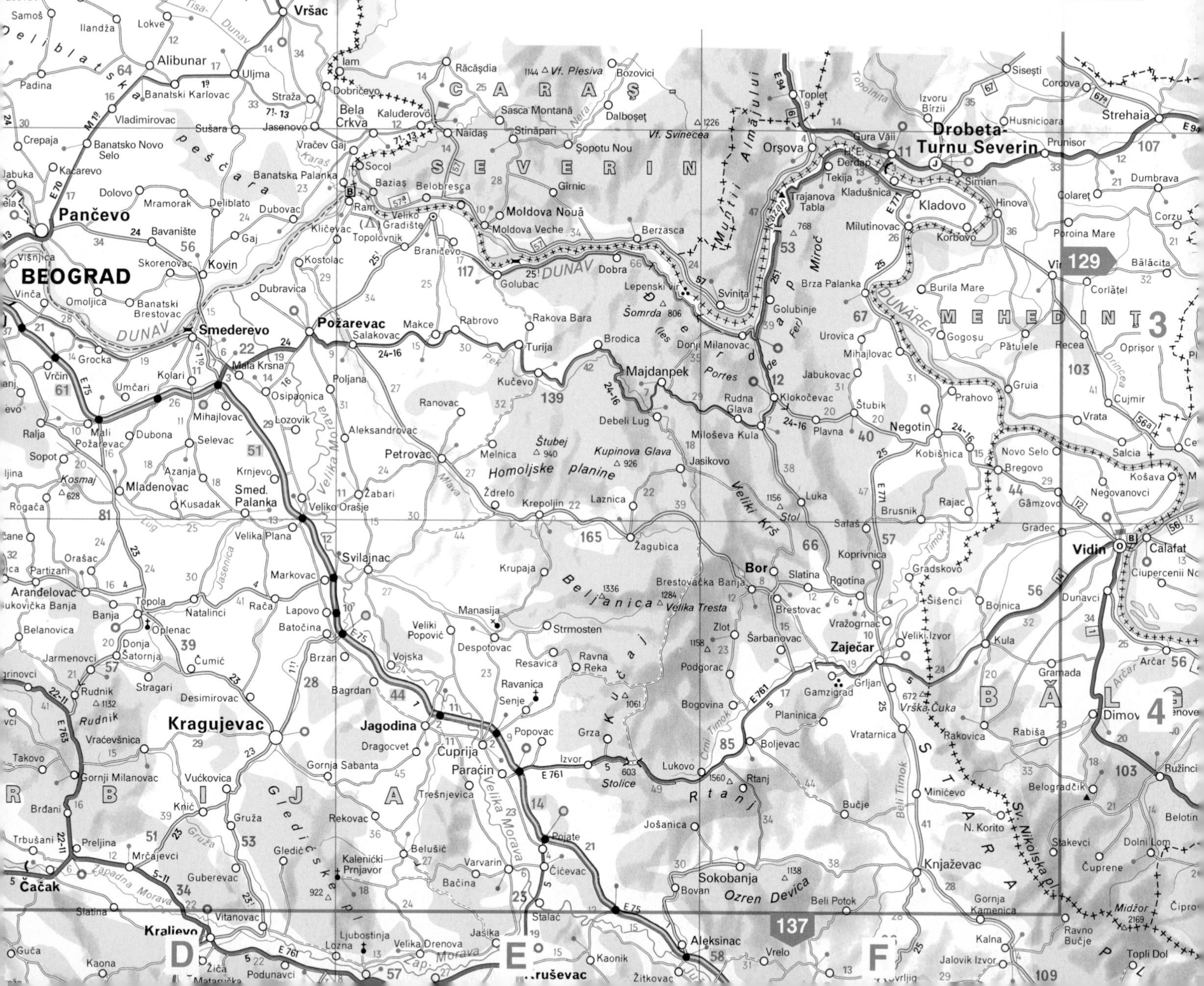
Pančevo
BEOGRAD
Smederevo
Požarevac
Drobeta-Turnu Severin
Orşova
Kladovo
Negotin
Zaječar
Bor
Vidin
Calafat
Kragujevac
Jagodina
Ćuprija
Paraćin
Čačak
Kraljevo
Kruševac
Aleksinac
Knjaževac
Sokobanja
DUNAV
Velika Morava
129
137
D
E
F
3
4

A
B
C
1
2
3
4
131
65 km
CRES
Osor
Nerezine
Unije
Punta Križa
Čunski
Lošinj
Mali Lošinj
Veli Lošinj
Susak
Ilovik
Silba
Olib
Premuda
Škarda
Ist
Molat
Sestrunj
Božava
Soline
Brbinj
Dugi Otok
Veli Iž
Iž
Luka
Žman
Sali
Žut
Kornat
Kornati
Murter
Tisno
Kaprije
Kakan
Žirje
Zlarin
Vodice
Ancona
Novalja
PAG
Pag
Mandre
Maun
Karlobag
Metajna
Baške Oštarije
Stara Vrata
Lukovo Šugarje
Brušane
Gospić
Lički Osik
Klanac
Medak
Gornja Ploča
Vaganski vrh
Baric Draga
Tribanj Kruščica
nac. park Paklenica
Starigrad Paklenica
Mali Halan
Sv. Rok
Gračac
Bruvno
Udbina
Gornji Lapac
Povljana
Dinjiška
Vir
Virsko more
Zadarski kanal
Privlaka
Vrsi
Nin
Miletići
Ražanac
Ravanjska
Maslenica
Posedarje
Novigrad
Novigradsko more
Obrovac
Zrmanja
Kaštel Žegarski
Ervenik
Petrčane
Poličnik
Murvica
Smilčić
Medviđa
Zadar
Preko
Ugljan
Kali
Kukljica
Ždrelac
D. Zemunik
Bibinje
Sukošan
Sv. Petar na moru
Sv. Filip-Jakov
Biograd na moru
Benkovac
Kistanje
Pašman
Tkon
Pakoštane
Vransko jezero
Stankovci
Bribirske Mostine
Čista Mala
Pirovac
Prukljansko jezero
Zaboće
Jabuka
Svetac
Durrës
Mali Lošinj
Zadar
Šibenik
Split
Hvar
Kérkira
Igoumenitsa
Pátra
MARE ADRIATICO
JADRANSKO MORE
Senigallia
Falconara Maritt.
Ancona
Chiaravalle
Ostra
Jesi
Sirolo
Numana
Osimo
Castelfidardo
Loreto
Recanati
Porto Recanati
Filottrano
Cingoli
Villa Potenza
Potenza Picena
Civitanova Marche
Treia
MARCHE
Macerata
Porto S. Elpidio
S. Elpidio a Mare
Sforzacosta
Corridonia
Montegranaro
Porto S. Giorgio
Tolentino
Caldarola
S. Ginesio
Fermo
Montegiorgio
Monterubbiano
Pedaso
Montefiore d. Aso
Servigliano
Sarnano
Parco Nazionale dei Monti Sibillini
Ripatransone
Grottammare
S. Benedetto d. Tronto
Fiastra
Amandola
Montalto d. Marche
Comunanza
Offida
Visso
Ascoli Piceno
(VIA SALARIA)
Alba Adriatica
Montegallo
M. Vettore
Castelluccio
Norcia
Arquata d. T.
Civitella d. T.
Acquasanta Terme
S. Nereto
Giulianova
Campli
Roseto d. Abruzzi
Valle Castellana
Teramo
Pineto
Cascia
Amatrice
Ceppo
Montorio al Vomano
Villa Vomano
Silvi Marina
Atri
Città S. Angelo
Montesilvano Marina
Cittareale
Campotosto
Bisenti
Pescara
Francavilla al Mare
Cappelle sul T.
Prati di Tivo
Isola d. Gr. Sasso d'It.
Gran Sasso d'Italia
Penne
Loreto Aprutino
Posta
Borbona
Montereale
Valico d. Capannelle
Campo Imperatore
Farindola
Pianella
Chieti
Ortona
Terminillo
Cepagatti
Catignano
S. Vito Chietino
Pizzoli
Assergi
Antrodoco
Castel d. Monte
Torre de Passeri
Manoppello
Bucchianico
Fossacesia
L'Aquila
Barisciano
Capestrano
Scafa
Abbazia S. Clemente a Casauria
Pretoro
Lanciano
Orsogna
Guardiagrele
Porto di Vasto
Casalbordino
Vasto
Navelli
Velino
Fiamignano
Rocca Sinibalda
Rocca di Mezzo
Caramanico
Popoli
Pratola Peligna
la Maiella
Cupello
S. Salvo
Termoli
Gissi
Pescorocchiano
Borgorose
M. Velino
ABRUZZO
75
79

D
E
F
131
132
135
81
1
2
3
4
H E R C E G O V I
D I N A R A
SARAJEVO
Zenica
Mostar
SPLIT
DUBROVNIK
Trogir
Drvar
Bastasi
Prekaja
Resanovci
Jadovnik
Rore
Bosansko Grahovo
Šator
Glavice
Glamoč
Strmica
Knin
Padene
Crni Lug
D. Kazanci
Čelebić
V. Troglav
D. Rujani
Kijevo
Vrlika
Peručko jezero
Oklaj
Drniš
Umljanović
Konjevrate
Unešić
Kladnice
Perković
Prapatnica
Lećevica
Trnova Poljana
Vaganj
Srđevići
Hrvace
Obrovac Sinjski
Sinj
Brnaze
Dicmo
Bisko
Trilj
Solin
Klis
Kaštel Stari
Slatine
Žrnovnica
D. Seget
Čiovo
Marina
Dugi Rat
Omiš
Livno
Priluka
D. Malovan
G. Ravno
Šuica
Podhum
Prisoje
Tomislavgrad
Buško jezero
Kamensko
Bukova Gora
Aržano
Mesihovina
Studenci
Cista Provo
Ugljane
Blato
Šestanovac
Grabovac
Zagvozd
Zadvarje
D. Brela
Baška Voda
Makarska
Tučepi
Podgora
Igrane
Živogošće
Drvenik
Zaostrog
Gradac
Ploče
Imotski
Gorica
Grude
Drinovci
Posušje
Vir
Kočerin
Široki Brijeg
Rasno
Hamzići
Čitluk
Ljubuški
Vitina
Humac
Vrgorac
V. Prolog
Kozica
Šibenik
Crveni Grm
Medjugorje
Čapljina
Metković
Gabela
Počitelj
Žitomislići
Buna
Blagaj
Hodovo
Radimlja
Stolac
Hutovo Blato
Boljuni
Hutovo
Opuzen
Neum
Duži
Ravno
Zavala
Veličani
Smokovljani
Slano
Trsteno
Orašac
Zaton
Šipanska Luka
Šipan
Lopud
Koločep
Lokrum
Cavtat
Čilipi
Gruda
Mlini
Uskoplje
Čičevo
Trebinje
Mosko
Bileća
Domaševo
Dabromani
Staro Slano
Ljubinje
Žegulja
Vranjak
Plana
Korita
Bijeljani
Berkovići
D. Lukavac
Nevesinje
Sopilja
Fojnica
Pluzine
Čemerno
Zelengora
Lelija
Jelasca
Kalinovik
Miljevina
Dobro Polje
Trnovo
Jahorina
Sjenista
Pale
Krupac
Srpsko Sarajevo
Trebević nac. park
Ilidža
Hrasnica
Hadžići
Tarčin
Ivan Sedlo
Bradina
Konjic
Ostrožac
Jablanica
Borci
Glavatičevo
Luka
Zijemlje
Ulog
Potoci
Bogodol
Gornja Grabovica
Pokleđani
Čvrsnica
Čabulja
Plocno
Blidinje jez.
Vran pl.
Ljubuša
Jezero Šćit
Rumboci
Makljen
Prozor
Lug
Gornji Vakuf
Kupres
Kupreška vrata
Raduša
Bugojno
Donji Vakuf
Komar
Travnik
Novi Travnik
Turbe
Vitez
Kruščica
Lisac
Vlašić
Vranduk
Guča Gora
Lašva
Kaonik
Busovača
Kakanj
Sutjeska
Čatići
Breza
Visoko
Podlugovi
Ilijaš
Semizovac
Vogošća
Kiseljak
Kreševo
Fojnica
Dusina
Vranica
Bitovnja
Džanići
Jablaničko jez.
Prenj
Boračko jez.
Visočica
Ljuta
Bjelašnica
Treskavica
Ivančići
Srednje
Olovo
Vareš
Drugovo
Očevlja
Dubostica
Romanija
Sokolac
Rijeća
Knežina
Podrašnica
Lisina
Jezero
Šipovo
Baraći
Vinac
Todorići
Ostrelj
Klekovača
Unac
Podhum
Konj
Cetina
Svilaja
Skra
Muć
Mosor
Biokovo
Supetar
Postira
Pučišća
Sutivan
Nerežišće
Povlja
Rogač
Nečujam
Maslinica
Šolta
Gornje Selo
Milna
Sumartin
Zlatni rat
Bol
BRAČ
Hvarski kanal
Starigrad
Vrboska
Bogomolje
Sućuraj
Vira
Hvar
Jelsa
Poljica
HVAR
Ščedro
Neretvanski kanal
Trpanj
Lovište
Sv. Ilija
Kućište
Orebić
Janjina
Trstenik
Žuljana
Dubrava
Ston
PELJEŠAC
Račišće
Korčula
Badija
Lumbarda
Vela Luka
Prigradica
Blato
Brna
KORČULA
Korčulanski kanal
Viški kanal
Komiža
Vis
Biševo
Drvenik
Mljetski kanal
Goveđari
Polače
Sobra
Babino Polje
Korita
Mljet
Lastovski kanal
Lastovo
Ubli
Sušac
Ancona
Bari
Palagruža
I. Pianosa
M O R E
J A D R A N S K O
A D R I A T I C O
Peschici
Manacore
Rodi Garganico
Vieste
L. di Varano
E65
E71
E73
E761
E661
E762
A1

65 km
132
133
135
86
A
B
C
1
2
3
4
SARAJEVO
Užice
Čačak
Kraljevo
Novi Pazar
Pljevlja
Prijepolje
Bijelo Polje
Berane
Peć
Đakovica
Nikšić
Podgorica
Cetinje
Kotor
Budva
Bar
Ulcinj
Shkoder
Lezhë
TIRANË
Trebinje
Bileća
Gacko
Srbinje/Foča
Goražde
Rogatica
Višegrad
Priboj
Nova Varoš
Ivanjica
Sjenica
Mojkovac
Kolašin
Andrijevica
Plav
Žabljak
Herceg Novi
Cavtat
DUBROVNIK
Stolac
Nevesinje
Kalinovik
Foča
S R B I J A
C R N A G O R A
S H Q I P Ë
Skadarsko jezero
Liqeni i Shkodrës
Boka Kotorska
Tara
Drina
Lim
Zeta
Morača
Drin
Durmitor
Nac. park
Biogradsko
Prokletije
Zlatibor
Tara park
Bari

133
D
E
F
CRNA GORA
PLANINA
Kruševac
Aleksinac
Sokobanja
Ozren Devica
Knjaževac
Mihajlovgrad
Vraca
Berkovica
Midžor
Kom
Petrohanski prohod
Niš
Niška Banja
Bela Palanka
Suva planina
Pirot
Dimitrovgrad
Prokuplje
Veliki Jastrebac
Kuršumlija
Radan
Prepolac
Leskovac
Vlasotince
Lužnica
Ruj
Tran
Breznik
SOFIA
Pernik
Vitoša
Kosovska Mitrovica
Podujevo
Goljak
Vučitrn
Priština
Gračanica
Kukavica
Vladičin Han
Surdulica
Vardenik
Besna Kobila
Vranje
Bosilegrad
Kjustendil
Velbždki prohod
Bujanovac
Gnjilane
Lipljan
Kosovo Polje
Trgovište
Deve Bair
Kriva Palanka
Ruen
Osogovske planine
Blagojevgrad
Uroševac
Preševo
Kumanovo
Kratovo
Kočani
Delčevo
Prizren
Ljuboten
ŠAR PLANINA
SKOPJE
Tetovo
Titov vrh
Veles
Štip
Berovo
Plačkovica
Gostivar
MAKEDONIJA
Solunska Glava
Jakupica
Strumica
Ogražden
Belasica
Kavadarci
Klisura
Demir Kapija
Stobi
Mavrovo
Nac. park Mavrovo
Bistra pl.
Kičevo
Debar
Korab
Babuna
Prilep
Pletvar
(FYROM)
Ezero Tikveš
Flora
Gevgelija
Bogorodica
Dojran
Evzoni
Kožuf
Polýkastro
Struga
Ohrid
Mal i Shebenik
Jablanica
Bukovo
Resen
Plačenska pl.
Selečka pl.
Óros Vóras
Óros Pálko
Axiós
Kilkís
87
129
1
2
3
4

A B C

39 km

1 2 3 4

KÝPROS / KIBRIS
Cape Kormakitis
Livera
Kormakitis
Karavas
Agios Georgios
Keryneia/ Girne
Vasileia
Lapithos
Karmi
Kazafani
Belapais
Diorios
Myrtou
Lamakas Lapithou
Agios Ilarion
Pano Dikomo
Kato Dikomo
Asomatos
Kontemenos
Aloupos
Kalo Chorio (Kapouti)
LEFKOŞA/LEFKOSIA (NICOSIA)
Syrianochori
Skylloura
MORFOU BAY
Ovgos
Kyra
Agios Vasileios
Ortakioi
Morfou
Argaki
Fyllia
Gerolakkos
Agios Dometios
Trachonas
Prastio
Mammari
Kato Zodeia
Katokopia
Kokkinotrimithia
Egkomi
Pano Zodeia
Avlona
Strovolos
Pachyammos
Kato Pyrgos
Pentageia
Nikitas
Pomos
Galini
Soloi
Karavostasi
Astromeritis
Peristerona
Palaiometocho
Aglantzia
Akaki
Pano Lakatameia
Kato Lakatameia
Ampelikou
Kalo Chorio
Orounta
Meniko
Kato Deftera
Cape Arnaoutis (Akamas)
CHRYSOCHOU BAY
Gialia
Lefka
Petra
Pano Deftera
Tseri
Agios Ioannis
Psimolofou
Argaka
Nikitari
Ergates
Pera
Baths of Aphrodite
Makounta
Panagia Forviotissa (Asinou)
Mitsero
Pera Chorio
Kampos
Evrychou
Agia Marina
Akamas
Polis
TROODOS
Korakou
Temvria
Klirou
Agia Varvara
Neo Chorio
Lysos
Kalopanagiotis
Galata
Kakopetria
Panagia tou Araka
Alampra
Kykkos
Moutoullas
Agios Nikolaos tis Stegis
Spilia
Fikardou
Drouseia
Kritou Tera
Peristerona
Pedoulas
Chandria
Lagoudera
Lythrodontas
Ineia
Lemithou
Prodromos
Platanistasa
Machairas
Pano Arodes
Giolou
Pano Panagia
Kaminaria
Oros Olimbos (1951)
Kyperounta
Agros
Alona
Palaichori
Kornos
Kathikas
Troodítissa
Pelendri
Cape Drepano
Polemi
Statos-Agios Fotios
Pano Platres
Foini
Agios Ioannis
Agios Theodoros
Pegeia
Stroumpi
Mandria
Pano Lefkara
Stavrovouni
Agios Neofytos
Letymvou
Omodos
Germasogeia
Vasilikos
Coral Bay
Tala
Kallepeia
Salamiou
Arsos
Koilani
Kalo Chorio
Choirokoitia
Kofinou
Kissonerga
Tsada
Amargeti
Malia
Vasa
Alaminos
Mesogi
Kalokedara
Vouni
Tochni
Chlorakas
Empa
Episkopi
Agios Georgios
Dora
Agios Therapon
Asgata
Kalavasos
Agios Theodoros
Pafos
Pano Archimandrita
Pachna
Germasogeia Dam
Maroni
Geroskipou
Anarita
Kryos
Parekklisia
Pentakomo
Timi
Asprokremmos Dam
Anogyra
Kouris Dam
Agios Athanasios
Germasogeia
Pyrgos
Zygi
Pafos International Airport
Mandria
Kouklia
Alektora
Souni-Zanakia
Kato Polemidia
Mesa Geitonia
Amathous
Agios Georgios Alamanos
Avdimou
Erimi
Ypsonas
Pissouri
Sanctuary of Apollon Ylatis
Episkopi
Kolossi
LEMESOS (LIMASSOL)
Petra tou Romiou (Aphrodite's birthplace)
Kourion
Cape Aspro
Akrotiri Sovereign Base Area
EPISKOPI BAY
Salt Lake
AKROTIRI BAY
Akrotiri
Lebanon
Egypt
Hellas (Greece)
Cape Zevgari
Cape Gata

A B C

D
E
F
1
2
3
4
Cape Apostolos Andreas
136
Apostolos Andreas
191
Rizokarpaso
241
K A R P A S I A
Aigialousa
383
Agios Andronikos
Leonarisso
Vothylakas
Eptakomi
166
Koma tou Gialou
330
Davlos
Komi
64
724
Akanthou
Patriki
Kastros
Agios Theodoros
Agios Amvrosios
740
Kalograia
Charkeia
819
Kalamoullis
Cape Elaia
91
Trikomo
740
Lefkonoiko
Gypsou
Lapathos
Kythrea
Neo Chorio
Trachoni
Exo Metochi
Marathovounos
Milia
AMMOCHOSTOS BAY
Peristerona
Genagra
Gerokolympos
Limnia
Agios Sergios
Angastina
61
Pedialos
Prastio
Stylloi
Salamis
Afanteia
47
Apostolos Varnavas
Egkomi
Askeia
Vatili
140
AMMOCHOSTOS / GAZIMAĞUSA (FAMAGUSTA)
Lysi
Acheritou
Tremetousia
Arsos
Kontea
Kalopsida
45
Makrasyka
E 903
Deryneia
Athienou
Achna
28
Frenaros
Troulloi
Dhekelia Base
Sovereign Area
Avgorou
20
Paralimni
350
Pyla
Liopetri
Sotira
Xylotymvou
174
32
Voroklini
17
6
Ormideia
25
A 2
A 3
B 3
Xylofagou
Agia Napa
Aradippou
19
48
B 2
Livadia
LARNAKA BAY
Cape Gkreko
72
Cape Pyla
Hala Sultan Tekkesi
B 5
LARNAKA
Salt Lake
33
Dromolaxia
Larnaka International Airport
B 5
B 4
Kiti
Perivolia
Cape Kiti
M E D I T E R R A N E A N   S E A
Ligne Verte - Green Line
Passage contrôlé - Check point
0
20 km

Index des localités
Place name index
Ortsverzeichnis
Plaatsnamenregister
Indice delle località
Índice de localidades
Repertório das localidades

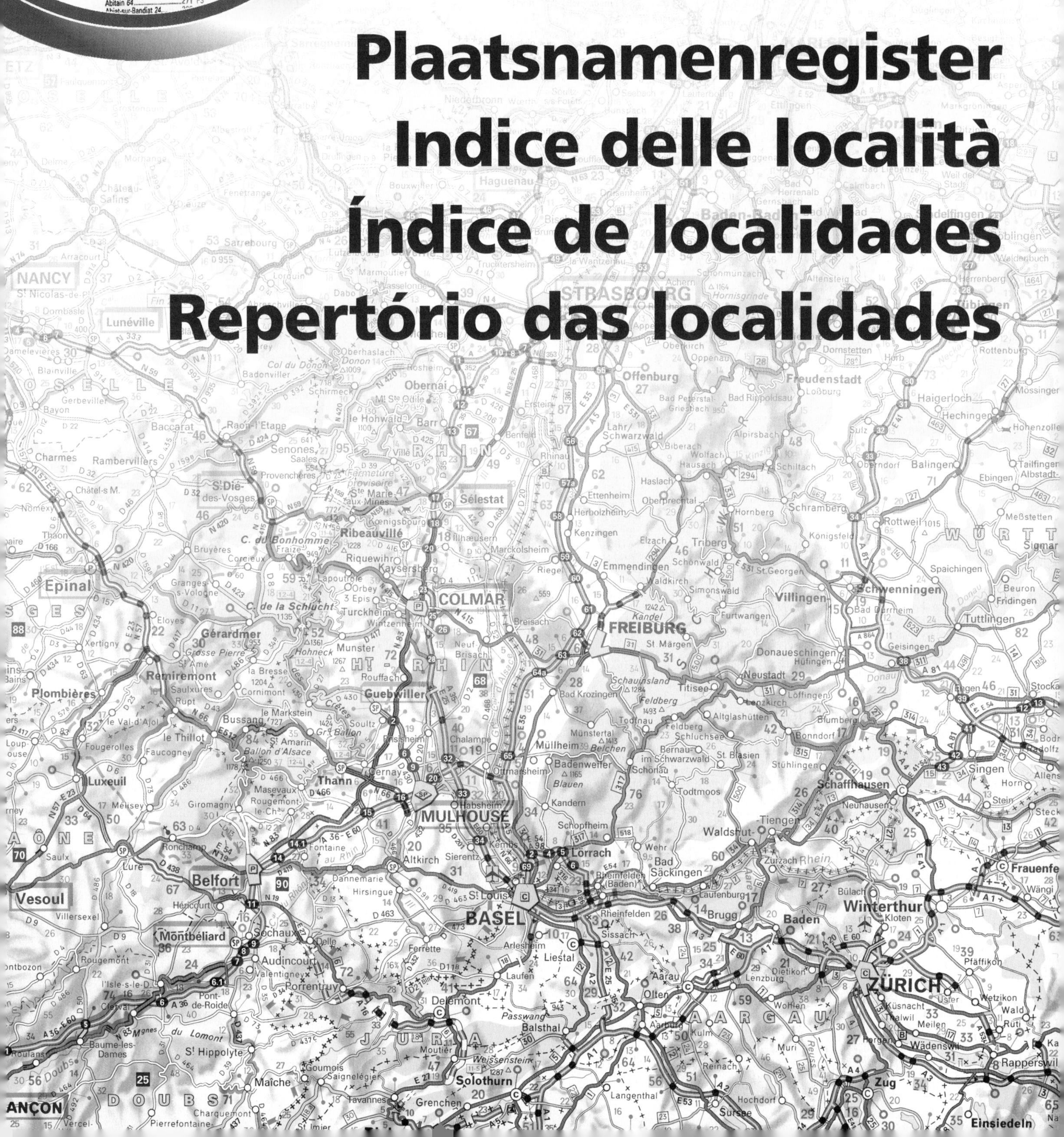

A

A Baiuca E 32 B2
A Cañiza E 32 B4
A Coruña E 32 B2
A. Drossiní GR 91 D2
A Estrada E 32 B3
A Fonsagrada E 32 C3
A Guarda E 32 A4
A Gudiña E 32 C4
Á. Hóra GR 93 D3
Á. Kalendíni GR 92 B1
Á. Kaliníki GR 87 E1
Á. Kómi GR 87 F3
Á. Lefkími GR 92 A1
Á. Melás GR 87 E2
Á. Merá GR 98 C2
A Merca E 32 B4
A Mezquita E 32 C4
A Pobra do Caramiñal E 32 A3
Á. Polidéndri GR 88 B4
A Pontenova E 32 C2
A. Poróia GR 88 B1
A Ramallosa E 32 A4
Á. Rodákino GR 100 B4
A Rúa E 32 C4
Á. Sangrí GR 99 D2
Á. Síros GR 98 C2
A Veiga E 32 C4
Á. Viános GR 101 E4
Á. Vrondoú GR 88 C1
Á. Zervohóri GR 87 F2
Aachen DE 61 E2
Aalen DE 66 C1
Aalsmeer NL 54 B3
Aalst B 17 E2
Aalten NL 55 D4
Aalter B 15 F4
Äänekoski FIN 115 D3
Aapajärvi FIN 109 E1
Aarau CH 23 F4
Aarberg CH 27 F1
Aarburg CH 23 F4
Aarschot B 17 E1
Aavasaksa FIN 108 C2
Abades E 42 B1
Abadiño E 37 D1
Abanilla E 49 E1
Abano Terme I 72 A4
Abbadia San Salvatore I 76 B4
Abbasanta I 82 B2
Abbeville F 16 B3
Abbey Town GB 9 D4
Abbeyfeale IRL 4 B3
Abbeyleix / Mainistir Laoise IRL 5 D2
Abbiategrasso I 71 D4
Abborrträsk S 108 A4
Abbots Bromley GB 11 D4
Abbotsbury GB 13 E3
Abcoude NL 54 B3
Abejar E 36 C3
Abejuela E 43 F2
Abela P 46 A1
Abelvær N 106 C4
Abenberg DE 63 D4
Abenójar E 42 A4
Åbenrå DK 122 B3
Abensberg DE 63 E4
Aberaeron GB 10 A4
Aberdare / Aberdâr GB 13 D1
Aberdaron GB 10 A3
Aberdeen GB 9 E1
Aberdovey / Aberdyfi GB 10 B4
Aberfeldy GB 9 D1
Aberfoyle GB 8 C2
Abergavenny / Y-Fenni GB 13 D1
Abergele GB 10 B3
Aberlady GB 9 D2
Abermaw / Barmouth GB 10 B4
Aberporth GB 12 C1
Abersoch GB 10 A3
Abertillery GB 13 D1
Aberystwyth GB 10 A4
Abetone I 75 F2
Abiego E 38 A3
Abingdon GB 13 F2
Abington GB 9 D3
Abisko S 104 B4
Abla E 48 C3
Ablis F 21 E3
Abondance F 27 E2
Abony H 126 A4
Aboyne GB 9 E1
Abrantes P 40 B2
Abreschviller F 23 E2
Abriès F 27 F4
Abtenau A 68 A2
Åby S 119 D3
Åbybro DK 122 B1
Acceglio I 31 F1
Accettura I 80 C3
Acciaroli I 80 B4
Accous F 28 B4
Accrington GB 10 C2
Acebo E 41 D1
Acedo E 37 D2
Acehuche E 41 D2
Acerno I 80 B3
Acerra I 80 A3
Aceuchal E 41 D4
Achenkirch A 67 E2
Acheritou CY 139 D3
Achern DE 23 F2
Acheux-en-Amiénois F 16 C3
Achim DE 50 B4
Achna CY 139 D3
Achnacroish GB 8 B1
Achnasheen GB 6 C4
Aci Castello I 85 E3
Aci Trezza I 85 E3
Acıpayam TR 129 F4
Acireale I 85 E3
Acle GB 15 D1
Acqualagna I 76 C3
Acquapendente I 76 B4
Acquasanta Terme I 77 D4
Acquasparta I 76 C4
Acquaviva delle Fonti I 81 D2
Acqui Terme I 75 D2
Acri I 83 E2
Ada SCG 132 C1
Adak S 108 A4
Adámandas GR 98 B3
Adamclisi RO 129 E1
Adamuz E 47 F1
Adanero E 36 A4
Adapazarı TR 129 F3
Adare IRL 4 C2
Adaševci SCG 132 B3
Adelboden CH 27 F2
Adelfia I 81 D2
Adelsheim DE 62 B4
Ademuz E 43 E2
Adenau DE 61 F2
Ádendro GR 88 A2
Adjud RO 127 D4
Admont A 68 B2
Adolfsström S 107 F3
Adorf DE 63 E2
Adra E 48 B3
Adradas E 37 D4
Adrall E 38 C3
Adrano I 85 D3
Adria I 76 B1
Ænes N 116 B1
Aerinó GR 93 E1
Ærøskøbing DK 122 B4
Aetópetra GR 86 C4
Aetós GR 87 E2
Aetós (Etolía-Akarnanía) GR 92 B2
Aetós (Kefaloniá) GR 92 A2
Äetsä FIN 120 B3
Afándou GR 103 F2
Afanteia CY 139 D3
Åfarnes N 110 C2
Aféa GR 97 F1
Affi I 71 F4
Afiónas GR 86 B4
Áfissos GR 93 F1
Áfitos GR 88 C3
Åfjord N 111 D1
Aflenz Kurort A 68 C2
Afráti GR 94 A3
Ag. Ána GR 94 A2
Ag. Ána GR 93 F4
Ag. Anárgiri GR 97 D3
Ag. Anárgiri GR 93 E1
Ag. Andónios GR 88 B3
Ag. Andréas GR 97 D2
Ag. Apóstoli GR 97 E4
Ag. Apóstoli (Atikí-Piréas) GR 94 B3
Ag. Apóstoli (Évia) GR 94 B4
Ag. Athanássios GR 87 F2
Ag. Athanássios GR 89 D1
Ag. Avgoustínos GR 96 C3
Ag. Déka GR 101 D4
Ag. Dimítrios GR 94 C4
Ag. Dimítrios GR 93 D3
Ag. Dimítrios GR 97 D3
Ag. Dimítrios GR 87 F3
Ag. Efimía GR 92 A3
Ag. Efstrátios (Nissí) GR 95 D1
Ag. Efthimía GR 93 E3
Ag. Fokás GR 103 D1
Ag. Fotiá GR 101 F4
Ag. Galíni GR 100 C4
Ag. Geórgios GR 101 E4
Ag. Geórgios GR 92 A4
Ag. Geórgios (Évia) GR 93 F2
Ag. Geórgios (Fthiótida) GR 93 D2
Ag. Geórgios (Nissí) GR 98 A1
Ag. Germanós GR 87 E2
Ag. Górdis GR 86 B4
Ag. Harálambos GR 91 D2
Ag. Ioánis GR 97 E1
Ag. Ioánis GR 100 B4
Ag. Ioánis (Magnissía) GR 93 E2
Ag. Ioánis (Magnissía) GR 93 F1
Ag. Ioánis (Viotía) GR 93 F4
Ag. Issídoros GR 103 E2
Ag. Kiriakí GR 99 F1
Ag. Kiriakí GR 96 B2
Ag. Kiriakí GR 87 D2
Ag. Kírikos GR 99 E1
Ág. Konstandínos (Fthiótida) GR 93 F2
Ág. Konstandínos (Lárissa) GR 93 E1
Ág. Kosmás GR 89 E1
Ág. Kosmás GR 87 E3
Ág. Léon GR 96 A1
Ág. Loukás GR 94 B3
Ág. Mámas GR 88 C3
Ág. Marína GR 94 B4
Ág. Marína GR 100 B3
Ág. Marína GR 99 F2
Ág. Marína GR 93 E2
Ág. Marína (N. Égina) GR 97 F1
Ág. Márkos GR 88 B1
Ág. Mathéos GR 86 B4
Ág. Míronas GR 101 D3
Ág. Nikítas GR 92 A2
Ág. Nikólaos GR 101 E4
Ág. Nikólaos GR 96 C3
Ág. Nikólaos GR 86 C4
Ág. Nikólaos GR 92 B2
Ág. Nikólaos GR 88 C3
Ág. Nikólaos (Atikí-Piréas) GR 97 F1
Ág. Nikólaos (Fokída) GR 93 D3
Ág. Nikólaos (Fthiótida) GR 93 F2
Ág. Nikólaos (Lakonía) GR 97 D3
Ág. Pandeleímonas GR 87 F2
Ág. Paraskeví GR 95 F1
Ág. Paraskeví GR 87 D3
Ág. Paraskeví GR 88 B1
Ág. Paraskeví GR 89 D1
Ág. Paraskiés GR 101 D4
Ág. Pávlos GR 88 B3
Ág. Pelagía GR 101 D3
Ág. Pelagía GR 97 E4
Ág. Pétros GR 97 D2
Ág. Pnévma GR 88 C1
Ág. Pródromos GR 88 C2
Ág. Rouméli GR 100 B3
Ág. Sofía GR 94 A3
Ág. Sofía GR 97 D2
Ág. Sóstis GR 93 D2
Ág. Sotíra GR 94 A4
Ág. Stéfanos GR 94 A4
Ág. Stéfanos GR 98 C1
Ág. Theódori GR 87 E4
Ág. Theódori (Korinthía) GR 93 F4
Ág. Theódori (Magnissía) GR 93 F2
Ág. Thomás GR 101 D4
Ág. Thomás GR 94 A4
Ág. Triáda GR 96 B1
Ág. Triáda GR 88 B2
Ág. Triáda GR 94 A4
Ág. Varvára GR 101 D4
Ág. Vassílios GR 93 F4
Ág. Vassílios GR 88 B2
Ág. Vissários GR 93 D1
Agathonissi GR 99 F1
Agay F 31 F3
Agazzano I 75 E1
Agde F 30 A3
Agen F 29 D2
Áger E 38 B3
Ageranós GR 97 D3
Agerbæk DK 122 A3
Aggius I 82 B1
Aggsbach A 68 C1
Agiá GR 88 A4
Agía Lávra GR 93 D4
Agia Marina CY 138 C3
Agia Napa CY 139 E3
Agía Triáda GR 100 C4
Agia Varvara CY 138 C3
Agiasma GR 89 E1
Agiásmata GR 95 E3
Agiássos GR 95 F2
Agio Epiktitos CY 138 C2
Ágio Óros GR 90 A4
Agiófilo GR 87 E4
Agiókambos GR 88 B4
Agiókambos GR 93 F2
Agionóri GR 97 E1
Agiopigí GR 93 D1
Agios Amvrosios CY 139 D2
Agios Andronikos CY 139 E2
Agios Athanasios CY 138 C4
Agios Dometios CY 138 C3
Agios Georgios (Keryneia) CY 138 C2
Agios Georgios (Pafos) CY 138 B4
Agios Georgios Alamanos CY 138 C4
Agios Ilerion CY 138 C2
Agios Ioannis (Lefkoşa) CY 138 C3
Agios Ioannis (Óros Ólimbos) CY 138 C3
Agios Neofytos CY 138 A3
Agios Nikolaos tis Stegis CY 138 B3
Agios Sergios CY 139 E2
Agios Theodoros (Karpasia) CY 139 E2
Agios Theodoros (Larnaka) CY 138 C4
Agios Theodoros (Óros Ólimbos) CY 138 C4
Agios Therapon CY 138 B4
Agios Vasileios CY 138 C2
Agira I 85 D3
Aglangia (Aglantzia) CY 138 C3
Agnanda GR 92 B1
Agnanderó GR 93 D1
Agnandi GR 93 F3
Agnóndas GR 94 A2
Agnone I 80 A1
Agon-Coutainville F 19 E2
Agorá GR 89 D1
Agordo I 67 F4
Agost E 49 F1
Agramunt E 38 B3
Agrate Brianza I 71 D4
Ágreda E 37 D3
Agreliá GR 87 F4
Agriá GR 93 F1
Agrigento I 84 C4
Agriliá GR 92 C3
Agrínio GR 92 C3
Agriovótano GR 93 F2
Agropoli I 80 B4
Agros CY 138 C3
Ågskaret N 107 E2
Aguadulce E 48 C3
Aguadulce E 47 F2
Aguaviva E 44 A1
Agudo E 42 A4
Águeda P 40 B1
Aguiar P 40 B4
Aguiar da Beira P 34 C4
Aguilafuente E 36 B4
Aguilar de Campóo E 36 B1
Aguilar de la Frontera E 47 F2
Aguilar del Alfambra E 43 F1
Águilas E 49 D2
Aharnés GR 94 A4
Ahaus DE 55 E3
Åheim N 110 B3
Ahendriás GR 101 D4
Ahigal E 41 E1
Ahílio GR 86 B4
Ahílio GR 93 E1
Ahinós GR 88 C1
Ahjärvi FIN 121 F2
Ahladerí GR 94 B3
Ahladohóri GR 88 C1
Ahlainen FIN 120 B2
Ahlbeck DE 52 A2
Ahlen DE 55 F4
Ahlhorn DE 55 F2
Ahrensbök DE 50 C3
Ahrensburg DE 50 C3
Ahrweiler DE 61 F2
Ähtäri FIN 114 C4
Ahtopol BG 129 F2
Ahun F 25 F3
Åhus S 123 E3
Ahvenselkä FIN 109 E2
Aichach DE 67 E1
Aidenbach DE 68 A1
Aidone I 85 D3
Aidonia GR 97 D1
Aigen im Mühlkreis A 64 B4
Aigialousa CY 139 E2
Aigle CH 27 E2
Aignan F 28 C2
Aignay-le-Duc F 22 B4
Aigre F 24 C3
Aigrefeuille-d'Aunis F 24 B2
Aigrefeuille-sur-Maine F 24 B1
Aigua Blava E 39 E3
Aiguebelette-le-Lac F 27 D3
Aiguebelle F 27 E3
Aigueperse F 26 A3
Aigues-Mortes F 30 B3
Aiguilles F 31 E1
Aiguillon F 29 D1
Aigurande F 25 E2
Ailefroide F 27 E4
Aillant-sur-Tholon F 21 F4
Ailly-le-Haut-Clocher F 16 B3
Ailly-sur-Noye F 16 C4
Aimargues F 30 B2
Aime F 27 E3
Ainhoa F 28 A3
Ainsa E 28 C4
Ainsdale GB 10 C2
Ainzón E 37 E3
Airaines F 16 B3
Airasca I 27 F4
Airdrie GB 8 C3
Aire-sur-la-Lys F 15 E4
Aire-sur-l'Adour F 28 C2
Airisto FIN 120 B4
Airolo CH 66 B4
Airvault F 24 C1
Aiterhofen DE 63 F4
Aitrach DE 66 C2
Aiud RO 126 C4
Aix-en-Othe F 22 A3
Aix-en-Provence F 31 D3
Aix-les-Bains F 27 D3
Aixe-sur-Vienne F 25 E3
Aizenay F 24 A1
Aizkraukle LV 124 C3
Ajaccio F 78 A4
Ajaureforsen S 107 F3
Ajdanovac SCG 137 D1
Ajdovščina SLO 130 A3
Ajka H 69 F2
Ajo E 36 B1
Ajos FIN 109 D3
Ajtos BG 129 E2
Akaki CY 138 C3
Akaki CY 138 C3
Akanthou CY 139 D2
Äkäsjokisuu FIN 108 C1
Äkäslompolo FIN 108 C1
Aken DE 57 E3
Åkers styckebruk S 119 E2
Åkersberga S 119 F2
Akhisar TR 129 F4
Åkirkeby DK 123 E4
Akkerhaugen N 116 C2
Akranes IS 106 A2
Akráta GR 93 E4
Akréfnio GR 93 F3
Åkrehamn N 116 A2
Akrestrømmen N 111 E4
Akrítas GR 87 E2
Akrogiáli GR 88 C2
Akropótamos GR 89 D2
Akrotíri GR 99 D4
Akrotiri CY 138 B4
Akrotíri (Hers.) GR 100 B3
Akrotiri Bay CY 138 C4
Akrovoúni GR 89 D1
Akujärvi FIN 105 F3
Akureyri IS 106 B1
Ål N 110 C4
Ala I 71 F4
Alà dei Sardi I 82 B2
Ala di Stura I 27 F4
Ala-Honkajoki FIN 120 B2
Ala-Vuokki FIN 115 E1
Alacant / Alicante E 49 F1
Alaejos E 35 F4
Alagí GR 96 C2
Alagna Valsesia I 70 C4
Alagón E 37 E3
Alagoniá GR 96 C2
Alahärmä FIN 114 B3
Alaior E 45 F2
Alakylä FIN 109 D1
Alalkomenés GR 93 F3
Alameda E 47 F3
Alamillo E 42 A4
Alaminos CY 138 C4
Alampra CY 138 C3
Alanäs S 112 B1
Alandroal P 40 C4
Alange E 41 E4
Alanís E 47 E1
Alapitkä FIN 115 E3
Alar del Rey E 36 B2
Alaraz E 41 F1
Alarcón E 43 D3
Alaşehir TR 129 F4
Alassio I 74 C3
Alastaro FIN 120 B3
Alatoz E 43 E4
Alatri I 79 E2
Alavieska FIN 114 C2
Alavus / Alavo FIN 114 C4
Alba I 74 C2
Alba Adriatica I 77 D4
Alba de Tormes E 41 F1
Alba Iulia RO 126 C4
Albacete E 43 E4
Albacken S 112 B2
Ålbæk DK 122 C1
Albaida E 43 F4
Albaladejo E 42 C4
Albalate de Cinca E 38 A4
Albalate de las Nogueras E 43 D2
Albalate del Arzobispo E 37 F4
Alban F 29 F2
Albánchez E 49 D3
Albano di Lucania I 80 C3
Albano Laziale I 79 E2
Albarca E 38 B4
Albares de la Ribera E 33 D4
Albarracín E 43 E2
Albatana E 49 E1
Albatera E 49 E1
Albena BG 129 F1
Albenga I 74 C3
Albens F 27 D3
Alberga S 119 D2
Albergaria-a-Velha P 34 B4
Alberic E 43 F4
Albernoa P 46 B1
Alberobello I 81 E2
Albersdorf DE 50 B3
Albert F 16 C3
Albertville F 27 E3
Albestroff F 23 D2
Albi F 29 F2
Albiano d'Ivrea I 70 C4
Albinia I 78 C1
Albino I 71 E4
Albissola Marina I 75 D2
Albocàsser E 44 A2
Alboloduy E 48 C3
Albolote E 48 B3
Alborea E 43 E3
Ålborg DK 122 B1
Albox E 49 D2
Albstadt DE 66 B2
Albufeira P 46 A2
Albujón E 49 E2
Albuñol E 48 B3
Alburquerque E 41 D3
Alby S 112 B3
Alby-sur-Chéran F 27 D3
Alcácer do Sal P 40 B4
Alcáçovas P 40 B4
Alcadozo E 43 D4
Alcafozes P 41 D2
Alcains P 40 C2
Alcalá de Guadaira E 47 E2
Alcalá de Henares E 42 C1
Alcalá de la Selva E 43 F2
Alcalá de los Gazules E 47 E4
Alcalà de Xivert E 44 A2
Alcalá del Júcar E 43 E4
Alcalá del Río E 47 D2
Alcalá la Real E 48 A2
Alcalfar E 45 F3
Alcamo I 84 B3
Alcampel E 38 A3
Alcanar E 44 B1
Alcanede P 40 A2
Alcanena P 40 B2
Alcanhões P 40 B3
Alcañices E 35 E3
Alcañiz E 44 A1
Alcántara E 41 D2
Alcantarilha P 46 A2
Alcantarilla E 49 E2
Alcaracejos E 47 F1
Alcaraz E 43 D4
Alcaria Ruiva P 46 B1
Alcarràs E 38 B4
Alcaudete E 48 A2
Alcaudete de la Jara E 42 A2
Alcázar de San Juan E 42 C3
Alceda E 36 B1
Alcester GB 13 F1
Alcoba de los Montes E 42 A3
Alcobaça P 40 A2
Alcobendas E 42 B1
Alcocer E 43 D1
Alcochete P 40 A3
Alcoi / Alcoy E 43 F4
Alcolea E 47 F1
Alcolea de Cinca E 38 A3
Alcolea del Pinar E 37 D4
Alcolea del Río E 47 E2
Alconchel E 41 D4
Alcorisa E 44 A1
Alcossebre E 44 A2
Alcoutim P 46 B2
Alcover E 38 B4
Alcoy / Alcoi E 43 F4
Alcubierre E 37 F3
Alcubilla de Avellaneda E 36 C3
Alcublas E 43 F3
Alcúdia E 45 E3
Alcudia de Guadix E 48 B3
Alcuéscar E 41 E3
Aldea del Cano E 41 E3
Aldea del Fresno E 42 B1
Aldea del Rey E 42 B4
Aldea Quintana E 47 F2
Aldeacentenera E 41 F3
Aldeanueva de Ebro E 37 E3
Aldeanueva de la Vera E 41 F2
Aldeanueva del Camino E 41 E1
Aldeburgh GB 15 D2
Aldeia da Ponte P 41 D1
Aldeia Gavinha P 40 A3
Aldershot GB 14 B3
Aldinci MK 137 E3
Aledo E 49 D2
Aleksa Šantić SCG 132 B1
Aleksandrov RUS 125 F2
Aleksandrovac (Kruševac) SCG 137 D1
Aleksandrovac (Požarevac) SCG 133 E3
Aleksin RUS 125 F3
Aleksinac SCG 137 E1
Alektora CY 138 B4
Alençon F 20 C3
Alenquer P 40 A3
Alepohóri GR 93 F4
Alepohóri GR 97 D2
Aléria F 78 B3
Alès F 30 B2
Ales I 82 B3
Aleşd RO 126 B4
Alessandria I 75 D1
Alessandria della Rocca I 84 B3
Ålestrup DK 122 B2
Ålesund N 110 B2
Alexándria GR 88 A2
Alexandria GB 8 C2
Alexandria RO 129 D1
Alexandroúpoli GR 91 D2
Alf DE 61 F3

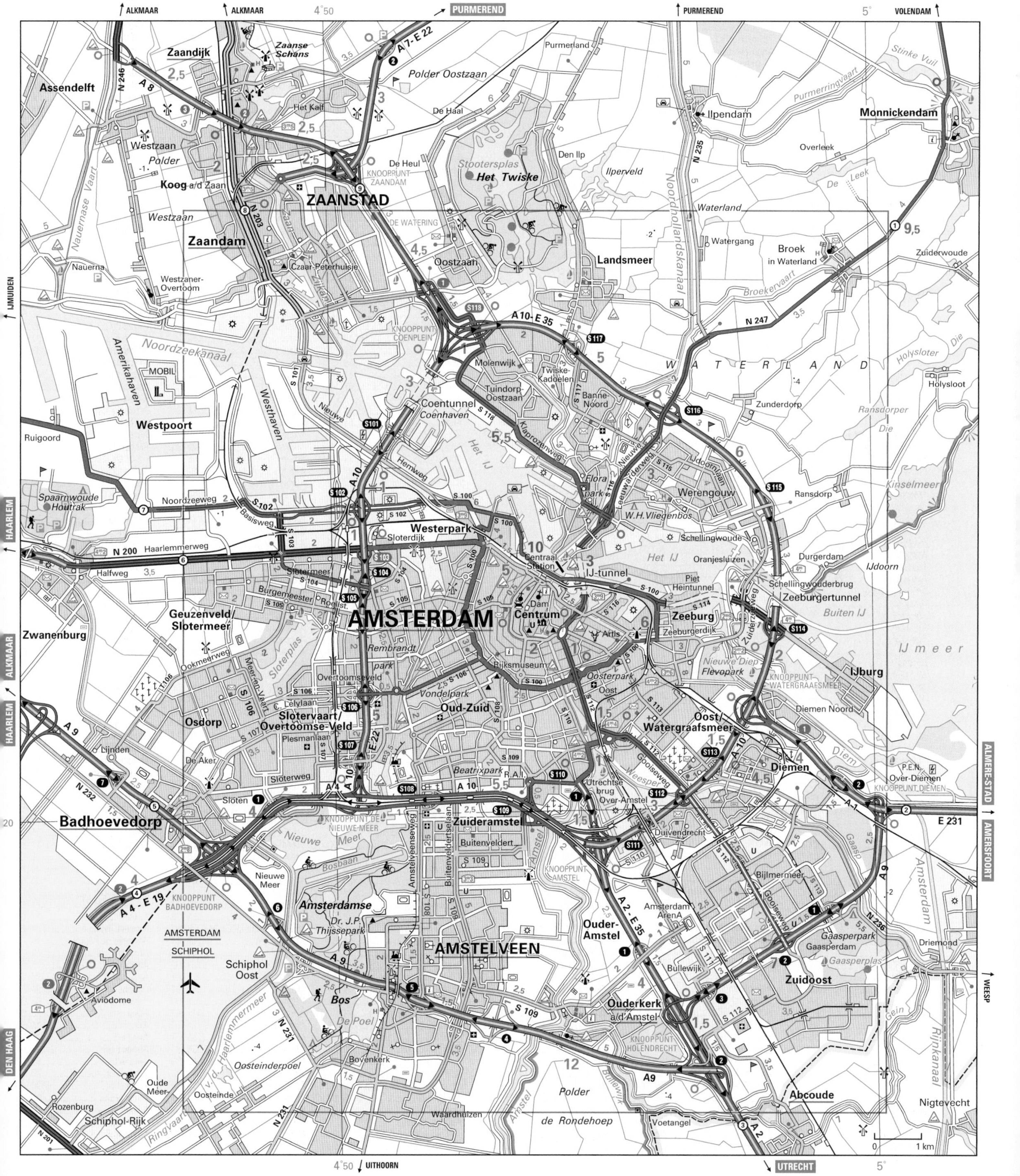
ALKMAAR
ALKMAAR
4°50
PURMEREND
PURMEREND
5°
VOLENDAM
IJMUIDEN
HAARLEM
HAARLEM ALKMAAR
HAARLEM
DEN HAAG
ALMERE-STAD
AMERSFOORT
WEESP
UITHOORN
UTRECHT
Assendelft
Zaandijk
Zaanse Schans
Polder Oostzaan
Purmerland
Ilpendam
Monnickendam
Westzaan
Koog a/d Zaan
ZAANSTAD
Zaandam
Stootersplas
Het Twiske
Den Ilp
Ilperveld
Waterland
Watergang
Broek in Waterland
Zuiderwoude
Oostzaan
Landsmeer
Noordhollandskanaal
Nauerna
Westzaner-Overtoom
Noordzeekanaal
Amerikahaven
Westhaven
Westpoort
Ruigoord
Molenwijk
Tuindorp-Oostzaan
Twiske-Kadoelen
Banne-Noord
Coentunnel
Coenhaven
W A T E R L A N D
Holysloot
Zunderdorp
Ransdorp
Werengouw
Spaarnwoude Houtrak
Westerpark
Sloterdijk
Centraal Station
IJ-tunnel
Het IJ
Oranjesluizen
Schellingwoude
Durgerdam
IJdoorn
Zeeburgertunnel
Halfweg
Zwanenburg
Geuzenveld/Slotermeer
AMSTERDAM
Centrum
Dam
Zeeburg
IJburg
IJ meer
Rembrandt park
Vondelpark
Rijksmuseum
Oosterpark
Flevopark
Osdorp
Slotervaart/Overtoomse-Veld
Oud-Zuid
Oost/Watergraafsmeer
Diemen
Badhoevedorp
Sloten
Zuideramstel
Buitenveldert
Nieuwe Meer
Amsterdamse Bos
AMSTELVEEN
Ouder-Amstel
Duivendrecht
Bijlmermeer
Gaasperpark
Zuidoost
Driemond
AMSTERDAM SCHIPHOL
Schiphol Oost
Aviodome
Bovenkerk
Ouderkerk a/d Amstel
Abcoude
Nigtevecht
Polder de Rondehoep
Oude Meer
Rozenburg
Schiphol-Rijk
Waardhuizen
Voetangel
0
1 km

Allo E 28 A4
Alloa GB 9 D2
Allonnes F 24 C1
Alloza E 43 F1
Allstedt DE 57 D4
Almacelles E 38 A3
Almáchar E 48 A3
Almada P 40 A3
Almadén E 42 A4
Almadén de la Plata E 47 D1
Almadenejos E 42 A4
Almagro E 42 B4
Almajano E 37 D3
Almancil P 46 B2
Almansa E 43 F4
Almanza E 33 F4
Almaraz E 41 F2
Almargen E 47 F3
Almarza E 37 D3
Almassora E 44 A2
Almazán E 37 D4
Almedinilla E 48 A2
Almeida E 35 E4
Almeida P 35 D4
Almeirim P 40 B3
Almelo NL 55 D3
Almenar E 38 B3
Almenar de Soria E 37 D3
Almenara E 44 A3
Almendral E 41 D4
Almendralejo E 41 E4
Almere-Stad NL 54 C3
Almería E 48 C3
Almerimar E 48 C4
Almese I 27 F4
Älmhult S 123 E2
Almirí GR 97 E1
Almiró GR 96 C3
Almiropótamos GR 94 B4
Almirós GR 93 E1
Almodôvar P 46 B2
Almodóvar del Campo E 42 A4
Almodóvar del Pinar E 43 E3
Almodóvar del Río E 47 F1
Almogía E 47 F3
Almoguera E 42 C2
Almoharín E 41 E3
Almonacid de Toledo E 42 B2
Almonacid de Zorita E 42 C2
Almonació de la Sierra E 37 E4
Almonaster la Real E 46 C1
Almonte E 47 D2
Almoradí E 49 E1
Almorox E 42 A2
Almudévar E 37 F3
Almuñécar E 48 A3
Almuradiel E 48 B1
Alness GB 7 D4
Alnö S 112 C3
Alnwick GB 9 F3
Alona CY 138 C3
Alónia GR 88 A3
Alónissos GR 94 A2
Alónissos (Nissí) GR 94 B1
Álora E 47 F3
Alosno E 46 C2
Aloupos CY 138 B2
Alozaina E 47 F3
Alp E 38 C2
Alpalhão P 40 C3
Alpbach A 67 F3
Alpe-d'Huez F 27 D4
Alpedrinha P 40 C1
Alpera E 43 E4
Alphen aan den Rijn NL 54 B3
Alpiarça P 40 B3
Alpignano I 27 F4
Alpirsbach DE 23 F3
Alpua FIN 114 C2
Alqueva P 40 C4
Als DK 122 B2
Alsdorf DE 61 E2
Alsen S 112 A2
Alsfeld DE 62 B2
Alsleben DE 57 E4
Alstahaug N 107 D3
Alston GB 9 E4
Alt Ruppin DE 51 E4
Alta N 105 D2
Altamura I 81 D3
Altastenberg DE 62 A1
Altaussee A 68 B2
Altavilla Milicia I 84 B2
Altdöbern DE 58 A3
Altdorf CH 66 B4
Altdorf b. Nürnberg DE 63 E4
Altea E 49 F1
Altedo I 76 A1
Altena DE 61 F1
Altenahr DE 61 F2
Altenau DE 56 C4
Altenberg DE 64 A1
Altenberge DE 55 E4
Altenburg DE 63 E1
Altenholz DE 50 B2
Altenhundem DE 62 A1
Altenkirchen DE 51 F1
Altenkirchen i. Westerwald DE 61 F2
Altenmarkt A 68 A2
Altenmarkt a. d. Alz DE 67 F2
Altenmarkt bei Sankt Gallen A 68 C2
Altenstadt DE 66 C2
Altensteig DE 23 F2
Altentreptow DE 51 F3
Altenwalde DE 50 A3
Alter do Chão P 40 C3
Altglashütten DE 23 F3
Altheim A 68 A1
Althofen A 68 C3
Altkirch F 23 E4
Altlandsberg DE 57 F2
Altlengbach A 69 D1
Altmünster A 68 B2
Altnaharra GB 7 D3
Alton GB 14 B4
Altopascio I 75 F3
Altorricón E 38 A3
Altötting DE 67 F1
Altrincham GB 10 C3
Altsasu E 37 D1
Altshausen DE 66 C2
Altstätten CH 66 C3
Altura E 43 F3
Altweilnau DE 62 A2
Altzola E 37 D1
Alustante E 43 E1
Alva GB 9 D2
Alvaiázere P 40 B2
Alvalade P 46 A1
Alvdal N 111 D3
Älvdalen S 112 A4
Alverca do Ribatejo P 40 A3
Alvesta S 123 E2
Alvignac F 29 E1
Ålvik N 116 B1
Alvito P 40 B4
Älvkarleby S 119 E1
Alvor P 46 A2
Älvros S 112 B3
Älvsbyn S 108 B3
Alyth GB 9 D1
Alytus LT 124 B4
Alzenau DE 62 B3
Alzey DE 62 A3
Alzira E 43 F4
Alzon F 30 A2
Alzonne F 29 F3
Amadora P 40 A3
Åmål S 118 B2
Amalfi I 80 A3
Amaliáda GR 96 B1
Amaliápoli GR 93 F1
Amálo GR 99 E1
Amance F 23 D4
Amancey F 27 D1
Amandola I 77 D4
Amantea I 83 E2
Amárandos GR 87 D3
Amárandos GR 93 D1
Amarante P 34 C3
Amareleja P 46 C1
Amares P 34 B3
Amargeti CY 138 A3
Amárinthos GR 94 B3
Amathous CY 138 C4
Amatrice I 77 D4
Amay B 17 F2
Ambarès-et-Lagrave F 24 C4
Ambasaguas E 33 E3
Ambazac F 25 E3
Ambelákia GR 91 E1
Ambelákia GR 88 A4
Ambelía GR 93 E1
Ambelikó GR 95 F2
Ambelióna GR 96 C2
Ambelónas GR 88 A4
Amberg DE 63 E3
Ambérieu-en-Bugey F 27 D3
Ambert F 26 B3
Ambès F 24 C4
Ambierle F 26 B2
Amble GB 9 F4
Ambleside GB 10 C1
Amboise F 21 D4
Ambra I 76 B3
Ambrières-les-Vallées F 19 F3
Ameixial P 46 B2
Amelia I 79 D1
Amélie-les-Bains-Palalda F 29 F4
Amelinghausen DE 50 C4
Amer E 39 D3
Amerongen NL 54 C4
Amersfoort NL 54 C3
Amersham GB 14 B3
Amesbury GB 13 F2
Amfiaraío GR 94 A4
Amfiklia GR 93 E3
Amfilohía GR 92 B2
Amfípoli GR 88 C2
Amfissa GR 93 E3
Amiens F 16 C3
Amigdaleónas GR 89 D1
Amigdaliá GR 93 D3
Amilly F 21 F3
Amíndeo GR 87 E2
Åmli N 116 C2
Amlwch GB 3 F4
Ammanford / Rhydaman GB 12 C1
Ämmänsaari FIN 115 E1
Ammarnäs S 107 F3
Ammochostos / Gazimağusa CY 139 E3
Ammochostos Bay CY 139 E2
Amohóri GR 87 E2
Amolianí GR 89 D3
Amolianí (Nissí) GR 89 D3
Amorbach DE 62 B3
Amorebieta E 37 D1
Amorgós GR 99 D3
Amorgós (Nissí) GR 99 D3
Amório GR 91 E1
Åmot S 112 C4
Åmot N 116 C2
Åmot N 117 D1
Åmotfors S 118 B2
Amótopos GR 92 B1
Amou F 28 B3
Amoudára (Iráklio) GR 101 D4
Amoudára (Lassíthi) GR 101 E4
Ampelikou CY 138 B3
Ampezzo I 68 A4
Ampfing DE 67 F1
Amphion-les-Bains F 27 E2
Amplepuis F 26 B3
Amposta E 44 B1
Ampthill GB 14 B2
Ampudia E 36 A3
Ampuero E 36 C1
Amriswil CH 66 C3
Amsele S 113 D1
Amstelveen NL 54 B3
Amsterdam NL 54 B3
Amstetten A 68 C1
Amurrio E 36 C1
Amusco E 33 F4
Amvrossía GR 89 F1
Åna Sira N 116 A3
Anadia P 40 B1
Anáfi GR 99 D4
Anáfi (Nissí) GR 99 D4
Anafonítria GR 92 A4
Anafotida CY 139 D3
Anagni I 79 E2
Análipsi GR 99 E4
Análipsi GR 93 F3
Análipsis GR 96 C2
Anan'ïv UA 127 E3
Anaráhi GR 87 E2
Anárgiri GR 87 E2
Anarita CY 138 A4
Anascaul IRL 4 A3
Änäset S 113 E1
Anatolí GR 101 E4
Anatolí GR 88 A4
Anatolikó GR 87 E2
Anávatos GR 95 F3
Anávissos GR 98 A1
Anávra (Kardítsa) GR 93 D1
Anávra (Magnissía) GR 93 E2
Ancenis F 19 E4
Ancerville F 22 B2
Anchuras E 42 A3
Ancona I 77 D3
Ancy-le-Franc F 22 A4
Anda N 110 B3
Andalo I 71 F3
Åndalsnes N 110 C3
Andartikó GR 87 E2
Andebu N 117 D2
Andelot F 22 C3
Andenes N 104 A3
Andenne B 17 F2
Anderlues B 17 E2
Andermatt CH 66 B4
Andernach DE 61 F2
Andernos-les-Bains F 28 B1
Anderstorp S 123 E1
Andígonos GR 87 F2
Andikira GR 93 E3
Andikíthira (Nissí) GR 100 A2
Andimáhia GR 103 D1
Andímilos (Nissí) GR 98 A3
Andíparos GR 98 C3
Andíparos (Nissí) GR 98 C3
Andípaxi (Nissí) GR 92 A1
Andípsara (Nissí) GR 95 E3
Andírio GR 92 C3
Ándissa GR 95 E1
Andoain E 28 A3
Andorno Micca I 70 C4
Andorra E 44 A1
Andosilla E 28 A4
Andover GB 13 F2
Andratx E 45 D3
Andravída GR 92 B4
Andretta I 80 B3
Andrézieux-Bouthéon F 26 B3
Andria I 80 C2
Andrijevica SCG 136 B2
Andrítsena GR 96 C1
Ándros GR 98 C1
Ándros (Nissí) GR 94 C4
Androússa GR 96 C2
Andselv N 104 B3
Andújar E 48 A1
Anduze F 30 B2
Aneby S 118 C4
Anet F 21 D2
Angáli GR 94 A2
Angastina CY 139 D2
Ånge (Jämtland) S 112 A2
Ånge (Västernorrland) S 112 B3
Angeja P 34 B4
Ängelholm S 123 D2
Angeli FIN 105 E3
Angelohóri GR 87 F2
Angelókastro GR 92 C3
Angelókastro GR 97 E1
Anger A 69 D2
Angera I 71 D4
Angermünde DE 52 A4
Angern a. d. March A 65 E4
Angers F 19 F4
Angerville F 21 E3
Anghiari I 76 B3
Angístri GR 97 F1
Angístri (Nissí) GR 97 F1
Angistro GR 88 C1
Angítis GR 89 D1
Anglès E 39 D3
Anglès F 29 F3
Angles-sur-l'Anglin F 25 D2
Anglesola E 38 B4
Anglet F 28 A3
Anglisides CY 139 D3
Anglure F 22 A2
Angoulême F 24 C3
Angri I 80 A3
Angüés E 38 A3
Anguiano E 36 C2
Anguillara Veneta I 72 B4
Aniane F 30 B2
Aniche F 17 D3
Ánixi GR 87 E4
Anizy-le-Château F 17 D4
Anjalankoski FIN 121 E3
Anjum NL 55 D1
Ankaran SLO 130 A3
Ankarsrum S 119 D4
Anklam DE 51 F3
Ankum DE 55 E3
Ånn S 112 A2
Annaberg-Buchholz DE 63 F1
Annaberg im Lammertal A 68 C1
Annaburg DE 57 F3
Annan GB 9 D4
Anndalsvågen N 107 D3
Annecy F 27 D3
Annemasse F 27 D2
Annevoie-Rouillon B 17 F3
Annonay F 26 C4
Annone Veneto I 72 B3
Annot F 31 E2
Annweiler DE 23 F1
Anógia GR 101 D3
Anógia GR 97 D3
Anogyra CY 138 B4
Anópoli GR 100 B4
Añover de Tajo E 42 B2
Ansbach DE 63 D4
Anse F 26 C3
Ansedonia I 78 C1
Ansião P 40 B2
Ansnes N 111 D1
Ansó E 28 B4
Anstruther GB 9 E2
Antas E 49 D3
Antegnate I 71 E4
Antemil E 32 B2
Antequera E 47 F3
Anterselva di Mezzo / Antholz Mittertal I 67 F4
Anthí GR 88 C1
Ánthia GR 91 D2
Anthíli GR 93 E2
Anthótopos GR 93 E1
Antibes F 31 F2
Antnäs S 108 B3
Antraigues-sur-Volane F 30 B1
Antrain F 19 E3
Antrim GB 3 E2
Antrodoco I 79 E1
Anttola FIN 121 E2
Antwerpen B 17 E1
Anzano di Puglia I 80 B2
Anzio I 79 E2
Anzola d'Ossola I 70 C3
Anzy-le-Duc F 26 B2
Aoiz E 28 A4
Aosta / Aoste I 27 F3
Apatin SCG 132 A2
Apatovac HR 131 D2
Apecchio I 76 B3
Apeldoorn NL 54 C3
Apen DE 55 E2
Apéri GR 103 D4
Aphrodisias TR 129 F4
Apidiá GR 97 D3
Apíkia GR 98 C1
Apíranthos GR 99 D2
Apolakiá GR 103 E2
Apolda DE 63 E1
Apollon Ylatis (Sanctuary of) CY 138 B4
Apólonas GR 99 D2
Apolonía GR 98 B3
Apolonía GR 88 C2
Apóstoli GR 100 C3
Apostolos Andreas (Cape) CY 139 F1
Apostolos Andreas (Karpasia) CY 139 F1
Apostolos Varnavas CY 139 E3
Apostolove UA 127 F3
Äppelbo S 118 C1
Appenweier DE 23 F2
Appenzell CH 66 C3
Appiano s. str. d. vino / Eppan I 67 E4
Appingedam NL 55 D1
Appleby GB 10 C1
Aprica I 71 E3
Apricena I 80 B1
Aprilia I 79 E2
Ápsalos GR 87 F1
Apt F 31 D2
Apta N 116 B3
Áptera GR 100 B3
Aquileia I 72 C3
Arabba I 67 F4
Aracena E 47 D1
Aračinovo MK 137 E3
Arad RO 126 B4
Arádena GR 100 B4
Aradippou CY 139 D3
Aragona I 84 C3
Aráhova (Etolía-Akarnanía) GR 93 D3
Aráhova (Viotía) GR 93 E3
Aramits F 28 B3
Aranda de Duero E 36 B3
Aranđelovac SCG 133 D4
Aranjuez E 42 B2
Arantzazu E 37 D1
Aras de los Olmos E 43 F2
Arasluokta S 107 F1
Arasvika N 110 C2
Áratos GR 91 D2
Aravaca E 42 B1
Aravissós GR 88 A2
Áraxos GR 92 C4
Arazede P 40 B1
Arbatax I 82 C3
Arbeca E 38 B4
Arbesbach A 64 C4
Arboga S 119 D2
Arbois F 27 D1
Arbon CH 66 C3
Arborea (Località) I 82 A3
Arborio I 70 C4
Arbrå S 112 B4
Arbroath GB 9 E1
Arbúcies E 39 D3
Arbus I 82 B3
Arc-en-Barrois F 22 B3
Arcachon F 28 B1
Arce I 79 F2
Arcen NL 61 E1
Arcevia I 76 C3
Archena E 49 E1
Archiac F 24 C3
Archidona E 48 A3
Arcidosso I 76 B4
Arcis-sur-Aube F 22 A3
Arco I 71 F3
Arco de Baulhe P 34 C3
Arcos E 36 B2
Arcos de Jalón E 37 D4
Arcos de la Frontera E 47 E3
Arcos de Valdevez P 32 A4
Arcusa E 38 A3
Arcyz UA 127 E4
Ardales E 47 F3
Årdalstangen N 110 C4
Ardánio GR 91 E2
Ardara IRL 2 C2
Ardberg GB 8 A3
Ardee / Baile Átha Fhirdhia IRL 3 D3
Ardentes F 25 E1
Ardentinny GB 8 B2
Ardes F 26 A4
Ardez CH 67 D4
Ardglass GB 3 E3
Ardisa E 37 F3
Ardlussa GB 8 B2
Ardmore / Aird Mhór IRL 5 D3
Ardrahan IRL 2 B4
Ardres F 15 E4
Ardrishaig GB 8 B2
Ardrossan GB 3 F1
Arduaine GB 8 B2
Ardvasar GB 6 B4
Åre S 112 A2
Areeta E 36 C1
Arenas de Cabrales E 33 F3
Arenas de Iguiña E 36 B1
Arenas de San Juan E 42 B3
Arenas de San Pedro E 41 F2
Arendal N 116 C3
Arendonk B 17 F1
Arendsee DE 51 D4
Arenys de Mar E 39 D4
Arenzano I 75 D2
Areópoli GR 97 D3
Arès F 28 B1
Ares E 32 B2
Ares N 116 A2
Aréthoussa GR 88 C2
Aretí GR 88 B2
Arévalo E 36 A4
Arez P 40 C2
Arezzo I 76 B3
Arfará GR 96 C2
Argaka CY 138 A3
Argaki CY 138 C2
Argalastí GR 93 F1
Argamasilla de Alba E 42 C4
Argamasilla de Calatrava E 42 B4
Arganda del Rey E 42 C2
Arganil P 40 C1
Argássi GR 96 A1
Argelès-Gazost F 28 C4
Argelès-sur-Mer F 30 A4
Argent-sur-Sauldre F 21 E4
Argenta I 76 B1
Argentan F 20 C2
Argentat F 25 F4
Argente E 43 F1
Argentière F 27 E3
Argenton-Château F 24 C1
Argenton-sur-Creuse F 25 E2
Argentona E 39 D4
Argentré-du-Plessis F 19 E3
Arginónda GR 99 F2
Argirádes GR 86 B4
Argiró GR 94 B4
Argiropoúlio GR 88 A4
Argiroúpoli GR 100 B3
Argithéa GR 92 C1
Árgos GR 97 D1
Árgos Orestikó GR 87 E2
Argostóli GR 92 A4
Arguedas E 37 E3
Argueil F 16 B4
Arguellite E 48 C1
Arguis E 37 F3
Arh. Kleonés GR 97 D1
Arh. Neméa GR 97 D1
Arhánes GR 101 D3
Arhángelos GR 103 F2
Arhángelos GR 88 A1
Arhéa Epídavros GR 97 E1
Arhéa Kórinthos GR 93 F4
Arhéa Olympía GR 96 B1
Arhéa Thíra GR 99 D4
Århus DK 122 B2
Arianá GR 91 D2
Ariano Irpino I 80 B2
Ariano nel Polesine I 76 B1
Aribe E 28 B4
Aridéa GR 87 F1
Arija E 36 B1
Arild S 123 D2
Arilje SCG 136 B1
Arinagour GB 8 A1
Aríni GR 96 B1
Ariño E 43 F1
Arinthod F 27 D2
Arisaig GB 8 B1
Arísti GR 87 D4
Aristoménis GR 96 C2
Arísvi GR 91 D2
Aritzo I 82 B3
Ariza E 37 D4
Årjäng S 118 B2
Arjeplog S 108 A3
Arjona E 48 A1
Arkádi GR 100 C3
Arkalohóri GR 101 D4
Arkássa GR 103 D4
Arkessíni GR 99 D3
Arkí (Nissí) GR 99 F2
Arkítsa GR 93 F2
Arklow / An tInbhear Mór IRL 5 E2
Arkoúdi (Nissí) GR 92 A3
Arlanc F 26 B4
Arlanda S 119 E2
Arlanzón E 36 C2
Arlempdes F 26 B4
Arles F 30 C2
Arles-sur-Tech F 29 F4
Arlesheim CH 23 E4
Arlon B 22 C1
Arma di Taggia I 74 C3
Armação de Pêra P 46 A2
Armadale GB 9 D2
Armagh GB 3 D3
Armamar P 34 C4
Arméni GR 100 C3
Armenií GR 96 B2
Armenistís GR 99 E1
Armentières F 15 F4
Armilla E 48 B3
Armólia GR 95 F4
Arna GR 97 D3
Arnac-Pompadour F 25 E4
Arnaoutis (Cape) CY 138 A3
Arnay-le-Duc F 26 B1
Arnéa GR 88 C2
Arneburg DE 57 E2
Arnedillo E 37 D3
Arnedo E 37 D3

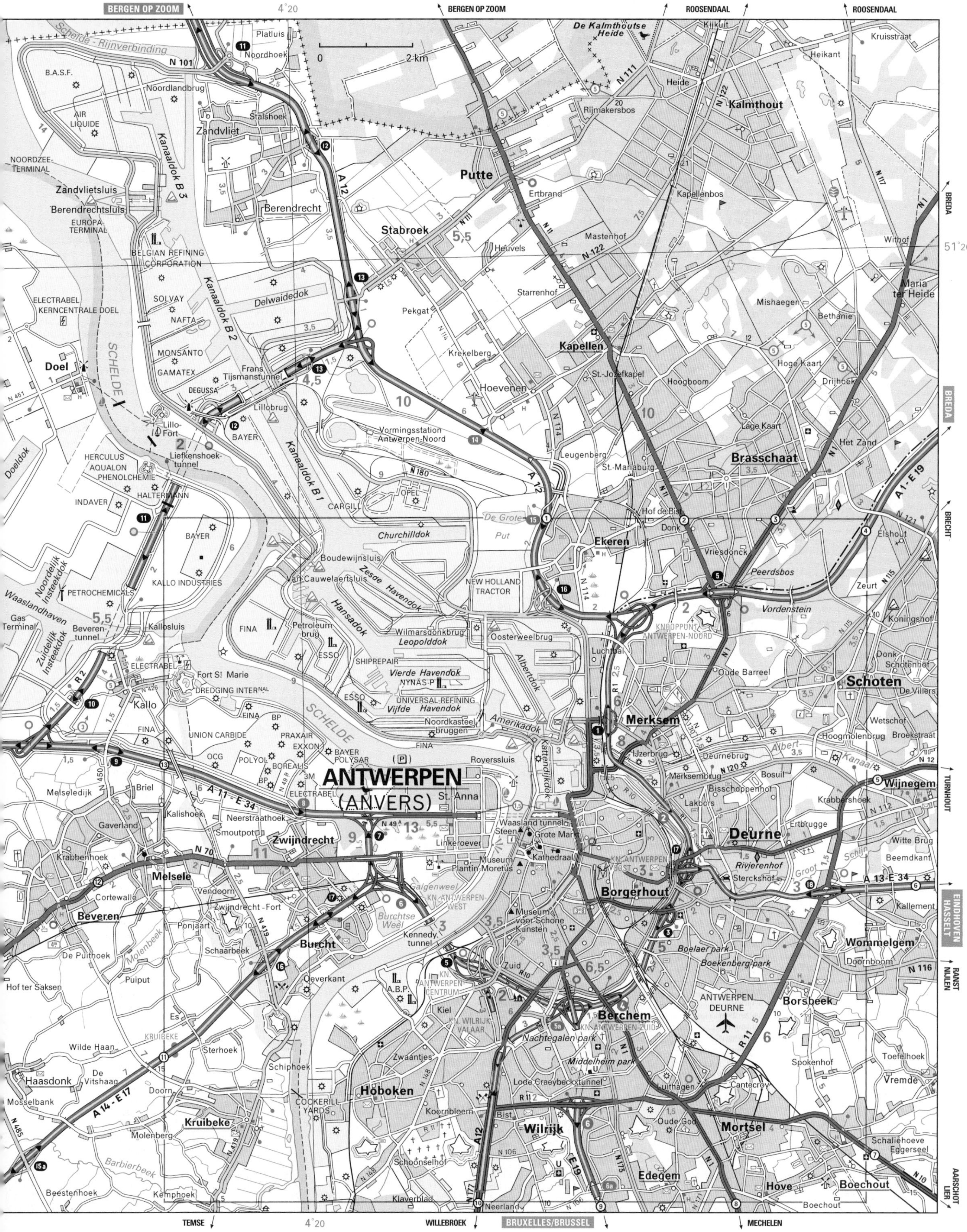
BERGEN OP ZOOM
4°20
BERGEN OP ZOOM
ROOSENDAAL
ROOSENDAAL
BREDA
51°20
BREDA
BRECHT
TURNHOUT
EINDHOVEN HASSELT
RANST NIJLEN
AARSCHOT LIER
TEMSE
4°20
WILLEBROEK
BRUXELLES/BRUSSEL
MECHELEN
0
2 km
De Kalmthoutse Heide
Kalmthout
Putte
Stabroek
Zandvliet
Berendrecht
Kapellen
Brasschaat
Ekeren
Schoten
Merksem
Deurne
ANTWERPEN
(ANVERS)
Zwijndrecht
Melsele
Beveren
Kallo
Doel
Burcht
Borgerhout
Berchem
Hoboken
Wilrijk
Mortsel
Edegem
Hove
Boechout
Wommelgem
Borsbeek
Kruibeke
Haasdonk
Wijnegem
SCHELDE
Delwaidedok
Churchilldok
Hansadok
Leopolddok
Albertdok
Amerikadok
Kanaaldok B1
Kanaaldok B2
Kanaaldok B3
Albert-Kanaal
ANTWERPEN DEURNE

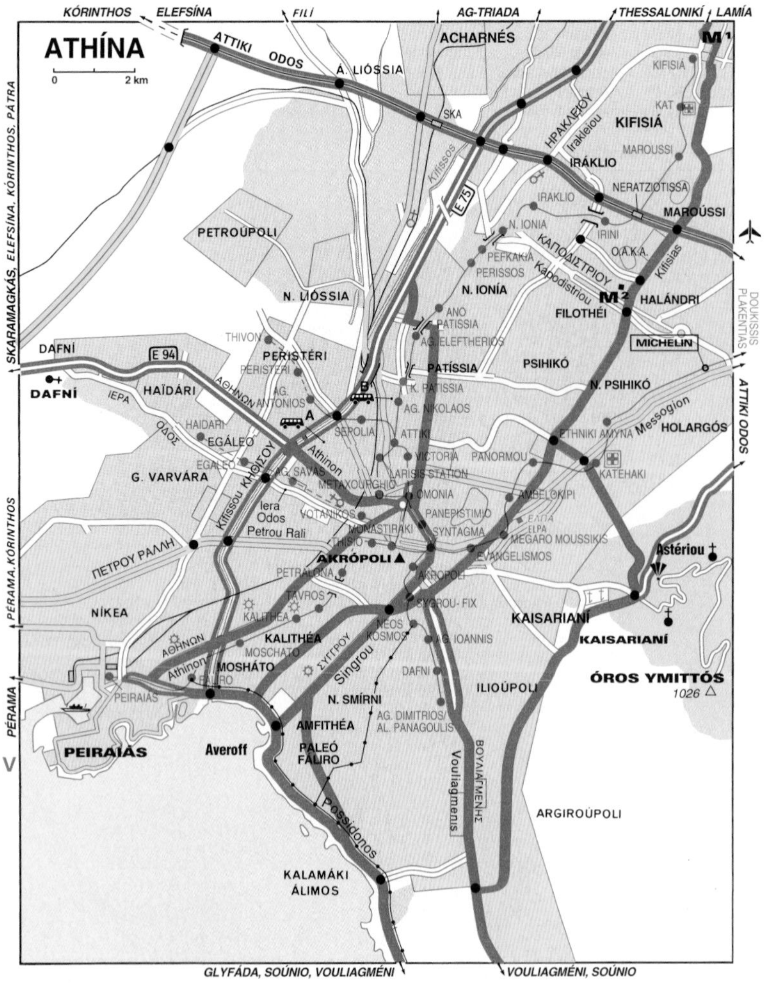

Arroba de los Montes E 42 A3
Arrochar GB 8 C2
Arromanches-les-Bains F 19 F1
Arronches P 40 C3
Arroyo de la Luz E 41 D3
Arroyo de San Serván E 41 D4
Arroyo del Ojanco E 48 C1
Arroyomolinos de Léon E 47 D1
Arroyomolinos de Montánchez E 41 E3
Arruda dos Vinhos P 40 A3
Års DK 122 B1
Ars-en-Ré F 24 A2
Ars-sur-Moselle F 22 C2
Arsié I 72 A3
Arsiero I 72 A3
Arskógssandur IS 106 B1
Arsos (Lemesos) CY 138 B3
Arsos (Lysi) CY 139 D3
Årsunda S 119 E1
Arsy F 16 C4
Artà E 45 E3
Árta GR 92 B1
Arta Terme I 68 A4
Artajona E 28 A4
Artea E 37 D1
Artemissía GR 96 C2
Artemíssio GR 93 F2
Artemónas GR 98 B3
Artena I 79 E2
Artenay F 21 E3
Artern DE 57 D4
Artés E 38 C3
Artesa de Segre E 38 B3
Artessianó GR 93 D1
Arth DE 67 F1
Arth CH 66 B4
Arthurstown IRL 5 E3
Arties E 29 D4
Artjärvi FIN 121 D3
Artotína GR 93 D3
Artziniega E 36 C1
Arudy F 28 C3
Arundel GB 14 B4
Árvi GR 101 E4
Arvidsjaur S 108 A3
Årvik N 110 B3
Arvika S 118 B2
Årviksand N 104 C2
Arzachena I 78 A3
Arzacq-Arraziguet F 28 C3
Arzano F 18 C3
Arzberg DE 63 E2
Arzignano I 72 A4
Árzos GR 91 E1
Arzúa E 32 B3
Aš CZ 63 E2
As B 17 F1
Åsa S 118 B4
Asamati MK 87 D1
Åsarna S 112 A3
Åsarp S 118 C4
Ascain F 28 A3
Ascha DE 63 F4
Aschach an der Donau A 68 B1
Aschaffenburg DE 62 B3
Aschau i. Chiemgau DE 67 F2
Aschbach-Markt A 68 C1
Ascheberg DE 50 C2
Ascheberg DE 55 E4
Aschendorf (Ems) DE 55 E2
Aschersleben DE 57 D4
Asciano I 76 B4
Ascó E 38 B4
Asco F 78 A3
Ascoli Piceno I 77 D4
Ascoli Satriano I 80 B2
Ascona CH 71 D3
Åse N 104 A3
Åseda S 123 F1
Åsele S 112 C1
Åsen N 111 E1
Asenovgrad BG 129 D2
Åseral N 116 B3
Asfáka GR 87 D4
Asfeld F 17 E4
Åsgårdstrand N 117 D2
Asgata CY 138 C4
Ashbourne GB 11 D3
Ashbourne IRL 3 D4
Ashburton GB 13 D3
Ashby de la Zouch GB 11 D4
Ashford GB 15 D4
Ashington GB 9 F4
Ashton-under-Lyne GB 11 D3
Asiago I 72 A3
Asikkala FIN 121 D3
Asín E 37 F3
Asinou CY 138 B3
Asipovičy BY 125 D4
Ask N 117 D1
Askainen FIN 120 B4
Askeaton IRL 4 C2
Askeia CY 139 D3
Askersund S 119 D3
Askífou GR 100 B3
Askim N 117 D2
Asklipío GR 103 D1
Asklipío GR 103 F2
Askola FIN 121 D3
Askós GR 88 C2
Askvoll N 110 A3
Asmunti FIN 109 E3
Asola I 71 F4
Asolo I 72 A3
Asomatos CY 138 C2
Aspang Markt A 69 D2
Aspatria GB 9 D4
Aspe E 49 F1
Asperg DE 66 B1
Aspet F 29 D4
Áspra Spítia GR 93 E3
Áspro GR 87 F2
Aspro (Cape) CY 138 B4
Aspróhoma GR 96 C2
Asprokremmos Dam CY 138 A4
Asprópirgos GR 94 A4
Asprovalta GR 88 C2
Asse B 17 E2
Assemini I 82 B4
Assen NL 55 D2
Assens DK 122 B3
Assergi I 79 E1
Assíni GR 97 E1
Assisi I 76 C4
Assmannshausen DE 62 A3
Assopía GR 94 A4
Assopós GR 97 E3
Ássos (Kefaloniá) GR 92 A3
Ássos (Préveza) GR 92 B1
Astaffort F 29 D2
Astakída (Nissí) GR 102 C3
Astakós GR 92 B3
Asten A 68 B1
Asti I 74 C1
Astipálea GR 99 E4
Astipálea (Nissí) GR 99 E4
Astorga E 33 D4
Åstorp S 123 D2
Astromeritis CY 138 C3
Ástros GR 97 D2
Astudillo E 36 B2
Asvestádes GR 91 E1
Asvestohóri GR 87 D4
Asvestópetra GR 87 E2
Atalándi GR 93 F3
Atáli GR 94 A3
Ataquines E 36 A4
Atarfe E 48 A3
Ateca E 37 E4
Atella I 80 C3
Atessa I 80 A1
Ath B 17 D2
Athamánio GR 92 C1
Athánio GR 92 A3
Athboy IRL 3 D4
Athenry / Baile Átha an Rí IRL 2 B4
Atherstone GB 11 D4
Athienou CY 139 D3
Athína GR 94 A4
Áthira GR 88 A2
Athlone / Baile Átha Luain IRL 2 C4
Áthos GR 89 D3
Athy / Baile Átha Í IRL 5 E2
Atienza E 36 C4
Atina I 79 F2
Atios E 32 B2
Átokos (Nissí) GR 92 B3
Atouguia da Baleia P 40 A2
Ätran S 123 D1
Atri I 77 E4
Atsikí GR 89 F4
Atsítsa GR 94 C2
Attendorn DE 62 A1
Attersee A 68 A2
Attigliano I 79 D1
Attigny F 17 E4
Attleborough GB 15 D1
Attnang-Puchheim A 68 B1
Åtvidaberg S 119 D4
Atzeneta del Maestrat E 44 A2
Au DE 67 E1
Aub DE 62 C3
Aubagne F 31 D3
Aubange B 22 C1
Aubenas F 30 B1
Aubenton F 17 E3
Aubergenville F 21 E2
Auberive F 22 B4
Aubeterre-sur-Dronne F 24 C4
Aubigny-sur-Nère F 21 E4
Aubin F 29 F1
Aubonne CH 27 E2
Aubrac F 30 A1
Aubusson F 25 F3
Auch F 29 D2
Auchencairn GB 8 C4
Auchterarder GB 9 D2
Auchtermuchty GB 9 D2
Audenge F 28 B1
Audeux F 27 D1
Audierne F 18 A3
Audincourt F 23 D4
Audlem GB 10 C3
Audruicq F 15 E4
Audun-le-Roman F 22 C1
Audun-le-Tiche F 22 C1
Aue DE 63 F1
Auerbach DE 63 F2
Auerbach i. d. Oberpfalz DE 63 E3
Auffach A 67 F3
Aughnacloy GB 3 D2
Aughrim IRL 5 E2
Augsburg DE 67 D1
Augusta I 85 E3
Augustenborg DK 122 B3
Augustów PL 124 B4
Augustusburg DE 63 F1
Aukan N 110 C2
Aukra N 110 C2
Auletta I 80 B3
Aulla I 75 E2
Aullène F 78 A4
Aulnay F 24 C3
Aulnoye-Aymeries F 17 D3
Ault F 16 B3
Aulus-les-Bains F 29 E4
Auma DE 63 E1
Aumale F 16 B4
Aumetz F 22 C1
Aumont-Aubrac F 30 A1
Aunay-sur-Odon F 19 F2
Auneau F 21 E3
Auneuil F 16 B4
Auning DK 122 C2
Aups F 31 E2
Aura FIN 120 B3
Auray F 18 C4
Aurdal N 111 D4
Aure N 110 C2
Aurec-sur-Loire F 26 B4
Aurich DE 55 E1
Aurignac F 29 D3
Aurillac F 25 F4
Auritz E 28 A3
Aurland N 110 B4
Auron F 31 F1
Auronzo di Cadore I 67 F4
Auros F 28 C1
Ausonia I 79 F2
Aussa-Corno I 72 C3
Außernbrünst DE 64 A4
Austbygd N 116 C1
Auterive F 29 E3
Authon-du-Perche F 21 D3
Autol E 37 D3
Autrans F 27 D4
Autrey-lès-Gray F 22 C4
Autti FIN 109 E2
Auttoinen FIN 121 D3
Autun F 26 B1
Auvillar F 29 D2
Auxerre F 22 A4
Auxi-le-Château F 16 C3
Auxonne F 27 D1
Auzances F 25 F3
Auzon F 26 A4
Availles-Limouzine F 25 D2
Avaldsnes N 116 A2
Avallon F 22 A4
Avándas GR 91 D2
Avaviken S 108 A3
Avdimou CY 138 B4
Ávdira GR 90 C2
Avebury GB 13 F2
Aveiras de Cima P 40 A3
Aveiro P 34 B4
Avellino I 80 A3
Aversa I 80 A3
Avesnes-le-Comte F 16 C3
Avesnes-sur-Helpe F 17 E3
Avesta S 119 D1
Avetrana I 81 E3
Avezzano I 79 E1
Avgerinós GR 87 E3
Avgorou CY 139 D3
Avía GR 96 C3
Aviano I 72 B3
Aviemore GB 7 D4
Avigliana I 27 F4
Avigliano I 80 C3
Avignon F 30 C2
Ávila E 42 A1
Avilés E 33 E2
Avintes P 34 B4
Avión E 32 B4
Avioth F 17 F4
Avis P 40 C3
Avize F 22 A2
Avlákia GR 99 F1
Avlémonas GR 97 E4
Avlés GR 87 F3
Avlí GR 89 D2
Avliótes GR 86 B4
Avlóna GR 94 A4
Avlona CY 138 C3
Avlum DK 122 B2
Avola I 85 E4
Avonmouth GB 13 E2
Avord F 25 F1
Avoriaz F 27 E2
Ávra GR 91 D2
Avranches F 19 E2
Avtovac BIH 136 A2
Ax-les-Thermes F 29 E4
Axams A 67 E3
Axat F 29 F4
Axiohóri GR 88 A2
Axioúpoli GR 88 A1
Axminster GB 13 D3
Axós GR 100 C3
Ay F 22 A2
Ayamonte E 46 B2
Aydın TR 129 F4
Ayerbe E 37 F3
Aylesbury GB 14 B2
Ayllón E 36 C4
Aylsham GB 15 D1
Ayna E 49 D1
Ayora E 43 F4
Ayr GB 3 F1
Ayvacık TR 129 E4
Ayvalık TR 129 E4
Aywaille B 17 F2
Azaila E 37 F4
Azambuja P 40 A3
Azanja SCG 133 D3
Azaruja P 40 C4
Azay-le-Ferron F 25 E1
Azay-le-Rideau F 25 D1
Azinheira dos Barros P 46 A1
Azkoitia E 37 D1
Aznalcázar E 47 D2
Aznalcóllar E 47 D2
Azpeitia E 37 D1
Azuaga E 47 E1
Azuara E 37 F4
Azuel E 48 A1
Azuqueca de Henares E 42 C1
Azzano Decimo I 72 B3

B

Baad A 67 D3
Baal DE 61 E1
Baamonde E 32 C2
Baarle-Nassau B 17 F1
Baarn NL 54 C3
Babadag RO 129 F1
Babajevo RUS 125 E1
Babelsberg DE 57 F2
Babenhausen DE 67 D2
Babenhausen DE 62 B3
Babin Kal SCG 137 E1
Babin Most SCG 137 D2
Babin Potok HR 131 D4
Babina Greda HR 132 A3
Babino Polje HR 135 F3
Babljak SCG 136 B2
Babrujsk BY 125 D4
Babušnica SCG 137 F1
Bač SCG 132 B2
Bacău RO 127 D4
Baccarat F 23 D3
Baceno I 70 C3
Bacharach DE 62 A3
Bachmač UA 127 F1
Bačina SCG 133 E4
Bačka Palanka SCG 132 B3
Bačka Topola SCG 132 B2
Bäckaskog S 123 E2
Backe S 112 C1
Bäckebo S 123 F2
Bäckefors S 118 B3
Bački Bred SCG 132 A2
Bački Brestovac SCG 132 B2
Bački Monoštor SCG 132 A2
Backnang DE 62 C4
Bačko Gradište SCG 132 C2
Bačko Novo Selo SCG 132 B3
Bačko Petrovo Selo SCG 132 C2
Bacoli I 80 A3
Bacqueville-en-Caux F 16 A3
Bad Aibling DE 67 F2
Bad Arolsen DE 56 B4
Bad Aussee A 68 B2
Bad Bentheim DE 55 E3
Bad Bergzabern DE 23 F1
Bad Berka DE 63 D1
Bad Berleburg DE 62 A1
Bad Berneck DE 63 E2
Bad Bertrich DE 61 F3
Bad Bevensen DE 50 C4
Bad Bibra DE 63 E1
Bad Blankenburg DE 63 D1
Bad Brambach DE 63 F2
Bad Bramstedt DE 50 B3
Bad Brückenau DE 62 C2
Bad Buchau DE 66 C2
Bad Camberg DE 62 A2
Bad Deutsch Altenburg A 69 E1
Bad Doberan DE 51 D2
Bad Driburg DE 56 B4
Bad Düben DE 57 F4
Bad Dürkheim DE 23 F1
Bad Dürrenberg DE 57 E4
Bad Dürrheim DE 23 F3
Bad Elster DE 63 E2
Bad Ems DE 62 A2
Bad Endorf DE 67 F2
Bad Essen DE 55 F3

Bad Frankenhausen *DE*.......57 D4
Bad Freienwalde *DE*...........52 A4
Bad Friedrichshall *DE*..........62 B4
Bad Gandersheim *DE*..........56 C4
Bad Gastein *A*.......................68 A3
Bad Gleichenberg *A*.............69 D3
Bad Godesberg *DE*..............61 F2
Bad Goisern *A*......................68 A2
Bad Gottleuba *DE*................64 A1
Bad Griesbach i. Rottal *DE*..68 A1
Bad Grund *DE*......................56 C4
Bad Hall *A*............................68 B1
Bad Harzburg *DE*..................56 C4
Bad Herrenalb *DE*.................23 F2
Bad Hersfeld *DE*...................62 C1
Bad Hofgastein *A*.................68 A3
Bad Homburg *DE*..................62 A2
Bad Honnef *DE*.....................61 F2
Bad Hönningen *DE*...............61 F2
Bad Iburg *DE*........................55 F3
Bad Ischl *A*............................68 A2
Bad Karlshafen *DE*...............56 B4
Bad Kissingen *DE*.................62 C2
Bad Kleinen *DE*....................51 D3
Bad Kleinkirchheim *A*..........68 B3
Bad König *DE*........................62 B3
Bad Königshofen *DE*............62 C2
Bad Kösen *DE*.......................63 E1
Bad Kreuznach *DE*...............62 A2
Bad Krozingen *DE*................23 E3
Bad Laasphe *DE*...................62 A1
Bad Langensalza *DE*............63 D1
Bad Lauchstädt *DE*...............57 E4
Bad Lausick *DE*.....................57 F4
Bad Lauterberg *DE*...............56 C4
Bad Leonfelden *A*................64 B4
Bad Liebenstein *DE*..............62 C1
Bad Liebenwerda *DE*............57 F4
Bad Liebenzell *DE*................23 F2
Bad Lippspringe *DE*.............55 F4
Bad Meinberg *DE*.................56 B4
Bad Mergentheim *DE*...........62 C4
Bad Mitterndorf *A*................68 B2
Bad Münder *DE*....................56 B3
Bad Münster a. Stein *DE*.....62 A3
Bad Münstereifel *DE*............61 E2
Bad Muskau *DE*....................58 B4
Bad Nauheim *DE*..................62 B2
Bad Nenndorf *DE*.................56 B3
Bad Neuenahr *DE*.................61 F2
Bad Neustadt *DE*..................62 C2
Bad Oeynhausen *DE*............55 F3
Bad Oldesloe *DE*..................50 C3
Bad Orb *DE*...........................62 B2
Bad Peterstal *DE*..................23 F2
Bad Pyrmont *DE*...................56 B3
Bad Radkersburg *A*..............69 D3
Bad Rappenau *DE*................62 B4
Bad Reichenhall *DE*.............68 A2
Bad Rippoldsau *DE*..............66 A1
Bad Rodach *DE*....................63 D2
Bad Rothenfelde *DE*.............55 F3
Bad Saarow *DE*....................58 A2
Bad Sachsa *DE*....................56 C4
Bad Säckingen *DE*................23 F4
Bad Salzdetfurth *DE*.............56 C3
Bad Salzschlirf *DE*...............62 B2
Bad Salzuflen *DE*.................55 F3
Bad Salzungen *DE*................62 C1
Bad Saulgau *DE*...................66 C2
Bad Schallerbach *A*.............68 B1
Bad Schandau *DE*................64 A1
Bad Schmiedeberg *DE*........57 F4
Bad Schönborn *DE*..............23 F1
Bad Schussenried *DE*..........66 C2
Bad Schwalbach *DE*.............62 A3
Bad Schwartau *DE*...............50 C3
Bad Segeberg *DE*.................50 C3
Bad Soden *DE*......................62 B2
Bad Soden am Taunus *DE*..62 A3
Bad Sooden-Allendorf *DE*...62 C1
Bad St Leonhard
im Lavanttal *A*..................68 C3
Bad Sulza *DE*........................63 E1
Bad Sülze *DE*........................51 E2
Bad Tatzmannsdorf *A*..........69 E2
Bad Tennstedt *DE*.................63 D1
Bad Tölz *DE*..........................67 E2
Bad Urach *DE*.......................66 C1
Bad Vilbel *DE*........................62 B2
Bad Vöslau *A*........................69 D1
Bad Waldsee *DE*...................66 C2
Bad Wiessee *DE*...................67 E2
Bad Wildungen *DE*................62 B1
Bad Wilsnack *DE*..................51 E4
Bad Wimpfen *DE*...................62 B4
Bad Windsheim *DE*...............63 D3
Bad Wörishofen *DE*..............67 D2
Bad Wurzach *DE*..................66 C2
Bad Zwischenahn *DE*...........55 E2
Badajoz *E*..............................41 D3
Badalona *E*............................39 D4
Baden *CH*..............................23 F4
Baden *A*.................................69 D1
Baden-Baden *DE*..................23 F2
Badenweiler *DE*....................23 E4
Baderna *HR*.........................130 A4
Badia Polesine *I*....................76 A1
Badia Tedalda *I*.....................76 B3
Badljevina *HR*.....................131 E3
Badolato *I*..............................83 E3
Badolatosa *E*.........................47 F2
Badonviller *F*.........................23 D2
Badovinci *SCG*....................132 B3
Badules *E*..............................37 E4
Baena *E*.................................48 A2
Baeza *E*.................................48 B1
Băga *E*...................................38 C3
Bâgé-le-Châtel *F*...................26 C2
Bagenalstown /
Muine Bheag *IRL*..................5 E2
Bagenkop *DK*.......................122 C4
Bagheria *I*..............................84 B2
Bagn *N*.................................111 D4
Bagnacavallo *I*......................76 B2
Bagnara Calabra *I*.................83 E4
Bagnères-de-Bigorre *F*.........28 C3
Bagnères-de-Luchon *F*.........29 D4
Bagni del Masino *I*.................71 E3
Bagni di Lucca *I*....................75 F2
Bagno a Ripoli *I*.....................76 A3
Bagno di Romagna *I*.............76 B3
Bagnoles-de-l'Orne *F*...........19 F2
Bagnoli del Trigno *I*..............80 A2
Bagnolo Mella *I*.....................71 E4
Bagnols-les-Bains *F*.............30 B1
Bagnols-sur-Cèze *F*..............30 C2
Bagnoregio *I*.........................76 B4
Bagolino *I*.............................71 F4
Bagrationovsk *RUS*.............124 A4
Bagrdan *SCG*......................133 E4
Baia Mare *RO*......................126 C4
Baia Sardinia *I*......................78 A3
Baiano *I*................................80 A3
Baião *P*..................................34 C4
Baiersbronn *DE*.....................23 F2
Baignes-Ste-Radegonde *F*...24 C4
Baigneux-les-Juifs *F*............22 B4
Băile Herculane *RO*............128 C1
Băile tuşnad *RO*..................127 D4
Bailén *E*.................................48 A1
Bailieborough /
Coill an Chollaigh *IRL*..........3 D3
Bailleul *F*...............................15 F4
Bain-de-Bretagne *F*..............19 E4
Bains-les-Bains *F*.................23 D3
Baio *E*....................................32 A2
Baiona *E*................................32 A4
Bais *F*.....................................19 F3
Baja *H*..................................128 B1
Bajgora *SCG*.......................137 D2
Bajina Bašta *SCG*...............132 C4
Bajmok *SCG*.......................132 B1
Bajša *SCG*...........................132 B2
Bakar *HR*.............................130 B3
Bakarac *HR*.........................130 B3
Bakewell *GB*..........................11 D3
Bakio *E*...................................37 D1
Bakkafjörður *IS*....................106 C1
Bakvattnet *S*........................112 A1
Bala *GB*..................................10 B3
Balaguer *E*.............................38 B3
Balanegra *E*...........................48 C3
Balaruc-les-Bains *F*..............30 B3
Balassagyarmat *H*..............126 A3
Balatonfüred *H*....................126 A4
Balatonlelle *H*......................126 A4
Balazote *E*.............................43 D4
Balbigny *F*.............................26 B3
Balbriggan /
Baile Brigín *IRL*....................3 E4
Balčik *BG*............................129 F1
Balderschwang *DE*................67 D3
Baldock *GB*............................14 C2
Bale *HR*...............................130 A4
Baleal *P*..................................40 A2
Baleizão *P*.............................46 B1
Balerma *E*..............................48 C3
Balestrand *N*........................110 B4
Balí *GR*................................100 C3
Balikesir *TR*.........................129 F3
Bälinge *S*.............................119 E2
Balingen *DE*...........................66 B2
Balivanich *GB*..........................6 A4
Ballachulish *GB*........................8 B1
Ballaghaderreen / Bealach an
Doirín *IRL*.............................2 B3
Ballangen *N*.........................104 A4
Ballantrae *GB*...........................3 F1
Ballao *I*...................................82 C3
Ballater *GB*...............................9 D1
Ballaugh *GB*.............................3 F3
Ballenstedt *DE*.......................57 D4
Balleroy *F*...............................19 F1
Ballerup *DK*.........................123 D3
Ballina /
Béal an Átha *IRL*..................2 B3
Ballinamore /
Béal an Átha Mhóir *IRL*.....2 C3
Ballinasloe / Béal Átha na
Sluaighe *IRL*........................2 B4
Ballingarry *IRL*........................5 D2
Ballinrobe /
Baile an Róba *IRL*...............2 B3
Ballintubber *IRL*.......................2 A3
Ballobar *E*..............................38 A4
Ballon *F*.................................20 C3

BARCELONA

Arnau d'Oms	**CS**	4
Berlín	**BT**	12
Bisbe Català	**AT**	13
Bonanova (Pas. de la)	**BT**	16
Borbó (Av. de)	**CS**	17
Carles III (Gran Via de)	**BT**	38
Constitució	**BT**	50
Creu Coberta	**BT**	53
Dalt (Travessera de)	**CS**	56
Doctor Pi i Molist	**CS**	65
Entença	**BT**	71
Estadi (Av. de l')	**BCT**	75
Fabra i Puig (Pas. de)	**CS**	77
Gavà	**BT**	84
Gran de Sant Andreu	**CS**	88
Guinardó (Ronda del)	**CS**	90
Josep Tarradellas (Av. de)	**BT**	102
Madrid (Av. de)	**BT**	110
Manuel Girona (Pas. de)	**BT**	112
Mare de Déu de Montserrat (Av. de la)	**CS**	113
Marina	**CT**	114
Marquès de Comillas (Av. del)	**BT**	115
Miramar (Av. de)	**CT**	119
Numància	**BT**	129
Pi i Margall	**CS**	138
Piferrer	**CS**	136
Poblenou (Rambla del)	**DT**	141
Príncep d'Astúries (Av. del)	**BT**	144
Pujades (Pas. de)	**CT**	145
Ramiro de Maeztu	**CS**	146
Ramon Albó	**CS**	147
Reina Elisenda de Montcada (Pas. de la)	**BT**	151
Reina Maria Cristina (Av. de la)	**BT**	152
Ribes (Carret.)	**CS**	154
Rio de Janeiro (Av. de)	**CS**	156
Sant Antoni (Ronda de)	**CT**	160
Sant Antoni Maria Claret	**CS**	162
Sant Gervasi (Pas. de)	**BS**	164
Sant Pau (Ronda de)	**CT**	174
Santa Coloma (Pas. de)	**CS**	186
Sardenya	**CT**	191
Tarragona	**BT**	194
Tibidabo (Av. del)	**BS**	196
Universitat (Pl. de la)	**CT**	198
Verdum (Pas. de)	**CS**	200

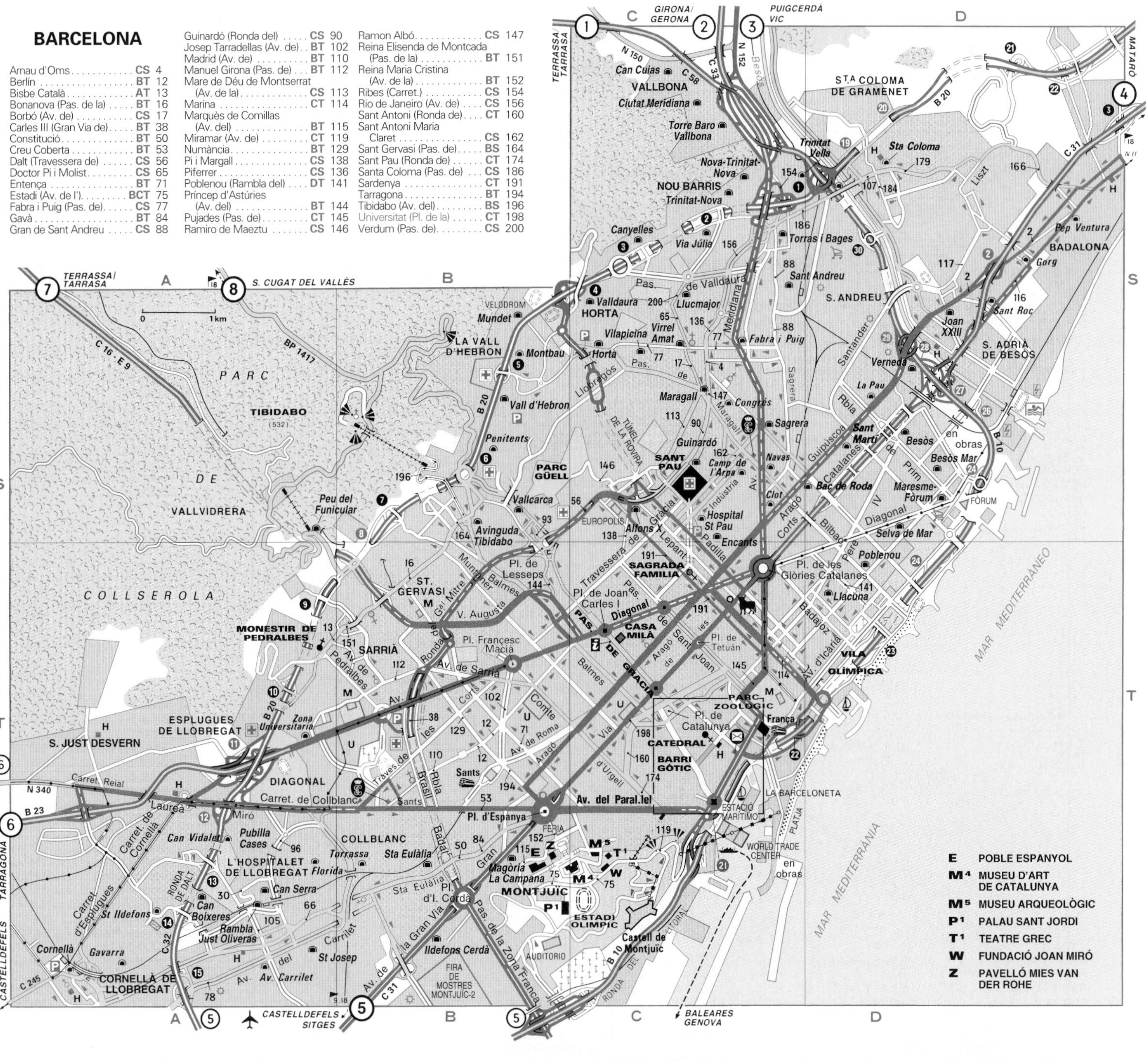

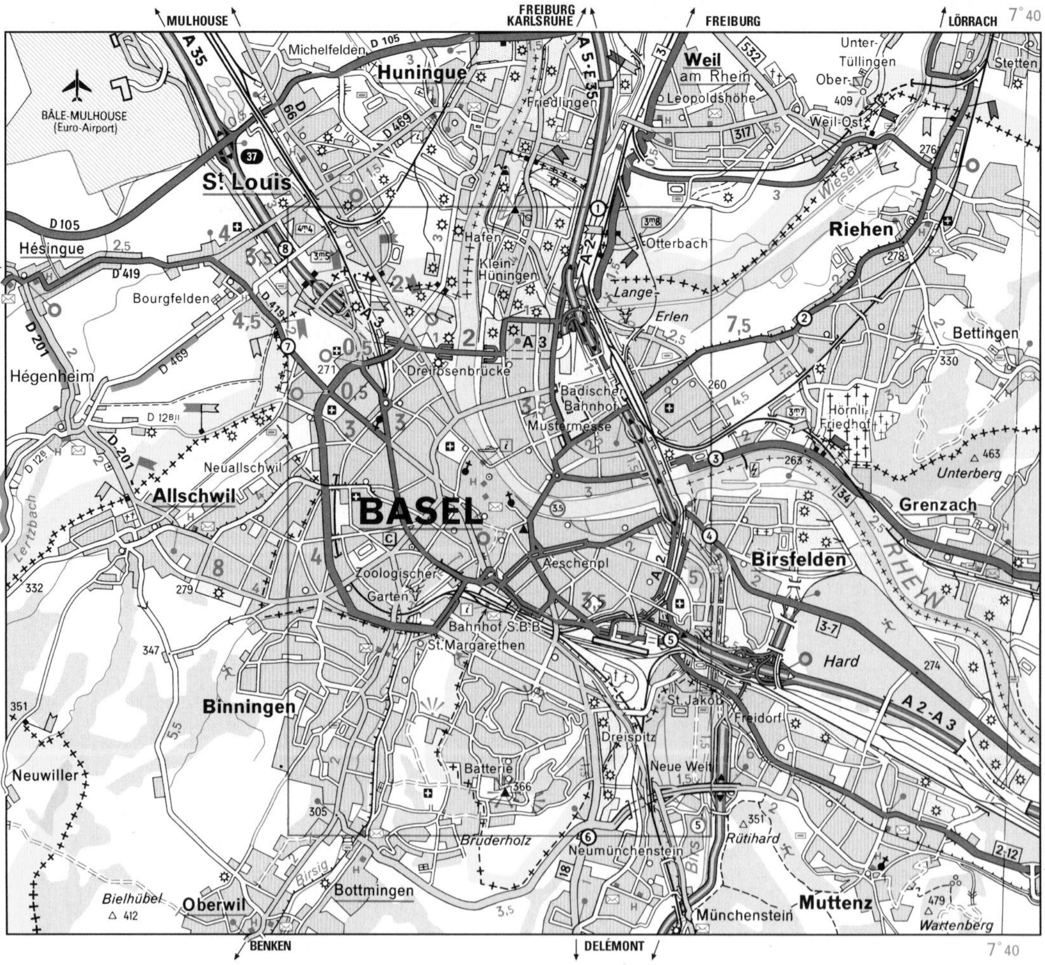
MULHOUSE
FREIBURG
KARLSRUHE
FREIBURG
LÖRRACH
7°40
BÂLE-MULHOUSE (Euro-Airport)
Michelfelden
Huningue
Weil am Rhein
Leopoldshöhe
Unter-Tüllingen
Ober-
Weil-Ost
Stetten
Friedlingen
St. Louis
Hésingue
Bourgfelden
Hégenheim
Hafen
Klein-Hüningen
Otterbach
Lange Erlen
Riehen
Bettingen
Dreirosenbrücke
Badischer Bahnhof
Mustermesse
Hörnli Friedhof
Unterberg
Grenzach
Neuallschwil
Allschwil
BASEL
Zoologischer Garten
Aeschenpl
Birsfelden
RHEIN
Hard
Bahnhof S.B.B.
St. Margarethen
St. Jakob
Freidorf
Binningen
Dreispitz
Neuwiller
Batterie
Neue Welt
Rütihard
Bruderholz
Neumünchenstein
Bielhübel
Oberwil
Bottmingen
Münchenstein
Muttenz
Wartenberg
MULHOUSE
BELFORT
WALDSHUT
ZÜRICH
BERN
ZÜRICH
BENKEN
DELÉMONT
7°40

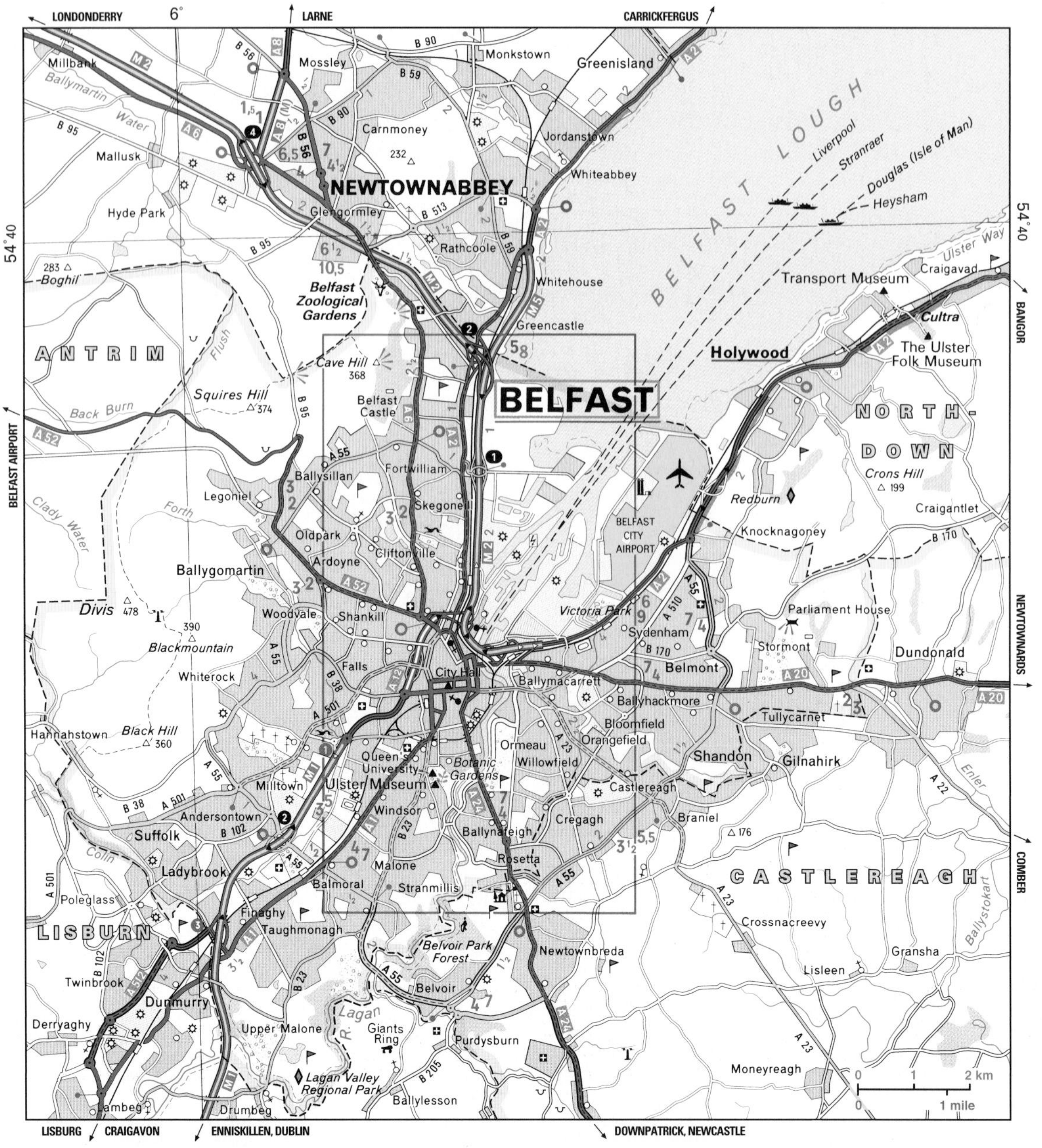
LONDONDERRY
6°
LARNE
CARRICKFERGUS
Millbank
Ballymartin Water
Mossley
Monkstown
Greenisland
Carnmoney
Jordanstown
Mallusk
Whiteabbey
NEWTOWNABBEY
BELFAST LOUGH
Liverpool
Stranraer
Douglas (Isle of Man)
Heysham
Hyde Park
Glengormley
Rathcoole
Whitehouse
54°40
Boghil
Belfast Zoological Gardens
Transport Museum
Craigavad
Ulster Way
Cultra
The Ulster Folk Museum
Greencastle
ANTRIM
Holywood
Cave Hill
Belfast Castle
BELFAST
NORTH-DOWN
Squires Hill
Back Burn
Fortwilliam
Ballysillan
Crons Hill
Legoniel
Skegoneill
Redburn
Clady Water
Oldpark
Cliftonville
BELFAST CITY AIRPORT
Craigantlet
Knocknagoney
Ardoyne
Ballygomartin
Divis
Blackmountain
Woodvale
Shankill
Victoria Park
Parliament House
Sydenham
Stormont
Dundonald
Falls
Whiterock
City Hall
Belmont
Ballymacarrett
Ballyhackmore
Tullycarnet
Hannahstown
Black Hill
Bloomfield
Orangefield
Queen's University
Ormeau
Botanic Gardens
Willowfield
Shandon
Gilnahirk
Milltown
Ulster Museum
Castlereagh
Andersontown
Windsor
Cregagh
Braniel
Suffolk
Ballynafeigh
Rosetta
Ladybrook
Malone
CASTLEREAGH
Poleglass
Balmoral
Stranmillis
LISBURN
Finaghy
Taughmonagh
Crossnacreevy
Belvoir Park Forest
Newtownbreda
Twinbrook
Belvoir
Gransha
Lisleen
Dunmurry
Derryaghy
Upper Malone
Giants Ring
Purdysburn
Lagan Valley Regional Park
Moneyreagh
Lambeg
Drumbeg
Ballylesson
0 1 2 km
0 1 mile
BANGOR
NEWTOWNARDS
COMBER
BELFAST AIRPORT
LISBURG
CRAIGAVON
ENNISKILLEN, DUBLIN
DOWNPATRICK, NEWCASTLE

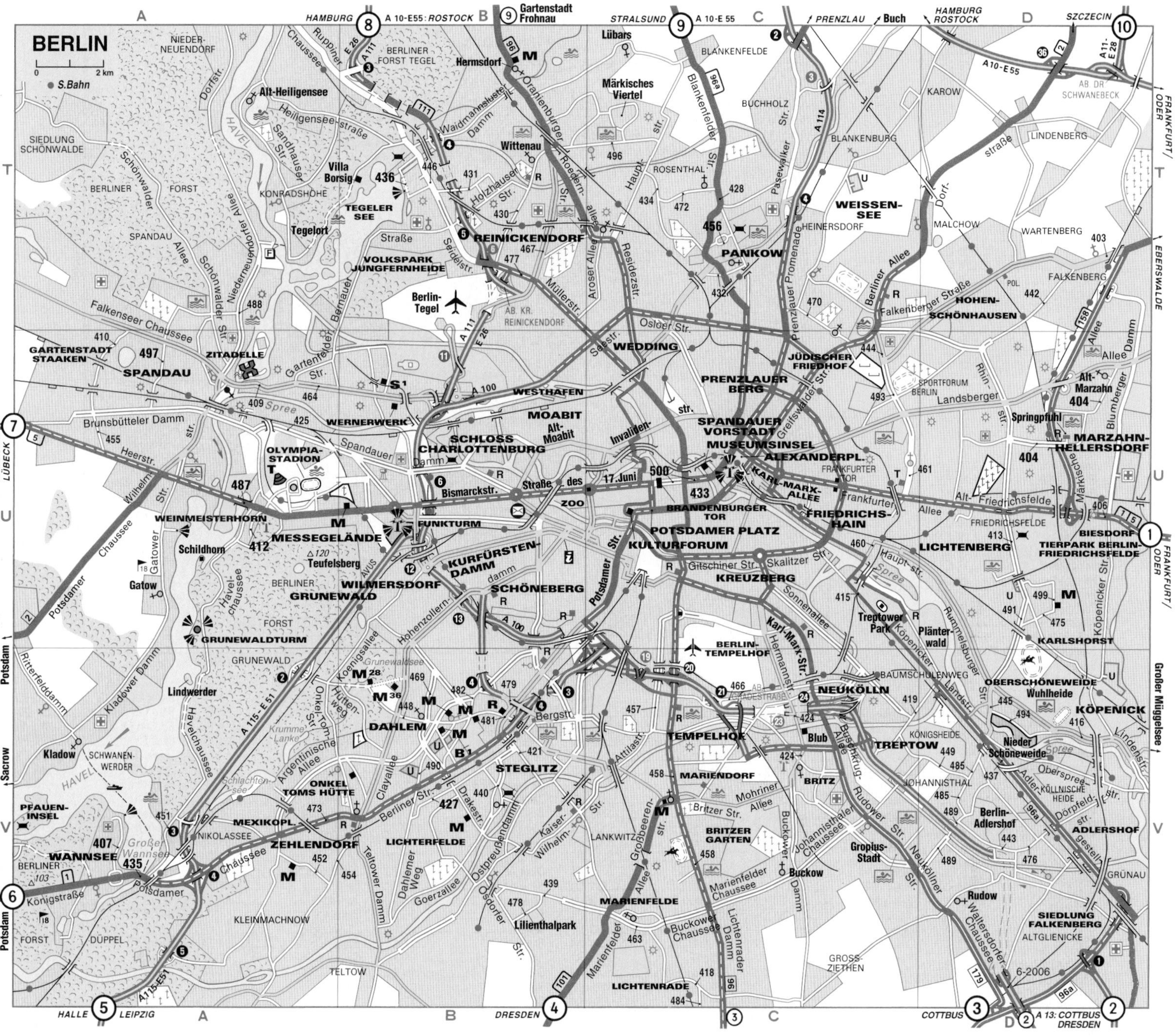

Ahrensfelder Chaussee ...... DT 403
Allee der Kosmonauten ...... DU 404
Alt-Biesdorf ...... DU 406
Am Großen Wannsee ...... AV 407
Am Juliusturm ...... AU 409
Am Kiesteich ...... AU 410
Am Rupenhorn ...... AU 412
Am Tierpark ...... DU 413
Am Treptower Park ...... CU 415
An der Wuhlheide ...... DV 416
Barnetstr. ...... CV 418
Baumschulenstr. ...... CV 419
Birkbuschstr. ...... BV 421
Britzer Damm ...... CV 424
Charlottenburger Chaussee ...... AU 425
Curtiusstr. ...... BV 427
Dietzgenstr. ...... CT 428
Eichborndamm ...... BT 430
Eisenhutweg ...... DV 443
Florastr. ...... CT 432
Germanenstr. ...... CT 434
Greenwichpromenade ...... BT 436
Grünauer Str. ...... DV 437
Hildburghauser Str. ...... BV 439
Hindenburgdamm ...... BV 440
Hohenschönhauser Str. ...... DT 442
Indira-Gandhi-Str. ...... CU 444
Karlshorster Str. ...... DV 445
Karolinenstr. ...... BT 446
Königin-Luise-Str. ...... BV 448
Königsheideweg ...... DV 449
Kronprinzessinnenweg ...... AV 451
Ludwigsfelder Str. ...... AU 452
Machnower Str. ...... BV 454
Magistratsweg ...... AU 455
Majakowskiring ...... CT 457
Mariendorfer Damm ...... CV 458
Markgrafendamm ...... CU 460
Möllendorffstr. ...... DU 461
Nahmitzer Damm ...... CV 463
Nonnendammallee ...... AU 464
Oberlandstr. ...... CV 466
Ollenhauerstr. ...... BT 467
Pacelliallee ...... BV 469
Pistoriusstr. ...... CT 470
Platanenstr. ...... CT 472
Potsdamer Str. (ZEHLENDORF) ...... AV 473
Rheinsteinstr. ...... DU 475
Rudower Chaussee ...... DV 476
Scharnweberstr. ...... BT 477
Scheelestr. ...... BV 478
Schildhornstr. ...... BV 479
Schloßstr. (STEGLITZ) ...... BV 481
Schorlemerallee ...... BV 482
Steinstr. ...... CV 484
Sterndamm ...... DV 485
Stößenseebrücke ...... AU 487
Streitstr. ...... AT 488
Stubenrauchstr. ...... DV 489
Thielallee ...... BV 490
Treskowallee ...... DU 491
Weißenseer Weg ...... CU 493
Wilhelminenhofstr. ...... DV 494
Wilhelmsruher Damm ...... CT 496
Zeppelinstr. ...... AU 497
Zwieseler Str. ...... DU 499

Bar *UA* 127 D2
Bar-le-Duc *F* 22 B2
Bar-sur-Aube *F* 22 B3
Bar-sur-Seine *F* 22 B3
Baraći *BIH* 131 E4
Barajas *E* 42 B1
Barajas de Melo *E* 42 C2
Barajevo *SCG* 133 D3
Barakaldo *E* 36 C1
Baralla *E* 32 C3
Baranavičy *BY* 124 C4
Barane *SCG* 136 C2
Baraona *E* 36 C4
Baraque-de-Fraiture *B* 61 D3
Baraque-Michel *B* 61 E2
Baraqueville *F* 29 F1
Barbadillo del Mercado *E* 36 C3
Barban *HR* 130 B4
Barbarano Vicentino *I* 72 A4
Barbarušince *SCG* 137 E2
Barbastro *E* 38 A3
Barbat *HR* 130 C4
Barbate *E* 47 D3
Barbazan *F* 29 D3
Barberino di Mugello *I* 76 A2
Barbezieux *F* 24 C3
Barbizon *F* 21 F3
Barbotan-les-Thermes *F* 28 C2
Barby *DE* 57 E3
Barca de Alva *P* 35 D4
Barcarrota *E* 41 D4
Barcellona Pozzo di Gotto *I* 83 D4
Barcelona *E* 39 D4
Barcelonnette *F* 31 E1
Barcelos *P* 34 B3
Barchfeld *DE* 62 C1
Barcis *I* 72 B3
Barcones *E* 36 C4
Barcs *H* 128 A1
Bardal *N* 111 E1
Bardejov *SK* 126 B3
Bardi *I* 75 E2
Bardineto *I* 74 C2
Bardolino *I* 71 F4
Bardonecchia *I* 27 E4
Bardufoss *N* 104 B3
Bare *SCG* 136 B2
Barèges *F* 28 C4
Barentin *F* 16 A4
Barenton *F* 19 F2
Barfleur *F* 19 E1
Bargas *E* 42 B2
Bargoed *GB* 13 D1
Bargteheide *DE* 50 C3
Bari *I* 81 D2
Barić Draga *HR* 134 C1
Barisciano *I* 79 F1
Barjac *F* 30 B1
Barjols *F* 31 E3
Bârlad *RO* 127 D4
Barlby *GB* 11 E2
Barletta *I* 80 C2
Barmouth / Abermaw *GB* 10 B4
Barmstedt *DE* 50 B3
Barna / Bearna *IRL* 2 A4
Barnard Castle *GB* 11 D1
Bärnau *DE* 63 F3
Barneveld *NL* 54 C3
Barneville-Carteret *F* 19 E1
Barnsley *GB* 11 D2
Barnstaple *GB* 12 C2
Barnstorf *DE* 55 F2
Barntrup *DE* 56 B3
Barovo *MK* 137 F4
Barqueiro *P* 40 B2
Barr *F* 23 E3
Barracas *E* 43 F2
Barrachina *E* 43 F1
Barraco *E* 42 A1
Barrafranca *I* 84 C3
Barranco Velho *P* 46 B2
Barrancos *P* 46 C1
Barranda *E* 49 D1
Barrax *E* 43 D4
Barre-des-Cévennes *F* 30 B2
Barrea *I* 79 F2
Barreiro *P* 40 A4
Barrême *F* 31 E2
Barrhead *GB* 8 C3
Barrhill *GB* 3 F1
Barrière-de-Champlon *B* 17 F3
Barrow-in-Furness *GB* 10 C1
Barruecopardo *E* 35 D4
Barruelo de Santullán *E* 36 B1
Barry / Barri *GB* 13 D2
Barsinghausen *DE* 56 B3
Barth *DE* 51 E2
Barton-upon-Humber *GB* 11 E2
Barumini *I* 82 B3
Baruth *DE* 57 F3
Barvas *GB* 6 B2
Barysaŭ *BY* 125 D4
Barzio *I* 71 E3
Bas-en-Basset *F* 26 B4
Bašaid *SCG* 132 C2
Bàscara *E* 39 E3
Baschi *I* 76 B4
Basconcillos del Tozo *E* 36 B2
Basel *CH* 23 E4
Baselga di Pinè *I* 72 A3
Basildon *GB* 14 C3
Basingstoke *GB* 13 F2
Baška *HR* 130 C4
Baška Voda *HR* 135 E2
Baške Oštarje *HR* 134 B1
Baslow *GB* 11 D3
Basovizza *I* 73 D3
Bassano del Grappa *I* 72 A3
Bassens *F* 24 C4
Bassum *DE* 55 F2
Båstad *S* 123 D2
Bastasi *BIH* 135 D1
Bastelica *F* 78 A4
Bastia *F* 78 B2
Bastogne *B* 61 D3
Bastuträsk *S* 108 B4
Batajnica *SCG* 132 C3
Batak *BG* 129 D3
Batalha *P* 40 B2
Batea *E* 44 B1
Bath *GB* 13 E2
Bathgate *GB* 9 D2
Baths of Aphrodite *CY* 138 A3
Batina *HR* 132 A2
Batlava *SCG* 137 D2
Batočina *SCG* 133 D4
Båtsfjord *N* 105 F1
Batsi *GR* 98 B1
Battaglia Terme *I* 72 A4
Battenberg *DE* 62 A1
Battice *B* 61 D2
Battipaglia *I* 80 B3
Battle *GB* 14 C4
Batuecas (Monasterio Las) *E* 41 E1
Batz-sur-Mer *F* 19 D4
Baud *F* 18 C3
Baugé *F* 19 F4
Baugy *F* 25 F1
Baume-les-Dames *F* 23 D4

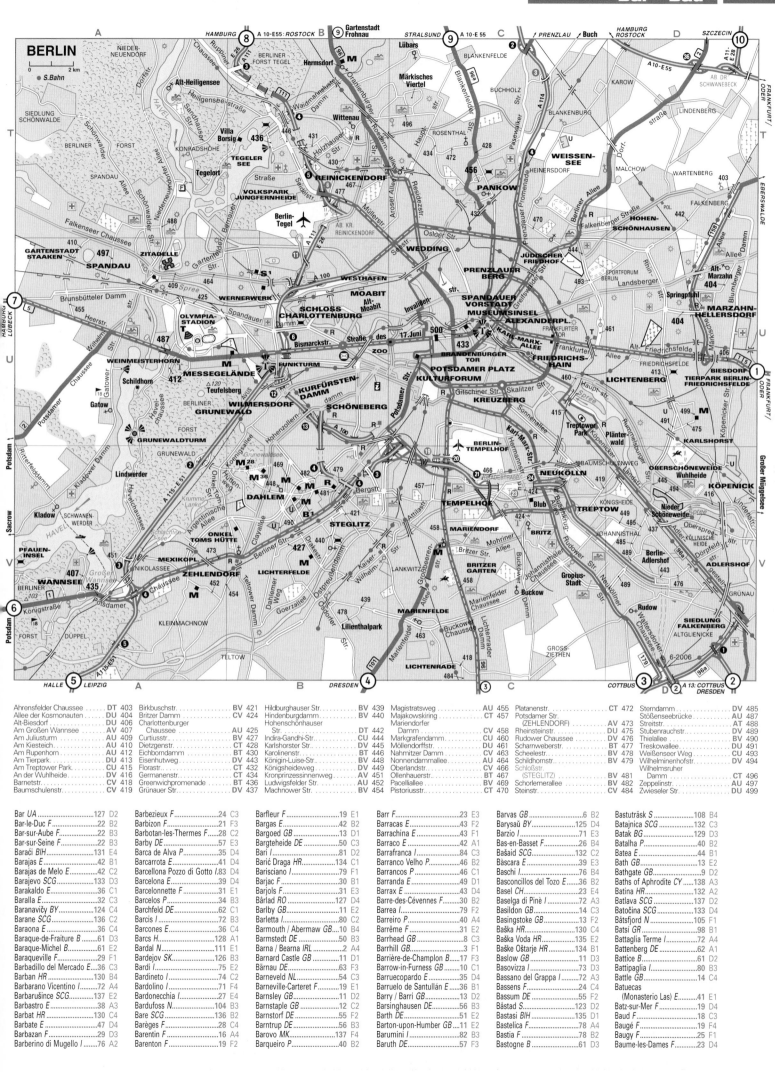

Baumholder DE 23 E1
Bauska LV 124 B3
Bautzen DE 58 B4
Bavanište SCG 133 D3
Bavay F 17 D3
Bavella (Col de) F 75 D3
Baveno I 70 C4
Bawtry GB 11 E3
Bayerisch Eisenstein DE 64 A4
Bayeux F 19 F1
Bayhirivagh GB 6 A4
Bayındır TR 129 F4
Bayon F 23 D3
Bayonne F 28 A3
Bayreuth DE 63 E3
Bayrischzell DE 67 F2
Baza E 48 C2
Bazas F 28 C1
Bazoches-sur-Hoëne F 20 C2
Bazzano I 76 A2
Beaconsfield GB 14 B3
Beaminster GB 13 E3
Beariz E 32 B3
Beas E 46 C2
Beas de Segura E 48 C1
Beasain E 37 D1
Beattock GB 9 D4
Beaucaire F 30 C2
Beaufort F 27 E3
Beaufort F 27 D2
Beaufort-en-Vallée F 19 F4
Beaugency F 21 D4
Beaujeu F 26 C2
Beaulieu GB 13 F3
Beaulieu-sur-Dordogne F 25 E4
Beaulieu-sur-Mer F 31 F2
Beaumaris GB 10 B3
Beaumesnil F 20 C2
Beaumetz-lès-Loges F 16 C3
Beaumont B 17 E3
Beaumont-de-Lomagne F 29 D2
Beaumont-du-Périgord F 29 D1
Beaumont-Hague F 19 E1
Beaumont-le-Roger F 21 D2
Beaumont-sur-Oise F 21 E2
Beaumont-sur-Sarthe F 20 C3
Beaune F 26 C1
Beaune-la-Rolande F 21 E3
Beaupréau F 24 B1
Beauraing B 17 F3
Beaurepaire F 26 C4
Beaurepaire-en-Bresse F 27 D2
Beauvais F 16 C4
Beauvoir-sur-Mer F 24 A1
Beauvoir-sur-Niort F 24 C2
Bebington GB 10 C3
Bebra DE 62 C1
Bebrina HR 132 A3
Beccles GB 15 D1
Becedas E 41 F1
Beceite E 44 A1
Bečej SCG 132 C2
Becerreá E 32 C3
Bécherel F 19 D3
Bechet RO 129 D2
Bechhofen DE 63 D4
Bečić Miločer SCG 136 B3
Becilla de Valderaduey E 33 E4
Beckenried CH 66 B4
Beckington GB 13 E2
Beckum DE 55 F4
Bečov CZ 63 F2
Bedale GB 11 D1
Bédarieux F 30 A3
Beddgelert GB 10 B3
Bederkesa DE 50 A3
Bedford GB 14 B2
Bedlington GB 9 F4
Bedmar E 48 B2
Bedonia I 75 E2
Bedum NL 55 D2
Bedwas GB 13 D2
Bedworth GB 11 D4
Beeford GB 11 E2
Beelitz DE 57 F3
Beerfelden DE 62 B3
Beeskow DE 58 A3
Beesten DE 55 E3
Beetzendorf DE 57 D2
Beg-Meil F 18 B3
Bégard F 18 C2
Begejci SCG 132 C2
Begov Han BIH 132 A4
Begues E 38 C4
Begur E 39 E3
Behobia E 28 A3
Behringersmühle DE 63 E3
Beiarn N 107 E2
Beilen NL 55 D2
Beilngries DE 63 E4
Beisfjord N 104 B4
Beith GB 8 C3
Beitostølen N 110 C4
Beiuş RO 126 B4
Beja P 46 B1
Béjar E 41 F1
Békés H 126 B4
Békéscsaba H 126 B4
Bel E 44 A1
Bela Crkva (Valjevo) SCG 132 C4

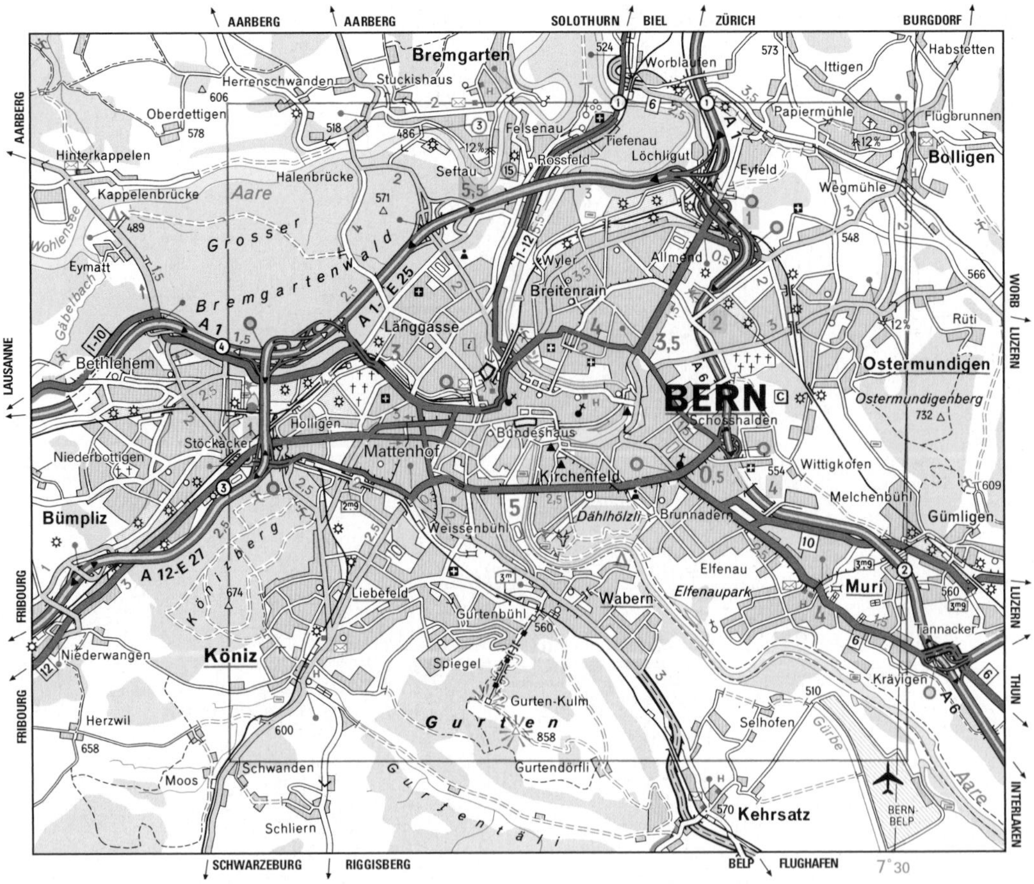

Bela Crkva (Vršac) SCG 133 E3
Bělá nad Radbuzou CZ 63 F2
Bela Palanka SCG 137 E1
Bělá pod Pradědem CZ 65 E1
Bélâbre F 25 E2
Belalcázar E 41 F4
Belanovce MK 137 E3
Belanovica SCG 133 D4
Belapais CY 138 C2
Belcaire F 29 F4
Bełchatów PL 59 F3
Belchite E 37 F4
Belčišta MK 137 D4
Belcoo GB 2 C3
Bele Vode SCG 136 C1
Belec HR 131 D2
Belecke DE 55 F4
Belegiš SCG 132 C3
Belej HR 130 B4
Belev RUS 125 F3
Belfast GB 3 E2
Belford GB 9 E3
Belfort F 23 D4
Belforte all'Isauro I 76 B3
Belgern (Torgau) DE 57 F4
Belgodère F 78 A3
Belgodère F 75 D2
Beli Manastir HR 132 A2
Beli Potok SCG 133 F4
Belianes E 38 B4
Belin-Béliet F 28 B1
Belišće HR 132 A2
Beljakovce MK 137 E3
Beljina SCG 133 D3
Bell-lloc d'Urgell E 38 B4
Bellac F 25 D2
Bellagio I 71 D3
Bellano I 71 D3
Bellaria-Igea Marina I 76 B2
Bellcaire d'Urgell E 38 B3
Belle-Isle-en-Terre F 18 C2
Belleek GB 2 C2
Bellegarde F 21 E3
Bellegarde F 30 C2
Bellegarde-en-Marche F 25 F3
Bellegarde-sur-Valserine F 27 D2
Bellême F 20 C3
Bellencombre F 16 B4
Bellerive-sur-Allier F 26 A2
Belleville F 26 C2
Belley F 27 D3
Bellinzona CH 71 D3
Bello E 43 E1
Bellpuig E 38 B4
Belluno I 72 B3
Bellver de Cerdanya E 38 C2
Bélmez E 47 F1
Belmont GB 7 F2
Belmont-de-la-Loire F 26 B2
Belmont-sur-Rance F 30 A2
Belmonte E 43 D3
Belmonte P 41 D1
Belmonte de Miranda E 33 D2
Belmullet /
Béal an Mhuirthead IRL 2 A2
Belo Brdo SCG 137 D1
Belo Polje SCG 136 C2
Belœil B 17 D2
Belogradčik BG 128 C2
Beloljin SCG 137 D1
Belorado E 36 C2
Belpech F 29 E3
Belper GB 11 D3
Belsay GB 9 E4
Beltinci SLO 131 D1
Belturbet / Béal Tairbirt IRL 2 C3
Belušić SCG 133 E4
Belvedere Marittimo I 83 D2
Belver E 38 A4
Belvès F 29 D1
Belvís de la Jara E 42 A2
Belyj RUS 125 E2
Belz F 18 C4
Belzig DE 57 E3
Bembibre E 33 D4
Bemposta P 40 B3
Benabarre E 38 B3
Benaguasil E 43 F3
Benahadux E 48 B3
Benalmádena E 47 F4
Benalmádena-Costa E 47 F4
Benalúa de Guadix E 48 B2
Benalúa de las Villas E 48 B2
Benamargosa E 48 A3
Benamaurel E 48 C2
Benamejí E 47 F2
Benamocarra E 48 A3
Benaoján E 47 E3
Benasque E 29 D4
Benassal E 44 A2
Benavente E 35 F3
Benavente P 40 A3
Benavides E 33 E4
Benderi MD 127 E4
Bendorf DE 61 F2
Benediktbeuern DE 67 E2
Benešov
(Středočeský kraj) CZ 64 B2
Benešov nad Ploučnicí CZ 64 B1
Bénévent-l'Abbaye F 25 E2
Benevento I 80 A2
Benfeld F 23 E3
Benfleet GB 14 C3
Bengtsfors S 118 B2
Beničanci HR 131 F2
Benicarló E 44 B2
Benicàssim / Benicasim E 44 A2
Benidorm E 49 F1
Benifaió E 43 F3
Benissa E 44 A4
Benítses GR 86 B4
Benkovac HR 134 C1
Benneckenstein DE 57 D4
Bénodet F 18 B3
Benquerencia
de la Serena E 41 F4
Bensberg DE 61 F1
Bensersiel DE 55 E1
Bensheim DE 62 B3
Bentley GB 11 E3
Beočin SCG 132 B2
Beograd SCG 133 D3
Bera E 28 A3
Berane SCG 136 C2
Berat AL 128 B3
Berazino BY 125 D4
Berbegal E 38 A3
Berberana E 36 C1
Berceto I 75 E2
Berching DE 63 E4
Berchtesgaden DE 68 A2
Berck-Plage F 16 B2
Berdyčiv UA 127 D2
Bere Regis GB 13 E3
Bereguardo I 75 D1
Berehove UA 126 B3
Berek HR 131 E2
Beret E 29 D4
Berettyóújfalu H 126 B4
Berezivka UA 127 F3
Berg S 112 B2
Berg N 107 D4
Berg A 69 E1
Berga E 38 C3
Berga DE 57 D4
Bergama TR 129 F4
Bergamo I 71 E4
Bergara E 37 D1
Bergby S 119 E1
Bergedorf (Hamburg-) DE 50 C4
Bergen N 110 A4
Bergen NL 54 B3
Bergen DE 56 C2
Bergen DE 51 F2
Bergen (Dumme) DE 51 D4
Bergen aan Zee NL 54 B3
Bergen op Zoom NL 17 E1
Bergerac F 29 D1
Berggießhübel DE 64 A1
Bergheim DE 61 E1
Bergisch Gladbach DE 61 F1
Bergnäset S 108 C3
Bergneustadt DE 61 F1
Bergö FIN 114 A3
Bergsjö S 112 C3
Bergsviken S 108 B4
Bergues F 15 E4
Bergün / Bravuogn CH 66 C4
Beringel P 46 B1
Beringen B 17 F1
Berja E 48 B3
Berka DE 62 C1
Berkåk N 111 D2
Berkhamsted GB 14 B3
Berkheim DE 66 C2
Berkhof DE 56 B2
Berkovica BG 128 C2
Berkovići BIH 135 F2
Berlaimont F 17 D3
Berlanga E 47 E1
Berlanga de Duero E 36 C4
Berlebeck DE 56 B4
Berlevåg N 105 F1
Berlin DE 57 F2
Bermeo E 37 D1
Bermillo de Sayago E 35 E4
Bern CH 27 F1
Bernalda I 81 D3
Bernartice
(Jihočeský kraj) CZ 64 B3
Bernau DE 51 F4
Bernau a. Chiemsee DE 67 F2
Bernau i. Schwarzwald DE 23 F4
Bernaville F 16 C3
Bernay F 20 C2
Bernburg DE 57 E4
Berndorf A 69 D1
Berne DE 50 A4
Bernhardsthal A 65 E4
Bernkastel-Kues DE 61 F3
Bernsdorf DE 58 A4
Bernstein A 69 E2
Beroun CZ 64 A2
Berovo MK 137 F3
Berra I 76 B1
Berre-l'Étang F 30 C3
Beršad' UA 127 E3
Bersenbrück DE 55 E3
Bertamiráns E 32 A3
Bertinoro I 76 B2
Bertrix B 17 F3
Berwang A 67 D3
Berwick-upon-Tweed GB 9 E3
Beryslav UA 127 F3
Berzocana E 41 F3
Besalú E 39 D3
Besançon F 27 D1
Besande E 33 F3
Besigheim DE 62 B4
Beška SCG 132 C3
Besse-en-Chandesse F 26 A3
Besse-sur-Issole F 31 E3
Bességès F 30 B1
Bessines-sur-Gartempe F 25 E2
Betanzos E 32 B2
Betelu E 28 A3
Bétera E 43 F3
Beteta E 43 D1
Bethesda GB 10 B3
Béthune F 16 C2
Bettna S 119 E3
Bettola I 75 E1
Bettolle I 76 B4
Bettyhill GB 7 D2
Betws-y-Coed GB 10 B3
Betz F 21 F2
Betzdorf DE 62 A2
Beuil F 31 F2
Beura-Cardezza I 70 C3
Beuron DE 66 B2
Beuzeville F 16 A4
Bevagna I 76 C4
Beveren B 17 E1
Beverley GB 11 E2
Beverstedt DE 50 A4
Beverungen DE 56 B4
Beverwijk NL 54 B3
Bewdley GB 10 C4
Bex CH 27 E2
Bexhill GB 14 C4
Beynac-et-Cazenac F 29 E1
Beynat F 25 E4
Bezas E 43 E2
Bezdan SCG 132 A2
Bežeck RUS 125 F1
Béziers F 30 A3
Béznar E 48 B3
Biała Podlaska PL 126 B1
Białogard PL 52 B2
Białystok PL 126 A1
Biancavilla I 85 D3
Bianco I 83 E4
Biandrate I 70 C4
Biar E 49 F1
Biarritz F 28 A3
Biasca CH 71 D3
Biasteri E 37 D2
Bibbiena I 76 B3
Biberach an der Riß DE 66 C2
Biberach i. Kinzigtal DE 23 F3
Bibinje HR 134 C1
Bibione I 72 C3
Bibury GB 13 F1
Bicaz RO 127 D4
Bicester GB 13 F1
Bichl DE 67 E2
Bidache F 28 B3
Bidart F 28 A3
Biddenden GB 14 C4
Bideford GB 12 C2
Biebelried DE 62 C3
Biedenkopf DE 62 A1
Biel / Bienne CH 27 F1
Bielefeld DE 55 F3
Biella I 70 C4
Bielsa E 28 C4
Bielsk Podlaski PL 126 B1
Bielsko-Biała PL 126 A3
Bienne / Biel CH 27 F1
Bientina I 75 F3
Bienvenida E 47 D1
Bierné F 19 F4
Bierre-lès-Semur F 22 B4
Biescas E 28 C4
Biesenthal DE 51 F4

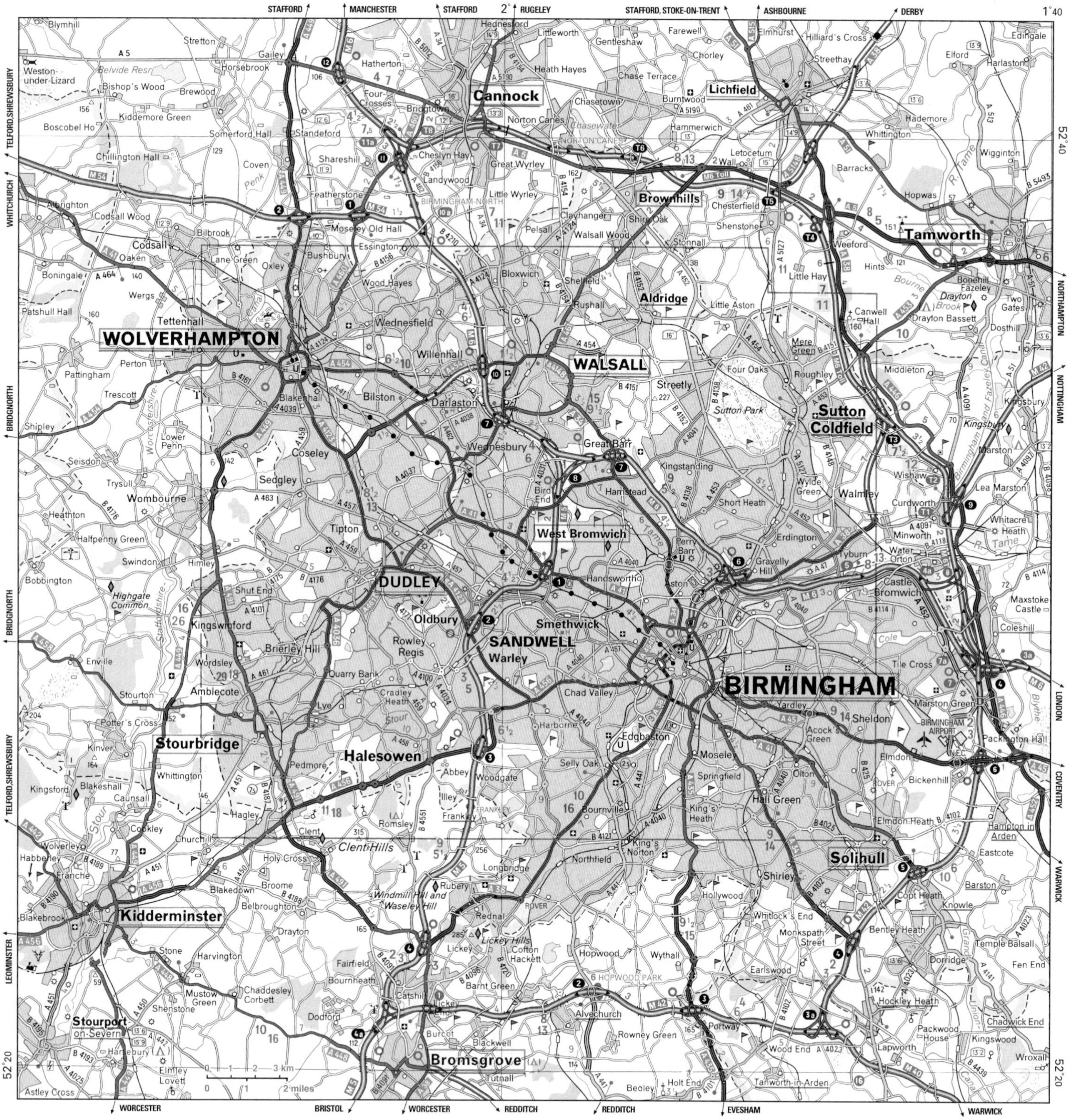

Bietigheim *DE*....................62 B4
Biga *TR*....................129 F3
Biggar *GB*....................9 D3
Biggleswade *GB*....................14 C2
Bignasco *CH*....................70 C3
Bihać *BIH*....................131 D4
Bijele Poljane *SCG*....................136 A3
Bijeljani *BIH*....................136 A2
Bijeljina *BIH*....................132 B3
Bijelo Brdo *HR*....................132 A2
Bijelo Polje *SCG*....................136 B2
Bila Cerkva *UA*....................127 E2
Bilbao *E*....................36 C1
Bíldudalur *IS*....................106 A1
Bile *HR*....................132 A2
Bileća *BIH*....................136 A2
Bilecik *TR*....................129 F3
Biłgoraj *PL*....................126 B2
Bilhorod-
Dnistrovs'kyj *UA*....................127 E4
Bílina *CZ*....................64 A1
Biljača *SCG*....................137 E2
Biljanovac *SCG*....................136 C1
Billerbeck *DE*....................55 E4
Billericay *GB*....................14 C3
Billingham *GB*....................11 E1
Billingshurst *GB*....................14 B4
Billom *F*....................26 A3
Billund *DK*....................122 B3
Bilopillja *UA*....................127 F1
Bílovec *CZ*....................65 F2
Bilto *N*....................104 C3
Bilzen *B*....................17 F2
Binaced *E*....................38 A3
Binasco *I*....................71 D4
Binche *B*....................17 E2
Binéfar *E*....................38 A3
Bingen *DE*....................62 A3
Bingham *GB*....................11 E4
Bingley *GB*....................11 D2
Bingsjö *S*....................112 B4
Binic *F*....................18 C2
Binz *DE*....................51 F2
Bioče *SCG*....................136 B3
Biograd na moru *HR*....................134 C1
Bionaz *I*....................27 F3
Birchington *GB*....................15 D3
Biri *N*....................111 D4
Birkeland *N*....................116 C3
Birkenfeld *DE*....................23 E1
Birkenhead *GB*....................10 C3
Birkenwerder *DE*....................51 F4
Birkerød *DK*....................123 D3
Birkfeld *A*....................69 D2
Birmingham *GB*....................11 D4
Birnau *DE*....................66 B2
Birr / Biorra *IRL*....................2 C4
Biržai *LT*....................124 B3
Birzebugga *M*....................85 F4
Bisaccia *I*....................80 B3
Biscarrosse *F*....................28 B1
Biscarrosse-Plage *F*....................28 B1
Bisceglie *I*....................81 D2
Bischofsgrün *DE*....................63 E2
Bischofsheim an der Rhön (Kreis
Rhön-Grabfeld) *DE*....................62 C2
Bischofshofen *A*....................68 A2
Bischofswerda *DE*....................58 A4
Bischofswiesen *DE*....................68 A2
Bischofszell *CH*....................66 C3
Bischwiller *F*....................23 E2
Bisenti *I*....................77 D4
Biševo *HR*....................135 D3
Bishop Auckland *GB*....................11 D1
Bishop's Castle *GB*....................10 C4
Bishop's Stortford *GB*....................14 C2
Bisignano *I*....................83 E2
Bisko *HR*....................135 D2
Bismark *DE*....................57 D2
Bismo *N*....................110 C3
Bispgården *S*....................112 C2
Bispingen *DE*....................50 C4
Bistrica (Prijepolje) *SCG*....................136 B1
Bistrica (Žabljak) *SCG*....................136 B2
Bistrica ob. S. *SLO*....................130 C2
Bistrița *RO*....................126 C4
Bitburg *DE*....................61 E3
Bitche *F*....................23 E2
Bitetto *I*....................81 D2
Bitola *MK*....................137 E4
Bitonto *I*....................81 D2
Bitterfeld *DE*....................57 E4
Bitti *I*....................78 A4
Bizau *A*....................66 C3
Bizovac *HR*....................132 A2
Bjala *BG*....................129 E2
Bjaroza *BY*....................126 C1
Bjästa *S*....................112 D2
Bjelovar *HR*....................131 E2
Bjerkreim *N*....................116 A2
Bjerkvik *N*....................104 B4
Bjerringbro *DK*....................122 B2
Bjørkelangen *N*....................117 E2
Björketorp *S*....................123 F2
Björkliden *S*....................104 B4
Björklinge *S*....................119 E2
Björköby *FIN*....................114 A3
Björksele *S*....................108 A4
Bjorli *N*....................110 C3
Björna *S*....................113 D2
Bjørnevatn *N*....................105 F2
Björsäter *S*....................119 D3
Bjurholm *S*....................113 D1
Bjursås *S*....................119 D1
Bjuv *S*....................123 D2
Blace *SCG*....................137 D1
Blackburn *GB*....................10 C2
Blackpool *GB*....................10 C2
Blackwater *IRL*....................5 E3
Blackwaterfoot *GB*....................3 F1
Blaenau Ffestiniog *GB*....................10 B3
Blaenavon *GB*....................13 D1
Blagaj *BIH*....................135 F2
Blagnac *F*....................29 E3
Blagoevgrad *BG*....................129 D3
Blåhammaren *S*....................112 A2
Blain *F*....................19 E4
Blainville-sur-l'Eau *F*....................23 D2
Blair Atholl *GB*....................9 D1
Blairgowrie *GB*....................9 D1
Blakeney *GB*....................15 D1
Blakstad *N*....................116 C3
Blâmont *F*....................23 D2
Blanca *E*....................49 E1
Blandford Forum *GB*....................13 E3
Blanes *E*....................39 D4
Blangy-le-Château *F*....................16 A4
Blangy-sur-Bresle *F*....................16 B3
Blankenberge *B*....................15 F3
Blankenburg *DE*....................57 D4
Blankenhain *DE*....................63 D1
Blankenheim *DE*....................61 E2
Blanquefort *F*....................24 B4
Blansko *CZ*....................65 D3
Blanzac *F*....................24 C3
Blanzy *F*....................26 B1
Blarney *IRL*....................4 C3
Blatná *CZ*....................64 A3
Blatnica *BIH*....................131 F4
Blato *HR*....................135 E2
Blattniksele *S*....................107 F4
Blaubeuren *DE*....................66 C1
Blaufelden *DE*....................62 C4
Blaustein *DE*....................66 C1
Blaye *F*....................24 B4
Blaževo *SCG*....................137 D1

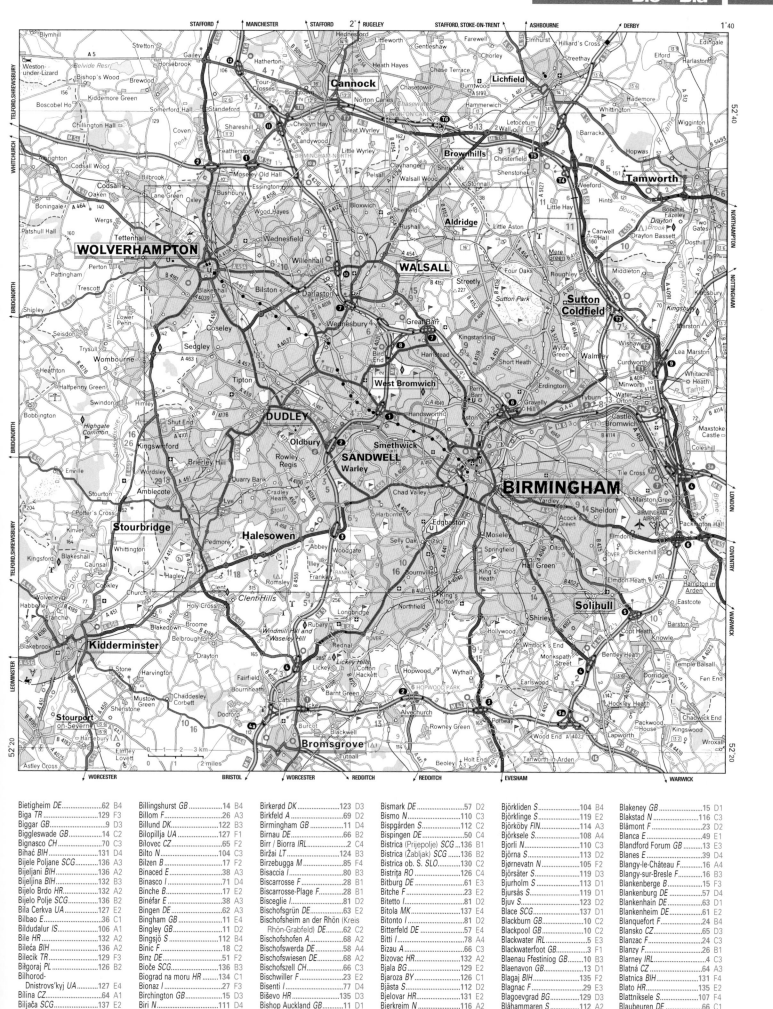

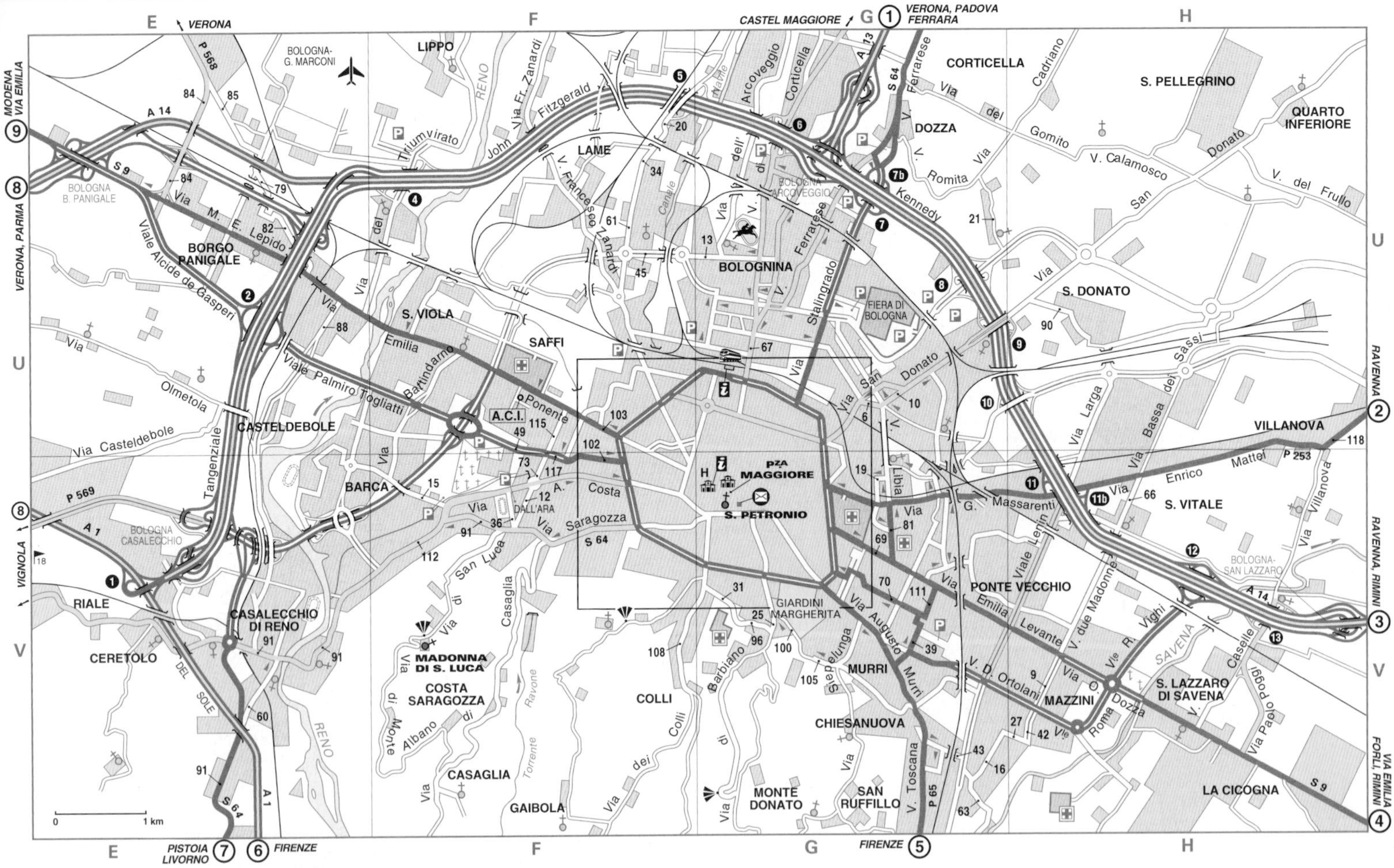

BOLOGNA

Amaseo (V. R.)	GU	6
Arno (V.)	HV	9
Artigiano (V. d.)	GU	10
Bandiera (V. I.)	FV	12
Barbieri (V. F.)	GU	13
Barca (V. d.)	FV	15
Battaglia (V. d.)	HU	16
Bentivogli (V. G.)	GV	19
Beverara (V. della)	FU	20
Cadriano (V.)	GHU	21
Castiglione (V.)	HU	25
Cavazzoni (V. F.)	HV	27
Codivilla (V.)	GV	31
Colombo (V. C.)	FU	34
Coubertin (V. de)	FV	36
Dagnini (V. G.)	GV	39
Firenze (V.)	HV	42
Foscherara (V. d.)	GV	43
Gagarin (V. Y.)	FU	45
Gandhi (Viale M. K.)	FU	49
Marco Polo (V.)	FU	60
Marconi (V.)	EV	61
Mario (V. A.)	GV	63
Martelli (V. T.)	HV	66
Matteotti (V.)	GU	67
Mazzini (V.)	GV	69
Mezzofanti (V. G.)	GV	70
Montefiorino (V.)	FV	73
Ospedaletto (V. d.)	EU	79
Palagi (V. P.)	GV	81
Panigale (V.)	EU	82
Persicetana (V.)	EU	84
Persicetana Vecchia (V.)	EU	85
Pietra (V. d.)	EU	88
Pirandello (V. L.)	HU	90
Porrettana (V.)	FVE	91
Putti (V. V.)	GV	96
S. Barbara (V.)	GV	105
S. Mamolo (V.)	FV	108
Sabbioni (V. d.)	GV	100
Sabotino (V.)	FUV	102
Saffi (V. A.)	FU	103
Sigonio (V. C.)	GV	111
Sturzo (V. Don L.)	FV	112
Timavo (V. d.)	FU	115
Tolmino (V.)	FV	117
Tosarelli (V. B.)	HU	118

Bleckede *DE* 50 C4
Bled *SLO* 130 A2
Bleiburg *A* 68 C4
Bleicherode *DE* 56 C4
Bleik *N* 104 A3
Bléneau *F* 21 F4
Blénod-lès-Pont-à-Mousson *F* 22 C2
Blérancourt *F* 17 D4
Bléré *F* 21 D4
Blesle *F* 26 A4
Bletchley *GB* 14 B2
Bletterans *F* 27 D1
Blexen *DE* 50 A4
Blieskastel *DE* 23 E1
Bligny-sur-Ouche *F* 26 C1
Blinja *HR* 131 D3
Bloemendaal *NL* 54 B3
Blois *F* 21 D4
Blokhus *DK* 122 B2
Blomberg *DE* 56 B4
Blönduós *IS* 106 A1
Blonville-sur-Mer *F* 20 C1
Blosenberg *DE* 63 E2
Bloška polica *SLO* 130 B3
Blovice *CZ* 64 A3
Bludenz *A* 66 C3
Blumberg *DE* 57 F2
Blumberg *DE* 23 F3
Blyth *GB* 9 F4
Bø (Telemark) *N* 116 C2
Bo' Ness *GB* 9 D2
Boal *E* 33 D2
Boan *SCG* 136 B2
Boara Pisani *I* 76 A1
Bobbio *I* 75 E1
Bobbio Pellice *I* 27 F4
Bobigny *F* 21 E2
Bobingen *DE* 67 D1
Böblingen *DE* 66 B1
Boblitz *DE* 58 A3
Bobrovycja *UA* 127 E1
Bobrynec' *UA* 127 F3
Bočac *BIH* 131 F4
Bocairent *E* 43 F4
Boceguillas *E* 36 B4
Bocholt *DE* 55 D4
Bochov *CZ* 63 F2
Bochum *DE* 55 E4
Bockenem *DE* 56 C3
Böckstein *A* 68 A3
Bockum-Hövel *DE* 55 E4
Bocognano *F* 78 A3
Böda *S* 123 F1
Boda *S* 112 B4
Bodafors *S* 118 C4
Bođani *SCG* 132 B2
Bodegraven *NL* 54 B4
Boden *S* 108 B3
Bodenmais *DE* 64 A4
Bodenteich *DE* 56 C2
Bodenwerder *DE* 56 B3
Bodenwöhr *DE* 63 F4
Bodman *DE* 66 B2
Bodmin *GB* 12 C3
Bodø *N* 107 E2
Boecillo *E* 36 A3
Boëge *F* 27 E2
Boën *F* 26 B3
Boeza *E* 33 D3
Boffalora sopra Ticino *I* 71 D4
Bogarra *E* 49 D1
Bogatić *SCG* 132 B3
Bogdanci *MK* 137 F4
Bogen *N* 104 A4
Bogen *DE* 63 F4
Bogense *DK* 122 B3
Bogetići *SCG* 136 B3
Bognanco *I* 70 C3
Bognes *N* 107 F1
Bognor Regis *GB* 14 B4
Bogodol *BIH* 135 F2
Bogojevo *SCG* 132 B2
Bogomila *MK* 137 E4
Bogomolje *HR* 135 E2
Bogorodica *MK* 137 F4
Bogovina *SCG* 133 F4
Bogutovac *SCG* 136 C1
Bohain-en-Vermandois *F* 17 D3
Boherboy *IRL* 4 B3
Bohinjska Bistrica *SLO* 130 A2
Böhlen *DE* 57 E4
Böhmenkirch *DE* 66 C1
Bohmte *DE* 55 F3
Bohoduchiv *UA* 127 F1
Böhönye *H* 69 F3
Bohumín *CZ* 65 F2
Bohuslav *UA* 127 E2

BONN

An der Josefshöhe	AV	5
Augustusring	AV	6
Friedrich-Breuer-Str.	AV	13
Friedrich-Ebert-Allee	AX	14
Hausdorffstr.	AX	17
Heinrich-Böll-Ring	AV	21
Hermann-Wandersleb-Ring	AX	18
Kaiser-Karl-Ring	AV	19
Meckenheimer Allee	AX	25
Poppelsdorfer Allee	AX	32
Provinzialstr.	AX	35
St. Augustiner Str.	AV	42

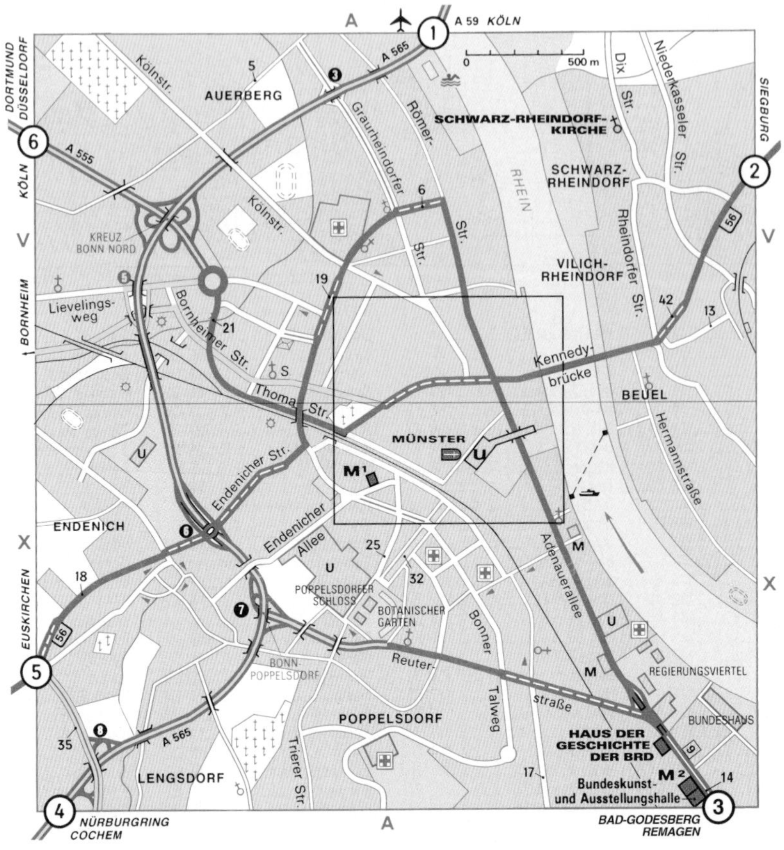

Boiro E 32 A3
Bois-d'Amont F 27 D2
Boitzenburg DE 51 F4
Bóixols E 38 B3
Boizenburg DE 50 C4
Bojano I 80 A2
Bøjden DK 122 B3
Bojkovice CZ 65 F3
Bojnik SCG 137 E1
Bol HR 135 D2
Bolaños de Calatrava E 42 B4
Bolbec F 16 A4
Bolchov RUS 125 F3
Bolesławiec PL 58 C4
Bolhrad UA 127 E4
Boliden S 108 B4
Boliqueime P 46 A2
Boljanići SCG 136 B1
Boljevac SCG 133 F4
Boljevci SCG 132 C3
Boljkovci SCG 133 D4
Boljuni BIH 135 F2
Bolkesjø N 116 C2
Bollebygd S 118 B4
Bollène F 30 C1
Bollnäs S 112 B4
Bollstabruk S 112 C2
Bollullos de la Mitación E 47 D2
Bollullos
Par del Condado E 47 D2
Bolochovo RUS 125 F3
Bologna I 76 A2
Bologne F 22 B3
Bologoje RUS 125 E1
Bolotana I 82 B2
Bolsena I 76 B4
Bolsward NL 54 C2
Boltaña E 28 C4
Boltenhagen DE 51 D3
Bolton GB 10 C2
Bolungarvik IS 106 A1
Bolzano / Bozen I 67 E4
Bom Jesus do Monte P 34 B3
Bombarral P 40 A3
Bömenzien DE 51 D4
Boñar E 33 E3
Bonar Bridge GB 7 D3
Bonares E 46 C2
Bonassola I 75 E2
Bondeno I 76 A1
Bonefro I 80 A1
Bonete E 43 E4
Bonifacio F 78 A4
Bonn DE 61 F2
Bonnåsjøen N 107 F1
Bonnat F 25 E2
Bonndorf
(Kreis Waldshut) DE 23 F3
Bonnétable F 20 C3
Bonneuil-Matours F 25 D2
Bonneval F 21 D3
Bonneville F 27 E2
Bonnières-sur-Seine F 21 D2
Bonnieux F 31 D2
Bono I 82 B2
Bonorva I 82 B2
Boo S 119 F2
Boom B 17 E1
Boos F 16 B4
Bootle GB 10 C2
Bopfingen DE 63 D4
Boppard DE 61 F2
Bor SCG 133 F4
Bor CZ 63 F3
Borås S 118 B4
Borba P 40 C4
Borbona I 79 E1
Borča SCG 132 C3
Borci BIH 135 F1
Bordeaux F 28 C1
Bordères-Louron F 29 D4
Bordesholm DE 50 B2
Bordighera I 74 C3
Bore I 75 E1
Borello I 76 B2
Borensberg S 119 D3
Borgafjäll S 107 E4
Borgarfjörður IS 106 C1
Borgarnes IS 106 A2
Börger DE 55 E2
Borger NL 55 D2
Borghetto I 79 D1
Borghetto Santo Spirito I 74 C3
Borgholm S 123 F2
Borgholzhausen DE 55 F3
Borghorst DE 55 E3
Borgia I 83 E3
Borgo San Dalmazzo I 31 F1
Borgo San Lorenzo I 76 A2
Borgo Tufico I 76 C3
Borgo Val di Taro I 75 E2
Borgo Valsugana I 72 A3
Borgomanero I 70 C4
Borgone Susa I 27 F4
Borgonovo Val Tidone I 75 E1
Borgorose I 79 E1
Borgosesia I 70 C4
Borgsjö S 112 B3
Borgvattnet S 112 B2
Boričie SCG 136 A2
Borja E 37 E3
Borken DE 55 D4
Borkenes / Kvæfjord N 104 A3
Børkop DK 122 B3
Borkum DE 55 D1
Borlänge S 119 D1
Bormes-les-Mimosas F 31 E3
Bormio I 67 D4
Born am Darß (Kreis
Nordvorpommern) DE 51 E2
Borna (Kreis
Leipziger Land) DE 63 F1
Bornes P 35 D3
Bornhöved DE 50 C3
Börnicke
(Kreis Havelland) DE 57 F2
Bornos E 47 E3
Boroughbridge GB 11 D2
Borovec BG 129 D2
Boroviči RUS 125 E1
Borovnica SLO 130 B2
Borovo HR 132 B2

BÈGLES

Buisson (R. F.) .... BV 28
Capelle (Av. A.) .... BV 31
Chevalier-de-la-Barre (R. du) BV 42
Guesde (Av. J.) .... BV 76

BORDEAUX

Aliénor-d'Aquitaine (Bd) .... BT 3
Arnozan (Crs Xavier) .... BU 5
Arsenal (R. de l') .... BU 6
Bacalan (Quai de) .... BT 9
Barthou (Av. L.) .... AU 12
Boutaut (Allée de) .... BT 22
Brandenburg (BD) .... BT 24
Brazza (Quai de) .... BT 25
Brienne (Quai de) .... BU 27
Chartrons (Quai des) .... BTU 39
Croix-de-Seguey (R.) .... BU 45
Dassault (Av. M.) .... BT 46
Domergue (Bd G.) .... BT 51
Duché (R. des Gén.) .... BT 55
Galin (R.) .... BU 66
Gautier (Bd A.) .... AU 72
Georges-V (Bd) .... BU 73
Johnston (R. D.) .... BU 81
Joliot-Curie (Bd) .... BU 84
Leclerc (Av. Gén.) .... AU 90
Leclerc (Bd Mar.) .... BU 93
Lombard (R.) .... BT 96
Mérignac (Av. de) .... AU 101
Pierre-1er (Bd) .... BT 115
Président-Wilson (Bd) .... AU 119
République (Av. de la) .... AU 121
Roosevelt (Bd Franklin) .... BU 123
Thiers (Av.) .... BU 134
Tourville (Av. de) .... BT 136

BRUGES

Gaulle (Av. Gén.-de) .... AT 70
Quatre-Ponts (R. des) .... AT 120

CENON

Carnot (Av.) .... BT 32
Entre-Deux-Mers (Bd de l') BU 61
Jean-Jaurès (Av.) .... BU 79

EYSINES

Libération (Av. de la) .... AT 94

FLOIRAC

Gambetta (Crs) .... BU 67
Guesde (R. J.) .... BU 78

LE BOUSCAT

Libération (Av. de la) .... AT 95
Louis-Blanc (Cours) .... BT 97
Tivoli (Av. de) .... BT 135
Zola (R. Émile) .... AT 145

LORMONT

Paris (Rte de) .... BT 108

MÉRIGNAC

Barbusse (Av. H.) .... AT 10
Beaudésert (Av. de) .... AU 13
Belfort (Av. de) .... AU 15
Bon-Air (Av.) .... AU 18
Cassin (Av. R.) .... AU 34
Garros (Av. Rolland) .... AU 69
Gouraud (Pl. du Gén.) .... AU 74
Kaolack (Av. de) .... AU 87
Leclerc (Av. M.) .... AU 91
Souvenir (Av. du) .... AU 131

PESSAC

Dr-Nancel-Pénard (Av.) .... AV 47
Eiffel (Av. Gustave) .... AV 60
Madran (R. de) .... AV 99
Montagne (R. P.) .... AV 103
Pont-d'Orient (Av. du) .... AV 117
Transvaal (Av. du) .... AV 137

TALENCE

Lamartine (R.) .... BV 88
Roul (Av.) .... BV 124
Université (Av. de l') .... AV 138

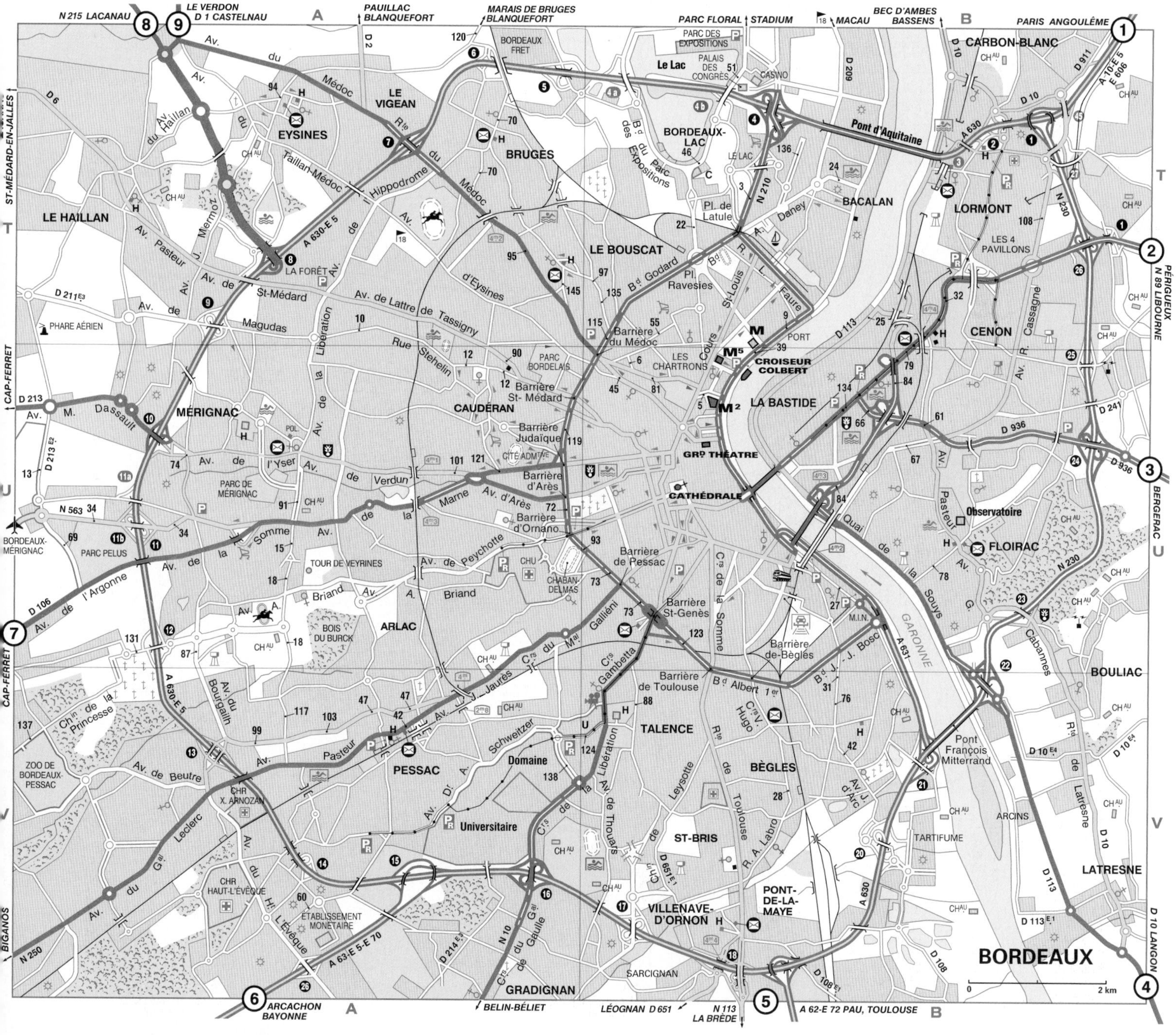

Borovsk RUS......125 F2
Borre N......117 D2
Borriana / Burriana E......44 A2
Borriol E......44 A2
Borris IRL......5 E2
Borrisokane / Buiríos Uí Chéin IRL......4 C2
Borşa RO......126 C3
Børselv N......105 E2
Bórsi GR......92 C4
Bort-les-Orgues F......25 F4
Börtnan S......112 A2
Boryspil' UA......127 E2
Borzna UA......127 F1
Borzonasca I......75 E2
Bosa I......82 A2
Bosanci HR......130 C3
Bosanska Dubica / Kosarska Dubica BIH......131 E3
Bosanska Gradiska BIH......131 E3
Bosanska Gradiška / Gradiška BIH......131 E3
Bosanska Kostajnica / Srpska Kostajnica BIH......131 E3
Bosanska Krupa BIH......131 D4
Bosanska Rača / Rača BIH......132 B3
Bosanski Brod / Srpski Brod BIH......131 F3
Bosanski Kobaš / Kobaš BIH......131 F3
Bosanski Novi / Novi Grad BIH......131 E3
Bosanski Petrovac BIH......131 E4
Bosanski Šamac / Šamac BIH......132 A3
Bosansko Grahovo BIH......135 D1
Bosansko Petrovo Selo / Petrovo BIH......132 A4
Bosco I......76 C4
Bosco Chiesanuova I......71 F4
Boscoreale I......80 A3
Bosilegrad SCG......137 F2
Bosiljevo HR......130 C3
Bosjökloster S......123 D3
Boskoop NL......54 B4
Boskovice CZ......65 D3
Bošnjace SCG......137 E1
Bošnjaci HR......132 A3
Bossolasco I......74 C2
Bossòst E......29 D4
Boštanj SLO......130 C2
Boston GB......11 F3
Botevgrad BG......129 D2
Bothel GB......9 D4
Boticas P......34 C3
Botley GB......13 F3
Botngård N......111 D1
Botoš SCG......133 D2
Botoşani RO......127 D3
Botsmark S......113 D1
Bottrop DE......55 E4
Botun MK......137 D4
Bouaye F......24 A1
Boucau F......28 A3
Bouchain F......17 D3
Boudry CH......27 E1
Bouillon B......17 F3
Bouilly F......22 A3
Boúka GR......96 C2
Boulay-Moselle F......23 D1
Boulogne-sur-Gesse F......29 D3
Boulogne-sur-Mer F......15 D4
Bouloire F......20 C3
Bourbon-Lancy F......26 B2
Bourbon-l'Archambault F......26 A2
Bourbonne-les-Bains F......22 C3
Bourbourg F......15 E4
Bourbriac F......18 C2
Bourdeaux F......30 C1
Bourdeilles F......25 D4
Bourg F......24 C4
Bourg-Achard F......16 A4
Bourg-Argental F......26 C4
Bourg-de-Péage F......26 C4
Bourg-de-Visa F......29 D1
Bourg-en-Bresse F......26 C2
Bourg-Lastic F......25 F3
Bourg-Madame F......29 F4
Bourg-St-Andéol F......30 C1
Bourg-St-Maurice F......27 E3
Bourganeuf F......25 E3
Bourges F......25 F1
Bourgneuf-en-Retz F......24 A1
Bourgoin-Jallieu F......26 C3
Bourgtheroulde-Infreville F......16 A4
Bourgueil F......25 D1
Bourmont F......22 C3
Bourne GB......11 E4
Bournemouth GB......13 F3
Bouro P......34 B3
Boussac F......25 F2
Boussens F......29 D3
Bouxwiller F......23 E2
Bouzonville F......23 D1
Bova Marina I......83 E4
Bovalino Marina I......83 E4
Bovan SCG......133 F4
Bovec SLO......130 A2
Bóveda (Lugo) E......32 C3
Bøverdal N......110 C3
Boves F......16 C3
Boves I......31 F1
Bovey Tracey GB......13 D3
Bovolone I......72 A4
Bowes GB......11 D1
Bowness GB......10 C1
Bowness-on-Solway GB......9 D4
Boxholm S......119 D4
Boxmeer NL......54 C4
Boxtel NL......54 C4
Boyle / Mainistir na Búille IRL......2 C3
Božaj SCG......136 B3
Božavar HR......134 B1
Bozdoğan TR......129 F4
Bozel F......27 E3
Bozen / Bolzano I......67 E4
Boží Dar CZ......63 F2
Božica SCG......137 F2
Bozouls F......29 F1
Bozüyük TR......129 F3
Bozzolo I......75 F1
Bra I......74 C2
Brač (Otok) HR......135 E2
Bracadale GB......6 B4
Bracciano I......79 D1
Bračevci HR......132 A2
Bracieux F......21 D4
Bräcke S......112 B3
Brackenheim DE......62 B4
Brackley GB......13 F1
Bracknell GB......14 B3
Brackwede DE......55 F4
Brad RO......126 C4
Bradford GB......11 D2
Bradford-on-Avon GB......13 E2
Bradina BIH......135 F1
Brading GB......13 F3
Bradwell-on-Sea GB......15 D3
Braemar GB......9 D1
Braga P......34 B3
Bragança P......35 D3
Brăila RO......127 E4
Braine F......17 D4
Braine-le-Comte B......17 E2
Braintree GB......14 C2
Brake (Unterweser) (Kreis Wesermarsch) DE......50 A4
Brakel DE......56 B4
Bräkne-Hoby S......123 E2
Brallo di Pregola I......75 D1
Brálos GR......93 E3
Bramming DK......122 A3
Brampton GB......9 D4
Bramsche DE......55 F3
Brancaleone Marina I......83 E4
Brancion F......26 C2
Brand A......66 C3
Brand-Erbisdorf DE......63 F1
Brandbu N......117 D1
Brande DK......122 B2
Brande-Hörnerkirchen DE......50 B3
Brandenburg DE......57 E2
Brandis (Muldentalkreis) DE......57 F4
Brändö FIN......120 A4
Brandon GB......11 F4
Braničevo SCG......133 E3
Braniewo PL......124 A4
Branne F......28 C1
Brañosera E......36 B1
Br'ansk RUS......125 F4
Brantôme F......25 D4
Braskereidfoss N......117 E1
Braslaŭ BY......124 C3
Braşov RO......127 D4
Brassac F......29 F3
Brassac-les-Mines F......26 A4
Brasschaat B......17 E1
Bratislava SK......126 A3
Brattvåg N......110 B2
Bratunac BIH......132 B4
Braubach DE......61 F2
Braunau A......68 A1
Braunfels DE......62 A2
Braunlage DE......56 C4
Braunsbedra DE......57 E4
Braunschweig DE......56 C3
Braunton GB......12 C2
Bravães P......34 B3
Bray / Bré IRL......3 E4
Bray-Dunes F......15 E4
Bray-sur-Seine F......21 F3
Bray-sur-Somme F......16 C3
Brazatortas E......42 A4
Brbinj HR......134 B1
Brčko BIH......132 B3
Brđani SCG......133 D4
Brea E......37 E4
Brécey F......19 E2
Brechin GB......9 E1
Brecht B......17 E1
Břeclav CZ......65 E4
Brecon / Aberhonddu GB......13 D1
Breda E......39 D3
Breda NL......17 E1
Bredbyn S......112 C2
Bredelar DE......56 B4
Bredstedt DE......50 A2
Bree B......17 F1
Breganze I......72 A4
Bregenz A......66 C3
Bréhal F......19 E2
Brehna DE......57 E4
Breiðdalsvik IS......106 C2
Breil-sur-Roya F......31 F2

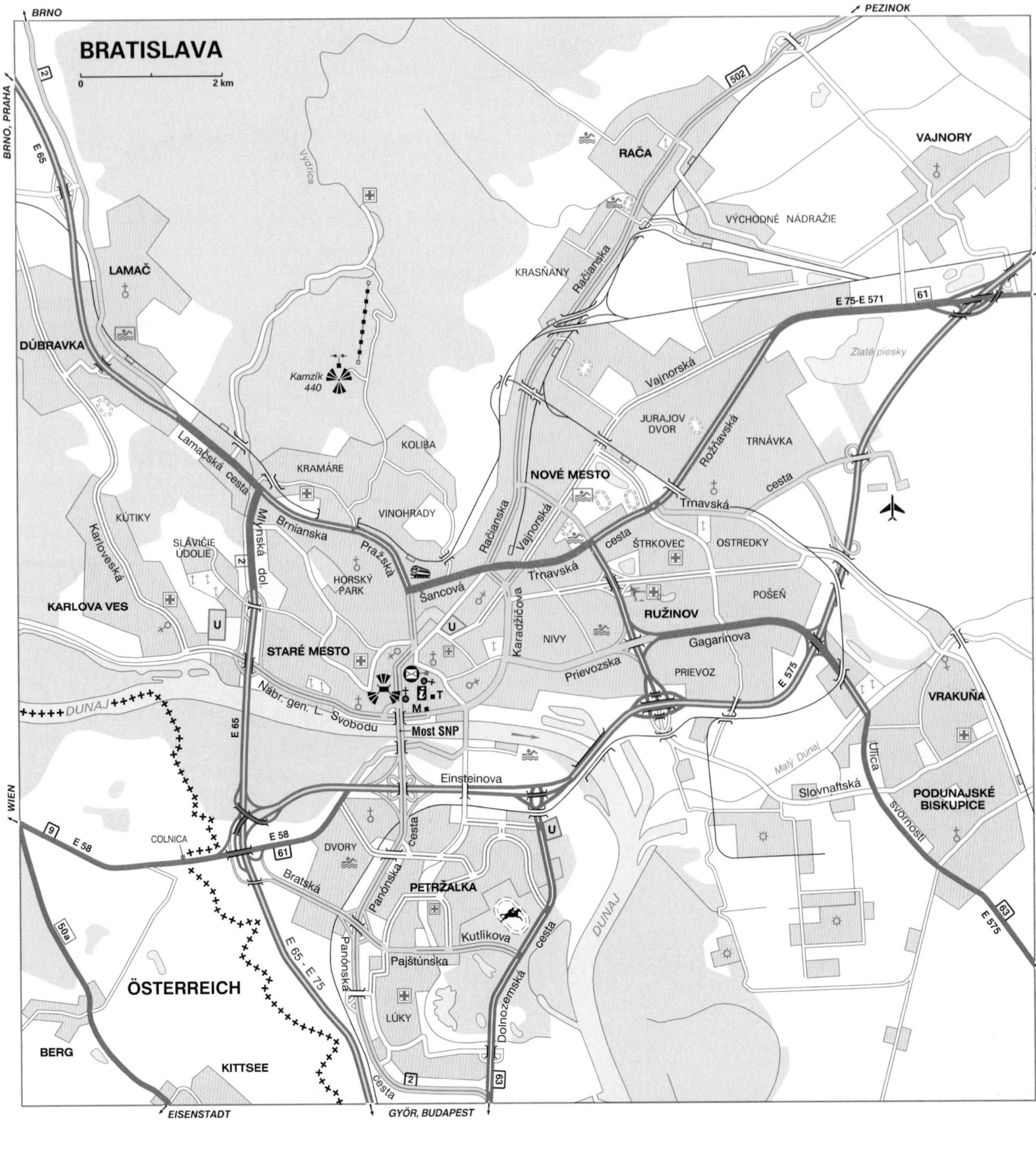

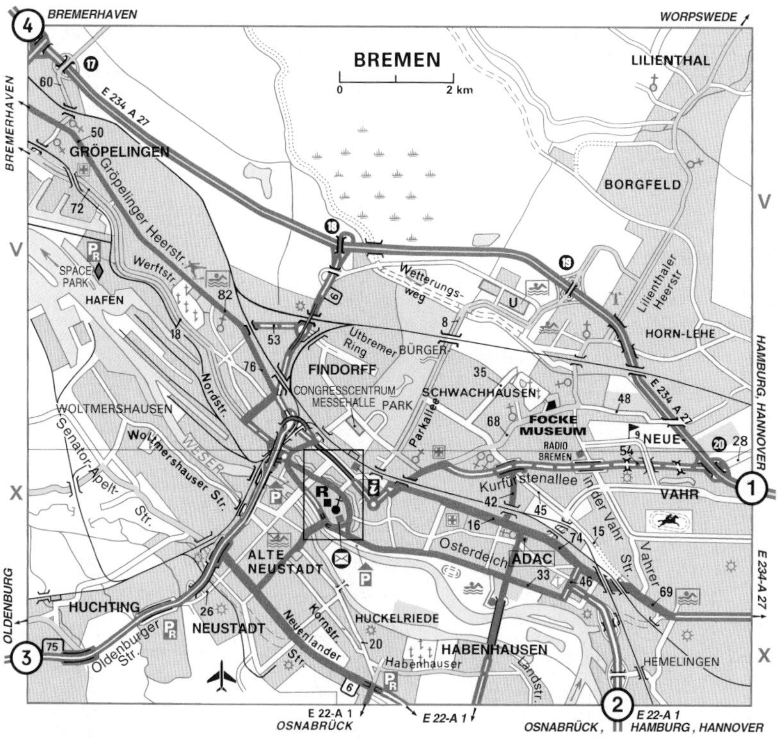

Am Stadtwald . . . . V 8
Beneckendorffallee . . . . X 15
Bismarckstr. . . . . X 16
Bremerhavener Str. . . . . V 18
Buntentorsteinweg . . . . X 20
Duckwitzstr. . . . . X 26
Franz-Schütte-Allee . . . . X 28
H.-H.-Meier-Allee . . . . V 35
Hastedter Osterdeich . . . . X 33
Kirchbachstr. . . . . X 42
Konrad-Adenauer-Allee . . . . X 45
Malerstr. . . . . X 46
Marcusallee . . . . V 48
Oslebshauser Heerstr. . . . . V 50
Osterfeuerberger Ring . . . . V 53
Richard-Boljahn-Allee . . . . VX 54
Ritterhuder Heerstr. . . . . V 60
Schwachhauser Heerstr. . . . . V 68
Sebaldsbrücker Heerstr. . . . . X 69
Stapelfeldstr. . . . . V 72
Stresemannstr. . . . . X 74
Utbremer Str. . . . . V 76
Waller Heerstr. . . . . V 82

Breisach *DE* 23 E3
Breitengüßbach *DE* 63 D3
Breitungen *DE* 62 C1
Breivikbotn *N* 104 C1
Breivikeidet *N* 104 B2
Brekke *N* 110 A4
Brekken *N* 111 E2
Brekkvasselv *N* 107 D4
Brekstad *N* 111 D1
Bremen (Kreis Bremen) *DE* 50 A4
Bremerhaven *DE* 50 A4
Bremervörde *DE* 50 B4
Bremsnes *N* 110 C2
Brenes *E* 47 E2
Brennilis *F* 18 B3
Breno *I* 71 F3
Brénod *F* 27 D2
Brentwood *GB* 14 C3
Brescia *I* 71 E4
Breskens *NL* 17 D1
Bresles *F* 16 C4
Bressanone / Brixen *I* 67 E4
Bressuire *F* 24 C1
Brest *F* 18 B2
Brest *BY* 126 B1
Brestanica *SLO* 130 C2
Brestova *HR* 131 F3
Brestovac (Bor) *SCG* 133 F4
Brestovac (Leskovac) *SCG* 137 E1
Brestovac (Prokuplje) *SCG* 137 E1
Brestovac (Rijeka) *HR* 130 B4
Brestovac (Slavonski Brod) *HR* 130 B4
Brestovačka Banja *SCG* 133 F4
Bretenoux *F* 25 E4
Breteuil *F* 16 C4
Breteuil-sur-Iton *F* 21 D2
Bretten *DE* 23 F1
Breuil Cervinia *I* 27 F3
Brevik *N* 116 C2
Breza *BIH* 135 F1
Brežđe *SCG* 132 C4
Brežice *SLO* 130 C2
Brezna *SCG* 136 C1
Breznica *HR* 131 D2
Breznica Đakovačka *HR* 132 A3
Březnice *CZ* 64 A3
Brezno *SK* 126 A3
Brézolles *F* 21 D2
Brezovica *SCG* 137 D3
Brezovo Polje *BIH* 132 B3
Briançon *F* 27 E4
Briare *F* 21 F4
Bribirske Mostine *HR* 134 C1
Bricquebec *F* 19 E1
Brides-les-Bains *F* 27 E3
Bridge of Allan *GB* 8 C2
Bridgend *GB* 8 A2
Bridgend / Pen-y-bont *GB* ...13 D2
Bridgnorth *GB* 10 C4
Bridgwater *GB* 13 D2
Bridlington *GB* 11 F2
Bridport *GB* 13 E3
Brie-Comte-Robert *F* 21 F2
Briec *F* 18 B3
Brielle *NL* 54 B4
Brienne-le-Château *F* 22 B3
Brienon-sur-Armançon *F* 22 A3
Brienz *CH* 66 A4
Brienza *I* 80 C3
Briey *F* 22 C1
Brig *CH* 70 C3
Brigg *GB* 11 E3
Brighouse *GB* 11 D2
Brightlingsea *GB* 15 D3
Brighton *GB* 14 C4
Brignogan-Plages *F* 18 B2
Brignoles *F* 31 E3
Brihuega *E* 42 C1
Brijuni / Brioni (Otoci) *HR* .130 A4
Briksdal *N* 110 B3
Brilon *DE* 62 A1
Brimnes *N* 116 B1
Brinches *P* 46 B1
Brindisi *I* 81 E3
Brinon-sur-Beuvron *F* 26 A1
Brioni *HR* 130 A4
Brioni / Brijuni (Otoci) *HR* .130 A4
Brionne *F* 16 A4
Brioude *F* 26 A4
Brioux-sur-Boutonne *F* 24 C2
Briouze *F* 19 F2
Brisighella *I* 76 B2
Brissac-Quincé *F* 19 F4
Brissago *CH* 71 D3
Bristol *GB* 13 E2
Brive-la-Gaillarde *F* 25 E4
Briviesca *E* 36 C2
Brixham *GB* 13 D3
Brixlegg *A* 67 F3
Brjanslækur *IS* 106 A1
Brka *BIH* 132 A3
Brna *HR* 135 E3
Brnaze *HR* 135 D2
Brno *CZ* 65 D3
Bro (Gotland) *S* 119 F4
Bro (Stockholms län) *S* 119 E2
Broadford *GB* 6 B4
Broadford *IRL* 4 C2
Broadstairs *GB* 15 D3
Broadway *GB* 13 F1
Broager *DK* 122 B4
Broby *S* 123 E2
Brod *BIH* 136 A1
Brod na Kupi *HR* 130 C3
Brod Prizrenski *SCG* 137 D3
Brodarevo *SCG* 136 B2
Brodica *SCG* 133 E3
Brodick *GB* 3 F1
Brodnica *PL* 126 A1
Brody *UA* 126 C2
Broglie *F* 20 C2
Brohl Lützing *DE* 61 F2
Brolo *I* 85 D2
Bromarv *FIN* 120 C4
Brome *DE* 57 D2
Bromölla *S* 123 D2
Bromsgrove *GB* 11 D4
Bromyard *GB* 13 E1
Bronchales *E* 43 E1
Brønderslev *DK* 122 B1
Broni *I* 75 D1
Brønnøysund *N* 107 D3
Brøns *DK* 122 A3
Bronte *I* 85 D3
Bronzani Majdan *BIH* 131 E4
Broons *F* 19 D3
Brora *GB* 7 D3
Brösarp *S* 123 E3
Brossac *F* 24 C4
Brøstadbotn *N* 104 B3
Brotas *P* 40 B3
Broto *E* 28 C4
Brotton *GB* 11 E1
Brøttum *N* 111 D4
Brou *F* 26 C2
Brou *F* 21 D3
Brouage *F* 24 B3
Brough *GB* 10 C1
Broughshane *GB* 3 E2
Broughton-in-Furness *GB* ...10 C1
Broumov *CZ* 65 D1
Brovst *DK* 122 B1
Brownhills *GB* 11 D4
Brozas *E* 41 D2
Bruay-la-Buissière *F* 16 C2
Bruay-sur-l'Escaut *F* 17 D2
Bruchsal *DE* 23 F1
Brück (Kreis Potsdam-Mittelmark) *DE* 57 F3
Bruck an der Großglocknerstraße *A* 68 A3
Bruck an der Leitha *A* 69 E1
Bruck an der Mur *A* 68 C2
Bruck i. d. Oberpfalz (Kreis Schwandorf) *DE* 63 F4
Brückl *A* 68 C3
Bruckmühl *DE* 67 F2
Brüel *DE* 51 D3
Brués *E* 32 B4
Brugg *CH* 23 F4
Brügge *DE* 61 F1
Brugge *B* 15 F3
Brühl (Erftkreis) *DE* 61 F2
Bruksvallarna *S* 112 A3
Brûlon *F* 19 F3
Brumath *F* 23 E2
Brummen *NL* 55 D4
Brumov-Bylnice *CZ* 65 F3
Brumunddal *N* 111 D4
Brunete *E* 42 B1
Brunflo *S* 112 B2
Brunico / Bruneck *I* 67 F4
Bruniquel *F* 29 E2
Brunkeberg *N* 116 C2
Brunnen *CH* 66 B4
Brunsbüttel *DE* 50 B3
Brunssum *NL* 61 E1
Bruntál *CZ* 65 E2
Bruravik *N* 110 B4
Brus *SCG* 137 D1
Brusand *N* 116 A2
Brušane *HR* 134 B1
Brusasco *I* 74 C1
Brusnik *SCG* 133 F3
Brusson *I* 27 F3
Brüssow *DE* 52 A3
Bruton *GB* 13 E2
Bruvno *HR* 134 C1
Bruxelles / Brussel *B* 17 E2
Bruyères *F* 23 D3
Bryne *N* 116 A2
Brynmawr *GB* 13 D1
Brza Palanka *SCG* 133 F3
Brzan *SCG* 133 E4
Brzeće *SCG* 137 D1
Brzeg *PL* 59 E4
Buarcos *P* 40 B1
Buavåg *N* 116 A1
Bubry *F* 18 C3
Bučač *UA* 126 C3
Buçaco *P* 40 B1
Buccheri *I* 85 D4
Bucchianico *I* 79 F1
Bucelas *P* 40 A3
Buchen *DE* 62 B4
Büchen (Kreis Herzogtum Lauenburg) *DE* 50 C4
Büchen-Pötrau *DE* 50 C4
Buchenwald *DE* 63 D1
Buchholz i. d. Nordheide (Kreis Harburg) *DE* 50 B4
Buchloe *DE* 67 D2
Buchlovice *CZ* 65 E3
Buchs *CH* 66 C3
Buchy *F* 16 B4
Bucine *I* 76 B3
Bučje *SCG* 133 F4
Bückeburg *DE* 56 B3
Buckfastleigh *GB* 13 D3
Buckhaven *GB* 9 D2
Buckie *GB* 7 E4
Buckingham *GB* 14 B2
Buckow (Kreis Märkisch-Oderland) *DE* 58 A2
Bückwitz *DE* 51 E4
Bučovice *CZ* 65 E3
București *RO* 129 E1
Bud *N* 110 C2
Budapest *H* 126 A4
Búðardalur *IS* 106 A1
Buddusò *I* 82 B2
Bude *GB* 12 C3
Büdelsdorf *DE* 50 B2
Budimlić Japra *BIH* 131 E4
Büdingen (Wetteraukreis) *DE* 62 B2
Budinšćina *HR* 131 D2
Budleigh Salterton *GB* 13 D3
Budrio *I* 76 A1
Budva *SCG* 136 A3
Budyně nad Ohří *CZ* 64 A1
Buenache de Alarcón *E* 43 D3

BRUGGE

Bossuytlaan . . . . ER 10
Daverlostr. . . . . ERS 15
Dorpsstr. ES 16
Dries . . . . ES 18
Fortuinstr. . . . . ER 21
Gistelse Steenweg . . . . ER 24
Kongostr. ES 34
Koningin Astridlaan . . . . ES 36
Leopold III laan . . . . ES 42
Meulestree . . . . ES 46
Moerkerkse Steenweg . . . . ER 47
Odegemstr. . . . . ES 52
Pathoekeweg . . . . ER 55
s Heer Boudewijnsburg . . . . ES 30
Sint-Katarinastr. . . . . ERS 67
Sint-Michielstr. . . . . ES 69
Sint-Pieterskerklaan . . . . ER 70
Spoorwegstr. . . . . ES 73
van Praetstr. . . . . ER 58

OOSTKAMP

Kortrijkstr. . . . . ES 40

ZEDELGEM

Heidelbergstr. . . . . ES 31
Stationstr. . . . . ES 75

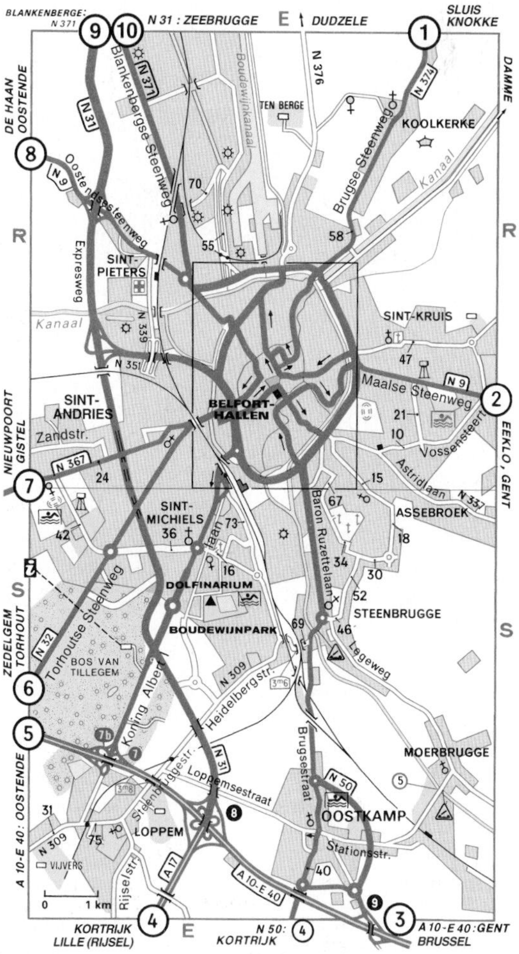

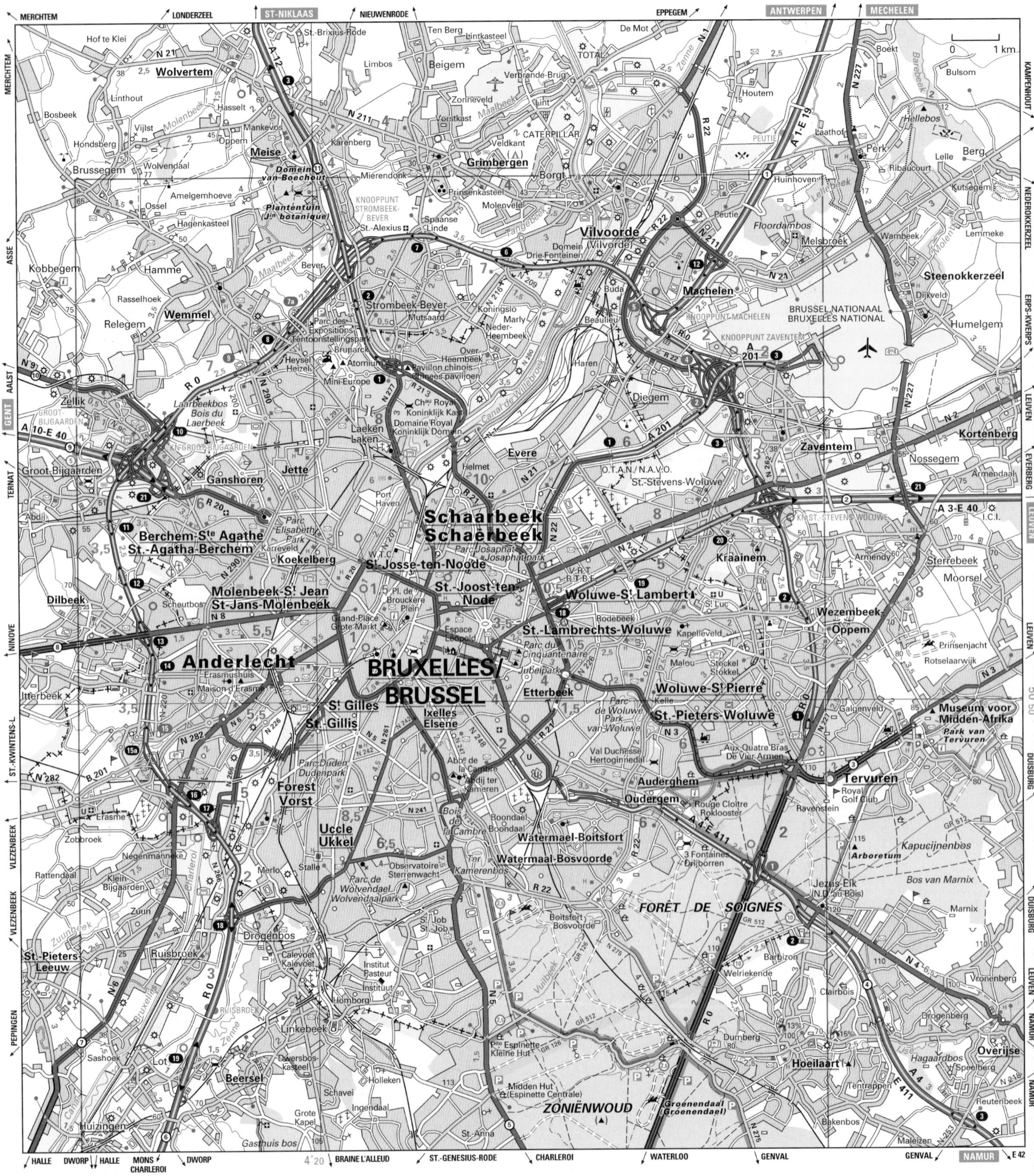

Buenavista de Valdavia *E* 33 F4
Buendía *E* 43 D2
Bueu *E* 32 A4
Bugeat *F* 25 F3
Bugojno *BIH* 135 E1
Bugøynes *N* 105 F2
Bühl (Baden) (Kreis Rastatt) *DE* 23 F2
Builth Wells / Llanfair-ym-Muallt *GB* 13 D1
Buis-les-Baronnies *F* 31 D1
Buitrago del Lozoya *E* 36 B4
Bujalance *E* 48 A1
Bujanovac *SCG* 137 E2
Bujaraloz *E* 38 A4
Buje *HR* 130 A3
Bukinje *BIH* 132 A4
Bukova Gora *BIH* 135 E2
Bukovi *SCG* 132 C4
Bülach *CH* 23 F4
Buldan *TR* 129 F4
Bulgnéville *F* 22 C3
Bullas *E* 49 D1
Bulle *CH* 27 F2
Büllingen *B* 61 E2
Bully-les-Mines *F* 16 C2
Bultei *I* 82 B2
Buna *BIH* 135 F2
Bunclody *IRL* 5 E2
Buncrana / Bun Cranncha *IRL* 3 D1
Bünde *DE* 55 F3
Bunde *DE* 55 E2
Bundoran / Bun Dobhráin *IRL* 2 C2
Bunessan *GB* 8 A2
Bungay *GB* 15 D1
Bunić *HR* 131 D4
Bunmahon *IRL* 5 D3
Buñol *E* 43 F3
Buntingford *GB* 14 C2
Buñuel *E* 37 E3
Buonabitácolo *I* 80 C4
Buonalbergo *I* 80 B2
Buonconveto *I* 76 A4
Buonfornello *I* 84 C2
Burbach *DE* 62 A2
Burbáguena *E* 43 E1
Bureå *S* 108 B4
Burela *E* 32 C2
Buren *NL* 54 C1
Büren (Kreis Paderborn) *DE* 55 F4
Burfjord *N* 104 C2
Burford *GB* 13 F1
Burg auf Fehmarn (Kreis Ostholstein) *DE* 51 D2
Burg b. Magdeburg *DE* 57 E3
Burg Stargard (Kreis Mecklenburg-Strelitz) *DE* 51 F3
Burgas *BG* 129 E2
Burgau (Kreis Günzburg) *DE* 67 D1
Burgbernheim *DE* 62 C4
Burgdorf *CH* 27 F1
Burgdorf *DE* 56 C3
Bürgel (Saale-Holzland-Kreis) *DE* 63 E1
Burgess Hill *GB* 14 C4
Burggrub *DE* 63 D2
Burghasungen *DE* 62 B1
Burghausen (Kreis Altötting) *DE* 67 F1
Burgjoß *DE* 62 B2
Burgkunstadt *DE* 63 D2
Burglengenfeld *DE* 63 E4
Burgohondo *E* 42 A1
Burgos *E* 36 B2
Burgsinn *DE* 62 C2
Burgstädt (Kreis Mittweida) *DE* 63 F1
Burgsvik *S* 119 F4
Burgui *E* 28 B4
Burguillos del Cerro *E* 41 D4
Burgum *NL* 54 C2
Burgwedel *DE* 56 B3
Burhaniye *TR* 129 F4
Burhave *DE* 50 A4

Burie F....24 C3
Burjassot E....44 A3
Burkau DE....58 A4
Burnham-on-Crouch GB....15 D3
Burnham-on-Sea GB....13 D2
Burnley GB....10 C2
Burntisland GB....9 D2
Buronzo I....70 C4
Burrel AL....128 B3
Burry Port / Porth Tywyn GB....12 C1
Bursa TR....129 F3
Burscheid DE....61 F1
Bürstadt DE....62 A3
Burton-upon-Trent GB....11 D4
Burträsk S....113 E1
Burwick GB....7 E2
Bury GB....10 C2
Bury St Edmunds GB....15 D2
Busalla I....75 D2
Busca I....31 F1
Buševac HR....131 D3
Bushmills GB....3 E1
Busko-Zdrój PL....126 B2
Busovača BIH....135 F1
Bussang F....23 D3
Busseto I....75 E1
Bussière-Badil F....25 D3
Bussolengo I....71 F4
Bussum NL....54 C3
Busto Arsizio I....71 D4
Busto de Bureba E....36 C2
Büsum DE....50 A3
Butera I....84 C4
Buttermere GB....10 C1
Buttevant IRL....4 C3
Buttstädt DE....63 D1
Butzbach DE....62 B2
Bützow (Kreis Güstrow) DE....51 D3
Buxtehude DE....50 B4
Buxton GB....11 D3
Buxy F....26 C1
Buzançais F....25 E1
Buzancy F....17 F4
Buzău RO....129 E1
Buzet HR....130 B3
Bužim BIH....131 D3
Bychaŭ BY....125 D4
Bydgoszcz PL....53 E3
Bygdeå S....113 E1
Bygdin N....110 C4
Bygdsiljum S....113 E1
Bygland N....116 B2
Byglandsfjord N....116 B3
Bykle N....116 B2
Bylderup-Bov DK....122 A3
Byrkjelo N....110 B3
Byske S....108 B4

Árpád Fejedelem útja .... **CY** 3
Bem József tér .... **CY** 7
Bogdáni út .... **CY** 12
Egressy út .... **DY** 20
Erzébet krt .... **CZ** 22
Fehérvári út .... **CZ** 24
Felső Zöldmáli út .... **BCY** 25
Ferenc krt. .... **CZ** 28
Göncöl u. .... **DY** 40
Irinyi József u. .... **CZ** 54
Karinthy Frigyes út .... **CZ** 60
Karolina út .... **BCZ** 62
Királyok útja .... **CY** 72
Lágymányosi híd .... **CZ** 80
Lajos u. .... **CY** 82
Margit krt. .... **CY** 91
Nagyszölös u. .... **BCZ** 97
Nánási út .... **CY** 99
Pacsirtamező u. .... **CY** 105
Pusztaszeri út .... **BCY** 110
Röppentyű .... **DY** 118
Szentendrei út .... **CY** 133
Szépvölgyi út .... **BCY** 138
Szt. István krt .... **CY** 146
Schönherz Zoltán u. .... **CY** 124
Vajda Péter u. .... **DZ** 158
Vihar u. .... **CY** 164
Viharhegyi út .... **BY** 166
Vörösvári út .... **CY** 170

Bystřice nad Pernštejnem CZ 65 D3
Bystřice pod Hostýnem CZ 65 F2
Bytom PL 65 F1
Bytów PL 126 A2
Byxelkrok S 123 F1

C, Č, CH

Cabañaquinta E 33 E3
Cabanes E 44 A2
Čabar HR 130 B3
Cabeceiras de Basto P 34 C3
Cabeço de Vide P 40 C3
Cabella Ligure I 75 D2
Cabeza del Buey E 41 F4
Cabezas Rubias E 46 C1
Cabezón E 36 A3
Cabezón de la Sal E 36 B1
Cabezuela del Valle E 41 F2
Cabo de Gata E 48 C3
Cabo de Palos E 49 F2
Cabourg F 20 C1
Cabra E 48 A2
Cabra del Santo Cristo E 48 B2
Cabras I 82 A3
Cabreiros E 32 C2
Cabrerets F 29 E1
Cabrillas E 41 E1
Cabuerniga E 36 B1
Cacabelos E 33 D3
Čačak SCG 133 D4
Caccamo I 84 C3
Cacela Velha P 46 B2
Cáceres E 41 E3
Cachafeiro E 32 B3
Cachopo P 46 B2
Čačinci HR 131 F2
Cadalso de los Vidrios E 42 A2
Cadaqués E 39 E3
Cadaval P 40 A3
Čađavica BIH 131 E4
Čadca SK 126 A3
Cadelbosco di Sopra I 75 F1
Cadenabbia I 71 D3
Cadenberge DE 50 A3
Cadenet F 31 D2
Cádiar E 48 B3
Cadillac F 28 C1
Cadipietra / Steinhaus I 67 F3
Cádiz E 47 D3
Cadouin F 29 D1
Caen F 19 F1
Caernarfon GB 10 A3
Caerphilly / Caerffili GB 13 D2
Caersws GB 10 B4
Cagli I 76 C3
Cagliari I 82 B4
Çaglin HR 131 F3
Cagnano Varano I 80 B1
Cagnes-sur-Mer F 31 F2
Caher / An Chathair IRL 5 D3
Cahersiveen / Cathair Saidhbhín IRL 4 A3
Cahors F 29 E1
Cahul MD 127 E4
Caianello I 79 F2
Caiazzo I 80 A2
Caión E 32 B2
Cairnryan GB 3 F2
Cairo Montenotte I 74 C2
Caistor GB 11 E3
Caivano I 80 A3
Cajarc F 29 E1
Čajetina SCG 136 B1
Čajniče BIH 136 A1
Čakovec HR 131 D1
Çal TR 129 F4
Cala en Porter E 45 F3
Cala Gonone I 82 C2
Cala Rajada E 45 F3
Calabor E 35 D3
Calaceite E 44 A1
Calacuccia F 78 A3
Calaf E 38 C4
Calafat RO 128 C2
Calafell E 38 C4
Calahonda E 48 B3
Calahorra E 37 E2
Calais F 15 E4
Calamocha E 43 E1
Calañas E 46 C2
Calanda E 44 A1
Calangianus I 82 B1
Călărași MD 127 E3
Călărași RO 129 E1
Calasetta I 82 A4
Calasparra E 49 D1
Calatafimi I 84 B3
Calatañazor E 36 C3
Calatayud E 37 E4
Calatorao E 37 E4
Calau DE 58 A3
Calbe DE 57 E3
Calcena E 37 E4
Caldaro s. str. d. Vino / Kaltern a. d. W. I 67 E4
Caldarola I 77 D3
Caldas da Rainha P 40 A2
Caldas das Taipas P 34 B3
Caldas de Reis E 32 A3
Caldas de Vizela P 34 B3
Caldelas P 34 B3
Caldes de Boí E 29 D4
Caldes de Malavella E 39 D3
Caldes de Montbui E 39 D4
Caldirola I 75 D1
Calella E 39 D4
Calella de Palafrugell E 39 E3
Calenzana F 78 A3
Calera de León E 47 D1
Calera y Chozas E 42 A2
Caleruega E 36 B3
Càlig E 44 B2
Călimănești RO 129 D1
Calitri I 80 B3
Calizzano I 74 C2
Callac F 18 C3
Callan / Callainn IRL 5 D3
Callander GB 8 C2
Callas F 31 E2
Callington GB 12 C3
Callosa de Segura E 49 E1
Callosa d'en Sarrià E 49 F1
Calmazzo I 76 C3
Calmbach DE 23 F2
Calne GB 13 F2
Caló de Sant Agustí E 44 C4
Calolziocorte I 71 E4
Calonge E 39 E3
Calp / Calpe E 49 F1
Caltabellotta I 84 B3
Caltagirone I 85 D3
Caltanissetta I 84 C3
Caltavuturo I 84 C3
Caluso I 74 C1
Calvi F 78 A3
Calvörde DE 57 D3
Calw DE 23 F2
Calzada de Calatrava E 42 B4
Calzada de Valdunciel E 35 F4
Camaiore I 75 F3
Camaldoli (Convento) I 76 B3
Camaleño E 33 F3
Camarasa E 38 B3
Camarena E 42 B2
Camarès F 30 A2
Camaret-sur-Mer F 18 A3
Camarillas E 43 F1
Camariñas E 32 A2
Camarzana de Tera E 35 E3
Camas E 47 D2
Cambados E 32 A3
Cambas P 40 C2
Camberley GB 14 B3
Cambil E 48 B2
Cambo-les-Bains F 28 A3
Camborne GB 12 B4
Cambrai F 17 D3
Cambre E 32 B2
Cambremer F 20 C1
Cambridge GB 14 C2
Cambrils de Mar E 44 B1
Camburg DE 63 E1
Camelford GB 12 C3
Camerino I 76 C4
Camigliatello Silano I 83 E2
Caminha P 32 A4
Caminomorisco E 41 E1
Caminreal E 43 E1
Camogli I 75 D2
Campagna I 80 B3
Campagne-lès-Hesdin F 16 B2
Campan F 28 C3
Campana I 83 F2
Campanario E 41 F4
Campanas E 28 A4
Campaspero E 36 B4
Campbeltown GB 3 E1
Campi Bisenzio I 76 A3
Campi Salentina I 81 F3
Campiglia Marittima I 75 F4
Campillo de Altobuey E 43 E3
Campillo de Aragón E 37 E4
Campillo de Arenas E 48 B2
Campillo de Llerena E 41 E4
Campillos E 47 F3
Campitello Matese I 80 A2
Campli I 77 D4
Campo E 29 D4
Campo de Besteiros P 40 C1
Campo de Caso E 33 E3
Campo de Criptana E 42 C3
Campo del Hospital E 32 B2
Campo di Giove I 79 F1
Campo Ligure I 75 D2
Campo Maior P 41 D3
Campo Tures / Sand in Taufers I 67 F3
Campobasso I 80 A2
Campobello di Licata I 84 C4
Campobello di Mazara I 84 A3
Campodonico I 76 C3
Campoformido I 72 C3
Campogalliano I 75 F1
Campomanes E 33 E3
Campomarino I 80 A1
Campóo (Alto) E 36 B1
Campora San Giovanni I 83 E3
Camporrobles E 43 E3
Campos E 45 E3
Camposampiero I 72 A4
Camprodon E 39 D3
Camucia I 76 B3
Camuñas E 42 C3
Cañada de Benatanduz E 43 F1
Çanakkale TR 129 E3
Canal San Bovo I 72 A3
Canales E 36 C3
Canals E 43 F4
Cañamero E 41 F3
Canas de Senhorim P 40 C1
Cañaveral E 41 E2
Cañaveral de Léon E 47 D1
Cañaveras E 43 D2
Canazei I 67 F4
Cancale F 19 E2
Cancarix E 49 E1
Cancon F 29 D1
Candanchú E 28 B4
Candás E 33 E2
Candasnos E 38 A4
Candé F 19 E4
Candela I 80 B2
Candelario E 41 F1
Candeleda E 41 F2
Candes-St-Martin F 24 C1
Canelli I 74 C2
Canero E 33 D2
Canet de Mar E 39 D4
Canet-Plage F 30 A4
Cañete E 43 E2
Cañete de las Torres E 48 A1
Cañete la Real E 47 F3
Canfranc-Estación E 28 B4
Cangas E 32 A4
Cangas de Onís E 33 F2
Cangas del Narcea E 33 D3
Canha P 40 B3
Canicattì I 84 C3
Canicattini Bagni I 85 E4
Caniles E 48 C2
Canino I 78 C1
Canisy F 19 E2
Cañizal E 35 F4
Canjáyar E 48 C3
Cannero Riviera I 71 D3
Cannes F 31 F2
Canneto I 75 F4
Cannich GB 6 C4
Cannobio I 71 D3
Cannock GB 11 D4
Canonbie GB 9 D4
Canosa di Puglia I 80 C2
Cansano I 79 F1
Cantalapiedra E 35 F4
Cantalejo E 36 B4
Cantalpino E 35 F4
Cantanhede P 40 B1
Cantavieja E 44 A1
Čantavir SCG 132 B1
Canterbury GB 15 D3
Cantillana E 47 E2
Cantoira I 27 F4
Cantoral E 33 F3
Cantoria E 49 D3
Cantù I 71 D4
Canvey Island GB 14 C3
Cany-Barville F 16 A3
Caorle I 72 C4
Caorso I 75 E1
Cap-Ferret F 28 B1
Capaccio I 80 B4
Capaci I 84 B2
Capalbio I 78 C1
Caparde BIH 132 B4
Caparroso E 37 E2
Capbreton F 28 A2
Capdenac-Gare F 29 F1
Capel Curig GB 10 B3
Capellades E 38 C4
Capendu F 29 F3
Capestang F 30 A3
Capestrano I 79 F1
Capileira E 48 B3
Capistrello I 79 E1
Čapljina BIH 135 F2
Capmany E 39 E2
Capo d'Orlando I 85 D2
Cappelle sul Tavo I 77 E4
Cappoquin / Ceapach Choinn IRL 5 D3
Capracotta I 80 A1
Capri I 80 A3
Capriati a Volturno I 79 F2
Captieux F 28 C1
Capua I 80 A3
Capurso I 81 D2
Capvern F 28 C3
Caracal RO 129 D1
Caracuel de Calatrava E 42 B4
Caraman F 29 E3
Caramanico Terme I 79 F1
Caramulo P 40 C1
Caransebeș RO 128 C1
Carantec F 18 B2
Caravaca de la Cruz E 49 D1
Carbajales de Alba E 35 E3
Carballiño E 32 B4
Carballo E 32 A2
Carbon-Blanc F 24 C4
Carboneras E 49 D3
Carboneras de Guadazaón E 43 E2
Carbonero el Mayor E 36 A4
Carbonia I 82 B4
Carbonin / Schluderbach I 67 F4
Carbonne F 29 E3
Carcaboso E 41 E2
Carcabuey E 48 A2
Carcaixent E 43 F4
Carcans F 24 B4
Carcans-Plage F 24 B4
Carcare I 74 C2
Carcassonne F 29 F3
Carcastillo E 28 A4
Carcès F 31 E3
Çardak TR 129 F4
Čardak BIH 132 A4
Cardedeu E 39 D4
Cardeña E 48 A1
Cardenete E 43 E3
Cardiff / Caerdydd GB 13 D2
Cardigan / Aberteifi GB 12 C1
Cardona E 38 C3
Carei RO 126 B4
Carentan F 19 E1
Carev Dvor MK 137 E4
Carevdar HR 131 E2
Carevo BG 129 F2
Cargèse F 78 A3
Carhaix-Plouguer F 18 C3
Caria P 41 D1
Cariati I 83 F2
Carignan F 17 F4
Carignano I 27 F4
Carina MK 87 D1
Cariñena E 37 E4
Carini I 84 B2
Cariño E 32 C1
Carinola I 79 F2
Carisio I 70 C4
Carlet E 43 F4
Carling F 23 D1
Carlingford IRL 3 E3
Carlisle GB 9 D4
Carloforte I 82 A4
Carlow / Ceatharlach IRL 5 E2
Carloway GB 6 B2
Carluke GB 8 C3
Carmagnola I 27 F4
Carmarthen / Caerfyrddin GB 12 C1
Carmaux F 29 F2
Carmona E 47 E2
Carna IRL 2 A4
Carnac F 18 C4
Carndonagh / Carn Domhnach IRL 3 D1
Carnew IRL 5 E2
Carnforth GB 10 C1
Carnia I 68 A4
Carnlough GB 3 E2
Carnon-Plage F 30 B3
Carnota E 32 A3
Carnoustie GB 9 E2
Carnwath GB 9 D3
Carolles F 19 E2
Carovigno I 81 E3
Carpaneto Piacentino I 75 E1
Carpegna I 76 B3
Carpenedolo I 71 F4
Carpentras F 30 C2
Carpi I 75 F1
Carpignano Sesia I 70 C4
Carpineti I 75 F2
Carpineto Romano I 79 E2
Carpinone I 80 A2
Carquefou F 19 E4
Carqueiranne F 31 E3
Carracedelo E 33 D4
Carradale GB 3 F1
Carral E 32 B2
Carrapateira P 46 A2
Carrara I 75 F2
Carrascosa del Campo E 43 D2
Carrazeda de Ansiães P 35 D4
Carrazedo de Montenegro P 34 C3
Carrbridge GB 7 D4
Carregado P 40 A3
Carregal do Sal P 40 C1
Carreña E 33 F3
Carrenza E 36 C1
Carrick-on-Shannon- Cora Droma Rúisc IRL 2 C3
Carrick-on-Suir / Carraig na Siúire IRL 5 D3
Carrickfergus GB 3 E2
Carrickmacross / Carraig Mhachaire Rois IRL 3 D3
Carrigart / Carraig Airt IRL 2 C1
Carrió E 32 B2
Carrión de Calatrava E 42 B4
Carrión de los Condes E 33 F4
Carrizo de la Ribera E 33 E4
Carro F 30 C3
Carrouges F 19 F2
Carrù I 74 C2
Carry-le-Rouet F 30 C3
Carsoli I 79 E1
Cartagena E 49 E2
Cártama E 47 F3
Cartaxo P 40 A3
Cartaya E 46 C2
Carteret F 19 E1
Carviçais P 35 D4
Carvin F 16 C2
Carvoeiro P 46 A2
Casa Branca P 40 C3
Casa Branca P 40 A4
Casabermeja E 47 F3
Casacalenda I 80 A1
Casaio E 33 D4
Casal di Principe I 80 A3
Casalarreina E 36 C2
Casalbordino I 80 A1
Casalbuttano ed Uniti I 75 E1
Casale Monferrato I 74 C1
Casale sul Sile I 72 B4
Casalecchio di Reno I 76 A2
Casalmaggiore I 75 F1
Casalpusterlengo I 75 E1
Casamari (Abbazia di) I 79 F2
Casamassima I 81 D2
Casamicciola Terme I 79 F3
Casar de Cáceres E 41 E2
Casarabonela E 47 F3
Casarano I 81 F4
Casares E 47 E4
Casares de las Hurdes E 41 E1
Casariche E 47 F2
Casarsa della Delizia I 72 B3
Casas de Don Pedro E 41 F3
Casas de Fernando Alonso E 43 D3
Casas de Juan Núñez E 43 E4
Casas de Luján E 42 C2
Casas de Miravete E 41 F2
Casas del Puerto E 49 E1
Casas Ibáñez E 43 E3
Casas Nuevas E 49 E2
Casasimarro E 43 D3
Casatejada E 41 F2
Casavieja E 42 A1
Cascais P 40 A3
Cascante E 37 E3
Cascia I 76 C4
Casciana Terme I 75 F3
Cascina I 75 F3
Casei Gerola I 75 D1
Caselle in Pittari I 80 C4
Caselle Torinese I 27 F4
Caserta I 80 A3
Caserta Vecchia I 80 A3
Casetas E 37 F3
Cashel / Caiseal IRL 5 D3
Casicas del Río Segura E 48 C1
Casillas de Coria E 41 D2
Casina I 75 F2
Casinos E 43 F3
Čáslav CZ 64 C2
Casltepollard IRL 2 C4
Casola in Lunigiana I 75 F2
Casoli I 79 F1
Casoria I 80 A3
Caspe E 38 A4
Cassà de la Selva E 39 E3
Cassagnes-Bégonhès F 29 F2
Cassano allo Ionio I 81 D4
Cassano delle Murge I 81 D2
Cassel F 15 E4
Cassino I 79 F2
Cassis F 31 D3
Castalla E 49 F1
Castanet-Tolosan F 29 E3
Castanheira de Pêra P 40 B1
Castasegna CH 71 E3
Casteggio I 75 D1
Castejón E 37 E3
Castejón de Monegros E 38 A4
Castejón de Sos E 29 D4
Castejón de Valdejasa E 37 F3
Castel del Monte I 79 F1
Castel del Monte I 80 C2
Castel del Rio I 76 A2
Castel di Sangro I 79 F2
Castel Gandolfo I 79 E2
Castel Madama I 79 E1
Castel San Giovanni I 75 E1
Castel San Lorenzo I 80 B4
Castel San Pietro Terme I 76 A2
Castel Volturno I 79 F3
Castelbuono I 84 C2
Casteldaccia I 84 B2
Casteldelfino I 31 F1
Castelfidardo I 77 D3
Castelfiorentino I 76 A3
Castelfranco Emilia I 76 A1
Castelfranco in Miscano I 80 B2
Castelfranco Veneto I 72 A4
Casteljaloux F 28 C1
Castell de Ferro E 48 B3
Castellabate I 80 B4
Castellammare del Golfo I 84 B2
Castellammare di Stabia I 80 A3
Castellamonte I 27 F3
Castellana Grotte I 81 D2
Castellane F 31 E2
Castellaneta I 81 D3
Castellar de la Muela E 43 E1
Castellar de Santiago E 42 C4
Castellar de Santisteban E 48 B1
Castellar del Vallès E 39 D4
Castell'Arquato I 75 E1
Castelldans E 38 B4
Castelldefels E 38 C4
Castelleone I 71 E4
Castellfollit de la Roca E 39 D3
Castellina in Chianti I 76 A3
Castelló de la Plana / Castellón de la Plana E 44 A2
Castelló de Rugat E 44 A4
Castelló d'Empúries E 39 E3
Castello di Lago I 80 B3
Castello Tesino I 72 A3
Castellolí E 38 C4
Castellón de la Plana / Castelló de la Plana E 44 A2
Castellote E 44 A1
Castellterçol E 39 D3
Castelluccio I 77 D4
Castelmassa I 76 A1
Castelmauro I 80 A1
Castelmoron-sur-Lot F 29 D1
Castelnau-de-Médoc F 24 B4
Castelnau-de-Montmiral F 29 E2
Castelnau-Magnoac F 29 D3
Castelnau-Montratier F 29 E1
Castelnau-Rivière-Basse F 28 C3
Castelnaudary F 29 F3
Castelnovo ne' Monti I 75 F2
Castelnuovo Berardenga I 76 A3
Castelnuovo Bocca d'Adda I 75 E1
Castelnuovo della Daunia I 80 B2
Castelnuovo di Garfagnana I 75 F2
Castelnuovo di Porto I 79 D1
Castelnuovo Scrivia I 75 D1
Castelo Branco P 40 C2
Castelo de Paiva P 34 B4
Castelo de Vide P 40 C3
Castelraimondo I 76 C3
Castelrotto / Kastelruth I 67 E4
Castelsardo I 82 B1
Castelsarrasin F 29 E2
Castelserás E 44 A1
Casteltermini I 84 C3
Castelvecchio Subequo I 79 F1
Castelvetrano I 84 A3
Castets F 28 B2
Castiadas I 82 C4
Castiglion Fiorentino I 76 B3
Castiglioncello I 75 F3
Castiglione d'Adda I 75 E1
Castiglione dei Pepoli I 76 A2
Castiglione del Lago I 76 B4
Castiglione della Pescaia I 76 A4
Castiglione delle Stiviere I 71 F4
Castiglione in Teverina I 76 B4
Castiglione Messer Marino I 80 A1
Castiglione Olona I 71 D4
Castilblanco E 41 F3
Castilblanco de los Arroyos E 47 D2
Castilleja del Campo E 47 D2
Castilléjar E 48 C2
Castillejo de Martín Viejo E 41 E1
Castillo de Locubín E 48 A2
Castillon-en-Couserans F 29 D4
Castillon-la-Bataille F 24 C4
Castillonnès F 29 D1
Castilruiz E 37 D3
Castions di Strada I 72 C3
Castle Douglas GB 8 C4
Castlebar / Caisleán an Bharraigh IRL 2 A3
Castlebay GB 6 A4
Castlebellingham IRL 3 D3
Castleblayney / Baile na Lorgan IRL 3 D3
Castlecomer / Caisleán an Chomair IRL 5 D2
Castledawson GB 3 D2
Castlederg GB 2 C2
Castledermot IRL 5 E2
Castleford GB 11 D2
Castleisland / Oileán Ciarraí IRL 4 B3
Castlemaine IRL 4 B3
Castlerea / An Caisleán Riabhach IRL 2 B3
Castlerock GB 3 D1
Castleton GB 11 D3
Castletown GB 7 E2
Castletown (Isle of Man) GB 3 F3
Castletownbere IRL 4 A4
Castlewellan GB 3 E3
Castrejón E 35 F4
Castres F 29 F3
Castries F 30 B2
Castril E 48 C2
Castrillo de la Reina E 36 C3

Castrillo de Villavega E 33 F4
Castro E 32 C3
Castro Caldelas E 32 C4
Castro Daire P 34 C4
Castro del Río E 47 F2
Castro Laboreiro P 32 B4
Castro Marim P 46 B2
Castro-Urdiales E 36 C1
Castro Verde P 46 B1
Castrocalbón E 33 E4
Castrocaro Terme I 76 B2
Castrocontrigo E 33 D4
Castrojeriz E 36 B2
Castromonte E 36 A3
Castronuevo E 35 F3
Castronuño E 35 F4
Castrop-Rauxel DE 55 E4
Castropol E 32 C2
Castroreale I 83 D4
Castroreale Terme I 83 D4
Castrotierra E 33 E4
Castroverde E 32 C3
Castroverde de Campos E 35 F3
Castrovillari I 81 D4
Castuera E 41 F4
Catania I 85 E3
Catanzaro I 83 E3
Catanzaro Lido I 83 E3
Catarroja E 44 A3
Catenanuova I 85 D3
Čatež ob Savi SLO 130 C2
Čatići BIH 135 F1
Catignano I 79 F1
Catoira E 32 A3
Catral E 49 F1
Cattenom F 23 D1
Cattolica I 76 C2
Catus F 29 E1
Caudebec-en-Caux F 16 A4
Caudete E 43 F4
Caudiel E 43 F2
Caudry F 17 D3
Caulnes F 19 D3
Caulonia I 83 E4
Caumont-l'Éventé F 19 F2
Caunes-Minervois F 29 F3
Căușani MD 127 E4
Caussade F 29 E2
Cauterets F 28 C4
Cava de' Tirreni I 80 A3
Cavaglià I 70 C4
Cavaillon F 30 C2
Cavalaire-sur-Mer F 31 E3
Cavalese I 72 A3
Cavalière F 31 E3
Cavan / An Cabhán IRL 2 C3
Cavarzere I 72 B4
Cavazzo Carnico I 68 A4
Çavdarhisar TR 129 F4
Cavezzo I 76 A1
Cavo I 75 F4
Cavour I 27 F4
Cavtat HR 136 A3
Čavusy BY 125 E4
Cayeux-sur-Mer F 16 B3
Caylus F 29 E2
Cayres F 26 B4
Cazalla de la Sierra E 47 E1
Cazals F 29 E1
Cazaubon F 28 C2
Cazaux F 28 B1
Cazères F 29 D3
Cazin BIH 131 D4
Čazma HR 131 E2
Cazorla E 48 C2
Cea E 32 B4
Ceadîr-Lunga MD 127 E4
Ceanannus Mór (Kells) /
Ceanannas IRL 3 D4
Cebolla E 42 A2
Cebreros E 42 A1
Ceccano I 79 E2
Cece H 126 A4
Čechov RUS 125 F2
Čechtice CZ 64 C3
Cecina I 75 F4
Ceclavín E 41 D2
Cedeira E 32 B2
Cedillo E 40 C2
Cedrillas E 43 F2
Cefalù I 84 C2
Cegléd H 126 A4
Ceglie Messapia I 81 E3
Čegrane MK 137 D4
Cehegín E 49 D1
Cejč CZ 65 E3
Čeknica SLO 130 B3
Čelákovice CZ 64 B2
Celano I 79 F1
Celanova E 32 B4
Čelarevo SCG 132 B2
Čelebić BIH 135 D1
Čelebići BIH 136 A2
Čelić BIH 132 B3
Čelinac BIH 131 F4
Celje SLO 130 C2
Cella E 43 E2
Celle DE 56 C2
Celle Ligure I 75 D2
Celles-sur-Belle F 24 C2
Čelopeci MK 137 D4
Celorico da Beira P 41 D1
Celorico de Basto P 34 C3
Čemerno BIH 136 A2
Cencenighe Agordino I 67 F4
Cenicero E 37 D2
Čenta SCG 132 C2
Centelles E 39 D3
Cento I 76 A1
Centuripe I 85 D3
Čepagatti I 79 F1
Čepin HR 132 A2
Čepinski Martinci HR 132 A2
Ceppo di Rocca
Santa Maria I 77 D4
Ceprano I 79 F2
Čeralije HR 131 F2
Cerbère F 30 A4
Cercal P 46 A1
Cercal P 40 A3
Cercedilla E 42 B1
Cerchiara di Calabria I 81 D4
Cerdedo E 32 B3
Cerdeira P 41 D1
Cerea I 72 A4
Čerepovec RUS 125 F1
Ceres I 27 F4
Ceresole Reale I 27 F3
Céret F 30 A4
Cerezo de Abajo E 36 B4
Cerezo de Riotirón E 36 C2
Cergy F 21 E2
Cerignola I 80 C2
Cérilly F 26 A2
Cerisiers F 22 A3
Cerisy-la-Salle F 19 E2
Čerizay F 24 C1
Čerkasy UA 127 F2
Cerkno SLO 130 A2
Cerler E 29 D4
Černa HR 132 A3
Černá v Pošumaví CZ 64 B4
Černache de Bonjardim P 40 B2
Čern'achovsk RUS 124 B4
Cernavodă RO 129 E1
Černay F 23 E4
Černihiv UA 127 E1
Černik HR 131 F3
Černivci UA 127 D3
Cernobbio I 71 D4
Cerreto Sannita I 80 A2
Cerrigydrudion GB 10 B3
Cërrik AL 128 B3
Certaldo I 76 A3
Cervatos E 36 B1
Cervatos de la Cueza E 33 F4
Červen' BY 125 D4
Červená Voda CZ 65 D2
Červený Kostelec CZ 65 D1
Cervera E 38 B4
Cervera de la Cañada E 37 E4
Cervera de Pisuerga E 33 F3
Cervera del Río Alhama E 37 D3
Cerveteri I 79 D1
Cervia I 76 B2
Cervignano del Friuli I 72 C3
Cervinara I 80 A3
Cervione F 78 B3
Červo E 32 C2
Červonohrad UA 126 C2
Cesana Torinese I 27 E4
Česarica HR 130 C4
Cesarò I 85 D3
Cesena I 76 B2
Cesenatico I 76 B2
Cēsis LV 124 B2
Česká Kamenice CZ 64 B1
Česká Lípa CZ 64 B1
Česká Skalice CZ 64 C1
Česká Třebová CZ 65 D2
České Budějovice CZ 64 B4
České Velenice CZ 64 C4
Český Brod CZ 64 B2
Český Krumlov CZ 64 B4
Český Těšín CZ 65 F2
Çeşme TR 129 E4
Cespedosa E 41 F1
Cessalto I 72 B3
Cetina E 37 D4
Cetinje SCG 136 B3
Cetraro I 83 D2
Ceuta E 47 E4
Ceutí E 49 E1
Ceva I 74 C2
Čevico de la Torre E 36 A3
Čevo SCG 136 A3
Ceyrat F 26 A3
Ceyzériat F 27 D2
Chabanais F 25 D3
Chabeuil F 26 C4
Chablis F 22 A4
Chabris F 25 E1
Chagny F 26 C1
Chailland F 19 F3
Chaillé-les-Marais F 24 B2
Chalabre F 29 F4
Chalais F 24 C4
Chalamont F 26 C3
Chalampé F 23 E4
Chalástra GR 88 A2
Chalindrey F 22 C4
Chalkis GR 94 A3
Challans F 24 A1
Challes-les-Eaux F 27 D3
Chalon-sur-Saône F 26 C1
Chalonnes-sur-Loire F 19 F4
Châlons-en-Champagne F 22 B2
Châlus F 25 D3
Cham DE 63 F4
Chambéry F 27 D3
Chambley-Bussières F 22 C2
Chambly F 21 E2
Chambon-sur-Lac F 26 A3
Chambon-sur-Voueize F 25 F2
Chambord F 21 D4
Chamonix-Mont-Blanc F 27 E3
Champagnac-de-Belair F 25 D4
Champagne-Mouton F 25 D3
Champagnole F 27 D1
Champdeniers-
Saint-Denis F 24 C2
Champeaux F 19 E3
Champeix F 26 A3
Champéry CH 27 E2
Champex CH 27 F2
Champlitte-et-le-Prélot F 22 C4
Champoluc I 27 F3
Champorcher I 27 F3
Champs-sur-Tarentaine F 25 F4
Champtoceaux F 19 E4
Chamrousse F 27 D4
Chamusca P 40 B2
Chanac F 30 A1
Chanas F 26 C4
Chandria CY 138 B3
Chantada E 32 B3
Chantelle F 26 A2
Chantemerle F 27 E4
Chantilly F 16 C4
Chantonnay F 24 B1
Chaource F 22 A3
Chapel-en-le-Frith GB 11 D3
Chapinería E 42 B1
Chapotami CY 138 B4
Charbonnières-les-Bains F 26 C3
Chard GB 13 D3
Charenton-du-Cher F 25 F1
Charkeia CY 139 B2
Charleroi B 17 E2
Charlestown IRL 2 B3
Charleville-Mézières F 17 E3
Charlieu F 26 B2
Charlottenberg S 118 B2
Charly-sur-Marne F 21 F2
Charmes F 23 D3
Charny F 21 F4
Charny-sur-Meuse F 17 F4
Charolles F 26 B2
Chârost F 25 F1
Charquemont F 27 E1
Charroux F 25 D2
Chartres F 21 D3
Chasseneuil-
sur-Bonnieure F 25 D3
Château-Arnoux-
St-Auban F 31 D2
Château-Chinon F 26 B1
Château-d'Oex CH 27 F2
Château-du-Loir F 20 C4
Château-Gontier F 19 F4
Château-la-Vallière F 20 C4
Château-Landon F 21 F3
Château-Porcien F 17 E4
Château-Queyras F 31 E1
Château-Regnault F 17 E3
Château-Renard F 21 F4
Château-Renault F 21 D4
Château-Salins F 23 D2
Château-Thierry F 21 F2
Châteaubourg F 19 E3
Châteaubriant F 19 E4
Châteaudun F 21 D3
Châteaugiron F 19 E3
Châteaulin F 18 B3
Châteaumeillant F 25 F2
Châteauneuf-de-Randon F 30 B1
Châteauneuf-
d'Ille-et-Vilaine F 19 D2
Châteauneuf-du-Faou F 18 B3
Châteauneuf-du-Pape F 30 C2
Châteauneuf-
en-Thymerais F 21 D2
Châteauneuf-la-Forêt F 25 E3
Châteauneuf-les-Bains F 26 A3
Châteauneuf-
sur-Charente F 24 C3
Châteauneuf-sur-Cher F 25 F1
Châteauneuf-sur-Loire F 21 E4
Châteauneuf-sur-Sarthe F 19 F4
Châteauponsac F 25 E2
Châteaurenard F 30 C2
Châteauroux F 25 E1
Châteauvillain F 22 B3
Châtel F 27 E2
Châtel-Montagne F 26 B2
Châtel-St Denis CH 27 E2
Châtel-sur-Moselle F 23 D3
Châtelaillon-Plage F 24 B2
Châtelaudren F 18 C2
Châteldon F 26 A3
Châtelet B 17 E2
Châtelguyon F 26 A3
Châtellerault F 25 D1
Châtelus-Malvaleix F 25 F2
Châtenois F 22 C3
Chatham GB 14 C3
Châtillon I 27 F3
Châtillon-Coligny F 21 F4
Châtillon-en-Bazois F 26 B1
Châtillon-en-Diois F 31 D1
Châtillon-sur-Chalaronne F 26 C2
Châtillon-sur-Indre F 25 E1
Châtillon-sur-Loire F 21 F4
Châtillon-sur-Marne F 22 A2
Châtillon-sur-Seine F 22 B4
Chatteris GB 11 F4
Chaudes-Aigues F 30 A1
Chauffailles F 26 B2
Chaufour-lès-Bonnières F 21 D2
Chaulnes F 16 C3
Chaumergy F 27 D1
Chaumont F 22 B3
Chaumont-en-Vexin F 16 B4
Chaumont-sur-Loire F 21 D4
Chauny F 17 D4
Chaussin F 27 D1
Chauvigny F 25 D2
Chaves P 34 C3
Chazelles-sur-Lyon F 26 B3
Cheb CZ 63 F2
Chef-Boutonne F 24 C2
Cheles E 40 C4
Chełm PL 126 B2
Chełmno PL 126 A1
Chelmsford GB 14 C3
Cheltenham GB 13 E1
Chelva E 43 F3
Chemillé F 24 B1
Chemin F 26 C1
Chemnitz (Kreis
Chemnitz Stadt) DE 63 F1
Chénérailles F 25 F2
Chenonceaux F 21 D4
Chepstow / Cas-Gwent GB 13 E2
Chera E 43 F3
Cherbourg-Octeville F 19 E1
Chéroy F 21 F3
Cherson UA 127 F3
Cheshunt GB 14 C3
Cheste E 43 F3
Chester GB 10 C3
Chester-le-Street GB 9 F4
Chesterfield GB 11 D3
Chevagnes F 26 A2
Chevillon F 22 B2
Chevreuse F 21 E2
Chiampo I 72 A4
Chianciano Terme I 76 B4
Chiaramonte Gulfi I 85 D4
Chiaravalle I 77 D3
Chiaravalle Centrale I 83 E3
Chiari I 71 E4
Chiasso CH 71 D4
Chiavari I 75 E2
Chiavenna I 71 D3
Chichester GB 14 B4
Chiclana de la Frontera E 47 D4
Chieming DE 67 F2
Chieri I 74 C1
Chiesa in Valmalenco I 71 E3
Chiesina Uzzanese I 75 F3
Chieti I 79 F1
Chimay B 17 E3
Chinchilla
de Monte Aragón E 43 E4
Chinchón E 42 C2
Chinon F 25 D1
Chioggia I 72 B4
Chipiona E 47 D3
Chippenham GB 13 E2
Chipping Campden GB 13 F1
Chipping Norton GB 13 F1
Chipping Sodbury GB 13 E2
Chirivel E 48 C2
Chişinău MD 127 E3
Chişineu-Criş RO 126 B4
Chiusa / Klausen I 67 E4
Chiusa di Pesio I 31 F1
Chiusa Sclafani I 84 B3
Chiusaforte I 68 A4
Chiusi I 76 B4
Chiva E 43 F3
Chivasso I 74 C1
Chlorakas CY 138 A4
Chlum u Třeboně CZ 64 C4
Chlumec nad Cidlinou CZ 64 C2
Chmel'nyc'kyj UA 127 D2
Chmil'nyk UA 127 D2
Choceň CZ 65 D2
Chodov (Sokolov) CZ 63 F2
Choirokoitia CY 138 C3
Chojnice PL 53 D2
Chojniki BY 127 E1
Cholet F 24 B1
Chollerford GB 9 E4
Cholm RUS 125 D2
Chomutov CZ 64 A1
Chomutov CZ 64 A1
Chorges F 31 E1
Chorley GB 10 C2
Chorol UA 127 F2
Choszczno PL 52 B3
Chotěboř CZ 64 C2
Chotyn UA 127 D3
Chouto P 40 B3
Chrast CZ 65 D2
Chrastava CZ 64 B1
Christchurch GB 13 F3
Christiansfeld DK 122 B3
Chrudim CZ 64 C2
Chrysochou Bay CY 138 A3
Chuchelná CZ 65 F1
Chur CH 66 C4
Church Stretton GB 10 C4
Chust UA 127 C3
Cicciano I 80 A3
Ćićevac SCG 133 E4
Čičevo BIH 136 A3
Cidones E 37 D3
Ciechanów PL 126 A1
Ciechocinek PL 126 A1
Ciempozuelos E 42 B2
Cieszyn PL 126 A3
Cieza E 49 E1
Cifuentes E 43 D1
Cigliano I 74 C1
Cilavegna I 75 D1
Čilipi HR 136 A3
Cillas E 43 E1
Cilleros E 41 D2
Cilleruelo de Bezana E 36 B1
Cimişlia MD 127 E4
Cîmpeni RO 126 C4
Cîmpina RO 129 D1
Cîmpulung RO 129 D1
Cîmpulung
Moldovenesc RO 127 D3
Cinctorres E 44 A1
Ciney B 17 F3
Cinfães P 34 C4
Cingoli I 77 D3
Cinigiano I 76 A4
Cinisi I 84 B2
Činovec CZ 64 A1
Cintegabelle F 29 E3
Cintruénigo E 37 E3
Čiovo (Otok) HR 135 D2
Cirencester GB 13 F1
Cirey-sur-Vezouze F 23 D2
Ciria E 37 D4
Ciriè I 27 F4
Cirò I 83 F2
Cirò Marina I 83 F2
Čirpan BG 129 E2
Cisneros E 33 F4
Čista Mala HR 134 C1
Cista Provo HR 135 E2
Cisterna di Latina I 79 E2
Cisternino I 81 E3
Cistierna E 33 F3
Čitluk BIH 135 F2
Città della Pieve I 76 B4
Città di Castello I 76 B3
Città Sant'Angelo I 77 E4
Cittadella I 72 A4
Cittaducale I 79 E1
Cittanova I 83 E4
Cittareale I 77 D4
Ciudad Real E 42 B4
Ciudad Rodrigo E 41 E1
Ciutadella de Menorca E 45 F2
Cividale del Friuli I 72 C3
Civita Castellana I 79 D1
Civitanova Marche I 77 D3
Civitavecchia I 78 C1
Civitella del Tronto I 77 D4
Civitella Roveto I 79 E1
Civray F 25 D2
Çivril TR 129 F4
Čjurupyns'k UA 127 F3
Clacton-on-Sea GB 15 D3
Clairvaux-les-Lacs F 27 D2
Clamecy F 22 A4
Claonaig GB 8 B3
Clapham GB 10 C1
Clara / Clóirtheach IRL 2 C4
Clare GB 14 C2
Claremorris / Clár Chlainne
Mhuiris IRL 2 B3
Claudy GB 3 D2
Clausthal-Zellerfeld DE 56 C4
Claut I 68 A4
Clavière I 27 E4
Clay Cross GB 11 D3
Claye-Souilly F 21 F2
Clécy F 19 F2
Cleethorpes GB 11 F3
Clefmont F 22 C3
Cléguérec F 18 C3
Clelles F 31 D1
Clères F 16 A4
Clermont F 16 C4
Clermont-en-Argonne F 22 B2
Clermont-Ferrand F 26 A3
Clermont-l'Hérault F 30 A3
Clerval F 23 D4
Clervaux L 61 E3
Cléry-St-André F 21 E4
Cles I 67 E4
Clevedon GB 13 E2
Cleveleys GB 10 C2
Clifden / An Clochán IRL 2 A4
Clisson F 24 B1
Clitheroe GB 10 C2
Clogh Mills GB 3 E1
Cloghan IRL 2 C4
Clogheen IRL 4 C3
Clogherhead IRL 3 E3
Clonakilty /
Cloich na Coillte IRL 4 B4
Clonbur / An Fhairche IRL 2 A4
Clondalkin IRL 3 D4
Clones / Cluain Eois IRL 3 D3
Clonmel / Cluain Meala IRL 5 D3
Cloppenburg DE 55 F2
Clovelly GB 12 C2
Cloyes-sur-le-Loir F 21 D3
Cluj-Napoca RO 126 C4
Clun GB 10 C4
Cluny F 26 C2
Cluses F 27 E2
Clusone I 71 E3
Clydebank GB 8 C2
Coachford IRL 4 C3
Coalisland GB 3 D2
Coalville GB 11 D4
Coaña E 33 D2
Coatbridge GB 8 C3
Cobeña E 42 C1
Cobh / An Cóbh IRL 4 C4
Coburg DE 63 D2
Coca E 36 A4
Cocconato I 74 C1
Cocentaina E 43 F4
Cochem DE 61 F3
Cockburnspath GB 9 E3
Cockermouth GB 9 D4
Codevigo I 72 B4
Codigoro I 76 B1
Codogno I 75 E1
Codos E 37 E4
Codroipo I 72 C3
Coesfeld DE 55 E4
Coevorden NL 55 D3
Cofrentes E 43 F4
Cognac F 24 C3
Cogne I 27 F3
Cogolin F 31 E3
Cogolludo E 42 C1
Coimbra P 40 B1
Coín E 47 F3
Coina P 40 A4
Čoka SCG 132 C1
Col SLO 130 A3
Colares P 40 A3
Cölbe DE 62 B1
Colchester GB 15 D2
Coldbackie GB 7 D2
Colditz DE 57 F4
Coldstream GB 9 E3
Coleford GB 13 E1
Coleraine GB 3 D1
Colfiorito I 76 C4
Colico I 71 D3
Coligny F 27 D2
Colinas E 47 D2
Colindres E 36 C1
Colintraive GB 8 B2
Coll de Nargó E 38 C3
Colle di Val d'Elsa I 76 A3
Colle Isarco / Gossensaß I 67 E3
Colle Sannita I 80 A2
Collecchio I 75 F1
Colleferro I 79 E2
Collesalvetti I 75 F3
Collesano I 84 C2
Colli a Volturno I 79 F2
Collinée F 19 D3
Collio I 71 F4
Collioure F 30 A4
Collobrières F 31 E3
Collodi I 75 F3
Collonges F 27 D2
Collonges-la-Rouge F 25 E4
Colmar F 23 E3
Colmars F 31 E2
Colmenar E 48 A3
Colmenar de Oreja E 42 C2
Colmenar Viejo E 42 B1
Colnabaichin GB 7 E4
Colne GB 11 D2
Colobraro I 81 D4
Cologna Veneta I 72 A4
Cologne F 29 D2
Colombey-les-Belles F 22 C2
Colombey-
les-Deux-Églises F 22 B3
Colombres E 33 F2
Colomera E 48 A2
Colorno I 75 F1
Colosimi I 83 E2
Colunga E 33 F2
Colwyn Bay /
Bae Colwyn GB 10 B3
Coma-ruga E 38 C4
Comacchio I 76 B1
Comănești RO 127 D4
Combarro E 32 A3
Combe Martin GB 12 C2
Combeaufontaine F 22 C4

Comber GB....3 E2
Combloux F....27 E3
Combourg F....19 E3
Combronde F....26 A3
Comeglians I....68 A4
Comillas E....33 F2
Comines B....15 F4
Comines F....15 F4
Comiso I....85 D4
Commentry F....25 F2
Commercy F....22 C2
Como I....71 D4
Cómpeta E....48 A3
Compiègne F....16 C4
Comporta P....40 A4
Comps-sur-Artuby F....31 E2
Comrat MD....127 E4
Comunanza I....77 D4
Concarneau F....18 B3
Conches-en-Ouche F....21 D2
Concordia sulla Secchia I....76 A1
Condat F....26 A4
Condé-en-Brie F....22 A2
Condé-sur-l'Escaut F....17 D2
Condé-sur-Noireau F....19 F2
Condeixa-a-Nova P....40 B1
Condom F....29 D2
Condrieu F....26 C4
Conegliano I....72 B3
Conflans-en-Jarnisy F....22 C1
Confolens F....25 D3
Cong / Conga IRL....2 A4
Conga / Cong IRL....2 A4
Congleton GB....10 C3
Congosto de Valdavia E....33 F4
Congresbury GB....13 E2
Conil de la Frontera E....47 D4
Conisbrough GB....11 D3
Coniston GB....10 C1
Conlie F....20 C3
Conliège F....27 D2
Connel GB....8 B1
Connerré F....20 C3
Čonoplja SCG....132 B2
Conques F....29 F1
Conquista E....48 A1
Conselice I....76 B1
Conselve I....72 B4
Consett GB....9 E4
Constância P....40 B2
Constanța RO....129 F1
Constantina E....47 E1
Consuegra E....42 B3
Consuma I....76 A3
Contarina I....76 B1
Conthey CH....27 F2
Contigliano I....79 E1
Contin GB....6 C4
Contres F....21 D4
Contrexéville F....22 C3
Contursi Terme I....80 B3
Conty F....16 C4
Conversano I....81 D2
Conwy GB....10 B3
Cookstown GB....3 D2
Cootehill / Muinchille IRL....3 D3
Čop UA....126 B3
Cope E....49 E2
Copertino I....81 F3
Copparo I....76 B1
Corabia RO....129 D2
Coral Bay CY....138 A3
Corato I....80 C2
Coray F....18 B3
Corbeil-Essonnes F....21 E2
Corbie F....16 C3
Corbigny F....26 B1
Corbola I....76 B1
Corbridge GB....9 E4
Corby GB....11 E4
Corcieux F....23 D3
Corconte E....36 B1
Corcubión E....32 A3
Cordes-sur-Ciel F....29 F2
Córdoba E....47 F1
Cordobilla de Lácara E....41 E3
Corduente E....43 E1
Corella E....37 E3
Coreses E....35 F3
Corfe Castle GB....13 E3
Corgo E....32 C3
Cori I....79 E2
Coria E....41 E2
Coria del Río E....47 D2
Corias E....33 D3
Corigliano Calabro I....83 E2
Corinaldo I....76 C3
Coripe E....47 E3
Cork / Corcaigh IRL....4 C3
Corlay F....18 C3
Corleone I....84 B3
Corleto Perticara I....80 C3
Çorlu TR....129 F3
Cormatin F....26 C2
Cormeilles F....16 A4
Cormery F....25 D1
Cormons I....72 C3
Cornago E....37 D3
Cornellana E....33 E2
Corniglio I....75 F2
Cornimont F....23 D3
Čornobyl' UA....127 E1
Čornomors'ke UA....127 F4
Cornuda I....72 B3
Cornus F....30 A2
Corps F....31 D1
Corral de Almaguer E....42 C2
Corrales del Vino E....35 F4
Corran GB....8 B1
Corredoiras E....32 B3
Correggio I....75 F1
Corrèze F....25 E4
Corridonia I....77 D3
Corrofin IRL....4 C2
Corsham GB....13 E2
Čortanovci SCG....132 C2
Corte F....78 A3
Corte de Peleas E....41 D4
Cortegada E....32 B4
Cortegana E....46 C1
Cortemaggiore I....75 E1
Cortemilia I....74 C2
Corteolona I....75 E1
Cortes E....37 E3
Cortes de Aragón E....43 F1
Cortes de Baza E....48 C2
Cortes de la Frontera E....47 E3
Cortijos Nuevos E....48 C1
Cortina d'Ampezzo I....67 F4
Čortkiv UA....126 C3
Cortona I....76 B3
Coruche P....40 B3
Corvara in Badia I....67 F4
Corvera E....49 E2
Corvera de Toranzo E....36 B1
Corwen GB....10 B3
Cosenza I....83 E2
Cosham GB....13 F3
Cosne-d'Allier F....26 A2
Cosne-sur-Loire F....21 F4
Cossato I....70 C4
Cossé-le-Vivien F....19 F3
Cossonay CH....27 E2
Costa de Caparica P....40 A4
Costa de Santo André P....40 A4
Costigliole d'Asti I....74 C1
Coswig DE....57 E3
Coswig DE....58 A4
Cotignac F....31 E3
Cottbus DE....58 A3
Couches F....26 C1
Couço P....40 B3
Coucy-le-Château-
Auffrique F....17 D4
Couhé F....24 C2
Couilly-Pont-aux-Dames F....21 F2
Couiza F....29 F4
Coulanges-la-Vineuse F....22 A4
Coulanges-sur-Yonne F....22 A4
Coulommiers F....21 F2
Coulon F....24 C2
Coulonges-sur-l'Autize F....24 C2
Coupar Angus GB....9 D1
Couptrain F....19 F3
Cour-Cheverny F....21 D4
Courçon F....24 B2
Courmayeur I....27 F3
Cournon-d'Auvergne F....26 A3
Courpière F....26 A3
Cours F....26 B2
Coursan F....30 A3
Coursegoules F....31 F2
Courseulles-sur-Mer F....19 F1
Courson-les-Carrières F....22 A4
Courtenay F....21 F3
Courthézon F....30 C2
Courtomer F....20 C2
Courtown IRL....5 E2
Courville-sur-Eure F....21 D3
Coussey F....22 C3
Coutances F....19 E2
Coutras F....24 C4
Couvin B....17 E3
Cova da Iria P....40 B2
Covadonga E....33 F3
Covarrubias E....36 B3
Coventry GB....11 D4
Covilhã P....40 C1
Cowbridge / Bont-faen GB....13 D2
Cowdenbeath GB....9 D2
Cowes (Isle of Wight) GB....13 F3
Cowfold GB....14 B4
Cozes F....24 B3
Craco I....81 D3
Craigavon GB....3 E2
Craigellachie GB....7 E4
Craighouse GB....8 A2
Craignure GB....8 B1
Crail GB....9 E2
Crailsheim DE....62 C4
Craiova RO....129 D1
Cranborne GB....13 F3
Crans-sur-Sierre CH....27 F2
Craon F....19 F4
Craonne F....17 D4
Craponne-sur-Arzon F....26 B4
Crato P....40 C3
Craughwell IRL....2 B4
Craven Arms GB....10 C4
Crawinkel DE....63 D1

DIJON

8-Mai-1945 (Rd-Pt du)....B 96
26e-Dragons (R. du)....B 98
Aiguillottes (Bd des)....A 2
Allobroges (Bd des)....A 3
Bachelard (Bd Gaston)....A 4
Bellevue (R. de)....A 5
Bertin (Av. J.B.)....B 6
Briand (Av. A.)....B 8
Camus (Av. Albert)....B 12
Castel (Bd du)....A 13
Champollion (Av.)....B 15
Chanoine-Bardy (Imp.)....B 16
Chanoine-Kir (Bd)....A 17
Chateaubriand (R. de)....B 19
Chèvre-Morte (Bd de)....A 20
Churchill (Bd W.)....B 24
Clomiers (Bd des)....A 26
Concorde (Av. de la)....B 28
Einstein (Av. Albert)....A 36
Europe (Bd de l')....B 38
Europe (Rd-Pt de l')....B 40
Fauconnet (R. Gén.)....AB 42
Fontaine-des-Suisses (Bd)....B 44
Fontaine-lès-Dijon (R.)....A 43
France-Libre (Pl. de la)....AB 45
Gabriel (Bd)....B 46
Gallieni (Bd Mar.)....AB 48
Gaulle (Crs Gén.-de)....B 50
Gorgets (Bd des)....A 52
Jeanne-d'Arc (Bd)....B 55
Kennedy (Bd J.)....A 56
Magenta (R.)....B 58
Maillard (Bd)....A 60
Mansard (Bd)....B 62
Mont-Blanc (Av. du)....B 65
Nation (Rd-Pt de la)....B 66
Orfèvres (R. des)....A 68
Ouest (Bd de l')....A 69
Parc (Cours du)....B 70
Poincaré (Av. R.)....B 71
Pompidou (Rd-Pt Georges)....B 72
Pompon (Bd F.)....A 73
Prat (Av. du Colonel)....B 75
Rembrandt (Bd)....B 78
Rolin (Q. Nicolas)....A 79
Roosevelt (Av. F. D.)....B 80
Saint-Exupéry
(Pl.)....B 85
Schuman (Bd Robert)....B 88
Strasbourg (Bd de)....B 90
Trimolet (Bd)....B 91

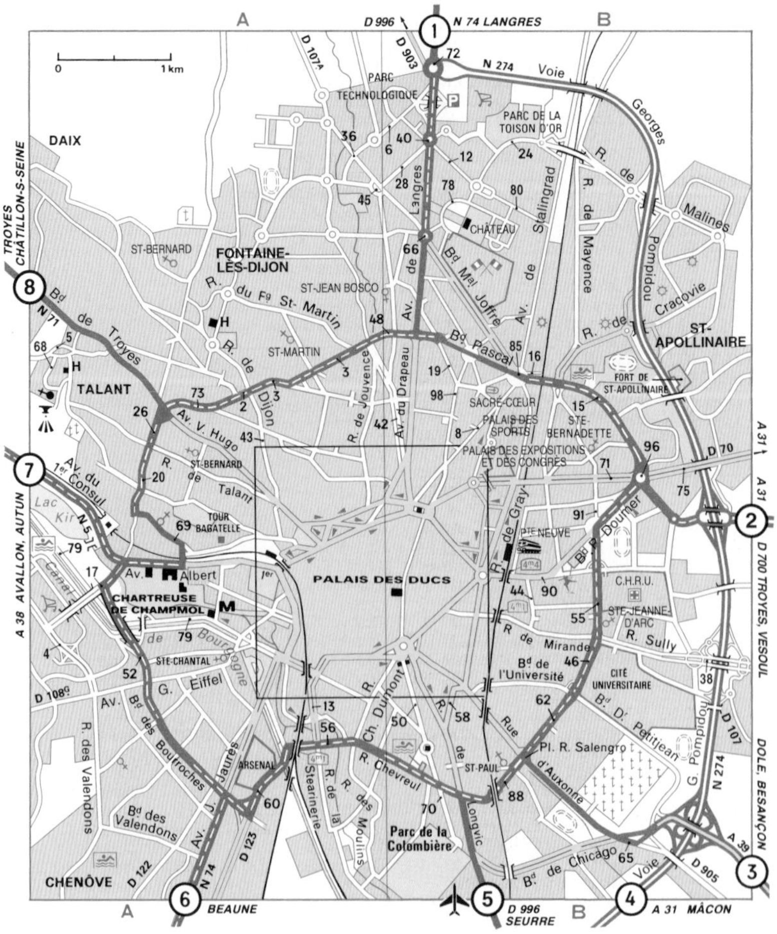

Crawley GB....14 C4
Creagorry GB....6 A4
Crécy-en-Ponthieu F....16 B3
Crécy-la-Chapelle F....21 F2
Crécy-sur-Serre F....17 D4
Crediton GB....13 D3
Creegh IRL....4 B2
Creeslough IRL....2 C1
Creglingen DE....62 C4
Creil F....16 C4
Crema I....71 E4
Crémieu F....26 C3
Cremona I....75 E1
Créon F....28 C1
Crepaja SCG....133 D3
Crépy-en-Valois F....16 C4
Cres HR....130 B4
Cres HR....130 B4
Crescentino I....74 C1
Crespino I....76 B1
Crest F....30 C1
Cresta CH....66 C4
Créteil F....21 E2
Creully F....19 F1
Creußen DE....63 E3
Creutzwald F....23 D1
Creuzburg DE....62 C1
Crevacuore I....70 C4
Crevalcore I....76 A1
Crèvecœur-le-Grand F....16 C4
Crevillent E....49 E1
Crewe GB....10 C3
Crewkerne GB....13 E3
Crianlarich GB....8 C2
Criccieth GB....10 A3
Crickhowell GB....13 D1
Cricklade GB....13 F2
Crieff GB....9 D2
Criel-sur-Mer F....16 B3
Crikvenica HR....130 B4
Crimmitschau DE....63 E1
Crinan GB....8 B2
Criquetot-l'Esneval F....16 A4
Crissolo I....31 F1
Crivitz DE....51 D3
Crkvice SCG....136 A3
Crmljan SCG....136 C3
Črmošnjice SLO....130 C3
Crna Bara SCG....132 B3
Črna na K. SLO....130 B1
Crna Trava SCG....137 E2
Crnac HR....131 F2
Crni Guber BIH....132 B4
Crni Lug HR....130 B3
Crni Lug BIH....135 D1
Črni Vrh SLO....130 B2
Crnjelovo Donje BIH....132 B3
Črnkovci HR....132 A2
Crnomelj SLO....130 C3
Crocq F....25 F3
Crolly / Croithlí IRL....2 C1
Cromarty GB....7 D4
Cromer GB....15 D1
Crook GB....11 D1
Croom IRL....4 C2
Cross Hands GB....12 C1
Crosshaven IRL....4 C4
Crossmaglen GB....3 D3
Crossmolina /
Crois Mhaoilíona IRL....2 B3
Crotone I....83 F2
Crowborough GB....14 C4
Crowland GB....11 F4
Crowle GB....11 E2
Croyde GB....12 C2
Croydon GB....14 C3
Crozant F....25 E2
Crozon F....18 B3
Cruden Bay GB....7 F4
Crudgington GB....10 C4
Crumlin GB....3 E2
Cruseilles F....27 D3
Cruz da Légua P....40 A2
Cruzamento de Pegões P....40 B4
Crveni Grm BIH....135 F2
Crvenka SCG....132 B2
Csongrád H....126 B4
Csorna H....69 F1
Cuacos de Yuste E....41 F2
Cualedro E....32 B4
Cuba P....46 B1
Cubel E....37 E4
Cuckfield GB....14 C4
Čude BIH....132 B4
Cudillero E....33 E2
Čudovo RUS....125 D1
Cuéllar E....36 A4
Cuenca (Cuenca) E....43 D2
Cuers F....31 E3
Cuerva E....42 B3
Cuevas de
San Clemente E....36 B3
Cuevas de San Marcos E....48 A2
Cuevas del Almanzora E....49 D3
Cuevas del Becerro E....47 F3
Cuevas del Campo E....48 C2
Cuevas del Valle E....42 A1
Cuglieri I....82 A2
Cuijk NL....54 C4
Cuiseaux F....27 D2
Cuisery F....26 C2
Culan F....25 F2
Culdaff IRL....3 D1
Culemborg NL....54 C4
Cúllar Baza E....48 C2
Cullen GB....7 E4
Cullera E....44 A4
Cullompton GB....13 D3
Culoz F....27 D3
Culross GB....9 D2
Cumbernauld GB....8 C2
Cumbres Mayores E....47 D1
Cumiana I....27 F4
Čumić SCG....133 D4
Cumnock GB....8 C3
Cunault F....19 F4
Cuneo I....31 F1
Čunlhat F....26 A3
Čunski HR....134 A1
Cuntis E....32 A3
Cuorgnè I....27 F3
Cupar GB....9 D2
Cupello I....80 A1
Cupramontana I....76 C3
Ćuprija SCG....133 E4
Curia P....40 B1
Curtea de Argeș RO....129 D1
Curtis E....32 B2
Ćurug SCG....132 C2
Cusano Mutri I....80 A2
Cushendall GB....3 E1
Cushendun GB....3 E1
Cusset F....26 A2
Cutro I....83 F2
Cuxhaven DE....50 A3
Cvikov CZ....64 B1
Čvrstec HR....131 E2
Cwmbrân GB....13 D1
Cysoing F....17 D2
Czarnków PL....52 C4
Czersk PL....53 D2
Częstochowa PL....126 A2
Człuchów PL....53 D2

D

D. Brela HR....135 E2
D. Kazanci BIH....135 D1
D. Ljubata SCG....137 F2
D. Lukavac BIH....136 A2
D. Malovan BIH....135 E1
D. Rujani BIH....135 D1
D. Seget HR....135 D2
D. Stalina SCG....137 E1
D. Zemunik HR....134 C1
Dabar HR....130 C4

Dabilje MK 137 F4
Dabo F 23 E2
Dabromani BIH 135 F3
Dachau DE 67 E1
Dačice CZ 64 C3
Dadiá GR 91 E2
Dáfnes GR 93 D4
Dafní GR 94 A4
Dáfni GR 93 D3
Dáfni GR 96 C1
Dáfni (Ágio Óros) GR 89 D3
Dáfni (Lésvos) GR 89 F4
Dáfnio GR 97 D3
Dafnónas GR 89 E1
Dafnónas GR 93 D3
Dafnotí GR 92 B1
Dagali N 116 C1
Dagebüll DE 50 A2
Dagenham GB 14 C3
Dahlen DE 57 F4
Dahlenburg DE 50 C4
Dahme (Kreis Ostholstein) DE 50 C2
Dahme (Kreis Teltow-Fläming) DE 57 F3
Dahn DE 23 E1
Daimiel E 42 B4
Daimús E 44 A4
Đakovica SCG 136 C3
Đakovo HR 132 A3
Dal N 117 E1
Đala SCG 132 C1
Dalbeattie GB 8 C4
Dalby S 123 D3
Dale N 110 B4
Dale N 110 A3
Dalen N 116 C2
Dalhem S 119 F4
Dali CY 138 C3
Dalías E 48 C3
Daliburgh GB 6 A4
Dalj HR 132 B2
Dalkeith GB 9 D3
Dalkey IRL 3 E4
Dalmally GB 8 B2
Dalmellington GB 8 C3
Dalmine I 71 E4
Dalry GB 8 C3
Dals Långed S 118 B3
Dalsbruk FIN 120 B4
Dalsjöfors S 118 B4
Dalton in Furness GB 10 C1
Dalvík IS 106 B1
Dalwhinnie GB 8 C1
Damaskiniá GR 87 E3
Damássi GR 87 F4
Damazan F 28 C1
Damelevières F 23 D2
Damgan F 19 D4
Damianó GR 88 A2
Dammartin-en-Goële F 21 F2
Damme (Kreis Vechta) DE 55 F3
Damnjane SCG 137 D3
Dampierre F 27 D1
Dampierre-sur-Salon F 22 C4
Damville F 21 D2
Damvillers F 17 F4
Dangé-St-Romain F 25 D1
Danilov RUS 125 F1
Danilovgrad SCG 136 B3
Dannemarie F 23 E4
Dannenberg (Elbe) (Kreis Lüchow-Dannenberg) DE 51 D4
Daoulas F 18 B3
Darda HR 132 A2
Dardesheim DE 57 D3
Darfo-Boario Terme I 71 E3
Dargun DE 51 E3
Darlington GB 11 D1
Darłowo PL 52 C1
Darmstadt DE 62 B3
Darney F 22 C3
Daroca E 37 E4
Darque P 34 B3
Dartford GB 14 C3
Dartmouth GB 13 D4
Daruvar HR 131 E2
Darwen GB 10 C2
Dasburg DE 61 E3
Dasing DE 67 D1
Dassel DE 56 B4
Dassohóri GR 89 E2
Dassow DE 50 C3
D'at'kovo RUS 125 F4
Datteln DE 55 E4
Daugavpils LV 124 C3
Daun DE 61 F3
Dava GB 7 D4
Daventry GB 13 F1
Daviá GR 96 C1
Dávlia GR 93 E3
Davlos CY 139 E2
Davor HR 131 F3

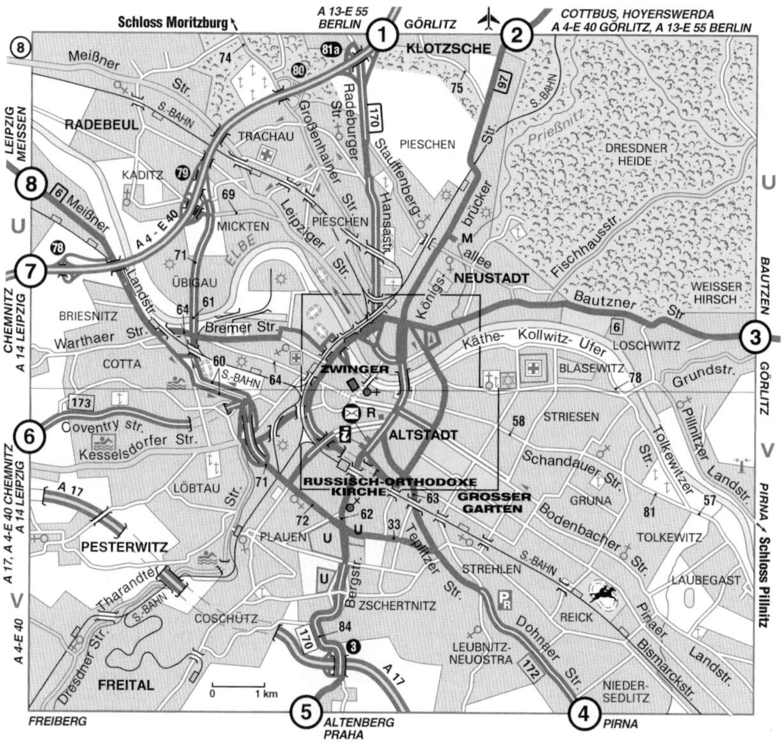

DRESDEN

Alttolkewitz V 57
Borsbergstr. V 58
Emerich-Ambros-Ufer U 60
Flügelwegbrücke UV 61
Fritz-Löffler-Str. V 62
Gerhart-Hauptmann-Str. V 63
Hamburger Str. U 64
Innsbrucker Straße V 84
Lommatzscher Str. U 69
Moritzburger Landstr. U 74
Moritzburger Weg U 75
Naumannstr. V 78
Nossener Brücke V 71
Nürnberger Str. V 72
Washingtonstr. U 79
Wehlener Str. V 81
Zellescher Weg V 83

Bana Josipa Jelačića BYZ 4
Čingrije (Pera) BZ 10
Dr. Ante Starčevića BCZ 12
Dr. Ante Šercera AYZ 13
Dr. Roka Mišetića AZ 15
Kranjčevića (Silvija Strahimira) BY 31
Nazora (Vladimira) BCZ 43
Od Svetog Mihajla BY 50
Od Tabakarije CZ 52
Petra Krešimira IV. CZ 56

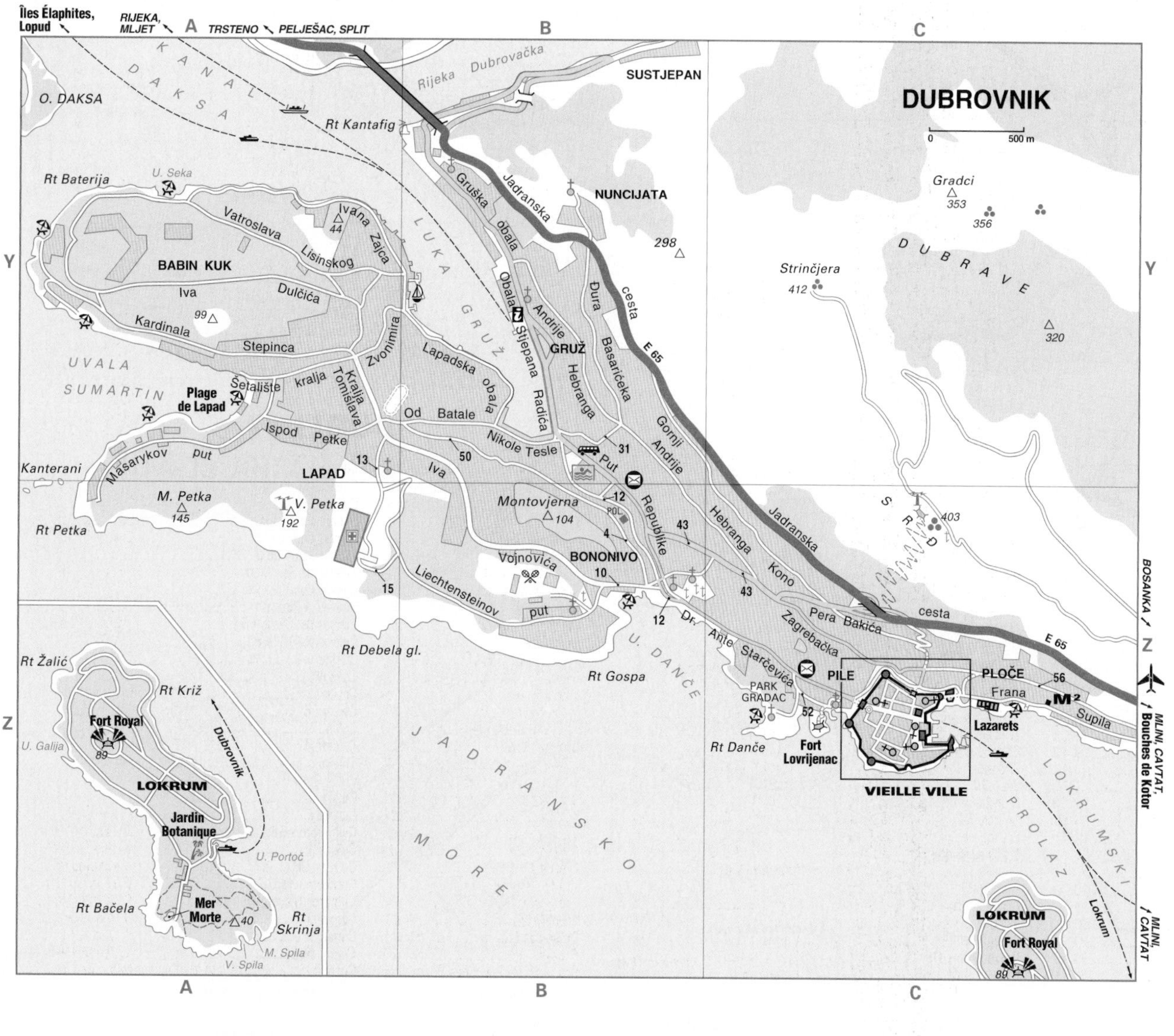

Davos CH 66 C4
Dawlish GB 13 D3
Dax F 28 B2
De Bilt NL 54 C4
De Haan B 15 F3
De Koog NL 54 B2
De Panne B 15 F4
Deal GB 15 D3
Deauville F 20 C1
Deba E 37 D1
Debar MK 137 D4
Debarska Banja
Banjišta MK 137 D4
Debeli Lug SCG 133 E3
Debeljača SCG 133 D2
Dębica PL 126 B2
Dęblin PL 126 B1
Debrc SCG 132 C3
Debrecen H 126 B4
Dečani SCG 136 C3
Decazeville F 29 F1
Děčín CZ 64 A1
Decize F 26 A1
Dedemsvaart NL 55 D3
Degaña E 33 D3
Degerfors S 118 C2
Degerndorf a. Inn DE 67 F2
Deggendorf DE 64 A4
Dego I 74 C2
Degracias P 40 B1
Dehesa de Montejo E 33 F3
Deidesheim DE 23 F1
Deinze B 17 D2
Deiva Marina I 75 E2
Dej RO 126 C4
Deje S 118 C2
Delčevo MK 137 F3
Delden NL 55 D3
Deleitosa E 41 F2
Delémont CH 23 E4
Deléria GR 88 A4
Delfí GR 93 E3
Delft NL 54 B4
Delfzijl NL 55 D1
Delia I 84 C3
Delianuova I 83 E4
Deliblato SCG 133 D3
Deliceto I 80 B2
Delimeđe SCG 136 C2
Delitzsch DE 57 E4
Delle F 23 E4
Delme F 23 D2
Delmenhorst DE 50 A4
Delnice HR 130 C3
Delsbo S 112 C4
Deltebre E 44 B1
Delvin IRL 3 D4
Delvináki GR 86 C4
Demidov RUS 125 E3
Demir Kapija MK 137 F4
Demirci TR 129 F4
Demmin DE 51 E3
Demonía GR 97 E3
Den Burg NL 54 B2
Den Haag =
's-Gravenhage NL 54 B4
Den Helder NL 54 B2
Den Oever NL 54 B2
Denain F 17 D3
Denbigh / Dinbych GB 10 B3
Dendermonde B 17 E1
Dendrohóri GR 87 D2
Denekamp NL 55 E3
Dénia E 44 A4
Denizli TR 129 F4
Denkendorf DE 63 E4
Dennington GB 15 D2
Denny GB 8 C2
Derby GB 11 D4
Dereköy TR 129 E2
Derenburg DE 57 D4
Dermbach
(Wartburgkreis) DE 62 C1
Derneburg DE 56 C3
Deruta I 76 C4
Dervaig GB 8 A1
Derval F 19 E4
Dervéni GR 93 E4
Derventa BIH 131 F3
Dervíziana GR 92 B1
Deryneia CY 139 E3
Desborough GB 11 E4
Descartes F 25 D1
Desenzano del Garda I 71 F4
Desfína GR 93 E3
Desimirovac SCG 133 D4
Desio I 71 D4
Deskáti GR 87 F4
Despotikó (Nissí) GR 98 C3
Despotovac SCG 133 E4
Despotovo SCG 132 B2
Dessau (Kreis
Dessau Stadt) DE 57 E3
Deštné v Orlických
horach CZ 65 D1
Destriana E 33 D4
Desulo I 82 B3
Desvres F 15 E4
Deta RO 128 C1
Detmold DE 56 B4
Dettelbach DE 62 C3
Deurne NL 17 F1
Deutsch Wagram A 65 E4
Deutschkreutz A 69 E2
Deutschlandsberg A 69 D3
Deva RO 126 C4
Deventer NL 55 D3
Devil's Bridge /
Pontarfynach GB 10 B4
Devizes GB 13 F2
Devnja BG 129 E2
Dewsbury GB 11 D2
Deyá E 45 E3
Deza E 37 D4
Dezzo I 71 E3
Dhekelia
Sovereign Base CY 139 D3
Día (Nissí) GR 101 D3
Diafáni GR 103 D3
Diakófti GR 97 E4
Diakoftó GR 93 D4
Diamante I 83 D2
Diano Marina I 74 C3
Diápora Nissiá GR 97 E1
Diarizos CY 138 B3
Diavatá GR 88 B2
Diavolítsi GR 96 C2
Dibbersen
(Kreis Harburg) DE 50 B4
Dicmo HR 135 D2
Dicomano I 76 A3
Dídima GR 97 E2
Didimótiho GR 91 E1
Die F 31 D1
Dieburg DE 62 B3
Diedorf (Untrut-
Hainich-Kreis) DE 62 C1
Diego Alvaro E 41 F1
Diekirch L 61 E3
Diemelstadt DE 56 B4
Diepholz DE 55 F3
Dieppe F 16 A3
Dierdorf DE 61 F2
Dieren NL 55 D4
Diesdorf (Altmarkkreis
Salzwedel) DE 56 C2
Dießen a. Ammersee
(Kreis Landsberg a.
Lech) DE 67 E2
Diest B 17 F1
Dietenheim DE 66 C2
Dietfurt a. d. Altmühl
(Kreis Neumarkt i. d.
OPf.) DE 63 E4
Dietikon CH 23 F4
Dietmannsried DE 67 D2
Dietzenbach DE 62 B3
Dieulefit F 30 C1
Dieulouard F 22 C2
Dieuze F 23 D2
Diez DE 62 A2
Diezma E 48 B2
Differdange L 22 C1
Digermulen N 104 A4
Dignano I 72 C3
Digne-les-Bains F 31 E2
Digoin F 26 B2
Dijon F 22 B4
Dikanäs S 107 F4
Díkea GR 91 E1
Díkela GR 91 D2
Diksmuide B 15 F4
Dílessi GR 94 A3
Dilináta GR 92 A4
Dillenburg DE 62 A2
Dillingen (Saar)
(Kreis Saarlouis) DE 23 D1
Dillingen an der Donau
(Kreis Dillingen) DE 67 D1
Dílofos GR 91 E1
Dílos (Nissí) GR 98 C2
Dímena GR 97 E1
Dímitra GR 88 A4
Dimitrítsi GR 88 C1
Dimitrovgrad SCG 137 F1
Dimitrovgrad BG 129 E2
Dimitsána GR 96 C1
Dinali M 85 F4
Dinami I 83 E3
Dinan F 19 D3
Dinant B 17 F3
Dinar TR 129 F4
Dinard F 19 D2
Dingelstädt DE 56 C4
Dingle S 118 B3
Dingle / An Daingean IRL 4 A3
Dingolfing DE 67 F1
Dingwall GB 7 D4
Dinjiška HR 134 B1
Dinkelsbühl DE 63 D4
Dinklage DE 55 F2
Dinslaken DE 55 D4
Dío GR 88 A3
Diónissos GR 94 B4
Diorios CY 138 C2
Dipótama GR 90 B1
Dippoldiswalde DE 64 A1
Diráhio GR 96 C2
Dirdal N 116 A2
Diroú (Spílea) GR 97 D3
Disentis / Mustér CH 66 B4
Dispílio GR 87 E2
Diss GB 15 D2
Dissen
(Kreis Osnabrück) DE 55 F3
Dístomo GR 93 E3
Distos GR 94 B3
Ditzingen DE 66 B1
Divača SLO 130 A3
Divaráta GR 92 A3
Divčibare SCG 132 C4
Dives-sur-Mer F 20 C1
Divič BIH 132 B4
Divljana SCG 137 E1
Divonne-les-Bains F 27 D2
Divoúnia (Nissí) GR 102 C3
Dívri GR 93 E2
Divuša HR 131 E3
Djúpivogur IS 106 C2
Djupvik N 104 C2
Djurås S 119 D1
Dmitrov RUS 125 F2
Dniprodzeržyns'k UA 127 F2
Dnipropetrovs'k UA 127 F2
Dno RUS 125 D2
Dobanovci SCG 132 C3
Dobbiaco / Toblach I 67 F4
Dobel DE 23 F2
Dobele LV 124 B3
Döbeln DE 57 F4
Doberlug-Kirchhain DE 58 A4
Döbern
(Kreis Spree-Neiße) DE 58 B3
Dobersberg A 64 C4
Doboj BIH 132 A4
Dobosnica BIH 132 A4
Dobra SCG 133 E3
Dobrčane SCG 137 E2
Dobri Do SCG 137 D2
Döbriach A 68 B3
Dobrič BG 129 E1
Dobrica SCG 133 D2
Dobričevo SCG 133 E2
Dobrinj HR 130 B4

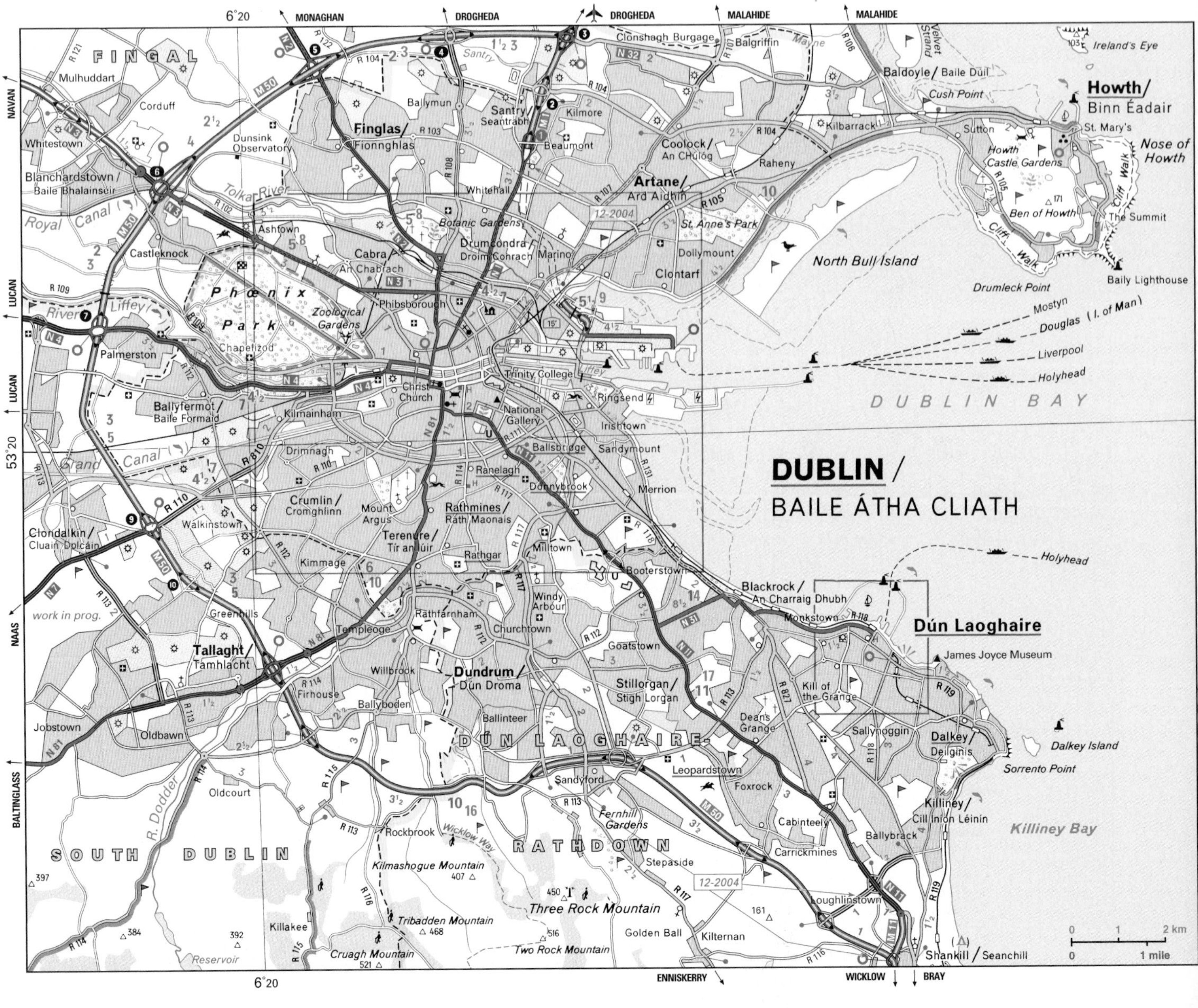

Am Schönenkamp T 2
Arnulfstr. T 3
Benderstr. T 4
Bernburger Str. T 5
Brehmstr. S 10
Corneliusstr. T 14
Danziger Str. S 16
Deutzer Str. T 17
Düsseldorfer Str. ST 18
Eckenerstr. S 20
Fahneburgstr. S 26
Graf-Adolf-Str. T 34
Graf-Recke-Str. S 36
Grafenberger Allee T 35
Hamborner Str. S 37
Heerdter Landstr. T 40
Heidelberger Str. T 41
Heinrich-Ehrhardt-Str. S 42
In den Kötten T 48
Kaiserswerther Str. S 54
Kalkumer Str. S 56
Klein-Eller T 57
Königsberger Str. T 58
Krefelder Str. T 61
Lindemannstr. T 63
Ludenberger Str. S 65
Luegallee T 66
Lütticher Str. S 67
Merowingerstr. T 71
Münchener Str. T 72
Münsterstr. S 73
Niederlöricker Str. T 75
Niederrheinstr. S 76
Oberkasseler Brücke T 82
Oberlöricker Str. S 83
Oberrather Str. S 84
Pariser Str. T 85
Pöhlenweg T 86
Rather Broich S 87
Reichswaldallee S 89
Reisholzer Str. T 90
Rennbahnstr. S 91
Sandträgerweg T 92
Südlicher Zubringer T 99
Ulmenstr. S 102
Unterrather Str. S 103
Vennhauser Allee T 106
Werdener Str. T 109
Werstener Str. T 110
Westfalenstr. S 112

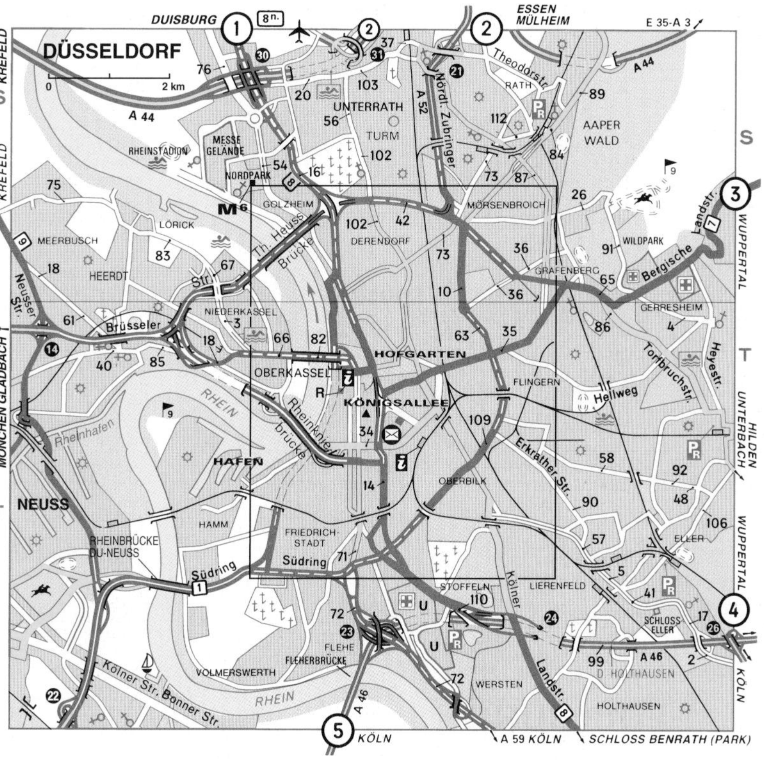

Dobrinja SCG 132 C4
Dobříš CZ 64 B2
Dobrljin BIH 131 E3
Dobrna SLO 130 C2
Dobro Polje BIH 136 A1
Dobrošinci MK 137 F4
Dobrovnik SLO 131 D1
Dobrun BIH 136 B1
Dobruš BY 125 E4
Dobruševo MK 137 E4
Dobruška CZ 65 D1
Docksta S 113 D2
Dodóni GR 92 B1
Doesburg NL 55 D4
Doetinchem NL 55 D4
Doganović SCG 137 D3
Dogliani I 74 C2
Doïráni GR 88 B1
Dokanj BIH 132 B4
Dokka N 111 D4
Dokkum NL 54 C1
Dokós (Nissí) GR 97 E2
Doksy CZ 64 B1
Dol-de-Bretagne F 19 E2
Dole F 27 D1
Dølemo N 116 C3
Dolenci MK 137 E4
Dolenjavas SLO 130 B3
Dolenjske Toplice SLO 130 C3
Dolgas Vas SLO 131 D1
Dolgellau GB 10 B4
Dolianá GR 86 C4
Dolianova I 82 B4
Dolíhi GR 87 F3
Doljani HR 131 D4
Doljevac SCG 137 E1
Dolla IRL 4 C2
Döllach A 68 A3
Dollar GB 9 D2
Dolle DE 57 D3
Dolní Dvořiště CZ 64 B4
Dolní Lipka CZ 65 D2
Dolní Poustevna CZ 64 A1
Dolno Kosovrasti MK 137 D4
Dolo I 72 B4
Dolores E 49 F1
Dolovo SCG 133 D3
Dolyna UA 126 C3
Domart-en-Ponthieu F 16 C3
Domaševo BIH 136 A3
Domažlice CZ 63 F3
Dombås N 111 D3
Dombasle-sur-Meurthe F 23 D2
Dombóvár H 126 A4
Domburg NL 15 F3
Domène F 27 D4
Doméniko GR 87 F4
Domèvre-en-Haye F 22 C2
Domfront F 19 F2
Dömitz DE 51 D4
Domme F 29 E1
Dommitzsch DE 57 F4
Domnísta GR 93 D2
Domodedovo RUS 125 F2
Domodossola I 70 C3
Domokós GR 93 E2
Dompaire F 23 D3
Dompierre-sur-Besbre F 26 B2
Domrémy-la-Pucelle F 22 C3
Domusnovas I 82 B4
Domvréna GR 93 F4
Domžale SLO 130 B2
Don Benito E 41 E4
Doña María Ocaña E 48 C3
Doña Mencía E 48 A2
Donaghadee GB 3 E2
Donaueschingen DE 23 F3
Donauwörth DE 67 D1
Donawitz A 68 C2
Doncaster GB 11 E3
Donegal / Dún na nGall IRL 2 C2
Doneztebe E 28 A3
Dongen NL 54 B4
Donges F 19 D4
Donington GB 11 F4
Donja Brezna SCG 136 A2
Donja Bukovica SCG 136 B2
Donja Šatornja SCG 133 D4
Donje Crniljevo SCG 132 C4
Donje Dragovlje SCG 137 E1
Donje Ljupče SCG 137 D2
Donji Andrijevci HR 132 A3
Donji Barbeš SCG 137 E1
Donji Kneginec HR 131 D2
Donji Lapac HR 131 D4
Donji Miholjac HR 131 F3
Donji Milanovac SCG 133 F3
Donji Stajevac SCG 137 E2
Donji Vakuf BIH 135 E1
Donji Vijačani BIH 131 F4
Donnemarie-Dontilly F 21 F3
Donnersbachwald A 68 B2
Dønnes N 107 D3
Donostia-San Sebastián E 28 A3
Donoúsa (Nissí) GR 99 D2
Donzenac F 25 E4
Donzère F 30 C1
Donzy F 21 F4
Doorn NL 54 C4
Dora CY 138 B4
Đorce Petrov MK 137 E3
Dorchester GB 13 E3
Dordives F 21 F3
Dordrecht NL 54 B4
Dorfen (Kreis Erding) DE 67 F1
Dorfmark DE 56 B2
Dorgali I 82 C2
Dório GR 96 C2
Dorkáda GR 88 B2
Dorking GB 14 B3
Dormagen DE 61 E1
Dormans F 22 A2
Dornbirn A 66 C3
Dornburg (Saale) (Saale-Holzland-Kreis) DE 63 E1
Dorndorf (Wartburgkreis) DE 62 C1
Dornes F 26 A2
Dornie GB 6 B4
Dornoch GB 7 D3
Dornstetten DE 23 F2
Dornum DE 55 E1
Dorog H 126 A4
Dorogobuž RUS 125 E3
Dorohoi RO 127 D3
Dorotea S 112 C1
Dörpstedt DE 50 B2
Dorsten DE 55 E4
Dortan F 27 D2
Dortmund DE 55 E4
Dorum DE 50 A3
Dörzbach DE 62 C4
Dos Hermanas E 47 D2
Dosbarrios E 42 C2
Douai F 17 D3
Douarnenez F 18 B3
Doucier F 27 D2
Doudeville F 16 A4
Doué-la-Fontaine F 24 C1
Douglas GB 8 C3
Douglas GB 3 F3
Doulaincourt F 22 B3
Doulevant-le-Château F 22 B3
Doullens F 16 C3
Doune GB 8 C2
Dourdan F 21 E3
Dourgne F 29 F3
Doŭsk BY 125 E4
Douvaine F 27 E2
Douvres-la-Délivrande F 19 F1
Dover GB 15 D4
Dovre N 111 D3
Downham Market GB 11 F4
Downpatrick GB 3 E3
Dowra IRL 2 C3
Doxarás GR 93 E1
Doxáto GR 89 D1
Dozulé F 20 C1
Dračevo MK 137 E3
Drachten NL 55 D2
Drag N 107 F1
Dragalovci BIH 131 F4
Dragaš SCG 137 D3
Drăgăşani RO 129 D1
Dragaši SCG 136 B2
Draginac SCG 132 B4
Draginje SCG 132 C4
Dragočaj BIH 131 E4
Dragoevo MK 137 F3
Dragoman BG 129 D2
Dragoni I 80 A2
Dragør DK 123 D3
Dragoš MK 87 E1
Dragosvet SCG 133 E4
Dragotiná GR 92 A1
Dragović HR 131 E3
Dragozetići HR 130 B4
Dragsfjärd FIN 120 B4
Dragsvik N 110 B4
Draguignan F 31 E3
Dráma GR 89 D1
Drammen N 117 D2
Drangedal N 116 C2
Dranske DE 51 E1
Drasenhofen A 65 E4
Dravograd SLO 130 C1
Drawsko Pomorskie PL 52 B3
Draženov CZ 63 F3
Draževac SCG 132 C3
Drebkau DE 58 A3
Drenovci HR 132 B3
Drenovo MK 137 F4
Drépano GR 87 F3
Drépano GR 97 E1
Drepano (Cape) CY 138 A3
Dresden DE 58 A4
Dreux F 21 D2
Drežnik Grad HR 131 D4
Driebergen-Rijsenburg NL 54 C4
Driebes E 42 C2
Driméa GR 93 E3
Drimós GR 88 B2
Drinjača BIH 132 B4
Drinovci BIH 135 E2
Driopída GR 98 B2
Driós GR 98 C3
Drlače SCG 132 C4
Drnholec CZ 65 D4
Drniš HR 135 D1
Drnje HR 131 E1
Drnovo SLO 130 C2
Drøbak N 117 D2
Drobeta-Turnu Severin RO 128 C1
Drochtersen DE 50 B3
Drogheda / Droichead Átha IRL 3 D4
Drohobyč UA 126 C3
Droitwich GB 13 E1
Drokija MD 127 D3
Dromcolliher IRL 4 C3
Dromolaxia CY 139 D3
Dromore GB 2 C2
Dromore GB 3 E2
Dronero I 31 F1
Dronfield GB 11 D3
Drongaráti GR 92 A4
Dronninglund DK 122 C1
Dronten NL 54 C3
Drosendorf Stadt A 64 C4
Drossáto GR 88 B1
Drosseró GR 88 A2
Drossiá GR 94 A3
Drossohóri GR 93 E3
Drossopigí (Flórina) GR 87 E2
Drossopigí (Ioánina) GR 87 D3
Drottningholm S 119 E2
Droué F 21 D3
Drouseia CY 138 A3
Drugovci BIH 132 A4
Drulingen F 23 E2
Drumkeeran IRL 2 C3
Drummore GB 3 F2
Drumnadrochit GB 6 C4
Drumshanbo IRL 2 C3
Drusenheim F 23 F2
Druskininkai LT 124 B4
Druten NL 54 C4
Drvar BIH 135 D1
Drvenik HR 135 E2
Drvenik (Otok) HR 135 D2
Dryburgh Abbey GB 9 E3
Drymen GB 8 C2
Dubăsari MD 127 E3
Duben DE 58 A3
Dubí CZ 64 A1
Dublin / Baile Átha Cliath IRL 3 D4
Dubna RUS 125 F2
Dubňany CZ 65 E3
Dubno UA 126 C2
Duboka SCG 136 C2
Dubona SCG 133 D3
Duboštica BIH 132 A4
Dubovac SCG 133 D3
Dubovsko BIH 131 D4
Dubrava (Pelješac Otok) HR 135 F3
Dubrava (Zagreb) HR 131 D2
Dubrava Stara BIH 131 F4
Dubrave (Brčko) BIH 132 B4
Dubrave (Tuzla) BIH 132 A3
Dubravica SCG 133 D3
Dubrovnik HR 135 F3
Ducey F 19 E2
Duchcov CZ 64 A1
Ducherow DE 51 F3
Duchovščina RUS 125 E3
Duclair F 16 A4
Dudelange L 22 C1
Duderstadt DE 56 C4
Dudley GB 11 D4
Dudweiler DE 23 D1
Dueñas E 36 A3
Duesund N 110 A4
Dufftown GB 7 E4
Duga Poljana SCG 136 C1
Duga Reka HR 130 C3
Dugi Otok (Otok) HR 134 B1
Dugi Rat HR 135 D2
Dugi Selo HR 131 D2
Duingt F 27 E3
Duino-Aurisina I 72 C3
Duisburg DE 61 E1
Dukat SCG 137 F2
Duleek IRL 3 D4
Dulje SCG 137 D3
Dülken DE 61 E1
Dülmen DE 55 E4
Dulnain Bridge GB 7 D4
Đulovac HR 131 F2
Dulovo BG 129 E1
Dumbarton GB 8 C2
Dumbría E 32 A2
Dumfries GB 9 D4
Dun Laoghaire IRL 3 E4
Dun-le-Palestel F 25 E2
Dun-sur-Auron F 25 F1
Dunaföldvár H 126 A4
Dunaïvci UA 127 D3
Dunaújváros H 126 A4
Dunbar GB 9 E2
Dunblane GB 8 C2
Dundalk / Dún Dealgan IRL 3 D3
Dundee GB 9 D2
Dundonnell GB 6 C3
Dunfanaghy IRL 2 C1
Dunfermline GB 9 D2
Dungannon GB 3 D2
Dungarvan / Dún Garbhán IRL 5 D3
Dungiven GB 3 D2
Dunglow / An Clochán Liath IRL 2 C1
Dunje MK 137 E4
Dunkeld GB 9 D1
Dunkerque F 15 E4
Dunmanway / Dún Mánmhaí IRL 4 B4
Dunmore / Dún Mór IRL 2 B4
Dunmore East IRL 5 D3
Dunnamanagh GB 3 D2
Dunnet GB 7 E2
Dunoon GB 8 B2
Duns GB 9 E3
Dunshaughlin IRL 3 D4
Dunstable GB 14 B2
Dunster GB 13 D2
Dunvegan GB 6 B4
Dupnica BG 129 D2
Đurakovac SCG 136 C2
Durango E 37 D1
Duras F 28 C1
Durban-Corbières F 30 A4
Durbuy B 17 F3
Dúrcal E 48 B3
Đurđevac HR 131 E2
Đurđevića Tara SCG 136 B2
Đurđevik BIH 132 B4
Düren DE 61 E2
Durham GB 9 F4
Durlach DE 23 F2
urmanec HR 131 D2
Durness GB 6 C2
Dürnkrut A 65 E4
Dürnstein A 68 C1
Durrës AL 128 B3
Durrow IRL 5 D2
Dursley GB 13 E1
Durtal F 19 F4
Duruelo E 36 C3
Dušanovo BIH 132 B4
Dusina BIH 135 F1
Düsseldorf DE 61 E1
Duved S 112 A2
Duži (Mostar) BIH 135 F3
Duži (Trebinje) BIH 136 A3
Dverberg N 104 A3
Dvor HR 131 D3
Dvorovi BIH 132 B3
Dvory nad Lužnicí CZ 64 C4
Dvůr Králové nad Labem CZ 64 C1
Dyrnes N 110 C1
Džanići BIH 135 F1
Džep SCG 137 E2
Dzermiádo GR 101 E4
Dzierżoniów PL 65 D1
Dzjarżynsk BY 124 C4
Džumajlija MK 137 E3

E

Eaglescliffe GB 11 D1
Eándio GR 94 A4
Eaní GR 87 F3
Earith GB 14 C2
Earlston GB 9 E3
Easingwold GB 11 E2
Easky IRL 2 B2
East Dereham GB 15 D1
East Grinstead GB 14 C4
East Kilbride GB 8 C3
East Linton GB 9 E2
Eastbourne GB 14 C4
Eastleigh GB 13 F3
Eaux-Bonnes F 28 C4
Eauze F 28 C2
Ebbw Vale / Glyn Ebwy GB 13 D1
Ebeleben DE 57 D4
Ebeltoft DK 122 C2
Eben im Pongau A 68 A2
Ebenfurth A 69 E1
Ebensee A 68 B2
Eberbach (Rhein-Neckar-Kreis) DE 62 B4
Ebermannstadt DE 63 D3
Ebern DE 63 D2
Eberndorf A 68 C4
Ebersbach (Kreis Löbau-Zittau) DE 58 B4
Ebersberg DE 67 F2
Eberstein A 68 C3
Eberswalde DE 52 A4
Ebmath DE 63 E2
Eboli I 80 B3
Ebrach DE 63 D3
Ebreichsdorf A 69 E1
Ébreuil F 26 A2
Ebstorf DE 50 C4
Eccleshall GB 10 C4
Eceabat TR 129 E3
Echallens CH 27 E1
Echt NL 61 D1
Echte DE 56 C4
Echternach L 61 E3
Écija E 47 F2
Ečka SCG 132 C2
Eckartsberga DE 63 E1
Eckernförde DE 50 B2
Eckerö FIN 120 A4
Écommoy F 20 C4
Écos F 21 D2

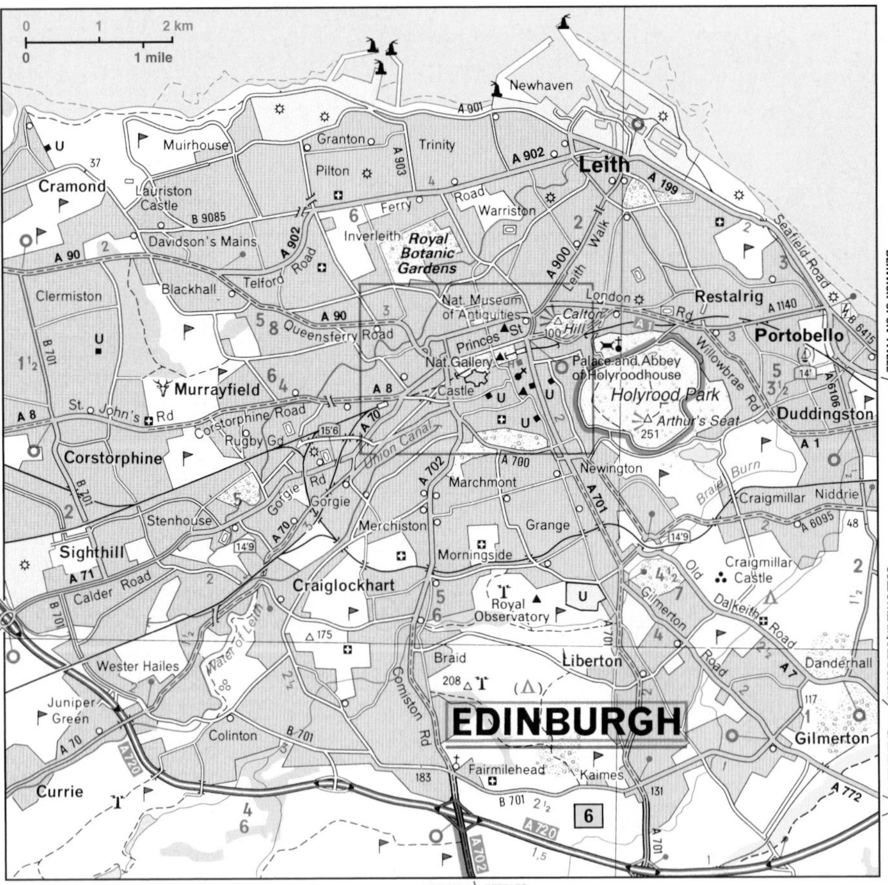

Écouché F....19 F2
Écueillé F....25 E1
Ed S....118 B3
Eda glasbruk S....118 B2
Edam NL....54 B3
Edane S....118 B2
Ede NL....54 C4
Edelény H....126 B3
Édenderry / Éadan Doire IRL....3 D4
Edenkoben DE....23 F1
Édessa GR....87 F2
Edgeworthstown / Meathas Troim IRL....2 C4
Edinburgh GB....9 D2
Edineţi MD....127 D3
Edipsós GR....93 F2
Edirne TR....129 E3
Edland N....116 B1
Edolo I....71 F3
Edoya N....110 C2
Edremit TR....129 F4
Edsåsdalen S....112 A2
Edsbro S....119 F2
Edsbyn S....112 B4
Edsele S....112 C2
Eeklo B....17 D1
Eelde NL....55 D2
Eemshaven NL....55 D1
Eferding A....68 B1
Efes TR....129 E4
Efíra GR....96 B1
Efkarpía (Kilkís) GR....88 B1
Efkarpía (Séres) GR....88 C2
Eforie RO....129 F1
Efxinoúpoli GR....93 E1
Egeln DE....57 D3
Eger H....126 B4
Egersund N....116 A3
Egeskov DK....122 B3
Egestorf (Kreis Harburg) DE....50 C4
Egg A....66 C3
Eggenburg A....65 D4
Eggenfelden DE....67 F1
Eggesin DE....52 A3
Eggum N....107 E1
Eghezée B....17 F2
Egiáli GR....99 E3
Egíe GR....97 D3
Egilsstaðir IS....106 C1
Égina GR....97 F1
Égina (Nissí) GR....97 F1
Egínio GR....88 A2
Egio GR....93 D4
Égira GR....93 E4
Egkomi CY....138 C3
Egkomi CY....139 E3
Égletons F....25 F4
Eglinton GB....3 D1
Egloffstein DE....63 D3
Egmond aan Zee NL....54 B3
Egósthena GR....93 F4
Egremont GB....10 B1
Egtved DK....122 B3
Egüés E....28 A4
Éguzon F....25 E2
Ehinádes Nissiá GR....92 B3
Ehingen (Donau-Kreis) DE....66 C1
Ehínos GR....89 F1
Ehra-Lessien DE....56 C2
Ehrang DE....61 E3
Ehrenberg (Kreis Fulda) DE....62 C2
Ehrenhausen A....69 D3
Ehrwald A....67 E3
Eibar E....37 D1
Eibenstock DE....63 F2
Eibiswald A....69 D3
Eichstätt DE....63 E4
Eiðar IS....106 C1
Eide N....110 C2
Eidfjord N....116 B1
Eidi (Færøerne) DK....106 A3
Eidkjosen N....104 B2
Eidsbugarden N....110 C4
Eidsdal N....110 C3
Eidsfoss N....117 D2
Eidsvåg N....110 C2
Eidsvoll N....117 E1
Eikelandsosen N....116 A1
Eiken N....116 B3
Eikesdalen N....110 C2
Eilenburg DE....57 F4
Eilsleben DE....57 D3
Einbeck DE....56 C4
Eindhoven NL....17 F1
Eindhoven NL....17 F1
Einsiedeln CH....66 B3
Eisenach (Kreis Eisenach) DE....62 C1
Eisenberg (Saale-Holzland-Kreis) DE....63 E1
Eisenerz A....68 C2
Eisenhüttenstadt DE....58 B3
Eisenkappel A....68 C4
Eisenstadt A....69 E1
Eisfeld DE....63 D2
Eišiškes LT....124 C4
Eisleben Lutherstadt DE....57 D4
Eislingen DE....66 C1
Eitorf DE....61 F2
Eivissa / Ibiza E....44 C4
Ejea de los Caballeros E....37 E3
Ejulve E....43 F1
Ekára GR....93 D1
Ekenäs / Tammisaari FIN....120 C4
Ekshärad S....118 C1
Eksjö S....118 C4
El Algar E....49 E2
El Almendro E....46 C2
El Alquián E....48 C3
El Arahal E....47 E2
El Astillero E....36 B1
El Barco de Ávila E....41 F1
El Bodón E....41 E1
El Bonillo E....43 D4
El Bosque E....47 E3
El Burgo E....47 F3
El Burgo de Osma E....36 C4
El Burgo Ranero E....33 E4
El Cabaco E....41 E1
El Campello E....49 F1
El Campo de Peñaranda E....35 F4
El Cañigral E....43 E2
El Carpio E....47 F1
El Carpio de Tajo E....42 A2
El Casar E....42 C1
El Castell de Guadalest E....44 A4
El Castillo de las Guardas E....47 D2
El Centenillo E....48 B1
El Cerro de Andévalo E....46 C1
El Coronil E....47 E3
El Cubillo E....43 E2
El Cubo de Don Sancho E....35 E4
El Cubo de Tierra del Vino E....35 F4
El Cuervo E....47 D3
El Ejido E....48 C3
El Escorial E....42 B1
El Espinar E....42 B1
El Figaró E....39 D4
El Formigal E....28 C4
El Grado E....38 A3
El Grau de València E....44 A3
El Hoyo de Pinares E....42 A1
El Madroño E....47 D2
El Masnou E....39 D4
El Molar E....42 C1
El Molinillo E....42 B3
El Moral E....49 D1
El Pardo E....42 B1
El Paular E....42 B1
El Pedernoso E....42 C3
El Pedroso E....47 E1
El Perelló E....44 B1
El Perelló E....44 A3
El Picazo E....43 D3
El Pinell de Brai E....44 B1
El Pinós E....49 E1
El Pobo de Dueñas E....43 E1
El Pont d'Armentera E....38 C4
El Port de la Selva E....39 E3
El Port de Llançà E....39 E2
El Port de Sagunt E....44 A3
El Portal E....47 D3
El Portet de Morella E....44 A4
El Prat de Llobregat E....39 D4
El Provencio E....43 D3
El Puente E....36 C1
El Puente del Arzobispo E....41 F2
El Puerto de Santa María E....47 D3
El Real de la Jara E....47 D1
El Real de San Vicente E....42 A2

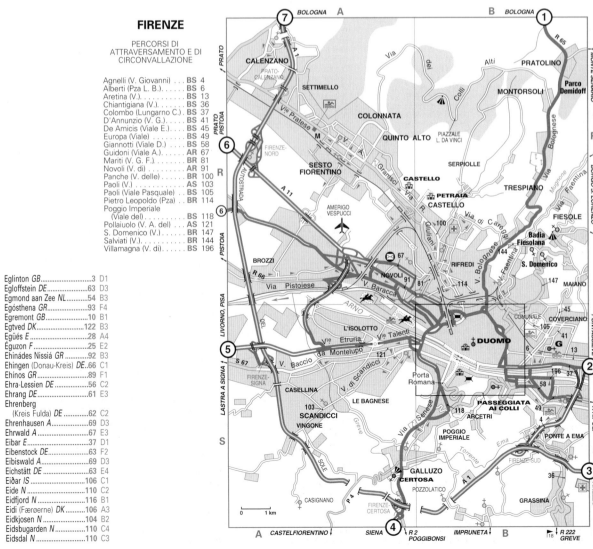

FIRENZE

PERCORSI DI ATTRAVERSAMENTO E DI CIRCONVALLAZIONE

Agnelli (V. Giovanni)	BS	4
Alberti (Pza L. B.)	BS	6
Aretina (V.)	BS	13
Chiantigiana (V.)	BS	36
Colombo (Lungarno C.)	BS	37
D'Annunzio (V. G.)	BS	41
De Amicis (Viale E.)	BS	45
Europa (Viale)	BS	49
Giannotti (Viale D.)	BS	58
Guidoni (Viale A.)	AR	67
Mariti (V. G. F.)	BR	81
Novoli (V. di)	AR	91
Panche (V. delle)	BR	100
Paoli (V.)	AS	103
Paoli (Viale Pasquale)	BS	105
Pietro Leopoldo (Pza)	BR	114
Poggio Imperiale (Viale del)	BS	118
Pollaiuolo (V. A. del)	AS	121
S. Domenico (V.)	BR	147
Salviati (V.)	BR	144
Villamagna (V. di)	BS	196

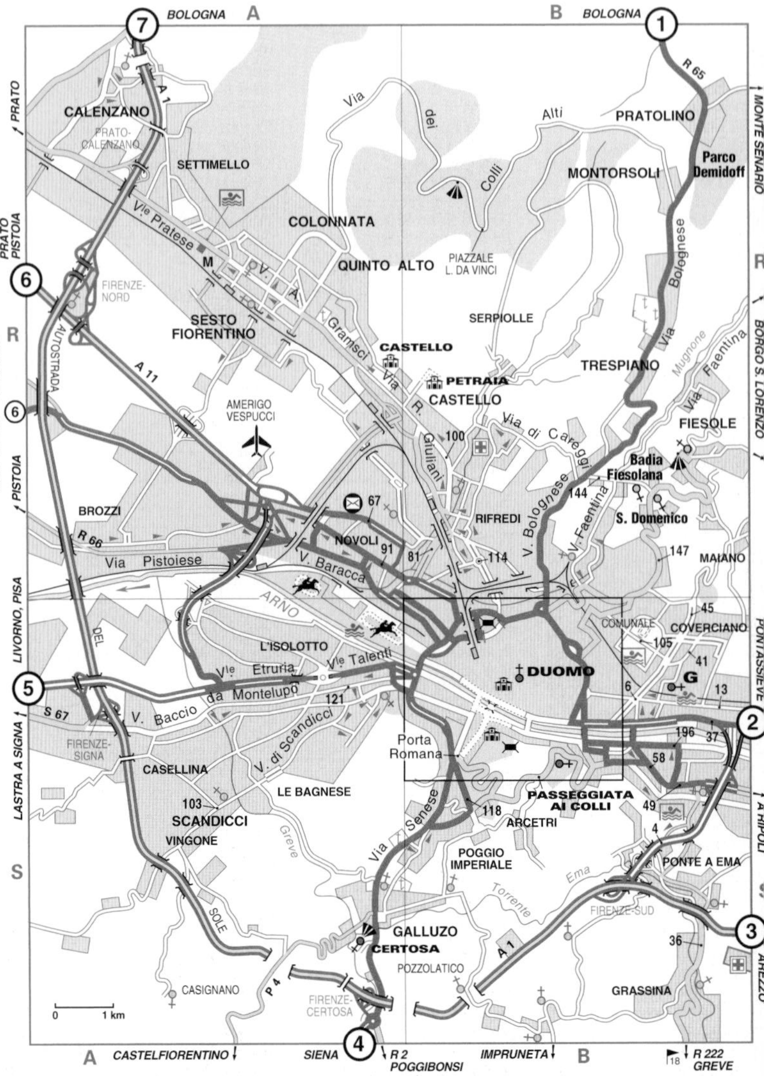

El Robledo E 42 A3
El Rocío E 47 D2
El Romeral E 42 C3
El Rompido E 46 C2
El Ronquillo E 47 D1
El Royo E 37 D3
El Rubio E 47 F2
El Saler E 44 A3
El Salobral E 43 D4
El Saucejo E 47 F3
El Tiemblo E 42 A1
El Toboso E 42 C3
El Vendrell E 38 C4
El Villar de Arnedo E 37 D2
El Viso E 41 F4
El Viso del Alcor E 47 E2
Elafohóri GR 91 E1
Elafonissi GR 97 E4
Élafos GR 92 B2
Elaia CY 138 B3
Elaia (Cape) CY 139 E2
Elassóna GR 87 F4
Eláti GR 92 C1
Elátia GR 93 E3
Elatohóri GR 88 A3
Elatoú GR 93 D3
Elatóvrissi GR 93 D3
Elbasan AL 128 C3
Elbeuf F 16 A4
Elbigenalp A 67 D3
Elbingerode (Harz) DE 57 D4
Elbląg PL 124 A4
Elburg NL 54 C3
Elche / Elx E 49 F1
Elche de la Sierra E 49 D1
Elda E 49 F1
Eldena
(Kreis Ludwigslust) DE 51 D4
Elefsína GR 94 A4
Eleftherés GR 89 D2
Eleftherés GR 94 A4
Eleftherés GR 93 E1
Eléftho GR 87 D3
Eleftherohóri GR 87 E3
Eleftheroúpoli GR 89 D1
Elemir SCG 132 C2
Elena BG 128 E2
Eleófito GR 92 C3
Eleohóri GR 89 D2
Eleohória GR 88 B3
Eleónas GR 93 E3
Eleoússa GR 103 F2
Elgå N 111 E3
Elgin GB 7 E4
Elgoibar E 37 D1
Elgol GB 6 B4
Elhovo BG 129 E2
Eliá GR 97 D3
Elie GB 9 E2
Elimäki FIN 121 D3
Elinikó GR 96 C1
Elinohóri GR 91 E1
Elizondo E 28 A3
Ełk PL 124 B4
Ellesmere GB 10 C3
Ellesmere Port GB 10 C3
Ellingen (Kreis Weißenburg-
Gunzenhausen) DE 63 D4
Ellon GB 7 F4
Ellös S 118 A3
Ellrich DE 56 C4
Ellwangen
(Ostalbkreis) DE 62 C4
Elmas I 82 B4
Elmshorn DE 50 B3
Elne F 30 A4
Elnesvågen N 110 C2
Elóna GR 97 D2
Elopía GR 93 F4
Elorrio E 37 D1
Élos GR 97 D3
Élos GR 100 A3
Eloúnda GR 101 E3
Éloyes F 23 D3
Elphin IRL 2 C3
Elsdorf (Erftkreis) DE 61 E1
Elsendorf
(Kreis Kelheim) DE 67 E1
Elsfleth DE 50 A4
Elsterberg DE 63 E1
Elsterwerda DE 58 A4
Eltisley GB 14 C2
Elvanfoot GB 9 D3
Elvas P 41 D3
Elvekrok N 110 C3
Elven F 19 D4
Elverum N 111 E4
Elx / Elche E 49 F1
Ely GB 11 F4
Elzach (Kreis
Emmendingen) DE 23 F3
Elze (Kreis
Hildesheim) DE 56 B3
Em. Papás GR 88 C1
Embessós GR 92 C2
Embid E 43 E1
Embid de Ariza E 37 D4
Émbonas GR 103 E2
Emboriós GR 103 E1
Emboriós GR 99 F2
Emboriós GR 95 F4
Embrun F 31 E1
Emden (Kreis Emden) DE 55 E1
Emet TR 129 F4
Emlichheim DE 55 D3
Emmaboda S 123 F2
Emmeloord NL 54 C3
Emmen NL 55 D2
Emmendingen DE 23 F3
Emmerich DE 55 D4
Empa CY 138 A4
Empoli I 76 A3
Emsdetten DE 55 E3
Emskirchen DE 63 D3
Enafors S 112 A2
Enäjärvi FIN 121 E3
Encausse-les-Thermes F 29 D3
Encinas de Abajo E 35 F4
Encinasola E 46 C1
Encinedo E 33 D4
Endrinal E 41 F1
Enego I 72 A3
Enfesta E 32 B3
Eng A 67 E3
Engarés GR 99 D2
Engelberg CH 66 B4
Engelhartszell A 68 A1
Engelsdorf DE 57 E4
Engelskirchen DE 61 F1
Engen DE 66 B2
Enger DE 55 F3
Engerdal N 111 E3
Enghien B 17 E2
Engstingen DE 66 B1
Enguera E 43 F4
Enguídanos E 43 E3
Enkhuizen NL 54 C3
Enköping S 119 E2
Enna I 85 D3
Ennepetal DE 61 F1
Ennezat F 26 A3
Ennis / Inis IRL 4 C2
Enniscorthy /
Inis Córthaidh IRL 5 E3
Enniskerry IRL 3 D4
Enniskillen GB 2 C2
Ennistimon /
Inis Díomáin IRL 4 B2
Enns A 68 B1
Eno FIN 115 F3
Enonkoski FIN 115 F4
Enontekiö FIN 105 D4
Enschede NL 55 D3
Ensisheim F 23 E3
Entlebuch CH 66 A4
Entraygues-sur-Truyère F 29 F1
Entre-os-Rios P 34 B4
Entrevaux F 31 E2
Entrèves I 27 E3
Entroncamento P 40 B2
Envermeu F 16 B3
Enviken S 119 D1
Enzklösterle DE 23 F2
Epanomí GR 88 B3
Epe NL 54 C3
Épernay F 22 A2
Épernon F 21 D2
Épila E 37 E4
Épinac F 26 C1
Épinal F 23 D3
Episkopí GR 101 D3
Episkopí GR 97 F2
Episkopí GR 87 F2
Episkopí GR 100 B3
Episkopi Bay CY 138 B4
Episkopi (Lemesos) CY 138 B4
Episkopi (Pafos) CY 138 A4
Epitálio GR 96 B1
Epping GB 14 C3
Eppingen DE 62 B4
Epsom GB 14 B3
Eptahóri GR 87 D3
Eptakomi CY 139 E2
Eptálofos GR 93 E3
Epworth GB 11 E3
Eraclea I 72 B4
Eraclea Mare I 72 B4
Eräjärvi FIN 120 C2
Eratiní GR 93 D3
Eratinó GR 89 E1
Erátira GR 87 E3
Erba I 71 D4
Erbach i. Odenwald DE 62 B3
Erbalunga F 78 B2
Erbendorf DE 63 E3
Ercolano I 80 A3
Érd H 126 A4
Erdek TR 129 F3
Erdevik SCG 132 B3
Erding DE 67 E1
Erdut HR 132 B2
Eresfjord N 110 C2
Eressós GR 95 E1
Erétria GR 94 A3
Erezée B 17 F3
Erfde DE 50 B2
Erftstadt DE 61 E2
Erfurt DE 63 D1
Ergates CY 138 C3
Ergoldsbach DE 67 F1
Erice I 84 A3
Ericeira P 40 A3
Erikoússa (Nissí) GR 86 B4
Eriksberg S 119 D3
Eriksmåle S 123 F2
Erimi CY 138 B4
Erithrés GR 93 F4
Erkelenz DE 61 E1
Erkner DE 58 A2
Erla E 37 F3
Erlangen DE 63 D3
Erlsbach A 67 F3
Ermenonville F 21 F2
Ermidas-Aldeia P 46 A1
Ermióni GR 97 E2
Ermoúpoli GR 98 C2
Ermsleben DE 57 D4
Erndtebrück DE 62 A1
Ernée F 19 F3
Ernestinovo HR 132 A2
Ernstbrunn A 65 D4
Erquy F 19 D2
Erratzu E 28 A3
Erstein F 23 E3
Ervenik HR 134 C1
Ervidel P 46 B1
Ervy-le-Châtel F 22 A3
Erwitte DE 55 F4
Erzberg A 68 C2
es Mercadal E 45 F2
Esbjerg DK 122 A3
Esblada E 38 C4
Escairón E 32 C3
Escalada E 36 B1
Escalante E 36 C1
Escalona E 42 A2
Escalonilla E 42 A2
Escalos de Cima P 40 C2
Escatrón E 37 F4
Esch (Waldems-) (Rheingau-
Taunus-Kreis) DE 62 A2
Esch-sur-Alzette L 22 C1
Esch-sur-Sûre L 61 E3
Eschede DE 56 C2
Eschenbach i. d. Oberpfalz
(Kreis Neustadt a. d.
Waldnaab) DE 63 E3
Eschershausen (Kreis
Holzminden) DE 56 B4
Eschwege DE 62 C1
Eschweiler
(Kreis Aachen) DE 61 E2
Escombreras E 49 E2
Escorihuela E 43 F1
Escullar E 48 C3
Escurial E 41 E3
Esens DE 55 E1
Esguevillas de Esgueva E 36 A3
Esher GB 14 B3
Eskifjörður IS 106 C1
Eskilstuna S 119 D2
Eskişehir TR 129 F3
Eskoriatza E 37 D1
Eslarn DE 63 F3
Eslohe DE 62 A1
Eslöv S 123 D3
Esmoriz P 34 B4
Espa N 117 E1
Espadañedo E 33 D4
Espalion F 30 A1
Esparreguera E 38 C4
Espedal N 111 D4
Espejo E 47 F2
Espelette F 28 A3
Espelkamp DE 55 F3
Espenschied DE 62 A3
Espera E 47 E3
Espiel E 47 F1
Espinama E 33 F3
Espinho P 34 B4
Espinilla E 36 B1
Espinosa de Cerrato E 36 B3
Espinosa de los
Monteros E 36 C1
Espoo / Esbo FIN 121 D4
Esporles E 45 D3
Esposende P 34 B3
Espot E 29 D4
Esquedas E 37 F3
Esquivias E 42 B2
Esse FIN 114 B3
Essen (Kreis
Cloppenburg) DE 55 E2
Essen (Kreis Essen) DE 61 F1
Essenbach DE 67 F1
Essimi GR 91 D2
Esslingen DE 66 B1
Essoyes F 22 B3
Estación de Salinas E 48 A3
Estadilla E 38 A3
Estagel F 29 F4
Estaing F 29 F1
Estaires F 15 F4
Estarreja P 34 B4
Estavayer-le-Lac CH 27 E1
Este I 72 A4
Estella E 28 A4
Estepa E 47 F2
Estepona E 47 E4
Esteras de Medinaceli E 37 D4

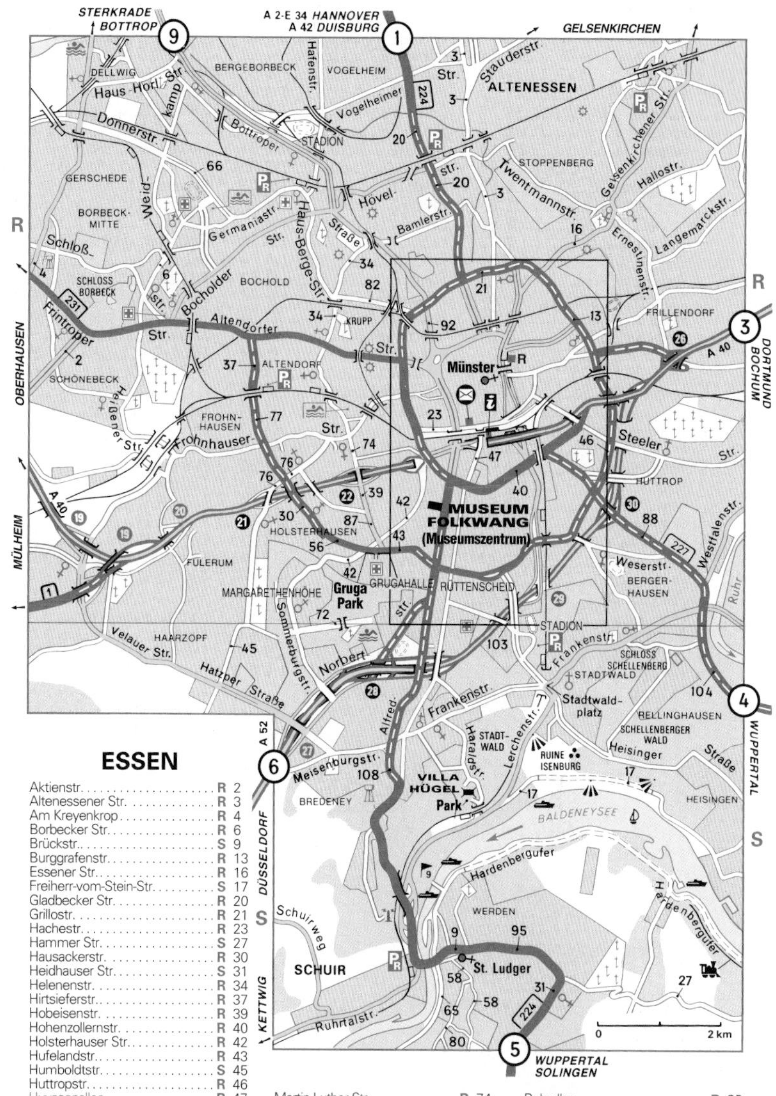

ESSEN

Aktienstr. R 2
Altenessener Str. R 3
Am Kreyenkrop R 4
Borbecker Str. R 6
Brückstr. S 9
Burggrafenstr. R 13
Essener Str. R 16
Freiherr-vom-Stein-Str. S 17
Gladbecker Str. R 20
Grillostr. R 21
Hachestr. R 23
Hammer Str. S 27
Hausackerstr. R 30
Heidhauser Str. S 31
Helenenstr. R 34
Hirtsieferstr. R 37
Hobeisenstr. R 39
Hohenzollernstr. R 40
Holsterhauser Str. R 42
Hufelandstr. R 43
Humboldtstr. S 45
Huttropstr. R 46
Huyssenallee R 47
Kaulbachstr. R 56
Klemensborn S 58
Laupendahler Landstr. S 65
Leimgardtsfeld R 66
Lührmannstr. R 72
Martin-Luther-Str. R 74
Mülheimer Str. R 76
Onckenstr. R 77
Pastoratsberg S 80
Pferdebahnstr. R 82
Rubensstr. R 87
Ruhrallee R 88
Segerothstr. R 92
Velberter Str. S 95
Wittekindstr. S 103
Wuppertaler Str. S 104
Zeunerstr. S 108

Esternay F 22 A2
Esterri d'Àneu E 29 D4
Estissac F 22 A3
Estói P 46 B2
Estoril P 40 A3
Estrées-St-Denis F 16 C4
Estremoz P 40 C3
Esztergom H 126 A4
Étables-sur-Mer F 18 C2
Étain F 17 F4
Étampes F 21 E3
Étang-sur-Arroux F 26 B1
Étaples F 16 B2
Étel F 18 C4
Etelhem S 119 F4
Etne N 116 A1
Etolikó GR 92 C3
Étrépagny F 16 B4
Étretat F 20 C1
Ettelbruck L 61 E3
Etten-Leur NL 17 E1
Ettenheim DE 23 E3
Ettington GB 13 F1
Ettlingen DE 23 F1
Ettlingenweier DE 23 F2
Etxarri-Aranatz E 28 A4
Eu F 16 B3
Eugénie-les-Bains F 28 C2
Eupen B 61 E2
Eura FIN 120 B3
Eurajoki FIN 120 B3
Euratsfeld A 68 C1
Europoort NL 54 B4
Euskirchen DE 61 E2
Eußenhausen DE 62 C2
Eutin DE 50 C2
Evangelismós GR 88 A4
Evangelístria GR 93 F3
Évaux-les-Bains F 25 F2
Évdilos GR 99 E1
Evendorf DE 50 C4
Evenes N 104 A4
Evenskjær / Skånland N 104 A4
Evergem B 17 D1
Everöd S 123 E3
Evertsberg S 112 A4
Evesham GB 13 F1
Évia (Nissí) GR 94 A2
Évian-les-Bains F 27 E2
Evijärvi FIN 114 C3
Evinohóri GR 92 C3
Évisa F 78 A3
Evje N 116 B3
Évlalo GR 89 E1
Evolène CH 27 F2
Évora P 40 B4
Évoramonte P 40 C4
Évran F 19 D3
Évrecy F 19 F2
Évreux F 21 D2
Évron F 19 F3
Evropós GR 88 A1
Evrostína GR 93 E4
Évry F 21 E2
Evrychou CY 138 B3
Évzoni GR 88 A1
Exaplátanos GR 87 F1
Éxarhos GR 93 F3
Excideuil F 25 D4
Exeter GB 13 D3
Exmes F 20 C2
Exmouth GB 13 D3
Exo Metochi CY 139 B2
Exohí GR 90 B2
Exohí GR 87 D3
Exohí (Dráma) GR 90 A1
Exohí (Piería) GR 88 A3
Exómvourgo GR 98 C1
Exter DE 55 F3
Eydehavn N 116 C3
Eye GB 11 F4
Eyemouth GB 9 E3
Eyguières F 30 C2
Eygurande F 25 F3
Eymet F 29 D1
Eymoutiers F 25 E3
Ezcaray E 36 C2
Ezcároz E 28 B4
Èze F 31 F2
Ezıne TR 129 E4
Ezousa CY 138 A3

F

Faak A 68 B4
Fabara E 38 A4
Fåberg N 111 D4
Fabero E 33 D3
Fåborg DK 122 B3
Fabriano I 76 C3
Fábricas de Riópar E 48 C1
Fabro I 76 B4
Facinas E 47 E4
Facture F 28 B1
Faenza I 76 B2
Faeto I 80 B2
Fafe P 34 C3
Făgăraş RO 126 C4
Fågelfors S 123 F1
Fagernes N 110 C4
Fagernes N 104 B3
Fagersta S 119 D2
Fagurhólsmýri IS 106 C1
Fairford GB 13 F1
Fakenham GB 15 D1
Fakovići BIH 132 C4
Fakse DK 123 D3
Fakse Ladeplads DK 123 D3
Falaise F 19 F2
Falakró GR 90 A1
Falássarna GR 100 A3
Falcade I 67 F4
Falces E 28 A4
Falconara Marittima I 77 D3
Falcone I 83 D4
Falerna I 83 E3
Faliráki GR 103 F2
Falkenberg S 123 D2
Falkenberg
(Kreis Elbe-Elster) DE 57 F4

Falkensee *DE*..........57 F2
Falkenstein (Vogtlandkreis) *DE*..........63 F2
Falkirk *GB*..........9 D2
Falkland *GB*..........9 D2
Falkonéra (Nissí) *GR*..........98 A3
Falköping *S*..........118 C3
Fallersleben *DE*..........56 C3
Fällfors *S*..........108 B4
Fallingbostel *DE*..........56 B2
Falmouth *GB*..........12 B4
Falset *E*..........38 B4
Fălticeni *RO*..........127 D3
Falun *S*..........119 D1
Famagusta *CY*..........139 E3
Famjin (Færøerne) *DK*..........106 A4
Fanári *GR*..........89 F1
Fanári *GR*..........97 E1
Fanári *GR*..........96 C1
Fanári *GR*..........93 D1
Fanefjord *DK*..........123 D4
Fanjeaux *F*..........29 F3
Fano *I*..........76 C2
Fanós *GR*..........88 A1
Fara Novarese *I*..........70 C4
Fårbo *S*..........123 F1
Fareham *GB*..........13 F3
Fårevejle *DK*..........122 C3
Färgelanda *S*..........118 B3
Färila *S*..........112 B4
Farindola *I*..........79 F1
Faringdon *GB*..........13 F2
Farini *I*..........75 E1
Färjestaden *S*..........123 F2
Farkadóna *GR*..........87 F4
Farkaždin *SCG*..........132 C2
Farlete *E*..........37 F4
Farmakoníssi *GR*..........99 F2
Farnborough *GB*..........14 B3
Farnese *I*..........78 C1
Farnham *GB*..........14 B3
Faro *P*..........46 B2
Fårösund *S*..........119 F4
Farra d'Alpago *I*..........72 B3
Fársala *GR*..........93 E1
Farsø *DK*..........122 B1
Farsund *N*..........116 B3
Farum *DK*..........123 D3
Fasano *I*..........81 E2
Fáskrúðsfjörður *IS*..........106 C1
Fastiv *UA*..........127 E2
Fatež *RUS*..........125 F4
Fátima *P*..........40 B2
Fatmomakke *S*..........107 E4
Faucogney-et-la-Mer *F*..........23 D4
Faulquemont *F*..........23 D2
Fauquembergues *F*..........15 E4
Fauske *N*..........107 E2
Fauville-en-Caux *F*..........16 A4
Fåvang *N*..........111 D4
Favara *I*..........84 C4
Favara *E*..........44 A4
Faverges *F*..........27 E3
Faverney *F*..........23 D4
Faversham *GB*..........15 D3
Fawley *GB*..........13 F3
Fay-sur-Lignon *F*..........26 B4
Fayence *F*..........31 E2
Fayl-Billot *F*..........22 C4
Fayón *E*..........38 A4
Fažana *HR*..........130 A4
Fécamp *F*..........16 A4
Feces de Abaixo *E*..........35 D3
Feda *N*..........116 B3
Fehmarn (Insel) (Kreis Ostholstein) *DE*..........50 C2
Fehrbellin *DE*..........51 E4
Fehring *A*..........69 D3
Feketić *SCG*..........132 B2
Felanitx *E*..........45 E3
Feld am See *A*..........68 B3
Feldafing *DE*..........67 E2
Feldbach *A*..........69 D3
Feldberg (Kreis Breisgau-Hochschwarzwald) *DE*..........23 F3
Feldberg (Kreis Mecklenburg-Strelitz) *DE*..........51 F3
Feldkirch *A*..........66 C3
Feldkirchen in Kärnten *A*..........68 B3
Felgueiras *P*..........34 B3
Felgueras *E*..........33 E3
Felixstowe *GB*..........15 D2
Fellabær *IS*..........106 C1
Fellbach *DE*..........66 B1
Felletin *F*..........25 F3
Fellingsbro *S*..........119 D2
Felton *GB*..........9 F4
Feltre *I*..........72 A3
Fene *E*..........32 B2
Fener *I*..........72 A3
Fenestrelle *I*..........27 F4
Fénétrange *F*..........23 D2
Feolin Ferry *GB*..........8 A2
Feraklós *GR*..........103 F2
Ferbane *IRL*..........2 C4
Ferdinandovac *HR*..........131 E2
Ferdinandshof *DE*..........51 F3
Fère-Champenoise *F*..........22 A2
Fère-en-Tardenois *F*..........17 D4
Ferentino *I*..........79 E2
Féres *GR*..........91 E2
Feria *E*..........41 D4
Feričanci *HR*..........131 F2
Ferlach *A*..........68 C4
Fermo *I*..........77 D3
Fermoselle *E*..........35 E4
Fermoy / Mainistir Fhear Maí *IRL*..........4 C3
Fernán Caballero *E*..........42 B3
Fernán Núñez *E*..........47 F2
Ferney-Voltaire *F*..........27 D2
Ferrandina *I*..........81 D3
Ferrara *I*..........76 A1
Ferreira *E*..........32 C2
Ferreira do Alentejo *P*..........46 B1
Ferreira do Zêzere *P*..........40 B2
Ferreiras *P*..........46 A2
Ferreras de Abajo *E*..........35 E3
Ferreries *E*..........45 F2
Ferreruela de Huerva *E*..........43 F1
Ferrette *F*..........23 E4
Ferriere *I*..........75 E2
Ferrières-en-Gâtinais *F*..........21 F3
Ferrol *E*..........32 B2
Fertilia *I*..........82 A2
Festós *GR*..........100 C4
Festvåg *N*..........107 E1
Fethard / Fiodh Ard *IRL*..........5 D3
Fetsund *N*..........117 D1
Feucht *DE*..........63 D4
Feuchtwangen *DE*..........63 D4
Feurs *F*..........26 B3
Feyzin *F*..........26 C3
Ffestiniog *GB*..........10 B3
Fiamignano *I*..........79 E1
Fiano Romano *I*..........79 D1
Fiastra *I*..........77 D4
Ficarolo *I*..........76 A1
Fidenza *I*..........75 E1
Fieberbrunn *A*..........67 F2
Fier *AL*..........128 B3
Fiera di Primiero *I*..........72 A3
Fiesole *I*..........76 A3
Figeac *F*..........29 F1
Figline Valdarno *I*..........76 A3
Figueira da Foz *P*..........40 B1
Figueira de Castelo Rodrigo *P*..........35 D4
Figueiró dos Vinhos *P*..........40 B2
Figueres *E*..........39 E3
Figueruela de Arriba *E*..........35 E3
Fíhtio *GR*..........97 D1
Fikardou *CY*..........138 C3
Filadelfia *I*..........83 E3
Filadélfio *GR*..........88 C2
Filáki *GR*..........93 E1
Filákio *GR*..........91 E1
Filakopí *GR*..........98 B3
Filérimos *GR*..........103 F2
Filey *GB*..........11 E1
Filí *GR*..........94 A4
Filia *GR*..........96 C1
Filia *GR*..........95 F1
Filiátes *GR*..........86 C4
Filiatrá *GR*..........96 B2
Filipi *GR*..........89 D1
Filipiáda *GR*..........92 B1
Filipstad *S*..........118 C2
Filíra *GR*..........91 D2
Fillan *N*..........111 D1
Filo *GR*..........93 D1
Filótas *GR*..........87 F2
Filottrano *I*..........77 D3
Finale Emilia *I*..........76 A1
Finale Ligure *I*..........74 C2
Fiñana *E*..........48 C3
Finchingfield *GB*..........14 C2
Finikas *GR*..........98 B2
Finikoúndas *GR*..........96 B3
Finja *S*..........123 E2
Finneidfjord *N*..........107 E3
Finnentrop *DE*..........62 A1
Finnsnes / Lenvik *N*..........104 B3
Finow (Kreis Barnim) *DE*..........51 F4
Finowfurt (Kreis Barnim) *DE*..........51 F4
Finspång *S*..........119 C3
Finsterau *DE*..........64 A4
Finsterwalde *DE*..........58 A4
Finström *FIN*..........120 A4
Fintona *GB*..........3 D2
Fintown / Baile na Finne *IRL*..........2 C2
Fionnphort *GB*..........8 A2
Fiorenzuola d'Arda *I*..........75 E1
Firenze *I*..........76 A3
Firenzuola *I*..........76 A2
Firminy *F*..........26 B4
Firmo *I*..........81 D4
Fischamend Markt *A*..........69 E1
Fischbach (Kreis Nürnberger Land) *DE*..........63 D3
Fischbeck (Kreis Stendal) *DE*..........57 E2
Fischen i. Allgäu *DE*..........67 D3
Fishbourne *GB*..........13 F3
Fishguard / Abergwaun *GB*..........12 C1
Fiskárdo *GR*..........92 A3
Fiskari *FIN*..........120 C4
Fiskebøl *N*..........104 A4
Fismes *F*..........17 D4
Fissíni *GR*..........89 F4
Fisterra *E*..........32 A3
Fitero *E*..........37 E3
Fitíes *GR*..........92 B3
Fitjar *N*..........116 A1
Fiuggi *I*..........79 E2
Fiumicino *I*..........79 D2
Fivemiletown *GB*..........3 D2
Fivizzano *I*..........75 F2
Fjærland *N*..........110 B3
Fjällåsen *S*..........108 B1
Fjällbacka *S*..........118 A3
Fjällnäs *S*..........112 A3
Fjärdhundra *S*..........119 E2
Fjätervålen *S*..........112 A3
Fjelie *S*..........123 D3
Fjellerup *DK*..........122 C2
Fjerritslev *DK*..........122 B1
Flå *N*..........117 D1
Fladungen *DE*..........62 C2
Flaine *F*..........27 E3
Flakk *N*..........111 D2
Flåm *N*..........110 B4
Flambourári *GR*..........87 D4
Flámbouro *GR*..........87 E2
Flámbouro *GR*..........88 C1
Flamourià *GR*..........87 F2
Flattnitz *A*..........68 B3
Flatval *N*..........111 D1
Fleetwood *GB*..........10 C2
Flekkefjord *N*..........116 B3
Flen *S*..........119 E3
Flensburg *DE*..........50 B1
Flers *F*..........19 F2
Flesberg *N*..........116 C1
Flesnes *N*..........104 A3
Fleurance *F*..........29 D2
Fleurier *CH*..........27 E1
Fleurus *B*..........17 E2
Fleury-en-Bière *F*..........21 E3
Fleury-sur-Andelle *F*..........16 B4
Fléves (Nissí) *GR*..........97 F1
Flims-Waldhaus *CH*..........66 C4
Flint / Fflint *GB*..........10 C3
Flintsbach *DE*..........67 F2
Flisa *N*..........117 E1
Flix *E*..........38 B4
Flixecourt *F*..........16 C3
Flize *F*..........17 E4
Floda *S*..........119 D1
Flogny-la-Chapelle *F*..........22 A3
Flöha *DE*..........63 F1
Flomohóri *GR*..........97 D3
Flor da Rosa *P*..........40 C3
Florac *F*..........30 B1
Florennes *B*..........17 E3
Florensac *F*..........30 A3
Florenville *B*..........17 F4
Florești *MD*..........127 D3
Floriáda *GR*..........92 B2
Floridia *I*..........85 E4
Flórina *GR*..........87 E2
Flörsheim-Dalsheim *DE*..........62 A3
Flötningen *S*..........112 A3
Fluðir *IS*..........106 A2
Flüelen *CH*..........66 B4
Flühli *CH*..........66 A4
Flumet *F*..........27 E3
Fluminimaggiore *I*..........82 A4
Flums *CH*..........66 C3
Foça *TR*..........129 F4
Foca / Srbinje *BIH*..........136 A1
Foce Verde *I*..........79 E2
Fochabers *GB*..........7 E4
Fockbek *DE*..........50 B2
Focșani *RO*..........127 D4
Fódele *GR*..........101 D3
Foggia *I*..........80 B2

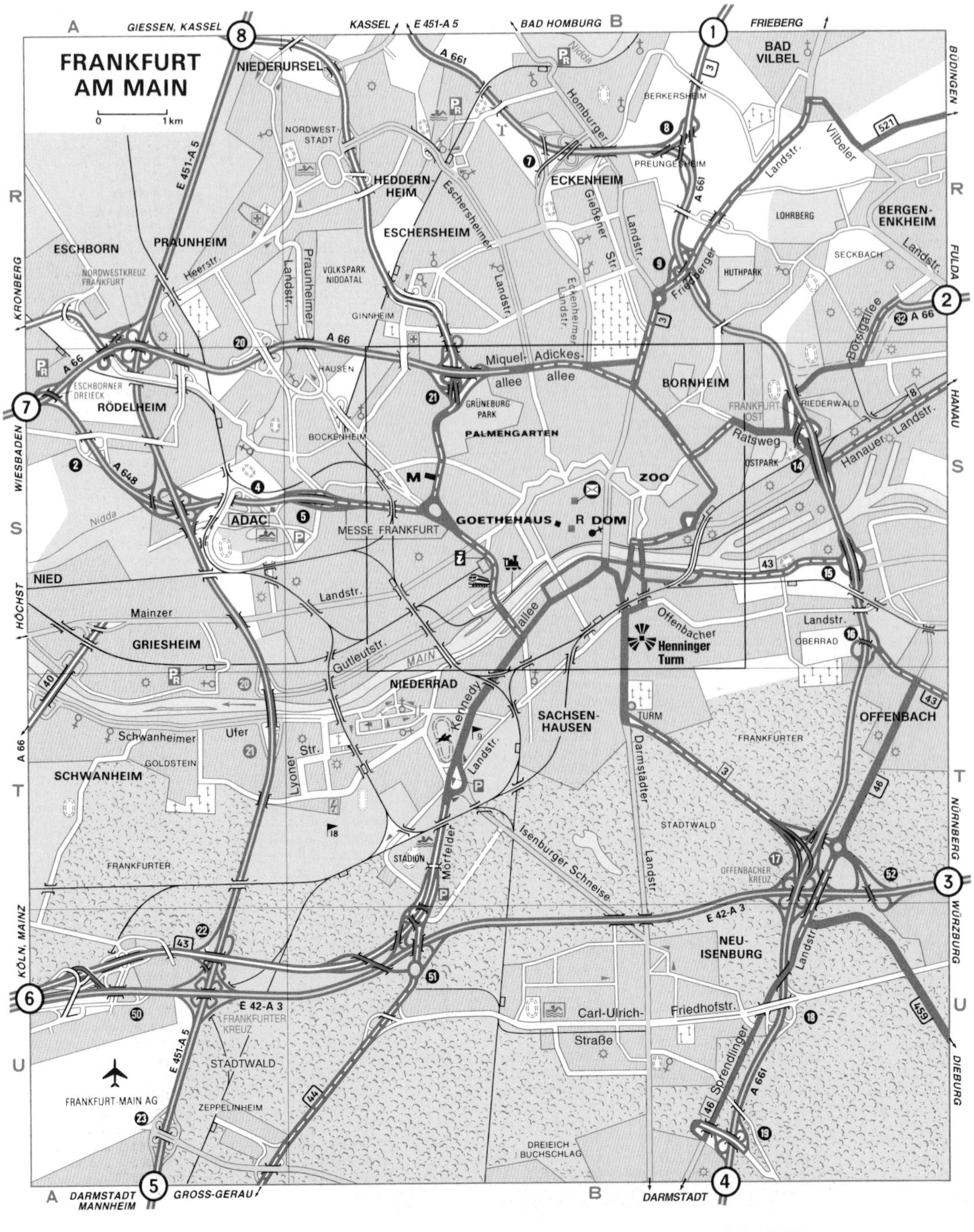

Föglö FIN 120 A4
Fohnsdorf A 68 C3
Foiano della Chiana I 76 B4
Foini CY 138 B3
Foix F 29 E4
Fojnica (Mostar) BIH 136 A2
Fojnica (Zenica) BIH 135 F1
Foldereid N 107 D4
Foleá GR 89 D2
Folégandros GR 98 C3
Folégandros (Nissí) GR 98 C3
Folgaria I 72 A3
Folgoso de la Ribera E 33 D3
Foligno I 76 C4
Folkestad N 110 B3
Folkestone GB 15 D4
Follafoss N 111 E1
Folldal N 111 D3
Follebu N 111 D4
Follina I 72 B3
Föllinge S 112 B1
Follonica I 76 A4
Folmava CZ 63 F3
Fombellida E 36 B3
Fondevila E 32 B4
Fondi I 79 F2
Fondo I 67 E4
Fonfría E 43 F1
Fonn N 110 B3
Fonni I 82 B2
Fonollosa E 38 C3
Font-Romeu-Odeillo-Via F 29 F4
Fontaine F 23 E4
Fontaine-de-Vaucluse F 30 C2
Fontaine-Française F 22 C4
Fontaine-le-Dun F 16 A3
Fontainebleau F 21 F3
Fontanigorda I 75 E2
Fontenay-le-Comte F 24 B2
Fontenay-Trésigny F 21 F2
Fontevraud-l'Abbaye F 24 C1
Fontgombault F 25 D2
Fontibre E 36 B1
Fontiveros E 35 F4
Fontoy F 22 C1
Fontvieille F 30 C2
Fonz E 38 A3
Fonzaso I 72 A3
Foppolo I 71 E3
Forbach F 23 D1
Forcall E 44 A1
Forcalquier F 31 D2
Forcarei E 32 B3
Forchheim
(Kreis Forchheim) DE 63 D3
Førde N 110 B3
Førde N 116 A1
Förderstedt DE 57 D3
Fordingbridge GB 13 F3
Fordongianus I 82 B3
Forenza I 80 C3
Foresta di Burgos I 82 B2
Føresvik N 116 A2
Forfar GB 9 D1
Forges-les-Eaux F 16 B4
Forio I 79 F3
Forlì I 76 B2
Forlì del Sannio I 79 F2
Forlimpopoli I 76 B2
Formazza I 70 C3
Formby Point GB 10 C2
Formentor (Cap de) E 45 E2
Formerie F 16 B4
Formia I 79 F2
Formigine I 75 F1
Fornaci di Barga I 75 F2
Fornells E 45 F2
Forni Avoltri I 68 A4
Forni di Sopra I 68 A4
Forno di Zoldo I 67 F4
Fornos de Algodres P 40 C1
Fornovo di Taro I 75 E1
Forøy N 107 E2
Forres GB 7 D4
Forsa S 112 C4
Forserum S 118 C4
Forshaga S 118 C2
Forsnes N 110 C1
Forssa FIN 120 C3
Forst
(Kreis Spree-Neiße) DE 58 B3
Fort Augustus GB 6 C4
Fort-Mahon-Plage F 16 B3
Fort William GB 8 B1
Forte dei Marmi I 75 F3
Forth DE 63 D3
Fortrose GB 7 D4
Fortuna E 49 E1
Forvik N 107 D3
Fos F 29 D4
Fos-sur-Mer F 30 C3
Foslandsosen N 106 C4
Fosnavåg N 110 B2
Fossacesia I 80 A1
Fossano I 74 C2
Fossanova (Abbazia di) I 79 E2
Fossbakken N 104 B3
Fosses-la-Ville B 17 E2
Fossombrone I 76 C3
Fotiná GR 88 A3
Fotolívos GR 89 D1
Fouesnant F 18 B3
Foug F 22 C2
Fougères F 19 E3
Fougerolles F 23 D3
Fouras F 24 B3
Fourchambault F 26 A1
Fourfourás GR 100 C4
Fourmies F 17 E3
Fourná GR 93 D2
Fournels F 30 A1
Fournés GR 100 B3
Fourní GR 101 E3
Foúrni GR 97 E2
Foúrni GR 99 F1
Foúrni (Nissí) GR 99 F1
Fours F 26 B1
Foústani GR 87 F1
Fowey GB 12 C3
Foxford IRL 2 B3
Foyers GB 6 C4
Foz E 32 C2
Foz do Arelho P 40 A2
Foz Giraldo P 40 C2
Frabosa Soprana I 74 C2
Fraddon GB 12 B3
Fraga E 38 A4
Frailes E 48 A2
Fraize F 23 E3
Fram SLO 130 C1
Frammersbach DE 62 B3
Francavilla al Mare I 77 E4
Francavilla di Sicilia I 85 E2
Francavilla Fontana I 81 E3
Francavilla in Sinni I 80 C4
Francofonte I 85 D3
Francorchamps B 61 E2
Frändefors S 118 B3
Franeker NL 54 C2
Frangádes GR 87 D4
Frangísta GR 92 C2
Frangokástelo GR 100 B4
Frangy F 27 D3
Frankenberg
(Kreis Mittweida) DE 63 F1
Frankenberg (Kreis Waldeck-
Frankenberg) DE 62 B1
Frankenburg A 68 A1
Frankenmarkt A 68 A2
Frankenstein (Kreis
Kaiserslautern Land) DE 23 E1
Frankenthal (Kreis
Frankenthal Pfalz) DE 23 F1
Frankfurt a. Main (Kreis
Frankfurt am Main) DE 62 B3
Frankfurt an der Oder (Kreis
Frankfurt Oder) DE 58 A2
Františkovy Lázně CZ 63 F2
Franz Josephs-Höhe A 68 A3
Franzburg DE 51 E2
Frascati I 79 E2
Frascineto I 81 D4
Fraserburgh GB 7 F4
Fratel P 40 C2
Fratta Polesine I 76 A1
Frauenfeld CH 66 B3
Frauenkirchen A 69 E1
Frauenstein
(Kreis Freiberg) DE 64 A1
Frechen DE 61 E1
Frechilla E 33 F4
Freckenhorst DE 55 F4
Fredensborg DK 123 D3
Fredericia DK 122 B3
Frederikshavn DK 122 C1
Frederikssund DK 123 D3
Frederiksværk DK 123 D3
Fredrika S 113 D1
Fredriksberg S 118 C1
Fredrikstad N 117 D2
Fregenal de la Sierra E 47 D1
Fregene I 79 D2
Freiberg DE 63 F1
Freiburg DE 50 B3
Freiburg i. Breisgau DE 23 F3
Freienhufen DE 58 A4
Freihung DE 63 E3
Freilassing DE 68 A2
Freilingen DE 62 A2
Freising DE 67 E1
Freistadt A 64 B4
Freital DE 64 A1
Freiwalde DE 58 A3
Freixedas P 41 D1
Freixido E 32 C4
Freixo de Espada a Cinta P 35 D4
Fréjus F 31 E3
Frenaros CY 139 E3
Frenchpark IRL 2 B3
Frenštát pod
Radhoštěm CZ 65 F2
Freren DE 55 E3
Freshford IRL 5 D2
Freshwater GB 13 F3
Fresnay-sur-Sarthe F 20 C3
Fresne-St-Mamès F 22 C4
Fresnes-en-Woëvre F 22 C2
Fresno Alhándiga E 41 F1
Freudenberg (Kreis Siegen-
Wittgenstein) DE 62 A1
Freudenberg
(Main-Tauber-Kreis) DE 62 B3
Freudenstadt DE 23 F2
Frévent F 16 C3
Freyburg DE 57 E4
Freyenstein DE 51 E4
Freyming-Merlebach F 23 D1
Freyung DE 64 A4
Fri GR 103 D4
Frías E 36 C2
Frías de Albarracín E 43 E2
Fribourg CH 27 F1
Fridingen DE 66 B2
Friedberg DE 62 B2
Friedberg A 69 D2
Friedberg (Kreis Aichach-
Friedberg) DE 67 D1
Friedeburg DE 55 E1
Friedersdorf DE 58 A2
Friedland
(Kreis Göttingen) DE 56 C4
Friedland (Kreis Mecklenburg-
Strelitz) DE 51 F3
Friedrichroda DE 63 D1
Friedrichshafen DE 66 C3
Friedrichskoog DE 50 A3
Friedrichsort DE 50 B2
Friedrichstadt DE 50 A2
Friedrichsthal DE 23 E1
Friesach A 68 C3
Friesack DE 57 E2
Friesoythe DE 55 E2
Frigiliana E 48 A3
Frihetsli N 104 B3
Fríkes GR 92 A3
Frilingiánika GR 97 E4
Frinton-on-Sea GB 15 D2
Friol E 32 B3
Fristad S 118 B4
Fritsla S 118 B4
Fritzlar DE 62 B1
Frizington GB 10 B1
Frodsham GB 10 C3
Frogner N 117 D1
Frohburg DE 63 F1
Frohnleiten A 69 D2
Froissy F 16 C4
Froitzheim DE 61 E2
Frome GB 13 E2
Fromentine F 24 A1
Frómista E 33 F4
Fronfría E 35 E3
Fronteira P 40 C3
Frontenay-Rohan-Rohan F 24 C2
Frontenhausen DE 67 F1
Frontignan F 30 B3
Fronton F 29 E2
Frosinone I 79 E2
Frosolone I 80 A2
Frösön S 112 B2
Frosta N 111 E1
Frostavallen S 123 D3
Frøstrup DK 122 B1
Frouard F 23 D2
Frövi S 119 D2
Fruges F 16 C2
Frutigen CH 27 F2
Frýdek-Místek CZ 65 F2
Frýdlant CZ 64 B1
Frýdlant nad Ostravicí CZ 65 F2
Fryšták CZ 65 F3
Fteliá GR 89 D1
Ftéri GR 93 D4
Ftéri GR 87 F3
Fucecchio I 75 F3
Fuencaliente E 48 A1
Fuendejalón E 37 E3
Fuendetodos E 37 F4
Fuengirola E 47 F4
Fuenlabrada E 42 B2
Fuenlabrada
de los Montes E 42 A3
Fuenmayor E 37 D2
Fuensalida E 42 B2
Fuensanta E 33 E2
Fuensanta de Martos E 48 A2
Fuente Álamo E 49 E2
Fuente Álamo E 43 E4
Fuente Dé E 33 F3
Fuente de Cantos E 47 D1
Fuente de Pedro
Naharro E 42 C2
Fuente de Piedra E 47 F3
Fuente del Maestre E 41 D4
Fuente el Fresno E 42 B3
Fuente Obejuna E 47 E1
Fuente Palmera E 47 F2
Fuentecén E 36 B3
Fuenteguinaldo E 41 D1
Fuentelapeña E 35 F4
Fuentepinilla E 36 C4
Fuentes de Andalucía E 47 E2
Fuentes de Ayódar E 44 A2
Fuentes de Ebro E 37 F4
Fuentes de Léon E 47 D1
Fuentes de Nava E 36 A3
Fuentes de Oñoro E 41 D1
Fuentes de Ropel E 35 F3
Fuentes de Valdepero E 36 A3
Fuentesaúco E 35 F4
Fuentidueña E 36 B4
Fuentidueña de Tajo E 42 C2
Fuerte del Rey E 48 A2
Fügen A 67 F3
Fuglebjerg DK 122 C3
Fulda DE 62 C2
Fulgatore I 84 A3
Fulnek CZ 65 F2
Fulpmes A 67 E3
Fumay F 17 E3
Fumel F 29 D1
Funäsdalen S 112 A3
Fundão P 40 C1
Funes / Villnöß I 67 F4
Furadouro P 34 B4
Furci I 80 A1
Furnace GB 8 B2
Fürstenau DE 55 E3
Fürstenberg DE 51 F4
Fürstenfeld A 69 D3
Fürstenfeldbruck DE 67 E1
Fürstenwalde DE 58 A2
Fürstenwerder DE 51 F3
Fürstenzell DE 68 A1
Furtei I 82 B3
Fürth DE 63 D3
Furth i. Wald DE 63 F3
Furtwangen DE 23 F3
Furudal S 112 B4
Furuflaten N 104 C3

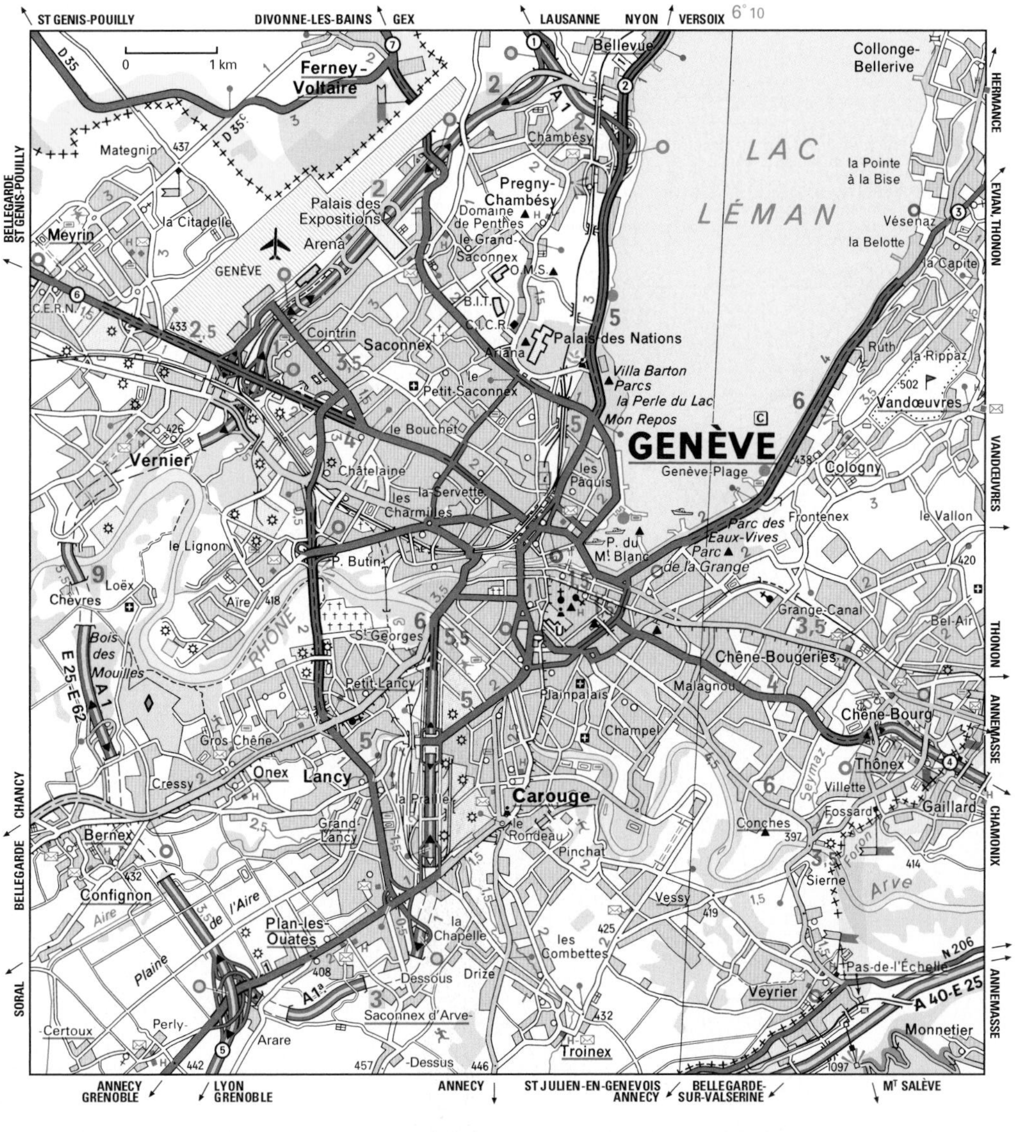

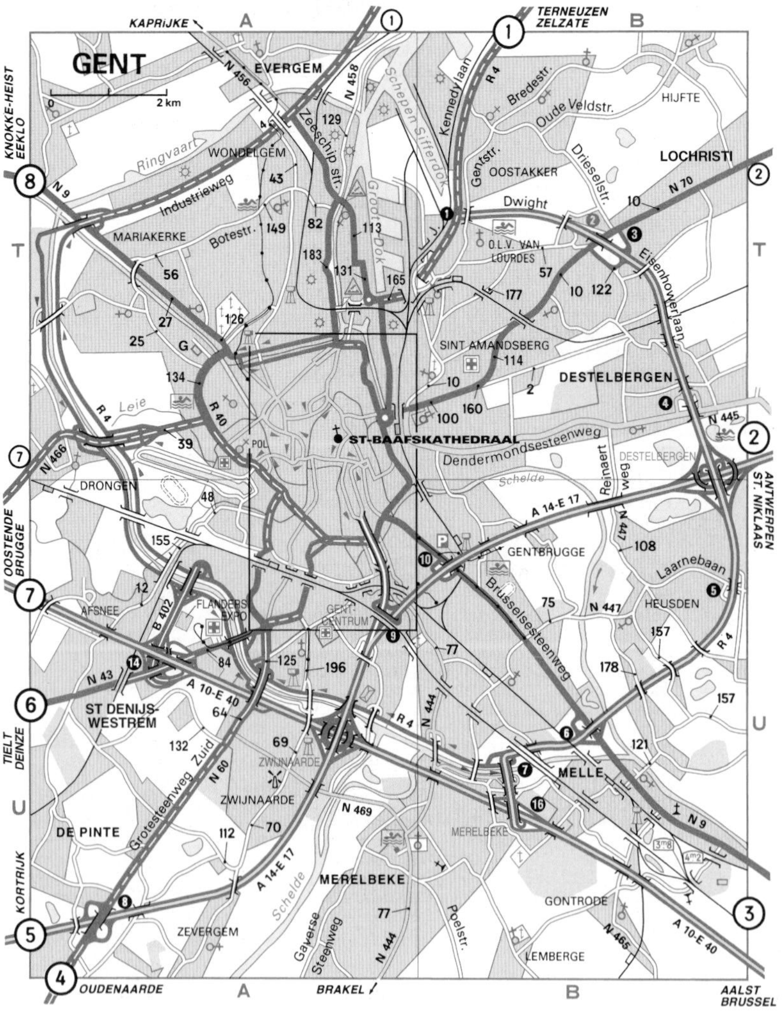

A. Braeckmanlaan. . . . . BT 2
Antwerpsesteenweg . . . . BT 10
Beukenlaan. . . . . AU 12
Brugsesteenweg . . . . AT 25
Brugsevaart. . . . . AT 27
Drongensesteenweg . . . . AT 39
Evergemsesteenweg. . . . . . . AT 43
Gordunakaai . . . . AU 48
Groenestaakstr. . . . . AT 56
Groenstr. . . . . BT 57
Grotesteenweg Noord . . . . . AU 64
Heerweg Noord. . . . . AU 69
Heerweg Zuid . . . . AU 70
Heusdenbaan. . . . . BU 75
Hundelgemsesteenweg . . ABU 77
Kapiteinstr. . . . . AT 82
Kortrijksesteenweg . . . . AU 84
Land van Waaslaan. . . . . BT 100
Meersstr. . . . . BU 108
Mijlgrachtstr. . . . . AU 112
New Orleansstr. . . . . AT 113
Nieuwelaan . . . . BT 114
Oeverbaan . . . . BU 121
Orchideestr. . . . . BT 122
Oudenaardsesteenweg . . . . AU 125
Palinghuizen . . . . AT 126
Pantserschipstr. . . . . AT 129
Port Arthurlaan . . . . AT 131
Rijvisschestr. . . . . AU 132
Rooigemlaan . . . . AT 134
Sint-Markoenstr. . . . . AT 149
Snepkaai . . . . AU 155
Steenvoordestr. . . . . BU 157
V. Braeckmanlaan . . . . BT 160
Vliegtuiglaan . . . . AT 165
Waterstr. . . . . BT 177
Wellingstr. . . . . BU 178
Wiedauwkaai. . . . . AT 183
Zwijnaardsesteenweg . . . . . . AU 196

Fuscaldo *I* 83 E2
Fusch a. d.
Großglocknerstraße *A* 68 A3
Fuschl *A* 68 A2
Fusignano *I* 76 B2
Füssen *DE* 67 D3
Fustiñana *E* 37 E3
Futog ( ) *SCG* 132 B2
Fuzeta *P* 46 B2
Fužine *HR* 130 B3
Fyllia *CY* 138 C2
Fynshav *DK* 122 B3

G

G. Dubočke *SCG* 136 A2
G. Kosinj *HR* 130 C4
G. Morakovo *SCG* 136 B3
G. Ravno *BIH* 135 E1
Gaaldorf *A* 68 C2
Gabarret *F* 28 C2
Gabela *BIH* 135 F2
Gabia la Grande *E* 48 B3
Gabicce Mare *I* 76 C2
Gabrovka *SLO* 130 C2
Gabrovo *BG* 129 D2
Gacé *F* 20 C2
Gacko *BIH* 136 A2
Gäddede *S* 112 A1
Gadebusch *DE* 51 D3
Gádor *E* 48 C3
Gaður *IS* 106 A2
Gadžin Han *SCG* 137 E1
Găești *RO* 129 D1
Gaeta *I* 79 F3
Gagarin *RUS* 125 F2
Gaggenau *DE* 23 F2
Gagliano del Capo *I* 81 F4
Gagnef *S* 119 D1
Gaildorf *DE* 62 C4
Gailey *GB* 11 D4
Gaillac *F* 29 E2
Gaillon *F* 21 D2
Gainsborough *GB* 11 E3
Gairloch *GB* 6 B3
Gaj *SCG* 133 D3
Gajdobra *SCG* 132 B2
Gakovo *SCG* 132 A2
Galan *F* 29 D3
Galanádo *GR* 99 D2
Galanianá *GR* 100 A2
Galanta *SK* 126 A3
Galapagar *E* 42 B1

Albaro (V.). . . . . F 3
Angeli (Salita degli) . . . . E 5
Barrili (V.). . . . . G 6
Bassi (Cso U.) . . . . F 9
Belvedere (Cso). . . . . E 10
Bobbio (V.) . . . . F 13
Boselli (V.) . . . . G 14
Caprera (V.) . . . . G 18
Casoni (V.) . . . . F 22
Dassori (V. F.). . . . . F 27
Degola (V.) . . . . E 28
Fereggiano (V.) . . . . F 32
Fillak (V. W.). . . . . E 34
Fontanarossa (V. S.). . . . . . G 35
Gianelli (V. A.) . . . . H 41
Martinetti (Corso L. A.). . . . . E 43
Milano (V.) . . . . E 47
Mille (V. dei) . . . . G 48
Monaco Simone
(V.). . . . . G 49
Montaldo (V. L.). . . . . F 50
Mura del Castellaccio
(V.) . . . . F 52
Mura di Granorolo (V.). . . . . E 53
Mura di Porta Murata
(V. delle) . . . . E 55
Murcarolo (V.). . . . . H 56
Olivieri (V.). . . . . G 59
Piacenza (V.). . . . . F 60
Piave (V.). . . . . F 63
Pieragostini (V. R.). . . . . E 64
Ricci (V.) . . . . G 77
Rolando (V. C.). . . . . E 78
S. Benedetto (V.). . . . . EF 80
S. Erasmo (Mura) . . . . F 83
S. Martino
(V.). . . . . G
S. Ugo (V.) . . . . F
Sturla (V.). . . . . G
Timavo (V.) . . . . G
Tolemaide (V.) . . . . F
Torti (V. G.). . . . . G

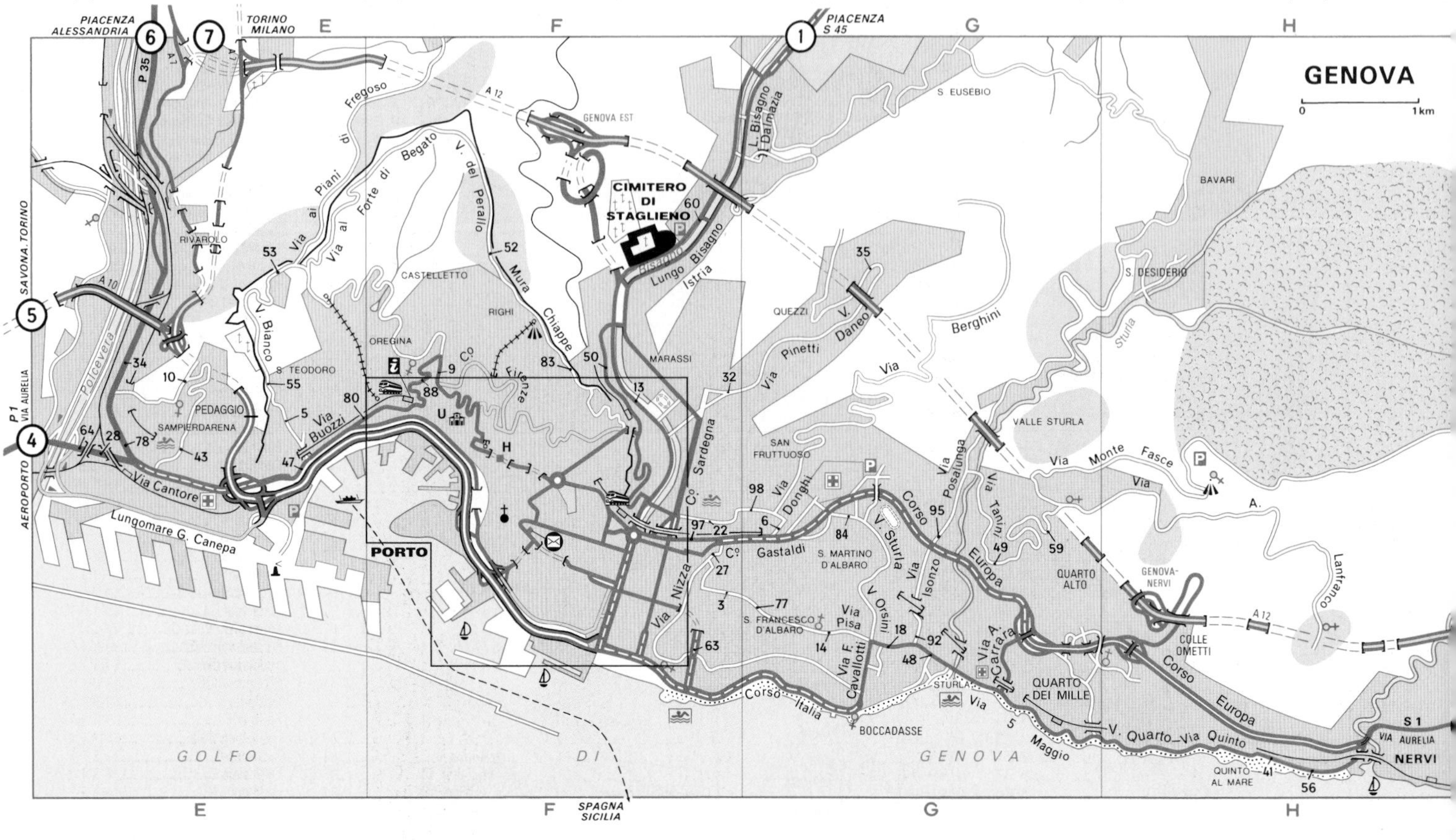

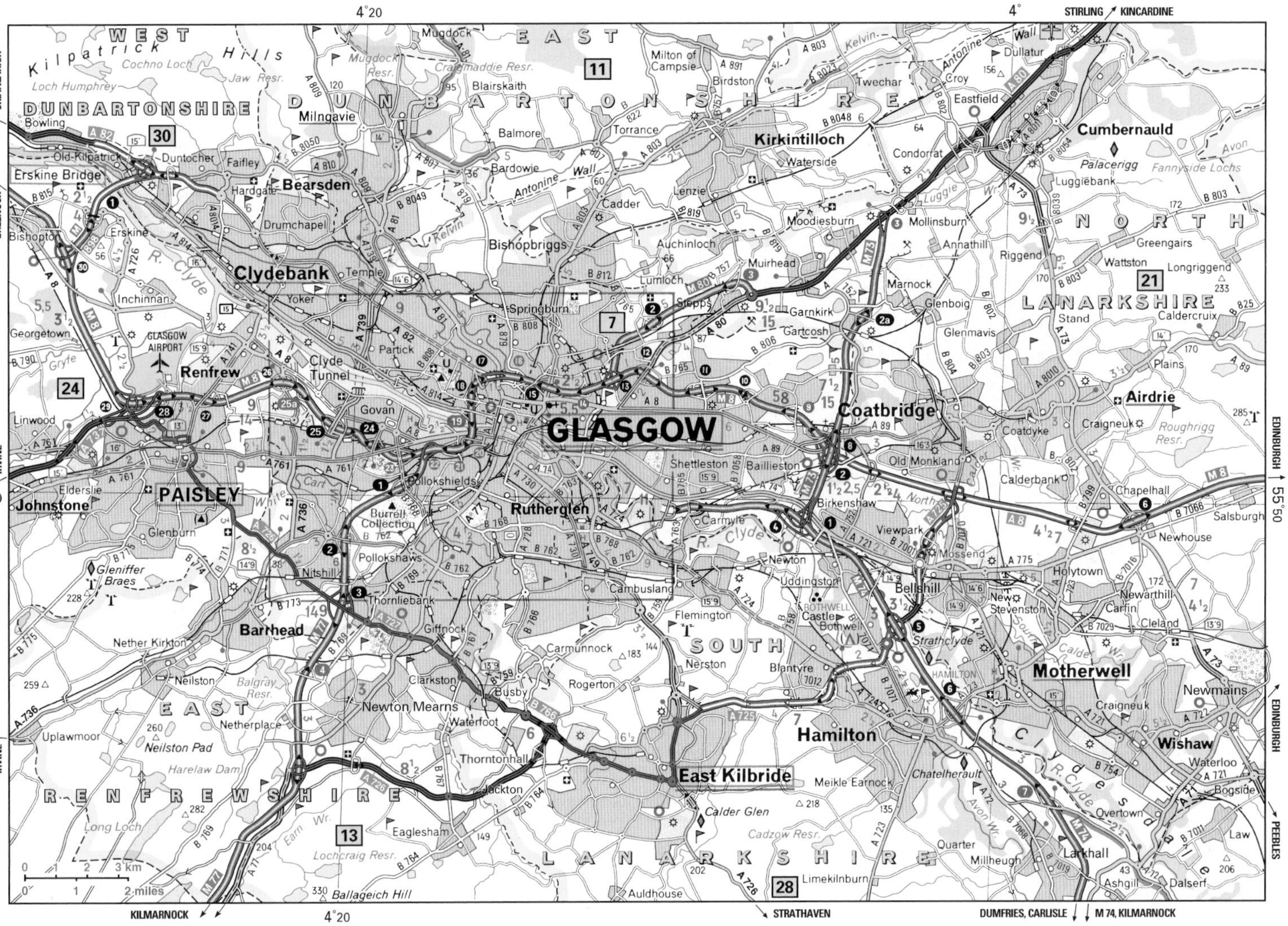

Galarinós *GR* 88 B3
Galaroza *E* 47 D1
Galashiels *GB* 9 D3
Galata *CY* 138 B3
Galatádes *GR* 88 A2
Galatás (Atikí-Piréas) *GR* 97 F1
Galatás (Korinthía) *GR* 97 D1
Galaţi *RO* 127 E4
Galatina *I* 81 F3
Galatiní *GR* 87 E3
Galátista *GR* 88 B2
Galatone *I* 81 F3
Galaxídi *GR* 93 E3
Galdakao *E* 36 C1
Galeata *I* 76 B2
Galende *E* 33 D4
Galera *E* 48 C2
Galičnik *MK* 137 D4
Galini *CY* 138 B3
Galipsós *GR* 89 D2
Galisteo *E* 41 E2
Gallarate *I* 71 D4
Gallardon *F* 21 E3
Gallareto *I* 74 C1
Gallargues-le-Montueux *F* 30 B2
Galliate *I* 71 D4
Gallipoli *I* 81 F3
Gällivare *S* 108 B2
Gallneukirchen *A* 68 B1
Gällö *S* 112 B2
Gallsbach *A* 68 B1
Gallur *E* 37 E3
Galston *GB* 8 C3
Galtür *A* 67 D4
Galveias *P* 40 C3
Gálvez *E* 42 A2
Galway / Gaillimh *IRL* 2 B4
Gamaches *F* 16 B3
Gambarie *I* 83 F4
Gaming *A* 68 C1
Gamleby *S* 119 D1
Gammelstaden *S* 108 C3
Gammertingen *DE* 66 B2
Gams *CH* 66 C3
Gamvik *N* 105 F1
Ganacker *DE* 63 F4
Gándara *E* 32 B2
Ganderkesee *DE* 50 A4
Gandesa *E* 44 B1
Gandia *E* 44 A4
Gandino *I* 71 E4
Gandria *CH* 71 D3
Gangáles *GR* 101 D4
Ganges *F* 30 B2
Gangi *I* 84 C3
Gangkofen *DE* 67 F1
Gannat *F* 26 A2
Gänserndorf *A* 65 E4
Gañuelas *E* 49 E2
Gap *F* 31 E1
Garching a. d. Alz *DE* 67 F1
Garcia *E* 38 B4
Garciaz *E* 41 F3
Garda *I* 71 F4
Gardanne *F* 31 D3
Gårdby *S* 123 F2
Garde *S* 119 F4
Gardelegen *DE* 57 D2
Gardermoen *N* 117 D1
Gardíki *GR* 93 D2
Garding *DE* 50 A2
Gardjönäs *S* 107 F4
Gärdnäs *S* 112 B1
Gardone Riviera *I* 71 E4
Gardone Val Trompia *I* 71 E4
Gärdslösa *S* 123 F2
Garešnica *HR* 131 E3
Garessio *I* 74 C2
Garforth *GB* 11 D2
Gargaliáni *GR* 96 B2
Garganta la Olla *E* 41 F2
Gargellen *A* 66 C4
Gargilesse-Dampierre *F* 25 E2
Gargnano *I* 71 F4
Gargnäs *S* 108 A4
Garipa *GR* 101 D4
Garlasco *I* 75 D1
Garlin *F* 28 C3
Garlstorf
(Kreis Harburg) *DE* 50 C4
Garmisch-
Partenkirchen *DE* 67 E3
Garpenberg *S* 119 D1
Garraf *E* 38 C4
Garrafe de Torío *E* 33 E3
Garray *E* 37 D3
Garrel *DE* 55 F2
Garrovillas *E* 41 E2
Garrucha *E* 49 D3
Gars am Kamp *A* 65 D4
Gartow (Kreis Lüchow-
Dannenberg) *DE* 51 D4
Gartz *DE* 52 A3
Garvagh *GB* 3 D1
Garvão *P* 46 A1
Garve *GB* 6 C4
Garynahine *GB* 6 B2
Garz *DE* 51 F2
Gaschurn *A* 67 D4
Gassino Torinese *I* 74 C1
Gastoúni *GR* 96 A1
Gata *E* 41 E1
Gata (Cape) *CY* 138 C4
Gata de Gorgos *E* 44 A4
Gatčina *RUS* 125 D1
Gatehouse of Fleet *GB* 8 C4
Gateshead *GB* 9 F4
Gattinara *I* 70 C4
Gattorna *I* 75 D2
Gaucín *E* 47 E4
Gaulstad *N* 111 E1
Gautegiz-Arteaga *E* 37 D1
Gauting *DE* 67 E2
Gavà *E* 38 C4
Gavardo *I* 71 F4
Gavarnie *F* 28 C4
Gavdopoúla (Nissí) *GR* 100 B4
Gávdos (Nissí) *GR* 100 B4
Gavi *I* 75 D2
Gavião *P* 40 C2
Gavirate *I* 71 D4
Gävle *S* 119 E1
Gavoi *I* 82 B2
Gavray *F* 19 E2
Gavrilov-Jam *RUS* 125 F1
Gávrio *GR* 98 B1
Gåvsta *S* 119 E2
Gäxsjö *S* 112 B1
Gazimağusa /
Ammochostos *CY* 139 E3
Gazzuolo *I* 75 F1
Gdańsk *PL* 124 A4
Gdov *RUS* 125 C1
Gdynia *PL* 53 E1
Geaune *F* 28 C2
Gebesee *DE* 63 D1
Gebze *TR* 129 F3
Gedern *DE* 62 B2
Gediz *TR* 129 F4
Gedser *DK* 122 C4
Geel *B* 17 F1
Geertruidenberg *NL* 54 B4
Geesthacht *DE* 50 C4
Gefell *DE* 63 E2
Géfira *GR* 97 E3
Géfira *GR* 88 A2
Gefíria *GR* 93 D1
Gefrees *DE* 63 E2
Gehren (Ilm-Kreis) *DE* 63 D1
Geilenkirchen *DE* 61 E1
Geilo *N* 116 C1
Geiranger *N* 110 C3
Geisa *DE* 62 C1
Geiselhöring *DE* 63 F4
Geisenfeld *DE* 67 E1
Geisenhausen *DE* 67 F1
Geising *DE* 64 A1
Geisingen
(Kreis Tuttlingen) *DE* 23 F3
Geislingen a. d. Steige *DE* 66 C1
Geismar
(Kreis Eichsfeld) *DE* 62 C1
Geisnes *N* 107 D4
Geithain *DE* 63 F1
Gela *I* 85 D4
Geldern *DE* 55 D4
Geldrop *NL* 17 F1
Geleen *NL* 61 D1
Gelibolu *TR* 129 E3
Gelnhausen *DE* 62 B2
Gelsa *E* 37 F4
Gelsdorf *DE* 61 F2
Gelsenkirchen *DE* 55 E4
Gelting *DE* 50 B1
Gembloux *B* 17 E2
Gemeaux *F* 22 B4
Gémenos *F* 31 D3
Gemert *NL* 17 F1
Gemlik *TR* 129 F3
Gemona del Friuli *I* 68 A4
Gémozac *F* 24 B3
Gemünd (Eifel) *DE* 61 E2
Gemünden *DE* 61 F3
Gemünden (Wohra) *DE* 62 B1
Gemünden a. Main *DE* 62 C3
Genádio *GR* 103 F2
Genagra *CY* 139 B2
Genaralski Stol *HR* 130 C3
Gençay *F* 25 D2
General-Toševo *BG* 129 F1
Genève *CH* 27 D2
Genisséa *GR* 89 F1
Genk *B* 17 F2
Genlis *F* 26 C1
Gennep *NL* 55 D4
Gennes *F* 19 F4
Génolhac *F* 30 B1
Genova *I* 75 D2
Gent *B* 17 D1
Genthin *DE* 57 E2
Gentioux *F* 25 F3
Genzano di Lucania *I* 80 C3
Genzano di Roma *I* 79 E2
Georgianí *GR* 87 F2
Georgioúpoli *GR* 100 B3
Georgítsi *GR* 96 C2
Georgsmarienhütte *DE* 55 F3
Gera *DE* 63 E1
Geraardsbergen *B* 17 D2
Gerabronn *DE* 62 C4
Gerace *I* 83 E4
Gerakári *GR* 100 C4
Gerakári *GR* 88 B1
Gerakaroú *GR* 88 B2
Gérakas *GR* 97 E3
Geráki *GR* 97 D3
Gerakiní *GR* 88 C3
Geráni *GR* 100 C3
Gérardmer *F* 23 D3
Geras *A* 65 D4
Gerbéviller *F* 23 D2
Gerbini *I* 85 D3
Gerbstedt *DE* 57 D4
Gerena *E* 47 D2
Gerês *P* 34 C3
Geretsried *DE* 67 E2
Gérgal *E* 48 C3
Geri *CY* 138 C3
Geringswalde *DE* 63 F1
Gerlos *A* 67 F3
Gérmas *GR* 87 E2
Germasogeia *CY* 138 C3
Germasogeia *CY* 138 C4
Germasogeia Dam *CY* 138 C4
Germering *DE* 67 E2
Germersheim *DE* 23 F1
Gernika-Lumo *E* 37 D1
Gernrode
(Kreis Quedlinburg) *DE* 57 D4
Gernsheim *DE* 62 A3
Gerokolympos *CY* 139 B2
Gerola Alta *I* 71 E3
Gerolakkos *CY* 138 C2
Geroliménas *GR* 97 D4
Gerolstein *DE* 61 E3
Gerolzhofen *DE* 62 C3
Gerona / Girona *E* 39 D3
Geroplátanos *GR* 88 C2
Geroskipou *CY* 138 A4
Gerovo *HR* 130 B3
Gerri de la Sal *E* 38 B3
Gersau *CH* 66 B4
Gersfeld *DE* 62 C2
Gerstetten *DE* 66 C1
Gersthofen *DE* 67 D1
Gerswalde *DE* 51 F4
Gescher *DE* 55 E4
Geseke *DE* 55 F4
Gesualdo *I* 80 B3
Geta *FIN* 120 A4
Getafe *E* 42 B2
Gettorf *DE* 50 B2
Getxo *E* 36 C1
Gevelsberg *DE* 61 F1
Gevgelija *MK* 137 F4
Gevrey-Chambertin *F* 26 C1
Gex *F* 27 D2
Geyve *TR* 129 F3
Gföhl *A* 64 C4
Ghedi *I* 71 F4
Gheorgheni *RO* 127 D4
Ghilarza *I* 82 B2
Ghisonaccia *F* 78 B3
Ghisoni *F* 78 A3
Gialí (Nissí) *GR* 103 D1
Gialia *CY* 138 A3
Gialias *CY* 139 D3
Giálova *GR* 96 B3
Giáltra *GR* 93 F2
Gianitsá *GR* 88 A2
Gianítsi *GR* 94 C4
Giannádes *GR* 86 B4
Gianoúli *GR* 91 E2
Giardini-Naxos *I* 85 E2
Giáros (Nissí) *GR* 98 B1
Giarratana *I* 85 D4
Giarre *I* 85 E3
Giat *F* 25 F3
Giaveno *I* 27 F4
Giba *I* 82 B4
Gibostad *N* 104 B3
Gibraleón *E* 46 C2
Gibraltar *GB* 47 E4
Gideå *S* 113 D2
Gieboldehausen *DE* 56 C4
Gien *F* 21 F4
Giengen a. d. Brenz *DE* 67 D1
Giens *F* 31 E3
Gießen *DE* 62 B2
Giethoorn *NL* 55 D2
Gifhorn *DE* 56 C3
Giglio Porto *I* 78 B1
Gignac *F* 30 A2
Gijón *E* 33 E2
Gilching *DE* 67 E2
Gilford *GB* 3 E3
Gilleleje *DK* 123 D2
Gillhov *S* 112 B3

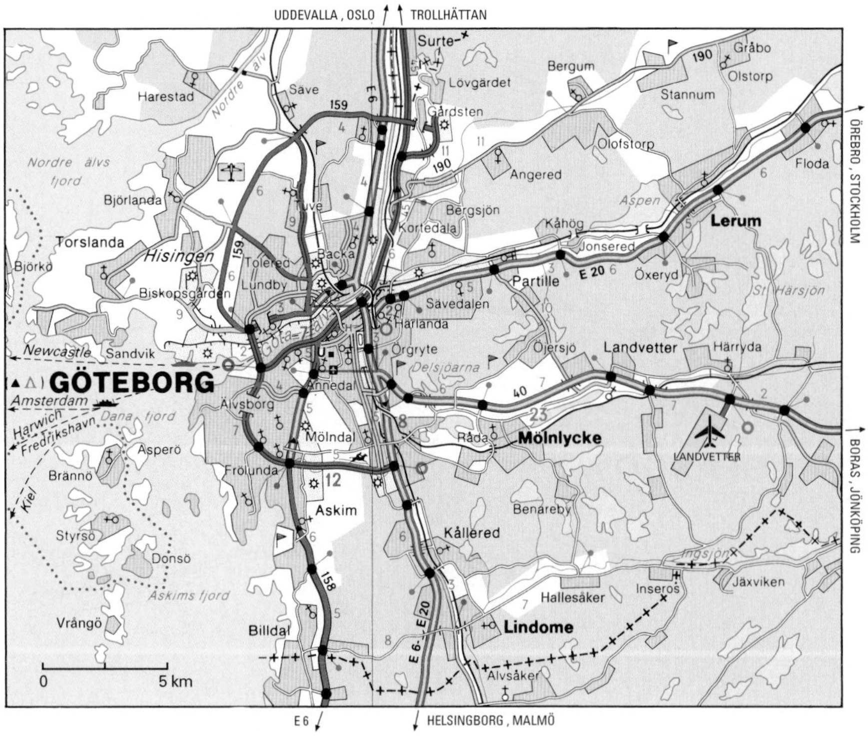

Gillingham GB 14 C3
Gillingham GB 13 E3
Gilze NL 17 F1
Gimenells E 38 A4
Gimnó GR 94 B3
Gimo S 119 E1
Gimont F 29 D3
Gingst DE 51 F2
Ginosa I 81 D3
Ginzling A 67 F3
Gioia del Colle I 81 D3
Gioia Tauro I 83 E4
Giolou CY 138 A3
Gioúra (Nissí) GR 94 B1
Giovinazzo I 81 D2
Girifalco I 83 E3
Girne / Keryneia CY 138 C2
Giromagny F 23 D4
Girona / Gerona E 39 D3
Gironella E 38 C3
Girvan GB 3 F1
Gisburn GB 10 C2
Gislaved S 123 E1
Gisors F 16 B4
Gistel B 15 F4
Gíthio GR 97 D3
Gittun S 108 A3
Giugliano in Campania I 80 A3
Giulianova Lido I 77 E4
Giurgiu RO 129 E1
Give DK 122 B2
Givet F 17 F3
Givors F 26 C3
Givry F 26 C1
Givry-en-Argonne F 22 B2
Gizéla GR 89 E1
Giżycko PL 124 B4
Gjendesheim N 110 C4
Gjermundshavn N 116 A1
Gjesvær N 105 E1
Gjirokastër AL 128 C4
Gjøra N 111 D2
Gjov (Færøerne) DK 106 A3
Gjøvik N 111 D4
Gkreko (Cape) CY 139 E3
Gla GR 93 F3
Gladbeck DE 55 E4
Gladenbach DE 62 A2
Gladstad N 107 D3
Glamis GB 9 D1
Glamoč BIH 135 E1
Glamsbjerg DK 122 B3
Glan-Münchweiler DE 23 E1
Glandorf DE 55 F3
Glanshammar S 119 D2
Glarus CH 66 B4
Glasgow GB 8 C3
Glastonbury GB 13 E2
Glauchau DE 63 F1
Glava S 118 B2
Glavatičevo BIH 135 F2
Glavice BIH 135 D1
Glavičice BIH 132 B4
Glavnik SCG 137 D2
Gledić SCG 133 D4
Gleisdorf A 69 D3
Glenamoy / Gleann na Muaidhe IRL 2 A2
Glenariff or Waterfoot GB 3 E1
Glenarm GB 3 E2
Glenbeigh IRL 4 A3
Glencolumbkille / Gleann Cholm Cille IRL 2 B2
Glendalough IRL 5 E2
Glenelg GB 6 B4
Glenfinnan GB 8 B1
Glengarriff / An Gleann Garbh IRL 4 B4
Glenluce GB 3 F2
Glennamaddy IRL 2 B4
Glenrothes GB 9 D2
Glenties IRL 2 C2
Glífa GR 93 F2
Glifáda GR 97 F1
Glifáda GR 93 D3
Glikí GR 92 A1
Glikóvrissi GR 97 D3
Glina HR 131 D3
Gliwice PL 126 A2
Gloggnitz A 69 D2
Głogów PL 58 C3
Glomfjord N 107 E2
Glommersträsk S 108 A4
Glossop GB 11 D3
Gloucester GB 13 E1
Głubczyce PL 65 E1
Głuchołazy PL 65 E1
Glücksburg DE 50 B1
Glückstadt DE 50 B3
Glumsø DK 122 C3
Glušci SCG 132 B3
Gmünd A 68 B3
Gmünd A 64 C4
Gmund DE 67 E2
Gmunden A 68 B2
Gnarp S 112 C3
Gnesta S 119 E3
Gniezno PL 53 D4
Gnjilane SCG 137 E2
Gnoien DE 51 E2
Gnosjö S 123 E1
Goce Delčev BG 129 D3
Goch DE 55 D4
Godalming GB 14 B3
Godby FIN 120 A4
Godelheim DE 56 B4
Goderville F 16 A4
Godmanchester GB 14 C2
Gödöllő H 126 A4
Godovič SLO 130 B2
Goes NL 17 D1
Göggingen (Kreis Augsburg Stadt) DE 67 D1
Göhren (Kreis Rügen) DE 51 F2
Goirle NL 17 F1
Góis P 40 C1
Goito I 71 F4
Gokčanica SCG 136 C1
Gol N 110 C4
Gola HR 131 E1
Golada E 32 B3
Golčův Jeníkov CZ 64 C2
Goldbach (Kreis Aschaffenburg) DE 62 B3
Goldberg (Kreis Parchim) DE 51 E3
Goldenstedt DE 55 F2
Golegã P 40 B2
Golemo Selo SCG 137 E2
Goleniów PL 52 A3
Golfe-Juan F 31 F2
Golfo Aranci I 78 A3
Goli (Otok) HR 130 C4
Göllersdorf A 65 D4
Golling A 68 A2
Golnik SLO 130 B2
Golpejas E 35 E4
Golspie GB 7 D3
Golßen DE 58 A3
Golubac SCG 133 E3
Golubinje SCG 133 F3
Golubovci SCG 136 B3
Golubovec HR 131 D2
Golzow (Kreis Potsdam-Mittelmark) DE 57 E3
Gómara E 37 D4
Gomáti GR 88 C3
Gombrèn E 39 D3
Gomecello E 35 F4
Gómfi GR 92 C1
Gommern DE 57 E3
Goncelin F 27 D4
Gondomar P 34 B4
Gondomar E 32 A4
Gondrecourt-le-Château F 22 C2
Gönen TR 129 F3
Góni GR 88 A4
Goniá GR 100 A3
Goniés GR 101 D3
Gonnesa I 82 A4
Gonnosfanadiga I 82 B3
Goole GB 11 E2
Goor NL 55 D3
Goppenstein CH 27 F2
Göppingen DE 66 C1
Gor. Tlamino SCG 137 F2
Gor. Vratno HR 131 D1
Gora HR 131 D3
Goražde BIH 136 A1
Gördalen S 112 A4
Gordes F 30 C2
Gorenja Vas SLO 130 B2
Gorey / Guaire IRL 5 E2
Gorgonzola I 71 E4
Gorgopótamos GR 87 D3
Gorica MK 87 D1
Gorica BIH 135 E2
Goričan HR 131 D1
Gorinchem NL 54 B4
Goritsá GR 97 D2
Gorizia I 72 C3
Gorlice PL 126 B3
Görlitz DE 58 B4
Gorna Orjahovica BG 129 E2
Gorni Kokoti SCG 136 B3
Gornja Grabovica BIH 135 F2
Gornja Kamenica SCG 137 E1
Gornja Klina SCG 137 D2
Gornja Ljubovida SCG 132 C4
Gornja Ploča HR 134 C1
Gornja Radgona SLO 131 D1
Gornja Sabanta SCG 133 D4
Gornja Slatina BIH 132 A3
Gornja Toponica SCG 137 E1
Gornja Tuzla BIH 132 B4
Gornje Jelenje HR 130 B3
Gornje Ratkovo BIH 131 E4
Gornje Selo HR 135 D2
Gornji Grad SLO 130 B2
Gornji Kneginec HR 131 D2
Gornji Lapac HR 131 D4
Gornji Milanovac SCG 133 D4
Gornji Petrovci SLO 131 D1
Gornji Podgradci BIH 131 E3
Gornji Rajić HR 131 E3
Gornji Vakuf BIH 135 E1
Gorno Orizari MK 137 E4
Goro I 76 B1
Gorredijk NL 54 C2
Gorron F 19 F3
Gorsleston-on-Sea GB 15 E1
Gort / An Gort IRL 2 B4
Gorteen IRL 2 B3
Gortin GB 3 D2
Górtis GR 101 D4
Gortmore / An Gort Mór IRL 2 A4
Görzke DE 57 E3
Gorzów Wielkopolski PL 52 B4
Gosaldo I 72 A3
Gosau A 68 A2
Göschenen CH 66 B4
Gosforth GB 10 B1
Goslar DE 56 C3
Gospić HR 130 C4
Gospođinci SCG 132 C2
Gosport GB 13 F3
Gossau CH 66 C3
Gosselies B 17 E2
Gößnitz DE 63 E1
Gößweinstein DE 63 E3
Gostivar MK 137 D4
Göstling A 68 C2
Gostyń PL 59 D3
Göteborg S 118 B4
Götene S 118 C3
Gotha DE 63 D1
Gothem S 119 F4
Göttingen DE 56 C4
Götzis A 66 C3
Gouarec F 18 C3
Gouda NL 54 B4
Gouménissa GR 88 A1
Goumois F 23 E4
Goúra GR 93 E4
Gourdon F 29 E1
Gourin F 18 C3
Gournay-en-Bray F 16 B4
Goúrnes GR 101 D3
Gourniá GR 101 E4
Gourock GB 8 C2
Gourri CY 138 C3
Gouveia P 40 C1
Goúves GR 101 D3
Gouviá GR 86 B4
Gouzon F 25 F2
Govedari HR 135 F3
Göynük TR 129 F3
Gozd. M. SLO 130 A2
Gozzano I 70 C4
Graal-Müritz DE 51 E2
Graben-Neudorf DE 23 F1
Grabenstätt DE 67 F2
Grabovac HR 135 E2
Grabovci SCG 132 C3
Grabow (Kreis Ludwigslust) DE 51 D4
Gračac HR 134 C1
Gračanica BIH 132 A4
Gračanica (Priština) SCG 137 D2
Gračanica (Valjevo) SCG 132 B4
Graçay F 25 E1
Grächen CH 27 F2
Gradac SCG 136 C1
Gradac SCG 136 A1
Gradac HR 135 E2
Gradačac BIH 132 A3
Gradara I 76 C2
Gradec HR 131 D2
Gradefes E 33 F4
Gradina SCG 137 F1
Gradina HR 131 F2
Gradisca d'Isonzo I 72 C3
Gradište MK 137 E3
Gradište HR 131 F3
Grado E 33 E2
Grado I 72 C3
Gradsko MK 137 F4
Gradskovo SCG 133 F4
Gräfelfing DE 67 E2
Grafenau (Kreis Freyung-Grafenau) DE 64 A4
Gräfenberg (Kreis Forchheim) DE 63 D3
Gräfenhainichen DE 57 E4
Grafenwöhr DE 63 E3
Grafing DE 67 F2
Gragnano I 80 A3
Grahovo SLO 130 A2
Grahovo SCG 136 A3
Graiguenamanagh / Graig na Manach IRL 5 E3
Grain GB 14 C3
Grainau DE 67 E3
Grajewo PL 124 B4
Grajvoron RUS 127 F1
Gram DK 122 B3
Gramat F 29 E1
Gramatikó GR 93 D1
Gramatikoú GR 92 C3
Graméni GR 89 D1
Graméno GR 87 D4
Grametten A 64 C4
Grammichele I 85 D3
Gramzow (Kreis Uckermark) DE 52 A4
Gran N 117 D1
Granada E 48 B3
Gránard / Granard IRL 2 C3
Grancey-le-Château F 22 B4
Grand-Champ F 18 C4
Grand-Couronne F 16 A4
Grand-Fougeray F 19 E4
Grandas de Salime E 33 D2
Grandcamp-Maisy F 19 F1
Grândola P 40 B4
Grandpré F 17 F4
Grandrieu F 30 B1
Grandvilliers F 16 B4
Grañén E 37 F3
Grangärde S 119 D1
Grange-over-Sands GB 10 C1
Grangemouth GB 9 D2
Granges-sur-Vologne F 23 D3
Grängesberg S 119 D1
Granítis GR 89 D1
Granítsa GR 92 C2
Granja P 40 C4
Granja de Torrehermosa E 47 E1
Gränna S 118 C4
Granollers E 39 D4
Granön S 113 D1
Gransee DE 51 F4
Grantham GB 11 E4
Grantown-on-Spey GB 7 D4
Granville F 19 E2
Granvin N 110 B4
Grasleben DE 57 D3
Grasmere GB 10 C1
Grassano I 80 C3
Grasse F 31 F2
Gråsten DK 122 B3
Grästorp S 118 B3
Gratangen N 104 B4
Gratiní GR 91 D2
Gratkorn A 69 D3
Grau de Castelló E 44 A2
Graulhet F 29 F2
Graus E 38 A3
Grávalos E 37 D3
Gravdal N 107 E1
Grave NL 54 C4
Gravedona I 71 D3
Gravelines F 15 E4
Gravellona Toce I 70 C4
Gravesend GB 14 C3
Graviá GR 93 E3
Gravina in Puglia I 81 D3
Gravoúna GR 89 E1
Gray F 22 C4
Grays Thurrock GB 14 C3
Graz A 69 D3
Grazalema E 47 E3
Grazzanise I 80 A3
Grčak SCG 137 D1
Grdelica SCG 137 E1
Great Driffield GB 11 E2
Great Dunmow GB 14 C2
Great Malvern GB 13 E1
Great Torrington GB 12 C3
Great Yarmouth GB 15 E1
Grebbestad S 118 A3
Grebnik SCG 137 D2
Greccio I 79 D1
Greding DE 63 E4
Greenhead GB 9 E4
Greenlaw GB 9 E3
Greenock GB 8 C2
Greenodd GB 10 C1
Greggio I 70 C4
Gregolímano GR 93 F2
Greifenburg A 68 A4
Greiffenberg DE 52 A4
Greifswald DE 51 F2
Grein A 68 C1
Greiz DE 63 E1
Grenå DK 122 C2
Grenade F 29 E2
Grenade-sur-l'Adour F 28 C2
Grenchen CH 27 F1
Grenoble F 27 D4
Grense Jakobselv N 105 F2
Gréoux-les-Bains F 31 D2
Gresse-en-Vercors F 27 D4
Gressoney-la Trinité I 27 F3
Gressoney-St Jean I 27 F3
Gresten A 68 C1
Grésy-sur-Isère F 27 E3
Greußen DE 63 D1
Greve in Chianti I 76 A3
Greve Strand DK 123 D3
Greven DE 55 E3
Grevená GR 87 E3
Grevenbroich DE 61 E1
Grevenbrück DE 62 A1
Grevenítio GR 87 D4
Grevenmacher L 23 D1
Grevesmühlen DE 51 D3
Greyabbey GB 3 E2
Greystones / Na Clocha Liatha IRL 5 F2
Grez-en-Bouère F 19 F4
Grezzana I 71 F4
Grgur (Otok) HR 130 C4
Griebenow DE 51 F2
Gries am Brenner A 67 E3
Gries im Sellrain A 67 E3
Grieskirchen A 68 B1
Griffen A 68 C3
Grignan F 30 C1
Grigno I 72 A3
Grignols F 28 C1
Grimaldi I 83 E2
Grimaud F 31 E3
Grimma DE 57 F4
Grimmen DE 51 E2
Grimsbu N 111 D3
Grimsby GB 11 F3
Grimstad N 116 C3
Grindaheim N 110 C4
Grindavík IS 106 A2
Grindelwald CH 66 A4
Grindsted DK 122 B3
Griñón E 42 B2
Gripsholm S 119 E2
Grisignano di Zocco I 72 A4
Grisolles F 29 E2
Grisslehamn S 119 F1
Grítsa GR 88 A3
Gríva GR 88 A1
Grizáno GR 87 F4
Grk BIH 132 A3
Grljan SCG 133 F4
Grnča SCG 132 B4
Grøa N 110 C2
Gröbming A 68 B2
Grocka SCG 133 D3
Gröditz DE 57 F4
Groenlo NL 55 D4
Groitzsch DE 63 E1
Groix F 18 C4
Grömitz DE 50 C2
Gronau (Westfalen) DE 55 E3
Grönenbach DE 67 D2
Grong N 111 F1
Grönhögen S 123 F2
Gröningen DE 57 D3
Groningen NL 55 D2
Grönskåra S 123 F1
Gropello Cairoli I 75 D1
Groscavallo I 27 F4
Grosio I 71 E3
Groß-Gerau DE 62 A3
Groß Gerungs A 64 C4
Groß Schönebeck DE 51 F4
Groß-Siegharts A 64 C4
Groß-Umstadt DE 62 B3
Großbreitenbach DE 63 D2
Großenbrode DE 50 C2
Großenhain DE 58 A4
Großenkneten DE 55 F2
Großenzersdorf A 69 E1
Grosseto I 76 A4
Großhabersdorf DE 63 D4
Großheubach DE 62 B3

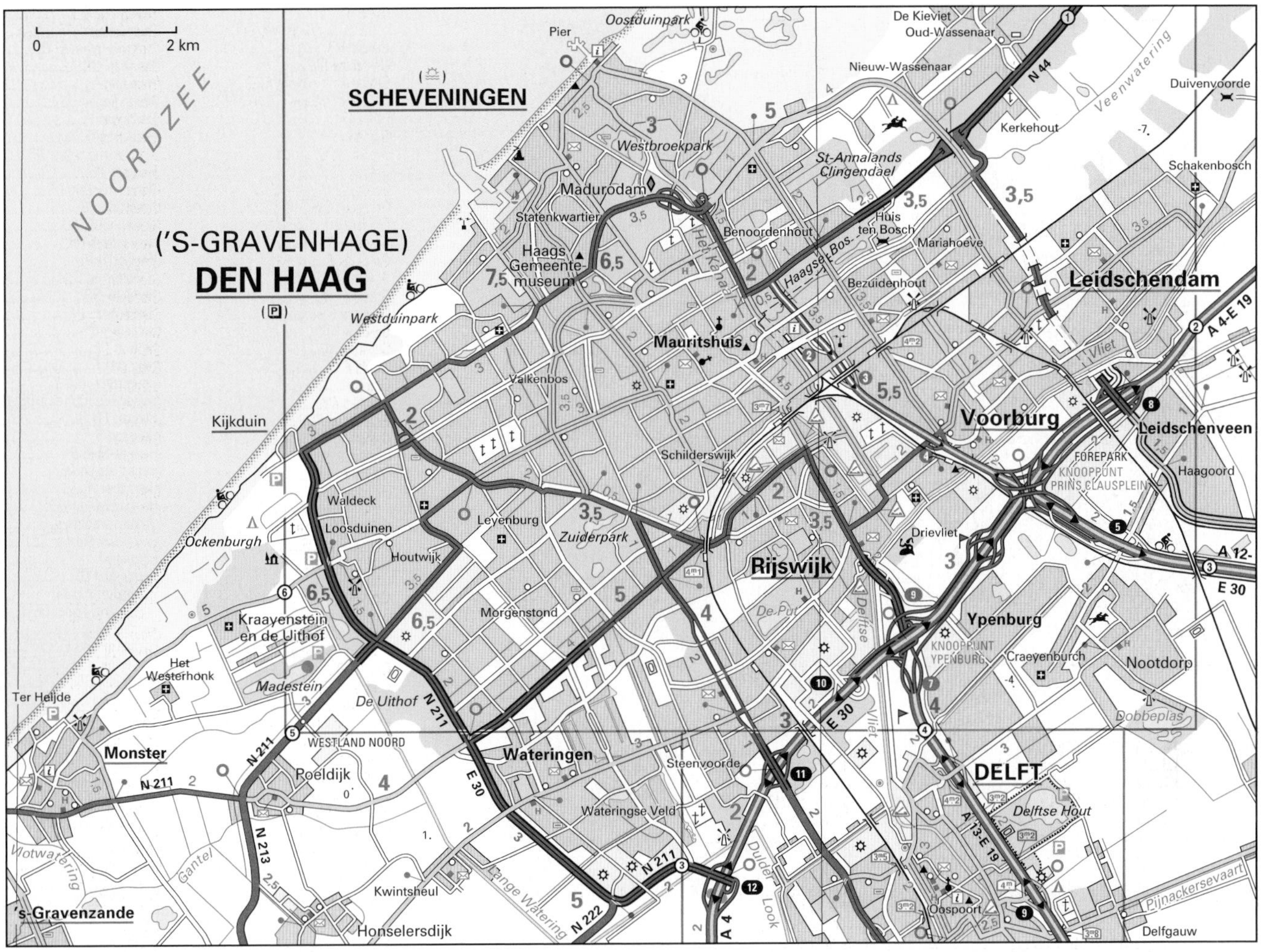

Großpetersdorf A 69 E2
Großraming A 68 B1
Großraschen DE 58 A4
Großreken DE 55 E4
Großröhrsdorf DE 58 A4
Großschönau DE 64 B1
Großweil DE 67 E2
Großwitzeetze DE 51 D4
Grostenquin F 23 D2
Grosuplje SLO 130 B2
Grötlingbo S 119 F4
Grottaglie I 81 E3
Grottaminarda I 80 B2
Grottammare I 77 D4
Grotteria I 83 E4
Grövelsjön S 112 A3
Grovfjord N 104 A3
Grubišno Polje HR 131 E2
Gruda HR 136 A3
Grude BIH 135 E2
Grudziądz PL 126 A1
Gruissan F 30 A3
Grums S 118 B2
Grünau im Almtal A 68 B2
Grünberg DE 62 B2
Grundarfjörður IS 106 A1
Grundforsen S 112 A4
Grundlsee A 68 B2
Grundsund S 118 A3
Grundtjärn S 112 C2
Grünstadt DE 23 F1
Grünwald DE 67 E2
Grupčin MK 137 D3
Gruyères CH 27 F2
Gruž SCG 133 D4
Grycksbo S 119 D1
Gryfice PL 52 B2
Gryllefjord / Torsken N 104 A3
Grythyttan S 118 C2
Grza SCG 133 E4
Gstaad CH 27 F2
Gstadt DE 67 F2
Guadahortuna E 48 B2
Guadalajara E 42 C1
Guadalaviar E 43 E2
Guadalcanal E 47 E1
Guadalupe E 41 F3
Guadarrama E 42 B1
Guadassuar E 43 F4
Guadiaro E 47 E4
Guadix E 48 B3
Gualdo Tadino I 76 C3
Guarda P 41 D1
Guardamar del Segura E 49 F1
Guardia Sanframondi I 80 A2
Guardiagrele I 79 F1
Guardo E 33 F3
Guareña E 41 E4
Guarromán E 48 B1
Guastalla I 75 F1
Gubbio I 76 C3
Guben DE 58 B3
Guberevac SCG 133 D4
Guča SCG 136 C1
Guča Gora BIH 131 F4
Gudavac BIH 131 D4
Gudhjem DK 123 E3
Gudow DE 50 C3
Gudvangen N 110 B4
Guebwiller F 23 E3
Guémené-Penfao F 19 D4
Guémené-sur-Scorff F 18 C3
Güeñes E 36 C1
Guer F 19 D3
Guérande F 19 D4
Guéret F 25 E2
Guérigny F 26 A1
Guéthary F 28 A3
Gueugnon F 26 B2
Güglingen DE 62 B4
Guglionesi I 80 A1
Guichen F 19 E3
Guidonia I 79 E1
Guignes F 21 F2
Guijo de Granadilla E 41 E1
Guijuelo E 41 F1
Guildford GB 14 B3
Guillaumes F 31 F2
Guillena E 47 D2
Guillestre F 31 E1
Guillon F 22 A4
Guilvinec F 18 B3
Guimarães P 34 B3
Guimiliau F 18 B2
Guînes F 15 E4
Guingamp F 18 C2
Guipavas F 18 B2
Guisborough GB 11 E1
Guiscard F 17 D4
Guise F 17 D3
Guissona E 38 C3
Guist GB 15 D1
Guitiriz E 32 B2
Guîtres F 24 C4
Gujan-Mestras F 28 B1
Gulbene LV 124 C2
Gullspång S 118 C3
Gumiel de Hizán E 36 B3
Gummersbach DE 61 F1
Gundelfingen a.d. Donau DE 67 D1
Gundelsheim DE 62 B4
Gunnarn S 107 F4
Gunnarsbyn S 108 B3
Gunnarskog S 118 B2
Gunten CH 27 F1
Günterode DE 56 C4
Guntín de Pallares E 32 C3
Günzburg DE 67 D1
Gunzenhausen DE 63 D4
Gurk A 68 B3
Gurrea de Gállego E 37 F3
Gusev RUS 124 B4
Gusinje SCG 136 C3
Guspini I 82 B3
Güssing A 69 E2
Güsten DE 57 D4
Güstrow DE 51 E3
Gutcher GB 7 F2
Gutenstein A 69 D1
Gütersloh DE 55 F4
Gützkow DE 51 F2
Guyhirn GB 11 F4
Guzet-Neige F 29 E4
Gvardejsk RUS 124 A4
Gvarv N 116 C2
Gvozd SCG 136 B2
Gvozdmost HR 131 D3
Gy F 22 C4
Gyöngyös H 126 A4
Győr H 69 F1
Gypsou CY 139 B2
Gysinge S 119 E1
Gyula H 126 B4

H

H. E. erdap SCG 133 F3
Haag A 68 B1
Haag am Hausruck A 68 A1
Haag i. Oberbayern DE 67 F1
Haaksbergen NL 55 D3
Haamstede NL 54 A4
Haapajärvi FIN 114 C2
Haapakoski FIN 115 E4
Haapamäki (Keski-Suomi) FIN 120 C2
Haapamäki (Oulu) FIN 115 D2
Haapavesi FIN 114 C2
Haapsalu EST 124 B1
Haar DE 67 E2
Haaren DE 55 F4
Haarlem NL 54 B3
Habartice CZ 64 B1
Habay-la-Neuve B 17 F4
Habo S 118 C4
Habsheim F 23 E4
Håbu N 117 D2
Hachenburg DE 62 A2
Hachmühlen DE 56 B3
Hackås S 112 B2
Hadamar DE 62 A2
Haddington GB 9 E2
Hadersdorf am Kamp A 65 D4
Haderslev DK 122 B3
Hadjač UA 127 F1
Hadleigh GB 15 D2
Hadmersleben DE 57 D3
Hadsten DK 122 B2
Hadsund DK 122 B2
Hadžići BIH 135 F1
Hægebostad N 116 B3
Haganj HR 131 D2
Hagen DE 61 F1
Hagen i. Bremischen DE 50 A4
Hagenow DE 51 D4
Hagetmau F 28 B2
Hagfors S 118 C1
Häggdånger S 112 C3
Haggenås S 112 B2
Hagondange F 23 D1
Haguenau F 23 E2
Hahnbach DE 63 E3
Haigerloch DE 66 B1
Hailsham GB 14 C4
Hailuoto FIN 114 C1
Hainburg a. d. Donau A 69 E1
Hainfeld A 69 D1
Hainichen DE 63 F1
Hajdúböszörmény H 126 B4
Hajdučica SCG 133 D2
Hajdúszoboszló H 126 B4
Hajnówka PL 126 B1
Hajsyn UA 127 E2
Hajvoron UA 127 E3
Hakarp S 118 C4
Hakkas S 108 B2
Häkkilä FIN 115 D3
Hala Sultan Tekkesi CY 139 D3
Halandrítsa GR 93 D4
Halbe DE 58 A3
Halberstadt DE 57 D3
Halden N 117 D2
Haldensleben DE 57 D3
Halesowen GB 11 D4
Halesworth GB 15 D2
Halhjem N 116 A1
Halifax GB 11 D2
Halikko FIN 120 C4
Halkeró GR 89 E1
Halkí GR 99 D2
Hálki GR 103 E2
Hálki GR 93 E1
Hálki (Nissí) GR 103 E2
Halkiádes GR 93 E1
Halkidóna GR 88 A2
Halkió GR 95 F3
Hall in Tirol A 67 E3
Halle DE 57 E4
Halle DE 55 F3
Halle B 17 E2
Halle-Neustadt DE 57 E4
Hällefors S 118 C2
Hälleforsnäs S 119 D2
Hallein A 68 A2
Hällekis S 118 C3
Hallenberg DE 62 A1
Hallencourt F 16 B3
Hällesjö S 112 C2
Hällevadsholm S 118 B3
Hällnäs S 113 D1
Hallörmsstaður IS 106 C1
Hallsberg S 119 D3
Hallstadt DE 63 D3
Hallstahammar S 119 D2
Hallstatt A 68 B2
Hallstavik S 119 F2
Halluin F 15 F4
Halmstad S 123 D2
Hals DK 122 C1
Halsa N 110 C2
Hälsingtuna S 112 C4
Halsskov DK 122 C3
Halstead GB 14 C2
Halsteren NL 17 E1
Halsua FIN 114 C3
Haltdålen N 111 E2
Haltern (Kreis Recklinghausen) DE 55 E4
Halver DE 61 F1
Ham F 17 D4
Hamar N 111 D4
Hamarøy N 104 F1
Hamburg DE 50 B3
Hamdorf (Kreis Rendsburg-Eckernsförde) DE 50 B2
Hämeenkyrö FIN 120 C2
Hämeenlinna FIN 120 C3
Hämelerwald DE 56 C3
Hameln DE 56 B3
Hamersleben DE 57 D3
Hamilí (Nissí) GR 102 B3
Hamilton GB 8 C3
Hamina FIN 121 E3
Hamm (Westfalen) DE 55 E4
Hammarland FIN 120 A4
Hammarstrand S 112 C2
Hammaslahti FIN 115 F3
Hammel DK 122 B2
Hammelburg DE 62 C2
Hammerdal S 112 B2
Hammerfest N 105 D1
Hammershus DK 123 E3
Hamningberg N 105 F1
Hamoir B 17 F2
Hamra S 112 B4
Hamre N 116 B3
Hamzali MK 137 F4
Hamzići BIH 135 F2
Han Pijesak BIH 132 B4
Han-sur-Lesse B 17 F3
Hanákia GR 96 B1
Hanau DE 62 B3
Hăncești MD 127 E4
Handrás GR 101 F4
Hanerau-Hademarschen DE 50 B3
Haniá GR 100 B3
Hánia GR 97 D3
Hánia GR 93 F1
Haniótis GR 88 C4
Hankamäki FIN 115 E2
Hankasalmen as FIN 115 D4
Hankasalmi FIN 115 D4
Hankensbüttel DE 56 C2
Hanko / Hangö FIN 120 C4
Hann. Münden DE 56 B4
Hannover DE 56 B3
Hannut B 17 F2
Hanøy N 104 A4
Hansnes N 104 B2
Hanstedt (Kreis Harburg) DE 50 C4
Hanstholm DK 122 B1
Hanušovice CZ 65 E2
Haparanda S 108 C3
Haradok BY 125 D3
Harads S 108 B3
Haraldshaugen N 116 A1
Haravgí GR 87 F3
Harburg DE 67 D1

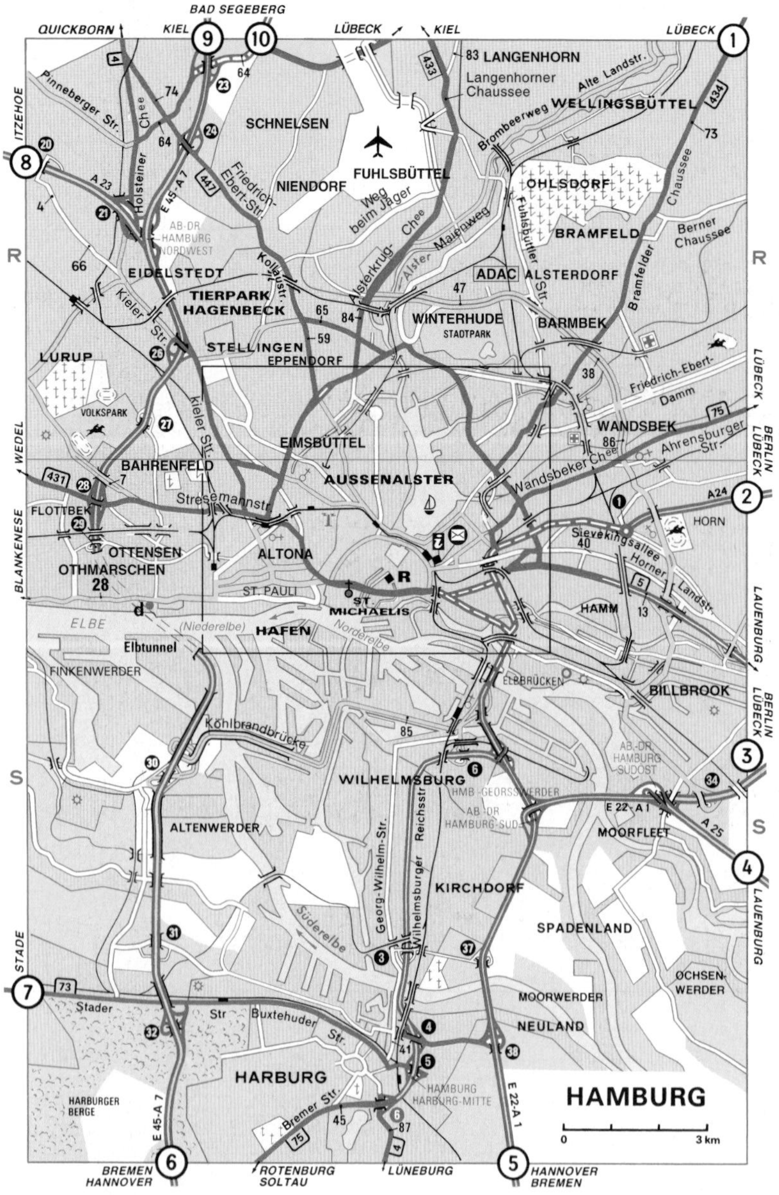

Altonaer Str. RELLINGEN ..... R 4
Bahrenfelder Chaussee ...... S 7
Bergedorfer Str. .... S 13
Elbchaussee .... S 28
Habichtstr. .... R 38
Hammer Landstr. .... S 40
Hannoversche Str. .... S 41
Hohe Str. .... S 45
Jahnring .... R 47
Lokstedter Steindamm .... R 59
Oldesloer Str. .... R 64
Osterfeldstr. .... R 65
Pinneberger Chaussee .... R 66
Saseler Chausse .... R 73
Schleswiger Damm .... R 74
Tangstedter Landstr .... R 83
Tarpenbekstr. .... R 84
Veddeler Damm .... S 85
Wandsbeker Allee .... R 86
Winsener Str. .... S 87

Harburg (Hamburg) DE 50 B4
Hårby DK 122 B3
Hardbakke N 110 A4
Hardegg A 65 D4
Hardegsen DE 56 C4
Hardelot-Plage F 15 D4
Hardenberg NL 55 D3
Harderwijk NL 54 C3
Hardeshøj DK 122 B3
Hardheim DE 62 C3
Hareid N 110 B2
Harelbeke B 15 F4
Haren DE 55 E2
Haren NL 55 D2
Harewood GB 11 D2
Haritoméni GR 89 D1
Harjavalta FIN 120 B3
Harjunpää FIN 120 B2
Härkmeri FIN 120 B2
Harlech GB 10 B3
Harlesiel DE 55 E1
Harleston GB 15 D2
Harlingen NL 54 C2
Harlow GB 14 C3
Harmånger S 112 C3
Harmanli BG 129 E2
Härnösand S 112 C3
Haro E 36 C2
Harokopió GR 96 C3
Haroldswick GB 7 F2
Haroué F 23 D3
Harøysund N 110 C2
Harpenden GB 14 B2
Harplinge S 123 D2
Harpstedt DE 55 F2
Harrachov CZ 64 C1
Harrislee DE 50 B1
Harrogate GB 11 D2
Härryda S 118 B4
Harsefeld DE 50 B4
Harsprånget S 108 A2
Harstad N 104 A3
Harsvik N 111 D1
Hartberg A 69 D2
Hartha (Kreis Döbeln) DE ...63 F1
Hartlepool GB 11 E1
Hartmannsdorf DE 63 F1
Hartola FIN 121 D2
Harwich GB 15 D2
Harzgerode DE 57 D4
Haselünne DE 55 E2
Haskovo BG 129 E2
Haslach an der Mühl A 64 B4
Haslach i. Kinzingtal DE 23 F3
Hasle DK 123 E3
Haslemere GB 14 B4
Haslev DK 122 C3
Hasparren F 28 B3
Hassela S 112 C3
Hasselfelde DE 57 D4
Hasselt B 17 F2
Haßfurt DE 63 D3
Hässleholm S 123 E2
Hastière-Lavaux B 17 F3
Hastings GB 14 C4
Hasvik N 104 C1
Hatě CZ 65 D4
Hațeg RO 128 C1
Hatfield GB 14 C3
Hatherleigh GB 12 C3
Hattem NL 55 D3
Hattfjelldal N 107 E3
Hattingen
(Ennepe-Rhur-Kreis) DE .61 F1
Hattula FIN 120 C3
Hattuvaara
(Ilomantsi) FIN 115 F3
Hatunkyla (Lieksa) FIN 115 F2
Hatvan H 126 A4
Hatvik N 116 A1
Haubourdin F 15 F4
Hauge N 116 A3
Haugesund N 116 A1
Hauho FIN 120 C3
Haukeligrend N 116 B1
Haukipudas FIN 114 C1
Haukivuori FIN 121 E2
Haunstetten (Kreis
Augsburg Stadt) DE 67 D1
Haus A 68 B2
Hausach DE 23 F3
Hausham DE 67 E2
Hausjärvi FIN 121 D3
Hautajärvi FIN 109 F2
Hautefort F 25 E4
Hauteville-Lompnes F 27 D3
Hautmont F 17 E3
Havant GB 14 B4
Havári GR 96 B1
Havdáta GR 92 A4
Havelange B 17 F2
Havelberg DE 51 E4
Haverfordwest /
Hwlffordd GB 12 B1
Haverhill GB 14 C2
Haverö S 112 B2
Havířov CZ 65 F2
Havlíčkův Brod CZ 64 C3
Havneby DK 122 A3
Havøysund N 105 D1
Havraň CZ 64 A2
Hawes GB 11 D1
Hawick GB 9 D3
Hawkhurst GB 14 C4
Hay-on-Wye GB 13 D1
Hayange F 22 C1
Hayle GB 12 B4
Haywards Heath GB 14 C4
Hazebrouck F 15 E4
Headford / Áth Cinn IRL 2 B4
Heanor GB 11 D3
Héas F 28 C4
Heathfield GB 14 C4
Heby S 119 E3
Hechingen DE 66 B1
Hecho E 28 B4
Hechtel B 17 F1
Hecklingen DE 57 D3
Hédé F 19 E3
Hede S 112 A3
Hedemora S 119 D1
Hedenäset S 108 C3
Hedeviken S 112 A3
Hedon GB 11 F2
Heemstede NL 54 B3
Heerde NL 55 D3
Heerenveen NL 54 C2
Heerlen NL 61 E1
Heeze NL 17 F1
Hegge N 110 C4
Hegra N 111 E2
Heia N 104 B3
Heide DE 50 A2
Heidelberg DE 23 F1
Heidenau DE 64 A1
Heidenheim a. d.
Brenz DE 66 C1
Heidenreichstein A 64 C4
Heikendorf DE 50 C2
Heikkila FIN 109 F3
Heilbronn DE 62 B4
Heiligenberg DE 66 C2
Heiligenblut A 68 A3
Heiligenhafen DE 50 C2
Heiligenkirchen DE 56 B4
Heiligenkreuz
im Lafnitztal A 69 E3
Heiligenstadt DE 56 C4
Heilsbronn DE 63 D4
Heimari FIN 121 E2
Heimdal N 111 D2
Heimertingen DE 67 D2
Heinävaara FIN 115 F3
Heinävesi FIN 115 E3
Heinola FIN 121 D3
Heinolan mlk FIN 121 D3
Heinsberg DE 61 E1
Heist B 15 F3
Heist-op-den-Berg B 17 E1
Hejde S 119 F4
Heldburg DE 63 D2
Heldrungen DE 57 D4
Helechal E 41 F4
Helensburgh GB 8 C2
Hella N 110 B4
Hella IS 106 A2
Hellendoorn NL 55 D3
Hellesylt N 110 B3
Hellevoetsluis NL 54 B4
Hellín E 49 D1
Hellvik N 116 A3
Helmbrechts
(Kreis Hof) DE 63 E2
Helmond NL 17 F1
Helmsdale GB 7 D3
Helmsley GB 11 E1
Helmstadt DE 62 C3
Helmstedt DE 57 D3
Helsa DE 62 B1
Helsingborg S 123 D2
Helsinge DK 123 D2
Helsingør DK 123 D2
Helsinki / Helsingfors FIN ..121 D4
Helston GB 12 B4
Hemau DE 63 E4
Hemavan S 107 E3
Hemel Hempstead GB 14 B3
Hemer DE 61 F1
Hemnes N 117 E2
Hemnesberget N 107 E3
Hemsedal N 110 C4
Hemsing N 110 C4
Hendaye F 28 A3
Hengelo NL 55 D3
Hengersberg DE 64 A4
Hénin-Beaumont F 16 C2
Henley GB 14 A2
Henley-on-Thames GB 14 B3
Henneberg DE 62 C2
Hennebont F 18 C4
Hennef DE 61 F2
Hennigsdorf DE 57 F2
Hennset N 110 C2
Henrichemont F 25 F1
Henstedt-Ulzburg DE 50 B3
Henstridge GB 13 E3
Heppenheim a. d. Weise
(Kreis Worms) DE 23 F1
Heraklea MK 137 E4
Herbault F 21 D4
Herbertingen DE 66 C2
Herbignac F 19 D4
Herbolzheim (Kreis
Emmendingen) DE 23 E3
Herborn DE 62 A2
Herbrechtingen DE 66 C1
Herbstein DE 62 B2
Hercegnovi SCG 136 A3
Hercegovac HR 131 E2
Hercegovacka
Goleša SCG 136 B1
Hereford GB 13 E1
Herencia E 42 C3
Herentals B 17 E1
Herford DE 55 F3
Héricourt F 23 D4
Heringsdorf (Kreis
Ostvorpommern) DE 52 A2
Herisau CH 66 C3
Hérisson F 25 F2
Herk-de-Stad B 17 F2
Herleshausen DE 62 C1
Hermagor A 68 A4
Hermannsburg DE 56 C2
Hermansverk N 110 B4
Heřmanův Městec CZ 64 C2
Herment F 25 F3
Hermeskeil DE 23 D1
Hermsdorf (Saale-
Holzland-Kreis) DE 63 E1
Hernani E 28 A3
Hernansancho E 42 A1
Herne DE 55 E4
Herne Bay GB 15 D3
Herning DK 122 B2
Heroldsberg DE 63 D3
Herónia GR 93 F3
Herrala FIN 121 D3
Herre N 116 C2
Herrenberg DE 66 B1
Herrera E 47 F2
Herrera de Alcántara E 40 C2
Herrera de los Navarros E ..37 E4
Herrera de Pisuerga E 36 B2
Herrera del Duque E 41 F3
Herreruela E 41 D3
Herrestad S 118 B3
Herrieden DE 63 D4
Herrljunga S 118 B4
Herrnburg DE 50 C3
Herrnhut DE 58 B4
Herrsching DE 67 E2
Herrskog S 112 C2
Hersbruck (Kreis
Nürnberger Land) DE 63 E3
Herselt B 17 F1
Hérso GR 88 B1
Herstal B 17 F2
Herten DE 55 E4
Hertford GB 14 C3
Hervás E 41 F1
Herzberg DE 56 C4
Herzberg
(Kreis Elbe-Elster) DE 57 F4
Herzogenaurach DE 63 D3
Herzogenburg A 69 D1
Herzsprung (Kreis
Ostprignitz-Ruppin) DE ..51 E4
Hesdin F 16 B3
Hesel DE 55 E1
Hesseng N 105 F2
Hessisch Lichtenau DE 62 C1
Hessisch Oldendorf DE 56 B3
Hetekylä FIN 115 D1
Hetin SCG 133 D2
Hettange-Grande F 22 C1
Hettstedt (Kreis Mansfelder
Land) DE 57 D4
Heubach (Ostalbkreis) DE ..66 C1
Heuchin F 16 C2
Hexham GB 9 E4
Heyrieux F 26 C3
Heysham GB 10 C2
Hiddensee (Insel)
(Kreis Rügen) DE 51 E1
Hieflau A 68 C2
Hiersac F 24 C3
Hietaniemi FIN 109 F1
High Wycombe GB 14 B3
Higham Ferrers GB 14 B2
Higuera de la Serena E 41 E4
Higuera de la Sierra E 47 D1
Higuera de Vargas E 41 D4
Higuera la Real E 47 D1
Higueruela E 43 E4
Hiiumaa EST 124 B1
Híjar E 37 F4
Hilchenbach DE 62 A1
Hildburghausen DE 63 D2
Hilden DE 61 F1
Hilders DE 62 C2
Hildesheim DE 56 C3
Hiliomódi GR 97 E1
Hillegom NL 54 B3
Hillerød DK 123 D3
Hillesøy N 104 B2

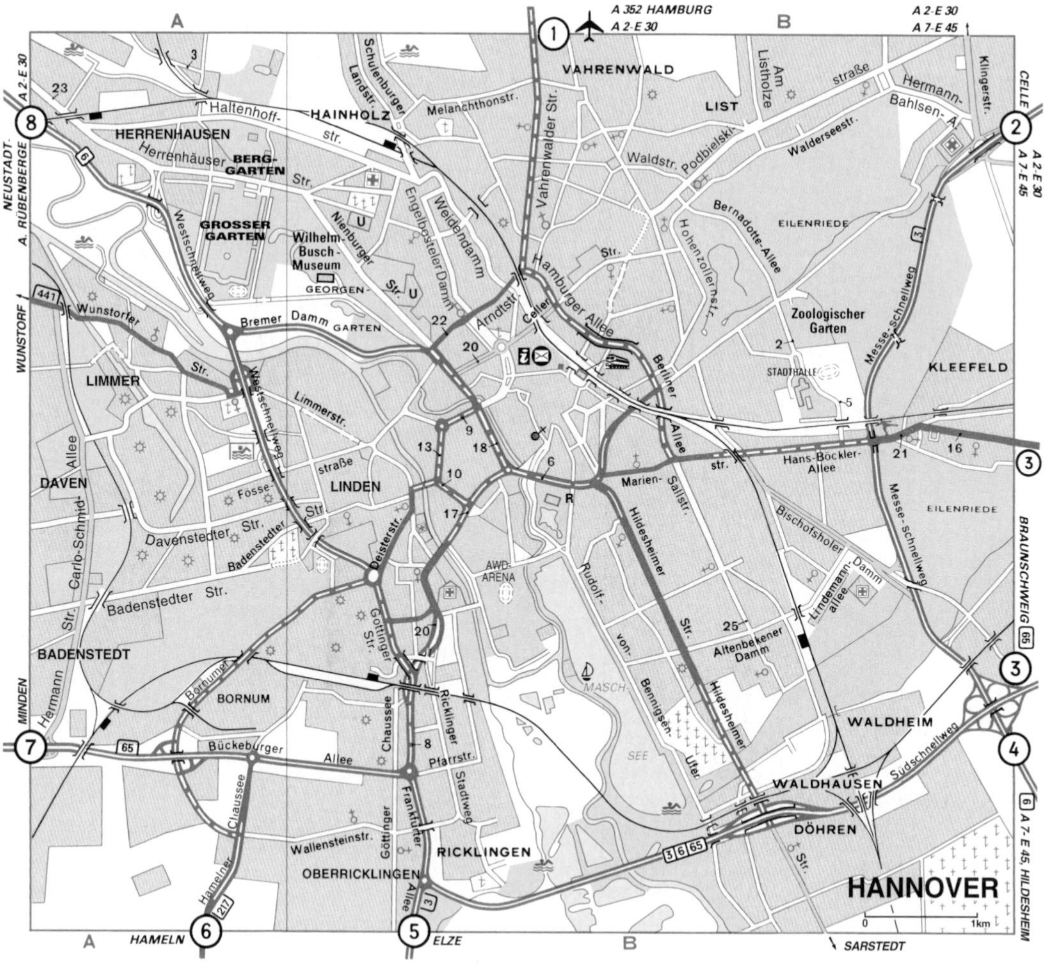

Adenauerallee . . . B 2
Altenauer Weg . . . A 3
Clausewitzstr. . . . B 5
Friedrich-Ebert-Str. B 8
Friedrichswall . . . B 6
Goethestr. . . . . . . B 9
Gustav-Bratke-Allee . . . . B 10
Humboldtstr. . . . . B 13
Kirchröder Str. . . . B 16
Lavesallee . . . . . . B 17
Leibnizufer . . . . . B 18
Ritter-Brüning-Str. . B 20
Scheidestr. . . . . . B 21
Schloßwender St. . B 22
Stöckner Str. . . . . A 23
Stresemannallee . B 25

Hillswick GB 7 F2
Hilpoltstein DE 63 D4
Hiltula FIN 121 E2
Hilvarenbeek NL 17 F1
Hilversum NL 54 C3
Himanka FIN 114 C2
Hímaros GR 88 B1
Hinckley GB 11 D4
Hindelang DE 67 D3
Hindhead GB 14 B4
Hinojares E 48 C2
Hinojosa de Duero E 35 D4
Hinojosa del Duque E 41 F4
Hintersee DE 52 A3
Hinterstoder A 68 B2
Hintertux A 67 E3
Hinterweidenthal DE 23 E1
Híos GR 95 F3
Híos (Nissí) GR 95 E1
Hirschau (Kreis Amberg-Sulzbach) DE 63 E3
Hirschberg (Saale-Orla-Kreis) DE 63 E2
Hirschegg A 67 D3
Hirsingue F 23 E4
Hirson F 17 E3
Hîrşova RO 129 E1
Hirtshals DK 122 B1
Hirvasvaara FIN 109 E2
Hirvensalmi FIN 121 E2
Hirvilahti FIN 115 E3
Hirwaun GB 13 D1
Hisarja BG 129 D2
Histria RO 129 E1
Hitchin GB 14 B2
Hitzacker DE 51 D4
Hjartdal N 116 C2
Hjellestad N 112 A1
Hjelmeland N 116 A2
Hjo S 118 C3
Hjørring DK 122 B1
Hlebine HR 131 E2
Hlemoútsi GR 92 B4
Hlinsko CZ 65 D2
Hlobyne UA 127 F2
Hlubočky CZ 65 E2
Hluboká CZ 64 B4
Hluchiv UA 127 F1
Hlučín CZ 65 F2
Hluk CZ 65 F3
Hlybokae BY 124 C3
Hobro DK 122 B2
Höchberg DE 62 C3
Hochdorf CH 66 B3
Hochfelden F 23 E2
Hochosterwitz A 68 C3
Hochspeyer DE 23 E1
Höchst i. Odenwald (Odenwaldkreis) DE 62 B3
Höchstadt a. d. Aisch (Kreis Erlangen-Höchstadt) DE 63 D3
Höchstädt a. d. Donau (Kreis Dillingen a. d. Donau) DE 67 D1
Hockenheim DE 23 F1
Hoddesdon GB 14 C3
Hodenhagen DE 56 B2
Hódmezővásárhely H 126 B4
Hodnanes N 116 A1
Hodnet GB 10 C4
Hodonín CZ 65 E3
Hodoš SLO 131 D1
Hodovo BIH 135 F2
Hoedekenskerke NL 17 D1
Hoek van Holland NL 54 B4
Hoemsbu N 110 C2
Hof DE 63 E2
Hofgeismar DE 56 B4
Hofheim DE 63 D2
Hofles N 107 D4
Höfn IS 106 C2
Hofolding DE 67 E2
Hofors S 119 D1
Hofsós IS 106 B1
Höganäs S 123 D2
Høgebru N 110 B3
Höglekardalen S 112 A2
Högsäter S 118 B3
Högsby S 123 F1
Hohenau A 65 E4
Hohenberg A 69 D1
Hohenems A 66 C3
Hohengandern DE 56 C4
Hohenlimburg DE 61 F1
Hohenlinden DE 67 F1
Hohenlockstedt DE 50 B3
Hohenmölsen DE 63 E1
Hohenpeißenberg DE 67 E2
Hohenseeden DE 57 E3
Hohenstein DE 63 F1
Hohentauern A 68 C2
Hohenwestedt DE 50 B3
Hóhlakas GR 103 E3
Højer DK 122 A3
Hokksund N 117 D2
Hokstad N 111 E1
Hol N 116 C1
Hola Prystan' UA 127 F3
Holbæk DK 122 C3
Holbeach GB 11 F4
Holdorf DE 55 F3
Holešov CZ 65 E3
Holice CZ 65 D2
Höljäkkä FIN 115 F2
Höljes S 118 B1
Hollabrunn A 65 D4
Høllen N 116 B3
Hollenstedt (Kreis Harburg) DE 50 B4
Hollfeld DE 63 D3
Hollingsholm N 110 C2
Hollola FIN 121 D3
Hollum NL 54 C1
Hollywood IRL 5 E2
Holm N 107 D4
Holm S 112 C3
Hólmavík IS 106 A1
Holmen N 117 D1
Holmestrand N 117 D2
Holmfirth GB 11 D2
Holmön S 113 E1
Holmsund S 113 E1
Holstebro DK 122 A2
Holsted DK 122 A3
Holsworthy GB 12 C3
Holt GB 15 D1
Holwerd NL 54 C1
Holy Cross IRL 5 D2
Holyhead / Caergybi GB 3 F4
Holywell / Treffynnon GB 10 B3
Holywood GB 3 E2
Holzappel DE 62 A2
Holzgau A 67 D3
Holzkirchen (Kreis Miesbach) DE 67 E2
Holzminden DE 56 B4
Homberg (Efze) (Schwalm-Eder-Kreis) DE 62 B1
Homberg (Niederrhein) (Kreis Duisburg) DE 61 E1
Homberg (Ohm) (Vogelsbergkreis) DE 62 B2
Homburg DE 23 E1
Homec SLO 130 B1
Homel' BY 125 E4
Hommelstø N 107 D4
Hommelvik N 111 E2
Hommersåk N 116 A2
Hondarribia / Fuenterrabía E 28 A3
Hondón de las Nieves E 49 E1
Hondschoote F 15 E4
Hönebach DE 62 C1
Hønefoss N 117 D1
Honfleur F 20 C1
Høng DK 122 C3
Hónikas GR 97 D1
Honiton GB 13 D3
Honkajoki FIN 120 B2
Honningsvåg N 105 E1
Honrubia E 43 D3
Honrubia de la Cuesta E 36 B4
Hontalbilla E 36 B4
Hontoria del Pinar E 36 C3
Hoogeveen NL 55 D2
Hoogezand Sappemeer NL 55 D2
Hoogstraten B 17 E1
Höör S 123 D3
Hoorn NL 54 B3
Hopfgarten A 67 F3
Hóra GR 96 B2
Hóra GR 99 F1
Hora Svatého Šebestiána CZ 63 F1
Horažďovice CZ 64 A3
Horb DE 23 F2
Hörby S 123 E3
Horcajo de los Montes E 42 A3
Horcajo de Santiago E 42 C2
Horcajo Medianero E 41 F1
Horche E 42 C1
Horden GB 11 E1
Horeftó GR 93 F1
Hořejší Kunčice CZ 65 E2
Horezu RO 129 D1
Horgen CH 23 F4
Horgoš SCG 132 B1
Hořice CZ 64 C1
Horki BY 125 E3
Horley GB 14 C4
Horn N 107 D3
Horn A 65 D4
Horn DE 56 B4
Horn DE 66 B3
Hornachos E 41 E4
Hornachuelos E 47 E1
Hornberg DE 23 F3
Hornburg (Kreis Wolfenbüttel) DE 56 C3
Horncastle GB 11 F3
Horndal S 119 D1
Horneburg DE 50 B4
Hörnefors S 113 D2
Horní Benešov CZ 65 E2
Horní Lideč CZ 65 F3
Horní Počernice CZ 64 B2
Horní Slavkov CZ 63 F2
Hornindal N 110 B3
Hørning DK 122 B2
Hornos E 48 C1
Hornoy F 16 B3
Hornsea GB 11 F2
Hörnum DE 50 A2
Horodnja UA 127 E1
Horodok UA 126 C2
Horodyšče UA 127 E2
Hořovice CZ 64 A2
Horsens DK 122 B2
Horsham GB 14 B4
Hørsholm DK 123 D3
Horšovský Týn CZ 63 F3
Horst (Kreis Ludwigslust) DE 50 C4
Horstmar DE 55 E3
Horten N 117 D2
Hortezuela E 36 C4
Hortiátis GR 88 B2
Hösbach DE 62 B3
Hospental CH 66 B4
Hospital IRL 4 C3
Hospital de Órbigo E 33 E4
Hossa FIN 109 F3
Hossegor F 28 A2
Hostalric E 39 D3
Hostinné CZ 64 C1
Hotagen S 112 A1
Hoting S 112 C1
Hotton B 17 F3
Houdain F 16 C2
Houdan F 21 D2
Houeillès F 28 C2
Houffalize B 61 D3
Houghton-le-Spring GB 9 F4
Houlgate F 20 C1
Houmnikó GR 88 C2
Hoúni GR 92 C2
Hourtin F 24 B4
Houtskär / Houtskari FIN 120 B4
Hov DK 122 B2
Hovden N 116 B2
Hove GB 14 C4
Hovet N 110 C4
Hovmantorp S 123 F2
Høvringen N 111 D3
Howden GB 11 E2
Howth / Binn Éadair IRL 3 E4
Höxter DE 56 B4
Hoya DE 56 B2
Høyanger N 110 B4
Hoyerswerda DE 58 A4
Hoylake GB 10 C3
Høylandet N 107 D4
Hoym DE 57 D4
Hoyos E 41 D1
Hozoviótissa GR 99 E3
Hradec Králové CZ 64 C2
Hrádek (Znojmo) CZ 65 D4
Hrádek nad Nisou CZ 64 B1
Hrafnagil IS 106 B1
Hranice CZ 65 F2
Hranice (Karlovarský kraj) CZ 63 E2
Hrasnica BIH 135 F1
Hrastnik SLO 130 C2
Hrastovlje SLO 130 A3
Hřensko CZ 64 A1
Hríssafa GR 97 D2
Hrissí (Nissí) GR 101 E4
Hrissí Aktí GR 89 E2
Hrissí Amoúdia F 89 E2
Hrissó GR 88 C1
Hrissoúpoli GR 89 E1
Hrissovítsi GR 96 C1
Hristianí GR 96 B2
Hristianí (Nissí) GR 98 C4
Hristós GR 99 E1
Hrodna BY 124 B4
Hrómio GR 87 F3
Hronov CZ 65 D1
Hrtkovci SCG 132 C3
Hrušovany nad Jevišovkou CZ 65 D4
Hrvatska Dubica HR 131 E3
Hrvatska Kostajnica HR 131 E3
Hückeswagen DE 61 F1
Hucknall GB 11 D3
Hucqueliers F 16 B2
Huddersfield GB 11 D2
Hude DE 50 A4
Hudiksvall S 112 C4
Huedin RO 126 C4
Huélago E 48 B2
Huélamo E 43 E2
Huelgas (Real Monasterio de las) E 36 B2
Huelgoat F 18 B3
Huelma E 48 B2
Huelva E 46 C2
Huércal Overa E 49 D2
Huérguina E 43 E2
Huerta de Valdecarábanos E 42 B2
Huerta del Rey E 36 C3
Huertahernando E 43 D1
Huerto E 38 A3
Huesa E 48 B2
Huesca E 37 F3
Huéscar E 48 C2
Huete E 43 D2
Huétor Santillán E 48 B3
Huétor Tájar E 48 A3
Hüfingen DE 23 F3
Huftarøy N 116 A1
Huittinen FIN 120 B3
Huizen NL 54 C3
Hulín CZ 65 E3
Hulst NL 17 E1
Hultsfred S 119 F1
Humac BIH 135 F2
Humada E 36 B2
Humanes E 42 C1
Humenné SK 126 B3
Humpolec CZ 64 C3
Humppila FIN 120 C3
Hundested DK 122 C3
Hundorp N 111 D4
Hunedoara RO 128 C1
Hünfeld DE 62 C2
Hungerford GB 13 F2
Hunnebostrand S 118 A3
Hunspach F 23 F2
Hunstanton GB 11 F4
Huntingdon GB 14 C2
Huntly GB 7 E4
Hurdal N 117 D1
Huriel F 25 F2
Hurskaala FIN 115 E4
Hürth DE 61 F1
Hurup DK 122 A1
Húsafell IS 106 A2
Husavik N 116 A1
Husbands Bosworth GB 11 E4
Hushinish GB 6 A3
Huşi RO 127 E4
Huskvarna S 118 C4
Husnes N 116 A1
Hustopeče CZ 65 E3

Husum S 113 D2
Husum (Kreis Nordfriesland) DE 50 A2
Hutovo BIH 135 F2
Hüttenberg A 68 C3
Hüttschlag A 68 A3
Huttula FIN 120 C2
Huttwil CH 27 F1
Huy B 17 F2
Hvalba (Færøerne) DK 106 A4
Hvalpsund DK 122 B2
Hvalvik (Færøerne) DK 106 A3
Hvammstangi IS 106 A1
Hvar HR 135 D2
Hvar (Otok) HR 135 E2
Hveragerdi IS 106 A2
Hvidbjerg DK 122 A2
Hvide Sande DK 122 A2
Hvittingfoss N 117 D2
Hvitträsk FIN 120 C4
Hvolsvöllur IS 106 A2
Hyaler N 117 D2
Hyde GB 11 D3
Hyen N 110 B3
Hyères F 31 E3
Hyltebruk S 123 D1
Hyrynsalmi FIN 115 E1
Hythe GB 15 D4
Hyvinkää FIN 121 D3
Hyypiö FIN 109 E2

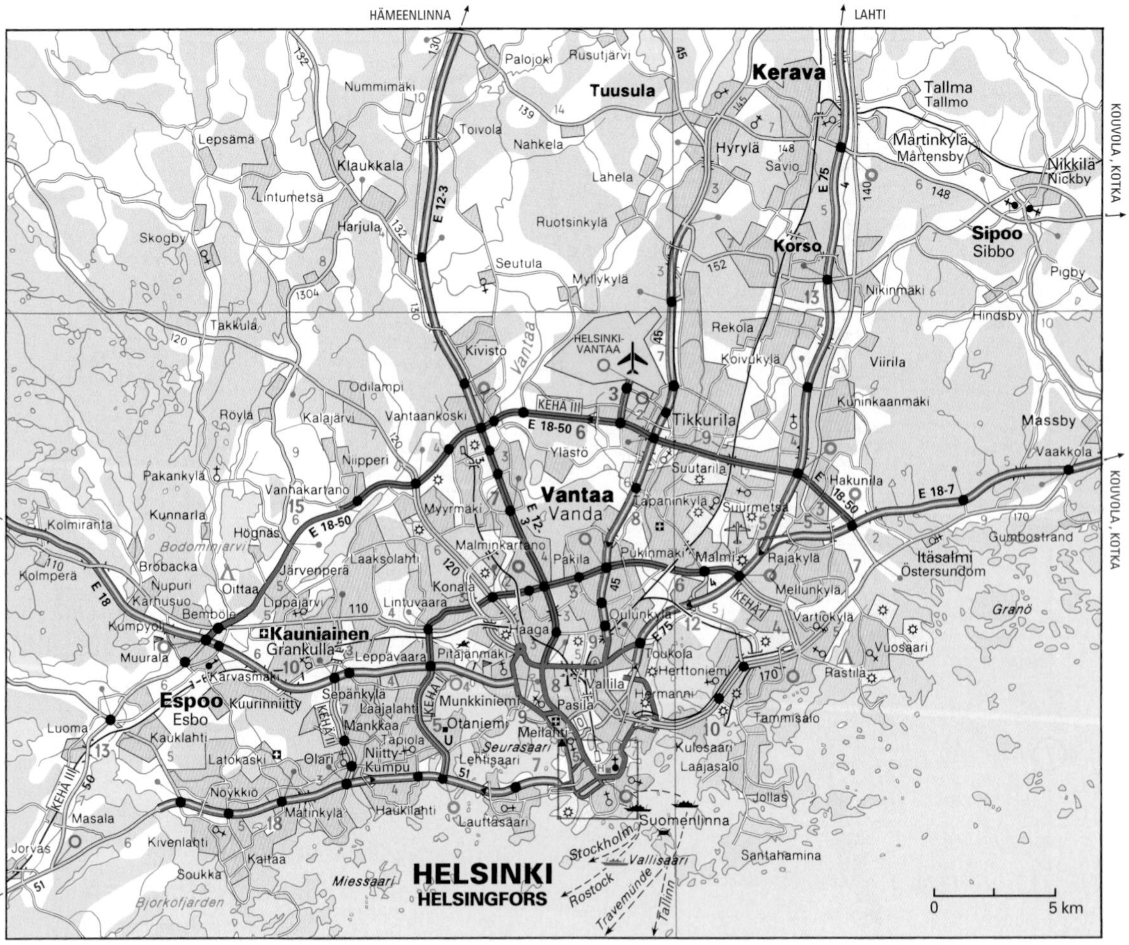

I

Ía GR 98 C4
Iaşi RO 127 D3
Íasmos GR 89 F1
Ibbenbüren DE 55 E3
Ibestad N 104 A3
Ibi E 49 F1
Ibiza / Eivissa E 44 C4
Ičnja UA 127 F1
Idanha-a-Nova P 41 D2
Idar-Oberstein DE 61 F3
Idoméni GR 88 A1
Iđoš SCG 132 C1
Ídra GR 97 F2
Ídra (Nissí) GR 97 F2
Idre S 112 A3
Idrija SLO 130 A2
Idro I 71 F4
Idstein DE 62 A2
Ieper B 15 F4
Ierápetra GR 101 E4
Ierissós GR 89 D3
Ieropigí GR 87 D2
Ifestia GR 89 F4
Ifjord N 105 E1
Ifta DE 62 C1
Ig SLO 130 B2
Iga vas SLO 130 B3
Igalo SCG 136 A3
Iggesund S 112 C4
Iglesias I 82 A4
Igls A 67 E3
Igoumenítsa GR 92 A1
Igrane HR 135 E2
Igualada E 38 C4
Ihtiman BG 129 D2
Ii FIN 114 C1
Iisalmi FIN 115 D2
Iisvesi FIN 115 E3
IJmuiden NL 54 B3
IJsselmuiden NL 54 C3
IJzendijke NL 17 D1
Ikaalinen FIN 120 C2
Ikaría (Nissí) GR 99 E1
Ikast DK 122 B2
Ilandža SCG 133 D2
Ilanz CH 66 C4
Iława PL 124 A4
Ilche E 38 A3
Ilchester GB 13 E3
Ilfracombe GB 12 C2
Ílhavo P 34 B4
Ilia GR 93 F2
Ilida GR 92 C4
Ilidža BIH 135 F1
Ilijas BIH 135 F1
Iliki GR 93 F3
Iliókastro GR 97 E2
Ilirska Bistrica SLO 130 B3
Ilkeston GB 11 D3
Ilkley GB 11 D2
Illana E 42 C2
Illano E 33 D2
Illar E 48 C3
Ille-sur-Têt F 29 F4
Illertissen DE 66 C2
Illescas E 42 B2
Illhaeusern F 23 E3
Illičivs'k UA 127 F4
Illiers-Combray F 21 D3
Illingen DE 62 B4
Illmitz A 69 E1
Illora E 48 A2
Illueca E 37 E4
Ilmajoki FIN 114 B4
Ilmenau DE 63 D1
Ilminster GB 13 D3
Ilok HR 132 B3
Ilomantsi FIN 115 F3
Ilovik (Otok) HR 134 B1
Ilsenburg DE 56 C4
Ilsfeld DE 62 B4
Imatra FIN 121 F2
Ímeros GR 89 F1
Imitós GR 94 A4
Immenstaad DE 66 C3
Immenstadt DE 67 D3
Immingham GB 11 F2
Immingham Dock GB 11 F2
Imola I 76 A2
Imotski HR 135 E2
Imperia I 74 C3
Imphy F 26 A1
Impruneta I 76 A3
Imst A 67 D3
Inari FIN 105 E3
Inca E 45 E3
Inchnadamph GB 6 C3
Inchree GB 8 B1
Incisa in Val d'Arno I 76 A3
Indal S 112 C3
Indija SCG 132 C3
Ineia CY 138 A3
Infiesto E 33 E2
Ingå / Inkoo FIN 120 C4
Ingelmunster B 15 F4
Ingleton GB 10 C1
Ingolstadt DE 67 E1
Ingrandes F 19 F4
Ingwiller F 23 E2
Inhulec' UA 127 F3
Iniesta E 43 E3
Iniö FIN 120 B4
Inishcrone IRL 2 B2
Inkee FIN 109 F3
Innbygda N 111 E4
Inndyr N 107 E2
Innellan GB 8 B2
Innerleithen GB 9 D3
Innfield IRL 3 D4
Innhavet N 107 F1
Inning a. Ammersee DE 67 E2
Innsbruck A 67 E3
Innsbruck A 67 E3
Innset N 104 B4
Innvik N 110 B3
Inói GR 94 A4
Inói GR 96 B1
Inoússes GR 95 F3
Inoússes (Nissí) GR 95 F3
Inowrocław PL 126 A1
Ins CH 27 F1
Interlaken CH 27 F1
Întorsura Buzăului RO 127 D4
Inveraray GB 8 B2
Inverbervie GB 9 E1
Invergarry GB 6 C4
Invergordon GB 7 D4
Inverkeithing GB 9 D2
Invermoriston GB 6 C4
Inverness GB 7 D4
Inverurie GB 7 E4
Inzell DE 67 F2
Ioánina GR 87 D4
Ioanínon (L.) GR 87 D4
Íos GR 98 C3
Íos (Nissí) GR 98 C3
Ipáti GR 93 D2
Ipéria GR 93 E1
Iphofen DE 62 C3
Ipsala TR 129 E3
Ipsilí Ráhi GR 89 D1
Ipsos GR 86 B4
Ipswich GB 15 D2
Iráklia GR 93 E2
Iráklia GR 88 B1
Iráklia (Nissí) GR 99 D3
Iráklio GR 101 D3
Irdning A 68 B2
Iréo GR 97 D1
Iréo GR 99 F1
Iréo (Akr.) GR 93 F4
Íria GR 97 E1
Irig SCG 132 C3
Irixoa E 32 B2
Iron-Bridge GB 10 C4
Irschenberg DE 67 F2
Irsina I 80 C3
Irún E 28 A3
Irurtzun E 28 A4
Irvine GB 3 F1
Irvinestown GB 2 C2
Irxleben DE 57 D3
Is-sur-Tille F 22 B4
Isaba E 28 B4
Isaccea RO 127 E4
Ísafjörður IS 106 A1
Isane N 110 B3
Isbister GB 7 F2
Iscar E 36 A4
Ischgl A 67 D3
Ischia I 79 F3
Ise N 117 D2
Iselle I 70 C3
Iselsberg A 68 A3
Iseo I 71 E4
Iserlohn DE 61 F1
Isernia I 80 A2
Isfjorden N 110 C2
Isili I 82 B3
Isla E 36 C1
Isla Cristina E 46 C2
Isle of Whithorn GB 8 C4
Isleornsay GB 6 B4
Ismaning DE 67 E1
Isnäs FIN 121 D4
Isny DE 66 C2
Iso-Evo FIN 121 D3
Isojoki FIN 120 B2
Isokylä FIN 109 E2
Isokyrö FIN 114 B3
Isola 2000 F 31 F2
Isola del Gran Sasso d'Italia I 77 D4
Isola del Liri I 79 F2
Isola della Scala I 71 F4
Isola di Capo Rizzuto I 83 F2
Isona E 38 B3
Isorella I 71 F4
Ispica I 85 E4
Issigeac F 29 D1
Issoire F 26 A3
Íssoma GR 92 C4
Issoudun F 25 F1
Issóva (M) GR 96 C1
Issy-l'Évêque F 26 B1
Ist (Otok) HR 134 B1
Istán E 47 F4
Istanbul TR 129 F3
Istarske Toplice HR 130 A3
Istérnia GR 98 C1
Istha DE 62 B1
Isthmía GR 93 F4
Istibanja MK 137 F3
Istiéa GR 93 F2
Istok SCG 136 C2
Istres F 30 C3
Ístrios GR 103 E2
Itä-Aure FIN 120 C2
Itäsalmi / Östersundom FIN 121 D4
Itéa (Flórina) GR 87 E2
Itéa (Fokída) GR 93 E3
Itéa (Grevená) GR 87 E3
Itéa (Karditsa) GR 93 D1
Itháki GR 92 A3
Itháki (Nissí) GR 92 A3
Ithómi GR 96 C2
Íti GR 93 E2
Ítilo GR 97 D3
Itri I 79 F2
Itti FIN 121 D3
Ittiri I 82 A2
Itzehoe DE 50 B3
Ivacevičy BY 126 C1
Ivajlovgrad BG 129 E3
Ivalo FIN 105 F3
Ivančice CZ 65 D3
Ivančići BIH 135 F1
Ivančna gorica SLO 130 B2
Ivanec HR 131 D2
Ivanić Grad HR 131 D2
Ivanjica SCG 136 C1
Ivanjska BIH 131 E4
Ivano-Frankivs'k UA 126 C3
Ivanska HR 131 E2
Ívira GR 88 C1
Ivrea I 70 C4
Ivry-la-Bataille F 21 D2
Ixiá GR 103 F2
Ixworth GB 15 D2
Izeda P 35 D3
Izegem B 15 F4
Izernore F 27 D2
Izlake SLO 130 B2
Izmaïl UA 127 E4
Izmir TR 129 F4
Izmit (Kocaeli) TR 129 F3
Iznájar E 48 A2
Iznalloz E 48 B2
Iznik TR 129 F3
Izola SLO 130 A3
Izvor (Jagodina) SCG 133 E4
Izvor (Kičevo) MK 137 D4
Izvor (Veles) MK 137 E4
Izvor (Vranje) SCG 133 D4

J

Jaala FIN 121 D3
Jabbeke B 15 F4
Jablan Do BIH 136 A3
Jablanac HR 130 C4
Jablanica BIH 135 F1
Jablonec nad Nisou CZ 64 B1
Jablonné v Podještědí CZ 64 B1
Jablunkov CZ 65 F2
Jabugo E 46 C1
Jabuka BIH 136 A1
Jabuka (Beograd) SCG 133 D3
Jabuka (Prijepolje) SCG 136 B2
Jabuka (Otok) HR 124 C3
Jabukovac SCG 133 F3
Jabukovac HR 131 D3
Jaca E 28 B4
Jáchymov CZ 63 F2
Jäder S 119 E2
Jaderberg DE 50 A4
Jadranska Lešnica SCG 132 B4
Jadraque E 42 C1
Jaén E 48 A2
Jagodina SCG 133 E4
Jagodnjak HR 132 A2
Jagsthausen DE 62 C4
Jahotyn UA 127 E2
Jajce BIH 131 F4
Jäkkvik S 107 F3
Jakobstad / Pietersaari FIN 114 B2
Jakšić HR 131 F3
Jakubovik SCG 137 F1
Jalasjärvi FIN 114 B4
Jaligny-sur-Besbre F 26 A2
Jalovik Izvor SCG 137 E1
Jambol BG 129 E2
Jamena SCG 132 B3
Jämijärvi FIN 120 B2
Jäminkipohja FIN 120 C2
Jämjö S 123 F2
Jamnička Kiselica HR 131 D3
Jämsä FIN 121 D2
Jämsänkoski FIN 121 D2
Janakkala FIN 120 C3
Janče MK 137 D4
Janja BIH 132 B3
Janjevo SCG 137 D2
Janjina HR 135 F3
Janville F 21 E3
Janzé F 19 E3
Jäppilä FIN 115 E4
Jaraba E 37 D4
Jarafuel E 43 F4
Jaraicejo E 41 E2
Jaraiz de la Vera E 41 F2
Jarak SCG 132 C3
Jarandilla de la Vera E 41 F2
Järbo S 119 E1
Jarcevo RUS 125 E3
Jard-sur-Mer F 24 A2
Jaren N 117 D1
Jargeau F 21 E4
Jarkovac SCG 133 D2
Jarmen DE 51 F2
Jarmenovci SCG 133 D4
Järna S 119 E3
Järna S 119 D1
Jarnac F 24 C3
Jarnages F 25 F2
Jarny F 22 C1
Jarocin PL 59 E2
Jaroměř CZ 64 C1
Jaroměřice nad Rokytnou CZ 65 D3
Jaroslavl' RUS 125 F1

Jarosław PL...126 B2
Järpen S...112 A2
Jarrow GB...9 F4
Järvelä FIN...121 D3
Järvenpää FIN...121 D3
Järvsö S...112 B4
Jaša Tomić SCG...133 D2
Jasenak HR...130 C3
Jasenica BIH...131 D4
Jasenovac HR...131 E3
Jasenovo (Užice) SCG...136 B1
Jasenovo (Vršac) SCG...133 D2
Jasika SCG...137 D1
Jasikovo SCG...133 F3
Jasło PL...126 B2
Jastrebarsko HR...130 C3
Jastrowie PL...52 C3
Jászberény H...126 A4
Jaunay-Clan F...25 D2
Jausiers F...31 E1
Jávea : Xàbia E...44 A4
Jävenitz DE...57 D2
Javoriv UA...126 C2
Javorník
(Olomoucký kraj) CZ...65 E1
Jävre S...108 B4
Javron F...19 F3
Jedburgh GB...9 E3
Jędrzejów PL...126 A2
Jeesiö FIN...109 D1
Jegun F...29 D2
Jegunovce MK...137 D3
Jēkabpils LV...124 C3
Jektevik N...116 A1
Jektvik N...107 E2
Jelah BIH...131 F4
Jelašca BIH...136 A2
Jelenia Góra PL...58 C4
Jelgava LV...124 B3
Jelling DK...122 B3
Jel'n'a RUS...125 E3
Jelsa HR...135 E2
Jelsa N...116 A2
Jelsi I...80 A2
Jemnice CZ...64 C3
Jena DE...63 E1
Jenbach A...67 E3
Jennersdorf A...69 E3
Jeppo FIN...114 B3
Jerez de la Frontera E...47 D3
Jerez de los Caballeros E...41 D4
Jérica E...43 F2
Jerichow DE...57 E2
Jerte E...41 F1
Jerxheim DE...57 D3
Jerzu I...82 C3
Jesenice SLO...130 A2
Jesenice (Rakovník) CZ...64 A2
Jeseník CZ...65 E1
Jesi I...77 D3
Jesolo I...72 B4
Jessen DE...57 F3
Jessheim N...117 D1
Jeßnitz DE...57 E4
Jetzelsdorf A...65 D4
Jeumont F...17 E3
Jevenstedt DE...50 B2
Jever DE...55 E1
Jevíčko CZ...65 D2
Jevišovice CZ...64 C3
Jevnaker N...117 D1
Jevpatorija UA...127 F4
Jezerane HR...130 C4
Jezerce SCG...137 D3
Jezero BIH...131 F4
Ježevica SCG...132 C4
Jičín CZ...64 C1
Jihlava CZ...64 C3
Jihlava (Sídla) CZ...64 C3
Jilemnice CZ...64 C1
Jílové u Prahy CZ...64 B2
Jimbolia RO...128 B1
Jimena E...48 B2
Jimena de la Frontera E...47 E4
Jindřichovice CZ...63 F2
Jindřichův Hradec CZ...64 C3
Jirkov CZ...64 A1
Joachimsthal DE...51 F4
Jockfall S...108 C2
Jódar E...48 B2
Jodoigne B...17 F2
Joensuu FIN...115 F3
Jõgeva EST...124 C1
Johanngeorgenstadt DE...63 F2
John o' Groats GB...7 E2
Johnstone GB...8 C3
Johovac BIH...132 A4
Joigny F...21 F3
Joinville F...22 B3
Jokela FIN...121 D3
Jokijärvi FIN...109 F3
Jokikylä FIN...115 E1
Jokioinen FIN...120 C3
Jokkmokk S...108 A2
Joloskylä FIN...115 D1
Jomala FIN...120 A4
Jönåker S...119 E3
Joniškis LT...124 B3
Jönköping S...118 C4
Jonzac F...24 C4
Jordbro S...119 E3
Jormlien S...107 E4
Jörn S...108 B4
Joroinen FIN...115 E4
Jørpeland N...116 A2
Jørstadmoen N...111 D4
Jošanica SCG...133 F4
Jošanička Banja SCG...136 C1
Jošavka BIH...131 F4
Josipdol HR...130 C3
Josipovac HR...132 A2
Josselin F...19 D3
Jouarre F...21 F2
Joué-lès-Tours F...20 C4
Jougne F...27 E1
Joukokylä FIN...115 E1
Joutsa FIN...121 D2
Joutseno FIN...121 F3
Joutsijärvi FIN...109 E2
Joyeuse F...30 B1
Juan-les-Pins F...31 F2
Juankoski FIN...115 E3
Jüchen DE...61 E1
Juchnov RUS...125 F3
Judaberg N...116 A2
Judenau A...69 D1
Judenburg A...68 C3
Juelsminde DK...122 B3
Jugon-les-Lacs F...19 D3
Jugorje SLO...130 C3
Juillac F...25 E4
Juist DE...55 D1
Jukkasjärvi S...108 B1
Jülich DE...61 E1
Jullouville F...19 E2
Jumaliskylä FIN...115 E1
Jumeaux F...26 A4
Jumièges F...16 A4
Jumilhac-le-Grand F...25 D3
Jumilla E...49 E1
Juminen FIN...115 E2
Jumisko FIN...109 E2
Juneda E...38 B4
Junik SCG...136 C3
Juniville F...17 E4
Junosuando S...108 C1
Junsele S...112 C1
Juntusranta FIN...109 F3
Juoksenki FIN...108 C2
Juorkuna FIN...115 D1
Jurbarkas LT...124 B4
Jūrmala LV...124 B2
Jurmu FIN...109 E3
Juromenha P...40 C4
Jurva FIN...114 B4
Jussey F...22 C4
Justel E...33 D4
Jüterbog DE...57 F3
Juuka FIN...115 F3
Juuma FIN...109 F2
Juupajoki FIN...120 C2
Juva FIN...121 E2
Juva (Åland) FIN...120 B3
Juvigny-le-Tertre F...19 E2
Juvigny-sous-Andaine F...19 F2
Juvola FIN...115 F4
Juzennecourt F...22 B3
Jyderup DK...122 C3
Jyrkkä FIN...115 E2
Jyväskylä FIN...115 D4

K

K. Ahaïa GR...92 C4
K. Alissós GR...92 C4
K. Asséa GR...96 C2
K. Doliána GR...97 D2
K. Figália GR...96 B1
K. Gadzéa GR...93 F1
K. Kamíla GR...88 C1
K. Klinés GR...87 E2
K. Makrinoú GR...92 C3
K. Meriá GR...98 A1
K. Moussounítsa GR...93 D3
K. Nevrokópi GR...90 A1
K. Tithoréa GR...93 E3
K. Vassilikí GR...92 C3
K. Vérga GR...96 C3
K. Vérmio GR...87 F2
K. Vlassía GR...93 D4
K. Zahloroú GR...93 D4
Kaakamo FIN...109 D3
Kaamanen FIN...105 F3
Kaaresuvanto FIN...105 D4
Kaarina FIN...120 B4
Kaatsheuvel NL...54 C4
Kaavi FIN...115 E3
Kåbdalis S...108 B3
Kać SCG...132 C2
Kačanik SCG...137 D3
Kačarevo SCG...133 D3
Kachovka UA...127 F3
Kačikol SCG...137 D2
Kadaň CZ...64 A2
Kadrifakovo MK...137 F3
Kåfjord N...105 E1
Kåge S...108 B4
Kaharlyk UA...127 E2
Kahla (Jena) DE...63 E1
Kaiáfas GR...96 B1
Kailbach DE...62 B4
Kainasto FIN...114 B4
Kaindorf A...69 D2
Kaipola FIN...121 D2
Kairala FIN...109 E1
Kaiserslautern DE...23 E1
Kaisheim DE...67 D1
Kajaani FIN...115 E2
Kakan (Otok) HR...134 C2
Kakanj BIH...135 F1
Kakavía GR...86 C4
Kakí Thálassa GR...98 A1
Kakí Vígla GR...94 A4
Kakopetria CY...138 B3
Kakslauttanen FIN...105 F4
Kalá Nerá GR...93 F1
Kalá Nissiá GR...93 F4
Kalajoki FIN...114 C2
Kalak N...105 E1
Kalamakí GR...100 C4
Kalamáki (Lárissa) GR...93 E1
Kalamáki (Magnissía) GR...93 F1
Kalamáta GR...96 C2
Kalambáka GR...87 E4
Kalambáki GR...89 D1
Kalámi GR...100 B3
Kalámi GR...99 F1
Kalamítsi GR...92 A2
Kalamítsi GR...89 D4
Kálamos (Nissí) GR...92 B3
Kalamotí GR...95 F4
Kalamotó GR...88 C2
Kalamoullis CY...139 D2
Kalándra GR...88 C4
Kalanti FIN...120 B3
Kalapódi GR...93 F3
Kälarne S...112 B2
Kalavárda GR...103 F2
Kalavasos CY...138 C4
Kalávrita GR...93 D4
Kal'azin RUS...125 F1
Kalbe DE...57 D2
Kalce SLO...130 B2
Kaléndzi GR...93 D4
Kaléndzi GR...92 B1
Kalérgo GR...94 C4
Kalesija BIH...132 B4
Kali HR...134 B1
Kalí Liménes GR...100 C4
Kaliáni GR...93 E4
Kalífitos GR...89 D1
Kalimassiá GR...95 F4
Kálimnos GR...99 F3
Kálimnos (Nissí) GR...99 F3
Kaliningrad RUS...124 A4
Kalinkavičy BY...127 D1
Kalinovnik BIH...136 A1
Kalipéfki GR...88 A4
Kaliráhi GR...89 E2
Kaliráhi GR...87 E3
Kalisz PL...126 A2
Kalithéa GR...103 F2
Kalithéa GR...92 C3
Kalithéa GR...88 C3
Kalithéa GR...89 D1
Kalithéa (Ilía) GR...96 C1
Kalithéa (Messinía) GR...96 B3
Kalithiés GR...103 F2
Kalíthiro GR...93 D1
Kalivári GR...94 C4
Kalíves GR...100 B3
Kalívia GR...98 A1
Kalívia GR...92 B2
Kalívia GR...96 C1
Kalívia GR...93 D4
Kalívia Varikoú GR...88 A3
Kalix S...108 C3
Kaljord N...104 A4
Kalkar DE...55 D4
Kalkkinen FIN...121 D3
Kall S...112 A2
Källby FIN...114 B3
Källby S...118 C3
Kallepeia CY...138 A3
Kallinge S...123 F2
Kallio FIN...120 C2
Kalliojoki FIN...115 F1
Kallislahti FIN...121 E2
Kallmünz DE...63 E4
Kalmar S...123 F2
Kalna SCG...137 E1
Kalnik HR...131 D2
Kalo Chorio (Kapouti) CY...138 C2
Kalo Chorio (Larnaka) CY...139 D3
Kalo Chorio (Lefka) CY...138 B3
Kalo Chorio
(Lemesos) CY...138 C3
Kaló Horió GR...101 E4
Kaló Neró GR...96 B2
Kalocsa H...126 A4
Kalograia CY...139 B2
Kalogriá GR...92 C4
Kalohóri GR...87 F4
Kalókastro GR...88 C1
Kalokedara CY...138 B4
Kaloní GR...95 F1
Kaloní GR...97 E1
Kalopanagiotis CY...138 B3
Kalopsida CY...139 D3
Kaloskopí GR...93 E3
Kalpáki GR...86 C4
Kals A...68 A3
Kalsdorf A...69 D3
Kaltbrunn CH...66 B3
Kaltenkirchen DE...50 B3
Kaltennordheim DE...62 C2
Kaltezés GR...97 D2
Kaluđerovo SCG...133 E2
Kaluga RUS...125 F3
Kalundborg DK...122 C3
Kaluš UA...126 C3
Kalvåg N...110 A3
Kalvehave DK...122 C3
Kälviä FIN...114 C2
Kalvola FIN...120 C3
Kalvträsk S...108 B4
Kam"janec'-
Podil's'kyj UA...127 D3
Kam"janka UA...127 F2
Kam"janka
Dniprovs'ka UA...127 F3
Kamáres GR...100 C4
Kamáres GR...93 D4
Kamáres (N. Páros) GR...98 C2
Kamáres (N. Sífnos) GR...98 B3
Kamári GR...99 D4
Kamariótissa GR...91 D3
Kambánis GR...88 B1
Kambiá GR...95 F3
Kambohóri GR...88 A2
Kámbos GR...96 C3
Kámbos GR...100 A3
Kámbos GR...93 D3
Kamen DE...55 E4
Kaména Voúrla GR...93 E2
Kamenari SCG...136 A3
Kaméni (Nissí) GR...99 D4
Kamenica SCG...132 C4
Kamenica MK...137 F3
Kamenice nad Lipou CZ...64 C3
Kamensko (Daruvar) HR...131 F3
Kamensko (Split) HR...135 E2
Kamenz DE...58 A4
Kamień Pomorski PL...52 A2
Kaminaria CY...138 B3
Kaminiá GR...87 D4
Kamínia GR...92 C4
Kamínia GR...89 F4
Kámiros GR...103 F2
Kámiros Kastélo GR...103 E2
Kamnik SLO...130 B2
Kamp Bornhofen DE...61 F2
Kamp-Lintfort DE...55 D4
Kampen NL...54 C3
Kampen (Sylt) DE...50 A1
Kampos CY...138 B3
Kanal SLO...130 A2
Kanála GR...98 B2
Kanaláki GR...92 A1
Kanália (Karditsa) GR...93 D1
Kanália (Magnissía) GR...93 F1
Kanatádika GR...93 E3
Kánava GR...98 B3
Kándanos GR...100 A3
Kandel DE...23 F1
Kandern DE...23 E4
Kandersteg CH...27 F2
Kándia GR...97 E1
Kandíla GR...92 B2
Kandíla GR...97 D1
Kandıra TR...129 F3
Kandrše SLO...130 B2
Kanestraum N...110 C2
Kanfanar HR...130 A4
Kangádio GR...92 C4
Kangasala FIN...120 C2
Kangaslampi FIN...115 E4
Kangasniemi FIN...121 D2
Kangosjärvi FIN...108 C1
Kaniv UA...127 E2
Kanjiža SCG...132 C1
Kankaanpää FIN...120 B2
Kannonkoski FIN...115 D3
Kannus FIN...114 C2
Kannusjärvi FIN...121 E3
Kanturk / Ceann Toirc IRL...4 B3
Kaona SCG...136 C1
Kaonik SCG...137 D1
Kaonik BIH...135 F1
Kapandríti GR...94 A4
Kaparéli GR...93 F4
Kapariá GR...98 C1
Kapellskär S...119 F2
Kapfenberg A...68 C2
Kaplice CZ...64 B4
Kaposvár H...126 A4
Kapp N...117 D1
Kappel DE...61 F3
Kappeln DE...50 B2
Kaprije (Otok) HR...134 C2
Kaprun A...68 A3
Kapsáli GR...97 E4
Kápsas GR...97 D1
Kapsoúri GR...94 C4
Kapuvár H...69 E1
Karabiga TR...129 F3
Karaburun TR...129 E4
Karačev RUS...125 F4
Karan SCG...132 C4
Karasjok N...105 E2
Karasu TR...129 F2
Karats S...108 A2
Karavás GR...97 E4
Karavas CY...138 C2
Karavómilos GR...93 E2
Karavónissia (Nissiá) GR...102 C3
Karavostasi CY...138 B3
Karavostássis GR...98 C4
Kårböle S...112 B3
Karcag H...126 B4
Kardakáta GR...92 A3
Kardámena GR...103 D1
Kardámila GR...95 F3
Kardamíli GR...96 C3
Kardiá GR...88 B2
Karditsa GR...93 D1
Kärdla EST...124 B1
Kardžali BG...129 E3
Karesuando S...105 D4
Karfás GR...95 F3
Karhukangas FIN...114 C2

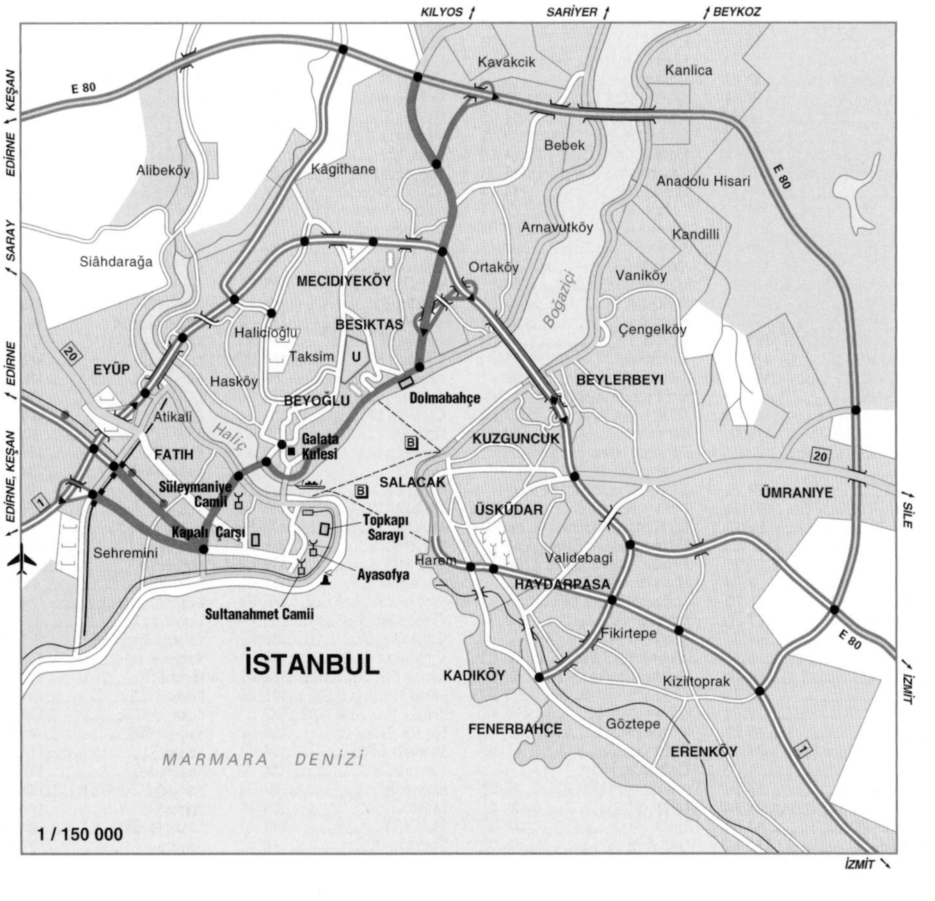

Karhula FIN 121 E3
Kariá GR 92 A2
Kariá GR 88 A4
Kariá GR 93 E2
Kariá GR 97 D1
Karianí GR 89 D2
Kariés GR 89 D3
Kariés GR 93 E2
Kariés GR 97 D2
Karigasniemi FIN 105 E3
Karijoki FIN 120 B2
Karinainen FIN 120 B3
Kariótissa GR 88 A2
Karis / Karjaa FIN 120 C4
Káristos GR 94 C4
Karítena GR 96 C1
Karjalohja FIN 120 C4
Karkaloú GR 96 C1
Karkinágri GR 99 E1
Karkkila FIN 121 C3
Karkku FIN 120 C3
Kärkölä FIN 121 D3
Kárlas (L.) GR 93 E1
Karlevi S 123 F2
Karlivka UA 127 F2
Karlobag HR 134 B1
Karlova Studánka CZ 65 E1
Karlovac HR 130 C3
Karlovássi GR 99 F1
Karlovo BG 129 D2
Karlovy Vary CZ 63 F2
Karlsborg S 118 C3
Karlsburg DE 51 F2
Karlsfeld DE 67 E1
Karlshamn S 123 E2
Karlshuld DE 67 E1
Karlskoga S 118 C2
Karlskrona S 123 F2
Karlsruhe DE 23 F2
Karlstad S 118 C2
Karlstadt DE 62 C3
Karlštejn CZ 64 B2
Karlstift A 64 C4
Karmi CY 138 C2
Karnezéika GR 97 E1
Karnobat BG 129 E2
Karolinka CZ 65 F2
Karow (Kreis Parchim) DE 51 E3
Kärpänkylä FIN 109 F3
Kárpathos GR 103 D4
Kárpathos (Nissí) GR 103 D4
Karpenísi GR 93 D2
Karperí GR 88 C1
Karperó GR 87 E4
Kärsämäki FIN 115 D2
Kārsava LV 124 C2
Karstädt
(Kreis Prignitz) DE 51 D4
Karstula FIN 114 C3
Kartal TR 129 F3
Kartéri GR 92 A1
Kartéri GR 97 D1
Karterós GR 101 D3
Karttula FIN 115 D3
Kartuzy PL 53 D1
Karungi S 108 C3
Karunki FIN 108 C3
Karup DK 122 B2
Karvala FIN 114 C3
Kärväskylä FIN 115 D3
Karvia FIN 120 B2
Karviná CZ 65 F2
Karvoskylä FIN 114 C2
Karvounári GR 92 A1
Kašalj SCG 136 C2
Kašin RUS 125 F1
Kašina HR 131 D2
Kašira RUS 125 F3
Kaskinen / Kaskö FIN 120 A2
Káspakas GR 89 F4
Kašperské Hory CZ 64 A4
Kassándra GR 88 C4
Kassándria GR 88 C3
Kassel DE 62 B1
Kassiópi GR 86 B4
Kassópi GR 92 A1
Kássos (Nissí) GR 103 D4
Kastaniá GR 93 D1
Kastaniá GR 97 D1
Kastaniá (Imathía) GR 87 F3
Kastaniá (Tríkala) GR 87 E4
Kastaniés GR 91 E1
Kastaniótissa GR 93 F2
Kaštel Stari HR 135 D2
Kaštel Žegarski HR 134 C1
Kastéla GR 94 A3
Kastelholm FIN 120 A4
Kastéli GR 101 D4
Kastellaun DE 61 F3
Kasterlee B 17 F1
Kastl (Kreis
Amberg-Sulzbach) DE 63 E3
Kastorf (Kreis Herzogtum
Lauenburg) DE 50 C3
Kastóri GR 96 C2
Kastoriá GR 87 E2
Kastós (Nissí) GR 92 B3
Kastráki GR 98 C3
Kastráki GR 92 C2
Kastráki GR 87 E4
Kastrí GR 88 A4
Kastrí GR 93 D2
Kastrí GR 97 D2
Kástro GR 94 A1
Kástro GR 93 F3
Kástro GR 92 B4
Kastros CY 139 E2
Kastrossikiá GR 92 A2
Katafígio GR 87 F3
Katáfito GR 88 C1
Katáfourko GR 92 B2
Katahás GR 88 A2
Katákolo GR 96 B1
Katálako GR 89 F4
Katápola GR 99 D3
Katastári GR 96 A1
Katavía GR 103 E3
Kateliós GR 92 B4
Kateríni GR 88 A3
Katharó GR 101 E4
Katheni GR 94 A3
Kathikas CY 138 A3
Katići SCG 136 C1
Kätkäsuvanto FIN 108 C1
Katlanovo MK 137 E3
Katlanovska Banja MK 137 E3
Katlenburg-Lindau DE 56 C4
Kato Deftera CY 138 C3
Kato Dikomo CY 138 C2
Kato Lakatameia CY 138 C3
Kato Polemidia CY 138 B4
Kato Pyrgos CY 138 B3
Káto Zákros GR 101 F4
Kato Zodeia CY 138 B3
Katohí GR 92 C3
Katokopia CY 138 C3
Katoúna
(Etolía-Akarnanía) GR 92 B2
Katoúna (Lefkáda) GR 92 A2
Katowice PL 126 A2
Katrineholm S 119 D3
Katwijk aan Zee NL 54 B3
Kaub DE 62 A3
Kaufbeuren DE 67 D2
Kauhajärvi FIN 114 C3
Kauhajoki FIN 114 B4
Kauhava FIN 114 B3
Kaukonen FIN 109 D1
Kaunas LT 124 B4
Kaupanger N 110 B4
Kaustinen FIN 114 C3
Kautokeino N 105 D3
Kauttua FIN 120 B3
Kavadarci MK 137 F4
Kavajë AL 128 B3
Kavála GR 89 E1
Kavarna BG 129 F1
Kavíli GR 91 E1
Kavírio-Hlói GR 89 F4
Kävlinge S 123 D3
Kávos GR 92 A1
Kavoússi GR 101 E4
Käylä FIN 109 F2
Kaysersberg F 23 E3
Kazafani CY 138 C2
Kažani MK 137 E4
Kazanlăk BG 129 E2
Kazárma GR 96 C3
Kazimierz Dolny PL 126 B2
Kazincbarcika H 126 B3
Kdyně CZ 63 F3
Kéa GR 98 A1
Kéa (Nissí) GR 98 A1
Keadew IRL 2 C3
Keady GB 3 D3
Kebnekaise S 108 A1
Kecskemét H 126 A4
Kedainiai LT 124 B3
Kédros GR 93 D1
Kędzierzyn-Koźle PL 126 A2
Keel IRL 2 A3
Keerbergen B 17 E1
Kefalári GR 97 D1
Kefaloniá (Nissí) GR 92 A3
Kéfalos GR 103 D1
Kefalóvrisso GR 92 C3
Kefalóvrisso GR 96 B2
Kefalóvrisso GR 86 C3
Kefalóvrisso GR 87 F4
Keflavík IS 106 A2
Kehl DE 23 E2
Kehrókambos GR 89 E1
Kéhros GR 91 D2
Keighley GB 11 D2
Keitele FIN 115 D3
Keith GB 7 E4
Kéla GR 87 F2
Kelankylä FIN 109 E3
Kelberg DE 61 F2
Kelbra DE 57 D4
Këlcyrë AL 128 C4
Kelefá GR 97 D3
Kelheim DE 63 E4
Kellinghusen DE 50 B3
Kellokoski FIN 121 D3
Kelso GB 9 E3
Kelujärvi FIN 109 E1
Kemberg DE 57 F3
Kembs F 23 E4
Kemi FIN 109 D3
Kemijärvi FIN 109 E2
Keminmaa FIN 109 D3
Kemnath DE 63 E3
Kempele FIN 114 C1
Kempen
(Kreis Viersen) DE 61 E1
Kempenich DE 61 F2
Kempten DE 67 D2
Kendal GB 10 C1
Kendrikó GR 88 B1
Kenilworth GB 11 D4
Kenmare / Neidín IRL 4 B3
Kennacraig GB 8 B3
Kenoúrgio GR 92 C3
Kentallen GB 8 B1
Kenzingen DE 23 E3
Kepi i Gjuhezës AL 128 B4
Keramía GR 95 F2
Keramídi GR 93 F1
Keramítsa GR 86 C4
Kéramos GR 95 E3
Keramotí GR 89 E2
Kerassiá GR 93 F2
Kerassiá (Évia) GR 93 F2
Kerassiá (Magnissía) GR 93 F1
Kerassiés GR 87 F2
Kerassohóri GR 92 C2
Kerassóna GR 92 B1
Keratéa GR 98 A1
Kerava FIN 121 D1
Kerí GR 96 A1
Kerimäki FIN 121 F2
Kerken DE 61 E1
Kérkira GR 86 B4
Kérkira (Nissí) GR 86 B4
Kerkonkoski FIN 115 D3
Kerkrade NL 61 E2
Kernascléden F 18 C3
Kéros (Nissí) GR 99 D3
Kerpen (Erftkreis) DE 61 E1
Kerteminde DK 122 C3
Kértezi GR 93 D4
Keryneia / Girne CY 138 C2
Kerzers CH 27 F1
Kesälahti FIN 121 F2
Keşan TR 129 E3
Kesh GB 2 C2
Kessariáni GR 94 A4
Kestilä FIN 115 D2
Keswick GB 10 C1
Keszthely H 69 F3
Kętrzyn PL 124 A4
Kettering GB 11 E4
Kettletoft GB 7 E1
Kettwig DE 61 F1
Ketzin DE 57 F2
Keuruu FIN 120 C2
Kevelaer DE 55 D4
Kevo FIN 105 E2
Keynsham GB 13 E2
Kežmarok SK 126 B3
Kianí GR 91 E1
Kiáto GR 93 E4
Kiberg N 105 F1
Kičevo MK 137 D4
Kidderminster GB 10 C4
Kidlington GB 13 F1
Kidsgrove GB 10 C3
Kidwelly / Cydweli GB 12 C1
Kiefersfelden DE 67 F2
Kiekinkoski FIN 115 F2
Kiel DE 50 B2
Kielce PL 126 A2
Kiental CH 27 F2
Kierinki FIN 109 D1
Kietz DE 58 A2
Kifissiá GR 94 A4
Kifjord N 105 E1
Kihlanki FIN 108 C1
Kihniö FIN 120 C2
Kiihtelysvaara FIN 115 F3
Kiikala FIN 120 C4
Kiikka FIN 120 B3
Kiikoinen FIN 120 B3
Kiiminki FIN 115 D1
Kiiskilä FIN 114 C2
Kiistala FIN 109 D1
Kijevo SCG 137 D2
Kijevo HR 135 D1
Kikinda SCG 132 C1
Kil S 118 C2
Kíla GR 87 F3
Kiláda GR 97 E2
Kiláda GR 87 F3
Kilafors S 112 C4
Kilbaha IRL 4 B2
Kilbeggan IRL 2 C4
Kilbirnie GB 8 C3
Kilboghamn N 107 D2
Kilbotn N 104 A3
Kilchoan GB 8 A1
Kilcock IRL 3 D4
Kilcormac IRL 2 C4
Kilcreggan GB 8 C2
Kilcullen IRL 5 E2
Kildare / Cill Dara IRL 3 D4
Kildorrery IRL 4 C3
Kilelér GR 93 E1
Kilfenora IRL 2 A4
Kilgarvan IRL 4 B3
Kilija UA 127 E4
Kilingi-Nõmme EST 124 B2
Kilíni GR 92 B4
Kilkee / Cill Chaoi IRL 4 B2
Kilkeel GB 3 E3
Kilkenny /
Cill Chainnigh IRL 5 D2
Kilkhampton GB 12 C3
Kilkís GR 88 B1
Killadysert IRL 4 B2
Killaloe / Cill Dalua IRL 4 C2
Killarney / Cill Airne IRL 4 B3
Killashandra IRL 2 C3
Killenaule IRL 5 D2
Killimer IRL 4 B2
Killin GB 8 C2
Killinkoski FIN 114 C4
Killorglin / Cill Orglan IRL 4 B3
Killybegs /
Na Cealla Beaga IRL 2 C2
Killyleagh GB 3 E3
Kilmaine IRL 2 B4
Kilmallock /
Cill Mocheallóg IRL 4 C3
Kilmarnock GB 8 C3
Kilmartin GB 8 B2
Kilmore Quay IRL 5 E3
Kilmurry IRL 4 C2
Kilninver GB 8 B2
Kilnsea GB 11 F2
Kilpisjärvi FIN 104 C3
Kilrea GB 3 D2
Kilronan / Cill Rónáin IRL 2 A4
Kilrush / Cill Rois IRL 4 B2
Kilsyth GB 8 C2
Kiltealy IRL 5 E3
Kiltimagh IRL 2 B3
Kilwinning GB 3 F1
Kilyos TR 129 F3
Kimássi GR 94 A3
Kiméria GR 89 E1
Kími GR 94 B3
Kimísseos Theotókou GR 97 D1
Kimito / Kemiö FIN 120 B4
Kímolos GR 98 B3
Kímolos (Nissí) GR 98 B3
Kimry RUS 125 F2
Kimstad S 119 D3
Kínaros (Nissí) GR 99 E3
Kinbrace GB 7 D3
Kincardine GB 9 D2
Kindberg A 69 D2
Kindelbrück DE 57 D4
Kinéta GR 93 F4
Kingisepp RUS 125 C1
King's Lynn GB 11 F4
Kingsbridge GB 12 C4
Kingscourt IRL 3 D3
Kingston-upon-Hull GB 11 E2
Kingston-upon-Thames GB 14 B3
Kingswear GB 13 D4
Kington GB 13 E1
Kingussie GB 7 D4
Kínira GR 89 E2
Kinloch Rannoch GB 8 C1
Kinlochbervie GB 6 C2
Kinlochewe GB 6 C4
Kinna S 118 B4
Kinnasniemi FIN 115 F3
Kinnegad IRL 3 D4
Kinnitty IRL 2 C4
Kinnula FIN 114 C3
Kinross GB 9 D2
Kinsale / Cionn tSáile IRL 4 C4
Kinsarvik N 116 B1
Kintaus FIN 115 D4
Kintore GB 7 E4
Kinvarra IRL 2 B4
Kióni GR 92 A3
Kiparíssi GR 97 E3
Kiparíssia GR 96 B2
Kipárissos GR 93 E1
Kípi GR 91 E2
Kípi GR 87 D4
Kipinä FIN 115 D1
Kipourío GR 87 E4
Kirá Panagiá (Nissí) GR 94 B1
Kirchbach in Steiermark A 69 D3
Kirchberg A 67 F3
Kirchberg (Kreis Zwickauer
Land) DE 63 F1
Kirchberg (Hunsrück) (Rhein-
Hunsrück-Kreis) DE 61 F3
Kirchberg am Wagram A 65 D4
Kirchberg an der Pielach A 68 C1
Kirchdorf an der Krems A 68 B2
Kirchenlamitz DE 63 E2
Kirchenthumbach DE 63 E3
Kirchhain DE 62 B1
Kirchheim (Kreis Hersfeld-
Rotenburg) DE 62 B1
Kirchheim a. Neckar DE 62 B4
Kirchheimbolanden DE 62 A3
Kirchhundem DE 62 A1
Kirchlengern DE 55 F3
Kirchmöser DE 57 E2
Kirchschlag in der
Bucklingen Welt A 69 E2
Kiriaki GR 91 E1
Kiriáki GR 93 E3
Kiriši RUS 125 D1
Kırkağaç TR 129 F4
Kirkby Lonsdale GB 10 C1
Kirkby Stephen GB 10 C1
Kirkcaldy GB 9 D2
Kirkcolm GB 3 F2
Kirkcudbright GB 8 C4
Kirkenær N 117 E1
Kirkenes N 105 F2
Kirkham GB 10 C2
Kirki GR 91 D2
Kirkintilloch GB 8 C2
Kirkjubæjarklaustur IS 106 B2
Kirkjubøur
(Færøerne) DK 106 A3
Kirkkonummi /
Kyrkslätt FIN 120 C4
Kirklareli TR 129 E2
Kirkwall GB 7 E2
Kirn DE 61 F3
Kirov RUS 125 F3
Kirovohrad UA 127 F2
Kirovsk RUS 125 D1
Kirriemuir GB 9 D1
Kirtorf DE 62 B1
Kiruna S 108 B1
Kiržač RUS 125 F2
Kisa S 119 D4
Kiseljak (Sarajevo) BIH 132 B4
Kiseljak (Tuzla) BIH 132 A4
Kisko FIN 120 C4
Kiskőrös H 126 A4
Kiskunfélegyháza H 126 A4
Kiskunhalas H 126 A4
Kíssamos (Kastéli) GR 100 A3
Kißlegg DE 66 C2
Kissonerga CY 138 A3
Kissoú Kámbos GR 100 C4
Kistanje HR 134 C1
Kisújszállás H 126 B4
Kisvárda H 126 B3
Kíta GR 97 D4
Kitee FIN 115 F4
Kíthira GR 97 E4
Kíthira (Nissí) GR 97 E4
Kíthnos GR 98 B2
Kíthnos (Nissí) GR 98 B2
Kiti CY 139 D3
Kiti (Cape) CY 139 D3
Kitka FIN 109 F2
Kitróni GR 93 F3
Kittilä FIN 109 D1
Kitzbühel A 67 F3
Kitzingen DE 62 C3
Kiukainen FIN 120 B3
Kiuruvesi FIN 115 D2
Kivéri GR 97 D1
Kivijärvi FIN 114 C3
Kivilahti FIN 115 F3
Kivitaipale FIN 109 D2
Kivotós GR 87 E3
Kizário GR 91 D2
Kjellerup DK 122 B2
Kjerringøy N 107 E1
Kjerringvåg N 111 D1
Kjøllefjord N 105 E1
Kjøpsvik N 107 F1
Kjustendil BG 128 C2
Kladanj BIH 132 B4
Kladnica SCG 133 F3
Kladnice HR 135 D2
Kladno CZ 64 A2
Kladovo SCG 133 F3
Klæbu N 111 D2
Klagenfurt A 68 C4
Klaipeda LT 124 A3
Klaksvik (Færøerne) DK 106 A3
Klana HR 130 B3
Klanac HR 130 C4
Klanxbüll DE 50 A1
Klašnice BIH 131 F4
Klässbol S 118 B2
Klášterec nad Ohří CZ 63 F2
Klatovy CZ 64 A3
Klaukkala FIN 121 D4
Klazienaveen NL 55 D2
Kleinhaugsdorf A 65 D4
Klenovica HR 130 C4
Kleppe N 116 A2
Kleppestø N 110 A4
Kleve DE 55 D4
Kličevac SCG 133 E3
Klimavičy BY 125 E4
Klimpfjäll S 107 E4
Klin RUS 125 F2
Klina SCG 136 C2
Klinča Selo HR 131 D3
Klincy RUS 125 E4
Klingenbach A 69 E1
Klingenthal DE 63 F2
Klintehamn S 119 F4
Klippan S 123 D2
Klippen S 107 E3
Klirou CY 138 C3
Klis HR 135 D2
Klissoúra GR 87 E2
Klisura SCG 137 F2
Klitoría GR 93 D4
Klitten DE 58 B4
Klixbüll DE 50 A1
Kljajićevo SCG 132 B2
Ključ BIH 131 E4
Kłodzko PL 65 D1
Kløfta N 117 D1
Klokkarvik N 116 A1
Klokočevac SCG 133 F3
Kloštar Ivanić HR 131 D2
Kloštar Podravski HR 131 E2
Klösterle A 67 D3
Klosterneuburg A 69 D1
Klosters CH 66 C4
Kloten CH 23 F4
Klötze DE 57 D2
Klöverträsk S 108 B3
Klövsjö S 112 A3
Kluczbork PL 126 A2
Klupe BIH 131 F4
Klütz DE 51 D3
Knäred S 123 D2
Knaresborough GB 11 D2
Knarvik N 110 A4
Kneža BG 129 D2
Knežak SLO 130 B3
Kneževi Vinogradi HR 132 A2
Kneževo HR 132 A2
Kneževo /
Skender Vakuf BIH 131 F4
Knežica BIH 131 E3
Knežina BIH 136 A1
Knić SCG 133 D4
Knídi GR 87 E3
Knighton / Trefyclawdd GB 10 C4
Knight's Town IRL 4 A3
Knin HR 135 D1
Knittelfeld A 68 C3
Knivsta S 119 E2
Knjaževac SCG 133 F4
Knokke-Heist B 15 F3
Knossós GR 101 D3
Knutsford GB 10 C3
Kobarid SLO 130 A2
Kobaš /
Bosanski Kobaš BIH 131 F3
Kobeljaky UA 127 F2
København DK 123 D3
Kobern-Gondorf DE 61 F2
Kobišnica SCG 133 F3
Koblenz DE 61 F2
Kobryn BY 126 C1
Kočani MK 137 F3
Koceljevo SCG 132 C4
Kočerin BIH 135 E2
Kočevje SLO 130 C3
Kochel a. See DE 67 E2
Kodiksami FIN 120 B3
Kodisjoki FIN 120 B3
Kofinou CY 138 C3
Köflach A 68 C3
Køge DK 123 D3
Kohtla-Järve EST 124 C1
Koikkala FIN 121 E2
Koilani CY 138 B3
Koirakoski FIN 115 E2
Koivu FIN 109 D3
Kojetín
(Olomoucký kraj) CZ 65 E3
Kokála GR 97 D4
Kökar FIN 120 A4
Kokári GR 99 F1
Kokemäki FIN 120 B3
Kokin Brod SCG 136 B1
Kókino Neró GR 88 B4
Kokkinotrimithia CY 138 C3
Kokkola / Karleby FIN 114 B2
Kokotí GR 93 E2
Koksijde-Bad B 15 F4
Kola BIH 131 E4
Kolari SCG 133 D3
Kolari FIN 108 C1
Kolåsen S 112 A1
Kolašin SCG 136 B2
Kolbäck S 119 D2
Kolbermoor DE 67 F2
Kolby Kås DK 122 C3
Kolding DK 122 B3
Kolho FIN 120 C2
Koli FIN 115 F3
Kolimvári GR 100 A3
Kolín CZ 64 C2
Kolín CZ 64 C2
Kolindrós GR 88 A2
Kolínes GR 97 D2
Kolka LV 124 B2
Kolkanlahti FIN 115 D3
Kolkasrags LV 124 B2
Kölleda DE 63 D1
Köln DE 61 F1
Koło PL 126 A1
Kołobrzeg PL 52 B2
Koločep (Otok) HR 135 F3
Kolomyja UA 126 C3
Kolossi CY 138 B4
Kolovеč CZ 64 A3
Kolovrat SCG 136 B1
Kolpino RUS 125 D1
Kolsva S 119 D2
Kolvereid N 107 D4
Koma tou Gialou CY 139 E2
Komagfjord N 105 D2
Kómanos GR 87 F2
Kómara GR 91 E1

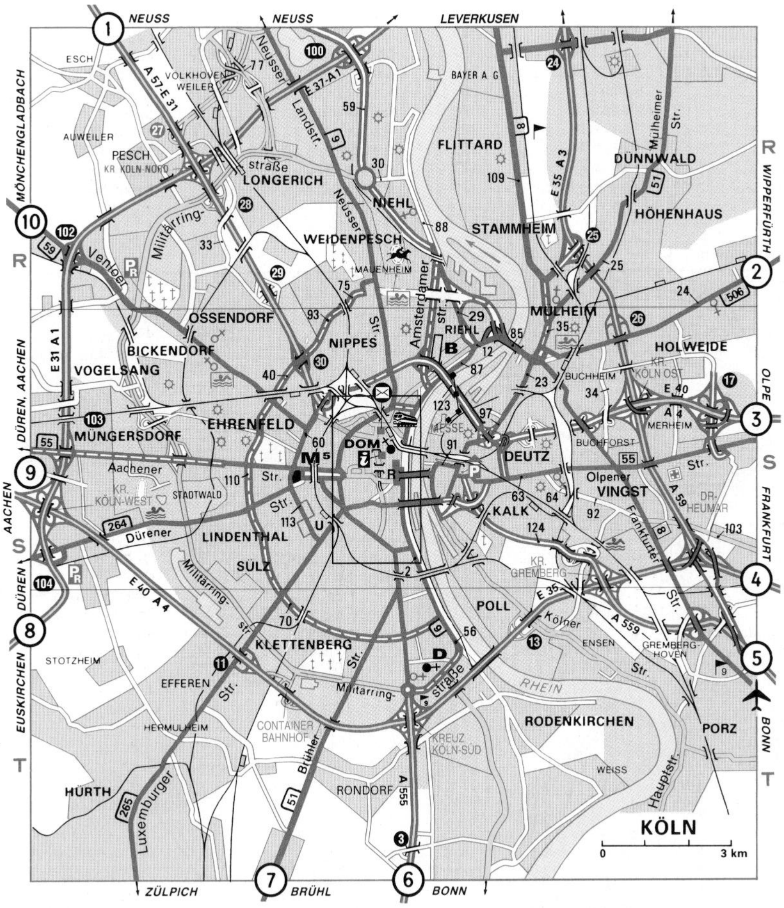

Agrippina-Ufer . . . . . . S 2	Gustav-Heinemann-Ufer . . . . . T 56	Opladener Str. . . . . . . S 91
An der Schanz . . . . . . S 12	Industriestr. . . . . . . R 59	Ostheimer Str. . . . . . . S 92
Bergisch-Gladbacher-Str. . . . . R 24	Innere Kanalstr. . . . . . . S 60	Parkgürtel . . . . S 93
Bergischer Ring . . . . . . S 23	Kalker Hauptstr. . . . . . . S 63	Pfälzischer Ring . . . . S 97
Berliner Str. . . . . . . R 25	Kapellenstr. . . . . . . S 64	
Boltensternstr. . . . . . R 29	Klettenberggürtel . . . . . . T 70	Rösrather Str. . . . . . . S 103
Bremerhavener Str. . . . . . R 30	Mauenheimer Gürtel . . . . . . R 75	Stadtaubahn . . . . R 109
Buchheimer Ring . . . . . . R 33	Mercatorstr. . . . . . . R 77	Stadtwaldgürtel . . . . S 110
Butzweiler Str. . . . . . S 34	Mülheimer Brücke . . . . . . S 85	Universitätsstr. . . . . . . S 113
Clevischer Ring . . . . . . S 35	Niederländer Ufer . . . . . . S 87	Zoobrücke . . . . S 123
Ehrenfeldgürtel . . . . . . S 40	Niehler Damm . . . . . . R 88	Zülpicher Str. . . . . . . S 124

Komárno SK....126 A4
Kombóti GR....92 B2
Koméno GR....92 B2
Kómi GR....95 F4
Kómi GR....98 C1
Komi CY....139 E2
Komílio GR....92 A2
Komin HR....131 D2
Kómito GR....94 C4
Komiža HR....135 D3
Komló H....128 A1
Komniná GR....89 E1
Komniná GR....87 F2
Komninádes GR....87 D2
Komorane SCG....137 D2
Komotiní GR....89 F1
Konak SCG....133 D2
Konakovo RUS....125 F2
Končanica HR....131 E2
Kondiás GR....89 F4
Kondopoúli GR....89 F4
Kondovázena GR....96 C1
Kondrić HR....132 A3
Køng DK....122 C3
Köngernheim DE....62 A3
Konginkangas FIN....115 D3
Kongsberg N....117 D2
Kongsfjord N....105 F1
Kongsvinger N....117 E1
Konice CZ....65 E2
Königs Wusterhausen DE....57 F2
Königsbrück DE....58 A4
Königsbrunn DE....67 D1
Königsee DE....63 D1
Königsfeld i. Schwarzwald DE....23 F3
Königslutter DE....57 D3
Königssee DE....68 A2
Königstein DE....62 A2
Königstein DE....64 A1
Königswiesen A....68 C1
Königswinter DE....61 F2
Konin PL....126 A1
Koniskós GR....87 F4
Konístres GR....94 B3
Kónitsa GR....87 D3
Konjevrate HR....135 D2
Konjic BIH....135 F1
Konjsko BIH....136 A3
Könnern DE....57 E4
Konnevesi FIN....115 D3
Könönpelto FIN....115 E4
Konopište MK....137 F4
Konotop UA....127 F1
Konsko MK....137 F4
Konsmo N....116 B3
Konstantinovy Lázně CZ....63 F2
Konstanz DE....66 B3
Kontea CY....139 D3
Kontemenos CY....138 C2
Kontich B....17 E1
Kontiolahti FIN....115 F3
Kontiomäki FIN....115 E1
Konttajärvi FIN....109 D2
Konz DE....23 D1
Kopáni GR....92 B1
Kopanós GR....87 F2
Koparnes N....110 B3
Kópasker IS....106 B1
Köpenick DE....57 F2
Koper SLO....130 A3
Kopervik N....116 A2
Kopidlno CZ....64 C1
Köping S....119 D2
Köpingsvik S....123 F2
Köpmanholmen S....113 D2
Koporiće SCG....137 D1
Koppang N....111 E4
Kopparberg S....119 D2
Kopperby DE....50 B2
Koprivna BIH....132 A3
Koprivnica SCG....133 F4
Koprivnica HR....131 E2
Korakou CY....138 B3
Korbach DE....62 B1
Korbevac SCG....137 E2
Korbovo SCG....133 F3
Korçë AL....128 C3
Korčula HR....135 E3
Korčula (Otok) HR....135 E3
Korenica HR....131 D4
Kórfos GR....97 E1
Korgen N....107 E3
Koria FIN....121 E3
Korifássi GR....96 B3
Korikío Ándro GR....93 E3
Kórimvos GR....91 E1
Korinós GR....88 A3
Koríntho (Dióriga) GR....93 F4
Kórinthos GR....93 F4
Korissía GR....98 A1
Korissós GR....87 E2
Korita SCG....136 B3
Korita HR....135 F3
Korita BIH....136 A2
Korithi GR....92 A4
Koritnik SCG....136 C1
Korkeakangas FIN....115 F4
Kormakitis CY....138 C2
Kormakitis (Cape) CY....138 B2
Körmend H....69 E3
Kornat (Otok) HR....134 C2
Korneuburg A....65 D4
Kornofoléa GR....91 E2
Kornos CY....138 C3
Kornwestheim DE....66 B1
Koromačno HR....130 B4
Koróna GR....88 A1
Koróni GR....96 C3
Korónia GR....93 F3
Koronída GR....99 D2
Koronissía GR....92 B2
Kóronos GR....99 D2
Koronoúda GR....88 B1
Koropí GR....94 A4
Korosten' UA....127 D1
Korostyšiv UA....127 E2
Korpilahti FIN....121 D3
Korpilombolo S....108 C2
Korpo / Korppoo FIN....120 B4
Korsberga S....123 F1
Korsholm / Mustasaari FIN....114 B3
Korsnäs FIN....114 A3
Korsør DK....122 C3
Korsun'-Ševčenkivs'kyj UA....127 E2
Kortesjärvi FIN....114 B3
Kórthio GR....98 C1
Kortrijk B....15 F4
Kortteenperä FIN....109 E3
Korvala FIN....109 D2
Korvaluoma FIN....120 B2
Kos GR....103 D1
Kos (Nissí) GR....103 D1
Kosančić SCG....137 E1
Kosanica SCG....136 B2
Kosarska Dubica / Bosanska Dubica BIH....131 E3
Kościan PL....59 D2
Kościerzyna PL....53 D1
Kosel MK....137 D4
Koserow DE....51 F2
Košice SK....126 B3
Kosjerić SCG....132 C4
Koška HR....132 A2
Koskenkorva FIN....114 B4
Koskenpää FIN....121 D2
Koski (Hämeen lääni) FIN....121 D3
Koski (Turun ja Porin lääni) FIN....120 C3
Kóskina GR....94 B3
Koskue FIN....120 B2
Kosmás GR....97 D2
Kósmio GR....89 F1
Kosovo Polje SCG....137 D2
Kosovska Kamenica SCG....137 E2
Kosovska Mitrovica SCG....137 D2
Kössen A....67 F2
Kósta GR....97 E2
Kostanjevac HR....130 C3
Kostanjevica na K. SLO....130 A3
Kostelec nad Černými Lesy CZ....64 B2
Kostelec nad Orlicí CZ....65 D2
Kostenec BG....129 D2
Koster S....118 A3
Kostolac SCG....133 D3
Kostopil' UA....127 D2
Kóstos GR....98 C2
Kostrzyn PL....52 A4
Kosturino MK....137 F4
Kosula FIN....115 E3
Koszalin PL....52 C2
Kőszeg H....69 E2
Kotala (Häme) FIN....109 F1
Kotala (Lappi) FIN....120 C2
Kótas GR....87 E2
Kotel BG....129 E2
Köthen DE....57 E4
Kotka FIN....121 E3
Kotor SCG....136 A3
Kotor Varoš BIH....131 F4
Kotoriba HR....131 E1
Kotorsko BIH....132 A4
Kotovs'k UA....127 E3
Kotraža SCG....136 C1
Kótronas GR....97 D3
Kotroniá GR....91 E2
Köttsjön S....112 B2
Kötzting DE....63 F4
Koufália GR....88 A2
Koufoníssi GR....101 F4
Koufós GR....89 D4
Kouklia CY....138 A4
Kouklií GR....86 C4
Koukounariés GR....94 A2
Kouméika GR....99 F1
Koúndouros GR....98 A1
Kounoupéli GR....92 C4
Koura FIN....114 B4
Koúrenda GR....86 C4
Kourion CY....138 B4
Kouris CY....138 B4
Kouris Dam CY....138 B4
Kourkoulí GR....94 A2
Kournás GR....100 B3
Kouroúta GR....96 B1
Koutselió GR....87 D4
Koutsó GR....89 F1
Koutsóhero GR....87 F4
Kouvola FIN....121 E3
Kovačica SCG....133 D2
Kovel' UA....126 D4
Kovero FIN....115 F3
Kovilj SCG....132 C2
Kovin SCG....133 D3
Köyliö FIN....120 B3
Kozáni GR....87 F3
Kozarac HR....132 A2
Kozarac BIH....131 E4
Kozel'sk RUS....125 F3
Kozica HR....135 E2
Kozina SLO....130 A3
Kozjatyn UA....127 D2
Kozluk BIH....132 B4
Kragenæs DK....122 C4
Kragerø N....116 C2
Kragujevac SCG....133 D4
Krajišnik SCG....133 D2
Krajkovac SCG....137 D1
Krakhella N....110 A4
Kraków PL....126 A2
Krakow DE....51 E3
Kraljevica HR....130 B3
Kraljevo SCG....136 C1
Králové CZ....64 C1
Kralovice CZ....64 A2
Kralupy nad Vltavou CZ....64 B2
Kramfors S....112 C2
Kranenburg DE....55 D4
Krani MK....87 D1
Kraniá (Grevená) GR....87 E4
Kraniá (Trikala) GR....87 E4
Kraniá Elassónas GR....87 F4
Kranichfeld DE....63 D1
Kranídi GR....97 E2
Kranj SLO....130 B2
Kranjska Gora SLO....130 A2
Krapina HR....131 D2
Krapinske Toplice HR....131 D2
Krašić HR....130 C3
Krāslava LV....124 C2
Kraslice CZ....63 F2
Krásná Lípa CZ....64 B1
Kraśnik PL....126 B2
Krasno Polje HR....130 C4
Krasnohrad UA....127 F2
Krasnoperekops'k UA....127 F4
Krasnyj Cholm RUS....125 F1
Krasnystaw PL....126 B2
Kráthio GR....93 E4
Krátigos GR....95 F2
Kratovo MK....137 F3
Kratovska Stena SCG....132 C4
Krauchenwies DE....66 C2
Krautheim DE....62 C4
Kravaře (Moravskoslezský kraj) CZ....65 F2
Kravarsko HR....131 D3
Krefeld DE....61 E1
Kremastí GR....103 F2
Kremastí GR....97 E3
Kremastón (Teh. L.) GR....92 C2
Kremenčuk UA....127 F4
Kremenec' UA....126 C2
Kremenica MK....87 E1
Kremmen DE....51 F4
Kremna SCG....136 B1
Kremnica SK....126 A3
Krems a. d. Donau A....65 D4
Kremsmünster A....68 B1
Krepoljin SCG....133 E3
Kreševo BIH....135 F1
Krestcy RUS....125 E1
Kréstena GR....96 B1
Kreuth DE....67 E2
Kreuzlingen CH....66 B3
Kreuztal DE....62 A1
Kría Vríssi GR....94 A3
Kría Vríssi GR....88 A2
Krieglach A....69 D2
Kriens CH....66 B4
Kríkelo GR....93 D2
Kríkelos GR....92 B2
Krimml A....67 F3
Krimpen aan den IJssel NL....54 B4
Krinídes GR....89 D1
Krionéri GR....92 C3
Krionéri GR....96 B2
Krionéri GR....88 B2
Krionéri GR....93 E4
Kriopigí GR....88 C4
Kristalopigí GR....87 D2
Kristdala S....123 F1
Kristiansand N....116 B3
Kristianstad S....123 E3
Kristiansund N....110 C1
Kristineberg S....108 A4
Kristinehamn S....118 C2
Kristinehov S....123 E3
Kristinestad / Kristiinankaupunki FIN....120 B2
Krithéa GR....88 B2
Kríti (Nissí) GR....100 A2
Kritiniá GR....103 E2
Kritou Tera CY....138 A3
Kritsá GR....101 E4
Kriva Feja SCG....137 E2
Kriva Palanka MK....137 F3
Krivogaštani MK....137 E4
Krivolak MK....137 F4
Křižanov CZ....65 D3
Križevci HR....131 D2
Krk HR....130 B4
Krk (Otok) HR....130 B4
Krnjača SCG....133 D3
Krnjak HR....131 D3
Krnjeuša BIH....131 D4
Krnjevo SCG....133 D3
Krnov CZ....65 E1
Krokeés GR....97 D3
Krokeide N....116 A1
Krokek S....119 D3
Krokílio GR....93 D3
Krokom S....112 B2
Krókos GR....87 F3
Kroksjö S....112 C1
Krolevec' UA....127 F1
Kroměříž CZ....65 E3
Kronach DE....63 D2
Kronoby / Kruunupyy FIN....114 B2
Kronshagen DE....50 B2
Kronštadt RUS....124 C1
Kröpelin DE....51 D2
Kropp DE....50 B2
Kroppenstedt DE....57 D3
Krosno PL....126 B2
Krosno Odrzańskie PL....58 B3
Krotoszyn PL....59 E3
Kroussónas GR....101 D4
Krška vas SLO....130 B2
Krško SLO....130 C2
Krstac SCG....136 A2
Krstinja HR....131 D3
Kruiningen NL....17 E1
Krujë AL....128 B3
Krumbach (Schwaben) DE....67 D1
Krummhörn DE....55 D1
Krumpendorf A....68 B4
Krün DE....67 E3
Krupá CZ....64 A2
Krupa na Vrbasu BIH....131 F4
Krupac SCG....137 F1
Krupac BIH....135 F1
Krupaja SCG....133 E4
Krupanj SCG....132 B4
Krupište MK....137 F3
Krupka CZ....64 A1
Kruså DK....122 B4
Krušćica BIH....135 F1
Krušedol SCG....132 C3
Kruševac SCG....137 D1
Kruševica SCG....133 D4
Kruševo MK....137 E4
Krute SCG....136 B4
Kryčaŭ BY....125 E4
Krynica PL....126 B3
Kryos CY....138 B4
Kryvyj Rih UA....127 F3
Ktísmata GR....86 C4
Küblis CH....66 C4
Kučevo SCG....133 E3
Kuchl A....68 A2
Kućište SCG....136 C2
Kućište HR....135 E3
Kudowa-Zdrój PL....65 D1
Kufstein A....67 F2
Kühlungsborn DE....51 D2
Kuhmalahti FIN....120 C2
Kuhmo FIN....115 F2
Kuhmoinen FIN....121 D2
Kuivajärvi FIN....115 F1
Kuivalahti FIN....120 B3
Kuivaniemi FIN....109 D3
Kuivasjärvi FIN....120 B2
Kukës AL....128 C3
Kukko FIN....114 C3
Kukujevci SCG....132 B3
Kukulje BIH....131 F3
Kula SCG....132 B2
Kula TR....129 F4
Kula BG....128 C2
Kuldīga LV....124 A3
Kulen Vakuf BIH....131 D4
Kulennoinen FIN....121 F2
Kulina SCG....137 D1
Kulju FIN....120 C3
Kulkjica HR....134 C1

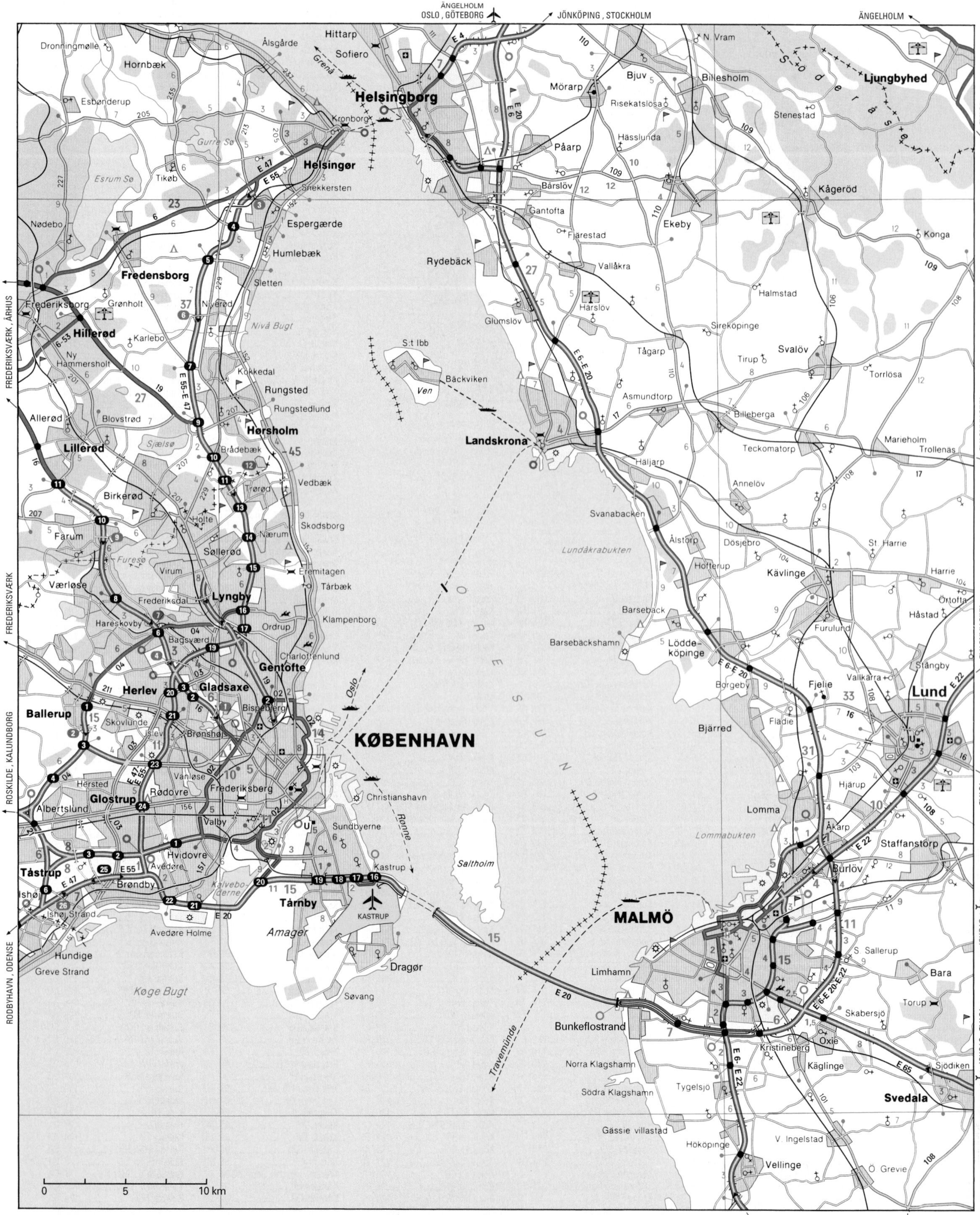

ÄNGELHOLM
OSLO, GÖTEBORG
JÖNKÖPING, STOCKHOLM
ÄNGELHOLM
Helsingborg
Helsingør
Hittarp
Sofiero
Ålsgårde
Hornbæk
Dronningmølle
Esbønderup
Gurre Sø
Esrum Sø
Tikøb
Kronborg
Snekkersten
Espergærde
Humlebæk
Nødebo
Fredensborg
Sletten
Grønholt
Frederiksborg
Hillerød
Karlebo
Nivå Bugt
Nivå
Ny Hammersholt
Kokkedal
Rungsted
Rungstedlund
Allerød
Blovstrød
Lillerød
Hørsholm
Sjælsø
Brådebæk
Vedbæk
Trørød
Birkerød
Holte
Skodsborg
Nærum
Farum
Furesø
Søllerød
Virum
Eremitagen
Tårbæk
Værløse
Frederiksdal
Lyngby
Klampenborg
Hareskovby
Bagsværd
Ordrup
Charlottenlund
Gentofte
Gladsaxe
Herlev
Ballerup
Skovlunde
Bispebjerg
Brønshøj
KØBENHAVN
Herstedvester
Albertslund
Glostrup
Rødovre
Vanløse
Frederiksberg
Christianshavn
Valby
Sundbyerne
Hvidovre
Avedøre
Tåstrup
Brøndby
Kalvebo-derne
Kastrup
KASTRUP
Tårnby
Amager
Ishøj
Ishøj Strand
Avedøre Holme
Hundige
Greve Strand
Køge Bugt
Dragør
Søvang
Saltholm
S:t Ibb
Ven
Bäckviken
Landskrona
Rydebäck
Glumslöv
Mörarp
Bjuv
Billesholm
Ljungbyhed
Söderåsen
Stenestad
Risekatslösa
Hässlunda
Påarp
Bårslöv
Gantofta
Fjärestad
Ekeby
Kågeröd
Konga
Vallåkra
Härslöv
Halmstad
Sireköpinge
Svalöv
Tågarp
Tirup
Torrlösa
Asmundtorp
Billeberga
Teckomatorp
Marieholm
Trollenäs
Häljarp
Annelöv
Svanabacken
Lundåkrabukten
Ålstorp
Dösjebro
St. Harrie
Hofterup
Kävlinge
Harrie
Örtofta
Håstad
Barsebäck
Barsebäckshamn
Furulund
Löddeköpinge
Stångby
Vallkärra
Fjelie
Borgeby
Lund
Flädie
Bjärred
Hjärup
Lomma
Lommabukten
Åkarp
Staffanstorp
Burlöv
MALMÖ
Limhamn
S. Sallerup
Bara
Torup
Skabersjö
Bunkeflostrand
Oxie
Kristineberg
Käglinge
Sjödiken
Norra Klagshamn
Södra Klagshamn
Tygelsjö
Svedala
Gässie villastad
Hököpinge
V. Ingelstad
Vellinge
Ö. Grevie
Øresund
Grenå
Oslo
Rønne
Travemünde
0 5 10 km
FREDERIKSVÆRK, ÅRHUS
FREDERIKSVÆRK
ROSKILDE, KALUNDBORG
RØDBYHAVN, ODENSE
TRELLEBORG
TRELLEBORG

Kuusjoki *FIN* 120 C4
Kuvšinovo *RUS* 125 E2
Kuzma *SLO* 131 D1
Kuzmin *SCG* 132 B3
Kvænangsbotn *N* 104 C2
Kværndrup *DK* 122 B3
Kvalsund *N* 105 D1
Kvam *N* 111 D3
Kvanndal *N* 116 B1
Kvanne *N* 110 C2
Kvernes *N* 110 C2
Kvevlax *FIN* 114 B3
Kvikkjokk *S* 108 A2
Kvikne *N* 111 D2
Kvinesdal *N* 116 B3
Kviteseid *N* 116 C2
Kwidzyn *PL* 124 A4
Kyïv *UA* 127 E2
Kyjov *CZ* 65 E3
Kykkos *CY* 138 B3
Kyläinpää *FIN* 114 B3
Kylänlahti *FIN* 115 F2
Kyle of Lochalsh *GB* 6 B4
Kyleakin *GB* 6 B4
Kylerhea *GB* 6 B4
Kylestrome *GB* 6 C3
Kyllburg *DE* 61 E3
Kylmäkoski *FIN* 120 C3
Kylmälä *FIN* 115 D1
Kyperounta *CY* 138 B3
Kyra *CY* 138 C2
Kyritz *DE* 51 E4
Kyrksæterøra / Hemme *N* 111 D2
Kyröskoski *FIN* 120 C2
Kyselka *CZ* 40 B2
Kythrea *CY* 139 B2
Kyyjärvi *FIN* 114 C3

L, LL

La Adrada *E* 42 A1
La Alberca *E* 41 E1
La Alberca de Záncara *E* 43 D3
La Alberguería de Argañán *E* 41 D1
La Albuera *E* 41 D4
La Algaba *E* 47 D2
La Almarcha *E* 43 D3
La Almunia de Doña Godina *E* 37 E4
La Antilla *E* 46 C2
La Azohía *E* 49 E2
La Bañeza *E* 33 E4
La Barca de la Florida *E* 47 D3
La Barrela *E* 32 B3
La Barthe-de-Neste *F* 29 D3
La Bassée *F* 16 C2
La Bastide-Clairence *F* 28 B3
La Bastide-de-Sérou *F* 29 E4
La Bâtie-Neuve *F* 31 E1
La Baule *F* 19 D4
La Bégude-de-Mazenc *F* 30 C1
La Bérarde *F* 27 E4
La Bisbal de Falset *E* 38 B4
La Bisbal d'Empordà *E* 39 E3
La Bonneville-sur-Iton *F* 21 D2
La Bourboule *F* 25 F3
La Bóveda de Toro *E* 35 F4
La Brède *F* 28 C1
La Bresse *F* 23 D3
La Cabrera *E* 42 B1
La Calahorra *E* 48 B3
La Caletta *I* 78 A4
La Calzada de Oropesa *E* 41 F2
La Campana *E* 47 E2
La Canourgue *F* 30 A1
La Capelle *F* 17 E3
La Carlota *E* 47 F2
La Carolina *E* 48 B1
La Cava *E* 44 B1
La Cavalerie *F* 30 A2
La Chaise-Dieu *F* 26 B4
La Chambre *F* 27 E4
La Chapelle-d'Angillon *F* 21 E4
La Chapelle-de-Guinchay *F* 26 C2
La Chapelle-en-Valgaudémar *F* 27 E4
La Chapelle-en-Vercors *F* 27 D4
La Charité-sur-Loire *F* 26 A1
La Chartre-sur-le-Loir *F* 20 C4
La Châtaigneraie *F* 24 B2
La Châtre *F* 25 F2
La Chaux-de-Fonds *CH* 27 E1
La Chèze *F* 19 D3
La Ciotat *F* 31 D3
La Clayette *F* 26 B2
La Clusaz *F* 27 E3
La Codosera *E* 41 D3
La Coronada *E* 41 F4
La Côte-St-André *F* 26 C4
La Couronne *F* 24 C3
La Courtine *F* 25 F3
La Couvertoirade *F* 30 A2
La Crau *F* 31 E3
La Croix-Valmer *F* 31 E3
La Cumbre *E* 41 E3
La Cure *F* 27 D2
La Espina *E* 33 D2
La Féclaz *F* 27 D3
La Fère *F* 17 D4
La Ferté-Alais *F* 21 E3
La Ferté-Bernard *F* 20 C3
La Ferté-Frênel *F* 20 C2
La Ferté-Gaucher *F* 21 F2
La Ferté-Macé *F* 19 F2
La Ferté-Milon *F* 17 D4
La Ferté-sous-Jouarre *F* 21 F2
La Ferté-St-Aubin *F* 21 E4
La Ferté-Vidame *F* 21 D2
La Flèche *F* 19 F4
La Font de la Figuera *E* 43 F4
La Franca *E* 33 F2
La Fregeneda *E* 35 D4
La Frontera *E* 43 D2
La Fuente de San Esteban *E* 35 E4
La Gacilly *F* 19 D4
La Garde-Freinet *F* 31 E3
La Garriga *E* 39 D4
La Gineta *E* 43 D4
La Granadella *E* 38 B4
La Grand-Combe *F* 30 B2
La Grand-Croix *F* 26 C3
La Grande-Motte *F* 30 B3
La Granjuela *E* 47 E1
La Grave *F* 27 E4
La Guardia *E* 42 C2
La Guardia de Jaén *E* 48 B2
La Guerche-de-Bretagne *F* 19 E3
La Guerche-sur-l'Aubois *F* 26 A1
La Haye-du-Puits *F* 19 E1
La Haye-Pesnel *F* 19 E2
La Hermida *E* 33 F3
La Herradura *E* 48 A3
La Horcajada *E* 41 F1
La Horra *E* 36 B3
La Iglesuela del Cid *E* 44 A2
La Jana *E* 44 A1
La Javie *F* 31 E2
La Jonquera *E* 39 E2
La Lantejuela *E* 47 E2
La Léchère *F* 27 E3
La Línea de la Concepción *E* 47 E4
La Losa *E* 48 C1
La Loupe *F* 21 D3
La Louvière *B* 17 E2
La Luisiana *E* 47 E2
La Machine *F* 26 A1
La Maddalena *I* 78 A3
La Magdalena *E* 33 E3
La Malène *F* 30 A1
La Manga del Mar Menor *E* 49 F2
La Mesa Roldán *E* 49 D3
La Molina *E* 38 C3
La Mothe-Achard *F* 24 A2
La Mothe-St-Héray *F* 24 C2
La Motte-Chalancon *F* 31 D1
La Motte-du-Caire *F* 31 D1
La Mudurra *E* 36 A3
La Muela *E* 37 E4
La Mure *F* 27 D4
La Napoule *F* 31 F3
La Nava de Ricomalillo *E* 42 A2
La Nava de Santiago *E* 41 D3
La Neuve-Lyre *F* 20 C2
La Neuveville *CH* 27 F1
La Nuez de Arriba *E* 36 B2
La Paca *E* 49 D2
La Pacaudière *F* 26 B2
La Pallice *F* 24 B2
La Palma del Condado *E* 47 D2
La Petite-Pierre *F* 23 E2
La Pinilla *E* 36 B4
La Plagne *F* 27 E3
La Plaza *E* 33 E3
La Pobla de Benifassà *E* 44 A1
La Pobla de Lillet *E* 38 C3
La Pobla de Massaluca *E* 38 A4
La Pobla de Segur *E* 38 B3
La Pobla de Vallbona *E* 43 F3
La Pobla Llarga *E* 43 F4
La Pobla Tornesa *E* 44 A2
La Pola de Gordón *E* 33 E3
La Porta *F* 78 B3
La Preste *F* 39 D2
La Primaube *F* 29 F1
La Puebla de Almoradiel *E* 42 C3
La Puebla de Cazalla *E* 47 E2
La Puebla de Híjar *E* 37 F4
La Puebla de los Infantes *E* 47 E1
La Puebla de Montalbán *E* 42 A2
La Puebla de Valverde *E* 43 F2
La Puebla del Río *E* 47 D2
La Pueblanueva *E* 42 A2
La Puerta de Segura *E* 48 C1
La Rábita *E* 48 B3
La Rambla *E* 47 F2
La Réole *F* 28 C1
La Rinconada *E* 47 D2
La Rivière-Thibouville *F* 20 C2
La Robla *E* 33 E3
La Roca de la Sierra *E* 41 D3
La Roca del Vallès *E* 39 D4
La Roche-Bernard *F* 19 D4
La Roche-Canillac *F* 25 F4
La Roche-Chalais *F* 24 C4
La Roche-Derrien *F* 18 C2
La Roche-en-Ardenne *B* 17 F3
La Roche-Guyon *F* 21 D2
La Roche-Posay *F* 25 D1
La Roche-sur-Foron *F* 27 E2
La Roche-sur-Yon *F* 24 B1
La Rochefoucauld *F* 25 D3
La Rochelle *F* 24 B2
La Rochepot *F* 26 C1
La Rochette *F* 27 E3
La Roda *E* 43 D3
La Roda de Andalucía *E* 47 F3
La Roque-Gageac *F* 29 E1
La Roquebrussanne *F* 31 D3
La Rosière-1850 *F* 27 E3
La Salceda *E* 36 B4
La Salvetat-Peyralès *F* 29 F2
La Salvetat-sur-Agout *F* 29 F3
La Seca *E* 36 A4
La Selva del Camp *E* 38 B4
La Sénia *E* 44 A1
La Seu d'Urgell / Seo de Urgel *E* 38 C2
La Seyne-sur-Mer *F* 31 D3
La Solana *E* 42 C4
La Souterraine *F* 25 E2
La Spezia *I* 75 E2
La Sterza *I* 75 F3
La Suze-sur-Sarthe *F* 20 C4
La Teste-de-Buch *F* 28 B1
La Thuile *I* 27 E3
La Torre del Valle *E* 33 E4
La Torre d'en Besora *E* 44 A2
La Tour-d'Auvergne *F* 25 F3
La Tour-du-Pin *F* 27 D3
La Tour-Fondue *F* 31 E3
La Toussuire *F* 27 E4
La Tranche-sur-Mer *F* 24 B2
La Tremblade *F* 24 B3
La Trimouille *F* 25 D2
La Trinité-Porhoët *F* 19 D3
La Trinité-sur-Mer *F* 18 C4
La Turballe *F* 19 D4
La Turbie *F* 31 F2
La Unión *E* 49 E2
La Vall d'Uixó *E* 44 A3
La Vecilla *E* 33 E3
La Vellés *E* 35 F4
La Verna *I* 76 B3
La Verpillière *F* 26 C3
La Vila Joiosa / Villajoyosa *E* 49 F1
La Villa / Stern *I* 67 F4
La Villedieu-du-Clain *F* 25 D2
La Virgen del Camino *E* 33 E4
La Voulte-sur-Rhône *F* 30 C1
La Wantzenau *F* 23 E2
La Yesa *E* 43 F2
Laa an der Thaya *A* 65 D4
Laage *DE* 51 E3
Labacolla *E* 32 B3
Labajos *E* 42 A1
Labasheeda *IRL* 4 B2
Labastida *E* 36 C2
Labastide-Murat *F* 29 E1
Labastide-Rouairoux *F* 29 F3
L'Aber-Wrac'h *F* 18 A2
Labin *HR* 130 B4
Laboe *DE* 50 C2
Labouheyre *F* 28 B2
Labrit *F* 28 B2
Labruguière *F* 29 F3
Labudnjaca *SCG* 132 B2
Lacanau *F* 24 B4
Lacanau-Océan *F* 24 B4
Lacapelle-Marival *F* 29 E1
Laćarak *SCG* 132 B3
Lacaune *F* 29 F2
Lacco Ameno *I* 79 F3
Lacedonia *I* 80 B2
Läckö *S* 118 C3
Laconi *I* 82 B3
Lacq *F* 28 B3
Ladbergen *DE* 55 E3
Ládi *GR* 91 E1
Ladispoli *I* 79 D2
Ladoeiro *P* 41 D2
Lærdalsøyri *N* 110 C4
Láerma *GR* 103 F2
Laferté-sur-Amance *F* 22 C4
Laffrey *F* 27 D4
Láfka *GR* 97 D1
Láfkos *GR* 93 F2
Lafrançaise *F* 29 E2
Lagan *S* 123 E2
Laganás *GR* 96 A1
Lagartera *E* 41 F2
Lage (Kreis Lippe) *DE* 55 F4
Laggan *GB* 8 C1
Laginá *GR* 91 E2
Laginá *GR* 88 B2
Lagnieu *F* 27 D3
Lagny-sur-Marne *F* 21 F2
Lago *I* 83 E2
Lagoa *P* 46 A2
Lagoaça *P* 35 D4
Lagonegro *I* 80 C4
Lagoníssi *GR* 98 A1
Lágos *GR* 89 F1
Lagos *P* 46 A2
Lagoudera *CY* 138 B3
Lagrasse *F* 29 F3
Laguarres *E* 38 A3
Laguarta *E* 28 C4
Laguépie *F* 29 F2
Laguiole *F* 30 A1
Laguna de Duero *E* 36 A3
Lahanás *GR* 88 B1
Lahiguera *E* 48 A1
Lahinch / An Leacht *IRL* 4 B2
Lahnstein *DE* 61 F2
Laholm *S* 123 D2
Lahr (Ortenaukreis) *DE* 23 F3
Lahti *FIN* 121 D3
Laichingen *DE* 66 C1
Laide *GB* 6 C3
L'Aigle *F* 20 C2
Laignes *F* 22 B4
Laigueglia *I* 74 C3
L'Aiguillon-sur-Mer *F* 24 B2
Laihia *FIN* 114 B3
Laïliás *GR* 88 C1
Laimbach *A* 68 C1
Laimoluokta *S* 104 C4
Lainate *I* 71 D4
Lairg *GB* 7 D3
Laissac *F* 30 A1
Laïsta *GR* 87 D4
Laisvall *S* 107 F3
Laitikkala *FIN* 120 C3
Laitila *FIN* 120 B3
Lajkovac *SCG* 132 C4
Láka *GR* 92 A1
Lakavica *MK* 137 F3
Lakí *GR* 99 F2
Láki *GR* 100 B3
Lákoma *GR* 91 D3
Lákones *GR* 86 B4
Lakópetra *GR* 92 C4
Lakselv *N* 105 D2
Laktaši *BIH* 131 F3
Lálas *GR* 96 B1
Lalbenque *F* 29 E1
L'Alcora *E* 44 A2
L'Alcúdia *E* 43 F4
L'Alcúdia de Crespins *E* 43 F4
L'Aldea *E* 44 B1
L'Alfàs del Pi *E* 49 F1
Lalín *E* 32 B3
Lalinac *SCG* 137 E1
Lalinde *F* 29 D1
Laliótis *GR* 93 E4
Lalm *N* 111 D3
Lalouvesc *F* 26 C4
Lalueza *E* 38 A3
Lam *DE* 64 A4
Lama dei Peligni *I* 79 F1
Lamalou-les-Bains *F* 30 A3
Lamarche *F* 22 C3
Lamarque *F* 24 B4
Lamastre *F* 26 C4
Lambach *A* 68 B1
Lamballe *F* 19 D2
Lambesc *F* 31 D2
Lámbia *GR* 96 C1
Lambíri *GR* 93 D3
Lámbou Mili *GR* 95 F2
Lambrecht *DE* 23 F1
Lamego *P* 34 C4
L'Ametlla de Mar *E* 44 B1
Lamía *GR* 93 E2
Lamlash *GB* 3 F1
Lammhult *S* 123 E1
Lammi *FIN* 121 D3
Lamotte-Beuvron *F* 21 E4
Lampaul *F* 18 A2
Lampedusa *I* 84 A4
Lampertheim *DE* 23 F1
Lampeter / Llanbedr Pont Steffan *GB* 12 C1
L'Ampolla *E* 44 B1
Lamstedt *DE* 50 B3
Lamure-sur-Azergues *F* 26 C3
Lana *I* 67 E4
Lanaja *E* 37 F3
Lanaken *B* 17 F2
Lanark *GB* 9 D3
Lancaster *GB* 10 C2
Lanchester *GB* 9 E4
Lanciano *I* 80 A1
Landau a. d. Isar (Kreis Dingolfing-Landau) *DE* 67 F1
Landau i. d. Pfalz (Kr. Landau i. d. Pfalz) *DE* 23 F1
Landeck *A* 67 D3
Landerneau *F* 18 B2
Landete *E* 43 E2
Landévennec *F* 18 B3
Landivisiau *F* 18 B2
Landivy *F* 19 E3
Landquart *CH* 66 C4
Landrecies *F* 17 D3
Landriano *I* 71 D4
Landsberg (Saalkreis) *DE* 57 E4
Landsberg a. Lech *DE* 67 D2
Landshut *DE* 67 F1
Landskrona *S* 123 D3
Landstuhl *DE* 23 E1
Landverk *S* 112 A2
Lanersbach *A* 67 E3
Lanesborough *IRL* 2 C4
Langa de Duero *E* 36 C3
Langáda *GR* 97 D3
Langáda *GR* 95 F3
Langadás *GR* 88 B2
Langádia *GR* 96 C1
Langadíkia *GR* 88 B3
Langangen *N* 117 D2
Langeac *F* 26 A4
Langeais *F* 20 C4
Längelmäki *FIN* 120 C2
Langelsheim *DE* 56 C3
Langen *DE* 50 A3
Langen (Kreis Offenbach) *DE* 62 B3
Langenargen *DE* 66 C3
Langenau *DE* 66 C1
Langenberg (Stadtkreis Gera) *DE* 63 E1
Langenbruck *DE* 67 E1
Langenburg *DE* 62 C4
Längenfeld *A* 67 E3
Langenfeld *DE* 61 F1
Langenhagen *DE* 56 B3
Langenhahn *DE* 62 A2
Langenlois *A* 65 D4
Langenthal *CH* 23 F4
Langenwang *A* 69 D2
Langenzenn *DE* 63 D3
Langeoog *DE* 55 E1
Långeserud *S* 118 B2
Langeskov *DK* 122 C3
Langesund *N* 117 D2
Langevåg *N* 116 A1
Langevågen *N* 110 B2
Langfjord *N* 104 C2
Langhirano *I* 75 F1
Langholm *GB* 9 D4
Langnau im Emmental *CH* 27 F1
Langogne *F* 30 B1
Langon *F* 28 C1
Langport *GB* 13 E2
Langres *F* 22 C4
Langrune-sur-Mer *F* 19 F1
Långsele *S* 112 C2
Långshyttan *S* 119 D1

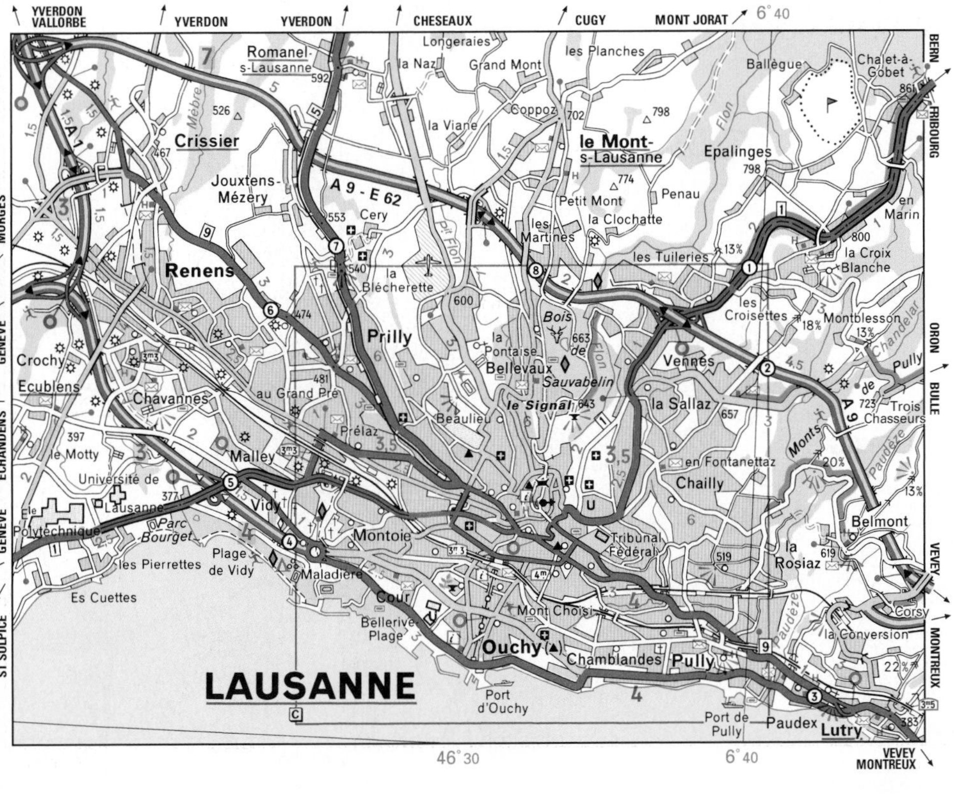

Långträsk S 108 B4
Lanjarón E 48 B3
Lanke DE 51 F4
Länkipohja FIN 120 C2
Lanmeur F 18 B2
Lannemezan F 29 D3
Lannilis F 18 B2
Lannion F 18 C2
Lanouaille F 25 E4
Lans-en-Vercors F 27 D4
Lanškroun CZ 65 D2
Lanslebourg-Mont-Cenis F 27 E4
Lanta F 29 E3
Lantosque F 31 F2
Lanusei I 82 C3
Lanvollon F 18 C2
Lanzahita E 42 A2
Lanzo Torinese I 27 F4
Laon F 17 D4
Lapalisse F 26 B2
Lápas GR 92 C4
Lapathos CY 139 B2
Laperdiguera E 38 A3
Lapinjärvi / Lappträsk FIN 121 D3
Lapinlahti FIN 115 E3
Lapithos CY 138 C2
Lapleau F 25 F4
Laplume F 29 D2
Lapoutroie F 23 E3
Lapovo SCG 133 D4
Lappajärvi FIN 114 C3
Lappalaisten-Kesätuvat FIN 105 D3
Lappea FIN 108 C2
Lappeenranta FIN 121 E3
Lappfjärd / Lapväärtti FIN 120 B2
Lappfors FIN 114 B3
Lappi FIN 120 B3
Lappohja FIN 120 C4
Lappträsk S 108 C3
Lapua FIN 114 B3
L'Aquila I 79 E1
Laracha E 32 B2
Laragh IRL 5 E2
Laragne-Montéglin F 31 D1
L'Arbresle F 26 C3
Lärbro S 119 F4
Larche F 25 E4
Larche F 31 E1
Larderello I 76 A4
Lárdos GR 103 F2
Laredo E 36 C1
Laren NL 54 C3
Largentière F 30 B1
L'Argentière-la-Bessée F 31 E1
Largs GB 8 B3
Lárimna GR 93 F3
Larino I 80 A1
Lárissa GR 88 A4
Larmor-Plage F 18 C4
Larnaka CY 139 D3
Larnaka Bay CY 139 D3
Larnakas Lapithou CY 138 C2
Larne GB 3 E2
Larochette L 61 E3
Laroles E 48 B3
Laroque-d'Olmes F 29 E4
Laroque-Timbaut F 29 D1
Laroquebrou F 25 F4
Larraga E 28 A4
Larseng N 104 B3
Larsmo FIN 114 B3
Laruns F 28 C4
Larv S 118 B3
Larvik N 117 D2
Las Cabezas de San Juan E 47 D3
Las Caldas de Besayas E 36 B1
Las Mesas E 42 C3
Las Minas E 49 D1
Las Navas de la Concepción E 47 E1
Las Navas del Marqués E 42 B1
Las Negras E 49 D3
Las Pajanosas E 47 D2
Las Pedroñeras E 43 D3
Las Pedrosas E 37 F3
Las Rozas de Madrid E 42 B1
Las Veguillas E 41 F1
Las Vertientes E 48 C2
Las Viñas E 48 A1
Lasalle F 30 B2
Lasarte-Oria E 28 A3
Laško SLO 130 C2
Lassan DE 51 F2
Lassay-les-Châteaux F 19 F3
Lassigny F 16 C4
Lassíthi GR 101 E4
Lastovo HR 135 E3
Lastovo (Otok) HR 135 E3
Lastra a Signa I 76 A3
Lastres E 33 F2
Lastrup DE 55 E2
Lastva BIH 136 A3
Lašva BIH 135 F1
Laterza I 81 D3
Lathen DE 55 E2
Latheron GB 7 E3
Latiano I 81 E3
Latikberg S 107 F4
Latina I 79 E2
Latisana I 72 C3
Lató GR 101 E4
Latour-de-France F 29 F4
Latronico I 80 C4
Latronquière F 29 F1
Lauchhammer DE 58 A4
Lauder GB 9 E3
Lauenau (Hannover) DE 56 B3
Lauenburg DE 50 C4
Lauenstein (Weißeritzkreis) DE 64 A1
Lauf a. d. Pegnitz DE 63 E3
Laufen CH 23 E4
Laufen (Kreis Berchtesgadener Land) DE 68 A2
Laufenburg DE 23 F4
Laufenburg CH 23 F4
Lauffen a. Neckar DE 62 B4
Laugar IS 106 A1
Laugarbakki IS 106 A1
Laugarvatn IS 106 A2
Lauingen (Kr.Dillingen a.d.Donau) DE 67 D1
Laujar de Andarax E 48 C3
Laukaa FIN 115 D4
Lauksundskaret N 104 C2
Launceston GB 12 C3
Laupheim DE 66 C2
Lauragh IRL 4 A3
Laureana di Borrello I 83 E3
Laurencekirk GB 9 E1
Laurenzana I 80 C3
Lauria I 80 C4
Laurière F 25 E3
Lausanne CH 27 E2
Lauta DE 58 A4
Lautenthal DE 56 C4
Lauterbach DE 62 B2
Lauterbourg F 23 F2
Lauterbrunnen CH 27 F1
Lauterecken DE 23 E1
Lautrec F 29 F2
Lauvstad N 110 B3
Lauvvik N 116 A2
Lauzerte F 29 E2
Lauzun F 29 D1
Lavagna I 75 E2
Laval F 19 F3
Lavamünd A 68 C3
Lavangen N 104 B3
Lávara GR 91 E1
Lavardac F 29 D2
Lavaur F 29 E2
Lavelanet F 29 E4
Lavello I 80 C2
Lavelsloh DE 55 F3
Lavenham GB 15 D2
Laveno Monbello I 71 D4
Lavéra F 30 C3
Lavia FIN 120 B2
Laviano I 80 B3
Lavik N 110 A4
Lavinio-Lido di Enea I 79 D2
Lavis I 71 F3
Lavit-de-Lomagne F 29 D2
Låvong N 107 D3
Lavoûte-Chilhac F 26 A4
Lavre P 40 B3
Lávrio GR 98 A1
Laxå S 118 C3
Laxe E 32 A2
Laxford Bridge GB 6 C2
Laxo GB 7 F3
Layos E 42 B2
Laza E 32 C4
Lazarev Krst SCG 136 B3
Lazarevac SCG 132 C4
Lazarevo SCG 132 C2
Lazaropole MK 137 D4
Lazise I 71 F4
Lázně Bohdaneč CZ 64 C2
Lázně Kynžvart CZ 63 F2
Laznica SCG 133 E3
Le Bar-sur-Loup F 31 F2
Le Beausset F 31 D3
Le Bec-Hellouin F 16 A4
Le Bény-Bocage F 19 F2
Le Biot F 27 E2
Le Blanc F 25 E2
Le Bleymard F 30 B1
Le Boréon F 31 F2
Le Boulou F 30 A4
Le Bourg-d'Oisans F 27 D4
Le Bourget-du-Lac F 27 D3
Le Bousquet-d'Orb F 30 A2
Le Bugue F 25 D4
Le Buisson-de-Cadouin F 29 D1
Le Cap-d'Agde F 30 A3
Le Cateau-Cambrésis F 17 D3
Le Catelet F 17 D3
Le Caylar F 30 A2
Le Chambon-Feugerolles F 26 B4
Le Chambon-sur-Lignon F 26 B4
Le Château-d'Oléron F 24 B3
Le Châtelard F 27 E3
Le Châtelet F 25 F2
Le Châtelet-en-Brie F 21 F3
Le Chesne F 17 E4
Le Cheylard F 26 C4
Le Conquet F 18 A2
Le Creusot F 26 B1
Le Croisic F 19 D4
Le Crotoy F 16 B3
Le Donjon F 26 B2
Le Dorat F 25 E2
Le Faou F 18 B3
Le Faouët F 18 C3
Le Folgoët F 18 B2
Le Fossat F 29 E3
Le Fousseret F 29 D3
Le Grand-Bornand F 27 E3
Le Grand-Bourg F 25 E2
Le Grand-Lemps F 27 D4
Le Grand-Lucé F 20 C4
Le Grand-Pressigny F 25 D1
Le Grand-Serre F 26 C4
Le Grau-du-Roi F 30 B3
Le Havre F 20 C1
Le Hohwald F 23 E3
Le Lauzet-Ubaye F 31 E1
Le Lavandou F 31 E3
Le Lion-d'Angers F 19 F4
Le Lioran F 25 F4
Le Locle CH 27 E1
Le Loroux-Bottereau F 24 B1
Le Louroux-Béconnais F 19 F4
Le Luc F 31 E3
Le Lude F 20 C4
Le Malzieu-Ville F 30 A1
Le Mans F 20 C3
Le Markstein F 23 E3
Le Mas-d'Agenais F 28 C1
Le Mas-d'Azil F 29 E3
Le Massegros F 30 A1
Le Mayet-de-Montagne F 26 B3
Le Mêle-sur-Sarthe F 20 C3
Le Merlerault F 20 C2
Le Monastier-sur-Gazeille F 30 A1
Le Monêtier-les-Bains F 27 E4
Le Mont-Dore F 26 A3
Le Mont-St-Michel F 19 E2
Le Montet F 26 A2
Le Muy F 31 E3
Le Neubourg F 21 D2
Le Nouvion-en-Thiérache F 17 D3
Le Palais F 18 C4
Le Péage-de-Roussillon F 26 C4
Le Pellerin F 24 A1
Le Perthus F 30 A4
Le Poiré-sur-Vie F 24 B1
Le Pont-de-Beauvoisin F 27 D3
Le Pont-de-Claix F 27 D4
Le Pont-de-Montvert F 30 B1
Le Pontet F 30 C2
Le Portel F 16 B2
Le Pouldu F 18 C4
Le Pouliguen F 19 D4
Le Pouzin F 30 C1
Le Puy-en-Velay F 26 B4
Le Quesnoy F 17 D3
Le Rozier F 30 A2
Le Russey F 27 E1
Le Sauze F 31 E1
Le Teil F 30 C1
Le Teilleul F 19 F2
Le Theil F 20 C3
Le Thillot F 23 D3
Le Touquet-Paris-Plage F 16 B2
Le Touvet F 27 D4
Le Trayas F 31 F3
Le Tréport F 16 B3
Le Val-André F 19 D2
Le Val-d'Ajol F 23 D3
Le Verdon-sur-Mer F 24 B3
Le Vigan F 30 B2
Le Vivier-sur-Mer F 19 E2
Leadenham GB 11 E3
Łeba PL 53 D1
Lebach DE 23 D1
Lebane SCG 137 E2
Lebedyn UA 127 F1
Lebenstedt DE 56 C3
Lebesby N 105 E1
Lębork PL 53 D1
Lebrija E 47 D3
Lebus DE 58 A2
Lecce I 81 F3
Lecco I 71 D4
Lécera E 37 F4
Lećevica HR 135 D2
Lech A 67 D3
Lechlade GB 13 F1
Leciñena E 37 F3
Leck DE 50 A2
Lectoure F 29 D2
Ledaña E 43 E3
Ledanca E 42 C1
Ledbury GB 13 E1
Ledeč nad Sázavou CZ 64 C2
Ledesma E 35 E4
Lédignan F 30 B2
Ledmore GB 6 C3
Leeds GB 11 D2
Leek GB 11 D3
Leenane IRL 2 A3
Leer DE 55 E2
Leerdam NL 54 C4
Leese DE 56 B3
Leeuwarden NL 54 C2
Lefka CY 138 B3
Lefkáda GR 92 A2
Lefkáda (Nissí) GR 92 A2
Lefkádia GR 87 F2
Lefkadíti GR 93 D3
Lefkandí GR 94 A3
Léfkara GR 87 F3
Léfkes GR 98 C2
Lefkími GR 91 E2
Lefkógia GR 90 A1
Lefkonoiko CY 139 B2
Lefkopigí GR 87 F3
Lefkoşa / Lefkosia CY 138 C2
Lefkosia / Lefkoşa CY 138 C2
Léfktra GR 93 F4
Legan DE 50 B2
Leganés E 42 B2
Legé F 24 A1
Legnago I 72 A4
Legnano I 71 D4
Legnica PL 58 C4
Legrad HR 131 E1
Legrená GR 98 A1
Léguevin F 29 E3
Legutiano E 37 D1
Lehená GR 92 B4
Lehmden DE 50 A4
Lehnin DE 57 F3
Léhovo GR 87 E2
Lehrberg DE 63 D4
Lehre DE 56 C3
Lehrte DE 56 C3
Lehtimäki FIN 114 C3
Lehtovaara (Lapin Lääni) FIN 109 D1
Leibnitz A 69 D3
Leicester GB 11 E4
Leiden NL 54 B3
Leighton Buzzard GB 14 B2
Leikanger N 110 B4
Leinefelde DE 56 C4
Leini I 27 F4
Leipheim DE 67 D1
Leipzig DE 57 E4
Leira N 110 C2
Leira N 111 D4
Leirbotn N 105 D2
Leiria P 40 B2
Leiro E 32 B4
Leirpollskogen N 105 F1
Leirvåg N 110 A4
Leirvik N 107 E3
Leirvik (Færøerne) DK 106 A3
Leirvik (Hordaland) N 116 A1
Leirvik (Sogn og Fjordane) N 110 A4
Leisnig DE 57 F4
Leiston GB 15 D2
Leith GB 9 D2
Leitza E 28 A3
Leitzkau DE 57 E3
Leivadi CY 138 A3
Leivonmäki FIN 121 D2
Léka GR 99 F1
Leka N 107 D4
Lekáni GR 89 E1
Lekeitio E 37 D1
Lekenik HR 131 D3
Leknes N 107 E1
Leknes (Møre og Romsdal) N 110 B3
Leksand S 119 D1
Leksvik N 111 E1
Lekunberri E 28 A3
Leland N 107 D3
Lelystad NL 54 C3
Lelystad Haven NL 54 C3
Lembach F 23 E2
Lembeye F 28 C3
Lemesos CY 138 C4
Lemförde DE 55 F3
Lemgo DE 56 B3
Lemi FIN 121 E3
Lemithou CY 138 B3
Lemland FIN 120 A4
Lemmenjoki FIN 105 E3
Lemmer NL 54 C2
Lemonodássos GR 97 F1
Lempäälä FIN 120 C3
Lempdes-sur-Allagnon F 26 A4
Lemvig DK 122 A2
Lenart-v-Slov.-gor SLO 130 C1
Lencloître F 25 D1
Lend A 68 A3
Léndas GR 101 D4
Lendava SLO 131 D1
Lendinara I 76 A1
Lengefeld (Mittlerer Erzgebirgkreis) DE 63 F1
Lengenfeld DE 63 E1
Lengerich DE 55 E3
Lenggries DE 67 E2
Lenhovda S 123 F2
Lenk CH 27 F2
Lennestadt DE 62 A1
Lens F 16 C2
Lensahn DE 50 C2
Lentföhrden DE 50 B3
Lenti H 69 E3
Lentiira FIN 115 F1
Lenting DE 63 E4
Lentini I 85 E3
Lenzburg CH 23 F4
Lenzen (Kreis Prignitz) DE 51 D4
Lenzerheide / Lai CH 66 C4
Lenzkirch DE 23 F3
Leoben A 68 C2
Leobersdorf A 69 D1
Leogang A 68 A2
Leominster GB 13 E1
León E 33 E4
Léon F 28 B2
Leonarisso CY 139 E2
Leonberg DE 66 B1
Léoncel F 26 C4
Leondári GR 93 D1
Leondári GR 96 C2
Leóndio GR 97 D1
Leonessa I 76 C4
Leonforte I 85 D3
Leonídio GR 97 E2
Leopoldsburg B 17 F1
Leopoldsdorf im Marchfelde A 69 E1
Leova MD 127 E4
Lepe E 46 C2

LEIPZIG

Adenauerallee V 43
Baalsdorfer Str. V 44
Berliner Str. V 45
Breite Str. V 47
Chemnitzer Str. V 48
Eisenbahnstr. V 50
Hauptstr. U 53
Kieler Str. U 55
Lindenthaler Str. U 58
Merseburger Str. V 59
Mockauer Str. U 61
Philipp-Rosenthal-Str. V 60
Rackwitzer Str. V 62
Zschochersche Str. V 63
Zweinaundorfer Str. V 64

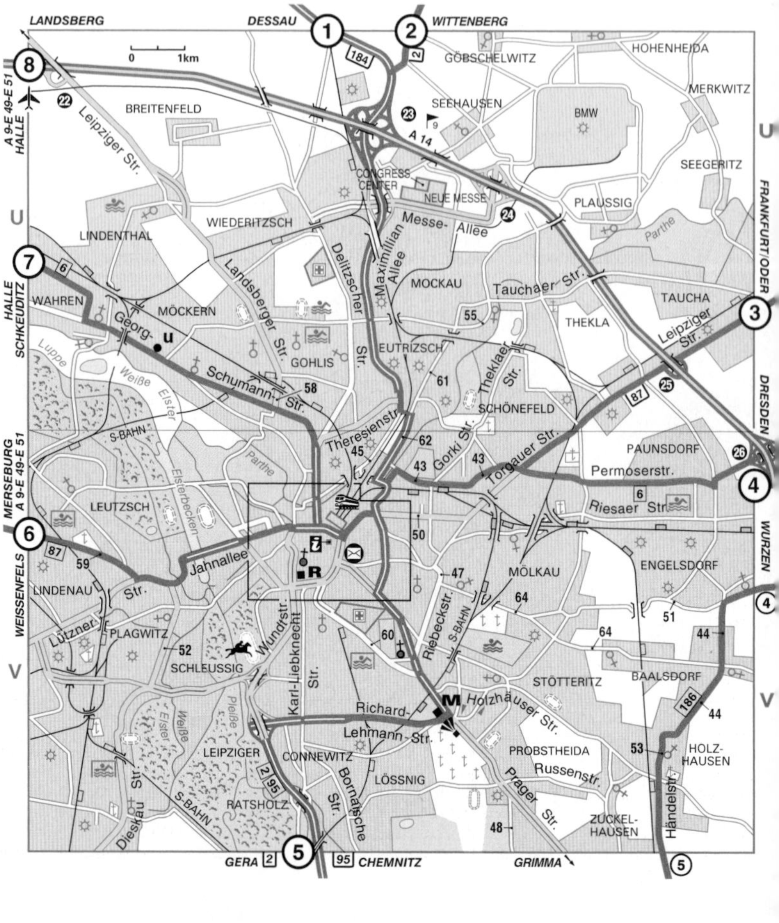

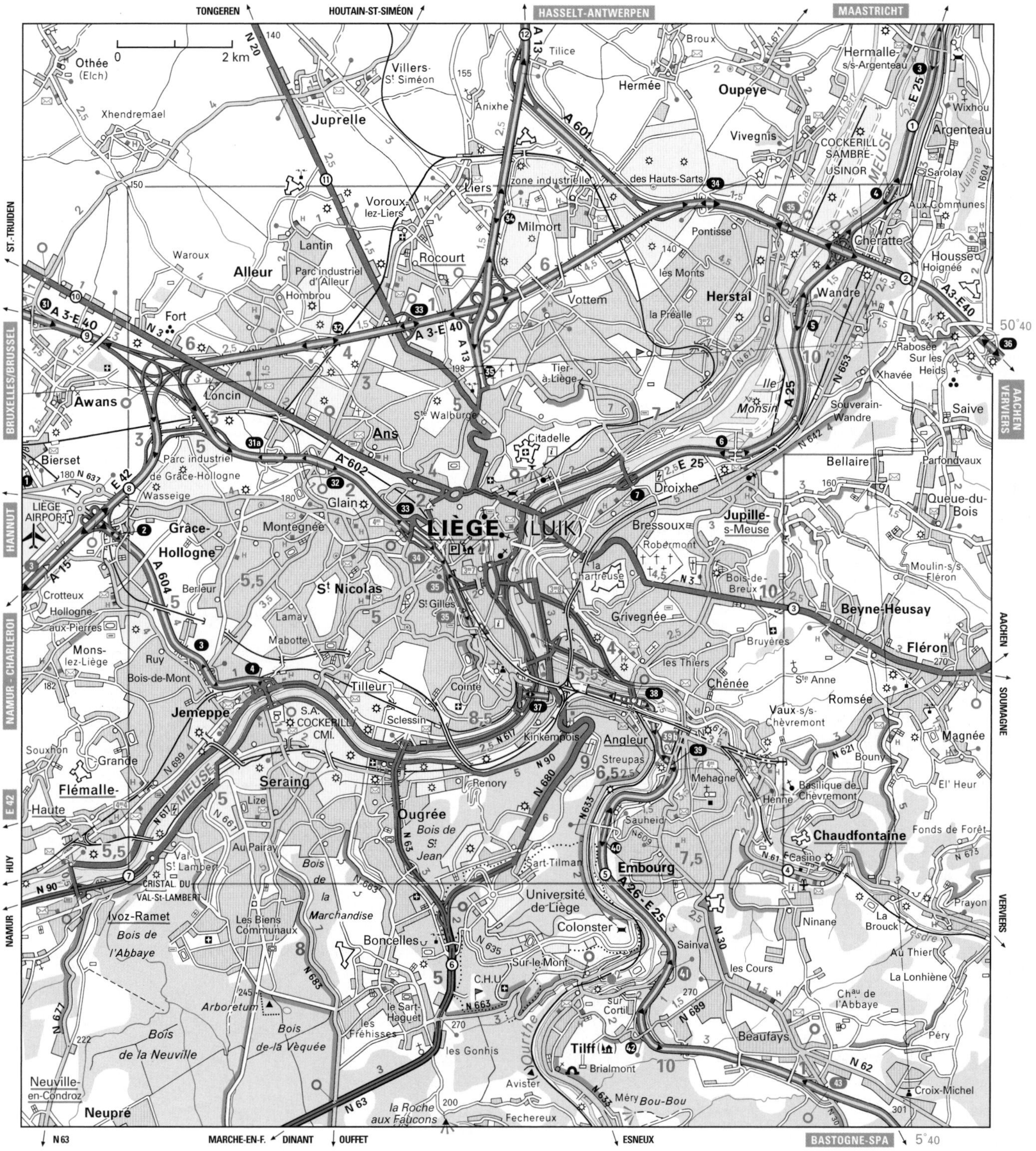

Lepel' *BY* 125 D3
Lepenoú *GR* 92 C2
Lepetane *SCG* 136 A3
L'Épine *F* 22 B2
Lepoglava *HR* 131 D2
Leposavić *SCG* 137 D2
Lépoura *GR* 94 B3
Leppäjärvi *FIN* 105 D4
Leppävirta *FIN* 115 E3
Leptokariá *GR* 91 D2
Leptokariá *GR* 88 A3
Lercara Friddi *I* 84 C3
Léré *F* 21 F4
Lerici *I* 75 E2
Lérida / Lleida *E* 38 B4
Lerín *E* 28 A4
Lerma *E* 36 B3
Lermoos *A* 67 D3
Lérni *GR* 97 D1
Léros (Nissí) *GR* 99 F2
Lerum *S* 118 B4
Lerwick *GB* 7 F3
Les *E* 29 D4
Les Abrets *F* 27 D3
Les Aix-d'Angillon *F* 25 F1
Les Andelys *F* 16 B4
Les Arcs *F* 31 E3
Les Arcs *F* 27 E3
Les Baux-de-Provence *F* 30 C2
Les Bézards *F* 21 F4
Les Borges Blanques *E* 38 B4
Les Bouchoux *F* 27 D2
Les Cabannes *F* 29 E4
Les Contamines-Montjoie *F* 27 E3
Les Coves de Vonromà *E* 44 A2
Les Deux-Alpes *F* 27 E4
Les Diablerets *CH* 27 F2
Les Écharmeaux *F* 26 B2
Les Échelles *F* 27 D4
Les Essarts *F* 24 B1
Les Eyzies-de-Tayac *F* 25 D4
Les Gets *F* 27 E2
Les Herbiers *F* 24 B1
Les Houches *F* 27 E3
Les Issambres *F* 31 E3
Les Lecques *F* 31 D3
Les Llosses *E* 39 D3
Les Matelles *F* 30 B2
Les Mées *F* 31 D2
Les Menuires *F* 27 E4
Les Ollières-sur-Eyrieux *F* 30 C1
Les Pieux *F* 19 E1
Les Planches-en-Montagne *F* 27 D2
Les Ponts-de-Cé *F* 19 F4
Les Quatre Chemins *F* 24 B2
Les Riceys *F* 22 B3
Les Rosiers-sur-Loire *F* 19 F4
Les Rousses *F* 27 D2
Les Sables-d'Olonne *F* 24 A2
Les Settons *F* 26 B1
Les Trois-Épis *F* 23 E3
Les Trois-Moutiers *F* 24 C1
Les Useres *E* 44 A2
Les Vans *F* 30 B1
Les Vignes *F* 30 A1
Lešak *SCG* 136 C1
Lešani *MK* 137 D4
Lešć *HR* 130 C3
L'Escala / La Escala *E* 39 E3
Lescar *F* 28 C3
L'Escarène *F* 31 F2
Lesce *SLO* 130 B2
Lescun *F* 28 B4
Lesina *I* 80 B1
Lesja *N* 110 C3
Lesjöfors *S* 118 C2
Leskovac *SCG* 137 E1
Lesneven *F* 18 B2
Lešnica *SCG* 132 B3
Lesparre-Médoc *F* 24 B4
L'Espluga de Francolí *E* 38 B4
L'Espunyola *E* 38 C3
Lessay *F* 19 E1
Lessebo *S* 123 F2
Lessines *B* 17 D2
Lessíni *GR* 92 B3
L'Estartit *E* 39 E3
Lestelle-Bétharram *F* 28 C3
Lestijärvi *FIN* 114 C3
Lestkov *CZ* 63 F3
Lésvos (Nissí) *GR* 95 F1
Leszno *PL* 59 D3
Letchworth *GB* 14 C2
Letenye *H* 69 E3
Letino *I* 80 A2
Letmathe *DE* 61 F1
Letterfrack *IRL* 2 A3
Letterkenny / Leitir Ceanainn *IRL* 2 C1
Lettermullan / Leitir Mealláin *IRL* 2 A4
Letur *E* 49 D1
Letuš *SLO* 130 C2
Letymvou *CY* 138 A3
Letzlingen *DE* 57 D3
Leuchars *GB* 9 D2
Leukerbad *CH* 27 F2
Leuna *DE* 57 E4
Leutenberg *DE* 63 E2
Leutershausen *DE* 63 D4
Leutkirch *DE* 66 C2
Leutschach *A* 69 D3
Leuven *B* 17 E2
Leuze-en-Hainaut *B* 17 D2
Levajok *N* 105 E2
Levanger *N* 111 E1
Levanjska Varoš *HR* 132 A3
Levanto *I* 75 E2
Leväsjoki *FIN* 120 B2
Leven *GB* 11 E2
Leven *GB* 9 D2
Levene *S* 118 B3
Levens *F* 31 F2
Leverano *I* 81 F3
Leverburgh *GB* 6 A3
Leverkusen *DE* 61 F1
Levet *F* 25 F1
Levice *SK* 126 A3
Levico Terme *I* 72 A3
Levídi *GR* 96 C1
Levie *F* 78 A4
Levier *F* 27 D1
Levítha (Nissí) *GR* 99 F3
Levoča *SK* 126 B3
Levroux *F* 25 E1
Lewes *GB* 14 C4
Leyburn *GB* 11 D1
Leyland *GB* 10 C2
Leysdown-on-Sea *GB* 15 D3
Leysin *CH* 27 E2
Lézardrieux *F* 18 C2
Lézat-sur-Lèze *F* 29 E3
Lezay *F* 24 C2
Lezhë *AL* 128 B3
Lézignan-Corbières *F* 30 A3
Ležimir *SCG* 132 B3
Lezoux *F* 26 A3
Lezuza *E* 43 D4
L'gov *RUS* 125 F2
L'Hermenault *F* 24 B2
L'Hospitalet de l'Infant *E* 44 B1
Liabygda *N* 110 C3
Lianokládi *GR* 93 E2
Libáň *CZ* 64 C1
Liberec *CZ* 64 B1
Liberec *CZ* 64 B1
Libochovice *CZ* 64 A1
Libourne *F* 24 C4
Librilla *E* 49 E2
Licata *I* 84 C4
Licciana Nardi *I* 75 E2
Lich *DE* 62 B2
Lichfield *GB* 11 D4
Lichoslavl' *RUS* 125 F2
Lichtenberg *DE* 63 E2
Lichtenfels *DE* 63 D2

Lichtenstein *DE* 63 F1
Lichtenvoorde *NL* 55 D4
Lička Jesenica *HR* 130 C4
Lički Osik *HR* 130 C4
Ličko Lešće *HR* 130 C4
Lida *BY* 124 C4
Liden *S* 112 C3
Lidhult *S* 123 D2
Lidingö *S* 119 E2
Lidköping *S* 118 B3
Lido degli Estensi *I* 76 B1
Lido delle Nazioni *I* 76 B1
Lido di Camaiore *I* 75 F3
Lido di Classe *I* 76 B2
Lido di Jesolo *I* 72 B4
Lido di Metaponto *I* 81 D3
Lido di Ostia *I* 79 D2
Lido di Savio *I* 76 B2
Lido di Spina *I* 76 B1
Lido di Torre Mileto *I* 80 B1
Lido di Venezia *I* 72 B4
Lido Silvana *I* 81 E3
Lidoríki *GR* 93 D3
Lidzbark Warmiński *PL* 124 A4
Liebenwalde *DE* 51 F4
Lieberose *DE* 58 A3
Liechtenstein *FL* 71 D2
Liège *B* 17 F2
Lieksa *FIN* 115 F2
Lienz *A* 68 A3
Liepāja *LV* 124 A3
Lier *B* 17 E1
Liérganes *E* 36 B1
Liernais *F* 26 B1
Liestal *CH* 23 E4
Lieto *FIN* 120 B4
Liétor *E* 49 D1
Lieurey *F* 16 A4
Lievestuore *FIN* 115 D4
Liévin *F* 16 C2
Liezen *A* 68 B2
Liffol-le-Grand *F* 22 C3
Lifford *IRL* 2 C2
Liffré *F* 19 E3
Ligiá *GR* 92 B4
Lignano Pineta *I* 72 C3
Lignano Sabbiadoro *I* 72 C3
Lignières *F* 25 F1
Ligny-en-Barrois *F* 22 C2
Ligny-le-Châtel *F* 22 A4
Ligourió *GR* 97 E1
Ligueil *F* 25 D1
Liháda *GR* 93 F2
Liikasenvaara *FIN* 109 F2
Lijeva Rijeka *SCG* 136 B3
Lijevi Dubravčak *HR* 131 D2
Likenäs *S* 118 C1
Likófos *GR* 91 E2
Likoporiá *GR* 93 E4
Likórahi *GR* 87 D3
Likóstomo *GR* 89 E1
Likouría *GR* 96 C1
Liland *N* 104 A4
L'Ile-Bouchard *F* 25 D1
L'Ile-Rousse *F* 78 A2
Lílea *GR* 93 E3
Lilienfeld *A* 69 D1
Liljendal *FIN* 121 D3
Lilla Edet *S* 118 B3
Lillby *FIN* 114 B3
Lille *F* 15 F4
Lillebonne *F* 16 A4
Lillehammer *N* 111 D4
Lillerød *DK* 123 D3
Lillers *F* 16 C2
Lillesand *N* 116 C3
Lillestrøm *N* 117 D1
Lillhärdal *S* 112 A3
Lillholmsjön *S* 112 B1
Lillo *E* 42 C3
Lillögda *S* 112 C1
Lima *S* 112 A4
Limáni Géraka *GR* 97 E3
Limáni Hersonissou *GR* 101 E3
Limassol *CY* 138 C4
Limavady *GB* 3 D1
Limbach *DE* 63 F1
Limburg a. d. Lahn *DE* 62 A2
Limenária *GR* 89 E2
Limerick / Luimneach *IRL* 4 C2
Limingen *N* 107 E4
Liminka *FIN* 114 C1
Liminpuro *FIN* 115 D1
Limljani *SCG* 136 B4
Limnatis *CY* 138 B4
Límnes *GR* 97 E1
Límni *GR* 93 F2
Limniá *GR* 89 D1
Limnia *CY* 139 B2
Limnitis *CY* 138 B3
Limnítsa *GR* 93 D3
Límnos *GR* 89 F4
Limoges *F* 25 E3
Limogne-en-Quercy *F* 29 E1
Limone Piemonte *I* 31 F1
Limonest *F* 26 C3
Limours-en-Hurepoix *F* 21 E2
Limoux *F* 29 F3
Linares *E* 48 B1
Linares de Mora *E* 43 F2
Linares de Riofrío *E* 41 E1
Linariá *GR* 94 C2
Lincoln *GB* 11 E3
Lindås *N* 110 A4
Lindau i. Bodensee (Kreis LindauBodensee) *DE* 66 C3
Linden *DE* 63 D2
Lindenberg i. Allgäu (Kr. LindauBodensee) *DE* 66 C3
Lindern *DE* 55 E2
Lindesberg *S* 119 D2
Lindesnes *N* 116 B3
Lindö *S* 119 D3
Líndos *GR* 103 F2
Lindoso *P* 32 B4
Lindow *DE* 51 F4
Lindsdal *S* 123 F2
Lingbo *S* 112 C4
Linge *N* 110 C3
Lingen *DE* 55 E3
Linghem *S* 119 D3
Linguaglossa *I* 85 E2
Linken *DE* 52 A3
Linköping *S* 119 D3
Linlithgow *GB* 9 D2
Linsell *S* 112 A3
Linslade *GB* 14 B2
Linthal *CH* 66 B4
Linyola *E* 38 B4
Linz *A* 68 B1
Linz a. Rhein *DE* 61 F2
Lion-sur-Mer *F* 19 F1
Lioni *I* 80 B3
Liopetri *CY* 139 E3
Lióprasso *GR* 87 F4
Lipar *SCG* 132 B2
Liperi *FIN* 115 F3
Lipica *SLO* 130 A3
Lipik *HR* 131 E3
Lipkovo *MK* 137 E3
Lipljan *SCG* 137 D2
Lipník nad Bečvou *CZ* 65 E2
Lipno nad Vltavou *CZ* 64 B4
Lipová-lázně *CZ* 65 E1
Lipovac *HR* 132 B3
Lippstadt *DE* 55 F4
Lipsí *GR* 99 F2
Lipsí (Nissí) *GR* 99 F2
Liptovský Mikuláš *SK* 126 A3
Lírkia *GR* 97 D1
Lisac *BIH* 135 E1
Lisboa *P* 40 A3
Lisburn *GB* 3 E2
Lisdoonvarna / Lios Dúin Bhearna *IRL* 2 A4
Lisieux *F* 20 C2
Liskeard *GB* 12 C3
L'Isle-Adam *F* 21 E2
L'Isle-d'Abeau *F* 26 C3
L'Isle-de-Noé *F* 29 D3
L'Isle-en-Dodon *F* 29 D3
L'Isle-Jourdain *F* 25 D2
L'Isle-Jourdain *F* 29 D3

LILLE

HAUBOURDIN
Carnot (R. Sadi) GT 22
Vanderhaghen (R. A.) GT 157

HELLEMMES-LILLE
Salengro (R. Roger) HS 142

HEM
Clemenceau JS 28
Croix (R. de) JS 40
Gaulle (Av. Ch. de) JS 64

LAMBERSART
Hippodrome (Av. de l') GS 76

LANNOY
Leclerc (R. du Gén.) JS 97
Tournai (R. de) JS 153

LILLE
Arras (R. du Fg-d') GT 4
Postes (R. du Fg-des) GST 129

LOMME
Dunkerque (Av. de) GS 52

LOOS
Doumer (R. Paul) GT 49
Foch (R. du Mar.) GST 58
Potié (R. Georges) GT 130

LYS-LEZ-LANNOY
Guesde (R. Jules) JS 75
Lebas (R. J.-B.) JS 94

MADELEINE (LA)
Gambetta (R.) GS 63
Gaulle (R. du Gén.-de) HS 69
Lalau (R.) HS 87

MARCQ-EN-BARŒUL
Clemenceau HS 30
Couture (R. de la) HS 39
Foch (Av. Mar.) HS 57
Nationale (Rue) HS 122

MARQUETTE-LEZ-LILLE
Lille (R. de) GS 103
Menin (R. de) HS 117

MONS-EN-BARŒUL
Gaulle (R. du Gén.-de) HS 70

MOUVAUX
Carnot (Bd) HR 21

ST-ANDRE
Lattre-de-Tassigny (Av. du Mar. de) GS 91
Leclerc (R. du Gén.) GS 99

TOUFFLERS
Déportés (R. des) JS 48

TOURCOING
Yser (R. de l') JR 165
3 Pierres (R. des) JR 166

VILLENEUVE-D'ASCQ
Ouest (Bd de l') HS 124
Ronsse (R. Ch.) JT 136
Tournai (Bd de) JT 151

WAMBRECHIES
Marquette (R. de) GS 108

WATTIGNIES
Clemenceau (R.) GT 31
Gaulle (R. du Gén.-de) GT 72
Victor-Hugo (R.) GT 160

WATTRELOS
Carnot (R.) JRS 24
Jaurès (R. J.) JR 82
Lebas (R. J.-B.) JR 96
Mont-à-Leux (R. du) JR 121

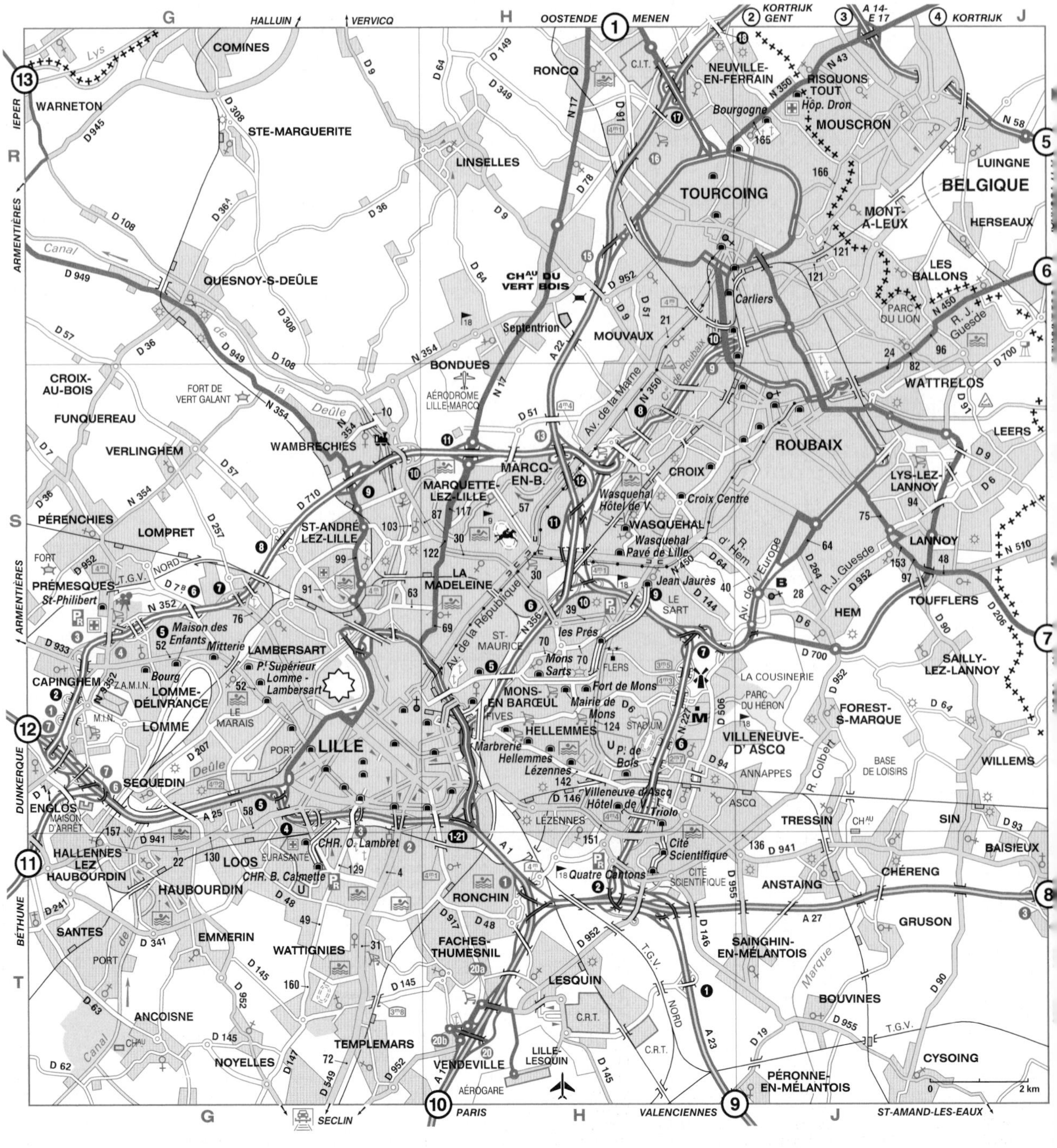

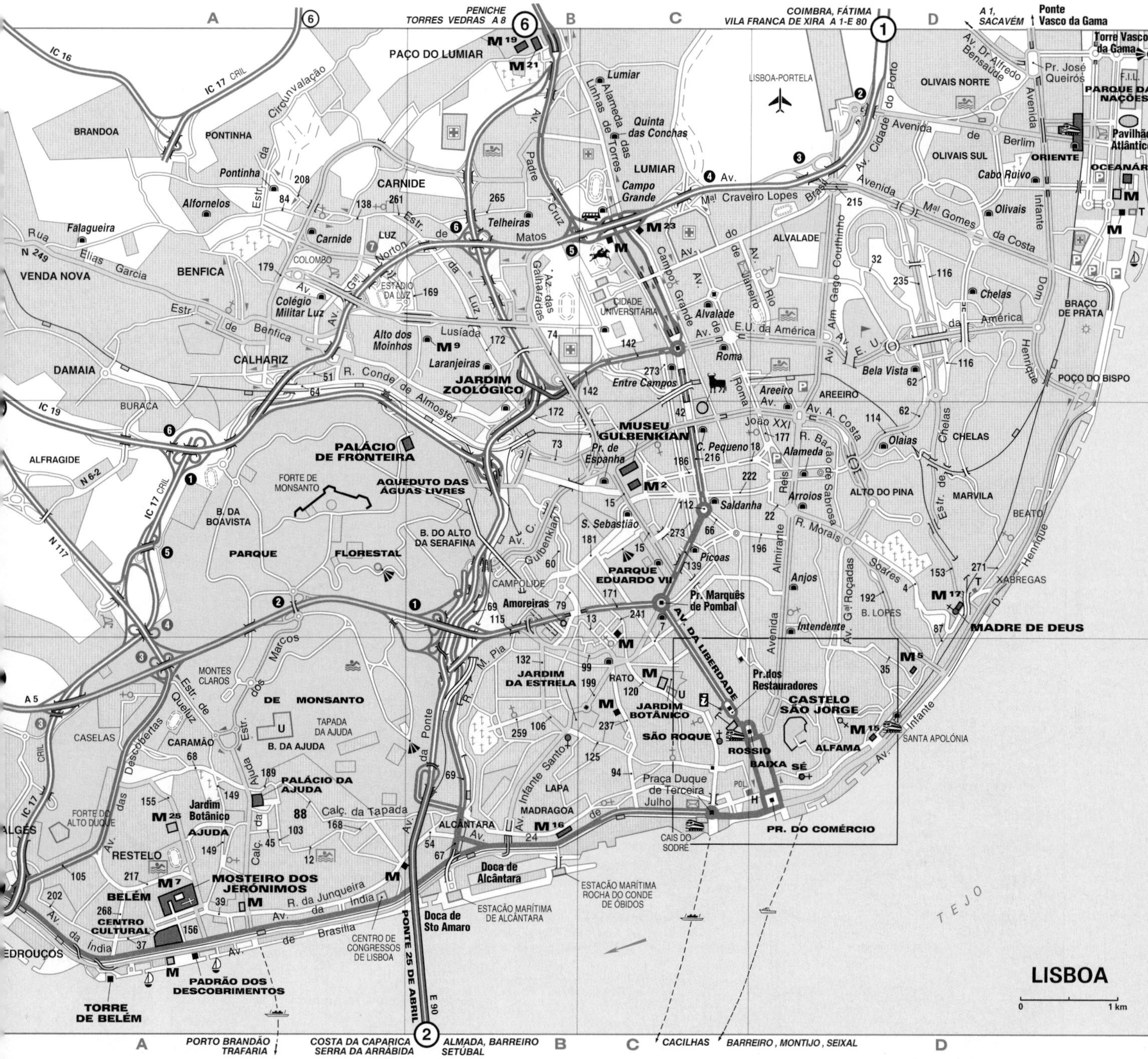

e Outubro (Av.) . . . . CNP 273
nso III (Av.) . . . . DP 4
xandre Herculano (R.) . . . . CPQ 7
nça Operária (R.) . . . . AQ 12
oreiras (R. das) . . . . CPQ 13
ónio Augusto de Aguiar (Av.) CP 15
ónio José de Almeida (Av.) . DP 18
ónio Pereira Carrilho (R.) . . . DP 22
elino Texeira da Mota (Av.) . . DN 32
badinhos (Calç. dos) . . . . . . DQ 35
tolomeu Dias (R.) . . . . AQ 37
ém (R. de) . . . . AQ 39
na (Av. de) . . . . CP 42
Bica do Marquês (R. da) . . . . . . AQ 45
Calhariz de Benfica (Estr. do) . . AP 51
Calvário (L. do) . . . . BQ 54
Campolide (R. de) . . . . BP 60
Carlos Pinhão (Av.) . . . . DNP 62
Carolina M. de Vasconcelos (R.) . . . . AN 64
Casal Ribeiro (Av.) . . . . CP 66
Cascais (R.) . . . . BQ 67
Caselas (Estr. de) . . . . AQ 68
Ceuta (Av. de) . . . . BPQ 69
Columbano Bordalo Pinheiro (Av.) . . . . BP 73
Combatentes (Av. dos) . . . . BN 74
Conselheiro F. de Sousa (Av.) . . BP 79
Correia (Estr. da) . . . . AN 84
Cruz da Pedra (Calç. da) . . . . . . DP 87
Cruzeiro (R. do) . . . . AQ 88
Dom Carlos I (Av.) . . . . CQ 94
Dom João V (R.) . . . . CQ 99
Dom Vasco (R. de) . . . . AQ 103
Dom Vasco da Gama (Av.) . . . . AQ 105
Domingos Sequeira (R.) . . . . . . BQ 106
Duque de Saldanha (Pr.) . . . . . . CP 112
Engenheiro Duarte Pacheco (Av.) . . . . BP 115
Engenheiro Ferreira Dias (R.) . . . . DN 116
Escola Politécnica (R. da) . . . . . CQ 120
Estrela (Calç. da) . . . . CQ 125
Ferreira Borges (R.) . . . . BQ 132
Fonte (R. da) . . . . AN 138
Fontes Pereira de Melo (Av.) . . . CP 139
Forças Armadas (Av. das) . . . . . CN 142
Galvão (Calç. do) . . . . AQ 149
Ilha da Madeira (Av.) . . . . AQ 155
Império (Pr. do) . . . . AQ 156
João de Barros (R.) . . . . AQ 168
João de Freitas Branco (R.) . . . BN 169
Joaquim António de Aguiar (R.) . . . . CP 171
Laranjeiras (Estr. das) . . . . BNP 172
Londres (Pr. de) . . . . DP 177
Marechal Teixeira Rebelo (Av.). AN 179
Marquês da Fronteira (R.) . . . . . CP 181
Miguel Bombarda (Av.) . . . . CP 186
Mirante (Calç. do) . . . . AQ 189
Mouzinho de Albuquerque (Av.) DP 192
Pascoal de Melo (R.) . . . . DP 196
Pedro Álvares Cabral (Av.) . . . . . CQ 199
Pedrouços (R. de) . . . . AQ 202
Pontinha (Estr. da) . . . . AN 208
Relógio (Rot. do) . . . . DN 215
República (Av. da) . . . . CP 216
Restelo (Av. do) . . . . AQ 217
Rovisco Pais (Av.) . . . . CDP 222
S. Bento (R. de) . . . . CQ 237
S. Filipe Neri (R. de) . . . . CP 241
Santo Condestável (Av. do) . . . DN 235
Saraiva de Carvalho (R.) . . . . BQ 259
Seminário (R. do) . . . . AN 261
Telheiras (Estr. de) . . . . BN 265
Torre de Belém (Av.) . . . . AQ 268
Xabregas (R. de) . . . . DP 271

L'Isle-sur-la-Sorgue *F*............30 C2
L'Isle-sur-le-Doubs *F*............23 D4
L'Isle-sur-Serein *F*...............22 A4
Lisle-sur-Tarn *F*....................29 E2
Lismore / Lios Mór *IRL*..........4 C3
Lisnaskea *GB*..........................2 C3
Lišnja *BIH*..............................131 F3
Lisovići *BIH*...........................132 A4
Lisse *NL*..................................54 B3
List *DE*....................................50 A1
Listowel / Lios Tuathail *IRL*...4 B2
Lit *S*......................................112 B2
Lit-et-Mixe *F*...........................28 B2
Lithakiá *GR*.............................96 A1
Lithínes *GR*...........................101 F4
Lithío *GR*.................................95 F3
Lití *GR*....................................88 B2
Litija *SLO*..............................130 B2
Litóhoro *GR*.............................88 A3
Litoměřice *CZ*..........................64 A1
Litomyšl *CZ*.............................65 D2
Litovel *CZ*................................65 E2
Litschau *A*...............................64 C4
Littlehampton *GB*....................14 B4
Littleport *GB*............................11 F4
Litvínov *CZ*..............................64 A1
Livade *HR*..............................130 A3
Livaderó *GR*............................87 F3
Livaderó *GR*............................89 D1
Livádi *GR*.................................97 E4
Livádi *GR*.................................98 B2
Livádi *GR*.................................87 F3
Livádi *GR*.................................88 B2
Livadiá *GR*...............................93 F3
Livádia *GR*.............................103 D2
Livadia *CY*.............................139 D3
Livaditis *GR*.............................89 E1
Livadohóri *GR*..........................89 F4
Livanátes *GR*...........................93 F3
Livari *SCG*..............................136 B4
Livarot *F*..................................20 C2
Liverá *GR*................................87 E3
Livera *CY*...............................138 B2
Liverdun *F*...............................22 C2
Livernon *F*...............................29 E1
Liverpool *GB*............................10 C3
Livigno *I*...................................67 D4
Livingston *GB*............................9 D3
Livno *BIH*................................135 E1
Livo *FIN*.................................109 E3
Livold *SLO*.............................130 C3
Livorno *I*...................................75 F3
Livorno Ferraris *I*.....................74 C1
Livron-sur-Drôme *F*..................30 C1
Lixoúri *GR*................................92 A4
Lizard *GB*.................................12 B4
Lizy-sur-Ourcq *F*......................17 D4
Lizzano in Belvedere *I*..............76 A2
Ljeskove Vode *BIH*.................132 A4
Ljig *SCG*.................................132 C4
Ljubaništa *MK*..........................87 D1
Ljubašivka *UA*........................127 E3
Ljubija *BIH*.............................131 E4
Ljubinje *BIH*...........................135 F2
Ljubiš *SCG*.............................136 B1
Ljubljana *SLO*.........................130 B2
Ljubno *SLO*............................130 B2
Ljubojno *MK*............................87 E1
Ljuboml' *UA*...........................126 C2
Ljubovija *SCG*........................132 B4
Ljubuški *BIH*...........................135 F2
Ljugarn *S*................................119 F4
Ljungby *S*...............................123 E2
Ljungbyhed *S*.........................123 D2
Ljungdalen *S*..........................112 A2
Ljungsbro *S*............................119 D3
Ljungskile *S*............................118 B3
Ljusdal *S*.................................112 B4
Ljusne *S*..................................112 C4
Ljuta *BIH*................................135 F1
Ljutići *SCG*.............................136 B2
Ljutoglav *SCG*........................137 D3
Ljutomer *SLO*.........................131 D1
Llagostera *E*............................39 E3
Llanberis *GB*............................10 B3
Llançà *E*...................................39 E2
Llandeilo *GB*............................12 C1
Llandovery / Llanymddyfri *GB*..............13 D1
Llandrindod Wells *GB*..............13 D1
Llandudno *GB*..........................10 B3
Llandysul *GB*...........................12 C1
Llanelli *GB*...............................12 C1
Llanerchymedd *GB*....................3 F4
Llanes *E*...................................33 F2
Llanfairfechan *GB*....................10 B3
Llanfyllin *GB*............................10 B4
Llangadog *GB*..........................13 D1
Llangefni *GB*............................10 A3
Llangollen *GB*..........................10 B3
Llangurig *GB*............................10 B4
Llanidloes *GB*...........................10 B4
Llanrhystud *GB*........................10 A4
Llanrwst *GB*.............................10 B3
Llanwrtyd Wells *GB*..................13 D1
Llavorsí *E*.................................29 E4
Lleida / Lérida *E*......................38 B4
Llera *E*.....................................41 E4
Llerena *E*..................................47 E1
Lles de Cerdanya *E*..................38 C2
Llessui *E*..................................29 D4
Llíria *E*.....................................43 F3
Llodio *E*....................................36 C1
Lloret de Mar *E*........................39 D4
Llucena *E*..................................44 A2
Llucmajor *E*..............................45 E3
Llynclys *GB*..............................10 C4
Lnáře *CZ*..................................64 A3
Loanhead *GB*.............................9 D3
Loano *I*.....................................74 C2
Löbau *DE*..................................58 B4
Löbejün *DE*...............................57 E4
Lobenstein *DE*..........................63 E2
Löbnitz *DE*................................51 E2
Lobón *E*....................................41 D4
Loburg *DE*................................57 E3
Locana *I*...................................27 F3
Ločarica *HR*............................131 E2
Locarno *CH*...............................71 D3
Lochaline *GB*..............................8 B1
Lochcarron *GB*...........................6 C4
Lochearnhead *GB*......................8 C2
Lochem *NL*...............................55 D3
Loches *F*..................................25 D1
Lochgelly *GB*..............................9 D2
Lochgilphead *GB*........................8 B2
Lochinver *GB*..............................6 C3
Lochmaben *GB*...........................9 D4
Lochmaddy *GB*...........................6 A3
Lochranza *GB*.............................8 B3
Lochvycja *UA*..........................127 F1
Lockenhaus *A*...........................69 E2
Lockerbie *GB*..............................9 D4
Löcknitz *DE*...............................52 A3
Locmariaquer *F*........................18 C4
Locminé *F*.................................18 C3
Locorotondo *I*............................81 E3
Locquirec *F*...............................18 C2
Locri *I*.......................................83 E4
Locronan *F*...............................18 B3

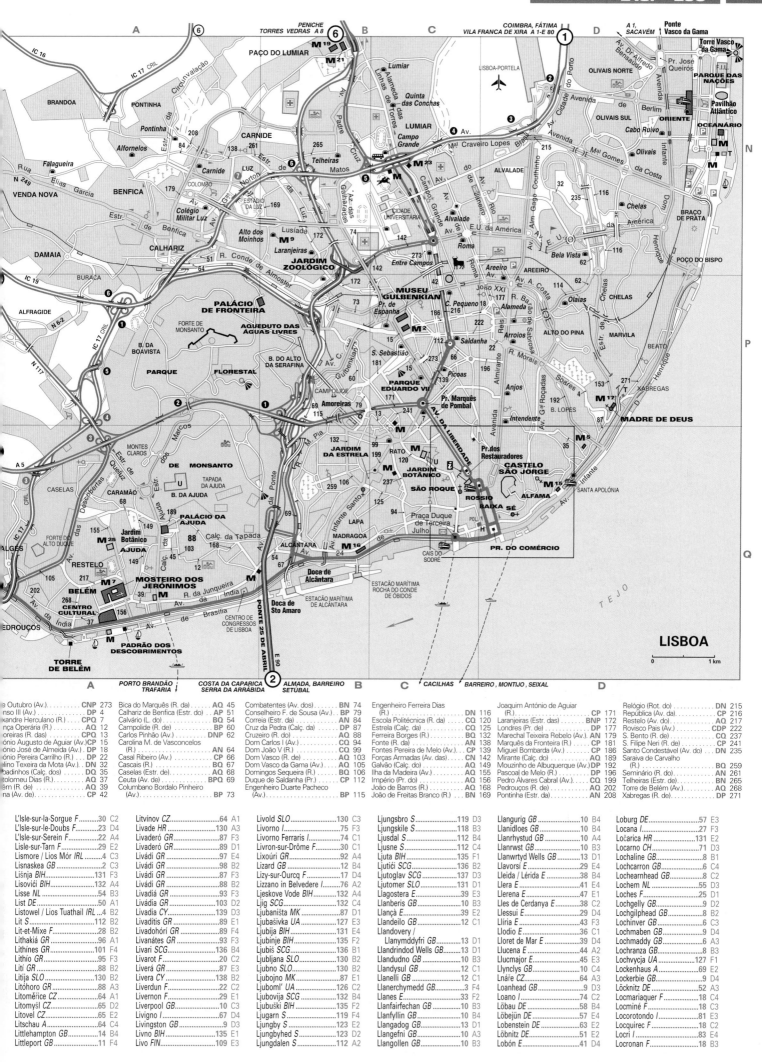

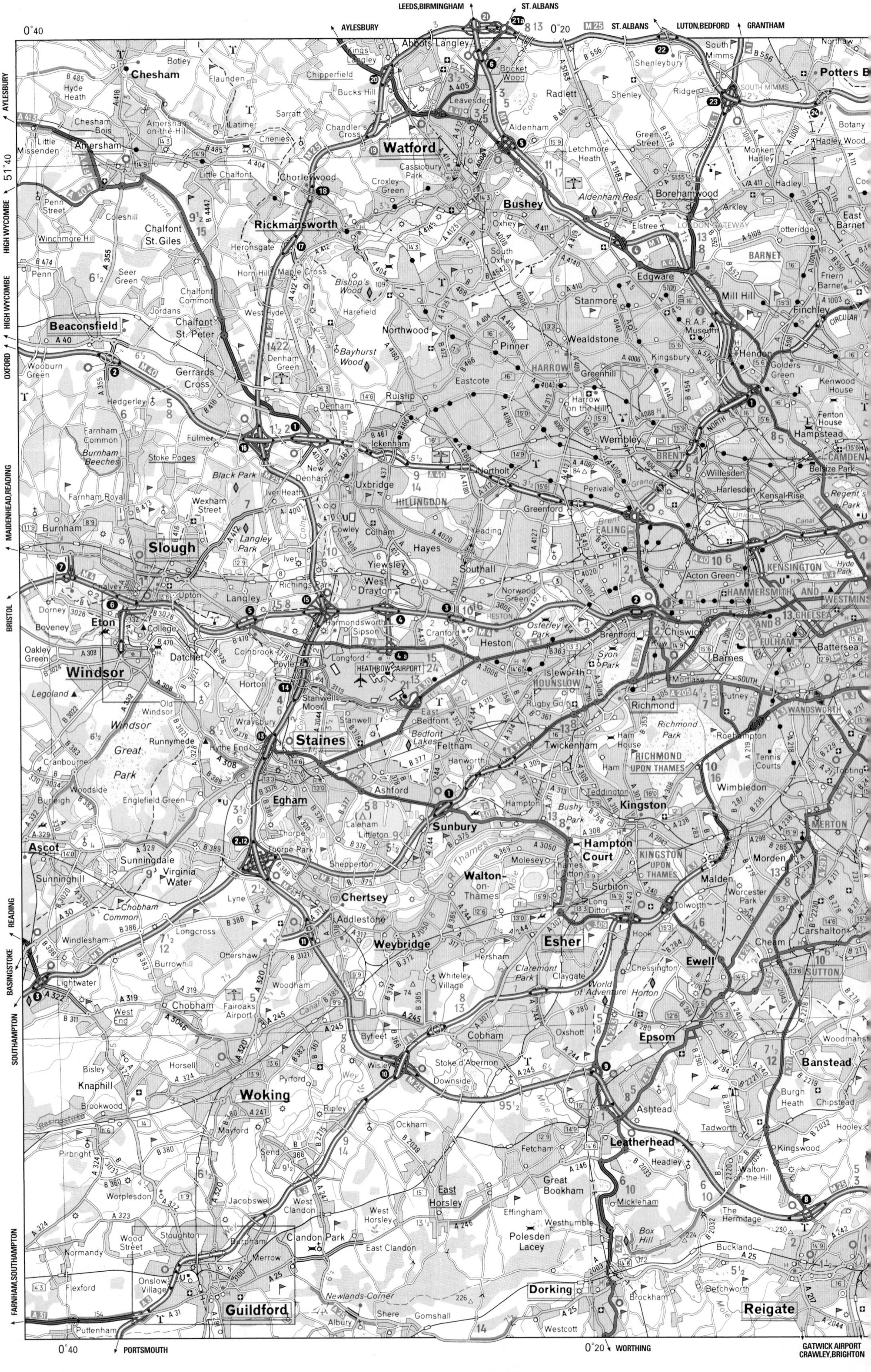
LEEDS,BIRMINGHAM
ST. ALBANS
AYLESBURY
ST. ALBANS
LUTON,BEDFORD
GRANTHAM
0°40
0°20
AYLESBURY
51°40
HIGH WYCOMBE
HIGH WYCOMBE
OXFORD
MAIDENHEAD,READING
BRISTOL
READING
BASINGSTOKE
SOUTHAMPTON
FARNHAM,SOUTHAMPTON
PORTSMOUTH
WORTHING
GATWICK AIRPORT
CRAWLEY,BRIGHTON
Chesham
Botley
Hyde Heath
Flaunden
Chipperfield
Kings Langley
Abbots Langley
Bricket Wood
Bucks Hill
Sarratt
Latimer
Chesham Bois
Amersham-on-the-Hill
Amersham
Little Missenden
Chenies
Chandler's Cross
Watford
Leavesden
Radlett
Shenley
Shenleybury
South Mimms
Ridge
Potters B
Northaw
Botany
Hadley Wood
Aldenham
Green Street
Letchmore Heath
Monken Hadley
Hadley
Little Chalfont
Chorleywood
Cassiobury Park
Croxley Green
Aldenham Resr.
Borehamwood
Arkley
East Barnet
Penn Street
Coleshill
Chalfont St. Giles
Rickmansworth
Bushey
Oxhey
South Oxhey
Elstree
LONDON GATEWAY
Totteridge
BARNET
Winchmore Hill
Heronsgate
Penn
Seer Green
Horn Hill
Maple Cross
Bishop's Wood
Edgware
Friern Barnet
Mill Hill
Chalfont Common
West Hyde
Harefield
Stanmore
R.A.F. Museum
Finchley
Jordans
Beaconsfield
Chalfont St. Peter
Denham Green
Bayhurst Wood
Northwood
Pinner
Wealdstone
Kingsbury
Hendon
Golders Green
Wooburn Green
Gerrards Cross
Harrow
Greenhill
Eastcote
Kenwood House
Hedgerley
Denham
Ruislip
Harrow on the Hill
Fenton House
Hampstead
Farnham Common
Burnham Beeches
Fulmer
Ickenham
Wembley
BRENT
CAMDEN
Belsize Park
Stoke Poges
New Denham
Northolt
Willesden
Harlesden
Kensal Rise
Regent's Park
Black Park
Uxbridge
HILLINGDON
Perivale
Farnham Royal
Iver Heath
Wexham Street
Greenford
EALING
Burnham
Slough
Langley Park
Cowley
Colham
Hayes
Yeading
Iver
Yiewsley
Southall
KENSINGTON
Hyde Park
Acton Green
Chalvey
Richings Park
West Drayton
Norwood Green
HAMMERSMITH AND FULHAM
WESTMINS
Dorney
Upton
Langley
HESTON
CHELSEA
Boveney
Eton
College
Harmondsworth
Sipson
Cranford
Osterley Park
Brentford
Chiswick
Kew
Oakley Green
Datchet
Colnbrook
Heston
Batterse
Windsor
Poyle
Longford
HEATHROW AIRPORT
Syon Park
Isleworth
Barnes
Mortlake
HOUNSLOW
Horton
Putney
Legoland
Old Windsor
Stanwell Moor
Stanwell
East Bedfont
Rugby Gd
Richmond
WANDSWORTH
Windsor
Wraysbury
Bedfont Lakes
Feltham
Richmond Park
Roehampton
Runnymede
Staines
Twickenham
Ham House
Tennis Courts
Great Park
Cranbourne
Hythe End
RICHMOND UPON THAMES
Ham
Tooting
Woodside
Hanworth
Wimbledon
Burleigh
Englefield Green
Egham
Ashford
Teddington
Kingston
Hampton
Bushy Park
Laleham
Littleton
Sunbury
MERTON
Ascot
Thorpe
Thorpe Park
Hampton Court
KINGSTON UPON THAMES
Morden
Sunningdale
Virginia Water
Sunninghill
Shepperton
Molesey
Walton-on-Thames
Thames Ditton
Malden
Surbiton
Worcester Park
Lyne
Chertsey
Long Ditton
Tolworth
Carshalton
Chobham Common
Addlestone
Hook
Windlesham
Longcross
Esher
Weybridge
Cheam
Ewell
Ottershaw
Hersham
Claremont Park
Claygate
Chessington
SUTTON
Burrowhill
Lightwater
Whiteley Village
World of Adventure
Horton
Woodham
Chobham
West End
Fairoaks Airport
Byfleet
Cobham
Oxshott
Epsom
Woodmans
Banstead
Bisley
Horsell
Wisley
Stoke d'Abernon
Knaphill
Pyrford
Downside
Brookwood
Woking
Ashtead
Burgh Heath
Chipstead
Ripley
Tadworth
Hooley
Mayford
Ockham
Leatherhead
Pirbright
Send
Fetcham
Headley
Kingswood
Great Bookham
Walton-on-the-Hill
Worplesdon
Jacobswell
West Clandon
East Horsley
Mickleham
West Horsley
Effingham
Westhumble
The Hermitage
Wood Street
Stoughton
Burpham
Clandon Park
Polesden Lacey
Box Hill
Normandy
Merrow
East Clandon
Buckland
Flexford
Onslow Village
Betchworth
Dorking
Brockham
Guildford
Newlands Corner
Reigate
Puttenham
Albury
Shere
Gomshall
Westcott
Colne
Chess
Misbourne
Grand Union Canal
Thames
Mole
Wey
Basingstoke Canal
M25
M1
M4
M40
M3
A1
A40
A4
A3
A30
A41
A25
A24
A217
A308
A316
A320
A404
A412
A413
A5
A406
NORTH
CIRCULAR
SOUTH

GREATER LONDON
1/200 000
0 1 2 3 4 5 6 km
0 1 2 3 4 miles
CAMBRIDGE
NORWICH
STANSTED AIRPORT,CAMBRIDGE
HARLOW
IPSWICH
SOUTHEND-ON-SEA
RAMSGATE
CANTERBURY,DOVER
FOLKESTONE
MAIDSTONE
BRIGHTON
EASTBOURNE
HASTINGS
0°
0°20
51°40
51°20
Cheshunt
Epping
Chipping Ongar
Waltham Abbey
Enfield
Loughton
Epping Forest
Chingford
Chigwell
Brentwood
Edmonton
Tottenham
Woodford
Walthamstow
Romford
Ilford
Barking
Dagenham
Hornchurch
Upminster
Havering
Hackney
Islington
Newham
Tower Hamlets
City of London
Southwark
Lambeth
Greenwich
Lewisham
River Thames
Woolwich
Thamesmead
Erith
Dartford
Dartford Crossing
Grays Thurrock
Tilbury
Gravesend
Northfleet
Bexley
Sidcup
Chislehurst
Bromley
Beckenham
Croydon
Orpington
Swanley
Farnborough
Sevenoaks
Knole
Caterham
Redhill
Oxted
Westerham
Biggin Hill
Purley
Coulsdon
Kemsing
Wrotham
Borough Green
Ightham

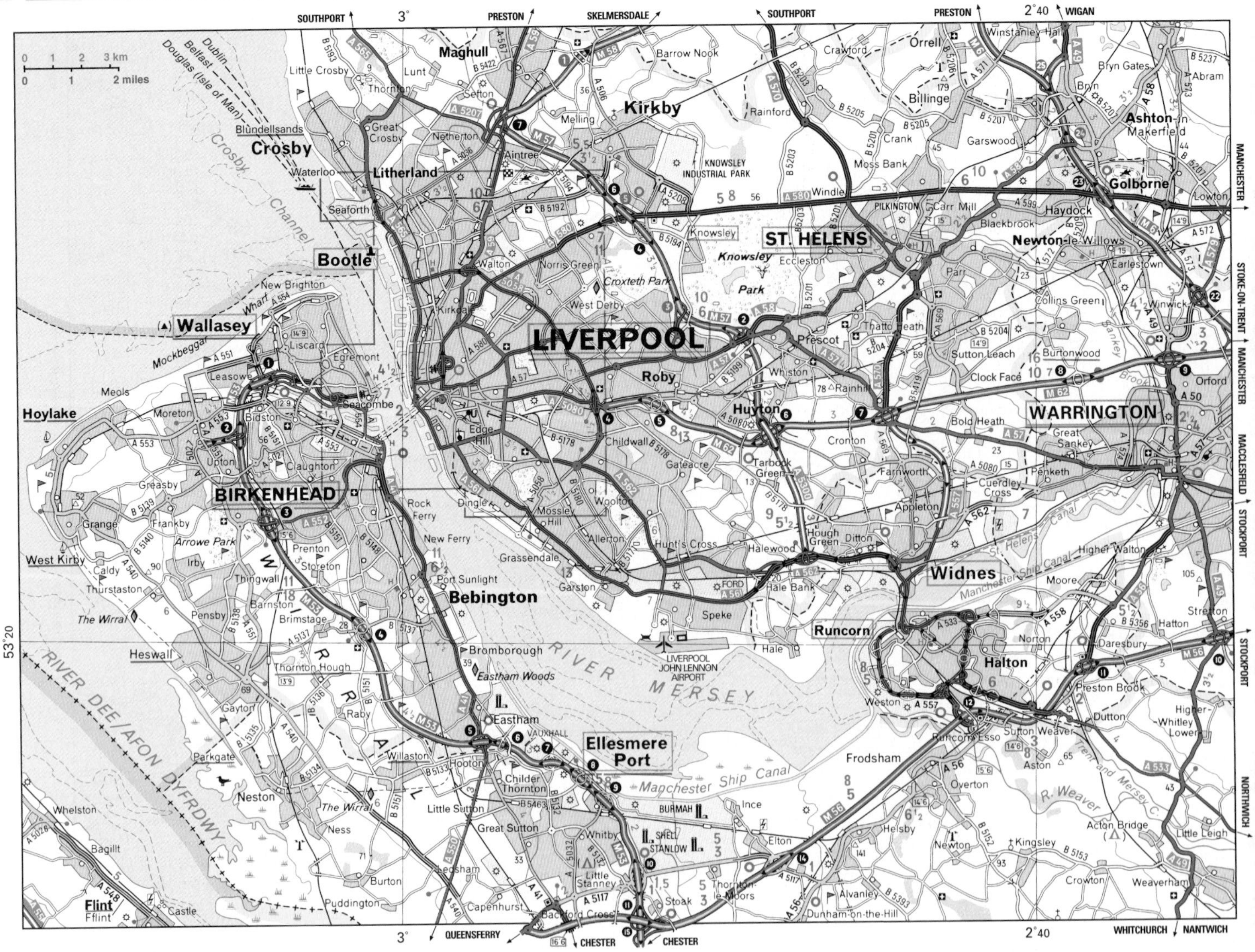

Loctudy F 18 B3
Lodè I 78 A4
Lodève F 30 A2
Lodi I 71 E4
Løding N 107 E2
Lødingen N 104 A4
Lodosa E 37 D2
Łódź PL 126 A1
Loeches E 42 C1
Loen N 110 B3
Løfallstrand N 116 B1
Lofário GR 91 D2
Lofer A 67 F2
Löffingen DE 23 F3
Lofsdalen S 112 A3
Lofthus N 116 B1
Loftus GB 11 E1
Log SLO 130 A2
Logarska dolina SLO 130 B2
Logatec SLO 130 B2
Logroño E 37 D2
Logrosán E 41 F3
Løgstør DK 122 B1
Løgten DK 122 B2
Løgumkloster DK 122 A3
Lohals DK 122 C3
Lohberg DE 64 A4
Lohilahti FIN 121 F2
Lohiniva FIN 109 D2
Lohja / Lojo FIN 120 C4
Löhne DE 55 F3
Lohne (Oldenburg) DE 55 F2
Lohr a. Main DE 62 C3
Lohtaja FIN 114 C2
Loiano I 76 A2
Loimaa FIN 120 C3
Loimaan kunta FIN 120 C3
Loiri I 78 A4
Loiron F 19 F3
Loitz DE 51 F2
Loja E 48 A3
Lojsta S 119 F4
Lokalahti FIN 120 B3
Løken N 117 E2
Lokeren B 17 E1
Loket CZ 63 F2
Lokka FIN 109 E1
Løkken DK 122 B1
Løkken N 111 D2
Lokn'a RUS 125 D2
Lokrum (Otok) HR 135 F3
Lokve SLO 130 A2
Lokve SCG 133 D2
Lokve HR 130 B3
L'Olleria E 43 F4
Lom BG 129 D2
Lom N 110 C3
Lom (Ústecký kraj) CZ 64 A1
Lomazzo I 71 D4
Lombez F 29 D3
Lomello I 75 D1
Lomen N 110 C4
Lomma S 123 D3
Lommatzsch DE 57 F4
Lommel B 17 F1
Lomnice nad Popelkou CZ .. 64 C1
Lomonosov RUS 124 C1
Lompolo FIN 109 D1
Łomża PL 126 A1
Lonato I 71 F4
Lončari BIH 132 A3
Londinières F 16 B3
London GB 14 C3
Londonderry GB 3 D1
Long Eaton GB 11 D4
Long Preston GB 10 C2
Long Sutton GB 11 F4
Longá GR 96 C3
Longádes GR 87 D4
Longaníkos GR 96 C2
Longares E 37 E4
Longarone I 67 F4
Longeau F 22 C4
Longford / An Longfort IRL .. 2 C3
Longny-au-Perche F 20 C3
Longobucco I 83 E2
Longós GR 92 A1
Longtown GB 9 D4
Longué F 19 F4
Longueville-sur-Scie F 16 A3
Longuyon F 17 F4
Longwy F 22 C1
Lonigo I 72 A4
Löningen DE 55 E2
Lonja HR 131 E3
Lons-le-Saunier F 27 D1
Lönsboda S 123 E2
Lønsdal N 107 E2
Loosdorf A 68 C1
Lopar HR 130 C4

LUXEMBOURG

10-Septembre (Av. du) . AV 127
Auguste-Charles (R.) . . BX 10
Carrefours (R. des) . . . . AV 18
Cents (R.) . . . . BV 19
Cimetière (R. du). . . . . . BX 25
Eich (R. d') . . . . ABV 36
Guillaume (Av.) . . . . AV 55
Hespérange (R. d') . . . . BX 61
Merl (R. de). . . . . AX 76
Mulhenbach (R. de) . . . . AV 79
Patton (Bd du Général) . BV 86
Rollingergrund (R. de). . AV 102
Strassen (R. de) . . . . . . AV 112

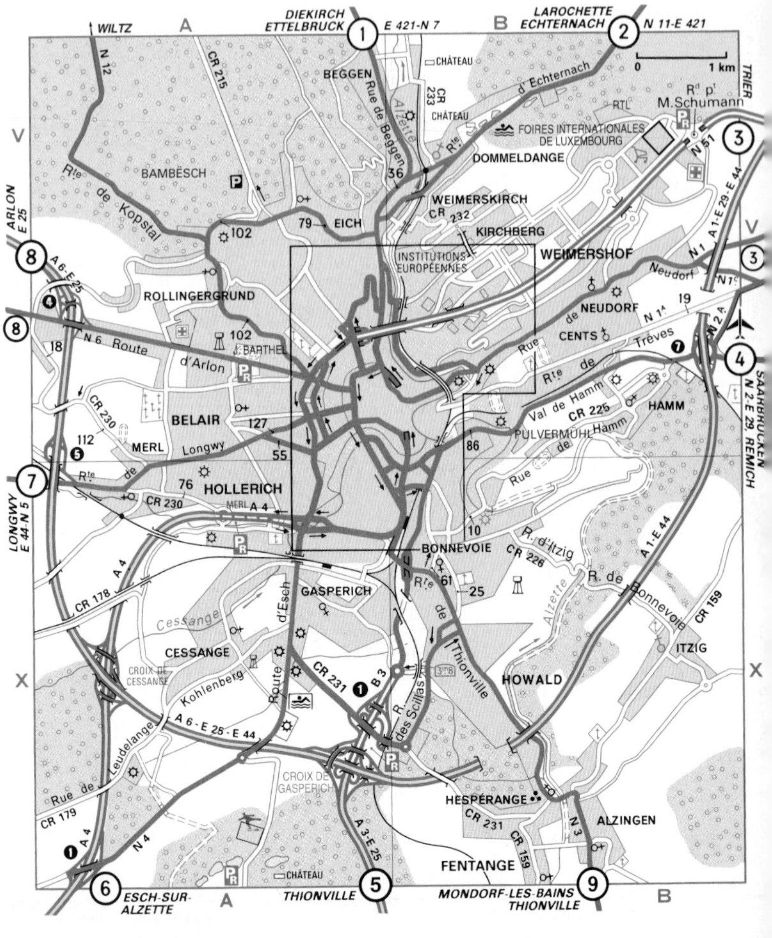

Lopare BIH....132 B4
Lopatica MK....137 E4
Lopcombe Corner GB....13 F2
Lopera E....48 A1
Loppa N....104 C2
Loppi FIN....120 C3
Lopud HR....135 F3
Lopud (Otok) HR....135 F3
Lora N....110 C3
Lora del Río E....47 E2
Lorca E....49 D2
Lorcé B....17 F2
Lorch DE....62 A3
Lorch DE....66 C1
Loreo I....76 B1
Loreto I....77 D3
Loreto Aprutino I....77 E4
Lorgues F....31 E3
Lorica I....83 E2
Lorient F....18 C4
Loriga P....40 C1
Loriol-sur-Drôme F....30 C1
Lormes F....26 B1
Loro Ciuffenna I....76 B3
Lorquin F....23 D2
Lörrach DE....23 E4
Lorrez-le-Bocage F....21 F3
Lorris F....21 E4
Los S....112 B4
Los Alcázares E....49 E2
Los Arcos E....37 D2
Los Baños
de Guardias Viejas E....48 C4
Los Barrios E....47 E4
Los Corrales de Buelna E....36 B1
Los Cortijos de Abajo E....42 B3
Los Dolores E....49 E2
Los Gallardos E....49 D3
Los Hinojosos E....42 C3
Los Lobos E....49 D3
Los Navalmorales E....42 A2
Los Navalucillos E....42 A3
Los Palacios y Villafranca E....47 D2
Los Santos E....41 F1
Los Santos de Maimona E....41 D4
Los Villares E....48 A2
Los Yébenes E....42 B3
Losar de la Vera E....41 F2
Losenstein A....68 B1
Losheim DE....23 D1
Lošinj HR....134 A1
Loßburg DE....23 F2
Lossiemouth GB....7 E4
Lößnitz DE....63 F1
Lostwithiel GB....12 C3
Lote N....110 B3
Løten N....111 E4
Löttorp S....123 F1
Loudéac F....18 C3
Loudes F....26 B4
Loudías GR....88 A2
Loudun F....24 C1
Loué F....19 F3
Loughborough GB....11 D4
Loughrea /
Baile Locha Riach IRL....2 B4
Louhans F....26 C2
Louhisaari FIN....120 B3
Louisburgh IRL....2 A3
Loukíssia GR....94 A3
Loulay F....24 C3
Loulé P....46 B2
Louny CZ....64 A2
Lourdes F....28 C3
Loures P....40 A3
Louriçal P....40 B1
Lourinhã P....40 A3
Loúros GR....92 B1
Lousã P....40 B1
Lousa P....40 A3
Lousada P....34 B3
Louth GB....11 F3
Loutrá GR....95 F2
Loutrá GR....101 D4
Loutrá GR....98 B2
Loutrá GR....96 C1
Loutrá GR....88 C4
Loutrá Aridéas GR....87 F2
Loutrá Edipsoú GR....93 F2
Loutrá Elefterón GR....89 D2
Loutrá Ipátis GR....93 D2
Loutrá Kaítsas GR....93 D2
Loutrá Kilínis GR....92 B4
Loutrá Langadá GR....88 B2
Loutrá Smokóvou GR....93 D2
Loutrá Vólvis GR....88 C2
Loutráki GR....93 F4
Loutráki GR....92 B2
Loutráki GR....94 A2
Loutró GR....100 B4
Loutró Elénis GR....97 E1
Loutropigí GR....93 D2
Loutrópirgos GR....94 A4
Loutrós GR....91 D2
Loútsa GR....94 B4
Loútsa GR....92 A1
Louvain-la-Neuve B....17 E2
Louviers F....16 B4
Louvigné-du-Désert F....19 E3
Lövånger S....113 E1
Lövberga S....112 B1
Loveč BG....129 D2
Lovere I....71 E4
Loviisa / Lovisa FIN....121 D3
Lovište HR....135 E3
Lovosice CZ....64 A1
Lovran HR....130 B3
Lovrenc na P. SLO....130 C1
Lövstabruk S....119 E1
Lovund N....107 D2
Low Street GB....15 D1
Löwenberg DE....51 F4
Lowestoft GB....15 E1
Łowicz PL....126 A1
Lož SLO....130 B3
Lozna SCG....137 D1
Loznica SCG....132 B4
Lozovac HR....134 C2
Lozovik SCG....133 D3
Lozoyuela E....42 B1
Luanco E....33 E2
Luarca E....33 D2
Lubań PL....58 B4
Lübars DE....57 E3
Lübbecke DE....55 F3
Lübben DE....58 A3
Lübbenau DE....58 A3
Lübbow DE....51 D4
Lübeck DE....50 C3
Lubenec CZ....64 A2
L'ubercy RUS....125 F2
Lubersac F....25 E4
Lubin PL....58 C4
Lublin PL....126 B2
Lubliniec PL....126 A2
Lubmin DE....51 F2
Lubny UA....127 F2
Lubrín E....49 D3
Lübtheen DE....51 D4
Lübz DE....51 E3

BRON

8 Mai 1945 (R. du) ....DQ 188
Mendès-France (Av. P.) ....DR 103
Roosevelt (Av. F.) ....DQR 143

ÉCULLY

Champagne (Rte de) ....AP 25
Dr-Terver (Av. du) ....AP 38
Marietton (R.) ....AP 99
Roosevelt (Av. F.) ....AP 142

LA MULATIÈRE

Mulatière (Pont de la) ....BQ 111

LYON

Bourgogne (R. de) ....BP 14
Chambaud-de-la-Bruyère (Bd) ....BR 23
Mulatière (Pont de la) ....BQ 111
Pasteur (Pt) ....BQ 115
Rockefeller (Av.) ....CQ 138
St-Simon (R.) ....APB 153
Thomas (Crs A.) ....CQ 168

OULLINS

Perron (R. du) ....BR 119

PIERRE-BÉNITE

Europe (Bd de l') ....BR 43

ST-FONS

Jean-Jaurès (Av.) ....CR 79

Semard (Bd P.) ....BR 159
Sembat (R. M.) ....BR 161

ST-PRIEST

Herriot (Bd E.) ....DR 77
Maréchal (R. H.) ....DR 97
Rostand (R. E.) ....DR 145

STE-FOY-LÈS-LYON

Fonts (Ch. des) ....AQ 55

Franche-Comté (R. de) ....BQ 59

TASSIN-LA-DEMI-LUNE

Foch (Av. Mar.) ....AQ 53
République (Av.) ....AQ 134
Victor-Hugo (Av.) ....APQ 175

VAULX-EN-VELIN

Allende (Av. S.) ....DP 3

Gaulle (Av. Ch.-de) ....DP 67

VÉNISSIEUX

Cachin (Av. M.) ....CR 18
Frères L. et É. Bertrand (R. des) ....CR 61

VILLEURBANNE

Chirat (R. F.) ....CQ 29
Jean-Jaurès (R.) ....CQ 80

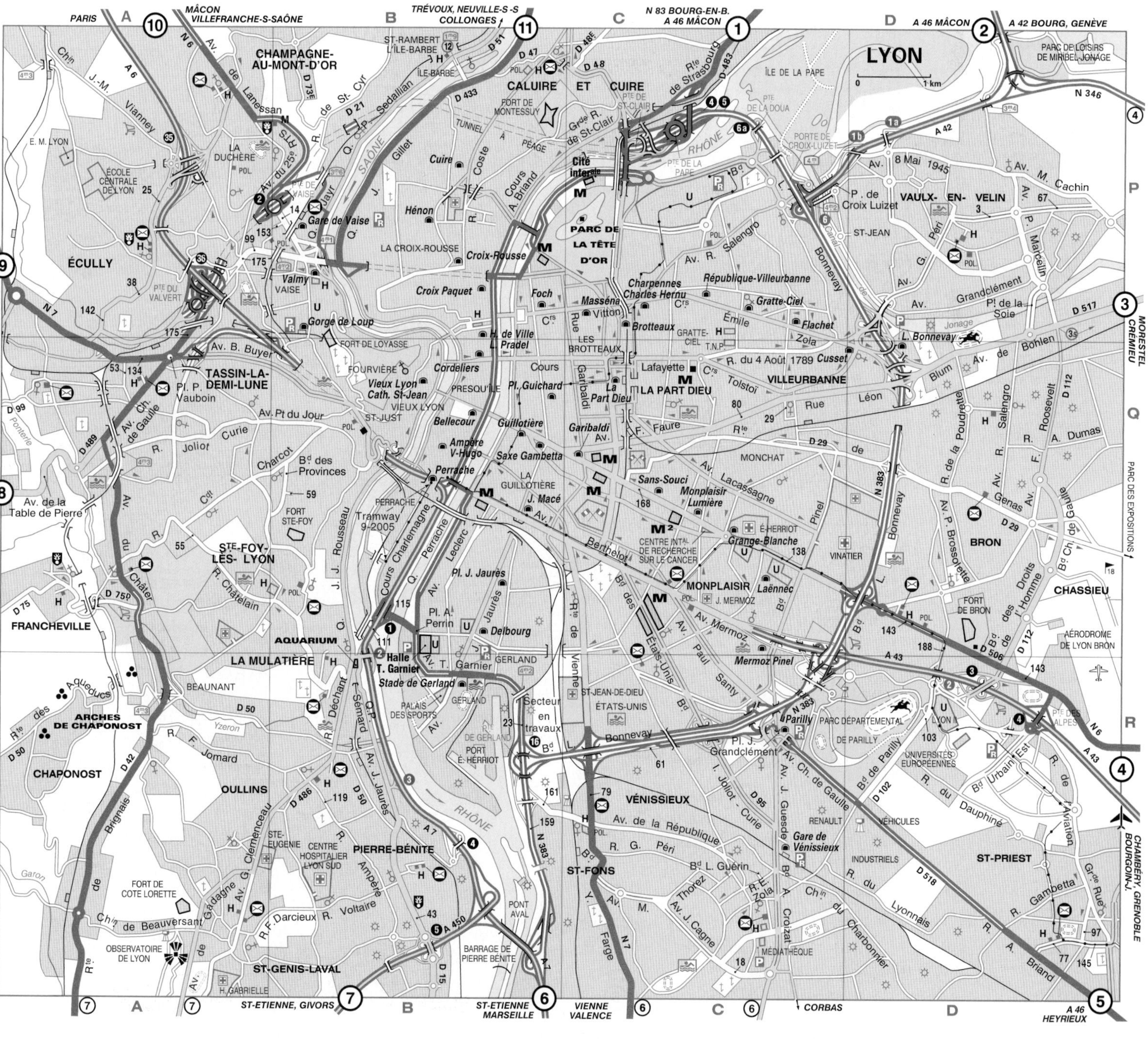

Luc-en-Diois F 31 D1
Luc-sur-Mer F 19 F1
Lucainena de las Torres E 48 C3
Lucan IRL 3 D4
Lučani SCG 136 C1
Lucca I 75 F3
Luče SLO 130 B2
Lucena E 47 F2
Lucenay-l'Évêque F 26 B1
Lučenec SK 126 A3
Luceni E 37 E3
Lucera I 80 B2
Lüchow DE 51 D4
Luciana E 42 A4
Lucito I 80 A1
Luc'k UA 126 C2
Lucka DE 63 E1
Luckau DE 58 A3
Luckenwalde DE 57 F3
Luçon F 24 B2
Ludbreg HR 131 D1
Lüdenscheid DE 61 F1
Ludiente E 44 A2
Lüdinghausen DE 55 E4
L'udinovo RUS 125 F3
Ludlow GB 10 C4
Ludvika S 119 D1
Ludwigsburg DE 66 B1
Ludwigsfelde DE 57 F3
Ludwigshafen DE 66 B2
Ludwigshafen DE 23 F1
Ludwigslust DE 51 D4
Ludwigsstadt DE 63 D2
Lug BIH 135 F1
Luga RUS 125 D1
Lugagnano Val d'Arda I 75 E1
Lugano CH 71 D3
Lugau DE 63 F1
Lügde DE 56 B4
Lugnano in Teverina I 79 D1
Lugo E 32 C3
Lugo I 76 B2
Lugoj RO 128 C1
Lugones E 33 E2
Luhačovice CZ 65 F3
Luhalahti FIN 120 C2
Luhanka FIN 121 D2
Luhtapohja FIN 115 F3
Luino I 71 D3
Luka SCG 133 F3
Luka HR 134 B1
Luka BIH 135 F2
Lukavac BIH 132 A4
Lukavica BIH 132 A4
Lukovica-p-K. SLO 130 B2
Lukovit BG 129 D2
Lukovo SCG 137 D1
Lukovo SCG 133 F4
Lukovo MK 137 D4
Lukovo Šugarje HR 134 B1
Luleå S 108 C3
Lüleburgaz TR 129 F3
Lumbarda HR 135 E3
Lumbier E 28 A4
Lumbrales E 35 D4
Lumbres F 15 E4
Lumezzane I 71 E4
Lumijoki FIN 114 C1
Lumparland FIN 120 A4
Lumsås DK 122 C3
Lumsheden S 119 D1
Luna E 37 F3
Lunas F 30 A2
Lünd N 107 D4
Lund S 123 D3
Lunde N 116 C2
Lunde N 110 B3
Lunden DE 50 A2
Lüneburg DE 50 C4
Lunel F 30 B2
Lünen DE 55 E4
Lunéville F 23 D2
Lungern CH 66 A4
Lungro I 80 C4
Luninec BY 126 C1
Lunz A 68 C1
Luogosanto I 82 B1
Luopioinen FIN 120 C3
Luosto FIN 109 E1
Lupoglav HR 131 D2
Luque E 48 A2
Lurbe-St-Christau F 28 B3
Lurcy-Lévis F 26 A1
Lure F 23 D4
Lurgan GB 3 E2
Luri F 78 B2
Lurisia I 74 C2
Lury-sur-Arnon F 25 F1
Lušci Palanka BIH 131 E4
Lushnjë AL 128 B3
Lusi FIN 121 D3
Lusignan F 24 C2
Lusigny-sur-Barse F 22 A3
Lusk IRL 3 E4
Luso P 40 B1
Lussac F 24 C4
Lussac-les-Châteaux F 25 D2
Lussan F 30 B2
Lustenau A 66 C3
Luster N 110 C4
Lütjenburg DE 50 C2
Luton GB 14 B2
Lutterberg DE 56 B4
Lutterworth GB 11 D4
Lutzelbourg F 23 E2
Lützen DE 57 E4
Lutzerath DE 61 F3
Lutzmannsburg A 69 E2
Lützow DE 51 D3
Luumäki FIN 121 E3
Luupuvesi FIN 115 D2
Luusua FIN 109 E2
Luvia FIN 120 B3
Luxembourg L 22 C1
Luxeuil-les-Bains F 23 D4
Luynes F 20 C4
Luz-St-Sauveur F 28 C4
Lužani HR 131 F3
Luzarches F 21 E2
Luzech F 29 E1
Luzern CH 66 B4
Luzy F 26 B1
Luzzara I 75 F1
Luzzi I 83 E2
L'viv UA 126 C2
Lychen DE 51 F4
Lycksele S 113 D1
Lydd GB 15 D4
Lydney GB 13 E1
Lye S 119 F4
Lyme Regis GB 13 D3
Lymington GB 13 F3
Lympia CY 139 D3
Lyndhurst GB 13 F3
Lyness GB 7 E2
Lyngdal N 116 B3
Lyngseidet N 104 C3
Lyngsnes N 106 C4
Lynmouth GB 13 D2
Lynton GB 13 D2
Lyon F 26 C3
Lyons-la-Forêt F 16 B4
Lysá nad Labem CZ 64 B2
Lysekil S 118 A3
Lysi CY 139 D3
Lysos CY 138 A3
Lyss CH 27 F1
Lysvik S 118 C1
Lytham St Anne's GB 10 C2
Lythrodontas CY 138 C3

M

M. Doukáto GR 89 F1
Maam Cross / An Teach Dóite IRL 2 A4
Maaninka FIN 115 E3
Maaninkavaara FIN 109 E2
Maanselkä FIN 115 E2
Maarianvaara FIN 115 E3
Maaseik B 61 D1
Maasmechelen B 17 F1
Maassluis NL 54 B4
Maastricht NL 61 D1
Maastricht NL 17 F2
Määttälänvaara FIN 109 F2
Mablethorpe GB 11 F3
Macael E 48 C3
Mação P 40 C2
Macclesfield GB 11 D3
Macduff GB 7 E4
Maceda E 32 B4
Macedo de Cavaleiros P 35 D3
Macelj HR 131 D2
Macerata I 77 D3
Macerata Feltria I 76 B3
Machairas CY 138 C3
Machault F 17 E4
Machecoul F 24 A1
Machrihanish GB 3 E1
Machynlleth GB 10 B4
Mackenrode DE 56 C4
Mačkovci SLO 131 D1
Macomer I 82 B2
Mâcon F 26 C2
Macotera E 41 F1
Macroom / Maigh Chromtha IRL 4 B3
Macugnaga I 70 C4
Mačvanski Pričinović SCG 132 C3
Maddaloni I 80 A3
Maderuelo E 36 B4
Madesimo I 71 D3
Madona LV 124 C2
Madonna di Campiglio I 71 F3
Madrid E 42 B1
Madridejos E 42 B3
Madrigal de la Vera E 41 F2
Madrigal de las Altas Torres E 35 F4
Madrigalejo E 41 F3
Madrona E 42 B1
Madroñera E 41 E3

MADRID

Andalucía (Av. de) BM 12
Andes (Av. de los) CL 13
Atocha (R. de) BM 22
Ciudad de Barcelona (Av. de la) BM 46
Complutense (Av.) AL 51
Delicias (Pas. de las) BM 66
Estación de Hortaleza (Carret. a la) CL 89
Florida (Pas. de la) BL 100
General Ricardos BM 110
Ginzo de Limia BL 113
Infanta Isabel (Pas. de la) BM 119
Isla de Oza BL 120
Manzanares (Av. del) BM 142
Mar de Cristal (Glta del) CL 144
Miraflores (Av. de) AL 161
Monforte de Lemos (Av. de) BL 165
Raimundo Fernández Villaverde BT 195
Reina Cristina (Pas. de la) BM 198
Reina Victoria (Av. de la) BL 200
Reyes Católicos (Av. de los) BL 204
Ribera del Sena CL 205
San Francisco de Sales (Pas. de) BL 216
San Luis (Av. de) CL 223
Santa María de la Cabeza (Pas. de) BM 229
Toledo (Ronda de) BM 235
Valdetorres de Jarama CL 241
Valladolid (Av. de) AL 244
Veinticinco de Septiembre (Av. del) CL 247

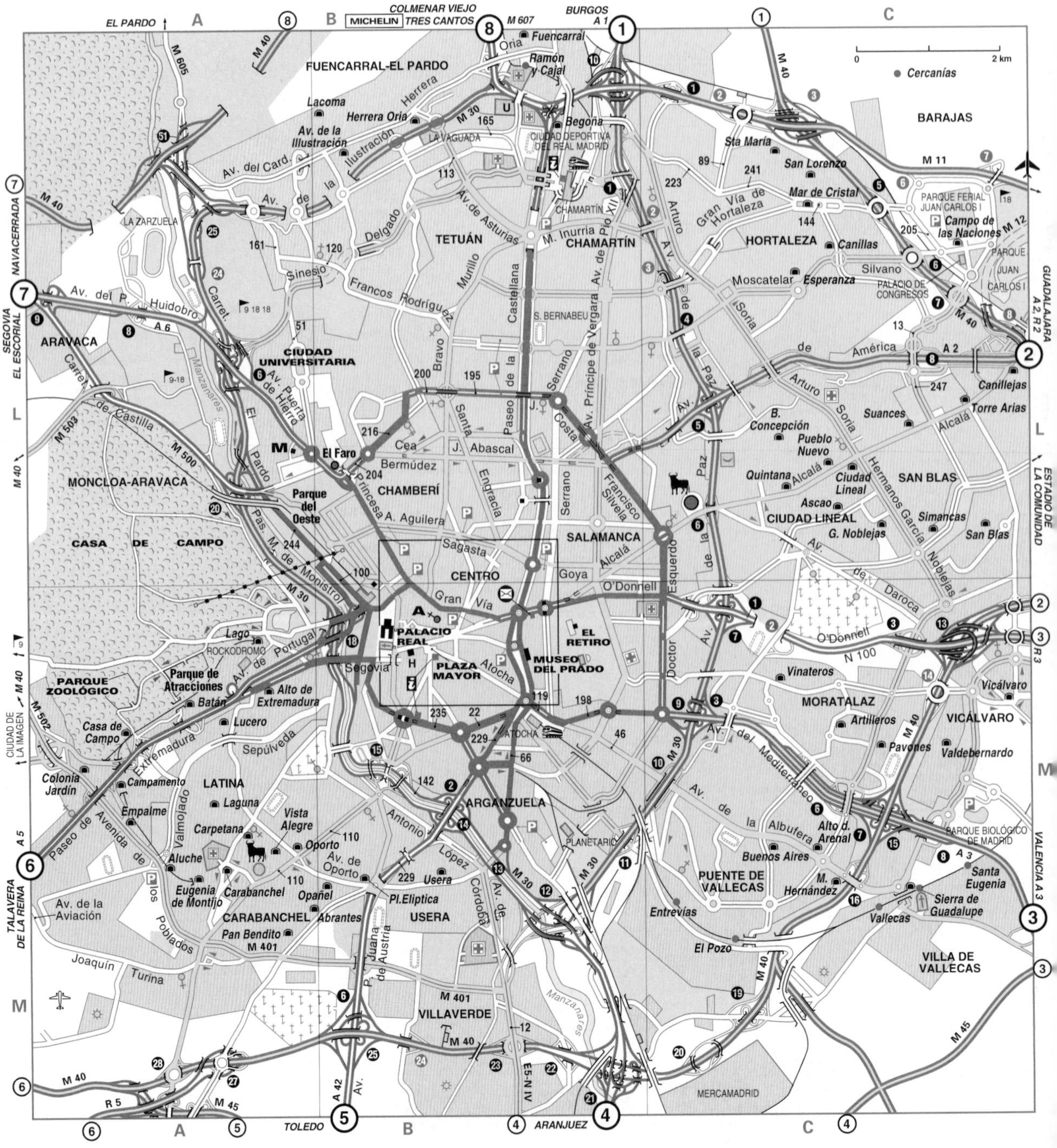

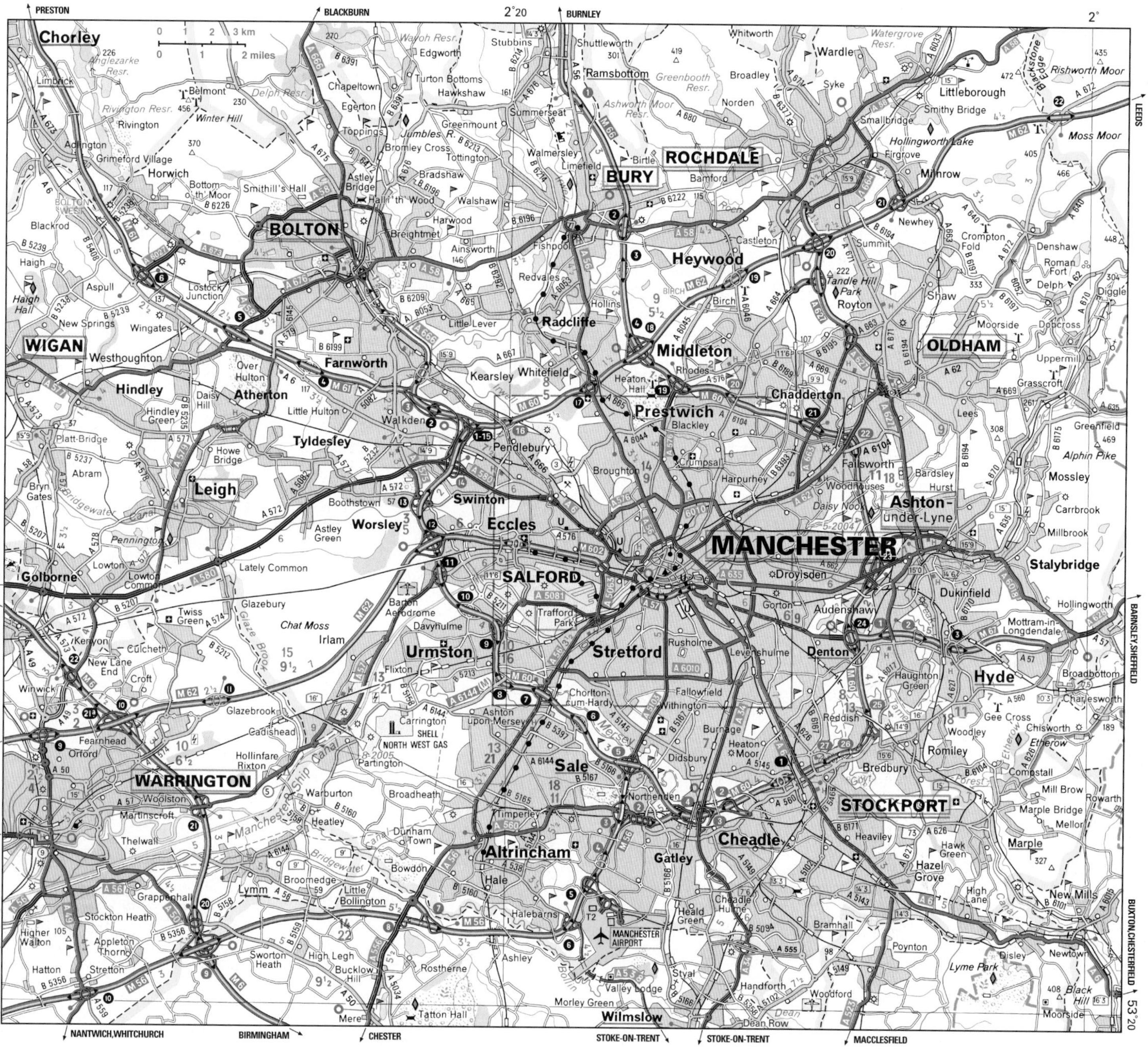

Maël-Carhaix F 18 C3
Maella E 38 A4
Mære N 111 E1
Maesteg GB 13 D1
Mafra P 40 A3
Magacela E 41 E4
Magallón E 37 E3
Magaña E 37 D3
Magaz E 36 A3
Magdeburg DE 57 D3
Magenta I 71 D4
Maghera GB 3 D2
Magherafelt GB 3 D2
Maglaj BIH 132 A4
Magliano de' Marsi I 79 E1
Magliano in Toscana I 78 C1
Magliano Sabina I 79 D1
Maglič SCG 136 C1
Maglie I 81 F3
Magnac-Laval F 25 E2
Magnor N 117 E1
Magny-en-Vexin F 21 E2
Magoúla GR 96 B1
Magura SCG 137 D2
Maherádo GR 96 A1
Mahilëŭ BY 125 D4
Mahlu FIN 114 C3
Mahón / Maó E 45 F3
Mahora E 43 E4
Mahovo HR 131 D3
Mähring DE 63 F3
Maia P 34 B3
Maials E 38 B4
Maîche F 23 D4
Maida I 83 E3
Maidenhead GB 14 B3
Maidstone GB 14 C3
Maienfeld CH 66 C4
Maignelay-Montigny F 16 C4
Maijanen FIN 109 D2
Maillezais F 24 B2
Mailly-le-Camp F 22 A2
Mainar E 37 E4
Mainburg DE 67 E1
Maintenon F 21 D2
Mainz DE 62 A3
Maiori I 80 A3
Mairena del Alcor E 47 E2
Maisach DE 67 E1
Maison-Neuve F 22 B3
Maissau A 65 D4
Maizières-lès-Metz F 22 C1
Maja HR 131 D3
Majdanpek SCG 133 E3
Majšperk SLO 130 C1
Makarska HR 135 E2
Makce SCG 133 E3
Makedonski Brod MK 137 E4
Makó H 126 B4
Makounta CY 138 A3
Makovo MK 137 E4
Makrahómi GR 93 D2
Makrasyka CY 139 D3
Mákri GR 91 D2
Makríamos GR 89 E2
Makrigialós GR 101 F4
Makrígialos GR 88 A3
Makrihóri GR 89 E1
Makrihóri GR 88 A4
Makrinítsa GR 93 F1
Makriplágio GR 89 D1
Makriráhi GR 93 D2
Makrohóri GR 88 A2
Makronissi (Nissí) GR 98 A1
Maksniemi FIN 109 D3
Malå S 108 A4
Mala Bosna SCG 132 B1
Mala Krsna SCG 133 D3
Mala Subotica HR 131 D1
Mala Vyska UA 127 F2
Maladzečna BY 124 C4
Málaga E 47 F3
Malagón E 42 B3
Malahide / Mullach Íde IRL 3 E4
Malaja Višera RUS 125 D1
Malalbergo I 76 A1
Malámata GR 93 D3
Malandríno GR 93 D3
Malaucène F 30 C2
Malax / Maalahti FIN 114 B3
Malbork PL 124 A4
Malbuisson F 27 E1
Malcesine I 71 F4
Malchin DE 51 E3
Malchow DE 51 E3
Maldegem B 15 F3
Maldon GB 14 C3
Malé I 67 E4
Male Pijace SCG 132 B1
Máleme GR 100 A3
Malente DE 50 C2
Máles GR 101 E4
Malesherbes F 21 E3
Malessína GR 93 F3
Malestroit F 19 D4
Malgrat de Mar E 39 D4
Mali Iđoš SCG 132 B2
Mali Lošinj HR 134 A1
Mali Požarevac SCG 133 D3
Mali Zvornik SCG 132 B4
Mália GR 101 E4
Malia CY 138 B4
Malicorne-sur-Sarthe F 19 F4
Malinska HR 130 B4
Mališevo SCG 137 D3
Maliskylä FIN 114 C2
Malko Tarnovo BG 129 F2
Mallaig GB 6 B4
Mallén E 37 E3
Mallersdorf DE 63 F4
Malles Venosta / Mals I 67 D4
Mallnitz A 68 A3
Mallow / Mala IRL 4 C3
Mallwyd GB 10 B4
Malm N 111 E1
Malmberget S 108 B2
Malmédy B 61 E2
Malmesbury GB 13 E2
Malmköping S 119 E3
Malmö S 123 D3
Malmö-Sturup (Flygplats) S 123 D3
Malmslätt S 119 D3
Malo I 72 A4
Malo Konjari MK 137 E4
Malo-les-Bains F 15 E4
Maloarchangel'sk RUS 125 F4
Maloja CH 71 E3
Malojaroslavec RUS 125 F3
Malónas GR 103 F2
Måløy N 110 A3
Malpartida de Cáceres E 41 E3
Malpartida de Plasencia E 41 E2
Malpica de Bergantiños E 32 A2
Malpica do Tejo P 40 C2
Målsnes N 104 B3
Malsta S 112 C4
Malta A 68 B3
Maltby GB 11 E3
Malton GB 11 E2
Maluenda E 37 E4
Malung S 118 C1
Malungsfors S 118 C1
Malveira P 40 A3
Malveira P 40 A3
Malvik N 111 E2
Malyn UA 127 E1
Mamaia RO 129 F1
Mamarrosa P 40 B1
Mamers F 20 C3
Mammari CY 138 C3
Mammola I 83 E4
Mamonovo RUS 125 A4
Manacor E 45 E3
Manacore I 80 C1
Manamansalo FIN 115 D1
Mancha Real E 48 B2
Manchester GB 10 C2
Manching DE 67 E1
Manciano I 78 C1
Mandal N 116 B3
Mandamádos GR 95 F1
Mandas I 82 B3
Mandela I 79 E1
Mandelieu-la-Napoule F 31 F3
Manderscheid DE 61 F3
Mandínia GR 97 D1
Mandoúdi GR 94 A2
Mándra GR 94 A4
Mándra GR 91 E1
Mandráki GR 103 D1
Mandre HR 134 B1
Mandria (Óros Ólimbos) CY 138 B3
Mandria (Pafos) CY 138 A4
Mandrikó GR 103 E2
Manduria I 81 E3
Manerbio I 71 E4
Manětín CZ 64 A2
Manfredonia I 80 C1
Mangalia RO 129 F1
Mángana GR 89 E1
Manganári GR 98 C3
Manger N 110 A4
Mangualde P 40 C1
Máni GR 97 D4
Máni GR 91 E1
Maniago I 72 B3
Manilva E 47 E4
Manisa TR 129 F4
Manises E 43 F3
Mank A 68 C1
Månkarbo S 119 E1
Manlleu E 39 D3
Mannersdorf am Leithagebirge A 69 E1
Mannheim DE 23 F1
Manoppello I 79 F1
Manorhamilton / Cluainín IRL 2 C2
Manosque F 31 D2
Manresa E 38 C4
Manschnow DE 58 A2
Mansfeld DE 57 D4
Mansfield GB 11 D3
Mansilla de las Mulas E 33 E4
Mansle F 24 C3
Manteigas P 40 C1
Mantes-la-Jolie F 21 E2
Mantiel E 43 D1
Mäntlahti FIN 121 E3
Mantorp S 119 D3
Mantova I 75 F1
Mäntsälä FIN 121 D3
Mänttä FIN 120 C2
Mäntyharju FIN 121 E2
Mäntyjärvi FIN 109 E3
Mäntyluoto FIN 120 B2

MARSEILLE

Aix (R. d') .... BY
Briançon (Bd de) .... BX 13
Canebière (La) .... BY
Catalans (R. des) .... AY 16
Chartreux (Av. des) .... CY 17
Guesde (Pl. Jules) .... BY 35
Guigou (Bd) .... BX 36
Lesseps (Bd Ferdinand de) .... AX 40
Moulin (Bd Jean) .... CY 47
Paradis (R.) .... BYZ
Pologne (Pl. de) .... CY 51
Pompidou (Prom. Georges) .... BZ 52
Sartre (Av. Jean-Paul) .... CX 59
Strasbourg (Bd) .... BX 61
Verdun (R. de) .... CY 70

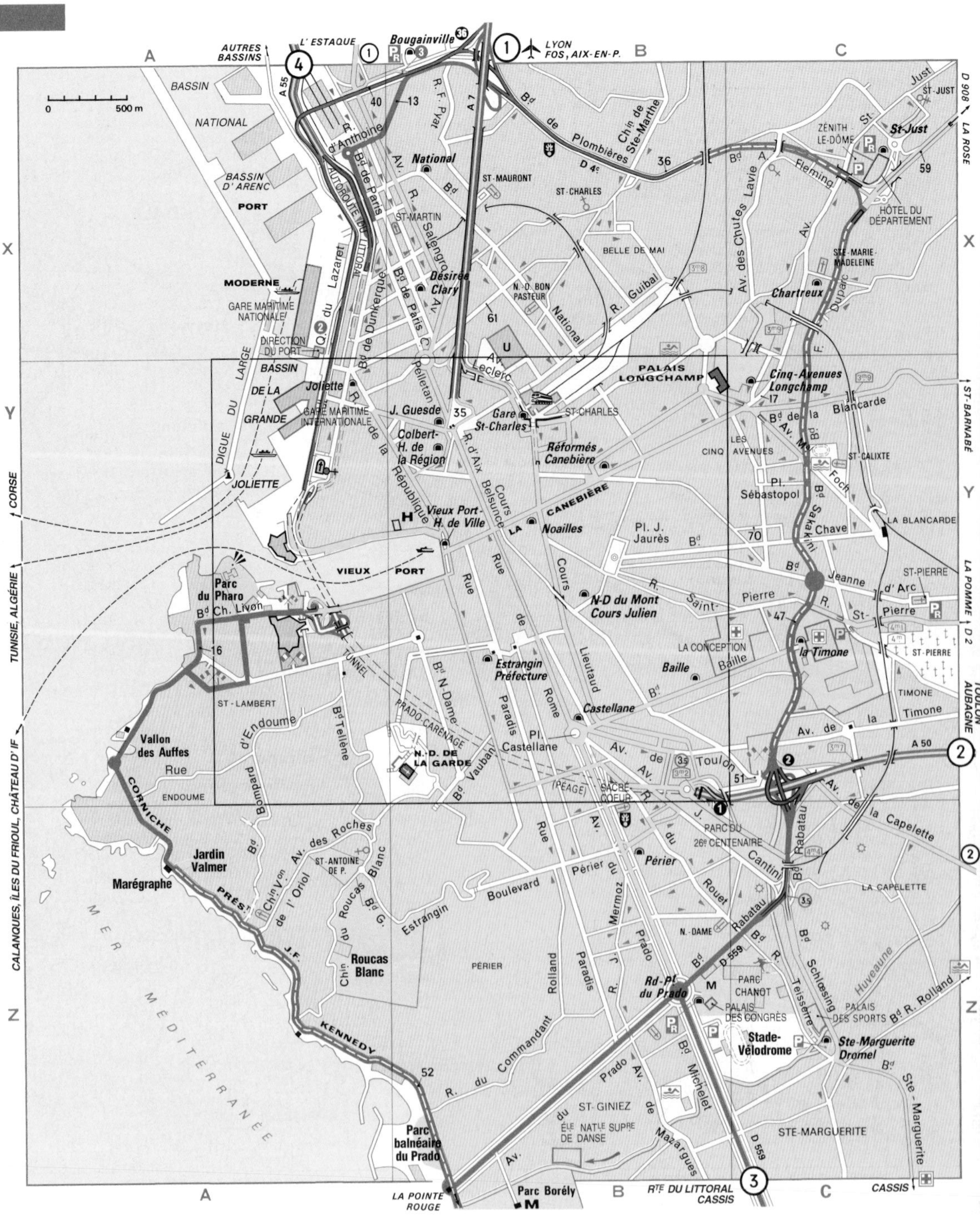

Manzanares E 42 C4
Manzanares el Real E 42 B1
Manzaneda E 32 C4
Manzanera E 43 F2
Manzat F 26 A3
Manziana I 79 D1
Maó / Mahón E 45 F3
Maqueda E 42 A2
Mar"ina Horka BY 125 D4
Maranchón E 37 D4
Maranello I 75 F2
Marano di Napoli I 80 A3
Marano Lagunare I 72 C3
Marans F 24 B2
Marássia GR 91 E1
Maratea I 80 C4
Marateca P 40 A4
Marathéa GR 93 D1
Marathiás GR 93 D3
Marathókambos GR 99 F1
Marathónas GR 94 B4
Marathópoli GR 96 B2
Márathos GR 93 F1
Marathovounos CY 139 B2
Marbach a. Neckar DE 62 B4
Mårbacka S 118 C2
Marbella E 47 F4
Marburg DE 62 B1
Marby S 112 A2
Marčana HR 130 B4
March GB 11 F4
Marchamalo E 42 C1
Marchaux F 23 D4
Marche-en-Famenne B 17 F3
Marchegg A 65 E4
Marchena E 47 E2
Marchenoir F 21 D4
Marchiennes F 17 D2
Marciac F 28 C3
Marcianise I 80 A3
Marcigny F 26 B2
Marcilla E 37 E2
Marcillac-Vallon F 29 F1
Marcillat-en-Combraille F 25 F2
Marcilly-le-Hayer F 22 A3
Marckolsheim F 23 E3
Marco de Canaveses P 34 B4
Marcoule F 30 C2
Marene I 74 C2
Marennes F 24 B3
Marentes E 33 D3
Mareuil F 25 D4
Mareuil-sur-Lay F 24 B2
Margarítes GR 100 C3
Margaríti GR 92 A1
Margate GB 15 D3
Margherita di Savoia I 80 C2
Marguerittes F 30 C2
María E 49 D2
Maria Saal A 68 C3
Maria Taferl A 68 C1
Mariannelund S 119 D4
Mariánské Lázně CZ 63 F2
Mariazell A 68 C2
Maribo DK 122 C4
Maribor SLO 130 C1
Mariborsko Pohorje SLO 130 C1
Mariefred S 119 E2
Mariehamn FIN 120 A4
Marienberg DE 63 F1
Marienborn DE 57 D3
Marienstedt DE 50 C3
Mariestad S 118 C3
Marignane F 31 D3
Marigny F 19 E2
Marigny-le-Châtel F 22 A3
Marija Bistrica HR 131 D2
Marijampole LT 124 B4
Marín E 32 A4
Marina HR 135 D2
Marina di Camerota I 80 B4
Marina di Campo I 78 A1
Marina di Carrara I 75 F2
Marina di Castagneto-Donoratico I 75 F4
Marina di Gioiosa Ionica I 83 E4
Marina di Grosseto I 76 A4
Marina di Leuca I 81 F4
Marina di Massa I 75 F3
Marina di Pietrasanta I 75 F3
Marina di Pisa I 75 F3
Marina di Ragusa I 85 D4
Marina di Ravenna I 76 B1
Marina di Torre Grande I 82 A3
Marinella I 84 B3
Marineo I 84 B3
Marines F 21 E2
Maringues F 26 A3
Marinha Grande P 40 A2
Marinkainen FIN 114 C2
Marino I 79 E2
Marjaniemi FIN 114 C1
Markaryd S 123 E2
Markdorf DE 66 C2
Market Drayton GB 10 C3
Market Harborough GB 11 E4
Market Rasen GB 11 E3
Market Weighton GB 11 E2
Markethill GB 3 D3
Markgröningen DE 66 B1
Markina E 37 D1
Märkisch Buchholz DE 58 A3
Markkleeberg DE 57 E4
Markneukirchen (Hof) DE 63 F2
Markópoulo GR 94 A4
Markópoulo GR 98 A1
Markópoulo GR 92 A4
Markovac SCG 133 D4
Markranstädt DE 57 E4
Markt Erlbach DE 63 D3
Markt Indersdorf DE 67 E1
Markt St Florian A 68 B1
Marktbreit DE 62 C3
Marktheidenfeld DE 62 C3
Marktl DE 67 F1
Marktoberdorf DE 67 D2
Marktredwitz DE 63 E2
Markušica HR 132 A2
Marl DE 55 E4
Marlborough GB 13 F2
Marle F 17 D4
Marlow GB 14 B3
Marlow DE 51 E2
Marmande F 28 C1
Marmári GR 94 B4
Mármaro GR 95 F3
Marmolejo E 48 A1
Marmoutier F 23 E2
Marnay F 22 C4
Marne DE 50 A3
Marnitz DE 51 D4
Marnovo Manastir MK 137 E4
Marolles-les-Braults F 20 C3
Maroni CY 138 C4
Marónia GR 91 D2
Marostica I 72 A3
Marotta I 76 C2
Márpissa GR 98 C2
Marquartstein DE 67 F2
Marquion F 17 D3
Marquise F 15 E4
Marradi I 76 A2
Marraskoski FIN 109 D2
Mars-la-Tour F 22 C2
Marsaglia I 75 E1
Marsala I 84 A3
Marsberg DE 56 B4
Marsciano I 76 C4
Marseillan F 30 A3
Marseille F 31 D3
Marseille-en-Beauvaisis F 16 B4
Marsico Nuovo I 80 C3
Marske-by-the-Sea GB 11 E1
Märsta S 119 E2
Marstal DK 122 B4
Marstrand S 118 A4
Marta I 78 C1
Martano I 81 F3
Martel F 25 E4
Martelange B 61 D3
Marthon F 25 D3
Martignacco I 72 C3
Martigné-Ferchaud F 19 E4
Martigny CH 27 F2
Martigny-les-Bains F 22 C3
Martigues F 30 C3
Martim Longo P 46 B2
Martin SK 126 A3
Martin Brod BIH 131 D4
Martín de la Jara E 47 F3
Martín de Yeltes E 41 E1
Martina CH 67 D4
Martina Franca I 81 E3
Martinengo I 71 E4
Martinet E 38 C2
Martingança P 40 A2
Martinniemi FIN 114 C1
Martíno GR 93 F3
Martinšcića HR 130 B4
Martis I 82 B1
Martjanci SLO 131 D1
Martofte DK 122 C3
Martonvaara FIN 115 F3
Martorell E 38 C4
Martos E 48 A2
Martti FIN 109 E1
Marttila FIN 120 C3
Marvão P 40 C3
Marvejols F 30 A1
Marykirk GB 9 E1
Maryport GB 9 D4
Mas-Cabardès F 29 F3
Mas de Barberáns E 44 B1
Mas de las Matas E 44 A1
Masegoso de Tajuña E 43 D1
Masevaux F 23 E4
Masi N 105 D3
Masku FIN 120 B4
Maslenica HR 134 C1
Maslinica HR 135 D2
Maslovare BIH 131 F4
Massa I 75 F2
Massa Fiscaglia I 76 B1
Massa Marittima I 76 A4
Massa Martana I 76 C4
Massafra I 81 D3

Massamagrell E 44 A3
Massarosa I 75 F3
Massat F 29 E4
Masseube F 29 D3
Massiac F 26 A4
Mastihári GR 103 D1
Masty BY 124 C4
Masueco E 35 D4
Mátala GR 100 C4
Matalascañas E 47 D3
Matalebreras E 37 D3
Matallana de Torío E 33 E3
Mataránga GR 93 D1
Mataró E 39 D4
Mataruška Banja SCG 136 C1
Matejče MK 137 E3
Matelica I 76 C3
Matera I 81 D3
Mateševo SCG 136 B2
Mátészalka H 126 B3
Mateus P 34 C3
Matfors S 112 C3
Matha F 24 C3
Mathráki (Nissí) GR 86 A4
Máti GR 94 B4
Matignon F 19 D2
Matka MK 137 E3
Matku FIN 120 C3
Matlock GB 11 D3
Matosinhos P 34 B3
Matour F 26 C2
Matrei am Brenner A 67 E3
Matrei in Osttirol A 67 F3
Mattersburg A 69 E1
Mattighofen A 68 A1
Mattinata I 80 C1
Mattmar S 112 A2
Mattsee A 68 A2
Mattsmyra S 112 B4
Matulji HR 130 B3
Maubeuge F 17 E3
Maubourguet F 28 C3
Maubuisson F 24 B4
Mauchline GB 8 C3
Mauerkirchen A 68 A1
Mauguio F 30 B3
Maula FIN 109 D3
Maulbronn DE 23 F2
Mauléon F 24 B1
Mauléon-Licharre F 28 B3
Maun (Otok) HR 134 B1
Maure-de-Bretagne F 19 D3
Mauriac F 25 F4
Mauron F 19 D3
Maurs F 29 F1
Mautern A 68 C2
Mauterndorf A 68 B3
Mauthausen A 68 B1
Mauthen A 68 A4
Mauvezin F 29 D2
Mauzé-sur-le-Mignon F 24 B2
Mavrohóri GR 87 E2
Mavroklíssi GR 91 E1
Mavroléfki GR 89 D1
Mavromáta GR 92 C2
Mavromáti GR 92 C1
Mavroúda GR 88 C2
Mavrovi Anovi MK 137 D4
Mavrovo MK 137 D4
Mavrovoúni GR 93 E1
Mavrovoúni GR 87 F2
Maxhütte-Haidhof DE 63 E4
Maxmo / Maksamaa FIN 114 B3
Maybole GB 3 F1
Mayen DE 61 F2
Mayenne F 19 F3
Mayerling A 69 D1
Mayet F 20 C4
Maynooth / Maigh Nuad IRL 3 D4
Mayorga E 33 E4
Mayrhofen A 67 F3
Mazagón E 46 C2
Mazagran F 17 E4
Mazamet F 29 F3
Mazara del Vallo I 84 A3
Mazarakiá GR 92 A1
Mazarete E 43 D1
Mazarrón E 49 E2
Mažeikiai LT 124 B3
Mazères F 29 E3
Mázi GR 87 D3
Mazières-en-Gâtine F 24 C2
Mazotos CY 139 D4
Mazyr BY 127 D1
Mazzarino I 84 C3
Mazzarò I 85 E2
Mcensk RUS 125 F3
Mealhada P 40 B1
Meaux F 21 F2
Mechelen B 17 E1
Meckenbeuren DE 66 C2
Međa SCG 133 D2
Mêda P 35 D4
Medak HR 134 C1
Mede I 75 D1
Medebach DE 62 A1
Međeđa BIH 136 A1
Medelim P 41 D2
Medellín E 41 E3
Medemblik NL 54 C2
Mediaş RO 126 C4
Medicina I 76 A2
Medina Azahara E 47 F1
Medina de Pomar E 36 C1
Medina de Rioseco E 36 A3
Medina del Campo E 36 A4
Medina-Sidonia E 47 D4
Medinaceli E 37 D4
Medjugorje BIH 135 F2
Médoussa GR 90 C1
Medulin HR 130 B4
Međumajdam HR 131 D3
Meduno I 68 A4
Međurečje SCG 136 C1
Medveđa SCG 137 E2
Medveja HR 130 B3
Medviđa HR 134 C1
Medvode SLO 130 B2
Medyn' RUS 125 F3
Medžitlija MK 87 E1
Meerane DE 63 F1
Meersburg DE 66 C2
Mefjordbotn N 104 B3
Mefjordvær N 104 B3
Meg. Horió GR 103 D2
Meg. Horió GR 99 F1
Meg. Horió GR 92 C2
Meg. Livádi GR 98 B2
Meg. Monastíri GR 93 E1
Meg. Panagía GR 88 C3
Meg. Vólvi GR 88 C2
Méga Dério GR 91 D2
Méga Spiléo GR 93 D4
Megalohóri GR 93 D1
Megalópoli GR 96 C2
Meganíssi GR 92 B3
Megaplátanos GR 93 F3
Mégara GR 93 F4
Megárhi GR 87 E4
Megève F 27 E3
Megísti GR 103 F4
Megísti (Kastelórizo) (Nissí) GR 103 F4
Mehamn N 105 E1
Mehedeby S 119 E1
Mehun-sur-Yèvre F 25 F1
Meigle GB 9 D1
Meijel NL 61 D1
Meilen CH 66 B3
Meillant F 25 F1
Meimoa P 41 D1
Meina I 70 C4
Meinerzhagen DE 61 F1
Meiningen DE 62 C2
Meira E 32 C2
Meiringen CH 66 A4
Meisenheim DE 62 A3
Meißen DE 58 A4
Meitingen DE 67 D1
Mel I 72 B3
Melalahti FIN 115 E1
Mélambes GR 100 C4
Melaniós GR 95 E3
Melánthio GR 87 D3
Meláteś GR 92 B1
Melbeck DE 50 C4
Melbu N 104 A4
Meldal N 111 D2
Meldola I 76 B2
Meldorf DE 50 A3
Melegnano I 71 D4
Melenci SCG 132 C2
Melendugno I 81 F3
Melfi I 80 B2
Melgaço P 32 B4
Melgar de Abajo E 33 F4
Melgar de Fernamental E 36 B2
Melhus N 111 D2
Melía GR 91 F1
Melía GR 93 E1
Melide E 32 B3
Melides P 40 A4
Melidóni GR 100 C3
Meligalás GR 96 C2
Melíki GR 88 A2
Melilli I 85 E3
Mélisey F 23 D4
Mélissa GR 89 E1
Melissáni GR 92 A4
Melíssi GR 93 E4
Melissohóri GR 93 F4
Melissópetra GR 86 C3
Melissourgós GR 88 C2
Melíti GR 87 E2
Melito Porto Salvo I 83 E4
Melívia GR 90 B1
Melívia GR 88 B4
Melk A 68 C1
Melksham GB 13 E2
Mellansel S 113 D2
Melle F 24 C2
Melle DE 55 F3
Mellendorf DE 56 B3
Mellerud S 118 B3
Mellieha M 85 F4
Mellilä FIN 120 C3

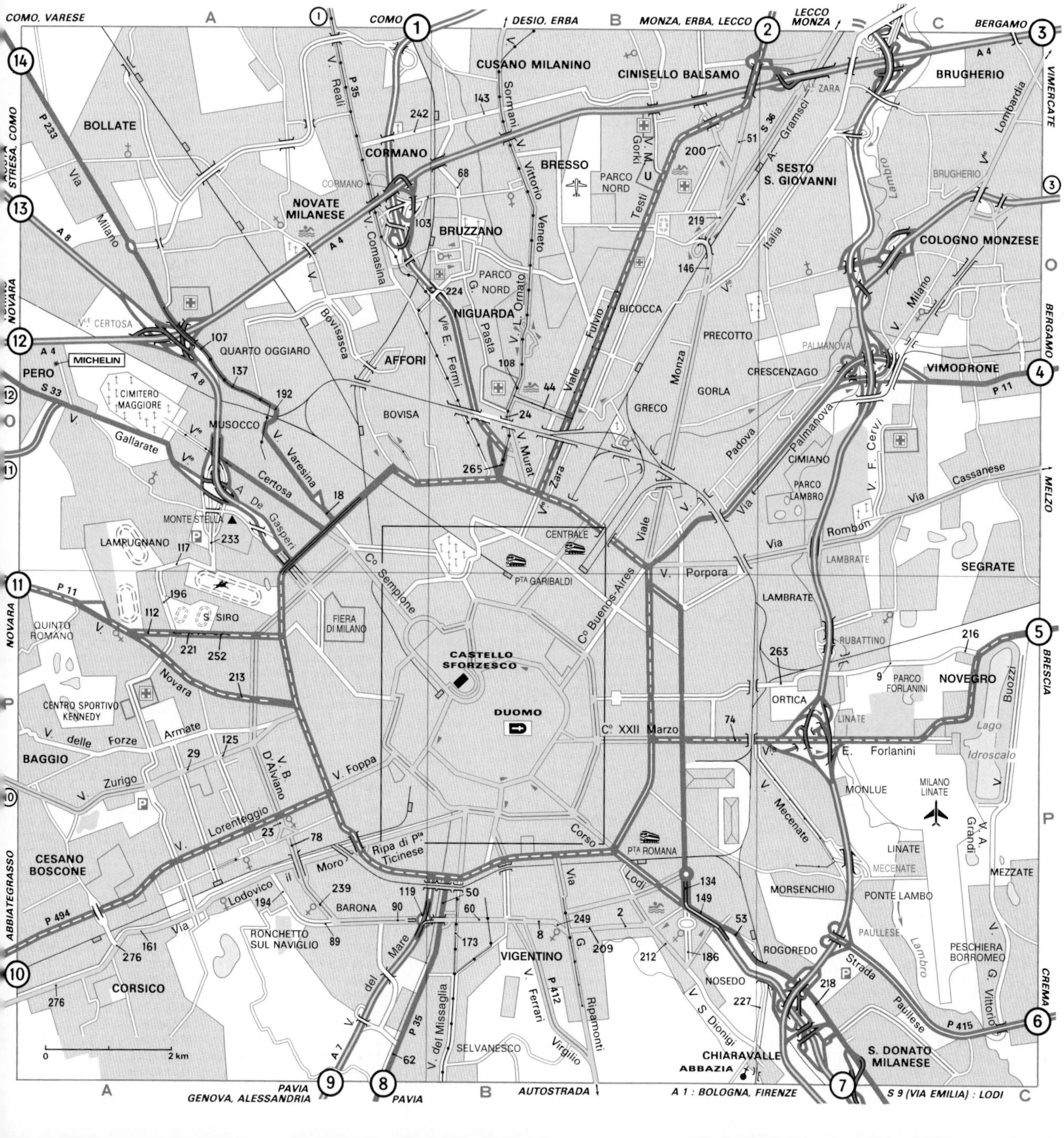

MILANO

Agrate (V. M. d')	BP	2
Antonini (V. G.)	BP	8
Arcangelo Corelli (V.)	CP	9
Bartolini (V.)	AO	18
Bellini (V. G.)	AP	23
Benefattori dell' Ospedale (V.)	BO	24
Berna (V.)	AP	29
Cà Granda (Viale)	BO	44
Cardinale A. Sforza (V.)	BP	50
Casiraghi (Vle F.)	BO	51
Cassinis (V. G. B.)	BP	53
Cermenate (V. G. da)	BP	60
Chiesa Rossa (V.)	AP	62
Comasinella (V.)	BO	68
Corsica (Viale)	BP	74
Don L. Milani (Cavalcavia)	AP	78
Faenza (Viale)	AP	89
Famagosta (Viale)	AP	90
Girardengo (V.)	AO	103
Grassi (V. G. B.)	AO	107
Graziano Imperatore	BO	108
Harar (V.)	AP	112
Ippodromo (V.)	AOP	117
La Spezia (V.)	AP	119
Legioni Romane (Viale)	AP	125
Lucania (Viale)	BP	134
Mambretti (V.)	AO	137
Marconi (V. G.)	BO	143
Marelli (Vle)	BO	146
Marochetti (V.)	BP	149
Milano (V.)	AP	161
Montegani (V.)	BP	173
Omero (Viale)	BP	186
Palizzi (V.)	AO	192
Parenzo (V.)	AP	194
Patroclo (V.)	AP	196
Picardi (V. F.)	BO	200
Quaranta (V. B.)	BP	209
Ravenna (V.)	BP	212
Rembrandt (V.)	AP	213
Rivoltana (Strada)	CP	216
Rogoredo (V.)	CP	218
Roma (V.)	BO	219
Rospigliosi (V. dei)	AP	221
Rubicone (Viale)	BO	224
S. Arialdo (V.)	CP	227
S. Elia (V. A.)	AO	233
S. Rita da Cascia (V.)	AP	239
Sàuro (V. N.)	AO	242
Solaroli (V.)	BP	249
Stratico (V. S.)	AP	252
Tucidide (V.)	CP	263
Valassina (V.)	BO	265
Vittorio Emanuele (V.)	AP	276

Mellin DE 57 D2
Mellingen DE 63 D1
Mellrichstadt DE 62 C2
Melnica SCG 133 E3
Melnice HR 130 C4
Mělník CZ 64 B2
Melpers DE 62 C2
Melrose GB 9 E3
Melsungen DE 62 B1
Meltaus FIN 109 D2
Melton Mowbray GB 11 E4
Meltosjärvi FIN 109 D2
Melun F 21 F3
Melvich GB 7 D2
Membrilla E 42 C4
Membrío E 41 D2
Memmingen DE 67 D2
Mena UA 127 E1
Menaggio I 71 D3
Menai Bridge / Porthaethwy GB 10 A3
Menasalbas E 42 A3
Menat F 26 A2
Mendavia E 37 D2
Mende F 30 A1
Menden (Sauerland) DE 55 E4
Mendenitsa GR 93 E2
Mendig DE 61 F2
Mendrisio CH 71 D4
Menen B 15 F4
Menesjärvi FIN 105 E3
Menetés GR 103 D4
Ménez-Hom F 18 B3
Menfi I 84 B3
Mengamuñoz E 42 A1
Mengara I 76 C3
Mengen DE 66 C2
Mengeš SLO 130 B2
Mengíbar E 48 A1
Menídi GR 92 B2
Ménigoute F 24 C2
Meniko CY 138 C3
Mennetou-sur-Cher F 25 E1
Mens F 31 D1
Mentana I 79 D1
Menthon-St-Bernard F 27 E3
Menton F 31 F2
Méntrida E 42 B2
Meppel NL 55 D3
Meppen DE 55 E2
Mequinenza E 38 A4
Mer F 21 D4
Merag HR 130 B4
Meråker N 111 E2
Meran / Merano I 67 E4
Merano / Meran I 67 E4
Merate I 71 E4
Mercatale I 76 B3
Mercatale I 76 C3
Mercatino Conca I 76 C2
Mercato San Severino I 80 A3
Mercato Saraceno I 76 B2
Merćez SCG 137 D1
Mercœur F 25 F4
Merdrignac F 19 D3
Mere GB 13 E2
Méréville F 21 E3
Mergozzo I 70 C3
Méribel F 27 E4
Mérida E 41 E4
Mérignac F 24 B4
Mérihas GR 98 B2
Merijärvi FIN 114 C2
Merikarvia FIN 120 B2
Mering DE 67 D1
Merkendorf DE 63 D4
Merklingen DE 66 C1
Merošina SCG 137 E1
Mers-les-Bains F 16 B3
Mersch L 61 E3
Merseburg DE 57 E4
Merthyr Tydfil GB 13 D1
Mértola P 46 B1
Méru F 16 C4
Merville F 15 F4
Merville-Franceville-Plage F 19 F1
Méry-sur-Seine F 22 A3
Merzig DE 23 D1
Mesa Geitonia CY 138 C4
Mesagne I 81 E3
Mesão Frio P 34 C4
Meschede DE 62 A1
Mescherin DE 52 A3
Meschers-sur-Gironde F 24 B3
Mešeišta MK 137 D4
Mesići BIH 136 A1
Mesihovina BIH 135 E2
Meslay-du-Maine F 19 F3
Mesocco CH 71 D3
Mesogi CY 138 A4
Mesola I 76 B1
Mesón do Vento E 32 B2
Mesoraca I 83 F2
Mespelbrunn DE 62 B3
Messanagrós GR 103 E3
Messariá GR 98 C1
Meßdorf DE 57 D2
Messei F 19 F2
Méssi GR 89 F1
Messiméri GR 88 B3
Messimvría GR 91 D2
Messina I 83 D4
Messíni GR 96 A1
Meßkirch DE 66 B2
Messlingen S 112 A3
Messohóra GR 92 C1
Messohóri GR 103 D3
Messohóri GR 87 F4
Messolonghi GR 92 C3
Messongí GR 86 B4
Messopótamo GR 92 A1
Messótopos GR 95 F2
Meßstetten DE 66 B2
Mestá GR 95 E4
Mestanza E 42 B4
Mésti GR 91 D2
Mestlin DE 51 D3
Město Albrechtice CZ 65 E1
Mestre I 72 B4
Mesvres F 26 B1
Metajna HR 134 B1
Metalikó GR 88 B1
Metalío GR 93 E2
Metaljka BIH 136 A1
Metamórfossi (Halkidikí) GR 88 C3
Metamórfossi (Kilkís) GR 88 A1
Metangítsi GR 88 C3
Metaxádes GR 91 E1
Metéora GR 87 E4
Méthana GR 97 F1
Methil GB 9 D2
Methóni GR 96 B3
Methóni GR 88 A3
Metković HR 135 F2
Metlika SLO 130 C3
Metnitz A 68 B3
Metóhi GR 94 B3
Metóhi GR 92 C4
Metóhi GR 93 F1
Metóhi GR 97 E1
Metsäkylä FIN 121 E3
Metsäkyla FIN 109 F3
Metsämaa FIN 120 C3
Métsovo GR 87 E4
Mettingen DE 55 E3
Mettlach DE 23 D1
Mettmann DE 61 F1
Metz F 23 D1
Metzervisse F 23 D1
Metzingen DE 66 B1
Meulan F 21 E2
Meung-sur-Loire F 21 E4
Meursault F 26 C1
Meuselwitz DE 63 E1
Mevagissey GB 12 B4
Meximieux F 26 C3
Meyenburg DE 51 E4
Meymac F 25 F3
Meyrueis F 30 A2
Meyzieu F 26 C3
Mezdra BG 129 D2
Mèze F 30 B3
Mézel F 31 E2
Mežica SLO 130 B1
Mézidon F 20 C2
Mézières-en-Brenne F 25 E1
Mézières-sur-Issoire F 25 D2
Mézin F 28 C2
Mezőberény H 126 B4
Mezőkövesd H 126 B4
Mezőtúr H 126 B4
Mezquita de Jarque E 43 F1
Mezzano I 72 A3
Mezzolombardo I 71 F3
Mgarr M 85 F4
Mia Milia CY 138 C2
Miajadas E 41 E3
Miastko PL 52 C2
Michalovce SK 126 B3
Micheldorf A 68 B2
Michelstadt DE 62 B3
Michendorf DE 57 F3
Mid Yell GB 7 F2
Middelburg NL 17 D1
Middelfart DK 122 B3
Middelharnis NL 54 B4
Middelkerke-Bad B 15 F4
Middlesbrough GB 11 E1
Middleton-in-Teesdale GB 11 D1
Middlewich GB 10 C3
Midhurst GB 14 B4
Midleton / Mainistir na Corann IRL 4 C3
Midsund N 110 B2
Miedes E 37 E4
Międzychód PL 52 C4
Międzylesie PL 65 D1
Międzyrzec Podlaski PL 126 B1
Miehikkälä FIN 121 E3
Miélan F 28 C3
Mielec PL 126 B2
Mieluskylä FIN 114 C2
Miercurea-Ciuc RO 127 D4
Mieres E 33 E3
Miesbach DE 67 E2
Mietoinen FIN 120 B3
Miettila FIN 121 F2
Migennes F 22 A3
Migliarino I 76 B1
Miglionico I 81 D3
Miguel Esteban E 42 C3
Miguelturra E 42 B4
Mihajlovac (Negotin) SCG 133 D3
Mihajlovac (Smederevo) SCG 133 F3
Mihás GR 93 D4
Mihói GR 92 C4
Mijas E 47 F4
Mijoux F 27 D2
Míki GR 89 E1
Mikkelbostad N 104 B3
Mikkeli FIN 121 E2
Mikkelvik N 104 B2
Mikleuš HR 131 F2
Míkonos GR 98 C2
Míkonos (Nissí) GR 98 C2
Mikr. Dério GR 91 E1
Mikr. Eleftherohóri GR 87 F4
Mikr. Horió GR 92 C2
Mikrí Mandínia GR 96 C3
Mikrí Préspa GR 87 D2
Mikrókambos GR 88 B2
Mikroklissoúra GR 90 A1
Mikrolímni GR 87 D2
Mikromiliá GR 90 A1
Mikrópoli GR 88 C1
Mikulov CZ 65 E4
Mikulovice (Olomoucký kraj) CZ 65 E1
Milagro E 37 E3
Milano I 71 D4
Milano Marittima I 76 B2
Milatos GR 101 E3
Milazzo I 83 D4
Mileševo Dol SCG 136 B1
Mileševo SCG 132 B2
Milestone IRL 4 C2
Miletići HR 134 C1
Mileto I 83 E3
Milevsko CZ 64 B3
Milford GB 14 B4
Milford Haven / Aberdaugleddau GB 5 F4
Milhão P 35 E3
Míli GR 97 D1
Miliá GR 91 E1
Miliá GR 87 E3
Miliá GR 97 D1
Milia CY 139 B2
Milići BIH 132 B4
Miliés GR 93 F1
Milín CZ 64 A3
Milína GR 93 F1
Milis I 82 B3
Militello in Val di Catania I 85 D3
Miljevina BIH 136 A1
Millares E 43 F4
Millas F 29 F4
Millau F 30 A2
Millesimo I 74 C2
Millford IRL 2 C1
Millom GB 10 C1
Millport GB 8 B3
Millstatt A 68 B3
Millstreet IRL 4 B3
Milltown Malbay / Sráid na Cathrach IRL 4 B2
Milly-la-Forêt F 21 E3
Milmarcos E 37 D4
Milmersdorf DE 51 F4
Milna HR 135 D2
Milohnići HR 130 B4
Milopótamos GR 97 E4
Mílos GR 98 B3
Mílos (Nissí) GR 98 B2
Miloševa Kula SCG 133 F3
Miltach DE 63 F4
Miltenberg DE 62 B3
Milton Keynes GB 14 B2
Milutinovic SCG 133 F3
Mimizan F 28 B2
Mimizan-Plage F 28 B1
Mimoň CZ 64 B1
Mína GR 97 D4
Mina de São Domingos P 46 B1
Minas de Riotinto E 47 D1
Minaya E 43 D3
Mindelheim DE 67 D2
Minden DE 56 B3
Mindin F 19 D4
Minehead GB 13 D2
Minerbe I 72 A4
Minerbio I 76 A1
Minervino Murge I 80 C2
Minglanilla E 43 E3
Mingorría E 42 A1
Minićevo SCG 133 F4
Minkiö FIN 120 C3
Minsk BY 125 D4
Mińsk Mazowiecki PL 126 A1
Minsterley GB 10 C4
Mintlaw GB 7 F4
Mionica SCG 132 C4
Mionnay F 26 C3
Mira E 43 E3
Mira P 40 B1
Mira I 72 B4
Mira de Aire P 40 B2
Mirabella Imbaccari I 85 D3
Miraflores E 36 B2
Miraflores de la Sierra E 42 B1
Miramar F 31 F3
Miramar P 34 B4
Miramare I 76 C2
Miramas F 30 C3
Mirambeau F 24 C4
Miramont-de-Guyenne F 29 D1
Miranda de Ebro E 36 C2
Miranda del Castañar E 41 E1
Miranda do Corvo P 40 B1
Miranda do Douro P 35 E3
Mirande F 29 D3
Mirandela P 35 D3
Mirandola I 76 A1
Mirano I 72 B4
Miravci MK 137 F4
Mirebeau F 25 D1
Mirebeau-sur-Bèze F 22 C4
Mirecourt F 23 D3
Mirepoix F 29 E3
Míres GR 101 D4
Miribel F 26 C3
Mirina GR 89 F4
Mirna SLO 130 C2
Miroševce SCG 137 E2
Mirotice CZ 64 B3
Mirovice CZ 64 B3
Mirow DE 51 E4
Mirsíni GR 97 D3
Mirtiés GR 99 F3
Mírtos GR 101 E4
Mirueña de los Infanzones E 42 A1
Mišar SCG 132 C3
Misi FIN 109 E2
Misilmeri I 84 B2
Miskolc H 126 B3
Mislinja SLO 130 C1
Mistelbach A 65 E4
Misterbianco I 85 E3
Mistretta I 85 D2
Místros GR 94 A3
Misurina I 67 F4
Misvær N 107 E2
Mitchelstown / Baile Mhistéala IRL 4 C3
Míthimna GR 95 F1
Mítikas GR 92 B3
Mitilíni GR 95 F2
Mitilinií GR 99 F1
Mitrašinci MK 137 F3
Mitrópoli GR 93 D1
Mitsero CY 138 C3
Mittelberg A 67 E4
Mittelberg A 67 D3
Mittenwald DE 67 E3
Mittenwalde DE 57 F3
Mittersill A 67 F3
Mitterteich DE 63 E2
Mittweida DE 63 F1
Mizhir"ja UA 126 C3
Mjadzel BY 124 C3
Mjällom S 112 D2
Mjöbäck S 123 D1
Mjölby S 119 D3
Mjøndalen N 117 D2
Mladá Boleslav CZ 64 B1
Mladá Boleslav CZ 64 B1
Mladá Vožice CZ 64 B3
Mladé Buky CZ 64 C1
Mladenovac SCG 133 D3
Mlado Nagoričane MK 137 E3
Mława PL 126 A1
Mlini HR 136 A3
Mljet (Otok) HR 135 F3
Mnichovo Hradiště CZ 64 B1
Mo i Rana N 107 E3
Moaña E 32 A4
Moate / An Móta IRL 2 C4
Mocejón E 42 B2
Möckern DE 57 E3
Möckmühl DE 62 B4
Moclín E 48 A2
Modane F 27 E4
Modbury GB 12 C4
Modena I 75 F1
Módi GR 93 E3
Modica I 85 D4
Modigliana I 76 B2
Mödling A 69 D1
Modran BIH 131 F3

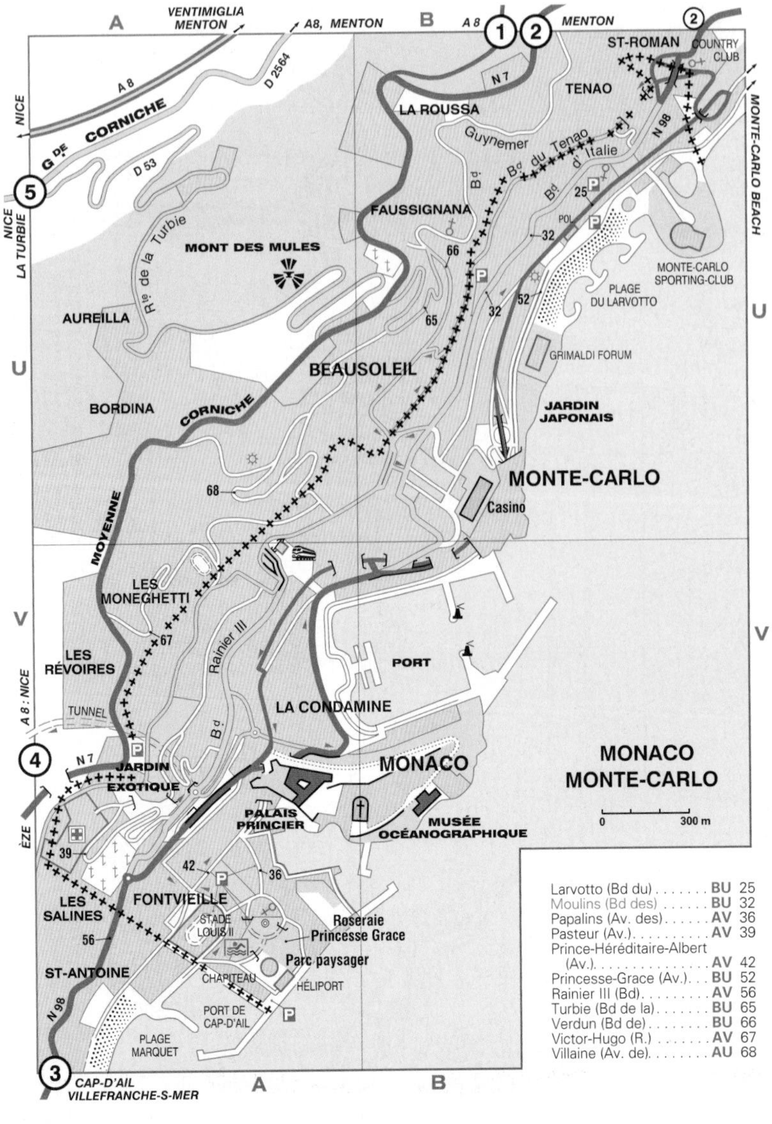

Modrava CZ 64 A4
Modrica BIH 132 A3
Modrište MK 137 E4
Modugno I 81 D2
Moëlan-sur-Mer F 18 B3
Moelv N 111 D4
Moen / Målselv N 104 B3
Moena I 67 F4
Moers DE 61 E1
Moffat GB 9 D3
Mogadouro P 35 D4
Mogila MK 137 E4
Moglia I 75 F1
Mogliano Veneto I 72 B4
Mogón E 48 C1
Moguer E 46 C2
Mohács H 128 B1
Mohelnice CZ 65 E2
Mohill / Maothail IRL 2 C3
Möhkö FIN 115 F3
Móhlos GR 101 F4
Moholm S 118 C3
Mohyliv-Podil's'kyj UA 127 D3
Moi N 116 B3
Moià E 39 D3
Moie I 76 C3
Moimenta P 35 D3
Moimenta da Beira P 34 C4
Moirans F 27 D4
Moirans-en-Montagne F 27 D2
Moisdon-la-Rivière F 19 E4
Moisiovaara FIN 115 E1
Moisling DE 50 C3
Moissac F 29 D2
Moita P 40 A4
Moixent E 43 F4
Mojácar E 49 D3
Mojados E 36 A4
Mojkovac SCG 136 B2
Mojstrana SLO 130 A2
Mokra Gora SCG 136 B1
Mokrin SCG 132 C1
Mokro Polje HR 135 D1
Mokronog SLO 130 C2
Mol SCG 132 C1
Mol B 17 F1
Mola di Bari I 81 D2
Molái GR 97 E3
Molat HR 134 B1
Molat (Otok) HR 134 B1
Mold / Yr Wyddgrug GB 10 C3
Molde N 110 C2
Moldova Nouă RO 128 C1
Møldrup DK 122 B2
Moledo do Minho P 32 A4
Molfetta I 81 D2
Molières F 29 E2
Molina de Aragón E 43 E1
Molina de Segura E 49 E1
Molinella I 76 A1
Molinicos E 49 D1
Molinos E 44 A1
Molins de Rei E 38 C4
Moliterno I 80 C4
Molitg-les-Bains F 29 F4
Molkom S 118 C2
Möllbrücke A 68 A3
Mollerussa E 38 B4
Molliens-Dreuil F 16 B3
Mollina E 47 F3
Mölln DE 50 C3
Mollösund S 118 A4
Mólos GR 94 C2
Mólos GR 93 E2
Molpe FIN 114 A3
Molsheim F 23 E2
Molve HR 131 E2
Molveno I 71 F3
Mombeltrán E 42 A2
Mombuey E 33 D4
Mommark DK 122 B4
Momo I 71 D4
Mon Idée F 17 E3
Monaco
(Principauté de) MC 31 F2
Monaghan / Muineachán IRL 3 D3
Monasterace Marina I 83 F3
Monasterevin IRL 3 D4
Monasterio de Rodilla E 36 C2
Monastir I 82 B4
Monastiráki GR 91 E2
Monastiráki GR 92 B2
Monbazillac F 29 D1
Moncalieri I 27 F4
Moncalvo I 74 C1
Monção P 32 A4
Moncarapacho P 46 B2
Mönchdorf A 68 C1
Mönchengladbach DE 61 E1
Monchique P 46 A2
Monclar-de-Quercy F 29 E2
Moncofa E 44 A3
Moncontour F 19 D3
Moncontour F 24 C1
Moncoutant F 24 C1
Monda E 47 F3
Mondariz E 32 A4
Mondavio I 76 C3
Mondéjar E 42 C2
Mondello I 84 B2
Mondim de Basto P 34 C3
Mondolfo I 76 C3
Mondoñedo E 32 C2
Mondorf-les-Bains L 23 D1
Mondoubleau F 21 D3
Mondovì I 74 C2
Mondragon F 30 C1
Mondragone I 79 F3
Mondsee A 68 A2
Monein F 28 B3
Monemvassía GR 97 E3
Mónesi di Triora I 74 C3
Monesterio E 47 D1
Monestier-de-Clermont F 27 D4
Monestiés F 29 F2
Moneygall IRL 5 D2
Moneymore GB 3 D2
Monfalcone I 72 C3
Monflanquin F 29 D1
Monforte P 40 C3
Monforte de Lemos E 32 C4
Monfortinho P 41 D2
Monguelfo / Welsberg I 67 F4
Monheim DE 63 D4
Moní (Nissí) GR 97 F1
Mönichkirchen A 69 D2
Monifieth GB 9 E2
Monistrol-d'Allier F 26 B4
Monistrol de Montserrat E 38 C4
Monistrol-sur-Loire F 26 B4
Mönkebude DE 51 F3
Monmouth / Trefynwy GB 13 E1
Monnickendam NL 54 B3
Monodéndri GR 87 D4
Monódrio GR 94 B3
Monólithos GR 103 E2
Monopoli I 81 E2
Monor H 126 A4
Monòver E 49 E1
Monpazier F 29 D1
Monreal DE 61 F2
Monreal del Campo E 43 E1
Monreale I 84 B2
Monroy E 41 E2
Monroyo E 44 A1
Mons B 17 E2
Monsanto P 41 D2
Monsaraz P 40 C4
Monschau DE 61 E2
Monségur F 28 C1
Monselice I 72 A4
Monsols F 26 C2
Mönsterås S 123 F1
Monsummano Terme I 75 F3
Mont-de-Marsan F 28 C2
Mont-Louis F 29 F4
Mont-roig del Camp E 44 B1
Mont-sous-Vaudrey F 27 D1
Mont-St-Vincent F 26 C2
Montabaur DE 62 A2
Montagnac F 30 A3
Montagnana I 72 A4
Montagrier F 25 D4
Montaigu F 24 B1
Montaigu-de-Quercy F 29 D1
Montaigut F 26 A2
Montaione I 76 A3
Montalbán E 43 F1
Montalbo E 43 D2
Montalcino I 76 A4
Montalegre P 34 C3
Montalieu-Vercieu F 27 D3
Montalivet-les-Bains F 24 B4
Montalto di Castro I 78 C1
Montalto di Marche I 77 D4
Montalto Uffugo I 83 E2

Albert-Roßhaupter-Str. BT 2
Aschheimer Str. DS 9
Berg-am-Laim-Str. DS 23
Brudermühlstr. CT 29
Candidstr. CT 31
Englschalkinger Str. DS 47
Georg-Brauchle-Ring BCR 57
Hanauer Str. CR 66
Handsastr. CS 68
Heckenstallerstr. BT 70
Johanneskirchner Str. DS 80
Leuchtenbergring DS 104
Melchiorstr. BT 131
Meyerbeerstr. AS 136
Münchner Str. DR 142
Murnauer Str. BT 145
Neubiberger Str. DT 146
Offenbachstr. AS 153
Ottobrunner Str. DT 158
Plinganserstr. CT 166
Schäftlarnstr. CT 187
Siemensallee BT 197
Südl. Auffahrtsallee BS 205
Tierparkstr. CT 209
Triebstr. CR 212
Tübinger Str. BCS 217
Waldfriedhofstr. BT 226
Wendl-Dietrich-Str. BS 229

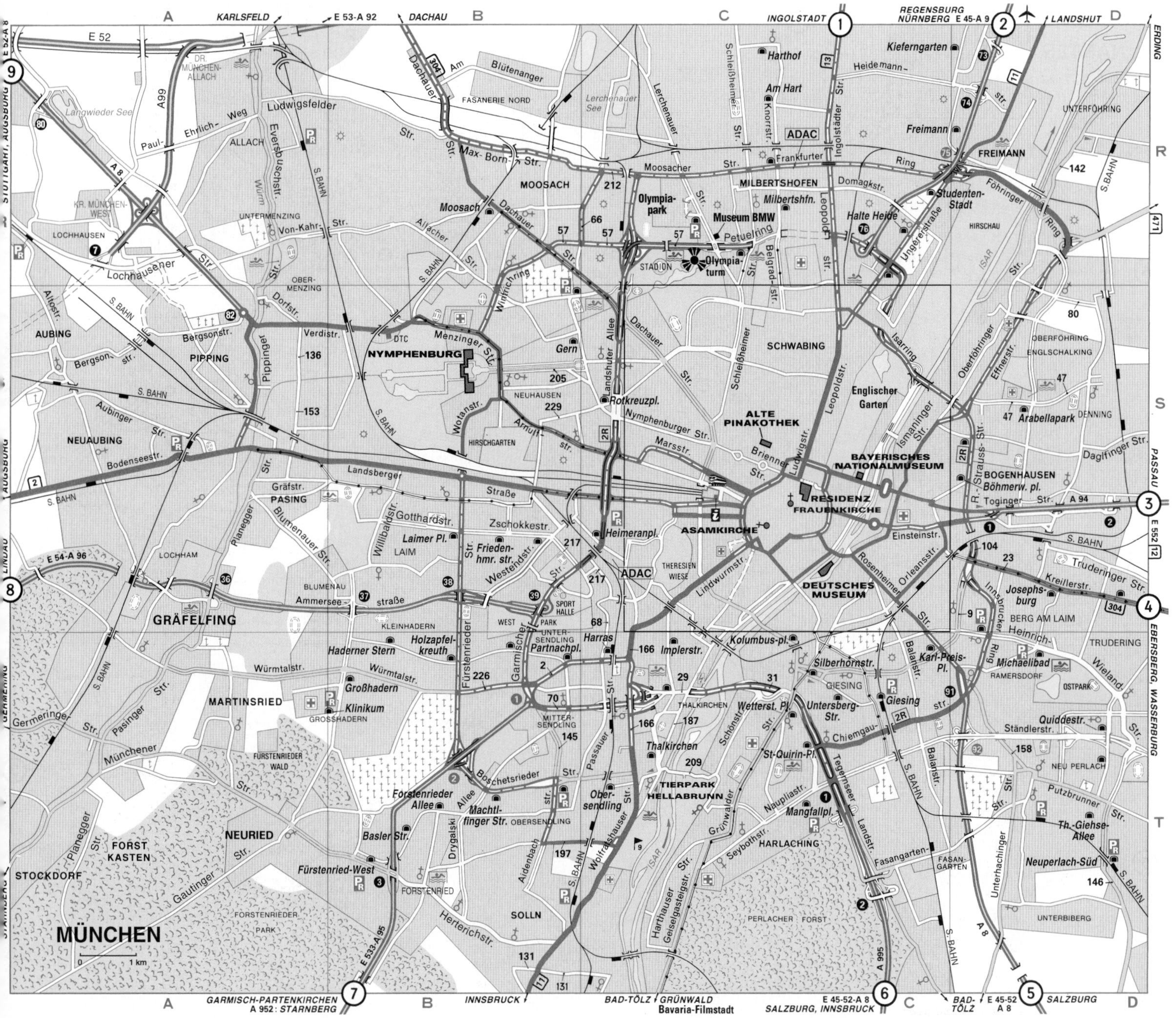

Montalvão P 40 C2
Montamarta E 35 F3
Montana CH 27 F2
Montana BG 129 D2
Montañana E 37 F4
Montánchez E 41 E3
Montanejos E 43 F2
Montargil P 40 B3
Montargis F 21 F3
Montastruc-
la-Conseillère F 29 E2
Montauban F 29 E2
Montauban-de-Bretagne F ..19 D3
Montbard F 22 B4
Montbazens F 29 F1
Montbazon F 25 D1
Montbéliard F 23 D4
Montbenoît F 27 E1
Montblanc E 38 B4
Montbozon F 23 D4
Montbrió del Camp E 44 B1
Montbrison F 26 B3
Montbron F 25 D3
Montceau-les-Mines F 26 B2
Montcenis F 26 B1
Montchanin F 26 B1
Montcornet F 17 E4
Montcuq F 29 E1
Montdidier F 16 C4
Monte da Pedra P 40 C3
Monte Real P 40 B2
Monte Redondo P 40 B2
Monte San Savino I 76 B3
Monte Sant'Angelo I 80 C1
Monteagudo
de las Vicarías E 37 D4
Montealegre E 36 A3
Montealegre del Castillo E ..43 E4
Montebello Ionico I 83 E4
Montebello Vicentino I 72 A4
Montebelluna I 72 B3
Montebourg F 19 E1
Montecarotto I 76 C3
Montecassino
(Abbazia di) I 79 F2
Montecatini Terme I 75 F3
Montecchio I 76 C2
Montecchio Maggiore I 72 A4
Montech F 29 E2
Montecorvino Rovella I 80 B3
Montedoro I 84 C3
Montefalco I 76 C4
Montefalcone
di Val Fortore I 80 B2
Montefalcone nel Sannio I ..80 A1
Montefiascone I 79 D1
Montefiore dell Aso I 77 D4
Montefiorino I 75 F2
Montefrío E 48 A2
Montegallo I 77 D4
Montegiorgio I 77 D3
Montegranaro I 77 D3
Montegrotto Terme I 72 A4
Montehermoso E 41 E2
Montejícar E 48 B2
Montejo de Tiermes E 36 C4
Monteleone di Spoleto I 76 C4
Montélimar F 30 C1
Montella I 80 B3
Montellano E 47 E3
Montelupo Fiorentino I 76 A3
Montemaggiore Belsito I 84 C3
Montemagno I 74 C1
Montemayor E 47 F2
Montemayor de Pililla E 36 A4
Montemor-o-Novo P 40 B4
Montemor-o-Velho P 40 B1
Montendre F 24 C4
Montenegro
de Cameros E 36 C3
Montenero di Bisaccia I 80 A1
Montenero Sabino I 79 E1
Montepulciano I 76 B4
Montereale I 77 D4
Montereale Valcellina I 72 B3
Montereau-Fault-Yonne F 21 F3
Monterenzio I 76 A2
Monteriggioni I 76 A3
Monteroni di Lecce I 81 F3
Monterosso al Mare I 75 E2
Monterotondo I 79 D1
Monterotondo Marittimo I ..76 A4
Monterroso E 32 B3
Monterrubio de la Serena E41 F4
Monterubbiano I 77 D3
Montesano
sulla Marcellana I 80 C4
Montesarchio I 80 A3
Montescaglioso I 81 D3
Montesilvano Marina I 77 E4
Montesquieu-Volvestre F 29 E3
Montesquiou F 29 D3
Montevarchi I 76 A3
Montfaucon-d'Argonne F 17 F4
Montfaucon-en-Velay F 26 B4
Montfaucon-Montigné F 24 B1
Montfort-en-Chalosse F 28 B2
Montfort-l'Amaury F 21 E2
Montfort-sur-Meu F 19 D3
Montfort-sur-Risle F 16 A4
Montgaillard F 29 E4
Montgenèvre F 27 E4
Montgiscard F 29 E3
Montgomery /
Trefaldwyn GB 10 B4
Montguyon F 24 C4
Monthermé F 17 E3
Monthey CH 27 E2
Monthois F 17 E4
Monthureux-sur-Saône F 22 C3
Monti I 82 B1
Montichiari I 71 F4
Monticiano I 76 A4
Montiel E 42 C4
Montier-en-Der F 22 B3
Montignac F 25 E4
Montigny-le-Roi F 22 C3
Montigny-sur-Aube F 22 B3
Montijo E 41 D4
Montijo P 40 A3
Montilla E 47 F2
Montioni I 76 A4
Montivilliers F 20 C1
Montjean-sur-Loire F 19 F4
Montlhéry F 21 E2
Montlieu-la-Garde F 24 C4
Montlouis-sur-Loire F 21 D4
Montluçon F 25 F2
Montluel F 26 C3
Montmarault F 26 A2
Montmartin-sur-Mer F 19 E2
Montmédy F 17 F4
Montmélian F 27 D3
Montmirail F 20 C3
Montmirail F 22 A2
Montmirey-le-Château F 27 D1
Montmoreau-St-Cybard F 24 C4
Montmorillon F 25 D2
Montmort F 22 A2
Montoggio I 75 D2
Montoire-sur-le-Loir F 21 D4
Montoito P 40 C4
Montorio al Vomano I 77 D4
Montoro E 48 A1
Montpellier F 30 B3
Montpezat-de-Quercy F 29 E2

NANTES

Aiguillon (Q. d') .... BX 2
Anglais (Bd des) .... BV 4
Beaujoire (Bd de la) .... CV 10
Belges (Bd des) .... CV 12
Bocquerel (Bd H.) .... CV 14
Bouley Paty (Bd) .... BV 22
Cassin (Bd R.) .... BV 34
Chapelle-sur-Erdre (Rte) ... BV 39
Cholet (Bd Bâtonnier) .... BX 42
Churchill (Bd W.) .... BX 43
Clemenceau (Pont G.) .... CX 45
Coty (Bd R.) .... BX 55
Courbet (Bd Amiral) .... CV 58
Dalby (Bd E.) .... CV 61
Dos-d'Ane (R.) .... CX 68
Doulon (Bd de) .... CV 70
Dreyfus
(R. Commandant A.) .... CV 71
Einstein (Bd A.) .... BV 75
Fraternité (Bd de la) .... BX 84
Gabory (Bd E.) .... CX 85
Gaulle (Bd Gén.-de) .... CX 87
Jean XXIII (Bd) .... BV 100
Jouhaux (Bd L.) .... BX 102
Juin (Bd Mar.) .... BX 103
Koenig (Bd Gén.) .... BX 107
Landreau (R. du) .... CV 108
Le Lasseur
(Bd) .... BV 112
Lauriol (Bd G.) .... BV 110
Liberté (Bd de la) .... BX 115
Luther-King (Bd M.) .... CV 118
Michelet (Bd) .... CV 127
Mollet (Bd G.) .... CV 128
Monod (Bd du Prof.-J.) .... CV 130
Orieux (Bd E.) .... CV 133
Petite Baratte
(R.) .... CV 141
Pirmil (Pont de) .... CX 145
Poilus (Bd des) .... CV 147
Roch (Bd Gustave) .... CX 160
Romanet (Bd E.) .... BX 163
St-Jacques (R.) .... CX 169
St-Joseph (Rte de) .... CV 171
St-Sébastien
(Côte) .... CX 178
Sarrebrück (Bd de) .... CX 184
Say (R. L.) .... BV 186
Stalingrad (Bd de) .... CX 190
Tertre (Bd du) .... BX 193
Tortière (Pont de la) .... CV 196
Victor-Hugo (Bd) .... CX 201
Viviani (R. René) .... CX 204

ORVAULT

Ferrière (Av. de la) .... BV 80
Goupil (Av. A.) .... BV 88
Mendès-France
(Bd) .... BV 124
Rennes (Rte de) .... BV 156

REZÉ

Gaulle (Bd Gén.-de) .... CX 87

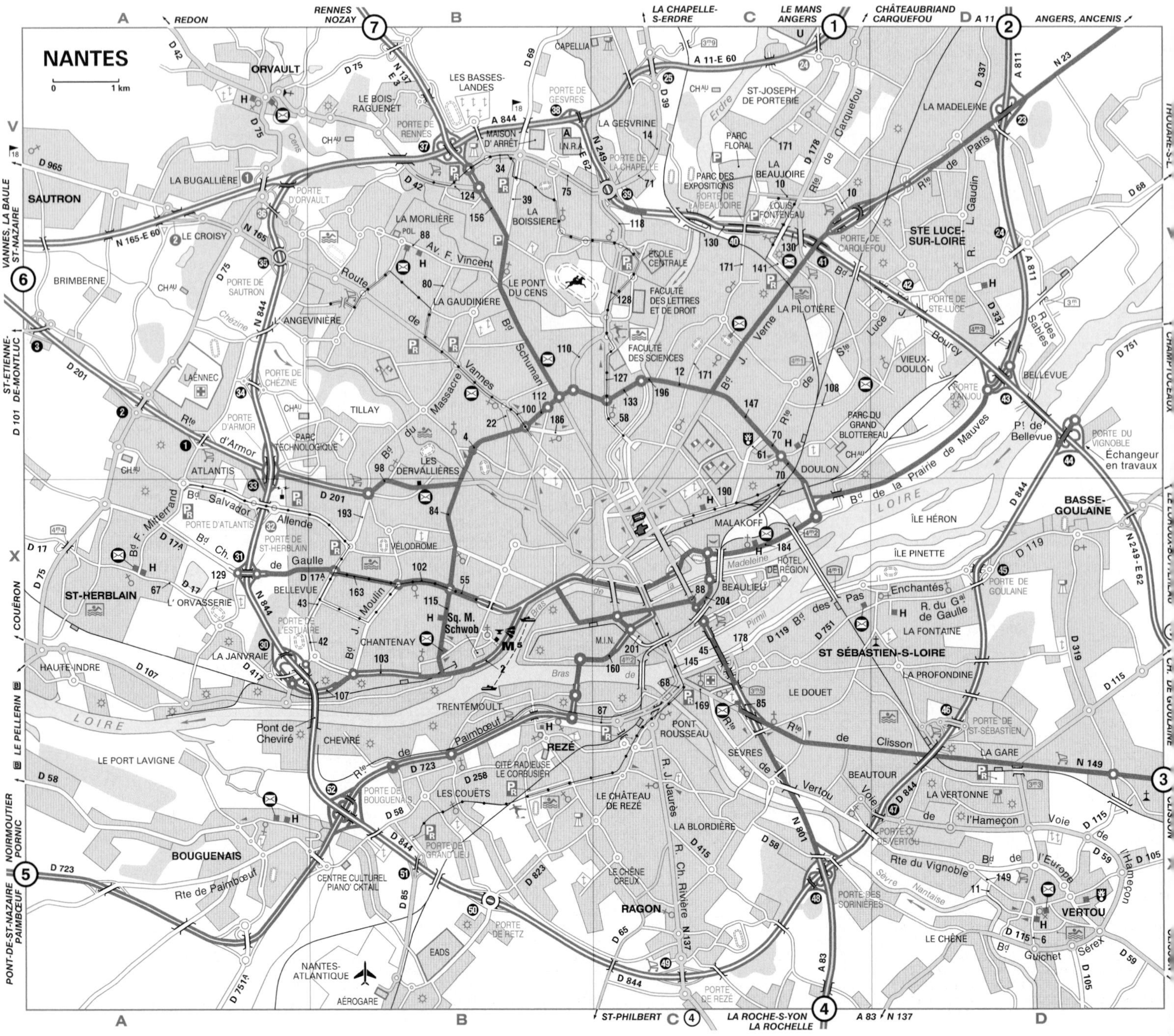

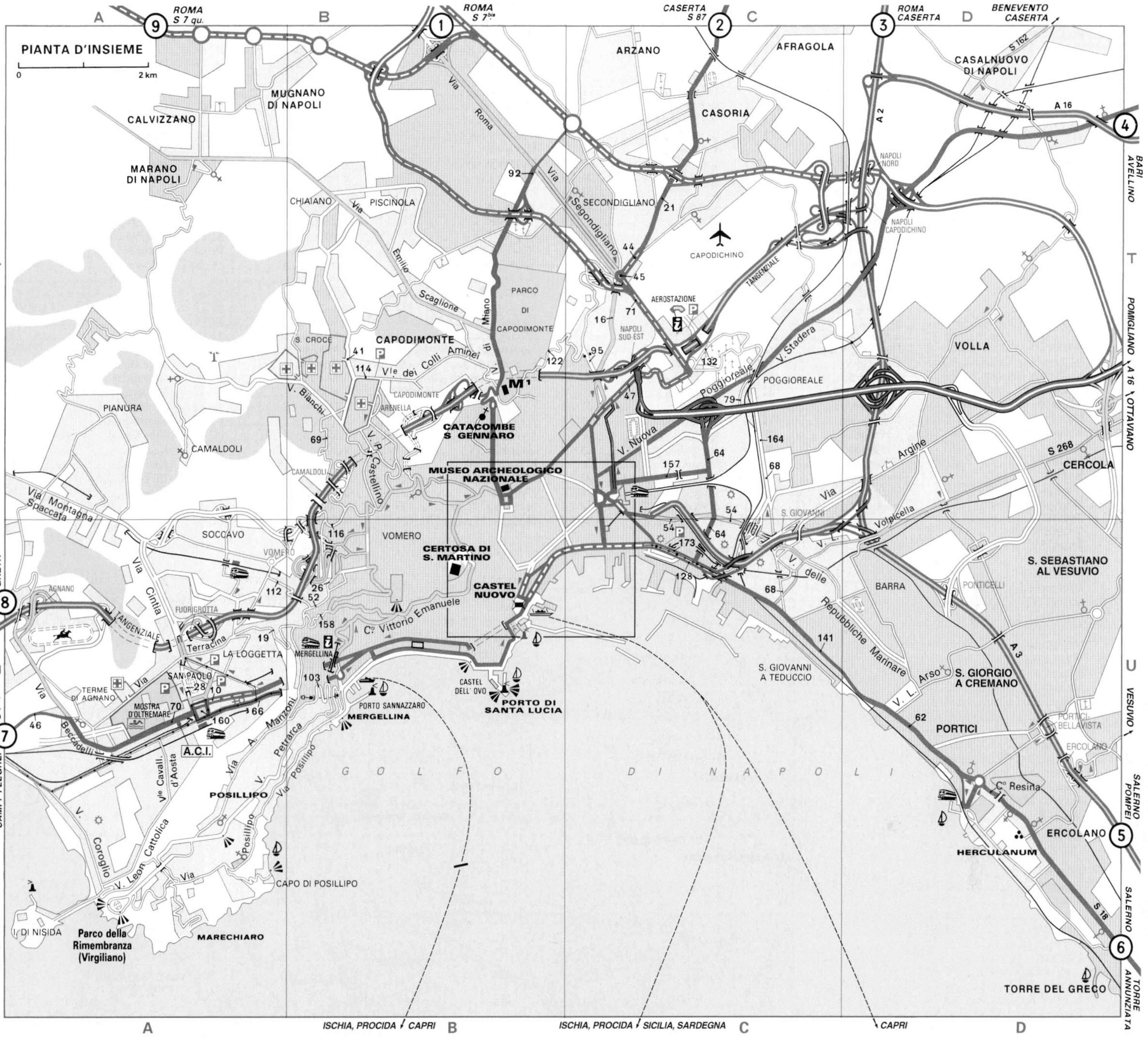

NAPOLI

Augusto (Viale) . . . . **AU** 10
Capodichino (Calata) . . . . **CT** 16
Caravaggio
(V. Michelangelo Da). . . . . . . **AU** 19
Casoria (Str. Prov.) . . . . **CT** 21
Cilea (V. Francesco). . . . . **BU** 26
Claudio (V.). . . . . **AU** 28
De Amicis (V. Tommaso). . . . . . **BT** 41
De Pinedo (V.) . . . . **CT** 44
Di Vittorio (Pza). . . . . **CT** 45
Domiziana (V.) . . . . **AU** 46
Don Bosco (V.). . . . . **CT** 47
Europa (Cso) . . . . **BU** 52
Ferraris (V. Galileo) . . . . **CTU** 54
Garibaldi (Cso G.) . . . . **DU** 62
Gianturco (V. E.) . . . . **CTU** 64
Giulio Cesare (V.). . . . . **AU** 66
Imparato (V. F.) . . . . **CTU** 68
Jannelli (V. Gabriele). . . . . **BT** 69
Kennedy (Viale J. F.) . . . . **AU** 70
Maddalena (Viale U.) . . . . **CT** 71
Miraglia (V. Nicola) . . . . **CT** 79
Napoli Capodimonte (V.) . . . . . . **BT** 92
Nicolini (V. Nicola). . . . . **CT** 95
Orazio (V.). . . . . **BU** 103
Palazzo e Galleria
di Capodimonte . . . . **BT**
Piave (V.) . . . . **AU** 112
Pietravalle (V. M.). . . . . **BT** 114
Pigna (V.) . . . . **BU** 116
Ponti Rossi (V.). . . . . **BT** 122
Reggia di Portici (V.) . . . . **CU** 128
Riposo (V. del) . . . . **CT** 132
S. Giovanni a Teduccio (Cso) . . **CU** 141
Taddeo da Sessa (V.). . . . . **CT** 157
Tasso (V. Torquato) . . . . **BU** 158
Tecchio (Piazzale V.) . . . . **AU** 160
Traccia a Poggioreale (V.). . . . . . **CT** 164
Volta (V. A.). . . . . **CU** 173

Montpezat-sous-Bauzon *F*...**30** B1
Montpon-Ménestérol *F*........**24** C4
Montpont-en-Bresse *F*.........**26** C2
Montréal *F*..........................**28** C2
Montréal *F*..........................**29** F3
Montréal-la-Cluse *F*.............**27** D2
Montredon-Labessonnié *F*..**29** F2
Montréjeau *F*.......................**29** D3
Montrésor *F*........................**25** E1
Montresta *I*..........................**82** A2
Montret *F*............................**26** C2
Montreuil *F*..........................**16** B2
Montreuil-Bellay *F*...............**24** C1
Montreux *CH*.........................**27** E2
Montrevault *F*......................**24** B1
Montrevel-en-Bresse *F*........**26** C2
Montrichard *F*......................**21** D4
Montrond-les-Bains *F*..........**26** B3
Montrose *GB*..........................**9** E1
Monts-sur-Guesnes *F*...........**25** D1
Montsalvy *F*.........................**29** F1
Montsauche-les-Settons *F*..**26** B1
Montseny *E*..........................**39** D3
Montserrat *E*........................**43** F3
Montserrat (Monestir) *E*......**38** C4
Montsûrs *F*..........................**19** F3
Montuenga *E*........................**36** A4
Montuïri *E*............................**45** E3
Monza *I*................................**71** D4
Monzón *E*.............................**38** A3
Monzón de Campos *E*.........**36** A3
Moordorf *DE*........................**55** E1
Moosburg a. d. Isar *DE*.......**67** E1
Mór *H*..................................**126** A4
Mora *P*.................................**40** B3
Mora *E*.................................**42** B3
Mora *S*................................**112** A4
Mora de Rubielos *E*............**43** F2
Móra d'Ebre *E*.....................**44** B1
Móra la Nova *E*...................**44** B1
Morais *P*...............................**35** D3
Moraítika *GR*........................**86** B4
Moral de Calatrava *E*..........**42** B4
Moraleda de Zafayona *E*.....**48** A3
Moraleja *E*...........................**41** D2
Moraleja de Sayago *E*.........**35** E4
Moraleja del Vino *E*............**35** F3
Morales de Rey *E*................**33** E4
Morales de Toro *E*...............**35** F3
Morano Calabro *I*................**80** C4
Mörarp *S*............................**123** D2
Morasverdes *E*....................**41** E1
Morata de Jalón *E*..............**37** E4
Morata de Tajuña *E*.............**42** C2
Moratalla *E*..........................**49** D1
Moravče *SLO*......................**130** B2
Moravci-v-Slov.-gor *SLO*...**131** D1
Moravice *HR*......................**130** C3
Morávka *CZ*.........................**65** F2
Moravská Třebová *CZ*.........**65** D2
Moravské Budějovice *CZ*.....**65** D3
Moravske Toplice *SLO*.......**131** D1
Moravský Beroun *CZ*..........**65** E2
Moravský Krumlov *CZ*.........**65** D3
Morbach *DE*.........................**61** F3
Morbegno *I*..........................**71** E3
Mörbisch *A*..........................**69** E1
Mörbylånga *S*....................**123** F2
Morcenx *F*...........................**28** B2
Morciano di Romagna *I*.......**76** C2
Morcone *I*............................**80** A2
Morcote *CH*.........................**71** D4
Mordelles *F*.........................**19** D3
Morecambe *GB*...................**10** C1
Moreda *E*............................**48** B2
Morée *F*...............................**21** D4
Morella *E*.............................**44** A1
Mores *I*................................**82** B2
Morestel *F*...........................**27** D3
Moret-sur-Loing *F*...............**21** F3
Moreton-in-Marsh *GB*..........**13** F1
Moretonhampstead *GB*.......**13** D3
Moreuil *F*.............................**16** C4
Morez *F*...............................**27** D2
Morfasso *I*...........................**75** E1
Mórfio *GR*...........................**92** A1
Morfou *CY*.........................**138** B2
Morfou Bay *CY*..................**138** B2
Morgat *F*..............................**18** B3
Morges *CH*..........................**27** E2
Morgex *I*..............................**27** F3
Morhange *F*.........................**23** D2
Mori *I*..................................**71** F3
Morina *SCG*.......................**136** C3
Moritzburg *DE*.....................**58** A4
Morjärv *S*..........................**108** C3
Morlaàs *F*............................**28** C3
Morlaix *F*.............................**18** B2
Mormanno *I*.........................**80** C4
Mormant *F*...........................**21** F2
Mormoiron *F*.......................**30** C2
Mornant *F*...........................**26** C3
Morón de Almazán *E*...........**37** D4
Morón de la Frontera *E*.......**47** E3
Morosaglia *F*.......................**78** A3
Morović *SCG*......................**132** B3
Morpeth *GB*...........................**9** F4
Mörrum *S*...........................**123** E2
Morsbach *DE*.......................**61** F1
Mörsil *S*.............................**112** A2
Morsleben *DE*......................**57** D3
Mortagne-au-Perche *F*.........**20** C3
Mortagne-sur-Gironde *F*......**24** B3
Mortagne-sur-Sèvre *F*.........**24** B1
Mortain *F*............................**19** F2
Mortara *I*.............................**75** D1
Morteau *F*...........................**27** E1
Mortrée *F*............................**20** C2
Morzine *F*............................**27** E2
Mosbach *DE*........................**62** B4
Mosby *N*............................**116** B3
Mošćenice *HR*....................**130** B4
Mošćenička Draga *HR*.......**130** B4
Moschendorf *A*....................**69** E2
Moshokariá *GR*....................**93** D2
Moshopótamos *GR*..............**88** A3
Mosjøen *N*.........................**107** D3
Mosko *BIH*.........................**136** A3
Moskosel *S*........................**108** A3
Moskva *RUS*......................**125** F2
Moslavina *HR*....................**131** F2
Mosonmagyaróvár *H*...........**69** F1
Mosqueruela *E*.....................**44** A2
Moss *N*..............................**116** D2
Mossala *FIN*.......................**120** B4
Mossat *GB*..............................**7** E4
Mössingen *DE*......................**66** B1
Most *CZ*...............................**64** A1
Most na Sočl *SLO*..............**130** A2
Mosta *M*...............................**85** F4
Mostar *BIH*........................**135** F2
Mosteiro *E*...........................**32** A3
Mosterhamn *N*...................**116** A1
Móstoles *E*...........................**42** B2
Mostys'ka *UA*....................**126** B2
Mosvik *N*...........................**111** E1
Mota del Cuervo *E*..............**42** C3
Mota del Marqués *E*............**35** F3
Motala *S*............................**119** D3
Motherwell *GB*........................**8** C3
Motilla del Palancar *E*.........**43** E3
Motovun *HR*......................**130** A3
Motril *E*...............................**48** B3
Motta di Livenza *I*...............**72** B3
Motta Sant'Anastasia *I*........**85** D3
Motta Visconti *I*...................**75** D1
Mottola *I*..............................**81** D3
Mouchard *F*.........................**27** D1
Moudon *CH*.........................**27** E1
Moúdros *GR*........................**89** F4
Mougins *F*...........................**31** F2
Mouhijärvi *FIN*..................**120** C2

Mouilleron-en-Pareds F.......24 B1
Moulins F.......26 A2
Moulins-Engilbert F.......26 B1
Moulins-la-Marche F.......20 C2
Moult F.......19 F2
Mount Bellew / An Creagán IRL.......2 B4
Mountain Ash / Aberpennar GB.......13 D1
Mountmellick / Móinteach Mílic IRL.......5 D2
Mountrath IRL.......5 D2
Moura P.......46 C1
Mourão P.......40 C4
Mourenx F.......28 B3
Mouríki GR.......94 A3
Mourmelon-le-Grand F.......22 B2
Mourniés GR.......100 B3
Mourujärvi FIN.......109 E2
Mouscron B.......15 F4
Moustiers-Ste-Marie F.......31 E2
Mouthe F.......27 D1
Mouthier-Haute-Pierre F.......27 E1
Mouthoumet F.......29 F4
Moutier CH.......23 E4
Moûtiers F.......27 E3
Moutiers-les-Mauxfaits F.......24 B2
Moutoullas CY.......138 B3
Moutsoúna GR.......99 D2
Mouy F.......16 C4
Mouzakéi GR.......87 D4
Mouzáki GR.......92 C1
Mouzon F.......17 F4
Moville / Bun an Phobail IRL.......3 D1
Moyenneville F.......16 B3
Moyuela E.......37 F4
Možajsk RUS.......125 F2
Mozirje SLO.......130 B2
Mrągowo PL.......124 A4
Mrakovica BIH.......131 E3
Mramorak SCG.......133 D3
Mratinje SCG.......136 A2
Mrazovac BIH.......131 D4
Mrčajevci SCG.......133 D4
Mrežičko MK.......137 F4
Mrkonjić Grad BIH.......131 F4
Mrkopalj HR.......130 C3
Mscislaŭ BY.......125 E4
Mšeno CZ.......64 B1
Muć HR.......135 D2
Muccia I.......76 C4
Much DE.......61 F1
Much Wenlock GB.......10 C4
Mücheln DE.......57 E4
Mucientes E.......36 A3
Mudanya TR.......129 F3
Mudau DE.......62 B4
Muel E.......37 E4
Muelas del Pan E.......35 E3
Muff IRL.......3 D1
Muge P.......40 B3
Mügeln DE.......57 F4
Muggia I.......73 D3
Mugron F.......28 B2
Mugueimes E.......32 B4
Mühlacker DE.......62 B4
Mühlbach am Hochkönig A.......68 A3
Mühlberg DE.......57 F4
Mühldorf DE.......67 F1
Mühlen Eichsen DE.......51 D3
Mühlhausen DE.......62 C1
Mühltroff DE.......63 E2
Muhniemi FIN.......121 E3
Muhos FIN.......115 D3
Muhu EST.......124 B2
Muir of Ord GB.......7 D4
Muirkirk GB.......8 C3
Mukačeve UA.......126 B3
Mula E.......49 E1
Mülheim a. d. Ruhr DE.......61 E1
Mulhouse F.......23 E4
Müllheim DE.......23 E4
Mullingar / An Muileann gCearr IRL.......2 C4
Müllrose DE.......58 A2
Mullsjö S.......118 C4
Mulrany / An Mhala Raithní IRL.......2 A3
Multia FIN.......114 C4
Muñana E.......42 A1
Münchberg DE.......63 E2
Müncheberg DE.......58 A2
München DE.......67 E2
Münchhausen DE.......62 B1
Mundesley GB.......15 D1
Mundford GB.......11 F4
Munera E.......43 D4
Mungia E.......36 C1
Muñico E.......42 A1
Muniesa E.......43 F1
Munkebo DK.......122 C3
Munkedal S.......118 B3
Munkfors S.......118 C2
Münnerstadt DE.......62 C2
Muñogalindo E.......42 A1
Munsala FIN.......114 B3
Münsingen CH.......27 F1
Münsingen DE.......66 C1
Münster CH.......70 C3
Munster F.......23 E3
Munster DE.......50 C4
Münster (Westfalen) DE.......55 E4
Münstertal DE.......23 E3
Münzenberg DE.......62 B2
Münzkirchen A.......68 A1
Muodoslompolo S.......108 C1
Muonio FIN.......108 C1
Mur-de-Barrez F.......29 F1
Mur-de-Bretagne F.......18 C3
Murano I.......72 B4
Murat F.......26 A4
Murat-sur-Vèbre F.......30 A2
Murato F.......78 A3
Murau A.......68 B3
Muravera I.......82 C3
Murça P.......34 C3
Murchante E.......37 E3
Murcia E.......49 E2
Mureck A.......69 D3
Muret F.......29 E3
Murguía E.......36 C1
Muri CH.......23 F4
Murias de Paredes E.......33 D3
Murino SCG.......136 C2
Murjek S.......108 B2
Murnau DE.......67 E2
Muro F.......78 A3
Muro de Alcoy E.......43 F4
Muro Lucano I.......80 B3
Murol F.......26 A3
Murole FIN.......120 C2
Muros E.......32 A3
Mürren CH.......27 F2
Murrhardt DE.......62 C4
Murska Sobota SLO.......131 D1
Mursko Središće HR.......131 D1
Murten CH.......27 F1
Murter HR.......134 C2
Murter (Otok) HR.......134 C2
Murtosa P.......34 B4
Murtovaara FIN.......109 F3
Murvica HR.......134 C1
Murviel-lès-Béziers F.......30 A3
Mürzsteg A.......69 D2
Mürzzuschlag A.......69 D2
Mussalo FIN.......121 E3
Musselburgh GB.......9 D2
Mussidan F.......25 D4
Mussomeli I.......84 C3
Mussy-sur-Seine F.......22 B3
Müstair CH.......67 D4
Mustion as FIN.......120 C4
Mustvee EST.......124 C1
Muta SLO.......130 C1
Mutala FIN.......120 C2
Mutterstadt DE.......23 F1
Mutzschen DE.......57 F4
Muurame FIN.......121 D2
Muurasjärvi FIN.......114 C2
Muurla FIN.......120 C4
Muurola FIN.......109 D2
Muuruvesi FIN.......115 E3
Muxía E.......32 A2
Muzillac F.......19 D4
Muzzana del Turgnano I.......72 C3
Myckelgensjö S.......112 C2
Mykines (Færøerne) DK.......106 A3
Mykolaïv UA.......126 C2
Mykolaïv UA.......127 F3
Myllykoski FIN.......121 E3
Myllykylä FIN.......114 B4
Myllymäki FIN.......114 C4
Mynämäki FIN.......120 B3
Myre / Øksnes N.......104 A3
Myrhorod UA.......127 F2
Myronivka UA.......127 E2
Myrskylä / Mörskom FIN.......121 D3
Myrtou CY.......138 C2
Myrviken S.......112 A2
Mysen N.......117 D2
Myślibórz PL.......52 B4
Mytišči RUS.......125 F2

N

N. Agathoúpoli GR.......88 A3
N. Alikarnassós GR.......101 D3
N. Anhíalos GR.......93 F1
N. Apolonía GR.......88 C2
N. Artáki GR.......94 A3
N. Éfessos GR.......88 A3
N. Erásmio GR.......89 E1
N. Fókea GR.......88 C3
N. Híli GR.......91 D2
N. Iraklítsa GR.......89 D2
N. Kalikrátia GR.......88 B3
N. Kariá GR.......89 E1
N. Karváli GR.......89 E1
N. Kerassoús GR.......92 B1
N. Kerdília GR.......88 C2
N. Kíos GR.......97 D1
N. Korito SCG.......133 F4
N. Mákri GR.......94 B4
N. Málgara GR.......88 A2
N. Marmarás GR.......88 C3
N. Messángala GR.......88 A4
N. Mihanióna GR.......88 B2
N. Monastíri GR.......93 E1
N. Moudaniá GR.......88 B3
N. Pagassés GR.......93 F1
N. Péla GR.......88 A2
N. Péramos GR.......94 A4
N. Tríglia GR.......88 B3
N. Víssa GR.......91 E1
N. Zíhni GR.......88 C1
N. Zoí GR.......87 F2
Naamijoki FIN.......108 C2
Naantali FIN.......120 B4
Naarajärvi FIN.......115 E4
Naarva FIN.......115 F3
Naas / An Nás IRL.......3 D4
Nabburg DE.......63 F3
Načeradec CZ.......64 B3
Náchod CZ.......65 D1
Naddvik N.......110 C4
Nadela E.......32 C3
Nădlac RO.......126 B4
Nadur M.......85 F4
Nadvirna UA.......126 C3
Nærbø N.......116 A2
Nærøy N.......106 C4
Næstved DK.......122 C3
Näfels CH.......66 B3
Náfpaktos GR.......93 D3
Náfplio GR.......97 D1
Naggen S.......112 B3
Nagold DE.......23 F2
Nagu / Nauvo FIN.......120 B4
Nagyatád H.......69 F4
Nagykálló H.......126 B3
Nagykanizsa H.......69 F3
Nagykőrös H.......126 A4
Nahe DE.......50 C3
Naila DE.......63 E2
Nailloux F.......29 E3
Nailsworth GB.......13 E1
Nairn GB.......7 D4
Najac F.......29 F2
Nájera E.......36 C2

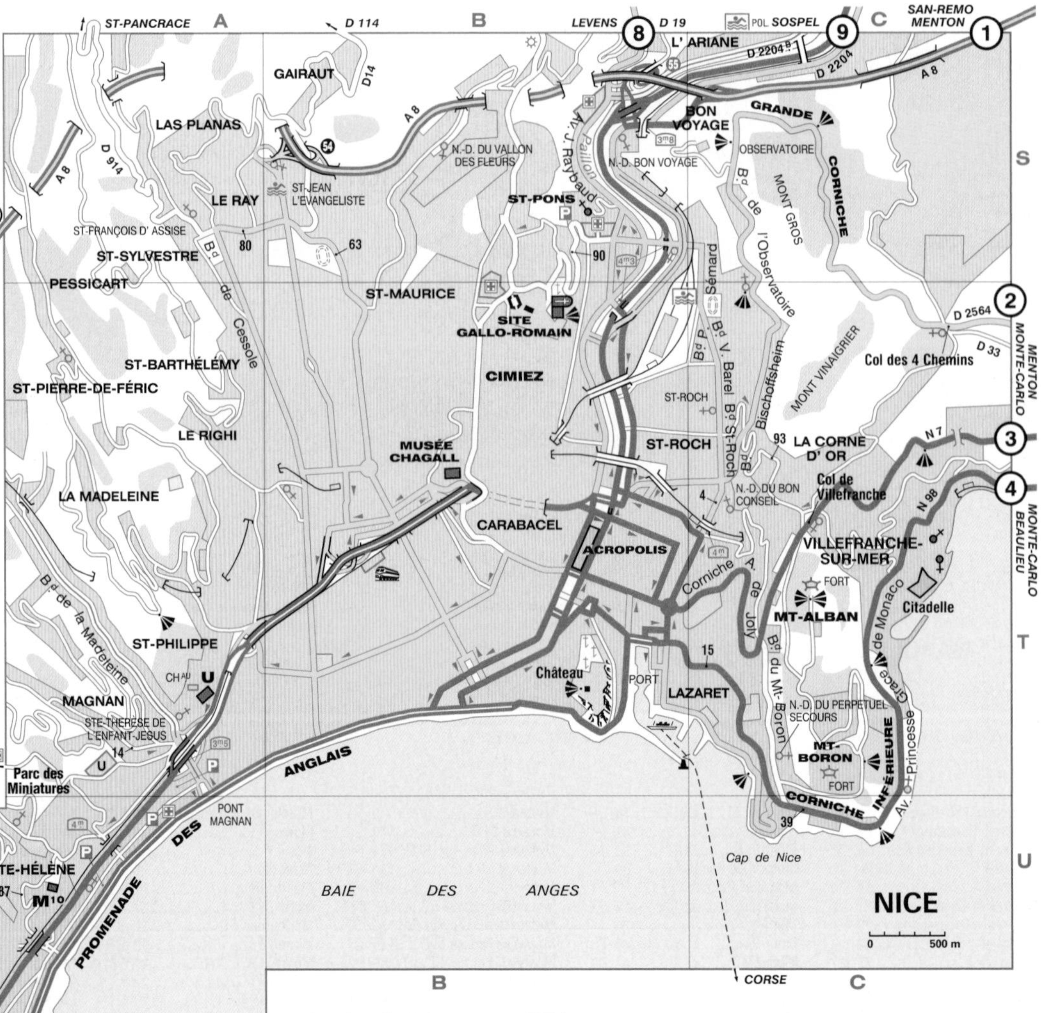
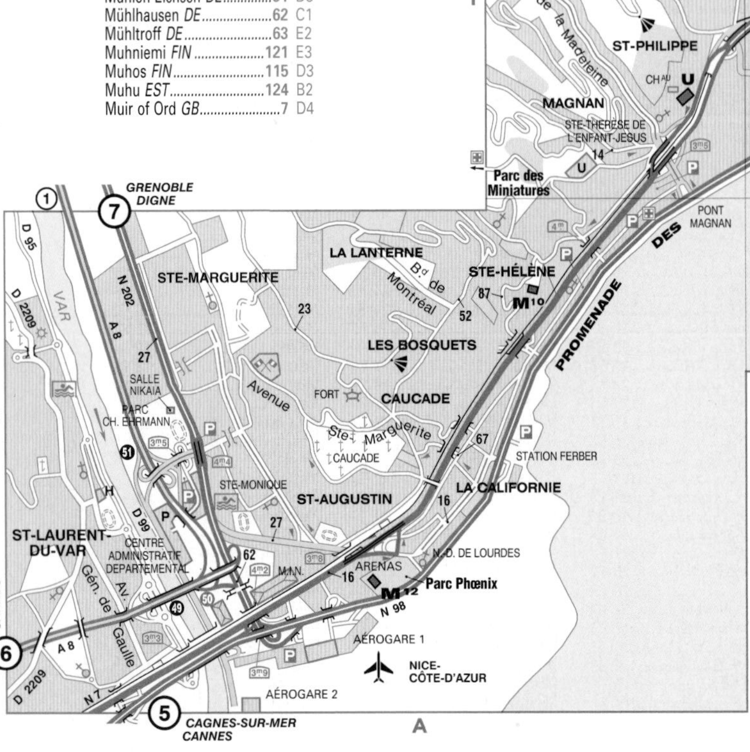

2-Corniches (Bd des)	CT	93
Armée-des-Alpes (Bd de l')	CT	4
Carlone (Bd)	AT	14
Carnot (Bd)	CT	15
Cassin (Bd R.)	AU	16
Fleurie (Corniche)	AU	23
Grenoble (Rte de)	AU	27
Maeterlinck (Bd)	CU	39
Napoléon-III (Bd)	AU	52
Pompidou (Bd G.)	AU	62
St-Augustin (Av.)	AU	68
St-Sylvestre (Av.)	AS	80
Val Marie (Av. du)	AU	87
Voie Romaine	BS	90

N. Péramos GR.......89 D2
N. Perivóli GR.......93 E1
N. Petrítsi GR.......88 B1
N. Potídea GR.......88 B3
N. Róda GR.......89 D3
N. Rubeži SCG.......136 A3
N. Sánda GR.......91 D2
N. Sánda GR.......88 B2
N. Senkovac HR.......131 F2
N. Sílata GR.......88 B3
N. Skióni GR.......88 C4
N. Skopós GR.......88 C1
N. Stíra GR.......94 B4
Nakkila FIN.......120 B3
Nakło n. Notecią PL.......53 D3
Nakovo SCG.......132 C1
Nakskov DK.......122 C4
Näljänkä FIN.......109 F3
Naltijärvi FIN.......105 E3
Namdalseid N.......111 E1
Náměšť nad Oslavou CZ.......65 D3
Namsos N.......106 C4
Namsskogan N.......107 D4
Namur B.......17 F2
Nancy F.......23 D2
Nangis F.......21 F2

Nannestad *N* 117 D1
Nant *F* 30 A2
Nanterre *F* 21 E2
Nantes *F* 24 B1
Nanteuil-le-Haudouin *F* 21 F2
Nantiat *F* 25 E3
Nantua *F* 27 D2
Nantwich *GB* 10 C3
Náoussa *GR* 87 F2
Náoussa *GR* 98 C2
Napoli *I* 80 A3
Narberth / Arberth *GB* 12 C1
Narbolia *I* 82 A3
Narbonne *F* 30 A3
Narbonne-Plage *F* 30 A3
Narcao *I* 82 B4
Nardo *I* 81 F3
Narila *FIN* 121 E2
Narkaus *FIN* 109 D2
Narni *I* 79 D1
Naro *I* 84 C4
Naro-Fominsk *RUS* 125 F2
Närpes *FIN* 114 B4
Narta *HR* 131 E2
Narthäki *GR* 93 E1
Narva *EST* 124 C1
Narvik *N* 104 B4
Nås *S* 118 C1
Näsåker *S* 112 C2
Năsăud *RO* 126 C4
Nasbinals *F* 30 A1
Našice *HR* 131 F2
Naso *I* 85 D2
Nassau *DE* 62 A2
Nassereith *A* 67 D3
Nässjo *S* 118 C4
Nastola *FIN* 121 D3
Natalinci *SCG* 133 D4
Nattavaara *S* 108 B2
Nättraby *S* 123 F2
Naucelle *F* 29 F2
Nauders *A* 67 D4
Nauen *DE* 57 F2
Naul *IRL* 3 D4
Naumburg *DE* 63 E1
Naunhof *DE* 57 F4
Naustdal *N* 110 B3
Nava *E* 33 E2
Nava de la Asunción *E* 36 A4
Nava del Rey *E* 35 F4
Navacepeda de Tormes *E* 41 F1
Navacerrada *E* 42 B1
Navaconcejo *E* 41 F2
Navahermosa *E* 42 A3
Navahrudak *BY* 124 C4
Navalcán *E* 41 F2
Navalcarnero *E* 42 B2
Navaleno *E* 36 C3
Navalmanzano *E* 36 A4
Navalmoral de la Mata *E* 41 F2
Navalperal de Pinares *E* 42 A1
Navaluenga *E* 42 A1
Navalvillar de Pela *E* 41 F3
Navamorcuende *E* 42 A2
Navan / An Uaimh *IRL* 3 D4
Navarredonda
de Gredos *E* 41 F1
Navarrenx *F* 28 B3
Navarrés *E* 43 F4
Navarrete *E* 37 D2
Navàs *E* 38 C3
Navas de Oro *E* 36 A4
Navas de San Juan *E* 48 B1
Navas del Madroño *E* 41 D2
Navascués *E* 28 B4
Navasfrías *E* 41 D1
Navatalgordo *E* 42 A1
Nave *I* 71 F4
Nave Redonda *P* 46 A2
Nävekvarn *S* 119 E3
Navelli *I* 79 F1
Naveros *E* 47 D4
Navia *E* 33 D2
Navia de Suarna *E* 32 C3
Navl'a *RUS* 125 F4
Náxos *GR* 98 C2
Náxos (Nissí) *GR* 99 D2
Nay *F* 28 C3
Nazaré *P* 40 A2
Nazilli *TR* 129 F4
Néa Epídavros *GR* 97 E1
Néa Kíos ( ) *GR* 97 D1
Néa Koróni *GR* 96 C3
Néa Moní *GR* 95 F3
Neápoli *GR* 101 E3
Neápoli *GR* 97 E4
Neápoli *GR* 87 E3
Neath / Castell-nedd *GB* 13 D1
Nebel *DE* 50 A2
Nebljusi *HR* 131 D4
Nebra *DE* 57 E4
Neckarelz *DE* 62 B4
Neckargemünd *DE* 23 F1
Neckarsteinach *DE* 23 F1
Neckarsulm *DE* 62 B4
Nečujam *HR* 135 D2
Néda *GR* 91 D2
Neda *E* 32 B2
Nedelišće *HR* 131 D1
Nedervetil *FIN* 114 B2
Nedstrand *N* 116 A2
Neede *NL* 55 D3
Neermoor *DE* 55 E1
Nefyn *GB* 10 A3
Negorci *MK* 137 F4
Negotin *SCG* 133 F3
Negotino *MK* 137 F4
Negrar *I* 71 F4
Negreira *E* 32 A3
Nègrepelisse *F* 29 E2
Negru Vodă *RO* 129 F1
Neheim-Hüsten *DE* 55 F4
Neiden *N* 105 F2
Neila *E* 36 C3
Nejdek *CZ* 63 F2
Nekromandío Efíras *GR* 92 A1
Neksø *DK* 123 E4
Nelas *P* 40 C1
Nelidovo *RUS* 125 E2
Nellim *FIN* 105 F3
Nelson *GB* 11 D2
Neman *RUS* 124 B4
Neméa *GR* 97 D1
Nemours *F* 21 F3
Nemyriv *UA* 127 E2
Nenagh / An tAonach *IRL* 4 C2
Nénita *GR* 95 F4
Nenzing *A* 66 C3
Neo Chorio (Akamas) *CY* 138 A3
Neo Chorio (Kythrea) *CY* 139 D2
Neohoráki *GR* 94 A4
Neohóri *GR* 91 E1
Neohóri (Árta) *GR* 92 B2
Neohóri
(Etolía-Akarnanía) *GR* 92 C3
Neohóri (Évia) *GR* 94 B3
Neohóri (Fthiótida) *GR* 93 D2
Neohóri (Ilía) *GR* 96 B1
Neohóri (Karditsa) *GR* 92 C1
Neohóri (Magnissía) *GR* 93 F1
Neohóri (Trikala) *GR* 87 F4
Nepomuk *CZ* 64 A3
Nérac *F* 29 D2
Neráida *GR* 92 C1
Neratovice *CZ* 64 B2
Nerdvika *N* 110 C1
Neresheim *DE* 67 D1
Nereto *I* 77 D4
Nerezi *MK* 137 E3
Nerezine *HR* 130 B4
Nerežišća *HR* 135 D2
Néris-les-Bains *F* 25 F2
Nerja *E* 48 A3
Néronde *F* 26 B3
Nérondes *F* 26 A1
Nerotriviá *GR* 94 A3
Nerpio *E* 48 C1
Nerva *E* 47 D1
Nervesa d. Battaglia *I* 72 B3
Nervi *I* 75 D2
Nes *NL* 54 C1
Nes *N* 117 D1
Nesbyen *N* 116 C1
Nesebăr *BG* 129 F2
Nesjahverfi *IS* 106 C2
Neskaupstaður *IS* 106 C1
Nesle *F* 16 C4
Nesna *N* 107 D3
Nesoddtangen *N* 117 D2
Nesseby *N* 105 F2
Nesselwang *DE* 67 D2
Nestáni *GR* 97 D1
Nestório *GR* 87 D3
Néstoros (Anáktora) *GR* 96 B2
Nesvik *N* 116 A2
Netolice *CZ* 64 B4
Netretić *HR* 130 C3
Nettetal *DE* 61 E1
Nettuno *I* 79 E2
Neu Darchau *DE* 50 C4
Neu-Isenburg *DE* 62 B3
Neu Lübbenau *DE* 58 A3
Neu Ulm *DE* 66 C1
Neuastenberg *DE* 62 A1
Neubeckum *DE* 55 F4
Neubrandenburg *DE* 51 F3
Neubukow *DE* 51 D2
Neuburg a. d. Donau *DE* 67 E1
Neuchâtel *CH* 27 E1
Neuenbürg *DE* 23 F2
Neuenburg *DE* 55 E1
Neuendorf *DE* 51 E2
Neuendorf
(b. Hiddensee) *DE* 51 E2
Neuenhaus *DE* 55 D3
Neuenkirchen *DE* 50 B4
Neuenstadt *DE* 62 B4
Neuenstein *DE* 62 B1
Neuerburg *DE* 61 E3
Neuf-Brisach *F* 23 E3
Neufahrn *DE* 63 F4
Neufchâteau *F* 22 C3
Neufchâteau *B* 17 F3
Neufchâtel-en-Bray *F* 16 B4
Neufchâtel-sur-Aisne *F* 17 E4
Neufelden *A* 68 B1
Neuffen *DE* 66 C1
Neugersdorf *DE* 58 B4
Neuhardenberg *DE* 58 A2
Neuharlingersiel *DE* 55 E1
Neuhaus *DE* 63 D2
Neuhaus *DE* 50 C4
Neuhaus (Oste) *DE* 50 A3
Neuhaus i. Solling *DE* 56 B4
Neuhaus-Schierschnitz *DE* 63 D2
Neuhausen *CH* 23 F4
Neuhofen an der Krems *A* 68 B1
Neuillé-Pont-Pierre *F* 20 C4
Neuilly-en-Thelle *F* 16 C4
Neuilly-le-Réal *F* 26 A2
Neuilly-l'Évêque *F* 22 C3
Neuilly-St-Front *F* 17 D4
Neukalen *DE* 51 E3
Neukirch
(Kreis Bautzen) *DE* 58 A4
Neukirchen *DE* 50 A1
Neukirchen
am Großvenediger *A* 67 F3
Neukloster *DE* 51 D3
Neuleugbach *A* 69 D1
Neum *BIH* 135 F3
Neumarkt *A* 68 A2
Neumarkt i. d.
Oberpfalz *DE* 63 E4
Neumarkt in Steiermark *A* 68 C3
Neumarkt-St Veit *DE* 67 F1
Neumünster *DE* 50 B3
Neunagelberg *A* 64 C4
Neunburg v. Wald *DE* 63 F3
Neung-sur-Beuvron *F* 21 E4
Neunkirchen *A* 69 D1
Neunkirchen (Saar) *DE* 23 E1
Neuötting *DE* 67 F1
Neupölla *A* 64 C4
Neuruppin *DE* 51 E4
Neusiedl am See *A* 69 E1
Neuss *DE* 61 E1
Neustadt *DE* 58 A4
Neustadt *DE* 63 E1
Neustadt *DE* 51 E4
Neustadt (Titisee-) *DE* 23 F3
Neustadt (Hessen) *DE* 62 B1
Neustadt a. d. Aisch *DE* 63 D3
Neustadt a. d. Donau *DE* 63 E4
Neustadt a. d.
Waldnaab *DE* 63 E3
Neustadt a. d.
Weinstraße *DE* 23 F1
Neustadt a.
Rübenberge *DE* 56 B3
Neustadt b. Coburg *DE* 63 D2
Neustadt-Glewe (Kreis
Ludwigslust) *DE* 51 D4
Neustadt i. Holstein *DE* 50 C2
Neustift im Stubaital *A* 67 E3
Neustrelitz *DE* 51 F3
Neuves-Maisons *F* 22 C2
Neuvic *F* 25 F4
Neuvic *F* 25 D4
Neuville-aux-Bois *F* 21 E3
Neuville-de-Poitou *F* 25 D2
Neuville-sur-Saône *F* 26 C3
Neuvy-le-Roi *F* 20 C4
Neuvy-St-Sépulchre *F* 25 E2
Neuvy-sur-Barangeon *F* 25 F1
Neuwied *DE* 61 F2
Névache *F* 27 E4
Nevel *RUS* 125 D3
Nevers *F* 26 A1
Neves (As) *E* 32 A4
Nevesinje *BIH* 135 F2
Nevlunghavn *N* 117 D3
New Abbey *GB* 9 D4
New Alresford *GB* 13 F2
New Cumnock *GB* 8 C3
New Deer *GB* 7 F4
New Galloway *GB* 8 C4
New Quay /
Ceinewydd *GB* 10 A4
New Romney *GB* 15 D4
New Ross /
Ros Mhic Thriúin *IRL* 5 E3
Newark-on-Trent *GB* 11 E3
Newbiggin-by-the-Sea *GB* 9 F4
Newborough *GB* 10 A3
Newbridge /
An Droichead Nua *IRL* 3 D4
Newburgh *GB* 9 D2
Newburgh *GB* 7 F4
Newbury *GB* 13 F2
Newcastle *GB* 3 E3
Newcastle Emlyn / Castell
Newydd Emlyn *GB* 12 C1
Newcastle-under-Lyme *GB* 10 C3
Newcastle-upon-Tyne *GB* 9 F4
Newcastle West /
An Caisleán Nua *IRL* 4 B2
Newhaven *GB* 14 C4
Newmarket *GB* 14 C2
Newmarket *IRL* 4 B3
Newmarket on Fergus *IRL* 4 C2
Newnham *GB* 13 E1
Newport *GB* 13 F3
Newport *GB* 10 C4
Newport *GB* 12 C1
Newport *IRL* 4 C2
Newport / Baile
Uí Fhiacháin *IRL* 2 A3
Newport / Casnewydd *GB* 13 D2
Newport-on-Tay *GB* 9 D2
Newport Pagnell *GB* 14 B2
Newquay *GB* 12 B3
Newry *GB* 3 E3
Newton Abbot *GB* 13 D3
Newton-Aycliffe *GB* 11 D1
Newton Ferrers *GB* 12 C4
Newton Stewart *GB* 3 F2
Newtonmore *GB* 8 C1
Newtown *GB* 13 E1
Newtown / Drenewydd *GB* 10 B4
Newtown St Boswells *GB* 9 E3
Newtownabbey *GB* 3 E2
Newtownards *GB* 3 E2
Newtownbutler *GB* 2 C3
Newtownhamilton *GB* 3 D3
Newtownstewart *GB* 3 D2
Nexon *F* 25 E3
Neyland *GB* 12 C1
Niáta *GR* 97 E3
Nibe *DK* 122 B1
Nicastro *I* 83 E3
Nice *F* 31 F2
Nickelsdorf *A* 69 E1
Nicolosi *I* 85 E3
Nicosia *I* 85 D3
Nicosia *CY* 138 C2
Nicotera *I* 83 E3
Nidderau *DE* 62 B3
Nideggen *DE* 61 E2
Nidrí *GR* 92 A2
Niebla *E* 46 C2
Niebüll *DE* 50 A2
Niederalteich *DE* 64 A4
Niederaula *DE* 62 B1
Niederbronn-les-Bains *F* 23 E2
Niederelsungen *DE* 56 B4
Niederjossa *DE* 62 B1
Niederkrüchten *DE* 61 E1
Niederstetten *DE* 62 C4
Niederstotzingen *DE* 67 D1
Niegripp *DE* 57 E3
Niemegk *DE* 57 F3
Niemisel *S* 108 B3
Nienburg *DE* 56 B2
Nienburg *DE* 57 E3
Nierstein *DE* 62 A3
Niesky *DE* 58 B4
Nieul *F* 25 E3
Nieuweschans *NL* 55 E2
Nieuwpoort-Bad *B* 15 F4
Niforéka *GR* 92 C4
Nigrita *GR* 88 C1
Niinisalo *FIN* 120 B2
Níjar *E* 48 C3
Nijemci *HR* 132 B3
Nijkerk *NL* 54 C3
Nijmegen *NL* 54 C4
Nijverdal *NL* 55 D3
Níkea *GR* 93 E1
Níki *GR* 87 E1
Nikiá *GR* 103 D1
Nikifóros *GR* 89 D1
Nikíssiani *GR* 89 D1
Nikitari *CY* 138 B3
Nikitas *GR* 88 C3
Nikitas *CY* 138 B3
Nikkaluokta *S* 108 A1
Nikoléika *GR* 93 D4
Nikopol' *UA* 127 F3
Nikopol *BG* 129 D2
Nikópoli *GR* 92 B2
Nikópoli *GR* 92 B2
Nikšić *SCG* 136 A3
Nilivaara *S* 108 B2
Nilsiä *FIN* 115 E3
Nîmes *F* 30 B2
Nimféa *GR* 89 F1
Nimféo *GR* 87 E2
Nímos (Nissí) *GR* 103 E1
Nin *HR* 134 B1
Ninove *B* 17 E2
Niort *F* 24 C2
Nípsa *GR* 91 D2
Niš *SCG* 137 E1
Nisa *P* 40 C2
Niscemi *I* 85 D4
Niška Banja *SCG* 137 E1
Nissáki *GR* 86 B4
Nissilä *FIN* 115 D2
Níssiros (Nissí) *GR* 103 D1
Niton *GB* 13 F3
Nitra *SK* 126 A3
Nitry *F* 22 A4
Nittedal *N* 117 D1
Nittenau *DE* 63 F4
Nittendorf *DE* 63 E4
Nivala *FIN* 114 C2
Nivelles *B* 17 E2
Nižyn *UA* 127 E1
Njasviž *BY* 124 C4
Njivice *HR* 130 B4
Njurundabommen *S* 112 C3
Noailles *F* 16 C4
Noáin *E* 28 A4
Noblejas *E* 42 C2
Nocera Inferiore *I* 80 A3
Nocera Terinese *I* 83 E3
Nocera Umbra *I* 76 C4
Noceto *I* 75 F1
Noci *I* 81 D3
Nodeland *N* 116 B3
Nœux-les-Mines *F* 16 C2
Nogara *I* 72 A4
Nogaro *F* 28 C2
Nogent *F* 22 C3
Nogent-le-Roi *F* 21 D2
Nogent-le-Rotrou *F* 21 D3
Nogent-sur-Seine *F* 22 A3
Noginsk *RUS* 125 F2
Nogueira de Ramuín *E* 32 B4
Noguera *E* 43 E1
Nohfelden *DE* 23 E1
Noia *E* 32 A3
Noirétable *F* 26 B3
Noirmoutier-en-l'Ile *F* 24 A1
Noja *E* 36 C1
Nokia *FIN* 120 C2
Nola *I* 80 A3
Nolay *F* 26 C1
Noli *I* 75 D2
Nomeny *F* 23 D2
Nomexy *F* 23 D3
Nómia *GR* 97 E3
Nonancourt *F* 21 D2
Nonant-le-Pin *F* 20 C2
Nonaspe *E* 38 A4
None *I* 27 F4
Nonio *I* 70 C4
Nontron *F* 25 D3
Nonza *F* 78 A2
Noordwijk aan Zee *NL* 54 B3
Noormarkku *FIN* 120 B2
Nora *S* 119 D2
Norberg *S* 119 D1
Norcia *I* 76 C4
Nord Edewecht *DE* 55 E2
Nord-Lenangen *N* 104 C2
Nordborg *DK* 122 B3
Nordby (Århus) *DK* 122 C2
Nordby (Ribe) *DK* 122 A3
Norddeich *DE* 55 E1
Nordeide *N* 110 B4
Norden *DE* 55 E1
Nordenau *DE* 62 A1
Nordenham *DE* 50 A4
Norderney *DE* 55 E1
Norderstedt *DE* 50 B3
Nordfjordeid *N* 110 B3
Nordfold *N* 107 E1
Nordhalben *DE* 63 E2
Nordhausen *DE* 57 D4
Nordhorn *DE* 55 E3
Nordingrå *S* 112 D2
Nordkjosbotn *N* 104 B3
Nordli *N* 111 F1
Nördlingen *DE* 63 D4
Nordmaling *S* 113 D2
Nordmark *S* 118 C2
Nordseter *N* 111 D4
Norðurfjörður *IS* 106 A1
Nore *N* 116 C1
Noresund *N* 117 D1
Norg *NL* 55 D2
Norheimsund *N* 116 B1
Norra Bergnäs *S* 108 A3
Norra Råda *S* 118 C1
Norråker *S* 112 B1
Norrby *S* 108 A4
Nørre Åby *DK* 122 B3
Nørre Alslev *DK* 122 C4
Nørre Nebel *DK* 122 A2
Nørre Snede *DK* 122 B2
Nørre Vorupør *DK* 122 A1
Norrent-Fontes *F* 16 C2
Norrköping *S* 119 D3
Norrnäs *FIN* 114 A4
Norrsunda *S* 119 E2
Norrsundet *S* 119 E1
Norrtälje *S* 119 F2
Norrviken *S* 123 D2
Norsjö *S* 108 A4
Nort-sur-Erdre *F* 19 E4
Nörten-Hardenberg *DE* 56 C4
North Berwick *GB* 9 E2
North Walsham *GB* 15 D1
Northallerton *GB* 11 D1
Northam *GB* 12 C2
Northampton *GB* 14 B2
Northeim *DE* 56 C4
Northleach *GB* 13 F1
Northwich *GB* 10 C3
Norton *GB* 11 E2
Nortorf *DE* 50 B2
Norwich *GB* 15 D1
Nosivka *UA* 127 E1
Nossebro *S* 118 B3
Nossen *DE* 63 F1
Nótia *GR* 87 F1
Noto *I* 85 E4
Notodden *N* 116 C2
Notre-Dame-
de-Bellecombe *F* 27 E3
Nottingham *GB* 11 E3
Nouan-le-Fuzelier *F* 21 E4
Nousiainen *FIN* 120 C3
Nouvion-en-Ponthieu *F* 16 B3
Nouzonville *F* 17 E3
Nova Breznica *MK* 137 E3
Nová Bystřice *CZ* 64 C4
Nova Crnja *SCG* 132 C2
Nova Gorica *SLO* 130 A3
Nova Gradiška *HR* 131 F3
Nova Kachovka *UA* 127 F3
Nova Levante /
Welschnofen *I* 67 E4
Nová Paka *CZ* 64 C1
Nova Pazova *SCG* 132 C3
Nová Role *CZ* 63 F2
Nova Siri Stazione *I* 81 D4
Nova Topola *BIH* 131 F3
Nova Varoš *SCG* 136 B1
Nova Vas *SLO* 130 B3
Nova Zagora *BG* 129 E2
Novaci *SCG* 132 C4
Novaci *MK* 137 E4
Novafeltria *I* 76 B2
Novales *E* 38 A3
Novalija *HR* 134 B1
Novara *I* 71 D4
Novara di Sicilia *I* 83 D4
Nové Město
na Moravě *CZ* 65 D2
Nové Město
nad Metují *CZ* 65 D1
Nové Město
nad Váhom *SK* 126 A3
Nové Zámky *SK* 126 A4
Novelda *E* 49 F1
Novellara *I* 75 F1
Noventa Vicentina *I* 72 A4
Noves *F* 30 C2
Novgorod *RUS* 125 D1
Novhorod-Sivers'kyj *UA* 127 F1
Novi Bečej *SCG* 132 C2
Novi di Modena *I* 75 F1
Novi Dojran *MK* 137 F4
Novi Grad (Brčko) *BIH* 132 A3
Novi Grad /
Bosanski Novi *BIH* 131 E3
Novi Karlovci *SCG* 132 C3
Novi Kneževac *SCG* 132 C1
Novi Ligure *I* 75 D1
Novi Marof *HR* 131 D2
Novi Pazar *SCG* 136 C2
Novi Pazar *BG* 129 E2
Novi Sad *SCG* 132 C2
Novi Šeher *BIH* 132 A4
Novi Slankamen *SCG* 132 C2
Novi Travnik *BIH* 135 E1
Novi Vinodolski *HR* 130 C4
Novigrad (Poreč) *HR* 130 A4
Novigrad (Zadar) *HR* 134 C1
Novigrad Podravski *HR* 131 E2
Novion-Porcien *F* 17 E4
Novo Brdo *SCG* 137 E2
Novo mesto *SLO* 130 C2
Novo Miloševo *SCG* 132 C2
Novo Selo *MK* 137 F4
Novo Selo *BIH* 131 F3
Novo Zvečevo *HR* 131 F2
Novohrad-Volyns'kyj *UA* 127 D2
Novomyrhorod *UA* 127 F2
Novoržev *RUS* 125 D2
Novoselycja *UA* 127 D3
Novosil' *RUS* 125 F4
Novoukraïnka *UA* 127 F3
Novovolyns'k *UA* 126 C2
Novozybkov *RUS* 125 E4
Novska *HR* 131 E3
Nový Bor *CZ* 64 B1
Nový Bydžov *CZ* 64 C2
Nový Jičín *CZ* 65 F2
Novyj Buh *UA* 127 F4
Nowa Brzeźnica *PL* 59 F4
Nowa Sól *PL* 58 C3
Nowogard *PL* 52 B3
Nowy Sącz *PL* 126 B3
Nowy Targ *PL* 126 A3
Noyant *F* 20 C4
Noyers *F* 22 A4
Noyers-sur-Jabron *F* 31 D2
Noyon *F* 17 D4
Nozay *F* 19 E4
Nueva *E* 33 F2
Nueva Carteya *E* 47 F2
Nuévalos *E* 37 E4
Nuevo Baztán *E* 42 C2
Nuijamaa *FIN* 121 E3
Nuits-St-Georges *F* 26 C1
Nules *E* 44 A3
Nulvi *I* 82 B1
Numana *I* 77 D3
Numancia *E* 37 D3
Nummela *FIN* 120 C4
Nummi *FIN* 120 C4
Nuneaton *GB* 11 D4
Nunnanen *FIN* 105 E4
Nuñomoral *E* 41 E1
Nunspeet *NL* 54 C3
Nuorgam *FIN* 105 F2
Nuoro *I* 50 B3
Nuoro *I* 82 B2
Nurallao *I* 82 B3
Nürburg *DE* 61 F2
Núria *E* 39 D2
Nurmes *FIN* 115 E2
Nurmijärvi *FIN* 121 D4
Nurmijärvi
(Pohjois-Karjala) *FIN* 115 F2

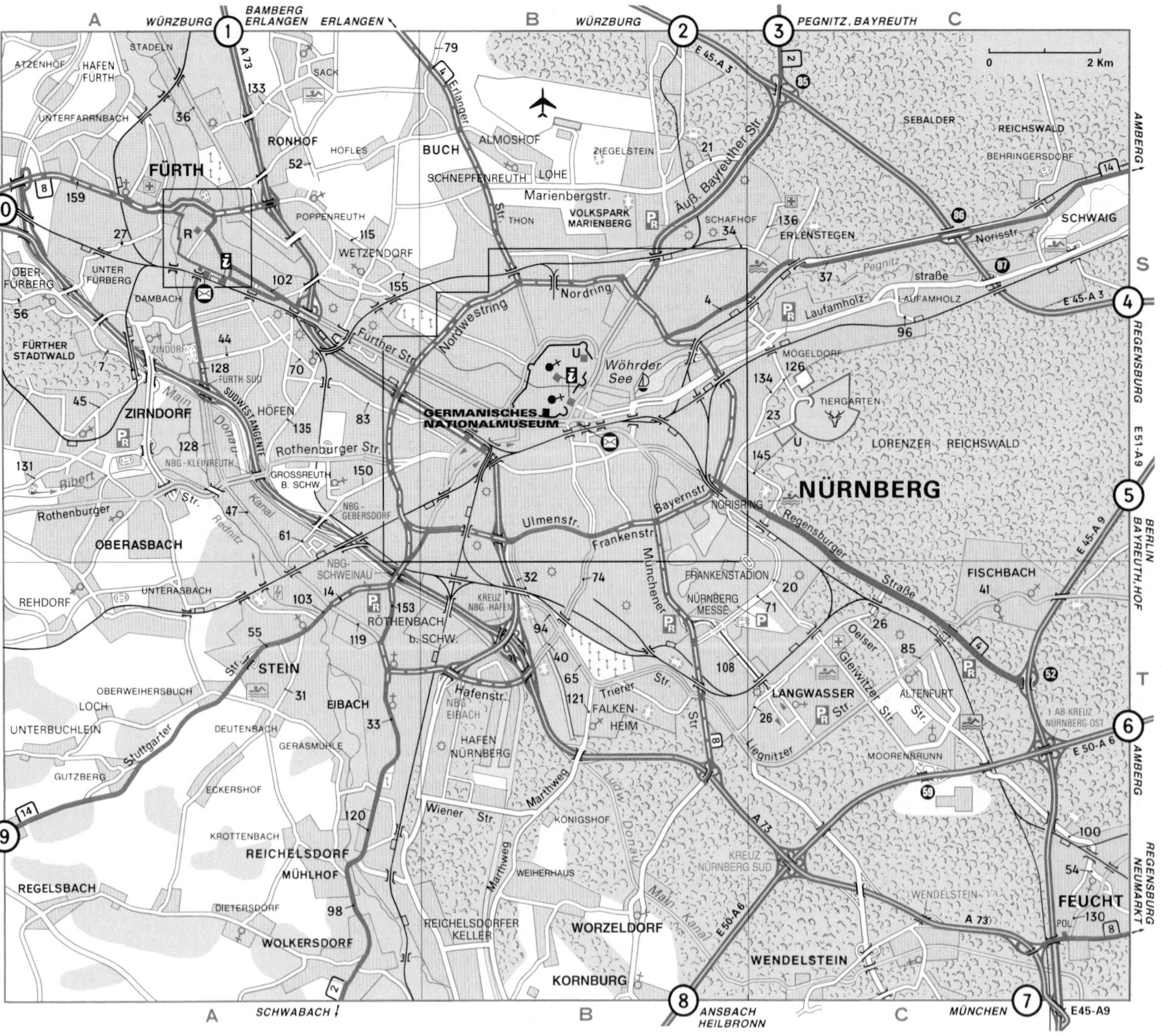

NÜRNBERG

Äußere Sulzbacher Str. . . . . . BS 4
Am Europakanal . . . . AS 7
Ansbacher Str. . . . . AT 14
Beuthener Str. . . . . CT 20
Bierweg . . . . BS 21
Bingstr. . . . . CS 23
Breslauer Str. . . . . CT 26
Cadolzburger Str. . . . . AS 27
Deutenbacher Str. . . . . AT 31
Dianastr. . . . . BT 32
Eibacher Hauptstr. . . . . AT 33
Eichendorffstr. . . . . BS 34
Erlanger Str. (FÜRTH) . . . . AS 36
Erlenstegenstr. . . . . CS 37
Finkenbrunn . . . . BT 40
Fischbacher Hauptstr. . . . . CT 41
Fronmüllerstr. (FÜRTH) . . . . . AS 44
Fürther Str. (ZIRNDORF) . . . . AS 45
Gebersdorfer Str. . . . . AS 47
Gründlacher Str. . . . . AS 52
Hauptstr. (FEUCHT) . . . . CT 54
Hauptstr. (STEIN) . . . . AT 55
Heilstättenstr. . . . . AS 56
Hügelstr. . . . . AS 61
Julius-Loßmann-Str. . . . . BT 65
Karl-Martell-Str. . . . . AS 70
Karl-Schönleben-Str. . . . . CT 71
Katzwanger Str. . . . . BT 74
Kraftshofer Hauptstr. . . . . BS 79
Leyher-Str. . . . . AS 83
Löwenberger Str. . . . . CT 85
Minervastr. . . . . BT 94
Moritzbergstr. . . . . CS 96
Mühlhofer Hauptstr. . . . . AT 98
Nürnberger Str. (FEUCHT) . . . CT 100
Nürnberger Str. (FÜRTH) . . . . AS 102
Nürnberger Str. (STEIN) . . . . . AT 103
Otto-Bärnreuther-Str. . . . . BT 108
Poppenreuther Str. (FÜRTH) . AS 115
Rednitzstr. . . . . AT 119
Reichelsdorfer Hauptstr. . . . . . AT 120
Saarbrückener Str. . . . . BT 122
Schmausenbuckstr. . . . . CS 126
Schwabacher Str. (FEUCHT) . CT 130
Schwabacher Str. (FÜRTH) . . AS 128
Schwabacher Str.
(ZIRNDORF) . . . . AS 131
Seeackerstr. . . . . AS 133
Siedlerstr. . . . . CS 134
Sigmundstr. . . . . AS 135
Stadenstr. . . . . CS 136
Valznerweiherstr. . . . . CS 145
Wallensteinstr. . . . . AS 150
Weißenburger Str. . . . . AT 153
Wetzendorfer Str. . . . . AS 155
Würzburger Str. . . . . AS 159

Nurmo FIN.....114 B3
Nürnberg DE.....63 D3
Nürnberg DE.....63 D3
Nürtingen DE.....66 C1
Nus I.....27 F3
Nusse DE.....50 C3
Nuštar HR.....132 A2
Nuttlar DE.....62 A1
Nuttupera FIN.....115 D2
Nuutajärvi FIN.....120 C3
Nyåker S.....113 D1
Nybergsund N.....111 E4
Nyborg DK.....122 C3
Nybro S.....123 F2
Nyírbátor H.....126 B3
Nyíregyháza H.....126 B3
Nykarleby /
Uusikaarlepyy FIN.....114 B3
Nykøbing F DK.....122 C4
Nykøbing M (Viborg) DK...122 B1
Nykøbing S
(Vestsjælland) DK.....122 C3
Nyköping S.....119 E3
Nykvarn S.....119 E2
Nymburk CZ.....64 B2
Nynäshamn S.....119 E3
Nyon CH.....27 E2
Nyons F.....30 C1
Nýřany CZ.....64 A3
Nýrsko CZ.....64 A3
Nyrud N.....105 F3
Nysa PL.....65 E1
Nysäter S.....118 B2
Nyseter N.....110 C3
Nysted DK.....122 C4
Nyvoll N.....105 D2

O, Ö, Ø

O Barco E.....32 C4
O Bolo E.....32 C4
O Cádabo E.....32 C3
O Grove E.....32 A3
Oadby GB.....11 E4
Oakham GB.....11 E4
Oanes N.....116 A2
Óassi GR.....93 E4
Oban GB.....8 B1
Obbola S.....113 E1
Obdach A.....68 C3
Obejo E.....47 F1
Oberammergau DE.....67 E2
Oberau DE.....67 E3
Oberaudorf DE.....67 F2
Oberdrauburg A.....68 A4
Obereßfeld DE.....63 D2
Obergrafendorf A.....69 D1
Obergünzburg DE.....67 D2
Obergurgl A.....67 E4
Oberhaslach F.....23 E2
Oberhausen
(Kreis Oberhausen) DE..61 E1
Oberhof (Kreis Schmalkalden-
Meiningen) DE.....63 D1
Oberkirch
(Ortenaukreis) DE.....23 F2
Oberkirchen DE.....62 A1
Oberkochen DE.....66 C1
Obermarchtal DE.....66 C2
Obernai F.....23 E2
Obernberg am Inn A.....68 A1
Obernburg DE.....62 B3
Oberndorf a. Neckar (Kreis
Freiburg) DE.....23 F3
Oberndorf bei Salzburg A...68 A2
Obernzell DE.....68 A1
Oberölsbach DE.....63 E4
Oberprechtal DE.....23 F3
Oberpullendorf A.....69 E2
Obersontheim DE.....62 C4
Oberstaufen (Kreis
Oberallgäu) DE.....66 C3
Oberstdorf DE.....67 D3
Obertauern A.....68 A3
Obertraun A.....68 B2
Oberursel DE.....62 A2
Obervellach A.....68 A3
Oberviechtach DE.....63 F3
Oberwart A.....69 E2
Oberwesel DE.....62 A3
Oberwiesenthal DE.....63 F2
Oberwölz A.....68 B3
Oberzeiring A.....68 C3
Òbidos P.....40 A2
Obilić SCG.....137 D2
Obing DE.....67 F2
Objat F.....25 E4
Obninsk RUS.....125 F3
Obojan' RUS.....127 F1
Obón E.....43 F1
Oborniki PL.....53 D4
Obornjača SCG.....132 B2
Oborovo HR.....131 D2
Obrenovac SCG.....132 C3
Obrež SCG.....132 C3
Obrov SLO.....130 B3
Obrovac HR.....134 C1
Obrovac Sinjski HR.....135 D2
Obršani MK.....137 E4
Obsteig A.....67 E3
Obudavac BIH.....132 A3
Obzor BG.....129 F2
Očakiv UA.....127 F3
Ocaña E.....42 C2
Occhiobello I.....76 A1
Očevlja BIH.....132 A4
Ochagavía E.....28 B4
Ochsenfurt DE.....62 C3
Ochsenhausen DE.....66 C2
Ochtrup DE.....55 E3
Ochtyrka UA.....127 F1
Ockelbo S.....119 E1
Öckerö S.....118 A4
Ödåkra S.....123 D2
Odda N.....116 B1
Odden Færgehavn DK.....122 C2
Odder DK.....122 B2
Odeceixe P.....46 A2
Odeleite P.....46 B2
Odelzhausen DE.....67 E1
Odemira P.....46 A1
Ödemiş TR.....129 F4
Odense DK.....122 B3
Odenthal DE.....61 F1
Oderberg DE.....52 A4
Oderzo I.....72 B3
Odesa UA.....127 F4
Ödeshög S.....118 C3
Odivelas P.....40 B4
Odolo I.....71 F4
Odorheiu Secuiesc RO.....127 D4
Odry CZ.....65 F2
Odžaci SCG.....132 B2
Odžak SCG.....136 B2
Odžak BIH.....132 A3
Oebisfelde DE.....57 D3
Oederan DE.....63 F1
Oeiras P.....40 A3
Oelde DE.....55 F4
Oelsnitz DE.....63 E2
Oettingen DE.....63 D4
Oetz A.....67 E3
Offenbach DE.....62 B3
Offenburg DE.....23 F2
Offida I.....77 D4
Offranville F.....16 A3
Ofir P.....34 B3
Oggiono I.....71 D4
Ogliastro Cilento I.....80 B4
Ogošte SCG.....137 E2
Ogre LV.....124 B2
Ogulin HR.....130 C3
Ohanes E.....48 C3
Ohiró GR.....88 C1
Ohlstadt DE.....67 E2
Ohorn DE.....58 A4
Ohrdruf DE.....63 D1
Ohrid MK.....137 D4
Öhringen DE.....62 C4
Óhthia GR.....92 C3
Ohthoniá GR.....94 B3
Oiartzun E.....28 A3
Oijärvi FIN.....109 D3
Oikarainen FIN.....109 D2
Oirschot NL.....17 F1
Oisemont F.....16 B3
Oisterwijk NL.....17 F1
Oitti FIN.....121 D3
Öja FIN.....114 B2
Ojakylä FIN.....114 C1
Öje S.....118 C1
Öjebyn S.....108 B4
Ojos Negros E.....43 E1
Ojuelos E.....47 E1
Öjung S.....112 B4
Okehampton GB.....12 C3
Oker (Kreis Goslar) DE.....56 C4
Oknö S.....123 F2
Oksbøl DK.....122 A3
Oksby DK.....122 A3
Øksfjord N.....104 C2
Okučani HR.....131 E3
Okulovka RUS.....125 E1
Ólafsfjörður IS.....106 B1
Olafsvík IS.....106 A1
Olargues F.....30 A3
Olazti/Olazagutia E.....37 D2
Olbernhau DE.....64 A1
Olbia I.....78 A4
Oldcastle /
An Seanchaisleán IRL.....3 D3
Oldebroek NL.....54 C3
Oldeide N.....110 A3
Olden N.....110 B3
Oldenburg (Oldb) (Kr. Oldenburg
Oldb Stadt) DE.....50 A4
Oldenburg i. Holstein
(Kreis Ostholstein) DE...50 C2
Oldenzaal NL.....55 D3
Olderdalen N.....104 C2
Oldervik N.....104 B2
Oldham GB.....11 D2
Oldmeldrum GB.....7 F4
Oldsum DE.....50 A2
Oleggio I.....71 D4
Oleiros E.....32 B2
Oleiros P.....40 C2
Oleksandrija UA.....127 F2
Ølen N.....116 A1
Olesa de Montserrat E.....38 C4
Oleśnica PL.....59 E4
Oletta F.....78 B2
Olette F.....29 F4
Olevs'k UA.....127 D1
Ølgod DK.....122 A2
Olhão P.....46 B2
Olhava FIN.....109 D3
Oliana E.....38 C3
Olib HR.....134 B1
Olib (Otok) HR.....134 B1
Oliena I.....82 B2
Oliete E.....43 F1
Olimbía GR.....96 B1
Olimbiáda (Halkidikí) GR.....88 C2
Olimbiáda (Lárissa) GR.....88 A4
Ólimbos GR.....103 D3
Ólimbos (Óros) GR.....88 A3
Òlinthos GR.....88 C3
Olite E.....28 A4
Oliva E.....44 A4
Oliva de la Frontera E.....41 D4
Oliva de Mérida E.....41 E4
Olivares de Júcar E.....43 D3
Oliveira de Azeméis P.....34 B4
Oliveira de Frades P.....34 B4
Oliveira do Bairro P.....40 B1
Oliveira do Douro P.....34 C4
Oliveira do Hospital P.....40 C1
Olivenza E.....41 D4
Olivet F.....21 E4
Olivone CH.....66 B4
Ollerton GB.....11 E3
Olliergues F.....26 B3
Ollioules F.....31 D3
Olmedillo de Roa E.....36 B3
Olmedo E.....36 A4
Olmedo I.....82 A2
Olmeto F.....78 A4
Olocau del Rey E.....44 A1
Olofström S.....123 E2
Olombrada E.....36 B4
Olomouc CZ.....65 E2
Olonzac F.....29 F3
Oloron-Ste-Marie F.....28 B3
Olost E.....39 D3
Olot E.....39 D3
Olovo BIH.....132 B4
Olpe DE.....62 A1
Olsberg DE.....62 A1
Olshammar S.....118 C3
Olst NL.....55 D3
Ølstykke DK.....123 D3
Olsztyn PL.....124 A4
Oltedal N.....116 A2
Olten CH.....23 F4
Oltenia US.....129 D1
Olula del Río E.....48 C3
Ólvega E.....37 D3
Olvera E.....47 E3
Omagh GB.....3 D2
Omalí GR.....87 E3
Omalós GR.....100 B3
Omarska BIH.....131 E4
Omegna I.....70 C4
Omiš HR.....135 D2
Omišalj HR.....130 B4
Ommen NL.....55 D3
Omodos CY.....138 B3
Omoljica SCG.....133 D3
Omorfohóri GR.....88 A4
Ömossa FIN.....114 B2
Oña E.....36 C2
Oñati E.....37 D1
Onda E.....44 A2
Ondara E.....44 A4
Ondarroa E.....37 D1
Oneglia I.....74 C3
Onesse-et-Laharie F.....28 B2

Onești RO 127 D4
Onich GB 8 B1
Onkamo (Lappi) FIN 109 F2
Onkamo (Pohjois-Karjala) FIN 115 F3
Ontaneda E 36 B1
Ontiñena E 38 A4
Ontinyent E 43 F4
Ontur E 43 E4
Onzain F 21 D4
Oost-Vlieland NL 54 B2
Oostburg NL 15 F3
Oostende B 15 F3
Oosterbeek NL 54 C4
Oosterend NL 54 C1
Oosterhout NL 54 B4
Oostkamp B 15 F4
Oostmalle B 17 E1
Ootmarsum NL 55 D3
Opatija HR 130 B3
Opatovac HR 132 B3
Opava CZ 65 F2
Opladen DE 61 F1
Opočka RUS 125 D2
Opole PL 59 E4
Opovo SCG 132 C3
Oppach DE 58 B4
Oppdal N 111 D2
Oppenau DE 23 F2
Oppenheim DE 62 A3
Opphaug N 111 D1
Oppido Lucano I 80 C3
Oppido Mamertina I 83 E4
Opuzen HR 135 F2
Ora / Auer I 67 E4
Oradea RO 126 B4
Oradour-sur-Glane F 25 D3
Oradour-sur-Vayres F 25 D3
Orahovac SCG 137 D3
Oraison F 31 D2
Orajärvi FIN 108 C2
Orange F 30 C2
Orani I 82 B2
Oranienbaum DE 57 E3
Oranienburg DE 51 F4
Oranmore IRL 2 B4
Orašac SCG 133 D4
Orašac HR 135 F3
Orasi SCG 136 B3
Orašje BIH 132 A3
Orăștie RO 128 C1
Oravais / Oravainen FIN 114 B3
Oravikoski FIN 115 E3
Oravița RO 128 C1
Orba E 44 A4
Ørbæk DK 122 C3
Orbassano I 27 F4
Orbe CH 27 E1
Orbec F 20 C2
Orbetello I 78 C1
Orbey F 23 E3
Orce E 48 C2
Orcera E 48 C1
Orchies F 17 D2
Orcières F 31 E1
Orcival F 26 A3
Ordes E 32 B2
Ordizia E 37 D1
Orduña E 36 C1
Ordžonikidze UA 127 F3
Ore S 112 B4
Orea E 43 E1
Orebić HR 135 E3
Örebro S 119 D2
Orechovo-Zujevo RUS 125 F2
Öregrund S 119 F1
Oreí GR 93 F2
Orellana de la Sierra E 41 F3
Orellana la Vieja E 41 F3
Oréo GR 89 E1
Oreókastro GR 88 B2
Orestiáda GR 91 E1
Orgáni GR 91 D1
Organyà E 38 C3
Orgaz E 42 B3
Orgelet F 27 D2
Orgères-en-Beauce F 21 E3
Orgiva E 48 B3
Orgon F 30 C2
Orgosolo I 82 B2
Orhei MD 127 E3
Orhomenós GR 93 F3
Oria E 48 C2
Oria I 81 E3
Oricáin E 37 E2
Origny-Ste-Benoite F 17 D3
Orihuela E 49 E1
Orihuela del Tremedal E 43 E1
Orimattila FIN 121 D3
Oriní GR 88 C1
Oriolo I 81 D4
Oripää FIN 120 B3
Orissaare EST 124 B2
Oristano I 82 A3
Orivesi FIN 120 C2
Orjahovo BG 129 D2
Ørje N 117 E2
Orkanger N 111 D2
Örkelljunga S 123 D2
Orlane SCG 137 D2
Orlate SCG 137 D2
Orléans F 21 E4
Orlová CZ 65 F2
Orlovat SCG 132 C2
Orly F 21 E2
Orménio GR 91 E1
Ormideia CY 139 D3
Ormília GR 88 C3
Órmos GR 88 B3
Órmos Korthíou GR 98 C1
Órmos Panagías GR 88 C3
Órmos Prínou GR 89 E2
Ormož SLO 131 D1
Ormsjö S 112 B1
Ormskirk GB 10 C2
Ornans F 27 D1
Ørnes N 107 E2
Ornes N 110 C4
Örnsköldsvik S 113 D2
Or'ol RUS 125 F4
Orolik HR 132 B3
Orom SCG 132 B1
Oron-la-Ville CH 27 E2
Oropa I 70 C4
Oropesa E 41 F2
Óros Ólimbos CY 138 B3
Orosei I 78 A4
Orosháza H 126 B4
Orounta CY 138 C3
Orpesa / Oropesa del Mar E 44 A2
Orpierre F 31 D1
Orpington GB 14 C3
Orreaga / Roncesvalles E 28 A3
Orrefors S 123 F2
Orša BY 125 C4
Orsa S 112 B4
Orsay F 21 E2
Orsières CH 27 F2
Orsogna I 79 F1
Orșova RO 128 C1
Ørsta N 110 B3
Örsundsbro S 119 E2
Orta Nova I 80 B2
Orta San Giulio I 70 C4
Ortakioi CY 138 C2
Orte I 79 D1
Orth A 69 E1
Orthez F 28 B3
Ortigueira E 32 C2
Ortisei / St Ulrich I 67 F4
Ortnevik N 110 B4
Orton GB 10 C1
Ortona I 80 A1
Ortrand DE 58 A4
Örträsk S 113 D1
Orubica HR 131 F3
Orune I 78 A4
Orusco de Tajuña E 42 C2
Orvalho P 40 C2
Orvieto I 76 B4
Orvinio I 79 E1
Orzinuovi I 71 E4
Os N 111 E3
Osa de la Vega E 42 C3
Osby S 123 E2
Oschatz DE 57 F4
Oschersleben DE 57 D3
Oschiri I 82 B1
Osečina SCG 132 C4
Oseja de Sajambre E 33 F3
Osen N 111 E1
Osera E 37 F4
Osijek HR 132 A2
Osilo I 82 A1
Osimo I 77 D3
Osinja BIH 131 F3
Osipaonica SCG 133 D3
Oskarshamn S 123 F1
Oskarström S 123 D2
Oslo N 117 D1
Ösmo S 119 E3
Osnabrück DE 55 F3
Osoblaha CZ 65 E1
Osoppo I 68 A4
Osor HR 130 B4
Osorno la Mayor E 36 A2
Osøyro N 116 A1
Ospedaletti I 74 C3
Ospitaletto I 71 E4
Oss NL 54 C4
Óssa GR 88 B2
Ossa de Montiel E 42 C4
Ossiach A 68 B4
Óssios Loukas GR 93 E3
Ossun F 28 C3
Ostaškov RUS 125 E2
Østby N 111 E4
Oster UA 127 E1
Øster Vrå DK 122 C1
Osterburg DE 57 D2
Osterburken DE 62 B4
Østerby Havn DK 122 C1
Österbybruk S 119 E1
Österbymo S 119 D4
Österfärnebo S 119 E1
Osterfeld (Burgenlandkreis) DE 63 E1
Osterhofen DE 64 A4
Osterholz-Scharmbeck (Kreis Osterholz) DE 50 A4
Osteria del Gatto I 76 C3
Osterode a. Harz (Kreis Braunschweig) DE 56 C4
Östersund S 112 B2
Östersundom / Itäsalmi FIN 121 D4
Östervåla S 119 E1
Osterwieck DE 56 C3
Östhammar S 119 F1
Ostheim v. d. Rhön (Kreis Rhön-Grabfeld) DE 62 C2
Ostia Antica I 79 D2
Ostiglia I 76 A1
Östmark S 118 B1
Ostra I 76 C3
Ostrach DE 66 C2
Ostrava CZ 65 F2
Oštrelj BIH 131 E4
Ostritz DE 58 B4
Ostróda PL 124 A4
Ostroh UA 127 D2
Ostrołęka PL 126 B1
Ostrov RO 129 E1
Ostrov RUS 125 C2
Ostrov (Karlovarský kraj) CZ 63 F2
Ostrów Mazowiecka PL 126 B1
Ostrów Wielkopolski PL 59 E3
Ostrowiec-Świętokrzyski PL 126 B2
Ostrožac (Bihać) BIH 131 D4
Ostrožac (Mostar) BIH 135 F1
Ostuni I 81 E3
Osuna E 47 F2
Oswestry GB 10 C3
Oświęcim PL 126 A2
Otanmäki FIN 115 D2
Otava FIN 121 E2
Oteren N 104 C3
Oteševo MK 87 D1
Othem S 119 F4
Othery GB 13 E2
Othoní (Nissí) GR 86 A4
Otívar E 48 A3
Otley GB 11 D2
Otnes N 111 E3
Otočac HR 130 C4
Otok HR 132 B3
Otoka BIH 131 D4
Otranto I 81 F3
Otrokovice CZ 65 E3
Otta N 111 D3
Ottana I 82 B2
Ottaviano I 80 A3

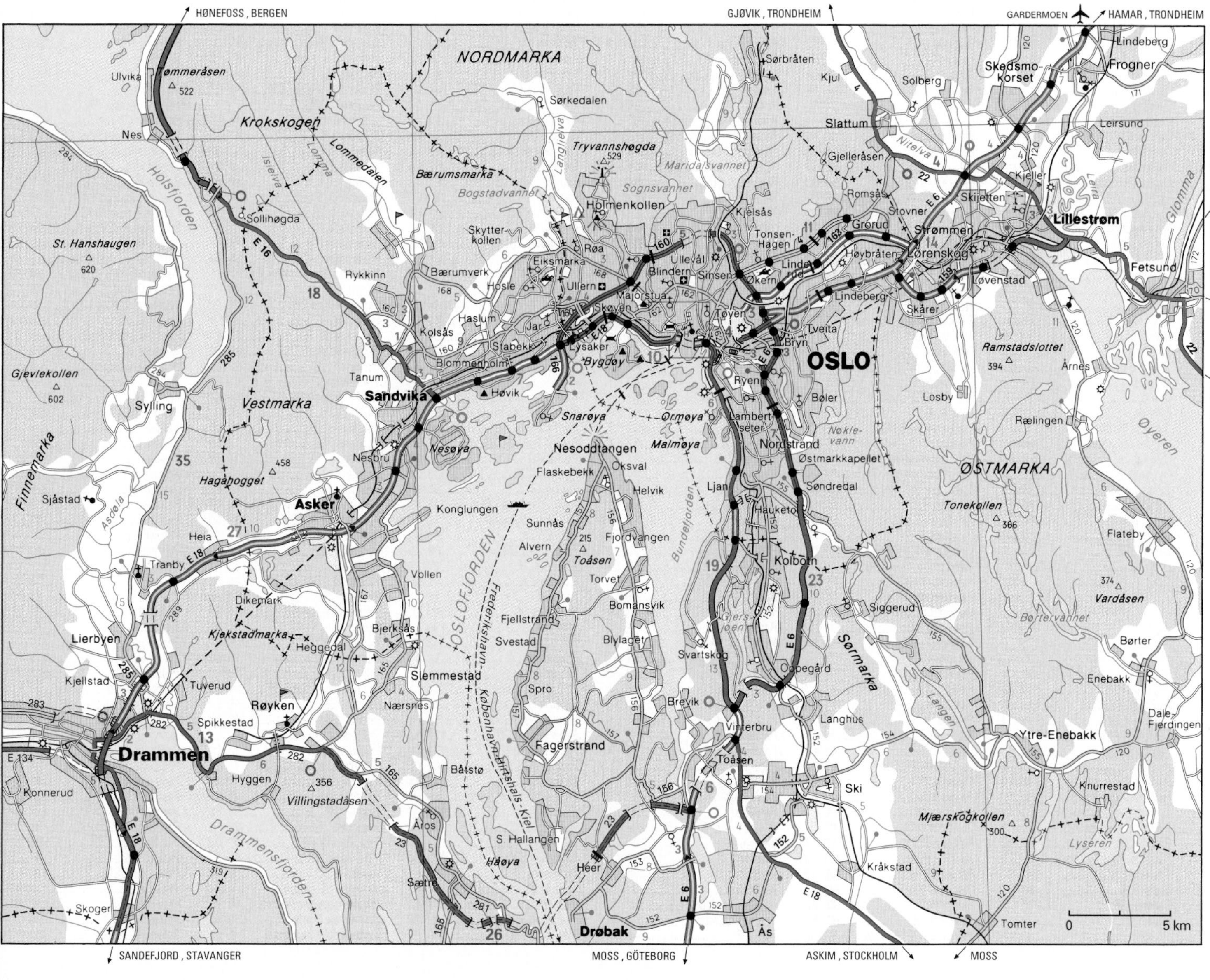

Ottenschlag A 68 C1
Ottensheim A 68 B1
Otter Ferry GB 8 B2
Otterburn GB 9 E4
Otterlo NL 54 C4
Otterndorf DE 50 A3
Otterøy N 106 C4
Ottersberg DE 50 B4
Otterup DK 122 B3
Ottery St Mary GB 13 D3
Ottmarsheim F 23 E4
Ottnang A 68 A1
Ottobeuren DE 67 D2
Ottobrunn DE 67 E2
Ottsjö S 112 A2
Ottweiler DE 23 E1
Otwock PL 126 B1
Otziás GR 98 A1
Ouchy CH 27 E2
Oucques F 21 D4
Oud-Beijerland NL 54 B4
Ouddorp NL 54 A4
Oude Pekela NL 55 D2
Oudenaarde B 17 D2
Oudenbosch NL 17 E1
Oughterard / Uachtar Ard IRL 2 A4
Ouistreham F 19 F1
Oulainen FIN 114 C2
Oulchy-le-Château F 17 D4
Oulu (Uleåborg) FIN 114 C1
Oulunsalo FIN 114 C1
Oulx I 27 E4
Oundle GB 11 E4
Ouranópoli GR 89 D3
Ourém P 40 B2
Ourense E 32 B4
Ourique P 46 A1
Ourol E 32 C2
Ourville-en-Caux F 16 A4
Oust F 29 E4
Outeiro de Rei E 32 C3
Outokumpu FIN 115 F3
Outomuro E 32 B4
Outwell GB 11 F4
Ouzouer-le-Marché F 21 D4
Ouzouer-sur-Loire F 21 E4
Ovada I 75 D2
Ovanåker S 112 B4
Ovar P 34 B4
Ovčar Banja SCG 133 D4
Overath DE 61 F1
Øverbygd N 104 B3
Overhalla N 107 D4
Överhörnäs S 113 D2
Overijse B 17 E2
Överkalix S 108 C3
Övermark FIN 114 B4
Övertorneå S 108 C2
Överum S 119 D4
Ovgos CY 138 C3
Oviedo E 33 E2
Ovindoli I 79 F1
Øvre Årdal N 110 C4
Övre Soppero S 108 B1
Ovruč UA 127 D1
Oxelösund S 119 E3
Oxford GB 13 F1
Oxiá GR 92 C1
Oxiá (Nissí) GR 92 B3
Oxie S 123 D3
Oxílithos GR 94 B3
Oy-Mittelberg DE 67 D2
Oybin DE 64 B1
Øye N 110 C4
Øyer N 111 D4
Oyntdartfjørdur (Færøerne) DK 106 A3
Oyón E 37 D2
Oyonnax F 27 D2
Øysang N 116 C3
Øystese N 116 B1
Oyten DE 50 B4
Ozalj HR 130 C3
Ožbalt SLO 130 C1
Ózd H 126 B3
Ozieri I 82 B2

P

P"jatychatky UA 127 F2
Paakkila FIN 115 E3
Paalasmaa FIN 115 F2
Paavola FIN 114 C1
Pabianice PL 126 A2
Paceco I 84 A3
Pachino I 85 E4
Pachna CY 138 B4
Pachyammos CY 138 B3
Paço de Sousa P 34 B4
Paços de Ferreira P 34 B3
Pacov CZ 64 C3
Pacy-sur-Eure F 21 D2
Padasjoki FIN 121 D3
Padej SCG 132 C1
Pađene HR 135 D1
Paderborn (Kreis Paderborn) DE 55 F4
Paderne P 46 A2
Padiham GB 10 C2
Padina SCG 133 D2
Padinska Skela SCG 132 C3
Padornelo E 32 C4
Padova I 72 A4
Padrón E 32 A3
Padru I 78 A4
Padstow GB 12 B3
Padul E 48 B3
Paesana I 31 F1
Paestum I 80 B4
Paestum Antica I 80 B4
Pafos CY 138 A4
Pag HR 134 B1
Pag (Otok) HR 134 B1
Paganico I 76 A4
Pagny-sur-Moselle F 22 C2
Pagóndas GR 94 A3
Pagóndas GR 99 F1
Pagoúria GR 89 F1
Páhi GR 94 A4
Pahiá Ámos GR 101 E4
Paide EST 124 B1
Paignton GB 13 D3
Paimbœuf F 19 D4
Paimio FIN 120 B4
Paimpol F 18 C2
Painswick GB 13 E1
Paisley GB 8 C3
Pajala S 108 C2
Pakoštane HR 134 C1
Pakrac HR 131 E3
Paks H 126 A4
Pal. Kavála GR 89 E1
Pal. Krovíli GR 91 D2
Palacios de la Sierra E 36 C3
Palacios de Sanabria E 33 D4
Palacios del Sil E 33 D3
Paládio GR 89 F1
Paladru F 27 D3
Palafrugell E 39 E3
Palagía GR 91 D2
Palagiano I 81 D3
Palagonia I 85 D3
Palagruža (Otoci) HR 135 D4
Palaia I 75 F3
Palaichori CY 138 C3
Palaikythro CY 139 B2
Palaiometocho CY 138 C3
Palaiseau F 21 E2
Palamás GR 93 D1
Palamós E 39 E3
Palandio GR 97 D1
Palanga LT 124 A3
Palas de Rei E 32 B3
Palata I 80 A1
Palatitsia GR 88 A2
Palatna SCG 137 D2
Palau I 82 B1
Palavas-les-Flots F 30 B3
Palazzo del Pero I 76 B3
Palazzo San Gervasio I 80 C3
Palazzolo Acreide I 85 E4
Palazzolo sull'Oglio I 71 E4
Palazzuolo sul Senio I 76 A2
Paldiski EST 124 B1
Pale BIH 136 A1
Paleá Epídavros GR 97 E1
Palékastro GR 101 F4
Palena I 79 F1
Palencia E 36 A3
Paleohóra GR 97 F1
Paleohóra GR 100 A4
Paleohóri GR 95 F2
Paleohóri GR 97 D2
Paleohóri (Árta) GR 92 C1
Paleohóri (Grevená) GR 87 E3
Paleohóri (Ioánina) GR 92 B1
Paleohóri (Tríkala) GR 87 E4
Paleokastrítsa GR 86 B4
Paleókastro GR 99 F1
Paleókastro GR 93 D2
Paleókastro GR 86 C4
Paleókastro (Halkidikí) GR 88 C3
Paleókastro (Séres) GR 88 C1
Paleokómi GR 89 D2
Paleópirgos GR 93 D3
Paleópirgos GR 88 A4
Paleópoli GR 91 D3
Paleópoli GR 98 B1
Palermo I 84 B2
Páleros GR 92 B2
Palestrina I 79 E2
Palež BIH 132 B4
Páli GR 103 D1
Paliano I 79 E2
Palić SCG 132 B1
Palidoro I 79 D2
Palinges F 26 B2
Palinuro I 80 B4
Palioúri GR 88 C4
Paliouriá GR 87 F4
Paliseul B 17 F3
Pälkäne FIN 120 C3
Pälkem S 108 B3
Palluau F 24 A1
Palma E 45 E3
Palma del Río E 47 E2
Palma di Montechiaro I 84 C4
Palmadula I 82 A1
Palmanova I 72 C3
Palmela P 40 A4
Palmi I 83 E4
Palo del Colle I 81 D2
Palojoensuu FIN 105 D4
Palokki FIN 115 E3
Palomäki FIN 115 E2
Palomares del Campo E 43 D2
Palomas E 41 E4
Palombara Sabina I 79 E1
Palos de la Frontera E 46 C2
Pals E 39 E3
Pålsboda S 119 D3
Paltamo FIN 115 E1
Paltaniemi FIN 115 E2
Paluzza I 68 A4
Pámfila GR 95 F1
Pamhagen A 69 E1
Pamiers F 29 E3
Pampilhosa P 40 B1
Pampilhosa da Serra P 40 C1
Pampliega E 36 B2
Pamplona E 28 A4
Pamporovo BG 129 D3
Panagía GR 92 B1
Panagía (Grevená) GR 87 F4
Panagía (Kavála) GR 89 E2
Panagía (Lésvos) GR 89 F4
Panagía (Tríkala) GR 87 E4
Panagia Forviotissa (Asinou) CY 138 B3
Panagia tou Araka CY 138 C3
Panagjurište BG 129 D2
Pancalieri I 27 F4
Pančevo SCG 133 D3
Pancorbo E 36 C2
Pandánassa GR 97 E4
Pandeleimónas GR 88 A4
Pandino I 71 E4
Pandrup DK 122 B1
Panes E 33 F3
Panetólio GR 92 C3
Panevėžys LT 124 B3
Pangbourne GB 13 F2
Pankakoski FIN 115 F2
Pankow DE 57 F2
Pano Archimandrita CY 138 B4
Pano Arodes CY 138 A3
Pano Deftera CY 138 C3
Pano Dikomo CY 138 C2
Pano Lakatameia CY 138 C3
Pano Lefkara CY 138 C3
Pano Panagia CY 138 B3
Pano Platres CY 138 B3
Pano Zodeia CY 138 C3
Panórama (Dráma) GR 88 C1
Panórama (Thessaloníki) GR 88 B2
Panormítis GR 103 E1
Pánormos GR 100 C3
Pánormos GR 98 C1
Päntäne FIN 120 B2
Pantelleria I 84 A4
Paola I 83 E2
Pápa H 69 F2
Papádes GR 94 A2
Papádos GR 95 F2
Páparis GR 96 C2
Papasidero I 80 C4
Papenburg (Kreis Emsland) DE 55 E2
Pápingo GR 87 D4
Pappenheim DE 63 D4
Par. Arogís GR 89 F1
Par. Avdíron GR 89 F1
Parabita I 81 F3
Paracin SCG 133 E4
Paracuellos de Jiloca E 37 E4
Paradas E 47 E2
Paradela P 34 C3
Paradissiá GR 96 C2
Parádissos GR 89 E1
Parajes E 32 C2
Parakálamos GR 86 C4
Parákila GR 95 F1
Paralía GR 97 E3
Paralía GR 92 C4
Paralía GR 88 A3
Paralía Akrátas GR 93 E4
Paralía Kímis GR 94 B3
Paralía Kotsikiás GR 94 A2
Paralía Sarándi GR 93 F4
Paralía Skotínas GR 88 A3
Paralía Tiroú GR 97 E2
Paralimni CY 139 E3
Parálio Ástros GR 97 D2
Paralovo SCG 137 D2
Paramali CY 138 B4
Paramé F 19 D2
Paramithía GR 92 A1
Páramo del Sil E 33 D3
Parapésti GR 89 E1
Parapótamos GR 86 C4
Paray-le-Monial F 26 B2
Parchim DE 51 D3
Pardubice CZ 64 C2
Paredes P 34 B4
Paredes de Coura P 32 A4
Paredes de Nava E 33 F4
Pareja E 43 D1
Parekklisia CY 138 C4
Parentis-en-Born F 28 B1
Párga GR 92 A1
Pargas / Parainen FIN 120 B4
Parikkala FIN 121 F2
Paris F 21 E2
Parkalompolo S 108 C1
Parkano FIN 120 B2
Parla E 42 B2
Parlavà E 39 E3
Parma I 75 F1
Parnassós (Óros) GR 93 E3
Parndorf A 69 E1
Párnitha (Óros) GR 94 A4
Pärnu EST 124 B2
Parola FIN 120 C3
Páros GR 98 C2
Páros (Nissí) GR 98 C2
Parsberg DE 63 E4
Parsdorf DE 67 E1
Partakko FIN 105 F3
Partanna I 84 B3
Partenen A 67 D4
Parthenay F 24 C2
Parthéni GR 99 F2
Partille S 118 B4
Partinico I 84 B2
Partizani SCG 133 D4
Partizanske Vode SCG 136 B1
Partney GB 11 F3
Pas-en-Artois F 16 C3
Pasaia E 28 A3
Pasewalk DE 52 A3
Pashalítsa GR 92 C3
Pasikovci HR 131 F3
Pašman HR 134 C1
Pašman (Otok) HR 134 C1
Passá-Limáni GR 95 E4
Passais F 19 F2
Passás (Nissí) GR 95 F3
Passau DE 68 A1
Passavás GR 97 D3
Passignano sul Trasimeno I 76 B4
Pastavy BY 124 C3
Pastrana E 42 C1
Pásztó H 126 A4
Patay F 21 E3
Pateley Bridge GB 11 D2
Pateniemi FIN 114 C1
Paterna de Rivera E 47 D3
Paternion A 68 B4
Paternò I 85 D3
Paternopoli I 80 B3
Patersdorf DE 64 A4
Patiópoulo GR 92 C2
Patitíri GR 94 A2
Pátmos GR 99 F2
Pátmos (Nissí) GR 99 F2
Patras GR 92 C4
Patreksfjörður IS 106 A1
Patriki CY 139 E2
Patrington GB 11 F2
Pattada I 82 B2
Patterdale GB 10 C1
Patti I 85 D2
Pattijoki FIN 114 C1
Pau F 28 C3
Pauillac F 24 B4
Paúl P 40 C1
Paularo I 68 A4
Paulhaguet F 26 A4
Paullo I 71 E4
Pavia I 75 D1
Pavia P 40 B4
Pavia (Certosa di) I 75 D1
Pavilly F 16 A4
Pavino Polje SCG 136 B2
Pávliani GR 93 E2
Pavlica SCG 136 C1
Pávlos GR 93 F3
Pavlovskij Posad RUS 125 F2
Pavullo nel Frignano I 75 F2
Paxí GR 92 A1
Paxí (Nissí) GR 92 A1
Payerne CH 27 E1
Paymogo E 46 C1
Payrac F 29 E1
Pazardžik BG 129 D2
Pazin HR 130 B4
Peal de Becerro E 48 B2
Peanía GR 94 A4
Peć SCG 136 C2
Pec pod Sněžkou CZ 64 C1
Peccia CH 71 D3
Peccioli I 75 F3
Pečenjevce SCG 137 E1
Pećigrad BIH 131 D4
Pećinci SCG 132 C3
Pecka SCG 132 C4
Peckelsheim DE 56 B4
Pécs H 128 A1
Pečurice SCG 136 B4
Pedaso I 77 D3
Pedersker DK 123 E4
Pedersöre / Pedersören Kunta FIN 114 B3
Pédi GR 103 E1
Pediaios CY 139 D3
Pedoulas CY 138 B3
Pedrafita do Cebreiro E 32 C3
Pedrajas de San Esteban E 36 A4
Pedralba E 43 F3
Pedralba de la Pradería E 33 D4
Pedras Salgadas P 34 C3
Pedraza de la Sierra E 36 B4
Pedrera E 47 F2
Pedro Abad E 48 A1
Pedro Bernardo E 42 A2
Pedro Muñoz E 42 C3
Pedrógão P 46 B1
Pedrógão P 40 B4
Pedrógão Grande P 40 B2
Pedrola E 37 E3
Peebles GB 9 D3
Peel GB 3 F3
Peenemünde DE 51 F2
Pefkári GR 89 E2
Pefkí GR 93 F2
Péfkos GR 87 D3
Pega P 41 D1
Pegalajar E 48 B2
Pegau DE 63 E1
Pegeia CY 138 A3
Pegli I 75 D2
Pegnitz DE 63 E3
Pego E 44 A4
Pegognaga I 75 F1
Pegolotte I 72 B4
Peguera E 45 D3
Pehčevo MK 137 F3
Peine DE 56 C3
Peio I 67 D4
Peïra-Cava F 31 F2
Peißenberg DE 67 E2
Peiting DE 67 D2
Peitz DE 58 A3
Péla GR 88 A2
Pelagićevo BIH 132 A3
Pelasgía GR 93 F2
Pelekános GR 87 E3
Pélekas GR 86 B4
Pelendri CY 138 B3
Peletá GR 97 E2
Pelhřimov CZ 64 C3
Pelješac (Otok) HR 135 F3
Pelkosenniemi FIN 109 E1
Pellegrino Parmense I 75 E1
Pellegrue F 28 C1
Pellesmäki FIN 115 E3
Pello FIN 108 C2
Peltosalmi FIN 115 D2
Peltovuoma FIN 105 D4
Pélussin F 26 C4
Pembroke / Penfro GB 12 C1
Pembroke Dock / Doc Penfro GB 12 C1
Penacova P 40 B1
Peñafiel E 36 B3
Penafiel P 34 B4
Peñaflor E 47 E2
Penalva do Castelo P 34 C4
Penamacor P 41 D1
Peñaranda de Bracamonte E 35 F4
Peñaranda de Duero E 36 B3
Peñarroya-Pueblonuevo E 47 F1
Penarth GB 13 D2
Peñas de San Pedro E 43 D4
Peñascosa E 43 D4
Peñausende E 35 E4
Pendagií GR 93 D3
Pendálofo GR 92 C3
Pendálofos GR 87 D3
Pénde Vrísses GR 88 B2
Pendéli GR 94 A4
Pendeória GR 93 E3
Pendine GB 12 C1
Penedono P 34 C4
Penela P 40 B1
Pénestin F 19 D4
Penhas da Saúde P 40 C1
Penhas Juntas P 35 D3
Peniche P 40 A2
Penicuik GB 9 D3
Penig DE 63 F1
Peníscola / Peñíscola E 44 A4
Penkun DE 52 A3
Penmaenmawr GB 10 B3
Penna (Punta di) I 80 A1
Pennabilli I 76 B3
Penne I 77 E4
Penne-d'Agenais F 29 D1
Penrhyndeudraeth GB 10 B3
Penrith GB 10 C1
Penryn GB 12 B4
Pentageia CY 138 B3
Pentakomo CY 138 C4
Pentrofoelas GB 10 B3
Penzance GB 12 B4
Penzberg DE 67 E2
Penzlin DE 51 F3
Pera CY 138 C3
Pera Chorio CY 138 C3
Perä-Posio FIN 109 E2
Perahóra GR 93 F4
Peraleda del Zaucejo E 41 F4
Peralejos de las Truchas E 43 E1
Perales de Tajuña E 42 C2
Perales del Alfambra E 43 F1
Perales del Puerto E 41 D1
Peralta E 37 E2
Peralta de Alcofea E 38 A3
Peralva P 46 B2
Pérama GR 95 F2
Pérama GR 100 C3
Pérama GR 94 A4
Pérama GR 86 B4
Pérama (Ioánina) GR 87 D4
Pérama (Ioánina) GR 87 D4
Peranka FIN 109 F3
Peräseinäjoki FIN 114 B4
Pérasma GR 90 A1
Perast SCG 136 A3
Peratáta GR 92 A4
Percy F 19 E2
Pérdika GR 97 F1
Pérdika (Ioánina) GR 92 B1
Pérdika (Thesprotía) GR 92 A1
Perdikáki GR 92 C2
Perdíkas GR 87 F2
Peréa GR 88 B2
Peréa GR 87 F2
Perejaslav-Chmel'nyc'kyj UA 127 E2
Pereruela E 35 E4
Pereslavl'-Zalesskij RUS 125 F1
Perg A 68 B1
Pergine Valsugana I 72 A3
Pergola I 76 C3
Perho FIN 114 C3
Periana E 48 A3
Périers F 19 E1
Périgueux F 25 D4
Períklia GR 88 A1
Perino I 75 E1
Perissa GR 99 D4
Perísta GR 93 D3
Peristerá GR 88 B2
Peristéria (Tímvos) GR 96 B2
Peristerona CY 138 C3
Peristerona (Ammochostos) CY 139 B2
Peristerona (Lefkoşa) CY 138 C3
Peristerona (Pafos) CY 138 A3
Perithório GR 88 C1
Perívlepto GR 93 E1
Perivóli GR 87 D4
Perivolia CY 139 D3
Perivólio GR 93 D2
Perjasica HR 130 C3
Perković HR 135 D2
Perleberg DE 51 D4
Perlez SCG 132 C2
Përmet AL 128 C4
Pernå / Pernaja FIN 121 D3
Pernarec CZ 63 F3
Pernes-les-Fontaines F 30 C2
Pernik BG 129 D2
Perniö FIN 120 C4
Pernitz A 69 D1
Péronne F 16 C3
Perosa Argentina I 27 F4
Pérouges F 26 C3
Perpignan F 30 A4
Perrero I 27 F4
Perreux F 26 B3
Perros-Guirec F 18 C2
Persenbeug A 68 C1
Pershore GB 13 E1
Persistéra (Nissí) GR 94 B1
Perstorp S 123 D2
Perth GB 9 D2
Pertisau A 67 E3
Pertoča SLO 131 D1
Pertoúli GR 92 C1
Pertteli FIN 120 C4
Pertuis F 31 D2
Pertunmaa FIN 121 D2
Pertusa E 38 A3
Perućac Vrelo SCG 136 B1
Perugia I 76 C4
Perušić HR 130 C4
Péruwelz B 17 D2
Pervenchères F 20 C3
Pervomajs'k UA 127 E3
Pesaro I 76 C2
Pescara I 77 E4
Pescasseroli I 79 F2
Peschici I 80 C1
Peschiera del Garda I 71 F4
Pescia I 75 F3
Pescina I 79 F1
Pescocostanzo I 79 F1
Pescolanciano I 80 A2
Pescopagano I 80 B3
Pescorocchiano I 79 E1
Peshkopi AL 128 C3
Pesiökylä FIN 115 E1
Pesmes F 27 D1
Peso da Régua P 34 C4
Pesočani MK 137 D4
Pesoz E 33 D2
Pessáni GR 91 E2
Peštani MK 87 D1
Pestovo RUS 125 E1
Pešurići BIH 136 A1
Petačinci SCG 137 F1
Petäjäskoski FIN 109 D3
Petäjävesi FIN 121 D2

Petalax FIN 114 B3
Petalídi GR 96 C3
Petalií (Nissiá) GR 94 B4
Petaloúdes GR 96 B2
Pétange L 22 C1
Pétas GR 92 B1
Peterborough GB 11 E4
Peterhead GB 7 F4
Peterlee GB 9 F4
Petersfield GB 14 B4
Petershagen DE 56 B3
Pethelinós GR 88 C1
Petilia Policastro I 83 F2
Petina I 80 B3
Petite-Rosselle F 23 D1
Petka SCG 137 E2
Petkula FIN 109 D1
Petlovača SCG 132 B3
Petoússio GR 92 A1
Pétra GR 88 A3
Pétra GR 95 F1
Petra E 45 E3
Petra CY 138 B3
Petra tou Romiou (Aphrodite's birthplace) CY 138 B4
Petralia Sottana I 84 C3
Petrálona GR 88 B3
Petraná GR 87 F3
Petrčane HR 134 B1
Petrer E 49 F1
Pétres GR 87 E2
Petreto-Bicchisano F 78 A4
Petrič BG 129 D3
Petrijevci HR 132 A2
Petrína GR 96 C2
Petrinja HR 131 D3
Petrodvorec RUS 125 D1
Petrohóri GR 92 C3
Pétrola E 43 E4
Petróna GR 92 C2
Petroşani RO 128 C1
Petrotá GR 91 E1
Petrothálassa GR 97 E2
Petrotó GR 92 C1
Petroússa GR 89 D1
Petrovac MK 137 E3
Petrovac (Bar) SCG 136 B4
Petrovac (Požarevac) SCG 133 E3
Petrovaradin SCG 132 C2
Petrovčić SCG 132 C3
Petrovice (Příbram) CZ 64 B3
Petrovo / Bosansko Petrovo Selo BIH 132 A4
Pettenbach A 68 B1
Pettigoe IRL 2 C2
Petworth GB 14 B4
Peuerbach A 68 A1
Peura FIN 109 D3
Pewsey GB 13 F2
Peyrat-le-Château F 25 E3
Peyrehorade F 28 B3
Peyriac-Minervois F 29 F3
Peyrolles-en-Provence F 31 D2
Peyruis F 31 D2
Pézenas F 30 A3
Pezinok SK 126 A3
Pezoúla GR 89 F1
Pfaffenhofen a. d. Ilm DE 67 E1
Pfäffikon CH 66 B3
Pfalzgrafenweiler DE 23 F2
Pfarrkirchen DE 68 A1
Pfeffenhausen DE 67 E1
Pforzheim DE 23 F2
Pfreimd DE 63 F3
Pfronten DE 67 D3
Pfullendorf DE 66 C2
Pfullingen DE 66 B1
Pfunds A 67 D4
Pfungstadt DE 62 B3
Phalsbourg F 23 E2
Philippeville B 17 E3
Philippsreut DE 64 A4
Piacenza I 75 E1
Piadena I 75 F1
Pian del Voglio I 76 A2
Piana F 78 A3
Piana degli Albanesi I 84 B2
Piancastagnaio I 76 B4
Piancavallo I 72 B3
Piandelagotti I 75 F2
Pianella I 79 F1
Pianello I 76 C3
Piano del Cansiglio I 72 B3
Pianoro I 76 A2
Piansano I 78 C1
Piatra-Neamţ RO 127 D4
Piazza al Serchio I 75 F2
Piazza Armerina I 85 D3
Piazza Brembana I 71 E3
Piazzola sul Brenta I 72 A4
Piber A 68 C3
Pićan HR 130 B4
Picassent E 43 F3
Picerno I 80 C3
Pickering GB 11 E1
Pico I 79 F2
Picquigny F 16 C3
Piedicavallo I 70 C4
Piedicroce F 78 A1
Piedicroce F 78 B3
Piediluco I 79 D1
Piedimonte Matese I 80 A2
Piedra (Monasterio de) E 37 E4
Piedrabuena E 42 B4
Piedrafita de Babia E 33 D3
Piedrahita E 41 F1
Piedralaves E 42 A1
Piedras Albas E 41 D2
Piedratajada E 37 F3
Pieksämäki FIN 115 E4
Pielavesi FIN 115 D3
Piennes F 22 C1
Pienza I 76 B4
Pierowall GB 7 E1
Pierre-Buffière F 25 E3
Pierre-de-Bresse F 26 C1
Pierrefitte-Nestalas F 28 C4
Pierrefitte-sur-Aire F 22 C2
Pierrefonds F 17 D4
Pierrefontaine-les-Varans F 27 E1
Pierrefort F 26 A4
Pierrelatte F 30 C1
Pieskow DE 58 A2
Piešťany SK 126 A3
Pietra Ligure I 74 C2
Pietralunga I 76 C3
Pietraperzia I 84 C3
Pietrasanta I 75 F3
Pieve del Cairo I 75 D1
Pieve di Bono I 71 F3
Pieve di Cadore I 67 F4
Pieve di Soligo I 72 B3
Pieve di Teco I 74 C3
Pieve Santo Stefano I 76 B3
Pievepelago I 75 F2
Pigádi GR 93 F2
Pigés GR 92 C1
Pigí GR 93 D3
Pigna I 74 C3
Pihlajaveden as FIN 114 C4
Pihlajavesi (Keski-Suomen lääni) FIN 114 C4
Pihlava FIN 120 B2
Pihtipudas FIN 115 D3
Piikkiö FIN 120 B4
Piippola FIN 115 D2
Piispajärvi FIN 109 F3
Pikal'ovo RUS 125 E1
Pikérmi GR 94 B4
Piła PL 52 C3
Pilas E 47 D2
Pilat-Plage F 28 B1
Piléa GR 91 E2
Pilés GR 103 D4
Piles E 44 A4
Pili GR 94 A4
Píli GR 92 C1
Píli GR 87 D2
Pilío GR 103 D1
Pílio GR 94 A2
Pílio (Óros) GR 93 F1
Pilorí GR 87 E3
Pílos GR 96 B3
Pilštanj SLO 130 C2
Piña de Campos E 33 F4
Pina de Ebro E 37 F4
Pineda de la Sierra E 36 C2
Pineda de Mar E 39 D4
Pinerolo I 27 F4
Pineto I 77 E4
Piney F 22 B3
þingeyri IS 106 A1
þingvellir IS 106 A2
Pinhal Novo P 40 A4
Pinhão P 34 C4
Pinheiro P 34 B3
Pinhel P 35 D4
Pinkafeld A 69 D2
Pinneberg DE 50 B3
Pino F 78 A2
Pinofranqueado E 41 E1
Pinols F 26 A4
Pinos Puente E 48 A3
Pinsk BY 126 C1
Pintamo FIN 109 E3
Pinto E 42 B2
Pinzano al Tagliamento I 68 A4
Pinzolo I 71 F3
Piobbico I 76 C3
Piombino I 75 F4
Pione I 75 E2
Pionsat F 25 F2
Piotrków Trybunalski PL 126 A2
Piove di Sacco I 72 B4
Piovene Rocchette I 72 A3
Pipéri (Nissí) GR 94 B1
Pipriac F 19 D4
Piran SLO 130 A3
Pireás GR 94 A4
Pirgadíkia GR 88 C3
Pirgetós GR 88 A4
Pirgí GR 95 F4
Pirgí GR 86 B4
Pírgi GR 87 F2
Pirgi GR 89 D1
Pírgos GR 101 D4
Pírgos GR 96 B1
Pírgos GR 93 F3
Pírgos GR 99 F1
Pírgos GR 88 A2
Pírgos Diroú GR 97 D3
Piriac-sur-Mer F 19 D4
Pirkkala FIN 120 C2
Pirmasens DE 23 E1
Pirna DE 64 A1
Pirok MK 137 D3
Pirot SCG 137 F1
Pirovac HR 134 C2
Pirsógiani GR 87 D3
Pirttikoski FIN 109 E2
Pisa I 75 F3
Pisciotta I 80 B4
Písek CZ 64 B3
Piškorevci HR 132 A3
Pisogne I 71 E4
Pisses GR 98 A1
Pissodéri GR 87 E2
Pissónas GR 94 A3
Pissos F 28 B1
Pissouri CY 138 B4
Pisticci I 81 D3
Pistoia I 76 A3
Piteå S 108 B4
Piteşti RO 129 D1
Pithagório GR 99 F1
Píthio GR 91 F1
Píthio GR 87 F3
Pithiviers F 21 E3
Pitigliano I 78 C1
Pitlochry GB 9 D1
Pitomača HR 131 E2
Pittenween GB 9 E2
Pivka SLO 130 B3
Pivnica HR 131 F2
Pivnice SCG 132 B2
Pizarra E 47 F3
Pizzighettone I 75 E1
Pizzo I 83 E3
Pizzoli I 79 E1
Plabennec F 18 B2
Plagiá GR 91 D2
Plagiá GR 88 B1
Plaisance F 28 C3
Pláka GR 91 D2
Pláka GR 97 E2
Pláka GR 89 F4
Pláka Litohórou GR 88 A3
Plakiás GR 100 C4
Planá CZ 63 F3
Plana BIH 136 A2
Plancoët F 19 D2
Plandište SCG 133 D2
Plánice CZ 64 A3
Planina SLO 130 A2
Planina SLO 130 C2
Planina SLO 130 B3
Planinica SCG 133 F4
Plános GR 96 A1
Plasencia E 41 E2
Plaški HR 130 C4
Plasy CZ 64 A2
Platamona Lido I 82 A1
Platamónas GR 89 E1
Platamónas GR 88 A4
Platanákia GR 88 B1
Platanés GR 100 C3
Plataniá GR 93 F2
Plataniá GR 89 E1
Platánia GR 96 C2
Plataniás GR 100 B3
Platanistasa CY 138 C3
Platanistós GR 94 C4
Platanítis GR 93 D3
Plátanos GR 100 A3
Plátanos GR 93 E2
Plátanos GR 97 D2
Platariá GR 92 A1
Plateau-d'Assy F 27 E3
Plateés GR 93 F4

Al-Sadat (V. A.) FV 3
Ammiraglio Rizzo (V. L.) FV 4
Brigata Verona (V.) EV 15
Cantieri (V. dei) FV 17
Cappuccini (V.) EV 19
Croce Rossa (V.) EUV 40
Dalla Chiesa (V. C. A.) FV 41
Duca degli Abruzzi (Viale) EU 44
Duca della Verdura (V.) FV 45
Empedocle Restivo (V.) EV 47
Favorita (V. della) FUV 50
Finocchiaro Aprile (Cso C.) EV 54
Giacchery (Pza) FV 61
Imperatore Federico (V.) FV 66
Marchese di Villabianca (V.) FV 70
Maresciallo Diaz (V.) FV 72
Mater Dolorosa (V.) EU 74
Messina Marine (V.) FV 77
Mondello (V.) EU 78
Monte Pellegrino (V.) FV 83
Montegrappa (V.) FV 80
Museo Etnografico (Vle) EU 87
Notarbartolo (V. E.) EFV 88
Palme (Viale delle) EU 92
Piazza Michele (V.) EV 100
Resurrezione (V. della) EU 114
Resuttana (V.) EU 116

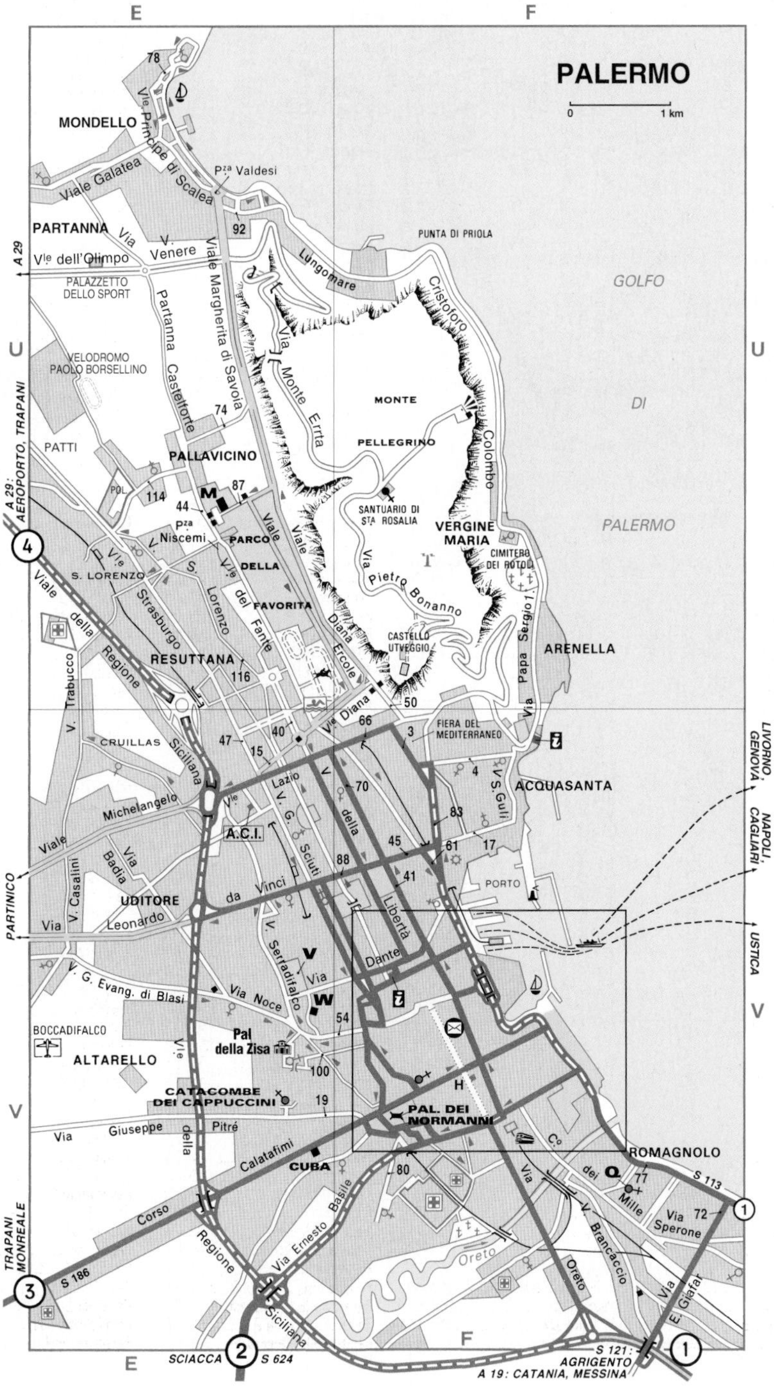

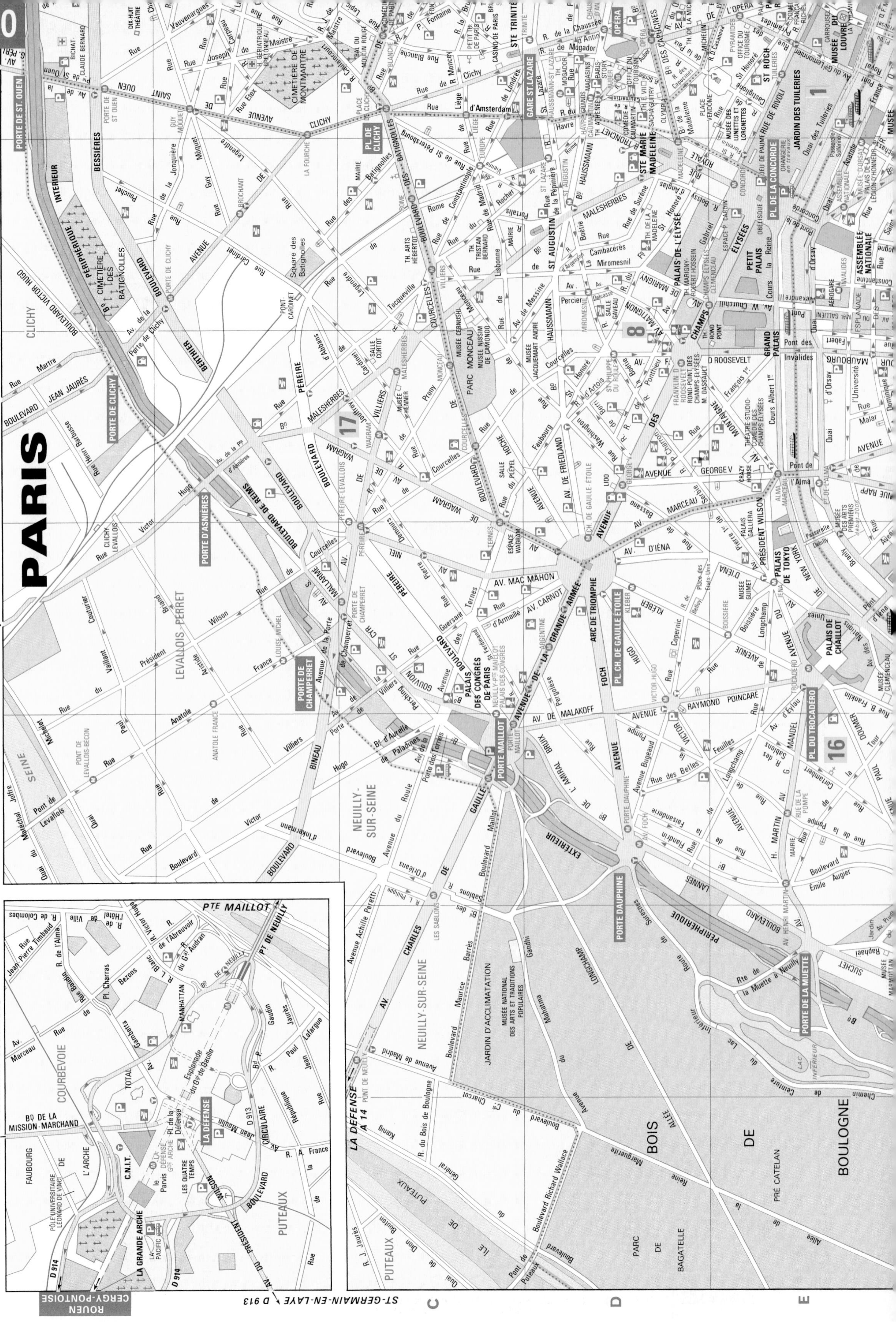
PARIS
ST DENIS
A 15 CERGY-PONTOISE
D 911
D 909 ARGENTEUIL
N 192 LA GARENNE COLOMBES
D 914
ROUEN CERGY-PONTOISE
D 913 ST-GERMAIN-EN-LAYE
LA DÉFENSE A 14
PORTE DE ST. OUEN
PORTE DE CLICHY
PORTE D'ASNIÈRES
PORTE DE CHAMPERRET
PORTE MAILLOT
PORTE DAUPHINE
PORTE DE LA MUETTE
PL. DE CLICHY
GARE ST LAZARE
OPÉRA
STE MARIE MADELEINE
ST AUGUSTIN
PL. DE LA CONCORDE
JARDIN DES TUILERIES
MUSÉE DU LOUVRE
PALAIS DE L'ÉLYSÉE
CHAMPS
GRAND PALAIS
PETIT PALAIS
ASSEMBLÉE NATIONALE
PARC MONCEAU
ARC DE TRIOMPHE
PL. CH. DE GAULLE ÉTOILE
PALAIS DES CONGRÈS DE PARIS
PALAIS DE CHAILLOT
PL. DU TROCADÉRO
PALAIS DE TOKYO
CIMETIÈRE DE MONTMARTRE
CIMETIÈRE DES BATIGNOLLES
CLICHY
LEVALLOIS-PERRET
NEUILLY-SUR-SEINE
JARDIN D'ACCLIMATATION
BOIS DE BOULOGNE
PRÉ CATELAN
PARC DE BAGATELLE
PUTEAUX
COURBEVOIE
LA GRANDE ARCHE
LA DÉFENSE
C.N.I.T.
PT DE NEUILLY
PTE MAILLOT
SEINE
BOULEVARD PÉRIPHÉRIQUE
AVENUE FOCH
AV. DE LA GRANDE ARMÉE
AV. CH. DE GAULLE
1
8
16
17
C
D
E
3
4
5
6

HÔTEL DES INVALIDES
INVALIDES
ECOLE MILITAIRE
CHAMP DE MARS
TOUR EIFFEL
PARC DU CHAMP DE MARS
MAISON DE RADIO FRANCE
GARE MONTPARNASSE
TOUR MONTPARNASSE
CIMETIÈRE DU MONTPARNASSE
MUSÉE BOURDELLE
MUSÉE RODIN
HÔTEL MATIGNON
PALAIS LUXEMBOURG
ST GERMAIN DES PRÉS
ST SULPICE
MONTPARNASSE
PASTEUR
VAUGIRARD
CAMBRONNE
GRENELLE
GARIBALDI
CONVENTION
LEFEBVRE
PARC GEORGES BRASSENS
PORTE DE VERSAILLES
PARIS EXPO PORTE DE LA PLAINE
PALAIS DES SPORTS
PORTE DE SÈVRES
HÉLIPORT DE PARIS
CENTRE SPORTIF S. LENGLEN
PARC A. CITROËN
HÔPITAL EUROPÉEN G. POMPIDOU
SEINE
QUAI D'ISSY
PÉRIPHÉRIQUE
PORTE DE ST CLOUD
PARC DES PRINCES
STADE J. BOUIN
PORTE MOLITOR
PORTE D'AUTEUIL
HIPPODROME D'AUTEUIL
PORTE DE PASSY
STADE ROLAND GARROS
BOULOGNE-BILLANCOURT
ÎLE DE BILLANCOURT
PARC DÉPARTEMENTAL DE L'ÎLE ST GERMAIN
ISSY-LES-MOULINEAUX
VANVES
MALAKOFF
MONTROUGE
CLAMART
MEUDON
PORTE DE VANVES
PORTE BRANCION
PORTE DE CHÂTILLON
PORTE D'ORLÉANS
ST PIERRE DE MONTROUGE
DENFERT ROCHEREAU
6
7
14
15
ANTONY ÉTAMPES
D 920
CLAMART VERSAILLES-A 10
D 906
VERSAILLES AUTOROUTE A 10
D 910
AUTOROUTE A 13
D 907
CAEN, ROUEN
A 13
F
G
H
J
K
1
2
3
4
5
6

MEAUX
BONDY
N 3
A 3
LILLE, BRUXELLES
CHARLES DE GAULLE, LE BOURGET
VILLEPINTE (PARC DES EXPOSITIONS)
N 2
SENLIS
A 1
STADE DE FRANCE
D 14
ST DENIS
PANTIN
LES LILAS
LE PRÉ SAINT-GERVAIS
BAGNOLET
PÉRIPHÉRIQUE
BOULEVARD MORTIER
PORTE DE BAGNOLET
PORTE DES LILAS
PORTE DU PRÉ ST GERVAIS
PORTE DE PANTIN
PORTE DE LA VILLETTE
PORTE D'AUBERVILLIERS
PORTE DE LA CHAPELLE
PORTE DE CLIGNANCOURT
PARC DE LA VILLETTE
CITÉ DES SCIENCES ET DE L'INDUSTRIE
GÉODE
ZÉNITH
GRANDE HALLE
CITÉ DE LA MUSIQUE
CONSERVATOIRE DE PARIS
PARC DES BUTTES CHAUMONT
Parc de Belleville
CIMETIÈRE DU PÈRE LACHAISE
PL. DE LA BATAILLE DE STALINGRAD
BASSIN DE LA VILLETTE
GARE DE L'EST
GARE DU NORD
BASILIQUE DU SACRÉ CŒUR
PL. DE LA RÉPUBLIQUE
CENTRE G. POMPIDOU
FORUM
LA BOURSE
PALAIS ROYAL
19
20
18
10
11
3
2
9
A
B
C
D
13
12
11
10
9
8

NOGENT-SUR-MARNE
VINCENNES N 34
METZ, NANCY
REIMS
A 4
MAISONS-ALFORT
CRÉTEIL
RUNGIS-ORLY
N 7
ORLY, LYON
BORDEAUX, NANTES
A 6B
A 10
A 6A
MONTREUIL
SAINT-MANDÉ
BOIS DE VINCENNES
PARC ZOOLOGIQUE
LAC DAUMESNIL
TEMPLE BOUDDHIQUE
CHARENTON-LE-PONT
IVRY-SUR-SEINE
LE KREMLIN-BICÊTRE
GENTILLY
MARNE
SEINE
PORTE DE MONTREUIL
PORTE DE VINCENNES
PORTE DE ST MANDÉ
PORTE DORÉE
PORTE DE CHARENTON
PORTE DE BERCY
PORTE D'IVRY
PORTE D'ITALIE
PORTE DE GENTILLY
BOULEVARD PÉRIPHÉRIQUE
PL. DE LA NATION
PL. DE LA BASTILLE
PL. D'ITALIE
PL. DU CHÂTELET
GARE DE LYON
GARE D'AUSTERLITZ
PALAIS OMNISPORTS DE PARIS BERCY
PARC DE BERCY
BIBLIOTHÈQUE NATIONALE DE FRANCE F. MITTERRAND
OPÉRA DE PARIS BASTILLE
JARDIN DES PLANTES
GRANDE GALERIE DE L'ÉVOLUTION
INSTITUT DU MONDE ARABE
PANTHÉON
NOTRE-DAME
HÔTEL DE VILLE
CONCIERGERIE
STE CHAPELLE
JARDIN DU LUXEMBOURG
PARC MONTSOURIS
CITÉ INTERNATIONALE UNIVERSITAIRE DE PARIS
STADE CHARLÉTY
GROUPE HOSPITALIER PITIÉ-SALPÊTRIÈRE
12
13
4
5

PARIS

Abbé-de-l'Épée (r. de l') G8
Abbé-Groult (r. de l') H5
Abbesses (r. des) C7
Aboukir (r. d') D8
Acclimatation (jardin d') C2
Alain (r.) H6
Albert-I}e}r (cours) E5
Alésia (r. d') J7
Alexander-Fleming (r.) C12
Alexandre-Dumas (r.) F12
Alexandre-III (pont) E6
Algérie (bd d') C12
Alibert (r.) D10
Alleray (r. d') H5
Alma (pont de l') E5
Alphonse-Daudet (r.) J7
Alsace (r. d') C9
Ambroise-Paré (r.) C8
Amélie (r.) F5
Amiral-Bruix (bd de l') D3
Amiral-de-Coligny (r. de l') E8
Amiral-Mouchez (r. de l') K8
Amsterdam (r. d') C7
Anatole-France (quai) E6
André-Citroën (parc) G3
André-Citroën (quai) G3
André-Rivoire (av.) K7
Aqueduc (r. de l') C9
Arago (bd) H8
Archereau (r.) B10
Archevêché (pont de l') F8
Archives (r. des) E9
Arcole (pont d') F8
Arcole (r. d') F8
Argenson (r. d') D6
Armaillé (r. d') C4
Artois (r. d') D5
Arts (pont des) F7
Assas (r. d') G7
Assomption (r. de l') F3
Auber (r.) D7
Aubervilliers (porte d') A10
Aubervilliers (r. d') A10
Auguste-Blanqui (bd) J8
Auguste-Comte (r.) G7
Augustin-Thierry (r.) D12
Aurelle-de-Paladines (bd d') C3
Austerlitz (pont d') G9
Austerlitz (quai d') H10
Auteuil (bd d') G1
Auteuil (r. d') G2
Auteuil-aux-Lacs (rte d') F1
Avron (r. d') F12
Babylone (r. de) F6
Bac (r. du) F7
Bagnolet (r. de) E12
Balard (r.) G3
Banque (r. de la) D8
Banquier (r. du) H9
Barbès (bd) B8
Bassano (r. de) D5
Bastille (bd de la) G10
Bastille (pl. de la) F10
Batignolles (bd des) C6
Batignolles (r. des) C6
Baudricourt (r.) J9
Beaubourg (r.) E9
Beaumarchais (bd) F10
Beaunier (r.) J7
Beaurepaire (r.) D9
Beauséjour (bd de) F3
Bel-Air (av. du) G12
Belgrand (r.) E12
Bellechasse (r. de) F6
Bellefond (r. de) C8
Belles-Feuilles (r. des) D3
Belleville (bd de) D11
Belleville (parc de) D11
Belleville (r. de) D11
Belloy (r. de) D4
Belvédère (av. du) C13
Benjamin-Franklin (r.) E4
Benoît-Frachon (av.) F13
Bercy (bd de) H10
Bercy (le parc de) H11
Bercy (pont de) H10
Bercy (porte de) J11
Bercy (quai de) H11
Bercy (r. de) G9
Berri (r. de) D5
Berthier (bd) B5
Berthollet (r.) H8
Bessières (bd) A6
Bir-Hakeim (pont de) F4
Birague (r. de) F9
Bitche (pl. de) B10
Blanche (r.) C7
Bleue (r.) D8
Blomet (r.) G5
Bobillot (r.) J8
La Boétie (r.) D6
Bois (r. des) C12
Boissière (r.) E4
Boissy-d'Anglas (r.) D6
Bonaparte (r.) F7
Bonne-Nouvelle (bd de) D8
Bosquet (av.) F5
Botzaris (r.) C11
Boucry (r.) B9
Boulainvilliers (r. de) F3
Boulets (r. des) G11
Bourdon (bd) F10
La Bourdonnais (av. de) F5
Bourgogne (r. de) F6
Brancion (r.) H5
Branly (quai) E4
Bretagne (r. de) E9
Breteuil (av. de) F6
Brillat-Savarin (r.) K8
Brune (bd) J6
Bruneseau (r.) J11
La Bruyère (r.) C7
Buffon (r.) G9
Bugeaud (av.) D3
Buttes-Chaumont (parc des) C11
Cail (r.) C9
Caillaux (r.) K9
Cambacérès (r.) D6
Cambrai (r. de) A11
Cambronne (r.) G5
Capucines (bd des) D7
Capucines (r. des) D7
Cardinal-Lemoine (r. du) G8
Cardinet (r.) B6
Carnot (av.) D4
Carpeaux (r.) B7
Carrousel (pont du) E7
Castagnary (r.) H5
Castiglione (r. de) E7
Catalogne (pl. de) H6
Caulaincourt (r.) C7
Caumartin (r. de) D7
Ceinture-du-Lac-Daumesnil (rte de la) J12
Ceinture-du-Lac-Inférieur (chemin de) E2
Censier (r.) H9
Cévennes (r. des) G3
Chabrol (r. de) C9
Chaligny (r.) G11
Chalon (r. de) G10
Championnet (r.) A8
Champs-Élysées (av. des) D5
Change (pont au) F8
Chanzy (r.) F11
Chapelle (bd de la) C9
Chapelle (r. de la) B9
Chardon-Lagache (r.) G2
Charenton (r. de) G10
Charles-de-Gaulle (pl.) D4
Charles-de-Gaulle (pont) G10
Charonne (bd de) F12
Charonne (r. de) F11
Château (r. du) H6
Château-d'Eau (r. du) D9
Château-Landon (r. du) C9
Châteaudun (r. de) D8
Châtelet (pl. du) F8
Chaussée-d'Antin (r. de la) D7
Chemin-Vert (r. du) E10
Cherche-Midi (r. du) G6
Chevaleret (r. du) J10
Chine (r. de la) E12
Choisy (av. de) K9
Choisy (parc de) J9
Chomel (r.) F7
Cité (r. de la) F8
Cité-Universitaire (r. de la) K8
Claude-Bernard (r.) H8
Claude-Decaen (r.) H12
Claude-Farrère (r.) G1
Claude-Regaud (av.) K10
Claude-Terrasse (r.) H2
Claude-Vellefaux (av.) D10
Clichy (av. de) B7
Clichy (bd de) C7
Clichy (pl. de) C7
Clichy (r. de) C7
Clignancourt (r. de) B8
Clisson (r.) H10
Cloître-Notre-Dame (r. du) F8
Clovis (r.) G8
Commandant-Charcot (bd du) C1
Commandant-Guilbaud (r. du) G1
Commandant-René-Mouchotte (r. du) H6
Commerce (r. du) G4
Concorde (pl. de la) E6
Concorde (port de la) E6
Condorcet (r.) C8
Constantine (r. de) E6
Constantinople (r. de) C6
Conti (quai de) F8
Contrescarpe (pl. de la) G8
Convention (r. de la) G4
Copernic (r.) D4
Corbineau (r.) H11
Corentin-Cariou (av.) A11
Cortambert (r.) E3
Corvisart (r.) J8
Cotentin (r. du) H6
Courcelles (bd de) C5
Courcelles (r. de) C5
Couronnes (r. des) D11
Courteline (av.) G13
Crimée (r. de) B10
Croix-des-Petits-Champs (r.) E8
Croix-Nivert (r. de la) G4
Crozatier (r.) G11
Curial (r.) A10
Custine (r.) B8
Cuvier (r.) G9
Daguerre (r.) H7
Damrémont (r.) B7
Danielle-Casanova (r.) E7
Danton (r.) F8
Dantzig (r. de) H5
Daumesnil (av.) H12
Dauphine (porte) D3
Dauphine (r.) F8
David-d'Angers (r.) C12
David-Weill (av.) K7
Davout (bd) F13
Debilly (passerelle) E4
Delcassé (av.) D6
Delessert (bd) F4
Denain (bd de) C9
Denfert-Rochereau (av.) H7
Denfert-Rochereau (pl.) H7
Départ (r. du) G6
Département (r. du) B9
Desnouettes (r.) H4
Diderot (bd) G11
Didot (r.) J6
Dijon (r. de) H11
Dr-Arnold-Netter (av. du) G12
Dr-Blanche (r. du) F2
Dr-Finlay (r. du) F4
Dr-Gley (av. du) C13
Dr-Potain (r. du) C12
Dr-Roux (r. du) G5
Dr-Tuffier (r. du) K9
Dorée (porte) H12
Douai (r. de) C7
Double (pont au) F8
Doudeauville (r.) B9
Duméril (r.) H9
Dunkerque (r. de) C8
Dupetit-Thouars (r.) E9
Dupleix (r.) F4
Duquesne (av.) F6
Duranton (r.) H4
Dutot (r.) H5
Eblé (r.) G6
Écluses-St-Martin (r. des) D10
École-de-Médecine (r. de l') F8
Écoles (r. des) G8
Edgar-Quinet (bd) H7
Edison (av.) J9
Émeriau (r.) F4
Émile-Augier (bd) E3
Émile-Zola (av.) G4
Entrepreneurs (r. des) G4
Épée-de-Bois (r. de l') G8
Ernest-Renan (r.) J4
Estrées (r. d') F5
États-Unis (pl. des) D4
Etex (r.) B7
Étienne-Marcel (r.) E8
Étienne-Marey (r.) E12
Eugène-Varlin (r.) C9
Évangile (r. de l') B9
Exelmans (bd) G2
Eylau (av. d') E4
Fabert (r.) E5
Faidherbe (r.) F11
Faisanderie (r. de la) D3
Falguière (r.) G6
Faubourg-du-Temple (r. du) D10
Faubourg-Montmartre (r. du) D8
Faubourg-Poissonnière (r. du) C8
Faubourg-St-Antoine (r. du) G11
Faubourg-St-Denis (r. du) C9
Faubourg-St-Honoré (r. du) D5
Faubourg-St-Jacques (r. du) H7
Faubourg-St-Martin (r. du) D9
La Fayette (r.) C8
Fédération (r. de la) F4
Félix-Éboué (pl.) H12
Félix-Faure (av.) G4
Fer-à-Moulin (r. du) H9
Ferdinand-Buisson (av.) G1
Fêtes (pl. des) B11
Flandre (av. de) B10
Flandrin (bd) D3
Fleurs (quai aux) F8
Foch (av.) D4
Jean-de-La-Fontaine (r.) F3
Fossés-St-Bernard (r. des) G9
Four (r. du) F7
France (av. de) H10
François-Bonvin (r.) G5
François-I}e}r (r.) E5
François-Mauriac (quai) H10
François-Miron (r.) F9
François-Mitterrand (quai) E7
Francs-Bourgeois (r. des) F9
Franklin-D.-Roosevelt (av.) E5
Frémicourt (r.) G5
Frères-Morane (r. des) G4
Friedland (av. de) D5
Froidevaux (r.) H7
Froissart (r.) E9
Gabriel (av.) D6
Gaîté (r. de la) H6
Gambetta (av.) D12
Gare (quai de la) H10
Garibaldi (bd) G5
Garigliano (pont du) H2
Gassendi (r.) H7
Gaston-Tessier (r.) A10
Gay-Lussac (r.) G8
Gazan (r.) J8
Général-Brunet (r. du) C11
Général-Guillaumat (r. du) J4
Général-Leclerc (av. du) J7
Général-Lemonnier (av. du) E7
Général-Martial-Valin (bd du) H3
Général-Michel-Bizot (av. du) H12
Général-Sarrail (av. du) G1
Gentilly (porte de) K8
Geoffroy-St-Hilaire (r.) G9
George-Sand (r.) G2
George-V (av.) D5
Georges-Brassens (parc) J5
Georges-Lafenestre (av.) J5
Georges-Mandel (av.) E3
Georges-Pompidou (voie) G3
Gergovie (r. de) H6
Gilbert-Perroy (pl.) H6
Gironde (quai de la) B11
Glacière (r. de la) H8
Gobelins (av. des) H9
Godefroy-Cavaignac (r.) F11
Gordon-Bennett (av.) G1
Goutte-d'Or (r. de la) C9
Gouvion-St-Cyr (bd) C4
Grande-Armée (av. de la) D4
Grands-Augustins (quai des) F8
Grange-aux-Belles (r. de la) D10
Gravelle (av. de) J12
Grenelle (bd de) G5
Grenelle (pont de) F3
Grenelle (quai de) F3
Grenelle (r. de) F5
Grenier-St-Lazare (r. du) E9
Gros (r.) F3
Guébriant (r. de) D13
Guersant (r.) C4
Gustave-Eiffel (av.) F4
Guy-Môquet (r.) B6
Guynemer (r.) G7
Halles (r. des) E8
Haussmann (bd) D6
Hauteville (r. d') D8
Havre (r. du) D7
Haxo (r.) D12
Henri-Chevreau (r.) D11
Henri-Heine (r.) F2
Henri-IV (bd) F9
Henri-IV (quai) G9
Henri-Martin (av.) E3
Henri-Ribière (r.) D12
Hippodrome (av. de l') F1
Hoche (av.) C5
Hôpital (bd de l') H9
Hôtel-de-Ville (quai de l') F9
Ibsen (av.) E13
Iéna (av. d') D4
Iéna (pont d') E4
Indochine (bd d') C12
Ingres (av.) F2
Inspecteur-Allès (r. de l') C12
Invalides (bd des) G6
Invalides (esplanade des) F6
Invalides (pont des) E5
Issy-les-Moulineaux (quai d') H2
Italie (av. d') K9
Italie (pl. d') J9
Italiens (bd des) D7
Ivry (av. d') J9
Ivry (quai d') J11
Jacob (r.) F7
Jacques-Baudry (r.) J5
Javel (r. de) G4
Jean-Baptiste-Berlier (r.) J11
Jean-Baptiste-Pigalle (r.) C7
Jean-Calvin (r.) G8
Jean-Jaurès (av.) B11
Jean-Moulin (av.) J6
Jean-Pierre-Timbaud (r.) E10
Jean-Zay (r.) H6
Jeanne-d'Arc (r.) H9
Jemmapes (quai de) C10
Jessaint (r. de) C9
La Jonquière (r. de) B6
Joseph-Bouvard (av.) F5
Joseph-de-Maistre (r.) B7
Joseph-Kessel (r.) H11
Jouffroy-d'Abbans (r.) C5
Jourdain (r. du) D11
Jourdan (bd) K8
Jules-Ferry (bd) E10
Julia-Bartet (r.) J5
Juliette-Dodu (r.) D10
Junot (av.) B7
Jussieu (r.) G9
Kellermann (bd) K10
Kléber (av.) D4
Küss (r.) K8
La Tour-d'Auvergne (r. de) C8
La Tour-Maubourg (bd de) E5
Lacépède (r.) G9
Lagny (r. de) G12
Lagrange (r.) F8
Lamarck (r.) B7
Lamballe (av. de) F3
Lancry (r. de) D9
Lannes (bd) D3
Laumière (av. de) C11
Lavandières-Ste-Opportune (r. des) F8
Leblanc (r.) H3
Lecourbe (r.) G5
Ledru-Rollin (av.) F10
Lefebvre (bd) J5
Legendre (r.) B6
Légion-Étrangère (r. de la) K6
Léon-Frapié (r.) D13
Léon-Frot (r.) F11
Léon-Gaumont (av.) F13
Lepic (r.) B7
Leriche (r.) H4
Liège (r. de) C7
Lille (r. de) F7
Linné (r.) G9
Linois (r.) G3
Lisbonne (r. de) C6
Londres (r. de) C7
Longchamp (allée de) D2
Longchamp (r. de) E4
Louis-Blanc (r.) C9
Louis-Blériot (quai) G3
Louis-Braille (r.) H12
Louis-Philippe (pont) F9
Louise-Thuliez (r.) C12
Lourmel (r. de) G4
Louvre (quai du) F8
Louvre (r. du) E8
Lowendal (av. de) F5
Lucien-Descaves (av.) K7
Lucien-Sampaix (r.) D9
Luxembourg (jardin du) G7
Lyon (r. de) G10
Mac-Mahon (av.) C4
Macdonald (bd) A11
Madeleine (bd de la) D7
Mademoiselle (r.) G5
Madrid (r. de) C6
Magenta (bd de) D9
Mahatma-Gandhi (av. du) D2
Maillot (bd) C3
Maillot (porte) C3
Maine (av. du) H6
Malakoff (av. de) D3
Malaquais (quai) F7
Malar (r.) E5
Malesherbes (bd) D6
Manin (r.) C11
Marcadet (r.) B7
Marceau (av.) D5
Marcel-Doret (av.) H2
Mare (r. de la) D11
Maréchal-Gallieni (av. du) E6
Marie (pont) F9
Marigny (av. de) D6
Martyrs (r. des) C8
Marx-Dormoy (r.) B9
Masséna (bd) K10
Mathurin-Moreau (av.) C10
Matignon (av.) D6
Maubeuge (r. de) C8
Maurice-Barrès (bd) C2
Mazarine (r.) F7
Mazas (voie) G10
Meaux (r. de) C10
Médicis (r. de) G8
Mégisserie (quai de la) F8
Mendelssohn (r.) F13
Ménilmontant (bd de) E11
Ménilmontant (r. de) D12
Messine (av. de) D6
Michel-Ange (r.) G2
Michel-le-Comte (r.) E9
Miollis (r.) G5
Mirabeau (pont) G3
Mirabeau (r.) G2
Miromesnil (r. de) D6
Mogador (r. de) D7
Molitor (porte) G1
Molitor (r.) G2
Monceau (parc) C5
Monceau (r. de) C6
Moncey (r.) C7
Monge (r.) G8
Mont-Cenis (r. du) B8
Montaigne (av.) E5
Montebello (quai de) F8
Montgallet (r.) G11
Montmartre (r.) E8
Montmorency (bd de) F2
Montorgueil (r.) E8
Montparnasse (bd du) G7
Montparnasse (r. du) G7
Montreuil (r. de) F12
Montsouris (parc) K7
Morillons (r. des) H5
Morland (bd) G9
Morland (pont) G9
Mortier (bd) D13
La Motte-Picquet (av. de) F5
Mouffetard (r.) H8
Mouton-Duvernet (r.) H7
Mouzaïa (r. de) C12
Mozart (av.) F2
Muette (porte de la) E2
Muette-à-Neuilly (rte de la) E2
Murat (bd) G1
Nansouty (r.) J7
Nation (pl. de la) G12
National (pont) J11
Nationale (r.) J9
Nations-Unies (av. des) E4
Neuf (pont) F8
Neuve-Tolbiac (r.) J10
New-York (av. de) E4
Ney (bd) A9
Niel (av.) C4
Norvins (r.) B8
Notre-Dame (pont) F8
N.-D.-de-Lorette (r.) C7
N.-D.-des-Champs (r.) G7
Nungesser-et-Coli (r.) G1
Oberkampf (r.) E10
Observatoire (av. de l') H7
Odéon (r. de l') F7
Oise (quai de l') B11
Olivier-de-Serres (r.) H4
Opéra (av. de l') D7
Ordener (r.) B9
Ornano (bd) B8
Orsay (quai d') E5
Orsel (r. d') C8
Orteaux (r. des) F12
Oudinot (r.) G6
Ourcq (r. de l') B11
Paix (r. de la) D7
Palais (bd du) F8
Panhard-et-Levassor (quai) J11
Pantin (porte de) B12
Paradis (r. de) D8
Parc (rte du) J12
Parc-Royal (r. du) F9
Parmentier (av.) E10
Pas-de-la-Mule (r. du) F10
Pascal (r.) H8
Passy (porte de) F2
Passy (r. de) F3
Pasteur (bd) G6
Patay (r. de) J10
Paul-Barruel (r.) H5
Paul-Doumer (av.) E3
Le Peletier (r.) D7
Pelleport (r.) E12
Pépinière (r. de la) D6
Percier (av.) D6
Perdonnet (r.) C9
Père-Lachaise (av. du) E12
Pereire (bd) B5
Pergolèse (r.) D4
Perle (r. de la) E9
Pershing (bd) C4
Petit-Pont F8
Petites-Écuries (r. des) D8
Petits-Champs (r. des) E7
Petits-Ponts (rte des) B12
Peupliers (r. des) J9
Philippe-Auguste (av.) F11
Philippe-de-Girard (r.) B9
Picpus (bd de) G12
Picpus (r. de) G12
Pierre-Charron (r.) D5
Pierre-de-Coubertin (av.) K8
Pierre-Demours (r.) C4
Pierre-Fontaine (r.) C7
Pierre-I}e}r-de-Serbie (av.) E4
Pierre-Larousse (r.) J6
Pierre-Mendès-France (av.) H10
Pinel (r.) H9
Pirogues-de-Bercy (r. des) H11
Plantes (jardin des) G9
Plantes (r. des) J6
Poissonnière (r.) D8
Poissonniers (r. des) B9
Poliveau (r.) H9
Pommard (r. de) H11
Pompe (r. de la) D3
Poniatowski (bd) H12
Pont-Neuf (r. du) E8
Ponthieu (r. de) D5
Port-Royal (bd de) H8
Portalis (r.) C6
Pte-Brancion (av. de la) J5
Pte-Brunet (av. de la) C12
Pte-d'Asnières (av. de la) B5
Pte-d'Aubervilliers (av. de la) A10
Pte-d'Auteuil (av. de la) G1
Pte-de-Bagnolet (av. de la) E13
Pte-de-Champerret (av. de la) B4
Pte-de-Charenton (av. de la) J12
Pte-de-Châtillon (av. de la) J6
Pte-de-Choisy (av. de la) K9
Pte-de-Clichy (av. de la) A5
Pte-de-Clignancourt (av. de la) A8
Pte-de-la-Chapelle (av. de la) A9
Pte-de-la-Plaine (av. de la) J4
Pte-de-la-Villette (av. de la) A11
Pte-de-Ménilmontant (av. de la) D13
Pte-de-Montmartre (av. de la) A7
Pte-de-Montreuil (av. de la) F13
Pte-de-Montrouge (av. de la) K6
Pte-de-Sèvres (av. de la) H3
Pte-de-St-Ouen (av. de la) A7
Pte-de-Vitry (av. de la) K10
Pte-des-Lilas (av. de la) C13
Pte-des-Poissonniers (av. de la) A8
Pte-des-Ternes (av. de la) C3
Pte-d'Issy (r. de la) H3
Pte-d'Italie (av. de la) K9
Pte-d'Ivry (av. de la) K10
Pte-d'Orléans (av. de la) K7
Pte-du-Pré-St-Gervais (av. de la) C12
Poteau (r. du) B8
Poterne-des-Peupliers (r. de la) K9
Pouchet (r.) A6
Poussin (r.) G2
Pré-St-Gervais (r. du) D11
Président-Kennedy (av. du) F3
Président-Wilson (av. du) E4
Professeur-André-Lemierre (av. du) F13
La Promenade Plantée G12
Prony (r. de) C5
Provence (r. de) D7
Prudhon (av.) E2
Pyramides (r. des) E7
Pyrénées (r. des) E12
Quatre-Fils (r. des) E9
Quatre-Septembre (r. du) D7
Raffet (r.) F2
Rambouillet (r. de) G10
Rambuteau (r.) E9
Ramey (r.) B8
Ranelagh (r. du) F3
Rapée (quai de la) G10
Raphaël (av.) E2
Rapp (av.) E5
Raspail (bd) H7
Raymond-Losserand (r.) H6
Raymond-Poincaré (av.) E4
Raynouard (r.) F3
Réaumur (r.) E8
Récollets (r. des) D9
Regnault (r.) J10
Reille (av.) J8
Reims (bd de) B5
Reine (cours la) E6
Reine-Marguerite (allée de la) D1
Rémusat (r. de) G3
Renard (r. du) F8
René-Coty (av.) J7
Rennes (r. de) F7
République (av. de la) E10
République (pl. de la) E9
Reuilly (bd de) H12
Reuilly (r. de) G11
Richard-Lenoir (bd) E10
Richard-Lenoir (r.) F11
Richard-Wallace (bd) D1
Richelieu (r. de) D7
Richer (r.) D8
Richerand (av.) D9
Riquet (r.) B10
Rivoli (r. de) E8
Rochechouart (bd de) C8
Rochechouart (r. de) C8
Rocher (r. du) C6
Rome (r. de) C6
Roquette (r. de la) F10
Royal (pont) E7
Royale (r.) D6
Rubens (r.) H9
Rungis (r. de) K8
Sablons (r. des) E3
St-Amand (r.) H5
St-André-des-Arts (r.) F8
St-Antoine (r.) F9
St-Bernard (quai) G9
St-Charles (r.) G3
St-Cloud (av. de) F1
St-Cloud (porte de) H1
St-Denis (bd) D9
St-Denis (r.) D8
St-Dominique (r.) E5
St-Éleuthère (r.) C8
Saint-Exupéry (quai) H2
St-Fargeau (r.) D12
St-Ferdinand (r.) C4
St-Florentin (r.) E6
St-Germain (bd) F8
St-Germain-des-Prés (pl.) F7
St-Gilles (r.) F10
St-Honoré (r.) E7
St-Jacques (bd) H7
St-Jacques (r.) G8
St-Lambert (r.) H4
St-Lazare (r.) D7
St-Louis (pont) F9
St-Louis-en-l'Île (r.) F9
St-Mandé (av. de) G12
St-Mandé (porte de) G13
St-Marcel (bd) H9
St-Martin (bd) D9
St-Martin (r.) E9
St-Maur (r.) D10
St-Maurice (av. de) J12
St-Michel (bd) G8
St-Michel (pont) F8
St-Michel (quai) F8
St-Ouen (av. de) B7
St-Paul (r.) F9
St-Pétersbourg (r. de) C6
St-Placide (r.) G7
Saint-Saëns (r.) F4
St-Sulpice (r.) F7
St-Vincent (r.) B8
Sts-Pères (r. des) F7
Santé (r. de la) H8
Sarrette (r.) J7
Saxe (av. de) G6
Scribe (r.) D7
Sébastopol (bd de) E8
Secrétan (av.) C10
Ségur (av. de) F5
Seine (quai de la) B10
Seine (r. de la) F7
Sergent-Bauchat (r. du) G11
Sérurier (bd) C12
Sèvres (r. de) G6
Simon-Bolivar (av.) D10
Singer (r.) F3
Solférino (passerelle) E7
Sorbier (r.) E11
Soufflot (r.) G8
Soult (bd) G13
Stéphane-Mallarmé (av.) B4
Strasbourg (bd de) D9
Suchet (bd) F2
Suffren (av. de) G5
Suisses (r. des) J6
Sully (ponts de) G9
Surène (r. de) D6
Suresnes (rte de) D2
Tage (r. du) K9
Taine (r.) H11
Tanger (r. de) B10
Tardieu (r.) C8
Temple (bd du) E9
Temple (r. du) E9
Ternes (av. des) C4
Terroirs-de-France (av. des) J11
Tertre (pl. du) B8
Théâtre (r. du) G4
Théophile-Gautier (av.) F3
Thomas-Mann (r.) J11
Thorigny (r. de) E9
Titon (r.) F11
Tocqueville (r. de) C6
Tolbiac (pont de) H11
Tolbiac (r. de) J9
Tombe-Issoire (r. de la) J7
Tour (r. de la) E3
Tournelle (pont de la) F9
Tournelle (quai de la) F9
Tournon (r. de) F7
Tourville (av. de) F5
Trocadéro et Onze-Novembre (pl. du) E4
Trois-Bornes (r. des) E10
Tronchet (r.) D7
Trousseau (r.) F10
Tuileries (jardin des) E7
Tuileries (quai des) E7
Turbigo (r. de) E9
Turenne (r. de) E9
Ulm (r. d') G8
Université (r. de l') E5
Valette (r.) G8
Valmy (quai de) C9
Van-Gogh (r.) G10
Vaneau (r.) F6
Vanves (porte de) J5
Varenne (r. de) F6
Vaugirard (bd de) G6
Vaugirard (r. de) G5
Vauquelin (r.) G8
Vauvenargues (r.) B7
Vendôme (pl.) E7
Vercingétorix (r.) H6
Versailles (av. de) G2
Victor (bd) H3
Victor-Hugo (av.) D3
Victor-Massé (r.) C7
Victoria (av.) F8
Vieille-du-Temple (r.) E9
Vienne (r. de) C6
Vigée-Lebrun (r.) H5
Villars (av. de) F6
Villette (bd de la) D10
Villette (parc de la) B11
Villiers (av. de) C5
Villiot (r.) G10
Vincennes (cours de) G12
Vincennes (porte de) G13
Vincent-Auriol (bd) H10
Violet (r.) G4
Vitruve (r.) E12
Vivaldi (allée) G11
Vivienne (r.) D8
Volontaires (r. des) H5
Voltaire (bd) F11
Voltaire (quai) F7
Vosges (pl. des) F9
Vouillé (r. de) H5
Vulpian (r.) H8
Wagram (av. de) C5
Washington (r.) D5
Watt (r.) J11
Wilhem (r.) G2
Winston-Churchill (av.) E6
Yvonne-Le-Tac (r.) C8

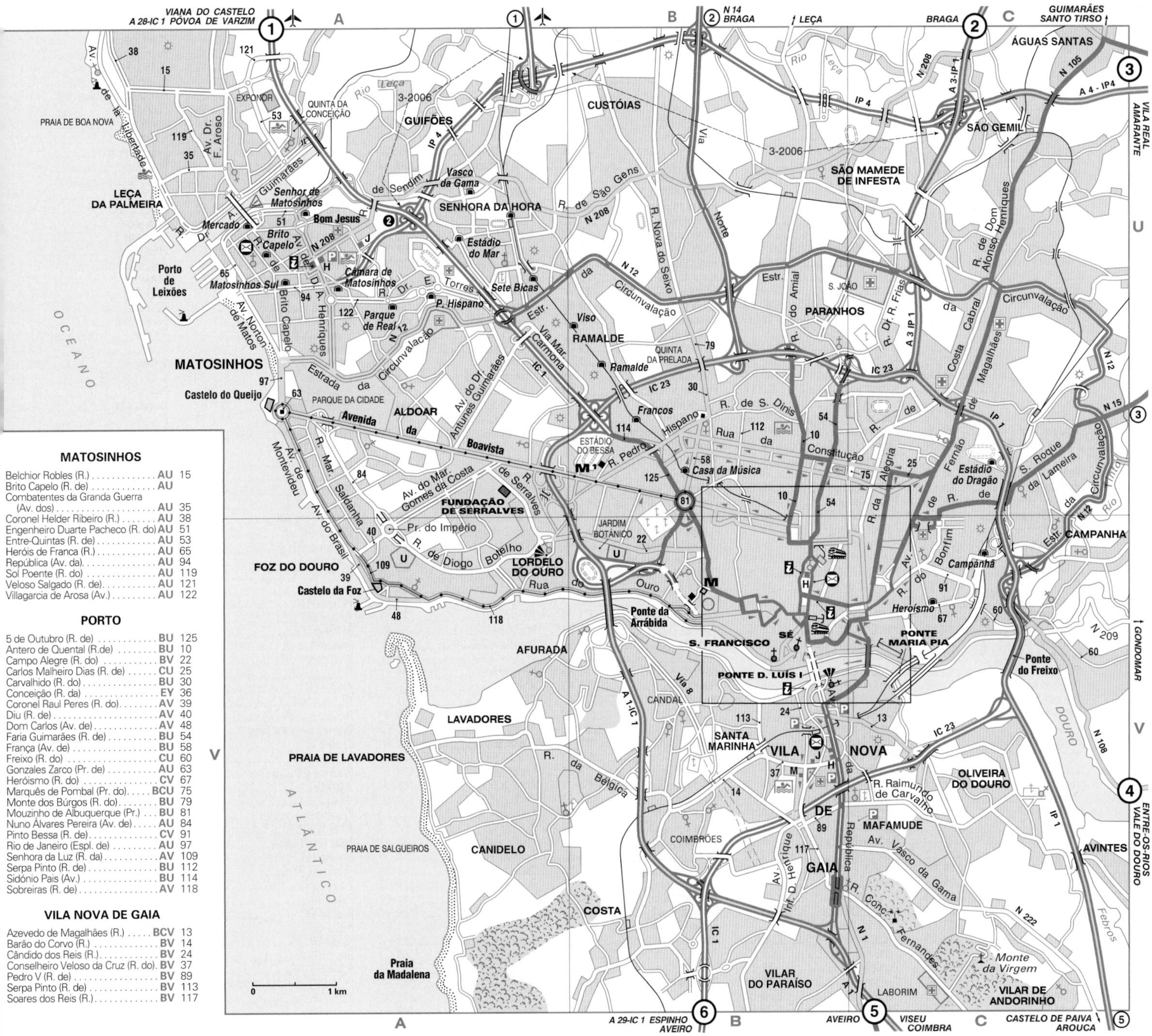

MATOSINHOS

Belchior Robles (R.) AU 15
Brito Capelo (R. de) AU
Combatentes da Granda Guerra (Av. dos) AU 35
Coronel Helder Ribeiro (R.) AU 38
Engenheiro Duarte Pacheco (R. do) AU 51
Entre-Quintas (R. de) AU 53
Heróis de Franca (R.) AU 65
República (Av. da) AU 94
Sol Poente (R. do) AU 119
Veloso Salgado (R. de) AU 121
Villagarcia de Arosa (Av.) AU 122

PORTO

5 de Outubro (R. de) BU 125
Antero de Quental (R.de) BU 10
Campo Alegre (R. do) BV 22
Carlos Malheiro Dias (R. de) CU 25
Carvalhido (R. do) BU 30
Conceição (R. da) EY 36
Coronel Raul Peres (R. do) AV 39
Diu (R. de) AV 40
Dom Carlos (Av. de) AV 48
Faria Guimarães (R. de) BU 54
França (Av. de) BU 58
Freixo (R. do) CU 60
Gonzales Zarco (Pr. de) AU 63
Heróismo (R. do) CV 67
Marquês de Pombal (Pr. do) BCU 75
Monte dos Búrgos (R. do) BU 79
Mouzinho de Albuquerque (Pr.) BU 81
Nuno Álvares Pereira (Av. de) AU 84
Pinto Bessa (R. de) CV 91
Rio de Janeiro (Espl. de) AU 97
Senhora da Luz (R. da) AV 109
Serpa Pinto (R. de) BU 112
Sidónio Pais (Av.) BU 114
Sobreiras (R. de) AV 118

VILA NOVA DE GAIA

Azevedo de Magalhães (R.) BCV 13
Barão do Corvo (R.) BV 14
Cândido dos Reis (R.) BV 24
Conselheiro Veloso da Cruz (R. do) BV 37
Pedro V (R. de) BV 89
Serpa Pinto (R. de) BV 113
Soares dos Reis (R.) BV 117

Pláti GR 91 E1
Platiána GR 96 B1
Platičevo SCG 132 C3
Platígiali GR 92 B3
Platikambos GR 88 A4
Platís Gialós (Kefalonià) GR 92 A4
Platís Gialós (N. Míkonos) GR 98 C2
Platís Gialós (N. Sífnos) GR 98 B3
Platístomo GR 93 D2
Platja d'Aro E 39 E3
Platja de Sant Joan E 49 F1
Platja i Grau de Gandia E 44 A4
Plattling DE 63 F4
Plau DE 51 E3
Plaue (Kreis Brandenburg) DE 57 E2
Plauen DE 63 E2
Plav SCG 136 C3
Plavča HR 130 C4
Plavna SCG 133 F3
Plavnica SCG 136 B3
Plavnik (Otok) HR 130 B4
Plavsk RUS 125 F3
Pleaux F 25 F4
Pleine-Fougères F 19 E2
Pleinfeld DE 63 D4
Plélan-le-Grand F 19 D3
Plélan-le-Petit F 19 D3
Pléneuf-Val-André F 19 D2
Plentzia E 36 C1
Plépi GR 97 F2
Plešin SCG 136 C1
Plestin-les-Grèves F 18 C2
Plettenberg DE 62 A1
Pleumartin F 25 D1
Pleumeur-Bodou F 18 C2
Pleven BG 129 D2
Pleyben F 18 B3
Pliego E 49 E2
Plítra GR 97 D3
Plitvička Jezera HR 131 D4
Plitvički Ljeskovac HR 131 D4
Pljevlja SCG 136 B2
Ploaghe I 82 B2
Ploče HR 135 F2
Plochingen DE 66 C1
Płock PL 126 A1
Ploemeur F 18 C4
Ploërmel F 19 D3
Plœuc-sur-Lié F 18 C3
Ploiești RO 129 E1
Plomári GR 95 F2
Plombières-les-Bains F 23 D3
Plomin HR 130 B4
Plön DE 50 C2
Plonéour-Lanvern F 18 B3
Płońsk PL 126 A1
Plouagat F 18 C2
Plouaret F 18 C2
Plouay F 18 C3
Ploubalay F 19 D2
Ploudalmézeau F 18 A2
Plouescat F 18 B2
Plougasnou F 18 B2
Plougastel-Daoulas F 18 B2
Plougonven F 18 B2
Plouguenast F 19 D3
Plouha F 18 C2
Plouigneau F 18 B2
Ploumanach F 18 C2
Plouzévédé F 18 B2
Plovdiv BG 129 D2
Plumbridge GB 3 D2
Plunge LT 124 B3
Pl'ussa RUS 125 D1
Pluvigner F 18 C4
Plužine (Mostar) SCG 136 A2
Plužine (Žabljak) BIH 135 F2
Plymouth GB 12 C3
Plympton GB 12 C3
Plymstock GB 12 C3
Plzeň CZ 64 A3
Pobrđe SCG 136 C2
Počep RUS 125 F4
Pöchlarn A 68 C1
Počinok RUS 125 E3
Počitelj BIH 135 F2
Pocking DE 68 A1
Počuta SCG 132 C4
Poda SCG 136 B2
Podareš MK 137 F3
Podbořany CZ 64 A2
Podčetrtek SLO 130 C2
Poděbrady CZ 64 C2
Podensac F 28 C1
Podersdorf am See A 69 E1
Podgajci Posavski HR 132 B3
Podgarić HR 131 E2
Podgora HR 135 E2
Podgorač HR 132 A2
Podgorac SCG 133 F4
Podgorica SCG 136 B3
Podgrad SLO 130 B3
Podhum BIH 135 E1
Podkoren SLO 130 A2
Podlugovi BIH 135 F1
Podnovlje BIH 132 A3
Podogorá GR 92 C2
Podohóri GR 89 D2
Podol'sk RUS 125 F2
Podpeč SLO 130 B2
Podrašnica BIH 131 E4
Podravski Kloštar HR 131 E2
Podromanija BIH 136 A1
Podsreda SLO 130 C2
Podsused HR 131 D2
Podturen HR 131 D1
Podujevo SCG 137 D2
Podunavci SCG 136 C1
Poggibonsi I 76 A3
Poggio Imperiale I 80 B1
Poggio Mirteto I 79 D1
Poggio Renatico I 76 A1
Poggio Rusco I 76 A1
Pöggstall A 68 C1
Pogoniani GR 86 C3
Pogradec AL 128 C3
Pohja / Pojo FIN 120 C4
Pohja-Lankila FIN 121 F2
Pohjaslahti (Häme) FIN 120 C2
Pohjaslahti (Lappi) FIN 109 E2
Pohořelice CZ 65 D3
Poiana Brașov RO 129 D1
Poio E 32 A3
Poirino I 74 C1
Poissons F 22 C3
Poitiers F 25 D2
Poix-de-Picardie F 16 B4
Poix-Terron F 17 E4
Pojate SCG 133 E4
Pokka FIN 105 E4
Poklečani BIH 135 E2
Pokupsko HR 131 D3
Pola de Allande E 33 D2
Pola de Laviana E 33 E3
Pola de Lena E 33 E3
Pola de Siero E 33 E2
Polače HR 135 F3
Polack BY 125 D3
Polán E 42 B2
Polčane SLO 130 C2
Polcenigo I 72 B3
Połczyn Zdrój PL 52 C2
Polegate GB 14 C4
Polemi CY 138 A3
Polesella I 76 A1
Polessk RUS 124 A4
Polhov Gradec SLO 130 B2
Policastro Bussentino I 80 C4
Polička CZ 65 D2
Poličnik HR 134 C1
Policoro I 81 D4
Polidéndri GR 94 A4
Polídrossos GR 93 E3
Políegos (Nissí) GR 98 B3
Polígiros GR 88 C3
Polignano a Mare I 81 D2
Poligny F 27 D1
Polihnitos GR 95 F2
Polikárpi GR 87 F1
Polikástano GR 87 D2
Políkastro GR 88 A1
Polímilos GR 87 F3
Polinéri GR 92 C1
Polinéri GR 87 E3
Polióhni GR 89 F4
Polipótamo GR 87 E2
Polipótamos GR 94 B4
Políraho GR 87 F3
Polirinía GR 100 A3
Polis CY 138 A3
Políssito GR 89 F1
Polistena I 83 E4
Polithéa GR 87 E4
Politiká GR 94 A3
Poljana SLO 130 B1
Poljana SCG 133 D3
Poljana Pakračka HR 131 E3
Polje BIH 131 F3
Poljica HR 135 E2
Poljice BIH 132 A4
Polla I 80 B3
Pöllåkkä FIN 115 F4
Pöllau A 69 D2
Polle DE 56 B4
Pollença E 45 E3
Pollfoss N 110 C3
Pollos E 35 F4
Polmak N 105 F2
Polonne UA 127 D2
Polperro GB 12 C4
Poltava UA 127 F2
Põltsamaa EST 124 C1
Põlva EST 124 C2
Polvijärvi FIN 115 F3
Polzela SLO 130 C2
Pomar E 38 A3

Pomarance I 76 A4
Pomarkku FIN 120 B2
Pombal P 40 B2
Pómbia GR 101 D4
Pomellen DE 52 A3
Pomezí CZ 63 F3
Pomezia I 79 D2
Pomigliano d'Arco I 80 A3
Pommersfelden DE 63 D3
Pomorie BG 129 F2
Pomos CY 138 A3
Pompei I 80 A3
Pomposa (Abbazia di) I 76 B1
Poncin F 27 D2
Pondoiráklia GR 88 A1
Pondokómi GR 87 F3
Ponferrada E 33 D4
Ponikovica SCG 136 B1
Pons F 24 C3
Ponsacco I 75 F3
Pont-à-Marcq F 17 D2
Pont-à-Mousson F 22 C2
Pont-Audemer F 16 A4
Pont-Aven F 18 B3
Pont Canavese I 27 F3
Pont-Croix F 18 A3
Pont-d'Ain F 27 D3
Pont-de-Chéruy F 26 C3
Pont-de-Dore F 26 A3
Pont-de-l'Arche F 16 A4
Pont-de-Roide F 23 D4
Pont-de-Salars F 29 F1
Pont de Suert E 38 B2
Pont-de-Vaux F 26 C2
Pont-de-Veyle F 26 C2
Pont-d'Espagne F 28 C4
Pont-d'Ouilly F 19 F2
Pont-du-Château F 26 A3
Pont du Gard F 30 C2
Pont-en-Royans F 27 D4
Pont-l'Abbé F 18 B3
Pont-l'Évêque F 20 C1
Pont-Scorff F 18 C3
Pont-St-Esprit F 30 C1
Pont-St Martin I 27 F3
Pont-St-Vincent F 22 C2
Pont-Ste-Maxence F 16 C4
Pont-sur-Yonne F 21 F3
Pontacq F 28 C3
Pontailler-sur-Saône F 22 C4
Pontão P 40 B2
Pontardawe GB 13 D1
Pontarddulais GB 12 C1
Pontarion F 25 E3
Pontarlier F 27 E1
Pontassieve I 76 A3
Pontaubault F 19 E2
Pontaumur F 25 F3
Pontcharra F 27 D3
Pontchartrain F 21 E2
Pontchâteau F 19 D4
Ponte Arche I 71 F3
Ponte-Caldelas E 32 A4
Ponte da Barca P 34 B3
Ponte de Lima P 34 B3
Ponte de Sor P 40 C3
Ponte di Legno I 71 F3
Ponte di Piave I 72 B3
Ponte-Leccia F 78 A3
Ponte nelle Alpi I 72 B3
Ponte San Pietro I 71 E4
Ponteareas E 32 A4
Pontebba I 68 A4
Pontecagnano I 80 B3
Ponteceno I 75 E2
Ponteceso E 32 A2
Pontecorvo I 79 F2
Pontedecimo I 75 D2
Pontedera I 75 F3
Pontedeume E 32 B2
Pontefract GB 11 D2
Pontelandolfo I 80 A2
Pontes de García Rodríguez (As) E 32 B2
Pontevedra E 32 A3
Pontevico I 71 E4
Pontfaverger-Moronvilliers F 17 E4
Pontgibaud F 26 A3
Pontigny F 22 A4
Pontinia I 79 E2
Pontinvrea I 75 D2
Pontivy F 18 C3
Pontlevoy F 21 D4
Pontoise F 21 E2
Pontones E 48 C1
Pontoon IRL 2 B3
Pontorson F 19 E2
Pontremoli I 75 E2
Pontresina CH 66 C4
Pontrieux F 18 C2
Pontrilas GB 13 E1
Ponts (Lleida) E 38 B3
Pontvallain F 20 C4
Pontypool / Pontypwl GB 13 D1
Pontypridd GB 13 D2
Poole GB 13 E3
Popadić SCG 132 C4
Poperinge B 15 F4
Popinci SCG 132 C3
Popoli I 79 F1
Popov Most BIH 136 A2
Popovac SCG 133 E4
Popovača HR 131 E3
Popovo BG 129 E2
Poppenhausen DE 62 C2
Poppi I 76 B3
Poprad SK 126 A3
Porcari I 75 F3
Porchov RUS 125 D2
Porcuna E 48 A1
Pordenone I 72 B3
Poreč HR 130 A4
Pori (Björneborg) FIN 120 B3
Porjus S 108 A2
Porlock GB 13 D2
Pornainen FIN 121 D3
Pörnbach DE 67 E1
Pornic F 24 A1
Pornichet F 19 D4
Póros (Kefaloniá) GR 92 B4
Póros (Lefkáda) GR 92 A3
Póros (N. Póros) GR 97 F1
Póros (Nissí) GR 97 F1
Porozina HR 130 B4
Pórpi GR 89 F1
Porrentruy CH 23 E4
Porretta Terme I 76 A2
Porriño E 32 A4
Porsgrunn N 116 C2
Port Askaig GB 8 A2
Port-Barcarès F 30 A4
Port Charlotte GB 8 A3
Port d'Alcúdia E 45 E3
Port d'Andratx E 45 D3
Port-de-Bouc F 30 C3
Port de Pollença E 45 E2
Port de Sóller / Puerto de Sóller E 45 E3
Port Ellen GB 8 A3
Port-en-Bessin F 19 F1
Port Erin GB 3 F3
Port-Eynon GB 12 C2
Port Glasgow GB 8 C2
Port-Joinville F 18 C2
Port-la-Nouvelle F 30 A4
Port-Leucate F 30 A4
Port-Louis F 18 C4
Port-Manech F 18 B3
Port-Navalo F 18 C4
Port of Ness GB 6 B2
Port-St-Louis-du-Rhône F 30 C3
Port St Mary GB 3 F3
Port-Ste-Marie F 29 D1
Port-sur-Saône F 22 C4
Port Talbot GB 13 D2
Port-Vendres F 30 A4
Port William GB 3 F2
Porta Westfalica DE 56 B3
Portadown GB 3 D2
Portaferry GB 3 E3
Portalegre P 40 C3
Portalrubio E 43 F1
Portariá GR 93 F1
Portarlington / Cúil an tSúdaire IRL 2 C4
Portavogie GB 3 E2
Portbail F 19 E1
Portbou E 30 A4
Portel P 40 C4
Portelo P 35 D3
Pórtes (N. Égina) GR 97 F1
Portezuelo E 41 E2
Portglenone GB 3 D2
Porthcawl GB 13 D2
Porthmadog GB 10 A3
Portici I 80 A3
Portilla de la Reina E 33 F3
Portillo E 36 A4
Portimão P 46 A2
Portimo FIN 109 D3
Portinho da Arrábida P 40 A4
Portishead GB 13 E2
Portlaoise / Port Laoise IRL 5 D2
Portman E 49 E2
Portmarnock IRL 3 E4
Portnacroish GB 8 B1
Portnaguran GB 6 B2
Portnahaven GB 8 A3
Porto P 34 B4
Porto F 78 A3
Porto Alto P 40 A3
Porto Azzurro I 75 F4
Pórto Boúfalo GR 94 B4
Pórto Carrás GR 88 C3
Porto Ceresio I 71 D4
Porto Cervo I 78 A3
Porto Cesareo I 81 F3
Porto Cristo E 45 E3
Porto de Lagos P 46 A2
Porto de Mós P 40 B2
Porto do Barqueiro E 32 C2
Porto do Son E 32 A3
Porto Empedocle I 84 C4
Porto Ercole I 78 C1
Porto Garibaldi I 76 B1
Portó Germenó GR 93 F4
Pórto Kágio GR 97 D4
Porto Pino I 82 B4
Pórto Ráfti GR 98 A1
Porto Recanati I 77 D3
Porto Rotondo I 78 A3
Porto San Elpidio I 77 D3
Porto San Giorgio I 77 D3
Porto Santo Stefano I 78 C1
Porto Tolle I 76 B1
Porto Torres I 82 A1
Porto-Vecchio F 78 B4
Portoferraio I 75 F4
Portofino I 75 D2
Portogruaro I 72 C3
Portohéli GR 97 E2
Pörtom FIN 114 B4
Portomaggiore I 76 B1
Portomarín E 32 C3
Portomouro E 32 A3
Portonovo E 32 A4
Portopetro E 45 E3
Portorož SLO 130 A3
Portoscuso I 82 A4
Portovenere I 75 E2
Portpatrick GB 3 F2
Portree GB 6 B4
Portrush GB 3 D1
Portsalon IRL 2 C1
Pörtschach A 68 B4
Portsmouth GB 13 F3
Portstewart GB 3 D1
Portugalete E 36 C1
Portumna / Port Omna IRL 2 B4
Poruba CZ 65 F2
Porvoo / Borgå FIN 121 D4
Porzuna E 42 B3
Posada I 78 A4
Posadas E 47 F1
Poschiavo CH 71 E3
Pošechonje-Volodarsk RUS 125 F1
Posedarje HR 134 C1
Posio FIN 109 E2
Positano I 80 A3
Possídi GR 88 C4
Possidonía GR 98 C2
Pößneck DE 63 E1
Posta I 77 D4
Postira HR 135 D2
Postojna SLO 130 B3
Posušje BIH 135 E2
Potamí GR 90 A1
Potamiá GR 97 D3
Potamia CY 139 D3
Potamiés GR 101 E3
Potamós GR 100 A2
Potamós GR 97 E4
Potamoúla GR 92 C2
Potenza I 80 C3
Potenza Picena I 77 D3
Potes E 33 F3
Potigny F 19 F2
Potoci BIH 135 F2
Potok HR 131 E3
Potós GR 89 E2
Potsdam DE 57 F2
Pottenstein A 69 D1
Potters Bar GB 14 C3
Pöttmes DE 67 D1
Potton GB 14 C2
Pouancé F 19 E4
Pougues-les-Eaux F 26 A1
Pouilly-en-Auxois F 26 C1
Pouilly-sous-Charlieu F 26 B2
Pouilly-sur-Loire F 26 A1
Poúlithra GR 97 E2
Poúnda GR 98 C3
Pournári GR 93 E1
Poussu FIN 109 F3
Pouyastruc F 28 C3
Pouzauges F 24 B1
Považská Bystrica SK 126 A3
Poveda de la Sierra E 43 D1
Povlja HR 135 E2
Povljana HR 134 B1
Póvoa de Lanhoso P 34 B3
Póvoa de Varzim P 34 B3
Poysdorf A 65 E4
Pöytyä FIN 120 B3
Poza de la Sal E 36 C2
Požaranje SCG 137 E3
Požarevac SCG 133 D3
Požega SCG 136 B1
Požega HR 131 F3
Poznań PL 53 D4
Pozo Alcón E 48 C2
Pozo Cañada E 43 E4
Pozo de Guadalajara E 42 C1
Pozo Higuera E 49 D2
Pozoblanco E 47 F1
Pozohondo E 43 E4
Pozondón E 43 E1
Pozuelo E 43 D4
Pozuelo de Calatrava E 42 B4
Pozuelo de Zarzón E 41 E2
Pozzallo I 85 E4
Pozzomaggiore I 50 A3
Pozzomaggiore I 82 B2
Pozzuoli I 80 A3
Pozzuolo del Friuli I 72 C3
Pra-Loup F 31 E1
Prača BIH 136 A1
Prachatice CZ 64 B4
Pradelles F 30 B1
Prádena E 36 B4
Prades F 29 F4
Prado del Rey E 47 E3
Pradoluengo E 36 C2
Præstø DK 122 C3
Prägraten A 67 F3
Praha CZ 64 B2
Prahecq F 24 C2
Praia a Mare I 80 C4
Praia da Barra P 34 B4
Praia da Rocha P 46 A2
Praia da Tocha P 40 B1
Praia da Vieira P 40 A2
Praia de Mira P 40 B1
Praia de Santa Cruz P 40 A3
Prali I 27 F4
Pralognan-la-Vanoise F 27 E4
Prámanda GR 92 B1
Prangío GR 91 E1
Pranjani SCG 132 C4
Prapatnica HR 135 D2
Prassiá GR 92 C1
Prassiés GR 100 C3
Prastio (Ammochostos) CY 139 D3
Prastio (Morfou) CY 138 B3
Prat del Comte E 44 B1
Pratella I 80 A2
Prati di Tivo I 77 D4
Prato I 76 B4
Prato I 76 A3
Pratola Peligna I 79 F1
Prats de Lluçanès E 38 C3
Prats-de-Mollo-la-Preste F 39 D2
Prauthoy F 22 C4
Pravdinsk RUS 124 A4
Pravia E 33 E2
Pré-en-Pail F 19 F3
Pré-St Didier I 27 F3
Prebold SLO 130 C2
Précy-sous-Thil F 22 B4
Predappio I 76 B2
Predazzo I 67 E4
Preddvor SLO 130 B2
Predeal RO 129 D1
Predejane SCG 137 E2
Predel SLO 130 A2
Predoi / Prettau I 67 F3
Predošćica HR 130 B4
Preetz DE 50 C2
Pregarten A 68 B1
Prekaja BIH 135 D1
Preko HR 134 B1
Preljina SCG 133 D4
Prelog HR 131 D1
Prelošćica HR 131 E3
Přelouč CZ 64 C2
Premantura HR 130 B4
Prémery F 26 A1
Premià de Mar E 39 D4
Premilcuore I 76 B2
Premnitz DE 57 E2
Premuda HR 134 B1
Premuda (Otok) HR 134 B1
Prenzlau DE 51 F3
Přerov CZ 65 E2
Prerow DE 51 E2
Preševo SCG 137 E3
Presjeka SCG 136 A3
Prešov SK 126 B3
Préspa (Mikrí/Megáli Préspa) GR 87 D2
Pressath DE 63 E3
Pressbaum A 69 D1
Prestatyn GB 10 B3
Presteigne GB 10 C4
Prestfoss N 117 D1
Přeštice CZ 64 A3
Preston GB 10 C2
Prestonpans GB 9 D2
Prestwick GB 3 F1
Pretoro I 79 F1
Prettin DE 57 F4
Pretzsch DE 57 F4
Preuilly-sur-Claise F 25 D1
Préveza GR 92 B2
Prevršac HR 131 E3
Prezid HR 130 B3
Pribini BIH 131 F4
Priboj SCG 136 B1
Priboj BIH 132 B4
Příbor CZ 65 F2
Příbram CZ 64 A3
Priego E 43 D1
Priego de Córdoba E 48 A2
Prien DE 67 F2
Prienai LT 124 B4
Prievidza SK 126 A3
Prigradica HR 135 E3
Prijeboj HR 135 D1
Prijedor BIH 131 D4
Prijepolje SCG 136 B1
Prilep MK 137 E4
Prilike SCG 136 C1
Priluka BIH 135 E1
Primel-Trégastel F 18 B2
Primišlje HR 130 C3
Primolano I 72 A3
Primorsk RUS 124 C1
Primošten HR 134 C2
Primstal DE 23 D1
Princetown GB 12 C3
Principauté de Monaco MC F2
Prinés GR 100 C3
Prínos GR 89 E2
Prisad MK 137 E4
Prisoje BIH 135 E1
Priština SCG 137 D2
Pritzerbe DE 57 E2
Pritzier DE 51 D4
Pritzwalk DE 51 E4
Privas F 30 C1
Priverno I 79 E2
Privlaka (Vukovar) HR 134 B1
Privlaka (Zadar) HR 132 A3
Prizren SCG 137 D3
Prizzi I 84 B3
Prnjavor SCG 132 B3
Prnjavor BIH 131 F3
Proaza E 33 E3
Probište MK 137 F3
Probstzella DE 63 D2
Procida I 79 F3
Pródromos GR 93 F4
Prodromos CY 138 B3
Proença-a-Nova P 40 C2
Proevska Banja MK 137 E3
Profítis Ilías GR 103 F2
Profondeville B 17 F2
Próhoma GR 88 A2
Prokópi GR 94 A3
Prokuplje SCG 137 D1
Prolom SCG 137 D1
Prómahi GR 87 F1
Promahónas GR 88 C1
Promíri GR 93 F1
Pronsfeld DE 61 E3
Propriano F 78 A4
Proskinás GR 93 F3
Prossedi I 79 E2
Prossílio GR 89 E1
Prossotsáni GR 89 D1
Prostějov CZ 65 E2
Próti GR 89 D1
Próti (Nissí) GR 96 B2
Protoklíssi GR 91 E1
Prötzel DE 52 A4
Proussós GR 92 C2
Provatónas GR 91 E2
Provenchères-sur-Fave F 23 E3
Provins F 21 F2
Prozor BIH 135 E1
Prudhoe GB 9 E4
Prüm DE 61 E3
Pruna E 47 E3
Prunetta I 75 F2
Pružany BY 126 C1
Prvić (Otok) HR 130 C4
Pryluky UA 127 F1
Przasnysz PL 126 A1
Przemyśl PL 126 B2
Psača MK 137 F3
Psahná GR 94 A3
Psáka GR 92 A1
Psará GR 95 E3
Psará (Nissí) GR 95 E3
Psarádes GR 87 D2
Psári GR 96 C2
Psári GR 97 D1
Psáthi GR 98 B3
Psathópirgos GR 93 D3
Psathotópi GR 92 B2
Psérimos (Nissí) GR 103 D1
Psihikó GR 93 E1
Psihró GR 101 E4
Psimolofou CY 138 C3
Psínthos GR 103 F2
Pskov RUS 125 C2
Pteléa GR 89 E1
Ptolemaïda GR 87 E2
Ptuj SLO 131 D1
Puchberg am Schneeberg A 69 D1
Pučišća HR 135 E2
Puckeridge GB 14 C2
Puçol E 44 A3
Pudasjärvi / Kurenalus FIN 109 E3
Puebla de Alcocer E 41 F4
Puebla de Almenara E 42 C2
Puebla de Beleña E 42 C1
Puebla de Don Fadrique E 48 C1
Puebla de Don Rodrigo E 42 A3
Puebla de Guzmán E 46 C2
Puebla de la Calzada E 41 D4
Puebla de la Reina E 41 E4
Puebla de Lillo E 33 F3
Puebla de Obando E 41 D3
Puebla de Sanabria E 33 D4
Puebla de Trives E 32 C4
Pueblica de Valverde E 35 E3
Puente de Domingo Flórez E 33 D4
Puente de Génave E 48 C1
Puente de los Fierros E 33 E3
Puente de Montañana E 38 B3
Puente-Genil E 47 F2
Puente la Reina E 28 A4
Puente la Reina de Jaca E 28 B4
Puente Viesgo E 36 B1
Puentenansa E 36 B1
Puerto Castilla E 41 F1
Puerto de la Encina E 47 E3
Puerto de Mazarrón E 49 E2
Puerto de San Vicente E 41 F3
Puerto Lápice E 42 B3
Puerto Lumbreras E 49 D2
Puerto Real E 47 D3
Puerto Serrano E 47 E3
Puertollano E 42 B4
Puget-Théniers F 31 F2
Puhos FIN 115 F4
Puhos (Oulu) FIN 109 E3
Puig-reig E 38 C3
Puigcerdà E 29 E4
Puiseaux F 21 E3
Puisserguier F 30 A3
Pujols F 28 C1
Pukë AL 128 B3
Pukiš BIH 132 B3
Pukkila FIN 121 D3
Pula HR 130 B4
Pula I 82 B4
Puławy PL 126 B2
Pulborough GB 14 B4
Pulkau A 65 D4
Pulkkila FIN 115 D2
Pulpí E 49 D2
Pulsnitz DE 58 A4
Pułtusk PL 126 A1
Punat HR 130 B4
Punkaharju FIN 121 F2
Punkalaidun FIN 120 C3
Punta Ala I 76 A4
Punta Križa HR 130 B4
Punta Umbría E 46 C2
Puokio FIN 115 D1
Puolanka FIN 115 D1
Purbach am Neusiedler See A 69 E1
Purchena E 48 C3
Purgstall A 68 C1
Purkersdorf A 69 D1
Purmerend NL 54 B3
Purullena E 48 B2
Puškin RUS 125 D1
Püspökladány H 126 B4
Pustoška RUS 125 D2
Pusula FIN 120 C4
Putanges-Pont-Écrepin F 19 F2
Putbus DE 51 F2
Putgarten DE 51 F1
Putignano I 81 D2
Putlitz DE 51 E4
Puttelange-aux-Lacs F 23 D2
Putten NL 54 C3
Puttgarden DE 51 D2
Putyv'l UA 127 F1
Puumala FIN 121 E2
Puy-Guillaume F 26 A3
Puy-l'Évêque F 29 E1
Puylaurens F 29 F3
Puymirol F 29 D2
Pwllheli GB 10 A3
Pyhäjärvi FIN 115 D2
Pyhäjoki FIN 114 C2
Pyhäjoki FIN 120 B3
Pyhältö FIN 121 E3
Pyhäntä FIN 115 E1
Pyhäntä FIN 115 D2
Pyhäranta FIN 120 B3
Pyhäsalmi FIN 115 D2
Pyhäselkä FIN 115 F3
Pyhtää / Pyttis FIN 121 E3
Pyla CY 139 D3
Pyla (Cape) CY 139 D3
Pyla-sur-Mer F 28 B1
Pylkönmäki FIN 114 C3
Pyrga CY 138 C3
Pyrgos CY 138 B3
Pyrgos CY 138 C4
Pyrjatyn UA 127 F1
Pyrzyce PL 52 B4

Q

Quakenbrück DE 55 E2
Quarré-les-Tombes F 22 A4
Quarteira P 46 A2
Quarto d'Altino I 72 B4
Quartu San Elena I 82 B4
Quatretonda E 43 F4
Quedlinburg DE 57 D4
Queenborough GB 15 D3
Queensferry GB 10 C3
Queluz P 40 A3
Queralbs E 39 D2
Querfurt DE 57 E4
Quérigut F 29 F4
Quero E 42 C3
Quesada (Estación de) E 48 B2
Questembert F 19 D4
Quettehou F 19 E1
Quiberon F 18 C4
Quickborn DE 50 B3
Quiévrain B 17 D2
Quigley's Point IRL 3 D1

Quillan F 29 F4
Quillebeuf-sur-Seine F 16 A4
Quimper F 18 B3
Quimperlé F 18 C3
Quincinetto I 27 F3
Quincoces de Yuso E 36 C1
Quingey F 27 D1
Quintana de la Serena E 41 F4
Quintana del Puente E 36 B3
Quintana-Martín Galíndez E 36 C2
Quintana Redonda E 37 D3
Quintanar de la Orden E 42 C3
Quintanar de la Sierra E 36 C3
Quintanar del Rey E 43 E3
Quintanilha P 35 E3
Quintanilla de Onésimo E 36 A3
Quintin F 18 C3
Quinto E 37 F4
Quinzano d'Oglio I 71 E4
Quiroga E 32 C4
Quissac F 30 B2

R

Raab A 68 A1
Raabs an der Thaya A 64 C4
Raahe FIN 114 C1
Raajärvi FIN 109 E2
Rääkkylä FIN 115 F4
Raalte NL 55 D3
Raanujärvi FIN 109 D2
Raate FIN 115 E1
Raattama FIN 108 C1
Rab HR 130 C4
Rab (Otok) HR 130 C4
Rabac HR 130 B4
Rábade E 32 C3
Rabastens F 29 E2
Rabastens-de-Bigorre F 28 C3
Rabat M 85 F4
Rabe SCG 132 C1
Rábida (Monasterio de la) E 46 C2
Rabka-Zdrój PL 126 A3
Rabrovo SCG 133 E3
Rabrovo MK 137 F4
Rača (Kragujevac) SCG 133 D4
Rača (Priština) SCG 137 D2
Rača / Bosanska Rača BIH 132 B3
Racconigi I 27 F4
Rače SLO 130 C1
Rachiv UA 126 C3
Racibórz PL 126 A2
Račinovci HR 132 B3
Račišće HR 135 E3
Radalj SCG 132 B4
Rădăuţi RO 127 D3
Råde N 117 D2
Rade DE 50 B4
Radeberg DE 58 A4
Radebeul DE 58 A4
Radeburg DE 58 A4
Radeče SLO 130 C2
Radechiv UA 126 C2
Radegunda SLO 130 B2
Radenci SLO 131 D1
Radenthein A 68 B3
Radevormwald DE 61 F1
Radicondoli I 76 A4
Radimlja BIH 135 F2
Radiovce MK 137 D3
Radlje ob Dravi SLO 130 C1
Radljevo SCG 132 C4
Radnice CZ 64 A2
Radolevo SCG 133 D1
Radolfzell DE 66 B2
Radom PL 126 B2
Radomsko PL 126 A2
Radomyšl' UA 127 E2
Radotín CZ 64 B2
Radovče SCG 136 B3
Radovići SCG 136 A3
Radoviš MK 137 F3
Radovljica SLO 130 B2
Radovnica SCG 137 F2
Radstädt A 68 A2
Radstock GB 13 E2
Raduša MK 137 D3
Radviliškis LT 124 B3
Radzyń Podlaski PL 126 B1
Raesfeld DE 55 D4
Raffadali I 84 C3
Rafina GR 94 B4
Rágama E 35 F4
Ragaz, Bad CH 66 C4
Raglan GB 13 E1
Raguhn DE 57 E4
Ragunda S 112 C2
Ragusa I 85 D4
Rahačoŭ BY 125 D4
Rahden DE 55 F3
Ráhes GR 93 E2
Rahlstedt DE 50 C3
Rahóni GR 89 E2
Rain a. Lech DE 67 D1
Räisälä FIN 109 E2
Raisio FIN 120 B4
Raittijärvi FIN 104 C3
Raja Jooseppi FIN 105 F3
Rajac SCG 133 F3
Rajadell E 38 C4
Rajamäki FIN 121 D3
Rajince SCG 137 E2
Raka SLO 130 C2
Rakalj HR 130 B4
Rakitna SLO 130 B2
Rakitnika HR 131 E2
Rakkestad N 117 D2
Rakova Bara SCG 133 E3
Rakovac BIH 131 F3
Rakovica HR 131 D4
Rakovník CZ 64 A2
Rakvere EST 124 C1
Ralja SCG 133 D3
Ram SCG 133 E3
Ramacca I 85 D3
Ramales de la Victoria E 36 C1
Ramallosa E 32 A3
Ramberg N 107 E1
Rambervillers F 23 D3
Rambouillet F 21 E2
Rambucourt F 22 C2
Ramnoús GR 94 B4
Ramsau am Dachstein A 68 B2
Ramsau b. Berchtesgaden DE 68 A2
Ramsele S 112 C2
Ramsey GB 11 F4
Ramsey GB 3 F3
Ramsgate GB 15 D3
Ramsjö S 112 B3
Ramstein-Miesenbach DE 23 E1
Ramsund N 104 A4
Ramundberget S 112 A2
Ramvik S 112 C2
Ranalt A 67 E3
Randaberg N 116 A2
Randalstown GB 3 E2
Randan F 26 A3
Randanne F 26 A3
Randazzo I 85 D2
Randers DK 122 B2
Råneå S 108 C3
Rangsdorf DE 57 F3
Rankweil A 66 C3
Ranovac SCG 133 E3
Rantasalmi FIN 121 E2
Rantsila FIN 115 D1
Ranua FIN 109 E3
Raon-l'Étape F 23 D3
Rapallo I 75 D2
Rapla EST 124 B1
Rapolano Terme I 76 B3
Rapolla I 80 C3
Rapperswil CH 66 B3
Rapsáni GR 88 A4
Raptópoulo GR 96 B2
Raša HR 130 B4
Räsälä FIN 115 E3
Rasbo S 119 E2
Rascafría E 42 B1
Rasdorf DE 62 C2
Raseiniai LT 124 B3
Raška SCG 136 C1
Rasno BIH 135 F2
Rasquera E 44 B1
Rastatt DE 23 F2
Rastede DE 50 A4
Rastenberg DE 63 D1
Rastenfeld A 64 C4
Rastošnica BIH 132 B4
Rasueros E 35 F4
Rätan S 112 B3
Rateče SLO 130 A2
Ratekau DE 50 C3
Rates P 34 B3
Rath Luirc IRL 4 C3
Rathdowney IRL 5 D2
Rathdrum / Ráth Droma IRL 5 E2
Rathenow DE 57 E2
Rathfriland GB 3 E3
Rathkeale / Ráth Caola IRL 4 C2
Rathmelton IRL 2 C1
Rathmore IRL 4 B3
Rathmullan IRL 2 C1
Rathnew IRL 5 F2
Ratingen DE 61 E1
Ratkovac SCG 137 D3
Ratkovo SCG 132 B2
Ratten A 69 D2
Rattenberg A 67 F3
Rattersdorf-Liebing A 69 E2
Rattray GB 9 D1
Rättvik S 119 D1

Libušská	FT	81
Novoveská	ET	107
Povltavská	FS	120
Ryšaveho	FT	128
Spořilovská	FT	136
Stěpařská	ET	140
Stúrova	FT	142
V sáreckém údolí	ES	163
Výstavní	FT	173
Zelená	ES	175

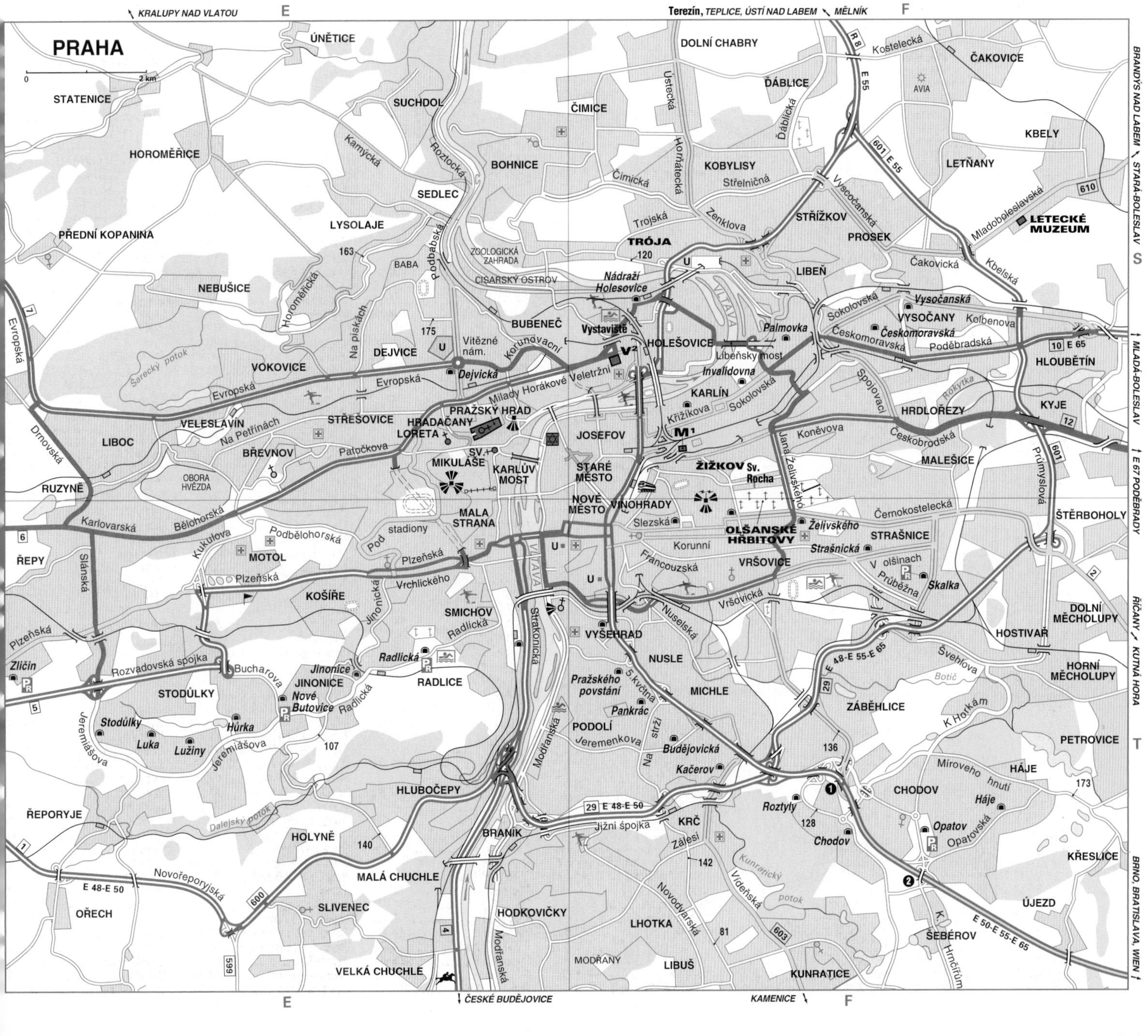

Ratzeburg *DE* 50 C3
Raubling *DE* 67 F2
Raucourt-et-Flaba *F* 17 F4
Raudaskylä *FIN* 114 C2
Raufarhöfn *IS* 106 C1
Raufoss *N* 117 D1
Rauha *FIN* 121 F2
Rauhamäki *FIN* 121 D2
Rauland *N* 116 C1
Rauma *FIN* 120 B3
Rauris *A* 68 A3
Rautalampi *FIN* 115 D3
Rautas *S* 108 A1
Rautavaara *FIN* 115 E2
Rautio *FIN* 114 C2
Rautjärvi *FIN* 121 F2
Ravanjska *HR* 134 C1
Ravanusa *I* 84 C4
Ravello *I* 80 A3
Ravenna *I* 76 B2
Ravensbrück *DE* 51 F4
Ravensburg *DE* 66 C2
Ravna Dubrava *SCG* 137 E1
Ravna Gora *HR* 130 C3
Ravna Reka *SCG* 133 E4
Ravne na K. *SLO* 130 B1
Ravnje *SCG* 132 B3
Ravno *BIH* 135 F3
Ravno Bučje *SCG* 137 F1
Rawicz *PL* 59 D3
Rawtenstall *GB* 10 C2
Rayleigh *GB* 14 C3
Rayol-Canadel-sur-Mer *F* 31 E3
Räyrinki *FIN* 114 C3
Ražana *SCG* 132 C4
Ražanac *HR* 134 C1
Razboj *BIH* 131 F3
Razbojna *SCG* 137 D1
Raždaginja *SCG* 136 C2
Razgrad *BG* 129 E2
Razlog *BG* 129 D3
Razlovci *MK* 137 F3
Reading *GB* 14 B3
Réalmont *F* 29 F2
Rebais *F* 21 F2
Rebordelo *P* 35 D3
Recanati *I* 77 D3
Recco *I* 75 D2
Recey-sur-Ource *F* 22 B4
Rechnitz *A* 69 E2
Rećica *HR* 131 D3
Recke *DE* 55 E3
Recklinghausen *DE* 55 E4
Recoaro Terme *I* 72 A4
Recuerda *E* 36 C4
Rečyca *BY* 127 E1
Redalen *N* 111 D4
Redange *L* 61 E3
Redcar *GB* 11 E1
Redditch *GB* 14 A2
Redhill *GB* 14 C3
Redon *F* 19 D4
Redondela *E* 32 A4
Redondo *P* 40 C4
Redruth *GB* 12 B4
Rees *DE* 55 D4
Reeth *GB* 11 D1
Refsnes *N* 104 A3
Reftele *S* 123 E1
Regalbuto *I* 85 D3
Regen *DE* 64 A4
Regensburg *DE* 63 F4
Regenstauf *DE* 63 F4
Reggello *I* 76 A3
Reggio di Calabria *I* 83 D4
Reggio nell' Emilia *I* 75 F1
Reggiolo *I* 75 F1
Reghin *RO* 126 C4
Reguengos de Monsaraz *P* 40 C4
Rehau *DE* 63 E2
Rehburg-Loccum *DE* 56 B3
Rehden *DE* 55 F3
Rehna *DE* 50 C3
Reichenau *A* 69 D2
Reichenau *CH* 66 C4
Reichenbach *DE* 63 E1
Reichenbach *DE* 58 B4
Reichertshofen *DE* 67 E1
Reichshoffen *F* 23 E2
Reigate *GB* 14 C3
Reignier *F* 27 E2
Reillanne *F* 31 D2
Reims *F* 17 E4
Reinach *CH* 23 F4
Reinbek *DE* 50 C3
Reinberg *DE* 51 F2
Reine *N* 107 E1
Reinfeld *DE* 50 C3
Reinheim *DE* 62 B3
Reinli *N* 111 D4
Reinosa *E* 36 B1
Reischenhart *DE* 67 F2
Reisjärvi *FIN* 114 C2
Reiss *GB* 7 E2
Reit i. Winkl *DE* 67 F2
Reitzenhain *DE* 63 F1
Rekovac *SCG* 133 E4
Remagen *DE* 61 F2
Rémalard *F* 20 C3
Remeskylä *FIN* 115 D2
Remich *L* 23 D1
Remiremont *F* 23 D3
Remolinos *E* 37 E3
Remoulins *F* 30 C2
Rempstone *GB* 11 E4
Remscheid *DE* 61 F1
Rémuzat *F* 31 D1
Rena *N* 111 E4
Renazé *F* 19 E4
Renchen *DE* 23 F2
Rende *I* 83 E2
Rendína *GR* 93 D2
Rendína *GR* 88 C2
Rendsburg *DE* 50 B2
Rengínio *GR* 93 E3
Rengsdorf *DE* 61 F2
Reni *UA* 127 E4
Renko *FIN* 121 C3
Renkum *NL* 54 C4
Rennebu *N* 111 D2
Rennerod *DE* 62 A2
Rennes *F* 19 E3
Rennes-les-Bains *F* 29 F4
Rennweg *A* 68 B3
Rensjön *S* 108 A1
Renwez *F* 17 E3
Replot *FIN* 114 B3
Repojoki *FIN* 105 E4
Reposaari *FIN* 120 B2
Repubblica di San Marino *SM* 76 B2
Repvåg *N* 105 E1
Requena *E* 43 F3
Réquista *F* 29 F2
Rerik *DE* 51 D2
Resanovci *BIH* 135 D1
Resavica *SCG* 133 E4
Resen *MK* 137 E4
Resende *P* 34 C4
Reşiţa *RO* 128 C1
Resmo *S* 123 F2
Resna *SCG* 136 A3
Resnik *SCG* 133 D3
Restelica *SCG* 137 D2
Resuttano *I* 84 C3
Retford *GB* 11 E3
Rethel *F* 17 E4
Rethem *DE* 56 B2
Rethen (Leine) *DE* 56 B3
Réthimno *GR* 100 C3
Retiers *F* 19 E3
Retortillo de Soria *E* 36 C4
Retournac *F* 26 B4
Retuerta del Bullaque *E* 42 A3
Retz *A* 65 D4
Reuilly *F* 25 F1
Reus *E* 38 B4
Reusel *NL* 17 F1
Reutlingen *DE* 66 B1
Reutte *A* 67 D3
Revel *F* 29 F3
Revigny-sur-Ornain *F* 22 B2
Revin *F* 17 E3
Řevničov *CZ* 64 A2
Revonlahti *FIN* 114 C1
Reyðarfjörður *IS* 106 C1
Reykhólar *IS* 106 A1
Reykholt *IS* 106 A2
Reykjahlið *IS* 106 B1
Reykjavík *IS* 106 A2
Rēzekne *LV* 124 C3
Rezzato *I* 71 F4
Rezzoaglio *I* 75 E2
Rgotina *SCG* 133 F4
Rhade *DE* 50 B4
Rhayader / Rhaeadr *GB* 10 B4
Rheda *DE* 55 F4
Rhede *DE* 55 E2
Rhede *DE* 55 D4
Rheinbach *DE* 61 F2
Rheinberg *DE* 55 D4
Rheinböllen *DE* 61 F3
Rheine *DE* 55 E3
Rheinfelden *DE* 23 E4
Rheinfelden *CH* 23 F4
Rheinhausen *DE* 61 E1
Rheinsberg *DE* 51 F4
Rhêmes-Notre Dame *I* 27 F3
Rhenen *NL* 54 C4
Rheydt *DE* 61 E1
Rhinau *F* 23 E3
Rhinow *DE* 57 E2
Rho *I* 71 D4
Rhondda *GB* 13 D1
Rhosneigr *GB* 10 A3
Rhossili *GB* 12 C2
Rhüden *DE* 56 C3
Rhyl *GB* 10 B3
Rhynern *DE* 55 F4
Rhynie *GB* 7 E4
Riaillé *F* 19 E4
Riákia *GR* 88 A3
Rial *E* 32 A4
Riaño *E* 33 F3
Rians *F* 31 D2
Rianxo *E* 32 A3
Riaza *E* 36 B4
Riba de Saelices *E* 43 D1
Riba de Santiuste *E* 36 C4
Ribadavia *E* 32 B4
Ribadelago *E* 33 D4
Ribadeo *E* 32 C2

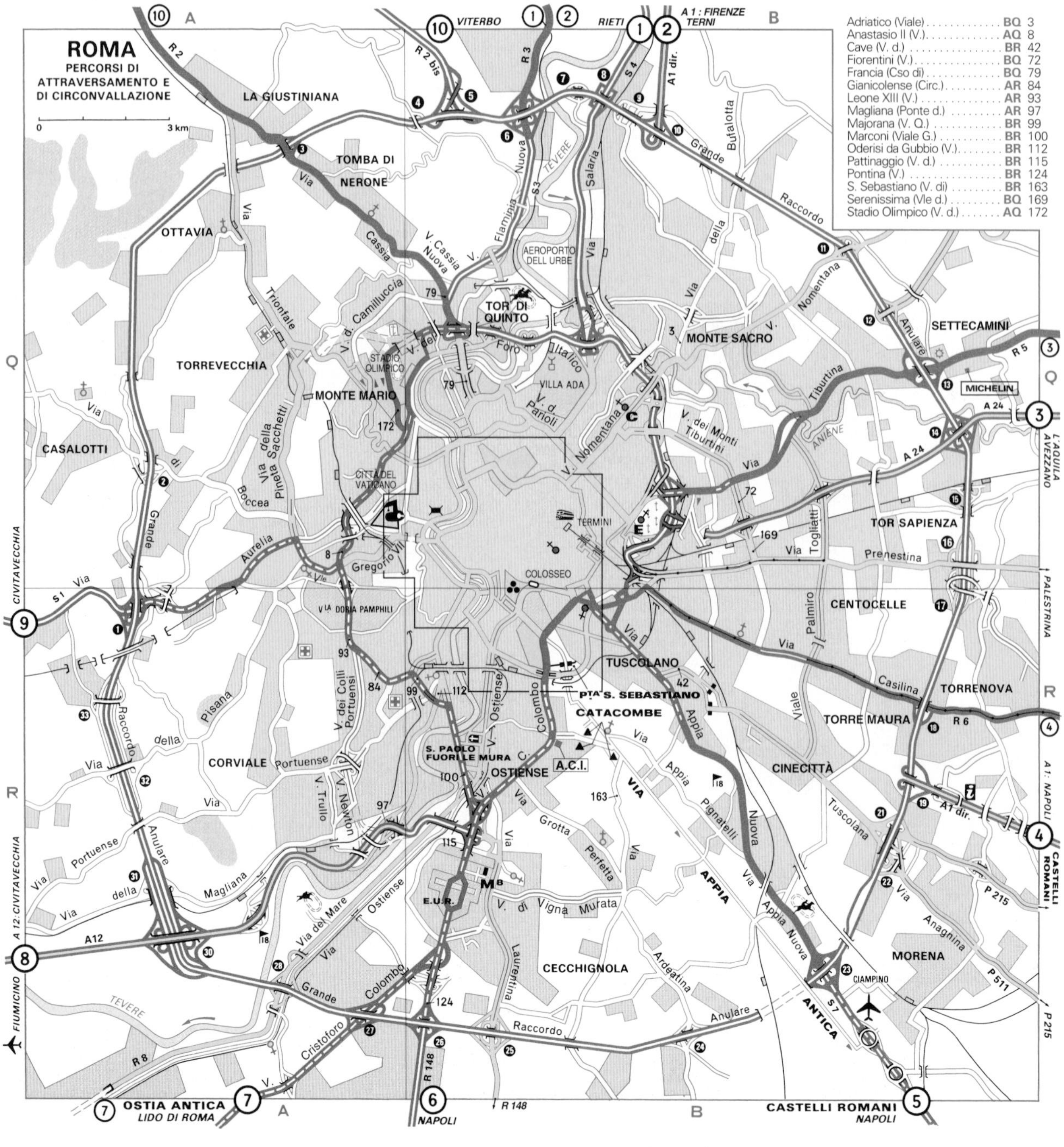

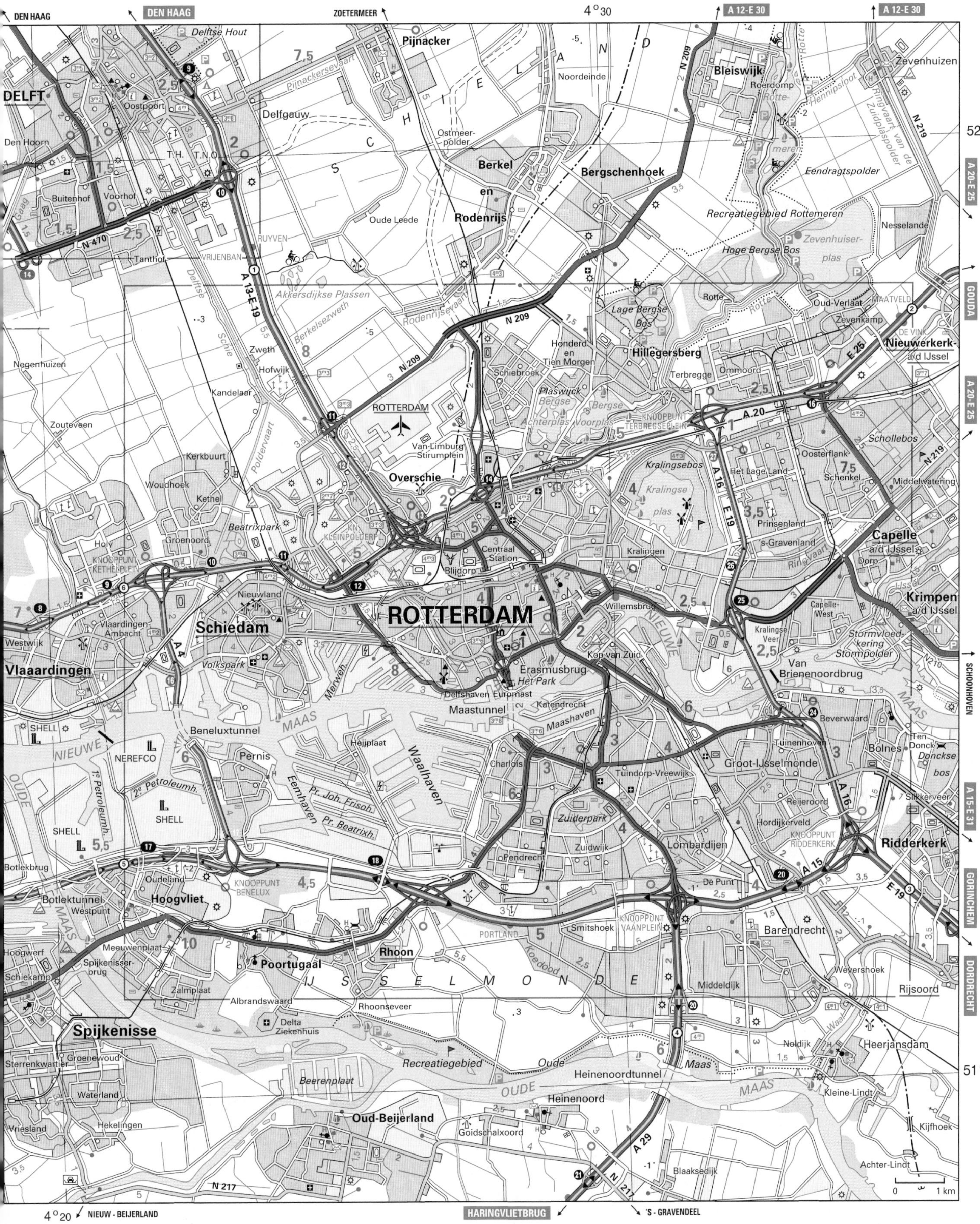
DEN HAAG
DEN HAAG
ZOETERMEER
4°30
A 12-E 30
A 12-E 30
DELFT
Delftse Hout
Pijnacker
Bleiswijk
Zevenhuizen
Delfgauw
Den Hoorn
Oostpoort
Berkel
en
Rodenrijs
Bergschenhoek
Roerdomp
Eendragtspolder
Recreatiegebied Rottemeren
Nesselande
Buitenhof
Voorhof
Tanthof
Oude Leede
Noordeinde
Hoge Bergse Bos
Zevenhuiser-
plas
52°
A 20-E 25
GOUDA
A 20-E 25
A 13-E 19
N 470
N 209
N 219
Akkersdijkse Plassen
Lage Bergse Bos
Rotte
Oud-Verlaat
Zevenkamp
Nieuwerkerk-
a/d IJssel
Hillegersberg
Honderd en Tien Morgen
Terbregge
Ommoord
Schiebroek
Negenhuizen
Zweth
Hofwijk
Kandelaar
Zouteveen
ROTTERDAM
Van-Limburg
Stirumplein
Overschie
Kerkbuurt
Woudhoek
Kethel
Plaswijck
Bergse
Achterplas
Voorplas
KNOOPPUNT TERBREGSEPLEIN
Kralingsebos
Kralingse
plas
Kralingen
Het Lage Land
Oosterflank
Schollebos
Schenkel
Middelwatering
Prinsenland
's-Gravenland
Capelle
a/d IJssel
Krimpen
a/d IJssel
Holy
Groenoord
Beatrixpark
KNOOPPUNT KETHELPLEIN
KNOOPPUNT KLEINPOLDERPLEIN
Centraal Station
Blijdorp
ROTTERDAM
Nieuwland
Schiedam
Vlaardingen
Vlaardingen-
Ambacht
Westwijk
Willemsbrug
Kop van Zuid
Erasmusbrug
Het Park
Delfshaven
Euromast
Maastunnel
Katendrecht
Maashaven
Kralingse Veer
Capelle-West
Stormvloed-
kering
Stormpolder
Van Brienenoordbrug
Volkspark
SCHOONHOVEN
SHELL
NEREFCO
Beneluxtunnel
Pernis
Heijplaat
Waalhaven
Eemhaven
Charlois
Tuindorp-Vreewijk
Groot-IJsselmonde
Beverwaard
Tuinenhoven
Bolnes
Donckse bos
Reijeroord
Hordijkerveld
KNOOPPUNT RIDDERKERK
Ridderkerk
Slikkerveer
A 15-E 31
Zuiderpark
Zuidwijk
Lombardijen
Pendrecht
De Punt
A 15
A 16
E 19
Botlekbrug
Botlektunnel
Westpunt
Oudeland
Hoogvliet
KNOOPPUNT BENELUX
KNOOPPUNT VAANPLEIN
Smitshoek
Barendrecht
GORINCHEM
PORTLAND
Meeuwenplaat
Poortugaal
Rhoon
Spijkenisser-
brug
Hoogwerf
Schiekamp
Zalmplaat
IJSSELMONDE
Middeldijk
Wevershoek
Rijsoord
DORDRECHT
Albrandswaard
Rhoonsveer
Delta
Ziekenhuis
Spijkenisse
Groenewoud
Sterrenkwartier
Recreatiegebied
Beerenplaat
Oude Maas
Heinenoordtunnel
Heinenoord
Noldijk
Heerjansdam
51°50
Kleine-Lindt
Waterland
Vriesland
Hekelingen
Oud-Beijerland
Goidschalxoord
Blaaksedijk
Kijfhoek
Achter-Lindt
A 29
N 217
N 217
0
1 km
4°20
NIEUW - BEIJERLAND
HARINGVLIETBRUG
'S - GRAVENDEEL

Rimini I 76 C2
Rîmnicu Sărat RO 127 D4
Rîmnicu Vîlcea RO 129 D1
Rímnio GR 87 F3
Rimske Toplice SLO 130 C2
Rincón de la Victoria E 48 A3
Rincón de Soto E 37 E3
Rindal N 111 D2
Ringaskiddy IRL 4 C4
Ringe DK 122 B3
Ringebu N 111 D4
Ringford GB 8 C4
Ringkøbing DK 122 A2
Ringsaker N 111 D4
Ringstad N 110 A3
Ringsted DK 122 C3
Ringwood GB 13 F3
Rínia (Nissí) GR 98 C2
Rinkaby S 123 E3
Rinteln DE 56 B3
Río GR 93 D3
Rio Maior P 40 A2
Rio Marina I 75 F4
Riocavado de la Sierra E 36 C3
Riogordo E 48 A3
Riola Sardo I 82 A3
Riolo Terme I 76 A2
Riom F 26 A3
Riom-ès-Montagnes F 25 F4
Riomaggiore I 75 E2
Rionero in Vulture I 80 C3
Rioseco de Tapia E 33 E3
Rioveggio I 76 A2
Rioz F 23 D4
Ripač BIH 131 D4
Ripanj SCG 133 D3
Riparbella I 75 F3
Ripatransone I 77 D4
Ripley GB 11 D3
Ripoll E 39 D3
Ripollet E 39 D4
Ripon GB 11 D2
Riquewihr F 23 E3
Risan SCG 136 A3
Risbäck S 107 E4
Risca GB 13 D2
Riscle F 28 C2
Risnes N 116 B2
Risør N 116 C3
Risøyhamn N 104 A3
Rissa N 111 D1
Ristiina FIN 121 E2
Ristijärvi FIN 115 E1
Ristilampi FIN 109 E2
Ristovac SCG 137 E2
Risum-Lindholm DE 50 A2
Ritíni GR 88 A3
Ritoniemi FIN 115 E3
Ritsóna GR 94 A3
Rittmannshausen DE 62 C1
Riumar E 44 B1
Riva del Garda I 71 F3
Rivarolo Canavese I 27 F4
Rive-de-Gier F 26 C3
Rives F 27 D4
Rivesaltes F 30 A4
Rívio GR 92 B2
Rivisondoli I 79 F1
Rivne UA 126 C2
Rivoli I 27 F4
Rivolta d'Adda I 71 E4
Ríza GR 92 C3
Rizário GR 87 F2
Rizia GR 91 E1
Rizokarpaso CY 139 F1
Rízoma GR 87 F4
Rizómilos GR 93 E1
Rizovoúni GR 93 D1
Rjánes N 110 B2
Rjukan N 116 C1
Roa de Duero E 36 B3
Roadside GB 7 E2
Roan N 111 D1
Roanne F 26 B3
Robbio I 75 D1
Röbel DE 51 E3
Robertsfors S 113 E1
Robertville B 61 E2
Robič SLO 130 A2
Robledillo de Gata E 41 E1
Robledo E 43 D4
Robledo de Chavela E 42 B1
Robres E 37 F3
Rocamadour F 29 E1
Rocca di Mezzo I 79 F1
Rocca di Papa I 79 E2
Rocca San Casciano I 76 B2
Rocca Sinibalda I 79 E1
Roccadaspide I 80 B4
Roccalbegna I 76 B4
Roccalumera I 83 D4
Roccamonfina I 79 F2
Roccapalumba I 84 C3
Roccaraso I 79 F1
Roccastrada I 76 A4
Roccella Ionica I 83 E4
Rocchetta San Antonio I 80 B2
Rochdale GB 11 D2
Rochechouart F 25 D3
Rochefort B 17 F3
Rochefort F 24 B3
Rochefort-en-Terre F 19 D4
Rochefort-Montagne F 26 A3
Rochefort-sur-Nenon F 27 D1
Rochehaut B 17 F3
Rochemaure F 30 C1
Rocheservière F 24 B1
Rochester GB 14 C3
Rochlitz DE 63 F1
Rociana del Condado E 47 D2
Rockenhausen DE 23 E1
Rocroi F 17 E3
Róda GR 86 B4
Roda de Isábena E 38 B3
Rodacherbrunn DE 63 E2
Rodavgí GR 92 B1
Rødberg N 116 C1
Rødby DK 122 C4
Rødbyhavn DK 122 C4
Rødding DK 122 B3
Rødding DK 122 B2
Rödeby S 123 F2
Rodeiro E 32 B3
Rødekro DK 122 B3
Rodel GB 6 A3
Rodellar E 38 A3
Roden NL 55 D2
Ródenas E 43 E1
Rödermark DE 62 B3
Rodewisch DE 63 F2
Rodez F 29 F1
Rodi Garganico I 80 C1
Rodiezmo E 33 E3
Roding DE 63 F4
Rodítis GR 89 F1
Rododáfni GR 93 D4
Rodohóri GR 87 F2
Rodolívos GR 89 D1
Rödön S 112 B2
Rodópoli GR 88 B1
Rodopós GR 100 A3
Ródos GR 103 F1
Ródos (Nissí) GR 103 F2
Rodováni GR 100 A3
Rodvattnet S 112 C1
Rødven N 110 C2
Rødvig DK 123 D3
Roermond NL 61 E1
Roeselare B 15 F4
Rogač HR 135 D2
Rogača SCG 133 D3
Rogačica (Užice) SCG 137 E2
Rogačica (Vranje) SCG 132 C4
Rogaška Slatina SLO 130 C2
Rogatec SLO 130 C2
Rogatica BIH 136 A1
Rogätz DE 57 E3
Roggendorf DE 50 C3
Roggiano Gravina I 83 E2
Roggosen DE 58 A3
Rogliano F 78 B2
Rogliano I 83 E2
Rognan N 107 E2
Rogoznica HR 135 D2
Rohan F 18 C3
Rohatyn UA 126 C2
Rohr DE 62 C2
Rohrbach im
Oberösterreich A 64 B4
Rohrbach-lès-Bitche F 23 E2
Rohrbrunn DE 62 B3
Roisel F 17 D3
Roissy-en-France F 21 E2
Rojales E 49 F1
Rokiškis LT 124 C3
Røkland N 107 E2
Rokovci HR 132 A3
Rokycany CZ 64 A3
Røldal N 116 B1
Rolfstorp S 123 D1
Rolle CH 27 E2
Roma I 79 D2
Romagnano Sesia I 70 C4
Roman RO 127 D4
Romana I 82 A2
Romangordo E 41 F2
Romanija BIH 136 A1
Romans-sur-Isère F 26 C4
Romanshorn CH 66 C3
Rombas F 22 C1
Römhild DE 63 D2
Romilly-sur-Seine F 22 A3
Romny UA 127 F1
Romont CH 27 E1
Romorantin-Lanthenay F 21 E4
Romsey GB 13 F3
Roncade I 72 B4
Roncal E 28 B4
Ronce-les-Bains F 24 B3
Roncegno I 72 A3
Ronchamp F 23 D4
Ronchi dei Legionari I 72 C3
Ronciglione I 79 D1
Roncobilaccio I 76 A2
Ronda E 47 E3
Rønde DK 122 C2
Rondissone I 74 C1
Rönnäng S 118 A1
Rønne DK 123 E4
Ronneburg DE 63 E1
Ronneby S 123 F2
Rønnede DK 122 C3
Rönnöfors S 112 A1
Ronse B 17 D2
Roosendaal NL 17 E1
Roperuelos del Páramo E 33 E4
Ropinsalmi FIN 104 C3
Ropotovo MK 137 E4
Roquebillière F 31 F2
Roquebrun F 30 A3
Roquebrune-Cap-Martin F 31 F2
Roquecourbe F 29 F2
Roquefort F 28 C2
Roquefort-sur-Soulzon F 30 A2
Roquemaure F 30 C2
Roquesteron F 31 F2
Roquetas de Mar E 48 C3
Roquevaire F 31 D3
Rore BIH 135 D1
Røros N 111 E3
Rørøy N 107 D3
Rorschach CH 66 C3
Rørvig DK 122 C3
Rørvik
(Nord-Trøndelag) N 106 C4
Rørvik (Sør-Trøndelag) N 111 D1
Rosà I 72 A4
Rosal de la Frontera E 46 C1
Rosans F 31 D1
Rosarno I 83 E3
Roscoff F 18 B2
Roscommon /
Ros Comáin IRL 2 C4
Roscrea / Ros Cré IRL 5 D2
Rose SCG 136 A3
Rose I 83 E2
Rosegg A 68 B4
Rosendal N 116 B1
Rosenheim DE 67 F2
Rosenthal DE 64 A1
Roses / Rosas E 39 E3
Roseto degli Abruzzi I 77 E4
Rosheim F 23 E2
Rosice CZ 65 D3
Rosières-en-Santerre F 16 C3
Rosignano Marittimo I 75 F3
Rosignano Solvay I 75 F3
Roșiori de Vede RO 129 D1
Roskilde DK 123 D3
Roslavl' RUS 125 E3
Rosmaninhal P 41 D2
Rosolina Mare I 72 B4
Rosolini I 85 E4
Rosoman MK 137 F4
Rosporden F 18 B3
Ross-on-Wye GB 13 E1
Rossano I 83 E2
Roßberg A 64 B4
Rosscarbery IRL 4 B4
Roßdorf DE 62 B3
Rossell E 44 A1
Rosses Point IRL 2 B2
Roßhaupten DE 67 D2
Rossio ao Sul do Tejo P 40 B2
Rosslare / Ros Láir IRL 5 E3
Rosslare Harbour /
Calafort Ros Láir IRL 5 E3
Roßlau DE 57 E3
Rosslea GB 3 D3
Rossön S 112 C1
Roßwein DE 63 F1
Rosthwaite GB 10 C1
Røstlandet N 107 D1
Rostock DE 51 E2
Rostov RUS 125 F1
Rostrenen F 18 C3
Rostrevor GB 3 E3
Røsvik N 107 F1
Rosvik S 108 B4
Rota E 47 D3
Rotenburg DE 50 B4
Rotenburg DE 62 C1
Roth DE 63 D4
Rötha DE 57 E4
Rothbury GB 9 E4
Röthenbach
a. d. Pegnitz DE 63 D3
Rothenburg DE 58 B4
Rothenburg
o. d. Tauber DE 62 C4
Rothéneuf F 19 D2
Rotherham GB 11 D3
Rothes GB 7 E4
Rothesay GB 8 B3
Rothwell GB 11 E4
Rotonda I 80 C4
Rotondella I 81 D4
Rott DE 67 D2
Rott a. Inn DE 67 F2
Rottach-Egern DE 67 E2
Rottenbach DE 63 D2
Rottenburg
a. d. Laaber DE 67 F1
Rottenburg a. Neckar DE 66 B1
Rottenmann A 68 B2
Rotterdam NL 54 B4
Rotterdam NL 54 B4
Rottne S 123 E1
Rottneros S 118 C2
Rottweil DE 23 F3
Rötz DE 63 F3
Roubaix F 15 F4
Roudnice nad Labem CZ 64 B1
Rouen F 16 A4
Rouffach F 23 E3
Rougé F 19 E4
Rougemont F 23 D4
Rougemont-le-Château F 23 E4
Rouillac F 24 C3
Roujan F 30 A3
Roulans F 23 D4
Roundstone IRL 2 A4
Roússa GR 91 D1
Rovaniemi FIN 109 D2
Rovato I 71 E4
Rovereto I 71 F3
Roverud N 117 E1
Roviés GR 93 F2
Rovigo I 76 A1
Rovinj HR 130 A4
Rovišće HR 131 E2
Royal Leamington Spa GB 14 A2
Royal Tunbridge Wells GB 14 C4
Royan F 24 B3
Royat F 26 A3
Roybon F 26 C4
Roye F 16 C4
Royère-de-Vassivière F 25 E3
Røyrvik N 107 E4
Royston GB 14 C2
Röyttä FIN 109 D3
Rožaje SCG 136 C2
Rožanstvo SCG 136 B1
Rozay-en-Brie F 21 F2
Rožmitál pod
Třemšínem CZ 64 A3
Rožňava SK 126 B3
Rožnov pod
Radhoštěm CZ 65 F2
Rozoy-sur-Serre F 17 E4
Roztoky (Praha-západ) CZ 64 B2
Rozvadov CZ 63 F3
Rrogozhinë AL 128 B3
Rtanj SCG 133 F4
Ruabon GB 10 C3
Rubbestadneset N 116 A1
Rubena E 36 B2
Rubí E 38 C4
Rubí de Bracamonte E 36 A4
Rubiães P 32 A4
Rubielos de Mora E 43 F2
Rubiera I 75 F1
Rudare SCG 137 D1
Rüdersdorf DE 58 A2
Rüdesheim a. Rhein DE 62 A3
Rudkøbing DK 122 C4
Rudn'a RUS 125 E3
Rudna Glava SCG 133 F3
Rudnica
(Novi Pazar) SCG 136 C1
Rudnica (Pljevlja) SCG 136 B2
Rudnik
(Kragujevac) SCG 133 D4
Rudnik (Peć) SCG 137 D2
Rudo BIH 136 B1
Rudolphstein DE 63 E2
Rudolstadt DE 63 D1
Rue F 16 B3
Rueda E 36 A4
Rueda de Jalón E 37 E4
Ruelle-sur-Touvre F 25 D3
Ruffec F 24 C3
Ruffieux F 27 D3
Rugby GB 11 D4
Rugeley GB 11 D4
Rügen DE 51 E2
Rugles F 20 C2
Ruhla DE 62 C1
Ruhland DE 58 A4
Ruhpolding DE 67 F2
Ruidera E 42 C4
Ruidoms E 38 B4
Rūjiena LV 124 B2
Ruka FIN 109 F2
Ruma SCG 132 C3
Rumboci BIH 135 E1
Rumburk CZ 64 B1
Rumengol F 18 B3
Rumenka SCG 132 C2
Rumigny F 17 E3
Rumilly F 27 D3
Runcorn GB 10 C3
Runde N 110 B2
Rundvik S 113 D2
Runni FIN 115 D2
Runtuna S 119 E3
Ruokojärvi FIN 109 E3
Ruokolahti FIN 121 F2
Ruokto S 108 A2
Ruoms F 30 B1
Ruotsinpyhtää /
Strömfors FIN 121 E3
Ruovesi FIN 120 C2
Rupa HR 130 B3
Rupt-sur-Moselle F 23 D3
Ruše SLO 130 C1
Ruse BG 129 E1
Ruševo HR 131 F3
Rush / An Ros IRL 3 E4
Rushden GB 14 B2
Ruski Krstur SCG 132 B2
Rusko FIN 120 B4
Rusko Selo SCG 132 C1
Rusksele S 108 A4
Rüsselsheim DE 62 A3
Russenes N 105 D1
Russi I 76 B2
Rust A 69 E1
Rustefjelbma N 105 F1
Ruswil CH 66 A4
Rute E 48 A2
Rüthen DE 55 F4
Ruthin / Rhuthun GB 10 B3
Rüti CH 66 B3
Rutigliano I 81 D2
Rutledal N 110 A4
Ruukki FIN 114 C1
Ruuponsaari FIN 115 D3
Ruurlo NL 55 D4
Ruvo di Puglia I 81 D2
Ruwer DE 61 E3
Ruynes-en-Margeride F 26 A4
Ružomberok SK 126 A3
Ry DK 122 B2
Rybinsk RUS 125 F1
Rybnik PL 126 A2
Rychnov nad Kněžnou CZ 65 D2
Ryd S 123 E2
Ryde GB 13 F3
Rye GB 15 D4
Rygge N 117 D2
Rykene N 116 C3
Ryl'sk RUS 127 F1
Rýmařov CZ 65 E2
Rymättylä FIN 120 B4
Rypefjord N 105 D1
Rysjedalsvika N 110 A4
Ryttylä FIN 121 D3
Rzeszów PL 126 B2
Ržev RUS 125 E2

S

's- Gravendeel NL 54 B4
's- Heerenberg NL 55 D4
's- Hertogenbosch NL 54 C4
S. Karlovci SCG 132 C2
Sa Calobra E 45 E3
Sa Pobla E 45 E3
Sääksjärvi FIN 114 C3
Saal a. d. Donau DE 63 E4
Saalbach A 67 F3
Saales F 23 E3
Saalfeld DE 63 D1
Saalfelden A 68 A2
Saanen CH 27 F2
Saarbrücken DE 23 D1
Saarburg DE 23 D1
Saaremaa EST 124 A2
Saarenkylä FIN 109 D2
Saari FIN 121 F2
Saariharju FIN 109 E3
Saarijärvi FIN 115 D3
Saarikoski FIN 104 C3
Saariselkä FIN 105 F3
Saarlouis DE 23 D1
Saas Fee CH 70 C3
Šabac SCG 132 C3
Sabadell E 39 D4
Sabaudia I 79 E2
Sabbioneta I 75 F1
Sabero E 33 F3
Sabiñánigo E 28 C4
Sabiote E 48 B1
Sablé-sur-Sarthe F 19 F4
Sables-d'Or-les-Pins F 19 D2
Sabóia P 46 A2
Sabres F 28 B2
Sabrosa P 34 C4
Sabugal P 41 D1
Sacavém P 40 A3
Sacedón E 43 D1
Saceruela E 42 A4
Sacile I 72 B3
Sacramenia E 36 B4
Sada E 32 B2
Sádaba E 37 E3
Sæbø N 110 B3
Sæby DK 122 C1
Saelices E 42 C2
Sælvig DK 122 C3
Sævråsvåg N 110 A4
Safara P 46 C1
Säffle S 118 B2
Saffron Walden GB 14 C2
Safonovo RUS 125 E3
Sagard DE 51 F1
S'Agaró E 39 E3
Sagéika GR 92 C4
Sagiáda GR 86 C4
Sagres P 46 A2
Sagunt / Sagunto E 44 A3
Sagunto / Sagunt E 44 A3
Sagvåg N 116 A1
Sahagún E 33 F4
Sahalahti FIN 120 C2
Šahinovići BIH 131 F4
Sahl DK 122 B2
Sahloinen FIN 121 D2
Saignelégier CH 23 E4
Saija FIN 109 E1
Saillagouse F 29 F4
Saillans F 30 C1
Saimaanranta FIN 121 E2
Sains-du-Nord F 17 E3
Sains-Richaumont F 17 D3
Saint-Affrique F 30 A2
Saint-Agnant F 24 B3
Saint-Agrève F 26 B4
Saint-Aignan F 25 E1
Saint-Aignan-sur-Roë F 19 E4
Saint-Alban-
sur-Limagnole F 30 A1
Saint Albans GB 14 B3
Saint-Amand-en-Puisaye F 21 F4
Saint-Amand-les-Eaux F 17 D2
Saint-Amand-Longpré F 21 D4
Saint-Amand-Montrond F 25 F1
Saint-Amans F 30 A1
Saint-Amans-des-Cots F 29 F1
Saint-Amans-Soult F 29 F3
Saint-Amant-Roche-Savine F 26 B3
Saint-Amant-Tallende F 26 A3
Saint-Amarin F 23 E3
Saint-Ambroix F 30 B1
Saint-Amé F 23 D3
Saint-Amour F 27 D2
Saint-André-de-Cubzac F 24 C4
Saint-André-de-l'Eure F 21 D2
Saint-André-de-Valborgne F 30 B2
Saint-André-les-Alpes F 31 E2
Saint Andrews GB 9 E2
Saint-Anthème F 26 B3
Saint-Antonin-Noble-Val F 29 E2
Saint-Arnoult-
en-Yvelines F 21 E2
Saint Asaph GB 10 B3
Saint-Astier F 25 D4
Saint-Auban F 31 E2
Saint-Aubin-d'Aubigné F 19 E3
Saint-Aubin-du-Cormier F 19 E3
Saint-Aubin-sur-Mer F 19 F1
Saint-Aulaye F 24 C4
Saint Austell GB 12 B3
Saint-Avold F 23 D1
Saint-Aygulf F 31 E3
Saint-Béat F 29 D4
Saint-Beauzély F 30 A2
Saint-Benin-d'Azy F 26 A1
Saint-Benoît-du-Sault F 25 E2
Saint-Benoît-sur-Loire F 21 E4
Saint-Bertrand-
de-Comminges F 29 D3
Saint-Blin F 22 C3
Saint-Bonnet-de-Joux F 26 B2
Saint-Bonnet-
en-Champsaur F 31 E1
Saint-Bonnet-le-Château F 26 B4
Saint-Brevin-les-Pins F 19 D4
Saint-Briac-sur-Mer F 19 D2
Saint-Brice-en-Coglès F 19 E3
Saint-Brieuc F 19 D2
Saint-Calais F 20 C4
Saint-CaSaint-le-Guildo F 19 D2
Saint-Céré F 29 E1
Saint-Cergue CH 27 D2
Saint-Cernin F 25 F4
Saint-Chamas F 30 C3
Saint-Chamond F 26 C3
Saint-Chély-d'Apcher F 30 A1
Saint-Chély-d'Aubrac F 30 A1
Saint-Chinian F 30 A3
Saint-Ciers-sur-Gironde F 24 B4
Saint-Cirq-Lapopie F 29 E1
Saint-Clair-sur-l'Elle F 19 F1
Saint-Clar F 29 D2
Saint-Claud F 25 D3
Saint-Claude F 27 D2
Saint Clears / Sanclêr GB 12 C1
Saint-Cyprien F 25 D4
Saint-Cyprien-Plage F 30 A4
Saint David's / Tyddewi GB 5 F4
Saint-Denis F 21 E2
Saint-Denis-d'Oléron F 24 B3
Saint-Denis-d'Orques F 19 F3
Saint-Didier-en-Velay F 26 B4
Saint-Dié-des-Vosges F 23 D3
Saint-Dier-d'Auvergne F 26 A3
Saint-Dizier F 22 B2
Saint-Donat-
sur-l'Herbasse F 26 C4
Saint-Éloy-les-Mines F 26 A2
Saint-Émilion F 24 C4
Saint-Étienne F 26 B4
Saint-Étienne-Cantalès
(Barrage de) F 25 F4
Saint-Étienne-
de-Baïgorry F 28 A3
Saint-Étienne-
de-Lugdarès F 30 B1
Saint-Étienne-
de-Montluc F 19 E4
Saint-Étienne-
de-Saint-Geoirs F 27 D4
Saint-Étienne-de-Tinée F 31 F1
Saint-Étienne-
en-Dévoluy F 31 D1
Saint-Étienne-les-Orgues F 31 D2

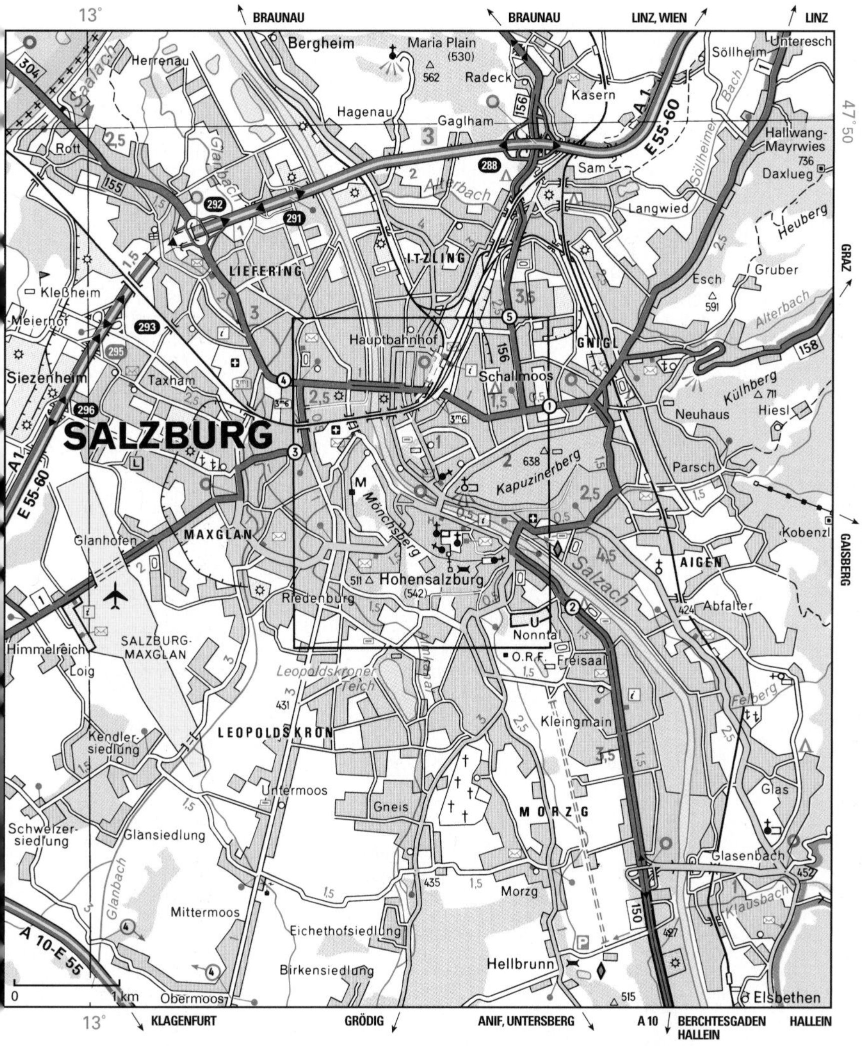

Saint-Fargeau F 21 F4
Saint-Félicien F 26 C4
Saint-Firmin F 31 D1
Saint-Florent F 78 A2
Saint-Florent-le-Vieil F 19 E4
Saint-Florent-sur-Cher F 25 F1
Saint-Florentin F 22 A3
Saint-Flour F 26 A4
Saint-François-Longchamp F 27 E4
Saint-Fulgent F 24 B1
Saint-Galmier F 26 B3
Saint-Gaudens F 29 D3
Saint-Gaultier F 25 E2
Saint-GeneSaint-Malifaux F 26 B4
Saint-Gengoux-le-National F 26 C2
Saint-Geniez-d'Olt F 30 A1
Saint-Genis-de-Saintonge F 24 C3
Saint-Genis-Laval F 26 C3
Saint-Genix-sur-Guiers F 27 D3
Saint-Geoire-en-Valdaine F 27 D3
Saint-Georges-de-Didonne F 24 B3
Saint-Georges-en-Couzan F 26 B3
Saint-Georges-sur-Loire F 19 F4
Saint-Germain-de-Calberte F 30 B2
Saint-Germain-des-Fossés F 26 A2
Saint-Germain-du-Bois F 26 C1
Saint-Germain-du-Plain F 26 C1
Saint-Germain-du-Teil F 30 A1
Saint-Germain-en-Laye F 21 E2
Saint-Germain-Laval F 26 B3
Saint-Germain-Lembron F 26 A4
Saint-Germain-les-Belles F 25 E3
Saint-Germain-l'Herm F 26 A4
Saint-Gervais-d'Auvergne F 26 A3
Saint-Gervais-les-Bains F 27 E3
Saint-Gervais-les-Trois-Clochers F 25 D1
Saint-Gervais-sur-Mare F 30 A2
Saint-Géry F 29 E1
Saint-Gildas-de-Rhuys F 18 C4
Saint-Gildas-des-Bois F 19 D4
Saint-Gilles F 30 C2
Saint-Gilles-Croix-de-Vie F 24 A1
Saint-Gingolph F 27 E2
Saint-Girons F 29 E4
Saint-Girons-Plage F 28 A2
Saint-Gobain F 17 D4
Saint-Guénolé F 18 B3
Saint-Guilhem-le-Désert F 30 A2
Saint-Haon-le-Châtel F 26 B3
Saint-Helens GB 10 C3
Saint-Herblain F 24 A1
Saint-Hilaire F 29 F3
Saint-Hilaire-de-Riez F 24 A1
Saint-Hilaire-de-Villefranche F 24 C3
Saint-Hilaire-des-Loges F 24 B2
Saint-Hilaire-du-Harcouët F 19 E2
Saint-Hippolyte F 23 D4
Saint-Hippolyte-du-Fort F 30 B2
Saint-Honoré-les-Bains F 26 B1
Saint Hubert B 17 F3
Saint-Imier CH 27 E1
Saint-Ives GB 12 B4
Saint-Ives GB 14 C2
Saint-Jacques-de-la-Lande F 19 E3
Saint-Jacut-de-la-Mer F 19 D2
Saint-James F 19 E2
Saint-Jean-Brévelay F 18 C3
Saint-Jean-Cap-Ferrat F 31 F2
Saint-Jean-d'Angély F 24 C2
Saint-Jean-de-Bournay F 26 C3
Saint-Jean-de-Daye F 19 E1
Saint-Jean-de-Losne F 26 C1
Saint-Jean-de-Luz F 28 A3
Saint-Jean-de-Maurienne F 27 E4
Saint-Jean-de-Monts F 24 A1
Saint-Jean-du-Bruel F 30 A2
Saint-Jean-du-Gard F 30 B2
Saint-Jean-en-Royans F 27 D4
Saint-Jean-Pied-de-Port F 28 B3
Saint-Jeoire F 27 E2
Saint-Jouin-de-Marnes F 24 C1
Saint-Juéry F 29 F2
Saint-Julien F 27 D2
Saint-Julien-Chapteuil F 26 B4
Saint-Julien-de-Vouvantes F 19 E4
Saint-Julien-du-Sault F 21 F3
Saint-Julien-en-Genevois F 27 D2
Saint-Julien-l'Ars F 25 D2
Saint-Junien F 25 D3
Saint-JuSaint-en-Chaussée F 16 C4
Saint-JuSaint-en-Chevalet F 26 B3
Saint-Just GB 12 A4
Saint-Justin F 28 C2
Saint-Keverne GB 12 B4
Saint-Lary-Soulan F 28 C4
Saint-Laurent-de-Chamousset F 26 C3
Saint-Laurent-de-la-Salanque F 30 A4
Saint-Laurent-du-Pont F 27 D4
Saint-Laurent-en-Grandvaux F 27 D2
Saint-Laurent-les-Bains F 30 B1
Saint-Laurent-Médoc F 24 B4
Saint-Laurent-sur-Gorre F 25 D3
Saint-Laurent-sur-Mer F 19 F1
Saint-Laurent-sur-Sèvre F 24 B1
Saint-Léger-sous-Beuvray F 26 B1
Saint-Léonard-de-Noblat F 25 E3
Saint-Lô F 19 E2
Saint-Louis F 23 E4
Saint-Loup-Lamairé F 24 C1
Saint-Loup-sur-Semouse F 23 D3
Saint-Luc CH 27 F2
Saint-Lunaire F 19 D2
Saint-Lys F 29 E3
Saint-Macaire F 28 C1
Saint-Maixent-l'École F 24 C2
Saint-Malo F 19 D2
Saint-Malo-de-la-Lande F 19 E2
Saint-Mamet-la-Salvetat F 29 F1
Saint-Mandrier-sur-Mer F 31 D3
Saint-Marcellin F 27 D4
Saint Margaret's Hope GB 7 E2
Saint-Mars-la-Jaille F 19 E4
Saint-Martin-d'Auxigny F 25 F1
Saint-Martin-de-Belleville F 27 E4
Saint-Martin-de-Crau F 30 C2
Saint-Martin-de-Londres F 30 B2
Saint-Martin-de-Ré F 24 B2
Saint-Martin-de-Seignanx F 28 A3
Saint-Martin-de-Valamas F 26 B4
Saint-Martin-en-Bresse F 26 C1
Saint-Martin-Vésubie F 31 F2
Saint-Martory F 29 D3
Saint-Mathieu F 25 D3
Saint-Maurice CH 27 E2
Saint-Mawes GB 12 B4
Saint-Maximin-la-Sainte-Baume F 31 D3
Saint-Médard-en-Jalles F 24 B4
Saint-Méen-le-Grand F 19 D3
Saint-Michel F 17 E3
Saint-Michel-de-Maurienne F 27 E4
Saint-Michel-en-Grève F 18 C2
Saint-Michel-en-l'Herm F 24 B2
Saint-Michel-Mont-Mercure F 24 B1
Saint-Mihiel F 22 C2
Saint-Monans GB 9 E2
Saint-Nazaire F 19 D4
Saint-Nectaire F 26 A3
Saint-Neots GB 14 C2
Saint-Nicolas-d'Aliermont F 16 B3
Saint-Nicolas-de-la-Grave F 29 D2
Saint-Nicolas-de-Port F 23 D2
Saint-Nicolas-du-Pélem F 18 C3
Saint-Omer F 15 E4
Saint-Pair-sur-Mer F 19 E2
Saint-Palais F 28 B3
Saint-Palais-sur-Mer F 24 B3
Saint-Pardoux-la-Rivière F 25 D3
Saint-Paul F 31 F2
Saint-Paul-Cap-de-Joux F 29 F3
Saint-Paul-de-Fenouillet F 29 F4
Saint-Paul-sur-Ubaye F 31 E1
Saint-Paul-Trois-Châteaux F 30 C1
Saint-Paulien F 26 B4
Saint-Pé-de-Bigorre F 28 C3
Saint-Pée-sur-Nivelle F 28 A3
Saint-Péray F 26 C4
Saint-Père-en-Retz F 24 A1
Saint-Philbert-de-Grand-Lieu F 24 A1
Saint-Pierre-d'Albigny F 27 E3
Saint-Pierre-de-Chartreuse F 27 D4
Saint-Pierre-de-Chignac F 25 D4
Saint-Pierre-d'Oléron F 24 B3
Saint-Pierre-Église F 19 E1
Saint-Pierre-le-Moûtier F 26 A1
Saint-Pierre-Quiberon F 18 C4
Saint-Pierre-sur-Dives F 20 C2
Saint-Pois F 19 E2
Saint-Pol-de-Léon F 18 B2
Saint-Pol-sur-Ternoise F 16 C3
Saint-Pons-de-Thomières F 30 A3
Saint-Porchaire F 24 B3
Saint-Pourçain-sur-Sioule F 26 A2
Saint-Privat F 25 F4
Saint-Quay-Portrieux F 18 C2
Saint-Quentin F 17 D3
Saint-Rambert-d'Albon F 26 C4
Saint-Rambert-en-Bugey F 27 D3
Saint-Raphaël F 31 E3
Saint-Rémy-de-Provence F 30 C2
Saint-Rémy-sur-Durolle F 26 A3
Saint-Renan F 18 A2
Saint-Riquier F 16 B3
Saint-Romain-de-Colbosc F 16 A4
Saint-Rome-de-Tarn F 30 A2
Saint-Saëns F 16 B4
Saint-Satur F 21 F4
Saint-Saulge F 26 A1
Saint-Sauveur-en-Puisaye F 21 F4
Saint-Sauveur-le-Vicomte F 19 E1
Saint-Sauveur-Lendelin F 19 E1
Saint-Sauveur-sur-Tinée F 31 F2
Saint-Savin F 25 D2
Saint-Savin F 24 C4
Saint-Savinien F 24 B3
Saint-Seine-l'Abbaye F 22 B4
Saint-Sernin-sur-Rance F 29 F2
Saint-Servan-sur-Mer F 19 D2
Saint-Sever F 28 B2
Saint-Sever-Calvados F 19 E2
Saint-Sulpice-les-Feuilles F 25 E2
Saint-Symphorien F 28 C1
Saint-Symphorien-de-Lay F 26 B3
Saint-Symphorien-d'Ozon F 26 C3
Saint-Symphorien-sur-Coise F 26 C3
Saint-Thégonnec F 18 B2
Saint-Trivier-de-Courtes F 26 C2
Saint-Trivier-sur-Moignans F 26 C2
Saint-Trojan-les-Bains F 24 B3
Saint-Tropez F 31 E3
Saint-VaaSaint-la-Hougue F 19 E1
Saint-Valery-en-Caux F 16 A3
Saint-Valery-sur-Somme F 16 B3
Saint-Vallier F 26 C4
Saint-Vallier-de-Thiey F 31 F2
Saint-Varent F 24 C1
Saint-Vaury F 25 E2
Saint-Véran F 31 E1
Saint Vincent I 27 F3
Saint-Vincent-de-Tyrosse F 28 B2
Saint-Vivien-de-Médoc F 24 B4
Saint-Wandrille-Rançon F 16 A4
Saint-Yorre F 26 A3
Saint-Yrieix-la-Perche F 25 E3
Sainte-Adresse F 20 C1
Sainte-Anne-d'Auray F 18 C4
Sainte-Croix CH 27 E1
Sainte-Croix-du-Mont F 28 C1
Sainte-Croix-Volvestre F 29 E3
Sainte-Enimie F 30 A1
Sainte-Foy-la-Grande F 28 C1
Sainte-Foy-l'Argentière F 26 C3
Sainte-Geneviève-sur-Argence F 30 A1
Sainte-Hélène F 24 B4
Sainte-Hermine F 24 B2
Sainte-Livrade-sur-Lot F 29 D1
Sainte-Lucie-de-Tallano F 78 A4
Sainte-Marie-aux-Mines F 23 E3
Sainte-Marie-Sicché F 78 A4
Sainte-Maure-de-Touraine F 25 D1
Sainte-Maxime F 31 E3
Sainte-Menehould F 22 B2
Sainte-Mère-Église F 19 E1
Sainte-Sévère-sur-Indre F 25 F2
Sainte-Suzanne F 19 F3
Sainte-Tulle F 31 D2
Saintes F 24 B3
Saintes-Maries-de-la-Mer F 30 C3
Saintfield GB 3 E2
Saissac F 29 F3
Šajkaš SCG 132 C2
Sakskøbing DK 122 C4
Sakula SCG 132 C2
Saky UA 127 F4
Säkylä FIN 120 B3
Sala S 119 E2
Sala Consilina I 80 C3
Salacgriva LV 124 B2
Salamajärvi FIN 114 C3
Salamanca E 35 F4
Salamína GR 94 A4
Salamína (Nissí) GR 94 A4
Salamiou CY 138 B3
Salamis CY 139 E2
Salándi GR 97 E2
Salar E 48 A3
Salardú E 29 D4
Salaš SCG 133 F4
Salas E 33 D2
Salas de los Infantes E 36 C3
Salbohed S 119 D2
Salbris F 21 E4
Salcombe GB 12 C4
Saldaña E 33 F4
Saldus LV 124 B3
Sale I 75 D1
Salem DE 66 C2
Salemi I 84 A3
Sälen S 112 A4
Salen GB 8 B1
Salen (Argyll and Bute) GB 8 B1
Salernes F 31 E3
Salerno I 80 A3
Salers F 25 F4
Salgótarján H 126 A3
Salgueiro do Campo P 40 C2
Sali HR 134 B2
Salice Terme I 75 D1
Salies-de-Béarn F 28 B3
Salies-du-Salat F 29 D3
Salignac-Eyvigues F 25 E4
Salihli TR 129 F4
Salihorsk BY 125 D4
Salinas E 33 E2
Salindres F 30 B2
Sälinkää FIN 121 D3
Salins-les-Bains F 27 D1
Salisbury GB 13 F2
Salla FIN 109 E2
Sallanches F 27 E3
Sallent E 38 C3
Sallent de Gállego E 28 C4
Salles-Curan F 30 A2
Salles-d'Aude F 30 A3
Salmerón E 43 D1
Salmoral E 41 F1
Salmünster DE 62 B2
Salò I 71 F4
Salo FIN 120 C4
Salobreña E 48 B3
Salon-de-Provence F 30 C2
Salonta RO 126 B4
Salorino E 41 D3
Salou E 44 C1
Salsbruket N 107 D4
Salses-le-Château F 30 A4
Salsomaggiore Terme I 75 E1
Salsta S 119 E1
Saltash GB 12 C3
Saltburn-by-the-Sea GB 11 E1
Saltcoats GB 3 F1
Salto P 34 C3
Saltoluokta S 108 A1
Saltvik FIN 120 A4
Saluggia I 74 C1
Saluzzo I 31 F1
Salvacañete E 43 E2
Salvagnac F 29 E2
Salvan CH 27 F2
Salvaterra de Magos P 40 A3
Salvaterra de Miño E 32 A4
Salvatierra de los Barros E 41 D4
Salvatierra O Agurain E 37 D2
Salviac F 29 E1
Salzburg A 68 A2
Salzgitter-Bad DE 56 C3
Salzhausen DE 50 C4
Salzkotten DE 55 F4
Salzwedel DE 51 D4
Sama de Langreo E 33 E2
Šamac / Bosanski Šamac BIH 132 A3
Samariás (Farángi) GR 100 B3
Samarína GR 87 D3
Samatan F 29 D3
Sambatikí GR 97 E2
Sambiase I 83 E3
Sambir UA 126 D3
Samboal E 36 A4
Sambuca di Sicilia I 84 B3
Samedan CH 66 C4
Samer F 15 E4
Sámi GR 92 A4
Samikó GR 96 B1
Sammatti FIN 120 C4
Sammichele di Bari I 81 D2
Samnanger N 110 A4
Samobor HR 130 C2
Samodreža SCG 137 D2
Samoëns F 27 E2
Samokov BG 129 D2
Samoš SCG 133 D2
Sámos GR 99 F1
Samos E 32 C3
Sámos (Nissí) GR 99 F1
Samothráki GR 91 D3
Samothráki (Nissí) GR 91 D3
Samper de Calanda E 37 F4
Sampeyre I 31 F1
Samtens DE 51 F2
Samugheo I 82 B3
San Adrián E 28 A4
San Agustín del Guadalix E 42 B1
San Amaro E 32 B4
San Andrés del Rabanedo E 33 E4
San Bartolomé de la Torre E 46 C2
San Bartolomé de las Abiertas E 42 A2
San Bartolomeo in Galdo I 80 B2
San Benedetto del Tronto I 77 D4

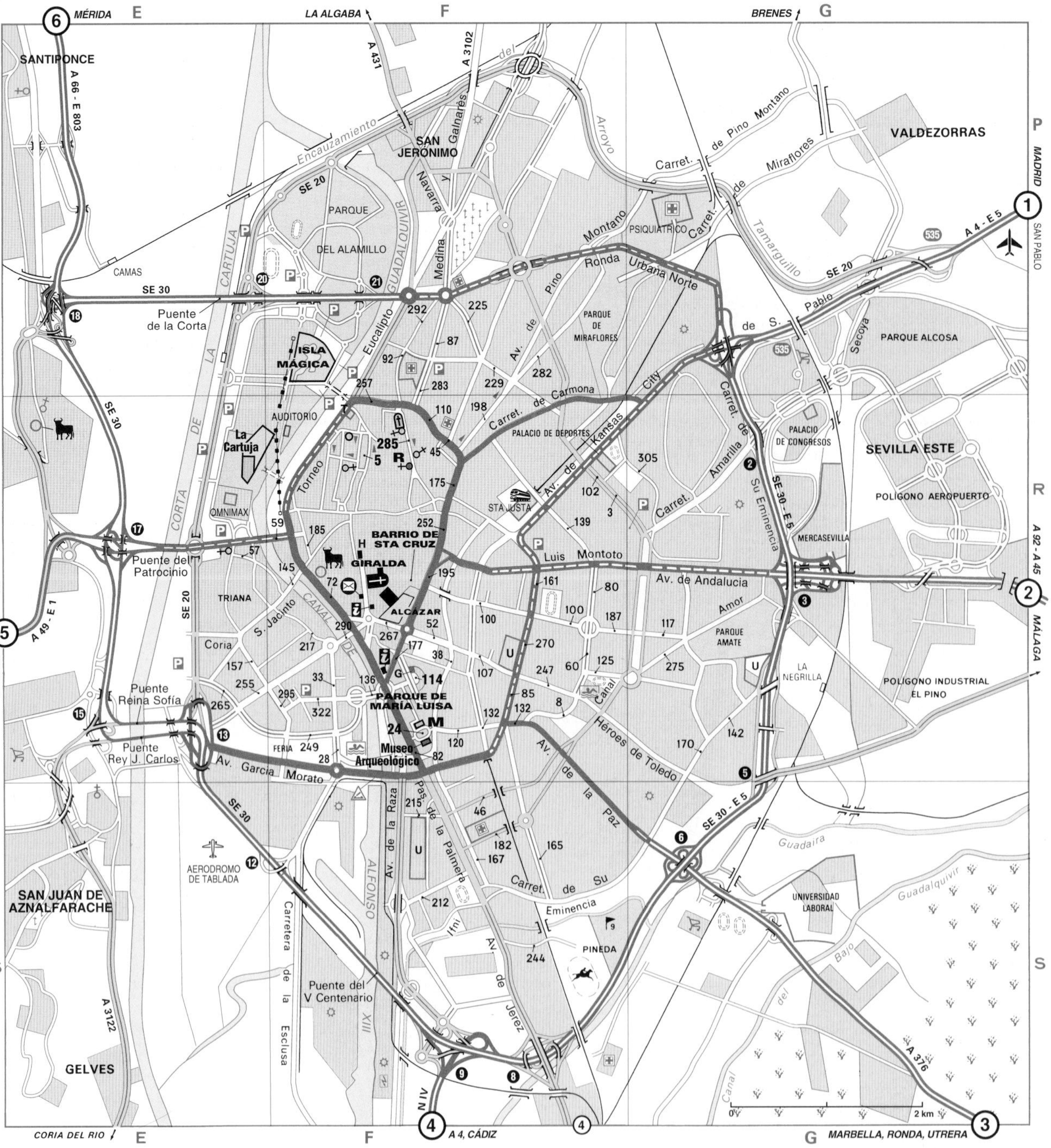

SEVILLA

Ada . . . . FR 3
Alameda de Hércules . . . . . . FR 5
Alcade Juan Fernández . . . . . FR 8
América (Pl. de) . . . . FR 24
Antonio Bienvenida . . . . . . FR 28
Asunción . . . . FR 33
Borbolla (Av. de) . . . . . . FR 38
Capuchinos (Ronda) . . . . . . FR 45
Cardenal Ilundain . . . . FS 46
Carlos V (Av.de) . . . . FR 52
Castilla . . . . ER 57
Chapina (Puente) . . . . FR 59
Ciudad Jardín (Av.) . . . . . . FR 60
Cristóbal Colón (Pas. de) . . . . FR 72
Cruz del Campo (Av.) . . . . . FR 80
Delicias (Pas. de las) . . . . . FR 82
Diego Martínez Barrio . . . . . FR 85
Doctor Fedriani . . . . FP 87
Don Fabrique . . . . FP 92
Eduardo Dato (Av.) . . . . . . FR 10
Éfeso . . . . FR 10
Enramadilla . . . . FR 10
Eritaña (Av.) . . . . FR 11
España (Pl. de) . . . . FR 11
Federico Mayo Gayarre . . . . . GR 11
Felipe II . . . . FR 12
Francisco Buendía . . . . FR 12
General Merry . . . . FR 13
Generalísimo (Puente del) . . . FR 13
El Greco (Av.) . . . . FR 13
Isabel II o de Triana (Puente) . FR 14
López de Gomara . . . . ER 15
Luis de Morales . . . . FR 16
Manuel Fal Conde . . . . FS 16
Manuel Siurot (Av.) . . . . . . FS 16
Maqueda . . . . GR 17
María Auxiliadora . . . . FR 17
María Luisa (Av.) . . . . FR 17
Marqués de Luca de Tena . . . FS 18
Marqués de Paradas (Av.) . . . FR 18
Marqués de Pickman . . . . . . FR 18
Menéndez Pelayo . . . . FR 19
Miraflores (Av.) . . . . FR 19
Padre García Tejero (Av.) . . . . FS 21
Páez de Rivera . . . . FS 21
Pagés del Corro . . . . FR 21
Pedro Gual Villalbi (Av.) . . . . FP 22
Pío XII (Ronda) . . . . FP 22
Quintillo (Camino) . . . . . . FS 24
Ramón de Carranza (Av.) . . . . FR 24
Ramón y Cajal (Av.) . . . . . . FR 24
Recaredo . . . . FR 25
República Argentina (Av.) . . . . ER 25
Resolana . . . . FR 25
Rubén Darío . . . . ER 26
San Fernando . . . . FR 26
San Francisco Javier (Av.) . . . . FR 27
San Juan de la Cruz (Av.) . . . . GR 27
San Juan de la Salle . . . . . . FP 28
San Juan de Ribera . . . . . . FP 28
San Luis . . . . FR 28
San Telmo (Puente de) . . . . . FR 29
Sánchez Pizjuán (Av.) . . . . . FP 29
Santa Fé . . . . FR 29
Tesalónica . . . . GR 30
Virgen de Luján . . . . FPR 32

San Benedetto in Alpe I......76 B2
San Benedetto Po I..............75 F1
San Bernardino CH..............71 D3
San Bernardino
(Passo del) CH..................66 C4
San Biagio Platani I.............84 C3
San Bonifacio I......................72 A4
San Candido / Innichen I.....67 F4
San Carlos del Valle E.........42 C4
San Casciano
in Val di Pesa I..................76 A3
San Cataldo I.........................81 F3
San Cataldo I.........................84 C3
San Cipirello I.......................84 B3
San Clemente E....................43 D3
San Clemente
a Casauria (Abbazia) I ...79 F1
San Colombano
al Lambro I...........................75 E1
San Cosme E........................32 C2
San Cristóbal
de Entreviñas E................35 F3
San Cristóbal de la Vega E.36 A4
San Damiano d'Asti I...........74 C1
San Daniele del Friuli I.......72 C3
San Daniele Po I....................75 F1
San Demetrio Corone I.........83 E2
San Donà di Piave I.............72 B4
San Donaci I..........................81 F3
San Elia a Pianisi I...............80 A2
San Elpidio a Mare I............77 D3
San Emiliano E......................33 E3
San Esteban E.......................33 E2
San Esteban de Gormaz E..36 C4
San Esteban del Molar E.....35 F3
San Esteban del Valle E........42 A1
San Eufemia Lamezia I........83 E3
San Fele I..............................80 B3
San Felice a Cancello I........80 A3
San Felice Circeo I...............79 E3
San Felice sul Panaro I........76 A1
San Felices
de los Gallegos E............35 D4
San Ferdinando di Puglia I.80 C2
San Fernando E....................47 D4
San Fratello I........................85 D2
San Gavino Monreale I........82 B3
San Gemini I.........................76 C4
San Giacomo /
Sankt Jakob I........................67 E3
San Gimignano I...................76 A3
San Ginesio I........................77 D4
San Giorgio Canavese I.......74 C1
San Giorgio del Sannio I.....80 A3
San Giorgio di Nogaro I......72 C3
San Giorgio Ionico I.............81 E3
San Giorgio Piacentino I.....75 E1
San Giovanni a Piro I...........80 B4
San Giovanni di Sinis I.........82 A3
San Giovanni in Fiore I........83 E2
San Giovanni in Persiceto I76 A1
San Giovanni Lupatoto I......71 F4
San Giovanni Rotondo I.......80 B1
San Giovanni Suergiu I........82 A4
San Giovanni Valdarno I......76 A3
San Giuliano Terme I...........75 F3
San Giustino I........................76 B3
San Ildefonso
o la Granja E....................42 B1
San Isidro E..........................49 D3
San Javier E..........................49 E2
San José E............................49 D3
San Juan de los Terreros E.49 D3
San Juan del Olmo E...........42 A1
San Juan del Puerto E.........46 C2
San Lazzaro di Savena I.......76 A2
San Leo I...............................76 B2
San Leonardo de Yagüe E...36 C3
San Leonardo in Passiria / Sankt
Leonhard in Passeier I.....67 E4
San Lorenzo
de Calatrava E..................48 A1
San Lorenzo
de la Parrilla E..................43 D2
San Lorenzo Nuovo I...........76 B4
San Lucido I..........................83 E2
San Luis de Sabinillas E.....47 E4
San Marcello I.......................76 C3
San Marcello Pistoiese I......75 F2
San Marco Argentano I........83 E2
San Marco dei Cavoti I.........80 A2
San Marco in Lamis I...........80 B1
San Martín de Castañeda E33 D4
San Martín de la Vega E......42 B2
San Martín
de Mondoñedo E...............32 C2
San Martín
de Montalbán E.................42 A2
San Martín
de Valdeiglesias E.............42 A1
San Martino di Castrozza I..72 A3
San Mateo de Gállego E.....37 F3
San Mauro Forte I.................80 C3
San Michele all'Adige I........71 F3
San Miguel de Escalada E..33 E4
San Miguel del Arroyo E.....36 A4
San Millán de la Cogolla E.36 C2
San Millán de Lara E............36 C3
San Miniato I.........................76 A3
San Nicolás del Puerto E....47 E1
San Nicolò I...........................76 A1
San Nicolò Gerrei I...............82 B3
San Pancrazio Salentino I...81 E3
San Pedro E..........................43 D4
San Pedro de Alcántara E...47 F4
San Pedro de Latarce E.......35 F3
San Pedro de Mérida E........41 E3
San Pedro del Arroyo E.......42 A1
San Pedro del Pinatar E......49 E2
San Pedro Manrique E.........37 D3
San Pellegrino Terme I.........71 E4
San Piero a Sieve I..............76 A2
San Pietro in Casale I..........76 A1
San Pietro Vernotico I..........81 F3
San Polo d'Enza I.................75 F1
San Quirico d'Orcia I............76 B4
San Rafael E.........................42 B1
San Remo I...........................74 C3
San Roque E.........................32 A2
San Roque E.........................47 E4
San Rufo I.............................80 B3
San Sadurniño E..................32 B2
San Salvador
de Cantamuda E.............33 F3
San Salvo I............................80 A1
San Sebastiano Curone I....75 D1
San Severino Marche I.......76 C3
San Severo I.........................80 B1
San Silvestre de Guzmán E46 C2
San Sperate I........................82 B4
San Telmo E.........................46 C1
San Valentino alla Muta / Sankt
Valentin a. d. Haide I.......67 D4
San Vicente de Alcántara E.41 D3
San Vicente
de la Barquera E.............33 F2
San Vigilio di Marebbe /
Sankt Vigil I........................67 F4
San Vincente
de la Cabeza E.................35 E3
San Vincenzo I......................75 F4
San Vitero E..........................35 E3
San Vito I..............................82 C3
San Vito al Tagliamento I....72 C3
San Vito Chietino I...............80 A1
San Vito dei Normanni I......81 E3
San Vito di Cadore I............67 F4
San Vito lo Capo I................84 A2
San Vito sullo Ionio I...........83 E3
San Vittore del Lazio I.........79 F2
Saná GR................................88 C2
Sanary-sur-Mer F.................31 D3
Sancergues F.......................26 A1
Sancerre F............................26 A1
Sanchidrián E.......................42 A1
Sancoins F...........................26 A1
Sancti Petri E.......................47 D4
Sancti-Spíritus E..................41 E1
Sancy (Puy de) F.................26 A3
Sand N................................116 B2
Sand N................................117 E1
Sandane N..........................110 B3
Sandanski BG.....................129 D3
Sandarne S.........................112 C4
Sandau DE............................51 E4
Sandbach GB........................10 C3
Sande P.................................34 B4
Sande N..............................117 D2
Sande N..............................110 B2
Sande DE...............................55 E1
Sandefjord N.......................117 D2
Sandeid N............................116 A1
Sandgerði IS.......................106 A2
Sandnes N..........................116 A2
Sandness GB..........................7 F3
Sandnessjøen N..................107 D3
Sando E.................................35 E4
Sandoméri GR.......................92 C4
Sandomierz PL....................126 B2
Sandown GB.........................13 F3
Sandrigo I..............................72 A4
Šandrovac HR.....................131 E2
Sandstad N.........................111 D2
Sandur (Færøerne) DK......106 A4
Sandviken S........................119 E1
Sandvikvåg N.......................116 A1
Sandwich GB.........................15 D3
Sandy GB...............................14 B2
Sangarcía E...........................36 A4
Sangerhausen DE.................57 D4
Sangis S..............................108 C3
Sangüesa E...........................28 A4
Sanguinaires (Iles) F............74 C3
Sanguinet F...........................28 B1
Saní GR.................................88 B3
Sanica BIH...........................131 E4
Sanitz DE..............................51 E2
Sankt-Aegyd A.....................69 D1
Sankt-Andrä A.....................68 C3
Sankt-Andreasberg DE........56 C4

Sankt-Anton am Arlberg A .67 D3
Sankt-Blasien DE..................23 F4
Sankt-Christophen A...........69 D1
Sankt-Gallen A 68 C2
Sankt-Gallen CH...................66 C3
Sankt-Gallenkirch A 66 C4
Sankt-Georgen DE 23 F3
Sankt-Georgen
am Längsee A 68 C3
Sankt-Georgen
im Attergau A...................68 A2
Sankt-Gilgen A 68 A2
Sankt-Goar DE......................62 A3
Sankt-Goarshausen DE........62 A3
Sankt-Ingbert DE..................23 E1
Sankt-Jakob i. Rosental A...68 B4
Sankt-Johann
im Pongau A 68 A3
Sankt-Johann in Tirol A......67 F2
Sankt-Lambrecht A 68 B3
Sankt-Leonhard a. Forst A..68 C1
Sankt-Leonhard
im Pitztal A 67 D3
Sankt-Lorenzen
im Lesachtal A 68 A4
Sankt-Margarethen DE 50 B3
Sankt-Märgen DE.................23 F3
Sankt-Michael
im Lungau A.....................68 B3
Sankt-Michael
in Obersteiermark A 68 C2
Sankt-Michaelisdonn DE 50 A3
Sankt Moritz CH 66 C4
Sankt Niklaus CH 27 F2
Sankt-Olof S.......................123 E3
Sankt-Oswald A....................68 B3
Sankt-Paul im Lavanttal A...68 C3
Sankt-Peter
in der Au Markt A 68 C1
Sankt-Peter-Ording DE.........50 A2
Sankt Peterburg RUS 125 D1
Sankt-Pölten A......................69 D1
Sankt-Valentin A...................68 B1
Sankt-Veit an der Glan A.....68 C3
Sankt Vith B..........................61 E2
Sankt-Wendel DE 23 E1
Sankt-Wolfgang im
Salzkammergut A 68 A2
Sanlúcar de Barrameda E ...47 D3
Sanlúcar de Guadiana E.....46 B2
Sanlúcar la Mayor E 47 D2
Sanluri I.................................82 B3
Sannainen FIN....................121 D4
Sannazzaro de' Burgondi I..75 D1
Sannicandro di Bari I...........81 D2
Sannicandro Garganico I 80 B1
Sanok PL.............................126 B3
Sanquhar GB 8 C3
Sansepolcro I........................76 B3
Sanski Most BIH.................131 E4
Sant Agustí de Lluçanès E..39 D3
Sant Andreu
de Llavaneres E................39 D4
Sant Antoni de Calonge E...39 E3
Sant Antoni de Portmany /
San Antonio
de Portmany E 44 C4
Sant Boi de Lluçanès E 39 D3
Sant Carles de la Ràpita E ..44 B1
Sant Celoni E........................39 D4
Sant Cugat del Vallès E.......39 D4
Sant Esteve d'En Bas E 39 D3
Sant Feliu de Guíxols /
San Feliú de Guixols E....39 E3
Sant Francesc E...................44 C4
Sant Hilari Sacalm E............39 D3
Sant Hipòlit de Voltregà E...39 D3
Sant Joan d'Alacant E..........49 F1
Sant Joan de Labritja E.......44 C4
Sant Joan
de les Abadesses E..........39 D3
Sant Josep E 44 C4
Sant Llorenç
de Morunys E...................38 C3
Sant Lluís E...........................45 F3
Sant Mateu E........................44 A2
Sant Miguel de Salinas E....49 E2
Sant Miquel E.......................44 C4
Sant Pau de Segúries E.......39 D3
Sant Pol de Mar E................39 D4
Sant Quirze de Besora E 39 D3
Sant Quirze Safaja E............39 D4
Sant Ramon E 38 C4
Sant Sadurní d'Anoia E.......38 C4
Sant Salvador
(Monestir) E......................45 E3
Sant Vicent del Raspeig E...49 F1
Santa Amalia E.....................41 E3
Santa Ana E...........................43 D4
Santa Bárbara E....................44 B1
Santa Bárbara de Casa E ...46 C1
Santa Catarina da Fonte
do Bispo P........................46 B2
Santa Caterina di Pittinuri I.82 A2
Santa Caterina Valfurva I.....67 D4
Santa Caterina Villarmosa I84 C3
Santa Cesarea Terme I 81 F3
Santa Clara-a-Velha P..........46 A1
Santa Coloma
de Farners E 39 D3
Santa Coloma
de Queralt E 38 C4
Santa Colomba
de Somoza E 33 D4
Santa Comba E 32 A2
Santa Comba Dão P 40 C1
Santa Comba de Rosas P....35 D3
Santa Cristina de Lena E.....33 E3
Santa Cristina Valgardena /
Sankt Christina
in Gröden I 67 F4
Santa Croce di Magliano I ..80 A1
Santa Cruz de Campezo E...37 D2
Santa Cruz de la Sierra E....41 E3
Santa Cruz de la Zarza E.....42 C2
Santa Cruz de Moya E.........43 E2
Santa Cruz de Mudela E......42 B4
Santa Cruz del Retamar E...42 B2
Santa Elena E 48 B1
Santa Eufemia E...................41 F4
Santa Eugenia E...................32 A3
Santa Eulália P.....................40 C3
Santa Eulalia E 43 E1
Santa Eulalia de Oscos E 32 C2
Santa Eulària des Riu /
Santa Eulalia del Río E....44 C4
Santa Fé E............................48 A3
Santa Fiora I.........................76 B4
Santa Gertrude /
St Gertraud I.....................67 E4
Santa Giusta I.......................82 B3
Santa Liestra
y San Quilez E..................38 A3
Santa Lucia del Mela I.........83 D4
Santa Luzia P........................46 A1
Santa Magdalena
de Pulpís E........................44 A2
Santa Margalida E 45 E3
Santa Margarida
do Sádão P.......................46 A1
Santa Margarida
i els Monjós E 38 C4
Santa Margherita I...............82 B4
Santa Margherita
di Belice I..........................84 B3
Santa Margherita Ligure I...75 D2
Santa Maria
Capua Vetere I..................80 A3
Santa Maria da Feira P........34 B4
Santa María de Huerta E.....37 D4
Santa María de Nieva E 49 D2
Santa María de Valverde E..35 E3
Santa Maria degli Angeli I..76 C4
Santa María del Campo E...36 B3
Santa María
del Campo Rus E 43 D3

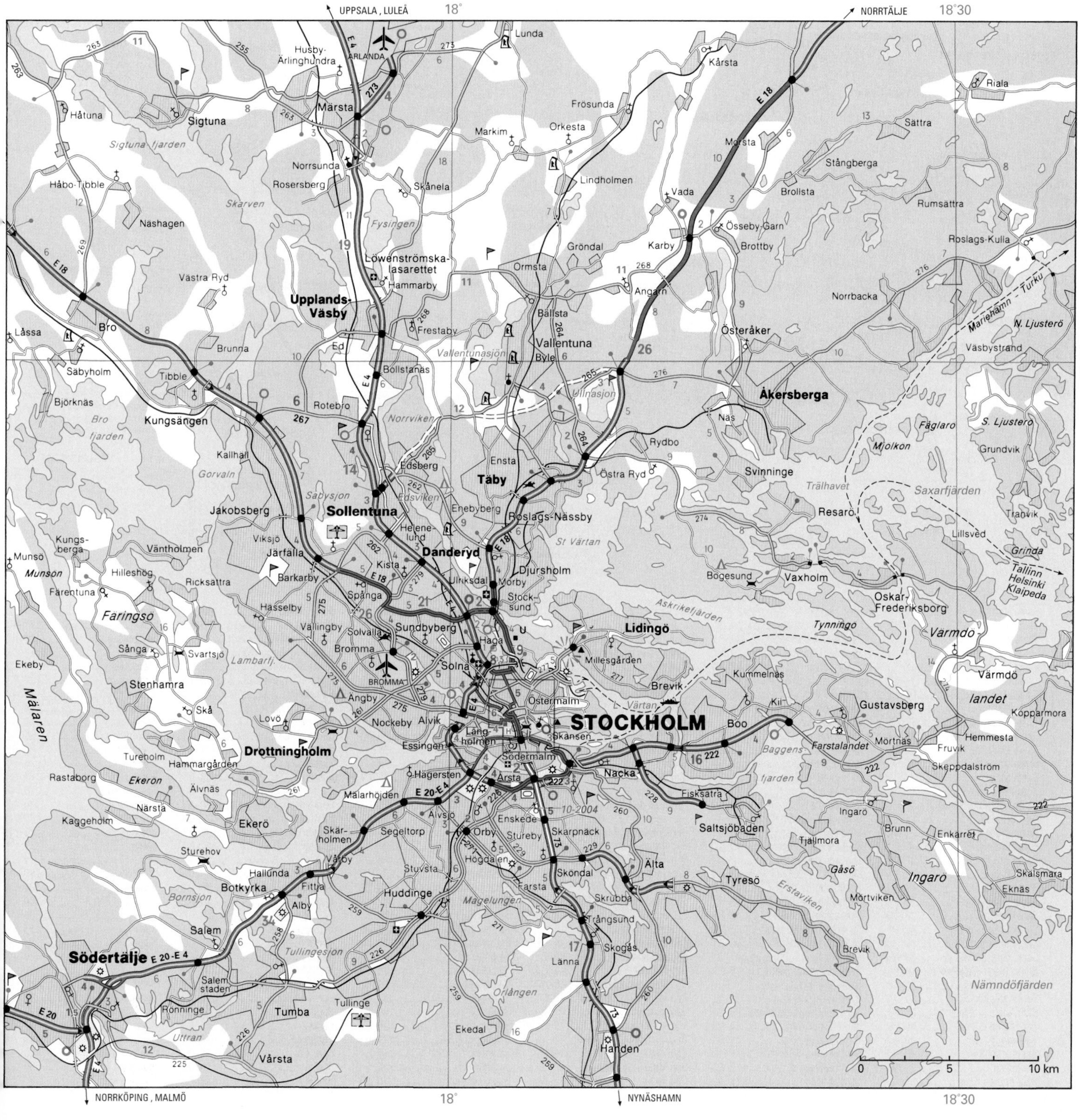

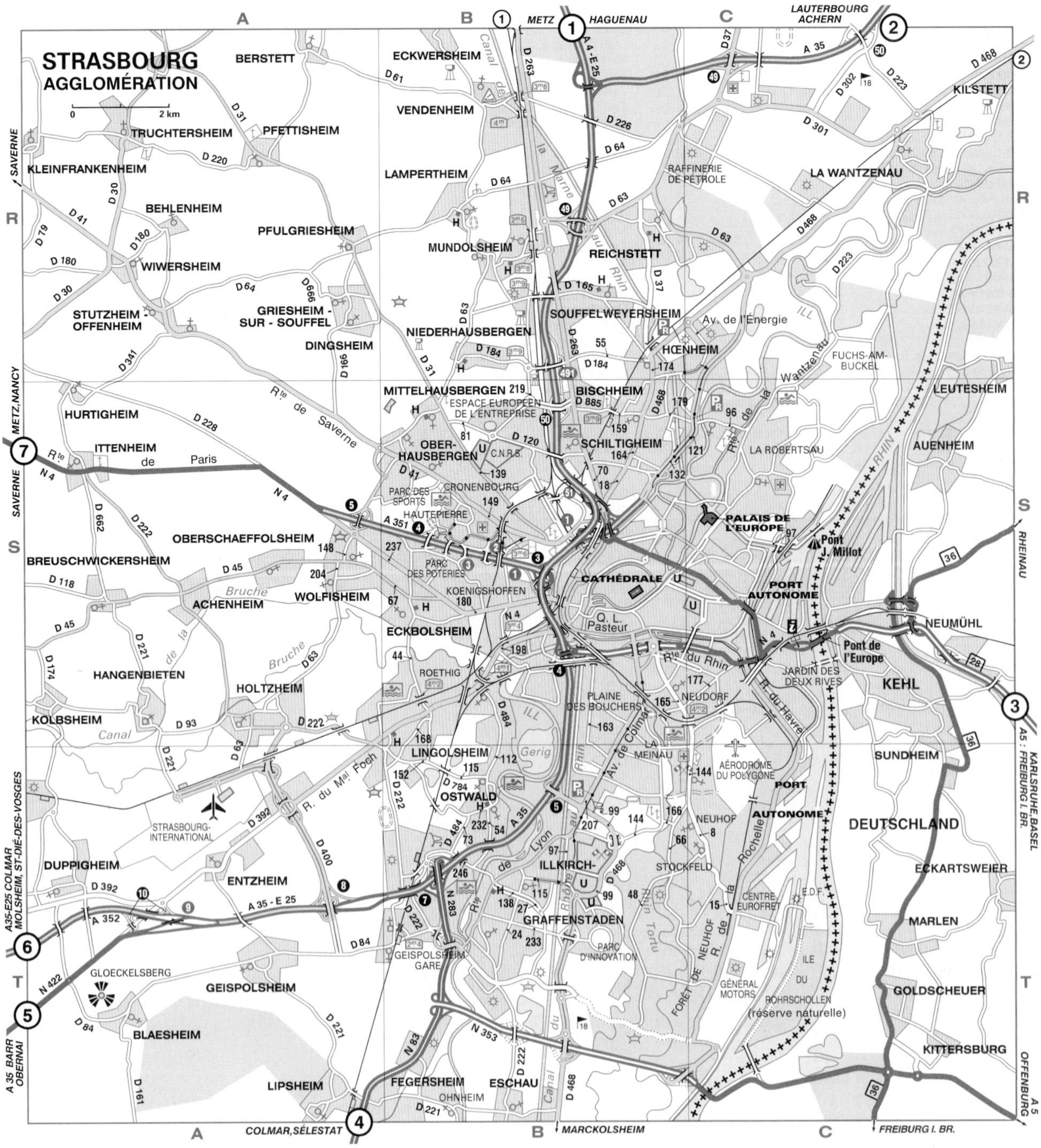

BISCHHEIM

Marais (R. du) . . . . CS
Périgueux (Av. de) . . . . BS
Robertsau (R. de la) . . . . BS
Triage (R. du). . . . . BS

ECKBOLSHEIM

Gaulle (Av. du Gén.-de) . . . . BS
Wasselonne (Rte de) . . . . BS

HŒNHEIM

Fontaine (R. de la). . . . . BR
République (R. de la) . . . . BR

ILLKIRCH-GRAFFENSTADEN

Bürkell (Rte) . . . . BT
Ceinture (R. de la). . . . . BT
Faisanderie (R. de la) . . . . BT
Industrie (R. de l') . . . . BT
Kastler (R. Alfred) . . . . BT
Lixenbühl (R.) . . . . BT
Messmer (Av.) . . . . BT
Neuhof (Rte de) . . . . BT
Strasbourg (Rte de) . . . . BT
Vignes (R. des) . . . . BT

LINGOLSHEIM

Eckbolsheim (R. d') . . . . BS
Ostwald (R. d') . . . . BT
Près (R. des) . . . . BS

OBERHAUSBERGEN

Mittelhausbergen (Rte de). . . . . BS
Oberhausbergen (Rte de) . . . . . BS

OSTWALD

23-Novembre (R. du) . . . . BT
Foch (R. du Maréchal) . . . . BT
Gelspolsheim (R. de) . . . . BT
Leclerc (R. du Gén.) . . . . BT
Vosges (R. des). . . . . BT

SCHILTIGHEIM

Bischwiller (Rte de) . . . . BS
Gaulle (Rte du Gén.-de) . . . . BS
Hausbergen (Rte de) . . . . BS
Mendès-France (Av. P.). . . . . BS
Pompiers (R. des). . . . . BS

STRASBOURG

Atenheim (Rte d') . . . . CT
Austerlitz (Pont d') . . . . BS
Bauerngrund (R. de). . . . . CT
Ganzau (R. de la). . . . . BT
Holtzheim (R. de) . . . . AS
Ill (R. de l') . . . . CS
Neuhof (Rte de) . . . . CT
Plaine des Bouchers (R. de la). . BS
Polygone (Rte du). . . . . BS
Pont (R. du). . . . . BT
Ribeauvillé (R. de). . . . . CS
Romains (Rte des) . . . . BS
Schirmeck (Rte de). . . . . BS

WOLFISHEIM

Oberhausbergen (R. d'). . . . . . . AS
Seigneurs (R. des) . . . . AS

Santa María del Páramo *E*..33 E4
Santa Maria della Versa *I*....75 D1
Santa María la Real
de Nieva *E*........................36 A4
Santa María La Real de Oseira
(Monasterio) *E*.................32 B3
Santa Maria Maggiore *I*......70 C3
Santa Marina
de Valdeón *E*....................33 F3
Santa Marina del Rey *E*.......33 E4
Santa Marinella *I*.................78 C1
Santa Marta *E*......................41 D4
Santa Marta
de Penaguião *P*...............34 C4
Santa Marta de Tormes *E*...35 F4
Santa Ninfa *I*........................84 B3
Santa Olalla *E*......................42 A2
Santa Olalla del Cala *E*........47 D1
Santa Pau *E*..........................39 D3
Santa Pola *E*.........................49 F1
Santa Ponça *E*......................45 D3
Santa Severa *I*......................79 D1
Santa Sofia *I*.........................76 B2
Santa Sofia d'Epiro *I*............83 E2
Santa Susanna *E*..................39 D4
Santa Teresa di Riva *I*..........83 D4
Santa Teresa Gallura *I*.........82 B1
Santaella *E*...........................47 F2
Sant'Agata de' Goti *I*...........80 A3
Sant'Agata di Militello *I*.......85 D2
Sant'Agata di Puglia *I*..........80 B2
Santana *P*.............................40 A4
Santana da Serra *P*.............46 A2
Santander *E*..........................36 B1
Sant'Andrea Frius *I*.............82 B3
Sant'Angelo
dei Lombardi *I*..................80 B3
Sant'Angelo in Vado *I*..........76 B3
Sant'Angelo Lodigiano *I*......75 E1
Sant'Antioco *I*.......................82 A4
Sant'Antonio di Gallura *I*....82 B1
Santanyí *E*............................45 E3
Sant'Apollinare in Classe *I*..76 B2
Santarcangelo
di Romagna *I*...................76 B2
Santarém *P*..........................40 B3
Santas Martas *E*...................33 E4
Santeramo in Colle *I*............81 D3
Santhià *I*...............................70 C4
Santiago de Alcántara *E*......41 D2
Santiago de Compostela *E*.32 A3
Santiago de la Espada *E*.....48 C1
Santiago de la Ribera *E*.......49 E2
Santiago do Cacém *P*..........46 A1
Santiago do Escoural *P*.......40 B4
Santibáñez de Béjar *E*.........41 F1
Santibáñez de la Peña *E*......33 F3
Santibáñez de la Sierra *E*....41 E1
Santibáñez de Vidriales *E*....33 D4
Santillana del Mar *E*............36 B1
Santiponce *E*........................47 D2
Santisteban del Puerto *E*.....48 B1
Santo Domingo
de la Calzada *E*................36 C2
Santo Domingo de Silos *E*..36 C3
Santo Estêvão *P*..................40 A3
Santo Estêvão *P*..................41 D1
Santo-Pietro-di-Tenda *F*.......78 A3
Santo Stefano d'Aveto *I*......75 E2
Santo Stefano di Cadore *I*...72 B2
Santo Stefano
di Camastra *I*....................84 C2
Santo Stefano Quisquina *I*..84 B3
Santo Stino di Livenza *I*......72 B3
Santo Tirso *P*.......................34 B3
Santo Tomé *E*......................48 B1
Santoña *E*............................36 C1
Sant'Onofrio *I*......................83 E3
Santu Lussurgiu *I*................82 B2
Santurtzi *E*...........................36 C1
Sanxenxo / Sangenjo *E*.......32 A4
Sanza *I*.................................80 C4
São Bartolomeu
de Messines *P*..................46 A2
São Brás de Alportel *P*........46 B2
São Cristóvão *P*..................40 B4
São Domingos *P*..................46 A1
São Gregório *P*....................32 B4
São Jacinto *P*.......................34 B4
São João da Madeira *P*.......34 B4
São João da Pesqueira *P*....34 C4
São João de Tarouca *P*.......34 C4
São João
dos Caldeireiros *P*............46 B1
São José da Lamarosa *P*....40 B3
São Leonardo *P*...................40 C4
São Manços *P*......................40 C4
São Marcos da Serra *P*.......46 A2
São Marcos do Campo *P*....40 C4
São Martinho
das Amoreiras *P*...............46 A1
São Martinho do Porto *P*....40 A2
São Matias *P*.......................46 B1
São Miguel de Machede *P*..40 C4
São Pedro da Torre *P*..........32 A4
São Pedro de Moel *P*...........40 A2
São Pedro do Sul *P*.............34 B4
São Romão *P*.......................40 C1
São Teotónio *P*....................46 A1
São Vicente da Beira *P*........40 C2
Saorge *F*..............................31 F2
Sapanca *TR*........................129 F3
Sapataria *P*..........................40 A3
Sápes *GR*.............................91 D2
Sapiéndza (Nissí) *GR*..........96 B3
Sappada *I*.............................68 A4
Sappee *FIN*.........................120 C3
Sapri *I*..................................80 C4
Säräisniemi *FIN*.................115 D1
Sarajärvi *FIN*......................109 E3
Sarajevo *BIH*......................135 F1
Sarakiní *GR*..........................87 F1
Sarakíniko *GR*......................94 A2
Saramon *F*...........................29 D3
Sarandáporo *GR*..................87 F3
Sarandë *AL*.........................128 C4
Saraváli *GR*..........................92 C4
Saray *TR*............................129 F3
Sarayköy *TR*.......................129 F4
Šarbanovac *SCG*................133 F4
Sárbogárd *H*.......................126 A4
Sarcelles *F*...........................21 E2
Sardara *I*..............................82 B3
Sardínia *GR*.........................92 B2
Sardoal *P*.............................40 B2
S'Arenal *E*............................45 E3
Šarengrad *HR*....................132 B3
Sarentino / Sarntal *I*............67 E4
Sargans *CH*..........................66 C4
Sari-d'Orcino *F*....................78 A3
Sariá (Nissí) *GR*..................103 D3
Sariñena *E*...........................38 A3
Särkisalmi *FIN*....................121 F2
Särkisalo / Finby *FIN*.........120 C4
Sarlat-la-Canéda *F*..............25 E4
Särna *S*..............................112 A4
Sarnano *I*.............................77 D4
Sarnen *CH*...........................66 B4
Sarnico *I*..............................71 E4
Sarno *I*................................80 A3
Sarny *UA*...........................127 D1
Särö *S*................................118 B4
Sarón *E*...............................36 B1
Sarone *I*..............................72 B3
Saronída *GR*........................98 A1
Saronno *I*............................71 D4
Sárospatak *H*.....................126 B3
Sarpsborg *N*.......................117 D2
Sarracín *E*...........................36 B2
Sarral *E*...............................38 B4
Sarralbe *F*...........................23 D2
Sarre-Union *F*.....................23 E2
Sarrebourg *F*.......................23 E2
Sarreguemines *F*.................23 E1
Sarria *E*...............................32 C3
Sarrión *E*.............................43 F2
Sarroch *I*.............................82 B4
Sars-Poteries *F*...................17 E3
Sarsina *I*..............................76 B2
Sarstedt *DE*.........................56 C3
Sarteano *I*............................76 B4
Sartène *F*.............................78 A4
Sárti *GR*...............................89 D3
Sartilly *F*..............................19 E2
Sarule *I*................................82 B2
Sárvár *H*..............................69 E2
Sarvsjö *S*...........................112 A3
Sarzana *I*.............................75 E2
Sarzeau *F*............................18 C4
Sarzedas *P*..........................40 C2
Sasa *MK*............................137 F3
Sassari *I*..............................82 A1
Sassello *I*.............................75 D2
Sassenage *F*........................27 D4
Sassenberg *DE*....................55 F4
Sassenheim *NL*...................54 B3
Sassetta *I*............................75 F4
Sasso *I*................................79 D1
Sasso Marconi *I*..................76 A2
Sassoferrato *I*......................76 C3
Sassoleone *I*........................76 A2
Sassuolo *I*...........................75 F2
Sástago *E*...........................37 F4
Sátão *P*...............................34 C4
Säter *S*..............................119 D1
Satillieu *F*............................26 C4
Satolas-et-Bonce *F*..............26 C3
Sátoraljaújhely *H*...............126 B3
Šatov *CZ*.............................65 D4
Satow *DE*............................51 D3
Sátres *GR*............................89 F1
Satrup *DE*............................50 B2
Sattel *CH*.............................66 B4
Sattledt *A*............................68 B1
Satu Mare *RO*....................126 C3
Sauca *E*..............................37 D4
Sauda *N*.............................116 B1
Sauðárkrókur *IS*.................106 B1
Sauerlach *DE*.......................67 E2
Saugues *F*...........................26 A4

Saujon F 24 B3
Sauland N 116 C2
Saulieu F 26 B1
Sault F 31 D2
Saulx F 23 D4
Saulxures-sur-Moselotte F 23 D3
Saumur F 24 C1
Saundersfoot GB 12 C1
Sauris I 68 A4
Sauve F 30 B2
Sauveterre-de-Béarn F 28 B3
Sauveterre-de-Guyenne F 28 C1
Sauveterre-de-Rouergue F 29 F2
Sauvo FIN 120 B4
Sauxillanges F 26 A3
Sauze d'Oulx I 27 E4
Sauzé-Vaussais F 24 C2
Sauzon F 18 C4
Sava I 81 E3
Savália GR 96 B1
Sävar S 113 E1
Savelli I 83 F2
Savenay F 19 D4
Saverdun F 29 E3
Saverne F 23 E2
Savigliano I 31 F1
Savignac-les-Églises F 25 D4
Savignano Irpino I 80 B2
Savignano sul Rubicone I 76 B2
Savigny-sur-Braye F 21 D4
Saviñán E 37 E4
Savines-le-Lac F 31 E1
Savino Selo SCG 132 B2
Savitaipale FIN 121 E2
Sävja S 119 E2
Šavnik SCG 136 B2
Savognin CH 66 C4
Savona I 75 D2
Savonlinna FIN 121 F2
Savonranta FIN 115 F4
Sävsjö S 123 E1
Savudrija HR 130 A3
Savukoski FIN 109 E1
Sawbridgeworth GB 14 C2
Sax E 49 E1
Saxmundham GB 15 D2
Saxnäs S 107 E4
Sayatón E 42 C2
Säynätsalo FIN 121 D2
Säyneinen FIN 115 E3
Scaër F 18 B3
Scafa I 79 F1
Scafati I 80 A3
Scalasaig GB 8 A2
Scalby GB 11 E1
Scalea I 80 C4
Scalloway GB 7 F3
Scandiano I 75 F1
Scanno I 79 F1
Scansano I 76 A4
Scanzano Ionico I 81 D3
Scarborough GB 11 E1
Scardovari I 76 B1
Scarinish GB 8 A1
Scarriff / An Scairbh IRL 4 C2
Šćedro (Otok) HR 135 E3
Ščekino RUS 125 F3
Šćepan SCG 136 A2
Scey-sur-Saône-et-St-Albin F 22 C4
Schachendorf A 69 E2
Schaffhausen CH 23 F4
Schafstädt DE 57 E4
Schagen NL 54 B2
Schaprode DE 51 E2
Scharbeutz DE 50 C3
Schärding A 68 A1
Scharnitz A 67 E3
Scheeßel DE 50 B4
Scheggia I 76 C3
Scheibbs A 68 C1
Scheifling A 68 C3
Scheinfeld DE 63 D3
Schenefeld DE 50 B3
Schenefeld DE 50 B3
Scherfede DE 56 B4
Schermbeck DE 55 D4
Scheßlitz DE 63 D3
Scheveningen NL 54 B4
Schieder DE 56 B4
Schierling DE 63 F4
Schiermonnikoog NL 55 D1
Schiers CH 66 C4
Schifferstadt DE 23 F1
Schildau DE 57 F4
Schilpario I 71 E3
Schiltach DE 23 F3
Schio I 72 A4
Schirmeck F 23 E2
Schirnding DE 63 E2
Schkeuditz DE 57 E4
Schkölen DE 63 E1
Schladming A 68 B2
Schlagbrügge DE 50 C3
Schlangenbad DE 62 A3
Schleching DE 67 F2
Schleiden DE 61 E2
Schleiz DE 63 E2
Schleswig DE 50 B2
Schleusingen DE 63 D2
Schlieben DE 57 F3
Schliersee DE 67 F2
Schlitz DE 62 B2
Schlotheim DE 63 D1
Schluchsee DE 23 F3
Schlüchtern DE 62 B2
Schlüsselfeld DE 63 D3
Schlutup DE 50 C3
Schmalkalden DE 62 C1
Schmallenberg DE 62 A1
Schmidmühlen DE 63 E4
Schmilka DE 64 A1
Schmölln DE 63 E1
Schmölln DE 52 A3
Schnackenburg DE 51 D4
Schnaittenbach DE 63 E3
Schneeberg DE 63 F1
Schneverdingen DE 50 B4
Schönau DE 23 F4
Schönberg DE 64 A4
Schönberg DE 50 C2
Schönberg DE 63 F2
Schönberg im Stubaital A 67 E3
Schönbrunn A 69 D1
Schönebeck DE 57 E3
Schöneck DE 63 E2
Schönecken DE 61 E3
Schönewalde DE 57 F3
Schongau DE 67 D2
Schöningen DE 57 D3
Schönmünzach DE 23 F2
Schönsee DE 63 F3
Schönthal DE 63 F3
Schönwald i. Schwarzwald DE 23 F3
Schönwalde DE 50 C2
Schoonhoven NL 54 B4
Schopfheim DE 23 F4
Schöppenstedt DE 57 D3
Schoppernau A 66 C3
Schorndorf DE 66 C1
Schortens DE 55 E1
Schotten DE 62 B2
Schramberg DE 23 F3
Schrems A 64 C4
Schrobenhausen DE 67 E1
Schröcken A 67 D3
Schrozberg DE 62 C4
Schruns A 66 C3
Schüttorf DE 55 E3
Schwaan DE 51 E3
Schwabach DE 63 D4
Schwäbisch-Gmünd DE 66 C1
Schwäbisch-Hall DE 62 C4
Schwabmünchen DE 67 D2
Schwaigern DE 62 B4
Schwalenberg DE 56 B4
Schwalmstadt-Treysa DE 62 B1
Schwalstadt-Ziegenhain DE 62 B1
Schwandorf DE 63 E4
Schwanebeck DE 57 D3
Schwanenstadt A 68 B1
Schwanewede DE 50 A4
Schwarmstedt DE 56 B2
Schwarza DE 63 D1
Schwarzach im Pongau A 68 A3
Schwarzenbach a. d. Saale DE 63 E2
Schwarzenbek DE 50 C3
Schwarzenberg DE 63 F1
Schwarzenburg CH 27 F1
Schwarzenfeld DE 63 E3
Schwarzheide DE 58 A4
Schwarzsee CH 27 F1
Schwaz A 67 E3
Schwechat A 69 E1
Schwedt DE 52 A4
Schweich DE 61 F3
Schweinfurt DE 62 C3
Schweinitz DE 57 F3
Schwelm DE 61 F1
Schwendi DE 66 C2
Schwenningen (Villingen-) DE 23 F3
Schwerin DE 51 D3
Schwerte DE 61 F1
Schwetzingen DE 23 F1
Schwyz CH 66 B4
Sciacca I 84 B3
Scicli I 85 D4
Scilla I 83 D4
Scole GB 15 D2
Sconser GB 6 B4
Scopello I 70 C4
Scordia I 85 D3
Ščors UA 127 E1
Scorzé I 72 B4
Scourie GB 6 C2
Scrabster GB 7 D2
Ščučyn BY 124 C4
Scunthorpe GB 11 E2
Scuol / Schuls CH 67 D4
Seaford GB 14 C4
Seaham GB 9 F4
Seaton GB 13 D3
Seaton Delaval GB 9 F4
Sebecevo SCG 136 C2
Sebeş RO 126 C4
Sebež RUS 125 D3
Sebnitz DE 64 A1
Sečanj SCG 133 D2
Seckau A 68 C2
Seclin F 17 D2
Secondigny F 24 C2
Sedan F 17 F4
Sedano E 36 B2
Sedbergh GB 10 C1
Séderon F 31 D2
Sedgefield GB 11 D1
Sedico I 72 B3
Sedilo I 82 B2
Sedini I 82 B1
Sedlare SCG 137 D2
Sedlčany CZ 64 B3
Sedlec-Prčice CZ 64 B3
Seebenau DE 51 D4
Seeboden A 68 B3
Seebruck DE 67 F2
Seefeld in Tirol A 67 E3
Seehaus A 68 B2
Seehausen DE 51 D4
Seeheim-Jugenheim DE 62 B3
Seelisberg CH 66 B4
Seelow DE 58 A2
Sées F 20 C2
Seesen DE 56 C4
Seevetal DE 50 C4
Seewalchen A 68 A2
Seewiesen A 68 C2
Sefkerin SCG 132 C3
Segesta I 84 A3
Segni I 79 E2
Segonzac F 24 C3
Segorbe E 43 F3
Segovia E 36 B4
Segré F 19 F4

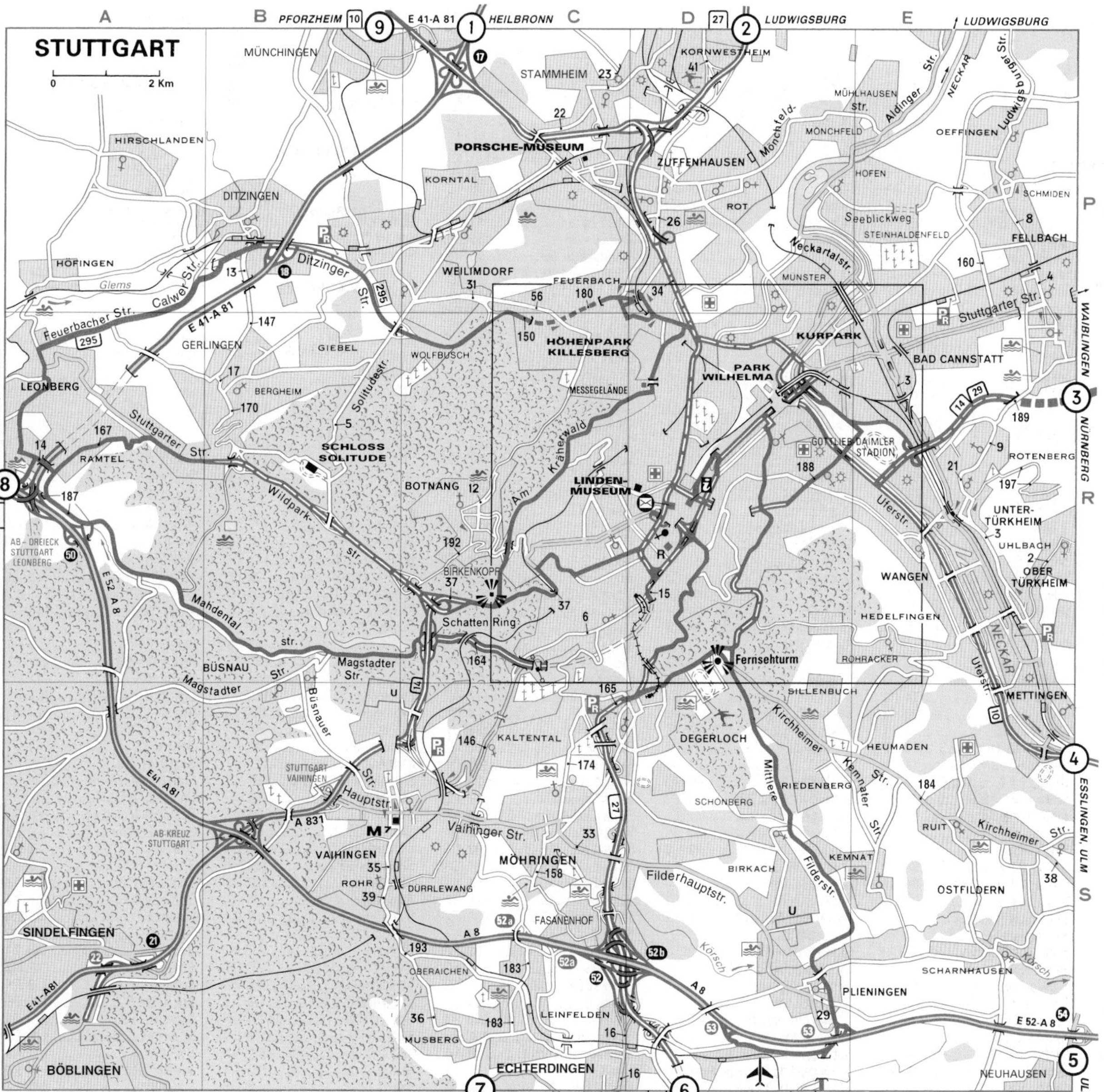

Asangstr. ER 2
Augsburger Str. ER 3
Bahnhofstr. EP 4
Bergheimer Steige BR 5
Böblinger Str. CS 146
Ditzinger Str. (GERLINGEN) BR 147
Fellbacher Str. (FELLBACH) EP 8
Fellbacher Str. (UNTERTÜRKHEIM) ER 9
Föhrichstr. CR 150
Gerlinger Str. BP 13
Glemseckstr. AR 14
Hauptstätter Str. DR 30
Hauptstr. (ECHTERDINGEN) CS 16
Hauptstr. (GERLINGEN) BR 17
Hechinger Str. CS 158
Heilbronner Str. DP 34
Höhenstr. EP 160
Kappelbergstr. ER 21
Korntaler Str. CP 22
Kornwestheimer Str. CP 23
Leonberger Str. CR 164
Löffelstr. CS 165
Ludwigsburger Str. (ZUFFENHAUSEN) DP 26
Neue Ramtelstr. AR 167
Neuhäuser Str. DS 29
Panoramastr. BR 170
Pforzheimer Str. CP 31
Plieninger Str. CS 33
Rembrandtstr. CS 174
Robert-Koch-Str. BS 35
Rohrer Str. CS 36
Rotenwaldstr. CR 37
Scharnhauser Str. ES 38
Schönbuchstr. BS 39
Steiermärker Str. CP 180
Stuttgarter Str. (KORNWESTHEIM) DP 41
Stuttgarter Str. (LEINFELDEN) CS 183
Stuttgarter Str. (RUIT) ES 184
Südrandstr. AR 187
Talstr. DR 188
Untertürkheimer Str. ER 189
Vaihinger Landstr. CR 192
Vaihinger Str. (LEINFELDEN) CS 193
Weilimdorfer Str. CP 56
Württembergstr. ER 197

Segura P 41 D2
Segura de la Sierra E 48 C1
Segura de Léon E 47 D1
Segura de los Baños E 43 F1
Sehnde DE 56 C3
Seia P 40 C1
Seiches-sur-le-Loir F 19 F4
Seierstad N 106 C4
Seifhennersdorf DE 64 B1
Seignelay F 22 A4
Seilhac F 25 E4
Seinäjoki FIN 114 B3
Seissan F 29 D3
Seitenstetten Markt A 68 C1
Seixal P 40 A4
Sékoulas GR 96 C1
Selargius I 82 B4
Selassía GR 97 D2
Selb DE 63 E2
Selbekken N 111 D2
Selbu N 111 E2
Selby GB 11 E2
Selce HR 130 B4
Selçuk TR 129 F4
Sélero GR 89 F1
Sélestat F 23 E3
Selevac SCG 133 D3
Selfoss IS 106 A2
Selí GR 100 C3
Séli GR 87 F2
Selía GR 100 C4
Selianítika GR 93 D4
Seligenstadt DE 62 B3
Selínia GR 94 A4
Selinunte I 84 B3
Selje N 110 B3
Seljord N 116 C2
Selkirk GB 9 D3
Sella Nevea I 68 B4
Selles-sur-Cher F 25 E1
Sellières F 27 D1
Sellin DE 51 F2
Selm DE 55 E4
Selmsdorf DE 50 C3
Selna HR 132 A3
Selommes F 21 D4
Selongey F 22 C4
Seløy N 107 D3
Selsey GB 14 B4
Selters DE 62 B2
Seltz F 23 F2
Selva I 81 E2
Selva di Val Gardena /
Wölkenstein in Gröden I 67 F4
Selvino I 71 E4
Semeljci HR 132 A2
Semič SLO 130 C3
Semily CZ 64 C1
Seminara I 83 E4
Semizovac BIH 135 F1
Semmering Kurort A 69 D2
Semproniano I 76 B4
Semur-en-Auxois F 22 B4
Semur-en-Brionnais F 26 B2
Sena E 38 A4
Sénas F 30 C2
Senden DE 66 C1
Sendim P 35 E3
Senez F 31 E2
Senftenberg DE 58 A4
Senigallia I 76 C3
Senise I 81 D4
Senj HR 130 C4
Senje SCG 133 E4
Senlis F 16 C4
Sennecey-le-Grand F 26 C2
Sennen GB 12 A4
Sennestadt DE 55 F4
Sennori I 82 A1
Sennybridge GB 13 D1
Senonches F 21 D2
Senones F 23 D3
Senorbì I 82 B3
Senožeče SLO 130 B3
Sens F 21 F3
Senta SCG 132 C1
Šentilj SLO 130 C1
Šentjernej SLO 130 C2
Šentjur SLO 130 C2
Sépeaux F 21 F3
Šepetivka UA 127 D2
Sepino I 80 A2
Sepúlveda E 36 B4
Sequeros E 41 E1
Seraing B 17 F2
Seravezza I 75 F3
Seregno I 71 D4
Séres GR 88 C1
Serfaus A 67 D3
Serfopoúla (Nissí) GR 98 B2
Sergijev Posad RUS 125 F2
Seriate I 71 E4
Šeriči BIH 132 A4
Sérifos GR 98 B2
Sérifos (Nissí) GR 98 B2
Sermaize-les-Bains F 22 B2
Sermide I 76 A1
Sermoneta I 79 E2
Sernancelhe P 34 C4
Serón E 48 C3
Serón de Nágima E 37 D4
Serós E 38 A4
Serpa P 46 B1
Serpuchov RUS 125 F3
Serra E 44 A3
Serra de Outes E 32 A3
Serra San Bruno I 83 E3
Serracapriola I 80 B1
Serrada E 36 A4
Serradifalco I 84 C3
Serradilla E 41 E2
Serramanna I 82 B4
Serravalle Scrivia I 75 D1
Serres F 31 D1
Serrières F 26 C4
Sersale I 83 F2
Sertã P 40 C2
Sérvia GR 87 F3
Servian F 30 A3
Servigliano I 77 D4
Sesa E 38 A3
Seseña E 42 B2
Sesimbra P 40 A4
Sesklío (Nissí) GR 103 E1
Sesma E 37 D2
Sessa Aurunca I 79 F2
Sesta Godano I 75 E2
Šestanovac HR 135 E2
Sestino I 76 B3
Sesto / Sexten I 67 F4
Sesto Calende I 71 D4
Sesto Fiorentino I 76 A3
Sesto San Giovanni I 71 D4
Sestola I 75 F2
Sestri Levante I 75 E2
Sestriere I 27 E4
Sestrunj HR 134 B1
Sestrunj (Otok) HR 134 B1
Sestu I 82 B4
Sesvete HR 131 D2
Séta GR 94 B3
Setcases E 39 D2
Sète F 30 B3
Setenil de las Bodegas E 47 E3
Setermoen / Bardu N 104 B3
Setrachos CY 138 B3
Settebagni I 79 D1
Settimo Torinese I 74 C1
Settle GB 10 C2
Setúbal P 40 A4
Seui I 82 B3
Seulo I 82 B3
Seurre F 26 C1
Sevastianá GR 87 F2
Sevenoaks GB 14 C3
Sever do Vouga P 34 B4
Sévérac-le-Château F 30 A1
Seveso I 71 D4
Sevettijärvi FIN 105 F2
Sevilla E 47 D2
Sevilleja de la Jara E 42 A3
Sevlievo BG 129 D2
Sevnica SLO 130 C2
Sevojno SCG 136 B1
Sévrier F 27 D3
Sevsk RUS 125 F4
Seyches F 29 D1
Seyda DE 57 F3
Seyðisfjörður IS 106 C1
Seyne F 31 E1
Seyssel F 27 D3
Sežana SLO 130 A3
Sézanne F 22 A2
Sezimovo Ústí CZ 64 B3
Sezze I 79 E2
Sfáka GR 101 F4
Sfakiá GR 100 B4
Sfaktiría (Nissí) GR 96 B3
Sferracavallo I 84 B2
Sfîntu Gheorghe RO 127 D4
Sforzacosta I 77 D3
Shaftesbury GB 13 E3
Shanklin GB 13 F3
Shap GB 10 C1
Sheerness GB 15 D3
Sheffield GB 11 D3
Shefford GB 14 B2
Shëngjin AL 128 B3
Shepshed GB 11 D4
Shepton Mallet GB 13 E2
Sherborne GB 13 E3
Shercock IRL 3 D3
Sheringham GB 15 D1
Shiel Bridge GB 6 C4
Shieldaig GB 6 B4
Shijak AL 128 B3
Shinás GR 88 A2
Shiniás GR 94 B4
Shínos GR 92 C3
Shinoússa (Nissí) GR 99 D3
Shipston-on-Stour GB 13 F1
Shizá (Nissí) GR 96 B3
Shkodër AL 128 B3
Sholári GR 88 B2
Shoreham GB 14 B4
Shrewsbury GB 10 C4
Shrewton GB 13 F2
Siátista GR 87 E3
Šiauliai LT 124 B3
Sibari I 81 D4
Sibbhult S 123 E2
Šibenik HR 134 C2
Sibinj HR 131 F3
Sibiu RO 126 C4
Sićevo SCG 137 E1
Sicignano degli Alburni I 80 B3
Sick DE 50 B4
Šićuraj HR 135 E2
Šid SCG 132 B3
Sidári GR 86 B4
Sideby FIN 114 B2
Sidensjö S 112 C2
Siderno I 83 E4
Sidiró GR 91 E1
Sidirókastro GR 88 C1
Sidirónero GR 90 A1
Sidmouth GB 13 D3
Siebenlehn DE 63 F1
Siedlce PL 126 B1
Siegburg DE 61 F2
Siegen DE 62 A1
Siegsdorf DE 67 F2
Siena I 76 A3
Sieppijärvi FIN 108 C2
Sieradz PL 126 A2
Sierck-les-Bains F 23 D1
Sierentz F 23 E4
Sierninghofen A 68 B1
Sierpc PL 126 A1
Sierra de Fuentes E 41 E3
Sierra de Yeguas E 47 F3
Sierra Nevada E 48 B3
Sierre CH 27 F2
Sievi FIN 114 C2
Sievin as FIN 114 C2
Sífnos (Nissí) GR 98 B3
Sigean F 30 A4
Sigerfjord N 104 A4
Siggjarvåg N 116 A1
Sighetu Marmaţiei RO 126 C3
Sighişoara RO 126 C4
Siglufjörður IS 106 B1
Sigmaringen DE 66 B2
Signy-l'Abbaye F 17 E4
Sigri GR 95 E1
Sigtuna S 119 E2
Sigüenza E 36 C4
Sigulda LV 124 B2
Siikainen FIN 120 B2
Siikajoki FIN 114 C1
Siilinjärvi FIN 115 E3
Sijarinska Banja SCG 137 E2
Sikaminiá GR 95 F1
Sikås S 112 B2
Sikí GR 93 F1
Sikiá GR 97 E3
Sikiá GR 89 D3
Síkinos GR 98 C3
Síkinos (Nissí) GR 98 C3
Sikióna GR 93 E4
Sikoráhi GR 91 D2
Sikoúrio GR 88 A4
Sikovuono FIN 105 E3
Silandro / Schlanders I 67 D4
Silba HR 134 B1
Silba (Otok) HR 134 B1
Silbaš SCG 132 B2
Şile TR 129 F3
Siles E 48 C1
Siliqua I 82 B4
Silistra BG 129 E1
Silivri TR 129 F3
Siljan N 117 D2
Siljansnäs S 119 D1
Silkeborg DK 122 B2
Silla E 43 F3
Sillé-le-Guillaume F 19 F3
Silleda E 32 B3
Sillian A 67 F4
Silloth GB 9 D4
Šilo HR 130 B4
Sils E 39 D3
Sils Maria / Segl Maria CH 66 C4
Siltakylä FIN 121 E3
Šilutė LT 124 A3
Silvalen N 107 D3
Silvaplana CH 66 C4
Silvares P 40 C1
Silves P 46 A2
Silvi Marina I 77 E4
Silz A 67 E3
Simancas E 36 A3
Símandra GR 88 B3
Šimanovci SCG 132 C3
Simav TR 129 F4
Simaxis I 82 B3
Simbach DE 67 F1
Simbach a. Inn DE 68 A1
Sími GR 103 E1
Sími (Nissí) GR 103 E1
Simići BIH 131 E3
Simlångsdalen S 123 D2
Simmerath DE 61 E2
Simmern (Hunsrück) DE 61 F3
Simo FIN 109 D3
Simola FIN 121 E3
Simonsbath GB 13 D2
Simonswald DE 23 F3
Simópoulo GR 96 B1
Simrishamn S 123 E3
Sinaia RO 129 D1
Sinalunga I 76 B4
Sinarádes GR 86 B4
Sinarcas E 43 E3
Sindelfingen DE 66 B1
Sındırgı TR 129 F4
Síndos GR 88 B2
Sines P 46 A1
Sinettä FIN 109 D2
Sineu E 45 E3
Singen (Hohentwiel) DE 66 B2
Siniscola I 78 A4
Sinj HR 135 D2
Sînnicolau Mare RO 128 B1
Sinopoli I 83 E4
Sinsheim DE 62 B4
Sint-Niklaas B 17 E1
Sint-Oedenrode NL 17 F1
Sint-Truiden B 17 F2
Sintra P 40 A3
Sinzig DE 61 F2
Siófok H 126 A4
Sion CH 27 F2
Šipan (Otok) HR 135 F3
Šipanska Luka HR 135 F3
Sipoo / Sibbo FIN 121 D4
Šipovo BIH 135 E1
Sippola FIN 121 E3
Siprage BIH 131 F4
Sira N 116 B2
Siracusa I 85 E4
Siret RO 127 D3
Sirevåg N 116 A3
Sirig SCG 132 B2
Širitovci HR 135 D1
Sirkka FIN 109 D1
Sirma N 105 E2
Sirmione I 71 F4
Sírna (Nissí) GR 99 F4
Široki Brijeg BIH 135 F2
Široko Polje HR 132 A3
Sirolo I 77 D3
Síros (Nissí) GR 98 C2
Siruela E 41 F4
Sisak HR 131 D3
Šišan HR 130 B4
Sisante E 43 D3
Šišljavić HR 131 D3
Sissa I 75 F1
Sissach CH 23 F4
Sísses GR 101 D3
Sissonne F 17 E4
Sisteron F 31 D2
Sistiana I 72 C3
Sistranda N 111 D1
Sitges E 38 C4
Sithonía GR 88 C3
Sitía GR 101 F4
Sittard NL 61 D1
Sittensen DE 50 B4
Sittingbourne GB 15 D3
Siuntio / Sjundeå FIN 120 C4
Siuro FIN 120 C2
Siurua FIN 109 E3
Siusi / Seis I 67 E4
Sivac SCG 132 B2
Sivaslı TR 129 F4
Síviri GR 88 C3
Sívota GR 92 A1
Sívros GR 92 A3
Six-Fours-les-Plages F 31 D3
Siziano I 71 D4
Sizun F 18 B2
Sjenica SCG 136 C2
Sjeničak Lasinjski HR 131 D3
Sjøåsen N 111 E1
Sjöbo S 123 E3
Sjøholt N 110 B2
Sjötorp S 118 C3
Sjoutnäset S 107 E4
Sjøvegan / Salangen N 104 B3
Sjulsmark S 113 E1
Sjusjøen N 111 D4
Skåbu N 111 D4
Skadovs'k UA 127 F4
Skælskør DK 122 C3
Skærbæk DK 122 A3
Skafidiá GR 96 B1
Skaftafell IS 106 B2
Skagaströnd IS 106 A1
Skage N 107 D4
Skagen DK 122 C1
Skaill GB 7 E2
Skála (Dodekánissa) GR 99 F2
Skála (Fthiótida) GR 93 F3
Skála (Kefaloniá) GR 92 B4
Skála (Lakonía) GR 97 D3
Skála (Lésvos) GR 95 F2
Skála Eressoú GR 95 E2
Skála Kalirháis GR 89 E2
Skála Oropoú GR 94 A4
Skála Potamiás GR 89 E2
Skála Rahoníou GR 89 E2
Skála Volissoú GR 95 E3
Skaland / Berg N 104 A3
Skalavik (Færøerne) DK 106 A4
Skålevik N 116 B3
Skalohóri GR 87 E3
Skalohóri GR 95 F1
Skalotí GR 90 A1
Skamnéli GR 87 D4
Skandáli GR 89 F4
Skanderborg DK 122 B2
Skandzoúra (Nissí) GR 94 B2
Skånevik N 116 A1
Skåningsbukt N 104 C2
Skänninge S 119 D3
Skanör-Falsterbo S 122 D3
Skara S 118 C3
Skaramangás GR 94 A4
Skarberget N 104 A4
Škarda (Otok) HR 134 B1
Skåre S 118 C2
Skárfia GR 93 E2
Skärhamn S 118 A4
Skarnes N 117 E1
Skarplinge S 119 E1
Skarsvåg N 105 E1
Skärvången S 112 A1
Skarżysko-Kamienna PL 126 A2
Skattungbyn S 112 B4
Skatval N 111 E1
Skaulo S 108 B1
Skaun N 111 D2
Skee S 118 A3
Skegness GB 11 F3
Skei N 110 B3
Skei
(Sogn og Fjordane) N 111 D2
Skela SCG 132 C3
Skellefteå S 108 B4
Skelleftehamn S 108 B4
Skelmersdale GB 10 C2
Skender Vakuf /
Kneževo BIH 131 F4
Skepastó GR 88 C2
Skerries / Na Sceirí IRL 3 E4
Ski N 117 D2
Skíathos GR 94 A2
Skíathos (Nissí) GR 94 A1
Skibbereen /
An Sciobairín IRL 4 B4
Skibby DK 122 C3
Skibotn N 104 C3
Skídra GR 87 F2
Skien N 116 C2
Skierniewice PL 126 A1
Skillingaryd S 118 C4
Skiniás GR 101 D4
Skinnarbu N 116 C1
Skinnskatteberg S 119 D2
Skipagurra N 105 F2
Skipton GB 11 D2
Skíros GR 94 C2
Skíros (Nissí) GR 94 C2
Skíti GR 88 B4
Skive DK 122 B2
Skivjane SCG 136 C3
Skjeberg N 117 D2
Skjelvik N 107 E2
Skjern DK 122 A2
Skjersholmane N 116 A1
Skjerstad N 107 E2
Skjervøy N 104 C2
Skjønhaug N 117 D2
Sklavopoúla GR 100 A3
Sklíthro GR 88 B4
Škloŭ BY 125 D4
Skočivir MK 137 E4
Skodje N 110 B2
Škofja Loka SLO 130 B2
Škofljica SLO 130 B2
Skog S 112 C2
Skog S 112 C4
Skogar IS 106 B2
Skoghall S 118 C2
Skogstorp S 119 D2
Skokloster S 119 E2
Skollenborg N 117 D2
Skópelos GR 95 F2
Skópelos GR 94 A2
Skópelos (Nissí) GR 94 A1
Skopiá GR 93 E2
Skopje MK 137 E3
Skopós GR 87 E1
Skopun (Færøerne) DK 106 A3
Skorenovac SCG 133 D3
Skorovatn N 107 D4
Skorped S 112 C2
Skotína GR 88 A4
Skotterud N 117 E1
Skoulikariá GR 92 C1
Skoúra GR 97 D3
Skoúrta GR 94 A4
Skoutári GR 88 C1
Skoutári GR 97 D3
Skoutáros GR 95 F1
Skövde S 118 C3
Skrá GR 88 A1
Skrad HR 130 C3
Skradin HR 134 C2
Skreia N 117 D1
Skrolsvik N 104 A3
Skrydstrup DK 122 B3
Skudeneshavn N 116 A2
Skull / Schull IRL 4 B4
Skultuna S 119 D2
Skuodas LT 124 A3
Skurup S 123 D3
Skuteč CZ 65 D2
Skutskär S 119 E1
Skutvik N 107 E1
Skvyra UA 127 E2
Skylloura CY 138 C2
Slagelse DK 122 C3
Slagnäs S 108 A3
Slakovac SCG 133 E3
Slănčev Brjag BG 129 F2
Slancy RUS 125 C1
Slane IRL 3 D4
Slangerup DK 123 D3
Slano HR 135 F3
Slaný CZ 64 A2
Šlapanice CZ 65 E3
Slapy CZ 64 B2
Slatina HR 131 F2
Slatina BIH 131 F4
Slatina RO 129 D1
Slatina (Bor) SCG 133 F4
Slatina (Čačak) SCG 133 D4
Slatine HR 135 D2
Slatinski Drenovac HR 131 F2
Slaŭharad BY 121 E4
Slav. Šamac HR 132 A3
Slavičín CZ 65 F3
Slavinja SCG 137 F1
Slavkov u Brna CZ 65 E3
Slavkovica SCG 132 C4
Slavonice CZ 64 C3
Slavonski Brod HR 131 F3
Slavonski Kobaš HR 131 F3
Slavuta UA 127 D2
Sławno PL 52 C1
Sleaford GB 11 E3
Sliedrecht NL 54 B4
Sliema M 85 F4
Sligachan (Loch) GB 6 B4
Sligo / Sligeach IRL 2 B2
Slišane SCG 137 E2
Slite S 119 F4
Sliven BG 129 E2
Šljivovica SCG 136 B1
Slobozia RO 129 E1
Slonim BY 124 C4
Sloten NL 54 C2
Slough GB 14 B3
Sloup CZ 65 E3
Slovac SCG 132 C4
Slovenj Gradec SLO 130 C1
Slovenska Bistrica SLO 130 C1
Slovenske Konjice SLO 130 C2
Slovinci HR 131 E3
Sluck BY 125 D4
Sluderno / Schluderns I 67 D4
Sluis NL 15 F3
Šluknov CZ 64 B1
Slunj HR 131 D3
Słupsk PL 52 C1
Smålands-stenar S 123 D1
Smaljavičy BY 125 D4
Smarhon' BY 124 C4
Šmarje SLO 130 A3
Šmarjeske Toplice SLO 130 C2
Šmartno SLO 130 B2
Smed. Palanka SCG 133 D3
Smedby S 123 F2
Smědeč CZ 64 B4
Smederevo SCG 133 D3
Smedjebacken S 119 D1
Smigáda GR 91 D1
Smila UA 127 F2
Smilčić HR 134 C1
Smilde NL 55 D2
Smiltene LV 124 C2
Smojmirovo MK 137 F3
Smokovljani HR 135 F3
Smolensk RUS 125 E3
Smoljan BG 129 D3
Smørhamn N 110 A3
Smygehamn S 123 D3
Snaith GB 11 E2
Snåsa N 111 F1
Sneek NL 54 C2
Sneem IRL 4 A3
Snihurivka UA 127 F3
Snillfjord N 111 D2
Šnjegotina Velika BIH 131 F4
Soave I 72 A4
Soběslav CZ 64 B3
Sobotka CZ 64 C1
Sobra HR 135 F3
Sobrado dos Monxes E 32 B3
Sobral da Adiça P 46 C1
Sobral de Monte Agraço P 40 A3
Sobreira Formosa P 40 C2
Søby DK 122 B4
Sočanica SCG 137 D2
Soccia F 78 A3
Sochaczew PL 126 A1
Sochaux F 23 D4
Socka SLO 130 A2
Socovos E 49 D1
Socuéllamos E 42 C3
Sodankylä FIN 109 D1
Söderåkra S 123 F2
Söderbärke S 119 D1
Söderfors S 119 E1
Söderhamn S 112 C4
Söderköping S 119 D3
Södertälje S 119 E2

Sodražica SLO 130 B3
Sodupe E 36 C1
Soest DE 55 F4
Soest NL 54 C3
Soestdijk NL 54 C3
Sofádes GR 93 D1
Sofia BG 129 D2
Sofiero S 123 D2
Sofikó GR 97 E1
Sofó GR 93 E1
Sögel DE 55 E2
Sogliano al Rubicone I 76 B2
Soglio CH 71 E3
Søgne N 116 B3
Soham GB 14 C2
Sohós GR 88 C2
Soignies B 17 E2
Soini FIN 114 C3
Soinlahti FIN 115 D2
Soissons F 17 D4
Söke TR 129 E4
Sokna N 117 D1
Sokobanja SCG 133 F4
Sokolac BIH 136 A1
Sokolov CZ 63 F2
Sokołów Podlaski PL 126 B1
Sola N 116 A2
Solana de los Barros E 41 D4
Solana del Pino E 48 A1
Solares E 36 B1
Solberg S 112 C1
Solčava SLO 130 B2
Sol'cy RUS 125 D1
Solda / Sulden I 67 D4
Sölden A 67 E3
Solenzara F 78 B4
Solesmes F 17 D3
Solesmes F 19 F4
Solevågen N 110 B2
Solf FIN 114 B3
Solferino I 71 F4
Solholmen N 110 C2
Solignac F 25 E3
Solignac-sur-Loire F 26 B4
Solihull GB 11 D4
Solin HR 135 D2
Soline HR 134 B1
Solingen DE 61 F1
Söll A 67 F2
Sollana E 44 A3
Sollefteå S 112 C2
Sollenau A 69 D1
Sollentuna S 119 E2
Sóller E 45 E3
Sollerön S 118 C1
Søllested DK 122 C4
Solliès-Pont F 31 E3
Solnečnogorsk RUS 125 F2
Solofra I 80 B3
Soloi CY 138 B3
Solosancho E 42 A1
Solothurn CH 27 F1
Solre-le-Château F 17 E3
Solrød DK 123 D3
Solsona E 38 C3
Šolta (Otok) HR 135 D2
Soltau DE 50 B4
Sölvesborg S 123 E3
Solvorn N 110 B4
Soma TR 129 F4
Sombernon F 26 C1
Sombor SCG 132 B2
Someren NL 17 F1
Somero FIN 120 C3
Sommarøy N 104 B2
Sommatino I 84 C3
Sömmerda DE 63 D1
Sommesous F 22 A2
Sommières F 30 B2
Somolinos E 36 C4
Son Servera E 45 E3
Soncillo E 36 B1
Soncino I 71 E4
Søndeled N 117 C3
Sønder Felding DK 122 A2
Sønderborg DK 122 B4
Sønderby DK 122 B4
Sondershausen DE 57 D4
Søndersø DK 122 B3
Sondrio I 71 E3
Songeons F 16 B4
Sonkajärvi FIN 115 E2
Sonneberg DE 63 D2
Sonnewalde DE 58 A3
Sonogno CH 71 D3
Sonsbeck DE 55 D4
Sonseca E 42 B3
Sonta SCG 132 B2
Sonthofen DE 67 D3
Sontra DE 62 C1
Sopeira E 38 B3
Sopilja BIH 135 F2
Sopište MK 137 E3
Sopot SCG 133 D3
Sopot PL 124 A4
Sopotnica MK 137 E4
Sopron H 69 E1
Sør-Flatanger N 106 C4
Sora I 79 F2
Soragna I 75 E1
Söråker S 112 C3
Sørarnøy N 107 E2
Sorbas E 49 D3
Sore F 28 B1
Soresina I 71 E4
Sörfors S 113 D1
Sorga DE 62 C1
Sorgono I 82 B3
Sorgues F 30 C2
Sørgutvik N 107 D4
Soria E 37 D3
Soriano nel Cimino I 79 D1
Sørkjosen N 104 C2
Sorø DK 122 C3
Soroca MD 127 D3
Soroní GR 103 F2
Sørreisa N 104 B3
Sorrento I 80 A3
Sørrollnes N 104 A3
Sorsakoski FIN 115 E4
Sorsele S 107 F4
Sorso I 82 A1
Sort E 38 B2
Sortino I 85 E4
Sortland N 104 A3
Sorunda S 119 E3
Sørvær N 104 C1
Sørværøy N 107 D1
Sørvágen N 107 D1
Sørvagur (Færøerne) DK 106 A3
Sörvattnet S 112 D4
Sørvik N 104 A3
Sos del Rey Católico E 28 B4
Soses E 38 A4
Sosnovyj Bor RUS 124 C1
Sosnowiec PL 126 A2
Sospel F 31 F2
Šoštanj SLO 130 C2
Sóstis GR 89 F1
Šostka UA 127 F1
Sota Seter N 110 C3
Sotillo de la Adrada E 42 A1
Sotin HR 132 B2
Sotira GR 87 F2
Sotira CY 139 E3
Sotkamo FIN 115 E2
Soto de los Infantes E 33 D2
Soto de Luiña E 33 D2
Soto de Sajambre E 33 F3
Soto del Barco E 33 E2
Sotogrande E 47 E4
Sotopalacios E 36 B2
Sotrondio E 33 E3
Sottomarina I 72 B4
Sottrum DE 50 B4
Sottunga FIN 120 A4
Sotuélamos E 43 D4
Soúda GR 100 B3
Souesmes F 21 E4
Soufflenheim F 23 F2
Souflí GR 91 E2
Soúgia GR 100 A3
Sougné-Remouchamps B 17 F2
Souillac F 25 E4
Souilly F 22 C2
Soulac-sur-Mer F 24 B3
Soulaines-Dhuys F 22 B3
Soulinári GR 96 B3
Soulópoulo GR 86 C4
Soultz-Haut-Rhin F 23 E3
Soultz-sous-Forêts F 23 E2
Soúnio GR 98 A1
Soúnio (Akr.) GR 98 A1
Souni-Zanakia CY 138 B4
Souppes-sur-Loing F 21 F3
Sourdeval F 19 F2
Soure P 40 B1
Sournia F 29 F4
Souroti GR 88 B2
Soúrpi GR 93 F2
Sousceyrac F 29 F1
Sousel P 40 C3
Soustons F 28 B2
Soutelo E 32 B3
South Molton GB 13 D2
South Queensferry GB 9 D2
South Shields GB 9 F4
Southam GB 13 F1
Southampton GB 13 F3
Southborough GB 14 C4
Southend GB 3 E1
Southend-on-Sea GB 14 C3
Southport GB 10 C2
Southsea GB 13 F3
Southwell GB 11 E3
Southwold GB 15 E2
Souvála GR 97 F1
Souvigny F 26 A2
Sovata RO 126 C4
Sövdeborg S 123 E3
Soverato I 83 E3
Soveria Mannelli I 83 E2
Søvik N 110 B2
Sozopol BG 129 F2
Sp. Brnik SLO 130 B2
Spa B 61 D2
Spaichingen DE 66 B2
Spakenburg NL 54 C3
Spalding GB 11 F4
Spandau DE 57 F2
Spangenberg DE 62 B1
Sparlösa S 118 B3
Spárta GR 93 F4
Spárti GR 97 D2
Spárto GR 92 B2
Spas-Demensk RUS 125 F3
Spáta GR 94 B4
Spatharéi GR 99 F1
Spean Bridge GB 8 C1
Spello I 76 C4
Spennymoor GB 11 D1
Sperhiáda GR 93 D2
Sperlonga I 79 F2
Spétses GR 97 E2
Spétses (Nissí) GR 97 E2
Spetsopoúla (Nissí) GR 97 E2
Speyer DE 23 F1
Spezzano Albanese
Terme I 81 D4
Spezzano della Sila I 83 E2
Spiddal / An Spidéal IRL 2 A4
Spiekeroog DE 55 E1
Spielfeld A 69 D3
Spiez CH 27 F1
Spijkenisse NL 54 B4
Spíli GR 100 C4
Spiliá GR 88 A4
Spilia CY 138 B3
Spilimbergo I 72 C3
Spilsby GB 11 F3
Spinalónga (Hers.) GR 101 E3
Spinazzola I 80 C2
Spincourt F 22 C1
Špindlerův Mlýn CZ 64 C1
Špionica Donja BIH 132 A3
Špišić Bukovica HR 131 E2
Spišská Nová Ves SK 126 B3
Spital am Pyhrn A 68 B2
Spittal an der Drau A 68 B3
Spitz A 68 C1
Spjelkavik N 110 B2
Split HR 135 D2
Splügen CH 66 C4
Spodsbjerg DK 122 C4
Špola UA 127 F2
Spoleto I 76 C4
Sportnitz DE 51 D4
Spotorno I 75 D2
Spremberg DE 58 A4
Spresiano I 72 B3
Springe DE 56 B3
Spuž SCG 136 B3
Squillace I 83 E3
Squinzano I 81 F3
Srb HR 135 D1
Srbac BIH 131 F3
Srbica SCG 137 D2
Srbinje / Foca BIH 136 A1
Srbobran SCG 132 B2
Srđevići BIH 135 E1
Srebrenica BIH 132 B4
Srebrenik BIH 132 A4
Središče ob Dravi SLO 131 D1
Srednje BIH 135 F1
Sredska SCG 137 D3
Srem. Kamenica SCG 132 C2
Sremska Mitrovica SCG 132 B2
Sremska Rača SCG 132 B3
Srnetica BIH 131 E4
Srnice Donje BIH 132 A3
Sroda Wielkopolska PL 59 D2
Srpska Crnja SCG 132 C1
Srpska Kostajnica / Bosanska
Kostajnica BIH 131 E3
Srpski Brod / Bosanski
Brod BIH 131 F3
Srpski Itebej SCG 133 D2
Srpski Miletić SCG 132 B2
Srpsko Sarajevo BIH 135 F1
Stade DE 50 B3
Stádio GR 97 D1
Stadskanaal NL 55 D2
Stadt Wehlen DE 64 A1
Stadthagen DE 56 B3
Stadtilm DE 63 D1
Stadtkyll DE 61 E2
Stadtlohn DE 55 D4
Stadtoldendorf DE 56 B4
Stadtroda DE 63 E1
Stadtsteinach DE 63 E2
Staffanstorp S 123 D3
Staffelstein DE 63 D2
Staffin GB 6 B3
Stafford GB 11 D4
Stágira GR 88 C2
Stahle DE 56 B4
Stahovica SLO 130 B2
Staines GB 14 B3
Stainz A 69 D3
Stalać SCG 133 E4
Štalcerji SLO 130 C3
Stalida GR 101 E3
Stall A 68 A3
Stalowa Wola PL 126 B2
Stamford GB 11 E4
Stamnes N 110 B4
Stams A 67 E3
Stamsund N 107 E1
Stange N 117 E1
Stanišić SCG 132 B1
Stanišinci SCG 137 D1
Štanjel SLO 130 A3
Staňkov CZ 63 F3
Stankovci HR 134 C1
Stanley GB 9 E4
Stanós GR 88 C2
Stános GR 92 B2
Stans CH 66 B4
Stansstad CH 66 B4
Stansted Mountfitchet GB 14 C2
Stapar SCG 132 B2
Stará Boleslav CZ 64 B2
Stara Moravica SCG 132 B1
Stara Novalija HR 130 C4
Stara Pazova SCG 132 C3
Stara Zagora BG 129 E2
Starachowice PL 126 B2
Staraja Russa RUS 125 D1
Staravina MK 137 E4
Stargard Szczeciński PL 52 B3
Stårheim N 110 B3
Stari Bar SCG 136 B4
Stari Dojran MK 137 F4
Stari Gradac HR 131 E2
Stari Jankovci HR 132 B3
Stari Log SLO 130 C3
Stari Majdan BIH 131 E4
Stari Mikanovci HR 132 A3
Starica RUS 125 F2
Starigrad
(Hvar Otok) HR 130 C4
Starigrad (Senj) HR 135 D2
Starigrad Paklenica HR 134 C1
Starnberg DE 67 E2
Staro Petrovo Selo HR 131 F3
Staro Slano BIH 136 A3
Starodub RUS 125 E4
Starogard Gdański PL 124 A4
Starokostjantyniv UA 127 D2
Starý Smokovec SK 126 A3
Staßfurt DE 57 D3
Stathm. Angístis GR 89 D1
Statland N 106 C4
Statos-Agios Fotios CY 138 B3
Stavanger N 116 A2
Staveley GB 11 D3
Stavelot B 61 E2
Stavenhagen
Reuterstadt DE 51 E3
Stavenisse NL 17 E1
Stavern N 117 D2
Stavoren NL 54 C2
Stavrodrómi GR 92 A2
Stavrohóri GR 101 F4
Stavrós GR 94 A3
Stavrós GR 100 B3
Stavrós GR 92 A3
Stavrós GR 93 D1
Stavrós (Imathía) GR 88 A2
Stavrós (Thessaloníki) GR 88 C2
Stavroúpoli GR 89 E1
Stavrovouni CY 138 C3
Stavsjo N 111 D4
Štěchovice CZ 64 B2
Steckborn CH 66 B3
Steeg A 67 D3
Steenbergen NL 17 E1
Steenvoorde F 15 E4
Steenwijk NL 55 D2
Stefáni GR 94 A4
Stefáni GR 92 B1
Stefaniná GR 88 C2
Stefanodíkio GR 93 E1
Stege DK 123 D4
Stegersbach A 69 E2
Steibis DE 66 C3
Steigen N 107 E1
Stein DE 63 D3
Stein N 111 D4
Stein A 65 D4
Stein am Rhein CH 66 B3
Steinach DE 63 D2
Steinach A 67 E3
Steinau a. d. Straße DE 62 B2
Steinbach-Hallenberg DE 63 D1
Steine N 110 A4
Steinfeld A 68 A4
Steinfeld (Oldenburg) DE 55 F3
Steinfurt DE 55 E3
Steingaden DE 67 D2
Steinhausen DE 66 C2
Steinheim DE 67 D2
Steinheim DE 56 B4
Steinkjer N 111 E1
Steinshamn N 110 B2
Steinsland N 116 A1
Stekene B 17 E1
Stemnitsa GR 96 C1
Stenay F 17 F4
Stendal DE 57 E2
Steni GR 94 A3
Stenlille DK 122 C3
Stenløse DK 123 D3
Stenness GB 7 E2
Stenó GR 97 D1
Sténoma GR 92 C2
Stenudden S 107 F2
Stenungsund S 118 B4
Stepanci MK 137 E4
Stepojevac SCG 132 C3
Sterkrade DE 55 D4
Stérna GR 91 E1
Stérna GR 89 E1
Stérna GR 97 D1
Šternberg DE 51 D3
Šternberk CZ 65 E2
Stérnes GR 100 B3
Sterup DE 50 B2
Stevenage GB 14 C2
Stewarton GB 8 C3
Steyr A 68 B1
Steyrermühl A 68 B1
Stia I 76 B3
Stigliano I 80 C3
Stigtomta S 119 E3
Stiklestad N 111 E11
Stilida GR 93 E2
Stilo I 83 E3
Štimfalía (L.) GR 97 D1
Štimlje SCG 137 D3
Štintino I 82 A1
Štip MK 137 F3
Stipsi GR 95 F1
Stira GR 94 B4
Stirling GB 8 C2
Štirovača HR 130 C4
Štitar SCG 132 B3
Štivan HR 130 B4
Stjärnhov S 119 E3
Stjärnsund S 119 D3
Stjørdal N 111 E2
Stockach DE 66 B2
Stockbridge GB 13 F2
Stockelsdorf DE 50 C3
Stockerau A 65 D4
Stockholm S 119 E2
Stockport GB 11 D3
Stocksbridge GB 11 D3
Stockton-on-Tees GB 11 D1
Stod CZ 64 A3
Stöde S 112 C3
Stoke-on-Trent GB 10 C3
Stokke N 117 D2
Stokmarknes N 104 A4
Stolac BIH 135 F2
Stolberg DE 57 D4
Stolberg DE 61 E2
Stolice SCG 132 B4
Stolin BY 127 D1
Stollberg DE 63 F1
Stöllet S 118 C1
Stolpen DE 58 A4
Stolzenau DE 56 B3
Stómio GR 88 A4
Ston HR 135 F3
Stone GB 11 D4
Stonehaven GB 9 E1
Stonglandet N 104 A3
Stopanja SCG 137 D1
Storå S 119 D2
Stora Blåsjön S 107 E4
Stora Skedvi S 119 D1
Storby FIN 120 A4
Stordal N 110 C2
Store Heddinge DK 123 D3
Store Molvik N 105 F1
Storebø N 116 A1
Storebro S 119 D4
Støren N 111 D2
Storfors S 118 C2
Storforshei N 107 E2
Storkow DE 58 A3
Stormi FIN 120 C3
Stornoway GB 6 B2
Storo I 71 F3
Storožynec' UA 127 D3
Storsjö S 112 A2
Storslett / Nordreisa N 104 C2
Storsteinen N 104 C2
Storsteinnes N 104 B3
Storuman S 107 F4
Storvik N 104 C2
Storvik S 119 E1
Stotel DE 50 A4
Stoŭbcy BY 124 C4
Stoúpa GR 96 C2
Stourbridge GB 10 C4
Stournaréika GR 92 C1
Stourport-on Severn GB 10 C4
Støvring DK 122 B1
Stow-on-the-Wold GB 13 F1
Stowmarket GB 15 D2
Strà I 72 B4
Strabane GB 2 C2
Stracin MK 137 F3
Stradella I 75 D1
Stradsett GB 11 F4
Straelen DE 61 E1
Stragari SCG 133 D4
Strakonice CZ 64 A3
Stralsund DE 51 E2
Štramberk CZ 65 F2
Stranda N 110 B3
Strandebarm N 116 B1
Strandhill IRL 2 B2
Strangford GB 3 E3
Strängnäs S 119 E2
Strání CZ 65 F3
Stranice SLO 130 C2
Stranorlar IRL 2 C2
Stranraer GB 3 F2
Strasbourg F 23 E2
Strasburg DE 51 F3
Straßburg A 68 B3
Straßwalchen A 68 A2
Stratford-upon-Avon GB 13 F1
Strathaven GB 8 C3
Stratóni GR 88 C2
Stratoníki GR 88 C2
Strátos GR 92 C3
Stratton GB 12 C3
Straubing DE 63 F4
Straumen N 107 F1
Straumen
(Nord Trøndelag) N 111 E1
Straumen (Nordland) N 107 E2
Straumsjøen N 104 A3
Straumsnes N 107 E2
Straupitz DE 58 A3
Strausberg DE 58 A2
Straußfurt DE 63 D1
Straža SLO 130 C3
Straža SCG 133 D2
Strážnice CZ 65 E3
Strážný CZ 64 A4
Streatley GB 13 F2
Street GB 13 E2
Strehaia RO 129 D1
Strehla DE 57 F4
Streitberg DE 63 D3
Strengberg A 68 C1
Stresa I 70 C4
Strezimirovci SCG 137 F2
Strezovce SCG 137 E2
Stříbro CZ 63 F3
Strimonikó GR 88 C1
Strmac HR 131 F3
Strmica HR 135 D1
Strmosten SCG 133 E4
Strobl A 68 A2
Strofádes (Nissiá) GR 96 A2
Strofiliá GR 94 A2
Strojkovce SCG 137 E2
Strokestown IRL 2 C3
Stromberg DE 62 A3
Stromeferry GB 6 B4
Strömfors S 121 E3
Stromness GB 7 E2
Strömsbruk S 112 C4
Strömsnasbruk S 123 E2
Strömstad S 118 A3
Strömsund S 112 B1
Strongoli I 83 F2
Strontian GB 8 B1
Stroud GB 13 E1
Stroumpi CY 138 A4
Strovlés GR 100 A3
Strovolos CY 138 C3
Struer DK 122 A2
Struga MK 137 D4
Struge SLO 130 B3
Strumica MK 137 F4
Stryj UA 126 C3
Stryn N 110 B3
Strzelce Krajeńskie PL 52 B4
Stubbekøbing DK 122 C4
Stubičke Toplice HR 131 D2
Štubik SCG 133 F3
Stubline SCG 132 C3
Studena SCG 137 F1
Studenci HR 135 E2
Studenica SCG 136 C1
Studénka CZ 65 F2
Stugun S 112 B2
Stühlingen DE 23 F4
Stuhr DE 50 A4
Stupari BIH 132 B4
Stupino RUS 125 F2
Stupnik HR 131 D2
Sturehov S 119 E2
Sturminster Newton GB 13 E3
Stuttgart DE 66 B1
Stykkishólmur IS 106 A1
Stylloi CY 139 D3
Suances E 33 F2
Subbiano I 76 B3
Subiaco I 79 E1
Subijana E 36 C2
Subotica SCG 132 B1
Subotište SCG 132 C3
Suceava RO 127 D3
Sucevița RO 127 D3
Suchiniči RUS 125 F3
Süchteln DE 61 E1
Sucina E 49 E2
Sudbury GB 15 D2
Sudbury GB 11 D4
Suddesjaur S 108 A3
Süderbrarup DE 50 B2
Sudža RUS 127 F1
Sueca E 44 A4
Sueros de Cepeda E 33 E4
Suhl DE 63 D2
Suho Polje BIH 132 B3
Šuhopolje HR 131 F2
Šuica BIH 135 E1
Suinula FIN 120 C2
Suippes F 22 B2
Sukeva FIN 115 E2
Sukobin SCG 136 B4

Sukošan HR 134 C1
Šukovo SCG 137 F1
Šula SCG 136 A2
Sulina RO 127 E4
Sulingen DE 55 F2
Sulitjelma N 107 F2
Sulkava FIN 121 E2
Sully-sur-Loire F 21 E4
Sulmona I 79 F1
Sultanhisar TR 129 F4
Sulz a. Neckar DE 23 F3
Sulzbach (Saar) DE 23 D1
Sulzbach a. d. Murr DE 62 C4
Sulzbach-Rosenberg DE 63 E3
Sulzemoos DE 67 E1
Sumartin HR 135 E2
Sumba (Færøerne) DK 106 A4
Sumburgh GB 7 F3
Sümeg H 69 F2
Šumen BG 129 E2
Sumiainen FIN 115 D3
Sumiswald CH 27 F1
Šumperk CZ 65 E2
Sumy UA 127 F1
Sund FIN 120 A4
Sunde N 116 A1
Sunde (Sør-Trøndelag) N 111 D1
Sunderland GB 9 F4
Sundern (Sauerland) DE 62 A1
Sundom FIN 114 B3
Sundsvall S 112 C3
Suni I 82 A2
Sunja HR 131 E3
Sunnansjö S 119 D1
Sunndalsøra N 110 C2
Sunne S 112 B2
Sunne S 118 C2
Sunnemo S 118 C2
Suodenniemi FIN 120 B2
Suolahti FIN 115 D4
Suolijoki FIN 109 D3
Suomenlinna FIN 121 D4
Suomenniemi FIN 121 E2
Suomusjärvi FIN 120 C4
Suomussalmi FIN 115 E1
Suonenjoki FIN 115 E3
Suopelto FIN 115 D3
Super-Besse F 26 A3
Super Molina E 38 C3
Supetar HR 135 D2
Supetarska Draga HR 130 C4
Supino I 79 E2
Surahammar S 119 D2
Suraž RUS 125 E4
Surbo I 81 F3
Surčin SCG 132 C3
Surdulica SCG 137 E2
Surenenpass CH 66 B4
Surgères F 24 B2
Súria E 38 C3
Surnadalsøra N 111 D2
Sursee CH 66 A3
Survilliers F 21 E2
Susa I 27 F4
Sušac (Otok) HR 135 D3
Susak HR 134 A1
Sušara SCG 133 D3
Susch CH 67 D4
Susek SCG 132 B3
Sušice CZ 64 A3
Süßen DE 66 C1
Susurluk TR 129 F3
Sutinjske Toplice HR 131 D2
Sutjeska SCG 133 D2
Sutjeska BIH 135 F1
Sutomore SCG 136 B4
Sutri I 79 D1
Sutterton GB 11 F4
Sutton GB 14 C3
Sutton Coldfield GB 11 D4
Sutton-in-Ashfield GB 11 D3
Sutvan HR 135 D2
Suva Reka SCG 137 D3
Suvereto I 75 F4
Suvodanja SCG 132 C4
Suvodol MK 137 E4
Suwałki PL 124 B4
Suzzara I 75 F1
Svaljava UA 126 B3
Svalöv S 123 D3
Svaneke DK 123 E4
Svanstein S 108 C2
Svanvik N 105 F2
Svappavaara S 108 B1
Svärdsjö S 119 D1
Svarstad N 117 D2
Svartå S 118 C2
Svartevatn N 116 B2
Svedala S 123 D3
Sveg S 112 A3
Svelgen N 110 B3
Svelvik N 117 D2
Svendborg DK 122 B3
Svenljunga S 118 B4
Svensby N 104 B2
Svenstavik S 112 B2
Svetac (Otok) HR 134 C3
Sveti Dorde (Manastir) MK 137 E3
Sveti Filip-Jakov HR 134 C1
Sveti Ivan Žabno HR 131 E2
Sveti Ivan Zelina HR 131 D2
Sveti Jovan Bigorski MK 137 D4
Sveti Juraj HR 130 C4
Sveti Naum MK 87 E4
Sveti Nikola SCG 136 B4
Sveti Nikole MK 137 E3
Sveti Petar na moru HR 134 C1
Sveti Rok HR 134 C1
Sveti Stefan SCG 136 B3
Svetlahorsk BY 125 D4
Svetlogorsk RUS 124 A4
Svetozar Miletić SCG 132 B2
Svidník SK 126 B3
Švihov CZ 64 A3
Svilajnac SCG 133 E4
Svilengrad BG 129 E2
Svingvoll N 111 D4
Svinoy (Færøerne) DK 106 A3
Svištov BG 129 D2
Svitavy CZ 65 D2
Svitavy CZ 65 D2
Svitlovods'k UA 127 F2
Svođ SCG 137 E1
Svolvær N 104 A4
Svorkmo N 111 D2
Svoronáta GR 92 A4
Svorónos GR 88 A3
Svrljig SCG 137 E1
Swadlincote GB 11 D4
Swaffham GB 11 F4
Swalmen NL 61 E1
Swanage GB 13 E3
Swanley GB 14 C3
Swanlinbar IRL 2 C3
Swansea / Abertawe GB 12 C1
Swidnica PL 59 D4
Swiebodzin PL 58 B2
Swiecie PL 126 A1
Swindon GB 13 F2
Swinford / Béal Átha na Muice IRL 2 B3
Swinoujście PL 52 A2
Swords / Sord IRL 3 D4
Syčovka RUS 125 E2
Sykäräinen FIN 114 C2
Syke DE 55 F2
Sykkylven N 110 B2
Sylling N 117 D1
Sylt-Ost DE 50 A1
Syltefjord N 105 F1
Synod Inn GB 12 C1
Syötekylä FIN 109 E3
Syre GB 7 D2
Syrianochori CY 138 B2
Sysmä FIN 121 D2
Sysslebäck S 118 B1
Syväjärvi FIN 109 D1
Syvde N 110 B3
Syvdsnes N 110 B3
Syyspohja FIN 121 F2
Szarvas H 126 B4
Szczecin PL 52 A3
Szczecinek PL 52 C2
Szczytno PL 124 A4
Szécsény H 126 A3
Szeged H 126 B4
Székesfehérvár H 126 A4
Szekszárd H 126 A4
Szentendre H 126 A4
Szentes H 126 B4
Szigetvár H 128 A1
Szolnok H 126 B4
Szombathely H 69 E2

T

Tabanovce MK 137 E3
Tábara E 35 E3
Taberg S 118 C4
Tabernas E 48 C3
Taboada E 32 B3
Tábor CZ 64 B3
Tábua P 40 C1
Tabuaço P 34 C4
Tabuenca E 37 E3
Täby S 119 E2
Tachov CZ 63 F3
Tadcaster GB 11 D2
Tafalla E 28 A4
Tafjord N 110 C3
Taggia I 74 C3
Tagliacozzo I 79 E1
Taglio di Po I 76 B1
Tahal E 48 C3
Tahkvuori FIN 115 E3
Tailfingen DE 66 B2
Tain GB 7 D3
Tain-l'Hermitage F 26 C4
Taipadas P 40 B3
Taipalsaari FIN 121 E3
Taivalkoski FIN 109 E3
Taivassalo / Tövsala FIN 120 B4
Takovo SCG 133 D4
Taktikoúpoli GR 97 F1
Tala CY 138 A3
Tálanda GR 97 E3
Talarrubias E 41 F3
Talaván E 41 E2
Talavera de la Reina E 42 A2
Talavera la Real E 41 D4
Talayuela E 41 F2
Talayuelas E 43 E2
Taldom RUS 125 F2
Talgarth GB 13 D1
Talla I 76 B3
Tallante E 49 E2
Tallard F 31 E1
Tällberg S 119 D1
Tallinn EST 124 B1
Talloires F 27 E3
Tallow IRL 4 C3
Talluskylä FIN 115 D3
Talmont-St-Hilaire F 24 A2
Tal'ne UA 127 E2
Talsi LV 124 B2
Talvik N 105 D2
Tamames E 41 E1
Támara E 33 F4
Tamarinda E 45 F2
Tamarite de Litera E 38 A3
Tamási H 126 A4
Tåme S 108 B4
Tammela FIN 120 C3
Tampere FIN 120 C3
Tamsweg A 68 B3
Tamworth GB 11 D4
Tana N 105 F2
Tanágra GR 94 A3
Tandådalen S 112 A4
Tandragee GB 3 D3
Tandsbyn S 112 B2
Tandsjöborg S 112 B4
Tanganheira P 46 A1
Tangerhütte DE 57 E2
Tangermünde DE 57 E2
Tanhua FIN 109 E1
Taninges F 27 E2
Tanlay F 22 A4
Tann DE 62 C2
Tännäs S 112 A3
Tänndalen S 112 A3
Tannheim A 67 D3
Tannila FIN 109 D3
Tanumshede S 118 A3
Tanvald CZ 64 C1
Taormina I 85 E2
Tapa EST 124 B1
Tapia de Casariego E 33 D2
Tar HR 130 A4
Taracena E 42 C1
Tarancón E 42 C2
Taranto I 81 E3
Tarare F 26 B3
Taraš SCG 132 C2
Tarašča UA 127 E2
Tarascon F 30 C2
Tarascon-sur-Ariège F 29 E4
Tarazona E 37 E3
Tarazona de la Mancha E 43 E3
Tarbert GB 8 B2
Tarbert GB 6 A3
Tarbert IRL 4 B2
Tarbes F 28 C3
Tarbet GB 8 C2
Tarcento I 68 A4
Tarčin BIH 135 F1
Tardets-Sorholus F 28 B3
Tardienta E 37 F3
Tärendö S 108 C2
Targon F 28 C1
Targovište BG 129 E2
Târgu Mureş RO 126 C4
Tarifa E 47 E4
Tarm DK 122 A2
Tarmstedt DE 50 B4
Tärnaby S 107 E3
Tarnobrzeg PL 126 B2
Tarnos F 28 A3
Tarnów PL 126 B2
Tarouca P 34 C4
Tarp DE 50 B2
Tarporley GB 10 C3
Tarquinia I 78 C1
Tarragona E 44 C1
Tarrasa / Terrassa E 38 C4
Tàrrega E 38 B4
Tårs DK 122 C4
Tarsia I 83 E2
Tartas F 28 B2
Tartu EST 124 C2
Tarvasjoki FIN 120 B3
Tarvisio I 68 B4
Täsch CH 27 F2
Täsjö S 112 B1
Tassin-la-Demi-Lune F 26 C3
Tåstrup DK 123 D3
Tata H 126 A4
Tatabánya H 126 A4
Tatarbunary UA 127 E4
Tau N 116 A2
Tauberbischofsheim DE 62 C3
Taucha DE 57 E4
Taufkirchen DE 67 F1
Taulé F 18 B2
Taunton GB 13 D3
Taunusstein-Neuhof DE 62 A3
Tauplitz A 68 B2
Taurage LT 124 B3
Taurianova I 83 E4
Tauste E 37 E3
Tauves F 25 F3
Tavankut SCG 132 B1
Tavannes CH 27 F2
Tavarnelle Val di Pesa I 76 A3
Tavastila FIN 121 E3
Tavaux F 27 D1
Taverna I 83 E2
Tavernelle I 76 B4
Tavernes F 31 E2
Tavernes de la Valldigna E 44 A4
Tavira P 46 B2
Tavistock GB 12 C3
Tavşanlı TR 129 F3
Taxenbach A 68 A3
Taxiárhis GR 88 C3
Tayinloan GB 8 B3
Taynuilt GB 8 B1
Tayport GB 9 D2
Tazones E 33 E2
Tczew PL 124 A4
Teano I 79 F2
Teba E 47 F3
Tebay GB 10 C1
Techendorf A 68 A4
Tecklenburg DE 55 E3
Tecuci RO 127 D4
Teeriranta FIN 109 F3
Teféli GR 101 D4
Tegéa GR 97 D1
Tegelen NL 61 E1
Tegernsee DE 67 E2
Teggiano I 80 C4
Teignmouth GB 13 D3
Teijo FIN 120 C4
Teisendorf DE 68 A2
Teisko FIN 120 C2
Teixeiro E 32 B2
Teixoso P 40 C1
Tekeriš SCG 132 B4
Tekija SCG 133 F3
Tekirdağ TR 129 F3
Telavåg N 116 A1
Telč CZ 64 C3
Télendos (Nissí) GR 99 F3
Telese I 80 A2
Telford GB 10 C4
Telfs A 67 E3
Telgte DE 55 E4
Tellingstedt DE 50 B2
Telšiai LT 124 B3
Telti I 82 B1
Teltow DE 57 F2
Témbi GR 88 A4
Tembleque E 42 B3
Temerin SCG 132 C2
Temmes FIN 115 D1
Tempio Pausania I 82 B1
Templemore / An Teampall Mór IRL 5 D2
Templin DE 51 F4
Temse B 17 E1
Temska SCG 137 F1
Temvria CY 138 B3
Tenala / Tenhola FIN 120 C4
Tenbury Wells GB 10 C4
Tenby / Dinbych-y-pysgod GB 12 C1
Tence F 26 B4
Tende F 31 F2
Tendilla E 42 C1
Tenja HR 132 A2
Tennes N 104 B3
Tensta S 119 E2
Tenterden GB 14 C4
Teolo I 72 A4
Teovo MK 137 E4
Tepasto FIN 108 C1
Tepelenë AL 128 C4
Teplá CZ 63 F2
Teplice CZ 64 A1
Teplice CZ 64 A1
Tepsa FIN 109 D1
Ter Apel NL 55 E2
Teramo I 77 D4
Terebovlja UA 126 C2
Terena P 40 C4
Terespol PL 126 B1
Terezino Polje HR 131 E2
Tergnier F 17 D4
Terjärv FIN 114 C3
Terlizzi I 81 D2
Termas de Monfortinho P 41 D2
Terme Luigiane I 83 D2
Termini Imerese I 84 C2
Terminillo I 79 E1
Termoli I 80 A1
Terneuzen NL 17 D1
Terni I 79 D1
Ternitz A 69 D2
Ternopil' UA 126 C2
Térovo GR 92 B1
Térpilos GR 88 B1
Terpní GR 88 C1
Terpsithéa GR 93 D3
Terracina I 79 E2
Terråk N 107 D4
Terralba I 82 B3
Terranova di Pollino I 81 D4
Terranuova Bracciolini I 76 A3
Terras de Bouro P 34 B3
Terrassa / Tarrasa E 38 C4
Terrasson-Lavilledieu F 25 E4
Terrenoire F 26 C4
Terriente E 43 E2
Teruel E 43 F2
Tervakoski FIN 120 C3
Tervo FIN 115 D3
Tervola FIN 109 D3
Tervuren B 17 E2
Terzaga E 43 E1
Tešani BIH 132 A4
Teslić BIH 131 F4
Tessin DE 51 E2
Tessy-sur-Vire F 19 E2
Tetbury GB 13 E2
Teterow DE 51 E3
Tetiiv UA 127 E2
Tetovo MK 137 D3
Tetrákomo GR 92 C1
Tettnang DE 66 C2
Teuchern DE 63 E1
Teufen CH 66 C3
Teulada I 82 B4
Teupitz DE 57 F3
Teuva FIN 114 B4
Tewkesbury GB 13 E1
Tezze I 72 B3
Thale DE 57 D4
Thalfang DE 61 F3
Thalgau A 68 A2
Thalheim DE 63 F1
Thalmässing DE 63 E4
Thalwil CH 23 F4
Thame GB 14 B3
Thann F 23 E4
Thannhausen DE 67 D1
Thaon-les-Vosges F 23 D3
Tharandt DE 64 A1
Tharsis E 46 C2
Thássos GR 89 E2
Thássos (Nissí) GR 89 E2
The Mumbles GB 12 C2
Thèbes GR 93 F3
Themar DE 63 D2
Thénezay F 24 C1
Thenon F 25 D4
Theológos GR 89 E2
Theológos GR 93 F3
Théoule-sur-Mer F 31 F3
Thermá GR 88 C1
Thérma GR 91 D3
Thérma GR 99 E1
Thérma Lefkádas GR 99 E1
Thermí GR 95 F1
Thérmi GR 88 B2
Thermissia GR 97 E2
Thérmo GR 92 C3
Thermopíles GR 93 E2
Thérouanne F 15 E4
Thespiés GR 93 F4
Thesprotikó GR 92 B1
Thessaloníki GR 88 B2
Thetford GB 11 F4
Theux B 61 D2
Thèze F 28 C3
Thiaucourt-Regniéville F 22 C2
Thiberville F 20 C2
Thiéblemont-Farémont F 22 B2
Thiendorf DE 58 A4
Thiene I 72 A4
Thiers F 26 A3
Thiesi I 82 B2
Thiessow DE 51 F2
Thimariá GR 91 E2
Thímena GR 99 F1
Thímena (Nissí) GR 99 E1
Thionville F 22 C1
Thíra GR 99 D4
Thíra (Nissí) GR 99 D4
Thirassía (Nissí) GR 98 C4
Thirsk GB 11 D1
Thisted DK 122 B1
Thiviers F 25 D4
Thizy F 26 B3
Thoissey F 26 C2
Tholey DE 23 D1
Thollon-les-Mémises F 27 E2
Tholó GR 96 B2
Tholopotámi GR 95 F4
Tholós GR 88 C1
Thomastown / Baile Mhic Andáin IRL 5 D3
Thônes F 27 E3
Thonon-les-Bains F 27 E2
Thorens-Glières F 27 E3
Thorikó GR 98 A1
Thorne GB 11 E2
Thornhill GB 8 C4
Thouarcé F 24 C1
Thouars F 24 C1
Thouría GR 96 C2
Thoúrio GR 91 E1
Thrapston GB 11 E4
Threshfield GB 11 D2
Thueyts F 30 B1
Thuin B 17 E3
Thuir F 30 A4
Thum DE 63 F1
Thun CH 27 F1
Thüringen A 66 C3
Thurles / Durlas IRL 5 D2
Thursby GB 9 D4
Thurso GB 7 E2
Thury-Harcourt F 19 F2
Thusis CH 66 C4
Thyborøn DK 122 A1
Tibro S 118 C3
Tichvin RUS 125 E1
Tidö S 119 D2
Tiefenbronn DE 23 F2
Tiefencastel CH 66 C4
Tiefensee DE 52 A4
Tiel NL 54 C4
Tielt B 15 F4
Tienen B 17 F2
Tiengen DE 23 F4
Tiercé F 19 F4
Tierga E 37 E4
Tierp S 119 E1
Tigharry GB 6 A3
Tighnabruaich GB 8 B2
Tignes F 27 E3
Tiheró GR 91 E2
Tihío GR 87 E2
Tiistenjoki FIN 114 C3
Tíjola E 48 C3
Tikkakoski FIN 115 D4
Tikkala FIN 115 F3
Tilburg NL 17 F1
Tilbury GB 14 C3
Tilissos GR 101 D3
Tillberga S 119 E2
Tillières-sur-Avre F 21 D2
Tilly-sur-Seulles F 19 F1
Tílos (Nissí) GR 103 D2
Tilsit RUS 124 B4
Timbáki GR 100 C4
Timbano GR 89 E1
Timfristós GR 93 D2
Timi CY 138 A4
Timişoara RO 128 C1
Timmendorfer Strand DE 50 C3
Timoleague IRL 4 C4
Timrå S 112 C3
Tinahely IRL 5 E2
Tinchebray F 19 F2
Tineo E 33 D2
Tingáki GR 103 D1
Tinglev DK 122 B3
Tingsryd S 123 E2
Tingvoll N 110 C2
Tinnoset N 116 C2
Tínos GR 98 C1
Tínos (Nissí) GR 98 C1
Tiñosillos E 36 A4
Tintagel GB 12 C3
Tinténiac F 19 E3
Tione di Trento I 71 F3
Tipasoja FIN 115 E2
Tipperary / Tiobraid Árann IRL 4 C3
Tiranë AL 128 B3
Tirano I 71 E3
Tiraspol MD 127 E4
Tire TR 129 F4
Tîrgovişte RO 129 D1
Tîrgu Frumos RO 127 D4
Tîrgu Jiu RO 129 D1
Tîrgu-Neamţ RO 127 D4
Tîrgu Secuiesc RO 127 D4
Tírig E 44 A2
Tírintha GR 97 D1
Tiriolo I 83 E3
Tírnavos GR 88 A4
Tirós GR 97 E2
Tirrenia I 75 F3
Tirschenreuth DE 63 F3
Tirstrup DK 122 C2
Tisno HR 134 C2
Tišnov CZ 65 D3
Tisvildeleje DK 123 D2
Tiszafüred H 126 B4
Tiszavasvári H 126 B3
Titaguas E 43 F2
Titel SCG 132 C2
Titisee DE 23 F3
Tito I 80 C3
Titran N 110 C1
Tittmoning DE 67 F1
Tivat SCG 136 A3
Tivenys E 44 B1
Tiverton GB 13 D3
Tivissa E 44 B1
Tivoli I 79 E1
Tjällmo S 119 D3
Tjeldstø N 110 A4
Tjentište BIH 136 A2
Tjøme N 117 D2
Tjong N 107 E2
Tjørnuvík (Færøerne) DK 106 A3
Tjøtta N 107 D3
Tkon HR 134 C1
Tobarra E 49 D1
Tobercurry / Tobar an Choire IRL 2 B3
Tobermore GB 3 D2
Tobermory GB 8 A1

Toberonochy *GB*....................8 B2
Tocha *P*....................40 B1
Tochni *CY*....................138 C4
Tocina *E*....................47 E2
Todi *I*....................76 C4
Todmorden *GB*....................11 D2
Todoriči *BIH*....................135 E1
Todtmoos *DE*....................23 F4
Todtnau *DE*....................23 F3
Toft *GB*....................7 F2
Tofte *N*....................117 D2
Toftir (Færøerne) *DK*....................106 A3
Toftlund *DK*....................122 B3
Tohmajärvi *FIN*....................115 F4
Toholampi *FIN*....................114 C2
Toijala *FIN*....................120 C3
Toivakka *FIN*....................121 D2
Toivala *FIN*....................115 E3
Tojšici *BIH*....................132 B4
Tokaj *H*....................126 B3
Toledo *E*....................42 B2
Tolentino *I*....................77 D3
Tolfa *I*....................79 D1
Tolga *N*....................111 E3
Tollarp *S*....................123 E3
Tølløse *DK*....................122 C3
Tolmezzo *I*....................68 A4
Tolmin *SLO*....................130 A2
Toló *GR*....................97 E1
Tolosa *E*....................28 A3
Tolosa *P*....................40 C2
Tolox *E*....................47 F3
Tolva *FIN*....................109 F2
Tolve *I*....................80 C3
Tomar *P*....................40 B2
Tomaševac *SCG*....................133 D2
Tomašica *BIH*....................131 E4
Tomaszów Lubelski *PL*....................126 C2
Tomaszów Mazowiecki *PL* 126 A2
Tombebœuf *F*....................29 D1
Tomelilla *S*....................123 E3
Tomelloso *E*....................42 C3
Tomiño *E*....................32 A4
Tomintoul *GB*....................7 D4
Tomislavgrad *BIH*....................135 E1
Tømmervåg *N*....................110 C2
Tomra *N*....................110 C2
Tona *E*....................39 D3
Tonara *I*....................82 B3
Tonbridge *GB*....................14 C4
Tondela *P*....................40 C1
Tønder *DK*....................122 A3
Tongeren *B*....................17 F2
Tongue *GB*....................7 D2
Tonnay-Boutonne *F*....................24 B3
Tonnay-Charente *F*....................24 B3
Tonneins *F*....................29 D1
Tonnerre *F*....................22 A4
Tönning *DE*....................50 A2
Tønsberg *N*....................117 D2
Tonstad *N*....................116 B2
Töpen *DE*....................63 E2
Topeno *FIN*....................120 C3
Topla *SLO*....................130 B1
Topli Dol *SCG*....................137 F1
Toplița *RO*....................127 D4
T'oploje *RUS*....................125 F3
Toploú *GR*....................101 F3
Topola *SCG*....................133 D4
Topolčani *MK*....................137 E4
Topoľčany *SK*....................126 A3
Topólia *GR*....................100 A3
Topolovnik *SCG*....................133 E3
Topusko *HR*....................131 D3
Torà *E*....................38 C3
Torano Castello *I*....................83 E2
Torbole *I*....................71 F3
Torcello *I*....................72 B4
Torchiarolo *I*....................81 F3
Torcy *F*....................21 F2
Tordera *E*....................39 D4
Tordesillas *E*....................36 A3
Tordesilos *E*....................43 E1
Töre *S*....................108 C3
Tore *GB*....................7 D4
Töreboda *S*....................118 C3
Torella del Sannio *I*....................80 A2
Toreno *E*....................33 D3
Torgau *DE*....................57 F4
Torgelow *DE*....................52 A3
Torhout *B*....................15 F4
Torigni-sur-Vire *F*....................19 F2
Torija *E*....................42 C1
Torino *I*....................27 F4
Torla *E*....................28 C4
Törmänen *FIN*....................105 F3
Törmänmäki *FIN*....................115 E1
Tormos *E*....................37 F3
Tornavacas *E*....................41 F1
Tornio *FIN*....................109 D3
Tornjoš *SCG*....................132 B1
Toro *E*....................35 F3
Törökszentmiklós *H*....................126 B4
Toróni *GR*....................89 D4
Toropec *RUS*....................125 E2
Torpo *N*....................110 C4
Torpoint *GB*....................12 C3
Torpshammar *S*....................112 B3
Torquay *GB*....................13 D3
Torquemada *E*....................36 A3
Torralba de Calatrava *E*....................42 B4
Torrão *P*....................40 B4
Torre Annunziata *I*....................80 A3
Torre Beretti e Castellaro *I*..75 D1
Torre Canne *I*....................81 E2
Torre de Dom Chama *P*....................35 D3
Torre de Juan Abad *E*....................42 C4
Torre de la Higuera *E*....................47 D3
Torre de Moncorvo *P*....................35 D4
Torre de' Passeri *I*....................79 F1
Torre del Bierzo *E*....................33 D4
Torre del Campo *E*....................48 A2
Torre del Greco *I*....................80 A3
Torre del Mar *E*....................48 A3
Torre dell'Impiso *I*....................84 A2
Torre Faro *I*....................83 D4
Torre la Cárcel *E*....................43 E1
Torre Orsaia *I*....................80 C4
Torre Pacheco *E*....................49 E2
Torre Pellice *I*....................27 F4
Torrebaja *E*....................43 E2
Torreblanca *E*....................44 A2
Torrecaballeros *E*....................36 B4
Torrecampo *E*....................42 A4
Torrecilla en Cameros *E*....................37 D2
Torrecillas de la Tiesa *E*....................41 F3
Torredembarra *E*....................38 C4
Torredonjimeno *E*....................48 A2
Torregrossa *E*....................38 B4
Torreira *P*....................34 B4
Torrejón de Ardoz *E*....................42 C1
Torrejón de la Calzada *E*....................42 B2
Torrejón el Rubio *E*....................41 E2
Torrejoncillo *E*....................41 E2
Torrejoncillo del Rey *E*....................43 D2
Torrelaguna *E*....................42 C1
Torrelapaja *E*....................37 D4
Torrelavega *E*....................36 B1
Torrellano *E*....................49 F1
Torrelobatón *E*....................36 A3
Torrelodones *E*....................42 B1
Torremaggiore *I*....................80 B1
Torremegía *E*....................41 E4
Torremocha *E*....................41 E3
Torremolinos *E*....................47 F4
Torrent *E*....................43 F3
Torrente de Cinca *E*....................38 A4
Torrenueva *E*....................42 C4
Torreperogil *E*....................48 B1
Torres del Río *E*....................37 D2
Torres Novas *P*....................40 B2
Torres Vedras *P*....................40 A3
Torrevieja *E*....................49 F2
Torri del Benaco *I*....................71 F4
Torridon *GB*....................6 C4
Torriglia *I*....................75 D2
Torrijas *E*....................43 F2
Torrijo *E*....................37 D4
Torrijos *E*....................42 A2
Tørring *DK*....................122 B2
Torrita di Siena *I*....................76 B4
Torroella de Montgrí *E*....................39 E3
Torrox *E*....................48 A3
Torsås *S*....................123 F2
Torsby *S*....................118 C1
Torshälla *S*....................119 D2
Torshavn (Færøerne) *DK*..106 A3
Torsminde *DK*....................122 A2
Tórtoles de Esgueva *E*....................36 B3
Tortolì *I*....................82 C3
Tortona *I*....................75 D1
Tortorici *I*....................85 D2
Tortosa *E*....................44 B1
Tortosendo *P*....................40 C1
Toruń *PL*....................126 A1
Torup *S*....................123 D1
Tørvikbygd *N*....................116 B1
Toržok *RUS*....................125 E2
Tosbotn *N*....................107 D4
Toscolano-Maderno *I*....................71 F4
Tosno *RUS*....................125 D1
Tossa de Mar *E*....................39 E4
Tostedt *DE*....................50 B4
Totana *E*....................49 E2
Tôtes *F*....................16 A4
Tøtlandsvik *N*....................116 B2
Totnes *GB*....................13 D3
Toucy *F*....................21 F4
Toul *F*....................22 C2
Toulon *F*....................31 D3
Toulon-sur-Arroux *F*....................26 B2
Toulouse *F*....................29 E3
Toumbítsi *GR*....................96 C1
Tourcoing *F*....................15 F4

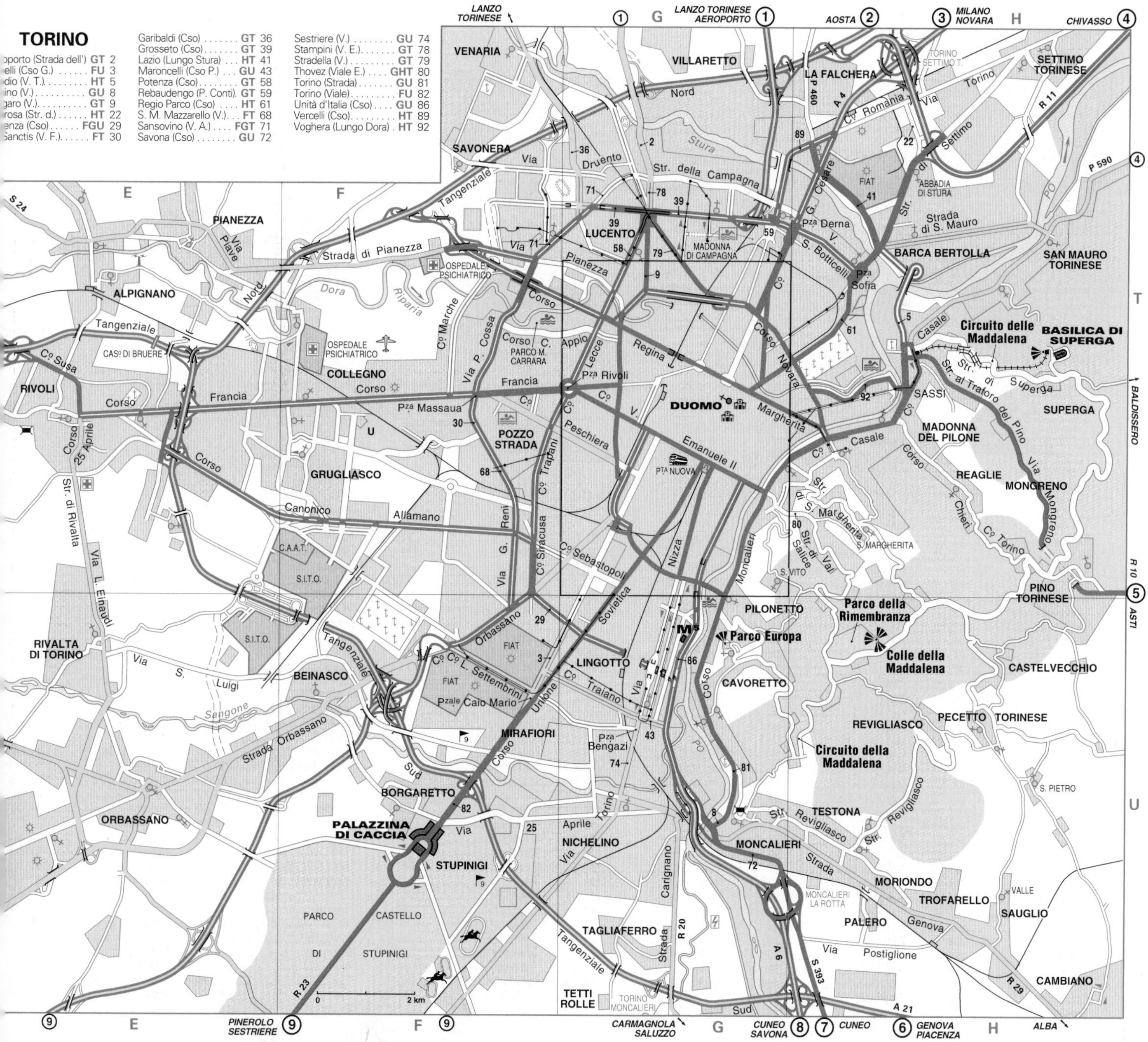

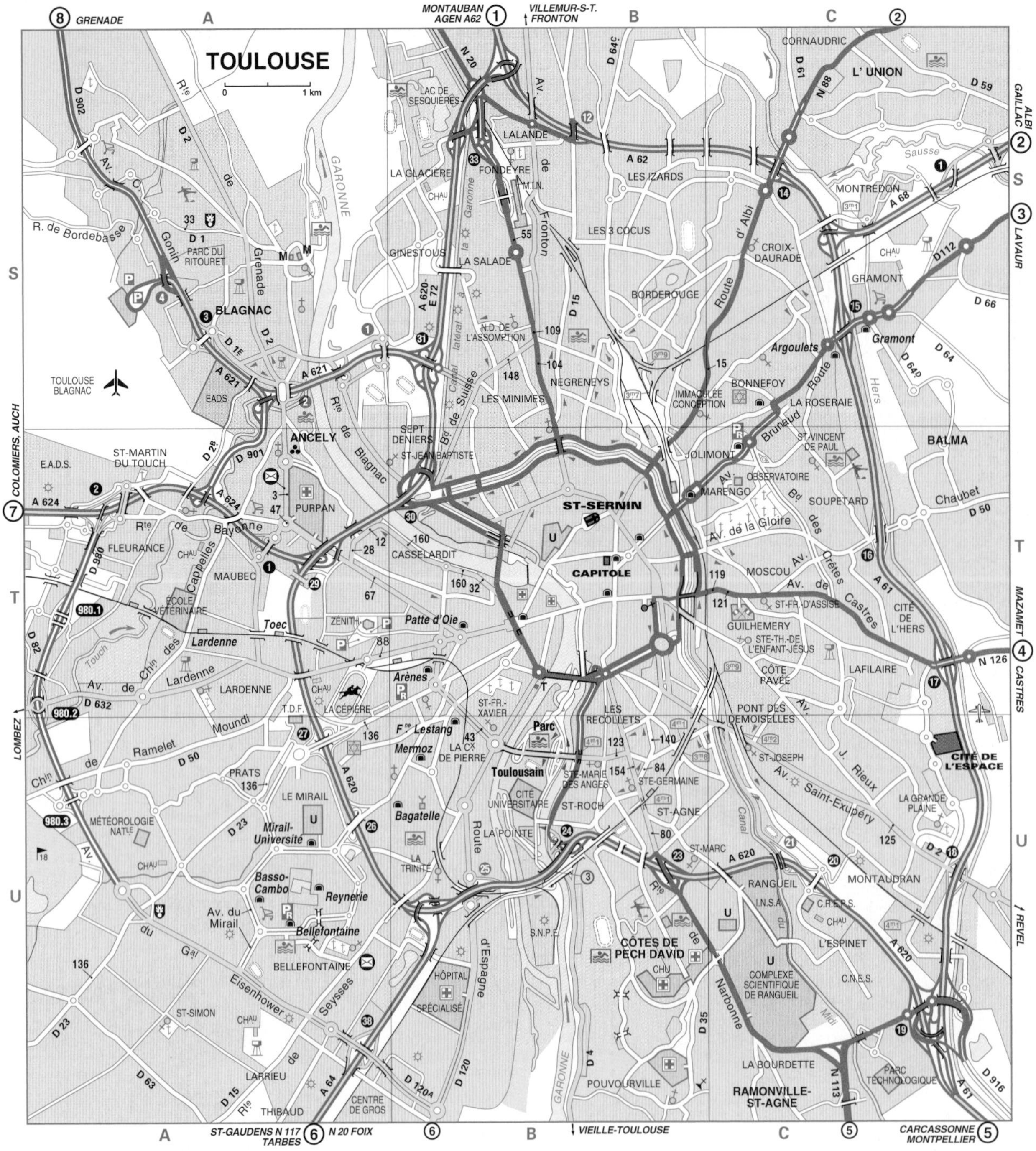

Arènes-Romaines (Av.) .... AT
Biarritz (Av. de) .... AT
Bonnefoy (R. Fg) .... CS
Casselardit (Av. de) .... AT
Château d'Eau (Av. du) .... BT
Cornebarrieu (Av. de) .... AS
Déodat-de-Sév. (Bd) .... BU
Dr-Baylac (Pl. du) .... AT
Etats-Unis (Av. des) .... BS
Grande-Bretagne (Av. de) .... AT
Julien (Av. J.) .... BU
Langer (Av. M.) .... BU
Lombez (Av. de) .... AT
Minimes (Av. des) .... BS
Paris (Barrière-de) .... BS
Pt-Guilheméry (R.) .... CT
Pujol (Av. C.) .... CT
Récollets (Bd des) .... BU
Revel (Rte de) .... CU
St-Simon (Rte de) .... AU
Ségoffin (Av. V.) .... BU
Trentin (Bd S.) .... BS
U.R.S.S. (Av. de l') .... BU
Wagner (Bd Richard) .... BT

Tourlída *GR* 92 C3
Tournai *B* 15 F4
Tournan-en-Brie *F* 21 F2
Tournay *F* 28 C3
Tournon-d'Agenais *F* 29 D1
Tournon-St-Martin *F* 25 D1
Tournon-sur-Rhône *F* 26 C4
Tournus *F* 26 C2
Tourouvre *F* 20 C2
Tours *F* 20 C4
Toury *F* 21 E3
Toužim *CZ* 63 F2
Tovariševo *SCG* 132 B2
Tovarnik *HR* 132 B3
Towcester *GB* 14 B2
Töysä *FIN* 114 C4
Trabanca *E* 35 E4
Trabazos *E* 35 E3
Traben-Trarbach *DE* 61 F3
Trabia *I* 84 C2
Trabotivište *MK* 137 F3
Trachonas *CY* 138 C2
Trachoni *CY* 139 B2
Tracino *I* 84 A4
Trafaria *P* 40 A3
Trafoi *I* 67 D4
Tragacete *E* 43 E2
Trahiá *GR* 97 E1
Trahíli *GR* 94 B3
Traiguera *E* 44 A1
Traisen *A* 69 D1
Traiskirchen *A* 69 D1
Traismauer *A* 69 D1
Trakai *LT* 124 C4
Trakošćan *HR* 131 D2
Tralee / Trá Lí *IRL* 4 B3
Tramagal *P* 40 B2
Tramariglio *I* 82 A2
Tramatza *I* 82 B3
Tramonti di Sopra *I* 68 A4
Tramore / Trá Mhór *IRL* 5 D3
Tran *BG* 128 C2
Tranås *S* 119 D4
Trancoso *P* 34 C4
Tranebjerg *DK* 122 C3
Tranemo *S* 118 B4
Tranent *GB* 9 D2
Trani *I* 80 C2
Tranóvalto *GR* 87 F3
Transtrand *S* 112 A4
Trapani *I* 84 A3
Trápeza *GR* 93 D4
Trappstadt *DE* 63 D2
Trasacco *I* 79 F1
Trassem *DE* 23 D1
Traun *A* 68 B1
Traunkirchen *A* 68 B2
Traunreut *DE* 67 F2
Traunstein *DE* 67 F2
Travemünde *DE* 50 C3
Travnik *BIH* 135 E1
Trbovlje *SLO* 130 C2
Trbuk *BIH* 132 A4
Trbušani *SCG* 133 D4
Trebbin *DE* 57 F3
Trébeurden *F* 18 C2
Třebíč *CZ* 65 D3
Trebinje *BIH* 136 A3
Trebisacce *I* 81 D4
Trebišnjica *BIH* 135 F3
Trebišov *SK* 126 B3
Trebnje *SLO* 130 C2
Třeboň *CZ* 64 B4
Tréboul *F* 18 B3
Trebsen *DE* 57 F4
Trebujena *E* 47 D3
Trecastagni *I* 85 E3
Trecate *I* 71 D4
Tredegar *GB* 13 D1
Tredozio *I* 76 B2
Treffort *F* 27 D2
Treffurt *DE* 62 C1
Tregaron *GB* 10 B4
Trégastel *F* 18 C2
Tregnago *I* 72 A4
Tregony *GB* 12 B4
Tréguier *F* 18 C2
Trehörningsjö *S* 113 D1
Treia *DE* 50 B2
Treia *I* 77 D3
Treignac *F* 25 E3
Trelleborg *DK* 122 C3
Trelleborg *S* 123 D3
Trélon *F* 17 E3
Tremestieri *I* 83 D4
Tremetousia *CY* 139 D3
Tremezzo *I* 71 D3
Tremithos *CY* 139 D3
Tremp *E* 38 B3
Trenčín *SK* 126 A3
Trendelburg *DE* 56 B4
Trenta *SLO* 130 A2
Trento *I* 71 F3
Trepča (Berane) *SCG* 136 C2
Trepča (Kosovska Mitrovica) *SCG* 137 D2
Trepuzzi *I* 81 F3
Trescore Balneario *I* 71 E4
Tresenda *I* 71 E3
Tresfjord *N* 110 C2
Tresjuncos *E* 42 C3
Trešnjevica *SCG* 133 E4
Trespaderne *E* 36 C2
Třešť *CZ* 64 C3
Trets *F* 31 D3
Tretten *N* 111 D4
Treuchtlingen *DE* 63 D4
Treuen *DE* 63 E2
Treuenbrietzen *DE* 57 F3
Treungen *N* 116 C2
Trevélez *E* 48 B3
Trèves *F* 30 A2
Trevi *I* 76 C4
Trévières *F* 19 F1
Treviglio *I* 71 E4
Trevignano Romano *I* 79 D1
Treviño *E* 37 D2
Treviso *I* 72 B4
Trévoux *F* 26 C3
Trezzo sull'Adda *I* 71 E4
Trgovište *SCG* 137 E2
Trhové Sviny *CZ* 64 B4
Tría Nissiá (Nissiá) *GR* 99 F4
Triánda *GR* 103 F2
Triaucourt-en-Argonne *F* 22 B2
Tribanj Krušćica *HR* 134 C1
Triberg *DE* 23 F3
Tribsees *DE* 51 E2
Tricarico *I* 80 C3
Tricase *I* 81 F4
Tricesimo *I* 68 A4
Trichiana *I* 72 B3
Trie-sur-Baïse *F* 29 D3
Trieben *A* 68 C2
Trier *DE* 61 E3
Trieste *I* 73 D3
Trifíli *GR* 91 E2
Trigóna *GR* 87 E4
Trigueros *E* 46 C2
Trijueque *E* 42 C1
Tríkala *GR* 88 A2
Tríkala (Korinthía) *GR* 93 E4
Tríkala (Tríkala) *GR* 93 D1
Tríkeri *GR* 93 F2
Trikomo *CY* 139 E2
Trilj *HR* 135 D2
Trillevallen *S* 112 A2
Trillo *E* 43 D1
Trílofo *GR* 93 D2
Trim / Baile Átha Troim *IRL* 3 D4
Trindade *P* 35 D3
Třinec *CZ* 65 F2
Tring *GB* 14 B2
Trinità d'Agultu e Vignola *I* 82 B1
Trinitapoli *I* 80 C2
Trino *I* 74 C1
Triora *I* 74 C3
Trípi *GR* 97 D2
Tripití *GR* 89 D3
Tripití *GR* 101 D4
Trípoli *GR* 97 D1
Triponzo *I* 76 C4
Tripótama *GR* 96 C1
Triptis *DE* 63 E1
Tris Eklissíes *GR* 101 D4
Trittau *DE* 50 C3
Trittenheim *DE* 61 F3
Trivento *I* 80 A1
Trizína *GR* 97 F1
Trnava *SK* 126 A3
Trnova Poljana *BIH* 135 D1
Trnovo *SLO* 130 A2
Trnovo *BIH* 136 A1
Troarn *F* 19 F1
Trofa (perto de Felgueiras) *P* 34 B3
Trofa (perto de Santo Tirso) *P* 34 B3
Trofaiach *A* 68 C2
Trofors *N* 107 D3
Trogir *HR* 135 D2
Troia *I* 80 B2
Troina *I* 85 D3
Trois-Ponts *B* 61 D2
Troisdorf *DE* 61 F2
Trojan *BG* 129 D2
Trojane *SLO* 130 B2
Trollhättan *S* 118 B3
Tromsdalen *N* 104 B2
Tromsø *N* 104 B2
Trondheim *N* 111 D1
Tronö *S* 112 C4
Troo *F* 20 C4
Trooditissa *CY* 138 B3

Troon GB....3 F1
Trópea GR....96 C1
Tropea I....83 E3
Trosa S....119 E3
Trostberg DE....67 F2
Trostjanec' UA....127 F1
Troulloi CY....139 D3
Trouville-sur-Mer F....16 A4
Trowbridge GB....13 E2
Troyes F....22 A3
Trpanj HR....135 E3
Trpezi SCG....136 C2
Trpinja HR....132 A2
Trsa SCG....136 A2
Tršić SCG....132 B4
Trstenik HR....135 F3
Trstenik (Kruševac) SCG....137 D2
Trstenik (Priština) SCG....137 D1
Trsteno HR....135 F3
Trubčevsk RUS....125 F4
Trubia E....33 E2
Trubjela SCG....136 A3
Truchas E....33 D4
Truchtersheim F....23 E2
Trujillo E....41 E3
Trun F....20 C2
Truro GB....12 B4
Trutnov CZ....64 C1
Truva TR....129 E3
Tryde S....123 E3
Tržac BIH....131 D4
Tržič SLO....130 B2
Tsada CY....138 A3
Tsakéi GR....94 B1
Tsamandás GR....86 C4
Tsangaráda GR....93 F1
Tsangário GR....92 A1
Tsarítsani GR....87 F4
Tsarkassiános GR....92 A4
Tseri CY....138 C3
Tsotíli GR....87 E3
Tsoukaládes GR....92 A2
Tsoútsouros GR....101 D4
Tuam / Tuaim IRL....2 B4
Tubilla del Agua E....36 B2
Tübingen DE....66 B1
Tubre / Taufers im Münstertal I....67 D4
Tučepi HR....135 E2
Tuchan F....29 F4
Tudela E....37 E3
Tudela de Duero E....36 A3
Tuffé F....20 C3
Tuheljske Toplice HR....130 C2
Tuhkakylä FIN....115 E2
Tui E....32 A4
Tukums LV....124 B2
Tula RUS....125 F3
Tulare SCG....137 D2
Tulcea RO....127 E4
Tul'čyn UA....127 E3
Tulla IRL....4 C2
Tullamore / Tulach Mhór IRL....2 C4
Tulle F....25 E4
Tullgarn S....119 E3
Tullins F....27 D4
Tulln A....69 D1
Tullow / An Tulach IRL....5 E2
Tulppio FIN....109 E1
Tulsk IRL....2 C3
Tumba S....119 E2
Tuohikotti FIN....121 E3
Tuoro sul Trasimeno I....76 B4
Turalići BIH....132 B4
Turbe BIH....131 F4
Turckheim F....23 E3
Turda RO....126 C4
Turégano E....36 B4
Turenki FIN....120 C3
Turgutlu TR....129 F4
Türi EST....124 B1
Turi I....81 D2
Turija SCG....132 C2
Turija BIH....132 A4
Turinge S....119 E2
Turís E....43 F3
Turja SCG....133 E3
Turjak SLO....130 B2
Türkheim DE....67 D2
Turku / Åbo FIN....120 B4
Turmiel E....43 D1
Turnberry GB....3 F1
Turnhout B....17 F1
Türnitz A....69 D1
Turnov CZ....64 B1
Turnov CZ....64 B1
Turnu Măgurele RO....129 D2
Turre E....49 D3
Turriers F....31 E1
Turriff GB....7 E4
Tursi I....81 D4
Turtola FIN....108 C2
Tuscania I....78 C1
Tuse DK....122 C3
Tušilović HR....130 C3
Tutajev RUS....125 F1
Tutrakan BG....129 E1
Tuttlingen DE....66 B2
Tuturano I....81 F3
Tutzing DE....67 E2
Tuulos FIN....121 D3
Tuupovaara FIN....115 F3
Tuusniemi FIN....115 E3
Tuusula FIN....121 D4
Tuxford GB....10 C3
Tuzi SCG....136 B3
Tuzla BIH....132 A4
Tvedestrand N....116 C3
Tver' RUS....125 F1
Tvøroyri (Færøerne) DK....106 A4
Twimberg A....68 C3
Twist DE....55 E3
Twistringen DE....55 F2
Tydal N....111 E2
Tyin N....110 C4
Tymvou CY....139 D3
Týn nad Vltavou CZ....64 B3
Tyndaris I....83 D4
Tyndrum GB....8 C2
Tynemouth GB....9 F4
Tynkä FIN....114 C2
Tynset N....111 E3
Tyresö S....119 E2
Tyringe S....123 E2
Tyristrand N....117 D1
Tyrnävä FIN....115 D1
Tysse N....116 A1
Tyssebotn N....110 A4
Tyssedal N....116 B1
Tywyn GB....10 A4

U

Ub SCG....132 C4
Úbeda E....48 B1
Überlingen DE....66 B2
Ubľa SK....126 B3
Ubli SCG....136 A3
Ubli HR....135 E3
Ubrique E....47 E3
Uchte DE....55 F3
Uckange F....22 C1
Uckfield GB....14 C4
Uclés E....42 C2
Udbina HR....131 D4
Udbyhøj DK....122 B2
Uddevalla S....118 B3
Uddheden S....118 B2
Uden NL....54 C4
Udine I....72 C3
Udovo MK....137 F4
Udvar HR....132 A2
Uebigau DE....57 F4
Ueckermünde DE....52 A3
Uelzen DE....50 C4
Uetersen DE....50 B3
Uetze DE....56 C3
Uffenheim DE....62 C3
Ugao SCG....136 C2
Ugento I....81 F4
Ugíjar E....48 B3
Ugine F....27 E3
Uglič RUS....125 F1
Ugljan HR....134 B1
Ugljan (Otok) HR....134 B1
Ugljane HR....135 E2
Ugljevik BIH....132 B3
Ugrinovci SCG....133 D4
Uherské Hradiště CZ....65 E3
Uherský Brod CZ....65 F3
Uhingen DE....66 C1
Uhlířské Janovice CZ....64 C2
Uhrsleben DE....57 D3
Uig GB....6 B4
Uimaharju FIN....115 F3
Uithoorn NL....54 B3
Uithuizen NL....55 D1
Ukkola FIN....115 F3
Ukmerge LT....124 C3
Ulcinj SCG....136 B4
Ulefoss N....116 C2
Uleila del Campo E....49 D3
Ulfborg DK....122 A2
Uljanik HR....131 E3
Ul'janovka UA....127 E3
Uljma SCG....133 D2
Ullånger S....112 C2
Ullapool GB....6 C3
Ullared S....123 D1
Ullava FIN....114 C2
Ulldecona E....44 B1
Ulm (Donau) DE....66 C1
Ulmen DE....61 F3
Ulog BIH....135 F2
Ulricehamn S....118 C4
Ulrichsberg A....64 B4
Ulsberg N....111 D2
Ulsta GB....7 F2
Ulsteinvik N....110 B2
Ulverston GB....10 C1
Ulvik N....116 B1
Ulvila FIN....120 B3
Ulvsjö S....112 A4
Umag HR....130 A3
Uman' UA....127 E2
Umbertide I....76 B3
Umbukta N....107 E3
Umčari SCG....133 D3
Umeå S....113 D1
Umhausen A....67 E3
Umin Dol MK....137 E3
Umka SCG....132 C3
Umljanović HR....135 D2
Unari FIN....109 D2
Uncastillo E....37 E2
Undersåker S....112 A2
Undredal N....110 B4
Uneča RUS....125 E4
Unešić HR....135 D2
Úněšov CZ....63 F2
Ungheni MD....127 D3
Ungilde E....33 D4

VALÈNCIA

Octubre ..... AU 99
e Reig..... BV 2
Guimerá..... AU 7
ssot (Av. de)..... AU 9
anar (Av.)..... AU 10
illes ..... BU 14
itución (Av. de la) ..... BU 15
r Peset Aleixandre (Av.) BU 20
r Tomás Sala (Av. del).. AV 21
ndo el Católico (G. Vía) . AU 26
as ..... BV 29
r Aguilar (Av. de)..... AV 31
al Avilés (Av.) ..... AU 32
al Urrutia ..... BV 36
eta (Av.) ..... AV 37
alaviar..... BU 38
anos Maristas (Av. de) . BV 42
iero Manuel Soto (Av.) . CV 43
Soto Mico ..... AV 46
de Murs y Valls..... BV 44
de la Zaidia ..... BU 47
tro Rodrigo (Av.) ..... AU 51
ingora (Av. de)..... AV 52
el de Falla (Av.) ..... AU 53
ndez Pidal (Av.)..... AU 58
nas (Camino) ..... CV 60
na (Paseo) ..... AU 68
Galdós (Av. de)..... AU 69
y Valero (Av. de)..... BV 71
ta Martinez Carrasco
. del) ..... BV 72
(Av. de la)..... BV 76
do Reig (Av. del) ..... BU 78
sé de Calasanz..... AU 82
icente Mártir (Av.) ..... AV 84
de Molina (Av.)..... AU 92

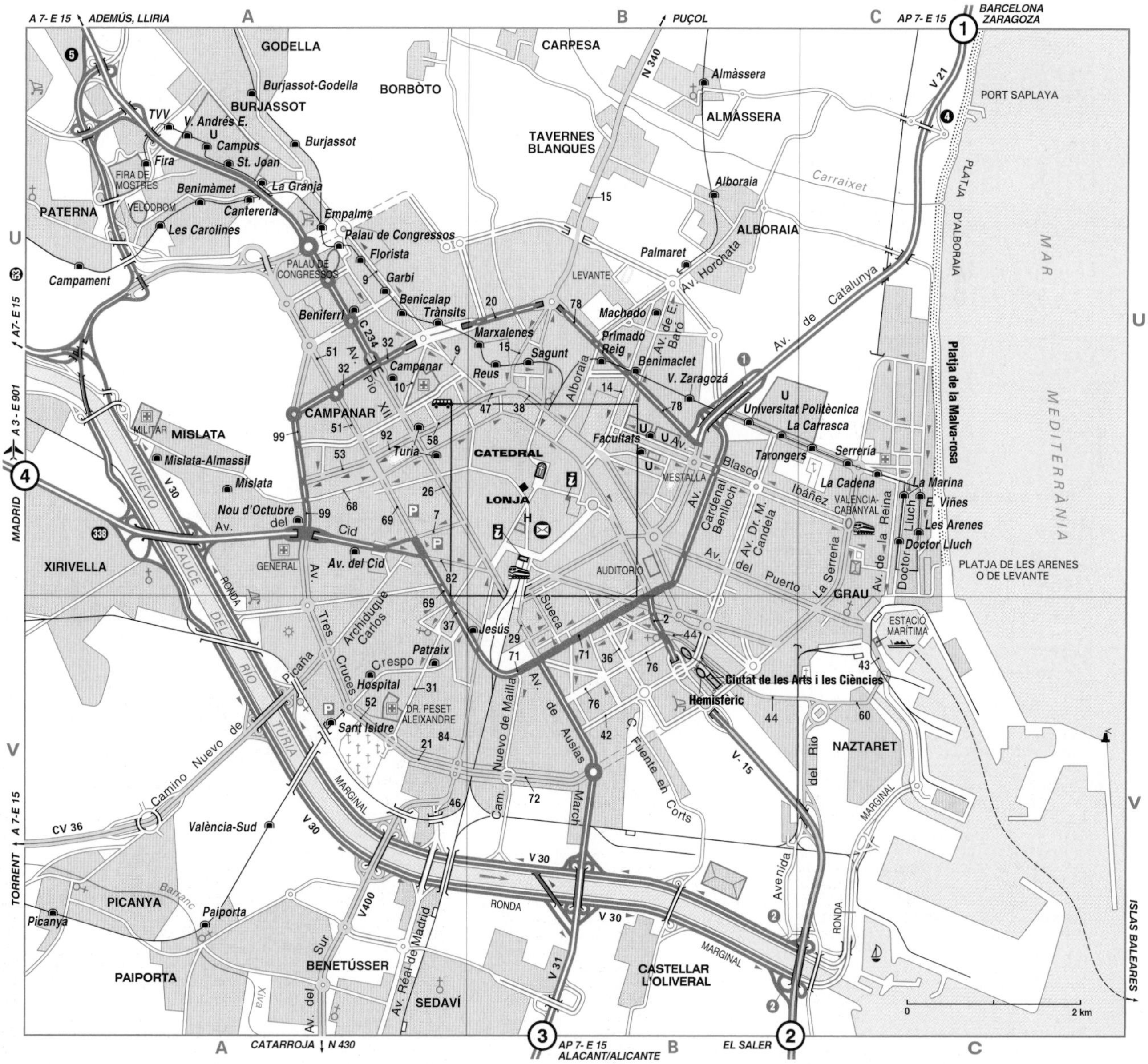

Unhais da Serra *P* 40 C1
Unhošť *CZ* 64 A2
Uničov *CZ* 65 E2
Unije *HR* 134 A1
Unna *DE* 55 E4
Unnaryd *S* 123 E1
Unquera *E* 36 A1
Unterach *A* 68 A2
Unterhaching *DE* 67 E2
Unterschleißheim *DE* 67 E1
Unterwasser *CH* 66 C3
Unterweißenbach *A* 68 C1
Upavon *GB* 13 F2
Úpice *CZ* 64 C1
Upinniemi *FIN* 120 C3
Uppingham *GB* 11 E4
Upplands-Väsby *S* 119 E2
Uppsala *S* 119 E2
Upton-upon-Severn *GB* 13 E1
Uras *I* 82 B3
Urbania *I* 76 C3
Urbe *I* 75 D2
Urbino *I* 76 C3
Urda *E* 42 B3
Urdos *F* 28 B4
Urepel *F* 28 A3
Urfahr *A* 68 B1
Urfeld *DE* 67 E2
Uri *I* 82 A2
Uriage-les-Bains *F* 27 D4
Urjala *FIN* 120 C3
Urk *NL* 54 C3
Urla *TR* 129 F4
Urlingford *IRL* 5 D2
Urnäsch *CH* 66 C3
Uroševac *SCG* 137 D3
Urovica *SCG* 133 F3
Urshult *S* 123 E2
Ururi *I* 80 A1
Ury *F* 21 F3
Urziceni *RO* 129 E1
Usagre *E* 41 E4
Uşak *TR* 129 F4
Ušća *SCG* 136 C1
Usedom *DE* 51 F2
Usingen *DE* 62 A2
Usk / Brynbuga *GB* 13 E1
Uskoplje *BIH* 136 A3
Üsküdar *TR* 129 F3
Uslar *DE* 56 B4
Ussat *F* 29 E4
Ussé *F* 25 D1
Usseglio *I* 27 F4
Ussel *F* 25 F3
Usseln *DE* 62 A1
Ustaoset *N* 116 C1
Ustaritz *F* 28 A3
Uster *CH* 66 B3
Ústí nad Labem *CZ* 64 A1
Ústí nad Labem *CZ* 64 A1
Ústí nad Orlicí *CZ* 65 D2
Ustibar *BIH* 136 B1
Ustikolina *BIH* 136 A1
Ustiprača *BIH* 136 A1
Ustka *PL* 52 C1
Ust'užna *RUS* 125 F1
Utajärvi *FIN* 115 D1
Utåker *N* 116 A1
Utbjoa *N* 116 A1
Utebo *E* 37 F3
Utelle *F* 31 F2
Utena *LT* 124 C3
Utiel *E* 43 F3
Utne *N* 116 B1
Utrecht *NL* 54 C4
Utrera *E* 47 E2
Utrillas *E* 43 F1
Utsjoki *FIN* 105 E2
Uttendorf *A* 68 A1
Uttendorf *A* 67 F3
Utting *DE* 67 E2
Uttoxeter *GB* 11 D4
Uukuniemi *FIN* 121 F2
Uurainen *FIN* 115 D4
Uusikaupunki *FIN* 120 B3
Uvac *SCG* 136 B1
Uvdal *N* 116 C1
Uzdin *SCG* 133 D2
Uzel *F* 18 C3
Uzerche *F* 25 E4
Uzès *F* 30 C2
Užhorod *UA* 126 B3
Užice *SCG* 136 B1
Uzunköprü *TR* 129 E3
Uzyn *UA* 127 E2

V

V. Jablanica *SCG* 136 C2
V. Prolog *HR* 135 E2
Vä *S* 123 E3
Vaajakoski *FIN* 115 D4
Vääkiö *FIN* 115 E1
Vaala *FIN* 115 D1
Vaalajärvi *FIN* 109 D1
Vaalimaa *FIN* 121 E3
Vaals *NL* 61 E2
Vaaraslahti *FIN* 115 D3
Vaasa / Vasa *FIN* 114 B3
Vaassen *NL* 54 C3
Vabre *F* 29 F2
Vác *H* 126 A4
Vacha *DE* 62 C1
Väddö *S* 119 F2
Vadheim *N* 110 B4
Vado Ligure *I* 75 D2
Vadsø *N* 105 F2
Vadstena *S* 118 C3
Vaduz *FL* 71 D1
Væggerløse *DK* 122 C4
Vaféika *GR* 89 F1
Vafiohóri *GR* 88 A1
Vågaholmen *N* 107 E2
Vågåmo *N* 111 D3
Vågan *N* 107 E2
Våge *N* 116 A1
Vaggeryd *S* 118 C4
Vágia *GR* 93 F3
Vagioniá *GR* 101 D4
Vagnhärad *S* 119 E3
Vagos *P* 40 B1
Vagur (Færøerne) *DK* 106 A4
Vähäkyrö *FIN* 114 B3
Vahto *FIN* 120 B3
Váï *GR* 101 F3
Vaiano *I* 76 A2
Vaiges *F* 19 F3
Vaihingen a. d. Enz *DE* 62 B4
Vailly-sur-Aisne *F* 17 D4
Vailly-sur-Sauldre *F* 21 F4
Vainikkala *FIN* 121 E3
Vaisaluokta *S* 107 F1
Vaison-la-Romaine *F* 30 C1
Vaksdal *N* 110 A4
Val-de-Reuil *F* 16 B4
Val-d'Isère *F* 27 F3
Val-Thorens *F* 27 E4
Vålådalen *S* 112 A2
Valadares *P* 34 B4
Valalta *HR* 130 A4
Valamen *FIN* 115 E3
Valandovo *MK* 137 F4
Valareña *E* 37 E3
Valašské Meziříčí *CZ* 65 F2
Valax *FIN* 121 D4
Valbella *CH* 66 C4
Vålberg *S* 118 C2
Valberg *F* 31 F2
Valbiska *HR* 130 B4
Valbo *S* 119 E1
Valbondione *I* 71 E3
Valbonnais *F* 27 D4
Valcarlos *E* 28 A3
Valdagno *I* 72 A4
Valdahon *F* 27 E1
Valdaj *RUS* 125 E1
Valdaora / Olang *I* 67 F4
Valdecaballeros *E* 41 F3
Valdecabras *E* 43 D2
Valdecarros *E* 41 F1
Valdedíos *E* 33 E2
Valdefuentes *E* 41 E3
Valdeganga *E* 43 E4
Valdelacasa de Tajo *E* 41 F2
Valdelinares *E* 43 F2
Valdemarsvik *S* 119 E4
Valdemeca *E* 43 E2
Valdemorillo *E* 42 B1
Valdemoro *E* 42 B2
Valdenoceda *E* 36 B1
Valdepeñas *E* 42 C4
Valdepeñas de Jaén *E* 48 A2
Valderas *E* 35 F3
Valderiès *F* 29 F2
Valderrobres *E* 44 A1
Valdestillas *E* 36 A4
Valdeverdeja *E* 41 F2
Valdevimbre *E* 33 E4
Valdezcaray *E* 36 C2
Valdieri *I* 31 F1
Valdobbiadene *I* 72 B3
Vale de Açor *P* 46 B1
Vale de Cambra *P* 34 B4
Vale de Estrela *P* 41 D1
Vale de Prazeres *P* 40 C1
Valeggio sul Mincio *I* 71 F4
Valença do Minho *P* 32 A4
Valençay *F* 25 E1
Valence *F* 26 C4
Valence-d'Agen *F* 29 D2
Valence-d'Albigeois *F* 29 F2
Valence-sur-Baïse *F* 29 D2
València *E* 44 A3
Valencia de Alcántara *E* 41 D3
Valencia de Don Juan *E* 33 E4
Valencia de las Torres *E* 41 E4
Valencia del Ventoso *E* 47 D1
Valenciennes *F* 17 D3
Valensole *F* 31 D2
Valentano *I* 78 C1
Valentigney *F* 23 D4
Valenza *I* 75 D1
Våler (Hedmark) *N* 117 E1
Våler (Østfold) *N* 117 D2
Valeria *E* 43 D2
Valevåg *N* 116 A1
Valfabbrica *I* 76 C4
Valga *EST* 124 C2
Valgorge *F* 30 B1
Valgrisenche *I* 27 F3
Valguarnera *I* 85 D3
Valhelhas *P* 41 D1
Valimítika *GR* 93 D4
Valíra *GR* 96 C2
Valjevo *SCG* 132 C4
Valjok *N* 105 E2
Valjunquera *E* 44 A1
Valkeakoski *FIN* 120 C3
Valkeala *FIN* 121 E3
Valkenburg
aan de Geul *NL* 61 D2
Valkenswaard *NL* 17 F1
Valko *FIN* 121 D3
Vall d'Alba *E* 44 A2
Valladolid *E* 36 A3
Vallata *I* 80 B3
Vallbo *S* 112 A2
Valldal *N* 110 C3
Valldemossa *E* 45 E3
Valle *N* 116 B2
Valle Castellana *I* 77 D4
Valle de Abdalajís *E* 47 F3
Valle de la Serena *E* 41 E4
Valle de los Caídos *E* 42 B1
Valle de Matamoros *E* 41 D4
Valle Mosso *I* 70 C4
Valleberga *S* 123 E3
Vallejera de Riofrío *E* 41 F1
Vallentuna *S* 119 E2
Valleraugue *F* 30 B2
Vallet *F* 24 B1
Valletta *M* 85 F4
Vallgrund *FIN* 114 B3
Vallø *DK* 123 D3
Vallo della Lucania *I* 80 B4
Valloire *F* 27 E4
Vallombrosa *I* 76 A3
Vallon-en-Sully *F* 25 F2
Vallon-Pont-d'Arc *F* 30 B1
Vallorbe *CH* 27 E1
Vallorcine *F* 27 E2
Vallouise *F* 27 E4
Valls *E* 38 B4
Vallsta *S* 112 B4
Valmiera *LV* 124 B2
Valmojado *E* 42 B2
Valmont *F* 16 A4
Valmontone *I* 79 E2
Valmorel *F* 27 E3
Valognes *F* 19 E1
Valongo *P* 34 B4
Valoria la Buena *E* 36 A3
Valøya *N* 106 C4
Valožyn *BY* 124 C4
Valpaços *P* 35 D3
Valpalmas *E* 37 F3
Valpovo *HR* 132 A2
Valprato Soana *I* 27 F3
Valras-Plage *F* 30 A3
Valréas *F* 30 C1
Vals-les-Bains *F* 30 B1
Valsamónero *GR* 100 C4
Valsavarenche *I* 27 F3
Valset *N* 111 D1
Valsjöbyn *S* 112 A1
Valtessiníko *GR* 96 C1
Valtierra *E* 37 E3
Valtimo *FIN* 115 E2
Váltos *GR* 91 E1
Valtotópi *GR* 88 C1
Valtournenche *I* 27 F3
Valun *HR* 130 B4
Valvasone *I* 72 C3
Valverde *E* 37 E3
Valverde de Júcar *E* 43 D3
Valverde de Leganés *E* 41 D4
Valverde del Camino *E* 46 C2
Valverde del Fresno *E* 41 D1

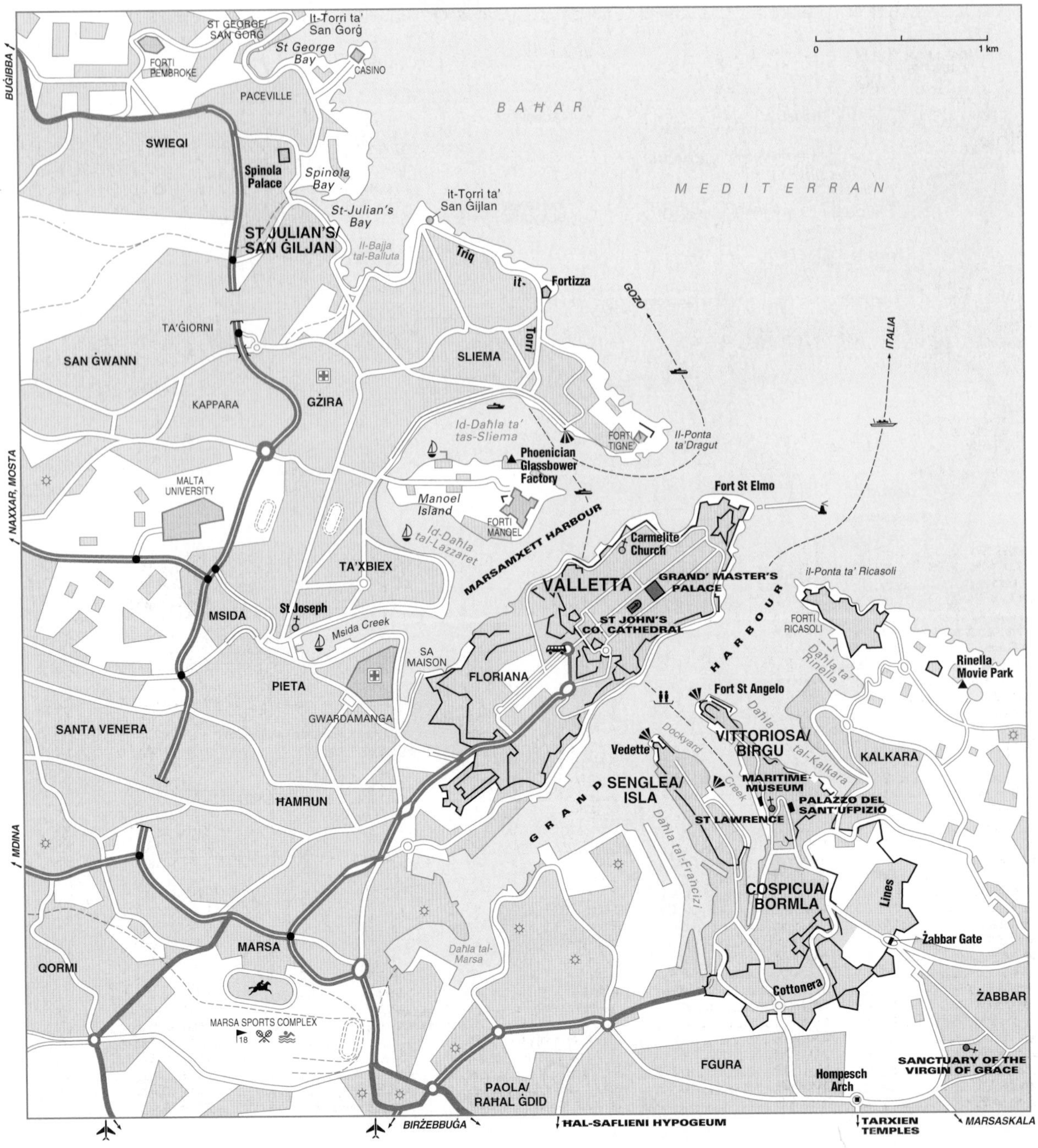

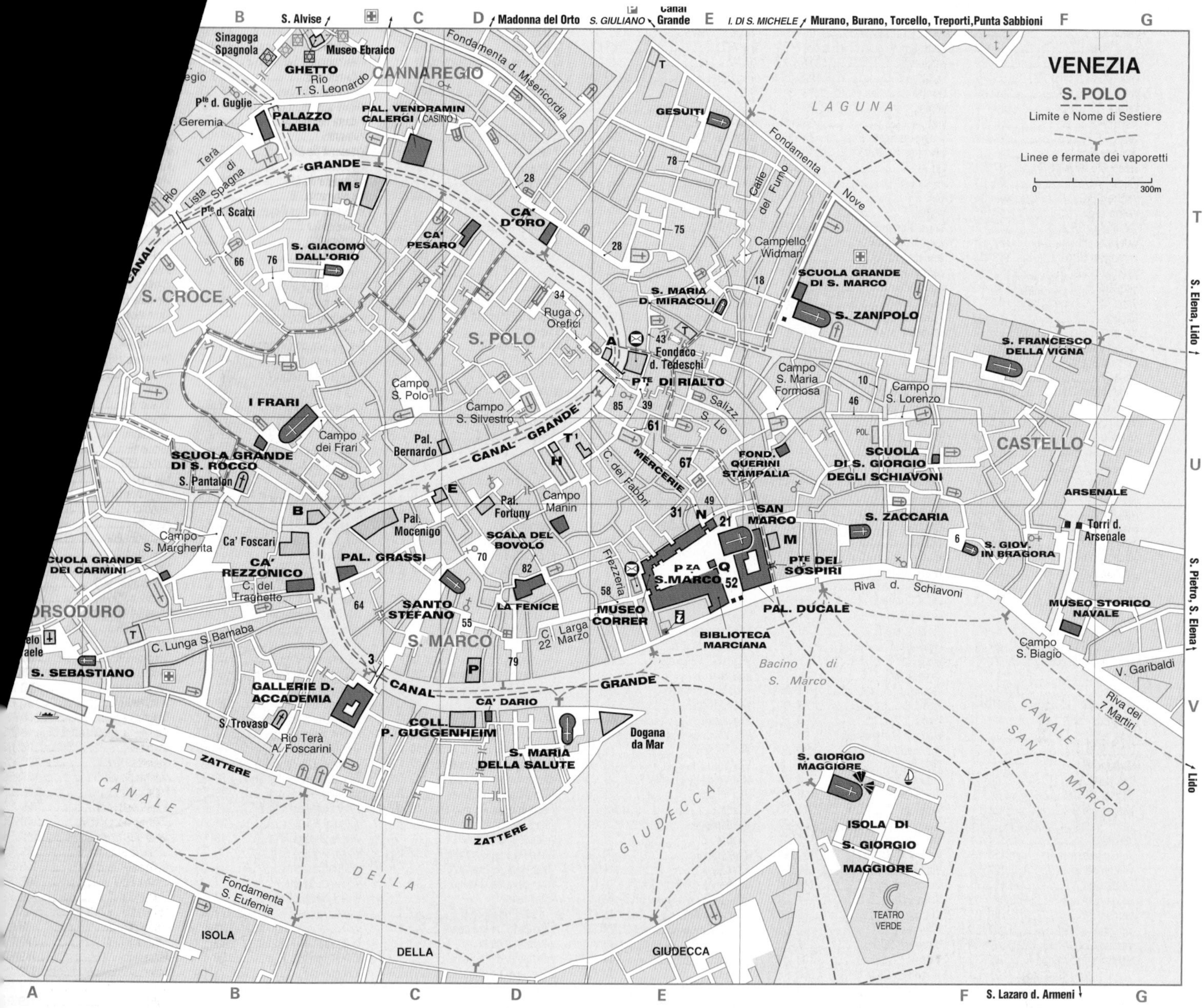

Aprile (V.) . . . . ET 85
ccademia (Pte dell'). . . . . BV 3
andiera e Moro (Campo). . . . . FV 6
apello (Ramo) . . . . FT 10
allina (Calle Larga G.) . . . . FT 18
Leoncini (Pzetta dei) . . . . EV 21
Libertà (Pte della) . . . . AT 24
Nuova (Str.) . . . . DET 28
Orologio (Merceria dell') . . . . . . EV 31
Pescaria (Campo della) . . . . DT 34
S. Bartolomeo (Campo) . . . . ET 39
S. Giovanni Crisostomo (Salizzada) . . . . ET 43
S. Lorenzo (Calle Larga) . . . . FT 46
S. Marco (Calle Larga) . . . . EV 49
S. Marco (Pzetta) . . . . EV 52
S. Maurizio (Campo) . . . . DV 55
S. Moisé (Salizzada) . . . . EV 58
S. Salvador (Merceria) . . . . EU 61
S. Samuele (Campo) . . . . BV 64
S. Simeon Profeta (Campo) . . . . BT 66
S. Zulian (Merceria) . . . . EU 67
Sáuro (Campo N.) . . . . BT 76
Sant' Angelo (Campo) . . . . DV 70
Santi Apostoli (Rio Terà dei) . . . . ET 75
Seriman (Salizzada) . . . . ET 78
Traghetto (Campo del) . . . . DV 79
Verona (Calle della) . . . . DV 82

åmb *S* 118 C3
amberk *CZ* 65 D2
åmhus *S* 112 A4
amlingbo *S* 119 F4
ammala *FIN* 120 B3
ampula *FIN* 120 B3
amvakoú *GR* 93 E1
amvakoú *GR* 97 D2
andellós *E* 44 B1
änersborg *S* 118 B3
angsnes *N* 110 B4
angsvik *N* 104 B3
anha Vaasa *FIN* 114 B3
ännäs *S* 113 D1
annavålen *N* 104 C2
annes *F* 18 C4
ansbro *S* 118 C1
antaa / Vanda *FIN* 121 D4
anttauskoski *FIN* 109 E2
aour *F* 29 E2
ara *S* 118 B3
arades *F* 19 E4
arallo *I* 70 C4
arangerbotn *N* 105 F2
arano de Melegari *I* 75 E1
araždin *HR* 131 D1
araždinske Toplice *HR* 131 D2
arazze *I* 75 D2
arberg *S* 123 D1
arda *GR* 92 C4
arda *SCG* 132 C4
arde *DK* 122 A3
ardø *N* 105 F1
ardö *FIN* 120 A4
rel *DE* 50 A4
Vareleíi *GR* 94 B4
Varengeville-sur-Mer *F* 16 A3
Varenna *I* 71 D3
Varennes-en-Argonne *F* 17 F4
Varennes-sur-Allier *F* 26 A2
Varennes-sur-Amance *F* 22 C4
Vareš *BIH* 132 A4
Varese *I* 71 D4
Varese Ligure *I* 75 E2
Vårgårda *S* 118 B4
Vargas *E* 36 B1
Varhaug *N* 116 A2
Vári *GR* 98 C2
Vári *GR* 97 F1
Varilhes *F* 29 E3
Varimbómbi *GR* 94 A4
Váris *GR* 87 E3
Varkaus *FIN* 115 E4
Várkiza *GR* 97 F1
Varmahlíð *IS* 106 B1
Varmo *I* 72 C3
Varna *SCG* 132 C3
Varna *BG* 129 F2
Värnamo *S* 123 E1
Varnhem *S* 118 C3
Varnsdorf *CZ* 64 B1
Värö *S* 123 D1
Varoš Selo *SCG* 137 D3
Varpaisjärvi *FIN* 115 E3
Várpalota *H* 126 A4
Vars *F* 31 E1
Vartholomió *GR* 92 B4
Vartius *FIN* 115 F1
Varvára *GR* 88 C2
Varvarin *SCG* 133 E4
Varzi *I* 75 D1
Varzy *F* 21 F4
Vasa *CY* 138 B3
Vasaraperä *FIN* 109 F2
Vásárosnamény *H* 126 B3
Vasileia *CY* 138 C2
Vasilikos *CY* 138 C3
Vaskio *FIN* 120 C4
Vaskivesi *FIN* 120 C2
Vaslui *RO* 127 D4
Vassarás *GR* 97 D2
Vassés *GR* 96 C2
Vassieux-en-Vercors *F* 27 D4
Vassiliká *GR* 95 F2
Vassiliká *GR* 88 B2
Vassiliká *GR* 94 A2
Vassilikí *GR* 87 E4
Vassilikí *GR* 92 A3
Vassilikó *GR* 94 A3
Vassilikós *GR* 96 A1
Vassilís *GR* 93 E1
Vassy *F* 19 F2
Västanfjärd *FIN* 120 B4
Västenbäck *S* 112 B2
Väster-Haninge *S* 119 E3
Västerås *S* 119 D2
Västervik *S* 119 E4
Vasto *I* 80 A1
Vasyl'kiv *UA* 127 E2
Vatan *F* 25 E1
Väte *S* 119 F4
Vaterá *GR* 95 F2
Vateró *GR* 87 F3
Vathí *GR* 99 F3
Vathí *GR* 94 A3
Vathí *GR* 92 B3
Váthi *GR* 88 B1
Váthia *GR* 97 D4
Vathílakos *GR* 88 A2
Vathílakos *GR* 87 F3
Vathílakos *GR* 89 D1
Vathípetro *GR* 101 D4
Vathís *GR* 99 F4
Vatili *CY* 139 D3
Vatin *SCG* 133 D2
Vatne *N* 110 B2
Vatólakos *GR* 87 E3
Vatra Dornei *RO* 126 C4
Vattholma *S* 119 E2
Vaucouleurs *F* 22 C2
Vaŭkavysk *BY* 124 C4
Vauvert *F* 30 B2
Vauvillers *F* 23 D3
Vávdos *GR* 88 C3
Växjö *S* 123 E2
Våxtorp *S* 123 D2
Vayrac *F* 25 E4
V'az'ma *RUS* 125 F3
Veberöd *S* 123 D3
Vechta *DE* 55 F2
Vecinos *E* 41 F1
Vedelago *I* 72 B4
Veendam *NL* 55 D2
Veenendaal *NL* 54 C4
Veere *NL* 17 D1
Vega de Espinareda *E* 33 D3
Vega de Valcarce *E* 32 C3
Vegadeo *E* 32 C2
Vegarienza *E* 33 E3
Vegårshei *N* 116 C3
Vegas del Condado *E* 33 E3
Vegesack *DE* 50 A4
Veghel *NL* 54 C4
Veguellina de Órbigo *E* 33 E4
Vehkalahti *FIN* 121 E3
Vehmaa *FIN* 120 B3
Vehmersalmi *FIN* 115 E3
Veidnesklubben *N* 105 E1
Veikkola *FIN* 120 C3
Veinge *S* 123 D2
Veiros *P* 40 C3
Vejen *DK* 122 B3
Vejer de la Frontera *E* 47 D4
Vejle *DK* 122 B3
Vel.-Kopanica *HR* 132 A3
Vel. Lašče *SLO* 130 B3
Vel. Trnovac *SCG* 137 E2
Vela Luka *HR* 135 E3
Velada *E* 42 A2
Velagići *BIH* 131 E4
Velanídia *GR* 97 E4
Velayos *E* 42 A1
Velbert *DE* 61 F1
Velburg *DE* 63 E4
Velde *N* 111 E1
Velden *DE* 63 E3
Velden *DE* 67 F1
Velden *A* 68 B4
Veldhoven *NL* 17 F1
Velenje *SLO* 130 C2
Veles *MK* 137 E3
Velešta *MK* 137 D4
Velestíno *GR* 93 E1
Vélez Blanco *E* 49 D2
Vélez de Benaudalla *E* 48 B3
Vélez Málaga *E* 48 A3
Vélez Rubio *E* 49 D2
Veli Iz *HR* 134 B1
Veli Lošinj *HR* 134 B1
Veličani *BIH* 135 F3
Veliés *GR* 97 E3
Velika *HR* 131 F3
Velika Drenova *SCG* 137 D1
Velika Gorica *HR* 131 D2
Velika Jamnička *HR* 131 D3
Velika Kladuša *BIH* 131 D3
Velika Kruša *SCG* 137 D3
Velika Mučna *HR* 131 E2
Velika Plana (Jagodina) *SCG* 133 D4
Velika Plana (Prokuplje) *SCG* 137 D1
Veliki Bastaji *HR* 131 E2
Veliki Gaj *SCG* 133 D2
Veliki Grđevac *HR* 131 E2
Veliki Izvor *SCG* 133 F4
Veliki Popović *SCG* 133 E4
Veliki Preslav *BG* 129 E2
Veliki Radinci *SCG* 132 B3
Veliki Raven *HR* 131 D2
Veliki Zdenci *HR* 131 E2
Velikije Luki *RUS* 125 D2
Veliko Gradište *SCG* 133 E3
Veliko Orašje *SCG* 133 D3
Veliko Tărnovo *BG* 129 E2
Velilla del Río Carrión *E* 33 F3
Velimlje *SCG* 136 A3
Vélines *F* 24 C4
Velingrad *BG* 129 D2
Veliž *RUS* 125 E3

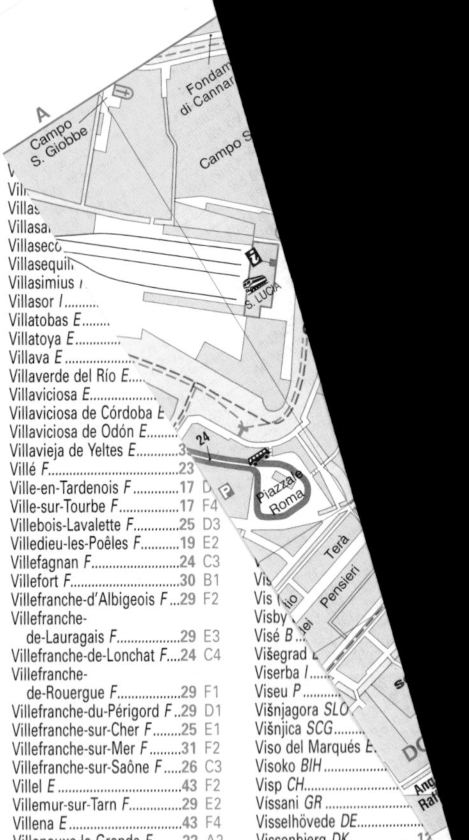

Veljun HR.....130 C3
Velká Bíteš CZ.....65 D3
Velká Bystřice CZ.....65 E2
Velká nad Veličkou CZ.....65 F3
Velké Meziříčí CZ.....65 D3
Velkua FIN.....120 B4
Vellahn DE.....50 C4
Velletri I.....79 E2
Vellinge S.....123 D3
Velopoúla (Nissí) GR.....97 F3
Vélos GR.....94 B3
Velpke DE.....57 D3
Velten DE.....57 F2
Velvendós GR.....87 F3
Velyka Lepetycha UA.....127 F3
Vemdalen S.....112 A3
Vemdalsskalet S.....112 A3
Vemhån S.....112 A3
Véna GR.....91 D2
Venaco F.....78 A3
Venafro I.....79 F2
Venarey-les-Laumes F.....22 B4
Venaria Reale I.....27 F4
Vence F.....31 F2
Venda Nova P.....34 C3
Vendas Novas P.....40 B4
Vendeuvre-sur-Barse F.....22 B3
Vendôme F.....21 D4
Veneheitto FIN.....115 D1
Venezia I.....72 B4
Vengjaneset N.....116 A1
Venialbo E.....35 F4
Venjan S.....112 A4
Venlo NL.....61 E1
Vennesla N.....116 B3
Vennesund N.....107 D4
Venosa I.....80 C3
Venray NL.....55 D4
Venta Nueva E.....33 D3
Ventas con
Peña Aguilera E.....42 B3
Ventas de Huelma E.....48 A3
Ventimiglia I.....31 F2
Ventnor GB.....13 F3
Ventspils LV.....124 A2
Venturina I.....75 F4
Vera E.....49 D3
Vera N.....111 E1
Verbania I.....70 C4
Verberie F.....16 C4
Verbicaro I.....80 C4
Verbier CH.....27 F2
Verčane SCG.....133 D4
Vercel-Villedieu-le-Camp F..27 E1
Vercelli I.....74 C1
Verchnjadzvinsk BY.....124 C3
Verchn'odniprovs'k UA.....127 F2
Verdalsøra N.....111 E1
Verde (Col de) F.....78 A3
Verden DE.....56 B2
Verdikoússa GR.....87 F4
Verdun F.....17 F4
Verdun-sur-Garonne F.....29 E2
Verdun-sur-le-Doubs F.....26 C1
Vergato I.....76 A2
Vérgi GR.....88 C1
Vergiate I.....71 D4
Vergio (Col de) F.....78 A3
Vergt F.....25 D4
Véria GR.....87 F2
Verín E.....32 C4
Verl DE.....55 F4
Vermand F.....17 D3
Vermenton F.....22 A4
Vernet-les-Bains F.....29 F4
Verneuil-sur-Avre F.....21 D2
Vernon F.....21 D2
Vernoux-en-Vivarais F.....26 C4
Verny F.....23 D2
Veroli I.....79 E2
Verona I.....71 F4
Verran N.....111 E1
Verrès I.....27 F3
Versailles F.....21 E2
Versmold DE.....55 F3
Verteillac F.....25 D4
Vertus F.....22 A2
Verucchio I.....76 B2
Verviers B.....61 D2
Vervins F.....17 E3
Verzuolo I.....31 F1
Verzy F.....22 A2
Vesanto FIN.....115 D3
Vescovato F.....78 B3
Veselí nad Lužnicí CZ.....64 B3
Veselí nad Moravou CZ.....65 E3
Vesilahti FIN.....120 C3
Vesivehmaa FIN.....121 D3
Vesjegonsk RUS.....125 F1
Veskoniemi FIN.....105 F3
Vesoul F.....23 D4
Véssa GR.....95 F4
Vestby N.....117 D2
Vestbygda N.....116 A2
Vesterø Havn DK.....122 C1
Vestertana N.....105 F1
Vestmanna
(Færøerne) DK.....106 A3
Vestnes N.....110 C2
Vestone I.....71 F4
Vestre jakobselv N.....105 F2
Veszprém H.....126 A4
Veteli FIN.....114 C3
Vetlanda S.....123 F1
Vetralla I.....79 D1
Vetriolo Terme I.....72 A3
Vetschau DE.....58 A3
Veules-les-Roses F.....16 A3
Veulettes-sur-Mer F.....16 A3
Veurne B.....15 F4
Vevey CH.....27 E2
Vévi GR.....87 E2
Veynes F.....31 D1
Veyre-Monton F.....26 A3
Veyrier-du-Lac F.....27 E3
Vezdemarbán E.....35 F3
Vézelay F.....22 A4
Vézelise F.....22 C3
Vézénobres F.....30 B2
Vézins-de-Lévézou F.....30 A1
Vezzani F.....78 A3
Vezzano I.....71 F3
Viadana I.....75 F1
Viana E.....37 D2
Viana do Alentejo P.....40 B4
Viana do Bolo E.....32 C4
Viana do Castelo P.....34 B3
Vianden L.....61 E3
Vianen NL.....54 C4
Viareggio I.....75 F3
Vias F.....30 A3
Vibo Valentia I.....83 E3
Viborg DK.....122 B2
Vibraye F.....20 C3
Vič SLO.....130 B1
Vic E.....39 D3
Vic-en-Bigorre F.....28 C3
Vic-Fezensac F.....29 D2
Vic-le-Comte F.....26 A3
Vic-sur-Aisne F.....17 D4
Vic-sur-Cère F.....25 F4
Vicálvaro E.....42 B1
Vicdessos F.....29 E4
Vicebsk BY.....125 D3
Vicenza I.....72 A4
Vichy F.....26 A2
Vico F.....78 A3
Vico del Gargano I.....80 C1
Vico Equense I.....80 A3
Victoria M.....85 F4
Vidago P.....34 C3
Vidareidi (Færøerne) DK..106 A3
Vidauban F.....31 E3
Viddal N.....110 B3
Videbæk DK.....122 A2
Videm SLO.....130 B2
Vidiáki GR.....96 C1
Vidigueira P.....40 C4
Vidin BG.....128 C2
Vidnava CZ.....65 E1
Vidreres E.....39 D3
Vidrovan SCG.....136 A2
Vidsel S.....108 B3
Viechtach DE.....63 F4
Viechtwang A.....68 B2
Vieira de Leiria P.....40 A2
Vieira do Minho P.....34 C3
Vielha E.....29 D4
Vielle-Aure F.....28 C4
Vielmur-sur-Agout F.....29 F3
Vielsalm B.....61 E2
Vienenburg DE.....56 C3
Vienne F.....26 C3
Vieremä FIN.....115 D2
Vierraden DE.....52 A4
Vierheim DE.....23 F1
Viersen DE.....61 E1
Vierumäki FIN.....121 D3
Vierzon F.....25 F1
Vieste I.....80 C1
Vietas S.....108 A1
Vietri di Potenza I.....80 B3
Vietri sul Mare I.....80 A3
Vieux-Boucau-les-Bains F....28 A2
Vif F.....27 D4
Vig DK.....122 C3
Vigeland N.....116 B3
Vigeois F.....25 E4
Vigevano I.....71 D4
Viggiano I.....80 C3
Vígla GR.....92 B2
Vignale Monferrato I.....74 C1
Vignanello I.....79 D1
Vigneulles-
lès-Hattonchâtel F.....22 C2
Vignola I.....76 A2
Vignole Borbera I.....75 D1
Vignory F.....22 B3
Vigo E.....32 A4
Vigo di Fassa I.....67 F4
Vigone I.....27 F4
Vigonza I.....72 B4
Vihanti FIN.....114 C1
Vihiers F.....24 C1
Vihtavuori FIN.....115 D4
Vihteljärvi FIN.....120 B2
Vihti FIN.....120 C3
Viiala FIN.....120 C3
Viiksimo FIN.....115 F1
Viinijärvi FIN.....115 F3
Viitasaari FIN.....115 D3
Vik IS.....106 B2
Vik N.....116 C3
Vik (Nordland) N.....107 D4
Vik
(Sogn og Fjordane) N..110 B4
Vika S.....119 D1
Vikajärvi FIN.....109 D2
Vikedal N.....116 A1
Vikersund N.....117 D1
Vikeså N.....116 A2
Vikevåg N.....116 A2
Vikingstad S.....119 D3
Vikoč BIH.....136 A1
Víkou GR.....87 D4
Vikran N.....104 B3
Viksdalen N.....110 B3
Viksjö S.....112 C2
Vila Boim P.....40 C3
Vila de Cruces E.....32 B3
Vila de Rei P.....40 B2
Vila do Bispo P.....46 A2
Vila do Conde P.....34 B3
Vila Fernando P.....40 C3
Vila Flor P.....35 D4
Vila Franca das Naves P.....35 D4
Vila Franca de Xira P.....40 A3
Vila Fresca de Azeitão P.....40 A4
Vila Nova da Barquinha P...40 B2
Vila Nova de Cerveira P.....32 A4
Vila Nova de Famalicão P...34 B3
Vila Nova de Foz Côa P.....35 D4
Vila Nova de Gaia P.....34 B4
Vila Nova de Milfontes P....46 A1
Vila Nova de Paiva P.....34 C4
Vila Nova de Poiares P.....40 B1
Vila Nova
de Santo André P.....46 A1
Vila Nova de São Bento P...46 C1
Vila Pouca de Aguiar P.....34 C3
Vila Praia de Âncora P.....32 A4
Vila Real P.....34 C3
Vila-real / Villarreal E.....44 A2
Vila Real
de Santo António P.....46 B2
Vila-rodona E.....38 C4
Vila-seca E.....44 C1
Vila Velha de Ródão P.....40 C2
Vila Verde P.....34 B3
Vila Verde da Raia P.....35 D3
Vila Verde de Ficalho P.....46 C1
Vila Viçosa P.....40 C4
Vilada E.....38 C3
Viladamat E.....39 E3
Viladrau E.....39 D3
Vilafamés E.....44 A2
Vilafranca E.....44 A2
Vilafranca del Penedès E.....38 C4
Vilagarcía de Arousa E.....32 A3
Vilalba / Villalba E.....32 C2
Vilaller E.....29 D4
Vilallonga E.....44 A4
Vilamarxant E.....43 F3
Vilanova E.....32 C2
Vilanova d'Alcolea E.....44 A2
Vilanova de Arosa E.....32 A3
Vilanova de Sau E.....39 D3
Vilanova i la Geltrú /
Villanueva y Geltrú E.....38 C4
Vilar de Barrio E.....32 B4
Vilar Formoso P.....41 D1
Vilches E.....48 B1
Vilejka BY.....124 C4
Vilhelmina S.....107 F1
Vília GR.....93 F4
Vilina Vlas BIH.....136 B1
Viljakkala FIN.....120 C2
Viljandi EST.....124 B2
Vilkaviškis LT.....124 B4
Villa Adriana I.....79 E1
Villa Bartolomea I.....72 A4
Villa de Don
Fadrique (La) E.....42 C3
Villa del Prado E.....42 B2
Villa del Río E.....48 A1
Villa Literno I.....79 F3
Villa Minozzo I.....75 F2
Villa Opicina I.....73 D3
Villa Potenza I.....77 D3
Villa San Giovanni I.....83 D4
Villa Santa Maria I.....80 A1
Villa Santina I.....68 A4
Villa Vomano I.....77 D4
Villabassa / Niederdorf I.....67 F4
Villablanca E.....46 C2
Villablino E.....33 D3
Villabona E.....28 A3
Villabrágima E.....35 F3
Villabuena del Puente E.....35 F4
Villacañas E.....42 C3
Villacarriedo E.....36 B1
Villacarrillo E.....48 B1
Villacastín E.....42 A1
Villach A.....68 B4
Villacidro I.....82 B4
Villada E.....33 F4
Villadiego E.....36 B2
Villadossola I.....70 C3
Villaescusa de Haro E.....43 D3
Villafáfila E.....35 F3
Villaflores E.....35 F4
Villafranca E.....37 F
Villafranca de los Barros E..4
Villafranca
de los Caballeros E.....42 C
Villafranca del Bierzo E.....33 D3
Villafranca di Verona I.....71 F4
Villafranca in Lunigiana I.....75 E2
Villafranca-
Montes de Oca E.....36 C2
Villafranca Piemonte I.....27 F4
Villafranca Tirrena I.....83 D4
Villafranco
del Guadalquivir E.....47 D2
Villafrati I.....84 B3
Villafrechós E.....35 F3
Villafruela E.....36 B3
Villafuerte E.....36 A3
Villager de Laciana E.....33 D3
Villaggio Mancuso I.....83 E2
Villaharta E.....47 F1
Villahermosa E.....42 C4
Villahoz E.....36 B3
Villaines-la-Juhel F.....19 F3
Villala FIN.....115 F4
Villalba de la Sierra E.....43 D2
Villalba de los Barros E.....41 D4
Villalba del Rey E.....43 D2
Villalcázar de Sirga E.....33 F4
Villalgordo
del Marquesado E.....43 D3
Villalón de Campos E.....36 A3
Villalpando E.....35 F3
Villalpardo E.....43 E3
Villaluenga E.....37 E4
Villamañán E.....33 E4
Villamanrique E.....42 C4
Villamanrique
de la Condesa E.....47 D2
Villamartín E.....47 E3
Villamartín de Campos E.....36 A3
Villamassargia I.....82 B4
Villamayor E.....37 F4
Villamayor de Campos E.....35 F3
Villamayor de Santiago E...42 C3
Villandraut F.....28 C1
Villandry F.....20 C4
Villanova Monteleone I.....82 A2
Villanubla E.....36 A3
Villanueva de Alcardete E...42 C3
Villanueva de Alcorón E.....43 D1
Villanueva de Algaidas E.....47 F3
Villanueva de Argaño E.....36 B2
Villanueva de Bogas E.....42 B3
Villanueva de Cameros E.....37 D3
Villanueva de Córdoba E.....47 F1
Villanueva de Franco E.....42 C4
Villanueva de Gállego E.....37 F3
Villanueva
de la Concepción E.....47 F3
Villanueva de la Fuente E...42 C4
Villanueva de la Jara E.....43 D3
Villanueva de la Reina E.....48 A1
Villanueva de la Serena E...41 E4
Villanueva de la Sierra E.....41 E1
Villanueva de la Vera E.....41 F2
Villanueva de las Torres E...48 B2
Villanueva
de los Castillejos E.....46 C2
Villanueva
de los Infantes E.....42 C4
Villanueva
de San Carlos E.....42 B4
Villanueva
del Arzobispo E.....48 C1
Villanueva del Campo E.....35 F3
Villanueva del Duque E.....47 F1
Villanueva del Fresno E.....40 C4
Villanueva del Huerva E.....37 F4
Villanueva del Rey E.....47 F1
Villanueva
del Río y Minas E.....47 E2
Villanueva del Trabuco E.....48 A3
Villaquejida E.....33 E4
Villaquilambre E.....33 E4
Villar de Cañas E.....43 D3
Villar de Domingo
García E.....43 D2
Villar de Peralonso E.....35 E4
Villar del Arzobispo E.....43 F3
Villar del Rey E.....41 D3
Villarcayo E.....36 C1
Villard-de-Lans F.....27 D4
Villardeciervos E.....35 E3
Villardefrades E.....35 F3
Villarejo de Fuentes E.....43 D3
Villarejo de Salvanés E.....42 C2
Villarente E.....33 E4
Villares de la Reina E.....35 F4
Villares del Saz E.....43 D2
Villargarcía del Llano E.....43 E3
Villargordo del Cabriel E.....43 E3
Villaricos E.....49 D3
Villarino E.....35 E4
Villaroya de los Pinares E...43 F1
Villarquemado E.....43 F1
Villarramiel E.....36 A3
Villarrín de Campos E.....35 F3
Villarrobledo E.....43 D3
Villarroya E.....37 D3
V
Vil
Villas
Villasa
Villaseco
Villasequil
Villasimius I
Villasor I.....
Villatobas E.....
Villatoya E.....
Villava E.....
Villaverde del Río E.....
Villaviciosa E.....
Villaviciosa de Córdoba E
Villaviciosa de Odón E.....
Villavieja de Yeltes E.....3
Villé F.....23
Ville-en-Tardenois F.....17 D
Ville-sur-Tourbe F.....17 F4
Villebois-Lavalette F.....25 D3
Villedieu-les-Poêles F.....19 E2
Villefagnan F.....24 C3
Villefort F.....30 B1
Villefranche-d'Albigeois F...29 F2
Villefranche-
de-Lauragais F.....29 E3
Villefranche-de-Lonchat F....24 C4
Villefranche-
de-Rouergue F.....29 F1
Villefranche-du-Périgord F..29 D1
Villefranche-sur-Cher F.....25 E1
Villefranche-sur-Mer F.....31 F2
Villefranche-sur-Saône F.....26 C3
Villel E.....43 F2
Villemur-sur-Tarn F.....29 E2
Villena E.....43 F4
Villenauxe-la-Grande F.....22 A2
Villeneuve F.....29 F1
Villeneuve-d'Ascq F.....15 F4
Villeneuve-de-Berg F.....30 C1
Villeneuve-de-Marsan F.....28 C2
Villeneuve-l'Archevêque F...22 A3
Villeneuve-lès-Avignon F.....30 C2
Villeneuve-sur-Lot F.....29 D1
Villeneuve-sur-Yonne F.....21 F3
Villeréal F.....29 D1
Villers-Bocage F.....19 F2
Villers-Bocage F.....16 C3
Villers-Bretonneux F.....16 C3
Villers-Cotterêts F.....17 D4
Villers-devant-Orval B.....17 F4
Villers-Farlay F.....27 D1
Villers-la-Ville B.....17 E2
Villers-le-Lac F.....27 E1
Villers-sur-Mer F.....20 C1
Villersexel F.....23 D4
Villerupt F.....22 C1
Villerville F.....20 C1
Villetta Barrea I.....79 F2
Villiers-St-Georges F.....21 F2
Villingen DE.....23 F3
Villoldo E.....33 F4
Villoria E.....35 F4
Villotta I.....72 B3
Vilnius LT.....124 C4
Vil'nohirs'k UA.....127 F2
Vilppula FIN.....120 C2
Vilsbiburg DE.....67 F1
Vilseck DE.....63 E3
Vilshofen DE.....64 A4
Vilusi SCG.....136 A3
Vilvoorde B.....17 E2
Vimercate I.....71 D4
Vimianzo E.....32 A2
Vimieiro P.....40 C3
Vimioso P.....35 E3
Vimmerby S.....119 D4
Vimoutiers F.....20 C2
Vimpeli / Vindala FIN.....114 C3
Vimperk CZ.....64 A4
Vinac BIH.....135 E1
Vinadio I.....31 F1
Vinaixa E.....38 B4
Vinarós E.....44 B2
Vinay F.....27 D4
Vinça F.....29 F4
Vinča SCG.....133 D3
Vinchiaturo I.....80 A2
Vinci I.....76 A3
Vindeln S.....113 D1
Vinderup DK.....122 B2
Vindsvik N.....116 B2
Vingåker S.....119 D3
Vingelen N.....111 E3
Vinhais P.....35 D3
Vinica SLO.....130 C3
Vinica MK.....137 F3
Viničani MK.....137 F4
Vinje N.....116 C2
Vinkovci HR.....132 A3
Vinnycja UA.....127 D2
Vinsternes N.....110 C2
V
Vis
Vis
Visby
Visé B...
Višegrad
Viserba I.....
Viseu P.....
Višnjagora SLO
Višnjica SCG.....
Viso del Marqués E
Visoko BIH.....
Visp CH.....
Víssani GR.....
Visselhövede DE.....
Vissenbjerg DK.....12
Vissiniá GR.....87
Visso I.....76 C
Vistabella del Maestrat E.....44 A
Vistheden S.....108 B3
Visuvesi FIN.....120 C
Vitaby S.....123 E
Vitála GR.....94 B
Vitanovac SCG.....136 C
Viterbo I.....79 D
Vitez BIH.....135 F
Vitigudino E.....35 E
Vitina GR.....96 C
Vitina SCG.....137 E
Vitina BIH.....135 F
Vítkov CZ.....65 F
Vítoli GR.....93 D
Vitolište MK.....137 F
Vitomirica SCG.....136 C
Vitoria-Gasteiz E.....37 D
Vitovlje BIH.....135 F
Vitré F.....19 E
Vitrey-sur-Mance F.....22 C
Vitriola I.....75 F
Vitry-en-Artois F.....17 D
Vitry-le-François F.....22 B
Vítsa GR.....87 D
Vittsand S.....118 C
Vittangi S.....108 B
Vitteaux F.....22 B
Vittel F.....22 C
Vittoria I.....85 D
Vittorio Veneto I.....72 B
Vittoriosa M.....85 F
Vittsjö S.....123 E
Vitznau CH.....66 B
Viù I.....27 F
Vivaro I.....72 B
Viveiro E.....32 C
Vivel del Río Martín E.....43 F
Viver E.....43 F
Viverols F.....26 B
Viveros E.....43 D
Viviers F.....30 C
Vivonne F.....25 D
Vizille F.....27 D
Vižinada HR.....130 A
Vizítsa GR.....93 F
Vizovice CZ.....65 F
Vizzavona F.....78 A
Vizzavona (Col de) F.....75 C
Vizzini I.....85 D
Vlaardingen NL.....54 B
Vladičin Han SCG.....137 E
Vladievci MK.....137 F
Vladimirci SCG.....132 C
Vladimirovac SCG.....133 D
Vladimirovo MK.....137 F
Vlagtwedde NL.....55 E
Vlaháva GR.....87 E
Vlahéma GR.....96 C
Vlahérna GR.....92 E
Vlahiótis GR.....97 D
Vlahokerassiá GR.....97 D
Vlahomándra GR.....92 C
Vlahópoulo GR.....96 E

Vlasenica *BIH* 132 B4
Vlašim *CZ* 64 B2
Vlasina Okruglica *SCG* 137 F2
Vlasotince *SCG* 137 E1
Vlássio *GR* 92 C1
Vlásti *GR* 87 E2
Vlihó *GR* 92 A3
Vlissingen *NL* 17 D1
Vlorë *AL* 128 B4
Vlotho *DE* 55 F3
Vobbia *I* 75 D2
Voćin *HR* 131 F2
Vöcklabruck *A* 68 A1
Vodice *HR* 134 C2
Vodice *HR* 130 B3
Vodňany *CZ* 64 B4
Vodnjan *HR* 130 B4
Voe *GB* 7 F3
Vogatsikó *GR* 87 E3
Vogelsdorf *DE* 58 A2
Voghera *I* 75 D1
Vogošća *BIH* 135 F1
Vohenstrauß *DE* 63 F3
Vöhringen *DE* 66 C1
Void *F* 22 C2
Voikka *FIN* 121 E3
Voikoski *FIN* 121 E3
Voinić *HR* 131 D3
Voiron *F* 27 D4
Voiteur *F* 27 D1
Voitsberg *A* 68 C3
Vojakkala *FIN* 108 C3
Vojens *DK* 122 B3
Vojka *SCG* 132 C3
Vojnik *SLO* 130 C2
Vojska *SCG* 133 E4
Vojtanov *CZ* 63 F2
Vólakas *GR* 89 D1
Volary *CZ* 64 B4
Volchov *RUS* 125 D1
Volda *N* 110 B3
Volders *A* 67 E3
Volendam *NL* 54 C3
Volímes *GR* 92 A4
Volissós *GR* 95 E3
Volkach *DE* 62 C3
Völkermarkt *A* 68 C3
Völklingen *DE* 23 D1
Volkmarsen *DE* 56 B4
Volkovija *MK* 137 D4
Volmunster *F* 23 E1
Voločys'k *UA* 127 D2
Volodymyr-Volyns'kyj *UA* 126 C2
Volokolamsk *RUS* 125 F2
Volonne *F* 31 D2
Vólos *GR* 93 F1
Volpiano *I* 27 F4
Volta Mantovana *I* 71 F4
Volterra *I* 76 A3
Voltri *I* 75 D2
Volturara Appula *I* 80 B2
Volvic *F* 26 A3
Volx *F* 31 D2
Volyně *CZ* 64 A4
Vónitsa *GR* 92 B2
Vonnas *F* 26 C2
Voorschoten *NL* 54 B4
Voorst *NL* 55 D3
Voorthuizen *NL* 54 C3
Vopnafjörður *IS* 106 C1
Vörå / Vöyri *FIN* 114 B3
Vorau *A* 69 D2
Vorchdorf *A* 68 B1
Vorden *NL* 55 D3
Vordernberg *A* 68 C2
Vorderriß *DE* 67 E2
Vordingborg *DK* 122 C3
Voreppe *F* 27 D4
Vorey *F* 26 B4
Vóri *GR* 100 C4
Vormsi *EST* 124 B1
Vorna *FIN* 115 D2
Voroklini *CY* 139 D3
Voroneț *RO* 127 D3
Vorsfelde *DE* 57 D3
Võru *EST* 124 C2
Voss *N* 110 B4
Vothylakas *CY* 139 E2
Votice *CZ* 64 B3
Votonóssi *GR* 87 D4
Voúdia *GR* 98 B3
Vouhorína *GR* 87 E3
Vouillé *F* 24 C2
Voukoliés *GR* 100 A3
Voúla *GR* 97 F1
Vouliagméni *GR* 97 F1
Voúlpi *GR* 92 C2
Vouni *CY* 138 B3
Vouraïkós *GR* 93 D4
Vourgaréli *GR* 92 B1
Vourkári *GR* 98 A1
Vourliótes *GR* 99 F1
Voúrvoura *GR* 97 D2
Vourvouroú *GR* 88 C3
Voutás *GR* 93 F2
Vouvant *F* 24 B2
Vouvray *F* 20 C4
Vouzela *P* 34 B4
Vouziers *F* 17 E4
Voves *F* 21 D3
Vovoússa *GR* 87 D4
Voz *HR* 130 B3
Vozarci *MK* 137 F4
Voznesens'k *UA* 127 F3
Vrå *DK* 122 B1
Vraca *BG* 129 D2
Vračev Gaj *SCG* 133 E3
Vračevšnica *SCG* 133 D4
Vrådal *N* 116 C2
Vraháti *GR* 93 E4
Vrahnéika *GR* 92 C4
Vrams-Gunnarstorp *S* 123 D2
Vrana *HR* 130 B4
Vranduk *BIH* 132 A4
Vranja *HR* 130 B3
Vranje *SCG* 137 E2
Vranjska Banja *SCG* 137 E2
Vransko *SLO* 130 B2
Vranštica *SCG* 136 B2
Vrasná *GR* 88 C2
Vrástama *GR* 88 C3
Vratarnica *SCG* 133 F4
Vratnica *MK* 137 D3
Vravróna *GR* 94 B4
Vražorgnac *SCG* 133 F4
Vrbanja *HR* 132 B3
Vrbas *SCG* 132 B2
Vrbas *BIH* 135 F1
Vrbaška *BIH* 131 E3
Vrbljani *BIH* 131 E4
Vrbnica *SCG* 137 D3
Vrbnik *HR* 130 B4
Vrbno pod Pradědem *CZ* 65 E1
Vrboska *HR* 135 E2
Vrbovec *HR* 131 D2
Vrbovsko *HR* 130 C3
Vrchlabí *CZ* 64 C1
Vrčin *SCG* 133 D3
Vrdnik *SCG* 132 C3
Vreden *DE* 55 D4
Vrela *SCG* 136 C2
Vrelo *SCG* 137 E1
Vrelo *HR* 131 D4
Vreoci *SCG* 132 C4
Vresse-sur-Semois *B* 17 F3
Vrésthena *GR* 97 D2
Vreta Kloster *S* 119 D3
Vrgorac *HR* 135 E2
Vrhnika *SLO* 130 B2
Vrhpolje *BIH* 131 E4
Vría *GR* 88 A3
Vrínena *GR* 93 E2
Vríssa *GR* 95 F2
Vrísses *GR* 100 B3
Vrissiá *GR* 93 E1
Vrissoúla *GR* 92 B1
Vrlika *HR* 135 D1
Vrnjačka Banja *SCG* 136 C1
Vrnograč *BIH* 131 D3
Vrondádos *GR* 95 F3
Vrondamás *GR* 97 D3
Vronderó *GR* 87 D2
Vrondissí *GR* 101 D4
Vrondoú *GR* 88 A3
Vrossína *GR* 86 C4
Vrouhás *GR* 101 E3
Vrpolje (Šibenik) *HR* 135 D2
Vrpolje (Slavonski Brod) *HR* 132 A3
Vršac *SCG* 133 D2

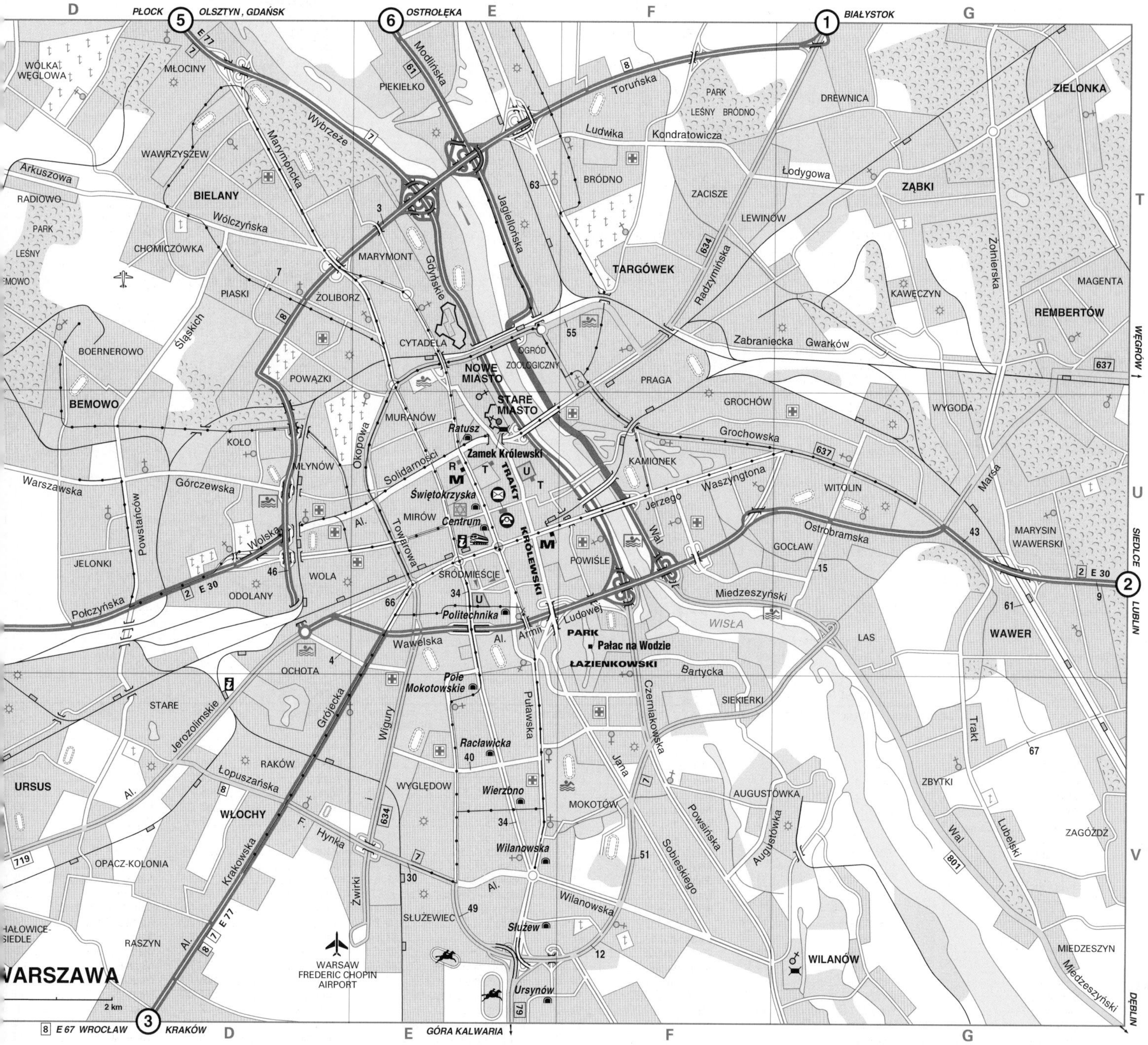

mii Krajowej (al.)	DET	3
twy Warszawskiej (ul.)	DU	4
oniewskiego (ul.)	DET	7
echa (ul. Br.)	GU	9
Dolina Służewiecka (ul.)	EFV	12
Fieldorfa (ul. Gen. Emila)	GU	15
Hynka Franciszka (ul.)	DV	18
Marynarska (ul.)	EV	30
Niepodległości (al.)	EUV	34
Odyńca Antoniego (ul.)	EV	40
Płowiecka (ul.)	EU	43
Prymasa Tysiąclecia (al.)	DU	46
Puławska (ul.)	EUV	48
Rzymowskiego (ul. W.)	EV	49
Sikorskiego (al. Gen. W.)	FV	51
Starzyńskiego (ul. Stefana)	EFT	55
Widoczna (ul.)	GU	61
Wysockiego (ul. P.)	ET	63
Zwoleńska (ul.)	GV	67

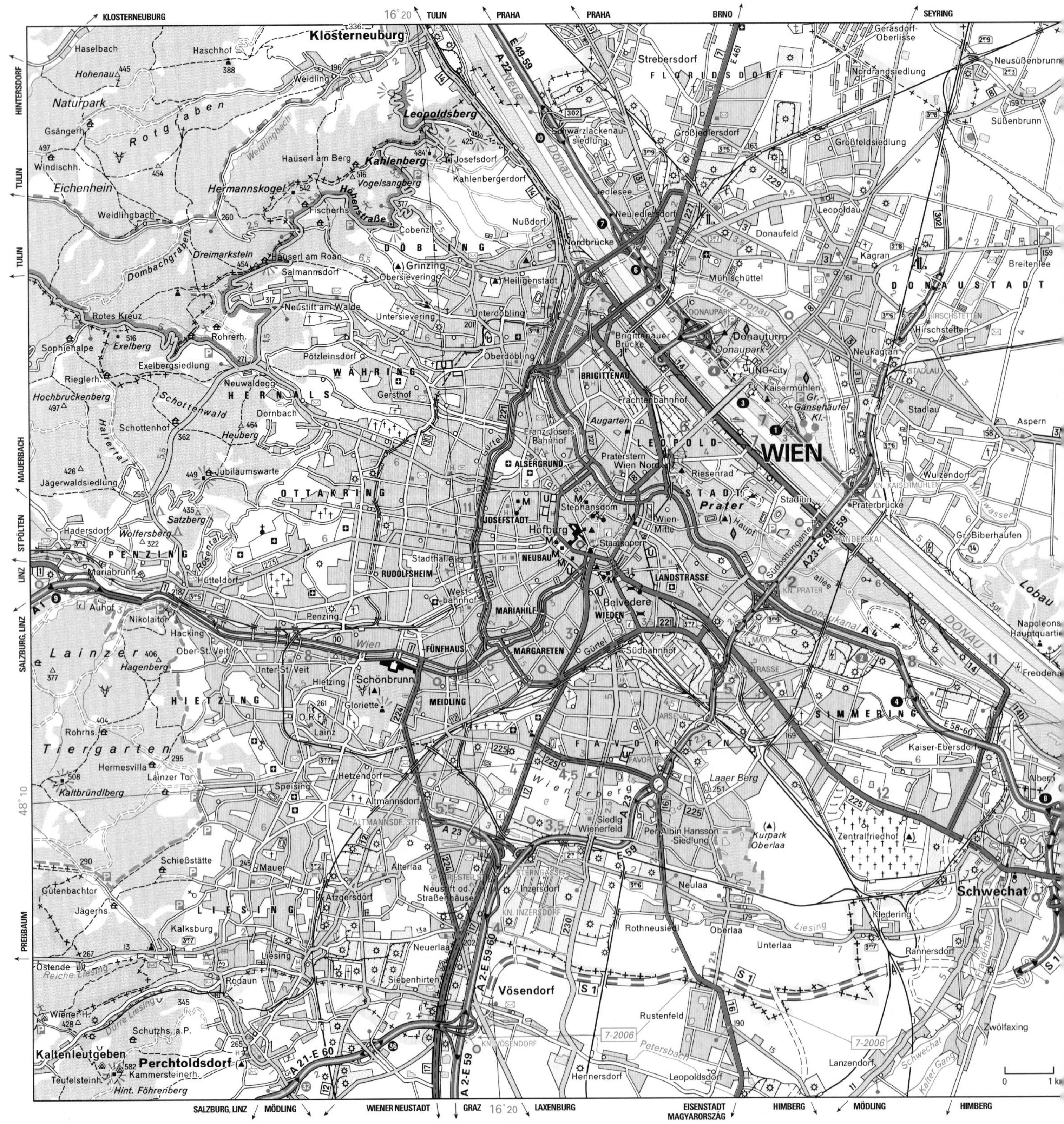

W

Vršani *BIH*....132 B3
Vrsar *HR*....130 A4
Vrsi *HR*....134 B1
Vrtoče *BIH*....131 D4
Vrutok *MK*....137 D4
Vsetín *CZ*....65 F3
Vučitrn *SCG*....137 D2
Vučkovica *SCG*....133 D4
Vukosavlje *BIH*....132 A3
Vukovar *HR*....132 B2
Vuohijärvi *FIN*....121 E3
Vuokatti *FIN*....115 E2
Vuolijoki *FIN*....115 D2
Vuollerim *S*....108 B2
Vuonislahti *FIN*....115 F3
Vuoskojaure *S*....104 C4
Vuostimo *FIN*....109 E2
Vuotso *FIN*....105 F4
Vylkove *UA*....127 E4
Vyškov *CZ*....65 E3
Vyšnij Voločok *RUS*....125 E1
Vysoké Mýto *CZ*....65 D2
Vyšší Brod *CZ*....64 B4

Waalwijk *NL*....54 C4
Waasmunster *B*....17 E1
Wabern *DE*....62 B1
Wachow *DE*....57 E2
Wächtersbach *DE*....62 B2
Wadebridge *GB*....12 B3
Wädenswil *CH*....66 B3
Wagenfeld *DE*....55 F3
Wageningen *NL*....54 C4
Waging a. See *DE*....67 F2
Wagrain *A*....68 A3
Wągrowiec *PL*....53 D4
Wahlstedt *DE*....50 C3
Waiblingen *DE*....66 B1
Waidhaus *DE*....63 F3
Waidhofen an der Thaya *A*....64 C4
Waidhofen an der Ybbs *A*....68 C1
Waidring *A*....67 F2
Waischenfeld *DE*....63 E3
Waizenkirchen *A*....68 B1
Wakefield *GB*....11 D2

Wałbrzych *PL*....65 D1
Walchensee *DE*....67 E2
Walchsee *A*....67 F2
Wałcz *PL*....52 C3
Wald *CH*....66 B3
Wald-Michelbach *DE*....23 F1
Waldbröl *DE*....61 F1
Waldeck *DE*....62 B1
Waldenbuch *DE*....66 B1
Waldenburg *DE*....63 F1
Waldfischbach-Burgalben *DE*....23 E1
Waldheim *DE*....63 F1
Waldkappel *DE*....62 C1
Waldkirch *DE*....23 F3
Waldkirchen *DE*....64 A4
Waldkraiburg *DE*....67 F1
Waldmünchen *DE*....63 F3
Waldsassen *DE*....63 F2
Waldshut *DE*....23 F4
Walenstadt *CH*....66 C3
Wallasey *GB*....10 C3
Walldorf *DE*....23 F1
Walldürn *DE*....62 B3

Wallenfels *DE*....63 E2
Wallersdorf *DE*....63 F4
Wallerstein *DE*....63 D4
Wallingford *GB*....13 F2
Walls *GB*....7 F3
Walsall *GB*....11 D4
Walsrode *DE*....56 B2
Walsum *DE*....55 D4
Waltershausen *DE*....62 C1
Walton-on-the-Naze *GB*....15 D2
Waltrop *DE*....55 E4
Wanderup *DE*....50 B2
Wandlitz *DE*....51 F4
Wanfried *DE*....62 C1
Wangen i. Allgäu *DE*....66 C2
Wangenbourg *F*....23 E2
Wangerland-Hooksiel *DE*....55 E1
Wangerooge *DE*....55 E1
Wängi *CH*....66 B3
Wanna *DE*....50 A3
Wanne-Eickel *DE*....55 E4
Wantage *GB*....13 F2
Wanzleben *DE*....57 D3
Warburg *DE*....56 B4

Wardenburg *DE*....50 A4
Ware *GB*....14 C2
Waregem *B*....15 F4
Wareham *GB*....13 E3
Waremme *B*....17 F2
Waren *DE*....51 E3
Warendorf *DE*....55 F4
Warin *DE*....51 D3
Warkworth *GB*....9 F4
Warmensteinach *DE*....63 E2
Warminster *GB*....13 E2
Warnemünde *DE*....51 D2
Warrenpoint *GB*....3 E3
Warrington *GB*....10 C3
Warstein *DE*....55 F4
Warszawa *PL*....126 A1
Warth *A*....67 D3
Wartha *DE*....62 C1
Warwick *GB*....13 F1
Washington *GB*....9 F4
Wasselonne *F*....23 E2
Wassen *CH*....66 B4
Wassenaar *NL*....54 B4
Wassenberg *DE*....61 E1

Wasseralfingen *DE*....62 C
Wasserbillig *L*....61 E
Wasserburg a. Inn *DE*....67 F
Wassertrüdingen *DE*....63 D
Wassigny *F*....17 D
Wassy *F*....22 B
Wasungen *DE*....62 C
Watchet *GB*....13 D
Waterford / Port Láirge *IRL*....5 D
Waterloo *B*....17 E
Waterville / An Coireán *IRL*....4 A
Watford *GB*....14 B
Wattens *A*....67 E
Watton *GB*....15 D
Wattwil *CH*....66 B
Waulsort *B*....17 F
Wavre *B*....17 E
Waxweiler *DE*....61 E
Wedel (Holstein) *DE*....50 B
Wedemark *DE*....56 E
Weener *DE*....55 E
Weert *NL*....17 F
Weferlingen *DE*....57 D
Wegberg *DE*....61 E

egeleben *DE* 57 D3
eggis *CH* 66 B4
ęgorzewo *PL* 124 B4
egscheid *DE* 64 A4
ehr *DE* 23 F4
eibersbrunn *DE* 62 B3
eichshofen *DE* 63 F4
eida *DE* 63 E1
eiden i. d. Oberpfalz *DE* 63 E3
eikersheim *DE* 62 C4
eil der Stadt *DE* 66 B1
eilburg *DE* 62 A2
eilheim a. d. Teck *DE* 66 C1
eilheim i. Oberbayern *DE* 67 E2
eimar *DE* 63 D1
einfelden *CH* 66 B3
eingarten *DE* 66 C2
einheim *DE* 23 F1
einsberg *DE* 62 B4
eismain *DE* 63 D2
eißbriach *A* 68 A4
eißenbach a. Lech *A* 67 D3
eißenberg *DE* 58 B4
eißenburg *DE* 63 D4
eißenfels *DE* 57 E4
eißenhorn *DE* 66 C1
eißenkirchen
in der Wachau *A* 68 C1
eißensee *DE* 63 D1
eißenstadt *DE* 63 E2
eißkirchen *A* 68 C3
eißwasser *DE* 58 B4
eitra *A* 64 C4
eiz *A* 69 D2
ejherowo *PL* 53 D1
Weldon *GB* 11 E4
Wellin *B* 17 F3
Wellingborough *GB* 14 B2
Wellington *GB* 13 D3
Wellington Bridge *IRL* 5 E3
Wells *GB* 13 E2
Wells-next-the-Sea *GB* 15 D1
Wels *A* 68 B1
Welshpool / Trallwng *GB* 10 B4
Weltenburg *DE* 63 E4
Welwyn Garden City *GB* 14 C3
Welzheim *DE* 66 C1
Welzow *DE* 58 A4
Wem *GB* 10 C4
Wemding *DE* 63 D4
Wemyss Bay *GB* 8 B2
Wenden *DE* 56 C3
Wengen *CH* 66 A4
Wenns *A* 67 D3
Werben *DE* 51 E4
Werdau *DE* 63 E1
Werder *DE* 57 F2
Werdohl *DE* 61 F1
Werfen *A* 68 A2
Werl *DE* 55 F4
Werlte *DE* 55 E2
Wermelskirchen *DE* 61 F1
Wermsdorf *DE* 57 F4
Wernberg-Köblitz *DE* 63 E3
Werne *DE* 55 E4
Werneck *DE* 62 C3
Werneuchen *DE* 57 F2
Wernigerode *DE* 57 D4
Wertach *DE* 67 D3
Wertheim *DE* 62 C3
Werther *DE* 55 F3
Wertingen *DE* 67 D1
Wervik *B* 15 F4
Wesel *DE* 55 D4
Wesenberg *DE* 51 F4
Wesendorf *DE* 56 C2
Wesselburen *DE* 50 A2
Wessobrunn *DE* 67 E2
West Auckland *GB* 11 D1
West Bridgford *GB* 11 E4
West Kilbride *GB* 8 B3
West Linton *GB* 9 D3
West Looe *GB* 12 C3
West Mersea *GB* 15 D3
West-Terschelling *NL* 54 C1
Westbury *GB* 13 E2
Westendorf *A* 67 F3
Westenholz *DE* 56 B2
Westerburg *DE* 62 A2
Westerholt *DE* 55 E1
Westerland *DE* 50 A1
Westerlo *B* 17 F1
Westernbödefeld *DE* 62 A1
Westerstede *DE* 55 E1
Westhofen *DE* 62 A3
Weston-super-Mare *GB* 13 D2
Westport /
Cathair na Mart *IRL* 2 A3
Wetherby *GB* 11 D2
Wetter (Ruhr) *DE* 61 F1
Wetteren *B* 17 D1
Wettin *DE* 57 E4
Wettringen *DE* 55 E3
Wetwang *GB* 11 E2
Wetzikon *CH* 66 B3
Wetzlar *DE* 62 A2
Wexford / Loch Garman *IRL* 5 E3
Weyer Markt *A* 68 C2
Weyhausen *DE* 56 C2
Weyhill *GB* 13 F2
Weymouth *GB* 13 E3
Weyregg a. Attersee *A* 68 A2
Whaley Bridge *GB* 11 D3
Whitburn *GB* 9 D3
Whitby *GB* 11 E1
Whitchurch *GB* 10 C3
Whitebridge *GB* 6 C4
Whitehaven *GB* 10 B1
Whitehead *GB* 3 E2
Whiteness *GB* 7 F3
Whithorn *GB* 8 C4
Whitland *GB* 12 C1
Whitley Bay *GB* 9 F4
Whitstable *GB* 15 D3
Whittlesey *GB* 11 F4
Wick *GB* 7 E2
Wickford *GB* 14 C3
Wicklow / Cill Mhantáin *IRL* 5 F2
Widnes *GB* 10 C3
Wiedenbrück *DE* 55 F4
Wiefelstede *DE* 50 A4
Wiehe *DE* 57 D4
Wiek *DE* 51 F1
Wieluń *PL* 126 A2
Wien *A* 69 D1
Wiener Neudorf *A* 69 D1
Wiener Neustadt *A* 69 D1
Wies *A* 69 D3
Wiesau *DE* 63 E3
Wiesbaden *DE* 62 A3
Wieselburg *A* 68 C1
Wiesenburg *DE* 57 E3
Wiesensteig *DE* 66 C1
Wiesentheid *DE* 62 C3
Wiesenttal *DE* 63 D3
Wiesing *A* 67 F3
Wiesloch *DE* 23 F1
Wiesmath *A* 69 E2
Wiesmoor *DE* 55 E1
Wigan *GB* 10 C2
Wigton *GB* 9 D4
Wigtown *GB* 8 C4
Wijhe *NL* 55 D3
Wil *CH* 66 B3
Wildalpen *A* 68 C2
Wildbad i.
Schwarzwald *DE* 23 F2
Wildeck *DE* 62 C1
Wildeck *DE* 62 C1
Wildeshausen *DE* 55 F2
Wildon *A* 69 D3
Wilfersdorf *A* 65 E4
Wilhelmsburg *A* 69 D1
Wilhelmshaven *DE* 50 A4
Wilhemsburg *DE* 50 B4
Wilhering *A* 68 B1
Wilkau-Haßlau *DE* 63 F1
Willebroek *B* 17 E1
Willemstad *NL* 54 B4
Willingen *DE* 62 A1
Williton *GB* 13 D2
Wilmslow *GB* 10 C3
Wilnsdorf *DE* 62 A1
Wilsdruff *DE* 64 A1
Wilster *DE* 50 B3
Wilton *GB* 13 F2
Wiltz *L* 61 E3
Wimborne Minster *GB* 13 E3
Wimereux *F* 15 D4
Wincanton *GB* 13 E2
Winchcombe *GB* 13 F1
Winchelsea *GB* 14 C4
Winchester *GB* 13 F3
Windeck *DE* 61 F2
Windermere *GB* 10 C1
Windischeschenbach *DE* 63 E3
Windischgarsten *A* 68 B2
Windsbach *DE* 63 D4
Windsor *GB* 14 B3
Winkleigh *GB* 12 C3
Winklern *A* 68 A3
Winnenden *DE* 66 C1
Winnigstedt *DE* 57 D3
Winnweiler *DE* 23 E1
Winschoten *NL* 55 D2
Winsen *DE* 50 C4
Winsen (Aller) *DE* 56 C2
Winsford *GB* 10 C3
Winsum *NL* 55 D1
Winterberg *DE* 62 A1
Winterswijk *NL* 55 D4
Winterthur *CH* 66 B3
Wintzenheim *F* 23 E3
Wipperfürth *DE* 61 F1
Wisbech *GB* 11 F4
Wischhafen *DE* 50 B3
Wishaw *GB* 8 C3
Wismar *DE* 51 D3
Wissant *F* 15 E4
Wissembourg *F* 23 F2

ugusta Šenoe BCZ 19
akačeva BY 17
irilometodska AY 5
elbingerove stube BY 8
rane Petrića BY 14
reudenreichova AY 6
labdelićeva BY 13
apucinske stube AY 3
Male stube BY 10
Mletačka AY 7
Mlinarske stube BY 9
erkovčeva AZ 16
unjaninova AZ 18
kalinska BY 12
ranicanijeva AY 4
ukotinovićeva AZ 15

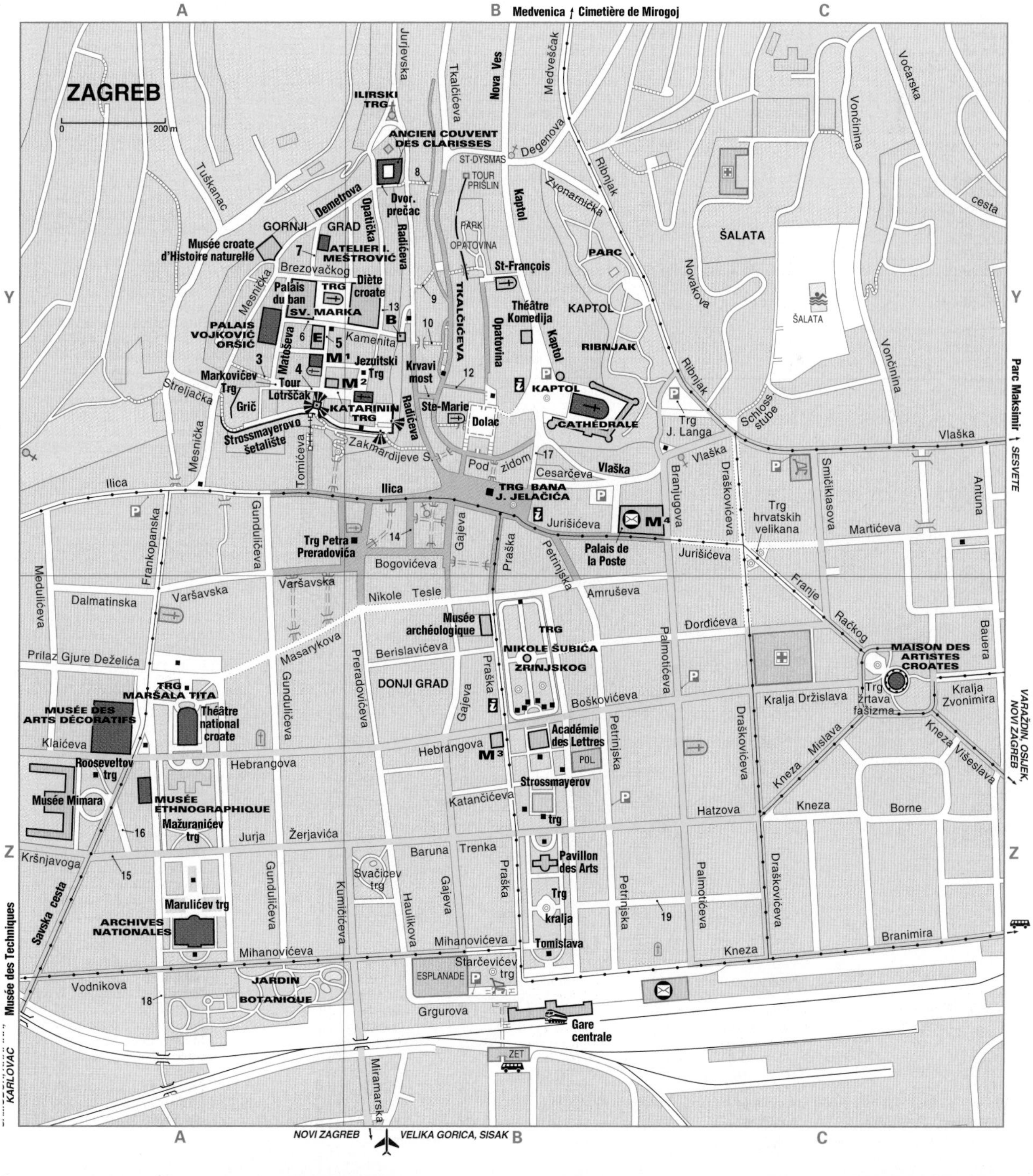

Wissen *DE* ... 61 F2
Witham *GB* ... 14 C3
Withernsea *GB* ... 11 F2
Witney *GB* ... 13 F1
Wittdün *DE* ... 50 A2
Witten *DE* ... 61 F1
Wittenberg *DE* ... 57 F3
Wittenberge *DE* ... 51 D4
Wittenburg *DE* ... 51 D3
Wittichenau *DE* ... 58 A4
Wittingen *DE* ... 56 C2
Wittlich *DE* ... 61 F3
Wittmund *DE* ... 55 E1
Wittstock *DE* ... 51 E4
Witzenhausen *DE* ... 56 C4
Władysławowo *PL* ... 53 E1
Włocławek *PL* ... 53 F4
Włodawa *PL* ... 126 B1
Wöbbelin *DE* ... 51 D4
Woburn *GB* ... 14 B2
Woensdrecht *NL* ... 17 E1
Woerden *NL* ... 54 B4
Wœrth *F* ... 23 E2
Wohlen *CH* ... 23 F4
Woippy *F* ... 22 C1
Woking *GB* ... 14 B3
Wokingham *GB* ... 14 B3
Woldegk *DE* ... 51 F3
Wolfach *DE* ... 23 F3
Wolfegg *DE* ... 66 C2
Wolfen *DE* ... 57 E4
Wolfenbüttel *DE* ... 56 C3
Wolfhagen *DE* ... 62 B1
Wolfratshausen *DE* ... 67 E2
Wolfsberg *A* ... 68 C3
Wolfsburg *DE* ... 56 C3
Wolgast *DE* ... 51 F2
Wolkersdorf *A* ... 65 E4
Wöllersdorf *A* ... 69 D1
Wollersheim *DE* ... 61 E2
Wollin *DE* ... 57 E3
Wolmirstedt *DE* ... 57 D3
Wolnzach *DE* ... 67 E1
Wolsingham *GB* ... 11 D1
Wolsztyn *PL* ... 58 C2
Wolvega *NL* ... 54 C2
Wolverhampton *GB* ... 14 A1
Wolverton *GB* ... 14 B2
Woodbridge *GB* ... 15 D2
Woodhall Spa *GB* ... 11 E3
Woodstock *GB* ... 13 F1
Wooler *GB* ... 9 E3
Worb *CH* ... 27 F1
Worbis *DE* ... 56 C4
Worcester *GB* ... 13 E1
Wörgl *A* ... 67 F3
Workington *GB* ... 9 D4
Worksop *GB* ... 11 E3
Workum *NL* ... 54 C2
Wörlitz *DE* ... 57 E3
Wormerveer *NL* ... 54 B3
Wormhout *F* ... 15 E4
Worms *DE* ... 23 F1
Wörrstadt *DE* ... 62 A3
Wörth a. d. Donau *DE* ... 63 F4
Wörth a. Main *DE* ... 62 B3
Wörth a. Rhein *DE* ... 23 F1
Worthing *GB* ... 14 B4
Wragby *GB* ... 11 E3
Wrexham / Wrecsam *GB* ... 10 C3
Wriezen *DE* ... 52 A4
Wrocław *PL* ... 59 D4
Wroughton *GB* ... 13 F2
Września *PL* ... 53 D4
Wulfen *DE* ... 55 E4
Wullowitz *A* ... 64 B4
Wünnenberg *DE* ... 55 F4
Wünsdorf *DE* ... 57 F3
Wunsiedel *DE* ... 63 E2
Wunstorf *DE* ... 56 B3
Wuppertal *DE* ... 61 F1
Würzburg *DE* ... 62 C3
Wurzen *DE* ... 57 F4
Wusterhausen *DE* ... 51 E4
Wustrow *DE* ... 51 E2
Wustrow (Kreis Nordvorpommern) *DE* ... 51 E2
Wuustwezel *B* ... 17 E1
Wyk a. Föhr *DE* ... 50 A2
Wymondham *GB* ... 15 D1

X

Xàbia / Jávea *E* ... 44 A4
Xanten *DE* ... 55 D4
Xánthi *GR* ... 89 E1
Xàtiva *E* ... 43 F4
Xeresa *E* ... 44 A4
Xeros *CY* ... 138 B3
Xeros Potamos *CY* ... 138 B3
Xert *E* ... 44 A1
Xerta *E* ... 44 B1
Xertigny *F* ... 23 D3
Xifianí *GR* ... 87 F1
Xilaganí *GR* ... 89 F1
Xilíki *GR* ... 93 E3
Xilókastro *GR* ... 93 E4
Xilopáriko *GR* ... 92 C1
Xilópoli *GR* ... 88 B1
Xilóskalo *GR* ... 100 B3
Xiniáda *GR* ... 93 E2
Xinó Neró *GR* ... 87 E2
Xinzo de Limia *E* ... 32 B4
Xirokámbi *GR* ... 97 D3
Xirókambos *GR* ... 99 F2
Xirolímni *GR* ... 87 E3
Xiropótamos *GR* ... 88 C2
Xixona *E* ... 49 F1
Xubia *E* ... 32 B2
Xunqueira de Ambía *E* ... 32 B4
Xylofagou *CY* ... 139 D3
Xylotymvou *CY* ... 139 D3

Y

Yalova *TR* ... 129 F3
Yanguas *E* ... 37 D3
Yarmouth *GB* ... 13 F3
Ybbs an der Donau *A* ... 68 C1
Yebra *E* ... 42 C2
Yecla *E* ... 49 E1
Yenne *F* ... 27 D3
Yeovil *GB* ... 13 E3
Yepes *E* ... 42 B2
Yerville *F* ... 16 A4
Yesa *E* ... 28 B4
Yeşilova *TR* ... 129 F4
Yeste *E* ... 48 C1
Ylämaa *FIN* ... 121 E3
Ylämylly *FIN* ... 115 F3
Yläne *FIN* ... 120 B3
Yli-Ii *FIN* ... 109 D3
Yli-Kärppä *FIN* ... 109 D3
Yli-Muonio *FIN* ... 108 C1
Yli Nampa *FIN* ... 109 D2
Yli-Olhava *FIN* ... 109 D3
Ylihärmä *FIN* ... 114 B3
Ylikiiminki *FIN* ... 115 D1
Ylistaro *FIN* ... 114 B3
Ylitornio *FIN* ... 108 C3
Ylivieska *FIN* ... 114 C2
Ylläsjärvi *FIN* ... 108 C1
Ylöjärvi *FIN* ... 120 C2
York *GB* ... 11 E2
Youghal / Eochaill *IRL* ... 5 D3
Yoxford *GB* ... 15 D2
Ypäjä *FIN* ... 120 C3
Yport *F* ... 16 A4
Yppäri *FIN* ... 114 C2
Ypsonas *CY* ... 138 B4
Yssingeaux *F* ... 26 B4
Ystad *S* ... 123 E3
Ytterhogdal *S* ... 112 B3
Yttermalung *S* ... 118 C1
Yuncos *E* ... 42 B2
Yunquera *E* ... 47 F3
Yunquera de Henares *E* ... 42 C1
Yuste (Monasterio de) *E* ... 41 F2
Yverdon-les-Bains *CH* ... 27 E1
Yvetot *F* ... 16 A4
Yvoir *B* ... 17 F3
Yvoire *F* ... 27 E2
Yzeure *F* ... 26 A2

Z

Zaandam *NL* ... 54 B3
Zabalj *SCG* ... 132 C2
Žabari *SCG* ... 133 E3
Zablace *HR* ... 134 C2
Žabljak (Pljevlja) *SCG* ... 136 B2
Žabljak (Podgorica) *SCG* ... 136 B3
Zabok *HR* ... 131 D2
Zabrđe *BIH* ... 132 B3
Zábřeh *CZ* ... 65 E2
Zadar *HR* ... 134 C1
Zadvarje *HR* ... 135 E2
Zafarraya *E* ... 48 A3
Zafóra (Nissí) *GR* ... 102 C2
Zafra *E* ... 41 D4
Žaga *SLO* ... 130 A2
Żagań *PL* ... 58 B3
Zaglavak *SCG* ... 132 C4
Zagorá *GR* ... 93 F1
Zagorje *SLO* ... 130 C2
Zagreb *HR* ... 131 D2
Žagubica *SCG* ... 133 E4
Zagvozd *HR* ... 135 E2
Zahara de los Atunes *E* ... 47 D4
Zaháro *GR* ... 96 B1
Zahinos *E* ... 41 D4
Zahna *DE* ... 57 F3
Záhony *H* ... 126 B3
Zaidín *E* ... 38 A4
Zajas *MK* ... 137 D4
Zaječar *SCG* ... 133 F4
Zákinthos *GR* ... 96 A1
Zákinthos (Nissí) *GR* ... 96 A1
Zakopane *PL* ... 126 A3
Zákros *GR* ... 101 F4
Zalaegerszeg *H* ... 69 E3
Zalamea de la Serena *E* ... 41 F4
Zalamea la Real *E* ... 47 D2
Zalău *RO* ... 126 C4
Žalec *SLO* ... 130 C2
Zališčyky *UA* ... 126 C3
Zalla *E* ... 36 C1
Zálongo *GR* ... 92 A1
Zaltbommel *NL* ... 54 C4
Zalužnica *HR* ... 130 C4
Žamberk *CZ* ... 65 D2
Zambrana *E* ... 36 C2
Zamora *E* ... 35 F3
Zamość *PL* ... 126 B2
Zandvoort *NL* ... 54 B3
Zanglivéri *GR* ... 88 B2
Zaorejas *E* ... 43 D1
Zaostrog *HR* ... 135 E2
Zaovine Vežanja *SCG* ... 136 B1
Zapadnaja Dvina *RUS* ... 125 E2
Zápio *GR* ... 93 E1
Zapponeta *I* ... 80 C2
Zaprešić *HR* ... 131 D2
Zaragoza *E* ... 37 F4
Zárakes *GR* ... 94 B4
Zaratán *E* ... 36 A3
Zarautz *E* ... 37 D1
Zarcilla de Ramos *E* ... 49 D2
Zárkos *GR* ... 87 F4
Zarós *GR* ... 101 D4
Zaroúhla *GR* ... 93 D4
Zarrentin *DE* ... 50 C3
Żary *PL* ... 58 B3
Zarza la Mayor *E* ... 41 D2
Žaškiv *UA* ... 127 E2
Žatec *CZ* ... 64 A2
Zaton *HR* ... 135 F3
Zavala *BIH* ... 135 F3
Zavattarello *I* ... 75 D1
Zavidovići *BIH* ... 132 A4
Zavlaka *SCG* ... 132 C4
Zavodnje *SLO* ... 130 C1
Zawiercie *PL* ... 126 A2
Žažina *HR* ... 131 D3
Zbaraž *UA* ... 126 C2
Zbraslav (Praha) *CZ* ... 64 B2
Zbraslavice *CZ* ... 64 C2
Žd' ár nad Sázavou *CZ* ... 65 D3
Zdenac *HR* ... 130 C3
Zdice *CZ* ... 64 A2
Ždírec nad Doubravou *CZ* ... 64 C2
Ždrelac *HR* ... 134 C1
Ždrelo *SCG* ... 133 E3
Zdunje *MK* ... 137 D4
Zduńska Wola *PL* ... 126 A2
Zebreira *P* ... 41 D2
Žednik *SCG* ... 132 B1
Zeebrugge *B* ... 15 F3
Zefiría *GR* ... 98 B3
Žegra *SCG* ... 137 E3
Žegulja *BIH* ... 135 F2
Zehdenick *DE* ... 51 F4
Zeist *NL* ... 54 C4
Zeitz *DE* ... 63 E1
Zejtun *M* ... 85 F4
Zele *B* ... 17 E1
Zelengora *BIH* ... 136 A2
Zelenika *SCG* ... 136 A3
Zelenogorsk *RUS* ... 124 C1
Železná Ruda *CZ* ... 64 A4
Železniki *SLO* ... 130 B2
Železnjik *SCG* ... 132 C3
Železnogorsk *RUS* ... 125 F4
Zélio *GR* ... 93 F3
Željezno Polje *BIH* ... 132 A4
Zell (Mosel) *DE* ... 61 F3
Zell am See *A* ... 68 A3
Zell am Ziller *A* ... 67 F3
Zell an der Pram *A* ... 68 A1
Zella-Mehlis *DE* ... 63 D2
Zeltweg *A* ... 68 C3
Zelzate *B* ... 17 D1
Zenica *BIH* ... 132 A4
Žepče *BIH* ... 132 A4
Zerbst *DE* ... 57 E3
Zerf *DE* ... 23 D1
Zeri *I* ... 75 E2
Zermatt *CH* ... 27 F2
Zernez *CH* ... 67 D4
Zerqan *AL* ... 128 C3
Zestoa *E* ... 37 D1
Zetel *DE* ... 55 E1
Zeulenroda *DE* ... 63 E1
Zeven *DE* ... 50 B4
Zevenaar *NL* ... 55 D4
Zevgaráki *GR* ... 92 C3
Zevgari (Cape) *CY* ... 138 B4
Zevgolatió *GR* ... 96 C2
Zevio *I* ... 72 A4
Zg. Jezersko *SLO* ... 130 B2
Žiča *SCG* ... 136 C1
Zicavo *F* ... 75 D3
Zicavo *F* ... 78 A4
Židlochovice *CZ* ... 65 E3
Ziegenrück *DE* ... 63 E1
Zielona Góra *PL* ... 58 B3
Zierikzee *NL* ... 54 A4
Ziersdorf *A* ... 65 D4
Zierzow *DE* ... 51 D4
Ziesar *DE* ... 57 E3
Zijemlje *BIH* ... 135 F2
Žilina *SK* ... 126 A3
Zimnicea *RO* ... 129 D2
Zinal *CH* ... 27 F2
Zingst *DE* ... 51 E2
Zin'kiv *UA* ... 127 F1
Zinnowitz *DE* ... 51 F2
Zinnwald *DE* ... 64 A1
Ziorraga *E* ... 36 C1
Zirchow *DE* ... 52 A2
Žiri *SLO* ... 130 B2
Žirje (Otok) *HR* ... 134 C2
Zirl *A* ... 67 E
Zirndorf *DE* ... 63 D
Zíros *GR* ... 101 F
Zistersdorf *A* ... 65 E
Žitište *SCG* ... 132 C
Žitkovac *SCG* ... 137 D
Zitomislići *BIH* ... 135 F
Žitorada *SCG* ... 137 E
Zítsa *GR* ... 86 C
Zittau *DE* ... 64 B
Živinice *BIH* ... 132 B
Živogošće *HR* ... 135 E
Žizdra *RUS* ... 125 F
Zjum *SCG* ... 137 D
Zlarin *HR* ... 134 C
Zlarin (Otok) *HR* ... 134 C
Zlata *SCG* ... 137 E
Zlatar Bistrica *HR* ... 131 D
Zlatari *SCG* ... 137 D
Zlaté Hory *CZ* ... 65 E
Zlatica *BG* ... 129 D
Zlatni Pjasaci *BG* ... 129 F
Zlatní rat *HR* ... 135 D
Zlatokop *SCG* ... 137 E
Žlebovi *BIH* ... 136 A
Zletovo *MK* ... 137 F
Zlín *CZ* ... 65 F
Žlobin *BY* ... 125 E
Zlot *SCG* ... 133 F
Žlutice *CZ* ... 63 F
Zmajevo *SCG* ... 132 B
Žman *HR* ... 134 B
Žmerynka *UA* ... 127 D
Žminj *HR* ... 130 B
Znam"janka *UA* ... 127 F
Znojmo *CZ* ... 65 D
Znojmo *CZ* ... 65 D
Zöblitz *DE* ... 63 F
Zoetermeer *NL* ... 54 B
Zollikofen *CH* ... 27 F
Zoločiv *UA* ... 126 C
Zolotonoša *UA* ... 127 F
Zóni *GR* ... 91 E
Zonianá *GR* ... 100 C
Zonza *F* ... 78 A
Zoodóhos Pigí *GR* ... 97 F
Zoodóhos Pigí *GR* ... 87 F
Zörbig *DE* ... 57 E
Zorita *E* ... 41 F
Zossen *DE* ... 57 F
Zoutkamp *NL* ... 55 D
Zoutleeuw *B* ... 17 F
Zoúzouli *GR* ... 87 D
Žovkva *UA* ... 126 C
Žovti Vody *UA* ... 127 F
Zrenjanin *SCG* ... 132 C
Zrin *HR* ... 131 D
Zrmanja *HR* ... 134 C
Zrnovnica *HR* ... 135 D
Zrze *SCG* ... 137 D
Zschopau *DE* ... 63 F
Zubcov *RUS* ... 125 F
Zubin Potoku *SCG* ... 137 D
Žuč *SCG* ... 137 D
Zucaina *E* ... 44 A
Zudar *DE* ... 51 F
Zuera *E* ... 37 F
Zufre *E* ... 47 D
Zug *CH* ... 66 B
Zuidlaren *NL* ... 55 D
Zújar *E* ... 48 C
Žukovka *RUS* ... 125 F
Žuljana *HR* ... 135 F
Zülpich *DE* ... 61 E
Zumaia *E* ... 37 D
Zumarraga *E* ... 37 D
Zundert *NL* ... 17 E
Zuoz *CH* ... 67 D
Županja *HR* ... 132 A
Žur *SCG* ... 137 D
Zürich *CH* ... 23 F
Zurrieq *M* ... 85 F
Zürs *A* ... 67 D
Zurzach *CH* ... 23 F
Zusmarshausen *DE* ... 67 D
Žut (Otok) *HR* ... 134 C
Žuta Lokva *HR* ... 130 C
Zutphen *NL* ... 55 D
Žužemberk *SLO* ... 130 C
Zvečan *SCG* ... 137 D
Zvenyhorodka *UA* ... 127 E
Zvolen *SK* ... 126 A
Zvonce *SCG* ... 137 F
Zvornik *BIH* ... 132 B
Zweibrücken *DE* ... 23 E
Zweisimmen *CH* ... 27 F
Zwenkau *DE* ... 57 E
Zwettl *A* ... 64 C
Zwettl an der Rodl *A* ... 68 B
Zwickau *DE* ... 63 F
Zwiefalten *DE* ... 66 C
Zwiesel *DE* ... 64 A
Zwijndrecht *NL* ... 54 B
Zwolle *NL* ... 55 D
Zwönitz *DE* ... 63 F
Zygi *CY* ... 138 C
Żyrardów *PL* ... 126 A
Žytkavičy *BY* ... 127 D
Žytomyr *UA* ... 127 D
Żywiec *PL* ... 126 A

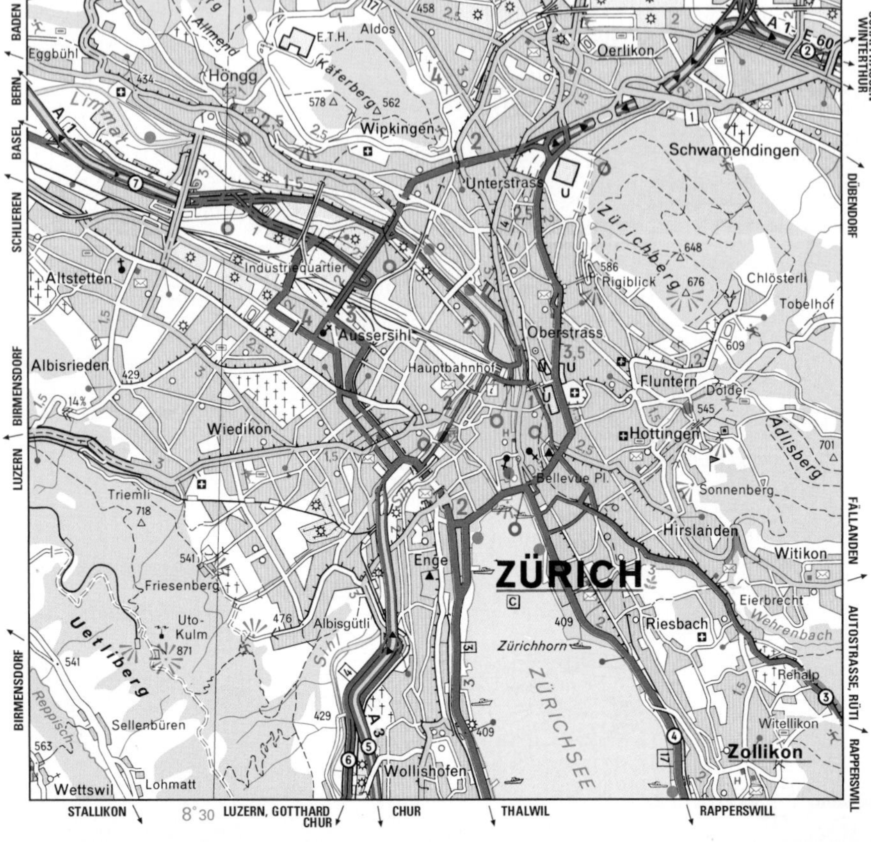

Légende		Legenda
Routes		**Strade**
Autoroute		Autostrada
Échangeurs : complet, partiels, sans précision		Svincoli : completo, parziale, imprecisato
Numéros d'échangeurs	3 3 3	Svincoli numerati
Double chaussée de type autoroutier		Doppia carreggiata di tipo autostradale
Route de liaison internationale ou nationale		Strada di collegamento internazionale o nazionale
Route de liaison interrégionale ou de dégagement		Strada di collegamento interregionale o di disimpegno
Autre route		Altra strada
Autoroute , route en construction (le cas échéant : date de mise en service prévue)		Autostrada, strada in costruzione (data di apertura prevista)
Largeur des routes		**Larghezza delle strade**
Chaussées séparées		Carreggiate separate
4 voies		4 corsie
3 voies		3 corsie
2 voies larges		2 corsie larghe
2 voies		2 corsie
1 voie		1 corsia
Distances (totalisées et partielles)		**Distanze** (totali e parziali)
sur autoroute :		su autostrada:
section à péage	12 / 5 7	tratto a pedaggio
section libre	12 / 5 7	tratto esente da pedaggio
GB / IRL 39 en kilomètres, 24 en miles	39 24 19 12 / 5 7	GB , IRL 39 in chilometri, 24 in miglia
Numérotation - Signalisation		**Numerazione - Segnaletica**
Autoroute, route européenne, autre route	A 6 E 10 N 51	Autostrada, strada europea, altra strada
Ville signalisée par un panneau vert sur les grandes liaisons routières	YORK Wells	Città segnalata con cartello verde lungo importanti collegamenti stradali
Obstacles		**Ostacoli**
Forte déclivité (flèches dans le sens de la montée)		Forte pendenza (salita nel senso della freccia)
Barrière de péage		Casello
Transports		**Trasporti**
Voie ferrée, auto/train - Bac pour autos	B	Ferrovia - Auto/treno - Trasporto auto su chiatta
Liaison maritime : permanente - saisonnière		Trasporto marittimo : trasporto marittimo - stagionale
Aéroport		Aeroporto
Hébergement - Administration		**Risorse alberghiere - Amministrazione**
Localité ayant des ressources hôtelières		Località con risorse alberghiere
Refuge de montagne- Camping		Rifugio - Campeggio
Capitale de division administrative	A L P	Capoluogo amministrativo
Frontiere : Douane principale - Douane avec restriction		Frontiera: Dogana principale - Dogana con limitazioni
Curiosités		**Mete e luoghi d'interesse**
Édifice religieux - Château		Edificio religioso - Castello
Église en bois debout		Chiesa in legno di testa
Monastère - Ruines		Monastero - Rovine
Gravure rupestre - Site antique		Incisione rupestre - Sito antico
Pierre runique - Autre curiosité		Pietra runica - Altri luoghi d'interesse
Monument mégalithique - Grotte		Monumento megalitico - Grotta
Parcours pittoresque - Parc national		Percorso pittoresco - Parco nazionale

Signos convencionales		Legenda
Carreteras		**Estradas**
Autopista		Auto-estrada
Accesos: completo, parcial, sin precisar		Nós : completo - parciais - sem precisão
Números de los accesos	3 3 3	Número de nós
Autovía		Estrada com 2 faixas de rodagem do tipo auto-estrada
Carretera de comunicación internacional o nacional		Estrada de ligação internacional o nacional
Carretera de comunicación interregional o alternativo		Estrada de ligação interregional ou alternativo
Otra carretera		Outra estrada
Autopista, carretera en construcción (en su caso : fecha prevista de entrada en servicio)		Auto-estrada, estrada em construção (eventualmente : data prevista estrada transitável)
Ancho de las carreteras		**Largura das estradas**
Calzadas separadas		Faixas de rodagem separadas
Cuatro carriles		com 4 vias
Tres carriles		com 3 vias
Dos carriles anchos		com 2 vias largas
Dos carriles		com 2 vias
Un carril		com 1 via
Distancias (totales y parciales)		**Distâncias** (totais e parciais)
en autopista:		Em auto-estrada:
Tramo de peaje	12 / 5 7	Em secção com portagem
Tramo libre	12 / 5 7	Em secção sem portagem
GB , IRL: 39 en kilómetros, 24 en millas	39 24 19 12 / 5 7	GB , IRL: 39 em quilómetros, 24 em milhas
Numeración - Señalización		**Numeração - Sinalização**
Autopista, carretera europea, otra carretera	A6 E10 N51	Auto-estrada, estrada Europeia, outra estrada
Ciudad anunciada con un cartel verde en las carreteras principales	YORK Wells	Cidade sinalizada a verde nas estradas principais
Obstáculos		**Obstáculos**
Pendiente Pronunciada (las flechas indican el sentido del ascenso)		Forte declive (flechas no sentido da subida)
Barrera de peaje		Portagem
Transportes		**Transportes**
Línea férrea - Auto-tren - Barcaza para el paso de coches	B	Via férrea - Auto/trem - Barcaça para automóveis
Líneas maritimas : todo el año - de temporada		Ligação marítima : permanente - temporal
Aeropuerto		Aeroporto
Alojamiento - Administración		**Alojamento - Administração**
Localidad con recursos hoteleros		Localidade com recursos hoteleiros
Refugio de montaña - Camping		Refúgio de montanha - Campismo
Capital de división administrativa	A L P	Capital de divisão administrativa
Frontera: Aduana principal - Aduana con restricciones		Fronteira : Alfândega principal - Alfândega com restrições
Curiosidades		**Curiosidades**
Edificio religioso - Castillo		Edifício religioso - Castelo
Iglesia de madera		Igreja de madeira
Monasterio - Ruinas		Mosteiro - Ruínas
Grabado rupestre - Zona de vestigios antiguos		Gravura rupestre - Zona de vestígios antigos
Piedra rúnica - Otra curiosidad		Pedra rúnica - Outra curiosidade
Monumento megalítico - Cueva		Monumento megalítico - Gruta
Recorrido pintoresco - Parque nacional		Percuso pitoresco - Parque nacional

Zeichenererklärung		Verklaring van de tekens
Straßen		**Wegen**
Autobahn		Autosnelweg
Anschlussstellen : Voll - bzw. Teilanschluss, ohne Angabe		Aansluitingen : volledig, gedeeltelijk, zonder aanduiding
Anschlussstellennummern	3 3 3	Afritnummers
Schnellstraße mit getrennten Fahrbahnen		Gescheiden rijbanen van het type autosnelweg
Internationale bzw. nationale Hauptverkehrsstraße		Internationale of nationale verbindingsweg
Überregionale Verbindungsstraße oder Umleitungsstrecke		Interregionale verbindingsweg
Sonstige Straße		Andere weg
Autobahn, Straße im Bau (ggf. voraussichtliches Datum der Verkehrsfreigabe)		Autosnelweg, weg in aanleg (indien bekend : datum openstelling)
Straßenbreiten		**Breedte van de wegen**
Getrennte Fahrbahnen		Gescheiden rijbanen
4 Fahrspuren		4 rijstroken
3 Fahrspuren		3 rijstroken
2 breite Fahrspuren		2 brede rijstroken
2 Fahrspuren		2 rijstroken
1 Fahrspur		1 rijstrook
Straßenentfernungen (Gesamt - und Teilentfernungen)		**Afstanden** (totaal en gedeeltelijk)
auf der Autobahn:		op autosnelwegen:
Mautstrecke	12 / 5 7	gedeelte met tol
mautfreie Strecke	12 / 5 7	tolvrij gedeelte
GB , IRL: 39 in Kilometern, 24 in Meilen	39 24 / 19 12 / 5 7	GB , IRL: 39 in kilometers, 24 in mijlen
Nummerierung - Wegweisung		**Wegnummers - Bewegwijzering**
Autobahn, Europastraße, sonstige Straße	A 6 E 10 N 51	Autosnelweg, europaweg, andere weg
Grün beschilderte Ortsdurchfahrt an Fernverkehrsstrecken	YORK Wells	Stad aangegeven met een groen bord op de grote verbindingswegen
Verkehrshindernisse		**Hindernissen**
Starke Steigung (Steigung in Pfeilrichtung)		Steile helling (pijlen in de richting van de helling)
Mautstelle		Tol
Verkehrsmittel		**Vervoer**
Bahnlinie - Autoreisezug - Autofähre	B	Spoorweg - Autotrein - Veerpont voor auto's
Schiffsverbindung : ganzjährig - saisonbedingte Verbindung		Ferry : het hele jaar - tijdens het seizoen
Flughafen		Luchthaven
Unterkunft - Verwaltung		**Verblijf - Administratie**
Ort mit Übernachtungsmöglichkeiten		Plaats met hotel
Schutzhütte - Campingplatz		Berghut - Kampeerterrein
Verwaltungshauptstadt	A L P	Hoofdplaats van administratief gebied
Staatsgrenze : Hauptzollamt - Zollstation mit Einschränkungen		Staatsgrens : Hoofddouanekantoor - Douanekantoor met beperkte bevoegdheden
Sehenswürdigkeiten		**Bezienswaardigheden**
Sakral-Bau - Schloss, Burg		Kerkelijk gebouw - Kasteel
Strabkirche		Stavkirke (houten kerk)
Kloster - Ruine		Klooster - Ruïne
Felsbilder - Antike Fundstätte		Rotstekening - Overblijfsel uit de Oudheid
Runenstein - Sonstige Sehenswürdigkeit		Runensteen - Andere bezienswaardigheid
Vorgeschichtliches Steindenkmal - Höhle		Megaliet - Grot
Landschaftlich schöne Strecke - Nationalpark		Schilderachtig traject - Nationaal park

Légende		Key
Routes		**Roads**
Autoroute		Motorway
Échangeurs : complet, partiels, sans précision		Interchanges : complete, limited, not specified
Numéros d'échangeurs	3 3 3	Interchange numbers
Double chaussée de type autoroutier		Dual carriageway with motorway characteristics
Route de liaison internationale ou nationale		International and national road network
Route de liaison interrégionale ou de dégagement		Interregional and less congested road
Autre route		Other road
Autoroute , route en construction (le cas échéant : date de mise en service prévue)		Motorway, road under construction (when available: with scheduled opening date)
Largeur des routes		**Road widths**
Chaussées séparées		Dual carriageway
4 voies		4 lanes
3 voies		3 lanes
2 voies larges		2 wide lanes
2 voies		2 lanes
1 voie		1 lane
Distances (totalisées et partielles)		**Distances** (total and intermediate)
sur autoroute :		on motorway:
section à péage	12 5 7	toll roads
section libre	12 5 7	toll-free section
GB / IRL 39 en kilomètres, 24 en miles	39 24 19 12 5 7	GB , IRL 39 in kilometres, 24 in miles
Numérotation - Signalisation		**Numbering - Signs**
Autoroute, route européenne, autre route	A 6 E 10 N51	Motorway, european route, other road
Ville signalisée par un panneau vert sur les grandes liaisons routières	YORK Wells	Town name is shown on a green sign on major routes
Obstacles		**Obstacles**
Forte déclivité (flèches dans le sens de la montée)		Steep hill (ascent in direction of the arrow)
Barrière de péage		Toll barrier
Transports		**Transportation**
Voie ferrée, auto/train - Bac pour autos	B	Railway, motorail - Car Ferry
Liaison maritime : permanente - saisonnière		Ferry lines : year-round - seasonal
Aéroport		Airport
Hébergement - Administration		**Accommodation - Administration**
Localité ayant des ressources hôtelières		Place with at least one hotel
Refuge de montagne- Camping		Mountain refuge hut - Camping site
Capitale de division administrative	A L P	Administrative district seat
Frontiere : Douane principale - Douane avec restriction		National boundary : Principal customs post - Secondary customs post
Curiosités		**Sights**
Édifice religieux - Château		Religious building - Historic house, castle
Église en bois debout		Stave church
Monastère - Ruines		Monastery - Ruins
Gravure rupestre - Site antique		Rock carving - Antiquities
Pierre runique - Autre curiosité		Rune stone - Other place of interest
Monument mégalithique - Grotte		Prehistoric monument - Cave
Parcours pittoresque - Parc national		Scenic route - National park